2025

써니 행정법총론 핵심집약

박준철 편저

이론편

도서출판 지금

Preface / 머리말

2023년에는 〈2018 써니 행정법총론 SOS〉 출간 이래 요약서 1위 자리에 안주하지 않고, 완전 새롭게 틀을 바꾼 <써니 행정법총론 핵심집약>을 출간하였고, 최근까지 행정법 합격자들이 고득점 비결로 첫 손에 꼽을 만큼 뜨거운 호응이 있었습니다. 〈써니 행정법총론 핵심집약〉은 '핵심 이론, 기출지문, 키워드'를 유기적으로 연계한 최적의 단권화 교재로 시험장에까지 가져갈 전략적이고 효율적인 요약서입니다.

〈2025 써니 행정법총론 핵심집약〉은 새로운 형태의 교재 구성과 내용 개편, 막강한 학습 시스템을 통해 수험 적합도를 최상으로 끌어올리도록 기획되었습니다. 우선 구성면에서 '이론편'과 '문제편'으로 분리하여 이론은 더욱 콤팩트하게, 문제는 기출 및 예상지문을 풍부히 수록함으로써 단계별, 수준별 교재 활용도를 극대화했습니다. 또한 내용면에서는 개정법령과 최신 판례, 최신 기출문제를 완전 반영하였고, 친절한 명사형 서술 외에도 직관적 학습이 가능하도록 도식화와 판서 내용을 강화하였습니다. 이외에도 온라인 모의고사와 같은 학습 지원 프로그램들을 제공함으로써 학습의 효율성을 제고하였습니다. 본서의 특징과 짜임새는 다음과 같습니다.

1 '이론 – 기출OX – 키워드 해설 – 정답'을 모두 1:1로 매칭하여 학습의 효율성을 높이되, 이론과 문제를 분권하여 멀티 유즈 워크북(multi-use workbook)의 강점을 가집니다.

2 필수 주제를 TOPIC으로 구성하고, 핵심 이론은 도식이나 간결체를 사용해 압축 정리하였으며, 특히 '표' 형태의 도식화를 대폭 강화하였습니다.

3 판례의 사실관계나 사례 문제 해결을 위한 내용도 칠판에 판서하며 설명하듯 교재에 구현해 마치 강의를 듣는 것처럼 강의와 교재의 간극을 최소화했습니다.

4 행정기본법, 행정소송규칙, 「공공기관의 운영에 관한 법률」 등의 주요 개정법령들을 반영하였고, 최근 3개년 판례 및 개정법령에는 최신 을 표시하여 학습 팁을 제공하였습니다.

5 기출OX 문제를 최신 연도까지 최대 반영함으로써 기출 회독의 학습 효과를 얻을 수 있습니다. 2024년판 출간 이후 시행된 2023년 국회직 9급, 국가직 7급, 해경간부, 서울시 지적 7급, 지방직·서울시 7급, 서울시 연구사, 소방승진 문제와, 2024년 해경승진, 변호사, 소방간부, 국가직 9급, 소방직 9급, 국회직 8급, 지방직·서울시 9급, 군무원 9급·7급·5급 문제를 선별 수록하였고, 최신판례 등을 OX 문제로 수록함으로써 이론의 주요 논점을 모두 문제화하여 완결성을 도모했습니다. 이때 문제의 중요도를 별표(★)로 5단계 표시하여 학습의 강약을 조절했습니다.

6 기출OX 문제마다 바로 오른쪽에 키워드 중심의 해설을 달았습니다. 기출OX와 키워드 내 색 글자를 연결하면 출제 포인트가 되며, 시험 직전까지 N회독하시기 바랍니다. 신설된 부록(핵심 플러스, OX 플러스)도 마무리 정리하는 데 유용성을 제고할 것입니다.

7 기출OX 앱 외에도 온라인 모의고사를 통해 학습 진도와 취약 단원, 나의 위치를 확인할 수 있습니다. 또한 '써니로TV'를 통해 박준철 교수의 해설 강의를 들을 수 있습니다.

끝으로 이 책으로 공부하는 수험생들에게 축복이 함께하기를 진심으로 기원합니다.

2024년 7월

편저자 **박준철** 씀

Guide / 특징과 짜임새 & 활용 방법

'핵심 이론 – 기출○× – 키워드'를 1:1로 매칭하여 효과적으로 압축 정리!
콤팩트한 '이론편' & 워크북 형태의 '문제편'을 분리하여 자신의 학습 상황에 맞게 활용하고
다양한 학습 비기(祕器)와 학습 프로그램을 활용해 전략적으로 학습한다.

'핵심, 사례, 최신 내용'까지 더욱 압축한 '이론편'

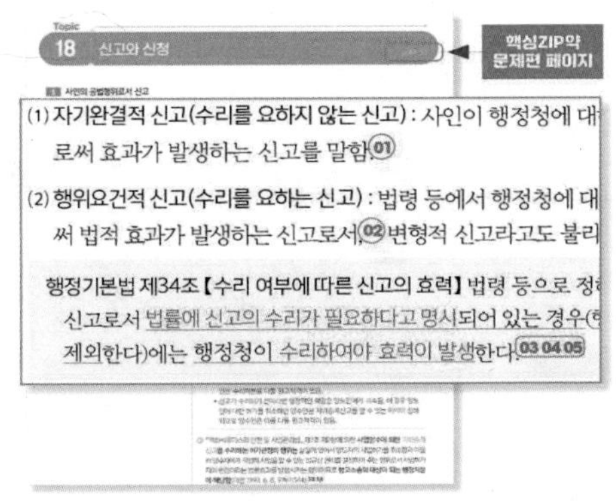

- 최신 개정법령 및 판례, 기출 내용 완벽 반영
- 최근 3개년 판례와 개정법령은 최신 으로 표기
- 판례(사례) 이해를 위한 '칠판'의 판서 강화
- 친절한 명사형 서술 + 비교표 등 도식화 강화

기출○× 문제와 키워드 해설 기출과 예상을 모두 수록한 '문제편'

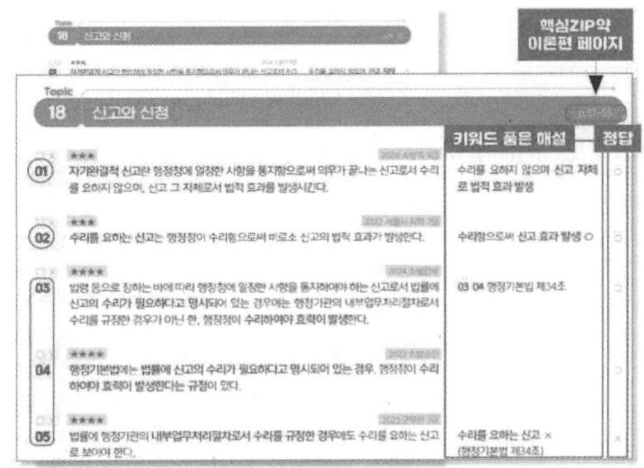

- 핵심이론과 기출지문을 1:1 매칭번호로 연결
- '기출문제 – 키워드(색 글자) – 정답'을 한눈에 확인
- 중요도를 별표로 5단계 표시 (★ ~ ★★★★★)
- 기출 외에 '최신판례, 고난도, 보충지문' 신설

완결성까지 갖춘 책 속의 책, 합격을 위한 비장의 무기(祕器) '부록'

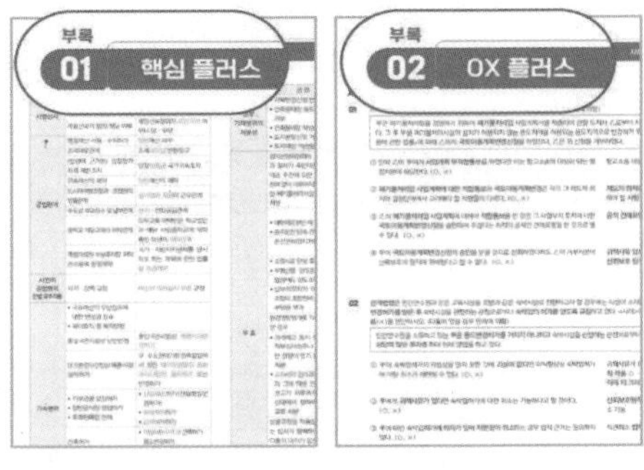

- 핵심 플러스 : 각종 비교사항 모아서 보기 혼동하기 쉬운 내용 & 암기형 비교표 수록
- ○× 플러스 : 사례형 기출문제의 키워드 분석

또 하나의 문제풀이, 온라인 모의고사 & 기출지문 암기 APP

- 온라인 모의고사 : 진도별 모의문제로 학습 진도와 취약 단원 Self Check, '써니로TV'에서 해설 강의
- 기출지문 암기 APP : 기출○× 문제풀이로 이동시에도 편리하게 학습

Contents / 차례

Contents / 차례

SUNNY

제 1 편

행정법통론

2025 써니로(SunnyLaw) 합격하는 온라인 모의고사

- QR코드로 핵심집약 온라인 모의고사 풀기
- 〈써니로TV〉에서 라이브 테스트 실시 & 해설 강의 제공
- 정답과 취약 단원 파악하기

• 시험 일정은 "[네이버] 써니 행정법 카페"를 확인해 주세요.

Topic

01 권력분립과 행정

p.8

1 행정개념의 등장

행정개념은 권력분립이 이루어짐에 따라 등장, 역사적 발전과정에서 성립

> 행정청이 행정처분 단계에서 당해 처분의 근거가 되는 법률이 위헌이라고 판단하여 그 적용을 거부하는 것은 권력분립의 원칙상 허용될 수 없음(헌재 2008. 4. 24, 2004헌바44).**01**

2 형식적 의미의 행정과 실질적 의미의 행정

- 형식적 의미의 행정 : 행정기관에 의해 행해지는 모든 활동
- 실질적 의미의 행정 : 법규범을 개별적 · 구체적으로 집행하여 국가목적을 실현하는 작용(적극적 · 능동적 작용)

3 실질적 의미의 입법 · 사법(司法)의 구별

- 실질적 의미의 입법 : 일반적 · 추상적 규범을 정립함을 목적으로 하는 작용
- 실질적 의미의 사법 : 무엇이 법인가를 판단 · 선언함으로써 분쟁을 해결하는 작용(소극적 · 수동적 작용)

4 형식적 의미의 행정과 실질적 의미의 행정 · 사법 · 입법

써니쌤 Talk

형식적 의미의 행정, 입법, 사법 개념은 어느 '기관'에서 행한 작용인가라는 '기관'을 중심으로 그 개념을 파악하는 것인 반면에, 실질적 의미의 행정, 입법, 사법 개념은 '성질'과 '기능'을 중심으로 그 개념을 파악하는 것임. 행정의 의미를 파악하는 가장 기본적인 문제로서 형식적 의미를 먼저 확인한 후에 실질적 의미를 확인하는 순서로 문제를 해결하면 됨.

형식적	실질적	구체적 예
행 정	행 정	집회의 금지통지, 조세체납처분, 지방공무원 임명
	사 법	행정심판의 재결,**02** 통고처분
	입 법	대통령령 · 총리령 · 부령 등 법규명령의 제정**03**

☑ 국회사무총장의 소속 직원 임명**04** : 국회사무총장은 국회, 즉 입법기관 소속이므로 국회사무총장이 한 행위는 형식적으로는 입법이지만 그 실질은 인사행정을 한 것에 불과하므로 실질적 의미에서는 행정이 됨.

Topic

02 통치행위

p.8~9

1 통치행위의 개념

고도의 정치성을 가지는 국가기관의 행위로서 법원의 사법심사가 제한되는 행위

2 통치행위의 인정

1) 학 설

- 사법자제설 : 모든 국가작용은 심사가 가능하지만 사법의 정치화를 방지하기 위해 사법부 스스로가 자제하는 것

2) 판 례

통치행위 긍정	통치행위 부정
사면01 : 형 선고 효력을 상실시키거나 형 집행을 면제시키는 국가원수의 고유한 권한임. 사법부의 판단을 변경하는 제도로서 권력분립원리에 대한 예외02	지방의회의원 징계의결 : 처분으로서 취소소송의 대상이 됨.03 ☑ 헌법 제64조 제4항 : 국회의원의 자격심사, 징계, 제명처분에 대해서는 법원에 제소할 수 없음.
대통령의 금융실명제에 관한 긴급재정·경제명령 : 통치행위로 보면서도 국민의 기본권침해와 관련된 경우 사법심사의 대상이 됨(헌법재판소).04 05	서훈취소 : 대통령이 국가원수로서 행하는 행위라고 하더라도 법원이 사법심사를 자제하여야 할 고도의 정치성을 띤 행위라고 볼 수 없음.06
남북정상회담 개최07 : 고도의 정치적 성격	남북정상회담의 개최과정에서 재정경제부장관에게 신고하지 아니하거나 통일부장관의 협력사업 승인을 얻지 아니한 채 북한 측에 사업권의 대가 명목으로 송금한 행위 : 사법심사의 대상이 됨.08
자이툰부대(일반사병) 이라크 파병결정09 : 고도의 정치적 결단을 요하는 문제로서 헌법재판소가 사법적 기준만으로 이를 심판하는 것은 자제되어야 함.10	대통령이 한미연합 군사훈련의 일종인 2007년 전시증원연습을 하기로 한 결정11

> 사법심사 대상 부정
>
> 대통령의 계엄선포행위의 당·부당 판단권한은 국회만이 가지므로 계엄선포의 요건 구비 여부나 당·부당을 심판하는 것은 그 선포가 당연무효가 아닌 한 사법권의 한계를 넘어서는 것이 됨(대판 1979. 12. 7, 79초70).

> 사법심사 대상 긍정
>
> 1. 비상계엄의 선포나 확대가 국헌문란의 목적을 달성하기 위해 행해진 경우에는 법원은 그 자체가 범죄행위에 해당하는지 여부에 대해 심사할 수 있음(대판 1997. 4. 17, 96도3376).12
> 2. 신행정수도건설이나 수도이전의 문제를 '국민투표에 부칠지 여부에 관한 대통령의 의사결정'은 고도의 정치적 결단을 요하는 문제이나, 그것이 국민의 기본권침해와 직접 관련되는 경우에는 헌법재판소의 심판대상이 될 수 있음(헌재 2004. 10. 21, 2004헌마554·556 병합).
> 3. 개성공단 전면중단 조치가 고도의 정치적 결단을 요하는 문제이기는 하나, 조치 결과 개성공단 투자기업인 청구인들에게 기본권 제한이 발생하였다면 그 한도에서 헌법소원심판의 대상이 될 수 있음(헌재 2022. 1. 27, 2016헌마364).13 최신

3 통치행위의 주체

- 행위주체 : 주로 정부(대통령)가 행사함이 일반적이나 국회도 통치행위의 주체가 될 수 있음.14 다만, 사법부에 의한 통치행위는 인정되기 어려움.
- 판단주체 : 통치행위 여부의 판단은 오로지 사법부만에 의해 이루어져야 함(판례).15

Topic

03 행정법의 지도원리와 법치행정의 원리(행정의 법률적합성원칙)

p.9~13

행정법의 지도원리

1 민주국가의 원리 - 행정을 통한 구현(기본권보장)

국가가 국민의 생명 · 신체의 안전에 대한 보호의무를 다하지 않았는지 여부를 헌법재판소가 심사할 때에는 국가가 이를 보호하기 위하여 적어도 적절하고 효율적인 최소한의 보호조치를 취하였는가 하는 이른바 '과소보호금지원칙'의 위반 여부를 기준으로 심사하게 됨(헌재 2009. 2. 26, 2005헌마764).01

2 법치국가의 원리 - 형식적 법치국가에서 실질적 법치국가로의 전환02

형식적 법치국가	실질적 법치국가
국가작용은 법에 근거하여 행해져야 함을 의미할 뿐 법의 내용이나 이념은 문제삼지 않은 국가개념을 의미함.	인권의 보장과 정의가 실현된 법치국가로서 형식적 법치국가와 대립하는 개념이 아니라 **법치주의의 형식적 요소는 당연히 포함하며** 국민의 기본적 인권의 보호라는 실질적 요소까지 강조하는 입장을 의미함.03

3 행정기본법상 지도원리

행정기본법 제4조【행정의 적극적 추진】① 행정은 공공의 이익을 위하여 적극적으로 추진되어야 한다.04
② 국가와 지방자치단체는 소속 공무원이 공공의 이익을 위하여 적극적으로 직무를 수행할 수 있도록 제반 여건을 조성하고, 이와 관련된 시책 및 조치를 추진하여야 한다.05

법치행정의 원리(행정의 법률적합성원칙) - 행정의 자의 방지, 예측가능성 보장

행정기본법 제8조【법치행정의 원칙】행정작용은 법률에 위반되어서는 아니 되며(편저자 주 : 법률우위원칙), 국민의 권리를 제한하거나 의무를 부과하는 경우와 그 밖에 국민생활에 중요한 영향을 미치는 경우에는 법률에 근거하여야 한다(편저자 주 : 법률유보원칙).06 07

1 법률의 법규창조력

법규(법의 내용이 일반국민의 권리 · 의무에 관한 사항을 규율하는 것)는 원칙적으로 국민의 대표기관인 국회에서 창조해야 함.

2 법률우위의 원칙

의 의	• 모든 행정작용은 합헌적 절차에 따라 제정된 법률에 위반되어서는 안 된다는 원칙08 • 실질적 법치주의에 따라 법률의 내용까지 합헌적일 것이 요구됨.
근 거	헌법 제107조 제2항과 행정기본법 제8조 전단에서 규정하고 있음.
소극적 원칙	법률이 있는 경우에 문제됨.
법률의 범위	헌법, 형식적 의미의 법률뿐만 아니라 조약, 일반적으로 승인된 국제법규와 대외적 구속력을 가지는 법률 하위의 법규범(법규명령, 법령보충적 행정규칙, 조례 등) 등 불문법을 포함한 모든 법규범을 의미함.09 10
적용범위	법률우위원칙은 제한 없이 행정의 모든 영역에 적용됨.11 12 13
	계약서 작성 등 구 「국가를 당사자로 하는 계약에 관한 법률」상의 요건과 절차를 거치지 않고 체결한 국가와 사인 간의 사법상 계약은 무효임(대판 2015. 1. 15, 2013다215133).14 15
위반효과	• **행정행위** : 중대 · 명백설에 따라 무효 또는 취소의 대상이 됨. • **행정입법, 공법상 계약** : 무효

3 법률유보의 원칙

의 의	• 국민의 권리를 제한(결격사유 등)하거나 의무를 부과하는 경우와 그 밖에 국민생활에 중요한 영향을 미치는 일정한 행정권의 발동에는 법률의 근거가 있어야 한다는 원칙 • 법률유보원칙에서 말하는 법적 근거는 조직규범 외에 작용규범을 의미(원칙적으로 개별법적 근거를 의미)**16**
	개인택시운송사업자에게 운전면허 취소사유가 있으나 그에 따른 운전면허취소처분이 이루어지지 않은 경우 관할관청이 개인택시운송사업면허를 취소할 수는 없음(대판 2008. 5. 15, 2007두26001).**17**
근 거	• 헌법상 기본원리인 민주주의원리, 법치국가원리, 헌법의 각종 기본권 조항에서 도출 • 행정기본법 제8조 후단
적극적 원칙	• 어떤 작용을 하려면 법률부터 적극적으로 만들고 그 후 행정작용을 하라는 의미**18** • 법률이 없는 경우에 문제됨(법이 있으면 법률적인 근거가 존재하는 것이므로 법률의 근거 여부를 더 이상 문제삼을 것도 없음).
법률의 범위	• **형식적 의미의 법률** : 국회의 의결을 거치지 않은 명령이나 불문법원으로서의 관습법 · 판례법은 법률유보에서 말하는 법률에 포함되지 않음.**19** cf 법률우위의 원칙 : 불문법 포함 모든 법규범 • **예산의 경우** : 예산은 일종의 법규범이고 법률과 마찬가지로 국회의 의결을 거쳐 제정되지만 법률과 달리 국가기관만을 구속할 뿐 일반국민을 구속하지 않으므로 법률유보에서 말하는 법률에 포함 안 됨(판례).**20**
	① **법률유보의 원칙은 '법률에 의한' 규율만을 뜻하는 것이 아니라** '법률에 근거한' 규율을 **요청하는 것이므로 기본권 제한의 형식이 반드시 법률의 형식일 필요는 없고 법률에 근거를 두면서** 헌법 제75조가 요구하는 위임의 구체성과 명확성을 구비하기만 하면 **위임입법에 의하여도 기본권 제한을 할 수 있음**(헌재 2005. 2. 24, 2003헌마289).**21 22** ② 기본권 제한에 관한 법률유보원칙은 법률에 의한 규율만을 뜻하는 것이 아니라 '법률에 근거한 규율'을 요청하는 것이므로, 그 형식이 반드시 법률일 필요는 없다 하더라도 **법률상의 근거는 있어야 함**(헌재 2006. 5. 25, 2003헌마715, 2006헌마368 병합).**23** 따라서 모법의 위임범위를 벗어난 하위법령은 법률의 근거가 없는 것으로 법률유보원칙에 위반됨(헌재 2010. 4. 29, 2007헌마910).**24**
위반효과	• **행정행위** : 위법한 행정작용(무효 또는 취소의 대상이 됨) • **법규명령** : 무효

4 법률유보원칙의 적용범위

1) 학 설

침해유보설	침해적 행정작용은 법적 근거 필요
급부유보설	침해적 + 급부적 행정작용은 법적 근거 필요**25**
전부유보설	• 모든 행정작용은 법률의 근거 필요(의회민주주의와 의회의 우월성 강조) • 행정의 자유영역을 부정한다는 비판을 받고 있음.**26**
중요사항유보설(의회유보설)	• 행정작용의 성질에 따라 판단하는 것이 아니라 중요한 작용은 법률의 근거가 필요하고 비중요사항은 법률의 근거 없이도 행정권 발동 가능 • 본질적인 중요한 사항에 대해서는 위임이 허용되지 않음(의회유보).**27** • 법률유보의 범위를 기본권 관련 측면에서 파악하고, 법률유보의 '범위'뿐만 아니라 '규율정도'에 대해서도 제시**28**
	① **오늘날 '법률유보원칙'은 단순히 행정작용이 법률에 근거를 두기만 하면 충분한 것이 아니라** 국민의 기본권 실현과 관련된 영역에 있어서는 입법자가 그 본질적 사항에 대해 스스로 결정하여야 한다는 의회유보 요구까지 내포**하는 것으로 이해되고 있음**(헌재 1999. 5. 27, 98헌바70).**29 30** ② 국회가 형식적 법률로 직접 규정할 필요성은 규율대상이 국민의 기본권 및 기본적 의무와 관련한 중요성을 가질수록, 그에 관한 공개적 토론의 필요성 또는 상충하는 이익 사이의 조정 필요성이 클수록 더 증대됨(대판 2020. 9. 3, 2016두32992 전합 ; 대판 2015. 8. 20, 2012두23808 전합).**31** ③ 헌법상 법치주의의 한 내용인 법률유보의 원칙은 국민의 기본권 실현에 관련된 영역에 있어서 국가 행정권의 행사에 관하여 적용되는 것이지, 기본권규범과 관련 없는 경우에까지 준수되도록 요청되는 것은 아님(헌재 2010. 2. 25, 2008헌바160).**32**

2) 본질사항 여부 관련판례

본질사항 ○ (국회가 법률로 정하여야 함)	① 병의 복무기간33 ② 방송수신료금액의 결정34 ③ 국가의 통치조직과 작용에 관한 기본적이고 본질적 사항35 ④ 지방의회의원에 유급보좌인력을 두는 것36 ⑤-1. 토지 등 소유자가 도시환경정비사업을 시행하는 경우 사업시행인가 신청시 요구되는 토지 등 소유자의 동의정족수를 정하는 것은 국민의 권리와 의무의 형성에 관한 기본적이고 본질적인 사항으로 **법률유보 내지 의회유보의 원칙이 지켜져야 할 영역임.**37 ⑤-2. **토지 등 소유자가 도시환경정비사업을 시행하는 경우 사업시행인가 신청에 필요한 동의정족수를 토지 등 소유자가 자치적으로 정하여 운영하는 규약에 정하도록 한 것은 법률유보원칙에 위반됨.**38 ⑥ 신고납부조세의 경우, 신고의무불이행시 납세의무자가 입게 될 불이익39 ⑦ 중학교 의무교육의 실시 여부 자체라든가 그 연한 ⑧ **법외노조 통보**는 적법하게 설립된 노동조합의 법적 지위를 박탈하는 중대한 침익적 처분으로서 원칙적으로 국민의 대표자인 **입법자가 스스로 형식적 법률로써 규정하여야 할 사항**이고, 행정입법으로 이를 규정하기 위하여는 반드시 법률의 명시적이고 구체적인 위임이 있어야 함(대판 2020. 9. 3, 2016두32992 전합).40
본질사항 ×	① 중학교 의무교육 실시의 시기·범위 등 구체적인 실시에 필요한 세부사항41 ② 수신료 징수업무를 한국방송공사가 직접 수행할지, 제3자에게 위탁할 것인지 여부 등42 ③ 초등교원 임용시 지역가산점의 배점비율, 최종합격자 결정방식(헌재 2014. 4. 24, 2010헌마747)43

5 관련문제 – 행정기본법상 결격사유

행정기본법 제16조【결격사유】① 자격이나 신분 등을 취득 또는 부여할 수 없거나 인가, 허가, 지정, 승인, 영업등록, 신고수리 등(이하 '인·허가'라 한다)을 필요로 하는 영업 또는 사업 등을 할 수 없는 사유(이하 이 조에서 '결격사유'라 한다)는 법률로 정한다.44

② 결격사유를 규정할 때에는 다음 각 호의 기준에 따른다.

1. 규정의 필요성이 분명할 것
2. 필요한 항목만 최소한으로 규정할 것
3. 대상이 되는 자격, 신분, 영업 또는 사업 등과 실질적인 관련이 있을 것
4. 유사한 다른 제도와 균형을 이룰 것

Topic

04 행정법의 법원

p.13~15

1 법원의 의의

법의 존재형식 또는 인식근거를 의미하는 것으로서 눈에 보이는 조문의 형태로 존재하는 성문법원과 조문이 아닌 관습법 등의 형태로 존재하는 불문법원으로 구분할 수 있음.

2 행정법의 성문법원

1) 단계적 구조

- 헌법을 최고 정점으로 하는 통일적 · 단계적 구조
- 법령 간 상호 모순이 있는 경우에는 상위법우선의 원칙에 의해 하위법은 무효가 됨.

2) 헌법(국민투표로 확정) ⇨ 법률(국회 표결로 확정) ⇨ 명령(행정입법) ⇨ 자치법규

헌 법	국가의 최고규범으로 특히 기본권에 관한 규정은 행정법의 법원 중 가장 기본적인 법원이 됨. **01**
법 률	• 형식적 의미의 법률(국회가 제정한 법률) • 법규명령과 자치법규보다 우월한 효력을 가짐. 다만, 우리 헌법상 긴급명령과 긴급재정 · 경제명령은 법규명령이지만 법률과 동일한 효력을 가지는 것으로 행정법의 법원이 됨. • 동일한 효력을 갖는 법 상호 간에 충돌시 특별법우선의 원칙, 신법우선의 원칙이 적용됨. • 구법인 특별법이 신법인 일반법보다 우선함.
명 령	법규명령과 행정규칙
자치법규	• 지방자치단체가 법령의 범위 안에서 제정하는 자치에 관한 규정으로 지방의회가 제정하는 조례와 지방자치단체의 장이 정하는 규칙이 있음. 한편, 조례와 규칙 중 조례가 상위규범임. • 지방자치단체의 자치에 관한 규정(조례 · 규칙)은 헌법에서 인정하고 있으며 행정법의 법원이 됨. **02 03**
	「도시 및 주거환경정비법」에 따른 주택재개발 정비사업조합 정관의 법적 성질은 자치법규이며 위 정관에서 정한 사항은 원칙적으로 조합 외부의 제3자를 보호하거나 제3자를 위한 규정이라고 볼 수 없음(대판 2019. 10. 31, 2017다282438). **04**

3) 국제법 : 국가와 국가 사이 또는 국가와 국제기구 사이의 문서에 의한 합의인 조약 및 일반적으로 승인된 국제법규

(1) **법원성** : 국내행정에 관한 사항을 정하고 있는 것은 행정법의 법원이 되며 헌법 제6조에서도 "헌법에 의하여 체결 · 공포된 조약과 일반적으로 승인된 국제법규는 국내법과 같은 효력을 가진다."라고 규정하고 있음. **05**

> 「남북 사이의 화해와 불가침 및 교류협력에 관한 합의서」는 국가 간의 조약이 아니므로 국내법과 동일한 효력이 없음(대판 1999. 7. 23, 98두14525). **06**

(2) **국내법질서로의 편입방법** : 일반적으로 승인된 국제법규는 별도의 입법조치 없이 국내법으로 수용되어 행정법의 법원이 됨(통설 및 판례). **07**

(3) **조약과 국내법의 충돌** : 동일한 효력을 가지는 국내법과 국제법이 충돌하는 경우 신법우선의 원칙, 특별법우선의 원칙이 적용됨. **08**

> 학교급식을 위해 국내 우수농산물을 사용하는 자에게 식재료나 구입비의 일부를 지원하는 것 등을 내용으로 하는 지방자치단체의 조례안은 「1994년 관세 및 무역에 관한 일반협정(General Agreement on Tariffs and Trade 1994)」에 위반되어 그 효력이 없음(대판 2005. 9. 9, 2004추10). **09**

(4) **국제법규가 사인(私人)에 직접적 효력을 미치는지 여부** : 처분이 조약에 위반된다는 이유로 사인이 직접 국내법원에 그 취소를 구하는 소를 제기하거나 독립된 취소사유로 주장할 수는 없음.

회원국 정부의 반덤핑부과처분이 WTO 협정위반이라는 이유만으로 사인(私人)이 직접 국내 법원에 그 처분의 취소를 구하는 소를 제기할 수 없으며, 협정위반을 처분의 독립된 취소사유로 주장할 수는 없음(대판 2009. 1. 30, 2008두17936).[10]

3 행정법의 불문법원

1) 행정관습법

(1) 의의 : 오랜 관행이 사회의 법적 확신을 얻어 법적 규범으로 승인된 것[11]

(2) 종류 : 행정선례법과 민중적 관습법

행정선례법	• 행정청의 선례가 오랫동안 반복됨으로써 국민 간에 그에 대한 법적 확신이 생긴 경우를 말함. • 국세기본법 제18조 제3항,[12] 행정절차법 제4조 제2항 등에 근거규정 있음.
	비과세의 사실상태가 장기간에 걸쳐 계속된 경우에 그것이 그 사항에 대하여 과세의 대상으로 삼지 아니한다는 뜻의 과세관청의 묵시적인 의사표시로 볼 수 있는 경우에는 이를 **국세행정의 관행이라고 인정할 수 있음**(대판 1987. 2. 24, 86누571 ; 대판 2009. 12. 24, 2008두15350).[13]
민중적 관습법	• 행정법관계에 관한 관행이 민중 사이에서 장기적으로 계속됨으로써 그것이 다수의 국민에 의해 인식되었을 때 성립함. • 수산업법에서 입어권의 존재를 명문으로 인정[14]

(3) 효 력

- 개폐적 효력설도 있으나 보충적 효력설이 통설 및 판례의 입장임. 관습법도 성문법이 결여시 성문법을 보충하는 한도에서 적용될 뿐임.[15]
- 비록 관습법으로 인정되었더라도 사회구성원들이 그러한 관행의 법적 구속력에 대해 더 이상 확신을 갖지 않게 되었다면 그러한 관습법은 더 이상 법적 효력을 가질 수 없게 됨.[16]

(4) 관습헌법 : 헌법재판소는 「신행정수도의 건설을 위한 특별조치법」 사건에서 관습헌법도 헌법의 일부로서 성문헌법과 동일한 효력을 가지기 때문에 성문헌법개정의 방법에 의하여 개정될 수 있다고 판시함.[17]

2) 판례법

(1) 의의 : 법원의 재판을 통하여 형성되는 법

(2) 판례의 법원성

일반법원의 경우	• 우리나라와 같은 대륙법계의 성문법 국가에서는 선례구속성의 원칙이 인정되지 않음. • 법원조직법 제8조에 따르면 "상급법원 재판에서의 판단은 해당 사건에 관하여 하급심을 기속한다."는 명문규정을 두고 있으므로 해당 사건은 법적인 구속력이 인정될 수 있음.[18] • 동종사건에 관하여 대법원의 판례가 있더라도 하급법원은 그 판례와 다른 판단을 하는 것이 가능함.[19]
	대법원의 판례가 사안이 다른 유사사건을 **재판하는 하급심법원을 직접 기속하는 효력이 있는 것은 아님**(대판 1996. 10. 25, 96다31307).[20]
헌법재판소의 경우	• 헌법재판소법은 "법률의 위헌결정은 법원과 그 밖의 국가기관 및 지방자치단체를 기속한다."는 명문규정을 두고 있음. 따라서 헌법재판소의 위헌결정은 법원으로서의 성격을 가짐.[21] • 다만, 헌법 제107조 제1항 및 헌법재판소법 제41조 제1항은, 법률이 헌법에 위반되는 여부가 재판의 전제가 된 때에는 법원이 결정으로 헌법재판소에 위헌 여부의 심판을 제청한다고 규정하고 있고, 한편 구체적 분쟁사건의 재판에서 합헌적 법률해석을 포함하는 법령의 해석적용 권한은 대법원을 최고법원으로 하는 법원에 전속되어 있는 점에 비추어[22] 헌법재판소가 법률의 위헌 여부를 판단하기 위하여 한 법률해석에 법원이 구속되는 것은 아님(판례).[23]

3) 조 리

- 조리란 일반사회의 정의감에 비추어 법령상 나타나 있지 않지만 일반적으로 통용되어야 할 것이라고 인정되는 사물의 본질적 법칙을 말하며 통상 도리, 정의, 형평이라는 것도 이에 해당함.
- 조리도 행정법의 법원(최후의 보충적 법원)이 됨.[24]

Topic

05 행정법의 효력

p.15~17

1 시간적 효력

1) 효력발생시기

법률 등 중앙정부의 법령의 경우	• 법률, 대통령령, 총리령 및 부령은 그 시행일에 관하여 특별한 규정이 없는 한, 공포한 날로부터 20일을 경과함으로써 효력이 발생함. 01 • 단, 국민의 권리제한, 의무부과와 직접 관련되는 법률, 대통령령, 총리령 및 부령은 특별한 사유가 있는 경우를 제외하고는 공포일로부터 적어도 30일이 경과한 날로부터 시행되도록 하여야 함. 02
조례 · 규칙 등의 경우	조례와 규칙은 특별한 규정이 없는 한 공포한 날로부터 20일이 경과한 때에 효력이 발생함. 03

2) 행정기본법상 법령 등 시행일의 기간계산

행정기본법 제7조【법령 등 시행일의 기간계산】 법령 등(훈령 · 예규 · 고시 · 지침 등을 포함한다. 이하 이 조에서 같다)의 시행일을 정하거나 계산할 때에는 다음 각 호의 기준에 따른다.

1. 법령 등을 공포한 날부터 시행하는 경우에는 공포한 날을 시행일로 한다. 04
2. 법령 등을 공포한 날부터 일정 기간이 경과한 날부터 시행하는 경우 법령 등을 공포한 날을 첫날에 산입하지 아니한다. 05
3. 법령 등을 공포한 날부터 일정 기간이 경과한 날부터 시행하는 경우 그 기간의 말일이 토요일 또는 공휴일인 때에는 그 말일로 기간이 만료한다. 06

3) 공포와 공포일

(1) 공포의 방법

일반적인 공포	• 헌법개정 · 법률 · 조약 · 대통령령 · 총리령 및 부령의 공포와 헌법개정안 · 예산 및 예산 외 국고부담계약의 공고는 관보(官報)에 게재함으로써 함. 07 • 국회법에 따라 하는 국회의장의 법률 공포는 서울특별시에서 발행되는 둘 이상의 일간신문에 게재함으로써 함. 08 • 관보의 내용 해석 및 적용 시기 등에 대하여 종이관보와 전자관보는 동일한 효력을 가짐. 09
조례 · 규칙 등 자치법규의 공포	• 조례와 규칙의 공포는 해당 지방자치단체의 공보에 게재하는 방법으로 함. • 지방자치법에 따라 지방의회의 의장이 조례를 공포하는 경우에는 공보나 일간신문에 게재하거나 게시판에 게시함. 10

(2) **공포일** : 공포한 날, 즉 공포일은 그 법령 등을 게재한 관보 또는 신문이 발행된 날로 함. 11

4) 소급적용금지의 원칙

(1) **진정소급적용** : 법규의 효력발생일 이전에 이미 완성 또는 종결된 사실관계 또는 법률관계를 규율하는 것

허용 여부	원 칙	• 진정소급효를 인정하면 기존 사실에 대한 법적 안정성 또는 신뢰보호에 중대한 장애를 가져오므로 소급효를 인정하지 않는 것이 원칙 • 행정기본법 제14조는 "새로운 법령 등은 법령 등에 특별한 규정이 있는 경우를 제외하고는 그 법령 등의 효력발생 전에 완성되거나 종결된 사실관계 또는 법률관계에 대해서는 적용되지 아니한다."라고 규정하고 있음. 12
	예 외	대법원은 법령을 소급적용하더라도 **일반국민의 이해에 직접 관계가 없는 경우**, 오히려 그 이익을 증진하는 경우, 불이익이나 고통을 제거하는 경우 등의 특별한 사정이 있는 경우에 한하여 **예외적으로 법령의 소급적용이 허용**된다고 함. 13 14

(2) **부진정소급적용** : 법규효력발생일 이전에 시작되었으나 법규의 효력발생일까지 계속 진행 중인 사실에 대해서 규율하는 것

허용 여부	원 칙	부진정소급적용은 엄밀한 의미에서의 소급적용이 아니어서 소급적용금지의 원칙이 적용되지 않으므로, 법규효력발생일 이전에 발생하여 법령의 시행일에도 종결되지 않고 계속되는 사실관계 또는 법률관계에는 새로운 법령을 적용함이 원칙 15 16

허용 여부		① 과세연도 진행 중에 세율 등을 인상하는 세법을 제정하여 당해 연도에 적용하는 경우 부진정소급으로서 원칙적으로 허용됨(대판 1983. 4. 26, 81누423).17 ② 성적불량을 이유로 한 학생징계처분에 있어서 수강신청 이후 징계요건을 완화한 학칙개정은 부진정소급효로서 허용됨(대판 1989. 7. 11, 87누1123).18
	예 외	개정 전의 법령에 대한 국민의 신뢰가 개정된 법령을 적용할 공익보다 큰 경우에는 개정 전의 법령 적용

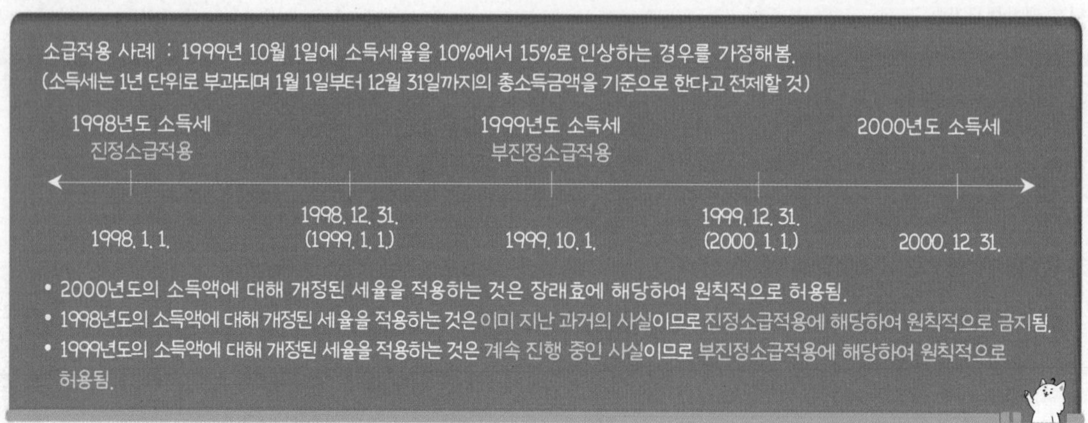

5) 소급입법금지의 원칙

(1) 진정소급입법

허용 여부	원 칙	진정소급입법은 법적 안정성에 비추어 볼 때 원칙적으로 금지됨.
	예 외	헌법재판소는 국민이 소급입법을 예상할 수 있었거나, 법적 상태가 불확실하고 혼란스러워 보호할 만한 신뢰이익이 적은 경우, 소급입법에 의한 당사자의 손실이 없거나 아주 경미한 경우 그리고 기존 사실에 대한 신뢰보호의 요청에 우선하는 심히 중대한 공익상의 사유가 있는 경우에는 진정소급입법이 예외적으로 허용된다고 함.19
		친일재산은 취득 · 증여 등 원인행위시에 국가의 소유로 한다고 정한 「친일반민족행위자 재산의 국가귀속에 관한 특별법」 제3조 제1항 본문은 소급입법금지원칙 등을 위반한 것이라고 볼 수 없음(진정소급입법이지만 신뢰보호보다 공익적 요구가 압도적으로 크므로 위헌이 아니라는 의미임)(대판 2011. 5. 13, 2009다26831 · 26848 · 26855 · 26862).20

(2) 부진정소급입법

허용 여부	원 칙	부진정소급입법은 엄밀한 의미에서 소급입법이 아니므로 원칙적으로 이러한 입법을 하는 것은 허용됨.21
		개정법령이 기존의 사실 또는 법률관계를 적용대상으로 하면서 국민의 재산권과 관련하여 종전보다 불리한 법률효과를 규정하고 있는 경우에도 그러한 사실 또는 법률관계가 개정법률이 시행되기 이전에 이미 완성 또는 종결된 것이 아니라면 이를 헌법상 금지되는 소급입법에 의한 재산권침해라고 할 수는 없음(편저자 주 : 부진정소급입법)(대판 2020. 7. 23, 2019두31839).22
	예 외	소급효를 요구하는 공익상의 사유와 신뢰보호의 요청 사이의 이익형량과정에서 신뢰보호의 관점이 입법자의 입법형성권에 제한을 가하게 됨.23

6) 헌법불합치결정과 소급적용

> 어떠한 법률조항에 대하여 헌법재판소가 헌법불합치결정을 하여 그 법률조항을 합헌적으로 개정 또는 폐지하는 임무를 입법자의 형성재량에 맡긴 이상, 그 개선입법의 소급적용 여부와 소급적용의 범위는 원칙적으로 입법자의 재량에 달린 것임(대판 2008. 1. 17, 2007두21563).24

7) 효력의 소멸

(1) 한시법 : 유효기간 경과시 효력 소멸25

(2) 한시법 이외의 법령의 경우

- 폐지 : 명시적 · 묵시적 폐지 등에 의해 효력을 상실함.
- 개정 : 법령이 전문개정된 경우 종전 법률의 부칙의 경과규정도 소멸함.[26] 법령의 일부 개정된 경우 특별한 조치가 없는 한 기존 법령 부칙의 경과규정이 당연히 소멸되는 것이 아님(판례).[27]

2 지역적 효력

1) 원칙 : 당해 행정법규를 제정하는 기관의 권한이 미치는 지역 내에서 효력을 가짐.

2) 예 외

- 국가의 법률 또는 명령이면서 영토 내의 일부 지역 내에서만 적용되는 경우가 있음(예 수도권정비계획법).
- 행정법규가 그 제정기관의 본래의 관할구역을 넘어 적용되는 경우도 있음.[28]

3 대인적 효력

1) 원칙 : 속지주의(대한민국 영토 내에 있는 모든 자연인 · 법인, 국적 불문)[29]

2) 보충 : 속인주의(국외에 있는 한국인에게도 국내법 적용)[30]

Topic

06 비례의 원칙(과잉금지의 원칙)

p.18~19

1 비례원칙의 의의

1) 개념 : 행정의 목적과 그 목적을 실현하기 위한 수단의 관계에서, 수단은 목적을 실현하는 데 유효 · 적절하고 가능한 한 최소침해를 가져오는 것이어야 하며, 또한 그 수단의 도입으로 인해 생겨나는 침해가 행정이 의도하는 공익을 능가하여서는 안 된다는 원칙

2) 법적 근거

헌법적 근거	헌법재판소는 헌법 제37조 제2항을 비례원칙의 근거로 봄.**01** **헌법 제37조** ② 국민의 모든 자유와 권리는 국가안전보장 · 질서유지 또는 공공복리를 위하여 필요한 경우에 한하여 법률로써 제한할 수 있으며, 제한하는 경우에도 자유와 권리의 본질적인 내용을 침해할 수 없다.
법률적 근거	행정기본법 제10조 등**02 03** **행정기본법 제10조 【비례의 원칙】** 행정작용은 다음 각 호의 원칙에 따라야 한다. 1. 행정목적을 달성하는 데 유효하고 적절할 것(편저자 주 : 적합성) 2. 행정목적을 달성하는 데 필요한 최소한도에 그칠 것(편저자 주 : 필요성) 3. 행정작용으로 인한 국민의 이익침해가 그 행정작용이 의도하는 공익보다 크지 아니할 것(편저자 주 : 상당성)

2 비례원칙의 적용범위

- 침해행정뿐 아니라 급부행정의 영역 등 행정의 전영역에서 적용됨.**04**
- 행정에만 적용되는 원칙이 아니라 입법 · 사법 등 모든 국가작용에 적용되는 헌법상의 기본원리임.**05**

> **비례의 원칙은 법치국가원리에서 당연히 파생되는 헌법상의 기본원리로서,06 모든 국가작용에 적용됨**(대판 2019. 7. 11, 2017두38874).

3 비례원칙의 내용

적합성의 원칙 (수단의 적정성원칙)	수단은 목적달성에 적합하여야 함.
필요성의 원칙 (최소침해의 원칙)	• 목적달성에 적합한 수단이 여러 개 있으면 그중 가장 덜 침해적인 수단을 사용하여야 함. • 위험한 건물에 대하여 개수(改修)명령으로 목적을 달성할 수 있음에도 불구하고 철거명령을 발령하는 것은 비례원칙의 내용 중 필요성원칙에 위배됨.**07**
상당성의 원칙 (협의의 비례원칙)	• 선택된 수단으로 달성하고자 하는 공익과 상대방이 입게 될 불이익, 즉 사익을 비교 · 형량하여야 함. • 판례는 협의의 비례원칙인 상당성의 원칙을 재량권행사의 적법성 기준으로 보고 있음.**08** 음주운전으로 인한 운전면허취소처분의 재량권 일탈 · 남용 여부를 판단할 때, 운전면허의 취소로 입게 될 당사자의 불이익보다 음주운전으로 인한 교통사고를 방지하여야 하는 일반예방적 측면이 더 강조되어야 함(대판 2019. 1. 17, 2017두59949).**09 10**

☑ 비례원칙은 적합성원칙, 필요성(최소침해)원칙, 상당성원칙의 세 가지 내용으로 구성됨. 다만, 헌법재판소는 세 가지 외에 목적의 정당성을 추가하고 있음.**11**

4 비례원칙 위반의 효과

- 비례의 원칙은 헌법상의 법치국가원리에서 나온 법의 일반원칙 내지 헌법원칙이기 때문에 이 원칙을 위반한 행정작용은 위헌 · 위법한 것이 됨.

- 따라서 비례의 원칙을 위반한 행정행위는 위법한 것으로 항고소송의 대상이 되며 국가의 손해배상책임을 발생시키기도 함.

> 경찰관이 난동을 부리던 범인을 검거하면서 가스총을 근접 발사하여 가스와 함께 발사된 고무마개가 범인의 눈에 맞아 실명한 경우 국가배상책임이 인정됨(대판 2003. 3. 14, 2002다57218).12

- 또한, 비례의 원칙을 위반한 법률은 위헌이 되므로 헌법재판소는 비례원칙을 위헌법률심사의 기준으로 삼고 있음.13

5 구체적 판례 검토

구분	내용
비례의 원칙 위반 ○	① 단 1회 훈령에 위반하여 요정출입을 하다가 적발된 경우에 대해 파면처분을 한 것14 ② 자동차를 이용하여 범죄행위를 한 경우 범죄의 경중에 상관없이 반드시 운전면허를 취소하도록 한 규정15
비례의 원칙 위반 ×	① 수입녹용 중 일정성분이 기준치를 0.5% 초과하였다는 이유로 수입녹용 전부에 대해 전량폐기 또는 반송처리를 지시한 처분16 ② 사법시험 제2차시험에 과락제도를 적용하고 있는 구 사법시험령 제15조 제2항17 ③ 옥외집회의 사전신고의무를 규정한 구 「집회 및 시위에 관한 법률」 제6조 제1항 중 '옥외집회'에 관한 부분18

Topic

07 신뢰보호의 원칙

p.19~26

1 신뢰보호원칙의 의의

1) 개념 : 행정기관의 어떤 행위가 존속될 것이라는 일반사인의 정당한 신뢰는 보호되어야 한다는 원칙

2) 신뢰보호의 근거

이론적 근거	'법치주의원리'인 법적 안정성(통설 및 판례)
	헌법상의 법치국가원리의 파생원칙인 신뢰보호의 원칙은 국민이 법률적 규율이나 제도가 장래에도 지속할 것이라는 합리적인 신뢰를 바탕으로 이에 적응하여 개인의 법적 지위를 형성해 왔을 때에는 국가로 하여금 그와 같은 국민의 신뢰를 되도록 보호할 것을 요구함(헌재 1997. 7. 16, 97헌마38).01
실정법적 근거	행정기본법 제12조 제1항,02 국세기본법 제18조 제3항, 행정절차법 제4조 제2항 등03 **행정기본법 제12조 【신뢰보호의 원칙】** ① 행정청은 공익 또는 제3자의 이익을 현저히 해칠 우려가 있는 경우를 제외하고는 행정에 대한 국민의 정당하고 합리적인 신뢰를 보호하여야 한다.04

2 신뢰보호의 요건

1) 행정기관의 선행조치

(1) 선행조치의 의의

- 법령, 행정행위, 확약, 행정지도 등 사실행위, 기타 국민이 신뢰를 가지게 될 일체의 조치가 포함되며,05 명시적 · 묵시적 표시, 적극적 · 소극적 조치를 불문함(단, 판례는 선행조치를 공적인 견해표명에 한정함).06 07 한편, 위법한 행정행위도 선행조치가 될 수 있음.08
- 반드시 문서의 형식이거나 법적 구속력 있는 형식으로 표명될 필요는 없음.09

> 선행조치인 공적인 견해표명에는 명시적 의사표시뿐만 아니라 묵시적 의사표시도 포함됨(대판 1984. 12. 26, 81누266).10

(2) 언동(言動)의 범위

선행조치 (공적인 견해표명) 긍정	① 4년 동안 면허세를 부과할 수 있다는 사정을 알면서도 수출확대라는 공익상 필요에서 한 건도 부과한 일이 없었던 경우11 ② 시의 도시계획과장과 도시계획국장이 도시계획사업의 준공과 동시에 사업부지에 편입한 토지에 대한 완충녹지 지정을 해제함과 아울러 당초의 토지소유자들에게 환매하겠다는 약속을 했음에도, 이를 믿고 토지를 협의매매한 토지소유자의 완충녹지지정해제신청을 거부한 경우12
선행조치 (공적인 견해표명) 부정	①-1. 국세기본법 제18조 제3항에서 말하는 비과세관행이 성립하려면 상당한 기간에 걸쳐 과세를 하지 아니한 객관적 사실이 존재할 뿐만 아니라 과세관청 자신이 그 사항에 관하여 과세할 수 있음을 알면서도 어떤 특별한 사정 때문에 과세하지 않는다는 의사가 있어야 함.13 ①-2. 한편 공적 견해나 의사는 명시적 또는 묵시적으로 표시되어야 하지만, 묵시적 표시가 있다고 하기 위하여는 단순한 과세누락과는 달리 과세관청이 상당기간 불과세 상태에 대하여 과세하지 않겠다는 의사표시를 한 것으로 볼 수 있는 사정이 있어야 함. ② 상대방의 추상적 질의에 대한 일반론적인 견해표명14 ③ 「개발이익환수에 관한 법률」에 정한 개발사업을 시행하기 전에, 행정청이 민원예비심사에 대하여 관련부서 의견으로 '저촉사항 없음'이라고 기재한 경우15 16 ④-1. 행정상 법률관계에 있어서 특정의 사항에 대해 신뢰보호의 원칙상 처분청이 그와 배치되는 조치를 할 수 없다고 할 수 있을 정도의 행정관행이 성립되었다고 하려면 상당한 기간에 걸쳐 그 사항에 대해 동일한 처분을 하였다는 객관적 사실이 존재할 뿐만 아니라, 처분청이 그 사항에 관해 다른 내용의 처분을 할 수 있음을 알면서도 어떤 특별한 사정 때문에 그러한 처분을 하지 않는다는 의사가 있고 이와 같은 의사가 명시적 또는 묵시적으로 표시되어야 함.17 ④-2. 단순히 착오로 어떠한 처분을 계속한 경우는 행정관행이 성립한 경우에 해당되지 않는다 할 것이고, 따라서 처분청이 추후 오류를 발견하여 합리적인 방법으로 변경하는 것은 신뢰보호원칙에 위배되지 않음.18

선행조치 (공적인 견해표명) 부정	⑤ 병무청 담당부서의 담당공무원에게 공적 견해의 표명을 구하는 정식의 서면질의 등을 하지 아니한 채 총무과 민원팀장에 불과한 공무원이 민원봉사 차원에서 상담에 응하여 안내한 것을 신뢰한 경우19 ⑥ 과세관청이 납세의무자에게 부가가치세 면세사업자용 사업자등록증을 교부하거나 고유번호를 부여한 행위20 ⑦ 문화관광부(현 문화체육관광부)장관의 지방자치단체장에 대한 회신21 ⑧ 행정규칙인 재량준칙의 공표22 ⑨ 행정청이 지구단위계획을 수립하면서 그 권장용도를 판매·위락·숙박시설로 결정하여 고시한 행위23 ⑩ 법령안의 입법예고24 ⑪ 국회에서 일정한 법률안을 심의하거나 의결한 사정25

(3) 헌법재판소의 위헌결정

헌법재판소의 위헌결정은 행정청이 개인에 대하여 신뢰의 대상이 되는 공적인 견해를 표명한 것이라고 할 수 없으므로 그 결정에 관련한 개인의 행위에 대하여는 신뢰보호의 원칙이 적용되지 아니함(대판 2003. 6. 27, 2002두6965).26

(4) 선행조치(공적인 견해)의 판단기준

보건복지부장관 - 甲		강원도 A군 군수 - 甲
보건복지부장관이 "앞으로 강원도에 병원을 설립해 운영하면 5년간 세금을 면제해 주겠다."라고 하며 신청공고를 받았고, 이에 甲은 보건복지부장관의 견해표명을 믿고 병원을 설립해 운영하고 있음.	⇨	• 지방세 세금부과처분권한이 있는 A군 군수가 甲에게 세금부과처분을 하였음. 이에 甲은 A군 군수가 한 지방세 세금부과처분이 위법함을 주장하면서, 보건복지부장관의 비과세 약속에 대한 신뢰보호를 주장함. • 한편, A군 군수는 "나는 그런 약속을 한 적이 없다."라고 하면서 보건복지부장관은 세금부과처분을 할 수 있는 권한이 없으므로 신뢰보호원칙의 요건인 견해표명에 해당하지 않는다고 주장함.

- 위 사례와 같이 보건복지부장관은 행정조직상 세금부과에 대한 권한을 가지지 않지만, 상대방이 병원을 운영하는 국민이라면, 병원의 최고책임자인 보건복지부장관의 약속을 믿을 수밖에 없음.
- 따라서 행정청이 공적 견해를 표명하였는지를 판단할 때는 반드시 행정조직상 권한배분에 따라 판단할 것이 아니고, 국민이 믿을 수 있었던 가능성에 비추어 실질에 의해 판단하여야 함.

- 과세관청의 공적 견해표명이 있었는지의 여부를 판단하는 데 있어 반드시 행정조직상의 형식적인 권한분장에 구애될 것은 아니고 담당자의 조직상의 지위와 임무, 당해 언동을 하게 된 구체적인 경위 및 그에 대한 납세자의 신뢰가능성에 비추어 실질에 의하여 판단하여야 함(대판 1996. 1. 23, 95누13746).27 28
- 한편, 행정청이 아닌 보조기관에 불과한 행정청 소속 담당공무원이 한 경우도 선행조치에 포함될 수 있음.29

(5) **선행조치의 입증책임** - 원고에게 있음.

과세관청이 납세자에게 신뢰의 대상이 되는 공적인 견해를 표명하였다는 사실에 대한 주장·입증책임은 신뢰보호원칙을 주장하는 납세자(원고)에게 있음(대판 1992. 3. 31, 91누9824).30

(6) 구체적인 판례 검토

甲 - 동작구청장	동작구청장 - 甲	甲 - 동작구청장	동작구청장 - 甲
2. 1.	4. 10.	6. 20.	8. 25.
폐기물처리업을 경영하기 위하여 폐기물처리업 사업계획서 제출	폐기물처리업 사업계획 적합 통보	「국토의 계획 및 이용에 관한 법률」에 따라 국토이용계획변경신청(폐기물처리시설의 설치가 허용되지 않는 용도지역을 허용되는 용도지역으로 변경하기 위함)	국토이용계획변경신청 거부

- 폐기물처리업 사업계획에 대한 적합통보와 국토이용계획변경은 각기 그 제도적 취지와 결정단계에서 고려해야 할 사항들이 서로 다름.
- 동작구청장이 폐기물처리업 사업계획에 대하여 적합통보를 한 것은 그 사업부지 토지에 대한 국토이용계획변경신청을 승인하여 주겠다는 취지의 공적인 견해표명을 한 것으로 볼 수 없음.
- 甲이 국토이용계획변경신청의 승인을 받을 것으로 신뢰하였다면 그건 甲에게 귀책사유가 있다 할 것이므로, 동작구청장의 거부처분이 신뢰보호의 원칙에 위배된다고 할 수 없음.
- 한편, 폐기물처리업 사업계획에 대한 적정통보 또는 부적정통보는 항고소송의 대상이 되는 행정처분임(Topic 36 참조).

긍정사례	도시계획구역 내 생산녹지로 답(畓)인 토지에 대하여 종교회관 건립을 이용목적으로 하는 토지거래계약의 허가를 받으면서 담당공무원이 관련법규상 허용된다 하여 이를 신뢰하고 건축준비를 하였으나, 그 후 토지형질변경허가신청을 불허가한 것[31]
부정사례	①-1. 폐기물관리법령에 의한 폐기물처리업 사업계획에 대한 적정통보와 국토이용관리법령에 의한 국토이용계획변경은 각기 그 제도적 취지와 결정단계에서 고려해야 할 사항들이 다름. ①-2. 폐기물처리업 사업계획에 대하여 적정통보를 한 것만으로 그 사업부지 토지에 대한 국토이용계획변경신청을 승인하여 주겠다는 취지의 공적인 견해표명을 한 것으로 볼 수 없음. ①-3. 그럼에도 불구하고 승인을 받을 것으로 신뢰하였다면 원고에게 귀책사유가 있으므로, 국토이용계획변경신청에 대한 거부처분이 신뢰보호의 원칙에 위배된다고 할 수 없음.[32] ② 폐기물처리업 사업계획에 대한 적정통보 중에 토지에 대한 형질변경신청을 허가하는 취지의 공적 견해표명이 있다고 볼 수 없음.[33] ③ 재정경제부(현 기획재정부)가 보도자료를 통해 '법인세법 시행규칙을 개정하여 법제처의 심의를 거쳐 6월 말경 공포 · 시행할 예정'이라고 밝힌 것

2) 신뢰의 보호가치

(1) **신뢰의 보호가치 존재** : 신뢰보호원칙이 성립하기 위해서는 선행조치에 관한 관계인(상대방 · 수임인 등)의 신뢰가 보호가치 있는 것이어야 함. 즉, 상대방 등 관계인에게 귀책사유가 있어서는 안 됨.[34]

(2) **귀책사유의 의미**

- 귀책사유란 행정청의 견해표명의 하자가 상대방 등 관계자의 사실은폐나 기타 사위의 방법에 의한 신청행위 등 부정행위에 기인한 것이거나 그러한 부정행위가 없다고 하더라도 하자가 있음을 알았거나 중대한 과실로 알지 못한 경우 등을 의미함(판례).[35][36]
- 따라서 사인의 사위(詐僞)나 사실은폐 등이 있는 경우 또는 사후에 선행조치가 변경될 것을 사인(私人)이 예상하였거나 예상할 수 있었음에도 중대한 과실로 알지 못한 경우에는 보호가치 있는 신뢰라고 보기 어려움.[37]

> 수익적 행정처분의 하자가 당사자의 사실은폐나 기타 사위의 방법에 의한 신청행위에 기인한 것이라면 당사자는 처분에 의한 이익이 위법하게 취득되었음을 알아 취소가능성도 예상하고 있었다 할 것이므로, 그 자신이 처분에 관한 신뢰이익을 원용할 수 없음은 물론 행정청이 이를 고려하지 아니하였더라도 재량권의 남용이 되지 아니함(대판 2014. 11. 27, 2013두16111).[38][39]

(3) **귀책사유의 판단대상** : 상대방, 수임인 등 관계자 모두를 기준으로 판단

甲(위임인) - 乙(수임인)		행정청 - 甲(위임인)
甲이 건축허가를 신청하기 위하여, 건축사인 乙에게 설계도면을 의뢰하였고 해당 설계도면을 첨부하여 건축허가를 받아 건물을 짓고 있었음.	⇨	그런데 행정청이 해당 건물이 건축한계선을 넘어 건축되고 있다고 하며 건물철거를 명하였음. 이는 건축사인 乙이 의뢰받은 건축설계도면을 작성하는 과정에서 건축한계선의 제한이 있다는 사실을 간과한 채 건축설계를 하여 발생하게 된 일이었고, 이에 甲은 본인의 귀책사유가 아닌 건축사 乙의 책임이라고 주장함.

- 위 사례에서 건축한계선을 몰랐던 것이 일반국민인 甲(위임인)에게 과실이 있다고 보기는 어려움. 그러나 건축사인 乙(수임인)은 건축한계선을 알아야 하고 이를 간과한 것은 과실이 있다고 볼 수 있음.
- 귀책사유의 유무는 상대방과 그로부터 신청행위를 위임받은 수임인 등 관계자 모두를 기준으로 판단하기 때문에 甲으로부터 위임을 받은 건축사 乙의 귀책사유도 甲의 귀책사유라고 보아 신뢰보호원칙은 적용되지 않음.

1. 귀책사유의 유무는 상대방과 그로부터 신청행위를 위임받은 수임인 등 관계자 모두를 기준으로 판단하여야 함.[40]
2. 건축주와 그로부터 건축설계를 위임받은 건축사가 상세계획지침에 의한 건축한계선의 제한이 있다는 사실을 간과한 채 건축설계를 하고 이를 토대로 건축물의 신축 및 증축허가를 받은 경우, 그 신축 및 증축허가가 정당하다고 신뢰한 데에 귀책사유가 있음(대판 2002. 11. 8, 2001두1512).[41]

(4) 국가에 의한 유인된 신뢰

- 법령에 따른 개인의 행위가 국가에 의하여 일정한 방향으로 유인된 경우에 특별한 보호가치가 있는 신뢰이익이 인정될 수 있음.[42]
- 다만, 단지 법률이 부여한 기회를 활용한 것으로 사적 위험부담의 범위에 속하는 경우는 신뢰보호의 이익이 인정되지 않음(판례).[43]

3) 상대방의 조치 – 신뢰에 입각한 국민의 조치(적극적 · 소극적 행위 불문)[44]

4) 행정기관의 선행조치와 이를 신뢰하고 행한 국민의 조치 사이에 인과관계 필요[45]

5) 선행조치에 반하는 행정기관의 후행 행정작용[46]

6) 공익 또는 제3자의 정당한 이익을 현저히 해할 우려가 있는 경우가 아닐 것[47]

신뢰보호의 이익과 공익이 충돌하는 경우 양자의 이익을 비교 · 형량하여야 함(대판 1997. 9. 12, 96누18380).[48][49]

3 신뢰보호의 한계

1) 신뢰보호원칙과 법률적합성원칙의 관계

- 신뢰보호의 원칙과 행정의 법률적합성원칙은 다 같이 법치주의의 구성요소로 대등한 효력을 가짐.
- 신뢰보호의 원칙과 법률적합성의 원칙이 충돌하는 경우 적법상태의 실현에 의해 달성되는 공익과 개인의 신뢰보호라는 사익을 비교 · 형량하여 결정하여야 함(통설 및 판례).[50]

2) 사정변경

- 신뢰형성에 기초가 되는 사실관계가 사후에 변경되고 그와 관련된 당사자 등도 사후에 사실관계가 변경되었다는 것을 알았거나 알 수 있는 경우에는 신뢰보호를 주장할 수 없음.

사정이 변경된 경우 특별한 사정이 없는 한 행정청이 그 견해표명에 반하는 처분을 하더라도 신뢰보호의 원칙에 위반된다고 할 수 없음(대판 2020. 6. 25, 2018두34732).[51]

- 한편 행정청의 확약 또는 공적인 의사표명이 있은 후 사실적 · 법률적 상태가 변경되었다면 확약은 행정청의 별다른 의사표시를 기다리지 않고 실효됨(판례)(Topic 36 참조).

3) 무효인 행정행위 : 신뢰보호원칙을 주장할 수 없음.

1. 국가가 공무원임용결격사유가 있는 자에 대하여 결격사유가 있는 것을 알지 못하고 공무원으로 임용하였다가 사후에 결격사유가 있는 자임을 발견하고 공무원 임용행위를 취소하는 것은 당사자에게 원래의 임용행위가 당초부터 당연무효이었음을 통지하여 확인시켜 주는 행위에 지나지 아니하는 것이므로, 그러한 의미에서 당초의 임용처분을 취소함에 있어서는 신의칙 내지 신뢰의 원칙을 적용할 수 없고 또 그러한 의미의 취소권은 시효로 소멸하는 것도 아님(대판 1987. 4. 14, 86누459).[52]
2. 임용 당시 임용결격사유가 있는 경우라면 임용권자의 과실에 의해 임용결격자임을 밝혀내지 못하였다 하더라도 임용행위는 당연무효로 보아야 함(대판 2005. 7. 28, 2003두469).[53]

4 신뢰보호원칙의 적용범위

1) 실권의 법리

(1) 의의 : 행정청에 권리행사의 기회가 있음에도 장기간 권리를 행사하지 않아 국민이 행정청이 그 권리를 행사하지 않을 것으로 신뢰하는 경우, 그 권리를 행사할 수 없다는 법리

(2) 근 거

- 대법원은 실권의 법리를 신의성실원칙의 파생원칙으로 보고 있음.
- 행정기본법 제12조에서는 신뢰보호의 원칙하에 실권의 법리를 명문으로 규정함.

> 행정기본법 제12조【신뢰보호의 원칙】② 행정청은 권한행사의 기회가 있음에도 불구하고 장기간 권한을 행사하지 아니하여 국민이 그 권한이 행사되지 아니할 것으로 믿을 만한 정당한 사유가 있는 경우에는 그 권한을 행사해서는 아니 된다. 다만, 공익 또는 제3자의 이익을 현저히 해칠 우려가 있는 경우는 예외로 한다.[54]

(3) 요건 : ㉠ 행정청이 권리행사의 가능성을 알았을 것, ㉡ 장기간 권리행사를 하지 않았을 것, ㉢ 국민이 행정청의 권한불행사를 신뢰하였고 그에 대한 정당한 사유가 있을 것, ㉣ 공익 또는 제3자의 이익을 현저히 해칠 우려가 없을 것

(4) 구체적 판례 검토

1. 행정청이 착오로 행정서사업 허가처분을 한 후 20년이 다되어 허가를 취소하였더라도, 취소사유를 알고서도 장기간 권리행사를 하지 않은 것이 아니고 취소 직전에 비로소 취소사유를 알고 허가를 취소한 경우라면 실권의 법리에 위반되는 것이 아님(대판 1988. 4. 27, 87누915).[55]
2. 자동차운수사업법(현 「여객자동차 운수사업법」) 제31조 제1항 제5호 소정의 중대한 교통사고를 이유로 사고로부터 1년 10개월 후 사고택시에 대하여 한 운송사업면허의 취소는 신뢰보호원칙에 위반되지 않는 적법한 처분임(대판 1989. 6. 27, 88누6283).[56]

2) 수익적 행정행위의 취소 · 철회 제한 : 행정청이 행정행위를 취소 · 철회하는 경우에 있어서도 신뢰보호요건이 충족되면 취소 · 철회가 제한됨(Topic 34, 35 참조).

행정처분에 하자가 있음을 이유로 처분청이 이를 취소하는 경우에도 그 처분이 국민에게 권리나 이익을 부여하는 이른바 수익적 행정행위인 때에는 취소하여야 할 공익상 필요와 취소로 인하여 당사자가 입게 될 기득권과 신뢰보호 및 법률생활 안정의 침해 등 불이익을 비교 · 교량한 후 공익상 필요가 당사자가 입을 불이익을 정당화할 만큼 강한 경우에 한하여 취소할 수 있음(대판 1993. 8. 24, 92누17723).[57]

3) 행정계획 : 판례는 도시관리계획 결정만으로는 기존 계획을 계속 유지하겠다는 공적인 견해표명을 한 것으로 볼 수 없다고 함.[58] 계획보장청구권은 계획의 가변성을 고려하여 원칙적으로는 부정되지만 예외적으로 공익보다 사인의 신뢰이익이 더 큰 경우에는 인정될 수 있음(Topic 37 참조).

정구장시설을 설치한다는 도시계획결정을 하였다가 정구장 대신 청소년수련시설을 설치한다는 도시계획변경결정 및 지적승인을 한 경우, 정구장시설의 도시계획사업 시행자로 지정받을 것을 예상하고 정구장 설계비용 등을 지출한 자의 신뢰이익을 침해한 것으로 볼 수 없음(대판 2000. 11. 10, 2000두727).[59] [60]

4) 개정법령의 적용문제 : 법령개정의 경우에도 신뢰보호원칙이 적용될 수 있는바,[61] 이때는 구 법령에 대한 당사자의 신뢰이익과 개정법령의 적용을 통해 실현하고자 하는 공익과의 이익형량을 통해 해결하게 됨.

1-1. 신뢰보호는 절대적이거나 어느 생활영역에서나 균일한 것은 아니고 개개의 사안마다 관련된 자유나 권리, 이익 등에 따라 보호의 정도와 방법이 다를 수 있으며, 새로운 법령을 통하여 실현하고자 하는 공익적 목적이 우월한 때에는 이를 고려하여 제한될 수 있음.[62]

1-2. 그러므로 법령의 개정에 있어서 구 법령의 존속에 대한 당사자의 신뢰가 합리적이고도 정당하며, 법령의 개정으로 야기되는 당사자의 손해가 극심하여 새로운 법령으로 달성하고자 하는 공익적 목적이 그러한 신뢰의 파괴를 정당화할 수 없다면, 입법자는 경과규정을 두는 등 당사자의 신뢰를 보호할 적절한 조치를 하여야 하며, 이러한 신뢰보호원칙의 위배 여부를 판단하기 위하여는 한편으로는 침해받은 이익의 보호가치, 침해의 중한 정도, 신뢰가 손상된 정도, 신뢰침해의 방법 등과 다른 한편으로는 새 법령을 통해 실현하고자 하는 공익적 목적을 종합적으로 비교 · 형량하여야 함.[63][64]

1-3. 새로운 법령에 의한 신뢰이익의 침해는 새로운 법령이 과거의 사실 또는 법률관계에 소급적용되는 경우에 한하여 문제되는 것은 아니고, 과거에 발생하였지만 완성되지 않고 진행 중인 사실 또는 법률관계 등을 새로운 법령이 규율함으로써 종전에 시행되던 법령의 존속에 대한 신뢰이익을 침해하게 되는 경우에도 신뢰보호의 원칙이 적용될 수 있음.[65]

1-4. 변리사 제1차 시험을 절대평가제에서 상대평가제로 환원하는 내용의 변리사법 시행령 개정조항을 즉시 시행하도록 정한 부칙 부분은 헌법에 위반되어 무효임(대판 2006. 11. 16, 2003두12899 전합).

2. 재건축조합에서 일단 내부규범이 정립되면 조합원들은 특별한 사정이 없는 한 그것이 존속하리라는 신뢰를 가지게 되므로, 내부규범 변경을 통해 달성하려는 이익이 종전 내부규범의 존속을 신뢰한 조합원들의 이익보다 우월해야 함(대판 2020. 6. 25, 2018두34732).[66]

5 신뢰보호의 위반의 효과 – 위헌 · 위법

- 행정행위인 경우에는 무효 또는 취소할 수 있는 행위가 되며 행정입법이나 공법상 계약의 경우에는 무효가 됨.
- 신뢰보호원칙에 반하는 행정작용에 대해서는 국가배상법이 정하는 바에 따라 손해배상을 청구할 수도 있음.[67]

1. 폐기물처리업에 대하여 관할관청의 사전 적정통보를 받고 막대한 비용을 들여 허가요건을 갖춘 다음 허가신청을 하였음에도 청소업자의 난립으로 효율적인 청소업무의 수행에 지장이 있다는 이유로 한 불허가처분은 신뢰보호의 원칙을 위반한 위법한 처분임(대판 1998. 5. 8, 98두4061).[68]

2. 운전면허취소사유에 해당하는 음주운전을 적발한 경찰관의 소속 경찰서장이 사무착오로 위반자에게 운전면허정지처분을 한 상태에서 위반자의 주소지 관할 지방경찰청장(현 시 · 도경찰청장)이 위반자에게 운전면허취소처분을 한 것은 선행처분에 대한 당사자의 신뢰 및 법적 안정성을 저해하는 것으로서 허용될 수 없음(대판 2000. 2. 25, 99두10520).[69][70]

3. 동사무소 직원이 행정상 착오로 국적이탈을 사유로 주민등록을 말소한 것을 신뢰하여 만 18세가 될 때까지 별도로 국적이탈신고를 하지 않았던 사람이, 만 18세가 넘은 후 동사무소의 주민등록 직권 재등록 사실을 알고 국적이탈신고를 하자 '병역을 필하였거나 면제받았다는 증명서가 첨부되지 않았다'는 이유로 반려한 처분은 신뢰보호의 원칙에 반하여 위법함(대판 2008. 1. 17,.2006두10931).[71]

4. 과세관청이 비과세대상에 해당하는 것으로 잘못 알고 일단 비과세결정을 하였으나 그 후 과세표준과 세액의 탈루 또는 오류가 있는 것을 발견한 때에는, 이를 조사하여 다시 경정결정을 할 수 있음(대판 1989. 1. 17, 87누681).[72]

5. 국립공원 관리권한을 가진 행정청이 실제의 공원구역과 다르게 경계측량 및 표지를 설치한 십수 년 후 착오를 발견하여 지형도를 수정한 조치는 신뢰보호의 원칙에 위배되거나 행정의 자기구속의 법리에 반하는 것이라 할 수 없음(대판 1992. 10. 13, 92누2325).[73]

6 관련문제 – 법원이 비송사건절차법에 따라서 하는 과태료재판에 있어서 신뢰보호의 원칙이 적용되는지의 여부

법원이 비송사건절차법에 따라서 하는 과태료 재판은 관할관청이 부과한 과태료처분에 대한 당부를 심판하는 행정소송절차가 아니라 법원이 직권으로 개시 · 결정하는 것이므로, 원칙적으로 과태료재판에서는 행정소송에서와 같은 신뢰보호의 원칙 위반 여부가 문제로 되지 아니함(대결 2006. 4. 28, 2003마715).[74]

Topic

08 그 밖의 일반원칙

p.26~30

1 평등의 원칙

1) 의의 : 행정작용을 함에 있어 특별히 합리적인 사유가 없는 한 국민을 공평하게 대우해야 한다는 원칙으로 재량권행사의 한계원리로서 중요한 의미를 지님.

2) 근거 : 헌법 제11조, 행정기본법 제9조

행정기본법 제9조【평등의 원칙】 행정청은 합리적 이유 없이 국민을 차별하여서는 아니 된다.01

헌법 제11조 제1항의 평등의 원칙은 일체의 차별적 대우를 부정하는 절대적 평등을 의미하는 것이 아니라 입법과 법의 적용에 있어서 합리적 근거 없는 차별을 하여서는 아니 된다는 상대적 평등을 뜻하고 따라서 합리적 근거 있는 차별 내지 불평등은 평등의 원칙에 반하는 것이 아님(헌재 1994. 2. 24, 92헌바43).02

3) 한계 : 위법한 행정작용에서는 적용되지 않음(불법의 평등은 인정될 수 없음).

4) 위반의 효과 : 헌법상의 원칙으로서 평등원칙을 위반한 경우 위헌 · 위법한 행정작용이 됨.

5) 구체적인 판례 검토

평등원칙 위반 ○	① 함께 화투놀이를 한 4명 중 3명에게는 가벼운 징계처분인 견책을 하고 1명에게만 파면처분을 한 경우 ② 공무원시험에서 국가유공자의 가족들에게 10%의 가산점을 부여하고 있는 규정은 일반응시자들의 평등권과 공무담임권을 침해함03(국가유공자 등과 그 가족에 대한 가산점제도 자체가 입법정책상 전혀 허용될 수 없다는 것이 아니고,04 그 차별의 효과가 지나치다고 판단). ③ 지방의회의 조사 · 감사를 위해 채택된 증인의 불출석 등에 대한 과태료를 그 사회적 신분에 따라 차등 부과할 것을 규정한 조례05 ④ 청원경찰의 인원감축을 위하여 초등학교 졸업 이하 학력소지자 집단과 중학교 중퇴 이상 학력소지자 집단으로 나누어 집단별로 같은 감원비율의 인원을 선정한 것 ⑤ 플라스틱제품의 '수입업자'가 부담하는 폐기물부담금의 산출기준을 '제조업자'와 달리 그 수입가만을 기준으로 정한 것
평등원칙 위반 ×	① 같은 정도의 비위를 저지른 자들 사이에 있어서도 그 직무의 특성 등에 비추어, 개전의 정이 있는지 여부에 따라 징계의 종류의 선택과 양정에 있어서 차별적으로 취급하는 것은, 사안의 성질에 따른 합리적 차별로서 이를 자의적 취급이라고 할 수 없는 것이어서 평등원칙 내지 형평에 반하지 아니함.06 ② 일반직 직원의 정년을 58세로 규정하면서 전화교환직렬 직원만은 정년을 53세로 규정한 것07 ③ 연구단지 내 녹지구역에 위험물저장시설인 주유소와 LPG충전소 중에서 주유소는 허용하면서 LPG충전소는 금지하는 것08 ④ 관련법령이 정신병원 개설은 허가제로, 정신과의원 개설은 신고제로 규정하고 있는 것09

2 자기구속의 원칙

1) 의의 : 행정청은 자기 스스로 정한 시행기준을 합리적 이유 없이 이탈할 수 없다는 원칙으로 재량행위에 있어서 행정권의 자의를 방지하여 그 행사가 적정하게 이루어지도록 하는 재량통제기능을 가짐.

2) 근거 : 대법원과 헌법재판소는 평등원칙과 신뢰보호원칙을 행정의 자기구속원칙의 근거로 삼고 있음.10 11

1. 행정규칙인 재량준칙이 정한 바에 따라 행정관행이 이룩되게 되면 평등원칙이나 신뢰보호원칙에 따라 행정기관은 그 규칙에 따라야 할 자기구속을 당하게 되고 그러한 경우 행정규칙은 대외적 구속력을 가지게 됨(헌재 1990. 9. 3, 90헌마13).12
2. 재량권행사의 준칙인 행정규칙이 그 정한 바에 따라 되풀이 시행되어 행정관행이 이루어지게 되면 평등의 원칙이나 신뢰보호의 원칙에 따라 행정기관은 그 상대방에 대한 관계에서 그 규칙에 따라야 할 자기구속을 받게 되므로, 이러한 경우에는 특별한 사정이 없는 한 그를 위반하는 처분은 평등의 원칙이나 신뢰보호의 원칙에 위배되어 재량권을 일탈 · 남용한 위법한 처분이 됨(대판 2009. 12. 24, 2009두7967).13 14

3) 적용요건 : ㉠ 재량행위의 영역일 것, ㉡ 동종의 사안일 것,[15] ㉢ 동일한 행정청일 것,[16] ㉣ 선례필요설(다수설)

- 재량준칙이 공표된 것만으로 자기구속의 원칙이 적용될 수 없고, 재량준칙이 되풀이 시행되어 행정관행이 성립한 경우에 자기구속의 원칙이 적용될 수 있음.[17 18 19]
- 재량준칙이 되풀이 시행되어 행정관행이 이루어졌다고 볼 수 없다면 자기구속원칙을 위반한 것이 아님(판례).[20]

4) 한계 : 평등원칙에서 유래하는 것이므로 자기구속원칙 역시 선행행정작용이 위법한 경우에는 인정되지 않음.

> 평등의 원칙은 본질적으로 같은 것을 자의적으로 다르게 취급함을 금지하는 것이고, 위법한 행정처분이 수차례에 걸쳐 반복적으로 행하여졌다 하더라도 그러한 처분이 위법한 것인 때에는 행정청에 대하여 자기구속력을 갖게 된다고 할 수 없음(대판 2009. 6. 25, 2008두13132).[21 22]

5) 위반의 효과 : 자기구속원칙을 위반한 행정작용은 위헌 · 위법한 것으로서 항고소송의 대상이 되며 국가배상청구도 가능함.

3 부당결부금지의 원칙

1) 의의 : 행정기관이 행정조치를 할 때 그것과 '실질적 관련'이 없는 상대방의 반대급부를 결부시켜서는 안 된다는 원칙

2) 근거 : 행정기본법 제13조[23]

> **행정기본법 제13조 【부당결부금지의 원칙】** 행정청은 행정작용을 할 때 상대방에게 해당 행정작용과 실질적인 관련이 없는 의무를 부과해서는 아니 된다.[24 25]

3) 적 용

(1) 공법상 계약 : 행정청이 공법상 계약을 체결할 때 계약당사자에게 반대급부의 의무를 지우는 경우에는 그 반대급부는 행정청의 주된 급부와 실질적인 관련성을 가지고 있어야 함.[26]

(2) 부관 : 행정청이 행정행위를 하면서 상대방에게 불이익한 부관을 과하는 경우에는 근거법 및 당해 행정행위의 목적실현과 실질적인 관련성이 있어야 함.

> 1. 고속국도 관리청이 고속도로 부지와 접도구역에 송유관 매설을 허가하면서 상대방과 체결한 협약에 따라 송유관 시설을 이전하게 될 경우 그 비용을 상대방에게 부담하도록 한 경우 위 협약에 포함된 부관이 부당결부금지의 원칙에 반하지 않음(대판 2009. 2. 12, 2005다65500).[27]
> 2. 주택사업계획승인을 하면서 주택사업과는 아무런 관련이 없는 토지를 기부채납하도록 하는 부관을 붙인 경우 그 부관은 부당결부금지원칙에 위반되어 위법하나 당연무효는 아님(대판 1997. 3. 11, 96다49650).[28 29]

(3) 공급거부 · 관허사업의 제한 등 행정의 실효성 확보수단 : 행정법상의 의무자가 의무를 이행하지 않아 행정청이 의무이행을 확보하기 위한 수단을 사용하는 경우에는 행정법상의 의무와 그 수단 간에 실질적인 관련성이 있어야 함.[30]

4) 위반의 효과 : 부당결부금지의 원칙을 위반한 행위는 위헌 · 위법한 것이 됨(일반적으로 취소사유).[31]

5) 관련문제 – 복수운전면허의 철회

- 여러 종류의 자동차운전면허를 취득한 경우 이를 취소 또는 정지할 때 서로 별개의 것으로 취급하는 것이 원칙임.[32]
- 취소사유가 특정 면허에 관한 것이 아니고 다른 면허와 공통된 것이거나 운전면허를 받은 사람에 관한 것일 경우, 여러 면허를 전부 취소할 수 있음(판례).[33]

부당결부금지 원칙 위반 O	부당결부금지 원칙 위반 ×
(이륜자동차로서 제2종 소형면허를 가진 사람만이 운전할 수 있는 오토바이는 제1종 대형면허나 보통면허를 가지고서도 이를 운전할 수 없는 것이어서 이와 같은 이륜자동차의 운전은 제1종 대형면허나 보통면허와는 아무런 관련이 없는 것이므로) 이륜자동차를 음주운전한 사유만으로 제1종 대형면허나 보통면허의 취소 · 정지를 할 수 없음(대판 1992. 9.22, 91누8289).34	① 제1종 보통면허로 운전할 수 있는 승합차를 음주운전한 경우 제1종 보통면허 외에 제1종 대형면허까지 취소한 것은 위법한 처분이 아님(대판 1997. 3. 11, 96누15176).35 ② 제1종 보통면허로 운전할 수 있는 차량을 음주운전한 경우에 이와 관련된 면허인 제1종 대형면허와 원동기장치 자전거면허까지 취소할 수 있음(제1종 보통면허의 취소에는 원동기장치자전거의 운전까지 금지하는 취지가 포함되어 있다고 봄)(대판 1994. 11. 25, 94누9672).36 ③ 제1종 대형면허로 운전할 수 있는 차량을 운전면허정지기간 중에 운전한 경우에는 이와 관련된 제1종 보통면허까지 취소할 수 있음(대판 2005. 3. 11, 2004두12452).37

4 적법절차의 원칙

- 개인의 권익을 제한하는 모든 국가작용은 적법절차(due process)에 따라 행하여져야 한다는 원칙
- 행정절차법에 규정이 없는 경우에도 행정권행사가 적정한 절차에 따라 행해지지 아니한 경우에는 그 행정권행사는 적법절차의 원칙 위반으로 위헌 · 위법임.38

행정기본법 제3조【국가와 지방자치단체의 책무】① 국가와 지방자치단체는 국민의 삶의 질을 향상시키기 위하여 적법절차에 따라 공정하고 합리적인 행정을 수행할 책무를 진다.39

5 권한남용금지의 원칙

- 세무조사가 과세자료의 수집 또는 신고내용의 정확성 검증이라는 본연의 목적이 아니라 부정한 목적을 위하여 행하여진 것이라면 이는 세무조사에 중대한 위법사유가 있는 경우에 해당하고 이러한 세무조사에 의하여 수집된 과세자료를 기초로 한 과세처분 역시 위법함(대판 2016. 12. 15, 2016두47659).40

행정기본법 제11조【성실의무 및 권한남용금지의 원칙】② 행정청은 행정권한을 남용하거나 그 권한의 범위를 넘어서는 아니 된다.41

6 모든 법의 일반원칙

1) 신의성실의 원칙 : 행정기본법 제11조 제1항에서는 행정청의 성실의무의 원칙으로 규정

행정기본법 제11조【성실의무 및 권한남용금지의 원칙】① 행정청은 법령 등에 따른 의무를 성실히 수행하여야 한다.42 43

1. 甲은 공사 현장에서 근무하던 중 부상을 당하여 병원 치료를 받고, 치료받는 기간 동안 근무를 할 수 없었음. 근로자가 입은 부상이 업무상 재해에 해당되는 경우, 근로복지공단에 치료비(요양급여)와 일하지 못한 기간 동안의 급여(휴업급여)를 신청할 수 있게 됨(요양급여를 먼저 신청한 후 휴업급여를 신청해야 함).
2. 甲은 근로복지공단에 요양급여를 신청하였는데 근로복지공단은 甲이 근무지에서 부상당한 것이 아니라고 보아 불승인처분을 하였고, 이에 甲은 근로복지공단을 상대로 취소소송을 제기하여 승소확정판결(甲의 주장이 타당하다는 판결로 근로복지공단은 요양급여를 지급하여야 함)을 받았음.
3. 후에 甲은 휴업급여를 신청하였는데 근로복지공단은 휴업급여청구권이 시효가 완성되어 소멸하였다는 이유로 거부하였음. 그러나 甲의 휴업급여신청의 청구가 늦어진 사유가 근로복지공단이 판단을 잘못하여 요양급여신청을 거부하여 소송으로 다투고 있었기 때문임.
4. 위 사안과 같이 근로복지공단의 책임 있는 사유로 인하여 甲이 권리를 행사할 수 없었음에도 불구하고, 소멸시효 완성을 주장하는 것은 신의성실의 원칙에 반하여 허용될 수 없음.

1. 근로복지공단의 요양불승인처분에 대한 취소소송을 제기하여 승소확정판결을 받은 근로자가 요양으로 인하여 취업하지 못한 기간의 휴업급여를 청구한 경우, 그 휴업급여청구권이 시효완성으로 소멸하였다는 근로복지공단의 항변은 신의성실의 원칙에 반하여 허용될 수 없음(대판 2008. 9. 18, 2007두2173 전합).44

2. 지방공무원 임용신청 당시 잘못 기재된 호적상 출생년월일을 생년월일로 기재하고, 이에 근거한 공무원인사기록카드의 생년월일 기재에 대하여 처음 임용된 때부터 약 36년 동안 전혀 이의를 제기하지 않다가, 정년을 1년 3개월 앞두고 호적상 출생년월일을 정정한 후 그 출생년월일을 기준으로 정년의 연장을 요구하는 것은 신의성실의 원칙에 반하지 않음(대판 2009. 3. 26, 2008두21300).45

3. 관할관청이 위법한 직업능력개발훈련과정 인정제한처분을 하여 사업주로 하여금 제때 훈련과정 인정신청을 할 수 없도록 하였음에도, 인정제한처분에 대한 취소판결확정 후 사업주가 인정제한기간 내에 실제로 실시하였던 훈련에 관하여 비용지원신청을 한 경우에, 사전에 훈련과정인정을 받지 않았다는 이유만을 들어 훈련비용지원을 거부하는 것은 신의성실의 원칙에 반하여 허용될 수 없음(대판 2019. 1. 31, 2016두52019).46

2) **권리남용금지의 원칙** : 행정기관의 권리가 법률상 정해진 공익목적에 반하여 행사되어서는 안 된다는 원칙

Topic

09 공법관계와 사법관계

p.30~32

1 행정법관계 - 행정상 법률관계 중 공법의 규율을 받는 법률관계

2 공법관계와 사법(私法)관계

1) 구별실익

구 분	공법관계	사법(私法)관계
적용 법원리	공법원리의 적용	사법원리의 적용
소 송**01**	분쟁해결은 행정소송	분쟁해결은 민사소송

2) 구별기준

- 공법관계와 사법관계는 1차적으로 관계법령의 규정내용과 성질 등을 기준으로 하여 구별함.
- 한편, 행정편의를 위하여 사법(私法)상의 금전급부의무(예컨대, 일반재산의 대부료를 연체한 경우) 불이행에 대해 국세징수법 중 체납처분에 관한 규정을 준용하는 경우 그러한 체납처분행위(압류 · 매각 등을 의미)는 공법행위이며 특별한 사정이 없는 한 민사소송의 방법으로 대부료 등의 지급을 구하는 것은 허용되지 않는다는 것이 판례의 입장임.**02**
- 이 경우 국유일반재산에 대한 체납처분은 공법행위인 처분이므로 상대방인 국민은 체납처분을 대상으로 행정소송을 제기하여 이를 다툴 수 있음.

3) 판례의 태도

공법관계	사법관계
① 국 · 공유재산 관리청이 행하는 행정재산의 사용 · 수익에 대한 허가와 허가신청에 대한 거부**03** ② 행정재산에 대한 사용료 부과**04** ③ 행정재산을 기부채납한 자에 대한 무상사용허가 ④ 국유재산 무단점유자에 대한 변상금 부과처분**05** ⑤ 조세채무는 법률의 규정에 의하여 정해지는 법정채무로서 당사자가 그 내용 등을 임의로 정할 수 없고, 조세채무관계는 공법상의 법률관계이고 그에 관한 쟁송은 원칙적으로 행정사건으로서 행정소송법의 적용을 받음.**06**	① 산림청장이 산림법 등의 정하는 바에 따라 국유임야를 대부하거나 매각 또는 양여하는 행위와 국유임야무상양여신청서를 반려한 거부처분행위**07** ② 잡종재산(현 일반재산)인 국유림 대부행위, 그 대부료 납부고지**08 09 10** ③ 「공익사업을 위한 토지 등의 취득 및 보상에 관한 법률」에 의한 협의취득은 사법상의 법률행위이므로 당사자 사이의 자유로운 의사에 따라 채무불이행책임이나 매매대금 과부족금에 대한 지급의무를 약정할 수 있음.**11 12** ④ 구 「공공용지의 취득 및 손실보상에 관한 특례법」상의 협의취득에 기한 손실보상금의 환수통보 ⑤ 한국공항공단이 무상사용허가를 받은 행정재산에 대하여 하는 전대행위**13** ⑥ 입찰보증금의 국가귀속조치**14** ⑦ 환매권, 환매권행사로 인한 매수, 환매금액증감**15** ⑧ 개발부담금 부과처분이 취소된 경우, 그 과오납금에 대한 부당이득반환청구**16** ⑨ 조세과오납금 반환청구
⑥ 귀속재산처리법에 의한 귀속재산의 매각**17**	⑩ 국유재산〔잡종재산(현 일반재산)〕의 매각 및 매각신청반려행위
⑦ 도시재개발조합과 조합원 간의 법률관계 ⑧ 농지개량조합이 조합직원(조합원을 의미)에 대하여 행한 징계처분**18**	⑪ 공기업과 직원의 근무관계(서울특별시 지하철공사의 임원과 직원의 근무관계,**19** 한국조폐공사직원의 근무관계, 한국방송공사의 직원채용관계) ⑫ 종합유선방송위원회 직원들의 근로관계**20** ⑬ '공무원 및 사립학교 교직원 의료보험관리공단' 직원의 근무관계 ⑭ 지방자치단체의 관할구역 내에 있는 각급 학교에서 학교회계직원으로 근무하는 것을 내용으로 하는 근로계약**21**

⑨ 수도료 부과징수 및 납부관계22 ⑩ 공공하수도의 이용관계	⑮ 전기 · 전화공급관계
⑪ 중학교 의무교육의 위탁관계23	⑯ 지방자치단체가 학교법인이 설립한 사립중학교에 의무교육대상자에 대한 교육을 위탁한 때 그 학교법인과 해당 사립중학교에 재학 중인 학생의 재학관계24 ⑰ 사립학교 교원과 학교법인의 관계25
⑫ 국립의료원 부설주차장에 관한 위탁관리용역운영계약(계약이라는 용어를 사용하고 있으나 행정행위로서 특허에 해당)26 ⑬ 국가나 지방자치단체에 근무하는 청원경찰에 대한 징계처분(처분성 긍정)27 ⑭ 「도시 및 주거환경정비법」상의 주택재건축정비사업조합이 수립한 관리처분계획안에 대한 조합총회결의28	⑱ 「국가를 당사자로 하는 계약에 관한 법률」에 따라 지방자치단체가 시행한 입찰절차에서의 낙찰자 결정29 ⑲ 국가를 당사자로 하는 계약이나 공공기관의 운영에 관한 법률의 적용대상인 공기업이 일방 당사자가 되는 계약(이하 편의상 '공공계약'이라 함)은 국가 또는 공기업(이하 '국가 등'이라 함)이 사경제의 주체로서 상대방과 대등한 지위에서 체결하는 사법(私法)상의 계약으로서30 본질적인 내용은 사인 간의 계약과 다를 바가 없으므로, 법령에 특별한 정함이 있는 경우를 제외하고는 사적 자치와 계약자유의 원칙을 비롯한 사법의 원리가 원칙적으로 적용됨. ⑳ 국가가 수익자인 수요기관을 위하여 국민을 계약대상자로 하여 체결하는 요청조달계약에는 다른 법률에 특별한 규정이 없는 한 당연히 「국가를 당사자로 하는 계약에 관한 법률」이 적용됨.31 ㉑ 지방자치단체가 일방 당사자가 되는 이른바 '공공계약'이 사경제의 주체로서 상대방과 대등한 위치에서 체결하는 사법상 계약에 해당하는 경우 사법원리가 그대로 적용됨.32 ㉒ 지방자치단체가 일반재산을 입찰이나 수의계약을 통해 매각하는 것 ㉓ 주한미군 한국인 직원의료보험조합직원의 근무관계33

써니쌤 Talk

공법관계와 사법관계를 구별하기 위해서 대비되는 개념을 익혀야 함. 우선 행정재산과 대비되는 개념은 일반재산이고, 행정재산을 일반인에게 사용하도록 허가하는 것을 사용허가라고 하며, 일반재산을 일반인에게 사용하도록 하는 것을 대부관계라고 함. 즉, 행정재산에는 '사용허가'라는 표현을 사용하고, 일반재산에는 주로 '대부행위'라는 표현을 사용함.

행정재산 →	사용허가(공법관계)	사용료부과(공법관계)	무단점유자변상금부과(공법관계로서 처분) → 불이행시 강제징수
일반재산 →	대부관계(사법관계)	사용료부과(사법관계)	

Topic

10 행정상 법률관계와 행정법관계의 당사자

p.33~34

1 행정상 법률관계

행정상 법률관계는 행정의 조직과 작용에 관한 법률관계를 말하는 것으로, 넓은 의미로는 행정조직법적 관계와 행정작용법적 관계를 포함하지만, 좁은 의미로는 행정작용법적 관계(공법관계, 사법관계)만을 가리킴.

- 공법관계
  - 권력관계 : 행정주체에게 일반 사인에게는 인정되지 않는 우월적 지위가 인정되는 법률관계 **01**
  - 관리관계
- 사법관계
  - (협의의) 국고관계 : 행정주체가 일반 사인과 같은 사법상의 재산권의 주체로서 사인과 맺는 관계 **02**
  - 행정사법관계

2 행정법관계의 당사자 - 행정기관과 행정주체의 구별

구 분	행정기관	행정주체
개 념	행정을 실제로 수행하는 자	행정법관계에서 행정권을 행사하고 그 행위의 법적 효과가 궁극적으로 귀속되는 당사자
종 류	① 행정청 • 개념 : 행정에 관한 의사를 결정하여 표시하는 국가 또는 지방자치단체의 (행정)기관, **03** 그 밖에 법령 등에 따라 행정에 관한 의사를 결정하여 표시하는 권한을 가지고 있거나 그 권한을 위임 또는 위탁받은 공공단체 또는 그 기관이나 사인(私人)(행정기본법 제2조, 행정절차법 제2조, 행정심판법 제2조, 행정소송법 제2조) **04** • 종류 : 독임제 행정청, 합의제 행정청(예 노동위원회, 토지수용위원회, 공정거래위원회, 행정심판위원회 등) **05** • 취소소송 등 항고소송의 피고적격을 가지는 자는 처분 등을 행한 행정청이 됨. ② 의결기관 : 의사를 결정하는 권한만 있을 뿐 이를 외부에 표시할 권한은 없는 행정기관(예 징계위원회) **06** ③ 기타 : 보조기관, 보좌기관 등	① 국가 ② 공공단체 • 지방자치단체 • 공공조합(예 농지개량조합, 재개발조합 등) • 영조물법인(예 서울대학교, 국립의료원 등) • 공법상 재단법인 ③ 공무수탁사인 「도시 및 주거환경정비법」상 주택재건축정비사업조합은 공법인으로서 그 목적범위 내에서 행정주체의 지위를 가짐(대판 2009. 10. 15, 2008다93001). **07**

3 공무수탁사인(공권력이 부여된 사인)

1) **개념** : 공행정사무를 위탁받아 자신의 이름으로 처리할 수 있는 권한을 부여받은 행정주체인 사인(자연인, 법인, 법인격 없는 단체 모두 될 수 있음) **08**

2) **공무수탁사인의 예** : 별정우체국장, 경찰권을 위임받은 선장 · 항공기 기장, **09** 「공익사업을 위한 토지 등의 취득 및 보상에 관한 법률」상 토지수용권을 행사하는 사인, **10** 교정업무를 수행하는 교정법인 또는 민영교도소, **11** 공증업무를 수행하는 공증인, 불법행위를 한 변호사에 대해 제재처분을 내리는 경우의 변호사협회 등

3) **구별개념**

(1) 행정을 자기책임하에 수행하는 것이 아니라 행정청을 위하여 비독립적으로 활동하고 공행정업무처리에서 기술적인 집행 등의 단순히 보조역할을 하는 행정보조인(예 아르바이트로 우편업무를 수행하는 사인, 사고현장에서 경찰의 부탁에 의해 경찰을 돕는 자 등)은 공무수탁사인이 아님. **12**

(2) 사법상 계약에 의해 경영위탁을 받은 자(예 경찰과 한 용역계약에 의해 주차위반차량을 견인하는 민간사업자, 쓰레기수거인 등)는 공무수탁사인이 아님. **13**

(3) **관련문제** - 소득세원천징수의무자(소득세를 원천적으로 징수하는 회사 사장 등)

원천징수의무자(회사)		원천납세의무자(봉급을 받는 근로자)
• 원천징수는 원천징수의무자가, 원천납세의무자가 부담할 세액을 정부를 대신하여 징수하는 것을 말함. • 회사는 근로소득자에게 매달 3.3%의 세금을 월급에서 제하고 지급하는데, 세법에 의하여 자동적으로 확정되는 세액을 근로자로부터 징수하여 납세하게 됨.	⇨	• 그러나 근로자의 실제 납세액이 원천징수세액과 달라질 수 있음. 이 경우 근로자는 연말정산을 통해 환급을 받을 수 있으므로 원천징수에 대하여 매달 소송으로 다툴 필요가 없게 됨. • 따라서 원천징수의무자의 원천징수행위는 행정처분이 아님.

소득세법에 의한 원천징수의무자의 원천징수행위는 법령에서 규정된 징수 및 납부의무를 이행하기 위한 것에 불과한 것이지, 공권력의 행사로서의 행정처분에 해당되지 아니함(대판 1990. 3. 23, 89누4789).[14]

4) 법적 근거 : 공권력행사의 권한을 사인에게 이전시키는 제도이므로 법적 근거가 필요함.

국가가 자신의 임무를 그 스스로 수행할 것인지 아니면 그 임무의 기능을 민간부문으로 하여금 수행하게 할 것인지에 관하여는 **입법자에게 광범위한 입법재량 내지 형성의 자유가 인정됨**(헌재 2007. 6. 28, 2004헌마262).[15]

5) **공무를 위탁한 행정주체와 공무수탁사인의 관계** : 국가가 공무수탁사인의 공무수탁사무수행을 감독하는 경우 수탁사무수행의 합법성뿐만 아니라 합목적성(타당성)까지도 감독할 수 있음.[16]

6) **공무수탁사인의 공무수행과 권리구제**

- 공무수탁사인은 수탁받은 공무를 수행하는 범위 내에서는 행정주체이고,[17] 행정기본법 · 행정절차법이나 행정심판법과 행정소송법상으로는 행정청이기도 함.[18]
- 공무수탁사인은 처분이라는 형식에 의해 권한을 행사할 수 있음. 이 경우 그 처분의 위법을 다투기 위해서 항고소송을 제기하여야 하며,[19] 이때 피고는 공무를 위임한 행정청이 아니라 공무수탁사인으로 하여야 함.[20]
- 공무수탁사인의 위법한 침해로 사인이 손해를 입은 경우 국가배상법에 따라 공무를 위탁한 국가 또는 지방자치단체를 상대로 손해배상을 청구할 수 있음(다수설).[21]

4 행정객체

- 행정주체에 의한 공권력행사의 상대방을 행정객체라고 함.
- 일반적으로 사인이 행정객체가 되나 지방자치단체 등의 공공단체도 국가나 다른 공공단체에 대해서는 행정객체의 지위에 서는 경우가 있음.[22]

Topic

11 공권과 공의무(공법관계 - 행정법관계의 내용)

p.34~37

1 개인적 공권 - 개인이 직접 자기의 이익을 위하여 행정주체에 대해 가지는 권리

1) 반사적 이익과 개인적 공권의 구별01

- 반사적 이익이란 행정법규가 사익이 아닌 공익만을 위하여 행정주체 또는 사인에게 일정한 의무를 부과한 결과, 그에 따른 반사적 효과로서 이와 관련된 개인이 얻게 되는 이익 등을 말함.
- 개인적 공권은 처분의 근거법규 및 관계법규가 공익뿐만 아니라 개인의 이익(사익)도 아울러 보호하고 있는 경우에 성립될 수 있음.02 다만, 행정법규가 공익의 보호만을 목적으로 하고 있고 개인의 이익은 보호하지 않는 경우 그 법규로부터 개인이 이익을 누리더라도 그러한 이익은 반사적 이익에 불과함.

개인적 공권	법규의 사익보호성 긍정	원고적격 긍정	손해배상청구권 인정
반사적 이익	법규의 사익보호성 부정	원고적격 부정	손해배상청구권 부정

2) 개인적 공권의 성립요건

(1) 법률규정에 의한 공권의 성립

① 행정청의 의무의 존재

② 사익보호성03 : 처분의 직접적 근거법률 외에 관련법률까지 고려하고 있음(판례).04

③ 재판청구가능성〔소구(訴求)가능성 - 의사력(법상의 힘)〕 : 개괄주의를 취하므로 더 이상 공권의 성립요건이 아님(통설).

(2) 헌법규정에 의한 공권의 성립 : 헌법상의 모든 기본권이 행정법상의 개인적 공권이 되는 것은 아님.

- 자유권적 기본권 : 소극적 방어권으로 그 자체가 구체적 내용을 가지고 있어 법률에 의해 구체화되지 않아도 직접 적용될 수 있는 개인적 공권임.05 06
- 사회권적 기본권 : 법률에 의해 구체화되기 전까지는 그 내용이 추상적 권리성을 가지는 것이므로 재판상 주장될 수 있는 구체적인 개인적 공권이 되기는 어려움.07

대법원	① 구속된 피고인 등의 타인 접견권은 헌법상 기본권인 인간의 존엄과 가치 및 행복추구권으로부터 도출될 수 있는 것으로서 법률에 의하여 비로소 인정되는 권리가 아님(대판 1992. 5. 8, 91부8). ② 환경영향평가대상지역 밖에 거주하는 주민에게 헌법상의 환경권 또는 환경정책기본법에 근거하여 공유수면매립면허처분과 농지개량사업시행인가처분의 무효확인을 구할 원고적격이 없음(헌법상 환경권으로부터는 원고적격이 도출될 수 없음)(대판 2006. 3. 16, 2006두330 전합).08
헌법재판소	① (플라스틱 병마개의 제조회사가 국세청고시에 의해 납세병마개의 제조업자로 다른 두 회사만이 지정되고 자신은 이에 제외되자 이로 인해 기업활동에 커다란 제한을 받게 되었다는 이유로 이를 다툰 사건에서) 헌법상 기본권인 경쟁의 자유로부터 행정청의 지정행위의 취소를 다툴 법률상 이익, 즉 사익보호성이 인정됨(헌재 1998. 4. 30, 97헌마141). ② 알권리는 일반적으로 접근할 수 있는 정보원으로부터 자유롭게 정보를 수령 · 수집하거나, 국가기관 등에 대하여 정보의 공개를 청구할 수 있는 권리로서(헌재 2023. 7. 20, 2019헌바417), 헌법 제21조(표현의 자유)에 의하여 직접 보장되는 기본권임(헌재 2022. 10. 27, 2021헌가4). 최신 ③-1. 헌법 제32조 제1항이 규정하는 근로의 권리는 사회적 기본권으로서 국가에 대하여 직접 일자리를 청구하거나 일자리에 갈음하는 생계비의 지급청구권을 의미하는 것이 아니라 고용증진을 위한 사회적 · 경제적 정책을 요구할 수 있는 권리에 그치며, 근로의 권리로부터 국가에 대한 직접적인 직장존속청구권이 도출되는 것도 아님. ③-2. 근로자가 퇴직급여를 청구할 수 있는 권리도 헌법상 바로 도출되는 것이 아니라 법률이 구체적으로 정하는 바에 따라 비로소 인정될 수 있는 것임(헌재 2011. 7. 28, 2009헌마408).09 ④ 사회적 기본권의 성격을 가지는 의료보험수급권은 국가에 대하여 적극적으로 급부를 요구하는 것이므로 헌법규정만으로는 이를 실현할 수 없고 법률에 의한 형성을 필요로 함(헌재 2003. 12. 18, 2002헌바1). ⑤ 사회권적 기본권의 성격을 갖는 공무원연금수급권은 헌법규정만으로는 실현할 수 없고 그 구체적 내용, 즉 수급요건, 수급권자 범위 및 급여금액 등은 법률에 의해 비로소 확정됨(헌재 2013. 9. 26, 2011헌바272).10 11 12

(3) 조리에 의한 공권의 성립 : 개인적 공권은 조리에 의해서도 성립될 수 있음.[13]

> 법령상 검사임용신청 및 그 처리의 제도에 관한 명문규정이 없다고 하여도 조리상 임용권자는 임용신청자들에게 전형의 결과에 대한 응답, 즉 임용 여부의 응답을 해줄 의무가 있다고 보아야 하고 원고로서는 그 임용신청에 대하여 임용 여부의 응답을 받을 권리가 있음(대판 1991. 2. 12, 90누5825).[14]

(4) 기 타

- 개인적 공권은 공법상 계약, 법규명령(건축주명의변경신고에 관한 건축법 시행규칙), 관습법(구 수산업법 제40조 소정의 관행어업권)에 의해서도 성립할 수 있음.[15]
- 행정규칙은 일반국민의 권리 · 의무와 아무런 관련이 없으므로 행정규칙에 의해서는 개인적 공권 성립 어려움.

> 철거민에 대한 시영아파트특별분양지침은 행정규칙이므로 이로부터 공법상 분양신청권이 도출될 수는 없음(대판 1989. 12. 26, 87누1214).[16]

2 개인적 공권의 확대화 경향(행정소송법 중 원고적격 부분 참조)

1) 처분의 상대방이 아닌 제3자에게 공권이 성립하는 경우 : 제3자에게 공권이 성립한다면 제3자는 원고적격 가짐.

구분	내용
경원자관계	• 경원자관계란 인 · 허가 등의 수익적 행정처분을 신청한 수인이 서로 경쟁관계에 있어서 일방에 대한 면허나 인 · 허가 등의 행정처분이 타방에 대한 불허가 등으로 귀결될 수밖에 없는 경우의 관계를 의미함. • 경원자관계에서는 특별한 사정이 없는 한 처분의 상대방이 아닌 자도 소송을 제기할 원고적격이 인정됨. • 다만, 명백한 법적 장애로 인하여 원고 자신의 신청이 인용될 가능성이 처음부터 배제되어 있는 경우에는 당해 처분의 취소를 구할 이익이 없음.
	(법학전문대학원 설치인가에서 탈락한 대학은 설치인가처분에 대한 취소를 구할 원고적격이 있다고 판시하면서) **경원관계에서** 경원자에 대하여 이루어진 허가 등 **처분의 상대방이 아닌 자도 원칙적으로 그 처분의 취소를 구할 원고적격이 있음**(대판 2009. 12. 10, 2009두8359).[17]
경업자관계	• 관련규범이 업자들 간의 과다경쟁으로 인한 경영의 불합리를 미리 방지하는 것을 목적으로 하는 것이라면 기존업자는 타인에 대한 신규 인 · 허가 등의 취소를 구할 법률상 이익이 있음.[18] • 기존업자가 특허업자인 경우 관련법규가 경영상 이익을 보호하고 있는 것으로 해석될 가능성이 크므로 원고적격이 인정됨.[19] • 기존업자가 허가업자인 경우에는 반사적 이익 또는 사실상 이익에 불과한 것으로 보아 원고적격을 부정함. 다만, 허가업자도 법률상 이익이 인정되는 경우가 예외적으로 존재할 수 있음.
	① **기존 시내버스업자(특허업자)는** 시외버스사업을 하는 자에 대해 시내버스로 전환함을 허용하는 사업계획변경인가처분의 취소를 구할 **법률상 이익이 있음**(대판 1987. 9. 22, 85누985).[20] ② **공중목욕장업허가는 강학상 허가로서** 기존 공중목욕장업자가 가지는 이익은 반사적 이익에 불과하므로 신규목욕장업허가처분에 대해 취소소송을 제기할 **원고적격이 없음**(대판 1963. 8. 31, 63누101).[21]
인근주민소송	인근주민소송은 이웃하는 자들 사이에서 특정인에게 주어지는 수익적 행위가 타인에게 법률상 불이익을 초래하는 경우 불이익을 받은 타인이 자기의 법률상 이익침해를 다투는 소송을 의미함.
	① 도시계획법(현 「국토의 계획 및 이용에 관한 법률」)과 건축법을 위반한 연탄공장건축허가처분으로 불이익을 받고 있는 주거지역 내 제3자는 당해 행정처분의 취소를 소구할 원고적격이 있음(대판 1975. 5. 13, 73누96 · 97).[22] ② 원자로시설부지 인근주민들에게 방사성물질 등에 의한 생명 · 신체의 안전침해를 이유로 부지사전승인처분의 취소를 구할 원고적격이 있음(대판 1998. 9. 4, 97누19588). ③-1. 환경영향평가에 관한 자연공원법령 및 환경영향평가법령의 규정들의 취지는 환경공익을 보호하려는 데에 그치는 것이 아니라 환경영향평가대상지역 안의 주민들이 개발 전과 비교하여 수인한도를 넘는 환경침해를 받지 아니하고 쾌적한 환경에서 생활할 수 있는 개별적 이익까지 보호하는 데 있음.[23] ③-2. 국립공원 용화집단시설지구개발사업으로 인하여 직접적이고 중대한 환경피해를 입으리라고 예상되는 환경영향평가대상지역 안의 주민에게 환경영향평가대상사업에 관한 변경승인 및 허가처분의 취소를 구할 원고적격이 있음(대판 1998. 4. 24, 97누3286).

2) 공물의 일반사용으로 인한 이익

1. 일반적인 시민생활에 있어 도로를 이용만 하는 사람은 도로용도폐지를 다툴 법률상 이익이 없음.[24]
2. 도로의 용도폐지처분에 관하여 직접적인 이해관계를 가지는 사람이 개별적이고 구체적인 이익을 현실적으로 침해당한 경우에는 그 취소를 구할 법률상의 이익이 있음(대판 1992. 9. 22, 91누13212).[25]

3 개인적 공권의 특수성

1) 포기의 제한

1. 행정소송에 있어서 **소권은** 개인의 국가에 대한 공권이므로 **당사자의 합의로써 이를 포기할 수 없음**(대판 1995. 9. 15, 94누4455).[26]
2. 행정소송에 대한 부제소특약(편저자 주 : 소권의 포기에 관한 계약)은 무효임(대판 1998. 8. 21, 98두8919).[27]
3. 당사자 사이에 석탄산업법 시행령 제41조 제4항 제5호의 재해위로금에 대한 지급청구권에 관한 부제소합의가 있었다고 하더라도 그러한 합의는 무효라고 할 것임(대판 1999. 1. 26, 98두12598).[28]

2) **대행의 제한** : 공권은 일반적으로 일신전속성을 가지므로 대행이나 위임이 제한되는 경우가 많음(예 선거권의 대행 또는 위임이 금지되는 경우 등).[29]

4 공의무

개인적 공의무는, 예컨대 병역의무와 같이 포기나 이전이 제한되는 경우가 있음.

5 공권 · 공의무의 승계

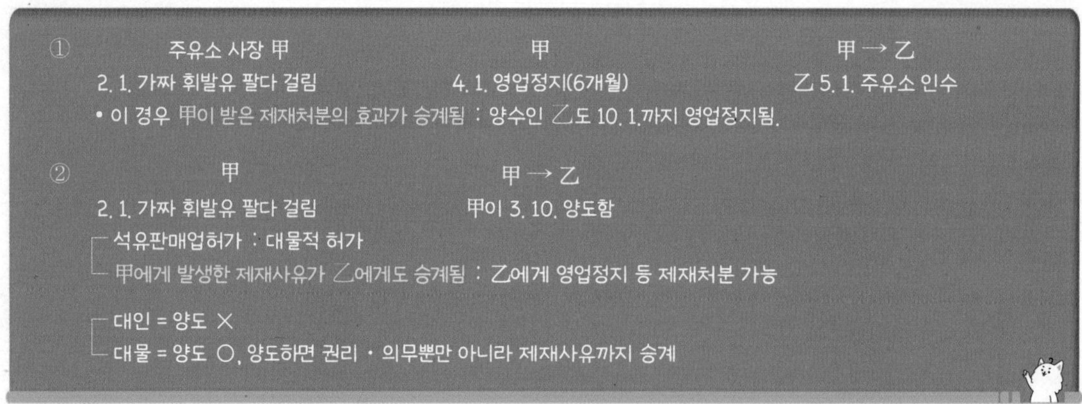

1) **행정주체의 승계** : 행정주체 간의 권리 · 의무의 승계는 지방자치단체의 폐치(폐지 · 설치) · 분합(나눔 · 합침), 그 밖의 공공단체의 통폐합의 경우에 많이 이루어짐.[30]

2) 사인의 권리 · 의무의 승계

(1) **명문의 규정이 있는 경우** : 개인적 공권과 공의무의 승계에 관한 일반법은 없음.

(2) **명문의 규정이 없는 경우**

- **승계가능 여부** : 민법상 권리 · 의무 승계규정을 준용하여 일정한 요건을 갖춘 경우 승계가능성 긍정

> 공인회계사법에 의하여 설립된 회계법인 사이에 흡수합병이 있는 경우, 피합병회계법인의 권리 · 의무가 존속회계법인에 승계됨(대판 2004. 7. 8, 2002두1946).[31]

- 승계요건의 문제 : 일신전속적(한 사람에게 전적으로 속함)인 경우 승계 불인정, 대물적 성질이 있는 경우 승계 인정

> 1. 구 산림법령상 채석허가를 받은 자가 사망한 경우, 상속인이 그 지위를 승계함.
> 2. 산림을 무단형질변경한 자가 사망한 경우, **원상회복명령에 따른 복구의무**는 타인이 대신하여 행할 수 있는 의무로서 **일신전속적 성질을 갖는 것이 아니므로 당해 토지의 소유권 또는 점유권을 승계한 상속인이 그 복구의무를 부담**함(대판 2005. 8. 19, 2003두9817 · 9824).[32]

(3) **관련문제** - 제재사유의 승계 여부

- 판례는 공법상 책임(공법상 의무)의 승계뿐만 아니라 법적 책임을 부과하기 이전 단계에서의 제재사유의 승계까지 긍정하고 있음.[33]
- 한편 개별법(예 식품위생법 제78조)에는 양수인이 선의임을 증명하는 경우에는 양수인에게 제재처분을 할 수 없다는 규정을 두는 경우도 있음.

> **석유판매업허가는 대물적 허가**의 성격을 갖는 것으로 석유판매업자의 **지위를 승계한 자(양수인)에 대하여 종전의 석유판매업자(양도인)가 유사석유제품을 판매하는 위법행위를 하였다는 이유로** 사업정지 등 **제재처분을 취할 수 있음**(대판 2003. 10. 23, 2003두8005).[34]

Topic

12 무하자재량행사청구권, 행정개입청구권

p.37~39

1 무하자재량행사청구권

1) 의 의

- 행정청에게 재량권을 하자 없이 행사하여 줄 것을 요구할 수 있는 권리
- 전통적 공권이론에 따르면 개인적 공권은 강행규정이 존재할 때에만 인정될 수 있었음. 그러나 오늘날 재량행위의 영역에서도 공권이 성립할 수 있다는 것이 일반적 견해이며, 이와 관련한 것이 무하자재량행사청구권임.01
- 처분의 근거법규가 재량규정으로 되어 있는 경우에도 행정청에게 일정한 한계 내에서 재량을 행사할 의무를 부과함.02

2) 법적 성질

- 무하자재량행사청구권은 재량행위에 인정되는 권리임.03
- 특정처분을 청구하는 것이 아니라, 하자 없는 재량행사를 청구하는 권리임.

3) 인정 여부 : 검사임용거부처분취소소송사건을 무하자재량행사청구권의 법리를 인정한 판례로 볼 수 있다는 것이 다수의 견해임.

> (검사임용을 받지 못한 사법연수원 수료생이 이를 다툰 사건에서) **행정청에는 적어도 재량권의 한계일탈이나 남용이 없는 위법하지 않은 응답을 할 의무가 있고, 이에 대해 임용신청자로서도 재량권의 한계일탈이나 남용이 없는 적법한 응답을 요구할 권리가 있음.04**
> 검사의 임용 여부는 임용권자의 자유재량에 속하는 사항이나, 임용권자가 동일한 검사신규임용의 기회에 원고를 비롯한 다수의 검사지원자들로부터 임용신청을 받아 전형을 거쳐 자체에서 정한 임용기준에 따라 이들 중 일부만을 선정하여 검사로 임용하는 경우에 있어서, 법령상 검사임용신청 및 그 처리의 제도에 관한 명문규정이 없다고 하여도 조리상 임용권자는 임용신청자들에게 전형의 결과인 임용 여부의 응답을 해줄 의무가 있다고 보아야 하고,05 원고로서는 그 임용신청에 대하여 임용 여부의 응답을 받을 권리가 있다고 할 것이며, 응답할 것인지 여부조차도 임용권자의 편의재량사항이라고는 할 수 없음.06 검사의 임용에 있어서 임용권자가 임용 여부에 관하여 어떠한 내용의 응답을 할 것인지는 임용권자의 자유재량에 속하므로 일단 임용거부라는 응답을 한 이상, 설사 그 응답내용이 부당하다고 하여도 사법심사의 대상으로 삼을 수 없는 것이 원칙이나, 적어도 재량권의 한계일탈이나 남용이 없는 위법하지 않은 응답을 할 의무가 임용권자에게 있고, 이에 대응하여 임용신청자로서도 재량권의 한계일탈이나 남용이 없는 적법한 응답을 요구할 권리가 있다고 할 것이며, 이러한 응답신청권에 기하여 재량권남용의 위법한 거부처분에 대하여는 항고소송으로서 그 취소를 구할 수 있다고 보아야 함(대판 1991. 2. 12, 90누5825).

4) 무하자재량행사청구권의 인정범위 : 행정작용이 수익적 행정행위인 경우뿐만 아니라 부담적 행정행위인 경우에도 적용될 수 있음.07

5) 성립요건

(1) 행정청의 의무의 존재(강행법규성) : 조리상으로도 가능, 특정 내용의 처분을 할 의무를 뜻하는 것은 아님.

(2) 사익보호성 : 무하자재량행사청구권도 개인적 공권이라는 점에서 사익보호성 요건을 충족해야 함.

2 행정개입청구권

1) 의의 : 협의(본래적 의미)의 행정개입청구권이란 개인이 자기의 이익을 위하여 타인에 대해 일정한 행위를 발동하여 줄 것을 행정청에 청구하는 권리를 말함.

2) 논의되는 영역

(1) 재량행위의 경우

- 인정 여부 : 재량권이 영(0)으로 수축되는 경우 인정됨.
- 재량권이 영(0)으로 수축되기 위한 요건 : ㉠ 사람의 생명, 신체 및 재산 등 중요한 법익에 급박하고 현저한 위험이 존재하고,[08] ㉡ 그러한 위험이 시정명령 등 행정권의 발동에 의해 제거될 수 있는 것이며, ㉢ 피해자의 개인적인 노력만으로는 권익침해를 막기 어려운 경우
- 효과 : 재량권이 영(0)으로 수축하는 경우 행정청은 특정한 내용의 처분을 하여야 할 의무를 짐. 이 경우 무하자재량행사청구권이 행정개입청구권으로 전환됨.[09] 재량권의 영(0)으로의 수축이론은 개인적 공권을 확대하는 역할을 함.[10]

(2) 기속행위의 경우 : 기속행위에 대해서는 특정행위에 대한 의무가 행정청에 있으므로 행정개입청구권은 기속행위의 경우에도 인정됨.

3) 성질 : 행정개입청구권은 특정한 처분을 할 것을 요구할 수 있는 권리로서 실질적 권리성을 가짐.

4) 인정 여부

항고소송의 원고적격과 관련한 경우	주거지역 내의 도시계획법과 건축법상의 제한면적을 초과한 연탄공장건축허가처분으로 불이익을 받고 있는 제3거주자는 당해 행정처분의 취소를 소구할 법률상 자격이 있음(대판 1975. 5. 13, 73누96).[11]
행정상 손해배상청구의 경우	①-1. 경찰관이 농민들의 시위를 진압하고 시위과정에 도로상에 방치된 트랙터 1대에 대하여 이를 도로 밖으로 옮기거나 후방에 안전표지판을 설치하는 것과 같은 위험발생방지조치를 취하지 아니한 채 그대로 방치하고 철수하여 버린 결과, 야간에 그 도로를 진행하던 운전자가 위 방치된 트랙터를 피하려다가 다른 트랙터에 부딪혀 상해를 입은 경우 국가배상책임이 인정됨.[12] ①-2. 관련 법조문이 형식상 경찰관에게 재량권을 부여한 것처럼 되어 있으나 구체적인 경우 행정청의 권한의 불행사(부작위)는 직무상 의무를 위반한 것이 되어 위법하므로 손해배상책임이 인정됨(대판 1998. 8. 25, 98다16890).[13] ② (음주운전으로 적발된 주취운전자가 도로 밖으로 차량을 이동하겠다며 단속경찰관이 보관 중이던 차량열쇠를 반환받아 몰래 차량을 운전하여 가던 중 사고를 일으킨 경우, 국가배상책임을 인정하면서)[14] 경찰관의 주취운전자에 대한 권한행사가 관계법률의 규정형식상 경찰관의 재량에 맡겨져 있다고 하더라도, 그러한 권한을 행사하지 아니한 것이 구체적인 상황하에서 현저하게 합리성을 잃어 사회적 타당성이 없는 경우에는 경찰관의 직무상 의무를 위배한 것으로서 위법함(대판 1998. 5. 8, 97다54482).

5) 성립요건

(1) 개입의무의 발생 : 기속행위에서는 법규정에 따라 특정처분을 할 의무가 있으므로 특별한 문제가 되지 않으나 재량행위에서는 재량권이 영(0)으로 수축되어 기속행위로 전환된 이후에 개입의무가 발생함.

(2) 사익보호성 : 행정개입청구권 역시 공권이므로 사익보호성 요건을 충족하여야 함.[15]

Topic

13 특별권력관계

p.39~40

1 특별권력관계론

1) 종래의(전통적) 특별권력관계론 : 특별권력관계란 특별한 행정목적을 달성하기 위해 특별권력기관과 특별한 신분을 가진 자 간에 성립되는 법률관계로서, 특별권력기관이 특별한 신분을 가진 자에 대해 포괄적인 지배권을 행사하며 법치주의가 제한되는 관계로 봄.

2) 특별권력관계론의 인정 여부 - 울레(Ule)의 수정설(기본관계 · 경영관계 구별론)

기본관계01 사법심사의 대상 ○	• 특별권력관계 자체의 성립 · 변경 · 종료 등 구성원의 법적 지위의 본질적 사항에 해당하는 관계 • 공무원의 임명 · 파면 · 전직, 군인의 입대 · 제대, 학생의 입학허가 · 퇴학 · 정학 등
경영관계 사법심사의 대상 ×	• 특별권력관계의 목표를 실현하는 데 필요한 관계로서 내부질서를 유지하기 위한 관계 • 공무원에 대한 직무명령,02 군인의 훈련, 학생에 대한 강의, 수형자의 교도소 내의 일상활동 등

2 특별행정법관계(특별권력관계)

1) 성 립

성립03
- 법률의 규정에 의한 성립 : 병역의무자의 군입대, 수형자의 교도소 수감, 감염병환자의 강제입원
- 동의에 의한 성립04
  - 임의적(자발적) 동의 : 공무원의 임용, 국 · 공립대학의 입학 등
  - 강제적(의무적) 동의 : 학령아동의 초등학교 취학

2) 종류 : 공법상의 근무관계, 공법상의 영조물이용관계, 공법상의 특별감독관계, 공법상의 사단관계05

3) 내용 : 특별권력관계에서는 명령권과 징계권이 인정됨(형벌권과 과세권은 일반권력관계임을 구별할 것).06

4) 특별행정법관계(특별권력관계)와 법치주의

법률유보의 원칙	오늘날 이론에 의하면 특별행정법관계(특별권력관계)에도 법률유보의 원칙이 적용됨.
	국방의 목적을 달성하기 위하여 상명하복의 체계적인 구조를 가지고 있는 군조직의 특수성을 감안할 때, 군인의 복무 기타 병영생활 및 정신전력 등과 밀접하게 관련되어 있는 부분은 행정부에 널리 독자적 재량을 인정할 수 있는 영역이라고 할 것이므로, 이와 같은 영역에 대하여 법률유보원칙을 철저하게 준수할 것을 요구하고, 그와 같은 요구를 따르지 못한 경우 헌법에 위반된다고 판단하는 것은 합리적인 것으로 보기 어려움. 군인사법 제47조의2는 헌법이 대통령에게 부여한 군통수권을 실질적으로 존중한다는 차원에서 군인의 복무에 관한 사항을 규율할 권한을 대통령령에 위임한 것이라 할 수 있고, 대통령령으로 규정될 내용 및 범위에 관한 기본적인 사항을 다소 광범위하게 위임하였다 하더라도 포괄위임금지원칙에 위배된다고 볼 수 없음.07 따라서 이 사건 복무규율조항은 이와 같은 군인사법 조항의 위임에 의하여 제정된 정당한 위임의 범위 내의 규율이라 할 것이므로 법률유보원칙을 준수한 것임(헌재 2010. 10. 28, 2008헌마638).
기본권제한	• 특별행정법관계(특별권력관계)의 구성원에 대한 기본권제한은 헌법규정 또는 헌법 제37조 제2항의 기본권제한의 원칙에 따라 법률에 근거하여서만 가능함.08 • 따라서 수형자에 대한 서신검열행위가 법률에 근거 없이 행하여졌다면 위법한 행위가 됨.09
	육군3사관학교 사관생도의 경우 특수한 신분관계에 있어 일반국민보다 기본권이 더 제한될 수 있음. 다만 그 경우에도 법률유보원칙, 과잉금지원칙 등 기본권제한의 헌법상 원칙들을 지켜야 함(대판 2018. 8. 30, 2016두60591).10 11
사법심사	특별행정법관계(특별권력관계)의 행위도 처분성이 긍정되는 한, 사법심사의 대상이 됨(통설).12
	① 수형자의 서신을 교도소장이 검열하는 행위는 이른바 권력적 사실행위로서 행정심판이나 행정소송의 대상이 되는 행정처분으로 볼 수 있음(헌재 1998. 8. 27, 96헌마398).13 ② 구청장과 동장의 관계는 이른바 특별권력관계로서 이러한 특별권력관계의 행위에 의해 권리를 침해당한 자는 행정소송법에 따라 취소소송을 제기할 수 있음(대판 1982. 7. 27, 80누86). ③ 국립교육대학 학생에 대한 퇴학처분은 행정처분으로서 행정소송의 대상이 됨(특별권력관계인 경우)(대판 1991. 11. 22, 91누2144).14

Topic

14 행정법관계에 대한 법규정의 흠결시 타법의 적용

p.40

1 명문의 규정이 없는 경우 사법규정의 적용가능성

1) 유추적용설(통설 · 판례) : 공법관계의 내용 및 사법규정의 성질에 따라 사법규정을 유추적용할 수 있다는 견해

2) 공법규정의 흠결시 다른 공법규정을 유추적용하는 경우 : 성문의 행정법규정의 흠결이 있는 경우에는 우선 유사한 행정법규정(공법규정)을 유추적용하여야 함(판례).

인정한 판례
제외지 소유자에 대해 손실보상을 한다는 명문규정이 없더라도 하천법 규정을 유추적용하여 관리청은 손실을 보상하여야 함(대판 1987. 7. 21, 84누126). **01**

부정한 판례
조세법률주의의 원칙상 과세요건이나 비과세요건 또는 조세감면요건을 막론하고 조세법규의 해석은 특별한 사정이 없는 한 법문대로 해석할 것임(대판 2004. 5. 28, 2003두7392). **02**

2 사법규정의 유추적용 및 그의 한계

- 사법규정에는 모든 법에 공통적으로 적용될 수 있는 법원리 · 기술적 규정과 사인 상호 간 이해조절규정이 있음.
- 민법의 법률행위에 관한 규정 중 의사표시의 효력발생시기, 대리행위의 효력, 조건과 기한의 효력 등의 규정은 행정행위에도 적용됨. **03**

사법규정의 성질	① 법원리 · 기술적 규정(법일반원리적 규정) ② 대등당사자 전제 이해조절 규정
공법관계	┌ 권력관계 : ① **04** └ 관리관계 : ① + ②

실권의 법리는 법의 일반원리인 신의성실의 원칙에 바탕을 둔 파생원칙으로 공법관계 가운데 관리관계는 물론이고 권력관계에도 적용되어야 함(대판 1988. 4. 27, 87누915). **05**
☑ 대법원은 실권의 법리를 신의성실원칙의 파생원칙으로 보고 있지만, 행정기본법에서는 신뢰보호원칙의 내용으로 규정하고 있음.

Topic

15 행정법상의 사건

p.41~44

1 행정기본법상 행정에 관한 나이의 계산 및 표시

행정기본법 제7조의2【행정에 관한 나이의 계산 및 표시】 행정에 관한 나이는 다른 법령 등에 특별한 규정이 있는 경우를 제외하고는 출생일을 산입하여 만(滿) 나이로 계산하고, 연수(年數)로 표시한다. 다만, 1세에 이르지 아니한 경우에는 월수(月數)로 표시할 수 있다.01

2 기 간

종래 행정법에는 기간과 관련한 일반규정이 없었고 민법의 기간계산에 관한 규정이 특별한 규정이 없는 한 행정법상의 기간계산에도 적용되어 왔음. 이에 2021년 제정된 행정기본법은 행정에 관한 기간계산의 사항을 명시적으로 규정함으로써 공법관계에 대한 기간계산의 법적 근거를 마련하고 있음.

행정기본법 제6조【행정에 관한 기간의 계산】 ① 행정에 관한 기간의 계산에 관하여는 이 법 또는 다른 법령 등에 특별한 규정이 있는 경우를 제외하고는 민법을 준용한다.02
② 법령 등 또는 처분에서 국민의 권익을 제한하거나 의무를 부과하는 경우 권익이 제한되거나 의무가 지속되는 기간의 계산은 다음 각 호의 기준에 따른다. 다만, 다음 각 호의 기준에 따르는 것이 국민에게 불리한 경우에는 그러하지 아니하다.
1. 기간을 일, 주, 월 또는 연으로 정한 경우에는 기간의 첫날을 산입한다.03
2. 기간의 말일이 토요일 또는 공휴일인 경우에도 기간은 그 날로 만료한다.04 05 06

3 시 효

- 일정한 사실상태가 지속된 경우 그 계속된 사실상태를 존중하여 법률생활의 안정을 도모하려는 제도
- 공법관계에도 민법의 시효에 관한 규정이 적용됨. 다만, 행정법관계의 특수성상 민법의 규정이 그대로 적용되는 것이 아니라 유추적용됨. 공법상 금전채권의 소멸시효기간을 정하는 이유는 사법관계와 마찬가지로 공법관계에서도 법률관계를 오래도록 미확정인 채로 방치하여 두는 것이 타당하지 않기 때문임.07

1) 금전채권 소멸시효

국가재정법 제96조【금전채권 · 채무의 소멸시효】 ① 금전의 급부를 목적으로 하는 국가의 권리로서 시효에 관하여 다른 법률에 규정이 없는 것은 5년 동안 행사하지 아니하면 시효로 인하여 소멸한다.08
② 국가에 대한 권리로서 금전의 급부를 목적으로 하는 것도 또한 제1항과 같다.09
③ 금전의 급부를 목적으로 하는 국가의 권리의 경우 소멸시효의 중단 · 정지, 그 밖의 사항에 관하여 다른 법률의 규정이 없는 때에는 민법의 규정을 적용한다.10 국가에 대한 권리로서 금전의 급부를 목적으로 하는 것도 또한 같다.
④ 법령의 규정에 따라 국가가 행하는 납입의 고지는 시효중단의 효력이 있다.

국가 등의 국민에 대한 금전채권	• **원칙적 5년** : 다른 법률에 특별한 규정이 없는 한 5년 동안 행사하지 아니하면 시효로 인하여 소멸한다고 국가재정법과 지방재정법에 규정함으로써, 민법과 달리 시효를 단기(短期)로 정하고 있음. • **'다른 법률'의 의미** : 일반적 견해는 민법도 포함된다고 함. 다만, 소멸시효를 단기로 규정하고 있는 국가재정법의 취지상 민법에서 5년보다 짧은 기간을 규정하고 있는 경우에는 다른 법률에 포함되나, 5년보다 긴 기간을 규정하고 있는 경우에는 다른 법률에 포함되지 않는다고 함. • **'다른 법률'에 규정을 둔 구체적 예** : 관세법상의 관세과오납반환청구권(5년),11 관세징수권(5년), 공무원연금법상의 단기급여지급청구권(3년), 국가배상법상의 국가배상청구권(손해 및 가해자를 안 날로부터 3년) • **국가의 사법(私法)상 행위에서 발생한 금전채권의 경우** : 국가의 사법상의 행위에서 발생한 국가의 채권에도 적용됨(원칙 5년).

국가 등의 국민에 대한 금전채권	금전의 급부를 목적으로 하는 국가의 권리인 이상, 금전급부의 발생원인에 관하여는 아무런 제한이 없으므로 국가의 공권력 발동으로 하는 행위는 물론 국가의 사법(私法)상 행위에서 발생한 국가에 대한 금전채무도 포함함(대판 1967. 7. 4, 67다751).[12]
국민의 국가에 대한 금전채권	국민의 국가에 대한 금전채권, 또는 지방자치단체에 관한 금전채권 역시 소멸시효는 5년임(국가재정법 제96조 제2항, 지방재정법 제82조 제2항).

2) 소멸시효의 중단 · 정지 등

- 소멸시효의 중단 · 정지에 관해서도 다른 법률에 특별한 규정이 없는 한 민법의 규정이 준용됨.[13]
- 한편 다른 법률의 특별한 규정에는 국세기본법상 납부고지, 독촉 등에 시효중단의 효력을 인정하는 규정[14] 등을 들 수 있음.

① 甲 2000. 2. 1. 상속 → 행정청 - 甲 2003. 2. 1. 상속세 세금부과 · 고지 납부기한 : 2003. 2. 15.까지 (甲에게 세금부과처분을 하면서 사전통지를 하지 않은 절차상 하자가 존재) → 甲 - 행정청 2003. 4. 1. 취소소송 → 甲 - 행정청 2007. 5. 1. 취소판결확정 → 행정청 - 甲 2007. 9. 1. 상속세 세금부과 · 고지 (행정청은 이번에는 사전통지를 하고 의견청취를 한 다음에 세금부과처분을 함)

- 우선 판결에서 적시한 절차상의 하자를 보완하여 동일한 처분을 하는 것은 가능함(Topic 73 참조).
- 甲은 "2000년에 상속받았으니 현재 2007년이고 5년 지났다. 즉, 소멸시효가 완성되었다."고 주장함. 반면, 행정청은 "2003년에 납입고지를 하여 시효가 중단되었고 이후 다시 시효가 진행되니 아직 5년이 지나지 않았다."고 주장함.
- 소멸시효제도의 존재이유는 "권리 위에 잠을 자는 자를 보호하지 않겠다."는 것인데, 행정청은 2003년에 권리행사에 나아갔고 관련법령에서 납입고지를 시효중단사유로 규정하고 있고 이러한 납입고지에 의한 시효중단의 효력은 세금부과처분이 취소되었더라도 상실되지 않음.

② 甲 2000. 1. 1. ~ 2000. 12. 31. 국유지 무단점유 → 행정청 - 甲 2002. 2. 1. 변상금 부과처분 납부기한 : 2002. 2. 20.까지 → 甲 - 행정청 2002. 4. 1. 취소소송 → 甲 - 행정청 2007. 7. 1. 현재까지도 변상금 부과처분에 대한 취소소송이 진행 중

- 甲은 "소송진행 중에 소멸시효 5년이 지났다."고 주장함. 반면, 행정청은 "소송이 진행 중이면 소송이 끝날 때까지는 시효가 중단된다."고 주장함.
- 우선 소송이 진행 중에는 판결이 나올 때까지 시효가 중단되는 경우도 있음. 그러나 위 사안에서 취소소송을 제기한 사람은 甲으로 甲의 재판청구권행사일 뿐 국가의 권리행사가 아님. 또한 국가는 변상금 부과처분에 대한 취소소송이 진행 중이라도 위법한 처분을 스스로 취소하고 하자를 보완하여 다시 적법한 부과처분을 할 수도 있는 것이므로 권리행사에 장애가 있었다고 볼 수 없음. 따라서 시효는 중단되지 않고 계속 진행됨.

1. 납입고지(현 납부고지)에 의한 시효중단**의 효력은 그** 납입고지에 의한 부과처분이 취소되더라도 상실되지 않음(**대판** 2000. 9. 8, 98두19933).[15]
2. 세무공무원이 체납자의 재산을 **압류하기 위해 수색을 하였으나** 압류할 목적물이 없어 압류를 실행하지 못한 경우**에도 시효중단의 효력이 발생함**(대판 2001. 8. 21, 2000다12419).[16]
3. **변상금 부과처분에 대한 취소소송이 진행 중이라도** 그 부과권자로서는 **위법한 처분을 스스로 취소하고 그 하자를 보완하여 다시 적법한 부과처분을 할 수도 있는 것이어서**[17][18] 그 권리행사에 법률상의 장애사유가 있는 경우에 해당한다고 할 수 없으므로, 변상금 부과처분에 대한 취소소송이 진행되는 동안에도 그 부과권의 소멸시효가 진행됨(**대판** 2006. 2. 10, 2003두5686).[19]

3) 제척기간과의 구별

- 제척기간이란 일정한 권리에 대하여 법률이 정한 존속기간을 말함(예 행정소송법상의 제소기간).

● 소멸시효와 제척기간의 비교

구 분	소멸시효	제척기간
취 지	• 계속된 사실상태 존중 • 권리행사 태만 배제 • 입증곤란의 구제	법률관계의 조속한 확정 ① 제척기간은 권리자로 하여금 권리를 신속하게 행사하도록 함으로써 그 권리를 중심으로 하는 법률관계를 조속하게 확정하려는 데에 그 제도의 취지가 있는 것으로서, 특별한 사정이 없는 한 그 기간의 경과 자체만으로 곧 권리 소멸의 효과 발생시킴(대판 2021. 3. 18, 2018두47264 전합).20 최신 ② 모법인 법률에 의한 위임이 없는 한 시행령이 함부로 제척기간을 규정할 수는 없음(대판 1990. 9. 28. 89누2493).21
원용의 요부	필요(소송에서 주장해야 참작)	불요(법원의 직권조사사항)
중단 · 정지	있음	없음 제척기간은 권리자의 권리행사 태만 여부를 고려하지 않으며, 또 당사자의 신청만으로 추상적 권리가 실현되므로 기간 진행의 중단 · 정지를 상정하기 어려움(대판 2021. 3. 18, 2018두47264 전합).22 최신
기산점	권리를 행사할 수 있는 때	권리가 발생한 때23
완성의 효과	소급효 O(기산일에 소급)	소급효 ×

4) 공물의 취득시효

(1) 국유 또는 공유의 공물

법규정	• 국유재산법,24 「공유재산 및 물품관리법」 • 국 · 공유의 공물은 공용폐지되지 않는 한 취득시효의 대상이 되지 않음.25 문화재보호구역 내의 국유토지는 공물인 보존재산에 해당하므로 시효취득의 대상이 되지 않음(대판 1994. 5. 10, 93다23442).
공용폐지	명시적 의사표시에 의한 폐지 외에 묵시적 의사표시에 의한 폐지도 가능함. 다만, 단순히 행정재산이 본래의 용도에 사용되지 않는다는 사실만으로 묵시적 공용폐지의사를 인정할 수는 없음. ① 행정재산은 공용이 폐지되지 않는 한 사법상 거래의 대상이 될 수 없으므로 취득시효의 대상이 되지 않음(대판 1994. 3. 22, 93다56220).26 ②-1. 행정재산이 기능을 상실하여 본래의 용도에 제공되지 않는 상태에 있다 하더라도 관계법령에 의하여 용도폐지가 되지 아니한 이상 당연히 취득시효의 대상이 되는 잡종재산이 되는 것은 아님.27 ②-2. 공용폐지의 의사표시는 묵시적인 방법으로도 가능하나 행정재산이 본래의 용도에 제공되지 않는 상태에 있다는 사정만으로는 묵시적인 공용폐지의 의사표시가 있다고 볼 수 없으며,28 또한 공용폐지의 의사표시는 적법한 것이어야 하는바, 행정재산은 공용폐지가 되지 아니한 상태에서는 사법상 거래의 대상이 될 수 없으므로 관재당국이 착오로 행정재산을 다른 재산과 교환하였다 하여 그러한 사정만으로 적법한 공용폐지의 의사표시가 있다고 볼 수도 없음(대판 1998. 11. 10, 98다42974).
입증책임	행정재산이 공용폐지되어 취득시효의 대상이 된다는 사실에 대한 입증책임은 시효취득을 주장하는 자에게 있음(대판 1994. 3. 22, 93다56220).29
예정공물의 경우	예정공물이란 아직 공공목적에 제공되지 않았으나 장차 그 완성을 기다려 공공목적에 제공되기로 예정된 물건으로서 도로예정지 등을 들 수 있음. 이러한 예정공물은 시효취득의 대상이 되지 않음(판례).30

(2) 일반재산(구 잡종재산)의 경우

● 일반재산(구 잡종재산)의 경우는 시효취득의 대상이 될 수 있음.31

● 한편 헌법재판소는 일반재산을 시효취득에서 제한하고 있었던 구 국유재산법 규정에 대해서 위헌결정을 내린 바 있음.

> 잡종재산(현 일반재산)을 시효취득에서 제한하고 있는 구 국유재산법의 규정은 헌법상 평등의 원칙에 위반됨(헌재 1991. 5. 13, 89헌가97).32

(3) 민법 제245조 제1항에 따르면 국가도 부동산 점유취득시효의 주체가 되는데, 이 조항은 헌법에 위반되지 아니함(헌재 2015. 6. 25, 2014헌바404).33

4 주 소

● 자연인의 경우 행정법상 주민등록법에 의한 주민등록지가 주소지가 된다고 규정하고 있음.

● 공법상 자연인의 주소는 원칙적으로 1개소에 한정됨.34

Topic

16 공법상 사무관리 · 부당이득

p.44~45

1 공법상 사무관리

- 사무관리란 법률상 의무 없이 타인을 위하여 사무를 관리하는 행위를 말함.
- 본래 사법상의 개념으로 공법관계에서도 이를 인정할 수 있는지에 대해 견해대립이 있으나, 긍정설이 통설의 입장임.

> 1. 압수물에 대한 환가(편저자 주 : 돈으로 바꿈)처분 후 해당 압수물이 그 후의 형사절차에 의하여 몰수되지 아니한 경우, 그 환가처분은 그 물건 소유자를 위한 사무관리에 준하는 행위라 할 것임(대판 2000. 1. 21, 97다58507).
> 2. (甲 주식회사 소유의 유조선에서 원유가 유출되는 사고가 발생하자 乙 주식회사가 피해 방지를 위해 해양경찰의 직접적인 지휘를 받아 방제작업을 보조한 사안에서, 乙 회사는 사무관리에 근거하여 국가에 방제비용을 청구할 수 있음) 타인의 사무가 국가의 사무인 경우, 사인이 처리한 국가의 사무가 사인이 국가를 대신하여 처리할 수 있는 성질의 것으로서, 사무처리가 긴급성 등 국가의 사무에 대한 사인의 개입이 정당화되는 경우에 한하여 사무관리가 성립하고, 사인은 그 범위 내에서 국가에 대하여 국가의 사무를 처리하면서 지출된 필요비 내지 유익비의 상환을 (편저자 주 : 민사소송으로) 청구할 수 있음(대판 2014. 12. 11, 2012다15602).**01**

2 공법상 부당이득

1) 부당이득의 의의

- 부당이득이란 법률상 원인 없이 이득을 얻고 타인에게 손실을 가하는 것을 말함.
- 민법상 부당이득반환의 법리는 법의 일반원리에 해당하므로 공법상 부당이득에 관하여 특별한 규정이 없는 경우에는 민법의 부당이득반환의 법리가 준용됨.**02**
- 부당이득이 있는 경우, 이득자는 손실자에게 그 이득을 반환하여야 하는 반환의무가 발생하고 손실자는 부당이득반환청구권을 취득함.
- 공법상 부당이득이라 함은 공법상 원인, 예컨대 무효인 조세부과처분에 근거한 조세의 납부에 의하여 발생한 부당이득을 말함.

> 1. 국립대학의 기성회가 기성회비를 납부받은 것이 '법률상 원인 없이' 타인의 재산으로 이익을 얻은 경우에 해당한다고 볼 수 없음(대판 2015. 6. 25, 2014다5531 전합).**03**
> 2. 농지개량사업 시행지역 내의 토지 등 소유자가 토지사용에 관한 승낙을 하였더라도 그에 대한 정당한 보상을 받은 바가 없다면 농지개량사업 시행자는 토지소유자 및 승계인에 대하여 보상할 의무가 있다고 할 것이고, 그러한 보상 없이 타인의 토지를 점유 · 사용하는 것은 법률상 원인 없이 이득을 얻은 때에 해당한다고 보아야 함(대판 2016. 6. 23, 2016다206369).
> 3. 제3자가 체납자가 납부하여야 할 체납액을 체납자의 명의로 납부한 경우에는 원칙적으로 체납자의 조세채무에 대한 유효한 이행이 되고, 이로 인하여 국가의 조세채권은 만족을 얻어 소멸하므로, 국가가 체납액을 납부받은 것에 법률상 원인이 없다고 할 수 없고, 제3자는 국가에 대하여 부당이득반환을 청구할 수 없음(대판 2015. 11. 12, 2013다215263).**04**

2) 부당이득반환청구권의 성질 - 사권설(판례), 민사소송

> 과세처분의 당연무효를 전제로 한 세금반환청구소송은 민사상의 부당이득반환청구로서 민사소송임(대판 1995. 4. 28, 94다55019).**05 06**

3) **부당이득반환청구권의 행사** : 공법상 부당이득반환의무는 행정주체와 사인 모두에게 발생할 수 있음. 따라서 공법상 부당이득반환청구권의 행사는 사안에 따라 사인과 행정주체 모두가 주장할 수 있음.**07**

4) 부당이득의 유형**08**

공법상 부당이득	공법상 사무관리
• 조세의 과오납 • 공무원의 봉급 과다수령 • 처분이 무효 또는 취소된 경우의 무자격자의 기초생활보장금의 수령 • 사인의 국유지 무단점유 • 행정주체의 사인토지무단점유	• 수난구호 • 행려병자와 사자(死者)의 재산관리

5) **소멸시효** : 부당이득반환청구권이 금전지급을 목적으로 하는 경우에는 다른 법률에 특별한 규정이 없는 한 금전채권의 소멸시효인 5년의 기간이 경과함으로써 권리가 소멸하게 됨(국가재정법, 지방재정법).**09**

> 지방재정법 제87조 제1항에 의한 변상금 부과처분이 당연무효인 경우에 이 변상금 부과처분에 의하여 납부자가 납부하거나 징수당한 오납금은 지방자치단체가 법률상 원인 없이 취득한 부당이득에 해당하고,**10** 이러한 오납금에 대한 납부자의 부당이득반환청구권은 처음부터 법률상 원인이 없이 납부 또는 징수된 것이므로 '납부 또는 징수시'에 발생하여 확정되며, 그때부터 소멸시효가 진행함(대판 2005. 1. 27, 2004다50143).**11**

Topic

17 사인의 공법행위

p.45~46

1 사인의 공법행위의 의의

1) 의의 : 사인이 행하는 행위로서 공법적 효과를 발생시키는 일체의 행위01

2) 법적 근거 : 사인의 공법행위는 그 유형이 매우 다양하므로 이에 관한 전반적인 사항을 규율하는 일반법은 없음.02

3) 구별개념

- 사인의 공법행위는 '사인'의 행위라는 점에서 '행정주체'의 공법행위와 구별되며, '공법행위'라는 점에서 사인의 '사법행위'와는 구별되고, '법적 행위'라는 점에서 '사실행위'와도 구별됨.03
- 사인의 공법행위는 공권력 발동행위가 아니므로 행정행위에 인정되고 있는 특수한 효력(구속력)인 공정력, 존속력, 집행력 등이 인정되지 않음.04

2 종 류05

1) 자기완결적 공법행위 : 사인의 공법행위만으로 법률효과를 완결시키는 행위(예 소규모 건축에 있어 건축신고 등)

2) 행위요건적 공법행위 : 사인의 공법행위가 단순히 국가나 지방자치단체의 행정작용의 요건 등에 그치고 그 자체만으로는 법률효과를 완성하지 못하는 행위(예 운전면허 신청 등)

3 사인의 공법행위에 대한 적용법규

1) 개 설

- 사인의 공법행위를 규율하는 일반적 · 통칙적 규정은 없고 예외적으로 개별법에 특별한 규정을 두고 있을 뿐임.
- 따라서 사인의 공법행위에 관하여 실정법의 규정이 있는 경우에는 그에 따르는 것이 당연하나, 법률상의 규정이 없는 경우 민법의 여러 규정 등을 사인의 공법행위에도 적용할 수 있을 것인지가 문제됨.

2) 의사능력과 행위능력

(1) 의사능력

- 자기 행위의 의미나 결과를 정상적으로 인식 · 판단하여 그에 따라 의사결정을 할 수 있는 능력을 말함. 의사능력이 없는 자(의사무능력자)의 행위는 민법에 따르면 무효가 됨.
- 사인의 공법행위에서도 의사능력이 없는 자(의사무능력자)의 행위는 민법상의 법률행위와 마찬가지로 무효가 됨.

(2) 행위능력

- 의사능력을 가진 자가 법률행위를 단독으로 할 수 있는 능력을 말하는 것으로 미성년자(만 19세에 이르지 않은 자)는 행위무능력자(현 제한능력자)가 됨. 행위무능력자가 한 법률행위는 민법에 따르면 취소할 수 있음.
- 행위능력에 관해서도 원칙적으로 민법규정이 유추적용됨.06 다만, 행위무능력자(현 제한능력자)에 대한 재산적 법률관계의 보호라는 취지와 무관한 사항의 경우는 민법의 규정이 적용되지 않을 수 있음(예 우편법상의 행위, 도로교통법상의 운전면허발급신청).

> 우편법 제10조【제한능력자의 행위에 관한 의제】우편물의 발송 · 수취나 그 밖에 우편이용에 관하여 제한능력자가 우편관서에 대하여 행한 행위는 능력자가 행한 것으로 본다.07
>
> 도로교통법 제82조【운전면허의 결격사유】① 다음 각 호의 어느 하나에 해당하는 사람은 운전면허를 받을 수 없다.
> 1. 18세 미만(원동기장치자전거의 경우에는 16세 미만)인 사람 (이하 생략)

3) 대 리

- 개별법률의 규정상〔예 병역법에 의한 징병검사(현 병역판정검사)의 대리금지〕 또는 일신전속적 행위처럼 행위의 성질상 대리가 허용되지 않는 경우가 있음(예 선거, 투표 등).
- 그러나 일신전속적 성질을 가지지 않는 행위에 대해서는 대리가 허용되며(행정심판법 제18조), 그 경우 대리에 관한 민법규정이 유추적용됨.08

4) 효력발생시기

- 사인의 공법행위는 법률에 특별한 규정이 없는 한 도달주의에 의함이 원칙임.09
- 그러나 개별법상 발신인의 이익을 위해 특별히 발신주의를 규정하고 있는 예(국세기본법 제5조의2 제1항)도 있음.

5) 의사표시

민법규정의 적용 O	민법규정의 적용 ×
사기 · 강박에 관한 규정 민법 제110조 【사기 · 강박에 의한 의사표시】 ① 사기나 강박에 의한 의사표시는 취소할 수 있다.	비진의의사표시의 무효에 관한 규정10 민법 제107조 【진의 아닌 의사표시】 ① 의사표시는 표의자가 진의 아님을 알고 한 것이라도 그 효력이 있다. 그러나 상대방이 표의자의 진의 아님을 알았거나 이를 알 수 있었을 경우에는 무효로 한다.
① 공무원이 감사기관이나 상급관청 등의 강박에 의하여 사직서를 제출한 경우, 사직의 의사표시는 그 강박의 정도에 따라 무효 또는 취소가 됨. ② 사직서의 제출이 감사기관이나 상급관청 등의 강박에 의한 경우에는 그 정도가 의사결정의 자유를 박탈할 정도에 이른 것이라면 그 의사표시가 무효로 될 것임.11 ③ 다만 그렇지 않고 의사결정의 자유를 제한하는 정도에 그친 경우라면 그 성질에 반하지 아니하는 한 의사표시에 관한 민법 제110조의 사기나 강박에 의한 의사표시 규정을 준용하여 그 효력을 따져보아야 할 것임(대판 1997. 12. 12, 97누13962).12	① (여군 단기 복무하사관이 복무연장지원서와 전역지원서를 동시에 제출한 사건에서) 비록 전역지원의 의사표시가 진의 아닌 의사표시라 하더라도 사인의 공법행위에는 민법상의 비진의의사표시의 무효에 관한 규정은 적용되지 않으므로 표시된 대로 유효함(대판 1994. 1. 11, 93누10057). ② 일괄사표의 제출과 선별수리의 형식으로 의원면직처분이 이루어진 경우 민법상 비진의의사표시의 무효에 관한 규정은 사인의 공법행위에 적용되지 않으므로 의원면직처분은 당연무효가 아님(대판 2001. 8. 24, 99두9971).13

6) 부관 : 사인의 공법행위에는 행정법관계의 명확성 · 안정성을 도모하기 위해 원칙적으로 부관을 붙일 수 없음.14

7) 의사표시의 철회 · 보완 등 : 사인의 공법행위는 상대방에게 도달한 후에도 그에 의거한 행정행위가 성립하기 전에는 철회할 수 있음이 원칙임.15

> 공무원이 한 사직 의사표시의 철회나 취소는 그에 터잡은 의원면직처분이 있을 때까지 할 수 있는 것이고,16 일단 면직처분이 있고 난 이후에는 철회나 취소할 여지가 없음(대판 2001. 8. 24, 99두9971).17

8) 행위시법 적용의 원칙 : 특별한 규정이 없는 한 사인의 공법행위는 행위시의 법령에 따름.

> 신고사항이 아니었다가 법령개정으로 변경신고사항이 된 경우, 변경행위를 한 후 변경신고를 하지 않은 채 영업을 계속하면 처벌대상이 됨(대판 2022. 8. 25, 2020도12944).18 최신

Topic

18 신고와 신청

p.47~53

1 사인의 공법행위로서 신고

1) 신고의 의의 : 신고란 사인이 공법적 효과의 발생을 목적으로 행정주체에게 일정한 사실을 알리는 행위를 말함. 신고는 효과에 따라 자기완결적 공법행위인 신고와 행위요건적 공법행위인 신고로 나눌 수 있음.

(1) 자기완결적 신고(수리를 요하지 않는 신고) : 사인이 행정청에 대하여 일정한 사항을 통지하고 통지가 행정청에 도달함으로써 효과가 발생하는 신고를 말함.**01**

(2) 행위요건적 신고(수리를 요하는 신고) : 법령 등에서 행정청에 대하여 일정한 사항을 통지하고 행정청이 이를 수리함으로써 법적 효과가 발생하는 신고로서,**02** 변형적 신고라고도 불리며 실정법상 등록이라고 표현하기도 함.

행정기본법 제34조【수리 여부에 따른 신고의 효력】 법령 등으로 정하는 바에 따라 행정청에 일정한 사항을 통지하여야 하는 신고로서 법률에 신고의 수리가 필요하다고 명시되어 있는 경우(행정기관의 내부업무처리절차로서 수리를 규정한 경우는 제외한다)에는 행정청이 수리하여야 효력이 발생한다.**03 04 05**

(3) 구체적 판례 검토

자기완결적 신고 (수리를 요하지 않는 신고)	행위요건적 신고 (수리를 요하는 신고)
① 구 건축법 제9조(현 제14조)상의 **건축신고**(대판 1999. 10. 22, 98두18435).**06** ② **골프장이용료 변경신고**와 같은 「**체육시설의 설치 · 이용에 관한 법률**」 **제18조(현 제20조)에 의한 행정청에 대한 신고**에는 행정청의 수리행위가 필요 없음(대결 1993. 7. 6, 93마635).**07 08 09** ③ 수산제조업의 신고는 자기완결적 신고로서 적법한 신고서가 제출되었다면 행정청의 수리를 기다릴 필요 없이 신고서가 제출된 때에 신고가 있었다고 보아야 함(대판 1999. 12. 24, 98다57419 · 57426).**10**	① 「액화석유가스의 안전 및 사업관리법」 제7조 제2항에 의한 액화석유가스충전사업 지위승계신고 수리행위는 사실행위가 아니라 **행정처분**에 해당함(대판 1993. 6. 8, 91누11544).**11** ② 식품위생법 제25조 제3항에 의한 영업양도에 따른 지위승계신고는 **수리를 요하는 신고로서 이를 수리하는 행정청의 행위는 영업자의 변경이라는 법률효과를 발생시키는 행위임**(대판 1995. 2. 24, 94누9146).**12** 써니쌤 Talk 지위승계신고 관련 내용 정리 • 수리할 때 양도인에게 권익을 제한하는 처분이 되기 때문에 행정절차법상 사전통지절차를 거쳐야 함. 또한 양도인의 지위를 박탈하는 것이기 때문에 양도인은 수리처분을 다툴 원고적격이 있음. • 신고가 수리되기 전이라면 행정적인 책임은 양도인에게 귀속됨. 이 경우 양도인에 대한 허가를 취소하면 양수인은 지위승계신고를 할 수 있는 이익이 침해되므로 양수인은 이를 다툴 원고적격이 있음. ③ 「액화석유가스의 안전 및 사업관리법」 제7조 제2항에 의한 **사업양수에 의한** 지위승계신고**를 수리하는 허가관청의 행위는** 실질에 있어서 양도자의 사업허가를 취소함과 아울러 양수자에게 적법히 사업을 할 수 있는 법규상 권리를 설정하여 주는 행위로서 사업허가자의 변경이라는 법률효과를 발생시키는 행위이므로 **항고소송의 대상이 되는 행정처분에 해당함**(대판 1993. 6. 8, 91누11544).**13 14** ④ 구 관광진흥법 제8조 제4항에 의한 지위승계신고**를 수리하는 허가관청의 행위는** 단순히 양도 · 양수인 사이에 이미 발생한 사법상 사업양도의 법률효과에 의하여 양수인이 그 영업을 승계하였다는 **사실의 신고를 접수하는 행위에 그치는 것이 아니라, 영업허가자의 변경이라는 법률효과를 발생시키는 행위임**(대판 2012. 12. 13, 2011두29144).**15** ⑤ 건축주명의변경신고**에 대한 수리거부행위**는 취소소송의 대상이 되는 처분임(대판 1992. 3. 31, 91누4911).**16** ⑥ 구 유통산업발전법에 따른 대규모점포의 개설 등록 및 구 재래시장법에 따른 시장관리자 지정은 행정청이 그 실체적 요건에 관한 심사를 한 후 수리하여야 하는 이른바 '수리를 요하는 신고'로서 그 수리는 행정처분에 해당함.**17**

⑦ 수산업법 제44조(현 제48조)에 따른 어업신고는 행위요건적 신고(수리를 요하는 신고)임(대판 2000. 5. 26, 99다37382). 18

> 수산업법 제48조【신고어업】④ 제1항에 따른 신고의 유효기간은 신고를 수리(受理)한 날부터 5년으로 한다.

⑧-1. 건축법 제14조 제2항에 의한 인·허가 의제 효과를 수반하는 건축신고는 일반적인 건축신고와는 달리 행정청이 그 실체적 요건에 관한 심사를 한 후 수리하여야 하는 이른바 '수리를 요하는 신고'에 해당함. 19 20

⑧-2. 「국토의 계획 및 이용에 관한 법률」상의 개발행위허가로 의제되는 건축신고가 개발행위허가의 기준을 갖추지 못한 경우, 행정청이 수리를 거부할 수 있음(대판 2011. 1. 20, 2010두14954 전합). 21

⑨ 악취방지법상의 악취배출시설 설치·운영신고는 수리를 요하는 신고로서 대도시의 장 등 관할행정청은 악취배출시설 설치·운영신고의 수리 여부를 심사할 권한이 있음(대판 2022. 9. 7, 2020두40327). 22 최신

2) 행정절차법 제40조의 적용대상 – 자기완결적 신고(수리를 요하지 않는 신고)를 규정하고 있다고 봄(통설). 23 24

> 행정절차법 제40조【신고】① 법령 등에서 행정청에 일정한 사항을 통지함으로써 의무가 끝나는 신고를 규정하고 있는 경우 신고를 관장하는 행정청은 신고에 필요한 구비서류, 접수기관, 그 밖에 법령 등에 따른 신고에 필요한 사항을 게시(인터넷 등을 통한 게시를 포함한다)하거나 이에 대한 편람을 갖추어 두고 누구나 열람할 수 있도록 하여야 한다.
> ② 제1항에 따른 신고가 다음 각 호의 요건을 갖춘 경우에는 신고서가 접수기관에 도달된 때에 신고의무가 이행된 것으로 본다. 25
> 1. 신고서의 기재사항에 흠이 없을 것
> 2. 필요한 구비서류가 첨부되어 있을 것
> 3. 그 밖에 법령 등에 규정된 형식상의 요건에 적합할 것
>
> ③ 행정청은 제2항 각 호의 요건을 갖추지 못한 신고서가 제출된 경우에는 지체 없이 상당한 기간을 정하여 신고인에게 보완을 요구하여야 한다. 26
> ④ 행정청은 신고인이 제3항에 따른 기간 내에 보완을 하지 아니하였을 때에는 그 이유를 구체적으로 밝혀 해당 신고서를 되돌려 보내야 한다.

3) 신고의 요건

(1) 자기완결적 신고(수리를 요하지 않는 신고)의 경우 : 원칙적으로 형식적 요건(신고서의 기재사항에 흠이 없고, 필요한 구비서류가 첨부되어 있으며, 그 밖에 법령 등에 규정된 형식상의 요건에 적합하면 될 뿐 그 내용의 진실함이 증명될 필요는 없음) 27

(2) 행위요건적 신고(수리를 요하는 신고)의 경우 : 형식적 요건 외에 일정한 실질적 요건도 필요한 경우가 있음. 28

> 1. 구 노인복지법에 의한 유료노인복지주택의 설치신고를 받은 행정관청은 유료노인복지주택의 시설 및 운영기준이 위 법령에 부합하는지와 아울러 그 유료노인복지주택이 적법한 입소대상자에게 분양되었는지와 설치신고 당시 부적격자들이 입소하고 있지는 않은지까지 심사하여 그 신고의 수리 여부를 결정할 수 있음(대판 2007. 1. 11, 2006두14537). 29
> 2. 식품위생법에 의한 영업양도에 따른 지위승계 신고에서 양도인이 최초 영업허가를 받을 당시에는 '영업장 면적'이 허가(신고) 대상이 아니었더라도 영업자지위승계신고 수리 시점을 기준으로 당시의 식품위생법령에 따른 인적·물적 요건을 갖추어야 하므로 양수인에게 '영업장 면적' 변경신고의무가 있으며, 영업양수 후 기존 건물을 철거하고 새 건물을 신축하여 이루어진 영업에 관해서는 '영업장 소재지'와 '영업장 면적' 변경신고의무가 있음(대판 2020. 3. 26, 2019두38830). 30

(3) 복수의 법률이 적용되는 경우 : 신고를 규정한 법률상의 요건 외에 타법상의 요건도 충족되어야 하는 경우 타법상의 요건을 갖추지 못하는 한 적법한 신고를 할 수 없음. 31

1. 식품위생법에 따른 식품접객업(일반음식점영업)의 **영업신고요건을 갖춘 자**이더라도, 그 영업신고를 한 당해 건축물이 **건축법 소정의 허가를 받지 아니한 무허가건물**이라면 **적법한 신고를 할 수 없음**(대판 2009. 4. 23, 2008도6829).**32**
2. 「체육시설의 설치 · 이용에 관한 법률」에 따른 당구장업의 신고요건을 갖춘 자라도 구 학교보건법 제5조 소정의 학교환경위생정화구역 내에서는 같은 법 제6조에 의한 별도 요건을 충족하지 아니하는 한 적법한 신고를 할 수 없음(대판 1991. 7. 12, 90누8350).
3. 골프연습장의 설치에 관하여 「체육시설의 설치 · 이용에 관한 법률」이 건축법에 우선하여 배타적으로 적용되는 관계에 있다고 해석되지 아니하므로 「체육시설의 설치 · 이용에 관한 법률」에 따른 골프연습장의 신고요건을 갖춘 자라 할지라도 골프연습장을 설치하려는 건물이 건축법상 무허가건물이라면 적법한 신고를 할 수 없음(대판 1993. 4. 27, 93누1374).

4-1. 건축물의 건축은 건축주가 그 부지를 적법하게 확보한 경우에만 허용될 수 있음.

4-2. 건축행정청이 추후 별도로 국토계획법상 개발행위(토지형질변경)허가를 받을 것을 명시적 조건으로 하거나 또는 묵시적인 전제로 하여 건축주에 대하여 건축법상 건축신고수리처분을 한다면, 이는 가까운 장래에 '부지확보' 요건을 갖출 것을 전제로 한 경우이므로 그 건축신고수리처분이 위법하다고 볼 수는 없음. 그러나 '부지확보' 요건을 완비하지 못한 상태에서 건축신고수리처분이 이루어졌음에도 그 처분 당시 건축주가 장래에도 토지형질변경허가를 받지 않거나 받지 못할 것이 명백하였다면, 그 건축신고수리처분은 '부지확보'라는 수리요건이 갖추어지지 않았음이 확정된 상태에서 이루어진 처분으로서 적법하다고 볼 수 없음(대판 2023. 9. 21, 2022두31143).**33** 최신

4) 신고수리의 의미

자기완결적 신고 (수리를 요하지 않는 신고)	행위요건적 신고 (수리를 요하는 신고)
• **신고를 수리하거나 신고필증**을 교부하는 행위는 사인이 일정한 사실을 행정기관에 알렸다는 사실 자체를 확인해 주는 의미만을 가질 뿐 아무런 **법적 효과를 발생시키는 것이 아님.34** • **신고필증의 교부 여부 : 필수 아님.**	• 신고만으로는 아무런 법적 효과가 발생하지 않고 신고의 수리가 있어야 법적 효과가 발생함. • **신고필증의 교부 여부 : 필수 아님.**
① 의료법 시행규칙 제22조 제3항 소정의 신고필증 교부는 신고사실의 확인행위로서 **신고필증의 교부가 없다 하여 개설신고의 효력을 부정할 수 없음**(대판 1985. 4. 23, 84도2953).**35** ②-1. 부가가치세법상의 사업자등록은 과세관청으로 하여금 부가가치세의 납세의무자를 파악하고 그 과세자료를 확보하게 하려는 데 입법취지가 있는 것으로서, 이는 단순한 사업사실의 신고로서 사업자가 소관 세무서장에게 소정의 사업자등록신청서를 제출함으로써 성립되는 것임. ②-2. 부가가치세법상의 사업자등록은 단순한 사업사실의 신고로서 **과세관청이 직권으로 등록을 말소한 행위는 행정처분이 아님**(대판 2000. 12. 22, 99두6903).**36**	① **사실상 영업이 양도 · 양수되었지만 아직 승계신고 및 수리처분이 있기 이전인 경우**, 양수인의 영업 중 발생한 위반행위에 대한 **행정적인 책임은 영업허가자인 양도인에게 귀속됨**(대판 1995. 2. 24, 94누9146).**37 38** ②-1. 납골당 설치신고는 이른바 '**수리를 요하는 신고**'라 할 것이므로 이에 대한 행정청의 수리처분이 있어야만 신고한 대로 납골당을 설치할 수 있음.**39** ②-2. **수리를 요하는 신고**에서 수리란 신고를 유효한 것으로 판단하고 법령에 의하여 처리할 의사로 이를 수령하는 수동적 행위이므로 **수리행위에 신고필증 교부 등 행위가 꼭 필요한 것은 아님**(대판 2011. 9. 8, 2009두6766).**40**

5) 적법한 신고의 효과

자기완결적 신고 (수리를 요하지 않는 신고)	행위요건적 신고 (수리를 요하는 신고)
• 원칙적으로 **적법한 신고(신고요건을 갖춘 신고)가 있으면 행정청의 수리 여부와 무관하게 신고서가 접수기관에 도달한 때 신고의무가 이행된 것으로 보며,41** 법규정에 정하지 아니한 사유를 심사하여 그 사유를 이유로 신고의 수리(자기완결적 신고이므로 여기서는 접수의 의미로 이해하면 됨)를 거부할 수는 없음.**42** • 다만, 판례는 자기완결적 신고인 건축신고가	신고서가 접수기관에 **도달된 것만으로는 신고의 효과가 발생하지 않고** 수리함으로써 비로소 신고의 효과가 발생**함.43** ① 주민등록신고**는 수리를 요하는 신고로서** 주민등록의 신고는 행정청에 도달하기만 하면 신고로서의 효력이 발생하는 것이 아니라 **행정청이 수리한 경우에 비로소 신고의 효력이 발생함**(대판 2009. 1. 30, 2006다17850).**44** ②-1. 주민등록전입신고에 대하여 시장은 그 수리 여부를 심사할 수 있음. ②-2. 시장 등의 주민등록전입신고 수리 여부에 대한 심사**는** 주민등록법의 입법목적의 범위 내**에서 제한적으로 이루어져야 함**. 한편, 주민등록법의 입법목적에 관한 제1조 및

관계 법령에서 정하는 명시적인 제한에 배치되지 않는 경우에도 건축을 허용하지 않아야 할 중대한 공익상 필요가 있는 경우에는 건축신고의 수리를 거부할 수 있다고 봄(대판 2019. 10. 31, 2017두74320).45 • 따라서 적법한 신고가 있은 후라면 행정청이 수리를 하지 않았더라도 신고의 대상이 되는 행위를 한 것이 행정벌의 대상이 되지 않음.46	주민등록 대상자에 관한 제6조의 규정을 고려해 보면, 전입신고를 받은 시장·군수 또는 구청장의 심사대상은 전입신고자가 30일 이상 생활의 근거로 거주할 목적으로 거주지를 옮기는지 여부만으로 제한된다고 보아야 함.47 따라서 전입신고자가 거주의 목적 이외에 다른 이해관계에 관한 의도를 가지고 있는지 여부, 무허가건축물의 관리, 전입신고를 수리함으로써 당해 지방자치단체에 미치는 영향 등과 같은 사유는 주민등록법이 아닌 다른 법률에 의하여 규율되어야 하고, 주민등록전입신고의 수리 여부를 심사하는 단계에서는 고려대상이 될 수 없음.48 ②-3. (무허가건축물을 실제 생활의 근거지로 삼아 10년 이상 거주해 온 사람의 주민등록전입신고를 거부한 사안에서) 투기나 이주대책 요구 등을 방지할 목적으로 주민등록전입신고를 거부하는 것은 주민등록법의 입법목적과 취지 등에 비추어 허용될 수 없음(대판 2009. 6. 18, 2008두10997 전합).49

6) 부적법한 신고의 경우

자기완결적 신고 (수리를 요하지 않는 신고)	행위요건적 신고 (수리를 요하는 신고)
• 부적법한 신고임에도 수리한 경우 신고의 효과가 발생하지 않음. • 따라서 요건미비의 부적법한 신고를 하고 신고영업을 영위한다면 수리 여부와 관계없이 그러한 영업은 무신고영업으로 불법영업에 해당함.50	• 수리를 요하는 신고에서 법령상의 신고요건을 갖추지 못한 경우 행정청은 수리를 거부할 수 있음(판례).51 • 신고가 무효이면 신고수리행위도 당연무효임.
①-1. 수산제조업을 하고자 하는 사람이 형식적 요건을 모두 갖춘 수산제조업 신고서를 제출한 경우에는 담당공무원이 관계법령에 규정되지 아니한 사유를 들어 그 신고를 수리하지 아니하고 반려하였다고 하더라도 그 신고서가 제출된 때에 신고가 있었다고 볼 것임. ①-2. 다만 담당공무원이 관계법령에 규정되지 아니한 서류를 요구하여 신고서를 제출하지 못하였다는 사정만으로는 신고가 있었던 것으로 볼 수 없음(대판 2002. 3. 12, 2000다73612).52 ② 자기완결적 신고의 경우 요건미비의 신고를 한 후 영업행위를 하는 것은 무신고영업에 해당할 것이지만 적법한 요건을 갖춘 신고를 한 후에는 행정청의 수리 등 별도의 조치를 기다릴 것 없이 신고의 효과가 발생하므로 행정청의 수리가 거부되었다고 하여 무신고영업이 되는 것은 아님(대판 1998. 4. 24, 97도3121).53 ③ 축산물위생관리법상 축산물판매업에 대한 신고는 자기완결적 신고임. 따라서 부적법한 신고가 있었다면 그 신고를 행정청이 수리하였더라도 신고의 효과가 발생하지 않음(대판 2010. 4. 29, 2009다97925).54	장기요양기관의 폐업신고와 노인의료복지시설의 폐지신고는, 행정청이 관계법령이 규정한 요건에 맞는지를 심사한 후 수리하는 이른바 '수리를 필요로 하는 신고'에 해당함. 그러나 행정청이 그 신고를 수리하였다고 하더라도, 신고서 위조 등의 사유가 있어 신고행위 자체가 효력이 없다면, 그 수리행위는 유효한 대상이 없는 것으로서, 수리행위 자체에 중대·명백한 하자가 있는지를 따질 것도 없이 당연히 무효임(대판 2018. 6. 12, 2018두33593).55

7) 신고의 수리 또는 수리거부의 처분성

자기완결적 신고 (수리를 요하지 않는 신고)	행위요건적 신고 (수리를 요하는 신고)
원칙적으로 처분이 아님. 다만, 처분성을 인정한 판례 있음.	수리 또는 수리의 거부는 준법률행위적 행정행위로 행정처분에 해당함.56 57
① 건축신고 반려행위는 항고소송의 대상이 됨(대판 2010. 11. 18, 2008두167 전합).58 59 ② 행정청의 건축물 착공신고 반려행위는 항고소송의 대상이 됨(대판 2011. 6. 10, 2010두7321).60 ③-1. 원격평생교육신고의 반려행위는 항고소송의 대상이 되는 행정처분임. ③-2. 정보통신매체를 이용하여 학습비를 받고 불특정 다수인에게 원격평생교육을 실시하기 위해 구 평생교육법 제22조 등에서 정한 형식적 요건을 모두 갖추어 신고한 경우, 행정청이 실체적 사유를 들어 신고수리를 거부할 수 없음(대판 2011. 7. 28, 2005두11784).61	체육시설의 회원을 모집하고자 하는 자의 '회원모집계획서 제출'은 수리를 요하는 신고이며,62 이에 대한 시·도지사 등의 검토결과 통보는 수리행위로서 행정처분에 해당함(대판 2009. 2. 26, 2006두16243).63

2 신 청

1) **개념** : 사인이 행정청에 일정한 조치를 취해 줄 것을 요구하는 공법상 의사표시

2) 요 건

(1) **신청권의 존재** : 행정청의 응답을 요구하는 권리이며, 신청된 대로 처분을 구하는 권리는 아님.

(2) **신청의 방법** : 행정청에 대하여 처분을 구하는 신청은 원칙적으로 문서로 하여야 하며, 특히 전자문서로 하는 경우 행정청의 컴퓨터 등에 입력된 때 신청한 것으로 봄.[64]

3) 효 과

(1) **접수의무** : 행정청은 신청을 받았을 때에는 다른 법령 등에 특별한 규정이 있는 경우를 제외하고는 그 접수를 보류 또는 거부하거나 부당하게 되돌려 보내서는 안 됨.

(2) **처리의무(응답의무)** : 응답의무는 신청된 내용대로 처분할 의무와는 구별되어야 하는바, 처분을 구하는 신청에 대해 행정기관은 신청에 따른 행정행위를 하거나 거부처분을 하여도 무방함.[65]

(3) **부적법한 신청의 효과**

- 행정청은 신청에 구비서류의 미비 등 흠이 있는 경우 곧바로 접수를 거부해서는 안 되며, 보완에 필요한 상당한 기간을 정하여 지체 없이 신청인에게 보완을 요구하여야 함(행정절차법 제17조 제5항).[66]
- 보완의 대상이 되는 흠은 원칙적으로 형식적 · 절차적 요건이 그 대상이 되나, 실질적인 요건에 흠이 있는 경우라도 그것이 민원인의 단순한 착오나 일시적인 사정에 의한 것이라면 보완의 대상이 됨(판례).

1. 행정절차법 제17조 제5항이 행정청으로 하여금 신청에 대하여 거부처분을 하기 전에 반드시 신청인에게 신청의 내용이나 처분의 실체적 발급요건에 관한 사항까지 보완할 기회를 부여하여야 할 의무를 정한 것은 아님(대판 2020. 7. 23, 2020두36007).[67][68]

2-1. 보완의 대상이 되는 흠은 보완이 가능한 경우이어야 함은 물론이고, 그 내용 또한 형식적 · 절차적인 요건이거나, 실질적인 요건에 관한 흠이 있는 경우라도 그것이 민원인의 단순한 착오나 일시적인 사정 등에 기한 경우 등이라야 함.[69]

2-2. 건축불허가처분을 하면서 그 사유의 하나로 소방시설과 관련된 소방서장의 건축부동의 의견을 들고 있으나 그 보완이 가능한 경우, 보완을 요구하지 아니한 채 곧바로 건축허가신청을 거부한 것은 재량권의 범위를 벗어난 것임(위법하다는 의미)(대판 2004. 10. 15, 2003두6573).

3. 흠결된 서류의 보완 또는 보정을 하면 이미 접수된 주요 서류의 대부분을 새로 작성함이 불가피하게 되어 사실상 새로운 신청으로 보아야 할 경우에는 그 흠결서류의 접수를 거부하거나 그것을 반려할 정당한 사유가 있는 경우에 해당하여 이의 접수를 거부하거나 반려하여도 위법이 되지 않음(대판 1991. 6. 11, 90누8862).[70]

SUNNY

제 2 편

행정작용법

2025 써니로(SunnyLaw) 합격하는 온라인 모의고사

- QR코드로 핵심집약 온라인 모의고사 풀기
- 〈써니로TV〉에서 라이브 테스트 실시 & 해설 강의 제공
- 정답과 취약 단원 파악하기

• 시험 일정은 "[네이버] 써니 행정법 카페"를 확인해 주세요.

Topic

19 법규명령

p.56~64

1 법규명령의 의의 – 행정권이 정립하는 일반적 · 추상적 규정으로서 법규의 성질을 가지는 것**01**

2 법규명령의 종류

1) 수권의 범위 · 근거에 따른 분류

(1) 헌법대위명령(비상명령)

- 헌법의 일부규정에 대한 효력을 정지시키는 등 헌법적 효력을 가지는 명령
- 과거 유신헌법상의 대통령 긴급조치가 이에 해당하며, 현행 헌법에서는 인정되지 않음.**02**

(2) 법률대위명령(독립명령)

- 법률과는 독립하여 헌법에 직접 근거하여 발하여지는 명령으로서, 법률과 대등한 효력을 지님.
- 우리 헌법 제76조상의 대통령의 긴급명령, 긴급재정 · 경제명령은 법률대위명령의 예임.**03**

(3) 법률종속명령(위임명령 · 집행명령) : 법률에 종속되어 법률보다 하위의 효력을 가지는 명령

구 분	위임명령	집행명령
개 념	법률 또는 상위명령에서 구체적으로 범위를 정하여 위임한 사항을 규정하는 명령	법률 또는 상위법령의 집행을 위하여 필요한 세부적 · 기술적 사항을 규정하는 명령
위 임	원칙적으로 개별적인 법률 또는 상위명령에서 구체적으로 범위를 정한 위임규정이 있어야 제정 가능(헌법상의 일반적 근거만으로 제정할 수 없음)**04 05**	법률 또는 상위명령의 개별적 · 구체적 수권(위임)은 필요하지 않음.**06**
규율범위	위임된 범위 내에서는 새로운 법규사항(국민의 권리 · 의무에 관한 사항) 규정 가능	새로운 법규사항(국민의 권리 · 의무에 관한 사항)을 규정할 수는 없음(신고서의 양식과 법령을 시행하기 위한 세칙 등 세부적 사항 등을 규정할 뿐임).**07**

2) 법형식에 따른 분류

(1) 헌법이 명시하고 있는 법규명령**08 09 10**

헌법 제64조 ① 국회는 법률에 저촉되지 아니하는 범위 안에서 의사와 내부규율에 관한 규칙을 제정할 수 있다.

제75조 대통령은 법률에서 구체적으로 범위를 정하여 위임받은 사항과 법률을 집행하기 위하여 필요한 사항에 관하여 대통령령을 발할 수 있다.

제95조 국무총리 또는 행정각부의 장은 소관 사무에 관하여 법률이나 대통령령의 위임 또는 직권으로 총리령 또는 부령을 발할 수 있다.

제108조 대법원은 법률에 저촉되지 아니하는 범위 안에서 소송에 관한 절차, 법원의 내부규율과 사무처리에 관한 규칙을 제정할 수 있다.

제113조 ② 헌법재판소는 법률에 저촉되지 아니하는 범위 안에서 심판에 관한 절차, 내부규율과 사무처리에 관한 규칙을 제정할 수 있다.

제114조 ⑥ 중앙선거관리위원회는 법령의 범위 안에서 선거관리, 국민투표관리 또는 정당사무에 관한 규칙을 제정할 수 있으며, 법률에 저촉되지 아니하는 범위 안에서 내부규율에 관한 규칙을 제정할 수 있다.**11**

제117조 ① 지방자치단체는 주민의 복리에 관한 사무를 처리하고 재산을 관리하며, 법령의 범위 안에서 자치에 관한 규정을 제정할 수 있다.

대통령령	• 대통령이 제정하는 법규명령(○○법 시행령12) : 일반적으로 대통령령이라고 하면 위임명령과 집행명령을 말하며 대통령령은 총리령 · 부령보다 우월한 효력을 가짐.13 • 대통령령이 항상 시행령의 이름으로만 제정되는 것은 아님. 「행정권한의 위임 및 위탁에 관한 규정」, 경찰공무원임용령 등도 대통령령에 해당함. 경찰공무원 채용시험에서 부정행위자에 대한 5년간의 응시자격제한을 규정한 경찰공무원임용령 제46조 제1항은 행정청 내부의 사무처리기준을 규정한 재량준칙이 아니라 일반국민이나 법원을 구속하는 법규명령에 해당하므로 그에 의한 처분은 재량행위가 아니라 기속행위임(대판 2008. 5. 29, 2007두18321).14
총리령 · 부령	• 국무총리 또는 행정각부의 장이 법률이나 대통령령의 위임 또는 직권으로 발하는 명령(○○법 시행규칙) : 총리령과 부령 모두 위임명령과 집행명령을 포함함.15 • 행정각부의 장에 해당하지 않는 국무총리직속기관(예 인사혁신처장, 법제처장 등)이나 행정각부 소속기관(예 경찰청장 등)은 독립하여 법규명령을 제정할 수 없음.16 **법률 또는 대통령령으로 정할 사항을 부령으로 정한 경우 그러한 부령은 무효임**(대판 1962. 1. 25, 61다9).17
중앙선거관리위원회규칙	중앙선관위는 법령의 범위 안에서 선거관리, 국민투표관리 또는 정당사무에 관한 규칙을 제정할 수 있는데, 이는 법규명령으로 행정법의 법원이 됨.
기 타	국회규칙, 대법원규칙, 헌법재판소규칙, 지방자치단체의 조례와 규칙도 헌법에 근거한 법규명령으로서 행정법의 법원이 됨.

(2) 헌법이 명시하지 않은 법규명령18 19

감사원규칙	• 감사원법에 따른 규칙 제정 가능 • **법규명령설(통설 · 판례)** : **헌법은** 일정한 법형식, 즉 **대통령령, 총리령, 부령 등의 행정입법을 규정하고 있으나 그것은** 예시적인 것**으로 보아야 할 것**이므로 **감사원규칙은 법규명령**으로 볼 수 있음.20
법령보충규칙	• **법규명령성** : 행정규칙의 형식(고시, 훈령 등)으로 규정되어 있지만, 그 실질은 법률의 내용을 구체적으로 정하는 기능을 하고 있는 경우 법규명령으로 볼 수 있음. • 행정규제기본법은 이러한 고시형식의 법규명령의 가능성에 대해서 인정하고 있음. **행정규제기본법 제4조【규제법정주의】** ② 규제는 법률에 직접 규정하되, 규제의 세부적인 내용은 법률 또는 상위법령에서 구체적으로 범위를 정하여 위임한 바에 따라 대통령령 · 총리령 · 부령 또는 조례 · 규칙으로 정할 수 있다. 다만, 법령에서 전문적 · 기술적 사항이나 경미한 사항으로서 업무의 성질상 위임이 불가피한 사항에 관하여 구체적으로 범위를 정하여 위임한 경우에는 고시 등으로 정할 수 있다.21 1. 국회입법에 의한 수권이 입법기관이 아닌 행정기관에 법률 등으로 구체적인 범위를 정하여 위임한 사항에 관하여는 당해 행정기관이 법정립의 권한을 갖게 되고, 입법자가 규율의 형식도 선택할 수 있다 할 것임. 2. 따라서 헌법이 인정하고 있는 위임입법의 형식은 예시적인 것으로 보아야 할 것이고,22 23 그것은 법률이 행정규칙에 위임하더라도 그 행정규칙은 위임된 사항만을 규율할 수 있으므로, 국회입법의 원칙과 상치되지도 않음.24 3. **법률이 입법사항을** 대통령령이나 부령이 아닌 고시와 같은 **행정규칙의 형식으로 위임하는 것은 헌법** 제40조, **제75조**(편저자 주 : 포괄위임금지의 원칙), 제95조 등과의 관계에서 **일정한 한계 내에서 허용됨**.25 4. 재산권 등과 같은 기본권을 제한하는 작용을 하는 법률이 입법위임을 할 때에는 대통령령, 총리령, 부령 등 법규명령에 위임함이 바람직하고, 고시와 같은 형식으로 입법위임을 할 때에는 적어도 행정규제기본법 제4조 제2항 단서에서 정한 바와 같이 법령이 전문적 · 기술적 사항이나 경미한 사항으로서 업무의 성질상 위임이 불가피한 사항에 한정됨(헌재 2006. 12. 28, 2005헌바59).26

3 법규명령의 근거와 한계

1) 위임명령의 근거

(1) 법률 또는 상위명령의 개별적 수권규정이 있는 경우에만 제정 가능27 : 구체적 위임 없이 국민의 권리 · 의무에 관한 사항을 새롭게 규정한 법규명령은 무효

1-1. 법령의 위임이 없음에도 법령에 규정된 처분요건에 해당하는 사항을 부령에서 변경**하여 규정**한 경우에는 **그 부령의 규정**은 행정청 **내부의 사무처리기준 등을 정한 것**으로서 행정조직 내에서 적용되는 **행정명령의 성격을 지닐 뿐** 국민에 대한 대외적 구속력은 없음.28 29

1-2. 이 경우 처분의 적법 여부는 그러한 규칙 등에서 정한 요건에 합치하는지 여부가 아니라 일반국민에 대하여 구속력을 가지는 법률 등 법규성이 있는 관계법령의 규정을 기준으로 판단하여야 함(대판 2013. 9. 12, 2011두10584).30

2. 법률의 시행령이나 시행규칙의 내용이 모법의 입법취지와 관련조항 전체를 유기적 · 체계적으로 살펴보아 모법의 해석상 가능한 것을 명시한 것에 지나지 않거나 모법 조항의 취지에 근거하여 이를 구체화하기 위한 것인 경우, 모법에 직접 위임하는 규정을 두지 않았다고 하여 무효라고 볼 수는 없음(대판 2014. 8. 20, 2012두19526).31 32

(2) 위임의 근거 없이 무효인 법규명령이더라도 사후에 위임의 근거가 부여되면 그때부터 유효, 위임의 근거가 있어서 유효한 법규명령이라 하더라도 사후에 위임의 근거가 없어지면 그때부터 무효

1. 일반적으로 법률의 위임에 의하여 효력을 갖는 법규명령의 경우, 구법에 위임의 근거가 없어 무효였더라도 사후에 법 개정으로 위임의 근거가 부여되면 그때부터는 유효한 법규명령이 됨(다만, 위임의 한계를 벗어난 경우는 여전히 무효).33 34
2. 그리고 구법의 위임에 의한 유효한 법규명령이 법 개정으로 위임의 근거가 없어지게 되면 그때부터 무효인 법규명령이 됨.35
3. 따라서 어떤 법령의 위임근거 유무에 따른 유효 여부를 심사하려면 법 개정의 전후에 걸쳐 모두 심사하여야만 그 법규명령의 시기에 따른 유효 · 무효를 판단할 수 있음(대판 1995. 6. 30, 93추83).

(3) 근거법령의 명시 여부 : 구체적 명시 불요

법령의 위임관계는 반드시 하위법령의 개별조항에서 위임의 근거가 되는 상위법령의 해당 조항을 구체적으로 명시하고 있어야만 하는 것은 아님(대판 1999. 12. 24, 99두5658).36

2) 위임명령의 한계

(1) 상위법령의 위임의 한계

① 일반적 · 포괄적 위임금지

개 념	포괄적 위임의 금지란 법률에서 위임명령에 규정할 사항을 위임함에 있어서는 일반적 · 포괄적 위임은 안 되며 구체적으로 범위를 정하여 위임하여야 함을 의미함.37
구체적 위임인지 판단기준	예측가능성
	구체적 위임이라면 누구라도 상위법령으로부터 위임명령에 규정되는 내용의 대강을 예측할 수 있어야 하는데,38 이때 예측가능성 유무는 위임조항 하나만으로 판단할 것이 아니라 위임조항이 속한 상위법령의 전반적 체계 · 취지 · 목적과 당해 위임조항의 형식 · 내용 및 관련법규를 유기적으로 고려하여 판단하여야 함(대판 2002. 8. 23, 2001두5651).39
구체성의 정도	기본권 침해영역에서 강화, 급부영역에서 완화
	① 처벌법규나 조세법규와 같이 국민의 기본권을 직접적으로 제한하거나 침해할 소지가 있는 영역에서는 일반적인 급부행정의 영역에서보다 위임의 구체성 · 명확성의 요구가 강화됨(헌재 2002. 8. 29, 2000헌바50 · 2002헌바56 병합).40 ② 보건위생 등 급부행정영역에서는 침해영역보다 구체성 요구가 다소 약화되어도 무방함(대결 1995. 12. 8, 95카기16).41
사실관계가 수시로 변화할 수 있는 사안	구체성 · 명확성의 요구가 좀더 완화될 수 있음.
	(중학교 의무교육의 단계적 실시에 관해 대통령령에 위임한 것과 관련하여) 다양한 사실관계를 규율하거나 사실관계가 수시로 변화할 수 있는 사안에 대해서는 그 성격상 명확성의 요구가 좀더 완화될 수 있음(헌재 1991. 2. 11, 90헌가27).42
포괄적 위임금지의 예외	㉠ 조례, ㉡ 공법적 단체의 정관에 자치법적 사항을 위임하는 경우 포괄적 위임 가능
	① 조례에 대한 법률의 위임은 법규명령에 대한 법률의 위임과 같이 반드시 구체적으로 범위를 정하여야 할 필요가 없으며 포괄적인 것으로 족함(헌재 1995. 4. 20, 92헌마264 등).43

포괄적 위임금지의 예외	②-1. 법률이 공법적 단체 등의 정관에 자치법적 사항을 위임한 경우 **헌법 제75조가 정하는** 포괄위임입법금지원칙은 적용되지 않음. ②-2. 법률이 공법적 단체 등의 정관에 자치법적 사항을 위임한 경우 **국민의 권리 · 의무에 관한 기본적이고 본질적인 사항까지 정관에 위임할 수는 없으며, 국회가 정해야 함**(편저자 주 : 의회유보).**44 45** ②-3. 「도시 및 주거환경정비법」 제28조 제4항 본문이 사업시행인가 신청시의 동의요건을 조합의 정관에 포괄적으로 위임하고 있다고 하더라도 헌법 제75조가 정하는 포괄위임입법금지의 원칙이 적용되지 아니하므로 이에 위배된다고 할 수 없음(대판 2007. 10. 12, 2006두14476).**46** ③ 법률이 행정부가 아니거나 행정부에 속하지 않는 **공법적 기관의 정관에 특정 사항을 정할 수 있다고 위임하는 경우 포괄적인 위임입법의 금지는 원칙적으로 적용되지 않음**(헌재 2006. 3. 30, 2005헌바31).

② 국회전속적 입법사항의 위임금지

- 국회가 법률로 정해야 하며 법규명령으로 정할 수 없음이 원칙〔예 통신 · 방송의 시설기준(헌법 제21조 제3항), 조세에 관한 사항(헌법 제59조) 등〕
- 다만, 세부적인 사항은 구체적 범위를 정하여 행정입법에 위임하는 것이 허용됨.**47**

> 과세요건과 징수절차에 관한 사항을 명령 · 규칙 등 하위법령에 위임하여 규정하게 할 수 없는 것은 아니고, 이러한 사항을 하위법령에 위임하여 규정하게 하는 경우 구체적 · 개별적 위임만이 허용되며,**48** 포괄적 · 백지적 위임은 허용되지 아니하고(과세요건법정주의), 이러한 법률 또는 그 위임에 따른 명령 · 규칙의 규정은 일의적이고 명확하여야 함(과세요건명확주의)(대결 1994. 9. 30, 94부18).

③ 처벌규정의 위임문제

- 위임은 가능하나, 일반 법률사항보다 훨씬 제한됨.
- 형벌의 종류와 상한 자체는 법률로 정하여야 할 것이나, 범죄구성요건의 일부는 행정입법에 위임할 수 있음.

> 1. 형벌법규의 경우 ㉠ 특히 긴급한 필요가 있거나 미리 법률로써 자세히 정할 수 없는 부득이한 사정이 있는 경우에 한하여, ㉡ 구성요건의 점에서는 수권법률(위임법률)이 처벌대상인 행위가 어떠한 것일 거라고 이를 예측할 수 있을 정도로 구체적으로 정하고, ㉢ 형벌에 관해서는 형벌의 종류 및 그 상한과 폭을 법률로 명확히 규정하는 것을 조건으로 위임입법이 허용됨(헌재 1996. 2. 29, 94헌마213).**49 50**
> 2. 법률의 시행령이 형사처벌에 관한 사항을 규정하면서 법률의 명시적인 위임범위를 벗어나 처벌의 대상을 확장하는 것은 죄형법정주의의 원칙에도 어긋나는 것이므로, 그러한 시행령은 위임입법의 한계를 벗어난 것으로서 무효임(대판 2017. 2. 16, 2015도16014 전합).**51**

(2) 위임명령의 제정상 한계

① 재위임의 문제 : 전면적 재위임은 금지. 다만, 위임받은 사항에 관한 대강을 정하고 세부적인 사항을 하위법령에 재위임은 가능함.

> 1. (부령의 제정 · 개정절차가 대통령령에 비하여 보다 용이한 점을 고려할 때 재위임에 의한 부령의 경우에도 위임에 의한 대통령령에 가해지는 헌법상의 제한이 당연히 적용되어야 할 것이므로) **법률에서 위임받은 사항을 전혀 규정하지 아니하고 그대로 재위임하는 것은 허용되지 않으며**52 **위임받은 사항에 관하여 대강을 정하고 그중의 특정사항을 범위를 정하여 하위법령에 다시 위임하는 경우에만 재위임이 허용됨**(헌재 2008. 4. 24, 2007헌마1456).**53**
> 2. **조례가** 지방자치법 제22조 단서에 따라 주민의 권리제한 또는 의무부과에 관한 사항을 **법률로부터 위임받은 후, 이를 다시** 지방자치단체장이 정하는 **'규칙'이나 '고시' 등에 재위임하는 경우에도 위임받은 사항을 전혀 규정하지 않고 재위임하는 것은 허용되지 않음**(대판 2015. 1. 15, 2013두14238).**54 55**

② 내용적 한계

- 법률에서 수권되지 않은 사항에 대해서 규정할 수 없음.

- 상위법령을 위반하여서도 안 되며 명확하고 실현 가능한 것이어야 함.

> 1. 법률의 시행령은 모법인 법률에 의하여 위임받은 사항이나 법률이 규정한 범위 내에서 법률을 현실적으로 집행하는 데 필요한 세부적인 사항만을 규정할 수 있을 뿐, 법률에 의한 위임이 없는 한 법률이 규정한 개인의 권리 · 의무에 관한 내용을 변경 · 보충하거나 법률에 규정되지 아니한 새로운 내용을 규정할 수는 없음(대판 2020. 9. 3, 2016두32992 전합).**56 57**
> 2. 법률의 위임규정 자체가 그 의미내용을 정확하게 알 수 있는 용어를 사용하여 위임의 한계를 분명히 하고 있는데도 시행령이 그 문언적 의미의 한계를 벗어났다든지, 위임규정에서 사용하고 있는 용어의 의미를 넘어 그 범위를 확장하거나 축소함으로써 위임내용을 구체화하는 단계를 벗어나 새로운 입법을 한 것으로 평가할 수 있다면, 이는 위임의 한계를 일탈한 것으로서 허용되지 않음(대판 2012. 12. 20, 2011두30878 전합).**58 59**
> 3. 법률에서 하위법령에 위임을 한 경우에 모법의 위임범위를 확정하거나 하위법령이 위임의 한계를 준수하고 있는지 여부를 판단할 때에는, 하위법령이 규정한 내용이 입법자가 형식적 법률로 스스로 규율하여야 하는 본질적 사항으로서 의회유보의 원칙이 지켜져야 할 영역인지, 당해 법률규정의 입법목적과 규정내용, 규정의 체계, 다른 규정과의 관계 등을 종합적으로 고려하여야 함(대판 2015. 8. 20, 2012두23808 전합).**60**

3) 집행명령의 근거와 한계
- 법률 또는 상위명령에 개별적 · 구체적 수권(위임)규정이 없어도 가능**61**
- 새로운 국민의 권리 · 의무에 관한 사항(법규사항)은 규정할 수 없음.**62**

4 법규명령의 성립 · 효력발생요건

1) 법규명령의 성립요건

(1) **주체** : 대통령, 국무총리 등 정당한 권한을 가진 기관이 제정하여야 함.

(2) **절차** : 대통령령은 법제처 심사와 국무회의 심의를 거쳐야 하며,**63** 총리령과 부령은 법제처의 심사를 거치면 됨.**64**

(3) **형식** : 조문형식에 의하여야 하고, 일정한 형식을 갖추어야 함.

(4) **근거 및 내용** : 법령에 근거하고 수권의 범위 내에서 제정함. 한편, 동일한 사항에 대해 하위법이 상위법에 저촉되는 경우 전부가 무효가 아니라 저촉되는 한도 내에서만 효력이 없음(저촉되는 한도 내에서는 상위법 적용)(판례).**65**

(5) **공포** : 외부에 표시함으로써 유효하게 성립함.

2) 법규명령의 효력발생요건
- 법규명령은 특별한 규정이 없는 한 공포한 날로부터 20일을 경과함으로써 효력이 발생함.**66**
- 국민의 권리제한 또는 의무부과와 직접 관련되는 법규명령은 특별한 사유가 있는 경우를 제외하고는 공포일로부터 적어도 30일이 경과한 날로부터 시행되도록 하여야 함.**67**

5 법규명령의 하자 및 소멸

1) 법규명령의 하자

(1) 하자 있는 법규명령의 효력
- 법규명령이 적법요건, 즉 성립 · 효력요건을 갖추지 못한 때에는 하자 있는 법규명령이 됨.
- 하자 있는 법규명령, 즉 위법한 법규명령은 하자의 정도와 상관없이 무효가 됨(통설)〔하자 있는 행정행위의 경우 무효 또는 취소가 되는 것과 구별할 것(Topic 32 참조)〕.**68**
- 법률합치적 해석 : 하위법령규정이 상위법령규정에 저촉되는지 여부가 명백하지 않고 하위법령의 의미를 상위법령에 합치하도록 해석하는 것이 가능한 경우 하위법령이 상위법령에 위반된다는 이유로 무효를 선언할 것은 아님.

1. 어느 시행령의 규정이 모법에 저촉되는지의 여부가 명백하지 아니하는 경우에는 모법과 시행령의 다른 규정들과 그 입법취지, 연혁 등을 종합적으로 살펴 모법에 합치된다는 해석도 가능한 경우라면 그 규정을 모법 위반으로 무효라고 선언하여서는 안 됨(대판 2001. 8. 24, 2000두2716).69
2. 하위법령은 그 규정이 상위법령의 규정에 명백히 저촉되어 무효인 경우를 제외하고는 관련법령의 내용과 입법취지 및 연혁 등을 종합적으로 살펴서 그 의미를 상위법령에 합치되는 것으로 해석하여야 함(대판 2013. 11. 28, 2012두16565).70

(2) 하자 있는 법규명령에 따른 행정행위 : 중대 · 명백설에 따라 판단(일반적으로 취소사유)

1. 위헌 · 위법한 시행령의 무효를 선언한 대법원판결이 없는 상태에서 그러한 시행령에 근거하여 이루어진 처분은 원칙적으로 당연무효라고 할 수 없음(대판 2007. 6. 14, 2004두619).71
2. 조례가 법률 등 상위법령에 위배된다는 사정은 그 조례의 규정을 위법하여 무효라고 선언한 대법원의 판결이 선고되지 아니한 상태에서는 그 조례 규정의 위법 여부가 해석상 다툼의 여지가 없을 정도로 명백하였다고 인정되지 아니하는 이상 객관적으로 명백한 것이라 할 수 없으므로, 이러한 조례에 근거한 행정처분의 하자는 취소사유에 해당할 뿐 무효사유가 된다고 볼 수는 없음(대판 2009. 10. 29, 2007두26285).72

2) 법규명령의 소멸

(1) 폐지 : 법규명령의 효력을 장래에 향하여 소멸시키는 행정권의 의사표시(명시적 · 묵시적 표시로 가능)

(2) 근거법령의 소멸 등

- 근거법령의 소멸 : 상위법령이 폐지된 경우에는 법규명령도 소멸함이 원칙이며, 법규명령의 근거법령이 헌법재판소에 의해 위헌결정된 경우에도 법규명령은 원칙적으로 효력을 상실함.

법규명령의 위임근거가 되는 법률에 대하여 위헌결정이 선고되면 그 위임에 근거하여 제정된 법규명령도 원칙적으로 효력을 상실함(대판 2001. 6. 12, 2000다18547).73

- 집행명령의 경우 근거법령의 개정 : 새로운 집행명령이 제정될 때까지는 여전히 그 효력을 유지함.

1. 상위법령의 시행에 필요한 세부적 사항을 정한, 이른바 집행명령은 근거법령인 상위법령이 폐지되면 특별한 규정이 없는 한 실효됨.
2. 그러나 상위법령이 개정됨에 그친 경우에는 성질상 이와 모순 · 저촉되지 아니하는 한 개정된 상위법령의 시행을 위한 집행명령이 새로 제정 · 발효될 때까지는 여전히 그 효력을 유지함(대판 1989. 9. 12, 88누6962).74 75

6 법규명령에 대한 사법적 통제

1) 일반법원에 의한 통제

(1) 구체적 규범통제(간접적 통제)

헌법 제107조 ① '법률'이 헌법에 위반되는 여부가 재판의 전제가 된 경우에는 법원은 헌법재판소에 제청하여 그 심판에 의하여 재판한다.
② '명령 · 규칙' 또는 처분이 헌법이나 법률에 위반되는 여부가 재판의 전제가 된 경우에는 대법원은 이를 최종적으로 심사할 권한을 가진다.76 77

의 의	• 법규명령의 위헌 · 위법 여부가 구체적 사건을 해결하기 위한 전제문제로 되는 경우에 비로소 법규명령을 심사하여 통제하는 것(우리 헌법은 구체적 규범통제를 원칙으로 하고 있음)78 79 • 헌법 제107조 제2항의 규정에 따르면 행정입법의 심사는 일반적인 재판절차에 의하여 구체적 규범통제의 방법에 의하도록 명시하고 있으므로, 당사자는 구체적 사건의 심판을 위한 선결문제로서 행정입법의 위법성을 주장하여 법원에 대하여 당해 사건에 대한 적용 여부의 판단을 구할 수 있을 뿐 행정입법 자체의 합법성의 심사를 목적으로 하는 독립한 신청을 제기할 수는 없음(대결 1994. 4. 26, 93부32).80 • 대법원은 유신헌법상의 대통령이 발동하는 긴급조치는 국회가 관여하는 것이 아니므로 법률이라고 볼 수 없으므로 최종적으로 대법원이 심사할 수 있다고 판시한 바 있음.81 반면, 헌법재판소는 위헌법률심사의 대상이 되는 '법률'인지 여부는 그 제정 형식이나 명칭이 아니라 규범의 효력을 기준으로 판단하여야 한다고 보면서 법률과 동일한 효력을 가지는 유신헌법상의 긴급조치의 위헌 여부 심사권한은 헌법재판소에 전속한다고 보았음.82 • '재판의 전제'란 구체적 사건이 법원에 계속 중이어야하고, 위헌 · 위법인지가 문제된 경우에는 규정의 특정 조항이 해당 소송사건의 재판에 적용되는 것이어야 하며, 그 조항이 위헌 · 위법인지에 따라 그 사건을 담당하는 법원이 다른 판단을 하게 되는 경우를 말함.83 • 법원이 구체적 규범통제를 통해 위헌 · 위법으로 선언할 심판대상은, 특별한 사정이 없는 한 원칙적으로 해당 규정 중 재판의 전제성이 인정되는 조항에 한정됨(판례).84
주 체	각급 법원(대법원이 최종적으로 심사)85
명령 · 규칙의 의미	• 헌법 제107조 제2항에서 말하는 명령이란 행정입법으로서의 법규명령을 의미함. • 규칙에는 대법원규칙, 국회규칙, 헌법재판소규칙, 중앙선거관리위원회규칙과86 지방자치단체의 조례 및 규칙도 포함되나,87 법규성이 없는 행정규칙은 포함되지 않음(단, 법규성을 갖는 법령보충적 행정규칙은 포함됨).88
구체적 규범통제의 효력	당해 행정입법은 일반적으로 그 효력을 상실하는 것은 아니고, 당해 사건에 한하여 그 법규명령이 적용되지 않음.89
통보 및 공고	대법원에 의해 명령 · 규칙이 위헌 · 위법인 것으로 확정된 경우 행정안전부장관에게 통보, 행정안전부장관은 관보에 게재(행정소송법 제6조)90 91

(2) 항고소송에 의한 직접적 통제 – 처분적 법규의 경우

- 일반적 · 추상적 규범으로서의 법규명령은 '처분 등'의 개념에 포함되지 않으므로 원칙적으로 항고소송의 대상이 될 수 없음.
- 다만, 법규명령이 구체성을 갖는 경우, 즉 처분적 성질을 가지는 경우(처분법규)는 항고소송의 대상이 될 수 있음.92 93 94

> (두밀분교폐지조례 사건에서) **조례가 집행행위의 개입 없이도 그 자체로서 직접 국민의 구체적인 권리 · 의무나 법적 이익에 영향을 미치는 등의 법률상 효과를 발생하는 경우** 그 조례는 **항고소송의 대상이 되는 행정처분에 해당**함(대판 1996. 9. 20, 95누8003).95

2) **헌법재판소에 의한 통제** : 헌법재판소는 법규명령 등이 별도의 집행행위를 기다리지 않고 직접 기본권을 침해하는 경우 헌법소원심판의 대상이 될 수 있다고 봄.

> (구 법무사법 시행규칙 제3조 제1항 "법원행정처장은 법무사를 보충할 필요가 있다고 인정되는 경우에는 대법원장의 승인을 얻어 법무사시험을 실시할 수 있다."에 대한 헌법소원사건에서 동 규칙은 헌법소원의 대상이 된다고 판시하면서) 법규명령 등이 별도의 집행행위를 기다리지 않고 직접 기본권을 침해하는 것인 때에는 헌법소원심판의 대상이 될 수 있음(헌재 1990. 10. 15, 89헌마178).96 97

Topic

20 행정입법부작위

p.64~65

1 의의 - 행정청이 법규명령을 제정 · 개정할 의무가 있음에도 이를 하지 않는 것(부작위)

2 행정입법부작위의 요건

1) 행정입법의 제정의무 : 단, 법률의 규정이 내용적으로 충분히 명확한 경우는 제정의무 없음.

1. 입법부가 법률로써 행정부에게 특정한 사항을 위임했음에도 불구하고 행정부가 정당한 이유 없이 이를 이행하지 않는다면 권력분립의 원칙과 법치국가 내지 법치행정의 원칙에 위배되는 것으로서 위법함과 동시에 위헌적인 것이 됨(대판 2007. 11. 29, 2006다3561). **01**
2. 삼권분립의 원칙, 법치행정의 원칙을 당연한 전제로 하고 있는 우리 헌법하에서 행정권의 행정입법 등 법집행의무는 헌법적 의무라고 보아야 함(헌재 1998. 7. 16, 96헌마246). **02**
3. 행정입법의 부작위가 위헌 · 위법이라고 하기 위하여는 행정청에게 행정입법을 하여야 할 작위의무를 전제로 하는 것이고, 그 작위의무가 인정되기 위하여는 행정입법의 제정이 법률의 집행에 필수불가결한 것이어야 하는바, **03** **만일 하위 행정입법의 제정 없이 상위법령의 규정만으로도 집행이 이루어질 수 있는 경우라면 하위 행정입법을 제정하여야 할 작위의무는 인정되지 아니한다고 할 것임**(대판 2007. 1. 11, 2004두10432). **04 05**

2) 상당한 기간의 경과

3) 행정입법이 제정되지 않았을 것

3 권리구제

<table>
<tr><td rowspan="2">항고소송 ×</td><td colspan="2">부작위위법확인소송의 대상은 행정소송법의 조문을 고려할 때 '처분'의 부작위이지 '입법'의 부작위는 아님. 따라서 행정입법부작위의 경우 부작위위법확인소송의 대상이 되지 않음. 06

행정소송법 제2조【정의】 ① 이 법에서 사용하는 용어의 정의는 다음과 같다.
2. '부작위'라 함은 행정청이 당사자의 신청에 대하여 상당한 기간 내에 일정한 처분을 하여야 할 법률상 의무가 있음에도 불구하고 이를 하지 아니하는 것을 말한다.</td></tr>
<tr><td colspan="2">(특정다목적댐법 시행령 미제정사건에서) 행정소송은 구체적 사건에 대한 법률상 분쟁을 법에 의하여 해결함으로써 법적 안정을 기하자는 것이므로 부작위위법확인소송의 대상이 될 수 있는 것은 구체적 권리 · 의무에 관한 분쟁이어야 하고 추상적인 법령에 관하여 제정의 여부 등은 그 자체로서 국민의 구체적인 권리 · 의무에 직접적 변동을 초래하는 것이 아니어서 그 소송의 대상이 될 수 없음(대판 1992. 5. 8, 91누11261). 07 08</td></tr>
<tr><td rowspan="3">헌법소원 ○</td><td rowspan="2">입법부작위의 종류</td><td>• 진정입법부작위 : 전혀 입법을 하지 아니함으로써 '입법행위의 흠결이 있는 경우'
• 부진정입법부작위 : 입법은 하였으나 '입법행위에 결함이 있는 경우', 입법부작위 그 자체를 헌법소원의 대상으로 할 수는 없고 '법령 그 자체'에 대해 헌법소원을 제기하여야 함. 09</td></tr>
<tr><td>부진정입법부작위를 대상으로 헌법소원을 제기하려면 그것이 평등의 원칙에 위배된다는 등 헌법위반을 내세워 적극적인 헌법소원을 제기하여야 하며, 이 경우에는 헌법재판소법 소정의 제소기간(청구기간)을 준수하여야 함(헌재 1996. 10. 31, 94헌마204). 10</td></tr>
<tr><td>대상 여부</td><td>행정입법부작위는 공권력의 불행사에 해당하므로 헌법소원의 대상이 됨(판례). 11</td></tr>
<tr><td rowspan="2">국가배상청구 ○</td><td colspan="2">행정입법부작위로 인해 손해가 발생한 경우 손해배상청구의 요건을 충족하면 손해배상청구가 가능함. 12</td></tr>
<tr><td colspan="2">법률에서 군법무관의 보수의 구체적 내용을 시행령에 위임했음에도 불구하고 행정부가 정당한 이유 없이 시행령을 제정하지 않은 것은 불법행위에 해당하여 국가배상청구가 가능함(대판 2007. 11. 29, 2006다3561). 13</td></tr>
</table>

21 행정규칙

p.65~71

1 행정규칙의 의의

1) 개념 : 상급행정기관이나 상급자가 하급행정기관 또는 하급자에 대하여 행정의 조직과 활동을 규율할 목적으로 그의 권한범위 내에서 발하는 일반적 · 추상적 규율

2) 법규명령과 행정규칙의 구별

구 분	법규명령	행정규칙
법 형식	대통령령 · 총리령 · 부령 등	훈령 · 고시 · 예규 · 지침 등
법적 근거	• 위임명령은 상위법령상 개별적 · 구체적 수권을 요함. • 집행명령은 개별적 · 구체적 수권은 필요하지 않음.	• 법적 근거 불필요01 • 행정규칙의 제정권은 상급기관의 감독권한에 포함되어 있음.
규율의 대상	일반국민	행정조직 내의 기관 또는 구성원
성 질	법규로서 대외적 구속력이 있으며 법원(法院)의 재판규범이 됨.	법규가 아니므로 대외적 구속력 및 재판규범으로서의 효력을 가지지 않는 것이 원칙임.02 상급행정기관이 하급행정기관에 대하여 업무처리지침이나 법령의 해석 · 적용에 관한 기준을 정하여 발하는 이른바 행정규칙은 일반적으로 행정조직 내부에서만 효력을 가질 뿐 대외적인 구속력을 갖는 것은 아님(대판 1998. 6. 9, 97누19915).03
위반의 효과	위법한 행정작용이 됨.04	• 곧바로 위법한 행정작용이 되는 것은 아님.05 다만, 공무원은 복종의무가 있으므로 행정규칙을 위반하면 징계사유는 될 수 있음.06 07 • 반면에, 법령에 반하는 위법한 행정규칙은 무효이므로 위법한 행정규칙을 위반한 것은 징계사유가 되지 않음(판례).08
공 포	관보에 게재하여 공포함으로써 성립함.	• 공포가 필요한 것은 아님. • **수명기관에 도달하면 효력이 발생함.**09

2 행정규칙의 종류

1) 내용에 따른 구분 : 근무규칙, 재량준칙(재량권행사의 기준을 정하는 행정규칙),10 규범해석(법령해석)규칙 등

> 전결과 같은 행정권한의 내부위임은 법률이 위임을 허용하지 않는 경우에도 인정되는 것이므로 행정관청 내부의 사무처리규정에 불과한 전결규정에 위반하여 원래의 전결권자 아닌 보조기관 등이 처분권자인 행정관청의 이름으로 행정처분을 한 경우, 그 처분은 무효가 아님(대판 1998. 2. 27, 97누1105).11 12

2) 형식에 따른 구분 : 훈령, 고시, 예규, 일일명령 등13 14

고 시	개 념	행정기관이 법령이 정하는 방법에 의해 일정 사항을 불특정 다수인에게 알리는 행위
	유 형	① 행정규칙적 고시 ② 일반처분적 고시 ③ 법규명령적 고시(후술)
		1. **고시**가 **일반 · 추상적 성격**을 가질 때에는 **법규명령 또는 행정규칙**에 해당하지만, 고시가 **구체적인 규율의 성격**을 갖는다면 **행정처분**에 해당함(헌재 1998. 4. 30, 97헌마141).15 2. 부산시내 종교시설의 책임자 · 종사자 및 이용자에게 2021. 1. 4. 0시부터 2021. 1. 17. 24시까지 2주간 **대면예배를 제한**한 부산광역시 **고시**는 장래의 불특정하고 추상적이며 반복되는 사항을 규율하는 것이라기보다는 시간적 · 공간적으로 특정된 사안을 규율하는 것으로서 **항고소송의 대상인 행정처분**에 해당함(헌재 2023. 6. 29, 2021헌마63).16 최신

3 법규명령형식의 행정규칙

1) 부령형식인 경우

(1) 부령형식으로 정해진 제재적 처분기준 : 판례는 부령형식으로 정해진 제재적 처분기준(영업허가의 취소, 정지기준)은 행정규칙의 성질을 가지며,[17] 대외적으로 국민이나 법원을 구속하는 것은 아니라고 봄.

식품위생법 제75조 【허가취소 등】 ① 식품의약품안전처장 또는 특별자치시장 · 특별자치도지사 · 시장 · 군수 · 구청장은 영업자가 다음 각 호의 어느 하나에 해당하는 경우에는 …… 영업허가 또는 등록을 취소하거나 6개월 이내의 기간을 정하여 그 영업의 전부 또는 일부를 정지하거나 영업소 폐쇄를 명할 수 있다.
⑤ 제1항 및 제2항에 따른 행정처분의 세부기준은 그 위반행위의 유형과 위반 정도 등을 고려하여 총리령으로 정한다.

식품위생법 시행규칙 제89조 【행정처분의 기준】 법 제71조, 법 제72조, 법 제74조부터 법 제76조까지 및 제80조에 따른 행정처분의 기준은 [별표 23]과 같다([별표 23]에 따르면 청소년에게 주류를 제공하는 행위에 대해 1차 위반시 영업정지 2개월, 2차 위반시 영업정지 3개월, 3차 위반시 영업허가취소 또는 영업소 폐쇄를 하도록 되어 있다).

- 식품위생법(위임의 근거법)에서 행정처분의 세부기준(제재적 처분기준)을 총리령(법규명령)으로 정한다고 위임하였고, 위임에 따라 식품위생법 시행규칙(총리령)에서 행정처분의 기준을 정하였음.
- 이 경우 판례에 따르면 형식적으로(○○법 시행규칙 : 총리령 · 부령) 법규명령이지만 그 성질과 내용을 보면 행정내부의 사무처리기준을 규정한 것에 불과하므로 행정규칙의 성질을 가지며, 대외적으로 국민이나 법원을 구속하는 것은 아니라고 봄.

1. 제재적 행정처분의 기준이 부령의 형식으로 규정되어 있더라도 그것은 **행정청 내부의 사무처리준칙을 정한 것에 지나지 아니하여** 대외적으로 국민이나 법원을 기속하는 효력이 없으므로,[18] **위 처분기준에 적합하다 하여 곧바로 당해 처분이 적법한 것이라고 할 수는 없지만,**[19] 위 처분기준에 따른 제재적 행정처분이 현저히 부당하다고 인정할 만한 **합리적인 이유가 없는 한 섣불리 그 처분이 재량권의 범위를 일탈하였거나 재량권을 남용한 것이라고 판단해서는 안 됨**(대판 2007. 9. 20, 2007두6946 ; 대판 2018. 5. 15, 2016두57984).[20]

2-1. 식품위생법 제58조 제1항에 의한 제재적 처분의 기준을 정한 같은 법 시행규칙 제53조는 행정규칙에 불과하므로 행정처분이 이에 위반되었다고 하여 곧바로 위법한 것으로 되지는 않음.[21]

2-2. 즉, **처분의 적법 여부는** 위 규칙에 적합한 것인가의 여부에 따라 판단할 것이 아니라 위 **법의 규정 및 그 취지에 적합한 것인가의 여부에 따라 판단**하여야 함(대판 1995. 3. 28, 94누6925).

3. 규정형식상 부령인 시행규칙 또는 지방자치단체의 규칙으로 정한 행정처분의 기준은 행정처분 등에 관한 사무처리기준과 처분절차 등 행정청 내의 사무처리준칙을 규정한 것에 불과하므로 행정조직 내부에 있어서의 행정명령의 성격을 지닐 뿐 대외적으로 국민이나 법원을 구속하는 힘이 없음(대판 1995. 10. 17, 94누14148 전합).[22]

4. 도로교통법 시행규칙 제53조 제1항이 정한 [별표 16]의 운전면허행정처분기준은 **부령의 형식으로 되어 있으나, 그 규정의 성질과 내용이** 운전면허의 취소처분 등에 관한 사무처리기준과 처분절차 등 **행정청 내부의 사무처리준칙을 규정한 것에 지나지 아니하므로** 대외적으로 국민이나 법원을 기속하는 효력이 없으므로,[23] [24] 자동차운전면허취소**처분의 적법 여부는** 그 운전면허행정**처분기준만에 의하여 판단할 것이 아니라 도로교통법의 규정내용과 취지에 따라 판단되어야 함**(대판 1997. 5. 30, 96누5773).[25]

5. 구 식품위생법 시행규칙 **제53조 [별표 15]** 행정처분기준은 **행정규칙에 불과하여 대외적인 구속력은 없지만,** 위 행정처분기준에서 정하고 있는 범위를 벗어나는 처분을 하기 위해서는 그 기준을 준수한 행정처분을 할 경우 공익상 필요와 상대방이 받게 되는 불이익 등과 사이에 현저한 불균형이 발생한다는 등의 특별한 사정이 있어야 함(대판 2010. 4. 8, 2009두22997).[26]

6. 「공공기관의 운영에 관한 법률」 제39조 제2항, 제3항에 따라 입찰참가자격 제한기준을 정하고 있는 구 「공기업 · 준정부기관 계약사무규칙」 제15조 제2항, 「국가를 당사자로 하는 계약에 관한 법률 시행규칙」 제76조 제1항 [별표 2], 제3항 등은 비록

부령의 형식으로 되어 있으나 규정의 성질과 내용이 공기업 · 준정부기관(이하 '행정청'이라 함)이 행하는 입찰참가자격 제한처분에 관한 행정청 내부의 재량준칙을 정한 것에 지나지 아니하여 대외적으로 국민이나 법원을 기속하는 효력이 없음(대판 2014. 11. 27, 2013두18964).27

(2) 부령형식으로 정해진 특허기준 : 판례는 부령형식으로 정해진 특허의 인가기준을 법령의 위임을 받아 부령으로 정한 경우 이를 법규명령으로 보고 있음.

구 「여객자동차 운수사업법」 제11조 제4항의 위임에 따라 시외버스운송사업의 사업계획변경에 관한 절차, 인가기준 등을 구체적으로 규정한 구 「여객자동차 운수사업법 시행규칙」 제31조 제2항 제1호, 제2호, 제6호는 대외적인 구속력이 있는 법규명령이라고 할 것이고, 그것을 행정청 내부의 사무처리준칙을 규정한 행정규칙에 불과하다고 할 수는 없음(대판 2006. 6. 27, 2003두4355).28 29

2) 대통령령형식인 경우 : 판례는 제재적 처분기준이 대통령령의 형식으로 정해진 경우 당해 처분기준을 법규명령으로 봄.30 31

구 청소년보호법 제49조 【과징금】 ① 청소년보호위원회는 …… 대통령령이 정하는 바에 의하여 1천만원 이하의 과징금을 부과 · 징수할 수 있다.
② 제1항의 규정에 의한 과징금의 금액 기타 필요한 사항은 대통령령으로 정한다.

구 청소년보호법 시행령 제40조 【과징금의 부과기준】 ② 법 제49조 제2항의 규정에 의한 과징금을 부과하는 위반행위의 종별에 따른 과징금의 금액은 [별표 6]과 같다([별표 6]에 따르면 청소년고용금지의무를 위반하면 위반횟수마다 800만원의 과징금을 부과하도록 되어 있다).

- 구 청소년보호법(위임의 근거법)에서 과징금 부과기준을 대통령령으로 정한다고 위임하였고, 위임에 따라 구 청소년보호법 시행령(대통령령)에서 과징금 부과기준(행정처분의 기준)을 정하였음.
- 이 경우 판례에 따르면 형식적으로(○○법 시행령 : 대통령령) 법규명령이지만 규정하고 있는 내용은 행정청의 처분기준을 정한 것임. 다만, 부령형식의 제재적 처분기준과 다르게 대통령령 형식의 제재적 처분기준은 법규명령으로 봄.
- 한편 구 청소년보호법 시행령의 과징금처분기준을 법규명령으로 보면서도 행정청에게 융통성을 발휘할 수 있게 해주고, 구 청소년보호법(위임의 근거법)의 과징금이 재량행위인 점을 고려하여 정액이 아닌 최고한도액으로 보았음.

절대적 구속력을 인정한 경우	최고한도액을 규정한 것으로 본 경우
① 주택건설촉진법 시행령(현 주택법 시행령)상의 처분기준은 법규성이 있어서 대외적으로 국민이나 법원을 구속하므로 행정청은 이러한 처분기준에 따라 처분을 하여야 하고 달리 재량의 여지는 없음(대판 1997. 12. 26, 97누15418).32 ② 「국토의 계획 및 이용에 관한 법률」 및 동법 시행령이 정한 이행강제금의 부과기준은 단지 상한을 정한 것에 불과한 것이 아니라, 위반행위 유형별로 계산된 특정 금액을 규정한 것이므로 행정청에 이와 다른 이행강제금액을 결정할 재량권이 없다고 보아야 함(대판 2014. 11. 27, 2013두8653).33	구 청소년보호법 제49조 제1 · 2항의 위임에 따른 같은 법 시행령 제40조 [별표 6]의 위반행위의 종별에 따른 과징금처분기준은 법규명령이나,34 처분기준에 규정된 금액은 정액이 아닌 최고한도액이라고 할 것임(대판 2001. 3. 9, 99두5207).35

4 행정규칙형식의 법규명령(법령보충규칙)

1) 행정기본법상 법령

행정기본법 제2조 【정의】 이 법에서 사용하는 용어의 뜻은 다음과 같다.
1. '법령 등'이란 다음 각 목의 것을 말한다.
가. 법령 : 다음의 어느 하나에 해당하는 것
1) 법률 및 대통령령 · 총리령 · 부령

2) 국회규칙 · 대법원규칙 · 헌법재판소규칙 · 중앙선거관리위원회규칙 및 감사원규칙
3) 1) 또는 2)의 위임을 받아 중앙행정기관(정부조직법 및 그 밖의 법률에 따라 설치된 중앙행정기관을 말한다. 이하 같다)의 장이 정한 훈령 · 예규 및 고시 등 행정규칙[36]

나. 자치법규 : 지방자치단체의 조례 및 규칙

2) 법규성 여부

- 판례는 형식은 행정규칙이지만 내용적으로는 법률을 보충하는 법규명령의 성질을 띤 행정규칙(법령보충규칙)에 대해 수권법령(상위법)과 결합하여 대외적인 구속력이 있는 법규명령으로서의 효력을 갖는다고 봄.[37]
- 예컨대 행정규칙인 고시가 법령의 수권에 의해 법령을 보충하는 사항을 정하는 경우에는 법령보충적 고시로서 근거법령(수권법령)의 규정과 결합하여 대외적으로 구속력 있는 법규명령으로서의 효력을 가짐.[38]

1. 법령의 규정이 특정 행정기관에게 법령내용의 구체적 사항을 정할 수 있는 권한을 부여하면서 권한행사의 절차나 방법을 특정하지 아니한 경우에는 수임행정기관은 **행정규칙이나 규정형식으로 법령내용이 될 사항을 구체적으로 정할 수 있음**(대판 2012. 7. 5, 2010다72076).[39]
2. **법령의 규정이 특정 행정기관에 그 법령내용의 구체적 사항을 정할 수 있는 권한을 부여하면서 권한행사의 절차나 방법을 특정하고 있지 않은 관계로** 수임행정기관이 행정규칙의 형식으로 법령의 내용이 될 사항을 구체적으로 정하고 있는 경우, **그러한 행정규칙**, 규정은 행정조직 내부에서만 효력을 가질 뿐 대외적인 구속력을 갖지 않는 행정규칙의 일반적 효력으로서가 아니라, **행정기관에 법령의 구체적 내용을 보충할 권한을 부여한 법령규정의 효력에 의하여 그 내용을 보충하는 기능을 갖게 되고, 따라서 당해 법령의 위임한계를 벗어나지 아니하는 한 그것들과** 결합하여 대외적인 구속력이 있는 법규명령으**로서의 효력을 갖게 됨**(대판 1998. 6. 9, 97누19915).[40]
3. (소득세법 시행령의 위임에 따라 그 내용을 보충하는) 국세청장훈령인 재산제세조사사무처리규정은 상위법령과 결합하여 법규명령으로서의 효력을 가짐(대판 1987. 9. 29, 86누484).[41]
4. 소득세법시행령 제170조 제4항 제2호에 의하여 투기거래를 규정한 재산제세조사사무처리규정(국세청훈령 제980호)은 그 형식은 행정규칙으로 되어 있으나 위 시행령의 규정을 보충하는 기능을 가지면서 그와 결합하여 법규명령과 같은 효력(대외적인 구속력)을 가지는 것이므로 과세관청이 위 규정에 정하는 바에 따라 양도소득세 공정과세위원회의 자문을 거치지 아니하고 위 규정 제72조 제3항 제8호 소정의 투기거래로 인정하여 양도소득세를 과세하는 것은 위법임(대판 1989. 11. 14, 89누5676).[42]

- 그러나 법령의 위임을 받은 것이어도 ① 행정적 편의를 도모하기 위한 절차적 규정인 경우나, ② 재량권 행사의 기준을 정한 경우 또는 ③ 위임의 근거법령이 예시적인 경우에는 법령보충적 행정규칙이 아니라, 단순한 행정규칙의 성질을 가짐(판례).

1. 구 법인세법 및 동법 시행규칙에 따른 '소득금액조정합계표 작성요령'은 법률의 위임을 받은 것이기는 하나 법인세의 부과징수라는 행정적 편의를 도모하기 위한 절차적 규정으로서 단순히 행정규칙의 성질을 가지는 데 불과하여 과세관청이나 일반국민을 기속하는 것이 아님(대판 2003. 9. 5, 2001두403).[43]
2. 「독점규제 및 공정거래에 관한 법률」이 과징금부과기준을 대통령령에 위임하고 대통령령이 과징금부과의 구체적인 고려사항과 세부기준은 공정거래위원회의 고시에 위임하고 있는 경우, 위 고시조항은 과징금 산정에 관한 재량권 행사의 기준으로 마련된 행정청 내부의 사무처리준칙, 즉 재량준칙임(대판 2020. 11. 12, 2017두36212).
3. 「국토의 계획 및 이용에 관한 법률 시행령」 제56조 제4항에 따라 국토교통부장관이 국토교통부 훈령으로 정한 '개발행위허가운영지침'은 세부적인 검토기준으로 이 지침의 법적 성격은 행정규칙에 불과하여 대외적 구속력이 없음(대판 2023. 2. 2, 2020두43722).[44] 최신
4. 산업재해보상보험법 시행령 [별표 3] '업무상 질병에 대한 구체적인 인정기준'은 '뇌혈관 질병 또는 심장 질병', '근골격계 질병'의 업무상 질병 인정 여부 결정에 필요한 사항은 고용노동부장관이 정하여 고시하도록 위임하고 있음[제1호 (다)목, 제2호 (마)목]. 위임근거인 산업재해보상보험법 시행령 [별표 3] '업무상 질병에 대한 구체적인 인정기준'이

예시적 규정에 불과한 이상, 그 위임에 따른 고용노동부 고시가 대외적으로 국민과 법원을 구속하는 효력이 있는 규범이라고 볼 수는 없고, 상급행정기관이자 감독기관인 고용노동부장관이 그 지도 · 감독 아래 있는 근로복지공단에 대하여 행정내부적으로 업무처리지침이나 법령의 해석 · 적용기준을 정해주는 '행정규칙'이라고 보아야 함(대판 2020. 12. 24, 2020두39297).[45]

- 판례는 상위법령에서 시행규칙으로 정하도록 형식을 정해서 위임하였음에도 수임기관이 고시 등 행정규칙으로 정한 경우에는 대외적 구속력을 인정하지 않음.

1. 법령의 규정이 특정 행정기관에게 법령내용의 구체적 사항을 정하도록 권한을 부여하여 특정 행정기관이 행정규칙이나 규정형식으로 정하였으나 그 행정규칙이나 규정이 상위법령의 위임범위를 벗어난 경우에는 **법규명령으로서 대외적 구속력을 인정할 여지는 없음.**[46] 이는 행정규칙이나 규정'내용'이 위임범위를 벗어난 경우뿐 아니라 상위법령의 위임규정에서 특정하여 정한 권한행사의 '절차'나 '방식'에 위배되는 경우도 마찬가지임.
2. **상위법령에서 세부사항 등을 시행규칙으로 정하도록 위임하였음에도 이를 고시 등 행정규칙으로 정하였다면 그 역시 대외적 구속력을 가지는 법규명령으로서 효력이 인정될 수 없음**(대판 2012. 7. 5, 2010다72076).[47]

3) 한 계

- 법령의 수권에 근거하여야 하고, 그 수권은 포괄위임금지의 원칙상 구체적 · 개별적으로 한정된 사항에 대하여 행하여져야 함.[48]
- 포괄적 위임금지 등 위임의 한계를 준수하여야 함. 만약 **법령보충적 행정규칙**이 법령의 위임범위를 벗어난 경우 법규명령으로서의 대외적 구속력이 인정되지 않음.

1. 행정각부의 장이 정하는 고시가 비록 법령에 근거를 둔 것이라고 하더라도 그 규정내용이 법령의 위임범위를 벗어난 것일 경우에는 법규명령으로서의 **대외적 구속력을 인정할 여지는 없음**(대결 2006. 4. 28, 2003마715).[49]
2. 법률의 위임규정 자체가 그 의미 내용을 정확하게 알 수 있는 용어를 사용하여 위임의 한계를 분명히 하고 있는데도 고시에서 그 문언적 의미의 한계를 벗어나면 위임의 한계를 일탈한 것으로서 허용되지 아니함(대판 2016. 8. 17, 2015두51132).[50]
3. [상위법령 등에서 노령수당의 지급대상자를 만 65세 이상의 자로 규정하고 있음에도 불구하고 보건사회부(현 보건복지부)장관이 정한 노인복지사업지침에서 만 70세 이상인 자로 규정한 부분은 위임의 한계를 벗어난 것이어서 무효라고 판시하면서] **법령보충규칙은 법령의 위임한계 내에서만 효력을 가질 수 있으므로 법령의 위임한계를 벗어난 경우 그러한 법령보충규칙은 무효가 됨**(대판 1996. 4. 12, 95누7727).[51]

- 법령보충규칙은 법규성을 가지는 것으로 법치행정의 원리상 상위법령에 위반되면 무효가 되며 무효인 법령보충규칙에 따라 행해진 처분은 위법한 처분이 됨.

1. 보존음료수의 국내판매를 완전히 금지하는 것을 내용으로 하는 보건사회부장관의 고시인 식품제조영업허가기준은 헌법상 기본권인 직업의 자유와 행복추구권을 침해하는 것으로 무효가 됨.
2. 무효인 고시를 근거로 행한 과징금 부과처분은 위법함(대판 1994. 3. 8, 92누1728).

4) 공포 여부 : 법규성이 인정된다 하더라도 행정규칙형식으로 제정된 이상, 법규명령의 형식과 같이 반드시 공포 등의 절차를 거칠 필요는 없음.[52]

법령보충규칙은 상위법령과 결합하여 법규성을 가지나 그 자체가 법규명령은 아니므로 적당한 방법으로 일반인에게 표시 또는 통보함으로써 효력이 발생함(대판 1993. 11. 23, 93도662).[53]

5 행정규칙의 성립 · 효력발생요건

1) 행정규칙의 성립요건

(1) 주체에 관한 요건 : 정당한 권한을 가진 행정기관이 그 권한의 범위 내에서 발함.

(2) 절차에 관한 요건 : 특별한 절차는 없음.

(3) 형식에 관한 요건 : 보통 고시, 훈령, 예규 등으로 발령되나, 특별한 형식이 있는 것은 아님(조문의 형식으로 제정됨이 일반적이나 구술로도 가능).[54]

(4) 내용에 관한 요건 : 상위법령에 위반되지 않아야 함.

2) 행정규칙의 효력발생요건 : '공포'라는 형식이 필요한 것은 아니고 관보 게재 등 적당한 방법으로 상대방에게 도달됨으로써 효력 발생

6 행정규칙의 하자

하자 있는(성립 · 효력발생요건 등 적법요건을 갖추지 못한) 행정규칙은 무효가 된다는 것이 일반적 견해임.[55]

7 행정규칙의 효력(구속력)

1) 내부적 효력

- 행정규칙은 내부적으로 구속력이 있으므로 공무원은 행정규칙을 준수해야 할 의무가 있으며, 이를 위반할 경우 징계책임이나 징계벌을 받게 됨.
- 행정규칙의 내용이 위법함이 명백한 경우 복종을 거부할 수 있음. 그러나 위법함이 명백하지 않은 경우는 준수하여야 하며 이에 불복할 경우 징계책임이 인정됨.[56]

1. 행정기관이 소속 공무원이나 하급행정기관에 대하여 세부적인 업무처리절차나 법령의 해석 · 적용기준을 정해주는 '행정규칙'은 상위법령의 구체적 위임이 있지 않는 한 조직 내부에서만 효력을 가질 뿐 대외적으로 국민이나 법원을 구속하는 효력이 없음.[57]
2. 행정규칙이 이를 정한 행정기관의 재량에 속하는 사항에 관한 것인 때에는 그 규정내용이 객관적 합리성을 결여하였다는 등의 특별한 사정이 없는 한 법원은 이를 존중하는 것이 바람직함.[58]
3. 그러나 **행정규칙의 내용이** 상위법령이나 법의 일반원칙에 반하는 것**이라면 법질서상** 당연무효**이고,** 행정내부적 효력도 인정될 수 없음.[59] 이러한 경우 법원은 해당 행정규칙이 법질서상 부존재하는 것으로 취급하여 행정기관이 한 조치의 당부를 상위법령의 규정과 입법목적 등에 따라서 판단하여야 함(대판 2020. 5. 28, 2017두66541 ; 대판 2019. 10. 31, 2013두20011).

2) **외부적 효력** : 행정규칙의 외부적 효력, 즉 대외적 구속력은 원칙적으로 인정되지 않음.

1. 행정규칙은 특별한 사정이 없는 한 대외적으로 국민이나 법원을 구속하는 효력이 없음. 처분이 적법한지는 행정규칙에 적합한지 여부가 아니라 상위법령의 규정과 입법목적 등에 적합한지 여부에 따라 판단해야 함(대판 2019. 7. 11, 2017두38874 ; 대판 2021. 10. 14, 2021두39362).

2-1. **행정처분이 법규성이 없는 내부지침 등의 규정에 위배된다고 하더라도 그 이유만으로 처분이 위법하게 되는 것은 아니고,**[60] **또 내부지침 등에서 정한 요건에 부합한다고 하여 반드시 그 처분이 적법한 것이라고 할 수도 없음.**[61]

2-2. 처분의 적법 여부는 그러한 내부지침 등에서 정한 요건에 합치하는지 여부가 아니라 일반국민에 대하여 구속력을 가지는 법률 등 법규성이 있는 관계법령의 규정을 기준으로 판단하여야 함(대판 2018. 6. 15, 2015두40248).

(1) **법령해석규칙(규범해석규칙)** : 법령해석규칙은 원칙적으로 대외적 구속력을 가지지 않음.[62]

단순히 행정규칙 중 하급행정기관을 지도하고 통일적 법해석을 기하기 위하여 상위법규 해석의 준거기준을 제시하는 규범해석규칙의 성격을 가지는 것에 불과하다면 그러한 해석기준이 상위법규의 해석상 타당하다고 보여지는 한 그에 따랐다는 이유만으로 행정처분이 위법하게 되는 것은 아니라 할 것임(대판 1992. 5. 12, 91누8128).[63]

(2) 재량준칙

- 재량준칙은 그 자체가 직접적으로 법규성이 있는 것은 아니나 재량준칙이 되풀이 시행되어 행정관행이 성립한 경우, 평등의 원칙, 자기구속의 원칙을 매개로 하여 '간접적'으로 대외적인 구속력을 가짐(판례).[64][65]
- 즉, 재량준칙에 의해 성립된 관행에 위반된 행위를 한 경우 상대방은 행정규칙 위반이 아니라 자기구속의 원칙 등의 위반을 이유로 위법성을 주장할 수 있음.
- 한편, 설정된 재량기준(재량준칙)이 객관적으로 합리적이 아니라거나 타당하지 않다고 볼 만한 특별한 사정이 없는 한 행정청의 의사는 존중되어야 함(판례).[66]

(3) **법령보충규칙** : 법령보충규칙은 그 자체로서 직접적으로 대외적 구속력을 갖는 것이 아니라, 상위법령(수권법령)과 결합하여 상위법령의 일부가 됨으로써 대외적 구속력을 가짐.[67]

법령보충적 행정규칙은 그 자체로서 직접적으로 대외적인 구속력을 갖는 것은 아니나 상위법령과 결합되어 일체가 되는 한도 내에서 상위법령의 일부가 됨으로써 대외적 구속력이 발생됨(헌재 2004. 10. 28, 99헌바91).[68]

8 행정규칙에 대한 사법적 통제

1) 법원에 의한 통제

- 행정규칙은 원칙적으로 대외적 효력이 인정되지 않으므로 항고소송의 대상이 될 수 없음.[69]
- 다만, 예외적으로 국민의 권리 · 의무에 직접 변동을 가져오는, 즉 처분성을 가지는 경우에는 이론상 항고소송의 대상이 될 수 있음.[70]

2) 헌법재판소에 의한 통제

- 법령보충규칙처럼 국민에게 효력이 있는 경우에 이로 인해 직접 국민의 기본권을 침해한다면 헌법소원의 대상이 될 수 있음.

1. '청소년유해매체물의 표시방법'에 관한 정보통신부(현 방송통신위원회) 고시는 상위법령과 결합하여 대외적 구속력을 갖는 법규명령으로 기능하는 것으로 헌법소원의 대상이 됨(헌재 2004. 1. 29, 2001헌마894).
2. 법령보충규칙에 해당하는 고시의 관계규정에 의하여 직접 기본권침해를 받았다면 헌법재판소법에 따라 헌법소원 심판을 청구할 수 있음(헌재 1992. 6. 26, 91헌마25).[71]

- 재량준칙인 행정규칙이 자기구속원칙을 매개로 대외적인 구속력을 갖게 되는 경우 헌법소원의 대상이 될 수 있음.[72]

법령보충규칙 또는 재량준칙이 그 정한 바에 따라 되풀이 시행되어 행정관행이 이룩되게 되면, 평등의 원칙이나 신뢰보호의 원칙에 따라 행정기관은 그 상대방에 대한 관계에서 그 규칙에 따라야 할 자기구속을 당하게 되는 경우에는 대외적인 구속력을 가지게 되며, 이러한 경우에는 헌법소원의 대상이 될 수도 있음(헌재 2001. 5. 31, 99헌마413).[73]

Topic

22 행정행위의 의의 및 종류

p.72~73

1 행정행위와 처분

1) 일반론 : 행정행위는 우리나라의 경우 실정법상의 개념이 아니라 학문상의 개념으로 정립됨.01

2) 행정행위의 개념

(1) 개념 : 행정청이 법 아래에서 구체적 사실에 관한 법집행으로 행하는 권력적 단독행위로서 공법행위(통설)

(2) 쟁송법 개념상 처분과 행정행위의 관계 : 처분 개념이 행정행위 개념보다 더 넓음[이원설(통설)].02

> 행정소송법 제2조【정의】① 이 법에서 사용하는 용어의 정의는 다음과 같다.
> 1. '처분 등'이라 함은 행정청이 행하는 구체적 사실에 관한 법집행으로서의 공권력의 행사 또는 그 거부와 그 밖에 이에 준하는 행정작용(이하 '처분'이라 한다) 및 행정심판에 대한 재결을 말한다. (이하 생략)

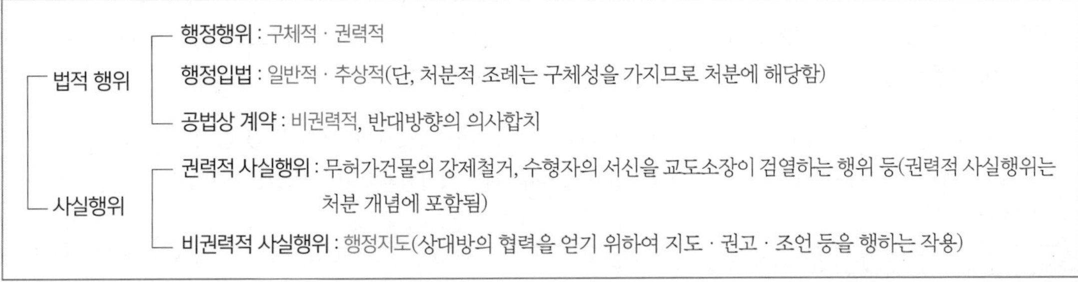

3) 행정행위의 개념적 요소

(1) '행정청'의 행위(행정기본법, 행정절차법, 행정소송법상의 기능적 개념)

> 행정기본법 제2조【정의】이 법에서 사용하는 용어의 뜻은 다음과 같다.
> 2. '행정청'이란 다음 각 목의 자를 말한다.
> 가. 행정에 관한 의사를 결정하여 표시하는 국가 또는 지방자치단체의 기관
> 나. 그 밖에 법령 등에 따라 행정에 관한 의사를 결정하여 표시하는 권한을 가지고 있거나 그 권한을 위임 또는 위탁받은 공공단체 또는 그 기관이나 사인(私人)

- 공무수탁 등의 경우 : 공공단체뿐 아니라 일반사인도 공무를 위탁받은 경우에는 행정청으로서 행정행위 가능03

> 교통안전공단 등 공공단체도 공무를 수탁받은 경우 행정청이며 교통안전공단이 구 교통안전공단법에 의거하여 분담금 납부의무자에 대하여 한 분담금 납부통지는 행정처분임(대판 2000. 9. 8, 2000다12716).04

- 의사를 결정하는 권한만 있을 뿐 이를 외부에 표시할 권한은 없는 의결기관(각종 징계위원회)은 행정청과 구별됨.

(2) 구체적 사실에 관한 행위

- 개별 · 구체적 행위 : 행정행위는 구체적 사실에 관한 법집행행위이므로 행정청에 의한 일반적 · 추상적 규율인 법령제정 작용은 행정행위가 아님.05
- 일반처분(일반 · 구체적 행위) : 구체적 사실과 관련하여 불특정 다수인을 대상으로 하여 발하여지는 행정청의 권력적 · 단독적 규율행위를 말함(예 특정일, 특정 시간 및 특정 장소의 집회행위의 금지조치, 통행금지조치 등).06 이러한 일반처분도 행정행위의 한 유형으로 봄(통설 · 판례).07

지방경찰청장(현 시 · 도경찰청장)이 횡단보도를 설치하여 보행자의 통행방법 등을 규제하는 것은, 행정청이 특정사항에 대하여 의무의 부담을 명하는 행위이고 이는 국민의 권리 · 의무에 직접 관계가 있는 행위로서 행정처분이라고 보아야 할 것임(대판 2000. 10. 27, 98두8964).08

(3) 법적 행위(규율행위)

- 외부적 행위 : 행정조직의 내부행위(예 상관의 개별적인 직무명령이나 지시 등)는 행정행위가 아님.09 또한, 다른 행정청의 동의를 얻어 행정행위를 하는 경우에도 다른 행정청의 동의 그 자체는 외부성이 없으므로 행정행위가 아님.10

1. 상급행정기관의 지시는 일반적으로 행정조직 내부에서만 효력을 가질 뿐 대외적으로 국민이나 법원을 구속하는 효력이 없음.
2. 대외적으로 처분권한이 있는 처분청이 상급행정기관의 지시를 위반하는 처분을 하였다고 해서 그러한 사정만으로 처분이 곧바로 위법하게 되는 것은 아니고, 처분이 상급행정기관의 지시를 따른 것이라고 해서 적법성이 보장되는 것도 아님(대판 2019. 7. 11, 2017두38874).11

- 상대방에 대해 직접적인 법적 효과가 발생하는 행위 : 따라서 단순한 사실행위(예 도로청소나 도로보수 등을 하는 행위)의 경우 행정행위가 아님.12

건설부(현 국토교통부)장관이 행한 국립공원지정처분에 따라 공원관리청이 행한 경계측량 및 표지의 설치 등은 공원구역의 효율적인 보호 · 관리를 위하여 이미 확정된 경계를 인식 · 파악하는 사실상의 행위로 행정처분이 아님(대판 1992. 10. 13, 92누2325).13

(4) 권력적 단독행위로서 공법행위

- 사법(私法)행위, 공법상 계약, 공법상 합동행위 등도 행정행위가 아님.
- 다만, 행정행위가 공법상의 행위라는 것은 그 행위의 근거가 공법적이라는 것이지 행위의 효과까지 공법적이라는 것을 의미하는 것은 아님.14

2 대인적 행정행위와 대물적 행정행위

1) 대인적 행정행위 : 행정행위 상대방의 주관적 사정을 고려하여 행해지는 행정행위(예 운전면허 · 의사면허 등). 대인적 행정행위의 효과는 일신전속적인 것이므로 제3자에게 승계되지 않음.

2) 대물적 행정행위 : 그 행위의 대상인 물건이나 시설의 객관적 사정을 고려하여 행해지는 행정행위(예 자동차 검사, 건축물 준공검사 등). 대물적 행정행위의 효과는 명문의 규정이 없어도 제3자에게 이전될 수 있음(통설 · 판례).15

1. 건축허가는 대물적 허가의 성질을 가지는 것으로 그 허가의 효과는 허가대상 건축물에 대한 권리변동에 수반하여 이전되고, 별도의 승인처분에 의하여 이전되는 것이 아님(대판 1979. 10. 30, 79누190).16 17

2-1. 구 국민건강보험법 제85조 제1항 제1호에 따른 요양기관 업무정지처분은 요양기관의 업무 자체에 대한 것으로서 대물적 처분임.

2-2. 속임수나 그 밖의 부당한 방법으로 보험자에게 요양급여비용을 부담하게 한 요양기관이 폐업한 경우, 그 요양기관 및 폐업 후 그 요양기관의 개설자가 새로 개설한 요양기관에 대하여 업무정지처분을 할 수는 없음(대판 2022. 1. 27, 2020두39365).18 최신

Topic

23 기속행위와 재량행위

p.73~77

1 기속행위 · 재량행위 구별기준

1) 효과재량설(종래의 학설) : 국민의 권리 · 이익을 제한하거나 새로운 의무를 부과하는 침익적 행정행위는 기속행위이고, 국민에게 권리나 이익을 제공하는 수익적 행정행위는 법규상 또는 해석상 특별한 기속이 없는 한 재량행위라고 봄.01

2) 법문언기준설(통설) : 1차적으로 법규정의 표현을 기준. 단, 법령의 규정이 명확하지 않은 경우에는 당해 법령의 규정과 함께 문제가 되는 행위의 성질, 기본권 관련성 및 공익 관련성을 종합적으로 고려해야 함.

3) 판례의 태도 – 법문언기준설 원칙에 효과재량설을 보충적 기준으로 활용

1. **행정행위가** 그 재량성의 유무 및 범위와 관련하여 이른바 **기속행위** 내지 기속재량행위와 **재량행위** 내지 자유재량행위로 **구분된다고 할 때, 그 구분은 당해 행위의 근거가 된 법규의 체재 · 형식과 그 문언, 당해 행위가 속하는 행정 분야의 주된 목적과 특성, 당해 행위 자체의 개별적 성질과 유형 등을 모두 고려하여 판단**하여야 함(대판 2001. 2. 9, 98두17593 ; 대판 2020. 10. 15, 2019두45739).02
2. 어느 행정행위가 기속행위인지 재량행위인지 나아가 재량행위라고 할지라도 기속재량행위인지 또는 자유재량에 속하는 것인지의 여부는 이를 일률적으로 규정지을 수는 없는 것이고, 당해 처분의 근거가 된 규정의 형식이나 체재 또는 문언에 따라 개별적으로 판단하여야 함(대판 1997. 12. 26, 97누15418).03
3. 구 주택건설촉진법 제33조에 의한 **주택건설사업계획의 승인**은 상대방에게 권리나 이익을 부여하는 효과를 수반하는 이른바 수익적 행정처분으로서 〔법령에 행정처분의 요건에 관하여 일의적(一義的)으로 규정되어 있지 아니한 이상〕 행정청의 재량행위로서 **법규에 명문의 근거가 없어도** 국토 및 자연의 유지와 환경보전 등 **공익상 필요를 이유로 그 승인신청을 불허가할 수 있음**(효과재량설을 고려한 판례)(대판 2007. 5. 10, 2005두13315).04

2 기속행위 · 재량행위 구체적 판례 검토

재량행위	① 마을버스운송사업면허는 재량행위이며, 마을버스 한정면허시 확정되는 마을버스 노선을 정함에 있어서 기존 일반노선버스의 노선과의 중복 허용 정도에 대한 판단 또한 행정청의 재량에 속함(대판 2002. 6. 28, 2001두10028).05 ② 여객자동차운송사업의 한정면허는 특정인에게 권리나 이익을 부여하는 수익적 행정행위로 신규로 발급되는 때는 물론이고 한정면허의 갱신 여부를 결정하는 때에도 관계법규 내에서 한정면허의 기준이 충족되었는지를 판단하는 것은 관할행정청의 재량에 속함(대판 2020. 6. 11, 2020두34384).06 ③ 「여객자동차 운수사업법」에 의한 개인택시운송사업면허는 재량행위이며 그 면허기준 설정행위도 행정청의 재량에 속함(대판 2009. 11. 26, 2008두16087).07 ④ 야생동 · 식물보호법(현 「야생생물 보호 및 관리에 관한 법률」) 제16조 제3항에 의한 용도변경승인행위 및 용도변경의 불가피성 판단에 필요한 기준을 정하는 행위는 재량행위임(대판 2011. 1. 27, 2010두23033).08 ⑤ 출입국관리법상 체류자격 변경허가(대판 2016. 7. 14, 2015두48846)09 ⑥ 재외동포에 대한 사증발급은 행정청의 재량행위에 속하는 것으로서, 재외동포가 사증발급을 신청한 경우에 출입국관리법 시행령 [별표 1의2]에서 정한 재외동포체류자격의 요건을 갖추었다고 해서 무조건 사증을 발급해야 하는 것은 아님. 재외동포에게 출입국관리법 제11조 제1항 각호에서 정한 입국금지사유 또는 재외동포법 제5조 제2항에서 정한 재외동포체류자격 부여 제외사유가 있어 그의 국내 체류를 허용하지 않음으로써 달성하고자 하는 공익이 그로 말미암아 발생하는 불이익보다 큰 경우에는 행정청이 재외동포체류자격의 사증을 발급하지 않을 재량을 가짐(대판 2019. 7. 11, 2017두38874).10 ⑦ 「국토의 계획 및 이용에 관한 법률」 제56조에 따른 개발행위허가와 농지법 제34조에 따른 농지전용허가 · 협의는 금지요건 · 허가기준 등이 불확정개념으로 규정된 부분이 많아 그 요건 · 기준에 부합하는지의 판단에 관하여 행정청에 재량권이 부여되어 있으므로, 그 요건에 해당하는지 여부는 행정청의 재량판단의 영역에 속함(대판 2017. 10. 12, 2017두48956).11 ⑧ 「부동산 실권리자명의 등기에 관한 법률 시행령」 제3조의2 단서는 조세를 포탈하거나 법령에 의한 제한을 회피할 목적이 아닌 경우에 과징금의 100분의 50을 감경할 수 있다고 규정하고 있고, 이는 임의적 감경규정임이 명백하므로, 위와 같은 감경사유가 존재하더라도 과징금을 감경할 것인지 여부는 과징금 부과관청의 재량에 속함(대판 2007. 7. 12, 2006두4554).12

	⑨ 「가축분뇨의 관리 및 이용에 관한 법률」에 따른 가축분뇨 처리방법 변경허가는 허가권자의 재량행위에 해당함(대판 2021. 6. 30, 2021두35681).13 최신
기속행위	① 국유재산의 무단점유 등에 대한 변상금의 징수(대판 1998. 9. 22, 98두7602)14 ② 육아휴직 중 국가공무원법 제73조 제2항에 따른 복직명령의 법적 성질은 기속행위임(대판 2014. 6. 12, 2012두4852).15 ③ 「여객자동차 운수사업법」상 여객자동차운수사업자가 거짓이나 부정한 방법으로 지급받은 보조금에 대한 국토교통부장관 또는 시 · 도지사의 환수처분은 국토해양부장관 또는 시·도지사가 지급받은 보조금을 반환할 것을 명하여야 하는 기속행위임(대판 2013. 12. 12, 2011두3388).16

3 관련문제 - 복합민원

1) 개념 : 하나의 민원 목적을 실현하기 위하여 관계법령 등에 의하여 다수 관계기관의 허가 · 인가 · 승인 등을 받아야 하는 민원

2) 복수의 허가를 받아야 하는 경우

1. 입법목적 등을 달리하는 법률들이 일정한 행위에 관한 요건을 각기 정하고 있는 경우, 그 행위에 관하여 각 법률의 규정에 따른 허가를 받아야 함(대판 1998. 3. 27, 96누19772).
2. 복합민원에 있어서 필요한 인 · 허가를 일괄하여 신청하지 아니하고 그중 어느 하나의 인 · 허가만을 신청한 경우에도 그 '근거법령에서 다른 법령상의 인 · 허가에 관한 규정을 원용'하고 있거나 그 대상행위가 '다른 법령에 의하여 절대적으로 금지'되고 있어 그 실현이 객관적으로 불가능한 것이 명백한 경우에는 이를 고려하여 그 인 · 허가 여부를 결정할 수 있음(대판 2000. 3. 24, 98두8766).

4 기속행위 · 재량행위의 의의

1) 기속행위 : 법규에서 정한 요건이 충족되면 행정청이 반드시 어떠한 행위를 발하거나 발하지 말아야 하는 행위17

2) 재량행위 : 선택가능성을 행정청에 부여18

행정기본법 제21조【재량행사의 기준】 행정청은 재량이 있는 처분을 할 때에는 관련 이익을 정당하게 형량하여야 하며, 그 재량권의 범위를 넘어서는 아니 된다.

5 기속행위 · 재량행위 구별의 실익

1) 행정소송과의 관계

(1) 법원의 통제

- 법원은 어느 것이 가장 공익에 적합한 것인가 하는 문제(최선인지의 문제), 즉 합목적성과 관련하여서는 심사할 수 없고 위법이냐 적법이냐 하는 합법성 심사만 가능함.19
- 재량행위는 재량권의 한계를 넘지 않는 한 재량을 그르친 경우에도 위법한 행위가 되는 것이 아니라 부당한 행위가 되는 것에 불과하므로 법원에 의해 통제되지 않음. 반면, 기속행위에 있어 행정권행사에 잘못이 있는 경우는 곧바로 위법한 행위가 되므로 기속행위는 법원의 전면적인 심사대상이 됨.

(2) 사법심사의 방식

재량행위	기속행위
법원이 독자적 결론을 도출함이 없이 행정청의 행위에 재량권의 일탈 · 남용이 있는지를 심사	법원이 독자적인 결론을 도출한 후 행정청의 판단과 비교하여 심사

기속행위의 경우 법원이 일정한 결론을 도출한 후 그 결론에 비추어 행정청이 한 판단의 적법 여부를 독자의 입장에서 판정하는 방식에 의함. 재량행위의 경우 법원은 독자의 결론을 도출함이 없이 당해 행위에 재량권의 일탈 · 남용이 있는지 여부만을 심사하게 됨(대판 2001. 2. 9, 98두17593). 20 21 22

2) 요건 충족에 따른 효과의 부여

- 행정청은 기속행위에 있어서는 요건이 충족되면 반드시 법에 정해진 효과를 부여하여야 하지만, 재량행위에 있어서는 요건이 충족되어도 공익과의 이익형량을 통하여 법에 정해진 효과를 부여하지 않을 수도 있음.
- 한편, 요건을 갖추지 못한 경우에는 기속행위뿐만 아니라 재량행위에서도 요건충족적 부관부 행정행위를 할 수 있는 경우를 제외하고는 거부처분을 하여야 함.

> 귀화신청인이 구 국적법 제5조 각 호에서 정한 귀화요건을 갖추지 못한 경우 법무부장관은 귀화 허부에 관한 재량권을 행사할 여지없이 귀화불허처분을 하여야 함(대판 2018. 12. 13, 2016두31616).23

6 재량권의 한계

1) 개설 : 재량은 의무에 합당한 재량을 뜻하며 재량권이 그 한계를 넘게 되면, 즉 재량권의 일탈 · 남용이 있으면 재량의 하자가 있게 되어 위법하게 되어 사법심사의 대상이 됨.24 25

> 행정소송법 제27조【재량처분의 취소】 행정청의 재량에 속하는 처분이라도 재량권의 한계를 넘거나 그 남용이 있는 때에는 법원이 이를 취소할 수 있다.26

> 1. 제재적 행정처분이 재량권의 범위를 일탈한 것인지 여부는 공익침해의 정도와 개인이 입을 불이익을 비교 · 교량하여 판단하여야 함(대판 1989. 4. 25, 88누3079).27
> 2. 학생에 대한 징계권의 발동이나 징계의 양정이 징계권자의 교육적 재량에 맡겨져 있다 할지라도 법원이 심리한 결과 그 징계처분에 위법사유가 있다고 판단되는 경우에는 이를 취소할 수 있는 것이고, 징계처분이 교육적 재량행위라는 이유만으로 사법심사의 대상에서 당연히 제외되는 것은 아님(대판 1991. 11. 22, 91누2144).28

2) 재량하자의 유형

구분	내용
재량의 일탈(유월)	• 법률의 외적 한계를 넘어 재량권이 행사된 경우를 말함. • 예를 들어, 법에서 6개월 이내의 영업정지처분을 할 수 있다고 규정하고 있음에도 불구하고 행정청이 1년의 영업정지처분을 내리거나 법률에서 정한 액수 이상의 과태료를 부과한 행위 등이 이에 해당함.29
재량의 남용	• 재량의 남용은 법률의 외적 한계는 넘지 않았으나 평등의 원칙 · 비례의 원칙 등 내적 한계에 위배되는 경우의 재량권행사를 말함.30 • 사실의 존부에 대한 판단에는 재량권이 인정될 수 없으므로 사실을 오인하여 재량권을 행사한 경우에 그 처분은 위법함.31
재량의 불행사와 해태	• 재량권의 불행사란 행정기관이 재량행위를 기속행위로 오인하여 재량권을 행사하지 않은 경우를, 재량의 해태란 재량을 행사할 때 고려해야 할 사항을 충분히 고려하지 않은 경우를 말하는데 재량의 해태는 재량의 불행사에 포함됨.32 • 재량을 불행사한 행정행위는 위법한 행위가 됨.

> 1-1. 행정청이 제재처분 양정을 하면서 공익과 사익의 형량을 전혀 하지 않았거나 이익형량의 고려대상에 마땅히 포함하여야 할 사항을 누락한 경우 또는 이익형량을 하였으나 정당성 · 객관성이 결여된 경우에는 제재처분은 재량권을 일탈 · 남용한 것이라고 보아야 함.33
> 1-2. 처분 상대방에게 법령에서 정한 임의적 감경사유가 있는 경우에, 행정청이 감경사유까지 고려하고도 감경하지 않은 채 개별처분기준에서 정한 상한으로 처분을 한 경우에는 재량권을 일탈 · 남용하였다고 단정할 수는 없으나,34 행정청이 감경사유를 전혀 고려하지 않았거나 감경사유에 해당하지 않는다고 오인하여 개별처분기준에서 정한 상한으로 처분을 한 경우에는 마땅히 고려대상에 포함하여야 할 사항을 누락하였거나 고려대상에 관한 사실을 오인한 경우에 해당하여 재량권을 일탈 · 남용한 것이라고 보아야 함(대판 2020. 6. 25, 2019두52980).
> 2. (피고는 자신에게 주어진 재량권을 전혀 행사하지 않고 오로지 13년 7개월 전에 이 사건 입국금지결정이 있었다는 이유만으로 사증발급 거부처분을 한 사안에서) 처분의 근거법령이 행정청에 처분의 요건과 효과 판단에 일정한 재량을 부여하

였는데도, 행정청이 자신에게 재량권이 없다고 오인한 나머지 처분으로 달성하려는 공익과 그로써 처분상대방이 입게 되는 불이익의 내용과 정도를 전혀 비교 · 형량하지 않은 채 처분을 하였다면, 이는 재량권 불행사로서 그 자체로 재량권 일탈 · 남용으로 해당 처분을 취소하여야 할 위법사유가 됨(대판 2019. 7. 11, 2017두38874).35

3) 재량하자에 관한 구체적 판례

재량권의 일탈 · 남용 O	재량권의 일탈 · 남용 ×
① 민원사무를 처리하는 행정기관이 민원1회방문처리제를 **시행하는 절차의 일환**으로 민원사항의 심의 · 조정 등을 위한 **민원조정위원회를 개최하면서 민원인에게** 회의일정 등을 사전에 **통지하지 아니하였다 하더라도**, 이러한 사정만으로 곧바로 **민원사항에 대한 행정기관의 장의 거부처분에 취소사유에 이를 정도의 흠이 존재한다고 보기는 어려움**.36 **다만** 행정기관의 장의 거부처분이 재량행위인 경우에, 위와 같은 사전통지의 흠결로 민원인에게 의견진술의 기회를 주지 아니한 결과 민원조정위원회의 심의과정에서 **고려대상에 마땅히 포함시켜야 할 사항을 누락하는 등** 재량권의 불행사 또는 해태로 볼 수 있는 구체적 사정이 있다면, **거부처분은** 재량권을 일탈 · 남용한 것으로서 위법함(대판 2015. 8. 27, 2013두1560).37 ② 청소년유해매체물로 결정 · 고시된 만화인 사실을 모르고 있던 도서대여업자가 그 고시일로부터 8일 후에 청소년에게 그 만화를 대여한 것을 사유로 그 도서대여업자에게 금 700만원의 과징금이 부과된 경우, 그 도서대여업자에게 청소년유해매체물인 만화를 청소년에게 대여하여서는 아니 된다는 금지의무의 해태를 탓하기는 가혹하므로 그 과징금 부과처분은 재량권을 일탈 · 남용한 것으로서 위법함(대판 2001. 7. 27, 99두9490).38 ③ 당해 공무원의 동의 없는 지방공무원법 제29조의3의 규정에 의한 **전출명령은 위법하여 취소되어야 하므로**, 그 전출명령이 적법함을 전제로 내린 징계처분은 **징계양정에** 있어 **재량권을 일탈하여 위법함**(대판 2001. 12. 11, 99두1823).39 ④ 행정청이 **개인택시운송사업면허발급** 여부를 심사함에 있어서 이미 설정된 면허기준의 해석상 당해 신청이 면허발급의 우선순위에 해당함이 명백함에도 이를 제외시켜 면허거부처분을 하였다면 특별한 사정이 없는 한 그 거부처분은 재량권을 남용한 위법한 처분이 됨(대판 2010. 1. 28, 2009두19137).40	① 생물학적 동등성 시험 자료 일부에 조작이 있음을 이유로 해당 의약품의 회수 및 폐기를 명한 행정처분이 재량권을 일탈 · 남용하여 위법하다고 볼 수 없음(대판 2008. 11. 13, 2008두8628).41 ② 학교법인 임원이 교비회계자금을 법인회계로 부당전출했고, 학교법인이 사실상 **행정청의 시정요구 대부분을 이행하지 아니한 경우에 행한 임원취임승인취소처분**은 재량권을 일탈 · 남용하였다고 볼 수 없음(대판 2007. 7. 19, 2006두19297 전합).42 ③ (비록 금액이 작더라도 경찰관이 뇌물수수에 적극적으로 개입했다면 징계처분은 재량의 일탈 · 남용이 아니라는 관점에서) 교통법규 위반 운전자로부터 1만원을 받은 경찰공무원을 해임처분한 것은 징계재량권의 일탈 · 남용이 아님(대판 2006. 12. 21, 2006두16274).43 ④ 지방공무원 복무조례개정안에 대한 의견을 표명하기 위하여 **전국공무원노동조합 간부** 10여 명과 함께 시장의 사택을 방문한 위 노동조합 시지부 사무국장에게 지방공무원법 제58조에 정한 **집단행위 금지의무를 위반하였다는 등의 이유로 징계권자가 파면처분**을 한 사안에서, 그 징계처분이 사회통념상 현저하게 타당성을 잃거나 객관적으로 명백하게 부당하여 징계권의 한계를 일탈하거나 재량권을 남용하였다고 볼 수 없음(대판 2009. 6. 23, 2006두16786).44

Topic

24 불확정개념과 판단여지

p.77~78

1 불확정개념 – 법규의 요건 부분에 사용된 추상적이며 다의적(多義的)인 개념

2 판단여지론

이른바 독일의 판단여지론 – 재량은 법규정 중 효과 부분에만 존재

공무원임용시험령 제5조【시험의 방법】 ③ 면접시험은 예의 · 품행 및 성실성, 창의력 · 의지력 및 발전가능성을 평가하여(요건규정) / 각각 상, 중, 하로 평정한다(효과규정).

구 문화재보호법 제70조【시 · 도지정문화재의 지정 등】 ① 시 · 도지사는 그 관할구역에 있는 문화재로서 보존가치가 있다고 인정되는 것이라면(요건규정) / 시 · 도지정문화재로 지정할 수 있다(효과규정).

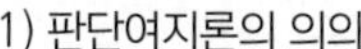

1) 판단여지론의 의의

- 법규의 요건에 불확정개념이 사용된 경우에도 이는 법률개념으로서 구체적 상황과 관련하여서는 하나의 정당한 해석 · 적용만이 있을 뿐이고 법을 해석하는 것은 법원의 권한에 속하므로 원칙적으로 법원의 심사대상이 됨.
- 다만, 일정한 범위에서는 행정의 전문적 · 정책적 판단이 종국적인 것으로 존중되며 그 한도에서 법원의 사법심사가 제한됨.

2) 우리나라에서 독자적인 판단여지론의 인정 여부

(1) 학 설

부정설	긍정설(재량과 판단여지를 구분하는 견해)
법규정은 요건과 효과규정을 엄격하게 구분할 수 없으므로 사법심사가 제한되는 경우 모두 재량이라는 단일한 개념으로 파악하면 된다는 견해 01	판단여지는 법률요건의 포섭단계에서 관련되는 문제, 재량은 법률효과의 결정 내지 선택과 관련되는 문제라고 보는 견해 02

(2) **판례** : 판단여지를 재량과 구별되는 별도의 개념으로 인정하지 않으며, 판단여지가 인정될 수 있는 경우에도 재량권이 인정되는 것으로 봄(부정설의 입장). 03

1. 교과서검정이 고도의 학술상, 교육상의 전문적인 판단을 요한다는 특성에 비추어 보면, 검정상 판단이 사실적 기초가 없다거나 사회통념상 현저히 부당하다는 등 현저히 재량권의 범위를 일탈한 것이 아닌 이상 그 검정을 위법하다고 할 수 없음(재량으로 봄)(대판 1992. 4. 24, 91누6634). 04 05
2. 공무원 임용을 위한 면접전형에 있어서 임용신청자의 능력이나 적격성 등에 관한 판단은 면접위원의 고도의 교양과 학식, 경험에 기초한 자율적 판단에 의존하는 것으로서 오로지 면접위원의 자유재량에 속하고, 그와 같은 판단이 현저하게 재량권을 일탈 내지 남용한 것이 아니라면 이를 위법하다고 할 수 없음(대판 1997. 11. 28, 97누11911). 06 07
3. 구 전염병예방법 제54조의2 제2항에 따른 예방접종으로 인한 질병, 장애 또는 사망의 인정 여부 결정은 보건복지가족부장관(현 보건복지부장관)의 재량에 속함(대판 2014. 5. 16, 2014두274). 08

4-1. 의료법 제53조 제1항, 제2항, 제59조 제1항의 문언과 체제, 형식, 모든 국민이 수준 높은 의료 혜택을 받을 수 있도록 국민의료에 필요한 사항을 규정함으로써 국민의 건강을 보호하고 증진하려는 의료법의 목적 등을 종합하면, 불확정개념으로 규정되어 있는 의료법 제59조 제1항에서 정한 지도와 명령의 요건에 해당하는지, 나아가 요건에 해당하는 경우 행정청이 어떠한 종류와 내용의 지도나 명령을 할 것인지의 판단에 관해서는 행정청에 재량권이 부여되어 있음. 09

4-2. 신의료기술의 안전성 · 유효성 평가나 신의료기술의 시술로 국민보건에 중대한 위해가 발생하거나 발생할 우려가 있는지에 관한 판단은 고도의 의료 · 보건상의 전문성을 요하므로, 이에 대하여 전문적인 판단을 하였다면, 판단의 기초가

된 사실인정에 중대한 오류가 있거나 판단이 객관적으로 불합리하거나 부당하다는 등의 특별한 사정이 없는 한 존중되어야 함. 또한 행정청이 전문적인 판단에 기초하여 재량권의 행사로서 한 처분은 비례의 원칙을 위반하거나 사회통념상 현저하게 타당성을 잃는 등 재량권을 일탈하거나 남용한 것이 아닌 이상 위법하다고 볼 수 없음(대판 2016. 1. 28, 2013두21120).

5. 「개발제한구역의 지정 및 관리에 관한 특별조치법」 및 구 「액화석유가스의 안전관리 및 사업법」 등 관련법규에 의하면, 개발제한구역에서의 자동차용 액화석유가스충전사업허가는 그 기준 내지 요건이 불확정개념으로 규정되므로 그 허가 여부를 판단함에 있어 행정청에 재량권이 부여되어 있다고 보아야 함(대판 2016. 1. 28, 2015두52432).[10]

6. 행정청의 전문적인 정성적 평가결과는 그 판단의 기초가 된 사실인정에 중대한 오류가 있거나 그 판단이 사회통념상 현저하게 타당성을 잃어 객관적으로 불합리하다는 등의 특별한 사정이 없는 한 법원이 그 당부를 심사하기에 적절하지 않으므로 가급적 존중되어야 함(대판 2020. 7. 9, 2017두39785).[11]

7. (폐기물처리사업계획서 적합 여부 판단에서) '자연환경 · 생활환경에 미치는 영향'과 같이 장래에 발생할 불확실한 상황과 파급효과에 대한 예측이 필요한 요건에 관한 행정청의 재량적 판단은 특별한 사정이 없는 한 폭넓게 존중될 필요가 있음(대판 2023. 7. 27, 2023두35661).[12] 최신

Topic

25 법률행위적 행정행위 Ⅰ - 명령적 행위 : 하명, 허가, 면제

p.79~87

행정행위
- 법률행위적 행정행위
  - 명령적 행위01 : 하명, 허가, 면제
  - 형성적 행위02 : 특허, 대리, 인가
- 준법률행위적 행정행위 : 공증, 통지, 수리, 확인

1 명령적 행정행위

주로 질서유지를 위해 국민에 대하여 일정한 작위 · 부작위 · 급부 · 수인 등의 의무를 명하거나 해제하는 행정행위

2 하 명

개 념	행정청이 작위 · 부작위 · 급부 · 수인 등의 의무를 명하는 행위
성 질	침익적 행위의 성질을 가지므로, 하명을 함에 있어서는 법령의 근거가 필요함.03
대 상	사실행위(예 통행금지 등)가 일반적이나, 법률행위(예 총포거래금지 등)일 수도 있음.04
상대방	특정인, 불특정 다수인(일반처분의 성질을 가짐05)
위반의 효과	행정상의 강제집행이 행해지거나 행정상의 제재가 과해질 뿐, 하명을 위반하여 행해진 행위의 사법(私法)상 효력은 유효함이 원칙06
위법한 하명에 대한 구제	위법한 하명에 의하여 권리 · 이익을 침해당한 자는 행정쟁송에 의하여 그 취소 · 무효확인을 구할 수 있으며, 손해가 있으면 행정상 손해배상청구를 할 수 있음.
하명의 해제신청	일정한 경우에는 하명의 해제신청권이 인정되기도 함.
	공사중지명령에 대하여 그 명령의 상대방이 해제를 구하기 위해서는 명령의 내용 자체로 또는 성질상으로 명령 이후에 원인사유가 해소되었음이 인정되어야 함(대판 2014. 11. 27, 2014두37665).07

3 허 가

1) 의 의

- 질서유지 · 위험예방 등을 위해 법률로써 개인의 자유를 일반적 · 잠정적으로 제한한 후 행정청이 일정한 요건이 구비된 경우에 그 제한을 해제하여 본래의 자유를 회복시켜 주는 행정행위(학문상 개념)
- 실정법상으로는 허가 외에도 인가, 면허, 특허, 승인, 인허 등의 여러 가지 용어가 사용되고 있음. 따라서 당해 행위가 학문상의 허가인지는 법령의 규정 · 취지 등에 비추어 구체적으로 판단되어야 함08(예 식품위생법상 일반음식점 영업허가, 건축허가, 주류판매업 면허, 기부금품모집허가, 운전면허09 등).
- 상대적 금지의 해제10 : 절대적 금지(예 청소년에 대한 주류판매금지 등)에 대해서는 허가할 수 없음.
- 예방적 금지의 해제 : 허가는 위험예방을 목적으로 금지하였던 것을 위험요소가 없는 경우에 해제하는 것

2) 성 질

(1) **명령적 행위 또는 형성적 행위 여부** : 명령적 행위〔종래 통설(전통적 견해) 및 판례〕11

(2) **기속행위 또는 재량행위 여부** : 허가는 법령에 특별한 규정이 없는 한 원칙적으로 기속행위로 봄. 단, 예외적으로 재량행위인 경우도 있음.

기속행위	재량행위
① 식품위생법상 일반음식점영업허가는 성질상 일반적 금지의 해제에 불과하므로 허가권자는 허가신청이 법에서 정한 요건을 구비한 때에는 허가하여야 하고 관계법령에서 정하는 제한사유 외에 공공복리 등의 사유를 들어 허가신청을 거부할 수는 없고, 이러한 법리는 일반음식점허가사항의 변경허가에 관하여도 마찬가지임(대판 2000. 3. 24, 97누12532).12 ② 기부금품모집허가는 허가로서 기속행위임(대판 1999. 7. 23, 99두3690).13 ③ 주류판매업 면허는 강학상의 허가로 해석되므로 주세법에 열거된 면허제한사유에 해당하지 아니하는 한 면허관청으로서는 임의로 그 면허를 거부할 수 없음(대판 1995. 11. 10, 95누5714).14	① 산림훼손(산림형질변경) 금지 또는 제한지역에 해당하지 않더라도 환경의 보전 등 중대한 공익상 필요가 있다고 인정될 때에는 산림훼손허가(산림형질변경허가)를 거부할 수 있고, 그 경우 법규에 명문의 근거가 없더라도 거부처분을 할 수 있으며, 이는 산림훼손기간을 연장하는 경우에도 마찬가지임(대판 1997. 9. 12, 97누1228 ; 대판 1997. 8. 29, 96누15213).15 ② 법령상 토사채취가 제한되지 않는 산림 내에서의 토사채취에 대하여 국토와 자연의 유지, 환경보전 등 중대한 공익상 필요를 이유로 그 허가를 거부할 수 있음(대판 2007. 6. 15, 2005두9736).16 ③ 입목의 벌채허가는 재량행위로서 중대한 공익상의 필요가 있는 경우에는 허가를 거부할 수 있음(대판 2001. 11. 30, 2001두5866).17

(3) 건축허가의 경우 : 일반적으로 기속행위이나, ㉠ 법령에서 허가를 재량행위로 규정한 경우(건축법 제11조 제4항의 위락시설이나 숙박시설용 건축물 등),18 ㉡ 건축허가 등에 의해 의제되는 인 · 허가가 재량행위인 경우19 및 토지의 형질변경행위를 수반하는 건축허가처럼 기속행위인 허가가 재량행위인 허가를 포함하는 경우에는 그 한도 내에서 재량행위가 됨.

건축법 제11조【건축허가】④ 허가권자는 …… 다음 각 호의 어느 하나에 해당하는 경우에는 이 법이나 다른 법률에도 불구하고 건축위원회의 심의를 거쳐 건축허가를 하지 아니할 수 있다.
1. 위락시설이나 숙박시설에 해당하는 건축물의 건축을 허가하는 경우 해당 대지에 건축하려는 건축물의 용도 · 규모 또는 형태가 주거환경이나 교육환경 등 주변환경을 고려할 때 부적합하다고 인정되는 경우 (이하 생략)

기속행위	재량행위
건축허가권자는 신청이 법령상 요건을 구비한 경우 원칙적으로 건축허가를 하여야 하고, 중대한 공익상의 필요가 없는데도 관계법령에서 정하는 제한사유 이외의 사유를 들어 요건을 갖춘 자에 대한 허가를 거부할 수는 없음(대판 2006. 11. 9, 2006두1227 ; 대판 2009. 9. 24, 2009두8946).20 21	「국토의 계획 및 이용에 관한 법률」에 의하여 지정된 도시지역 안에서 토지의 형질변경행위를 수반하는 건축허가는 재량행위임(대판 2005. 7. 14, 2004두6181).22

3) 허가의 대상 : 허가는 통행금지해제 등과 같이 사실행위를 대상으로 행해지는 경우도 있으나, 영업허가와 같이 법률행위를 대상으로 행해지는 경우도 있음.23

4) 허가와 신청

- 허가는 신청을 전제로 행해지는 것이 보통이나 신청을 전제로 하지 않는 허가(예 통행금지해제)도 있음.
- 한편, 판례는 신청의 내용과 다른 허가도 당연무효는 아니라고 판시한 바 있음.24

개축허가신청에 대하여 행정청이 착오로 대수선 및 용도변경허가를 하였다 하더라도 취소 등 적법한 조치 없이 그 효력을 부인할 수 없음은 물론 더구나 이를 다른 처분으로 볼 근거도 없음(대판 1985. 11. 26, 85누382).25

5) 허가의 효과

(1) (단순한) 금지의 해제

- 허가의 효과는 당해 허가를 한 행정청의 관할구역 내에서만 미치는 것이 원칙임.
- 다만, 법령의 규정이 있는 경우 또는 허가의 성질상 관할구역 외에까지 그 효과가 미치는 경우(예 운전면허)가 있음.26

(2) 허가로 인한 영업상 이익

- 원칙적으로 반사적 이익. 이미 허가한 영업시설과 동종의 영업허가를 함으로써 기존업자의 영업이익에 피해가 발생하더라도 기존허가업자는 신규영업허가에 대해 취소소송을 제기할 수 있는 원고적격이 없는 것이 원칙임.27

- 다만, 법률규정 중에는 허가에서도 기존업자의 이익을 법률상 이익으로 규정하고 있는 경우 법률상 이익에 해당됨.

반사적 이익	법률상 이익
① 담배 일반소매인으로 지정되어 영업을 하고 있는 기존업자의 '신규 구내소매인'에 대한 이익은 반사적 이익으로서 기존업자는 신규 구내소매인 지정처분의 취소를 구할 원고적격이 없음(대판 2008. 4. 10, 2008두402).28 ② 유기장영업허가는 유기장경영권을 설정하는 설권행위가 아니고 일반적 금지를 해제하는 영업자유의 회복이므로 그 영업상의 이익은 반사적 이익에 불과함(대판 1985. 2. 8, 84누369).29	① 담배 일반소매인으로 지정되어 영업을 하고 있는 기존업자의 '신규업자(일반소매인)'에 대한 이익은 '법률상 보호되는 이익'에 해당함(대판 2008. 3. 27, 2007두23811).30 ② 분뇨 등 관련 영업허가를 받아 영업을 하고 있는 기존업자의 이익은 법률상 보호되는 이익임(대판 2006. 7. 28, 2004두6716).31

(3) 다른 법률상 제한의 해제 여부

- 허가는 그 근거가 된 법령에 의한 금지를 해제할 뿐이고 다른 법률에 의한 금지까지 해제하지는 않는 것이 원칙임.32
- 예컨대, 공무원인 자가 음식점영업허가를 받는다 하더라도 그 허가는 식품위생법상의 금지를 해제할 뿐이지 국가공무원법상의 영리업무금지까지 해제해 주는 것은 아님.33

> 도로법 제50조 제1항에 의하여 접도구역으로 지정된 지역 안에 있는 건물에 관하여 같은 법조 제4 · 5항에 의하여 도로관리청으로부터 개축허가를 받았다 해도 건축법 제5조 제1항에 의한 건축허가를 다시 받아야 함(대판 1991. 4. 12, 91도218).34

6) 인 · 허가 의제제도

<table>
<tr><td rowspan="2">의 의</td><td>• 하나의 인 · 허가(주된 인 · 허가)를 받으면 법률로 정하는 바에 따라 그와 관련된 여러 인 · 허가(관련 인 · 허가)를 받은 것으로 보는 제도(행정기본법 제24조 제1항)35
• 민원인에게 편의를 제공하는 원스톱 서비스(one stop service)의 기능을 수행함.</td></tr>
<tr><td>건축법에서 인 · 허가 의제제도를 둔 취지는, 인 · 허가 의제사항과 관련하여 건축허가 또는 건축신고의 관할행정청으로 그 창구를 단일화하고 절차를 간소화하며 비용과 시간을 절감함으로써 국민의 권익을 보호하려는 것이지,36 인 · 허가 의제사항 관련법률에 따른 각각의 인 · 허가 요건에 관한 일체의 심사를 배제하려는 것이 아님(대판 2011. 1. 20, 2010두14954 전합).37</td></tr>
<tr><td>구체적 예</td><td>건축법상 건축허가를 받은 경우 농지법의 농지전용허가 등을 받은 것으로 의제하고 있음.

건축법 제11조【건축허가】 ⑤ 제1항에 따른 건축허가를 받으면 다음 각 호의 허가 등을 받거나 신고를 한 것으로 보며, …… 본다.
7. 농지법 제34조, 제35조 및 제43조에 따른 농지전용허가 · 신고 및 협의

<table>
<tr><th>구 분</th><th>주 체</th><th>절차(절차집중 긍정)</th><th>실체(실체집중 부정)</th></tr>
<tr><td>건축법</td><td>시장</td><td>공청회</td><td>건물의 안전성</td></tr>
<tr><td>농지법</td><td>농림축산식품부장관</td><td>공청회</td><td>토사 등이 흘러 넘치지 않게 할 것</td></tr>
</table></td></tr>
<tr><td rowspan="2">법적 근거 필요 여부</td><td>주된 인 · 허가를 담당하는 기관이 의제되는 인 · 허가에 관한 심사도 담당한다는 점에서 행정기관의 권한에 변경을 가져오므로 법률에 명시적 근거가 있어야 함.</td></tr>
<tr><td>① 인 · 허가 의제제도는 관련 인 · 허가 행정청의 권한을 제한하거나 박탈하는 효과를 가진다는 점에서 법률 또는 법률의 위임에 따른 법규명령의 근거가 있어야 함(대판 2022. 9. 7, 2020두40327).38 최신
② 대기환경보전법령에서는 대기오염물질배출시설 설치허가를 받으면 악취배출시설 설치 · 운영신고가 수리된 것으로 의제하는 규정을 두고 있지 않으므로 대기환경보전법에 따른 대기오염물질배출시설 설치허가를 받았다고 하더라도 악취방지법상 악취배출시설 설치 · 운영신고가 수리되어 그 효력이 발생한다고 볼 수 없음(대판 2022. 9. 7, 2020두40327).39 최신</td></tr>
</table>

구분		내용
인 · 허가 등의 신청		• 인 · 허가 의제를 받으려면 주된 인 · 허가를 신청할 때 관련 인 · 허가에 필요한 서류를 함께 주된 인 · 허가 행정청에 제출하여야 함(동법 제24조 제2항 본문 – 동시제출주의 원칙).[40] • 다만, 불가피한 사유로 함께 제출할 수 없는 경우에는 주된 인 · 허가 행정청이 별도로 정하는 기한까지 제출할 수 있음(동법 제24조 제2항 단서 – 동시제출의 예외).
		어떤 개발사업의 시행과 관련하여 인 · 허가의 근거법령에서 절차간소화를 위하여 관련 인 · 허가를 의제 처리할 수 있는 근거규정을 둔 경우, 원칙적으로 사업시행자가 인 · 허가를 신청하면서 반드시 관련 인 · 허가 의제 처리를 신청할 의무가 있는 것은 아님(대판 2020. 7. 23, 2019두31839).
절 차		• 주된 인 · 허가 행정청은 주된 인 · 허가를 하기 전에 관련 인 · 허가에 관하여 미리 관련 인 · 허가 행정청과 협의하여야 함(동법 제24조 제3항).[41] • 협의요청을 받은 관련 인 · 허가 행정청은 그 요청을 받은 날부터 20일 이내에 의견을 제출하여야 하고 이 기간 내에 의견을 제출하지 아니하면 협의가 된 것으로 봄(동법 제24조 제4항). • 판례도 관련 인 · 허가에 규정된 절차는 거칠 필요가 없고 신청된 주된 허가에 관해 규정된 절차만 거치면 족하다고 봄(절차집중효설).[42]
		지구단위계획결정이 의제되려면 주택법에 의한 관계행정청과의 협의절차 외에 「국토의 계획 및 이용에 관한 법률」상 지구단위계획입안을 위한 주민의견청취절차를 별도로 거쳐야 하는 것은 아님(대판 2018. 11. 29, 2016두38792).[43]
요건의 판단방법		주된 허가요건뿐만 아니라 관련 인 · 허가 요건까지 모두 구비한 경우에 주된 신청에 대한 허가를 할 수 있음(실체집중 부정설).
		① 도시계획시설인 주차장에 대한 건축허가신청을 받은 행정청으로서는 건축법상 허가요건뿐 아니라 국토의 계획 및 이용에 관한 법령이 정한 도시계획시설사업에 관한 실시계획인가요건도 충족하는 경우에 한하여 이를 허가해야 함(대판 2015. 7. 9, 2015두39590).[44] ② 「국토의 계획 및 이용에 관한 법률」상 건축물의 건축에 관한 개발행위허가가 의제되는 건축허가신청이 국토의 계획 및 이용에 관한 법령이 정한 개발행위허가기준에 부합하지 아니하는 경우, 허가권자는 이를 거부할 수 있음(대판 2016. 8. 24, 2016두35762).[45]
의제의 효과	주된 인 · 허가가 행해진 경우	관련 인 · 허가 행정청과 협의가 된 사항에 대해서는 주된 인 · 허가를 받았을 때 관련 인 · 허가를 받은 것으로 보며, 인 · 허가 의제의 효과는 주된 인 · 허가의 해당 법률에 규정된 관련 인 · 허가에 한정됨(동법 제25조 제1 · 2항).
		① 구 택지개발촉진법 제11조 제1항 제9호에서는 사업시행자가 택지개발사업 실시계획승인을 받은 때 도로법에 의한 도로공사시행허가 및 도로점용허가를 받은 것으로 본다고 규정하고 있는바, 이러한 인 · 허가 의제제도는 목적사업의 원활한 수행을 위해 행정절차를 간소화하고자 하는 데 그 취지가 있는 것이므로 위와 같은 실시계획승인에 의해 의제되는 도로공사시행허가 및 도로점용허가는 원칙적으로 당해 택지개발사업을 시행하는 데 필요한 범위 내에서만 그 효력이 유지된다고 보아야 함(대판 2010. 4. 29, 2009두18547).[46] ② 주된 인 · 허가에 관한 사항을 규정하고 있는 어떤 법률에서 주된 인 · 허가가 있으면 다른 법률에 의한 인 · 허가를 받은 것으로 의제한다는 규정을 둔 경우 **다른 법률에 의하여 인 · 허가를 받았음을 전제로 하는 그 다른 법률의 모든 규정들까지 적용되는 것은 아님**(대판 2004. 7. 22, 2004다19715 ; 대판 2016. 11. 24, 2014두47686).[47]
	주된 인 · 허가가 거부된 경우	의제된 인 · 허가(관련 인 · 허가)가 거부된 것으로 의제되지는 않음.
		건축불허가처분을 하면서 그 처분사유로 건축불허가사유뿐만 아니라 형질변경불허가사유나 농지전용불허가사유를 들고 있다고 하여 그 건축불허가처분 외에 별개로 형질변경불허가처분이나 농지전용불허가처분이 존재하는 것이 아님(대판 2001. 1. 16, 99두10988).[48]
의제되는 인 · 허가의 실재(實在) 여부		• 주된 인 · 허가가 행해진 경우 주된 인 · 허가뿐만 아니라 의제되는 인 · 허가도 실제로 존재함. • 즉, 판례는 주된 인 · 허가(창업사업계획승인)로 의제된 인 · 허가(산지전용허가)는 통상적인 인 · 허가와 동일한 효력을 가지므로,[49] 의제된 인 · 허가의 취소나 철회가 허용된다고 봄. 그리고 의제된 인 · 허가의 직권취소나 철회는 항고소송의 대상이 되는 처분에 해당한다고 봄.

<table>
<tr><td rowspan="5">불복방법</td><td colspan="2">① 甲 - 시장 / 주택건설사업계획 승인신청 (지구단위계획 서류 첨부) → 시장 - 甲 / 주택건설사업계획 승인처분 (지구단위계획 결정처분) → A - 시장 / 지구단위계획결정처분 취소소송을 제기할 수도 있음.
∵ 주택건설사업계획승인처분이 있으면 주택건설사업계획승인처분뿐만 아니라 지구단위계획결정처분도 실제로 존재함.
② 乙 - 시장 / 건축허가신청 (농지전용 서류 첨부) → 시장 - 乙 / 건축허가거부처분 (농지전용요건을 구비하지 못하였다는 점을 이유로 듦) → 乙 - 시장 / 건축허가거부처분취소소송을 제기하여야 함.
∵ 건축허가거부처분만 존재할 뿐 농지전용거부처분이 존재하는 것은 아님.</td></tr>
<tr><td rowspan="2">주된 인 · 허가가 행해진 경우</td><td>• 주된 인 · 허가의 허가사유를 다투고자 하는 경우에는 '주된 인 · 허가'가, 의제되는 인 · 허가의 허가사유를 다투는 경우에는 '의제되는 인 · 허가'가 항고소송의 대상이 됨.
• 즉, 이해관계인이 의제된 인 · 허가가 위법함을 다투고자 하는 경우에는 원칙적으로 주된 처분이 아니라 의제된 인 · 허가를 항고소송의 대상으로 삼아야 함.</td></tr>
<tr><td>① 의제된 인 · 허가는 통상적인 인 · 허가와 동일한 효력을 가지므로, 적어도 '부분 인 · 허가 의제'가 허용되는 경우에는 그 효력을 제거하기 위한 법적 수단으로 의제된 인 · 허가의 취소나 철회가 허용될 수 있고, 이러한 직권 취소 · 철회가 가능한 이상 그 의제된 인 · 허가에 대한 쟁송취소 역시 허용됨.[50][51][52] 따라서 주택건설사업계획승인처분에 따라 의제된 인 · 허가가 위법함을 다투고자 하는 이해관계인은, 주택건설사업계획승인처분의 취소를 구할 것이 아니라 의제된 인 · 허가의 취소를 구하여야 하며, 의제된 인 · 허가는 주택건설사업계획승인처분과 별도로 항고소송의 대상이 되는 처분에 해당함(대판 2018. 11. 29, 2016두38792).[53][54]
② 구 주택법 제17조 제1항에 따라 인 · 허가 의제대상이 되는 처분(지구단위계획결정)의 공시방법에 관한 하자가 있더라도, 그로써 해당 인 · 허가 등 의제의 효과가 발생하지 않을 여지가 있게 될 뿐이고, 그러한 사정이 주택건설사업계획승인처분 자체의 위법사유가 될 수는 없음(대판 2017. 9. 12, 2017두45131).[55]</td></tr>
<tr><td rowspan="2">주된 인 · 허가가 거부된 경우</td><td>주된 허가신청에 대해 거부처분을 하면서 의제되는 인 · 허가와 관련된 사유를 그 근거로 제시한 경우에도, 거부처분의 상대방은 의제되는 인 · 허가가 아닌 주된 허가거부처분을 대상으로 소송을 제기하여야 함.</td></tr>
<tr><td>건축불허가처분을 하면서 그 처분사유로 건축불허가사유뿐만 아니라 형질변경불허가사유나 농지전용불허가사유를 들고 있는 경우 그 건축불허가처분 외에 별개로 형질변경불허가처분이나 농지전용불허가처분이 존재하는 것이 아니므로,[56] 건축불허가처분을 받은 사람은 그 건축불허가처분에 관한 쟁송에서 건축법상의 건축불허가사유뿐만 아니라 도시계획법상의 형질변경불허가사유나 농지법상의 농지전용불허가사유에 관하여도 다툴 수 있음(대판 2001. 1. 16, 99두10988).</td></tr>
<tr><td>선승인
후협의제</td><td colspan="2">• 인 · 허가와 관련 있는 행정기관 간에 협의가 모두 완료되기 전이라도 공익상 긴급한 필요가 있는 경우 등 일정한 경우에는 협의가 완료되지 않은 상태에 있는 인 · 허가에 대해 협의를 완료할 것을 조건으로 각종의 사업시행승인이나 시행인가를 할 수 있는 제도
• 이에 반해 부분 인 · 허가 의제제도는 주된 인 · 허가로 의제되는 것으로 규정된 인 · 허가 중 일부에 대해서만 협의가 완료된 경우에도 민원인의 요청이 있으면 주된 인 · 허가를 할 수 있고, 이 경우 협의가 완료된 일부 인 · 허가만 의제되는 것으로 하는 제도를 말함.[57]</td></tr>
<tr><td>사후관리</td><td colspan="2">인 · 허가 의제의 경우 관련 인 · 허가 행정청은 관련 인 · 허가를 직접 한 것으로 보아 관계법령에 따른 관리 · 감독 등 필요한 조치를 하여야 함(동법 제26조 제1항).[58]</td></tr>
</table>

7) **허가 위반의 효과(무허가행위의 효과)** : 허가받아야 할 일을 허가받지 않고 행한 경우 허가를 받지 않고 한 사법(私法)상 행위의 법률상 효력은 유효함이 원칙임.[59] 다만, 행정상 강제집행이나 행정벌의 대상은 될 수 있음.[60]

8) 타인의 명의로 허가를 받은 경우

1. 건축허가는 상대적 금지를 해제하여 줌으로써 일정한 건축행위를 하여도 좋다는 자유를 회복시켜 주는 행정처분일 뿐 수허가자에게 어떤 새로운 권리나 능력을 부여하는 것이 아니므로[61] 건축허가 명의자가 아닌 실제로 건물을 건축한 자가 건물의 소유권을 취득함(대판 2002. 4. 26, 2000다16350).
2. 건축 중인 건물의 소유자와 건축허가 명의자가 일치할 필요는 없음(대판 2009. 3. 12, 2006다28454).[62]

9) 허가 등에 의한 영업의 양도와 제재사유의 승계

- 대인적 허가는 원칙적으로 양도가 인정되지 않으나, 대물적 허가의 대상이 되는 영업은 법적 근거 없이 영업양도가 가능함.
- 양도인의 위법행위로 제재처분이 내려진 경우에 그 제재처분(허가취소, 영업정지처분 또는 과징금 부과처분)의 효과는 이미 영업자의 지위에 포함된 것이므로 양수인에게 당연히 이전됨.[63]
- 대물적 허가의 경우 법령상의 명문규정이 없는 경우에도 양도인의 위법사유를 들어 양수인에게 사업정지 등 제재처분을 할 수 있음(판례).[64]

1. 석유판매업허가는 대물적 허가로서 양도가 가능하므로 석유판매업이 양도된 경우, 양도인의 귀책사유로 양수인에게 제재를 가할 수 있음(대판 1986. 7. 22, 86누203).[65]

☑ 한편 이에 대해서 선의의 양수인에게도 이를 적용하는 것은 문제가 있다는 비판이 있어 오던 중 최근의 몇몇 법률들은 양수인이 양도인의 위법사실을 모르고 사업을 양수했음을 입증한 경우에는 행정제재처분을 하지 않도록 개정되었음(「석유 및 석유대체연료사업법」 제8조 등).[66]

비교판례

회사가 분할된 경우, 원칙적으로 신설회사에 대하여 분할하는 회사의 분할 전 법위반행위를 이유로 과징금을 부과할 수는 없음(대판 2011. 5. 26, 2008두18335).[67]

2-1. 개인택시운송사업의 양도 · 양수에 대한 인가를 한 후, 그 양도 · 양수 이전에 있었던 양도인에 대한 운송사업면허취소사유를 들어 양수인의 사업면허를 취소할 수 있음.[68]

2-2. 양도인의 제재사유가 현실적으로 발생하지 않았더라도 그 원인되는 사실이 이미 존재하였다면 양도 후 제재사유로 양수인에게 제재처분을 할 수 있음(대판 2010. 4. 8, 2009두17018).[69]

3. 공중위생영업에 있어 그 영업을 정지할 위법사유가 있는 경우, 그 영업이 양도 · 양수되었다 하더라도 양수인에 대하여 영업정지처분을 할 수 있음(대판 2001. 6. 29, 2001두1611).[70]

4-1. 불법증차를 실행한 운송사업자로부터 운송사업을 양수하고 화물자동차법 제16조 제1항에 따른 신고를 하여 화물자동차법 제16조 제4항에 따라 운송사업자의 지위를 승계한 경우 관할행정청은 양수인의 선의 · 악의를 불문하고 양수인에 대하여 불법증차 차량에 관하여 지급된 유가보조금의 반환을 명할 수 있음.[71]

4-2. 다만, 그에 따른 양수인의 책임범위는 지위승계 후 발생한 유가보조금 부정수급액에 한정되고, 지위승계 전에 발생한 유가보조금 부정수급액에 대해서까지 양수인을 상대로 반환명령을 할 수는 없음. 유가보조금 반환명령은 '운송사업자 등'이 유가보조금을 지급받을 요건을 충족하지 못함에도 유가보조금을 청구하여 부정수급하는 행위를 처분사유로 하는 '대인적 처분'으로서, '운송사업자'가 불법증차 차량이라는 물적 자산을 보유하고 있음을 이유로 한 운송사업 허가취소 등의 '대물적 제재처분'과는 구별되고, 양수인은 영업양도 · 양수 전에 벌어진 양도인의 불법증차 차량의 제공 및 유가보조금 부정수급이라는 결과발생에 어떠한 책임이 있다고 볼 수 없기 때문임(대판 2021. 7. 29, 2018두55968).[72] 최신

10) 허가의 기준

(1) 신청시와 처분시의 법령이 다른 경우 : 처분시 법령을 기준

행정기본법 제14조【법적용의 기준】② 당사자의 신청에 따른 처분은 법령 등에 특별한 규정이 있거나 처분 당시의 법령 등을 적용하기 곤란한 특별한 사정이 있는 경우를 제외하고는 처분 당시의 법령 등에 따른다.[73]

허가 등의 행정처분은 원칙적으로 처분시의 법령과 허가기준에 의하여 처리되어야 하고 허가신청 당시의 기준에 따라야 하는 것은 아니며, 비록 허가신청 후 허가기준이 변경되었다 하더라도 그 허가관청이 허가신청을 수리하고도 정당한 이유 없이 그 처리를 늦추어 그 사이에 허가기준이 변경된 것이 아닌 이상 변경된 허가기준에 따라서 처분을 하여야 함(대판 1996. 8. 20, 95누10877).[74][75]

(2) 허가요건의 추가

- 허가가 기속행위인 경우 허가요건의 추가는 기본권의 제한과 직결되므로 법령에 근거가 있어야 함.
- 따라서 법령의 근거 없이 행정권이 독자적으로 허가요건을 추가하는 것은 원칙적으로 허용되지 않음.[76]

11) 허가의 갱신 및 기간

(1) 허가의 갱신

- 허가의 갱신은 종전 허가가 동일성을 유지한 채로 지속되는 것에 불과할 뿐 신규허가가 아님.[77] 따라서 갱신 전의 위법사유가 있는 경우 이러한 사유는 갱신 후에도 승계되므로 행정청은 갱신 전의 위법사유를 들어 갱신 후에도 제재조치를 취할 수 있음.
- 갱신허가의 신청은 종전 허가의 기한만료 전에 이루어져야 하며, 종전 허가의 기한이 경과한 후의 갱신신청에 따른 허가는 종전 허가의 연장이 아니라 신규허가임.[78][79]
- 연장신청이 없는 상태에서 기한이 도래하였다면 그 허가의 효력은 상실됨.

1. 유료직업소개사업의 갱신이 있은 후에도 갱신 전의 법위반사실을 근거로 허가를 취소할 수 있음(대판 1982. 7. 27, 81누174).[80]
2. 기한경과 후 유효기간이 지나서 한 신청은 신규허가의 신청이므로 허가요건 적합 여부를 새로이 판단하여 허가 여부를 결정하여야 함(대판 1995. 11. 10, 94누11866).[81][82]

(2) 허가의 기간 : 장기계속성이 예정되어 있는 허가에 붙은 기한이 그 허가된 사업의 성질상 부당하게 짧은 경우에는 그 기한을 '허가 자체'의 존속기간이 아니라 허가'조건'의 존속기간(갱신기간)으로 보아야 하며, 그 기한이 도래함으로써 조건의 개정을 고려함.[83][84]

허가조건의 존속기간인 경우	허가 자체의 존속기간인 경우
• 유효기간이 경과하기 전에 당사자의 갱신신청이 있으면 특별한 사정이 없는 한 조건의 개정을 고려할 수는 있으나, 허가기간은 갱신 내지 연장해 줌이 원칙임. • 허가조건의 존속기간 내에 적법한 갱신신청이 있었음에도 갱신 가부의 결정이 없는 경우에는 유효기간이 지나도 주된 행정행위는 효력이 상실되지 않음. • 그러나 갱신신청 없이 유효기간이 지나면 주된 행정행위는 효력이 상실되므로[85] 갱신기간이 지나 신청한 경우에는 기간연장신청(갱신신청)이 아니라 새로운 허가신청으로 보아야 함.	종기의 도래로 허가는 당연히 효력을 상실함. 따라서 기간연장신청은 새로운 행정행위의 신청에 해당함.
① 허가에 붙은 기한이 그 허가된 사업의 성질상 부당하게 짧은 경우 그 기한을 허가 자체의 존속기간이 아닌 허가조건의 존속기간으로 볼 수 있음.[86] 다만, 이 경우라도 허가기간이 연장되기 위해서는 종기가 도래하기 전에 기간의 연장에 관한 신청이 있어야 함(대판 2007. 10. 11, 2005두12404).[87] ② 허가에 붙은 당초의 기한이 상당기간 연장되어 허가된 사업의 성질상 부당하게 짧은 경우에 해당하지 아니하게 된 경우, 관계법령의 규정에 따라 허가 여부의 재량권을 가진 행정청이 기간연장을 불허가하는 것이 가능함(대판 2004. 3. 25, 2003두12837).[88]	어업에 관한 허가 또는 신고의 경우에는 어업면허와 달리 유효기간 연장제도가 마련되어 있지 아니하므로 그 유효기간이 경과하면 그 허가나 신고의 효력이 당연히 소멸하며, 재차 허가를 받거나 신고를 하더라도 허가나 신고의 기간만 갱신되어 종전의 어업허가나 신고의 효력 또는 성질이 계속된다고 볼 수 없고 새로운 허가 내지 신고로서의 효력이 발생한다고 할 것임(대판 2011. 7. 28, 2011두5728).[89][90]

12) 예외적 허가(승인)

(1) 개념 : 일정행위가 사회적으로 유해하거나 바람직하지 않은 것으로서 법령상 금지하는 것이 원칙이나[91] 특정한 경우에 예외적으로 그 금지를 해제하여 당해 행위를 적법하게 해주는 행위

(2) 허가와 예외적 허가의 구별[92]

구 분	허 가	예외적 허가
의 의	• 상대적 금지의 해제 • 예방적 금지의 해제	• 예외적 금지의 해제 • 억제적 금지의 해제
법적 성질	일반적으로 기속행위	일반적으로 재량행위
구체적 예	• 주거지역 내의 건축허가 • 상가지역 내의 유흥주점업 허가 등	• 개발제한구역 내의 건축허가[93] • 학교환경위생정화구역 내의 유흥음식점 허가 • 카지노업 허가 • 마약류취급자의 허가 등

(3) 구체적 판례 검토

1. 개발제한구역 안의 건축허가는 재량행위임(대판 2003. 3. 28, 2002두11905).[94][95]
2. 학교보건법 제6조 제1항 단서의 규정에 의한 학교환경위생정화구역 안의 금지행위 및 시설을 해제하거나 해제를 거부하는 조치는 행정청의 재량행위에 속함(대판 1996. 10. 29, 96누8253).
3. 구 도시계획법상의 개발제한구역 내의 건축물의 용도변경허가는 예외적 허가로서 재량행위의 성격을 가짐(대판 2001. 2. 9, 98두17593).

4 면 제

1) 개념 : 법령에 의해 일반적으로 부과된 작위 · 급부 · 수인 등의 의무를 특정한 경우에 해제해 주는 행정행위

2) 허가와 면제의 구별

- 면제도 의무를 해제하는 행위라는 점에서는 허가와 성질이 동일함.
- 다만, 허가는 부작위의무를 해제하는 데 반해, 면제는 작위 · 급부 · 수인 등의 의무를 해제한다는 점에서 허가와는 구별됨.[96]

Topic

26 법률행위적 행정행위 Ⅱ - 형성적 행위 : 특허, 대리, 인가

p.88~93

1 형성적 행정행위

- 새로운 권리 · 법률상의 지위 또는 포괄적 법률관계, 기타 법률상의 힘을 발생 · 변경 · 소멸시키는 행정행위01
- 형성적 행위는 직접 상대방을 위해 권리 등을 설정하거나(설권행위 또는 특허) 변경 · 박탈하는 행위(변경 · 탈권행위)와 타인의 법률행위의 효력을 보충하여 그 효력을 완성시키거나(인가) 제3자를 대신하는 행위(대리)로 나누어짐.

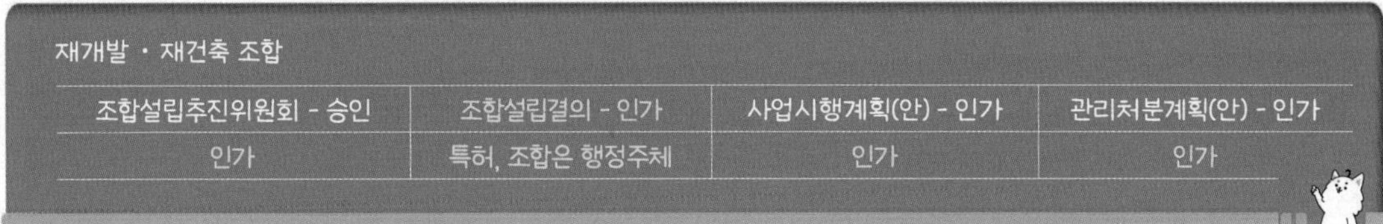

재개발 · 재건축 조합

조합설립추진위원회 - 승인	조합설립결의 - 인가	사업시행계획(안) - 인가	관리처분계획(안) - 인가
인가	특허, 조합은 행정주체	인가	인가

1-1. 「도시 및 주거환경정비법」 등 관련법령에 근거하여 행하는 조합설립인가처분은 단순히 사인들의 조합설립행위에 대한 보충행위로서의 성질을 갖는 것에 그치는 것이 아니라02 법령상 요건을 갖출 경우 「도시 및 주거환경정비법」상 주택재건축사업을 시행할 수 있는 권한을 갖는 행정주체(공법인)로서의 지위를 부여하는 일종의 설권적 처분의 성격을 가짐.03

1-2. 행정청의 조합설립인가처분이 있은 후에 조합설립결의에 하자가 있음을 이유로 소송을 제기하는 경우라면 조합설립인가처분에 대한 항고소송을 제기하여야 함.04 05

1-3. 조합설립인가처분이 있은 후에 조합설립결의의 하자를 이유로 그 결의부분만을 따로 떼어내어 무효등확인의 소를 제기하는 것은 허용될 수 없음(대판 2009. 9. 24, 2008다60568).06

2. 재개발조합설립인가신청에 대한 행정청의 조합설립인가처분은 단순히 사인들의 조합설립행위에 대한 보충행위로서의 성질을 가지는 것이 아니라 법령상 일정한 요건을 갖추는 경우 행정주체(공법인)의 지위를 부여하는 일종의 설권적 처분의07 성질을 가진다고 보아야 함. 그러므로 구 「도시 및 주거환경정비법」상 재개발조합설립인가신청에 대하여 행정청의 조합설립인가처분이 있은 이후에는, 조합설립 동의에 하자가 있음을 이유로 재개발조합설립의 효력을 부정하려면 항고소송으로 조합설립인가처분의 효력을 다투어야 함(대판 2010. 1. 28, 2009두4845).

2 특허

1) 개념 : 특정인에 대하여 새로운 권리, 능력 또는 포괄적 법률관계를 설정하는 행위(설권행위)

2) 특허의 종류

구분	내용
권리설정행위 (협의의 특허)	• 공유수면매립면허 • 특허기업(자동차운수사업 · 전기공급사업 · 도시가스공급사업 등의 공익사업)의 특허08 • 행정재산의 사용 · 수익허가(국립의료원 부설주차장에 관한 위탁관리용역운영계약)09 • 공물사용권(도로점용허가 · 하천점용허가 · 공유수면점용허가 등) 특허10 11 • 광업허가 • 어업면허 • 보세구역의 설영특허 • 개인택시운송사업면허12
능력설정행위	공법인을 설립하는 행위, 공증인 인가 · 임명처분 등
포괄적 법률관계 설정행위	공무원임용, 귀화허가 등13 14

3) 특허의 상대방 : 특정인에 대해서만 가능15

4) 특허의 성질

- 특허는 특정인에 대하여 특권을 부여하는 행위이기 때문에 상대방의 신청 없이 행정청이 일방적으로 권리를 부여하면 행정의 불공정을 가져올 수 있으므로 협력을 요하는(쌍방적) 행정행위의 성질을 가지며,16 특히 언제나 신청(출원)이 필요함.
- 특정인에게 새로운 법률상 힘을 부여한다는 점에서 공익적 관점에서 행정청이 판단할 것이 필요하므로 법령상 특별한 규정이 없는 한 재량행위임(통설).17

1. 법무부장관은 법률에 정한 귀화요건을 갖춘 귀화신청인에게 귀화를 허가할 것인지 여부에 관하여 재량권을 가짐(대판 2010. 7. 15, 2009두19069).18 19
2. 공유수면매립면허는 특허로서 재량행위이며 일단 실효된 공유수면매립면허의 효력을 회복시키는 행위도 재량행위임(대판 1989. 9. 12, 88누9206).20
3. 개인택시운송사업면허는 특허로서 특별한 규정이 없는 한 재량행위임(대판 1995. 7. 14, 94누14841 ; 대판 1995. 11. 10, 95누8461 ; 대판 1996. 10. 11, 96누6172).21
4. 도로법 제40조 제1항에 의한 도로점용허가는 설권행위(편저자 주 : 특허)로서 재량행위임(대판 2002. 10. 25, 2002두5795).22
5. 보세구역 설영특허는 특허로서 특허의 부여 여부 및 기간갱신은 행정청의 재량에 속함(대판 1989. 5. 9, 88누4188).23
6. 구 수도권대기환경특별법 제14조 제1항에서 정한 대기오염물질 총량관리사업장 설치의 허가 또는 변경허가는 특정인에게 인구가 밀집되고 대기오염이 심각하다고 인정되는 수도권 대기관리권역에서 총량관리대상 오염물질을 일정량을 초과하여 배출할 수 있는 특정한 권리를 설정하여 주는 행위로서 그 처분의 여부 및 내용의 결정은 행정청의 재량에 속함(대판 2013. 5. 9, 2012두22799).24 25

   비교판례
   대기환경보전법상 배출시설설치허가는 기속행위임(대판 2013. 5. 9, 2012두22799).26

7. 구 공유수면관리법에 따른 공유수면의 점 · 사용허가는 특정인에게 공유수면이용권이라는 독점적 권리를 설정하여 주는 처분으로서 그 처분의 여부 및 내용의 결정은 원칙적으로 행정청의 재량에 속함(대판 2004. 5. 28, 2002두5016).27
8. 출입국관리법상 체류자격 변경허가는 설권적 처분(특허)의 성격을 가지며 허가권자는 허가 여부를 결정할 재량을 가짐(대판 2016. 7. 14, 2015두48846).28
9. 토지 등 소유자들이 조합을 따로 설립하지 않고 직접 시행하는 도시환경정비사업에서 사업시행인가처분은 단순히 사업시행계획에 대한 보충행위로서의 성질을 가지는 것이 아니라 행정주체로서의 지위를 부여하는 일종의 설권적 처분의 성격을 가짐(대판 2013. 6. 13, 2011두19994).29
10. 개발촉진지구 안에서 시행되는 지역개발사업에 관한 지정권자의 실시계획승인처분은 설권적 처분의 성격을 가진 독립된 행정처분임(대판 2014. 9. 26, 2012두5602).30

5) 특허의 효과

- 법률상 이익 : 새로운 독점적 · 배타적인 법률상의 힘을 부여하는 행위임. 양립할 수 없는 이중특허의 경우 후행의 특허는 무효
- 사법(私法)적 효과의 발생도 가능 : 특허로 인하여 성립하는 권리는 공권(예 도로사용권 등의 공물사용권, 특허기업이 갖는 공용부담특권)인 경우도 있지만 사권(예 어업권, 광업권)인 경우도 있음.31 32

3 인 가

1) 개념 : 제3자의 법률적 행위를 보충하여 그 법률상의 효과를 완성시키는 행정행위33

2) 인가의 종류

1. 민법상 **재단법인(사회복지법인 등)** 정관변경허가는 강학상 인가에 해당함(대판 1996. 5. 16, 95누4810).[34]
2. 구 「도시 및 주거환경정비법」 제20조 제3항은 조합이 정관을 변경하고자 하는 경우에는 총회를 개최하여 조합원 과반수 또는 3분의 2 이상의 동의를 얻어 **시장 · 군수의 인가를 받도록 규정**하고 있음. 여기서 **시장 등의 인가는 그 대상이 되는 기본행위를 보충하여 법률상 효력을 완성시키는 행위로서** 이러한 **인가를 받지 못한 경우 변경된 정관은 효력이 없고, 시장 등이 변경된 정관을 인가하더라도 정관변경의 효력이 총회의 의결이 있었던 때로 소급하여 발생한다고 할 수 없음**(대판 2014. 7. 10, 2013도11532).[35]
3. 토지거래허가는 인가적 성질을 띰(대판 1991. 12. 24, 90다12243 전합).[36]
4. **학교법인의 임원에 대한 감독청의** 취임승인은 보충적 법률행위임(대판 1987. 8. 18, 86누152).[37]
5. 도시환경정비사업조합이 수립한 사업시행계획을 인가하는 행정청의 행위의 법적 성질은 인가임(대판 2010. 12. 9, 2010두1248).[38]
6. 조합이 수립한 관리처분계획에 대한 행정청의 인가는 관리처분계획의 법률상 효력을 완성시키는 보충행위로서의 성질을 가짐(대판 2012. 8. 30, 2010두24951).
7. '조합설립추진위원회' 구성승인처분은 조합의 설립을 위한 주체인 추진위원회의 구성행위를 보충하여 그 효력을 부여하는 처분임(대판 2013. 1. 31, 2011두11112).[39]
8. **자동차관리법상 자동차관리사업자로 구성하는 사업자단체인 조합 또는 협회의 설립인가처분**은 국토해양부장관(현 국토교통부장관) 또는 시 · 도지사가 자동차관리사업자들의 단체결성행위를 보충하여 효력을 완성시키는 처분(인가)에 해당함(대판 2015. 5. 29, 2013두635).[40] [41]

3) **인가의 성질** : 인가가 기속행위인지 재량행위인지는 법률의 명문규정에 따라 판단하는 것이 원칙임.

1. 재단법인의 임원취임이 사법인인 재단법인의 정관에 근거한다 할지라도 이에 대한 행정청의 승인(인가)행위는 법인에 대한 주무관청의 감독권에 연유하는 이상 그 인가행위 또는 인가거부행위는 공법상의 행정처분으로서, 그 임원취임을 인가 또는 거부할 것인지 여부는 주무관청의 권한에 속하는 사항이라고 할 것이고, 재단법인의 임원취임승인 신청에 대하여 주무관청이 이에 기속되어 이를 당연히 승인(인가)하여야 하는 것은 아님(즉, **재단법인 임원취임인가는 재량행위**임)(대판 2000. 1. 28, 98두16996).[42]
2. 자동차관리법상 자동차관리사업자로 구성하는 사업자단체 설립인가는 인가권자가 가지는 지도 · 감독 권한의 범위 등과 아울러 설립인가에 관하여 구체적인 기준이 정하여져 있지 않은 점 등에 비추어 보면, 재량행위로 보아야 함(대판 2015. 5. 29, 2013두635).[43]

4) 인가의 대상

- 인가는 법률행위를 대상으로 하고, 사실행위에 대한 인가란 있을 수 없음.[44]
- 인가의 대상인 법률행위는 사법(私法)행위인 경우(예 토지거래계약, 사립학교 이사의 선임행위 등)도 있으나 공법(公法)행위인 경우(예 공공조합의 설립행위 등)도 있음.[45]

5) **신청 여부** : 인가는 보충적 행위이므로 항상 상대방의 신청을 요건으로 하는 행위임.[46]

6) **수정인가의 가부** : 법령의 명시적 근거가 없는 한 행정청은 인가 여부만 결정할 수 있을 뿐 수정인가는 할 수 없음(통설).[47]

7) **인가의 효과** : 인가는 효력발생요건으로서 인가를 받지 않으면 기본행위는 효력이 발생하지 않음(후에 인가를 받게 되면 효력을 발생하는 유동적 무효상태에 있음). 다만, 인가를 받지 않았더라도 원칙적으로 강제집행 또는 처벌의 문제는 발생하지 않음.

공유수면매립면허로 인한 권리 · 의무양도약정은 면허관청의 인가를 받지 않은 이상 법률상 아무런 효력도 발생할 수 없음(대판 1991. 6. 25, 90누5184).[48]

8) 기본행위의 하자 및 실효와 인가

- 기본행위가 성립하지 않거나 무효인 경우에 인가를 받더라도 기본행위가 유효로 되는 것은 아니며 인가 역시 무효로 됨. 즉,[49] 인가는 기본행위의 하자를 치유하지 않음.[50]
- 기본행위가 일단 유효하고 이에 대해 인가가 행해진 경우에도 기본행위에 취소사유가 있으면 기본행위를 취소할 수 있는데,[51] 이와 같이 기본행위가 나중에 취소되거나 실효되면 인가도 실효됨.[52]

> 1-1. 학교법인의 임원에 대한 감독청의 취임승인은 학교법인의 임원선임행위를 보충하여 그 법률상의 효력을 완성하게 하는 보충적 행정행위로서 성질상 기본행위를 떠나 승인처분 그 자체만으로는 법률상 아무런 효력도 발생할 수 없음.
>
> 1-2. 기본행위인 학교법인의 임원선임행위가 불성립 또는 무효인 경우에는 비록 그에 대한 감독청의 취임승인이 있었다 하여도 이로써 무효인 그 선임행위가 유효한 것으로 될 수는 없음(대판 1987. 8. 18, 86누152).[53 54]
>
> 2. 기본행위인 사업시행계획이 무효인 경우 그에 대한 인가처분이 있다고 하더라도 그 기본행위인 사업시행계획이 유효한 것으로 될 수 없음(대판 2014. 2. 27, 2011두25173).[55]
>
> 3. 구 외자도입법 제19조에 따른 기술도입계약에 대한 인가는 기본행위인 기술도입계약을 보충하여 그 법률상 효력을 완성시키는 보충적 행정행위에 지나지 아니하므로 기본행위인 기술도입계약이 해지로 인하여 소멸되었다면 위 인가처분은 무효선언이나 그 취소처분이 없어도 당연히 실효됨(대판 1983. 12. 27, 82누491).[56]

9) 쟁송방법

- 인가의 보충성에 비추어 기본행위에 하자가 있는 경우 기본행위를 다투어야 하며 기본행위의 하자를 이유로 인가처분을 다툴 수는 없음(통설 · 판례).
- 한편, 기본행위가 적법하고 인가에만 문제가 있는 경우 인가를 다툴 수 있음은 당연함.[57 58]

> 1. 인가는 기본행위인 재단법인의 정관변경에 대한 법률상의 효력을 완성시키는 보충행위로서, 그 기본이 되는 정관변경결의에 하자가 있을 때에는 그에 대한 인가가 있었다 하여도 기본행위인 정관변경결의가 유효한 것으로 될 수 없으므로 기본행위인 정관변경결의가 적법 · 유효하고 보충행위인 인가처분 자체에만 하자가 있다면 그 인가처분의 무효나 취소를 주장할 수 있지만, 인가처분에 하자가 없다면 기본행위인 정관변경결의에 하자가 있는 경우 기본행위를 다투는 것은 별론으로 하고 기본행위의 무효를 내세워 인가처분의 취소 또는 무효확인을 구할 법률상 이익은 없음(대판 1996. 5. 16, 95누4810).[59 60 61]
>
> 2. 기본행위인 주택재개발정비사업조합이 수립한 사업시행계획에 하자가 있는데 보충행위인 관할행정청의 사업시행계획 인가처분에는 고유한 하자가 없는 경우, 사업시행계획의 무효를 주장하면서 곧바로 그에 대한 인가처분의 무효확인이나 취소를 구하여서는 아니 됨(대판 2021. 2. 10, 2020두48031).[62] 최신
>
> 3. 기본행위인 이사선임결의가 적법 · 유효하고 보충행위인 승인처분 자체에만 하자가 있다면 그 승인처분의 무효확인이나 그 취소를 주장할 수 있음(대판 2002. 5. 24, 2000두3641).[63]

4 대 리

- 제3자가 해야 할 일을 행정청이 대신하여 행함으로써 제3자가 스스로 행한 것과 같은 법적 효과를 발생시키는 행정행위
- 대리의 종류에는 감독청에 의한 정관작성 · 임원임명, 토지보상액에 대한 토지수용위원회의 재결, 조세체납처분으로서의 공매행위, 행려병사자의 유류품 처분 등이 있음.[64]

Topic

27 준법률행위적 행정행위 - 공증, 통지, 수리, 확인

p.93~96

1 법률행위적 행정행위와 준법률행위적 행정행위 구별

법률행위적 행정행위	준법률행위적 행정행위
행정청의 의사표시(효과의사)를 구성요소로 하고 그 표시된 효과의사의 내용에 따라 법적 효과가 발생하는 행위	행정청의 의사표시(효과의사) 이외의 정신작용(판단, 인식 등)을 구성요소로 하고 행위자의 의사와는 무관하게 법규가 정한 바에 따라 법적 효과가 발생하는 행위

2 확 인

1) **개념** : 특정한 사실 또는 법률관계의 존재 여부 또는 정당성 여부에 관해 의문이나 다툼이 있는 경우 행정청이 공적인 권위로서 행하는 판단의 표시행위

2) **종류** : 국가시험합격자 · 당선인 결정,[01] 도로 · 하천구역 결정, 행정심판의 재결,[02] 발명특허,[03] 친일재산 국가귀속결정, 교과서 검정, 국가유공자등록결정, 장애등급결정, 준공검사처분, 민주화운동관련자결정, 소득세부과를 위한 소득금액의 결정 등

> 「친일반민족행위자 재산의 국가귀속에 관한 특별법」에 따른 친일재산은 친일반민족행위자재산조사위원회가 국가귀속결정을 하여야 비로소 국가의 소유로 되는 것이 아니라 특별법의 시행에 따라 그 취득 · 증여 등 원인행위시에 소급하여 당연히 국가의 소유로 되고,[04] 친일반민족행위자재산조사위원회의 친일재산 국가귀속결정은 당해 재산이 친일재산에 해당한다는 사실을 확인하는 준법률행위적 행정행위에 해당함(대판 2008. 11. 13, 2008두13491).[05]

3) **성질** : 원칙적으로 기속행위(판단여지 또는 재량이 인정되는 경우도 있음)

> 준공검사처분은 건축허가를 받아 건축한 건물이 건축허가사항대로 건축행정목적에 적합한가의 여부를 확인하고, 준공검사필증을 교부하여 줌으로써 허가받은 자로 하여금 건축한 건물을 사용 · 수익할 수 있게 하는 법률효과를 발생시키는 것이므로 허가관청은 특단의 사정이 없는 한 건축허가내용대로 완공된 건축물의 준공을 거부할 수 없음(대판 1992. 4. 10, 91누5358).[06]

4) **효과** : 불가변력 발생(행정심판의 재결 등 준사법적 행위), 그 밖의 법적 효과는 개별법규의 규정에 의해 발생

3 공 증

1) 의 의

(1) **개념** : 특정한 사실 또는 법률관계의 존재를 공적으로 증명하는 행위(각종의 등기 · 등록 · 증명서의 발급 등)[07] [08]

> 의료유사업자 자격증 갱신발급행위는 유사의료업자의 자격을 부여 내지 확인하는 것이 아니라 특정한 사실 또는 법률관계의 존부를 공적으로 증명하는 소위 공증행위에 속하는 행정행위라 할 것임(대판 1977. 5. 24, 76누295).[09]

(2) **확인과 공증의 구별** : 확인은 특정한 법률사실이나 법률관계에 관한 의문 또는 분쟁이 있음을 전제로 하는 데 반하여, 공증은 의문이나 분쟁이 없는 것을 전제로 하는 점에서 양자가 구별됨.[10]

2) **성질 및 형식** : 기속행위, 원칙적으로 문서에 의해야 하고 일정한 형식이 요구되는 요식행위

3) **종류** : 의료유사업자 자격증 갱신발급행위,[11] 건설업면허증의 교부, 당선증서 · 합격증서 발급,[12] 여권 등의 발급, 회의록 등의 기재, 영수증 교부, 상표사용권설정등록행위 등

1. 특허청장의 상표사용권설정등록행위는 사인 간의 법률관계의 존부를 공적으로 증명하는 준법률행위적 행정행위임이 분명함(대판 1991. 8. 13, 90누9414).13
2. 건설업면허증 및 건설업면허수첩의 재교부는 건설업의 면허를 받았다고 하는 특정사실에 대하여 형식적으로 그것을 증명하고 공적인 증거력을 부여하는 행정행위(강학상의 공증행위)이므로, 면허증 및 면허수첩의 재교부에 의하여 재교부 전의 면허는 실효되고 새로운 면허가 부여된 것이라고 볼 수 없음(대판 1994. 10. 25, 93누21231).14

4) 효과 : 반증(反證)에 의하지 아니하고는 전복될 수 없는 공적 증거력의 발생15

5) 처분성 여부

처분성 부정 판례	처분성 긍정 판례
① 무허가건물등재대장 삭제행위16 ② 자동차운전면허대장상의 등재행위, 운전경력증명서상의 기재행위17 ③ 행정청이 토지대장의 소유자명의변경신청을 거부한 행위18	① 지적공부 소관청의 지목변경신청 반려행위19 ② 행정청이 건축물대장의 용도변경신청을 거부한 행위20 ③ 행정청이 건축물대장의 작성신청을 거부한 행위21 ④ 지적 소관청의 토지분할신청 거부행위 ⑤ 지적공부 소관청이 토지대장을 직권으로 말소한 행위22

4 통 지

1) 개념 : 행정청이 특정인 또는 불특정 다수인에 대해 특정한 사실 또는 의사를 알리는 행위

2) 종류 : 특허출원공고,23 귀화의 고시, 토지수용에 있어 사업인정고시, 대집행의 계고,24 납세의 독촉 등

대집행의 계고행위는 준법률행위적 행정행위인 통지임(처분성 긍정)(대판 1966. 10. 31, 66누25).

3) 효 과

- 통지행위의 효과는 개별법령이 정한 바에 따라 발생함.
- 한편, 통지가 있음에도 아무런 법적 효과가 발생하지 않는다면 그러한 통지행위는 준법률행위적 행정행위인 통지가 아닌 단순한 사실행위일 뿐임(처분성 부정).

1. 정년퇴직발령은 정년퇴직 사실을 알리는 이른바 관념의 통지에 불과하므로 행정소송의 대상이 아님(처분성 부정)(대판 1983. 2. 8, 81누263).25
2. 당연퇴직의 인사발령은 행정소송의 대상인 **행정처분이 아님**(처분성 부정)(대판 1995. 11. 14, 95누2036).26
3. 국민건강보험공단이 한 **'직장가입자** 자격상실 **및 자격변동 안내'** 통보 및 **'사업장 직권탈퇴에 따른 가입자 자격상실 안내' 통보**는 항고소송의 대상이 되는 처분이 아님(대판 2019. 2. 14, 2016두41729).27

5 수 리

1) 의 의

- 타인의 행정청에 대한 행위를 유효한 행위로서 수령하는 행위
- 수리를 요하는 신고에서 수리가 준법률행위적 행정행위인 수리로서 항고소송의 대상인 처분에 해당하고,28 허가와는 구별되는 개념임.
- 수리는 행정청의 수동적인 의사표시로서 법적 효과가 있는 행정행위이므로 단순한 사실행위에 불과한 접수와는 구별됨.29

2) 성 질

- 법률에 특별한 규정이 없는 한 법정요건을 갖춘 신고는 수리되어야 하므로 수리는 원칙적으로 기속행위라고 할 것임.

> 1-1. **가설건축물 존치기간을 연장하려는 건축주 등이** 법령에 규정되어 있는 제반 서류와 요건을 갖추어 행정청에 연장신고를 한 때에는 행정청은 원칙적으로 이를 수리하여 신고필증을 교부하여야 하고, **법령에서 정한 요건 이외의 사유를 들어 수리를 거부할 수는 없음.**[30]
>
> 1-2. 따라서 행정청으로서는 법령에서 요구하고 있지도 아니한 '대지사용승낙서' 등의 서류가 제출되지 아니하였거나, 대지소유권자의 사용승낙이 없다는 등의 사유를 들어 가설건축물 존치기간 연장신고의 수리를 거부하여서는 아니 됨(대판 2018. 1. 25, 2015두35116).
>
> 2. **의료법에 따라 정신과의원을 개설하려는 자가** 법령에 규정되어 있는 요건을 갖추어 개설신고를 한 때에, 행정청은 원칙적으로 이를 수리하여 신고필증을 교부하여야 하고, **법령에서 정한 요건 이외의 사유를 들어 의원급 의료기관 개설신고의 수리를 거부할 수는 없음**(대판 2018. 10. 25, 2018두44302).[31]
>
> 3-1. 허가대상 건축물의 양수인이 구 건축법 시행규칙에 규정되어 있는 형식적 요건을 갖추어 시장 · 군수에게 적법하게 건축주의 명의변경을 신고한 때에는 시장 · 군수는 그 신고를 수리하여야지 **실체적인 이유를 내세워 신고의 수리를 거부할 수 없음.**[32]
>
> 3-2. 다만, 건축물의 소유권을 둘러싸고 소송이 계속 중이어서 판결로 소유권의 귀속이 확정될 때까지 **건축주명의변경신고의 수리를** 거부**함은** 가능**함**(대판 1993. 10. 12, 93누883).[33]

- 수리대상인 기본행위가 존재하지 않거나 무효인 때에는 수리를 하였더라도 수리도 당연무효가 됨(통설 · 판례).

> **지위승계신고의 수리대상인 사업양도 · 양수가 존재하지 아니하거나 무효인 때에는 수리를 하였다 하더라도 그 수리는 당연히 무효임**(대판 2005. 12. 23, 2005두3554).[34]

Topic

28 행정행위의 부관

p.96~103

행정행위의 부관

1 부관의 의의

1) 부관의 개념

- 전통적 견해(종래의 다수설) : 행정행위의 효과를 제한하기 위하여 행정기관에 의해 그 행위의 요소인 주된 의사표시의 내용에 붙여진 종된 의사표시
- 새로운 견해(최근의 다수설) : 행정행위의 효과를 제한 · 보충 또는 요건을 보충하거나 특별한 의무를 부과하기 위하여 행정기관에 의해 주된 행정행위에 부가된 종된 규율
- 어느 견해에 따르든 부관도 행정행위의 내용을 이루는 것이므로 외부에 표시되어야 함.

2) 구별개념

(1) 법정부관

- 법령이 직접 행정행위의 조건, 기한 등을 정하는 경우가 있는바, 이를 법정부관이라고 함.

> 구 사회복지사업법상 임시이사를 선임하면서 그 임기를 '후임 정식이사가 선임될 때까지'로 기재한 것은 근거법률의 해석상 당연히 도출되는 사항을 주의적 · 확인적으로 기재한 이른바 '법정부관'일 뿐, 행정청의 의사에 따라 붙이는 본래 의미의 행정처분 부관이라고 볼 수 없음. 후임 정식이사가 선임되었다는 사유만으로 임시이사의 임기가 자동적으로 만료되어 임시이사의 지위가 상실되는 효과가 발생하지 않고, 관할행정청이 후임 정식이사가 선임되었음을 이유로 임시이사를 해임하는 행정처분을 해야만 비로소 임시이사의 지위가 상실되는 효과가 발생함(대판 2020. 10. 29, 2017다269152). **0102**

- 법정부관은 법령 그 자체이므로 법정부관이 위법한 경우 법률 및 법규명령에 대한 규범통제방식(구체적 규범통제)에 의해 통제됨. **03**
- 법정부관은 본래 의미에서 행정행위의 부관은 아니므로**04** 부관의 한계에 관한 일반적 원칙이 적용되지 않음.

> 1. 법령보충규칙인 고시에 정한 허가기준에 따라 보존음료수 제조업의 허가에 붙여진 전량수출 또는 주한외국인에 대한 판매에 한한다는 내용의 조건은 이른바 법정부관으로서 행정청의 의사에 기하여 붙여지는 본래의 의미에서의 행정행위의 부관은 아님. **05**
> 2. 법정부관은 부관과는 구별되는 것이어서 부관의 한계에 관한 일반원칙이 적용되지 않음(대판 1994. 3. 8, 92누1728). **06 07 08**

(2) **행정행위의 내용상 제한** : 행정행위의 내용 그 자체를 정하는 것이므로 부관이 아님.

(3) 수정부담(후술)

3) 부관의 특성 - 부종성(종속성)

- 부관은 주된 행정행위에 부가되는 것이어서 종속적인 지위를 가지므로 주된 행정행위에 의존하고 영향을 받게 됨.
- 주된 행정행위가 효력이 발생하지 않으면 부관도 효력이 발생하지 않음. 또한, 부관은 주된 행정행위와 실질적 관련성이 있는 경우에만 인정될 수 있음.

2 부관의 종류

1) 조건(불확실한 사실에 의존)

정지조건	• 행정행위의 효과의 발생을 장래의 불확실한 사실에 의존09 • 정지조건이 부가된 행정행위는 일정한 조건이 성취되어야 비로소 주된 행정행위의 효력이 발생함. 따라서 정지조건부 영업허가의 경우 조건이 성취되지 않은 상태에서는 허가의 대상이 되는 행위를 할 수 없음(예 주차시설을 완비할 것을 조건으로 한 호텔영업허가).10
해제조건	• 행정행위의 효과의 소멸을 장래의 불확실한 사실에 의존11 • 해제조건이 부가된 행정행위는 일단 처음부터 행정행위의 효력이 발생하되 조건이 성취되면 그 행정행위가 당연히 효력을 상실하게 됨(예 일정기간 내 공사에 착수할 것을 조건으로 하는 공유수면매립면허).12

2) 기한(확실한 사실에 의존)13

시기와 종기	• **시기** : 일정한 사실의 발생에 의해 비로소 행정행위의 효력을 발생시킴. • **종기** : 일정한 사실의 발생에 의해 행정행위의 효력을 소멸하게 함.
확정기한과 불확정기한	• **확정기한** : 도래하는 시기까지도 확실한 기한(예 2024년 12월 31일까지) • **불확정기한** : 도래할 것은 확실하나 도래하는 시기까지는 확실하지 않은 기한(예 사망시까지)

3) 부 담

<table>
<tr><td>개 념</td><td colspan="2">행정행위(주로 허가 · 특허 등과 같은 수익적 행정행위)의 주된 내용에 부가하여 그 행정행위의 상대방에게 작위 · 부작위 · 급부 등의 의무를 부과하는 부관</td></tr>
<tr><td>구체적 예</td><td colspan="2">• 도로나 하천점용허가를 하면서 일정한 점용료를 납부하도록 하는 것
• 주택사업계획승인을 하면서 주택진입로 확장의무를 부과하는 것</td></tr>
<tr><td>특 색</td><td colspan="2">• 부담은 다른 부관과 달리 그 존속이 본체인 행정행위의 존재를 전제로 하는 것일 뿐 행정행위의 불가분적인 요소는 아니어서 주된 행정행위와 독립하여 별도로 소송제기가 가능함.14
• 다만, 주된 행정행위가 아무런 효력이 발생하지 않는 경우 부담도 효력이 발생하지 않음.</td></tr>
<tr><td rowspan="3">부담의 불이행시</td><td>철회 가능</td><td>• 행정행위의 철회사유가 되어 행정청은 주된 행정행위를 철회할 수 있음(주된 행정행위의 효력이 당연히 소멸하는 것이 아님).15
• 주된 수익적 행정행위를 철회하는 경우 철회권 제한의 법리(이익형량 등)가 적용됨.16</td></tr>
<tr><td>강제집행</td><td>• 주된 행정행위와는 별도로 부담만을 강제집행할 수 있음.
• 예컨대, 도로점용허가에 부가된 점용료납부의무를 불이행한 경우 도로점용료에 대해서 행정청은 강제징수할 수 있음.</td></tr>
<tr><td>단계적 조치의 불이행</td><td>행정청은 그 후의 단계적인 조치를 거부하는 것도 가능함.</td></tr>
<tr><td>조건과 부담의 구별</td><td colspan="2">① 효력발생(정지조건부 행정행위와 부담부 행정행위의 구별) : 부담부 행정행위는 처음부터 행정행위의 효력이 발생하는 데 반하여,17 정지조건부 행정행위는 일정한 사실, 즉 조건의 성취가 있어야 비로소 행정행위의 효력이 발생함. 따라서 부관부 영업허가의 경우 당해 부관이 부담이라면 부담의 이행 없이 영업을 하여도 무허가영업이 아니지만, 당해 부관이 정지조건이라면 조건의 성취 없이 영업을 하면 무허가영업으로서 불법영업이 됨.18
② 효력소멸(해제조건부 행정행위와 부담부 행정행위의 구별) : 부담부 행정행위는 부담을 이행하지 않더라도 당연히 그 효력이 소멸되지는 않고 행정청이 철회함으로써 행정행위의 효력이 소멸되는 데 반하여,19 해제조건부 행정행위는 조건이 되는 사실의 성취에 의하여 당연히 행정행위의 효력이 소멸됨.
③ 강제집행대상 : 부담은 그 자체가 하명의 성질을 가지므로 그러한 의무불이행시 독립하여 강제집행의 대상이 되는 데 반하여,20 조건은 독자적으로 강제집행의 대상이 되지 않음.
④ 쟁송대상 여부(다수설 · 판례) : 부담은 주된 행정행위와 독립하여 행정쟁송의 대상이 되는 반면, 조건부 행정행위는 행정행위 전체를 대상으로 하여 소송을 제기할 수밖에 없음.
⑤ 구별기준(의사가 불분명한 경우) : 행정청의 의사가 불분명한 경우 최소침해의 원칙에 따라 상대방에게 유리한 부담으로 보아야 함.21</td></tr>
</table>

기한과 부담의 구별	기한은 그 도래에 의해 주된 행정행위의 효력을 발생시키거나 실효시키지만, 부담의 경우는 의무기한의 도래로 의무불이행이 되며 철회사유가 될 뿐임.
	사도개설허가를 하면서 '공사기간을 준수할 것을 명'하였는바, 이러한 부관은 부담이므로 사도개설허가에서 정해진 공사기간 내에 사도로 준공검사를 받지 못한 경우라도 사도개설허가가 당연히 실효되는 것은 아님(대판 2004. 11. 25, 2004두7023). 22
부담의 부가방법 등	• **부담의 부가방법** : 행정청이 일방적으로 부가 가능, 상대방과 협의하여 부담의 내용을 협약의 형식으로 미리 정한 다음 부가하는 것도 가능 • **부담의 적법 여부** : 처분 당시 법령을 기준으로 판단 23
	1. 수익적 행정처분에 있어서는 법령에 특별한 근거규정이 없다고 하더라도 그 부관으로서 부담을 붙일 수 있고, 그와 같은 부담은 행정청이 행정처분을 하면서 일방적으로 부가할 수도 있지만 부담을 부가하기 이전에 상대방과 협의하여 부담의 내용을 협약의 형식으로 미리 정한 다음 행정처분을 하면서 이를 부가할 수도 있음. 24 2. 행정청이 수익적 행정처분을 하면서 사전에 상대방과 체결한 협약상의 의무를 부담으로 부가하였는데 부담의 전제가 된 주된 행정처분의 근거법령이 개정되어 부관을 붙일 수 없게 된 경우라도 위 협약의 효력이 소멸하는 것은 아님(부담이 곧바로 위법하게 되는 것은 아님)(대판 2009. 2. 12, 2005다65500). 25 26 27

4) 철회권의 유보

(1) 의 의

- 일정한 사유가 발생한 경우에 주된 행정행위를 철회할 수 있는 권한을 행정청에 유보하는 부관(예 숙박영업허가를 함에 있어 윤락행위를 알선하면 허가를 취소한다는 부관을 붙인 경우[28])으로서 실무상 취소권의 유보라고 표현되기도 함.
- 해제조건은 조건사실이 발생하면 당연히 행정행위의 효력이 소멸되지만, 철회권유보의 경우에는 유보된 사실이 발생하더라도 그 효력을 소멸시키려면 행정청의 별도의 의사표시(철회)를 필요로 한다는 점에서 양자는 구별됨. 29

> 행정청이 종교단체에 대하여 기본재산전환인가를 함에 있어 인가조건을 부가하고 그 불이행시 인가를 취소할 수 있도록 한 경우, 인가조건의 의미는 철회권을 유보한 것임(대판 2003. 5. 30, 2003다6422). 30

(2) **기능** : 철회권이 유보된 행정행위의 상대방은 원칙적으로 신뢰보호원칙에 기한 철회의 제한을 주장할 수 없음. 31 또한 철회로 인한 손실보상을 요구할 수 없음.

(3) **철회권행사의 한계**

- 철회권이 유보된 경우라도 철회권의 행사는 그 자체만으로는 정당화되지 않고 이익형량을 해야 하는 등의 행정행위의 철회의 제한에 관한 일반원리가 적용됨. 32 33
- 다만, 행정행위의 계속성에 대한 상대방의 신뢰는 유보된 철회사유에 대해서는 인정되지 않음.

> 취소(철회)권을 유보한 경우에 있어서도 무조건적으로 취소권을 행사할 수 있는 것이 아니고, 취소를 필요로 할 만한 공익상의 필요가 있는 경우에 한하여 취소권을 행사할 수 있음(대판 1964. 6. 9, 64누40 등).

5) 법률효과의 일부배제

(1) **의의** : 주된 행정행위의 내용에 대해서 법령이 일반적으로 부여하고 있는 행정행위의 법적 효과를 일부배제하는 부관

(2) **부관의 일종인지 여부** – 부관성 긍정(다수설 · 판례)

> 매립지 일부에 대해 국가에 소유권을 귀속시킨 처분은 **법률효과의 일부배제**라는 부관을 붙인 것이므로 이러한 행정행위의 부관에 대하여는 **독립하여 행정소송의 대상으로 삼을 수 없음**(대판 1991. 12. 13, 90누8503). 34 35

(3) **법적 근거가 필요한지 여부** : 법률에 특별한 근거가 있는 경우에만 가능(다수설) 36

6) 수정부담

(1) **의의** : 상대방이 신청한 것과는 다르게 행정행위의 내용을 정하는 것을 말함. 예를 들면, 甲이 행정청에 대해 A국으로부

터의 쇠고기 수입허가를 신청하였는데, 행정청이 甲에 대해 B국으로부터의 쇠고기 수입허가를 부여하는 것과 같은 경우가 있음.

(2) **부관성 여부** - 부관성 부정(다수설), 수정된 행정행위 내지 수정허가로 봄.[37]

써니쌤 Talk

부관 ○	조건, 기한, 부담, 철회권유보, 법률효과의 일부배제
부관 ×	법정부관, 행정행위의 내용상 제한, 수정부담

3 부관의 가능성

1) 준법률행위적 행정행위와 부관

(1) **전통적 견해(종래의 다수설)** : 법률행위적 행정행위에는 부관을 붙일 수 있으나, 의사표시를 요소로 하지 않는 준법률행위적 행정행위에는 부관을 붙일 수 없음.

(2) **새로운 견해(최근의 다수설)** : 준법률행위적 행정행위라도 확인 · 공증의 경우에는 종기 등과 같은 부관은 붙일 수 있음 (예 여권에 붙은 유효기간 등).

2) 기속행위와 부관

(1) **행정기본법의 태도**

- 행정청은 처분에 재량이 있는 경우(재량행위)에 부관을 붙일 수 있고, 처분에 재량이 없는 경우(기속행위)에는 법률에 근거가 있는 경우에 부관을 붙일 수 있음.
- 예건대 식품위생법에 따른 영업허가는 기속행위라도 동법 제37조 제2항에 근거하여 부관을 붙일 수 있음.

> **행정기본법 제17조【부관】** ① 행정청은 처분에 재량이 있는 경우에는 부관(조건, 기한, 부담, 철회권의 유보 등을 말한다. 이하 이 조에서 같다)을 붙일 수 있다.[38]
> ② 행정청은 처분에 재량이 없는 경우에는 법률에 근거가 있는 경우에 부관을 붙일 수 있다.[39]

> **식품위생법 제37조【영업허가 등】** ② 식품의약품안전처장 또는 특별자치시장 · 특별자치도지사 · 시장 · 군수 · 구청장은 제1항에 따른 영업허가를 하는 때에는 필요한 조건을 붙일 수 있다(편저자 주 : 학문상의 부관을 통칭하여 법조문에서는 조건이라는 용어를 사용하는 경우가 많음).

(2) **판 례**

- 재량행위에는 법령의 근거가 없어도 부관을 붙일 수 있으나,[40][41] 기속행위에는 법령에 근거가 없는 한 부관을 붙일 수 없고, 붙였다 하더라도 무효임(따라서 이행할 의무 없음).[42][43]
- 수익적 행정행위에는 법률에 근거가 없더라도 부관을 붙일 수 있음.[44]

1. 기속행위에는 **법적 근거가 없는 한** 부관을 붙일 수 없음(대판 1988. 4. 27, 87누1106 ; 대판 1988. 4. 27, 87누1107).
2. 건축허가**를 하면서 일정 토지를** 기부채납하도록 한 허가조건은 **기속행위 내지 기속적 재량행위인 건축허가에 붙인 부담이거나 또는 법령상 아무런 근거가 없는 부관이어서** 무효임(대판 1995. 6. 13, 94다56883).[45]
3. 재량행위**에 있어서는 관계법령에 명시적인 금지규정이 없는 한** 행정목적을 달성하기 위하여 조건이나 기한, 부담 등의 부관을 붙일 수 있음(대판 2004. 3. 25, 2003두12837).
4. 재량행위에는 **법령상 근거가 없더라도 그 내용이 적법하고 이행가능하며 비례의 원칙 및 평등의 원칙에 적합하고 행정처분의 본질적 효력을 해하지 아니하는 한도 내에서** 부관을 붙일 수 있음(대판 2021. 2. 4, 2020두48772).[46] 최신
5. 공유수면매립면허와 같은 **기속적 행정행위가 아닌** 재량적 행정행위에 **있어서는 법령상의 근거가 없다고 하더라도 부관을 붙일 수 있음은** 당연함(대판 1982. 12. 28, 80다731 · 732).[47]

6. 주택재건축사업시행의 인가는 상대방에게 권리나 이익을 부여하는 효과를 가진 이른바 수익적 행정처분으로서 법령에 행정처분의 요건에 관하여 일의적으로 규정되어 있지 아니한 이상 행정청의 재량행위에 속하므로, 처분청으로서는 법령상의 제한에 근거한 것이 아니라 하더라도 공익상 필요 등에 의하여 필요한 범위 내에서 여러 조건(부담)을 부과할 수 있음(대판 2007. 7. 12, 2007두6663).48
7. 일반적으로 보조금 교부결정에 관해서는 행정청에 광범위한 재량이 부여되어 있고, 행정청은 보조금 교부결정을 할 때 법령과 예산에서 정하는 보조금의 교부 목적을 달성하는 데에 필요한 조건을 붙일 수 있음(대판 2021. 2. 4, 2020두48772).49 최신

3) 귀화허가 등 신분설정행위 : 귀화허가 또는 공무원의 임명행위와 같은 신분설정행위는 부관을 붙일 수 없음.50

4) 인가의 경우 : 인가가 재량행위라면 부관을 붙일 수 있음.51

1. 사회복지법인의 정관변경허가는 재량행위이며 주무관청이 정관변경허가를 하는 경우 부관을 붙일 수 있음(대판 2002. 9. 24, 2000두5661).52
2. 공익법인의 기본재산처분에 대한 허가의 법률적 성질이 형성적 행정행위로서 인가에 해당한다고 하여 조건으로서의 부관의 부과가 허용되지 아니한다고 볼 수는 없음(대판 2005. 9. 28, 2004다50044).53

4 부관의 한계

1) 부관의 내용상 한계

행정기본법 제17조【부관】④ 부관은 다음 각 호의 요건에 적합하여야 한다.54
1. 해당 처분의 목적에 위배되지 아니할 것
2. 해당 처분과 실질적인 관련이 있을 것55 56
3. 해당 처분의 목적을 달성하기 위하여 필요한 최소한의 범위일 것

(1) 적법성 한계 : 부관은 법령에 위배되어서는 안 됨.

도매시장법인 지정의 조건으로 소송이나 보상에 관한 부제소특약을 붙인 경우 부제소특약에 관한 부분은 개인적 공권인 소권을 당사자의 합의로 포기하는 것으로서 허용될 수 없음(대판 1998. 8. 21, 98두8919).57

(2) 목적상 한계 : 부관은 행정행위의 목적상 필요한 범위를 넘어서는 안 됨. 예컨대 주택건축허가를 하면서 영업목적으로만 사용할 것을 부관으로 정한 경우, 이러한 부관은 주된 행정목적에 위반됨.

기선선망어업의 허가를 하면서 운반선, 등선 등 부속선을 사용할 수 없도록 제한한 부관은 그 어업허가의 목적달성을 사실상 어렵게 하여 그 본질적 효력을 해하는 것이므로 위법한 것임(대판 1990. 4. 27, 89누6808).58 59

(3) 이행가능성 : 부관은 이행 가능하여야 함.

1. 객관적으로 처분상대방이 이행할 가능성이 없는 조건을 붙여 행정처분을 하는 것은 법치행정의 원칙상 허용될 수 없음.
2. 하나 이상의 필지의 일부를 하나의 대지로 삼으려는 건축허가신청에서 토지분할이 관계법령상 제한에 해당되어 명백히 불가능하다고 판단되는 경우, 건축행정청은 토지분할 조건부 건축허가를 거부하여야 함(대판 2018. 6. 28, 2015두47737).60

(4) 비례 · 평등 · 부당결부금지원칙 등에 따른 한계

- 부관은 비례원칙, 평등의 원칙 및 부당결부금지원칙 등 행정법의 일반원칙에 적합하여야 함.61
- 예컨대 부관이 주된 행정행위와 실질적 관련성을 갖더라도 주된 행정행위의 효과를 무의미하게 만드는 경우라면 그러

한 부관은 비례원칙에 반하는 하자 있는 부관이 됨.[62]

1. 부관의 내용이 이행 가능하고 비례의 원칙 및 평등의 원칙에 적합하며 행정처분의 본질적 효력을 저해하지 아니하는 이상 위법하다고 할 수 없음(대판 2004. 3. 25, 2003두12837).

2-1. 행정처분과 실제적 관련성이 없어 부관으로 붙일 수 없는 부담을 사법상 계약의 형식으로 행정처분의 상대방에게 부과할 수는 없음.[63]

2-2. 공무원이 공법상의 제한을 회피할 목적으로 행정처분의 상대방과 사이에 사법상 계약을 체결하는 형식을 취하였다면 이는 법치행정의 원리에 반하는 것으로서 위법함(대판 2009. 12. 10, 2007다63966).[64]

2) 부관의 시간적 한계

행정기본법 제17조【부관】③ 행정청은 부관을 붙일 수 있는 처분이 다음 각 호의 어느 하나에 해당하는 경우에는 그 처분을 한 후에도 부관을 새로 붙이거나 종전의 부관을 변경할 수 있다.

1. 법률에 근거가 있는 경우
2. 당사자의 동의가 있는 경우[65]
3. 사정이 변경되어 부관을 새로 붙이거나 종전의 부관을 변경하지 아니하면 해당 처분의 목적을 달성할 수 없다고 인정되는 경우[66][67][68]

1. 부관은 면허 발급 당시에 붙이는 것뿐만 아니라 면허 발급 이후에 붙이는 것도 법률에 명문의 규정이 있거나 변경이 미리 유보되어 있는 경우 또는 상대방의 동의가 있는 경우 등에는 특별한 사정이 없는 한 허용됨(대판 2016. 11. 24, 2016두45028).[69]
2. 부관의 사후변경은, 법률에 명문의 규정이 있거나 그 변경이 미리 유보되어 있는 경우 또는 상대방의 동의가 있는 경우에 한하여 허용되는 것이 원칙이지만, 사정변경으로 인하여 당초에 부담을 부가한 목적을 달성할 수 없게 된 경우에도 그 목적달성에 필요한 범위 내에서 예외적으로 허용됨(대판 1997. 5. 30, 97누2627).

5 하자 있는 부관

1) 부관의 하자와 주된 행정행위의 효력

- 부관이 본체인 행정행위의 중요한 요소(본질적 요소)인 경우 : 부관이 무효이면 본체인 행정행위도 무효
- 부관이 본체인 행정행위의 중요한 요소(본질적 요소)가 아닌 경우 : 부관만 무효

1. 도로점용허가의 점용기간은 행정행위의 본질적인 요소에 해당한다고 볼 것이어서 부관인 점용기간을 정함에 있어서 위법사유가 있다면 이로써 도로점용허가처분 전부가 위법하게 됨(대판 1985. 7. 9, 84누604).[70]
2. 기부채납받은 공원시설의 사용 · 수익허가에서 그 허가기간은 행정행위의 본질적 요소에 해당한다고 볼 것이어서, 부관인 허가기간에 위법사유가 있다면 이로써 이 사건 허가 전부가 위법하게 됨(대판 2001. 6. 15, 99두509).[71]

2) 하자 있는 부관과 행정쟁송

(1) 부관의 독립쟁송가능성(소송요건 중 대상적격의 문제)

- 부담만이 독립하여 항고소송의 대상이 될 수 있으며,[72] 기타 부관의 경우에는 독립하여 항고소송의 대상이 될 수 없음.[73]
- 따라서 부담을 제외한 부관만의 취소를 구하는 소송에 대하여는 각하판결을 하여야 함.[74]

1. 부관 그 자체만을 독립된 쟁송의 대상으로 할 수 없는 것이 원칙이나 행정행위의 부관 중에서도 부담의 경우에는 다른 부관과는 달리 행정행위의 불가분적 요소가 아니고 그 존속의 본체인 행정행위의 존재를 전제로 하는 것일 뿐이므로, 부담 그 자체로서 행정쟁송의 대상이 될 수 있음(대판 1992. 1. 21, 91누1264).

비교판례

행정행위의 부관인 부담에 정해진 바에 따라 당해 행정청이 아닌 다른 행정청이 그 부담상의 의무이행을 요구하는 의사표시를 하였을 경우, 이러한 행위가 당연히 또는 무조건으로 행정소송법상 항고소송의 대상이 되는 처분에 해당한다고 할 수는 없음(건설부장관이 공유수면매립면허를 함에 있어 그 면허 받은 자에게 당해 공유수면에 이미 토사를 투기한 지방해운항만청장에게 그 대가를 지급하도록 한 부관에 따라 한 같은 해운항만청장의 수토대금 납부고지행위가 행정처분에 해당한다고 할 수 없다고 한 사례)(대판 1992. 1. 21, 91누1264).75

2. 기부채납받은 행정재산에 대한 사용 · 수익허가에서 사용 · 수익허가의 기간에 대하여 독립하여 행정소송을 제기할 수 없으며 이러한 청구는 부적법하므로 각하됨(대판 2001. 6. 15, 99두509).76

3. 법률효과의 일부배제는 독립하여 행정소송의 대상이 될 수 없음(대판 1993. 10. 8, 93누2032).77

4. 어업면허처분을 함에 있어 그 면허의 유효기간을 1년으로 정한 경우, 위 면허의 유효기간은 행정행위의 부관이라 할 것이고, 이러한 행정행위의 부관은 독립하여 행정소송의 대상이 될 수 없는 것이므로 위 어업면허처분 중 그 면허유효기간만의 취소를 구하는 청구는 허용될 수 없음(대판 1986. 8. 19, 86누202).78

(2) 부관에 대한 쟁송형태

부담의 경우	주된 행정행위와 별개로 부담만을 소송대상으로 하는 일부취소소송 가능(진정일부취소소송 인정)
부담 이외의 부관일 경우	• (부관이 붙은 행정행위 전체를 소송대상으로 하되, 실질적으로는 부관만의 취소를 구하는 소송형태를 부진정일부취소소송79이라고 하는데) 판례는 부담 이외의 부관에 대해 부진정일부취소소송을 부정하고 있음.80 81 • 위법한 부담 이외의 부관으로 인하여 권리를 침해당한 자는 ㉠ 부관부 행정행위 전체에 대해 취소소송을 제기하든지, 아니면 ㉡ 행정청에 부관이 없는 행정행위로 변경해 줄 것을 청구한 다음 그것이 거부된 경우에 거부처분취소소송을 제기할 수 있음.82
	기선선망어업의 허가를 하면서 부속선을 사용할 수 없도록 제한한 위법한 부관에 대해서는 부속선을 사용할 수 있도록 어업허가사항변경신청을 한 다음 그것이 거부된 경우에 거부처분취소소송을 제기할 수 있음(대판 1990. 4. 27, 89누6808).

부관과 이를 기초로 한 후속조치

1 후속조치의 성질

기부채납부담과 기부채납을 별개로 보아 기부채납은 공법관계가 아닌 사법(私法)상의 증여계약이라고 봄(판례).83

2 하자 있는 부관의 이행으로 이루어진 사법행위의 효력

행정처분에 붙인 부담인 부관이 무효가 되더라도, 그 부담의 이행으로 한 사법(私法)상 법률행위는 부담과는 별개의 행위로서 당연히 무효가 되는 것은 아님.

1. 토지소유자가 토지형질변경행위허가에 붙은 기부채납의 부관에 따라 토지를 기부채납(증여)한 경우, 기부채납의 부관이 당연무효이거나 취소되지 않은 상태에서 그 부관으로 인하여 증여계약의 중요부분에 착오가 있음을 이유로 증여계약을 취소할 수 없음(대판 1999. 5. 25, 98다53134).84

2-1. 행정처분에 붙인 부담인 부관이 무효가 되더라도 그 부담의 이행으로 한 사법상 법률행위가 당연히 무효가 되는 것은 아님.85

2-2. 행정처분에 붙인 부담인 부관에 제소기간 도과로 불가쟁력이 생긴 경우에도 그 부담의 이행으로 한 사법상 법률행위의 효력을 다툴 수 있음(불가쟁력의 문제와는 별도로 법률행위가 사회질서위반이나 강행규정에 위반되는지 여부 등을 따져보아 그 법률행위의 유효 여부를 판단하여야 함)(대판 2009. 6. 25, 2006다18174).86 87

3. 무효인 건축허가조건을 유효한 것으로 믿고 토지를 증여하였더라도 이는 동기의 착오에 불과하여 그 소유권 이전등기의 말소를 청구할 수 없음(대판 1995. 6. 13, 94다56883).88

Topic

29 행정행위의 성립 및 효력발생요건

p.103~106

1 행정행위의 성립요건

1) 내부적 성립요건

주 체	정당한 권한을 가진 행정청이 자신에게 부여된 권한 내에서 정상적인 의사에 따라 행해야 함.
내 용	법률상 · 사실상 실현 가능한 행위이어야 함.
절 차	일정한 절차(청문 · 공청회 등)가 요구되고 있는 경우에는 그에 관한 절차를 거쳐야 함.
	교육과학기술부장관(현 교육부장관)의 검정도서의 수정명령의 내용이 표현상의 잘못이나 기술적 사항 또는 객관적 오류를 바로잡는 정도를 넘어서서 이미 검정을 거친 내용을 실질적으로 변경하는 결과를 가져오는 경우에는 새로운 검정절차를 취하는 것과 마찬가지라 할 수 있으므로 검정절차상의 교과용 도서심의회의 심의에 준하는 절차를 거쳐야 함(대판 2013. 2. 15, 2011두21485).01
형 식	• 행정청이 처분을 할 때에는 다른 법령 등에 특별한 규정이 있는 경우를 제외하고는 문서로 하여야 하며,02 당사자 등의 동의가 있는 경우이거나 당사자가 전자문서로 처분을 신청한 경우에는 전자문서로 할 수 있음(행정절차법 제24조 제1항).03 • 긴급히 처분을 할 필요가 있거나 사안이 경미한 경우에는 문서가 아닌 방법으로 처분을 할 수 있음. 이 경우 당사자가 요청하면 지체 없이 처분에 관한 문서를 주어야 함(동법 제24조 제2항).
	① 공문서(전자공문서 포함)는 결재권자가 서명 등의 방법으로 결재함으로써 성립됨. 여기서 '결재'란 문서의 내용을 승인하여 문서로서 성립시킨다는 의사를 서명 등을 통해 외부에 표시하는 행위임(대판 2020. 12. 10, 2015도19296).04 ②-1. 행정처분을 하는 문서의 문언만으로 행정처분의 내용이 분명한 경우, 그 문언과 달리 다른 행정처분까지 포함되어 있다고 확대해석할 수 없음.05 ②-2. 지방소방사시보 발령을 취소한다고만 기재되어 있는 인사발령통지서에 정규공무원인 지방소방사 임용행위까지 취소한다는 취지가 포함되어 있다고 볼 수 없음(대판 2005. 7. 28, 2003두469). ③ 행정청이 문서에 의하여 처분을 한 경우 원칙적으로 그 처분서의 문언에 따라 어떤 처분을 하였는지를 확정하여야 하나, 그 처분서의 문언만으로는 행정청이 어떤 처분을 하였는지 불분명하다는 등 특별한 사정이 있는 때에는 처분경위, 처분청의 진정한 의사, 처분을 전후한 상대방의 태도 등 다른 사정을 고려하여 처분서의 문언과 달리 그 처분의 내용을 해석할 수도 있음(대판 2020. 6. 11, 2019두49359).06

2) 외부적 성립요건 – 외부적 표시행위가 필요함.

1. 일반적으로 **처분이 주체 · 내용 · 절차와 형식의 요건을 모두 갖추고 외부에 표시된 경우**에는 **처분의 존재가 인정**됨.07 **행정의사가 외부에 표시되어 행정청이 자유롭게 취소 · 철회할 수 없는 구속을 받게 되는 시점에 처분이 성립**하고, 그 성립 여부는 **행정청이 행정의사를** 공식적인 방법으로 외부에 표시**하였는지를 기준으로 판단**해야 함.08
2. 병무청장이 법무부장관에게 "가수 甲이 공연을 위하여 국외여행허가를 받고 출국한 후 미국시민권을 취득함으로써 사실상 병역의무를 면탈하였으므로 재외동포 자격으로 재입국하고자 하는 경우 국내에서 취업, 가수활동 등 영리활동을 할 수 없도록 하고, 불가능할 경우 입국 자체를 금지해 달라."고 요청함에 따라 **법무부장관이 甲의 입국을 금지하는 결정을 하고, 그 정보를** 내부전산망인 '출입국관리정보시스템'에 입력하였으나, 甲에게는 통보하지 않은 사안에서, 위 **입국금지결정은 항고소송의 대상이 되는** '처분'에 해당하지 않음(대판 2019. 7. 11, 2017두38874).09

2 행정행위의 효력발생요건

1) 도달주의

- 상대방이 있는 행정행위는 원칙적으로 상대방에게 발신한 때(발신주의)가 아니라 상대방에게 도달된 때(도달주의)에 그 효력이 발생함.10
- 도달이란 상대방이 직접 수령하여 그 내용을 현실적으로 안 것을 의미하는 것이 아니라 상대방이 알 수 있는 상태에 두는 것을 의미함.

행정절차법 제15조【송달의 효력발생】① 송달은 다른 법령 등에 특별한 규정이 있는 경우를 제외하고는 해당 문서가 송달받을 자에게 도달됨으로써 그 효력이 발생한다.[11 12]

1. 대형마트 영업시간 제한 등 처분시 그 처분의 상대방은 대규모 점포개설자임(대판 2015. 11. 19, 2015두295 전합).
2. (구치소에 수감 중인 공무원에 대해 파면처분을 하면서 그 서류를 구치소로 보내지 아니하고 주소지로 보내어 배우자가 처분서를 수령한 경우 처분이 도달되었다고 판시한 사건에서) 도달이란 **상대방이 그 내용을 현실적으로 알 필요까지는 없고** 알 수 있는 상태에 놓여짐으로써 충분**함**(대판 1989. 9. 26, 89누4963).[13]
3. (구)문화재보호법 제13조 제2항 소정의 중요문화재 가지정의 효력발생요건인 **통지는 행정처분을 상대방에게 표시하는 것으로서 상대방이 인식할 수 있는 상태에 둠으로써 족하고, 객관적으로 보아서 행정처분으로 인식할 수 있도록 고지하면 되는 것**임(대판 2003. 7. 22, 2003두513).[14]
4. 상대방이 부당하게 등기취급 우편물의 수취를 거부함으로써 우편물의 내용을 알 수 있는 객관적 상태의 형성을 방해한 경우, 그러한 상태가 형성되지 아니하였다는 사정만으로 발송인의 의사표시 효력을 부정할 수는 없으며, 이 경우 의사표시의 효력발생시기는 수취거부시임(대판 2020. 8. 20, 2019두34630).[15]

2) 통지의 방법

(1) 일반적인 송달 – 개설

- 행정절차법에 따르면 송달은 우편, 교부 또는 정보통신망 이용 등의 방법으로 하되,[16] 송달받을 자의 주소 · 거소(居所) · 영업소 · 사무소 또는 전자우편주소로 함. 다만, 송달받을 자가 동의하는 경우에는 그를 만나는 장소에서 송달할 수 있음. 한편, 송달이 부적법하면 처분은 효력을 발생할 수 없음(판례).

행정청은 국내에 주소 · 거소 · 영업소 또는 사무소가 없는 외국사업자에 대하여 우편송달의 방법으로 문서를 송달할 수 있음(대판 2006. 3. 24, 2004두11275).[17]

- 행정청은 송달하는 문서의 명칭, 송달받는 자의 성명 또는 명칭, 발송방법 및 발송 연월일을 확인할 수 있는 기록을 보존하여야 함.
- 교부송달 및 우편송달은 상대방이 처분의 내용을 이미 알고 있는 경우에도 그 송달이 필요함(판례).

1. 납세고지서(현 납부고지서)의 교부송달 및 우편송달에 있어서 반드시 납세의무자 또는 그와 일정한 관계에 있는 사람의 현실적인 수령행위를 전제로 하는 것이고 **납세자가 과세**처분의 내용을 이미 알고 있는 경우에도 **납세고지서** 송달**이** 필요**함**(대판 2004. 4. 9, 2003두13908).[18]

2-1. 상대방 있는 행정처분은 상대방에게 고지되어야 원칙적으로 효력이 발생함.
2-2. 상대방 있는 행정처분이 **상대방에게** 고지되지 않았으나 **상대방이** 다른 경로를 통해 **행정처분의 내용을** 알게 된 경우라도, **행정처분의** 효력이 발생하는 것은 아님(대판 2019. 8. 9, 2019두38656).[19 20]

(2) 일반적인 송달 – 구체적 방법

우편에 의한 송달	등기우편의 경우	• 우편물이 등기취급의 방법으로 발송된 경우 특별한 사정이 없는 한 그 무렵 수취인에게 도달되었다고 추정됨. • **다만, 수취인이 주민등록지에 실제로 거주하지 아니하는** 등 특별한 사정이 있는 **경우 도달이 추정되지 않으므로 행정청이** 도달사실을 **입증하여야 함**(판례).[21]
	보통우편의 경우	• 발송한 사실만으로는 상당한 기간 내에 도달된 것으로 추정할 수 없음.[22] • 따라서 **송달의 효력을 주장하는 측에서** 증거에 의하여 도달사실을 **입증하여야 함**(판례).[23]
교부에 의한 송달	• 수령확인서를 받고 문서를 교부함으로써 하며 송달하는 장소에서 송달받을 자를 만나지 못한 경우에는 사무원 · 피용자 또는 동거인으로서 사리를 분별할 지능이 있는 사람에게 문서를 교부할 수 있음.[24] • 문서를 송달받을 자 또는 그 사무원 등이 정당한 사유 없이 송달받기를 거부하는 때에는 그 사실을 수령확인서에 적고, 문서를 송달할 장소에 놓아둘 수 있음(이른바 유치송달).[25]	

정보통신망에 의한 송달	• 송달받을 자가 동의하는 경우에만 가능.26 이 경우 송달받을 자는 송달받을 전자우편주소 등을 지정하여야 함.27 • 정보통신망을 이용하여 전자문서로 송달을 하는 경우에는 송달받을 자가 지정한 컴퓨터에 입력된 때에 도달된 것으로 봄.28

(3) 특별한 송달 – 고시 또는 공고(불특정 다수인 또는 주소불명 등으로 송달이 불가능한 경우 등)

행정절차법상 공고 (송달에 갈음하는 공고)	• **공고방법** : ㉠ 송달받을 자의 주소 등을 통상적인 방법으로 확인할 수 없는 경우, ㉡ 송달이 불가능한 경우에는 송달받을 자가 알기 쉽도록 관보, 공보, 게시판, 일간신문 중 하나 이상에 공고하고 인터넷에도 공고하여야 함.29 30 • 행정절차법상 공고를 할 때에는 민감정보 및 고유식별정보 등 송달받을 자의 개인정보를 개인정보보호법에 따라 보호하여야 함. • **효력발생시기** : 다른 법령 등에 특별한 규정이 있는 경우를 제외하고는 공고일부터 14일이 지난 때에 그 효력이 발생함. 다만, 긴급히 시행하여야 할 특별한 사유가 있어 효력발생시기를 달리 정하여 공고한 경우에는 그에 따름.31
개별법상 고시 또는 공고와 효력발생일	• **개별법상 고시 또는 공고** : 상대방이 불특정 다수인이거나 상대방이 특정될 수 있으나 일일이 통지하는 것이 적절하지 않은 경우 등 • **효력발생일에 관해 명문규정이 있는 경우** : 대부분 법령에서 고시 또는 공고의 효력발생일을 명시하고 있거나, 효력발생일을 명시하여 고시 또는 공고를 하도록 하고 있음. • **효력발생일에 관해 명문규정이 없는 경우** : 고시 또는 공고 등이 있은 날부터 5일이 경과한 때에 효력 발생(「행정업무의 운영 및 혁신에 관한 규정」 및 판례)
	1. 청소년유해매체물 결정 및 고시처분은 일반 **불특정 다수인을 상대방**으로 하여 포장의무 등을 발생시키는 **행정처분**임.32 2. 정보통신윤리위원회와 청소년보호위원회가 위 **처분이 있었음을 위 웹사이트 운영자에게 제대로 통지하지 아니하였다고 하여 그 효력 자체가 발생하지 아니한 것으로 볼 수는 없음**(대판 2007. 6. 14, 2004두619).33

3) 망인(亡人)의 경우

1. 서훈은 서훈대상자의 특별한 공적에 의하여 수여되는 고도의 일신전속적 성격을 가지는 것이며, 비록 유족이라고 하더라도 제3자는 서훈수여 처분의 상대방이 될 수 없고, 망인을 대신하여 단지 사실행위로서 훈장 등을 교부받거나 보관할 수 있는 지위에 있을 뿐임.34 이러한 서훈의 일신전속적 성격은 서훈취소의 경우에도 마찬가지이므로, 망인에게 수여된 서훈의 취소에서도 유족은 그 처분의 상대방이 되는 것이 아님.35
2. **망인에 대한 서훈취소**는 유족에 대한 것이 아니므로 유족에 대한 통지에 의해서만 성립하여 효력이 발생한다고 볼 수 없고, 그 결정이 처분권자의 의사에 따라 **상당한 방법으로 대외적으로 표시**됨으로써 행정행위로서 성립하여 효력이 발생한다고 봄이 타당함(대판 2014. 9. 26, 2013두2518).36

4) 효력요건 결여의 효과

행정행위 효력요건은 정당한 권한 있는 기관이 필요한 수속을 거치고 필요한 표시의 형식을 갖추어야 할 뿐만 아니라, 행정행위의 내용이 법률상 효과를 발생할 수 있는 것이어야 되며 그중의 어느 하나의 요건의 흠결도 당해 행정행위의 **절대적 무효를 초래하는 것**이며 행정행위의 내용이 법률상 결과를 발생할 수 없는 권리 · 의무를 목적한 것이면 그 행정행위 및 부관은 절대무효임(대판 1959. 5. 14, 4290민상834).37

Topic

30 행정법령의 적용문제

p.107

1 원 칙

행정처분은 그 근거법령이 개정된 경우에도 경과규정에서 달리 정함이 없는 한 처분 당시 시행되는 개정법령과 그에 정한 기준에 의하는 것이 원칙임.01

행정기본법 제14조【법적용의 기준】① 새로운 법령 등은 법령 등에 특별한 규정이 있는 경우를 제외하고는 그 법령 등의 효력 발생 전에 완성되거나 종결된 사실관계 또는 법률관계에 대해서는 적용되지 아니한다.
② 당사자의 신청에 따른 처분은 법령 등에 특별한 규정이 있거나 처분 당시의 법령 등을 적용하기 곤란한 특별한 사정이 있는 경우를 제외하고는 처분 당시의 법령 등에 따른다.

2 예 외

1) 구법에 대한 신뢰보호를 위한 개정법령의 적용제한 : 개정 전 법령의 존속에 대한 국민의 신뢰가 개정법령의 적용에 대한 공익상의 요구보다 더 보호가치가 있다고 인정되는 경우에는 개정법령의 적용이 제한될 수 있음.

2) 법률관계를 확인하는 처분 : 장해등급결정을 하는 경우처럼 행정청이 확정된 법률관계를 확인하는 처분을 하는 경우에는 처분시의 법령을 적용하는 것이 아니라 당해 법률관계의 확정시(지급사유발생시)의 법령을 적용함.

1. 개정된 산업재해보상보험법 시행령의 시행 전에 장해급여지급청구권을 취득한 근로자의 장해등급을 결정함에 있어 그 지급사유발생 당시의 법령에 따르는 것이 원칙임(대판 2007. 2. 22, 2004두12957).02
2. 장애연금 지급을 위한 장애등급결정은 장애연금지급청구권을 취득할 당시, 즉 치료종결 후 신체 등에 장애가 있게 된 당시의 법령에 따르는 것이 원칙임(대판 2014. 10. 15, 2012두15135).03

3) 법령위반행위에 대한 과징금 등 행정제재처분

행정기본법 제14조【법적용의 기준】③ 법령 등을 위반한 행위의 성립과 이에 대한 제재처분은 법령 등에 특별한 규정이 있는 경우를 제외하고는 법령 등을 위반한 행위 당시의 법령 등에 따른다.04 다만, 법령 등을 위반한 행위 후 법령 등의 변경에 의하여 그 행위가 법령 등을 위반한 행위에 해당하지 아니하거나 제재처분기준이 가벼워진 경우로서 해당 법령 등에 특별한 규정이 없는 경우에는 변경된 법령 등을 적용한다.05 06

제약회사의 리베이트 제공이라는 위반행위에 대한 약제 상한금액 인하처분은 제재적 성격을 포함하고 있으므로 위반행위인 리베이트 제공 당시에 시행되던 법령에 따라 이루어져야 함(대판 2022. 5. 13, 2019두49199 · 49205).07 최신

Topic

31 행정행위의 효력 및 구속력

p.107~113

1 내용적 구속력

구속력이란 행정행위가 그 내용에 따라 관계행정청 및 상대방과 이해관계인에 대하여 일정한 법률적 효과, 즉 구속력을 발생시키는 힘을 말함.01

2 공정력(예선적 효력)

1) 의의 : 공정력이라 함은, 비록 행정행위에 하자가 있는 경우라도 그것이 중대 · 명백하여 당연무효로 인정되는 경우를 제외하고는 권한 있는 기관[처분청 · 감독청(직권취소기관), 행정심판위원회 · 취소소송관할법원(쟁송취소기관)]에 의하여 취소되기 전까지 다른 누구(상대방, 다른 행정청, 민 · 형사법원)도 그 효력을 부인할 수 없어 일단 유효한 것으로 통용되는 힘을 말함.02

1. 공정력이란 행정행위가 위법하더라도 취소되지 않는 한 유효한 것으로 통용되는 효력을 의미하는 것임(대판 1994. 4. 12, 93누21088).03
2. 행정처분이 아무리 위법하다고 하여도 그 하자가 중대하고 명백하여 당연무효라고 보아야 할 사유가 있는 경우를 제외하고는 아무도 그 하자를 이유로 무단히 그 효과를 부정하지 못함(대판 1994. 11. 11, 94다28000).04

2) 근 거

(1) 실정법적 근거 : 행정기본법 제15조

행정기본법 제15조【처분의 효력】 처분은 권한이 있는 기관이 취소 또는 철회하거나 기간의 경과 등으로 소멸되기 전까지는 유효한 것으로 통용된다. 다만, 무효인 처분은 처음부터 그 효력이 발생하지 아니한다.05

(2) 이론상의 근거 : 법적 안정성설(통설)06

3) 공정력과 선결문제 - 민사법원과 공정력

(1) 국가배상청구소송의 경우

동작구청장 - 甲	甲 - 동작구
2. 1.	4. 10.
1년의 영업정지처분	1,000만원 손해배상청구소송
(1. 10. 청소년인 A에게 주류판매)	

- 행정상 손해배상청구권의 발생요건으로는 행정작용의 위법성이 요구될 뿐이며 행정작용이 취소되어야만 하는 것은 아님.
- 甲이 제기한 손해배상청구소송은 민사소송에 해당함. 그런데 민사법원은 행정행위, 즉 처분의 위법 · 적법 여부는 심사할 수 있음.
- 즉, 민사법원은 처분의 위법성은 심사할 수 있으므로 만약 동작구청장의 2. 1.자 영업정지처분이 비례의 원칙 등을 위반한 위법한 처분이라면 "동작구는 甲에게 손해를 배상하라."는 판결을 할 수 있음.

- 민사법원도 행정행위의 위법성 여부를 직접 심리 · 판단할 수 있음(통설 · 판례).
- 즉, 민사법원도 행정행위의 위법성 여부를 확인하여 배상청구를 인용할 수 있음.07

1. 행정처분의 취소판결이 있어야만 그 행정처분이 위법임을 이유로 손해배상청구를 할 수 있는 것은 아님(대판 1972. 4. 28, 72다337).08 09
2. 물품세 과세대상이 아닌 것을 세무공무원이 직무상 과실로 과세대상으로 오인하여 과세처분을 행함으로 인하여 손해가 발생된 경우에는, 동 과세처분이 취소되지 아니하였다 하더라도, 국가는 이로 인한 손해를 배상할 책임이 있음(대판 1979. 4. 10, 79다262).10

(2) 부당이득반환청구소송의 경우

동작세무서장 - 乙 2. 1. 1,000만원 상속세부과처분	乙(-1,000) - 국가(+1,000) 2. 10. 납부	乙 - 국가 4. 10. 1,000만원 부당이득반환청구소송 (민사소송)

- 乙이 납부한 세금이 부당이득이 되기 위해서는 이득의 법률상 원인(근거)이 없어야 함.
- 만약 2. 1.자 세금부과처분이 당연무효라면 애초부터 乙이 납부할 원인이 없고, 국가도 1,000만원을 가질 수 있는 근거도 없으므로 국가의 이득은 부당이득이 됨. 그러나 세금부과처분이 단지 취소할 수 있는 정도에 그칠 때에는 취소 전까지 세금부과처분은 유효하므로 국가의 이득은 근거 있는 이득이고, 부당이득이 되지 않음.
- 한편 乙이 곧바로 부당이득반환청구소송(민사소송)을 제기한 경우 민사법원은 처분이 무효가 아니라면 민사법원 스스로가 공정력으로 인해 처분을 취소할 수 없음(처분의 효력을 부인할 수 없음). 따라서 국가의 이득은 부당이득이 아니며, 乙은 부당이득반환청구소송에서 구제받을 수 없음.

- 행정행위가 단순위법인 경우(취소사유에 불과한 경우) 공정력으로 인해 민사법원은 행정행위의 효력을 스스로 부인할 수 없음(통설 · 판례).

1-1. 과세처분의 하자가 단지 취소할 수 있는 정도에 불과할 때에는 과세관청이 이를 스스로 취소하거나 항고소송절차에 의하여 취소되지 않는 한 그로 인한 조세의 납부가 부당이득이 된다고 할 수 없음.[11]

1-2. 행정행위의 공정력은 판결의 기판력과 같은 효력은 아니지만 그 공정력의 객관적 범위에 속하는 행정행위의 하자가 취소사유에 불과한 때에는 그 처분이 취소되지 않는 한 처분의 효력을 부정하여 그로 인한 이득을 법률상 원인 없는 이득이라고 말할 수 없음(대판 1994. 11. 11, 94다28000).[12]

2. 과세처분에 단지 취소할 수 있는 위법사유가 있는 경우, 민사소송절차에서 그 과세처분의 효력을 부인할 수 없음(대판 1999. 8. 20, 99다20179).[13][14][15]

3. 재결에 대하여 불복절차를 취하지 아니함으로써 그 재결에 대하여 더 이상 다툴 수 없게 된 경우, 기업자가 이미 보상금을 지급받은 자에 대하여 민사소송으로 부당이득의 반환을 구할 수는 없음(대판 2001. 4. 27, 2000다50237).[16]

4-1. 요양급여비용청구권과 의사소견서 발급비용청구권은 공단의 지급결정에 의하여 구체적인 권리가 발생한다고 보아야 함.

4-2. 따라서 요양급여비용 지급결정이 취소되지 않았다면, 요양급여비용 지급결정이 당연무효라는 등의 특별한 사정이 없는 한 그 결정에 따라 지급된 요양급여비용이 법률상 원인 없는 이득이라고 할 수 없고, 국민건강보험공단의 요양기관에 대한 요양급여비용 상당 부당이득반환청구권도 성립하지 않음(의사소견서 발급비용청구권도 마찬가지)(대판 2023. 10. 12, 2022다276697).[17] 최신

- 행정행위가 무효인 경우에는 공정력이 인정되지 않으므로 민사법원은 행정행위의 무효 여부를 판단할 수 있음(통설 · 판례).

1. 국세 등의 부과 및 징수처분 등과 같은 행정처분이 당연무효임을 전제로 하여 민사소송을 제기한 때에는 그 행정처분의 당연무효인지의 여부가 선결문제이므로, 법원은 이를 심사하여 그 행정처분의 하자가 중대하고 명백하여 당연무효라고 인정될 경우에는 이를 전제로 하여 판단할 수 있으나, 그 하자가 단순한 취소사유에 그칠 때에는 법원은 그 효력을 부인할 수 없음(대판 1973. 7. 10, 70다1439).[18]

2. 민사소송에 있어서 어느 행정처분의 당연무효 여부가 선결문제로 되는 때에는 이를 판단하여 당연무효임을 전제로 판결할 수 있고 반드시 행정소송 등의 절차에 의하여 그 취소나 무효확인을 받아야 하는 것은 아님(대판 2010. 4. 8, 2009다90092).[19]

민사법원과 공정력

1. 민사법원은 행정행위의 위법 · 적법성 여부는 판단할 수 있음.
2. 그러나 행정행위의 공정력으로 인해 민사법원은 행정행위, 즉 처분이 무효가 아니라면 그 행위의 효력을 부인할 수는 없음(취소할 수 없다는 의미).

4) 공정력과 선결문제 - 형사법원과 공정력

(1) ~명령위반죄의 경우

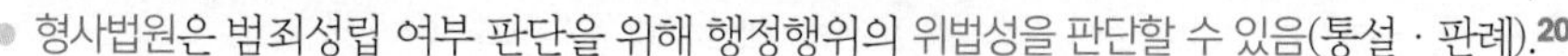

구 도시계획법 제92조 행정청의 시정명령을 위반한 자는, 6개월 이하의 징역 또는 30만원 이하의 벌금에 처한다.

- 먼저 국민이 법을 위반하여 행정청이 시정명령을 내렸는데 상대방인 국민이 이를 따르지 아니한 경우, 이른바 시정명령위반죄가 성립될 수 있음.
- 시정명령을 위반한 자에 대해 징역 등의 형벌이 선고되면 그 사람은 전과자가 됨. 그런데 행정청의 시정명령 자체가 잘못된 것이라면, 즉 위법이라면 잘못된 시정명령을 따르지 않았다고 하여 그 사람을 전과자로 만드는 것은 법치국가원리에 비추어 허용될 수 없음. 따라서 시정명령위반죄가 성립하기 위해서는 그 시정명령이 적법한 것이라야 함.
- 한편 형사법원은 행정행위, 즉 처분을 취소할 수 없으나 위법성은 판단할 수 있음. 따라서 시정명령의 위법 여부를 심사하여 시정명령이 위법하다면 시정명령위반죄로 공소제기된 피고인에게 무죄판결을, 시정명령이 적법하다면 유죄판결을 내리게 됨.

- 형사법원은 범죄성립 여부 판단을 위해 행정행위의 위법성을 판단할 수 있음(통설 · 판례).[20]
- 시정명령위반죄는 적법한 시정명령을 위반한 경우에 성립하는 것이고, 당연무효가 아니더라도 위법한 시정명령을 따르지 않았다고 하여 범죄가 성립하는 것은 아님.[21] [22]

1-1. 도시계획구역 안에서 허가 없이 토지의 형질을 변경한 경우 행정청이 구 도시계획법 제78조 제1항에 의하여 행하는 처분이나 원상회복 등 조치명령의 대상자는 그 토지의 형질을 변경한 자이며 토지의 형질을 변경하지 않은 자에 대하여 한 원상복구의 시정명령은 위법함.

1-2. 구 도시계획법 제78조 제1항에 정한 시정명령이나 조치명령을 받은 자가 이에 위반한 경우 같은 법 제92조에 정한 처벌을 하기 위하여는 그 시정명령이나 조치명령이 적법한 것이라야 하고, 그 처분이 당연무효가 아니라 하더라도 그것이 위법한 처분으로 인정되는 한 같은 법 제92조 위반죄가 성립될 수 없음(대판 1992. 8. 18, 90도1709).[23]

2. 「개발제한구역의 지정 및 관리에 관한 특별조치법」 제30조 제1항에 의하여 **행정청으로부터 시정명령을 받은 자가 이를 위반한 경우,** 그로 인하여 개발제한구역법 제32조 제2호에 정한 **처벌을 하기 위하여는 시정명령이 적법한 것이라야 하고, 시정명령이 당연무효가 아니더라도 위법한 것으로 인정되는 한** 개발제한구역법 제32조 제2호 **위반죄가 성립될 수 없음**(대판 2017. 9. 21, 2017도7321).[24]

3. 「국토의 계획 및 이용에 관한 법률」(이하 '법'이라 함) 제133조 제1항에 정한 처분이나 조치명령을 받은 자가 이에 위반한 경우 이로 인하여 법 제142조에 정한 처벌을 하기 위하여는 그 처분이나 조치명령이 적법한 것이라야 하고, 그 처분이 당연무효가 아니라 하더라도 그것이 위법한 처분으로 인정되는 한 법 제142조 위반죄가 성립될 수 없다고 할 것임(대판 2007. 2. 23, 2006도6845).[25] [26]

4. 소하천정비법 제14조 제5항, 제17조 제5호에 의하여 행정청으로부터 시정명령을 받은 사람이 이를 위반한 경우, 그로 인하여 같은 법 제27조 제4호에 정한 처벌을 하기 위해서는 그 시정명령이 적법해야 함. 따라서 시정명령이 당연무효가 아니더라도 위법하다고 인정되는 한 같은 법 제27조 제4호의 위반죄가 성립될 수 없고, 시정명령이 절차적 하자로 인하여 위법한 경우에도 마찬가지임(대판 2020. 5. 14, 2020도2564).[27]

5. 「소방시설 설치 · 유지 및 안전관리에 관한 법률」 제9조에 의한 소방시설 등의 설치 또는 유지 · 관리에 대한 명령이 행정처분으로서 하자가 있어 무효인 경우, 위 명령 위반을 이유로 행정형벌을 부과할 수 없음(대판 2011. 11. 10, 2011도11109).[28] [29]

(2) 무면허~죄의 경우

도로교통법 제152조 무면허운전을 하면, 1년 이하의 징역이나 300만원 이하의 벌금에 처한다.

(1) 甲 운전면허취득(취득과정에서 17세임에도 불구하고 18세라고 연령을 속인 사기 존재)
(2) 5. 1. 교통사고 발생. 그런데 사고 이후 운전면허가 직권취소되지 아니한 상태에서 수사기관이 甲을 도로교통법 제152조 위반으로 검찰에 고발함.
(3) 검찰이 공소를 제기함.

- 먼저 허가나 면허를 받고 영업을 하여야 함에도 허가 등을 받지 않고 영업을 하는 경우 이른바 무면허~죄가 성립될 수 있음.
- 행정청으로부터 운전면허를 받은 자가 운전면허취득과정에서 사기 등의 방법으로 면허를 취득하였더라도 이는 무효가 아닌 취소사유에 해당할 뿐임. 즉, 권한 있는 기관에 취소되기 전까지 운전면허는 유효함.
- 다만, 형사법원은 재판진행 중에 甲의 운전면허가 위법하다는 점을 알았더라도 공정력으로 인해 운전면허를 취소할 수 없음. 따라서 甲의 운전면허는 효력이 있으므로 5. 1.자 운전은 무면허운전이 아니고 甲을 무면허운전죄로 처벌할 수 없음.

- 행정행위가 단순위법인 경우(취소사유에 불과한 경우) 형사법원은 행정행위의 효력을 스스로 부인할 수 없음(통설 · 판례).30
- 행정행위가 무효인 경우에는 공정력이 없으므로 형사법원이 직접 무효를 판단할 수 있음(통설 · 판례).31

1. (연령미달의 결격자가 자신의 형의 이름으로 운전면허시험에 합격하여 교부받은 운전면허는 취소사유에 불과하여 취소되기 전의 운전행위가 무면허운전에 해당하지 아니한 사안) 운전면허에 취소사유가 있다 하더라도 취소되지 않는 한 **효력이 있으므로** 무면허운전죄가 성립하는 것은 아님(처분이 취소사유인 경우)(대판 1982. 6. 8, 80도2646).32

   비교판례
   운전면허 취소처분을 받은 사람이 자동차를 운전하였으나 운전면허 취소처분의 원인이 된 교통사고 또는 법규위반에 대하여 범죄사실의 증명이 없는 때에 해당한다는 이유로 무죄판결이 확정된 경우, 취소처분이 취소되지 않았더라도 도로교통법에 규정된 무면허운전의 죄로 처벌할 수는 없음(대판 2021. 9. 16, 2019도11826).33 최신

2. 사위(詐僞) 기타 부정한 방법으로 수입면허를 받았다 하더라도 그 수입면허가 당연무효가 아닌 한 관세법 소정의 무면허수입죄가 성립될 수 없음(처분이 취소사유인 경우)(대판 1989. 3. 28, 89도149).34
3. 조세의 부과처분을 취소하는 행정소송판결이 확정된 경우 그 조세부과처분의 효력은 처분시에 소급하여 효력을 잃게 되고, 따라서 그 부과처분을 받은 사람은 그 처분에 따른 납부의무가 없다고 할 것이므로 위 확정된 행정판결은 조세포탈에 대한 무죄 내지 원판결이 인정한 죄보다 경한 죄를 인정할 명백한 증거라 할 것임.35 조세포탈에 관하여 원심판결이 있은 후에 그 조세부과처분을 취소하는 행정소송판결이 확정된 경우에는 형사소송법 제420조 제5호 소정의 재심사유에 해당함(대판 1985. 10. 22, 83도2933).36

	형사법원	대법원
동작세무서장 - 甲	검찰 - 甲	甲 - 동작세무서장
2. 1.	8. 1.	9. 1.
1억원 세금부과 甲이 납부하지 않음. 동작세무서장이 甲을 검찰에 고발	조세포탈죄 유죄 확정	취소판결확정

- 재심이란 비록 대법원의 확정판결이 있은 후라도 일정한 사유가 있는 경우 다시 법원의 판단을 받을 수 있도록 하는 제도를 말함.
- 관련조문 ─ 형사소송법 제420조

형사소송법 제420조 【재심이유】 재심은 다음 각 호의 어느 하나에 해당하는 이유가 있는 경우에 유죄의 확정판결에 대하여 그 선고를 받은 자의 이익을 위하여 청구할 수 있다.
5. 유죄를 선고받은 자에 대하여 무죄 또는 면소를, 형의 선고를 받은 자에 대하여 형의 면제 또는 원판결이 인정한 죄보다 가벼운 죄를 인정할 명백한 증거가 새로 발견된 때

형사법원과 공정력
1. 형사법원은 행정행위의 위법 · 적법성 여부는 판단할 수 있음.
2. 그러나 행정행위의 공정력으로 인해 형사법원은 행정행위, 즉 처분이 무효가 아니라면 그 행위의 효력을 부인할 수는 없음(취소할 수 없다는 의미).

5) 공정력의 한계
- 무효인 처분은 처음부터 그 효력이 발생하지 아니함(행정기본법 제15조 단서). 즉, 무효인 행정행위에는 공정력이 인정되지 않음. 존재하지 않는(부존재) 행정행위의 경우에도 공정력은 발생하지 않음.
- 공정력은 취소쟁송제도를 전제로 한 것이므로 처분, 즉 취소소송의 대상이 아닌 법규명령, 비권력적인 공법상 계약, 단순한 사실행위 및 사법(私法)행위에는 공정력이 인정되지 않음.[37]

6) 공정력과 입증책임 : 공정력은 행정행위를 잠정적으로 유효한 것으로 통용시키는 효력에 불과하므로 공정력과 입증책임은 무관함(통설).[38] [39]

7) 공정력과 구성요건적 효력을 구분하는 견해

구 분	공정력	구성요건적 효력
내 용	행정행위가 무효가 아닌 한 상대방 또는 이해관계인은 행정행위가 권한 있는 기관(처분청, 행정심판위원회 또는 수소법원)에 의해 취소되기까지는 그의 효력을 부인할 수 없는 힘	무효가 아닌 행정행위가[40] 존재하는 이상 비록 흠(하자)이 있는 행정행위일지라도, 다른 국가기관(지방자치단체기관을 포함한 행정기관 및 법원 등)은 그 존재, 유효성 및 내용을 존중하며 스스로의 판단의 기초 내지는 구성요건으로 삼아야 하는 구속력[41]
범 위	상대방 또는 이해관계인	다른 국가기관 및 지방자치단체기관, 다른 법원
이론적 근거	행정의 안정성과 실효성 확보	권력분립에 따른 기관 간의 권한존중원칙[42]
실정법적 근거	행정기본법 제15조	직접적 · 명시적 근거규정은 없으나 국가기관 상호 간 관할권 배분에 관한 규정이 간접적 근거가 됨.

3 존속력(불가쟁력 · 불가변력)

1) 불가쟁력(형식적 존속력)[43]

(1) 의 의
- 쟁송제기기간이 경과하거나 쟁송수단을 다 거친 경우에는 상대방 또는 이해관계인은 더 이상 행정행위의 효력을 다툴 수 없게 되는 힘[44] [45]
- 불가쟁력이 발생한 행정행위에 대한 행정심판 및 행정소송의 제기는 부적법한 것으로 각하됨.

(2) 내 용
- 상대방 또는 이해관계인에 대한 효력 : 불가쟁력이 발생한 행정행위라도 처분청이 취소 · 철회 가능[46]
- 행정상 손해배상청구의 가능성 : 불가쟁력이 발생한 행정행위라도 소멸시효가 완성되지 않는 한 상대방 등은 행정상 손해배상청구소송 제기 가능[47]
- 무효인 행정행위의 경우 : 무효인 행정행위는 불가쟁력이 발생하지 않으므로[48] [49] 무효확인소송을 제기함에 있어서는 쟁송제기기간의 제한을 받지 않음.
- 판결의 효력인 기판력과 같은 의미인지 여부 : 행정행위의 존속력(확정력)은 기판력과 구별됨.

甲	甲 - 행정청	행정청 - 甲	행정청 - 甲	甲 - 행정청
1. 10.	2. 1.	4. 1.	5. 1.	9. 1.
산업재해	산재급여 신청	산재급여결정	급여결정 직권취소 (서류제출 미비)	급여결정취소처분 취소소송 제기

- 甲의 9. 1.자 급여결정취소처분 취소소송은 부적법한 것으로 각하됨. 왜냐하면 5. 1.자 급여결정취소처분은 처분이 있음을 안 날부터 90일이 지나 불가쟁력이 발생하였기 때문임. 여기서 불가쟁력이 발생하였다는 말은 5. 1.자 급여결정취소처분을 더 이상 다툴 수 없다는 의미일 뿐이지 그 처분의 기초가 된 사실관계 등이 확정되어 당사자나 법원이 그것과 다른 주장이나 판단을 할 수 없게 되는 것은 아님.
- 따라서 서류제출 미비를 사유로 급여결정이 취소되었다면 甲은 관련서류를 보완하여 다시 산재급여 신청을 하여 급여결정을 받으면 됨. 즉, 행정행위의 존속력(확정력)과 판결의 기판력은 구별됨.

1. 산업재해요양보상급여취소처분이 쟁송기간의 경과로 더 이상 다툴 수 없게 된 경우에도 요양급여청구권의 부존재가 확정된 것은 아니므로 다시 요양급여청구를 할 수 있음.[50 51]
2. 일반적으로 행정처분이나 행정심판재결이 불복기간의 경과로 인하여 확정될 경우 그 확정력은, 그 처분으로 인하여 법률상 이익을 침해받은 자가 당해 처분이나 재결의 효력을 더 이상 다툴 수 없다는 의미일 뿐임.
3. 또한 그 불가쟁력(확정력)에는 판결에 있어서와 같은 기판력이 인정되는 것은 아니어서[52] 그 처분의 기초가 된 사실관계나 법률적 판단이 확정되고 당사자들이나 법원이 이에 기속되어 모순되는 주장이나 판단을 할 수 없게 되는 것은 아님(대판 2004. 7. 8, 2002두11288).[53]

(3) 불가쟁력이 발생한 행정행위의 재심사청구

- 행정절차법상 명문규정이 없음.
- 최근 제정된 행정기본법에서는 재심사에 관한 명문규정을 두고 있음(동법 제37조 제1항).

(4) 불가쟁력이 발생한 행정행위에 대한 변경신청권 문제

행정청 - 甲	甲 - 행정청	행정청 - 甲
2. 1.	7. 1.	8. 1.
영업허가취소처분 (1. 10. 청소년인 A에게 주류판매)	1년 영업정지 변경신청	거부

甲이 7. 1.에 취소소송을 제기한다면, 2. 1.자 영업허가취소처분은 불가쟁력이 발생하였으므로 소송에서 다툴 수 없음. 그래서 甲이 영업허가취소처분을 1년의 영업정지로 바꾸어 달라고 변경신청을 하였음. 이때 불가쟁력이 발생한 행정행위에 대한 변경신청권이 있는지가 문제됨.

- 만일 이 경우 甲에게 변경신청권이 있다고 하게 되면 甲은 영업허가취소처분을 1년 영업정지로 바꾸어 달라고 신청하고, 이를 행정청이 거부를 하게 되면, 신청권이 있는 자의 신청에 대한 거부는 처분이 되므로 甲은 행정청의 거부처분에 대해 소송을 제기하면서 "영업허가취소처분이 위법해서 1년 영업정지로 변경해 달라고 신청했는데 행정청이 거부하였습니다."라는 주장을 펼칠 수 있게 됨.
- 즉, 변경신청 거부처분을 다투면서 불가쟁력이 발생한 2. 1.자 영업허가취소처분의 위법성을 다시 다투게 되는 것이 되므로 불가쟁력이 발생한 행정행위에 대한 변경신청권은 인정되지 않는다는 것이 판례의 취지임.

제소기간이 도과하여 불가쟁력이 생긴 행정처분에 대하여는 법규에서 신청권을 규정하고 있거나 법령해석상 신청권이 인정될 수 있는 등 특별한 사정이 없는 한 변경을 구할 신청권이 없으므로,[54 55] 그 행정처분에 대하여 변경을 요구하였으나 거부된 경우 그 거부는 항고소송의 대상이 되는 처분이라고 볼 수 없음(대판 2007. 4. 26, 2005두11104).[56]

2) 불가변력(실질적 존속력)

(1) **개념** : 행정청 자신도 직권으로 자유로이 취소 · 철회할 수 없는 효력57 58

(2) **불가변력이 인정되는 행정행위** : 불가변력은 모든 행정행위에 공통된 효력이 아니라 일정한 행정행위에만 인정됨(예 준사법적 행정행위인 행정심판의 재결 등).59

(3) 내 용

- 무효인 행정행위의 경우 : 불가변력이 발생하지 않음.
- 동종의 행정행위의 경우 : 불가변력은 당해 행정행위의 경우에만 인정되고, 동종의 행정행위라도 그 대상이 다른 경우 인정되지 않음(판례).60

(4) 불가쟁력과 불가변력의 관계61

구 분	불가쟁력(형식적 존속력)	불가변력(실질적 존속력)
상대방	상대방 및 이해관계인 구속	처분청 등 행정기관 구속62
성 질	절차법적 효력	실체법적 효력63
효력발생범위	모든 행정행위	확인 등 일정한 행정행위64
효력의 독립성	• 불가쟁력이 생긴 행위가 당연히 불가변력을 발생시키는 것은 아님. • 따라서 불가쟁력이 발생한 행정행위도 불가변력이 발생하지 않는 한 처분청 등이 직권으로 취소 · 변경하는 것은 가능함.65 66	• 불가변력이 있는 행위가 당연히 불가쟁력을 가지는 것은 아님.67 • 따라서 불가변력이 있는 행정행위도 쟁송제기기간이 경과하기 전에는 쟁송을 제기하여 그 효력을 다툴 수 있음.68

4 강제력(자력집행력 · 제재력)

1) 자력집행력

- 행정행위에 의해 부과된 의무를 상대방이 이행하지 않는 경우에 행정청이 스스로 강제력을 발동하여 그 의무를 실현시키는 힘(하명행위에 인정됨)
- 하명의 근거 외에 자력집행력에 관한 별도의 법적 근거가 있어야만 자력집행을 할 수 있음(통설).69

2) 제재력

- 상대방이 의무를 이행하지 않은 때 그에 대한 제재로 행정형벌과 행정질서벌, 즉 행정벌을 부과하는 효력을 의미
- 명시적인 법적 근거가 있어야 가능

Topic
32 행정행위의 하자

p.113~121

1 하자의 의의 및 판단시점

1) 하자의 의의

- 행정행위의 하자란 행정행위가 적법요건(성립 및 효력요건)을 갖추지 못하여 완전한 효력발생에 장애가 되는 사유를 말함.
- 행정절차법 규정에 따르면 행정청은 행정행위에 오기 · 오산(계산상의 잘못), 또는 그 밖에 이에 준하는 명백한 잘못이 있을 때에는 직권으로 또는 신청에 따라 지체 없이 정정하고 그 사실을 당사자에게 통지하여야 한다고 규정하고 있음.01 따라서 이러한 경우는 행정행위의 하자와는 구별됨.02

2) 하자의 판단시점 : 행정행위의 위법 여부는 처분시를 기준으로 판단함.

> 1. 행정소송에서 행정처분의 위법 여부는 행정처분이 행하여졌을 때의 법령과 사실상태를 기준으로 판단해야 하므로 **공정거래위원회의 과징금 납부명령 등이 재량권 일탈 · 남용으로 위법한지는 다른 특별한 사정이 없는 한 과징금 납부명령 등이 행하여진 '의결일' 당시의 사실상태를 기준으로 판단하여야 함**(대판 2015. 5. 28, 2015두36256).03
> 2. 항고소송에서 처분의 위법 여부는 특별한 사정이 없는 한 그 처분 당시를 기준으로 판단하여야 함. 이는 신청에 따른 처분의 경우에도 마찬가지임(대판 2020. 1. 16, 2019다264700).

2 행정행위의 무효와 취소(구별기준)

1) 학 설

중대 · 명백설(통설 및 판례)04	명백성 보충요건설
• 행정행위의 하자가 중대하고 명백하면 무효, 그렇지 않으면 취소사유로 보는 견해 • 하자의 중대성이란 행정행위가 중대한 법률요건을 위반하고 그 위반 정도가 상대적으로 심한 경우를 말하며, 하자의 명백성이란 일반인의 판단에 의해서도 그 하자가 있음이 객관적으로 외관상 분명한 것을 말함.05	• 하자가 중대하기만 하면 **무효**가 되는 것이 원칙이나, **제3자나 공공의 신뢰보호가 필요한 경우**에는 보충적으로 명백성을 요구하는 견해06 • 명백성을 항상 요구하는 것이 아니라는 점에서 중대 · 명백설보다 무효의 범위가 넓어지게 됨.07

2) 판 례

> 1-1. 행정처분이 당연무효가 되기 위해서는 하자가 중대하고 객관적으로 명백한 것이어야 함.
> 1-2. **하자가 중대하고도 명백한 것인가의 여부를 판별함에 있어서는 그 법규의 목적, 의미, 기능 등을 목적론적으로 고찰함과 동시에 구체적 사안 자체의 특수성에 관하여도 합리적으로 고찰함을 요함**(대판 1985. 7. 23, 84누419).08
> 2. 사실관계의 자료를 정확히 조사하여야 비로소 그 하자 유무가 밝혀질 수 있는 경우라면 이러한 하자는 명백한 하자가 아님(대판 1992. 4. 28, 91누6863).
> 3. 행정처분의 대상이 되는 법률관계나 사실관계가 전혀 없는 사람에게 행정처분을 한 때에는 그 하자가 중대하고도 명백하다 할 것이나, 행정처분의 대상이 되지 아니하는 어떤 법률관계나 사실관계에 대하여 이를 처분의 대상이 되는 것으로 오인할 만한 객관적인 사정이 있는 경우로서 그것이 처분대상이 되는지의 여부가 그 사실관계를 정확히 조사하여야 비로소 밝혀질 수 있는 때에는 비록 이를 오인한 하자가 중대하다고 할지라도 외관상 명백하다고 할 수는 없음(대판 2004. 10. 15, 2002다68485).09
> 4. 행정청이 사전환경성검토협의를 거쳐야 할 대상사업에 관하여 법의 해석을 잘못한 나머지 세부용도지역이 지정되지 않은 개발사업부지에 대하여 사전환경성검토협의를 할지 여부를 결정하는 절차를 생략한 채 승인 등의 처분을 한 사안에서, 그 하자가 중대한 하자라고 할 수 있으나, 객관적으로 명백하다고 할 수는 없음(대판 2009. 9. 24, 2009두2825).10

3 행정행위 하자의 구체적 내용

1) 주체상 하자원인

법령상 다른 기관의 의결이 필요한 경우	다른 기관의 의결을 거치지 않은 행위는 무효
	입지선정위원회의 구성방법과 절차가 주민대표나 주민대표 추천에 의한 전문가의 참여 없이 이루어지는 등 위법한 경우, 입지선정위원회는 의결기관으로서 그러한 의결에 터잡아 이루어진 폐기물처리시설 입지결정처분의 하자는 중대한 것이고 객관적으로도 명백하므로 **무효사유에 해당**함(대판 2007. 4. 12, 2006두20150).[11]
행정기관의 권한 외의 행위	무권한자의 행위 원칙적으로 무효. 다만, 당연무효가 아니라고 본 판례도 있음.
	① - ㉠ **조세채권의** 소멸시효가 완성되어 부과권이 소멸된 후**에 부과한 과세처분**은 위법한 처분으로 그 하자가 중대하고도 명백하여 **무효**라 할 것임(대판 1988. 3. 22, 87누1018).[12] ① - ㉡ **내부위임을 받은 자는 자기의 명의로 처분을 할 권한이 없으므로** 내부위임을 받은 자가 자신의 명의로 처분**을 한 경우** 이는 **당연무효**임(대판 1993. 5. 27, 93누6621).[13] ① - ㉢ **음주운전을 단속한** 경찰관 자신의 명의**로 행한 운전면허정지처분**의 효력은 **무효**임(대판 1997. 5. 16, 97누2313).[14] ② - ㉠ **적법한 권한위임 없이 세관출장소장이 행한** 관세부과처분은 그 하자가 중대하지만 객관적으로 명백하다고 할 수 없어 **당연무효는 아님**(대판 2004. 11. 26, 2003두2403).[15] ② - ㉡ **임면권자가 아닌 국가정보원장이 5급 이상의 국가정보원 직원에 대하여 한 의원면직처분은 당연무효가 아님**(대판 2007. 7. 26, 2005두15748).[16]
행정기관의 의사에 하자가 있는 행위	• 착오로 인한 행위는 그 자체만으로 무효·취소원인으로 인정되는 것은 아님. • 다만, 착오의 결과 행해진 행정행위의 내용 그 자체가 실현불가능한 경우에는 무효, 단순한 위법이 있는 경우에는 취소, 그렇지 않고 사소한 오기(誤記) 등에 불과한 경우에는 그 효력에 영향이 없고 유효하다고 할 것임.
	① 행정행위는 그 요소에 착오가 있다고 해서 그것만을 이유로 하여 취소할 수 없음(대판 1976. 5. 11, 75누214). ② 부동산을 양도한 사실이 없음에도 세무당국이 부동산을 양도한 것으로 오인하여 양도소득세를 부과하였다면 그 부과처분은 착오에 의한 행정처분으로서 그 표시된 내용에 중대하고 명백한 하자가 있어 당연무효임(대판 1983. 8. 23, 83누179).[17] ③ 구 「개발이익환수에 관한 법률」 시행 당시 납부의무자가 아닌 주택조합의 조합원에 대하여 한 개발부담금 부과처분은 당연무효임(대판 1998. 5. 8, 95다30390).[18]

2) 절차상 하자원인

개 설	• 절차상 하자가 있으면 위법한 행정행위가 됨. • 한편 절차상의 하자도 무효 또는 취소사유가 되며, 다만 경미한 하자의 경우 처분의 효력에 영향을 미치지 않음.
	① 행정청이 처분절차에서 관계법령의 절차규정을 위반하여 절차적 정당성이 상실된 경우에는 해당 처분은 위법하고 원칙적으로 취소하여야 함. 다만 처분 상대방이나 관계인의 의견진술권이나 방어권행사에 실질적으로 지장이 초래되었다고 볼 수 없는 특별한 사정이 있는 경우에는, 절차규정 위반으로 인하여 처분절차의 절차적 정당성이 상실되었다고 볼 수 없으므로 해당 처분을 취소할 것은 아님(대판 2021. 2. 4, 2015추528).[19] 최신 ② 경찰공무원에 대한 징계위원회의 심의과정에 감경사유에 해당하는 공적 사항이 제시되지 아니한 경우에는 그 징계양정이 결과적으로 적정한지와 상관없이 이는 관계법령이 정한 징계절차를 지키지 않은 것으로서 위법함(대판 2012. 10. 11, 2012두13245).[20]
다른 기관의 협의 등을 거치지 않은 행위	• 원칙적으로 취소사유 • 한편, 협력기관의 협력행위의 위법을 이유로 다투고자 하는 경우 항고소송의 피고는 처분청이 됨.
	① 건설부장관(현 국토교통부장관)이 관계중앙행정기관의 장과 협의를 거치지 아니하고 택지개발예정지구를 지정한 경우, 지정처분은 위법하나 **당연무효가 되는 것은 아님**(즉, 취소사유로 봄)(대판 2000. 10. 13, 99두653).[21] ② 구 학교보건법상 학교환경위생정화구역의 금지행위 및 시설의 해제 여부에 관한 행정처분을 함에 있어 학교환경위생정화위원회의 심의를 누락한 행정처분에는 **취소사유**가 있음(대판 2007. 3. 15, 2006두15806).[22] ③-1. 구 환경영향평가법상 **환경영향평가를 실시하여야 할 사업에 대하여** 환경영향평가를 거치지 아니하였음에도 승인 등 처분을 한 경우, 그 처분은 **당연무효**임.[23] ③-2. 「국방·군사시설 사업에 관한 법률」 및 구 산림법에서 보전임지를 다른 용도로 이용하기 위한 사업에 대하여 승인 등 처분을 하기 전에 미리 산림청장과 협의를 하라고 규정한 경우 이러한 협의를 거치지 아니한 승인처분은 **당연무효가 아님**(대판 2006. 6. 30, 2005두14363).

다른 기관의 협의 등을 거치지 않은 행위	비교판례 환경영향평가법령에서 정한 환경영향평가절차를 거쳤으나 그 환경영향평가의 내용이 부실한 경우, 그 부실의 정도가 환경영향평가를 하지 아니한 것과 다를 바 없는 정도의 것이 아닌 이상, 그 부실은 당해 승인 등 처분에 재량권 일탈 · 남용의 위법이 있는지 여부를 판단하는 하나의 요소로 됨에 그칠 뿐, 그 부실로 인하여 당연히 당해 승인 등 처분이 위법하게 되는 것은 아님(대판 2006. 3. 16, 2006두330 전합).24 ④ 행정청이 사전에 교통영향평가를 거치지 아니한 채 '건축허가 전까지 교통영향평가 심의필증을 교부받을 것'을 부관으로 붙여서 한 '실시계획변경 승인 및 공사시행변경 인가처분'은 중대하고 명백한 흠이 있다고 할 수 없어 무효로 보기 어려움(대판 2010. 2. 25, 2009두102).25 ⑤ 건축불허가처분을 하면서 건축불허가사유뿐만 아니라 구 소방법 제8조 제1항에 따른 소방서장의 건축부동의사유를 들고 있는 경우, 그 건축불허가처분에 관한 쟁송에서 건축법상의 건축불허가사유뿐만 아니라 소방서장의 부동의사유에 관하여도 다툴 수 있으며, 이 경우 피고는 소방서장이 아닌 건축불허가처분청이 됨(대판 2004. 10. 15, 2003두6573).26
필요한 공고 · 열람 및 통지 없이 행한 행위	주민등록말소처분이 주민등록법 제17조의2에 규정한 최고 · 공고의 절차를 거치지 아니하였다 하더라도 그러한 하자는 중대하고 명백한 것이라고 할 수 없음(무효가 아님)(대판 1994. 8. 26,94누3223).27
필요한 청문 또는 의견진술의 기회를 주지 아니한 행위	판례는 취소사유로 보는 경향임. 단, 청문 · 의견진술기회가 흠결된 경우 무효로 규정하는 개별법률 있음(국가공무원법 등).28
	행정처분의 근거법령 등에서 청문의 실시를 규정하고 있는 경우, 청문절차를 결여한 처분은 위법하여 취소사유에 해당함(대판 2007. 11. 16, 2005두15700).29
예산의 경우	예산의 편성에 절차상 하자가 있다는 사정만으로 예산을 집행하는 처분에 취소사유에 이를 정도의 하자가 존재한다고 보기 어려움.30
	국가재정법령에 규정된 예비타당성조사는 이 사건 각 처분과 형식상 전혀 별개의 행정계획인 예산의 편성을 위한 절차일 뿐 이 사건 각 처분에 앞서 거쳐야 하거나 그 근거법규 자체에서 규정한 절차가 아니므로, 예비타당성조사를 실시하지 아니한 하자는 원칙적으로 예산 자체의 하자일 뿐, 그로써 곧바로 이 사건 각 처분의 하자가 된다고 할 수 없음(대판 2015. 12. 10, 2011두32515).31
그 밖에 무효가 되는 경우	① 과세관청이 과세예고 통지 후 과세전적부심사청구나 그에 대한 결정이 있기 전에 과세처분을 한 경우, 원칙적으로 절차상 하자가 중대 · 명백하여 과세처분은 무효가 됨(대판 2016. 12. 27, 2016두49228).32 ② 도지사의 인사교류안 작성과 그에 따른 인사교류의 권고가 전혀 이루어지지 않은 상태에서 행하여진 관할구역 내 시장의 인사교류에 관한 처분은 지방공무원법 제30조의2 제2항의 입법취지에 비추어 그 하자가 중대하고 객관적으로 명백하여 당연무효임(대판 2005. 6. 24, 2004두10968).33

3) 내용상 하자원인

- 내용상 불명확 · 불가능한 행위는 원칙적으로 무효
- 행정행위의 내용이 법령에 위반된 경우 : 무효와 취소의 구별기준에 따라 무효 또는 취소할 수 있는 행정행위가 됨.

1. 행정청이 어느 법률관계나 사실관계에 대하여 어느 법률의 규정을 적용하여 행정처분을 한 경우에 그 법률관계나 사실관계에 대하여는 그 법률의 규정을 적용할 수 없다는 법리가 명백히 밝혀져 그 해석에 다툼의 여지가 없음에도 불구하고 행정청이 위 규정을 적용하여 처분을 한 때에는 그 하자가 중대하고 명백하다고 할 것임.34
2. 그러나 그 법률관계나 사실관계에 대하여 그 법률의 규정을 적용할 수 없다는 법리가 명백히 밝혀지지 아니하여 그 해석에 다툼의 여지가 있는 때에는 행정관청이 이를 잘못 해석하여 행정처분을 하였더라도 이는 그 처분요건사실을 오인한 것에 불과하여 그 하자가 명백하다고 할 수 없음(대판 2014. 5. 16, 2011두27094).35
3. 상위법령에 근거가 없어 무효인 국세청 훈령 제20조 등에 근거한 주류판매업자정지처분은 그 위법의 하자가 중대하고 명백하여 당연무효임(대판 1980. 12. 23, 79누382).
4. 신청에 의한 처분의 경우에는 신청에 대하여 일단 거부처분이 행해지면 그 거부처분이 적법한 절차에 의하여 취소되지 않는 한, 사유를 추가하여 거부처분을 반복하는 것은 존재하지도 않는 신청에 대한 거부처분으로서 당연무효임(대판 1999. 12. 28, 98두1895).36

4) 형식상 하자원인

(1) **필요한 문서에 의하지 아니한 행위** : 재결서에 의하지 아니한 행정심판의 재결 등과 같이, 법률상 문서를 요건으로 하고 있는 행정행위가 그러한 문서에 의하지 아니한 경우에는 무효임.

1. 행정청의 처분의 방식을 규정한 행정절차법 제24조를 위반하여 행해진 행정청의 처분은 그 하자가 중대하고 명백하여 원칙적으로 무효임.**37**
2. (집합건물 중 일부 구분건물의 소유자인 피고인이 관할 소방서장으로부터 소방시설 불량사항에 관한 시정 · 보완명령을 받고도 따르지 아니하였다는 내용으로 기소된 사안에서) **공무원이 소방시설 불량사항을 시정 · 보완하라는 명령을** 구술로 고지한 것은 **당연무효임**(대판 2011. 11. 10, 2011도11109).**38**

(2) **이유부기 등을 결한 행위** : 이유제시의 하자는 취소사유(판례)

4 위헌인 법률에 근거한 행정행위의 효력과 행정행위의 집행력

1) **법률에 대해 위헌결정이 내려진 후 이러한 법률을 근거로 행정행위가 행해진 경우** : 당연무효**39 40**

1. 국가기관 및 지방자치단체는 위헌으로 선언된 법률규정에 근거하여 새로운 행정처분을 할 수 없음은 물론이고, 위헌결정 전에 이미 형성된 법률관계에 기한 후속처분이라도 그것이 새로운 위헌적 법률관계를 생성 · 확대하는 경우라면 이를 허용할 수 없음.**41**
2. **과세처분 이후 조세 부과의** 근거가 되었던 법률규정에 대하여 위헌결정이 내려진 경우, **그 조세채권의 집행을 위한** 체납처분은 당연무효**가 됨**(대판 2012. 2. 16, 2010두10907 전합).**42 43**

2) 위헌결정과 소급효(인정범위)

헌법재판소법 제47조【위헌결정의 효력】 ② 위헌으로 결정된 법률 또는 법률의 조항은 그 결정이 있는 날로부터 효력을 상실한다.**44**

(1) **헌법재판소의 태도** : 헌법재판소의 위헌결정은 당해 사건, 동종사건, 병행사건, 기타 정의와 형평 등을 고려할 필요가 있는 경우에 소급효가 인정됨.

구체적 규범통제의 실효성의 보장의 견지에서 법원의 제청 · 헌법소원의 청구 등을 통하여 헌법재판소에 법률의 위헌결정을 위한 계기를 부여한 당해 사건(당해 사건), 위헌결정이 있기 전에 이와 동종의 위헌 여부에 관하여 헌법재판소에 위헌제청을 하였거나 법원에 위헌제청신청을 한 경우의 당해 사건(동종사건), 그리고 따로 위헌제청신청을 아니하였지만 당해 법률 또는 법률의 조항이 재판의 전제가 되어 법원에 계속 중인 사건(병행사건)에 대하여는 소급효를 인정하여야 할 것임(헌재 1993. 5. 13, 92헌가10).**45 46**

(2) **대법원의 태도** : **위헌결정 후 제소된 일반사건의 경우에도 소급효가 인정됨**(널리 소급효를 인정). 다만, 법적 안정성의 유지 등 일정한 사유가 있는 경우에는 위헌결정의 소급효가 제한됨.

①

2000. 2. 1.	2001. 4. 1.	서울행정법원 5. 1.	11. 1.
부유세법 제정 부유세법 제10조 세무서장은 소득이 5억원 이상인 사람에 대해 소득의 70%에 해당하는 세금을 부과한다.	동작세무서장이 부유세법 제10조에 따라 甲에게 10억원의 세금부과	甲 - 동작세무서장 취소소송 부유세법이 헌법상 재산권보장조항에 위반됨. 따라서 세금부과처분도 위법하다는 주장을 함. 이에 서울행정법원은 甲의 주장이 타당하다고 보아 헌법재판소에 위헌법률심판을 제청함.	헌법재판소가 부유세법률에 대한 위헌결정을 함.

헌법 제107조 ① 법률이 헌법에 위반되는 여부가 재판의 전제가 된 경우에는 법원은 헌법재판소에 제청하여 그 심판에 의하여 재판한다.
② 명령 · 규칙 또는 처분이 헌법이나 법률에 위반되는 여부가 재판의 전제가 된 경우에는 대법원은 이를 최종적으로 심사할 권한을 가진다.

- 법률에 대해서는 원칙적으로 법원에 심사를 청구할 수 없고, 법률에 따른 처분이 행해진 후 처분을 다투면서 처분의 근거법령인 법률의 위헌 · 위법 여부에 대해 법원은 헌법재판소에 위헌법률심판을 제청함(구체적 규범통제).
- 甲의 경우 헌법재판소에 법률의 위헌결정을 위한 계기를 부여한 당해 사건(당해 사건)에 해당하므로 甲은 위헌결정의 소급효가 인정됨. 따라서 2001. 11. 1. 헌법재판소의 위헌결정으로 2000. 2. 1.에 제정된 부유세법은 제정 당시부터 없었던 법률이 되는 것이고 甲에게 한 2001. 4. 1.자 처분은 아무런 근거 없는 처분으로 위법한 처분이 됨. 즉, 취소소송에서 취소판결을 받을 수 있게 됨.

②

2000. 2. 1.	2001. 7. 1.	8. 1.	10. 1.	11. 1.	12. 1.
부유세법 제정	동작세무서장 - 乙 10억원 세금부과처분	乙 - 동작세무서장 취소소송	동작세무서장 - 丙 10억원 세금부과처분	헌법재판소가 부유세 법률에 대한 위헌결정을 함.	丙 - 동작세무서장 취소소송

- 乙의 경우 직접 위헌제청신청은 아니하였지만 당해 법률 또는 법률의 조항이 재판의 전제가 되어 법원에 계속 중인 사건(병행사건)에 해당하여 위헌결정의 소급효가 인정됨.
- 더 나아가 丙의 경우처럼 위헌결정 후 제소된 일반사건의 경우에도 소급효가 인정됨.

1. 헌법재판소의 위헌결정의 효력은 위헌제청을 한 '당해 사건', 위헌결정이 있기 전에 이와 동종의 위헌 여부에 관하여 헌법재판소에 위헌여부심판제청을 하였거나 법원에 위헌여부심판제청신청을 한 '동종사건'과 따로 위헌제청신청은 아니하였지만 당해 법률 또는 법률 조항이 재판의 전제가 되어 법원에 계속 중인 '병행사건'뿐만 아니라, 위헌결정 이후 같은 이유로 제소된 '일반사건'에도 미침.47 48
2. 하지만 위헌결정의 효력이 미치는 범위가 무한정일 수는 없고, 다른 법리에 의하여 그 소급효를 제한하는 것까지 부정되는 것은 아니며, 법적 안정성의 유지나 당사자의 신뢰보호를 위하여 불가피한 경우에 위헌결정의 소급효를 제한하는 것은 오히려 법치주의의 원칙상 요청됨(대판 2017. 3. 9, 2015다233982).49

2000. 2. 1.	2001. 5. 1.	11. 1.
부유세법 제정	동작세무서장 - 丁 10억원 세금부과처분	헌법재판소가 부유세 법률에 대한 위헌결정을 함.

- 丁은 자신의 세금부과처분에 대해 취소소송을 제기하지 아니한 상태에서 11. 1.에 헌법재판소가 丁의 세금부과처분의 근거법령인 부유세 법률에 대해 위헌결정을 함. 丁의 5. 1.자 세금부과처분은 이미 위헌결정이 내려진 시점으로부터 거슬러 올라가더라도 처분이 있음을 안 날부터 90일이 지나 불가쟁력이 발생한 처분임.
- 丁의 경우처럼 이미 취소소송의 제기기간이 경과하여 불가쟁력이 발생한 처분은 위헌결정의 소급효가 미치지 않음. 그러므로 丁에게 부유세법은 11. 1.부터 효력을 상실하고 동작세무서장이 丁에게 한 5. 1.자 세금부과처분은 적법한 처분으로 결국 丁이 이미 세금을 납부한 상태라면 돌려받을 수 없음.

1. 이미 취소소송의 제기기간을 경과하여 확정력(불가쟁력)이 발생한 행정처분에는 위헌결정의 소급효가 미치지 않음(대판 2002. 11. 8, 2001두3181).50 51

2-1. 법적 안정성의 유지나 당사자의 신뢰보호를 위하여 불가피한 경우에는 위헌결정의 소급효가 제한됨.
2-2. 금고 이상의 형의 선고유예를 받은 경우에 공무원직에서 당연히 퇴직하는 것으로 규정한 구 지방공무원법 제61조 중 제31조 제5호 부분에 대한 헌법재판소의 위헌결정의 소급효를 인정할 경우 그로 인하여 보호되는 퇴직공무원의 권리구제라는 구체적 타당성 등의 요청에 비하여 종래의 법령에 의하여 형성된 공무원의 신분관계에 관한 법적 안정성과 신뢰

보호의 요청이 현저하게 우월하므로 위 위헌결정 이후 제소된 일반사건에 대하여 위헌결정의 소급효가 제한됨(대판 2005. 11. 10, 2005두5628).52

3) 행정행위가 행해진 후 행정행위의 근거법률이 위헌결정된 경우

(1) 행정행위의 효력

대법원	헌법재판소
중대 · 명백설의 입장에서 행정행위의 근거법률이 위헌이라는 것은 헌법재판소의 위헌결정이 있기 전에는 그 하자가 명백하다고 할 수는 없다는 이유로 특별한 사정이 없는 한 취소할 수 있는 행정행위에 그칠 뿐 무효가 아니라고 봄.	• 원칙적으로 취소사유임. • 다만, 법적 안정성을 크게 해치지 않는 반면 그 하자가 중대하여 국민의 권익구제가 필요한 경우 예외를 인정하여 당연무효사유로 봄.
① 처분 후 처분의 근거법률에 대해 위헌결정이 내려진 경우 행정처분의 하자는 헌법재판소의 위헌결정이 있기 전에는 객관적으로 명백한 것이라고 할 수는 없으므로53 취소사유에 불과할 뿐 당연무효는 아님(대판 1994. 10. 28, 92누9463).54 55 56 ② 위헌 · 위법한 시행령에 근거한 행정처분은 그 시행령의 무효를 선언한 대법원 판결이 없는 상태라면 특별한 사정(그 시행령 규정의 위헌 내지 위법 여부가 해석상 다툼의 여지가 없을 정도로 명백하였다고 인정되는 경우 등)이 없는 한 당연무효라 할 수 없음(대판 2007. 6. 14, 2004두619).57	1. 처분의 근거가 되는 법률이 처분 이후에 위헌으로 선고된 경우, 행정처분을 무효로 하더라도 법적 안정성을 크게 해치지 않는 반면 그 하자가 중대하여 국민의 권익구제가 필요한 경우에는 예외를 인정하여 당연무효사유로 볼 수 있음(예외).58 2. 행정처분 자체의 효력이 쟁송기간 경과 후에도 존속 중인 경우, 그 행정처분이 위헌인 법률에 근거하여 내려졌고 그 목적달성을 위해 필요한 후행 행정처분이 아직 이루어지지 않았다면 그 하자가 중대하여 그 구제가 필요한 경우에 대하여서는 쟁송기간 경과 후라도 무효확인을 구할 수 있음(헌재 1994. 6. 30, 92헌바23).59

(2) **행정행위의 집행력** : 헌법재판소의 위헌결정은 기속력이 있으므로 위헌결정 후 처분의 집행이나 집행력을 유지하기 위한 행위는 허용될 수 없음(무효).

①

2000. 2. 1.	11. 1.	12. 1.
부유세법 제정	헌법재판소가 부유세 법률에 대한 위헌결정을 함.	동작세무서장 - 戊 부유세 법률에 따라 10억원 세금부과처분

• 戊의 경우 12. 1.자 동작세무서장이 부과한 세금부과처분은 위헌결정이 난 부유세법에 따른 처분으로 무효사유가 됨.

②

2000. 2. 1.	2001. 4. 1.	11. 1.	12. 1.
부유세법 제정	동작세무서장이 부유세법 제10조에 따라 X에게 10억원의 세금부과처분	헌법재판소가 부유세 법률에 대한 위헌결정을 함.	동작세무서장이 X의 재산에 대해 압류처분을 행함.

• X의 경우 아직 취소소송을 제기하지 아니한 상태라면 X에게는 위헌결정의 소급효가 미치지 않음(이미 불가쟁력이 발생함). 따라서 4. 1.자 세금부과처분은 적법한 처분임. 그러나 X가 세금을 납부하지 않고 있어 12. 1.에 동작세무서장이 압류처분을 한다면 이는 위헌결정 후 처분의 집행이나 집행력을 유지하기 위한 행위로 허용되지 않음. 즉, 무효임.

1. 위헌법률에 기한 행정처분의 집행이나 집행력을 유지하기 위한 행위는 위헌결정의 기속력에 위반되어 허용되지 않음(즉, 무효임).60
2. 위헌결정 이전에 이미 부담금 부과처분과 압류처분 및 이에 기한 압류등기가 이루어지고 위의 각 처분이 확정되었다고 하여도, 위헌결정 이후에는 별도의 행정처분인 매각처분, 분배처분 등 후속 체납처분절차를 진행할 수 없음.61 62 63 64
3. 또한 특별한 사정이 없는 한 기존의 압류등기나 교부청구만으로는 다른 사람에 의하여 개시된 경매절차에서 배당을 받을 수도 없음(대판 2002. 8. 23, 2001두2959).

5 하자 있는 행정행위의 치유

1) 개념 : 성립 당시에 하자가 있는 행정행위라 하더라도 그 하자가 취소를 요하지 않을 정도로 경미해진 경우 등에 그 행위를 적법한 것으로 보아 효력을 유지시키는 것을 말함.

2) 허용성

(1) 허용 여부

- 하자 있는 행정행위의 치유는 행정행위의 성질이나 법치주의의 관점에서 볼 때 원칙적으로 허용될 수 없으나 예외적으로 행정행위의 무용한 반복을 피하고 당사자의 '법적 안정성'을 위해 허용될 수 있는바, 이 경우에도 국민의 권리와 이익을 침해하지 않는 범위에서 인정되어야 함.
- 위법한 수익적 행정행위의 하자의 치유를 인정한다면 경원관계에 있는 다른 사람의 이익을 침해하는 경우, 치유를 부정함.

1-1. 인근주민의 동의를 받아야 하는 요건을 결여하였다는 이유로 경원관계에 있는 자가 제기한 허가처분 취소소송에서 허가처분을 받은 자가 처분 후에 동의를 받은 경우에 하자의 치유를 인정하는 것은 경원관계에 있는 원고에게 불이익하므로 허용할 수 없음.65

1-2. **하자 있는 행정행위의 치유는 원칙적으로 허용될 수 없는 것이고, 예외적으로 법적 안정성을 위해 이를 허용하는 때에도 국민의 권리나 이익을 침해하지 않는 범위에서 구체적 사정에 따라 합목적적으로 인정하여야 할 것임**(대판 1992. 5. 8, 91누13274).66 67

2. 선행처분인 개별공시지가결정이 위법하여 그에 기초한 개발부담금 부과처분도 위법하게 된 경우, 그 후 적법한 절차를 거쳐 공시된 개별공시지가결정이 종전의 위법한 공시지가결정과 그 내용이 동일하다는 사정만으로 그 개발부담금 부과처분의 하자가 치유되어 적법하게 된다고 볼 수 없음(대판 2001. 6. 26, 99두11592).68

3. 재건축조합설립인가처분 당시 토지소유자 등의 동의율을 충족하지 못한 하자는 후에 토지소유자 등의 추가 동의서가 제출되었다는 사정만으로 치유될 수 없음(대판 2013. 7. 11, 2011두27544).69

(2) **무효사유의 경우** : 하자의 치유는 취소할 수 있는 행정행위에 대해서만 인정됨(통설 및 판례).70 반면 무효인 행정행위는 하자의 치유가 부정됨.71

1. **징계처분**이 중대하고 명백한 흠 때문에 당연무효의 것이라면 **징계처분을 받은 자가 이를 용인하였다 하여 그 흠이 치료되는 것은 아님**(대판 1989. 12. 12, 88누8869).72
2. 토지등급결정내용의 개별통지가 있다고 볼 수 없어 토지등급결정이 무효인 이상, 토지소유자가 그 결정 이전이나 이후에 토지등급결정내용을 알았다거나 또는 그 결정 이후 매년 정기 등급수정의 결과가 토지소유자 등의 열람에 공하여졌다 하더라도 개별통지의 하자가 치유되는 것은 아님(대판 1997. 5. 28, 96누5308).73
3. 절차상 또는 형식상 하자로 인하여 무효인 행정처분이 있은 후 행정청이 관계법령에서 정한 절차 또는 형식을 갖추어 다시 동일한 행정처분을 하였다면 당해 행정처분은 종전의 무효인 행정처분과 관계없이 새로운 행정처분이라고 보아야 함(대판 2014. 3. 13, 2012두1006).74

3) 하자의 치유사유

(1) **일반적 검토** : 형식과 절차상의 하자에 대해서는 하자치유가 인정되나, 내용상의 하자에 대해서는 하자치유가 부정됨.75

사업계획변경인가처분에 관한 하자가 행정처분의 내용에 관한 것이고 새로운 노선면허가 소제기 이후에 이루어진 사정 등에 비추어 하자의 사후적 치유를 인정하지 아니함(대판 1991. 5. 28, 90누1359).

(2) 구체적 검토

청문절차의 하자	행정청이 식품위생법상의 청문절차를 이행함에 있어 청문서 도달기간을 다소 어겼지만 영업자가 이의하지 아니한 채 청문일에 출석하여 의견을 진술하고 변명하는 등 방어의 기회를 충분히 가졌다면 **하자는 치유됨**(대판 1992. 10. 23, 92누2844).76
이유 등의 사후제시	① **납세고지서에 세액산출근거 등의 기재사항이 누락**되었거나 과세표준과 세액의 계산명세서가 첨부되지 않았다면 이는 위법하고 이러한 하자는 **납세의무자가 그** 나름대로 산출근거를 알고 있었다 하더라도 **치유되지 않음**(대판 2002. 11. 13, 2001두1543).77 ② **납세고지서에 기재사항이 누락**되었더라도 과세예고통지서 등에 그러한 사항이 기재되어 있어 납세의무자가 처분의 불복 여부 결정 등에 지장받지 않았음이 명백하다면 **하자가 치유됨**(사전통지서에 산출근거가 기재된 경우)(대판 1998. 6. 26, 96누12634).78
기 타	1. 송달이 부적법한 수도과태료 부과처분은 아무런 효력이 발생하지 않으므로 처분의 존재를 비록 상대방이 인식할 수 있었다 하더라도 송달의 하자가 치유되는 것은 아님(대판 1988. 3. 22, 87누986).79 2. **세액산출근거가 기재되지 아니한 납세고지서에 의한 부과처분은 강행법규에 위반하여 취소대상이 된다 할 것이므로** 이와 같은 하자는 납세의무자가 전심절차에서 이를 주장하지 아니하였거나, **그 후 부과된 세금을** 자진납부**하였다거나, 또는 조세채권의 소멸시효기간이 만료되었다 하여 치유되는 것이라고는 할 수 없음**(대판 1985. 4. 9, 84누431).80

4) **하자치유의 한계(시간적 한계)** : 이유제시의 하자치유시기는 쟁송제기 전까지만 가능81

1. 과세처분에 이유제시를 하도록 한 것은 납세의무자에게 처분의 내용을 상세히 알려서 불복 여부의 결정 및 불복신청에 편의를 주려는 데 그 취지가 있으므로, **하자의 치유는** 늦어도 과세처분에 대한 불복 여부의 결정 및 불복신청에 편의를 줄 수 있는 상당한 기간 내**에 이루어져야 함**(대판 1983. 7. 26, 82누420).82 83 84
2. 과세처분에 대한 전심절차가 모두 끝나고 상고심의 계류 중에 세액산출근거의 통지가 있었다고 하여 이로써 위 과세처분의 **하자가 치유되었다고는 볼 수 없음**(대판 1984. 4. 10, 83누393).85

5) **하자치유의 효과** : 행정행위의 하자가 치유되면 당해 행정행위는 치유시가 아니라 처음부터 하자가 없는 적법한 행정행위로서 그 효력이 발생함(소급효).86

6 하자 있는 행정행위의 전환

행정행위가 본래의 행정행위로서는 무효이나 다른 행정행위로 보면 요건이 충족되는 경우에, 하자 있는 행정행위를 하자 없는 다른 행정행위로 보는 것을 의미함(예 위법한 징계면직을 적법한 직권면직으로 보는 경우 등).

사망한 귀속재산 수불하자에 대하여 한 그 불하처분의 취소처분을 그 상속인에게 송달한 경우 송달시에 그 상속인에 대하여 다시 그 불하처분을 취소한다는 새로운 행정처분을 한 것임(대판 1969. 1. 21, 68누190).87

Topic

33 행정행위의 하자승계

p.122~125

1 하자의 승계문제

1) 의 의

- 후행행위 그 자체는 적법함에도 불구하고 선행행위의 위법을 이유로 후행행위의 위법을 주장할 수 있는지가 문제되는데, 이것이 이른바 하자의 승계문제임.
- 한편, 후행행위의 하자를 이유로 선행행위를 다투는 것은 하자의 승계문제가 아닐뿐더러, 인정될 수도 없음.01

> 계고처분의 후속절차인 대집행에 위법이 있다고 하더라도, 그와 같은 후속절차에 위법성이 있다는 점을 들어 선행절차인 계고처분이 부적법하다는 사유로 삼을 수는 없음(대판 1997. 2. 14, 96누15428).02

2) 논의의 전제

(1) **선행행위의 위법사유는 무효 아닌 취소사유일 것** : 선행행위가 무효라면 그 하자는 당연히 후행행위에 승계됨.03

> 1. 적법한 건축물에 대한 철거명령은 당연무효이고, 그 후행행위인 대집행계고처분 역시 당연무효임(자기완결적 신고에 해당하는 대문설치신고가 형식적 하자가 없는 적법한 요건을 갖춘 신고임에도 불구하고 관할행정청이 수리를 거부한 후 당해 대문의 철거명령을 하였다면 그 하자가 중대하고 명백하여 당연무효이고, 그 후행행위인 계고처분 역시 당연무효)(대판 1999. 4. 27, 97누6780).04 05
>
> 2-1. **선행처분과 후행처분이 서로 독립하여 별개의 법률효과를 목적으로 하는 때에도** 선행처분이 당연무효이면 선행처분의 하자를 이유로 후행처분의 효력을 다툴 수 있음.06 07
>
> 2-2. 선행처분인 도시계획시설사업 시행자 지정처분이 처분요건을 충족하지 못하여 당연무효인 경우,08 후행처분인 도시계획시설사업의 시행자가 작성한 실시계획을 인가하는 처분도 무효임(대판 2017. 7. 11, 2016두35120).
>
> 3. 조세의 부과처분과 압류 등의 체납처분은 별개의 행정처분으로서 독립성을 가지므로 부과처분에 하자가 있더라도 그 부과처분이 취소되지 아니하는 한 그 부과처분에 의한 체납처분은 위법이라고 할 수는 없지만, 체납처분은 부과처분의 집행을 위한 절차에 불과하므로 그 부과처분에 중대하고도 명백한 하자가 있어 무효인 경우에는 그 부과처분의 집행을 위한 체납처분도 무효라 할 것임(대판 1987. 9. 22, 87누383).

(2) **선행행위에는 불가쟁력이 발생할 것**09

(3) **후행행위에는 고유한 위법사유가 없을 것**

(4) **선행행위와 후행행위 모두 처분성을 가질 것**10

2 하자승계의 인정범위

1) 일반론 - 통설 및 판례

하자승계 긍정	하자승계 부정
선행행위와 후행행위가 결합하여 하나의 법률효과의 발생을 목적으로 하는 경우에는 하자의 승계를 긍정하여 선행행위의 하자를 이유로 후행행위의 효력을 다툴 수 있음.11 12	선행행위와 후행행위가 독립하여 별개의 법률효과의 발생을 목적으로 하는 경우에는 하자의 승계를 부정하여 선행행위의 하자를 이유로 후행행위의 효력을 다툴 수 없음.13

2) 구체적 검토

하자승계 긍정	하자승계 부정
① 선행 암매장 분묘개장명령과 후행 계고처분 사이 ② 선행 귀속재산의 임대처분과 후행 매각처분 사이14	① 철거명령과 강제집행15 ② 선행 과세처분과 후행 체납처분 사이16

③ 선행 한지의사(일정지역 내에서만 개업 가능한 의사)시험자격인정과 후행 한지의사면허처분 사이
④ 선행 안경사국가시험합격무효처분과 안경사면허취소처분 사이
⑤ 계고처분과 대집행비용납부명령 사이17
⑥ 계고처분과 대집행영장발부통보처분 사이18
⑦ 선행 독촉처분과 후행 가산금 · 중가산금징수처분 사이
⑧ 강제징수절차인 독촉 · 압류 · 매각 · 청산의 각 행위 사이
⑨ 대집행절차인 계고 · 영장에 의한 통지 · 실행 · 비용징수의 각 행위 사이
⑩ 개별공시지가결정과 개발부담금 부과처분19
⑪ 시정명령과 이행강제금부과처분 사이20

③ 선행 직위해제처분과 후행 면직처분 사이21
④ 선행 사업인정과 후행 수용재결 사이22
⑤ 선행 도시계획결정과 후행 수용재결 사이23
⑥ 보충역편입처분과 공익근무요원소집처분24 25
⑦ 표준공시지가결정과 개별공시지가결정
⑧ 표준공시지가결정과 과세처분
⑨ 과세관청의 소득금액변동통지와 징수처분(납세고지) 사이26
⑩ 「도시 및 주거환경정비법」상 사업시행계획과 관리처분계획 사이27
⑪ 사업실시계획인가고시와 수용재결28
⑫ 신고납세방식의 취득세신고행위와 징수처분29
⑬ 도시 · 군계획시설결정과 도시 · 군계획시설사업실시계획인가30 31
⑭ 공인중개사업무정지처분과 업무정지기간 중의 중개업무를 사유로 한 중개사무소의 개설등록취소처분32
⑮ 표준지공시지가결정과 재산세부과처분 사이

3) **예외적 판례** : 독립하여 별개의 법률효과 발생을 목적으로 하더라도 수인한도를 넘는 불이익을 가져오고 그 결과가 당사자에게 예측가능한 것이 아닌 경우 예외적으로 하자승계를 긍정함.33

동작구청장	甲 – A	동작세무서장 – 甲
개별공시지가 발표 (개별공시지가 산정 당시 가격이 터무니없이 높게 책정됨)	甲은 동작구 내 본인 소유의 토지를 A에게 매도함.	동작세무서장은 위 토지의 양도 당시의 기준시가로서 이 토지의 개별공시지가를 기준으로 10억원의 양도소득세를 부과함.

- 양도소득세가 지나치게 많다고 생각한 甲은 개별공시지가결정이 있은 지 1년이 넘게 지나고 나서야 개별공시지가에 대하여 이의가 있으면 개별공시지가의 경정 · 공시일로부터 30일 이내에 이의를 신청할 수 있다는 사실과 이 개별공시지가가 자신의 토지에 대하여는 잘못된 사실판단으로 인하여 지나치게 높게 결정되었다는 사실을 알게 됨.
- 우선 개별공시지가는 시 · 군 · 구청장이 결정하며, 과세처분은 세무서장이 함. 그리고 개별공시지가결정은 과세처분의 기초자료로 활용하기 위해 내리는 결정이며, 과세처분은 국민에게 세금을 부과하는 처분임. 즉, 개별공시지가와 과세처분은 하는 주체도 다르며 각각의 법적 효과도 달라 서로 독립하여 별개의 효과를 가짐.
- 또한 과세처분의 상대방은 개별공시지가결정이 개별적으로 통지되지도 않았고, 개별공시지가의 결정이 자신에게 유리하게 작용할지 불리하게 작용할지는 후에 세금부과처분이 있어야 비로소 알 수 있음. 따라서 개별공시지가결정 후 상당한 시간이 지나 불가쟁력이 발생하였다는 이유로 개별공시지가결정을 다투지 못하게 한다면 과세처분의 상대방에게는 수인한도를 넘는 불이익을 강요하는 것이 됨.
- 따라서 과세처분취소소송에서 상대방은 후행처분인 과세처분의 위법사유로 선행처분인 개별공시지가결정의 위법을 주장할 수 있음(예외적으로 하자의 승계 긍정).

1. 개별공시지가결정과 과세처분은 비록 별개의 효과를 목적으로 하는 것이기는 하나 관계인에게 수인한도를 넘는 불이익을 강요하는 것인 경우에는 과세처분에 대한 취소소송에서 개별공시지가결정의 위법을 주장할 수 있음(개별공시지가결정과 과세처분 간의 하자승계 긍정)(대판 1994. 1. 25, 93누8542).34 35

비교판례

1. 개별공시지가결정의 불가쟁력이나 구속력이 수인가능성 또는 예측가능성이 있는 경우에는 선행행위의 위법을 후행행위의 위법사유로 주장할 수 없음.
2. 원고가 이 사건 토지를 매도한 이후에 그 양도소득세 산정의 기초가 되는 1993년도 개별공시지가결정에 대하여 한 재조사청구에 따른 조정결정을 통지받고서도 더 이상 다투지 아니한 경우까지 선행처분인 개별공시지가결정의 불가쟁력이나 구속력이 수인한도를 넘는 가혹한 것이거나 예측불가능하다고 볼 수 없어, 위 개별공시지가결정의 위법을 이 사건 과세처분의 위법사유로 주장할 수 없음(대판 1998. 3. 13, 96누6059).36

2. 수용보상금의 증액을 구하는 소송에서 선행처분으로서 그 수용대상 토지가격 산정의 기초가 된 비교표준지공시지가결정의 위법을 독립한 사유로 주장할 수 있음[표준공시지가와 수용재결(보상금결정) 간 승계 긍정](대판 2008. 8. 21, 2007두13845).[37][38][39]

3. 甲을 친일반민족행위자로 결정한 친일반민족행위진상규명위원회의 최종결정(선행처분)과 지방보훈지청장이 「독립유공자 예우에 관한 법률」 적용대상자로 보상금 등의 예우를 받던 甲의 유가족 乙 등에 대하여 「독립유공자 예우에 관한 법률」 적용배제자 결정(후행처분)의 경우 **선행처분과 후행처분은 비록 별개의 법률효과를 목적으로 하는 처분이나 선행처분의 위법을 이유로 후행처분의 효력을 다툴 수 있음**(대판 2013. 3. 14, 2012두6964).[40][41]

4-1. **근로복지공단이 사업주에 대하여 하는 '개별 사업장의 사업종류 변경결정'**은 행정청이 행하는 구체적 사실에 관한 법집행으로서의 공권력의 행사인 **'처분'에 해당함**.[42]

4-2. 근로복지공단의 사업종류 변경결정에 따라 **국민건강보험공단이** 사업주에 대하여 하는 각각의 **산재보험료부과처분도 항고소송의 대상인 처분에 해당함**(대판 2020. 4. 9, 2019두61137).

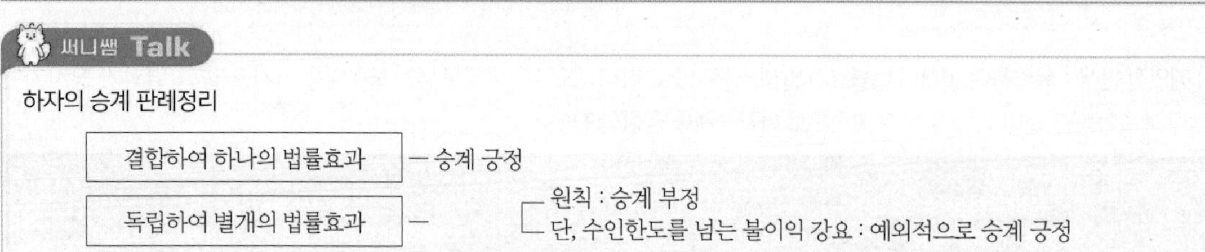

Topic

34 행정행위의 취소

p.125~129

1 취소의 의의

1) 취소의 개념

- 그 성립에 흠이 있음에도 불구하고 일단 유효하게 성립한 행정행위를 나중에 성립상의 하자를 이유로 권한 있는 기관이 그 효력을 소멸시키는 행위
- 취소되기 전까지는 유효하며 효력을 소멸시키기 위해 행정청의 별도의 의사표시가 필요함.
- 취소는 명시적으로 할 수도 있으나, 종전 처분과 양립할 수 없는 처분을 함으로써 묵시적으로 종전 처분을 취소할 수도 있음.**01**

2) 쟁송취소와 직권취소의 구별

구 분	쟁송취소	직권취소
동 기	상대방 또는 이해관계인의 쟁송제기	행정청의 직권
취소권자	행정청(행정심판위원회**02**) 또는 법원	행정청(처분청 · 감독청)
사 유	• 행정심판 : 위법 또는 부당 • 행정소송 : 위법	위법 또는 부당
범 위	• 행정심판 : 적극적 변경 가능 • 행정소송 : 소극적 변경(일부취소)만 가능	적극적 변경 가능

2 취소권자와 법적 근거

- 처분청은 취소에 관한 별도의 법적 근거가 없더라도 행정행위를 직권으로 취소 가능(통설 및 판례)
- 행정기본법에서는 행정청은 위법 또는 부당한 처분의 전부나 일부를 취소할 수 있다는 법적 근거를 마련해 두고 있음.**03**

> 1. **처분청은** 별도의 법적 근거가 없더라도 **처분을 직권으로 취소할 수 있음**(대판 1995. 9. 15, 95누6311).**04**
> 2. 권한 없는 행정기관이 한 당연무효인 행정처분을 취소할 수 있는 권한은 당해 행정처분을 한 처분청에 속하고, 당해 행정처분을 할 수 있는 적법한 권한을 가지는 행정청에 그 취소권이 귀속되는 것이 아님(대판 1984. 10. 10, 84누463).**05**

- 감독청의 취소권행사에 대해서는 견해대립이 있음. 다만, 「행정권한의 위임 및 위탁에 관한 규정」 제6조에 따르면 권한의 위임이 있는 경우 위임청에게 명문으로 취소권을 인정하고 있음.

> 「행정권한의 위임 및 위탁에 관한 규정」 제6조【지휘 · 감독】 위임 및 위탁기관은 수임 및 수탁기관의 수임 및 수탁사무처리에 대하여 지휘 · 감독하고, 그 처리가 위법하거나 부당하다고 인정될 때에는 이를 취소하거나 정지시킬 수 있다.**06**

3 취소의 사유

1) 취소사유의 존재와 이해관계인의 취소신청권의 관계

> 행정청이 직권취소를 할 수 있다는 사정만으로 **이해관계인인** 제3자에게 **행정청에 대한** 직권취소청구권이 부여된 것으로 볼 수 없음(대판 2006. 6. 30, 2004두701).**07**

2) 취소소송이 진행 중인 경우

> **변상금 부과처분에 대한** 취소소송이 진행 중이라도 **그 부과권자로서는** 위법한 처분을 스스로 취소하고 그 하자를 보완하여 다시 적법한 **부과**처분을 할 수도 있음(대판 2006. 2. 10, 2003두5686).**08 09**

4 취소권의 한계

1) 직권취소

(1) 부담적(침익적) 행정행위의 경우 : 원칙적으로 자유로움(특별한 제한 없음).10

(2) 수익적 행정행위의 경우 : 행정법의 일반원칙에 따른 제한을 받음.

> 행정기본법 제18조【위법 또는 부당한 처분의 취소】② 행정청은 제1항에 따라 당사자에게 권리나 이익을 부여하는 처분을 취소하려는 경우에는 취소로 인하여 당사자가 입게 될 불이익을 취소로 달성되는 공익과 비교·형량(衡量)하여야 한다. 다만, 다음 각 호의 어느 하나에 해당하는 경우에는 그러하지 아니하다.
> 1. 거짓이나 그 밖의 부정한 방법으로 처분을 받은 경우11
> 2. 당사자가 처분의 위법성을 알고 있었거나 중대한 과실로 알지 못한 경우12

취소가 제한되는 경우	• 신뢰보호원칙이 충족되는 경우 행정행위의 취소가 제한됨. • 행정심판의 재결 등 불가변력이 인정되는 행정행위는 행정청이 직권으로 취소할 수 없음. • 하자 있는 행정행위가 치유와 전환에 의해 적법하게 된 경우에는 취소가 제한됨.13 • **비례의 원칙에 의한 제한** : 취소로서 달성하고자 하는 공익보다 취소의 상대방이 입게 되는 불이익이 더 큰 경우에는 취소권이 제한됨.14 따라서 외형상 하나의 처분이라 하더라도 가분성이 있거나 그 처분대상의 일부가 특정될 수 있다면 그 일부를 취소함.15
	① 수익적 행정처분을 취소할 때에는 이를 취소하여야 할 중대한 공익상 필요와 취소로 인하여 처분 상대방이 입게 될 기득권과 법적 안정성에 대한 침해 정도 등 불이익을 비교·교량한 후 공익상 필요가 처분 상대방이 입을 불이익을 정당화할 만큼 강한 경우에 한하여 취소할 수 있음(대판 2020. 7. 23, 2019두31839).16 ② **수익적 행정처분을 취소 또는 철회하는 경우,** 그 처분으로 인하여 공익상의 필요보다 상대방이 받게 되는 불이익 등이 막대한 경우에는 **재량권의 한계를 일탈한 것으로서 그 자체가 위법함**(대판 2004. 11. 26, 2003두10251).17 ③-1. 도로점용허가는 일반사용과 별도로 도로의 특정 부분에 대하여 특별사용권을 설정하는 설권행위임. 도로관리청은 신청인의 적격성, 점용목적, 특별사용의 필요성 및 공익상의 영향 등을 참작하여 점용허가 여부 및 점용허가의 내용인 점용장소, 점용면적, 점용기간을 정할 수 있는 재량권을 가짐.18 ③-2. 도로점용허가는 도로의 일부에 대한 특정사용을 허가하는 것으로서 도로의 일반사용을 저해할 가능성이 있으므로 그 범위는 점용목적 달성에 필요한 한도로 제한되어야 함. 도로관리청이 도로점용허가를 하면서 특별사용의 필요가 없는 부분을 점용장소 및 점용면적에 포함하는 것은 그 재량권행사의 기초가 되는 사실인정에 잘못이 있는 경우에 해당하므로 그 도로점용허가 중 특별사용의 필요가 없는 부분은 위법함. 이러한 경우 도로점용허가를 한 도로관리청은 위와 같은 흠이 있다는 이유로 유효하게 성립한 도로점용허가 중 특별사용의 필요가 없는 부분을 직권취소할 수 있음이 원칙임.19 다만, 이 경우 행정청이 소급적 직권취소를 하려면 이를 취소하여야 할 공익상 필요와 그 취소로 인하여 당사자가 입을 기득권 및 신뢰보호와 법률생활안정의 침해 등 불이익을 비교·교량한 후 공익상 필요가 당사자의 기득권 침해 등 불이익을 정당화할 수 있을 만큼 강한 경우여야 함. 이에 따라 도로관리청이 도로점용허가 중 특별사용의 필요가 없는 부분을 소급적으로 직권취소하였다면, 도로관리청은 이미 징수한 점용료 중 취소된 부분의 점용면적에 해당하는 점용료를 반환하여야 함. ③-3. 행정청은 행정소송이 계속되는 때에도 직권으로 그 처분을 변경할 수 있음. 점용료 부과처분에 취소사유에 해당하는 흠이 있는 경우 도로관리청은 당초 처분 자체를 취소하고 흠을 보완하여 새로운 부과처분을 하거나, 흠 있는 부분에 해당하는 점용료를 감액하는 처분을 할 수 있음. 흠 있는 부분에 해당하는 점용료를 감액하는 처분은 당초 처분 자체를 일부 취소하는 변경처분에 해당하고, 그 실질은 종래의 위법한 부분을 제거하는 것으로서 흠의 치유와는 차이가 있음(대판 2019. 1. 17, 2016두56721·56738).20
취소가 제한되지 않는 경우	• 위험방지, 중대한 공익상의 필요가 있는 경우 • **수익자의 귀책사유가 있는 경우** : ㉠ 거짓이나 그 밖의 부정한 방법으로 처분을 받은 경우, ㉡ 당사자가 그 처분의 위법성을 알고 있었거나 중대한 과실로 알지 못한 경우
	①-1. 수익적 행정처분의 하자가 당사자의 사실은폐나 기타 사위의 방법에 의한 신청행위에 기인한 경우, **당사자의 신뢰이익을 고려하지 않았다고 하더라도 재량권의 남용이 되지 않음.**21 ①-2. 공장을 공장의 용도뿐만 아니라 공장 외의 용도로도 활용할 내심의 의사가 있었다고 하더라도 그와 같은 사유만으로는 이 사건 공장등록이 하자 있는 행정행위로서 취소사유가 있다고 할 수 없어 공장등록취소처분은 위법함(대판 2006. 5. 25, 2003두4669).22 ② 허위의 고등학교 졸업증명서를 제출하는 사위의 방법에 의한 하사관 지원의 하자를 이유로 하사관 임용일로부터 33년이 경과한 후에 행정청이 행한 하사관 및 준사관 임용취소처분은 적법함(대판 2002. 2. 5, 2001두5286).23

2) **쟁송취소** : 주로 부담적 행정행위가 그 대상이 되므로 원칙적으로 취소권의 제한이론이 적용되지 않음.

수익적 행정처분에 대한 취소권 등의 행사는 기득권의 침해를 정당화할 만한 중대한 공익상의 필요 또는 제3자의 이익보호의 필요가 있는 때에 한하여 허용될 수 있다는 법리는, 처분청이 수익적 행정처분을 직권으로 취소 · 철회하는 경우에 적용되는 법리일 뿐 쟁송취소의 경우에는 적용되지 않음(대판 2019. 10. 17, 2018두104).[24 25]

5 취소의 절차

- 행정행위의 직권취소는 독립적인 행정행위의 성격을 갖고 있기 때문에 행정절차법상의 처분절차에 따라 행하여져야 함.[26]
- 특히 수익적 행정행위의 직권취소의 경우는 상대방에게 부담적 효과를 발생시키기 때문에 사전통지(행정절차법 제21조), 의견청취(동법 제22조)를 거쳐야 하고 아울러 이유제시(동법 제23조)를 하여야 함.[27]

6 취소의 효과

1) 직권취소

(1) **소급효 여부** : 위법하거나 부당한 처분은 소급하여 취소함이 원칙이고, 당사자의 신뢰보호 등 정당한 사유가 있는 경우에만 장래를 향하여 취소할 수 있음.

행정기본법 제18조【위법 또는 부당한 처분의 취소】 ① 행정청은 위법 또는 부당한 처분의 전부나 일부를 소급하여 취소할 수 있다. 다만, 당사자의 신뢰를 보호할 가치가 있는 등 정당한 사유가 있는 경우에는 장래를 향하여 취소할 수 있다.[28 29 30]

(2) **관련문제** : 금전급부처분이 소급적으로 취소된 경우 잘못 지급된 급여액에 대해 별도의 징수처분이 행해지는 경우가 있는데, 이 경우 지급결정을 변경 또는 취소하는 처분이 적법하다고 하여 그에 터잡은 징수처분도 반드시 적법하다고 판단해야 하는 것은 아니고, 관련이익을 비교 · 교량하여 징수할 금액을 결정하여야 함.

1-1. 산업재해보상보험법상 각종 보험급여 지급결정을 변경 또는 취소하는 처분이 적법한 경우, 그에 터잡은 징수처분도 반드시 적법하다고 판단해야 하는 것은 아님.[31]

1-2. 근로복지공단이, 출장 중 교통사고로 사망한 甲의 아내 乙에게 요양급여 등을 지급하였다가 甲의 음주운전 사실을 확인한 후 요양급여 등 지급결정을 취소하고 이미 지급된 보험급여를 부당이득금으로 징수하는 처분을 한 사안에서, 요양급여 등 지급결정은 취소해야 할 공익상의 필요가 중대하여 乙 등 유족이 입을 불이익을 정당화할 만큼 강하지만, 이미 지급한 보험급여를 부당이득금으로 징수하는 처분은 공익상의 필요가 乙 등이 입게 된 불이익을 정당화할 만큼 강한 경우에 해당하지 않음(지급결정을 취소하는 처분은 적법하나 징수처분은 위법하다고 본 사안임)(대판 2014. 7. 24, 2013두27159).

2-1. 국민연금법이 정한 수급요건을 갖추지 못하였음에도 연금지급결정이 이루어진 경우, 이미 지급된 급여 부분에 대한 환수처분과 별도로 지급결정을 취소할 수 있음.

2-2. 연금지급결정을 취소하는 처분이 적법한 경우 그에 기초한 환수처분도 반드시 적법하다고 판단해야 하는 것은 아님(대판 2017. 3. 30, 2015두43971).[32]

2) **쟁송취소** : 소급하여 취소의 효력이 발생함(처음부터 그 처분이 없었던 것과 같은 상태로 된다는 의미임).

1. 운전면허취소처분을 받은 후 자동차를 운전하였으나 위 취소처분이 행정쟁송절차에 의하여 취소된 경우 (위 **운전면허취소처분은 그 처분시에 소급하여 효력을 잃게 되고,**[33] 위 운전면허취소처분에 복종할 의무가 원래부터 없었음이 확정되었다고 봄이 타당하므로) **운전면허취소처분 이후의 운전행위를 무면허운전이라 할 수는 없음**(대판 1999. 2. 5, 98도4239).[34]
2. 영업허가취소처분이 행정쟁송절차에 의하여 취소된 경우 **영업허가취소처분 이후의 영업행위를 무허가영업이라고 볼 수는 없음**(대판 1993. 6. 25, 93도277).[35 36]

7 하자 있는 취소의 취소

1) 수익적 행정행위의 취소의 취소 : 긍정. 다만, 취소 후 새롭게 형성된 제3자의 권익이 침해되는 경우에는 부정

1. 광업권취소처분 후 새로운 이해관계인이 생기기 전에는 취소처분을 취소하여 광업권을 회복시킬 수 있음.
2. 광업권 허가에 대한 취소처분을 한 후 광업권 설정의 선출원이 있는 경우에는 취소처분을 취소하여 광업권을 복구시키는 조처는 위법함(대판 1967. 10. 23, 67누126).[37]

2) 부담적 행정행위의 취소의 취소 : 부정

1. 과세관청은 부과의 취소를 다시 취소함으로써 원부과처분을 소생시킬 수는 없음(대판 1995. 3. 10, 94누7027).[38 39 40]
2. 지방병무청장이 현역병입영대상편입처분을 보충역편입처분이나 제2국민역편입처분으로 변경하였다면 그 후 변경된 새로운 병역처분의 성립에 하자가 있었음을 이유로 하여 이를 취소한다고 하더라도 종전의 병역처분의 효력이 되살아난다고 할 수 없음(대판 2002. 5. 28, 2001두9653).[41]

35 행정행위의 철회 등

p.129~132

1 철회의 의의

1) 개념 : 아무런 하자 없이 성립한 행정행위에 대해 그 효력을 존속시킬 수 없는 새로운 사정이 발생하였음을 이유로 장래에 향하여 그의 효력을 소멸시키는 행위를 말함(실정법상 '취소'라는 용어로 사용되기도 함).01 02

2) 직권취소와 철회의 구별

구 분	직권취소	철 회
사 유	원시적 하자	후발적 사유03 04 05
효 과	원칙적으로 소급효(다만, 당사자의 신뢰를 보호할 가치가 있는 등 정당한 사유가 있는 경우에는 장래를 향하여 취소할 수 있음).	원칙적 장래효06

2 철회권자와 법적 근거

철회권자	• 철회는 처분을 한 행정청만이 할 수 있음. • 감독청은 법률에 근거 없는 한 직접 철회할 수는 없음.07
법적 근거	• 행정기본법에 따르면 일정한 사유가 있으면 행정청은 처분을 철회할 수 있다는 법적 근거를 마련해 두고 있음(동법 제19조 제1항). • 처분청은 별도의 법적 근거가 없더라도 행정행위를 철회하거나 변경할 수 있음.
	행정행위를 한 처분청은 그 처분 당시에 그 행정처분에 별다른 하자가 없었고 또 그 처분 후에 이를 취소할 별도의 법적 근거가 없다 하더라도 원래의 처분을 그대로 존속시킬 필요가 없게 된 사정변경이 생겼거나 또는 중대한 공익상의 필요가 발생한 경우에는 별개의 행정행위로 이를 철회하거나 변경할 수 있음(대판 1992. 1. 17, 91누3130 ; 대판 1995. 2. 28, 94누7713).08

3 행정기본법상 철회의 사유

행정기본법 제19조【적법한 처분의 철회】① 행정청은 적법한 처분이 다음 각 호의 어느 하나에 해당하는 경우에는 그 처분의 전부 또는 일부를 장래를 향하여 철회할 수 있다.09

1. 법률에서 정한 철회사유에 해당하게 된 경우
2. 법령 등의 변경이나 사정변경으로 처분을 더 이상 존속시킬 필요가 없게 된 경우10
3. 중대한 공익을 위하여 필요한 경우11

4 철회사유의 존재와 상대방의 철회신청권

1) 처분청은 별도의 법적 근거가 없어도 별개의 행정행위로 이를 철회 · 변경할 수 있으나, 처분청이 철회할 수 있다는 사정만으로는 처분의 상대방 등에게 그 철회 · 변경을 요구할 신청권이 인정되지 않음.

처분청은 별도의 법적 근거가 없어도 별개의 행정행위로 이를 철회 · 변경할 수 있으나, 처분의 상대방 등이 그 철회 · 변경을 요구할 신청권은 없음(대판 1997. 9. 12, 96누6219).12

비교판례

건축허가는 대물적 성질을 갖는 것이어서 행정청으로서는 허가를 할 때에 건축주 또는 토지소유자가 누구인지 등 인적 요소에 관하여는 형식적 심사만 함.13 **건축주가 토지소유자로부터 토지사용승낙서를 받아 그 토지 위에 건축물을 건축하는 대물적 성질의 건축허가를 받았다가** 착공에 앞서 건축주의 귀책사유로 해당 토지를 사용할 권리를 상실한 경우, **건축허가의 존재로 말미암아 토지에 대한 소유권행사에 지장을 받을 수 있는** 토지소유자로서는 건축허가의 철회를 신청할 수 있다**고 보아야 함.** 따라서 토지소유자의 위와 같은 신청을 거부한 행위는 항고소송의 대상이 됨(대판 2017. 3. 15, 2014두41190).14

(건축주) (토지소유자) 甲 - 乙 2. 1. 매매계약	(건축주) (시장) 甲 - A 4. 1. 甲은 乙의 토지사용승낙서를 첨부하여 건축허가 신청	(건축주) (토지소유자) 甲 - 乙 12. 1. 잔금지급 기일

매매계약서에 의하면 甲이 잔금을 기일 내에 지급하지 못하면 즉시 매매계약이 해제될 수 있고 이 경우 토지사용승낙서는 효력을 잃으며 甲은 건축허가를 포기 · 철회하기로 甲과 乙이 약정하였음.

- 甲은 12. 1. 매매계약의 잔금을 치르지 못했고, 이로 인해 해당 매매계약은 해지가 되었음.
- 그러나 매매계약의 해지 이후에도 여전히 乙의 토지에 甲의 건축허가가 존재한다면, 乙은 다른 사람과의 매매계약에서 제한을 받을 수밖에 없음. 이 경우 토지소유자인 乙의 소유권행사에 큰 지장을 초래하는 것임.
- 따라서 건축주(甲)가 토지소유자(乙)로부터 토지사용승낙서를 받아 그 토지 위에 건축허가를 받았다가 착공에 앞서 건축주의 귀책사유로 해당 토지를 사용할 권리를 상실한 경우, 토지소유자는 건축허가의 철회를 신청할 수 있음.

2) 철회사유가 철회처분 이전에 해소된 경우에도 철회사유가 당연히 없어지는 것은 아님.

1-1. 체육지도자의 자격취소에 관한 구 국민체육진흥법 제12조 제1항 제4호에서 정한 '제11조의5 각 호의 어느 하나에 해당하는 경우'는 '제11조의5 각 호 중 어느 하나의 사유가 발생한 사실이 있는 경우'를 의미함.
1-2. 체육지도자가 금고 이상의 형의 집행유예를 선고받은 후 집행유예기간이 경과하는 등의 사유로 자격취소처분 이전에 결격사유가 해소된 경우에도 행정청은 체육지도자의 자격을 취소해야 함(대판 2022. 7. 14, 2021두62287).[15] 최신
2-1. 면허취소사유를 정한 구 의료법 제65조 제1항 단서 제1호의 '제8조 각 호의 어느 하나에 해당하게 된 경우'가 행정청이 면허취소처분을 할 당시까지 제8조 각 호의 결격사유가 유지되어야 한다는 의미라고 볼 수는 없음.
2-2. 의료인이 의료법을 위반하여 금고 이상의 형의 집행유예를 선고받고 유예기간이 지나 형 선고의 효력이 상실된 경우에도 의료법상 면허취소사유에 해당함(대판 2022. 6. 30, 2021두62171).[16] 최신

5 철회권의 제한

1) **부담적 행정행위의 철회** : 원칙적으로 자유로움.[17]

2) **수익적 행정행위의 철회** : 상대방의 신뢰와 법적 안정성을 해할 우려가 있으므로 철회사유가 발생한 경우에도 그것을 자유로이 철회할 수 있는 것은 아니며, 다음과 같은 제한을 받음.[18]

(1) **일반적 제한** : 여러 이익(공익상 필요, 신뢰보호, 법적 안정성 유지 등)을 비교 · 형량하여 철회 여부를 결정하여야 함.

행정기본법 제19조【적법한 처분의 철회】② 행정청은 제1항에 따라 처분을 철회하려는 경우에는 철회로 인하여 당사자가 입게 될 불이익을 철회로 달성되는 공익과 비교 · 형량하여야 한다.[19]

1. 수익적 행정처분을 취소 또는 철회하는 경우, 그 처분으로 인하여 공익상의 필요보다 상대방이 받게 되는 불이익 등이 막대한 경우에는 재량권의 한계를 일탈한 것으로서 그 자체가 위법함(대판 2004. 11. 26, 2003두10251).
2. 수익적 행정행위의 철회는 그 처분 당시 별다른 하자가 없었음에도 불구하고 사후적으로 그 효력을 상실케 하는 행정행위이므로, 법령에 명시적인 규정이 있거나 행정행위의 부관으로 그 철회권이 유보되어 있는 등의 경우가 아니라면, 원래의 행정행위를 존속시킬 필요가 없게 된 사정변경이 생겼거나 또는 중대한 공익상의 필요가 발생한 경우 등의 예외적인 경우에만 허용된다고 할 것임(대판 2005. 4. 29, 2004두11954).[20]

(2) **구체적 검토**

실 권	행정청이 철회사유가 있음을 알면서도 장기간 철회권을 행사하지 않은 경우에는 실권의 법리에 의해 철회권의 행사가 제한됨.[21]
비례의 원칙	비록 상대방의 귀책사유가 있더라도 철회가 아닌 다른 경미한 침해를 가져오는 수단으로도 그 목적을 달성할 수 있는 경우에 곧바로 철회권을 행사하는 것은 비례원칙에 위반됨.[22]
	건축허가를 받은 자가 건축허가가 취소되기 전에 공사에 착수한 경우, 착수기간이 지났다는 이유로 허가권자가 구 건축법 제11조 제7항에 따라 건축허가를 원칙적으로는 취소할 수 없음(대판 2017. 7. 11, 2012두22973).[23]
일부철회의 문제	비록 외형상 하나의 행정행위라 하더라도 가분성이 있거나 일부가 특정될 수 있는 경우에 일부철회로도 목적을 달성할 수 있으면 일부만을 철회하여야 할 것이지 전부를 철회해서는 안 됨.
	국고보조조림결정에서 정한 조건에 일부만 위반했음에도 그 조림결정 전부를 취소(편저자 주 : 철회를 의미함)한 것은 위법함(대판 1986. 12. 9, 86누276).[24]

6 철회의 절차

- 철회 역시 하나의 행정행위로서 행정절차법상의 절차를 거쳐야 함.[25] 특히 수익적 행정행위의 철회는 권리를 제한하는 처분이므로 사전통지절차(행정절차법 제21조)와 이유제시(동법 제23조) 등 행정절차법상의 절차를 거쳐야 함.[26]
- 한편, 판례는 행정절차법이 제정되기 이전부터 철회에 이유제시가 필요하다는 입장임.

7 철회의 효과

- 행정청이 적법한 처분의 전부 또는 일부를 장래를 향하여 철회할 수 있음(행정기본법 제19조 제1항).
- 원칙적 장래효, 예외적으로 법적 근거가 있으면 소급효도 있을 수 있음(판례).[27]

> 1. (부정한 방법으로 보조금을 교부받아 사용한 것을 이유로) 영유아보육법 제30조 제5항에 따른 어린이집 평가인증의 취소는 평가인증 당시에 존재하였던 하자가 아니라 그 **이후에 새로이 발생한 사유로 평가인증의 효력을 소멸시키는 경우에 해당하므로, 법적 성격은 평가인증의** '철회'에 해당**함**.
> 2. **행정청이** 평가인증 이후에 새로이 발생한 사유를 들어 **평가인증을 철회하는 처분을 하면서도**, 평가인증의 효력을 과거로 소급하여 상실시키기 위해서는 영유아보육법 제30조 제5항과는 별도의 법적 근거가 필요**함**(대판 2018. 6. 28, 2015두58195).[28 29]

8 철회의 취소 - 취소의 취소에 준하여 판단

> 행정청이 의료법인의 이사에 대한 이사취임승인취소처분을 직권으로 취소한 경우, 그로 인하여 이사가 소급하여 지위를 회복하게 되고 법원에 의하여 선임된 임시이사는 법원의 해임결정이 없더라도 당연히 그 지위가 소멸됨〔수익적 행정행위의 철회(이사취임승인을 취소한 것)의 직권취소를 인정한 판례〕(대판 1997. 1. 21, 96누3401).[30 31]

9 행정행위의 실효

1) 실효의 의의

(1) 개념 : 아무런 하자 없이 적법하게 성립한 행정행위가 일정한 사실의 발생에 의하여 장래를 향하여 당연히 그 효력이 소멸되는 것[32]

(2) 구별개념

- 무효는 처음부터 아무런 효력이 발생하지 않는 데 비해, 실효는 일단 발생한 효력이 사후에 소멸됨.[33]
- 또한 취소와 철회는 행정청의 별도의 의사표시가 필요하나, 실효는 행정청의 의사표시와 무관하게 당연히 효력이 소멸함.

2) 실효의 사유

(1) **행정행위의 대상의 소멸** : 자진폐업, 대물적 허가에 있어 영업시설이 모두 철거된 경우 등

> 신청에 의한 허가처분을 **자진폐업한 경우 허가는 당연히 실효**되고, 허가행정청의 허가취소처분은 허가의 실효됨을 확인하는 것에 불과하므로 원고는 그 허가취소처분의 취소를 구할 소의 이익이 없음(대판 1981. 7. 14, 80누593).[34]

(2) 해제조건의 성취, 종기의 도래[35]

(3) 목적의 달성 또는 목적달성의 불가능

(4) 행정행위의 변경의 경우

- 행정행위의 변경이라 함은 행정행위의 내용의 일부 또는 전부를 다른 내용으로 변경하는 것을 말함(예 현역병의 병역처분을 받은 병역의무자에게 질병 또는 심신장애나 그 치유 등의 사유가 발생한 경우에 병역법 제65조 등에 따라 병역면제처분으로 변경하는 것).
- 행정행위의 변경에 요구되는 적법요건(주체 · 내용 · 형식 · 절차 및 표시의 요건)은 변경 전의 행위에 적용되었던 적법요건과 다를 바 없음.
- 변경의 효과로 판례는 선행처분의 주요 부분을 실질적으로 변경하는 내용으로 후행처분을 한 경우에 선행처분은 특별한 사정이 없는 한 그 효력을 상실한다고 보고 있음(대판 2022. 7. 28, 2021두60748). 최신

Topic

36 행정상의 확약

p.132~135

1 확 약

1) **확약의 개념** : 행정청이 자기구속의 의도로 사인에 대해 장래의 작위 또는 부작위를 약속하는 의사표시 중 약속된 대상이 행정행위인 경우

2) **법적 근거**

- 행정절차법에는 확약에 관한 규정 있음.01

> **행정절차법 제40조의2【확약】** ① 법령 등에서 당사자가 신청할 수 있는 처분을 규정하고 있는 경우 행정청은 당사자의 신청에 따라 장래에 어떤 처분을 하거나 하지 아니할 것을 내용으로 하는 의사표시(이하 "확약"이라 한다)를 할 수 있다.02 최신

- **본처분권한포함설(통설)** : 개별법에 확약에 관한 별도 규정이 없더라도 확약은 가능03

3) **확약의 성질(처분성 여부)** : 확약(어업권 우선순위결정)의 처분성 부정

> 어업권면허에 선행하는 우선순위결정은 **행정청이 우선권자로 결정된 자의 신청이 있으면 어업권면허처분을 하겠다는 것을 약속하는 행위로서 강학상** 확약에 불과하고 행정처분은 아니므로,04 05 **우선순위결정에** 공정력이나 불가쟁력과 같은 효력은 인정되지 아니하며,06 따라서 우선순위결정이 잘못되었다는 이유로 종전의 어업권면허처분이 취소되면 행정청은 종전의 우선순위결정을 무시하고 다시 우선순위를 결정한 다음 새로운 우선순위결정에 기하여 새로운 어업권면허를 할 수 있음(대판 1995. 1. 20, 94누6529).

4) **확약의 허용성** : 재량행위는 물론 기속행위도 법적 근거가 없더라도 확약 가능(통설)07

5) **확약의 발생요건과 효과**

(1) 요 건

주 체	본행정처분을 할 수 있는 권한을 가진 행정청이 그 권한범위 내에서 하여야 함.
내 용	적법하고 실현가능한 내용을 가져야 함.
절 차	행정청은 다른 행정청과의 협의 등의 절차를 거쳐야 하는 처분에 대하여 확약을 하려는 경우에는 확약을 하기 전에 그 절차를 거쳐야 함(행정절차법 제40조의2 제3항).08 최신
형 식	확약은 문서로 하여야 함(동법 제40조의2 제2항).09 10 최신

(2) **효과** : 확약을 발령한 행정기관은 자기구속의 의무를 지게 되어 확약 상대방에게 그 내용에 따른 행정행위를 해야 할 의무를 부담함. 동시에 상대방은 행정기관에 대해 확약의 내용을 이행할 것을 청구할 수 있는 권리가 인정됨.11

6) **확약의 실효(구속력의 배제)** : 확약 후 사실적 · 법률적 상태의 변경이 있는 경우 확약은 행정청의 별다른 의사표시 없어도 실효됨(다수설, 판례).

> **행정절차법 제40조의2【확약】** ④ 행정청은 다음 각 호의 어느 하나에 해당하는 경우에는 확약에 기속되지 아니한다.
> 1. 확약을 한 후에 확약의 내용을 이행할 수 없을 정도로 법령 등이나 사정이 변경된 경우12
> 2. 확약이 위법한 경우13
>
> ⑤ 행정청은 확약이 제4항 각 호의 어느 하나에 해당하여 확약을 이행할 수 없는 경우에는 지체 없이 당사자에게 그 사실을 통지하여야 한다.14 최신

> 행정청이 상대방에게 장차 어떤 처분을 하겠다고 확약 또는 공적인 의사표명을 하였다고 하더라도, 그 자체에서 **상대방으로 하여금 언제까지 처분의 발령을 신청하도록 유효기간을 두었는데도 그 기간 내에 상대방의 신청이 없었다거나** 확약 또는 공적인 의사표명이 있은 후에 사실적 · 법률적 상태가 변경**되었다면, 그와 같은 확약 또는 공적인 의사표명은 행정청의 별다른 의사표시를 기다리지 않고** 실효**됨**(대판 1996. 8. 20, 95누10877).[15]

7) 권리구제

(1) **확약 자체에 대한 행정쟁송** : 확약의 처분성을 부정하는 판례에 따르면 확약 그 자체에 대해 취소소송 등 항고소송을 제기할 수는 없음.[16]

(2) **확약의 불이행에 대한 행정쟁송** : 행정기관이 확약을 불이행하는 경우 확약의 상대방은 행정심판법상 의무이행심판을 청구하거나 행정소송법상 부작위위법확인소송을 제기할 수 있음. 또한, 약속된 본행정행위의 신청에 대해 이를 거부한 경우에는 거부처분취소소송도 제기할 수 있음.

(3) **손해배상** : 행정기관의 확약의 불이행으로 손해가 발생한 경우 국가배상법 제2조의 요건이 충족되면 행정상 손해배상을 청구할 수 있음.[17]

2 확약의 구별개념

1) **단계적 행정결정유형** : 가행정행위, 예비결정(사전결정), 부분허가(부분승인)

2) 가행정행위

(1) **의의** : 최종적인 행정행위가 있기 전에 사실관계 또는 법률관계의 계속적인 심사를 유보한 상태에서 행정법관계의 권리 · 의무에 대해 잠정적으로만 행정행위로서의 구속력을 가지는 행정작용(급부행정영역뿐만 아니라 침해행정영역에서도 인정)

(2) **구체적 예** : 징계의결이 요구 중인 자에 대해 아직 최종적인 징계처분을 내리기 전에 일단 직무를 수행하지 못하도록 하기 위해 직위해제처분을 하는 경우 등

(3) **특 징**

- 가행정행위는 최종적 결정이 내려지면 새로운 행위로 대체되므로 행정행위의 효력 중 존속력(특히, 불가변력)을 갖지 못함.
- 또한, 상대방은 새로운 최종적 행정행위의 발령을 예상할 수 있으므로 가행정행위에 대한 신뢰, 즉 신뢰보호의 원칙을 주장할 수 없음.[18]

(4) **법적 근거** : 불필요(다수설)

(5) **법적 성질** : 행정행위성 긍정(다수설)

(6) **권리구제**

- 가행정행위는 그 효력이 잠정적이라는 것 외에는 일반 행정행위와 동일한 성질을 가짐.[19] 따라서 가행정행위로 인하여 권익의 침해를 받은 경우 일반 행정행위와 마찬가지로 취소소송 또는 취소심판 제기 가능함.
- 단, 잠정적 처분 후 종국적 처분이 있게 되면 선행처분은 후행처분에 흡수되어 소멸하므로 이러한 경우에 잠정적 선행처분(가처분)을 다투는 소는 부적법하게 됨.[20]

> 공정거래위원회가 부당한 공동행위를 한 사업자에게 과징금 부과처분(선행처분)을 한 뒤, 다시 자진신고 등을 이유로 과징금 감면처분(후행처분)을 한 경우, 후행처분이 종국적 처분이고 선행처분이 잠정적 처분으로서 후행처분이 있을 경우 선행처분은 후행처분에 흡수되어 소멸하므로, 선행처분의 취소를 구하는 소는 이미 효력을 잃은 처분의 취소를 구하는 것으로 부적법함(대판 2015. 2. 12, 2013두987).[21]

3) 예비결정(사전결정)

(1) **개념** : 종국적인 행정결정이 행해지기 전에 사전적인 단계로서 여러 요건 중 하나 또는 일부에 대해 우선적으로 심사하여 내린 결정

(2) **구체적 예** : 폐기물관리법상의 폐기물처리사업계획에 대한 적정결정 또는 부적정결정 등

(3) **법적 성질**

- **통설** : 예비결정은 비록 제한적인 효력을 가지지만 상대방의 권리 · 의무에 영향을 주는 법적 효과를 가진다는 점에서 그 자체로 하나의 완결된 행정행위임.[22]
- **판례** : 예비결정의 처분성 긍정[23]

> 1. **폐기물관리법 관계법령에 의한** 폐기물처리업 허가권자의 **부적성통보는 행정처분임**(대판 1998. 4. 28, 97누21086).[24][25]
> 2. 행정청이 폐기물처리사업계획서의 적합 여부를 판단하는 경우 행정청에 광범위한 재량권이 인정됨(대판 2023. 7. 27, 2023두35661).[26] 최신

(4) **법적 효과**

예비결정의 구속력을 긍정한 경우	예비결정의 구속력을 부정한 경우
예비결정은 후행결정에 대해 구속력을 가짐. 따라서 행정청은 합리적 사유 없이 종국적 결정에서 예비결정의 내용과 모순되는 결정을 못함.	예비결정시 파악하지 못한 공익을 현저히 해치는 사정이 있다면 예비결정에 구속되지 않고 다시 재량권행사 가능함.
폐기물관리법상의 사업계획에 대한 적정통보가 **있는 경우 폐기물사업의 허가단계에서는 나머지 허가요건만을 심사함**(대판 1998. 4. 28, 97누21086).[27]	1. 주택건설사업계획승인은 재량행위로서 주택건설사업계획의 사전결정이 있다 하더라도 여전히 재량행위임.[28] 2. 따라서 **주택건설사업계획승인을 함에 있어 비록 사전결정을 하였다고 하더라도 사전결정에 기속되지 않고** 사익과 공익을 비교 · 형량하여 **그 승인 여부를 결정할 수 있음**(대판 1999. 5. 25, 99두1052).[29]

(5) **권리구제** : 처분성을 가지므로 취소소송 등 제기 가능. 단, 최종행정행위가 있게 되면 예비결정(사전결정)은 원칙적으로 최종행정행위에 흡수됨.

4) 부분허가

(1) **개념** : 단계적 행정행위의 일부에 대하여 행하는 허가

(2) **예비결정과 부분허가의 구별** : 예비결정과 달리 부분허가는 부분허가를 받게 되면 그 대상이 되는 행위를 적법하게 할 수 있음.

(3) **법적 성질**

- **학설** : 부분허가는 비록 제한된 사항이지만 그 부분허가가 규율하는 사항에 대해서는 법적 효과가 종국적으로 발생한다는 점에서 행정행위의 성질을 가짐.
- **판례** : 부분허가(원자로시설부지 사전승인)의 처분성 긍정

> 1. **원자력법(현 원자력안전법) 제11조 제3항 소정의** 부지사전승인처분은 **그 자체로서 독립한** 행정처분임.[30][31]
> 2. 그러나 부지사전승인처분 후 건설허가처분이 있게 되면 **부지사전승인처분은 건설허가처분에 흡수되어 독립된 존재가치를 상실함으로써** 건설허가처분만이 소송의 대상이 됨(대판 1998. 9. 4, 97누19588).[32]
>
> ☑ 부지사전승인처분은 예비결정과 부분허가의 성격을 모두 가짐.

(4) **법적 근거** : 행정청은 부분허가에 대한 별도의 법적 근거가 없더라도 부분허가 가능(부분허가권은 허가권한에 포함되는 것)[33]

(5) **법적 효과** : 부분허가를 받은 자는 부분허가를 받은 범위 내에서 허가받은 행위를 할 수 있음.

(6) **권리구제** : 부분허가에 대해 다툼이 있는 자는 취소소송 등 항고소송을 통해 권리구제를 받을 수 있음.

Topic

37 행정계획

p.135~140

1 행정계획의 내용

1) **개념** : 행정주체가 행정목표를 설정하고 행정목표 달성을 위해 행정수단을 종합 · 조정함으로써 장래 일정한 시점에서 일정한 목표를 실현하는 것을 내용으로 하는 행정의 행위형식

2) 행정계획의 종류

(1) **구속적 계획** : 국민 또는 행정기관에 대해 일정한 구속력을 가지는 일체의 행정계획

1. 도시설계는 도시계획의 한 종류로서 도시설계지구 내의 모든 건축물에 대하여 구속력을 가지는 구속적 행정계획의 법적 성격을 가짐(헌재 2003. 6. 26, 2002헌마402).**01**
2. 이미 고시된 실시계획에 포함된 **상세계획**으로 관리되는 토지 위의 건물의 용도를 상세계획 승인권자의 변경승인 없이 임의로 판매시설에서 **상세계획에 반하는 일반목욕장으로 변경한 사안에서, 그 영업신고를 수리하지 않고 영업소를 폐쇄한 처분은 적법함**(대판 2008. 3. 27, 2006두3742).**02**

(2) **비구속적 계획** : 단순한 내부지침에 불과한 것으로 국민은 물론 행정기관에 대해서도 아무런 법적 구속력을 가지지 못하는 계획

1. 구 도시계획법(현 「국토의 계획 및 이용에 관한 법률」) 제10조의2 소정의 **도시기본계획**은 도시계획입안의 지침이 되는 것에 불과할 뿐 **일반국민에 대한 직접적인 구속력은 없는 것임**(대판 2002. 10. 11, 2000두8226).**03**
2. 구 도시계획법 제19조 제1항 및 지방자치단체의 도시계획조례에서 말하는 **도시기본계획**은 **행정청에 대한 직접적 구속력은 없음**(대판 2007. 4. 12, 2005두1893).**04**

3) 법적 성질

(1) **복수성질** : 법률의 형식에 의해 수립되는 행정계획은 법률의 성질을 가지며, 법규명령의 형식에 의해 수립되는 행정계획은 법규명령의 성질을 가짐.

(2) 판 례

처분성 긍정	처분성 부정
국민의 권리 · 의무에 구체적 · 개별적인 영향을 미치는 행정계획**05**	구체적인 행정계획을 입안함에 있어 행정활동의 지침으로서만의 성격에 그치거나 행정조직 내부에서의 효력만을 가지는 행정계획**06 07**
① 도시계획결정**08** ② 구 도시재개발법에 의한 재개발조합의 관리처분계획**09 10** ③ 구 「도시 및 주거환경정비법」에 따른 주택재건축정비사업조합이 수립한 사업시행계획이 인가 · 고시를 통해 확정된 경우**11 12** ④ 개발제한구역지정처분**13** ⑤ 환지예정지지정 및 환지처분	① 도시기본계획**14 15** ② 환지계획**16** ③ 4대강 살리기 마스터플랜**17**

써니쌤 Talk

조합이 수립한 사업시행계획, 관리처분계획이 인가 · 고시를 통해 확정

조합설립결의 - 인가(특허) ⇨	사업시행계획(안) - 인가(인가) ⇨	관리처분계획(안) - 인가(인가)
조합설립결의에 대한 인가는 **특허**로, 조합을 **행정주체**로 만들어주는 **설권행위**임.	행정주체인 조합이 만든 사업시행계획이 행정청의 인가처분으로 확정되면 해당 계획은 **구속적 행정계획**으로 **행정처분**에 해당함.	관리처분계획이 행정청의 인가처분으로 확정되면 **구속적 행정계획**으로 조합이 행한 **처분**에 해당함.

4) 법적 근거 : 구속적 계획은 국민의 권리 · 의무에 영향을 미치거나 행정기관에 대해 법적인 구속력을 가지므로 작용법적 근거가 필요함.[18]

1. '권한 있는' 행정청이 수립한 후행 도시계획에 선행 도시계획과 서로 양립할 수 없는 내용이 포함되어 있다면 특별한 사정이 없는 한 선행 도시계획은 후행 도시계획과 같은 내용으로 변경된 것으로 볼 수 있음.[19]
2. 후행 도시계획의 결정을 하는 행정청이 선행 도시계획의 결정 · 변경 등에 관한 '권한을 가지고 있지 아니한 경우' 선행 도시계획과 양립할 수 없는 내용이 포함된 후행 도시계획결정은 무효임(대판 2000. 9. 8, 99두11257).[20 21]

5) 행정계획의 절차

(1) 절차적 통제(사전통제)의 중요성

(2) 행정절차법의 태도

- 행정청은 행정청이 수립하는 계획 중 국민의 권리 · 의무에 직접 영향을 미치는 계획을 수립하거나 변경 · 폐지할 때에는 관련된 여러 이익을 정당하게 형량하여야 함(행정절차법 제40조의4).[22] 최신
- 한편 행정계획은 원칙적으로 행정절차법상 행정예고의 대상이 되며, 행정계획이 행정입법의 형식을 띠는 경우에는 행정절차법상의 행정입법예고절차가, 처분의 형식을 띠는 경우에는 행정절차법상의 처분절차가 적용됨.

행정절차법 제46조【행정예고】① 행정청은 정책, 제도 및 계획(이하 '정책 등'이라 한다)을 수립 · 시행하거나 변경하려는 경우에는 이를 예고하여야 한다. 다만, 다음 각 호의 어느 하나에 해당하는 경우에는 예고를 하지 아니할 수 있다.
1.~4. 생략

(3) 절차하자의 효과

1. 환지계획인가 후에 수정하고자 하는 내용에 대하여 토지소유자 등 이해관계인의 공람절차를 거치지 아니한 채 수정된 내용에 따라 한 환지예정지지정처분은 당연무효임(대판 1999. 8. 20, 97누6889).[23]
2. 도시관리계획결정 · 고시와 그 도면에 특정 토지가 도시관리계획에 포함되지 않았음이 명백한데도 도시관리계획을 집행하기 위한 후속 계획이나 처분에서 그 토지가 도시관리계획에 포함된 것처럼 표시되어 있는 경우, 이것은 실질적으로 도시관리계획결정을 변경하는 것에 해당하여 구 「국토의 계획 및 이용에 관한 법률」 제30조 제5항에서 정한 도시관리계획변경절차를 거치지 않는 한 당연무효임(대판 2019. 7. 11, 2018두47783).[24]
3. 도시계획의 입안에 있어 도시계획안의 공고 및 공람절차에 하자가 있는 도시계획결정은 위법함(대판 2000. 3. 23, 98두2768).[25]
4. 공청회와 이주대책이 없는 도시계획결정은 취소사유에 해당하는 위법이 있음(대판 1990. 1. 23, 87누947).[26]

6) 행정계획의 효력발생요건 – 공포 또는 고시

행정청이 적법한 절차를 거쳐 도시계획결정 등의 처분을 하였다고 하더라도 이를 관보에 게재하여 고시하지 아니한 이상 대외적으로는 아무런 효력이 발생하지 아니함(대판 1985. 12. 10, 85누186).[27]

7) 계획재량

(1) 계획재량의 의의

- 계획규범의 특색 : 목표는 제시하지만 그 목표실현을 위한 수단은 추상적으로 제시할 뿐 구체적으로 제시하지 않는 형태를 취하는 것을 특징으로 함. 이러한 점에서 계획법률은 목적프로그램 또는 목적 · 수단프로그램이라고 부르기도 함.[28]
- 계획재량의 개념 : 행정청이 행정계획을 입안하고 결정함에 있어 광범위한 형성의 자유를 가지는 것

(도시계획법 등 관계법령에는 추상적인 행정목표와 절차만이 규정되어 있을 뿐 행정계획의 내용에 대하여는 별다른 규정을 두고 있지 아니하므로) **행정주체는 구체적인 행정계획을 입안 · 결정함에 있어서 비교적 광범위한 형성의 자유를 가짐** (대판 2000. 3. 23, 98두2768).29

(2) **계획재량의 성질** – 행정재량과 질적 차이 인정 여부(학설 대립)

질적 차이를 인정하는 견해(통설)	질적 차이를 인정하지 않는 견해
일반재량과 계획재량은 규범구조 면에서 차이가 있고, 형량명령이라는 특유의 하자이론이 존재한다는 것을 근거로 질적 차이가 있다는 견해	규범구조 면의 차이는 질적 차이를 가져올 만큼 본질적인 것이 아니고 형량명령이라는 것도 비례원칙의 내용에 해당하는 법원리일 뿐이라는 점을 근거로 질적 차이를 부정하고 양적 차이만 인정하는 견해

8) **계획재량의 하자**

(1) **형량명령**

- 행정계획에 광범위한 형성의 자유, 즉 계획재량이 인정된다 하더라도 이러한 재량 역시 법령 등을 위반할 수가 없으며 무엇보다도 관련된 여러 이익, 즉 공익과 사익 간, 공익 상호 간 및 사익 상호 간의 정당한 비교 · 형량(교량)이 행해질 것이 요구되는데,30 이를 형량명령의 원칙이라 하며 판례도 이러한 원리를 반영하고 있음.
- 형량명령은 계획결정에 있어 비례의 원칙을 고려한 것으로 볼 수도 있으며 계획재량의 통제원리로 작용함.31
- 이익형량을 함에 있어서는 법령에서 고려하도록 규정한 이익은 물론 법령에 규정되지 않은 이익도 행정계획과 관련이 있으면 모두 형량명령에 포함시켜야 함.32

행정주체가 구체적인 행정계획을 입안 · 결정할 때 가지는 형성의 자유의 한계에 관한 법리(편저자 주 : 형량명령)는 주민의 입안 제안 또는 변경신청을 받아들여 도시관리계획결정을 하거나 도시계획시설을 변경할 것인지를 결정할 때에도 동일하게 적용됨(대판 2012. 1. 12, 2010두5806).33

(2) **형량의 하자**

개 념	형량명령을 위반한 것을 의미하는데, 형량의 하자가 있으면 행정계획은 위법하게 됨.	
구체적 내용	조사의 결함	조사의무를 이행하지 않은 경우
	형량의 해태(형량의 부존재)	형량을 전혀 행하지 않은 경우
	형량의 흠결(형량의 누락)	형량의 고려대상에서 마땅히 포함시켜야 할 사항을 빠뜨리고 형량을 행한 경우34
	오형량(형량의 불비례)	형량을 하긴 하였으나 객관성 · 비례성을 결한 경우35
판례 입장	① 행정주체가 가지는 이와 같은 형성의 자유는 무제한적인 것이 아니라 **그 행정계획에 관련되는 자들의 이익을 공익과 사익 사이에서는 물론이고 공익 상호 간과 사익 상호 간에도 정당하게 비교 · 형량하여야 한다는 제한**이 있는 것이고,36 **행정주체가 행정계획을 입안 · 결정함에 있어서** 이익형량을 전혀 행하지 아니하거나, **이익형량의** 고려대상에 마땅히 포함시켜야 할 사항을 누락한 경우 **또는** 이익형량을 하였으나 정당성과 객관성이 결여된 경우**에는 그 행정계획결정은 형량에 하자가 있어** 위법함(대판 2006. 9. 8, 2003두5426).37 38 ② **행정주체가 행정계획을 입안 · 결정함에 있어서 이익형량을 전혀 행하지 아니하거나 이익형량의 고려대상에 마땅히 포함시켜야 할 사항을 누락한 경우 또는 이익형량을 하였으나 정당성 · 객관성이 결여된 경우에는 그 행정계획결정은** 재량권을 일탈 · 남용한 것으로서 위법**함**(대판 1996. 11. 29, 96누8567).39	

2 행정계획 관련 사인의 권리

1) **계획보장청구권(행정계획과 신뢰보호)**

(1) **의의** : 신뢰보호의 요구와 계획의 변경가능성의 충돌 문제와 관련하여 계획보장청구권이 논의됨.

(2) **인정 여부** : 계획의 가변성40으로 인해 원칙적으로 계획보장청구권은 인정되기 어려움.41

2) 계획변경청구권

(1) 판 례

- 원칙 : 계획변경청구권을 원칙적으로 부정함.42
- 예외 : 일정한 행정처분을 신청할 수 있는 지위에 있는 자의 국토이용계획변경신청을 거부하는 것이 실질적으로 당해 행정처분 자체를 거부하는 결과가 되는 경우 등에는 예외적으로 인정함.43

(2) 구체적 검토

<table>
<tr><td>부정한 판례</td><td>1. 도시계획과 같이 장기성 · 종합성이 요구되는 행정계획에 있어서 그 계획이 일단 확정된 후 어떤 사정의 변동이 있다 하여 지역주민에게 일일이 그 계획의 변경을 청구할 권리를 인정해 줄 수도 없는 것임.44
2. 주민에게는 도시계획변경을 청구할 권리를 원칙적으로 인정해 줄 수 없으므로 지역주민의 도시계획변경신청에 대한 거부통지는 항고소송의 대상이 되는 행정처분이 아님(대판 1994. 1. 28, 93누22029).</td></tr>
<tr><td>긍정한 판례</td><td>① 장래 일정한 기간 내에 관련법령이 규정하는 시설 등을 갖추어 일정한 행정처분을 구하는 신청을 할 수 있는 법률상 지위에 있는 자의 국토이용계획변경신청을 거부하는 것이 실질적으로 당해 행정처분 자체를 거부하는 결과가 되는 경우에는 예외적으로 그 신청인에게 국토이용계획변경을 신청할 권리가 인정됨(대판 2003. 9. 23, 2001두10936).45 46 47 48

행정청 – 甲
甲이 제출한 폐기물처리사업 계획서를 검토하여 그에 대한 적정통보를 함.

甲 – 행정청
폐기물처리업허가신청 ⇨ 거부

甲 – 행정청
폐기물처리업허가를 받기 위하여 해당 사업이 시행될 토지에 대하여 '농림지역'에서 '준도시지역'으로 변경하는 국토이용계획변경신청 ⇨ 거부

• 행정청은 폐기물처리업에 대한 인근주민의 반대가 극심하여 실질적으로 폐기물사업 유치가 어렵다는 등의 이유로 용도지역 변경을 승인할 수 없다는 계획변경승인거부처분을 함. 폐기물처리사업계획 적정통보에 따라 사업착수를 위한 제반 준비를 거의 마친 甲은 행정청을 상대로 관할법원에 계획변경승인거부처분취소소송을 제기한 사안임.
• 위 사안에서 폐기물처리사업계획의 적정통보를 받은 甲은 장래 일정한 기간 내에 관계법령이 규정하는 시설 등을 갖추어 폐기물처리업허가신청을 할 수 있는 법률상 지위에 있음.
• 행정청으로부터 폐기물처리사업계획의 적정통보를 받은 甲이 폐기물처리업허가를 받기 위하여는 용도지역을 '농림지역'에서 '준도시지역'으로 변경하는 국토이용계획변경이 선행되어야 하는데 甲의 위 계획변경신청을 행정청이 거부한다면 이는 실질적으로 甲에 대한 폐기물처리업허가신청을 불허하는 결과가 됨(농림지역에서는 폐기물처리업허가가 불가능하므로 국토이용계획변경이 거부된 이상 폐기물처리업을 할 수 없게 됨).
• 이러한 경우 예외적으로 甲에게 국토이용계획변경을 신청할 권리가 인정되고 그 신청에 대한 거부행위는 항고소송의 대상이 되는 행정처분에 해당함.

② 헌법상 개인의 재산권보장의 취지에 비추어 보면, 문화재보호구역 내에 있는 토지소유자 등으로서는 위 보호구역의 지정해제를 요구할 수 있는 법규상 또는 조리상의 신청권이 있다고 할 것이고,49 이러한 신청에 대한 거부행위는 항고소송의 대상이 되는 행정처분에 해당함(대판 2004. 4. 27, 2003두8821).50
③ 「국토의 계획 및 이용에 관한 법률」 규정에 헌법상 개인의 재산권보장의 취지를 더하여 보면, 도시계획구역 내 토지 등을 소유하고 있는 사람과 같이 도시계획시설결정에 이해관계가 있는 주민에게는 도시계획시설입안권자에게 도시시설계획의 입안 내지 변경을 요구할 수 있는 법규상 또는 조리상의 신청권이 있다 할 것이고 이러한 신청에 대한 거부행위는 항고소송의 대상이 되는 행정처분에 해당함(대판 2015. 3. 26, 2014두42742).51 52 53 54
④ 산업단지개발계획상 산업단지 안의 토지소유자로서 산업단지개발계획에 적합한 시설을 설치하여 입주하려는 자에게 산업단지지정권자 또는 그로부터 권한을 위임받은 기관에 대하여 산업단지개발계획의 변경을 요청할 수 있는 법규상 또는 조리상 신청권이 있으며 따라서 이러한 신청에 대한 거부행위는 항고소송의 대상이 되는 행정처분에 해당함(대판 2017. 8. 29, 2016두44186).55</td></tr>
</table>

3) 행정계획과 권리구제

- 행정계획이 공권력행사로서의 실체를 가지면서 항고소송의 대상인 처분이 아닌 경우에는 헌법소원의 대상이 됨(보충성의 원칙).
- 헌법재판소는 서울대학교 '94학년도 대학입학고사 주요 요강' 사건에서 대학입학고사 주요 요강은 항고소송의 대상인 처분은 아니지만, 그러한 비구속적 행정계획안도 국민의 기본권에 직접 영향을 끼치는 내용일 때에는 공권력행위로서 헌법소원의 대상이 된다고 판시함.[56] [57]

1. 비구속적 행정계획안**이나 행정지침이라도** 국민의 기본권에 직접적으로 영향**을 끼치고,** 앞으로 법령의 뒷받침에 의하여 그대로 실시될 것이 틀림없을 것으로 예상**될 수 있을 때에는, 공권력행위로서** 예외적으로 헌법소원의 대상**이 될 수 있음**(헌재 2000. 6. 1, 99헌마538 등).[58] [59]
2. 2012년도 대학교육역량강화사업 **기본계획** 중 총장직선제 개선을 국 · 공립대 선진화 지표로 규정한 부분, 2013년도 대학교육역량강화사업 기본계획 중 총장직선제 개선 규정을 유지하지 않는 경우 지원금 전액을 삭감 또는 환수하도록 규정한 부분이 **헌법소원의 대상이 되는 공권력행사에 해당하지 않음**(헌재 2016. 10. 27, 2013헌마576).[60]

4) **장기미집행 도시계획 관련문제** : 장기미집행 도시계획시설결정의 실효제도는 헌법상 재산권으로부터 당연히 도출되는 권리는 아니며 법률의 근거가 필요함.

장기미집행 도시계획시설결정의 실효제도는 도시계획시설부지로 하여금 도시계획시설결정으로 인한 사회적 제약으로부터 벗어나게 하는 것으로서 결과적으로 개인의 재산권이 더 보호되는 측면이 있는 것은 사실이나, 이와 같은 보호는 입법자가 새로운 제도를 마련함에 따라 얻게 되는 법률에 기한 권리일 뿐 헌법상 재산권으로부터 당연히 도출되는 권리는 아님(헌재 2005. 9. 29, 2002헌바84 · 89, 2003헌마678 · 943 병합).[61] [62]

Topic

38 공법상 계약

p.140~143

1 의의

- 공법상 계약이란 공법상 법률관계의 변동, 즉 공법적 효과를 발생시키는 행위로서[01] 적어도 한쪽 당사자는 행정주체인 양 당사자 간 반대방향의 의사합치를 말함.
- 다만, 행정주체가 체결하는 계약이 모두 공법상 계약인 것은 아님〔행정주체와 사인 간의 국유 또는 공유재산(잡종재산)의 임대 등은 사법상 계약〕.[02]

> 1. 지방자치단체가 사인과 체결한 시설(자원회수시설) 위탁운영협약은 사법상 계약에 해당함(대판 2019. 10. 17, 2018두60588).[03]
> 2. 「국유림의 경영 및 관리에 관한 법률」에 따른 임산물매각계약은 사법상 계약임(대판 2020. 5. 14, 2018다298409).[04]

2 공법상 계약의 자유성 및 한계

1) 공법상 계약의 자유성(법률유보의 문제) : 원칙적으로 법률의 근거 없이 가능(법률유보원칙 적용되지 않음)[05]

2) 공법상 계약의 한계(법률우위의 문제) : 법률우위의 원칙에 위반될 수 없음(행정기본법 제27조 제1항).

3 공법상 계약의 종류

1) 행정주체 상호 간의 공법상 계약[06] : 공공단체 상호 간의 사무위탁(지방자치단체 간의 교육사무위탁[07]) 등

2) 행정주체와 사인 간의 공법상 계약 : 특별행정법관계설정합의(전문직 공무원의 채용계약,[08] 서울특별시립무용단원의 위촉, 광주시립합창단원의 재위촉, 공중보건의사 채용계약[09]) 등

> 1. KAI(한국항공우주산업)와 체결한 '한국형 헬기 개발사업에 대한 물품 · 용역협약'은 공법상 계약임.
> 2. 국책사업인 '한국형 헬기 개발사업'(Korean Helicopter Program)에 개발주관사업자 중 하나로 참여하여 국가 산하 중앙행정기관인 방위사업청과 '한국형 헬기 민군 겸용 핵심구성품 개발협약'을 체결한 甲주식회사가 협약을 이행하는 과정에서 환율변동 및 물가상승 등 외부적 요인 때문에 협약금액을 초과하는 비용이 발생하였다고 주장하면서 국가를 상대로 초과비용의 지급을 구하는 민사소송을 제기한 사안에서, 국가연구개발사업규정에 근거하여 국가 산하 중앙행정기관의 장과 참여기업인 甲회사가 체결한 위 협약의 법률관계는 공법관계에 해당하므로 이에 관한 분쟁은 행정소송으로 제기하여야 함(대판 2017. 11. 9, 2015다215526).[10][11]

3) 사인 상호 간의 공법상 계약

- 공무를 위탁받은 행정주체인 사인(공무수탁사인)과 일반사인 간에 성립하는 계약[12]
- 이 경우 사인은 공무수탁사인으로 행정주체에 해당하므로, 순수 사인 간의 공법상 계약은 개념상 인정되기 어려움.[13]

4 법적 근거

- 행정절차법은 공법상 계약에 관한 규정을 두고 있지 않음.[14]
- 행정기본법은 공법상 계약에 관한 일부 규정을 두고 있음.

> 행정기본법 제27조【공법상 계약의 체결】① 행정청은 법령 등을 위반하지 아니하는 범위에서 행정목적을 달성하기 위하여 필요한 경우에는 공법상 법률관계에 관한 계약(이하 '공법상 계약'이라 한다)을 체결할 수 있다. 이 경우 계약의 목적 및 내용을 명확하게 적은 계약서를 작성하여야 한다.[15][16][17]

5 공법상 계약의 특색

1) 성립상의 특색

(1) 계약의 절차 및 형식상의 특성

- 공법상 계약을 체결하는 경우 계약의 목적 및 내용을 명확하게 적은 계약서를 작성하여야 함(행정기본법 제27조 제1항 후문).
- 공법상 계약의 해지는 처분이 아니므로 처분을 규율하고 있는 행정절차법 규정이 적용되지 않음(판례).

> 계약직 공무원에 대한 채용계약해지의 의사표시는 국가 또는 지방자치단체가 채용계약관계의 한쪽 당사자로서 대등한 지위에서 행하는 의사표시로 이해될 뿐 행정처분이 아니므로 행정처분과 같이 행정절차법에 의하여 근거와 이유를 제시하여야 하는 것은 아님(대판 2002. 11. 26, 2002두5948).[18 19 20]

(2) 부합계약성(일방이 미리 정해 놓은 약관 등에 따라 체결되는 계약) : 행정주체가 일방적으로 계약내용을 정하고 상대방은 체결 여부만을 선택해야 되는 이른바 부합계약성을 띠는 경우가 많음.

(3) 계약갱신의 재량성

> 지방전문직 공무원 채용계약에서 정한 채용기간이 만료한 경우 채용계약을 갱신하거나 채용기간을 연장할 것인지 여부는 지방자치단체장의 재량임(대판 1993. 9. 14, 92누4611).[21]

(4) 상대방 선정 및 계약내용

> 행정기본법 제27조【공법상 계약의 체결】② 행정청은 공법상 계약의 상대방을 선정하고 계약내용을 정할 때 공법상 계약의 공공성과 제3자의 이해관계를 고려하여야 한다.[22]

2) 효력상의 특색

(1) 비권력성

- 공법상 계약은 비권력적 성질을 가지므로 행정행위에 인정되는 공정력 · 자력집행력 · 존속력 등이 인정되지 않음.[23]
- 따라서 상대방의 의무불이행이 있더라도 행정청은 자력으로 의무이행을 강제할 수는 없음.

(2) 계약내용의 하자 : 공법상 계약은 공정력이 인정되지 않기 때문에 공정력을 전제로 이를 소멸시키는 행정행위의 취소와 같은 개념은 인정될 수 없음. 따라서 하자 있는 공법상 계약은 무효임.[24]

(3) 계약강제

- 공법상 계약은 자력집행력이 없으므로 원칙적으로 당사자는 스스로 의무를 실현할 수는 없고 법원의 판결을 받아 계약내용을 실현할 수 있음.[25]
- 다만, 법률의 명문규정이 있는 경우에는 행정청이 자력집행할 수 있음.

3) 소송법상의 특색 : 공법상 계약에 관한 분쟁은 당사자소송으로 해결해야 함.[26]

> 행정소송규칙 제19조【당사자소송의 대상】당사자소송은 다음 각 호의 소송을 포함한다.
> 4. 공법상 계약에 따른 권리 · 의무의 확인 또는 이행청구 소송[27]

> 1. 공법상 계약의 한쪽 당사자가 다른 당사자를 상대로 효력을 다투거나 이행을 청구하는 소송은 공법상의 법률관계에 관한 분쟁이므로 분쟁의 실질이 공법상 권리 · 의무의 존부 · 범위에 관한 다툼이 아니라 손해배상액의 구체적인 산정방법 · 금액에 국한되는 등의 특별한 사정이 없는 한 공법상 당사자소송으로 제기하여야 함(대판 2021. 2. 4, 2019다277133).[28 29] 최신
> 2. 서울특별시립무용단원의 해촉은 공법상 계약의 해지이므로 공법상 당사자소송으로 무효확인을 청구할 수 있음(대판 1995. 12. 22, 95누4636).[30]

3. 공중보건의사 채용계약해지의 의사표시는 행정처분이 아니므로 공법상 당사자소송의 방식으로 무효확인을 구하여야 함(대판 1996. 5. 31, 95누10617).[31]

4. 지방전문직 공무원 채용계약해지 의사표시에 대하여 당사자소송으로 무효확인을 청구할 수 있음(대판 1993. 9. 14, 92누4611).[32]

5. **광주광역시문화예술회관장의 단원 위촉은 광주광역시문화예술회관장이 행정청으로서 공권력을 행사하여 행하는 행정처분이 아니라 공법상 근로계약에 해당**[33]한다고 보아야 할 것이므로, 광주광역시립합창단원**으로서 위촉기간이 만료되는 자들의 재위촉 신청에 대하여** 광주광역시문화예술회관장이 실기와 근무성적에 대한 평정을 실시하여 재위촉을 하지 아니한 것을 **항고소송의 대상이 되는 불합격처분이라고 할 수는 없음**(대판 2001. 12. 11, 2001두7794).[34]

6. 지방계약직 공무원에 대하여 특별한 약정이 없는 한 지방공무원법 등에 정한 징계절차에 의하지 않고 보수를 삭감할 수 없음(대판 2008. 6. 12, 2006두16328).[35]

7-1. 행정청이 자신과 상대방 사이의 법률관계를 일방적인 의사표시로 종료시켰다고 하더라도 곧바로 의사표시가 행정청으로서 공권력을 행사하여 행하는 행정처분이라고 단정할 수는 없고, 관계법령이 상대방의 법률관계에 관하여 구체적으로 어떻게 규정하고 있는지에 따라 의사표시가 항고소송의 대상이 되는 행정처분에 해당하는지 아니면 공법상 계약관계의 일방 당사자로서 대등한 지위에서 행하는 의사표시인지를 개별적으로 판단하여야 함.[36]

7-2. (중소기업기술정보진흥원장이 甲주식회사와 중소기업정보화지원사업 지원대상인 사업의 지원에 관한 협약을 체결하였는데, 협약이 甲회사에 책임이 있는 사업실패로 해지되었다는 이유로 협약에서 정한 대로 지급받은 정부지원금을 반환할 것을 통보한 사안에서) **중소기업정보화지원사업에 따른 지원금 출연을 위하여 중소기업청장(현 중소벤처기업부장관)이 체결하는 협약은** 공법상 대등한 당사자 사이의 의사표시의 합치로 성립하는 **공법상 계약에 해당**[37]하는 점, …… 등을 종합하면, 중소기업정보화지원사업을 위한 협약의 해지 및 그에 따른 환수통보**는 공법상 계약에 따라 행정청이 대등한 당사자의 지위에서 하는 의사표시로 보아야 하고,** 이를 행정청이 우월한 지위에서 행하는 공권력의 행사로서 **행정처분에 해당한다고 볼 수는 없음**(대판 2015. 8. 27, 2015두41449).[38]

> 비교판례
> 구 「산업집적활성화 및 공장설립에 관한 법률」상의 입주변경계약취소는 행정청인 관리권자로부터 관리업무를 위탁받은 산업단지관리공단이 우월적 지위에서 입주기업체들에게 일정한 법률상 효과를 발생하게 하는 것으로서 **항고소송의 대상이 되는 행정처분에 해당함**(대판 2017. 6. 15, 2014두46843).[39] [40]

Topic

39 행정지도

p.144~146

1 의의

1) **개념** : 행정지도란 행정기관이 그 소관 사무의 범위에서 일정한 행정목적을 실현하기 위하여 특정인에게 일정한 행위를 하거나 하지 아니하도록 지도, 권고, 조언 등을 하는 행정작용을 말함.

2) **법적 성질** : 상대방의 임의적 협력을 요청하는 비권력적 사실행위**01**(그 자체로는 아무런 법적 효과가 발생하지 않음**02**)

> 행정지도만으로 건축법 시행령 제64조 제1항 소정의 도로지정이 있었던 것으로 볼 수 없음(대판 1991. 12. 13, 91누1776).

2 행정지도의 법적 근거와 한계

1) **행정지도의 법적 근거(법률유보의 측면)** : 작용법적 근거는 필요 없음(통설).**03**

2) **행정지도의 한계(법률우위의 측면)**

(1) **일반론** : 행정지도도 행정작용인 이상 법률우위의 원칙을 지켜야 하므로,**04** 비례의 원칙 등 행정법의 일반원칙을 비롯한 성문 · 불문의 법률을 위반하지 않아야 함.

(2) **행정절차법의 내용05**

행정지도의 원칙	• **비례의 원칙06 및 임의성의 원칙** : 행정지도는 목적달성에 필요한 최소한도에 그쳐야 하고, 상대방의 의사에 반하여 부당하게 강요하여서는 아니 됨.**07** • **불이익조치금지원칙** : 행정기관은 상대방이 행정지도에 따르지 아니하였다는 것을 이유로 불이익한 조치를 하여서는 아니 됨.**08**
행정지도의 방식	• **행정지도실명제** : 행정지도를 하는 자는 그 상대방에게 행정지도의 취지 및 내용과 신분을 밝혀야 함.**09** • **서면교부청구권** : 행정지도는 반드시 문서로 해야 하는 것은 아니며 말로도 할 수 있음.**10** 행정지도가 말로 이루어지는 경우 상대방이 행정지도의 취지, 내용 및 신분에 관한 사항을 적은 서면의 교부를 요구하면 그 행정지도를 하는 자는 직무수행에 특별한 지장이 없으면 이를 교부하여야 함.**11**
의견제출	행정지도의 상대방은 해당 행정지도의 방식 · 내용 등에 관하여 행정기관에 의견제출을 할 수 있음.**12**
다수인을 대상으로 하는 행정지도의 공표	행정기관이 같은 행정목적을 실현하기 위해 다수인을 대상으로 행정지도를 하려는 경우에는 특별한 사정이 없으면, 행정지도에 공통적인 내용이 되는 사항을 공표하여야 함.**13**

3 행정지도와 권리구제

1) **행정쟁송** : 행정지도는 비권력적 사실행위이므로 처분성이 없어 취소소송 · 취소심판을 제기할 수 없음.

> 1. 구청장이 도시재개발구역 내의 건물소유자에게 건물의 **자진철거를 촉구**하는 공문을 보낸 것은 처분이 아님(대판 1989. 9. 12, 88누8883).**14**
> 2. 세무당국이 특정회사에 대하여 원고의 주류거래를 일정기간 중지하여 줄 것을 **요청**한 행위는 항고소송의 대상이 될 수 없음(대판 1980. 10. 27, 80누395).**15**

2) **손해배상청구** : 위법한 행정지도로 손해가 발생한 경우 국가배상법 제2조가 정한 요건을 갖춘 때에는 국가 등을 상대로 손해배상을 청구할 수 있음.

(1) **직무행위성** : 직무행위의 범위는 권력적 작용뿐만 아니라 행정지도 등 비권력적 공행정작용까지 포함시키나 사경제주체로서 하는 활동만 제외하고 있음. 따라서 행정지도의 직무행위성이 인정됨.

> 1. 국가배상법이 정한 배상청구의 요건인 '공무원의 직무'의 범위에는 행정지도와 같은 비권력적 작용도 포함됨.**16 17**
> 2. 행정지도로서 행한 공탁행위로 인해 사인에게 피해를 입힌 경우 행정상 손해배상책임이 있음(대판 1998. 7. 10, 96다38971).

(2) **위법성** : 행정지도가 통상의 한계를 넘어 사실상 강제성을 갖고 국민의 권익을 침해하는 경우라면 이러한 행정지도는 위법하다고 보아야 하며, 통상 과실도 인정됨.

> 적법한 행정지도로 인정되기 위하여는 우선 그 목적이 적법한 것으로 인정될 수 있어야 할 것이므로, 주식매각의 종용이 정당한 법률적 근거 없이 자의적으로 주주에게 제재를 가하는 것이라면 이 점에서 벌써 행정지도의 영역을 벗어난 것이라고 보아야 함(대판 1994. 12. 13, 93다49482).[18]

(3) **인과관계** : 원칙적으로 인과관계가 인정되기 곤란함. 다만, 사실상 강제성으로 인해 구체적인 사정하에 상대방이 행정지도를 따를 수밖에 없는 경우 인과관계가 인정되어 손해배상청구권이 인정될 수 있음.

> 1. 한계를 일탈한 **위법한 행정지도로 인하여 상대방이 손해를 입은 경우 행정기관에게** 손해를 배상할 책임이 있으나,[19] 한계를 일탈하지 않은 **행정지도로 인하여 상대방에게 손해가 발생한 경우라면 행정기관은** 손해배상책임을 지지 않음.[20]
> 2. 행정기관의 위법한 행정지도로 일정기간 어업권을 행사하지 못하는 손해를 입은 자가 그 어업권을 타인에게 매도하여 매매대금 상당의 이득을 얻었더라도 그 이득은 손해배상책임의 원인이 되는 행위인 위법한 행정지도와 상당인과관계에 있다고 볼 수 없고, 행정기관이 배상하여야 할 손해는 위법한 행정지도로 피해자가 일정기간 어업권을 행사하지 못한 데 대한 것임에 반해 피해자가 얻은 이득은 어업권 자체의 매각대금이므로 위 이득이 위 손해의 범위에 대응하는 것이라고 볼 수도 없어, 피해자가 얻은 매매대금 상당의 이득을 행정기관이 배상하여야 할 손해액에서 공제할 수 없음(대판 2008. 9. 25, 2006다18228).[21]

3) **헌법소원청구** : 행정지도가 그에 따르지 않을 경우 일정한 불이익조치를 예정하고 있어 사실상 상대방에게 의무를 부과하는 것과 같은 경우 헌법소원의 대상이 됨(헌법재판소).

> 1-1. **행정지도가 단순한 행정지도의** 한계를 넘어 규제적 · 구속적 성격을 상당히 강하게 갖는 것**이라면 헌법소원의 대상이 되는 공권력의 행사라고 볼 수 있음.**[22]
> 1-2. 교육인적자원부장관(현 교육부장관)의 **국 · 공립대학총장들에 대한** 학칙시정요구는 (그 법적 성격은 대학총장의 임의적인 협력을 통하여 사실상의 효과를 발생시키는 행정지도의 일종이지만, 그에 따르지 않을 경우 **일정한 불이익조치를 예정**하고 있어 사실상 상대방에게 그에 따를 의무를 부과하는 것과 다를 바 없으므로 **단순한 행정지도의 한계를 넘어 규제적 · 구속적 성격을 상당히 강하게 갖는 것**으로서) **헌법소원의 대상이 되는 공권력행사에 해당함**(헌재 2003. 6. 26, 2002헌마337, 2003헌마7 · 8 병합).[23] [24]
>
> 2. 금융위원회위원장이 시중은행을 상대로 투기지역 · 투기과열지구 내 초고가아파트(시가 15억원 초과)에 대한 주택구입용 주택담보대출을 금지한 조치(행정지도)는 규제적 · 구속적 성격을 갖는 행정지도로서 헌법소원의 대상이 되는 공권력 행사에 해당됨(헌재 2023. 3. 23, 2019헌마1399).[25] 최신
> 3. 노동부장관(현 고용노동부장관)이 2009. 4. 노동부 산하 7개 공공기관의 단체협약내용을 분석하여 2009. 5. 1.경 불합리한 요소를 개선하라고 요구한 행위는 행정지도로서의 한계를 넘어 규제적 · 구속적 성격을 강하게 갖는다고 보기 어려우므로, 헌법소원의 대상이 되는 공권력의 행사에 해당한다고 볼 수 없음(헌재 2011. 12. 29, 2009헌마330 등).[26]

4) **관련문제 - 행정지도와 위법성조각 여부** : 위법한 행정지도에 따른 행위는 위법성이 조각(위법성이 없어진다는 의미)되지 않으므로 형사처벌의 대상이 됨.[27]

> 1. **토지거래계약신고에 관한 행정관청의** 위법한 관행에 따라 **토지의 매매가격을** 허위로 신고한 행위**라 하더라도 위법성이 조각되지 않아 형사처벌의 대상이 됨.**
> 2. 행정관청이 토지거래계약신고에 관하여 공시된 기준지가를 기준으로 매매가격을 신고하도록 행정지도하여 왔고 그 기준가격 이상으로 매매가격을 신고한 경우에는 거래신고서를 접수하지 않고 반려하는 것이 관행화되어 있다 하더라도 이는 법에 어긋나는 관행이라 할 것이므로 그와 같은 위법한 관행에 따라 허위신고행위에 이르렀다고 하여 그 범법행위가 사회상규에 위배되지 않는 정당한 행위라고는 볼 수 없음(대판 1992. 4. 24, 91도1609).[28] [29]

Topic

40 그 밖의 주요 행정형식

p.146~147

1 공법상 합동행위

- 공법적 효과의 발생을 목적으로 하는 복수당사자 간의 서로 동일방향에 선 의사표시를 합치시킴으로써 이루어지는 공법행위(예 지방자치단체조합을 설립하는 행위,01 02 농지개량조합 등 공공조합을 설립하는 행위 등)
- 동일방향의 의사합치라는 점에서, 반대방향의 의사표시의 합치인 공법상 계약과 구별됨.

2 행정상의 사실행위 일반

1) 개념 : 법률적 효과의 발생을 직접적 목적으로 하는 것이 아니라 무기사용, 도로청소 등과 같이 직접적으로는 어떠한 사실상의 효과의 발생을 목적으로 하는 행정주체의 행위

2) 종 류03

(1) **권력적 사실행위** : 행정주체가 우월적 지위를 가지고 하는 행위로서 공권력(명령 · 강제 등)행사의 실체를 가지는 사실행위(예 불법건축물의 강제철거 등 대집행의 실행행위, 감염병환자의 강제입원 등 행정상 즉시강제)

(2) **비권력적 사실행위** : 공권력(명령 · 강제 등)행사의 실체를 가지지 않는 사실행위(예 폐기물 수거, 행정지도04 등)

3) 행정상 사실행위의 법적 근거와 한계

(1) **작용법적 근거(법률유보의 측면)** : 권력적 사실행위는 침해적 성질이 강하므로 법률유보의 원칙이 적용되어05 법적 근거가 필요하다고 할 것이나, 비권력적 사실행위에는 원칙적으로 법적 근거가 필요 없음.

(2) **한계(법률우위의 측면)** : 행정상 사실행위도 행정작용인 이상 법률우위의 원칙이 적용되어 성문법, 불문법에 반하지 않아야 함.

4) 권리구제

(1) 행정쟁송

권력적 사실행위	비권력적 사실행위
• 권력적 사실행위는 **행정쟁송법상의 처분에 해당**함(취소소송 등 항고소송 제기 가능). • **소이익 여부** : 무허가건물의 강제철거와 같은 권력적 사실행위는 단기간에 종료하는 것이 보통이므로 협의의 소의 이익이 없어 취소쟁송을 통해 구제받는 데에는 한계가 있음. 반면에 계속적 성질을 가지는 사실행위, 예컨대 감염병환자의 강제입원 등은 소송을 통해 구제받을 수 있음.	알선, 권유, 경고, 추천, 사실상의 통지와 같은 **비권력적 사실행위**에 대해서는 **처분성을 부정**함(통설 및 판례).
① 단수처분은 항고소송의 대상이 되는 행정처분에 해당함(대판 1979. 12. 28, 79누218).06 ② 교도소장이 수형자의 영치품(티셔츠)에 대한 사용신청 불허처분은 항고소송의 대상이 되는 행정처분에 해당함(대판 2008. 2. 14, 2007두13203).07 ③ 수형자의 서신을 교도소장이 검열하는 행위는 이른바 권력적 사실행위로서 행정심판이나 행정소송의 대상이 되는 행정처분으로 볼 수 있음(헌재 1998. 8. 27, 96헌마398).08	수도사업자의 급수공사신청자에 대한 급수공사비 납부통지는 행정처분이 아님(대판 1993. 10. 26, 93누6331).09

(2) **손해전보** : 손해배상, 손실보상, 결과제거청구 등 가능

(3) 헌법소원

1. 헌법소원은 공권력의 행사 또는 불행사로 인하여 헌법상 보장된 기본권을 침해받은 자가 제기하는 권리구제수단이므로, 공권력의 행사를 대상으로 하는 헌법소원에 있어서는 적어도 기본권침해의 원인이 되는 행위가 공권력의 행사에 해당하여야 할 것인바, 행정상 사실행위가 헌법소원의 대상이 되는 공권력의 행사이기 위해서는 행정청이 우월적 지위에서 일방적으로 강제하는 권력적 사실행위에 해당하여야 함(헌재 2021. 5. 18, 2021헌마468).[10] 최신
2. 서울대학교의 '94학년도 대학입학고사 주요 요강'은 행정처분은 아니지만 헌법재판의 대상이 되는 공권력의 행사에 해당함(헌재 1992. 10. 1, 92헌마68 · 76).[11]
3. 마약류 수용자에 대한 소변채취는 권력적 사실행위로서 헌법재판소법 제68조 제1항의 심판대상이 되는 공권력행사에 해당함(헌재 2006. 7. 27, 2005헌마277).[12]

3 행정의 자동결정(자동적으로 결정되는 행정행위)

- 일반적으로 행정과정에서 컴퓨터 등 전자처리정보를 투입하여 행정업무를 자동화하여 수행하는 것을 말함.
- 행정의 자동결정의 예로는 컴퓨터를 통한 학교배정, 신호등에 의한 교통신호를 들 수 있음.[13]

4 행정기본법상 자동적 처분(완전히 자동화된 시스템에 의한 처분)

행정기본법 제20조【자동적 처분】행정청은 법률로 정하는 바에 따라 완전히 자동화된 시스템(인공지능기술을 적용한 시스템을 포함한다[14])으로 처분을 할 수 있다. 다만, 처분에 재량이 있는 경우는 그러하지 아니하다.[15][16]

- 자동적 처분은 모든 행정작용이 아니라 처분만을 대상으로 하며, 항고소송의 대상이 됨.[17]
- 또한 기속행위만을 대상으로 하며, 재량처분은 자동적 처분으로 발급될 수 없음.

5 사법형식의 행정작용

1) 행정사법

(1) 개념 : 행정기관이 사법형식에 의하여 직접적으로 공행정임무를 수행하는 것으로 일정한 공법적 규율을 받는 것

(2) 적용영역

- 급부행정 등 선택가능성이 인정되는 영역에서 주로 사용
- 조세, 경찰 등 선택가능성이 없는 영역에는 행정사법에 의한 작용이 인정되지 않음.

(3) 특 성

- 공법적 구속을 받음. 이는 '행정이 공법적 구속을 피하기 위해 사적 자치원칙이 적용되는 사법으로 도피'하는 것을 막는 기능을 함.
- 행정사법은 개별적인 법률이 있으면 그에 구속되는 것 외에 자유권, 평등권, 비례의 원칙 등 행정법상 일반원칙의 구속을 받음.[18]

(4) 권리구제 : 행정사법이 공법적 규율을 받더라도 그 본질은 사법작용이므로 민사소송을 통해 권리구제를 도모해야 함(통설).

2) 협의의 국고작용

(1) 의의 : 행정주체가 재산권의 주체로서 일반사인과 같은 지위에서 사법상 행위를 하는 작용

(2) **구분** : 협의의 국고작용은 물품구매계약이나 청사 · 교량 건설 등의 건축도급계약 등의 조달행정과 우체국 예금이나 각종 공기업을 통한 영리활동으로 구분할 수 있음.

1. 지방재정법에 의하여 준용되는 국가계약법에 따라 지방자치단체가 당사자가 되는 이른바 공공계약은 사경제의 주체로서 상대방과 대등한 위치에서 체결하는 사법상의 계약으로서 그 본질적인 내용은 사인 간의 계약과 다를 바가 없으므로, 그에 관한 법령에 특별한 정함이 있는 경우를 제외하고는 사적 자치와 계약자유의 원칙 등 사법의 원리가 그대로 적용된다 할 것임(대결 2006. 6. 19, 2006마117). **19 20 21**
2. 국가계약의 본질적인 내용은 사인 간의 계약과 다를 바가 없어 법령에 특별한 규정이 있는 경우를 제외하고는 사법의 규정 내지 법원리가 그대로 적용됨(대판 2016. 6. 10, 2014다200763 · 200770).
3. 지방계약법은 지방자치단체가 당사자인 경우라면 그 계약의 성질이 사법상 계약인지 공법상 계약인지와 상관없이 적용됨(대판 2020. 12. 10, 2019다234617). **22**

(3) **권리구제** : 특별한 규정이 없는 한, 민사소송을 통해 해결함.

SUNNY

제 3 편

행정절차, 행정공개

2025 써니로(SunnyLaw) 합격하는 온라인 모의고사

- QR코드로 핵심집약 온라인 모의고사 풀기
- 〈써니로TV〉에서 라이브 테스트 실시 & 해설 강의 제공
- 정답과 취약 단원 파악하기

• 시험 일정은 "[네이버] 써니 행정법 카페"를 확인해 주세요.

Topic

41 행정절차법 Ⅰ - 일반론 등

p.150~155

행정절차 일반론

1 협의의 행정절차 - 행정청이 행정작용을 함에 있어 대외적으로 거쳐야 하는 사전절차

2 행정절차의 필요성 - 분쟁의 예방을 통한 사전적 권리구제**01**

행정절차법

1 행정절차의 법적 근거

1) 헌법적 근거 : 헌법 제12조 적법절차의 원칙

> 헌법 제12조 ① 모든 국민은 신체의 자유를 가진다. 누구든지 법률에 의하지 아니하고는 체포 · 구속 · 압수 · 수색 또는 심문을 받지 아니하며, 법률과 적법한 절차에 의하지 아니하고는 처벌 · 보안처분 또는 강제노역을 받지 아니한다.
> ③ 체포 · 구속 · 압수 또는 수색을 할 때에는 적법한 절차에 따라 검사의 신청에 의하여 법관이 발부한 영장을 제시하여야 한다. 다만, 현행범인인 경우와 장기 3년 이상의 형에 해당하는 죄를 범하고 도피 또는 증거인멸의 염려가 있을 때에는 사후에 영장을 청구할 수 있다.

1. **헌법 제12조의** 적법절차원리는 **형사절차뿐만 아니라 입법 · 행정 등** 국가의 모든 공권력작용에 적용**됨**(헌재 1992. 12. 24, 92헌마78).**02 03**

2-1. 개별 세법에서 납세고지에 관한 별도의 규정을 두지 않은 경우라 하더라도 해당 본세의 납세고지서에 국세징수법 제9조(현 제6조) 제1항이 규정한 것과 같은 세액의 산출근거 등이 기재되어 있지 않다면 그 과세처분은 적법하지 않음.

2-2. 하나의 납세고지서에 의하여 본세와 가산세를 함께 부과할 때에는 납세고지서에 본세와 가산세 각각의 세액과 산출근거 등을 **구분하여 기재**해야 함.**04**

2-3. 여러 종류의 가산세를 함께 부과하는 경우에는 그 가산세 상호 간에도 종류별로 세액과 산출근거 등을 구분하여 기재함으로써 납세의무자가 납세고지서 자체로 각 과세처분의 내용을 알 수 있도록 하는 것이 당연한 원칙임.

2-4. 가산세 부과처분이라고 하여 그 종류와 세액의 산출근거 등을 전혀 밝히지 않고 가산세의 **합계액만을 기재**한 경우에는 그 부과처분은 **위법**함을 면할 수 없음.**05**

2-5. 개별 세법에 납세고지에 관한 별도의 규정이 없더라도 국세징수법이 정한 것과 같은 납세고지의 요건을 갖추지 않으면 안 된다는 것이고, 이는 적법절차의 원칙이 과세처분에도 적용됨에 따른 당연한 귀결임(대판 2012. 10. 18, 2010두12347 전합).**06**

2) 법률적 근거 : 행정절차법(행정절차에 관한 일반법)

2 행정절차법의 특색

1) 공법(公法)상 행정절차에 관한 일반법이며, 사법(私法)작용과는 무관함.**07**

2) 주로 절차적 규정으로 구성되나 신뢰보호의 원칙, 신의성실의 원칙 등 일부 실체적 규정도 존재함.**08**

3) 행정절차법의 규정범위

규정 ○	처분, 신고, 확약, 위반사실 등의 공표, 행정계획, 행정상 입법예고, 행정예고 및 행정지도**09** 등
규정 ×	공법상 계약, 행정조사절차, 행정행위의 하자치유와 절차하자의 효과 등**10 11**

3 통칙적 규정

1) 용어의 정의

행정청	• 행정에 관한 의사를 결정하여 표시하는 국가 또는 지방자치단체의 기관 • 그 밖에 법령 또는 자치법규에 따라 행정권한을 가지고 있거나 위임 또는 위탁받은 공공단체 또는 그 기관이나 사인(私人)
당사자 등	• **당사자** : 처분의 직접 그 상대가 되는 당사자 • **이해관계인** : 행정청이 직권 또는 신청에 의하여 행정절차에 참여하게 한 이해관계인(법률상 이익을 갖는 모든 자가 이해관계인이 되는 것은 아님)12
처 분	• 행정청이 행하는 구체적 사실에 관한 법집행으로서 공권력의 행사 또는 그 거부와 기타 이에 준하는 행정작용 • 행정기본법, 행정심판법 및 행정소송법의 처분 개념과 동일함. • 행정계획 및 행정조사 등의 경우에도 처분에 해당하는 것이라면 행정절차법상의 처분절차가 적용됨.13

2) 적용범위

(1) **일반법으로서 행정절차법** : 처분, 신고, 확약, 위반사실 등의 공표, 행정계획, 행정상 입법예고, 행정예고 및 행정지도의 절차(다른 법률에 특별한 규정이 있는 경우 제외)14 15 16 최신

(2) **적용제외**(행정절차법 제3조 제2항)

① **국회** 또는 **지방의회**의 의결을 거치거나 동의 또는 승인을 받아 행하는 사항17
② **법원** 또는 군사법원의 재판에 의하거나 그 집행으로 행하는 사항
③ **헌법재판소**의 심판을 거쳐 행하는 사항18
④ 각급 **선거관리위원회**의 의결을 거쳐 행하는 사항
⑤ **감사원**이 감사위원회의의 결정을 거쳐 행하는 사항
⑥ 형사(刑事)ㆍ행형(行刑) 및 보안처분 관계법령에 따라 행하는 사항
⑦ 국가안전보장ㆍ국방ㆍ외교 또는 통일에 관한 사항 중 행정절차를 거칠 경우 국가의 중대한 이익을 현저히 해칠 우려가 있는 사항
⑧ 심사청구, 해양안전심판, 조세심판, 특허심판, **행정심판**, 그 밖의 불복절차에 따른 사항19
⑨ **병역법에 따른 징집ㆍ소집, 외국인의 출입국ㆍ난민인정ㆍ귀화, 공무원 인사관계법령에 따른 징계,** 그 밖의 처분, 이해조정을 목적으로 하는 법령에 따른 알선ㆍ조정ㆍ중재(仲裁)ㆍ재정(裁定) 또는 그 밖의 처분 등 **해당 행정작용의 성질상 행정절차를 거치기 곤란하거나 거칠 필요가 없다고 인정되는 사항과 행정절차에 준하는 절차를 거친 사항으로서 대통령령으로 정하는 사항**
 ㉠ 병역법, 예비군법, 민방위기본법, 「비상대비자원 관리법」, 「대체역의 편입 및 복무 등에 관한 법률」에 따른 징집ㆍ소집ㆍ동원ㆍ훈련에 관한 사항
 ㉡ 외국인의 출입국ㆍ난민인정ㆍ귀화ㆍ국적회복에 관한 사항
 ㉢ 공무원 인사관계법령에 의한 징계 및 기타 처분에 관한 사항20
 ㉣ 이해조정을 목적으로 법령에 의한 알선ㆍ조정ㆍ중재ㆍ재정 및 기타 처분에 관한 사항
 ㉤ 조세관계법령에 의한 조세의 부과ㆍ징수에 관한 사항
 ㉥ 「독점규제 및 공정거래에 관한 법률」, 「하도급거래 공정화에 관한 법률」, 「약관의 규제에 관한 법률」에 따라 공정거래위원회의 의결ㆍ결정을 거쳐 행하는 사항
 ㉦ 학교ㆍ연수원 등에서 교육ㆍ훈련의 목적을 달성하기 위하여 학생ㆍ연수생 등을 대상으로 행하는 사항 등

(3) **구체적 판례 검토**

적 용	① **산업기능요원 편입취소처분**은 행정절차법의 적용이 배제되는 사항인 행정절차법 제3조 제2항 제9호에서 규정하는 '병역법에 의한 소집에 관한 사항'에 해당하지 않음(즉, **행정절차법이 적용됨**)(대판 2002. 9. 6, 2002두554).21 ② (행정안전부장관이 「대통령기록물 관리에 관한 법률」에서 5년 임기의 별정직 공무원으로 규정한 대통령기록관장으로 임용된 원고를 직권면직한 사건에서) 사전통지를 하지 않고 의견제출의 기회를 주지 아니한 **별정직 공무원에 대한 직권면직처분**은 행정절차법 제21조 제1항, 제22조 제3항을 위반한 절차상 하자가 있어 위법함(대판 2013. 1. 16, 2011두30687).22 ③ **대통령의 한국방송공사 사장의 해임처분**이 행정절차법과 그 시행령에서 열거적으로 규정한 예외사유에 해당한다고 볼 수 없으므로 이 사건 해임처분에도 행정절차법이 적용된다고 할 것임(대판 2012. 2. 23, 2011두5001).23

적 용	④ 행정절차법 시행령 제2조 제8호는 '학교 · 연수원 등에서 교육 · 훈련의 목적을 달성하기 위하여 학생 · 연수생들을 대상으로 하는 사항'을 행정절차법의 적용이 제외되는 경우로 규정하고 있으나, 육군3사관학교의 사관생도에 대한 퇴학처분과 같이 신분을 박탈하는 징계처분은 여기에 해당한다고 볼 수 없음(대판 2018. 3. 13, 2016두33339). **24** ⑤ 외국인의 사증발급 신청에 대한 거부처분은 **행정절차법 제24조에서 정한 '처분서 작성 · 교부'를 할 필요가 없거나 곤란하다고 인정되는 사항이 아님**. 외국인의 사증발급 신청에 대한 거부처분을 하면서 행정절차법 제24조에 정한 절차를 따르지 않고 '행정절차에 준하는 절차'로 대체할 수도 없음(대판 2019. 7. 11, 2017두38874). **25** ⑥ 국가에 대한 행정처분을 함에 있어서도 사전통지, 의견청취, 이유제시와 관련한 행정절차법이 그대로 적용됨(대판 2023. 9. 21, 2023두39724). **26** 최신
적용제외	① 공무원 인사관계법령에 의한 처분에 관한 사항 전부에 대하여 행정절차법의 적용이 배제되는 것이 아니라 **성질상 행정절차를 거치기 곤란하거나 불필요하다고 인정되는 처분**이나 **행정절차에 준하는 절차를 거치도록 하고 있는 처분**의 경우에만 행정절차법의 적용이 배제됨(대판 2007. 9. 21, 2006두20631). **27** ② 국가공무원법상 직위해제처분은 구 행정절차법 제3조 제2항 제9호에 의하여 당해 행정작용의 성질상 행정절차를 거치기 곤란하거나 불필요하다고 인정되는 사항 또는 행정절차에 준하는 절차를 거친 사항에 해당하므로, 처분의 사전통지 및 의견청취 등에 관한 행정절차법의 규정이 별도로 적용되지 않음(대판 2014. 5. 16, 2012두26180). **28** ③ 구 군인사법상 보직해임처분은 구 행정절차법 제3조 제2항 제9호, 구 행정절차법 시행령 제2조 제3호에 따라 처분의 근거와 이유제시 등에 관한 구 행정절차법의 규정이 적용되지 아니함(대판 2014. 10. 15, 2012두5756). **29** ④ 공정거래위원회의 시정조치 및 과징금납부명령은 행정절차법 제3조 제2항, 같은 법 시행령 제2조 제6호에 의하면 공정거래위원회의 의결 · 결정을 거쳐 행하는 사항에는 행정절차법의 적용이 제외되게 되어 있으므로, 행정절차법 소정의 의견청취절차 생략 사유가 존재한다고 하더라도, 공정거래위원회는 행정절차법을 적용하여 의견청취절차를 생략할 수는 없음(대판 2001. 5. 8, 2000두10212). **30 31**

3) 행정절차의 일반원칙

신의성실 및 신뢰보호	• 행정청은 직무를 수행할 때 신의(信義)에 따라 성실히 하여야 함. • 행정청은 법령 등의 해석 또는 행정청의 관행이 일반적으로 국민들에게 받아들여졌을 때에는 공익 또는 제3자의 정당한 이익을 현저히 해칠 우려가 있는 경우를 제외하고는 새로운 해석 또는 관행에 따라 소급하여 불리하게 처리하여서는 아니 됨.
투명성 원칙과 법령해석요청권	• 행정청이 행하는 행정작용은 그 내용이 구체적이고 명확하여야 함. • 행정작용의 근거가 되는 법령 등의 내용이 명확하지 아니한 경우 상대방은 해당 행정청에 그 해석을 요청할 수 있으며, 해당 행정청은 특별한 사유가 없으면 그 요청에 따라야 함.

4) 관 할

관할의 이송	행정청이 그 관할에 속하지 아니하는 사안을 접수하였거나 이송받은 경우에는 지체 없이 이를 관할 행정청에 이송하여야 하고, 그 사실을 신청인에게 통지하여야 함. **32** 행정청이 접수하거나 이송받은 후 관할이 변경된 경우에도 또한 같음.
관할의 결정	행정청의 관할이 분명하지 아니한 경우에는 해당 행정청을 공통으로 감독하는 상급 행정청이 그 관할을 결정하며, 공통으로 감독하는 상급 행정청이 없는 경우에는 각 상급 행정청이 협의하여 그 관할을 결정함. **33**

5) 행정청 간의 협조 : 행정청은 행정의 원활한 수행을 위하여 서로 협조하여야 함.

6) 행정응원

행정응원의 요청	다른 행정청의 응원을 받아 처리하는 것이 더 능률적이고 경제적인 경우 등에는 다른 행정청에 행정응원을 요청할 수 있음.
행정응원의 거부	• ㉠ 다른 행정청이 보다 능률적이거나 경제적으로 응원할 수 있는 명백한 이유가 있는 경우, ㉡ 행정응원으로 인하여 고유의 직무수행이 현저히 지장받을 것으로 인정되는 명백한 이유가 있는 경우에는 응원을 거부할 수 있음. **34** • 행정응원을 요청받은 행정청은 응원을 거부하는 경우 그 사유를 응원을 요청한 행정청에 통지하여야 함. **35**
응원직원의 감독 · 비용	• 행정응원을 위하여 파견된 직원은 응원을 요청한 행정청의 지휘 · 감독을 받음. **36** • 행정응원에 드는 비용은 응원을 요청한 행정청이 부담하며, 그 부담금액 및 부담방법은 응원을 요청한 행정청과 응원을 하는 행정청이 협의하여 결정함. **37**

7) 당사자 등의 자격 및 지위승계

자 격	행정절차에 있어 당사자 등이 될 수 있는 자는 자연인, 법인, **법인이 아닌 사단 또는 재단**, 그 밖에 법령 등에 따라 권리 · 의무의 주체가 될 수 있는 자**38**
지위승계	• **당사자 등이 사망**하였을 때의 상속인과 다른 법령 등에 따라 당사자 등의 권리 또는 이익을 승계한 자는 **당사자 등의 지위를** 승계함. • **처분에 관한 권리 또는 이익을 사실상 양수한 자는** 행정청의 승인**을 받아** 당사자 등의 지위를 승계할 수 있음.**39**

8) 대표자

선정 · 변경 등	• 다수의 당사자 등이 공동으로 행정절차에 관한 행위를 할 때에는 대표자를 선정할 수 있음. • 당사자 등이 대표자를 선정하지 아니하거나 대표자가 지나치게 많아 행정절차가 지연될 우려가 있는 경우에는 행정청은 그 이유를 들어 상당한 기간 내에 3인 이내의 대표자를 선정할 것을 요청할 수 있음. 이 경우 당사자 등이 그 요청에 따르지 아니하였을 때에는 행정청이 직접 대표자를 선정할 수 있음.
권한 등	• **대표자는** 각자 그를 대표자로 선정한 당사자 등을 위하여 **행정절차에 관한 모든 행위를 할 수 있음. 다만,** 행정절차를 끝맺는 행위**에 대하여는** 당사자 등의 동의**를 받아야 함.** • 대표자가 있는 경우에는 당사자 등은 그 대표자를 통하여서만 행정절차에 관한 행위를 할 수 있음. • **다수의 대표자가 있는 경우 그중 1인에 대한 행정청의 행위는 모든 당사자에게 효력이 있음. 다만,** 행정청의 통지는 대표자 모두에게 하여야 그 효력이 있음.**40 41**

9) **대리인의 선임 · 변경 등** : 당사자 등은 배우자, 직계존속 · 비속 또는 형제자매, 변호사 등을 대리인으로 선임할 수 있음.**42**

1. 징계심의대상자가 선임한 변호사가 징계위원회에 출석하여 징계심의대상자를 위하여 필요한 의견을 진술하는 것은 방어권행사의 본질적 내용에 해당하므로, 행정청은 특별한 사정이 없는 한 이를 거부할 수 없음.**43**
2. 육군3사관학교의 사관생도에 대한 징계절차에서 징계심의대상자가 대리인으로 선임한 변호사가 징계위원회의 심의에 출석하는 것을 징계권자가 막는 것은 원칙적으로 징계처분을 취소하여야 할 절차적 하자에 해당함(대판 2018. 3. 13, 2016두33339).**44**

10) **송달 및 기간 · 기한의 특례** : 천재지변이나 그 밖에 당사자 등에게 책임이 없는 사유로 기간 및 기한을 지킬 수 없는 경우에는 그 사유가 끝나는 날까지 기간의 진행이 정지됨.**45**

11) 비용의 부담
- 행정절차에 드는 비용은 행정청이 부담함.**46**
- 다만, 당사자 등이 자기를 위하여 스스로 지출한 비용은 그러하지 아니함.

4 신 고

자기완결적 신고(행정청에 대해 일정사항을 통지함으로써 의무가 끝나는 신고)에 관하여 규정(행정절차법 제40조)

5 행정상 입법예고

1) 입법예고의 원칙

(1) 원 칙
- 법령 등을 제정 · 개정 또는 폐지하려는 경우에는 해당 입법안을 마련한 행정청은 이를 예고하여야 함.
- 법제처장은 입법예고를 하지 아니한 법령안의 심사요청을 받은 경우에 입법예고를 하는 것이 적당하다고 판단할 때에는 해당 행정청에 입법예고를 권고하거나 직접 예고할 수 있음.**47**

(2) 입법예고를 하지 않아도 되는 경우[48]

① 신속한 국민의 권리 보호 또는 예측 곤란한 특별한 사정의 발생 등으로 **입법이 긴급**을 요하는 경우 ② **상위법령 등의 단순한 집행**을 위한 경우[49][50] ③ 입법내용이 **국민의 권리 · 의무 또는 일상생활과 관련이 없는 경우** ④ 단순한 표현 · 자구를 변경하는 경우 등 입법내용의 성질상 예고의 필요가 없거나 곤란하다고 판단되는 경우 ⑤ **예고함이 공공의 안전 또는 복리를 현저히 해칠 우려가 있는 경우**

2) 예고방법

- 입법안의 취지, 주요 내용 또는 전문(全文)을 ㉠ 관보 및 법제처장이 구축 · 제공하는 정보시스템(법령의 입법안), ㉡ 공보(자치법규의 입법안)를 통하여 공고하여야 하며, 추가로 인터넷, 신문 또는 방송 등을 통하여 공고할 수 있음.
- 대통령령을 입법예고하는 경우 국회 소관 상임위원회에 이를 제출하여야 함.[51]

3) **입법예고기간** : 특별한 사정이 없으면 40일(자치법규는 20일) 이상[52]

4) **의견제출 및 처리** : 누구든지 예고된 입법안에 대하여 의견을 제출할 수 있음.

6 행정예고

1) 행정예고의 원칙

(1) **원칙** : 정책, 제도 및 계획을 수립 · 시행하거나 변경하려는 경우에는 이를 예고하여야 함.[53]

(2) 행정예고를 하지 않아도 되는 경우

① 신속하게 국민의 권리를 보호해야 하거나 예측이 어려운 특별한 사정이 발생하는 등 **긴급한 사유로 예고가 현저히 곤란**한 경우 ② **법령 등의 단순한 집행**을 위한 경우 ③ 정책 등의 내용이 **국민의 권리 · 의무 또는 일상생활과 관련이 없는 경우** ④ 정책 등의 예고가 **공공의 안전 또는 복리를 현저히 해칠 우려가 상당한 경우**

2) **입법예고와 행정예고의 관계** : 법령 등의 입법을 포함하는 행정예고는 입법예고로 이를 갈음할 수 있음.[54]

3) **행정예고기간** : 예고내용의 성격 등을 고려하여 정하되, 20일 이상으로 함.[55] 최신

7 국민참여의 확대

(1) 행정청(국회사무총장 · 법원행정처장 · 헌법재판소사무처장 및 중앙선거관리위원회사무총장은 제외)은 정부시책이나 행정제도 및 그 운영의 개선에 관한 국민의 창의적인 의견이나 고안(국민제안)을 접수 · 처리하여야 함.[56]

(2) 행정청은 국민에게 영향을 미치는 주요 정책 등에 대하여 국민의 다양하고 창의적인 의견을 널리 수렴하기 위하여 정보통신망을 이용한 정책토론(온라인 정책토론)을 실시할 수 있음.[57] 최신

Topic

42 행정절차법 Ⅱ - 처분절차 등

p.155~164

처분절차

1 수익적 처분절차와 침해적 처분절차의 공통사항

1) 처분기준의 설정 · 공표01

(1) 처분기준의 설정 · 공표의무

- 행정청은 필요한 처분기준을 해당 처분의 성질에 비추어 되도록 구체적으로 정하여 공표하여야 함(처분기준을 변경하는 경우에도 같음).02
- 다만, ㉠ 처분기준을 공표하는 것이 해당 처분의 성질상 현저히 곤란하거나, ㉡ 공공의 안전 또는 복리를 현저히 해치는 것으로 인정될 만한 상당한 이유가 있는 경우에는 처분기준을 공표하지 아니할 수 있음.03 최신

> 처분의 성질상 처분기준을 미리 공표함으로써 행정목적을 달성할 수 없게 되거나, 행정청에 재량권을 부여함으로써 구체적인 사안에서 오히려 공공의 안전 또는 복리에 더 적합한 경우 등에는 행정절차법에 따라 처분기준을 따로 공표하지 않거나 개략적으로만 공표할 수도 있음(대판 2019. 12. 13, 2018두41907).

(2) **당사자의 해석 · 설명요청권** : 당사자 등은 공표된 처분기준이 명확하지 아니한 경우 해당 행정청에 대하여 그 해석 또는 설명을 요청할 수 있음. 이 경우 해당 행정청은 특별한 사정이 없으면 그 요청에 따라야 함.04

(3) 설정 · 공표의무 위반의 효과

> 1. 행정청은 당초에 공표된 처분기준을 변경하는 경우에도 행정절차법 제20조 제2항이 정한 예외에 해당하지 않는 한 변경된 처분기준을 다시 공표하여야 함.
> 2. 행정청이 행정절차법 제20조 제1항의 처분기준 사전공표의무를 위반하여 미리 공표하지 아니한 기준을 적용하여 처분을 하였다는 사정만으로 해당 처분에 취소사유에 이를 정도의 흠이 존재하는 것은 아님.05 다만, 해당 처분에 적용한 기준이 상위법령의 규정이나 법의 일반원칙을 위반하였거나 객관적으로 합리성이 없다고 볼 수 있는 구체적인 사정이 있는 경우 해당 처분은 위법함.
> 3. 사전에 공표한 심사기준을 심사대상기간이 이미 경과하였거나 상당 부분 경과한 시점에서 처분상대방의 갱신 여부를 좌우할 정도로 중대하게 변경하는 것은 특별한 사정이 없는 한 허용되지 않음(대판 2020. 12. 24, 2018두45633).06

2) 처분의 이유제시

(1) **의의** : 행정청이 처분을 하는 때에는 당사자에게 그 근거와 이유를 제시하여야 함. 이유제시의무가 면제되는 경우가 아니라면 이유제시를 하여야 하므로, 수익적 행정행위의 거부에도 이유제시를 하여야 함.07 08

(2) 이유제시의무가 면제되는 경우

> ① **신청내용을 모두 그대로 인정하는 처분**인 경우09
> ② **단순 · 반복적인 처분 또는 경미한 처분으로서 당사자가 그 이유를 명백히 알 수 있는 경우**10
> ③ **긴급**히 처분을 할 필요가 있는 경우11
> 다만, 위 ②, ③의 경우는 이유제시 없이 처분을 한 후라도 당사자가 요청하는 경우에는 그 근거와 이유를 제시하여야 함(①은 제외).12 13 14

(3) **행정절차법 제정 이전의 판례** : 개별법상 명문의 규정이 없더라도 이유제시를 하여야 하고 그렇지 않은 경우에는 위법한 처분이라고 판시한 바 있음.

> 면허를 취소처분하는 경우 처분의 근거와 위반사실을 적시해야 하며, 이를 빠뜨린 경우 위법함(면허의 취소처분에는 그 근거가 되는 법령이나 취소권 유보의 부관 등을 명시하여야 함은 물론 처분을 받은 자가 어떠한 위반사실에 대하여 당해 처분이 있었는지를 알 수 있을 정도로 사실을 적시할 것을 요하며, 이와 같은 취소처분의 근거와 위반사실의 적시를 빠뜨린 하자는 피처분자가 처분 당시 그 취지를 알고 있었다거나 그 후 알게 되었다 하여도 치유될 수 없음)(대판 1990. 9. 11, 90누1786).[15]

(4) **이유제시의 정도** : 원칙적으로 당사자가 그 처분사유를 이해할 수 있을 정도로 구체적이어야 하며, 처분의 주된 법적 근거 및 사실상의 사유 등이 제시되어야 함.

> 1-1. **일반적으로** 당사자가 근거규정 등을 명시하여 신청하는 인 · 허가 등을 거부하는 처분을 **함에 있어 당사자가 그** 근거를 알 수 있을 정도로 상당한 이유를 제시한 경우**에는 당해 처분의 근거 및 이유를 구체적으로 명시하지 않았더라도** 처분이 위법하다고 할 수 없음.[16]
>
> 1-2. 행정청이 토지형질변경허가신청을 불허하는 근거규정으로 '도시계획법 시행령 제20조'를 명시하지 아니하고 '도시계획법'이라고만 기재하였으나, 신청인이 자신의 신청이 개발제한구역의 지정목적에 현저히 지장을 초래하는 것이라는 이유로 구 도시계획법 시행령 제20조 제1항 제2호에 따라 불허된 것임을 알 수 있었던 경우, 그 불허처분이 위법하지 아니함(대판 2002. 5. 17, 2000두8912).[17]
>
> 2. 처분 당시 당사자가 어떠한 근거와 이유로 처분이 이루어진 것인지를 충분히 알 수 있어서 **그에 불복하여** 행정구제절차로 나아가는 데 별다른 지장이 없었던 것으로 인정되는 경우**에는 처분서에 처분의 근거와 이유가** 구체적으로 명시되어 있지 않았더라도 **이를 처분을 취소하여야 할** 절차상 하자로 볼 수 없음(대판 2019. 12. 13, 2018두41907).[18]
>
> 3. 교육부장관이 총장 임명에 부적격사유가 없는 후보자들 사이에서 어떤 후보자를 상대적으로 더욱 적합하다고 판단하여 임용제청하는 경우라면, 교육부장관이 어떤 후보자를 총장으로 임용제청하는 행위 자체에 그가 총장으로 더욱 적합하다는 정성적 평가 결과가 당연히 포함되어 있는 것으로, 이로써 행정절차법상 이유제시의무를 다한 것이라고 보아야 함(대판 2018. 6. 15, 2016두57564).[19]

(5) **이유제시의 시기** : 원칙적으로 처분시에 이루어져야 함.[20]

(6) **이유제시의 하자** : 처분의 내용에는 하자가 없더라도 처분시 이유를 제시하지 않은 경우, 처분이 위법하게 됨.

> 1. **세액산출근거가 기재되지 아니한 납세고지서에 의한 부과처분**은 강행법규에 위반하여 **취소대상**이 됨(대판 1985. 4. 9, 84누431).[21]
>
> 2. 과세처분시 납세고지서에 과세표준, 세율, 세액의 계산명세서 등을 첨부하여 고지하도록 한 것은 강행규정으로서 납세고지서에 위와 같은 기재가 누락되면 과세처분 자체가 위법하여 취소대상이 됨(대판 1983. 7. 26. 82누420).[22]

3) 처분의 방식

(1) **원칙적 문서주의**

- 행정청이 처분을 할 때에는 다른 법령 등에 특별한 규정이 있는 경우를 제외하고는 문서로 하여야 하며, ㉠ 당사자 등의 동의가 있는 경우[23] 또는 ㉡ 당사자가 전자문서로 처분을 신청한 경우에는 전자문서로 할 수 있음.
- 공공의 안전 또는 복리를 위하여 긴급히 처분을 할 필요가 있거나 사안이 경미한 경우에는 말, 전화, 휴대전화를 이용한 문자전송, 팩스 또는 전자우편 등 문서가 아닌 방법으로 처분을 할 수 있음.[24][25] 이 경우 당사자가 요청하면 지체 없이 처분에 관한 문서를 주어야 함.

면허관청이 임의로 출석한 상대방의 편의를 위하여 구두로 면허정지사실을 알린 경우 면허정지처분으로서의 효력은 없음(대판 1996. 6. 14, 95누17823).[26][27]

(2) 처분실명제 : 처분을 하는 문서에는 그 처분 행정청과 담당자의 소속 · 성명 및 연락처(전화번호, 팩스번호, 전자우편주소 등을 말함)를 적어야 함.[28]

4) 처분의 정정 : 행정청은 처분에 오기 · 오산 또는 그 밖에 이에 준하는 명백한 잘못이 있을 때에는 직권으로 또는 신청에 따라 지체 없이 정정하고 그 사실을 당사자에게 통지하여야 함.[29]

5) 처분의 고지 : 행정청이 처분을 할 때에는 당사자에게 그 처분에 관하여 행정심판 및 행정소송을 제기할 수 있는지의 여부, 그 밖에 불복을 할 수 있는지의 여부, 청구절차 및 청구기간, 그 밖에 필요한 사항을 알려야 함.[30] 다만, 고지하지 않은 경우에도 그러한 사정만으로 처분을 취소해야 할 절차상 하자가 있다고 볼 수 없음(판례).[31]

2 신청에 의한 처분(수익적 처분)의 절차

1) 처분의 신청

(1) 원칙적 문서

- 행정청에 처분을 구하는 신청은 문서로 하여야 함. 다만, 다른 법령 등에 필요한 규정이 있는 경우와 행정청이 미리 다른 방법을 정하여 공시한 경우에는 그러하지 아니함.[32]
- 처분을 신청할 때 전자문서로 하는 경우에는 행정청의 컴퓨터 등에 입력된 때에 신청한 것으로 봄.[33]

(2) 신청 접수

접 수	다른 법령 등에 특별한 규정이 있는 경우를 제외하고는 그 접수를 보류 또는 거부하거나 부당하게 되돌려 보내서는 아니 되며, 신청을 접수한 경우에는 신청인에게 접수증을 주어야 함.[34]
신청의 보완요구	• 행정청은 신청에 구비서류의 미비 등 흠이 있는 경우에는 보완에 필요한 상당한 기간을 정하여 지체 없이 신청인에게 보완을 요구하여야 함.[35][36] • 행정청은 신청인이 상당한 기간 내에 보완을 하지 아니하였을 때에는 그 이유를 구체적으로 밝혀 접수된 신청을 되돌려 보낼 수 있음.
	행정청에 대한 신청의 의사표시의 방법에서, 신청인이 신청에 앞서 행정청의 허가업무 담당자에게 신청서의 내용에 대한 검토를 요청한 것만으로는 다른 특별한 사정이 없는 한 명시적이고 확정적인 신청의 의사표시가 있었다고 하기 어려움(대판 2004. 9. 24, 2003두13236).[37]
신청의 변경 및 취하	신청인은 처분이 있기 전에는 그 신청의 내용을 보완 · 변경하거나 취하할 수 있음.[38]
신청의 편의 도모	• 행정청은 신청에 필요한 구비서류, 접수기관, 처리기간, 그 밖에 필요한 사항을 게시(인터넷 등을 통한 게시를 포함)하거나 이에 대한 편람을 갖추어 두고 누구나 열람할 수 있도록 하여야 함. • 행정청은 신청인의 편의를 위하여 다른 행정청에 신청을 접수하게 할 수 있음.[39] 이 경우 행정청은 접수할 수 있는 신청의 종류를 미리 정하여 공시하여야 함.[40]

2) 처리기간의 설정 · 공표

(1) 의의 : 행정청은 신청인의 편의를 위하여 처분의 처리기간을 종류별로 미리 정하여 공표하여야 함.

행정절차법이나 「민원처리에 관한 법률」상 처분 · 민원의 처리기간에 관한 규정은 강행규정이 아니며, 행정청이 처리기간을 지나 처분을 한 경우 및 「민원처리에 관한 법률 시행령」 제23조에 따른 민원처리진행상황 통지를 하지 않은 경우, 처분을 취소할 절차상 하자로 볼 수 없음(대판 2019. 12. 13, 2018두41907).[41]

(2) **처리기간의 연장** : 행정청은 부득이한 사유로 처리기간 내에 처분을 처리하기 곤란한 경우에는 해당 처분의 처리기간의 범위에서 한 번만 그 기간을 연장할 수 있음.[42] 이 경우 처리기간의 연장사유와 처리예정기한을 지체 없이 신청인에게 통지하여야 함.[43]

(3) **신속처리요청권** : 행정청이 정당한 처리기간 내에 처리하지 아니하였을 때에는 신청인은 해당 행정청 또는 그 감독 행정청에 신속한 처리를 요청할 수 있음.[44]

3) **다수의 행정청이 관여하는 처분** : 행정청은 다수의 행정청이 관여하는 처분을 구하는 신청을 접수한 경우에는 관계행정청과 신속한 협조를 통하여 그 처분이 지연되지 아니하도록 하여야 함.[45]

3 침해적 처분의 절차

1) 처분의 사전통지

(1) 의 의

- 행정청은 당사자에게 의무를 부과하거나 권익을 제한하는 처분을 하는 경우에는 미리 처분의 제목, 당사자의 성명 또는 명칭과 주소 등을 당사자 등에게 통지하여야 함.
- 당사자 등이란 처분의 직접 상대방인 당사자와 행정청이 직권 또는 신청에 의하여 행정절차에 참여하게 한 이해관계인을 말하므로, 불이익처분의 직접 상대방인 당사자 또는 행정청이 참여하게 한 이해관계인이 아닌 제3자에 대하여는 사전통지 및 의견제출에 관한 행정절차법 규정이 적용되지 않음.
- 의견제출기한은 의견제출에 필요한 기간을 10일 이상으로 고려하여 정하여야 함.

(2) **청문실시를 위한 사전통지** : 행정청이 청문을 실시하려면 청문이 시작되는 날부터 10일 전까지 처분의 제목, 당사자의 성명 또는 명칭과 주소 등 통지사항을 당사자 등에게 통지하여야 함.[46]

(3) 사전통지의 생략

① 공공의 안전 또는 복리를 위하여 **긴급히 처분**을 할 필요가 있는 경우[47]
② 법령 등에서 요구된 자격이 없거나 없어지게 되면 반드시 일정한 처분을 하여야 하는 경우에 그 **자격이 없거나 없어지게 된 사실이 법원의 재판 등에 의하여 객관적**으로 증명된 경우[48]
③ 해당 **처분의 성질상** 의견청취가 현저히 곤란하거나 명백히 불필요하다고 인정될 만한 상당한 이유가 있는 경우[49]
☑ 사전통지는 의견청취의 전치절차로서 사전통지의무가 면제되는 경우에는 의견청취의무도 면제된다고 볼 수 있음.[50]

(4) **사전통지대상이 되는지가 문제되는 행위**

거부처분의 경우	거부처분은 사전통지대상이 아님. 단, 이유제시는 원칙적으로 하여야 함.
	특별한 사정이 없는 한 거부처분은 직접 당사자의 권익을 제한하는 것은 아니어서 신청에 대한 거부처분은 처분의 사전통지대상이 된다고 할 수 없음(대판 2003. 11. 28, 2003두674).[51]
수리를 요하는 신고의 경우	영업자지위승계신고를 수리하는 처분은 종전 영업자에게 사전통지해야 함.
	영업자지위승계신고를 수리하는 처분으로 종전의 영업자에 대한 영업허가 등은 그 효력을 잃는바, 그 처분은 **종전 영업자의 권익을 제한하는 처분으로서 종전 영업자에 대해 행정절차법 제21 · 22조 규정의 행정절차를 실시**하고 처분을 하여야 함(대판 2003. 2. 14, 2001두7015).[52][53]
고시에 의한 처분의 경우	① **'고시'의 방법으로 불특정 다수인을 상대로 의무를 부과하거나 권익을 제한하는 처분은 성질상 의견제출의 기회를 주어야 하는 상대방을 특정할 수 없으므로**, 이와 같은 처분에 있어서까지 구 **행정절차법 제22조 제3항에 의하여 그 상대방에게 의견제출의 기회를 주어야 한다고 해석할 것은 아님**(대판 2014. 10. 27, 2012두7745).[54][55] ② **도로구역을 결정하거나 변경할 경우 이를 고시에 의하도록 하면서**, 그 도면을 일반인이 열람할 수 있도록 한 점 등을 종합하여 보면, 도로구역을 변경한 처분은 행정절차법 제21조 제1항의 **사전통지**나 제22조 제3항의 **의견청취의 대상이 되는 처분은 아님**(대판 2008. 6. 12, 2007두1767).[56]

	사전통지 등의 예외사유에 해당하지 않는 한 위법한 처분임.
사전통지를 하지 않은 경우	①-1. **행정청이 침해적 행정처분을 함에 있어서 당사자에게 사전통지를 하거나 의견제출의 기회를 주지 아니하였다면** 사전통지를 하지 않거나 의견제출의 기회를 주지 아니하여도 되는 **예외적인 경우에 해당하지 아니하는 한 그 처분은 위법하여 취소**를 면할 수 없음.57 ①-2. 건축법상의 공사중지명령에 대한 사전통지를 하고 의견제출의 기회를 준다면 많은 액수의 손실보상금을 기대하여 **공사를 강행할 우려**가 있다는 사정은 사전통지를 하지 않아도 되는 예외사유에 해당하지 않음(대판 2004. 5. 28, 2004두1254).58 ② 무단으로 용도변경된 건물에 대해 건물주에게 시정명령이 있을 것과 불이행시 이행강제금이 부과될 것이라는 점을 설명한 후, 다음 날 시정명령을 한 경우 비록 현장조사에서 원고가 **위반사실을 시인**하였다거나 위반경위를 진술하였더라도 그것만으로는 행정절차법 제21조 제4항 제3호의 사전통지 예외사유에 해당한다고 볼 수 없음(대판 2016. 10. 27, 2016두41811).59 ③ (행정청이 온천지구임을 간과하여 지하수개발 · 이용신고를 수리하였다가 행정절차법상의 사전통지를 하거나 의견제출의 기회를 주지 아니한 채 그 신고수리처분을 취소하고 원상복구명령의 처분을 하는 것은 위법하다고 판시하면서) 행정지도방식에 의한 사전고지나 그에 따른 당사자의 **자진폐공**(편저자 주 : 원상복구)의 약속 등의 사유만으로는 사전통지 등을 하지 않아도 되는 행정절차법 소정의 예외의 경우에 해당한다고 볼 수 없음(대판 2000. 11. 14, 99두5870).60 ④-1. 시보임용처분과 정규공무원임용처분은 별개의 처분임. ④-2. 시보임용 당시 결격사유가 있다면 시보임용처분은 당연무효임. ④-3. 정규공무원임용처분은 위법하나 정규공무원임용 당시에는 결격사유가 없다면 정규공무원임용처분은 당연무효는 아님. ④-4. **정규임용처분을 취소하는 처분**은 성질상 행정절차를 거치는 것이 불필요하여 행정절차법의 적용이 배제되는 경우에 해당하지 않으므로,61 그 처분을 하면서 행정절차법상 **사전통지를 하거나 의견제출의 기회를 부여하지 않은 것은 위법함**(대판 2009. 1. 30, 2008두16155).62 ⑤ (대통령이 甲을 **한국방송공사 사장직에서 해임**한 사안에서) 해임처분과정에서 甲이 **처분내용을 사전에 통지받거나 그에 대한 의견제출기회 등을 받지 못했고 해임처분시 법적 근거 및 구체적 해임사유를 제시받지 못하였으므로 해임처분이 행정절차법에 위배되어 위법**하지만, 절차나 처분형식의 하자가 중대하고 명백하다고 볼 수 없어 역시 당연무효가 아닌 **취소사유**에 해당함(대판 2012. 2. 23, 2011두5001).63 ⑥ 평가인증취소처분은 원고에 대한 인건비 등 보조금 지급이 중단되는 등 원고의 권익을 제한하는 처분에 해당하며, 보조금 반환명령과는 전혀 별개의 절차로서, 보조금 반환명령 당시 사전통지 및 의견제출의 기회가 부여되었다 하더라도 그 사정만으로 이 사건 평가인증취소처분이 행정절차법 제21조 제4항 제3호의 사전통지 예외사유에 해당한다고 볼 수 없음(대판 2016. 11. 9, 2014두1260).64

2) 의견청취절차

(1) **의의** : 행정청이 침익적 처분을 함에 있어서 상대방에게 의견을 진술할 기회를 주고, 이를 당해 처분에 반영하는 절차를 말함. 의견청취절차에는 청문, 공청회, 의견제출 등이 규정되어 있음.65

(2) 의견청취절차 적용제외

① 공공의 안전 또는 복리를 위하여 **긴급히 처분**을 할 필요가 있는 경우66
② 법령 등에서 요구된 자격이 없거나 없어지게 되면 반드시 일정한 처분을 하여야 하는 경우에 그 **자격이 없거나 없어지게 된 사실이 법원의 재판 등에 의하여 객관적**으로 증명된 경우
③ 해당 **처분의 성질상** 의견청취가 현저히 곤란하거나 명백히 불필요하다고 인정될 만한 상당한 이유가 있는 경우
④ 당사자가 **의견진술의 기회를 포기한다는 뜻을 명백히 표시한 경우**67 68

(3) 의견청취절차 적용제외가 문제되는 경우

청문통지서의 반송 등	청문통지서의 반송 또는 처분상대방의 청문일시에 불출석 등은 청문을 실시하지 않아도 되는 예외적 사유가 아님.
	1. **'의견청취가 현저히 곤란하거나 명백히 불필요하다고 인정될 만한 상당한 이유가 있는지'는 당해 처분의 성질에 비추어 판단하여야 하는 것이지 청문통지서의 반송, 청문일의 불출석 등에 의해 판단할 것은 아님.** 69 2. 행정처분의 상대방에 대한 **청문통지서가 반송**되었다거나, 행정**처분의 상대방이 청문일시에 불출석**하였다는 이유로 **청문을 실시하지 아니하고 한 침해적 행정처분은 위법**함(대판 2001. 4. 13, 2000두3337). 70
위반사실의 시인 등	처분상대방이 이미 행정청에 위반사실을 시인하였다는 사정은 의견청취를 거치지 않아도 되는 예외사유 아님.
	사전통지나 의견제출 기회제공의 예외사유인 '의견청취가 현저히 곤란하거나 명백히 불필요하다고 인정될 만한 상당한 이유가 있는 경우'에 해당하는지는 해당 행정처분의 성질에 비추어 판단하여야 하며, 이때 **처분상대방이 이미 행정청에 위반사실을 시인하였다거나 처분의 사전통지 이전에 의견을 진술할 기회가 있었다는 사정을 고려하여야 하는 것은 아님**(대판 2017. 4. 7, 2016두63224). 71
당사자의 협약	행정청과 당사자의 사이에 청문을 실시하지 않기로 하는 협약을 체결한 경우 이러한 협약으로 청문실시에 관한 규정의 적용을 배제할 수 없음.
	행정청이 당사자와 사이에 도시계획사업의 시행과 관련한 **협약을 체결하면서** 관계법령 및 행정절차법에 규정된 **청문의 실시 등 의견청취절차를 배제하는 조항을 둔 경우,** 청문의 실시에 관한 규정의 적용이 배제되거나 **청문을 실시하지 않아도 되는 예외적인 경우에 해당한다고 할 수 없음**(대판 2004. 7. 8, 2002두8350). 72
법령상 확정된 의무부과의 경우	법령상 확정된 의무부과의 경우 의견진술의 기회를 주지 아니하여도 행정절차법 위반 아님. 73
	퇴직연금의 환수결정은 관련법령에 따라 당연히 환수금액이 정하여지는 것이므로, 당사자에게 **의견진술의 기회를 주지 아니하여도 무방함**(대판 2000. 11. 28, 99두5443). 74
기 타	① 행정절차법 시행령 제13조 제2호에서 정한 "법원의 재판 또는 준사법적 절차를 거치는 행정기관의 결정 등에 따라 처분의 전제가 되는 사실이 객관적으로 증명되어 처분에 따른 의견청취가 불필요하다고 인정되는 경우"란 의견청취가 행정청의 처분 여부나 그 수위 결정에 영향을 미치지 못하는 경우를 의미함. 처분의 전제가 되는 '일부' 사실만 증명된 경우이거나 의견청취에 따라 행정청의 처분 여부나 처분 수위가 달라질 수 있는 경우, 위 사전통지, 의견청취의 예외사유에 해당하지 않음(대판 2020. 7. 23, 2017두66602). 75 ② 사회복지시설에 대하여 특별감사를 실시한 후 행한 감사결과 지적사항에 대한 시정지시는 그 성질상 당사자의 사전 의견청취가 불필요하다고 볼 상당한 이유가 있는 것으로 명백히 인정되는 경우에 해당함(대판 2009. 2. 12, 2008두14999). 76

3) 청 문

의 의	• 행정청이 어떠한 처분을 하기 전에 당사자 등의 의견을 직접 듣고 증거를 조사하는 절차 77 • 근거법령에 청문실시 규정이 있으나 청문절차를 결여한 처분은 위법한 처분으로서 취소사유에 해당함.
	행정절차법 제22조 제1항 제1호에 정한 청문제도의 취지상 행정처분의 근거법령 등에서 청문의 실시를 규정하고 있는 경우 청문절차를 결여한 처분은 위법하나 당연무효인 것은 아님(대판 2007. 11. 16, 2005두15700). 78
청문의 실시	행정청이 처분을 함에 있어서 ㉠ 다른 법령 등에서 청문을 실시하도록 규정하고 있는 경우, ㉡ 행정청이 필요하다고 인정하는 경우, ㉢ 인 · 허가 등의 취소, 79 신분 · 자격의 박탈, 법인이나 조합 등의 설립허가의 취소의 처분을 하는 경우에는 청문을 실시함. 최신
청문의 통지	청문이 시작되는 날부터 10일 전까지
청문의 주재자	• 소속 직원 또는 대통령령이 정하는 자격을 가진 자 중 행정청이 선정함. 80 • 다수 국민의 이해가 상충되는 처분 등을 하려는 경우 청문 주재자를 2명 이상으로 선정할 수 있음. 81 최신 • 청문이 시작되는 날부터 7일 전까지 청문 주재자에게 청문과 관련한 필요한 자료를 미리 통지하여야 함.
청문 주재자의 제척 · 기피 · 회피	• 청문 주재자의 제척 · 기피 · 회피 가능 • 청문 주재자에게 공정한 청문 진행을 할 수 없는 사정이 있는 경우 당사자 등은 행정청에 기피신청을 할 수 있음.

청문의 공개 (비공개가 원칙)	• 당사자의 신청 또는 청문 주재자가 필요하다고 인정하는 경우 공개할 수 있음. • 다만, 공익 또는 제3자의 정당한 이익을 현저히 해칠 우려가 있는 경우에는 공개하여서는 아니 됨.**82**
청문의 진행	• 청문을 시작할 때에는 먼저 예정된 처분의 내용, 그 원인이 되는 사실 및 법적 근거 등을 설명하여야 함. • 당사자 등은 의견을 진술하고 증거를 제출할 수 있으며, 참고인이나 감정인 등에게 질문할 수 있음. • 당사자 등이 의견서를 제출한 경우에는 그 내용을 출석하여 진술한 것으로 봄.**83**
청문의 병합 · 분리	행정청은 직권으로 또는 당사자의 신청에 따라 여러 개의 사안을 병합하거나 분리하여 청문을 할 수 있음.
증거조사	청문 주재자는 직권으로 또는 당사자의 신청에 따라 필요한 조사를 할 수 있으며, 당사자 등이 주장하지 아니한 사실에 대하여도 조사할 수 있음.**84**
청문조서의 작성 · 열람 · 확인	• 청문 주재자는 청문조서를 작성해야 함. • 당사자 등은 청문조서의 내용을 열람 · 확인할 수 있으며, 이의가 있을 때에는 그 정정을 요구할 수 있음.
청문의 종결	• 청문 주재자는 당사자 등의 전부 또는 일부가 정당한 사유 없이 청문기일에 출석하지 아니하거나 의견서를 제출하지 아니한 경우에는 이들에게 다시 의견진술 및 증거제출의 기회를 주지 아니하고 청문을 마칠 수 있음.**85** • 청문 주재자는 당사자 등의 전부 또는 일부가 정당한 사유로 청문기일에 출석하지 못하거나 의견서를 제출하지 못한 경우에는 10일 이상의 기간을 정하여 이들에게 의견진술 및 증거제출을 요구하여야 하며, 해당 기간이 지났을 때에 청문을 마칠 수 있음.
청문의 재개	새로운 사정으로 청문 재개가 인정될 때 그 재개를 명할 수 있음.**86**
청문결과의 반영	상당한 이유가 있다고 인정하는 경우 반영하여야 함.**87** 다만, 청문절차에서 나타난 사인의 의견에 구속되는 것은 아님.**88** 광업용 토지수용을 위한 사업인정 여부를 결정함에 있어 토지소유자와 토지에 관한 권리를 가진 자의 의견을 들어야 한다고 한 것은 그 사업인정 여부를 결정함에 있어서 소유자나 기타 권리자가 의견을 반영할 기회를 주어 이를 참작하도록 하고자 하는 데 있을 뿐, 처분청이 그 의견에 기속되는 것은 아님(대판 1995. 12. 22, 95누30).**89**
문서의 열람	당사자 등은 청문의 통지가 있는 날부터 청문이 끝날 때까지 문서의 열람 또는 복사를 요청할 수 있음. 이 경우 행정청은 다른 법령에 따라 공개가 제한되는 경우를 제외하고는 그 요청을 거부할 수 없음.
비밀누설금지 및 목적 외 사용금지	누구든지 의견제출 또는 청문을 통하여 알게 된 사생활이나 경영상 또는 거래상의 비밀을 정당한 이유 없이 누설하거나 다른 목적으로 사용하여서는 아니 됨.**90** 최신

4) 공청회

의 의	행정청이 공개적인 토론을 통하여 어떠한 행정작용에 대하여 당사자 등, 전문지식과 경험을 가진 사람, 그 밖의 일반인으로부터 의견을 널리 수렴하는 절차
개 최	행정청이 처분을 할 때 ㉠ 다른 법령 등에서 공청회를 개최하도록 규정하고 있는 경우, ㉡ 해당 처분의 영향이 광범위하여 널리 의견을 수렴할 필요가 있다고 행정청이 인정하는 경우,**91** ㉢ 국민생활에 큰 영향을 미치는 처분으로서 대통령령으로 정하는 처분에 대하여 대통령령으로 정하는 수(30명) 이상의 당사자 등이 공청회 개최를 요구하는 경우에는 공청회를 개최함.**92** 묘지공원과 화장장의 후보지를 선정하는 과정에서 추모공원건립추진협의회가 후보지 주민들의 의견을 청취하기 위하여 그 명의로 개최한 공청회는 행정청이 도시계획시설결정을 하면서 개최한 공청회가 아니므로, 행정절차법에서 정한 절차를 준수하여야 하는 것은 아님(대판 2007. 4. 12, 2005두1893).**93** ☑ 행정청이 개최한 공청회가 아닌 경우에는 행정절차법의 공청회에 관한 규정이 적용되는 것은 아님.
공고 등	• 공청회 개최 14일 전까지 제목, 일시 · 장소, 주요 내용 등을 **당사자 등에게 통지하고 관보, 공보, 인터넷 또는 일간 신문 등에 공고하는 등의 방법으로 널리 알려야 함.94** • 다만, 공청회 개최를 알린 후 예정대로 개최하지 못하여 새로 일시 및 장소 등을 정한 경우에는 공청회 개최 7일 전까지 알려야 함.

온라인공청회 최신	• 원칙적으로 공청회와 병행하여서만 정보통신망을 이용한 공청회를 실시할 수 있음. • 다만, ㉠ 국민의 생명 · 신체 · 재산의 보호 등 국민의 안전 또는 권익보호 등의 이유로 공청회를 개최하기 어려운 경우, ㉡ 공청회가 행정청이 책임질 수 없는 사유로 개최되지 못하거나 개최는 되었으나 정상적으로 진행되지 못하고 무산된 횟수가 3회 이상인 경우,95 ㉢ 행정청이 널리 의견을 수렴하기 위하여 온라인공청회를 단독으로 개최할 필요가 있다고 인정하는 경우에는 온라인공청회를 단독으로 개최할 수 있음. • 온라인공청회를 실시하는 경우, 누구든지 정보통신망을 이용하여 의견을 제출하거나96 제출된 의견 등에 대한 토론에 참여할 수 있음.
공청회의 주재자	해당 공청회의 사안과 관련된 분야에 전문적 지식이 있거나 그 분야에 종사한 경험이 있는 사람으로서 대통령령으로 정하는 자격을 가진 사람 중에서 행정청이 선정한 자
공청회의 발표자	• 원칙적으로 발표를 신청한 자 중에서 행정청이 선정함.97 • 다만, 발표를 신청한 사람이 없거나 공청회의 공정성을 확보하기 위하여 필요하다고 인정하는 경우에는 일정한 자격이 있는 사람 중에서 지명하거나 위촉할 수 있음.
공청회의 진행	• 공청회의 주재자는 공청회를 공정하게 진행하여야 하며 공청회의 원활한 진행을 위하여 발표내용을 제한할 수 있고,98 질서유지를 위하여 발언 중지 및 퇴장 명령 등 행정안전부장관이 정하는 필요한 조치를 할 수 있음. • 공청회의 주재자는 발표자의 발표가 끝난 후에는 발표자 상호 간에 질의 및 답변을 할 수 있도록 하여야 하며, 방청인에게도 의견을 제시할 기회를 주어야 함.
결과의 반영	공청회 및 온라인공청회 결과가 상당한 이유가 있는 경우 처분시 이를 반영하여야 함.
공청회의 재개최	행정청은 공청회를 마친 후 처분을 할 때까지 새로운 사정이 발견되어 공청회를 다시 개최할 필요가 있다고 인정할 때 재개최 가능99

5) 의견제출(약식청문)

의 의	행정청이 어떠한 행정작용을 하기 전에 당사자 등이 의견을 제시하는 절차로서 청문이나 공청회에 해당하지 아니하는 절차(침익적 처분에 있어 의견청취의 일반절차)100
의견제출의 기회제공	당사자에게 의무를 부과하거나 권익을 제한하는 처분을 할 때, 청문을 실시하거나 공청회를 개최하는 경우 외에는 당사자 등에게 의견제출의 기회를 주어야 함.101
의견제출의 방법	• 당사자 등(㉠ 처분의 직접 그 상대가 되는 당사자, ㉡ 행정청이 직권 또는 신청에 의하여 행정절차에 참여하게 한 이해관계인)은 처분 전에 서면 · 말 또는 정보통신망을 이용하여 의견제출을 할 수 있음.102 • 당사자 등이 말로 의견제출을 하였을 때에는 서면으로 그 진술의 요지와 진술자를 기록하여야 함.103 • 당사자 등이 정당한 이유 없이 의견제출기한까지 의견제출을 하지 아니한 경우에는 의견이 없는 것으로 봄.104
의견제출의 효과	당사자 등이 제출한 의견이 상당한 이유가 있다고 인정하는 경우 처분시 이를 반영하여야 함.105
문서의 열람	당사자 등은 처분의 사전통지가 있는 날부터 의견제출기한까지 문서의 열람 또는 복사를 요청할 수 있음. 이 경우 행정청은 다른 법령에 따라 공개가 제한되는 경우를 제외하고는 그 요청을 거부할 수 없음. 최신

6) **공통규정** : 행정청은 처분 후 1년 이내에 당사자 등이 요청하는 경우에는 청문 · 공청회 또는 의견제출을 위하여 제출받은 서류나 그 밖의 물건을 반환하여야 함(행정절차법 제22조 제6항).106

이유제시와 사전통지 구별

구 분	이유제시	사전통지
원 칙	• 행정청이 처분을 하는 때에는 당사자에게 그 근거와 이유를 제시하여야 함. • 거부처분의 경우에도 이유제시는 하여야 함.	행정청은 당사자에게 의무를 부과하거나 권익을 제한하는 처분을 하는 경우에는 미리 당사자 등에게 통지하여야 함.
예 외	① 신청내용을 모두 그대로 인정 ② 단순 · 반복적인 처분 또는 경미한(중대한 ×) 처분으로서 당사자가 그 이유를 명백히 알 수 있는 경우 ③ 긴급한 경우	① 긴급한 경우 ② 자격이 없거나 없어지게 된 사실이 법원의 재판 등에 의하여 객관적으로 증명된 경우 ③ 처분의 성질상 의견청취가 현저히 곤란하거나 명백히 불필요하다고 인정될 만한 상당한 이유가 있는 경우 cf 의견청취절차의 적용이 제외되는 사유에는 사전통지를 생략하는 사유가 포함되며, 추가로 당사자가 의견진술의 기회를 포기한다는 뜻을 명백히 표시한 경우가 포함됨.

의견청취절차 – 청문 · 공청회 · 의견제출 비교

구 분	청 문	공청회	의견제출
통 지	10일 전까지	14일 전까지	
실시요건	• 법령 등에서 청문을 규정하고 있는 경우 • 행정청이 필요하다고 인정하는 경우 • 인 · 허가 등의 취소, 신분 · 자격의 박탈, 법인이나 조합 등의 설립허가의 취소의 처분을 하는 경우	• 법령 등에서 공청회를 개최하도록 특별히 규정하고 있는 경우 • 해당 처분의 영향이 광범위하여 널리 의견을 수렴할 필요가 있다고 행정청이 인정하는 경우 • 국민생활에 큰 영향을 미치는 처분으로서 대통령령으로 정하는 처분에 대하여 대통령령으로 정하는 수(30명) 이상의 당사자 등이 공청회 개최를 요구하는 경우	당사자에게 의무를 부과하거나 권익을 제한하는 처분을 할 때, 청문을 실시하거나 공청회를 개최하는 경우 외에는 당사자 등에게 의견제출의 기회를 주어야 함.
문서열람 인정 여부	○		○

행정절차의 하자

1 절차상의 하자 있는 행정행위의 효력 – 독자적 위법사유성

재량행위	기속행위
절차상 하자가 있다면 독자적 위법사유가 됨.	• 절차상의 하자만 있는 경우에도 행정행위는 위법함(통설).**107** • 재량행위뿐만 아니라 조세부과처분과 같은 기속행위의 경우에도 절차하자를 독자적 위법사유로 인정함(판례).**108 109**

1. (기속행위인 과세처분 관련) 납세고지서에 필요한 사항의 기재가 누락된 경우 과세처분은 위법한 처분이 되어 취소의 대상이 됨(대판 1984. 5. 9, 84누116).

2. (재량행위인 영업정지처분과 관련하여) 청문절차에 하자가 있는 경우 가사 영업정지사유가 인정된다 할지라도 위법하여 취소를 면할 수 없음(대판 1991. 7. 9, 91누971).

3-1. 원고가 수사과정 및 징계과정에서 자신의 비위행위에 대한 해명기회를 가졌다는 사정만으로는 사전통지나 의견제출의 예외사유에 해당하지 않음.

3-2. 군인사법령에 의하여 진급예정자명단에 포함된 자에 대하여 행정절차법상의 의견제출의 기회를 부여하지 아니한 채 진급선발을 취소하는 처분을 한 것은 절차상 하자가 있어 위법함(대판 2007. 9. 21, 2006두20631).110

☑ 행정절차법에는 절차상 하자가 있는 행정행위의 효력에 관한 명문의 규정을 두고 있지 않음.

2 청문의 하자와 취소판결의 기속력

절차상의 하자를 이유로 과세처분을 취소하는 판결이 확정된 경우, 그 위법사유를 보완하여 새로운 조세부과처분을 하는 것은 확정판결의 기속력에 위반되지 않음.

과세의 절차 내지 형식에 위법이 있어 과세처분을 취소하는 판결이 확정되었을 때는 그 확정판결의 기판력은 거기에 적시된 절차 내지 형식의 위법사유에 한하여 미치는 것이므로 과세관청은 그 위법사유를 보완하여 다시 새로운 과세처분을 할 수 있고 그 새로운 과세처분은 확정판결에 의하여 취소된 종전의 과세처분과는 별개의 처분이라 할 것이어서 확정판결의 기판력(편저자 주 : 기속력)에 저촉되는 것이 아님(대판 1987. 2. 10, 86누91).111

3 절차의 하자와 국가배상

- 절차상의 하자로 손해가 발생한 경우 국가배상이 인정되지만, 절차상의 하자가 있으나 실체상으로 적법하여 손해가 발생하였다고 볼 수 없는 경우, 예컨대 절차상 위법하나 실체상 적법한 행정처분의 경우에는 국가배상책임이 인정되지 않음.
- 판례는 교도소장이 아닌 일반교도관 등에 의하여 징벌내용이 고지됨으로써 절차상의 하자가 있는 징벌처분에 대해 국가배상책임을 부정하면서 징벌처분이 위법하다는 이유로 국가배상책임을 인정하기 위하여는 징벌절차의 진행경과, 징벌의 내용 및 그 집행경과 등 제반 사정을 종합적으로 고려하여 징벌처분이 객관적 정당성을 상실하고 이로 인하여 손해의 전보책임을 국가에게 부담시켜야 할 실질적인 이유가 있다고 인정되어야 한다고 판시한 바 있음(대판 2004. 12. 9, 2003다50184).112

Topic

43 행정정보공개

p.165~175

* 개인정보보호법은 2025년 2월에 별도로 진행되는 <2025 개인정보보호법 특강>을 듣기 바란다.

1 정보공개제도

1) 「공공기관의 정보공개에 관한 법률」상의 정보공개청구권 : 일반적 정보공개청구권을 포함

> 국민의 알권리, 특히 국가정보에의 접근의 권리는 우리 헌법상 기본적으로 표현의 자유와 관련하여 인정되는 것으로 그 권리의 내용에는 일반국민 누구나 국가에 대하여 보유 · 관리하고 있는 정보의 공개를 청구할 수 있는 이른바 일반적인 정보공개청구권이 포함됨(대판 1999. 9. 21, 97누5114).

2) 정보공개의 법적 근거

헌법적 근거	• 헌법재판소는 정보공개청구권은 알권리의 한 요소를 이루며, 이러한 알권리는 헌법에 직접 명문화되어 있지는 않으나 헌법 제21조상의 표현의 자유에서 도출된다고 봄. **01 02** 따라서 정보공개청구권은 이를 인정하는 법률규정이 존재하지 않는 경우에도 알권리에 근거하여 인정됨. **03** • 대법원도 알권리를 자유권적 성질과 청구권적 성질을 공유하는 것으로 보고 있으며, 알권리를 헌법 제21조에 의하여 직접 보장되는 권리로 봄. **04 05**
법률적 근거	「공공기관의 정보공개에 관한 법률」(행정정보공개에 대한 일반법)
조 례	지방자치단체는 그 소관 사무에 관하여 법령의 범위에서 정보공개에 관한 조례를 정할 수 있음(정보공개법 제4조 제2항). **06** **지방자치법 제28조【조례】** ① 지방자치단체는 법령의 범위에서 그 사무에 관하여 조례를 제정할 수 있다. 다만, 주민의 권리제한 또는 의무부과에 관한 사항이나 벌칙을 정할 때에는 법률의 위임이 있어야 한다. **07**
	청주시의회에서 의결한 '청주시 행정정보공개조례안'은 주민의 권리를 제한하거나 의무를 부과하는 조례라고는 단정할 수 없어 그 제정에 있어서 반드시 법률의 개별적 위임이 따로 필요한 것은 아님(정보공개법 제정 전 판례)(대판 1992. 6. 23, 92추17). **08 09**

2 정보공개법

1) 용어의 정의

(1) **정보** : 공공기관이 직무상 작성 또는 취득하여 관리하고 있는 문서(전자문서 포함) 및 전자매체를 비롯한 모든 형태의 매체 등에 기록된 사항 **10**

> 「공공기관의 정보공개에 관한 법률」에서 말하는 공개대상정보는 정보 그 자체가 아닌 정보공개법 제2조 제1호에서 예시하고 있는 매체 등에 기록된 사항을 의미함(대판 2013. 1. 24, 2010두18918).

(2) **공개** : 공공기관이 정보공개법에 따라 정보를 열람하게 하거나 그 사본 · 복제물을 제공하는 것 또는 정보통신망을 통하여 정보를 제공하는 것 등

(3) **공공기관** : ① 국가기관, ② 지방자치단체, ③ 「공공기관의 운영에 관한 법률」 제2조에 따른 공공기관, ④ 지방공기업법에 따른 지방공사 및 지방공단, ⑤ 그 밖에 대통령령으로 정하는 기관(㉠ 유아교육법, 초 · 중등교육법, 고등교육법에 따른 각급 학교(사립학교 포함), **11 12** ㉡ 특별법에 따라 설립된 특수법인(한국방송공사 등), ㉢ 국가나 지방자치단체로부터 보조금을 받는 사회복지법인과 사회복지사업을 하는 비영리법인 **13** 등)

공공기관 ○	①-1. 구 「공공기관의 정보공개에 관한 법률 시행령」 제2조 제1호가 정보공개의무를 지는 공공기관의 하나로 사립대학교를 들고 있는 것이 모법의 위임범위를 벗어났다거나 사립대학교가 국비의 지원을 받는 범위 내에서만 공공기관의 성격을 가진다고 볼 수 없음(즉, 사립대학교는 정보공개법상의 공공기관임). **14 15**

공공기관 ○	①-2. 사립대학교에 정보공개를 청구하였다가 거부되면 사립대학교 총장을 피고로 하여 취소소송을 제기할 수 있음(대판 2006. 8. 24, 2004두2783). ② **한국방송공사(KBS)는 「공공기관의 정보공개에 관한 법률 시행령」 제2조 제4호의 '특별법에 의하여 설립된 특수법인'으로서 정보공개의무가 있는 공공기관에 해당함**(대판 2010. 12. 23, 2008두13101).**16**
공공기관 ×	1. 어느 법인이 「공공기관의 정보공개에 관한 법률」 제2조 제3호, 같은 법 시행령 제2조 제4호에 따라 정보를 공개할 의무가 있는 **'특별법에 의하여 설립된 특수법인'에 해당하는지 여부는 법인에게 부여된 업무 등을 고려하여 개별적으로 판단함.17** 2. 한국증권업협회(현 금융투자협회)는 「공공기관의 정보공개에 관한 법률 시행령」 제2조 제4호의 **'특별법에 의하여 설립된 특수법인'에 해당한다고 보기 어려움**(즉, 한국증권업협회는 정보공개법상의 공공기관이 아님)(대판 2010. 4. 29, 2008두5643).**18**

2) **적용범위** : 정보의 공개에 관하여는 다른 '법률'에 특별한 규정이 있는 경우를 제외하고는 정보공개법이 정하는 바에 따름(일반법의 지위).**19**

1. '정보공개에 관하여 다른 법률에 특별한 규정이 있는 경우'에 해당한다고 하여 정보공개법의 적용을 배제하기 위해서는, 내용이 정보공개의 대상 및 범위, 정보공개의 절차, 비공개대상정보 등에 관하여 정보공개법과 달리 규정하고 있어야 함.**20**
2. 형사소송법 제59조의2는 형사재판확정기록의 공개 여부나 공개범위, 불복절차 등에 대하여 정보공개법과 달리 규정하고 있는 것으로 정보공개법 제4조 제1항에서 정한 '정보의 공개에 관하여 다른 법률에 특별한 규정이 있는 경우'에 해당하는바, 형사재판확정기록의 공개에 관하여는 정보공개법에 의한 공개청구가 허용되지 아니함(대판 2016. 12. 15, 2013두20882).**21**

3) 정보공개청구권자

모든 국민	• 모든 국민은 정보의 공개를 청구할 권리를 가짐. • 국민에는 자연인뿐만 아니라 법인, 법인격 없는 사단 · 재단도 포함되며, 이해관계 유무를 불문함.**22** • 한편, 지방자치단체는 정보공개의무자에 해당할 뿐 정보공개청구권자인 국민에 해당하지 않음.**23**
	(환경운동연합이, 행정청이 주최한 간담회 등 각종 행사 관련 지출자료에 포함된 행사참석자정보 등의 공개를 청구한 것에 대해 정보공개를 청구할 능력이 있다고 하면서) 정보공개청구권을 가지는 국민에는 자연인, 법인, 법인격 없는 사단 등이 모두 포함되며 법인, 법인격 없는 사단 등의 경우 설립목적을 불문함(대판 2003. 12. 12, 2003두8050).**24**
외국인의 경우	• 국내에 일정한 주소를 두고 거주하거나 학술 · 연구를 위하여 일시적으로 체류하는 자**25 26 27 28** • 국내에 사무소를 두고 있는 법인 또는 단체**29**

4) 공공기관의 정보공개의무

정보공개의 원칙	• **청구가 필요함** : 알권리에서 파생되는 정부의 공개의무는, 특별한 사정이 없는 한 특정의 정보에 대한 공개청구가 있는 경우에야 비로소 존재함(판례). • **특별한 경우** : 공공기관 중 중앙행정기관 및 대통령령으로 정하는 기관은 전자적 형태로 보유 · 관리하는 정보 중 공개대상으로 분류된 정보를 국민의 정보공개청구가 없더라도 정보통신망을 활용한 정보공개시스템 등을 통하여 공개하여야 함.**30**
행정정보의 공표 (정보의 사전적 공개)	공공기관은 ㉠ 국민생활에 매우 큰 영향을 미치는 정책에 관한 정보, ㉡ 국가의 시책으로 시행하는 공사(工事) 등 대규모 예산이 투입되는 사업에 관한 정보, ㉢ 예산집행의 내용과 사업평가 결과 등 행정감시를 위하여 필요한 정보, ㉣ 그 밖에 공공기관의 장이 정하는 정보에 대해서는 공개의 구체적 범위, 주기, 시기 및 방법 등을 미리 정하여 정보통신망 등을 통하여 알리고, 이에 따라 정기적으로 공개하여야 함.**31**
정보목록의 작성 · 비치	공공기관은 그 기관이 보유 · 관리하는 정보에 대하여 국민이 쉽게 알 수 있도록 정보목록을 작성하여 갖추어 두고, 그 목록을 정보통신망을 활용한 정보공개시스템 등을 통하여 공개하여야 함.
정보공개장소 확보	공공기관은 정보공개장소를 확보하고 공개에 필요한 시설을 갖추어야 함.

5) 공개대상정보 및 비공개대상정보

(1) **공개대상정보** : 공공기관이 보유 · 관리하는 정보는 원칙적으로 공개대상이 됨.

(2) **비공개대상정보** : 아래 ①~⑧에 해당하는 정보에 대하여는 이를 공개하지 아니할 수 있음. 한편, 비공개대상정보에 해당하는지에 대해서는 당해 공공기관이 입증하여야 함.

> 정보공개를 요구받은 공공기관은 법률 제 몇 호의 비공개사유에 해당하는지를 주장 · 입증하여야 하며, 개괄적 사유만을 들어 공개를 거부할 수 없음(대판 2003. 12. 11, 2001두8827).[32]

① **비밀 또는 비공개사항과 관련된 정보** : 다른 법률 또는 법률에서 위임한 명령(국회규칙 · 대법원규칙 · 헌법재판소규칙 · 중앙선거관리위원회규칙 · 대통령령 및 조례로 한정함)에 따라 비밀이나 비공개사항으로 규정된 정보[33]

> 1. 구 「공공기관의 정보공개에 관한 법률」 제7조 제1항 제1호 소정의 '법률에 의한 명령'은 법률의 위임규정에 의하여 제정된 대통령령, 총리령, 부령 전부를 의미한다기보다는 정보의 공개에 관하여 법률의 구체적인 위임 아래 제정된 법규명령(위임명령)을 의미함(대판 2003. 12. 11, 2003두8395).[34][35]
>   ☑ 총리령 · 부령이 포함되어 있을 당시의 법령에 따른 판례임. 현재는 법령개정으로 총리령 · 부령은 법률에서 위임한 명령에 포함되지 않음.
> 2. 교육공무원법 제13 · 14조의 위임에 따라 제정된 교육공무원승진규정은 정보공개에 관한 사항에 관하여 구체적인 법률의 위임에 따라 제정된 명령이라고 할 수 없고, 따라서 교육공무원의 근무성적평정의 결과를 공개하지 아니한다고 규정하고 있는 교육공무원승진규정 제26조를 근거로 정보공개청구를 거부하는 것은 위법함(공개대상)(대판 2006. 10. 26, 2006두11910).[36]
> 3. 검찰보존사무규칙이 검찰청법 제11조에 기하여 제정된 법무부령이기는 하지만, 그 사실만으로 같은 규칙 내의 모든 규정이 법규적 효력을 가지는 것은 아님(대판 2006. 5. 25, 2006두3049).[37]
> 4. 검찰보존사무규칙의 **법적 성질은 행정규칙으로서 그 규칙에서** 불기소사건기록 등의 열람 · 등사를 제한**하는 것은** 구 「공공기관의 정보공개에 관한 법률」 제7조 제1항 제1호의 '다른 법률 또는 법률에 의한 명령에 의하여 비공개사항으로 규정된 경우'에 해당하지 않음(공개대상)(대판 2004. 9. 23, 2003두1370).[38]
> 5. 기업의 비업무용 부동산 보유실태에 관한 감사원의 감사보고서의 내용은 직무상 비밀에 해당하지 않음(공개대상)(대판 1996. 10. 11, 94누7171).[39]
> 6. 학교폭력대책자치위원회 회의록은 '다른 법률 또는 법률이 위임한 명령에 의하여 비밀 또는 비공개사항으로 규정된 정보'에 해당하고 '공개될 경우 업무의 공정한 수행에 현저한 지장을 초래한다고 인정할 만한 상당한 이유가 있는 정보'에도 해당함(비공개대상)(대판 2010. 6. 10, 2010두2913).[40][41]
> 7. 국가정보원이 직원에게 지급하는 현금급여 및 월초수당(비공개대상)(대판 2010. 12. 23, 2010두14800)[42]

② **국가이익 관련 정보** : 국가안전보장 · 국방 · 통일 · 외교관계 등에 관한 사항으로서 공개될 경우 국가의 중대한 이익을 현저히 해칠 우려가 있다고 인정되는 정보

> 1. 보안관찰처분 관련 통계자료(비공개대상)(대판 2004. 3. 18, 2001두8254 전합 다수의견)[43]
> 2. 2015. 12. 28. 일본군위안부 피해자 합의와 관련하여 한일 외교장관 공동 발표문의 문안을 도출하기 위하여 진행한 협상 과정에서 일본군과 관헌에 의한 위안부 '강제연행'의 존부 및 사실인정 문제에 대해 협의한 정보(비공개대상)(대판 2023. 6. 1, 2019두41324)[44] 최신

③ **공공안전 관련 정보** : 공개될 경우 국민의 생명 · 신체 및 재산의 보호에 현저한 지장을 초래할 우려가 있다고 인정되는 정보

④ **형사사법 관련 정보** : 진행 중인 재판에 관련된 정보와 범죄의 예방, 수사, 공소의 제기 및 유지, 형의 집행, 교정, 보안처분에 관한 사항으로서 공개될 경우 그 직무수행을 현저히 곤란하게 하거나 형사피고인의 공정한 재판을 받을 권리를 침해한다고 인정할 만한 상당한 이유가 있는 정보[45]

1-1. '진행 중인 재판에 관련된 정보'에 해당한다는 사유로 정보공개를 거부하기 위하여는 반드시 그 정보가 진행 중인 재판의 소송기록 자체에 포함된 내용일 필요는 없음.[46]

1-2. '진행 중인 재판에 관련된 정보'란 재판에 관련된 일체의 정보가 그에 해당하는 것은 아니고 진행 중인 재판의 심리 또는 재판결과에 구체적으로 영향을 미칠 위험이 있는 정보에 한정된다고 보는 것이 타당함(대판 2011. 11. 24, 2009두19021).[47]

2. 교도관의 근무보고서(공개대상)(대판 2004. 12. 9, 2003두12707)[48]

⑤ 검사 · 시험 등 관련 정보 : 감사 · 감독 · 검사 · 시험 · 규제 · 입찰계약 · 기술개발 · 인사관리에 관한 사항이나 의사결정 과정 또는 내부검토 과정에 있는 사항 등으로서 공개될 경우 업무의 공정한 수행이나 연구 · 개발에 현저한 지장을 초래한다고 인정할 만한 상당한 이유가 있는 정보[49]

1. '공개될 경우 업무의 공정한 수행에 현저한 지장을 초래한다고 인정할 만한 상당한 이유가 있는 경우'란 공개될 경우 업무의 공정한 수행이 객관적으로 현저하게 지장을 받을 것이라는 고도의 개연성이 존재하는 경우를 의미함(대판 2012. 10. 11, 2010두18758).[50]

2. 사법시험 제2차 시험 답안지(공개대상)(대판 2003. 3. 14, 2000두6114)[51][52]

3. 문제은행 출제방식을 채택하고 있는 치과의사 국가시험의 문제지와 정답지(비공개대상)(대판 2007. 6. 15, 2006두15936)

4-1. 「공공기관의 정보공개에 관한 법률」 제7조 제1항 제5호(현행법 제9조 제1항)의 '감사 · 감독 · 검사 · 시험 · 규제 · 입찰계약 · 기술개발 · 인사관리 · 의사결정 과정 또는 내부검토 과정에 있는 사항'은 비공개대상정보를 예시적으로 열거한 것이라고 할 것이므로 의사결정 과정에 제공된 회의 관련 자료나 의사결정 과정이 기록된 회의록 등은 의사가 결정되거나 의사가 집행된 경우에는 더 이상 의사결정 과정에 있는 사항 그 자체라고는 할 수 없으나, 의사결정 과정에 있는 사항에 준하는 사항으로서 비공개대상정보에 포함될 수 있음.[53]

4-2. 학교환경위생구역 내 금지행위(모텔)해제결정에 관한 학교환경위생정화위원회의 회의록에 기재된 발언내용에서 해당 발언자의 인적사항 부분에 관한 정보는 의사결정에 있는 사항에 준하는 사항으로서 비공개대상정보에 포함될 수 있음(대판 2003. 8. 22, 2002두12946).[54]

5. 독립유공자서훈 공적심사위원회의 심의 · 의결 과정 및 그 내용을 기재한 회의록(비공개대상)(대판 2014. 7. 24, 2013두20301)[55]

6. 도시공원위원회의 회의 관련 자료 및 회의록은 시장 등의 결정의 대외적 공표행위가 있은 후에는 이를 의사결정 과정이나 내부검토 과정에 있는 사항이라고 할 수 없고 위 위원회의 회의 관련 자료 및 회의록을 공개하더라도 업무의 공정한 수행에 지장을 초래할 염려가 없으므로 공개대상이 됨(대판 2000. 5. 30, 99추85).[56]

7. 2002학년도부터 2005학년도까지의 대학수학능력시험 원데이터(공개대상)(대판 2010. 2. 25, 2007두9877)[57]

8. 외국 또는 외국기관으로부터 비공개를 전제로 정보를 입수하였다는 이유만으로 이를 공개할 경우 업무의 공정한 수행에 현저한 지장을 받을 것이라고 단정할 수는 없음(대판 2018. 9. 28, 2017두69892).[58]

⑥ 개인 관련 정보 : 해당 정보에 포함되어 있는 성명 · 주민등록번호 등 개인정보보호법 제2조 제1호에 따른 개인정보로서 공개될 경우 사생활의 비밀 또는 자유를 침해할 우려가 있다고 인정되는 정보

다만, 다음에 열거한 사항은 공개대상이 됨.

㉠ 공공기관이 작성하거나 취득한 정보로서 공개하는 것이 공익이나 개인의 권리구제를 위하여 필요하다고 인정되는 정보 – 비공개에 의하여 보호되는 개인의 사생활의 비밀 등 이익과 공개에 의하여 보호되는 국정운영의 투명성 확보 등의 공익 또는 개인의 권리구제 등 이익을 비교 · 교량하여 구체적 사안에 따라 신중히 판단함(판례).[59]

㉡ 직무를 수행한 공무원의 성명 · 직위[60]

㉢ 공개하는 것이 공익을 위하여 필요한 경우로서 법령에 따라 국가 또는 지방자치단체가 업무의 일부를 위탁 또는 위촉한 개인의 성명 · 직업[61]

1. 공무원이 '직무와 관련 없이' 개인적인 자격으로 간담회 · 연찬회 등 행사에 참석하고 금품을 수령한 정보(비공개대상)(대판 2003. 12. 12, 2003두8050)62

2. 사면대상자들의 사면실시건의서와 그와 관련된 국무회의 안건자료에 관한 정보(공개대상)(대판 2006. 12. 7, 2005두241)63

3. 지방자치단체의 업무추진비 세부항목별 집행내역 및 그에 관한 증빙서류에 포함된 개인에 관한 정보(비공개대상)(대판 2003. 3. 11, 2001두6425)64

4. 「공공기관의 정보공개에 관한 법률」 제9조 제1항 제6호 본문에서 정한 '당해 정보에 포함되어 있는 이름 · 주민등록번호 등 개인에 관한 사항으로서 공개될 경우 개인의 사생활의 비밀 또는 자유를 침해할 우려가 있다고 인정되는 정보'는 이름 · 주민등록번호 등 정보 형식이나 유형을 기준으로 비공개대상정보에 해당하는지를 판단하는 '개인식별정보'뿐만 아니라65 그 외에 정보의 내용을 구체적으로 살펴 '개인에 관한 사항의 공개로 개인의 내밀한 내용의 비밀 등이 알려지게 되고, 그 결과 인격적 · 정신적 내면생활에 지장을 초래하거나 자유로운 사생활을 영위할 수 없게 될 위험성이 있는 정보'도 포함된다고 새겨야 함(대판 2012. 6. 18, 2011두2361 전합).66

5-1. 불기소처분기록이나 내사기록 중 피의자신문조서 등 조서에 기재된 피의자 등의 인적사항 이외의 진술내용이 개인의 사생활의 비밀 또는 자유를 침해할 우려가 인정되는 경우(비공개대상)67

5-2. 정보공개청구권자의 권리구제 가능성 등이 정보의 공개 여부 결정에 영향을 미치는 것은 아님(대판 2017. 9. 7, 2017두44558).68

⑦ 영업비밀 관련 정보 : 법인 · 단체 또는 개인(이하 '법인 등')의 경영상 · 영업상 비밀에 관한 사항으로서 공개될 경우 법인 등의 정당한 이익을 현저히 해칠 우려가 있다고 인정되는 정보

1-1. 정보공개법 제9조 제1항 제7호 소정의 '법인 등의 경영 · 영업상 비밀'은 부정경쟁방지법 제2조 제2호 소정의 '영업비밀'에 한하지 않고, '타인에게 알려지지 아니함이 유리한 사업활동에 관한 일체의 정보' 또는 '사업활동에 관한 일체의 비밀사항'으로 해석함이 상당함.69

1-2. 다만 '법인 등의 경영 · 영업상의 비밀에 관한 사항'이라도 공개를 거부할 만한 정당한 이익이 있는지의 여부에 따라 그 공개 여부가 결정되어야 함(대판 2008. 10. 23, 2007두1798).

2. 법인 등이 거래하는 금융기관의 계좌번호에 관한 정보(비공개대상)(대판 2004. 8. 20, 2003두8302).70

3. 아파트재건축주택조합의 조합원들에게 제공될 무상보상평수의 사업수익성 등을 검토한 자료(공개대상)(대판 2006. 1. 13, 2003두9459).71

⑧ 특정인의 이해 관련 정보 : 공개될 경우 부동산투기, 매점매석 등으로 특정인에게 이익 또는 불이익을 줄 우려가 있다고 인정되는 정보72

(3) 사본도 가능

「공공기관의 정보공개에 관한 법률」상 공개청구의 대상이 되는 정보란 **공공기관이 직무상 작성 또는 취득하여 현재 보유 · 관리하고 있는 문서에 한정되는 것이기는 하나,** 그 문서가 반드시 원본일 필요는 없음(대판 2006. 5. 25, 2006두3049).73

(4) 비공개대상정보의 예외 : 비공개대상에 해당하는 정보가 기간의 경과 등으로 인하여 비공개의 필요성이 없어진 경우 해당 정보를 공개대상으로 하여야 함.

(5) 권리남용 여부

1. **손해배상소송에 제출할 증거자료를 획득하기 위한 목적으로 정보공개를 청구한 경우,** 오로지 상대방을 괴롭힐 목적으로 **정보공개를 구하고 있다는 등의 특별한 사정이 없는 한, 권리남용에 해당하지 아니함**(대판 2004. 9. 23, 2003두1370).74

2-1. 국민의 정보공개청구가 **권리의 남용에 해당하는 것이 명백한 경우**, 행정청은 공개를 거부할 수 있음.
2-2. 해당 정보를 취득 또는 **활용할** 의사가 전혀 없이 **정보공개제도를 이용하여** 사회통념상 용인될 수 없는 부당한 이득을 **얻으려 하거나**, 오로지 공공기관의 담당공무원을 괴롭힐 목적**으로 정보공개청구를 하는 경우는 권리의 남용에 해당함**(대판 2014. 12. 24, 2014두9349).**75**

(6) 널리 알려진 정보 등의 경우

공개청구의 대상이 되는 정보가 **이미 다른 사람에게 공개되어 널리 알려져 있다거나 인터넷이나 관보 등을 통하여 공개되어** 인터넷 검색**이나 도서관에서의 열람** 등을 통하여 쉽게 알 수 있다고 하여 **소의 이익이 없다고 볼 수 없고 비공개결정이 정당화될 수도 없음**(대판 2008. 11. 27, 2005두15694).**76**

6) 정보공개절차

(1) **정보공개의 청구방법** : 정보공개청구서를 제출하거나 또는 말로써 정보의 공개를 청구할 수 있음.**77**

(아파트 택지조성원가, 분양원가 등 정보공개청구사건에서 공개를 청구한 정보의 내용 중 '관련 자료 일체' 부분은 그 내용과 범위가 정보공개청구 대상정보로서 특정되지 않았다**78**고 하면서) **「공공기관의 정보공개에 관한 법률」에 따른 정보공개청구시 청구대상정보를 기재함에 있어서는** 사회일반인의 관점에서 청구대상정보의 내용과 범위를 확정할 수 있을 정도로 특정함을 요함(대판 2007. 6. 1, 2007두2555).**79**

(2) 정보공개 여부의 결정 등

정보공개 여부의 결정	• **결정기간** : 정보공개를 청구받은 날부터 10일 이내 • **결정기간의 연장** : 기간만료일의 다음 날로부터 10일 이내의 범위에서**80**
제3자에 대한 통지	제3자와 관련이 있다고 인정할 때에는 제3자에게 지체 없이 통지하여야 하며, '필요한 경우'에는 그의 의견을 들을 수 있음.**81**
민원으로 처리하는 경우	㉠ 공개청구된 정보가 공공기관이 보유 · 관리하지 아니하는 정보인 경우, ㉡ 공개청구의 내용이 진정 · 질의 등으로 정보공개법에 따른 정보공개청구로 보기 어려운 경우에는 민원처리법에 따른 민원으로 처리할 수 있는 경우에는 민원으로 처리할 수 있음.**82**
반복청구 등의 처리	㉠ 정보공개를 청구하여 정보공개 여부에 대한 결정의 통지를 받은 자가 정당한 사유 없이 해당 정보의 공개를 다시 청구하는 경우, ㉡ 정보공개청구가 민원으로 처리되었으나 다시 같은 청구를 하는 경우에는 정보공개청구대상정보의 성격, 종전 청구와의 내용적 유사성 · 관련성, 종전 청구와 동일한 답변을 할 수밖에 없는 사정 등을 종합적으로 고려하여 해당 청구를 종결 처리할 수 있음. 이 경우 종결 처리 사실을 청구인에게 알려야 함.**83**

(3) 정보공개 여부 결정의 통지 등

공개결정의 경우	공개의 일시 및 장소 등을 분명히 밝혀 청구인에게 통지하여야 함.
비공개결정의 경우	• 정보공개법 제9조 제1항 각 호 중 어느 규정에 해당하는 비공개대상정보인지를 포함한 비공개이유, 불복의 방법 및 절차를 구체적으로 밝혀 청구인에게 지체 없이 문서로 통지하여야 함.**84** • 한편, 정보공개법상 문서에는 전자문서도 포함되므로 비공개결정은 전자문서로도 통지할 수 있음(판례).**85**
사본 · 복제물의 교부 등	• 청구인이 사본 또는 복제물의 교부를 원하는 경우 이를 교부하여야 함.**86** • 공개대상정보의 양이 너무 많아 정상적인 업무수행에 현저한 지장을 초래할 우려가 있는 경우에는 해당 정보를 일정 기간별로 나누어 제공하거나 사본 · 복제물의 교부 또는 열람과 병행하여 제공할 수 있음.**87** • 공개하는 정보의 원본이 더럽혀지거나 파손될 우려가 있거나 그 밖에 상당한 이유가 있다고 인정할 때에는 그 정보의 사본 · 복제물을 공개할 수 있음.**88**

	① **정보공개를 청구하는 자가** 공공기관에 대해 정보의 사본 또는 출력물의 교부방법으로 **공개방법을 선택하여 정보공개 청구를 한 경우**, 공개청구를 받은 공공기관은 그 **공개방법을 선택할 재량권이 없음**(대판 2003. 12. 12, 2003두8050).**89** ②-1. 정보공개청구인에게 특정한 정보공개방법을 지정하여 청구할 수 있는 법령상 신청권이 있음. ②-2. **공공기관이 공개청구의 대상이 된 정보를 청구인이** 신청한 공개방법 이외의 방법으로 공개하기로 하는 결정을 한 경우, **정보공개방법에 관한 부분에 대하여** 일부 거부처분을 한 것**이며 이에 대하여 항고소송으로 다툴 수 있음**(대판 2016. 11. 10, 2016두44674).**90 91**

(4) 정보공개의 방법

부분공개	공개청구한 정보가 비공개대상정보에 해당하는 부분과 공개가능한 부분이 혼합되어 있는 경우로서 공개청구의 취지에 어긋나지 아니하는 범위에서 두 부분을 분리할 수 있는 경우에는 비공개대상정보에 해당하는 부분을 제외하고 공개하여야 함.
	① **비공개대상정보에 해당하는 부분과 공개가 가능한 부분이 구별되고 이를 분리할 수 있는 경우**, 판결의 주문에 행정청의 위 거부처분 중 **공개가 가능한 정보에 관한 부분만을 취소**한다고 표시하여야 함(대판 2003. 3. 11, 2001두6425).**92** ② 법원이 행정기관의 정보공개거부처분의 위법 여부를 심리한 결과 공개를 거부한 정보에 비공개사유에 해당하는 부분과 그렇지 않은 부분이 혼합되어 있고, 공개청구의 취지에 어긋나지 않는 범위 안에서 두 부분을 분리할 수 있음을 인정할 수 있을 때에는 공개가 가능한 정보에 국한하여 일부취소를 명할 수 있음(대판 2009. 12. 10, 2009두12785).**93** ③ "비공개대상정보에 해당하는 부분과 공개가 가능한 부분을 분리할 수 있다."라고 함은 물리적으로 분리가능한 경우를 의미하는 것이 아니고 비공개대상정보에 관련된 기술 등을 삭제하고 나머지 정보만을 공개하는 것이 가능하고 나머지 부분의 정보만으로도 공개의 가치가 있는 경우를 의미함(대판 2004. 12. 9, 2003두12707).**94** ④ 甲이 외교부장관에게 한 · 일 군사정보보호협정 및 한 · 일 상호군수지원협정과 관련하여 각종 회의자료 및 회의록 등의 정보에 대한 공개를 청구하였으나, 외교부장관이 공개청구정보 중 일부를 제외한 나머지 정보들에 대하여 비공개결정을 한 경우, 위 정보는 구 「공공기관의 정보공개에 관한 법률」 제9조 제1항 제2호, 제5호에 정한 비공개대상정보에 해당하고, 공개가 가능한 부분과 공개가 불가능한 부분을 쉽게 분리하는 것이 불가능하여 같은 법 제14조에 따른 부분공개도 가능하지 않음(대판 2019. 1. 17, 2015두46512).**95**
정보의 전자적 공개	• 공공기관은 '전자적 형태로 보유 · 관리하는 정보'**에 대하여 청구인이 전자적 형태로 공개하여 줄 것을 요청하는 경우**에는 그 정보의 성질상 현저히 곤란한 경우를 제외하고는 **청구인의 요청에 따라야 함.96** • 공공기관은 '전자적 형태로 보유 · 관리하지 아니하는 정보'**에 대하여 청구인이 전자적 형태로 공개하여 줄 것을 요청한 경우**에는 정상적인 업무수행에 현저한 지장을 초래하거나 그 정보의 성질이 훼손될 우려가 없으면 그 정보를 **전자적 형태로 변환하여 공개할 수 있음.97**
즉시 또는 말로 처리가 가능한 정보의 공개	㉠ 법령 등에 따라 공개를 목적으로 작성된 정보, ㉡ 일반국민에게 알리기 위하여 작성된 각종 홍보자료, ㉢ 공개하기로 결정된 정보로서 공개에 오랜 시간이 걸리지 아니하는 정보,**98** ㉣ 그 밖에 공공기관의 장이 정하는 정보로서 즉시 또는 말로 처리가 가능한 정보에 대해서는 공개 여부의 결정절차를 거치지 아니하고 공개하여야 함.
편집할 필요가 있는지 여부	공공기관에 의하여 전자적 형태로 보유 · 관리되는 정보가 정보공개청구인이 구하는 대로 되어 있지 않더라도, 청구인이 구하는 대로 편집이 가능하며 그러한 작업이 당해 기관의 업무수행에 큰 지장을 초래하지 아니한다면 공공기관이 공개청구대상정보를 보유 · 관리하고 있는 것으로 볼 수 있음(편저자 주 : 공개대상이라는 의미)(대판 2010. 2. 11, 2009두6001).**99**

(5) 정보공개의 비용부담

청구인 부담	정보의 공개 및 우송 등에 드는 비용은 실비(實費)의 범위에서 청구인이 부담함.
비용의 감면	공개를 청구하는 정보의 사용목적이 공공복리의 유지 · 증진을 위하여 필요하다고 인정되는 경우에는 비용을 감면할 수 있음.**100**

7) 불복구제절차 – 비공개결정에 대한 청구인의 불복절차

(1) 이의신청

청구기간 및 방법	'비공개'결정 또는 '부분공개'결정에 대하여 불복이 있거나 정보공개청구 후 20일이 경과하도록 정보공개결정이 없는 때에는, 정보공개 여부의 결정통지를 받은 날 또는 정보공개청구 후 20일이 경과한 날부터 30일 이내에 해당 공공기관에 문서로 이의신청할 수 있음. 101 102
기관의 심사 및 통지	공공기관은 이의신청을 받은 날부터 7일 이내에 그 이의신청에 대하여 결정하고 그 결과를 청구인에게 지체 없이 문서로 통지하여야 함. 103
임의적 절차	청구인은 이의신청절차를 거치지 아니하고 행정심판을 청구할 수 있음. 104

(2) 행정심판 : 청구인이 정보공개와 관련한 공공기관의 결정에 대하여 불복이 있거나 정보공개청구 후 20일이 경과하도록 정보공개결정이 없는 때에는 행정심판법에서 정하는 바에 따라 행정심판을 청구할 수 있음.

(3) 행정소송

일반론	• 청구인이 정보공개와 관련한 공공기관의 결정에 대하여 불복이 있거나 정보공개청구 후 20일이 경과하도록 정보공개결정이 없는 때에는 행정소송법에서 정하는 바에 따라 행정소송을 제기할 수 있음. 105 • 행정소송은 이의신청이나 행정심판을 거치지 않고 제기할 수 있음.
원고적격	정보공개청구권 자체가 법률상 보호되는 구체적 권리이므로 정보공개청구의 거부처분을 받은 자는 원고적격을 가짐.
	정보공개청구권은 법률상 보호되는 구체적인 권리이므로 청구인이 공공기관에 대하여 정보공개를 청구하였다가 거부처분을 받은 것 자체가 법률상 이익의 침해에 해당한다고 할 것이고, 거부처분을 받은 것 이외에 추가로 어떤 법률상의 이익을 가질 것을 요구하는 것은 아님(대판 2004. 9. 23, 2003두1370). 106
소의 이익	① 공공기관이 공개를 구하는 정보의 폐기 등으로 인해 보유 · 관리하고 있지 아니한 경우, 정보공개거부처분의 취소를 구할 법률상 이익이 없음(대판 2003. 4. 25, 2000두7087). 107 ② 청구인이 정보공개거부처분의 취소를 구하는 소송에서 공공기관이 청구정보를 증거 등으로 법원에 제출하여 법원을 통하여 그 사본을 청구인에게 교부 또는 송달되게 하여 결과적으로 청구인에게 정보를 공개하는 셈이 되었다고 하더라도, 이러한 우회적인 방법은 정보공개법이 예정하고 있지 아니한 방법으로서 정보공개법에 의한 공개라고 볼 수는 없으므로, 당해 정보의 비공개결정의 취소를 구할 소의 이익은 소멸되지 않음(대판 2016. 12. 15, 2012두11409 · 11416 병합). 108 ③ 견책의 징계처분을 받은 甲이 사단장에게 징계위원회에 참여한 징계위원의 성명과 직위에 대한 정보공개청구를 하였으나 위 정보가 「공공기관의 정보공개에 관한 법률」 제9조 제1항 제1호, 제2호, 제5호, 제6호에 해당한다는 이유로 공개를 거부한 사안에서, 비록 징계처분 취소사건에서 甲의 청구를 기각하는 판결이 확정되었더라도 이러한 사정만으로 위 처분의 취소를 구할 이익이 없어지지 않고, 사단장이 甲의 정보공개청구를 거부한 이상 甲으로서는 여전히 정보공개거부처분의 취소를 구할 법률상 이익이 있음(대판 2022. 5. 26, 2022두33439). 109 최신
대상적격(처분성)	공공기관의 정보공개의 거부는 항고소송의 대상이 되는 처분임.
비공개 열람 · 심사	재판장은 필요하다고 인정하면 당사자를 참여시키지 아니하고 제출된 공개청구정보를 비공개로 열람 · 심사할 수 있음. 110
입증책임	1. 공개를 구하는 정보를 공공기관이 보유 · 관리하고 있을 상당한 개연성이 있다는 점에 대하여 원칙적으로 공개청구자에게 증명책임이 있음. 111 2. 그러나 공개대상정보를 공공기관이 한때 보유 · 관리하였으나 후에 그 문서 등이 폐기되어 존재하지 않게 된 것이라면, 그 정보를 더 이상 보유 · 관리하고 있지 아니하다는 점에 대한 입증책임은 공공기관에 있음(대판 2004. 12. 9, 2003두12707). 112

8) 불복구제절차 - 공개결정에 대한 제3자의 불복절차

제3자의 비공개 요청	• 공공기관은 공개청구된 정보가 제3자와 관련이 있다고 인정할 때에는 그 사실을 제3자에게 지체 없이 통지하여야 하며 필요한 경우에는 그의 의견을 들을 수 있음.113 • 공개청구된 사실을 통지받은 제3자는 통지를 받은 날부터 3일 이내에 해당 공공기관에 대하여 자신과 관련된 정보를 **공개하지 아니할 것을 요청**할 수 있음.114 • 제3자의 비공개 요청에도 불구하고 공공기관이 공개결정을 할 때에는 공개결정이유와 공개실시일을 분명히 밝혀 지체 없이 문서로 통지하여야 함115(이 경우 **공개결정일과 공개실시일 사이에** 최소한 30일의 간격을 두어야 함).116
	공공기관이 보유 · 관리하고 있는 정보가 제3자와 관련이 있는 경우, **제3자가 비공개를 요청**하였다고 하여 「공공기관의 정보공개에 관한 법률」상 정보의 **비공개사유에 해당하는 것은 아님**(대판 2008. 9. 25, 2008두8680).117
제3자의 이의신청 및 쟁송제기	제3자는 공개결정에 대하여 해당 공공기관에 문서로 이의신청(통지를 받은 날부터 7일 이내)을 하거나 행정심판 또는 행정소송을 제기할 수 있음.118

정보공개결정과 불복구제절차 정리

사안 1) 甲 - 법무부장관 사면실시건의서에 대한 정보공개요청	사안 2) 사안 1에서 甲이 요청한 정보에 乙(제3자)에 대한 사생활 관련 내용 포함
① 사면대상자들의 사면실시건의서와 그와 관련된 국무회의 안건자료에 관한 정보는 정보공개법상 비공개사유에 해당하지 않음(판례). ② 甲의 정보공개요청에 대하여 법무부장관은 10일 이내에 공개 여부를 결정하고, 부득이한 사유로 공개 여부를 결정할 수 없을 때에는 10일의 범위에서 결정기간을 연장할 수 있음. ③ 법무부장관이 甲의 정보공개요청에 대하여 비공개결정을 한 경우와 부분공개결정을 한 경우 또는 20일이 경과하도록 정보공개결정이 없을 때 甲은 30일 이내에 해당 공공기관에 문서로 이의신청을 할 수 있음. ④ 공공기관은 이의신청을 받은 날부터 7일 이내에 그 이의신청에 대하여 결정하고 그 결과를 甲에게 지체 없이 문서로 통지하여야 함.	① 법무부장관은 지체 없이 해당 내용을 乙에게 통지하고 乙의 의견을 들을 수 있음(반드시 들어야 하는 것은 아님). ② 乙은 통지를 받은 날부터 3일 이내에 해당 공공기관에 자신과 관련된 정보를 공개하지 아니할 것을 요청할 수 있음. ③ 한편, 乙이 비공개 요청을 한 것만으로는 비공개 사유에 해당하는 것은 아님(판례). ④ 乙의 비공개요청에도 불구하고 법무부장관이 甲의 정보공개요청에 대하여 공개결정을 한 경우, 공개결정이유와 공개실시일을 명시하여 지체 없이 문서로 통지하여야 함. 이 경우 법무부장관은 공개결정일과 공개실시일 사이에 최소한 30일의 간격을 두어야 함. ⑤ 乙은 7일 이내에 문서로 이의신청을 할 수 있음(행정심판, 행정소송을 제기할 수도 있음).

9) 정보공개심의회, 정보공개위원회

구 분	정보공개심의회	정보공개위원회
업 무	정보공개 여부를 심의	정보공개에 관한 정책수립, 제도 개선, 기준 마련, 정보공개 운영실태 평가 등
소속기관	국가기관, 지방자치단체 등	행정안전부장관119 최신
위원회 구성	• 위원장 1명을 포함하여 5명 이상 7명 이하 • 위원의 제척 · 기피 · 회피 규정 있음.	성별을 고려하여 위원장과 부위원장 각 1명을 포함한 11명의 위원

SUNNY

제 4 편

행정의 실효성 확보수단

2025 써니로(SunnyLaw) 합격하는 온라인 모의고사
- QR코드로 핵심집약 온라인 모의고사 풀기
- 〈써니로TV〉에서 라이브 테스트 실시 & 해설 강의 제공
- 정답과 취약 단원 파악하기

• 시험 일정은 "[네이버] 써니 행정법 카페"를 확인해 주세요.

Topic

44 새로운 행정의 실효성 확보수단

p.178~183

금전상의 제재 - 과징금, 부과금, 가산세

1 과징금

1) 의의 : 행정법상의 의무를 위반한 자에 대해 가해지는 금전상의 제재를 말하는 것으로서 불법적인 경제적 이익을 박탈하기 위한 본래적 과징금과 영업정지 등에 갈음하여 부과되는 변형적 과징금이 있음.01

2) 근 거

- 과징금은 재산권의 직접적인 침해를 가져오는 것이므로 개별법률의 구체적 근거가 있는 경우에만 부과할 수 있음.02
- 최근 제정된 행정기본법에서 과징금에 관한 일반규정을 마련하였고 「독점규제 및 공정거래에 관한 법률」 등 개별법에도 근거가 있음.

행정기본법 제28조【과징금의 기준】① 행정청은 법령 등에 따른 의무를 위반한 자에 대하여 법률로 정하는 바에 따라 그 위반행위에 대한 제재로서 과징금을 부과할 수 있다.
② 과징금의 근거가 되는 법률에는 과징금에 관한 다음 각 호의 사항을 명확하게 규정하여야 한다.
1. 부과 · 징수주체
2. 부과사유
3. 상한액03 (이하 생략)
4. 가산금을 징수하려는 경우 그 사항
5. 과징금 또는 가산금 체납시 강제징수를 하려는 경우 그 사항04

1. 과징금은 …… 법이 규정한 범위 내에서 그 부과처분 당시까지 부과관청이 확인한 사실을 기초로 일의적으로 확정되어야 할 것이고, 그렇지 아니하고 부과관청이 과징금을 부과하면서 추후에 부과금 산정기준이 되는 새로운 자료가 나올 경우에는 과징금액이 변경될 수도 있다고 유보한다든지, 실제로 추후에 새로운 자료가 나왔다고 하여 새로운 부과처분을 할 수는 없음(대판 1999. 5. 28, 99두1571).05

2-1. 관할행정청이 여객자동차운송사업자의 여러 가지 위반행위를 인지한 경우, 인지한 여러 가지 위반행위 중 일부에 대해서만 우선 과징금 부과처분을 하고 나머지에 대해서 차후에 별도의 과징금 부과처분을 하는 것은 다른 특별한 사정이 없는 한 허용되지 않음.06

2-2. 관할행정청이 여객자동차운송사업자가 범한 여러 가지 위반행위 중 일부만 인지하여 과징금 부과처분을 하였는데 그 후 과징금 부과처분 시점 이전에 이루어진 다른 위반행위를 인지하여 이에 대하여 별도의 과징금 부과처분을 하게 되는 경우에도 종전 과징금 부과처분의 대상이 된 위반행위와 추가 과징금 부과처분의 대상이 된 위반행위에 대하여 일괄하여 하나의 과징금 부과처분을 하는 경우와의 형평을 고려하여 추가 과징금 부과처분의 처분양정이 이루어져야 함.07

2-3. 다시 말해, 행정청이 전체 위반행위에 대하여 하나의 과징금 부과처분을 할 경우에 산정되었을 정당한 과징금액에서 이미 부과된 과징금액을 뺀 나머지 금액을 한도로 하여서만 추가 과징금 부과처분을 할 수 있음(대판 2021. 2. 4, 2020두48390). 최신

3) 종 류

본래적(전형적) 과징금	변형된 과징금
• 행정법규의 위반, 행정법상 의무위반으로 얻은 경제적 이익을 박탈하는 행정제재금(예 「독점규제 및 공정거래에 관한 법률」 제8조의 과징금 등)08	• 의무위반행위가 철회 · 정지사유에 해당하나 공중의 일상생활에 필수적 사업인 경우 사업은 존속시키면서 그 사업활동으로 인한 수익을 박탈하는 행정제재금(예 「여객자동차 운수사업법」 제88조의 과징금 등)09

- 한편 위반행위로 인한 수익을 정확히 계산할 수 없는 경우에도 과징금을 부과할 수 있음.

구 「독점규제 및 공정거래에 관한 법률」 제24조의2에 의한 **부당내부거래에 대한 과징금**은 부당내부거래 억지라는 행정목적을 실현하기 위하여 그 위반행위에 대하여 제재를 가하는 **행정상의 제재금으로서의 기본적 성격에 부당이득환수적 요소도 부가되어 있는 것이고,**[10] 이를 두고 헌법 제13조 제1항에서 금지하는 **국가형벌권 행사로서의 '처벌'에 해당한다고는 할 수 없음**(헌재 2003. 7. 24, 2001헌가25).[11]

- 공공성이 강한 사업은 영업의 정지 등의 처분이 있게 되면 일반 대중이 불편을 겪기 때문에 영업정지 등 처분 대신 과징금 부과를 규정하고 있음.[12]
- 영업정지처분에 갈음하는 과징금이 규정되어 있는 경우 과징금을 부과할 것인지, 아니면 영업정지처분을 할 것인지는 통상 행정청의 재량에 속함.[13]

4) 과징금의 법적 성질

(1) 처분성 : 과징금 부과처분은 행정소송의 대상이 되는 처분에 해당함.[14]

(2) 재량행위 여부 : 원칙적으로 과징금의 부과는 행정청의 재량이나(행정기본법 제28조 제1항), 기속행위인 경우도 있음.

「부동산 실권리자명의 등기에 관한 법률」 및 시행령에 따르면 명의신탁자에게 과징금을 부과할 것인지 여부는 기속행위에 해당함(대판 2007. 7. 12, 2005두17287).[15]

5) **과징금의 납부기한연기 및 분할납부** : 과징금은 한꺼번에 납부하는 것을 원칙으로 함. 다만, 일정한 사유로 과징금 전액을 한꺼번에 내기 어렵다고 인정될 때에는 그 납부기한을 연기하거나 분할납부하게 할 수 있으며,[16] 이 경우 필요하다고 인정하면 담보를 제공하게 할 수 있음(행정기본법 제29조).

6) **과징금납부의무의 불이행** : 과징금납부의무는 일신전속적 의무 아님. ⇨ 상속인에게 승계됨.

「부동산 실권리자명의 등기에 관한 법률」 제5조에 의하여 부과된 과징금채무는 대체적 급부가 가능한 의무이므로 위 과징금을 부과받은 자가 사망한 경우 그 상속인에게 포괄승계됨(대판 1999. 5. 14, 99두35).[17]

7) **한도액을 초과한 과징금 부과의 경우** : 재량행위인 과징금 부과처분이 법이 정한 한도액을 초과하여 위법한 경우 법원으로서는 초과한 과징금 부분만 취소할 수 없고, 그 전부를 취소할 수밖에 없음(판례).[18]

8) **행정형벌과 과징금의 병과문제** : 행정법규위반에 대해 행정형벌을 부과하고 별도로 과징금을 부과하는 것은 이중처벌금지에 위반되지 않음(즉, 병과가 가능함).

1. 과징금은 부당내부거래 억지라는 행정목적을 실현하기 위하여 그 위반행위에 대하여 가하는 행정상 제재금의 기본적 성격에 부당이득환수적 요소가 부가된 것으로 이를 두고 국가형벌권행사로서의 처벌에 해당한다고 할 수는 없음.[19]
2. 과징금과 형사처벌을 병과하더라도 이중처벌금지원칙에 위반된다고 볼 수 없음(헌재 2003. 7. 24, 2001헌가25).[20]

2 가산세

1) **의의** : 세법상 의무의 성실한 이행확보를 위해 그 세법에 따라 산출된 세액에 가산하여 징수하는 금액으로서 본래의 조세채무와는 별개로 부과되는 세금을 말함. 가산세는 처벌이 아니라는 점에서 행정벌, 형사벌과 병과될 수 있음.

가산세는 세법에서 규정하는 의무의 성실한 이행을 확보하기 위하여 세법에 따라 산출한 본세액에 가산하여 징수하는 독립된 조세로서, 본세에 감면사유가 인정된다고 하여 가산세도 감면대상에 포함되는 것이 아니고, 반면에 그 의무를 이행하지 아니한 데 대한 정당한 사유가 있는 경우에는 본세 납세의무가 있더라도 가산세는 부과하지 않음(대판 2018. 11. 29, 2015두56120).[21]

2) **고의 · 과실 필요 여부** : 고의 · 과실은 고려되지 아니하나(고의 · 과실이 없더라도 부과할 수 있다는 의미), 의무불이행에 정당한 사유가 있는 경우에는 가산세를 부과할 수 없음.[22]

> 1-1. 가산세를 부과함에 있어 고의 · 과실은 고려되지 않음.[23]
> 1-2. 단, 납세의무자의 의무해태를 탓할 수 없는 정당한 사유가 있는 경우에는 가산세를 부과할 수 없음(대판 2003. 9. 5, 2001두403).[24]
> 2. 구 법인세법 제76조 제9항은 납세자의 고의 · 과실을 묻지 아니하나, 가산세는 형벌이 아니므로 행위자의 고의 또는 과실 · 책임능력 · 책임조건 등을 고려하지 아니하고 가산세 과세요건의 충족 여부만을 확인하여 조세의 부과절차에 따라 과징할 수 있음(헌재 2006. 7. 27, 2004헌가13).[25]

3) **정당한 사유와 관련하여 논의되는 경우** : 법을 알지 못하였거나(법령의 부지), 법을 잘못 알았다는 것(오인)은 정당한 사유에 해당하지 않음.

> 1. 세법상 가산세는 과세권의 행사 및 조세채권의 실현을 용이하게 하기 위하여 납세자가 정당한 이유 없이 법에 규정된 신고납세의무 등을 위반한 경우에 법이 정하는 바에 의하여 부과하는 행정상의 제재로서 납세자의 고의 · 과실은 고려되지 아니하는 것이고, 법령의 부지 또는 오인은 그 정당한 사유에 해당한다고 볼 수 없음.[26]
> 2. 또한 납세의무자가 세무공무원의 잘못된 설명을 믿고 신고납부의무를 불이행하였다 하더라도 그것이 관계법령에 어긋나는 것임이 명백한 경우 '정당한 사유'가 있다고 할 수 없음(대판 2002. 4. 12, 2000두5944).[27]

4) **근거** : 가산세는 불이익한 작용인바 법적 근거가 필요함.

그 밖의 수단 - 제재처분, 명단공표, 공급거부, 시정명령 등

1 제재처분

1) **의의** : '제재처분'이란 법령 등에 따른 의무를 위반하거나 이행하지 아니하였음을 이유로 당사자에게 의무를 부과하거나 권익을 제한하는 처분을 말함. 다만, 행정기본법 제30조 제1항 각 호에 따른 행정상 강제(행정대집행, 이행강제금, 직접강제, 강제징수, 즉시강제)는 제외함(행정기본법 제2조 제5호).

2) 특 징

- 현실적 행위자가 아니라도 법령상 책임자로 규정된 자에게 행정법규위반에 대한 제재조치를 부과할 수 있음.[28]
- 법위반자에게 고의나 과실이 없어도 원칙적으로 제재조치를 부과할 수 있음. 다만, 위반자의 의무해태를 탓할 수 없는 정당한 사유가 있는 경우라면 제재조치를 할 수는 없음.

> 1. 행정법규위반에 대한 제재처분은 행정목적의 달성을 위하여 행정법규위반이라는 객관적 사실에 착안하여 가하는 제재이므로, 반드시 현실적인 행위자가 아니라도 법령상 책임자로 규정된 자에게 부과되고, 특별한 사정이 없는 한 위반자에게 고의나 과실이 없더라도 부과할 수 있음(대판 2020. 5. 14, 2019두63515 ; 대판 2021. 2. 25, 2020두51587).[29] 최신
> 2. (「여객자동차 운수사업법」 제88조의) 과징금 부과처분은 제재적 행정처분으로서 행정목적의 달성을 위하여 행정법규위반이라는 객관적 사실에 착안하여 가하는 제재이므로[30] 반드시 현실적인 행위자가 아니라도 법령상 책임자로 규정된 자에게 부과되고 원칙적으로 위반자의 고의 · 과실을 요하지 아니하나,[31] 위반자의 의무해태를 탓할 수 없는 정당한 사유가 있는 경우에는 이를 부과할 수 없음(대판 2014. 10. 15, 2013두5005).[32]

- 한편, 반복하여 같은 법규위반행위를 한 경우에는 가중된 제재처분을 하도록 규정하고 있는 경우가 많음.

> 구 「화물자동차 운수사업법 시행령」 제5조 제1항 [별표 1]의 '위반행위의 횟수에 따른 가중처분기준'이 적용되려면 실제 선행 위반행위가 있고 그에 대하여 유효한 제재처분이 이루어졌음에도 그 제재처분일로부터 1년 이내에 다시 같은 내용의 위반행위가 적발된 경우이면 족하다고 보아야 함. 선행 위반행위에 대한 선행 제재처분이 반드시 구 시행령 [별표 1] 제재처분기준 제2호에 명시된 처분내용대로 이루어진 경우이어야 할 필요는 없으며, 선행 제재처분에 처분의 종류를 잘못 선

택하거나 처분양정(量定)에서 재량권을 일탈 · 남용한 하자가 있었던 경우라고 해서 달리 볼 것은 아님(대판 2020. 5. 28, 2017두73693).[33]

3) **법적 근거** : 제재처분은 침익적 처분으로 법률유보원칙상 명문 근거가 있어야 하는바, 제재처분의 근거가 되는 법률에는 제재처분의 주체, 사유, 유형 및 상한을 명확하게 규정해야 함.[34] 이 경우 제재처분의 유형 및 상한을 정할 때에는 해당 위반행위의 특수성 및 유사한 위반행위와의 형평성 등을 종합적으로 고려해야 함(동법 제22조 제1항).

4) **제재처분의 기준** : 행정청은 재량이 있는 제재처분을 할 때에는 ㉠ 위반행위의 동기, 목적 및 방법, ㉡ 결과, ㉢ 횟수 등의 사항을 고려하여야 함(동법 제22조 제2항).

5) **제재처분의 변경** : 동일한 사유로 다시 제재처분을 하는 것은 위법한 이중처분임. 그러나 제재처분을 변경하는 처분은 이중처분이 아니며 제재처분의 효력이 유지되는 동안에는 가능함.

1. 효력기간이 정해져 있는 제재적 행정처분의 효력이 발생한 이후에도 행정청은 특별한 사정이 없는 한 상대방에 대한 별도의 처분으로써 효력기간의 시기와 종기를 다시 정할 수 있음.[35]
2. 이는 당초의 제재적 행정처분이 유효함을 전제로 그 구체적인 집행시기만을 변경하는 후속 변경처분임.
3. 이러한 후속 변경처분도 특별한 규정이 없는 한 의사표시에 관한 일반법리에 따라 상대방에게 고지되어야 효력이 발생함.[36]
4. 다만 이러한 후속 변경처분권한은 특별한 사정이 없는 한 당초의 제재적 행정처분의 효력이 유지되는 동안에만 인정됨.
5. 당초의 제재적 행정처분에서 정한 효력기간이 경과하면 그로써 처분의 집행은 종료되어 처분의 효력이 소멸하는 것이므로, 그 후 동일한 사유로 다시 제재적 행정처분을 하는 것은 위법한 이중처분에 해당함(대판 2022. 2. 11, 2021두40720).[37] 최신

6) **제재처분의 제척기간**

- 행정청은 법령 등의 위반행위가 종료된 날부터 5년이 지나면 원칙적으로 해당 위반행위에 대하여 제재처분(인 · 허가의 정지 · 취소 · 철회, 등록말소, 영업소 폐쇄와 정지를 갈음하는 과징금 부과를 말함)을 할 수 없음(동법 제23조 제1항).[38]

법령위반으로 위법상태가 계속되는 경우 시정명령 및 과징금 부과처분의 제척기간 기산점이 되는 위반행위 종료일은 위법상태가 종료된 때임(대판 2022. 3. 17, 2019두35978).[39] 최신

- ㉠ 거짓이나 그 밖의 부정한 방법으로 인 · 허가를 받거나 신고를 한 경우, ㉡ 당사자가 인 · 허가나 신고의 위법성을 알고 있었거나 중대한 과실로 알지 못한 경우,[40] ㉢ 정당한 사유 없이 행정청의 조사 · 출입 · 검사를 기피 · 방해 · 거부하여 제척기간이 지난 경우,[41] ㉣ 제재처분을 하지 아니하면 국민의 안전 · 생명 또는 환경을 심각하게 해치거나 해칠 우려가 있는 경우에는 제척기간을 적용하지 아니함(동법 제23조 제2항).
- 행정청은 행정심판의 재결이나 법원의 판결에 따라 제재처분이 취소 · 철회된 경우에는 재결이나 판결이 확정된 날부터 1년(합의제 행정기관은 2년)이 지나기 전까지는 그 취지에 따른 새로운 제재처분을 할 수 있음(동법 제23조 제3항).[42]
- 다른 법률에서 행정기본법 제23조 제1항 및 제3항의 기간보다 짧거나 긴 기간을 규정하고 있으면 그 법률에서 정하는 바에 따름(동법 제23조 제4항).[43]

7) **권리구제** : 제재처분에 대하여는 행정기본법에 따라 이의신청을 할 수 있고, 행정심판법과 행정소송법에 따라 행정심판과 행정소송을 제기할 수 있음.

2 명단공표(위반사실 등의 공표)

1) **의의** : 행정법상의 의무위반 또는 의무불이행이 있는 경우에, 그 의무위반자 또는 불이행자의 성명, 위반사실 등을 일반에게 공개하여 명예 또는 신용의 침해를 위협함으로써 심리적 압박을 가하여 행정법상의 의무이행을 간접적으로 확보하는 강제수단을 말함.[44]

2) **법적 성질** : 병무청장이 병역법 제81조의2 제1항에 따라 병역의무 기피자의 인적사항 등을 인터넷 홈페이지에 게시하는 등의 방법으로 공개한 경우 병무청장의 공개결정을 항고소송대상이 되는 행정처분으로 보아야 함(판례).45

1. 병무청장이 하는 병역의무 기피자의 인적사항 등 공개는, 특정인을 병역의무 기피자로 판단하여 그 사실을 일반 대중에게 공표함으로써 그의 명예를 훼손하고 그에게 수치심을 느끼게 하여 병역의무 이행을 간접적으로 강제하려는 조치로서 병역법에 근거하여 이루어지는 공권력의 행사에 해당함.46
2. 관할 지방병무청장의 공개대상자 결정은 병무청장의 최종적인 결정에 앞서 이루어지는 행정기관 내부의 중간적 결정에 불과함. 관할 지방병무청장이 1차로 공개대상자 결정을 하고, 그에 따라 병무청장이 같은 내용으로 최종적 공개결정을 하였다면, 공개대상자는 병무청장의 최종적 공개결정만을 다투는 것으로 충분하고, 관할 지방병무청장의 공개대상자 결정을 별도로 다툴 소의 이익은 없어짐(대판 2019. 6. 27, 2018두49130).47

3) **법적 근거** : 원칙적으로 법적 근거가 필요함.48 개정 행정절차법에 '위반사실 등 공표'를 규정하여 명단공표에 대한 일반법상 법적 근거를 마련함. 국세징수법상 고액 · 상습체납자의 명단공개규정 등 개별법에도 근거 있음.49

청소년 성매수자에 대한 신상공개를 규정한 구 「청소년의 성보호에 관한 법률」 제20조 제2항 제1호는 이중처벌금지원칙, 과잉금지원칙, 평등원칙, 적법절차원칙에 위반되지 않음(헌재 2003. 6. 26, 2002헌가14).50

4) 행정절차법상 공표의 절차 최신

증거와 근거 등의 확인	행정청은 위반사실 등의 공표를 하기 전에 사실과 다른 공표로 인하여 당사자의 명예 · 신용 등이 훼손되지 아니하도록 객관적이고 타당한 증거와 근거가 있는지를 확인하여야 함.
사전통지와 의견진술	• 행정청은 위반사실 등의 공표를 할 때에는 미리 당사자에게 그 사실을 통지하고 의견제출의 기회를 주어야 한다. • 다만, ㉠ 공공의 안전 또는 복리를 위하여 긴급히 공표를 할 필요가 있는 경우, ㉡ 해당 공표의 성질상 의견청취가 현저히 곤란하거나 명백히 불필요하다고 인정될 만한 타당한 이유가 있는 경우, ㉢ 당사자가 의견진술의 기회를 포기한다는 뜻을 명백히 밝힌 경우에는 그러하지 아니함.51 • 의견제출의 기회를 받은 당사자는 공표 전에 관할 행정청에 서면이나 말 또는 정보통신망을 이용하여 의견을 제출할 수 있음.52 53
공표의 중지	행정청은 위반사실 등의 공표를 하기 전에 당사자가 공표와 관련된 의무의 이행, 원상회복, 손해배상 등의 조치를 마친 경우에는 위반사실 등의 공표를 하지 아니할 수 있음.54 55

5) 공표에 대한 권리구제

(1) **공표의 정정** : 행정청은 공표된 내용이 사실과 다른 것으로 밝혀지거나 공표에 포함된 처분이 취소된 경우에는 그 내용을 정정하여, 정정한 내용을 지체 없이 해당 공표와 같은 방법으로 공표된 기간 이상 공표하여야 함. 다만, 당사자가 원하지 아니하면 공표하지 아니할 수 있음(행정절차법 제40조의3 제8항).56 최신

(2) **국가배상** : 위법한 공표에 의해 명예 · 신용 등이 침해된 경우에는 행정상 손해배상을 청구할 수 있음.57

공표에서 위법성이 부정되는 경우
1. 적시된 사실의 내용이 진실이라는 증명이 없더라도 국가기관이 공표 당시 이를 진실이라고 믿었고 또 그렇게 믿을 만한 상당한 이유가 있다면 위법성이 없음.58
2. 지방국세청 소속 공무원들이 통상적인 조사를 다하여 의심스러운 점을 밝혀 보지 아니한 채 막연한 의구심에 근거하여 원고가 위장증여자로서 구 국토이용관리법을 위반하였다는 요지의 조사결과를 보고한 것이라면 국세청장이 이에 근거한 보도자료의 내용이 진실하다고 믿은 데에는 상당한 이유가 없으므로 손해배상책임이 인정됨.
3. 다만, 상당한 이유의 존부의 판단에 있어서는 공권력의 광범한 사실조사능력 등을 고려할 때 사인의 행위에 의한 경우보다는 훨씬 더 엄격한 기준이 요구된다 할 것임(대판 1993. 11. 26, 93다18389).59

3 공급거부

1) 의의 : 행정법상의 의무를 위반하거나 불이행한 자에 대하여 행정상의 역무나 재화의 공급을 거부하는 행위60

2) 법적 성질

공급거부요청(처분성 부정)	단수처분(처분성 긍정)
위법건축물에 대한 단전 및 전화통화 단절조치 요청행위는 권고적 성격에 불과한 것으로 항고소송의 대상이되는 행정처분이 아님(대판 1996. 3. 22, 96누433).61	단수처분은 항고소송의 대상이 되는 행정처분에 해당함(대판 1979. 12. 28, 79누218).62

3) 법적 근거 : 침익적 행위이므로 법적 근거 필요

4 시정명령

1) 의의 : 행정법령의 위반행위로 초래된 위법상태의 제거 내지 시정을 명하는 행정행위(하명)

2) 법적 근거 : 상대방에게 작위 · 부작위 · 급부 등의 의무를 발생시키므로 법적 근거 필요

3) 고의 · 과실 불필요 : 행정법규 위반자에게 고의나 과실이 없다고 하더라도 부과 가능

4) 시정명령의 대상

> 「독점규제 및 공정거래에 관한 법률」에 의한 시정명령의 내용은 **과거의 위반행위에 대한 중지는 물론 가까운 장래에 반복될 우려가 있는 동일한 유형의 행위의 반복금지까지 명할 수 있는 것**으로 해석함이 상당함(대판 2003. 2. 20, 2001두5347 전합).63

5) **위반행위 결과의 부존재와 시정명령** : 위반행위가 있었으나 그 결과가 더 이상 존재하지 않는 경우 시정명령을 할 수 없음.

> 구 「하도급거래 공정화에 관한 법률」 제13조 등의 위반행위가 있었으나 그 결과가 더 이상 존재하지 않는 경우, 같은 법 제25조 제1항에 의한 시정명령을 할 수 없다고 봄(대판 2011. 3. 10, 2009두1990).64

6) **시정명령의 상대방** : 위법상태를 시정할 수 있는 지위에 있지 않은 자는 시정명령의 상대방이 될 수 없음.

> 대지 또는 건축물의 위법상태를 시정할 수 있는 법률상 또는 사실상의 지위에 있지 않은 자는 구 건축법 제79조 제1항에 따른 시정명령의 상대방이 될 수 없음(대판 2022. 10. 14, 2021두45008).65 최신

Topic

45 행정상 강제집행 Ⅰ - 대집행

p.184~189

일반론

1 행정상 강제

- 행정상 강제집행 : 행정대집행,01 이행강제금, 직접강제, 행정상 강제징수
- 행정상 즉시강제

1) **행정기본법상 행정상 강제 법정주의** : ㉠ 행정청은 행정목적을 달성하기 위하여 필요한 경우에는 법률로 정하는 바에 따라 필요한 최소한의 범위에서 행정대집행, 이행강제금의 부과, 직접강제, 강제징수, 즉시강제 등의 조치를 취할 수 있음.02 ㉡ 행정상 강제조치에 관하여 행정기본법에서 정한 사항 외에 필요한 사항은 따로 법률로 정함.

2) **행정기본법상 '행정상 강제' 적용제외 사항** : ㉠ 형사(刑事), 행형(行刑) 및 보안처분 관계법령에 따라 행하는 사항, ㉡ 외국인의 출입국 · 난민인정 · 귀화 · 국적회복에 관한 사항에 관하여는 행정기본법상 행정상 강제에 대한 규정을 적용하지 아니함.03

2 행정상 강제집행의 의의

1) **개념** : 행정법상 개별 · 구체적인 의무의 불이행이 있는 경우 행정주체가 의무자의 신체 또는 재산에 실력을 가하여 의무를 이행시키거나 또는 이행이 있었던 것과 동일한 상태를 실현하는 행정작용

2) 구별개념

(1) **행정상 강제집행과 민사상 강제집행의 구별** : 행정상 강제집행이 가능한 경우 민사상 강제집행은 허용될 수 없음.

1-1. 아무런 권원 없이 국유재산에 설치한 시설물에 대하여 행정청이 행정대집행을 할 수 있음에도 민사소송의 방법으로 그 시설물의 철거를 구하는 것은 허용되지 않음.04

1-2. 아무런 권원 없이 국유재산에 설치한 시설물에 대하여 행정청이 행정대집행을 실시하지 않는 경우, 그 국유재산에 대한 사용청구권을 가지고 있는 자가 국가를 대위하여 민사소송으로 그 시설물의 철거를 구할 수 있음(대판 2009. 6. 11, 2009다1122).05

2. 공유일반재산의 대부료와 연체료를 납부기한까지 내지 아니한 경우에도 「공유재산 및 물품관리법」 제97조 제2항에 의하여 지방세 체납처분의 예에 따라 이를 징수할 수 있음. 이와 같이 공유일반재산의 대부료의 징수에 관하여도 지방세 체납처분의 예에 따른 간이하고 경제적인 특별한 구제절차가 마련되어 있으므로, 특별한 사정이 없는 한 민사소송으로 공유일반재산의 대부료의 지급을 구하는 것은 허용되지 아니함(대판 2017. 4. 13, 2013다207941).06 07

(2) **행정상 강제집행과 행정상 즉시강제의 구별**

행정상 강제집행	행정상 즉시강제
의무의 존재 및 그의 불이행을 전제로 함.	의무불이행을 전제로 하지 않고 급박한 경우에 즉시 행하여짐.

(3) **행정상 강제집행과 행정벌의 구별**08

행정상 강제집행	행정벌
개별 · 구체적인 의무불이행을 전제로 그 불이행한 의무를 장래에 향해 실현시키는 것을 목적으로 함.	과거의 의무위반에 대하여 제재를 과하는 것을 직접적인 목적으로 하며 이를 통해 간접적으로 의무이행을 강제함.

3 행정상 강제집행의 근거

의무를 명하는 행위와 의무내용을 강제적으로 실현하는 행위는 별개의 행정작용이므로 의무부과의 근거법규 외에 강제집행을 위해서는 별도의 법적 근거가 필요함(통설).09

4 행정상 강제집행의 종류 : 행정대집행 · 강제징수 · 직접강제 · 이행강제금(집행벌)10

대집행

1 대집행의 의의

1) 개 념

- 의무자가 행정상 의무(법령 등에서 직접 부과하거나 행정청이 법령 등에 따라 부과한 의무)로서 타인이 대신하여 행할 수 있는 의무를 이행하지 아니하는 경우 법률로 정하는 다른 수단으로는 그 이행을 확보하기 곤란하고 그 불이행을 방치하면 공익을 크게 해칠 것으로 인정될 때에 행정청이 의무자가 하여야 할 행위를 스스로 하거나 제3자에게 하게 하고 그 비용을 의무자로부터 징수하는 것을 말함(행정기본법 제30조 제1항 제1호).
- '대체적' '작위'의무(다른 사람이 '대신'하여 '행할' 수 있는 의무) 위반이 있는 경우 행정청이 의무자가 해야 할 일을 스스로 행하거나(자기집행) 또는 제3자로 하여금 행하게 함(타자집행)으로써 의무의 이행이 있었던 것과 같은 상태를 실현하고 그 비용을 의무자로부터 징수하는 행정작용[11]

2) 법적 근거 : 일반법으로 행정대집행법, 개별법으로 도로교통법 제36조 등이 있음.[12]

2 대집행의 주체

- 대집행의 주체는 대집행의 대상이 되는 의무를 부과한 행정청, 즉 당해 행정청임.[13]
- 대집행을 현실적으로 수행하는 자가 반드시 당해 행정청이어야 하는 것은 아니며 제3자에게 대집행을 위탁할 수도 있음.[14]
- 제3자에게 대집행실행을 위탁한 경우 : 제3자는 대집행의 주체가 아니라 행정보조자의 지위를 가짐.[15]
- 다만, 법령에 의해 대집행권한을 위탁받은 경우 그 법인은 대집행의 보조자가 아니라 대집행의 주체로서 행정주체에 해당함.

> 한국토지공사(현 한국토지주택공사)는 「공익사업을 위한 토지 등의 취득 및 보상에 관한 법률」, 구 한국토지공사법 및 동법 시행령의 위탁에 의하여 대집행을 수권받은 자로서 공무인 대집행을 실시함에 따르는 권리 · 의무 및 책임이 귀속되는 행정주체의 지위에 있다고 볼 것이지 지방자치단체 등의 기관으로서 국가배상법 제2조 소정의 공무원에 해당한다고 볼 것은 아님(대판 2010. 1. 28, 2007다82950 · 82967).[16]

3 대집행의 요건

> 행정대집행법 제2조【대집행과 그 비용징수】 법률(법률의 위임에 의한 명령, 지방자치단체의 조례를 포함한다.[17][18] 이하 같다)에 의하여 직접 명령되었거나 또는 법률에 의거한 행정청의 명령에 의한 행위[19]로서 타인이 대신하여 행할 수 있는 행위를 의무자가 이행하지 아니하는 경우 / 다른 수단으로써 그 이행을 확보하기 곤란하고 / 또한 그 불이행을 방치함이 심히 공익을 해할 것으로 인정될 때에는 / 당해 행정청은 스스로 의무자가 하여야 할 행위를 하거나 또는 제3자로 하여금 이를 하게 하여 그 비용을 의무자로부터 징수할 수 있다.

1) 공법상의 '대체적 작위의무'의 불이행

(1) 공법상의 의무[20]

- 건축도급계약상의 의무와 같은 사법(私法)상의 의무는 법령에 특별한 규정이 없는 한 대집행의 대상이 되지 않음(법령에 특별규정이 있는 예로 p.187 6 참조).[21]

> 구 「공공용지의 취득 및 손실보상에 관한 특례법」에 의한 협의취득시 건물소유자가 매매대상 건물에 대한 철거의무를 부담하겠다는 취지의 약정을 한 경우, 그 철거의무는 사법상 의무이므로 행정대집행법에 의한 대집행의 대상이 되지 않음(대판 2006. 10. 13, 2006두7096).[22][23]

- 공법상 의무는 행정처분에 의하여 부과되는 것이 원칙이지만, 법령(조례 포함)에 의해 직접 부과될 수도 있음.[24]

- 공법상 의무 중에서도 특히 권력적 행위에 의해 부과된 의무만이 대집행의 대상이 됨. 따라서 공법상 계약에 의해 부과된 의무의 불이행은 원칙적으로 행정대집행의 대상이 아니라 소송을 통한 강제집행의 대상이 됨.[25]

(2) **작위의무** : 대집행의 대상의무는 작위의무에 한하고, 부작위의무(허가 없이 공작물을 설치하지 아니할 의무 등 관계법령에 정하고 있는 절대적 금지나 허가를 유보한 상대적 금지를 위반한 경우)[26][27] 및 수인의무를 위반한 경우에는 원칙적으로 대집행의 대상이 되지 않음.

1. 관계법령을 위반하여 장례식장 영업을 하고 있는 자의 **장례식장 사용중지의무**는 부작위의무로서 행정대집행법 제2조의 규정에 의한 대집행의 대상이 되지 않음(대판 2005. 9. 28, 2005두7464).[28]
2. 하천유수인용허가신청이 불허되었음을 이유로 **하천유수인용행위를 중단할** 것과 이를 불이행할 경우 행정대집행법에 의하여 대집행하겠다는 내용의 계고처분은 대집행의 대상이 될 수 없는 부작위의무에 대한 것으로서 그 자체로 위법함(대판 1998. 10. 2, 96누5445).[29]

(3) **부작위의무(금지의무)의 경우** : 부작위의무도 작위의무로 전환된 후에는 대집행을 할 수 있음. 다만, 법치행정의 원리상 부작위의무를 작위의무로 전환하기 위해서는 법률의 명시적 근거가 있어야 하며, 그러한 근거가 있으면 부작위의무를 대체적 작위의무로 전환시켜 대집행할 수 있음.[30]

1. 부작위의무로부터 **그 의무를 위반함으로써 생긴 결과를 시정하기 위한** 작위의무를 당연히 끌어낼 수는 없으며, **또 위 금지규정으로부터 작위의무, 즉 위반결과의 시정을 명하는 권한이 당연히 추론(推論)되는 것도 아님.**[31][32]
2. **부작위의무 위반의 경우 작위의무를 끌어내기 위해서는(작위의무로 전환하기 위해서는)** 별도의 명문규정이 있어야 함.[33]
3. 구 주택건설촉진법 제38조 제2항은 부작위의무 위반행위에 대하여 대체적 작위의무로 전환하는 규정을 두고 있지 아니하므로 위 금지규정으로부터 그 위반결과의 시정을 명하는 원상복구명령을 할 수 있는 권한이 도출되는 것은 아님. 결국 행정청의 원고에 대한 원상복구명령은 권한 없는 자의 처분으로 무효라고 할 것이고, 위 원상복구명령이 당연무효인 이상 후행처분인 계고처분의 효력에 당연히 영향을 미쳐 그 계고처분 역시 무효로 됨(대판 1996. 6. 28, 96누4374).[34]

(4) **의무의 대체성** : 대집행의 대상이 되는 의무는 '대체적' 작위의무에 한정됨. 따라서 '비대체적' 작위의무의 경우에는 대집행을 할 수 없음.[35]

'토지 · 건물의 명도의무'의 경우	'수용 목적물인 토지나 건물의 인도 또는 이전의무'의 경우
토지 · 건물의 점유이전의무는 토지 · 건물을 점유하고 있는 사람의 퇴거를 필요로 하는 비대체적 작위의무로 대집행의 대상이 될 수 없음.	토지 및 건물의 인도 또는 이전의무는 비대체적 작위의무로 대집행 대상이 될 수 없음.[36]
도시공원시설 점유자의 퇴거 및 명도의무는 그것을 강제적으로 실현함에 있어 직접적인 실력행사가 필요한 것이지 대체적 작위의무가 아니므로 대집행의 대상이 되지 않음(대판 1998. 10. 23, 97누157).[37]	구 토지수용법상 피수용자 등이 기업자에 대하여 부담하는 수용대상 토지의 인도의무는 행정대집행법에 의한 대집행의 대상이 되지 않음(대판 2005. 8. 19, 2004다2809).[38]

2) **다른 수단으로써 그 이행을 확보하기가 곤란할 것(보충성)** : 대체적 작위의무의 이행을 확보할 수 있는 다른 수단이 있는 경우에는 대집행이 허용되지 않음.

건축법에 위반하여 중 · 개축함으로써 철거의무가 있더라도 행정대집행법 제2조에 의하여 그 철거의무를 대집행하기 위한 계고처분을 하려면 다른 방법으로는 그 이행의 확보가 어렵고, 그 불이행을 방치함이 심히 공익을 해하는 것으로 인정되는 경우에 한함(대판 1989. 7. 11, 88누11193).[39]

3) **의무의 불이행을 방치함이 심히 공익을 해할 것**

무허가증축부분으로 인해 건물의 미관이 나아지고 위 증축부분을 철거하는 데 비용이 많이 소요되더라도 이를 그대로 방치한다면 이를 단속하는 당국의 권능이 무력화되어 건축행정의 원활한 수행이 위태롭게 되며 건축법의 제한규정을 회피하는 것을 사전예방하고 도시계획구역 안에서 토지의 경제적 · 효율적인 이용을 도모한다는 더 큰 공익을 심히 해할 우려가 있으므로 건물철거대집행계고처분을 할 요건에 해당됨(대판 1992. 3. 10, 91누4140).40

4) 기 타

(1) **불가쟁력과의 관계** : 불가쟁력의 발생은 대집행의 요건이 아님(즉, 불가쟁력이 발생되기 전에도 대집행 가능).41

(2) **대집행의 재량성** : 대집행의 요건이 충족되는 경우에 대집행권을 발동할 것인지는 조문의 표현방식상 행정청의 재량에 속함(다수설).42

4 대집행의 절차 : 계고 ⇨ 대집행영장에 의한 통지 ⇨ 대집행의 실행 ⇨ 대집행비용의 징수

1) 계 고

개 념	• '상당한 기간' 내에 의무를 이행하지 않으면 대집행을 한다는 뜻을 문서로써 알리는 행위 • 한편 계고를 함에 있어서는 대집행의 요건이 충족되어 있어야 함이 원칙임.43
	위법한 건물의 공유자 1인에 대한 계고처분은 다른 공유자에 대하여는 그 효력이 없음(대판 1994. 10. 28, 94누5144).
상당한 기간	계고시 상당한 기간을 부여하지 않은 경우 대집행영장으로 대집행의 시기를 늦추었다 하더라도 **대집행계고처분은 상당한 이행기한을 정하여 한 것이 아니므로** 위법**함**(대판 1990. 9. 14, 90누2048).44
계고의 형식	계고는 문서로 하여야 하며, 구술로 하는 경우 무효가 됨.45
법적 성질	• 준법률행위적 행정행위인 통지에 해당하며 항고소송의 대상이 되는 처분임(통설 및 판례).46 • 다만, 반복된 계고의 경우에는 1차 계고에 대해서만 처분성을 긍정하며, 2차 · 3차의 계고 등에 대해서는 처분성 부정함.47
	계고처분 자체도 행정소송의 대상이 되나, 2차 · 3차의 계고처분은 새로운 철거의무를 부과한 것이 아니고, 다만 대집행기한의 연기통지에 불과하므로 행정처분이 아님(대판 1994. 10. 28, 94누5144).48
생략 가능성	㉠ 법률에 다른 규정이 있는 경우, ㉡ 비상시 또는 위험이 절박한 경우에 대집행의 급속한 실시를 요하여 계고를 할 여유가 없는 경우에는 계고절차를 거치지 아니하고 대집행을 할 수 있음.49
하명과 계고의 결합 가능성	**철거명령과 계고처분을 동시에** 1장의 문서로써 통지한 경우에도 철거명령 및 계고처분은 **적법**함.50
	1. 계고서라는 명칭의 1장의 문서로써, 일정기간 내에 위법건축물의 자진철거를 명함과 동시에 그 소정 기한 내에 자진철거를 하지 아니할 때에는 대집행할 뜻을 미리 계고한 경우라도 위 건축법에 의한 철거명령과 행정대집행법에 의한 계고처분은 독립하여 있는 것으로서 각 그 요건이 충족되었다고 볼 것임.51 2. 이 경우 철거명령에서 주어진 일정기간이 자진철거에 필요한 상당한 기간이라면 그 기간 속에는 계고시에 필요한 '상당한 이행기간'도 포함되어 있다고 보아야 할 것임(대판 1992. 6. 12, 91누13564).
의무의 특정	행정청이 **대집행계고를 함에 있어서는** 의무자가 스스로 이행하지 아니하는 경우에 **대집행할 행위의 내용 및 범위가 구체적으로 특정되어야 하나,** 그 행위의 내용 및 범위는 반드시 대집행계고서에 의하여서만 특정되어야 하는 것이 아니고, **계고처분 전후에 송달된 문서나** 기타 사정을 종합하여 **대집행의무자가 그 이행의무의 범위를 알 수 있을 정도로 하면 족함**(대판 1996. 10. 11, 96누8086).52

2) 대집행영장에 의한 통지

법적 성질	준법률행위적 행정행위인 통지로서 항고소송의 대상이 되는 처분에 해당함.53
생략 가능성	• ㉠ 법률에 다른 규정이 있는 경우, ㉡ 비상시 또는 위험이 절박한 경우에 대집행의 급속한 실시를 요하여 통지를 할 여유가 없는 경우에는 대집행영장에 의한 통지절차 역시 생략할 수 있음.54 • 계고와 통지는 동시에 생략할 수 있음.55

3) 대집행의 실행

법적 성질	권력적 사실행위로서 행정처분에 해당함.
대집행의 제한	• 행정청은 해가 뜨기 전이나 해가 진 후에는 대집행을 하여서는 아니 됨. • 다만, ㉠ 의무자가 동의한 경우,56 ㉡ 해가 지기 전에 대집행을 착수한 경우57 등의 사유가 있으면 그러하지 아니함.

실력행사의 허용 여부	1. 관계법령상 행정대집행의 절차가 인정되어 행정청이 행정대집행의 방법으로 건물의 철거 등 대체적 작위의무의 이행을 실현할 수 있는 경우에는 따로 민사소송의 방법으로 그 의무의 이행을 구할 수 없음.58 2. 건물의 점유자가 철거의무자일 때에는 건물철거의무에 퇴거의무도 포함되어 있는 것이어서 별도로 퇴거를 명하는 집행권원이 필요하지 않음.59 3. 또한, 행정청이 건물소유자들을 상대로 건물철거 대집행을 실시하기에 앞서, 건물소유자들을 건물에서 퇴거시키기 위해 별도로 퇴거를 구하는 민사소송은 부적법함.60 4. 행정청이 행정대집행의 방법으로 건물철거의무의 이행을 실현할 수 있는 경우에는 건물철거 대집행과정에서 부수적으로 건물의 점유자들에 대한 퇴거조치를 할 수 있음.61 5. 점유자들이 적법한 행정대집행을 위력을 행사하여 방해하는 경우 형법상 공무집행방해죄가 성립하므로, 필요한 경우에는 경찰관직무집행법에 근거한 위험발생 방지조치 또는 형법상 공무집행방해죄의 범행방지 내지 현행범체포의 차원에서 경찰의 도움을 받을 수도 있음(대판 2017. 4. 28, 2016다213916).62

4) 대집행비용의 징수

법적 성질	비용납부명령은 하명으로서 행정처분에 해당함.63
비용의 부담	• 대집행비용은 의무자가 부담함. • 행정청은 그 비용액과 납기일을 정하여 의무자에게 문서로 납부를 명하여야 하고, 의무자가 납부하지 않을 때에는 국세징수법의 예에 의하여 강제징수할 수 있음. • 대집행에 요한 비용을 징수하였을 때에는 그 징수금은 국고 또는 지방자치단체의 수입으로 함.64
	1. 대한주택공사(현 한국토지주택공사)가 법령에 의하여 대집행권한을 위탁받아 공무인 대집행을 실시하기 위하여 지출한 비용을 행정대집행법 절차에 따라 국세징수법의 예에 의하여 징수할 수 있음. 2. 대한주택공사가 법령에 의하여 대집행권한을 위탁받아 공무인 대집행을 실시하기 위하여 지출한 비용을 행정대집행법 절차에 따라 징수할 수 있음에도 민사소송절차에 의하여 그 비용의 상환을 청구할 수는 없음(대판 2011. 9. 8, 2010다48240).65

5 대집행에 대한 권리구제

1) 항고소송

소송의 대상	대집행 각 단계의 행위 모두 행정쟁송의 대상인 처분성 긍정
소의 이익	보통 단기간 종료되므로 대집행의 실행이 완료된 경우 소의 이익 없음.
	대집행계고처분 취소소송의 변론종결 전에 대집행영장에 의한 통지절차를 거쳐 사실행위로서 대집행의 실행이 완료된 경우에는 행위가 위법한 것이라는 이유로 손해배상이나 원상회복 등을 청구하는 것은 별론으로 하고 처분의 취소를 구할 법률상 이익은 없음(대판 1993. 6. 8, 93누6164).
입증책임	대집행요건을 구비하였는지에 관한 주장 및 입증책임은 처분행정청에 있음.66
	건축법에 위반하여 건축한 것이어서 철거의무가 있는 건물이라 하더라도 그 철거의무를 대집행하기 위한 계고처분을 하려면 다른 방법으로는 이행의 확보가 어렵고 불이행을 방치함이 심히 공익을 해하는 것으로 인정될 때에 한하여 허용되고 이러한 요건의 주장 · 입증책임은 처분행정청에 있음(대판 1996. 10. 11, 96누8086).67
하자의 승계	• 대집행의 각 단계 행위(계고 ⇨ 통지 ⇨ 실행 ⇨ 비용납부명령)는 하자승계 긍정68 69 70 • 그러나 건물철거명령과 같이 의무를 명하는 행위와 대집행계고처분 사이에는 의무부과행위가 당연무효가 아닌 한 하자승계 부정(판례)71
	계고처분이 위법하다면 후행처분인 비용납부명령 그 자체에는 아무런 하자가 없다고 하더라도 비용납부명령의 취소를 구하는 소송에서 선행행위인 계고처분이 위법하므로 후행처분인 비용납부명령도 위법하다는 것을 주장할 수 있음(대판 1993. 11. 9, 93누14271).

2) 행정심판 : 취소심판 등 행정심판의 제기를 통하여 권리구제를 받을 수도 있음.72 한편 행정심판은 임의적 절차이므로 당사자는 이를 제기하지 않고도 행정소송을 제기할 수 있음.

3) 손해배상 : 대집행의 실행이 완료된 경우 취소소송의 제기는 소의 이익이 없으므로 각하됨. 다만, 이 경우에도 손해배상청구는 가능함.[73]

6 국유재산법 등의 경우

「공유재산 및 물품관리법」에 따르면 모든 국 · 공유재산(일반재산 포함)의 원상회복에 대하여 행정대집행법을 준용할 수 있도록 규정하고 있음.

국유재산법 제74조【불법시설물의 철거】 정당한 사유 없이 국유재산을 점유하거나 이에 시설물을 설치한 경우에는 중앙관서의 장 등은 행정대집행법을 준용하여 철거하거나 그 밖에 필요한 조치를 할 수 있다.

공유재산 대부계약의 해지에 따른 원상회복으로 행정대집행의 방법에 의하여 그 지상물을 철거시킬 수 있음(대판 2001. 10. 12, 2001두4078).[74]

Topic

46 행정상 강제집행 Ⅱ - 이행강제금(집행벌)

p.190~194

1 이행강제금(집행벌)의 의의

1) 개 념

- 의무자가 행정상 의무를 이행하지 아니하는 경우 행정청이 적절한 이행기간을 부여하고, 그 기한까지 행정상 의무를 이행하지 아니하면 금전급부의무를 부과하는 것을 말함(행정기본법 제30조 제1항 제2호).
- 한편, 이행강제금은 '집행벌'이라는 용어로도 사용됨.01

1. 이행강제금은 행정법상의 부작위의무 또는 비대체적 작위의무를 이행하지 않은 경우에 '일정한 기한까지 의무를 이행하지 않을 때에는 일정한 금전적 부담을 과할 뜻'을 미리 '계고'함으로써 의무자에게 심리적 압박을 주어 장래를 향하여 의무의 이행을 확보하려는 간접적인 행정상 강제집행수단임.02 03 04
2. 사용자가 이행하여야 할 행정법상 의무의 내용을 초과하는 것을 '불이행 내용'으로 기재한 이행강제금 부과예고서에 의하여 이행강제금 부과예고를 한 다음 이를 이행하지 않았다는 이유로 이행강제금을 부과하였다면, 초과한 정도가 근소하다는 등의 특별한 사정이 없는 한 이행강제금 부과예고는 이행강제금제도의 취지에 반하는 것으로서 위법하고, 이에 터잡은 이행강제금 부과처분 역시 위법함(대판 2015. 6. 24, 2011두2170).05

2) 이행강제금(집행벌)과 행정벌의 구별

구 분	이행강제금(집행벌)	행정벌
목적 및 병과의 가능성	장래를 향한 의무이행 확보06	과거의 의무위반에 대한 제재
	이행강제금(집행벌)과 행정벌은 그 목적을 달리하므로 양자는 병과될 수 있음.07	
	① 이행강제금(집행벌)과 행정벌은 목적에서 차이가 있으므로 양자를 병과하더라도 헌법에서 금지하는 이중처벌이 아님(헌재 2004. 2. 26, 2001헌바80 · 84 · 102 · 103, 2002헌바26 병합).08 ② 건축법상 이행강제금은 과거의 일정한 법률위반행위에 대한 제재로서의 형벌이 아니라 장래의 의무이행의 확보를 위한 강제수단일 뿐이어서09 10 범죄에 대하여 국가가 형벌권을 실행하는 과벌에 해당하지 아니하므로,11 헌법 제13조 제1항이 금지하는 이중처벌금지의 원칙이 적용될 여지가 없음(헌재 2011. 10. 25, 2009헌바140).12 13	
반복부과 여부	처벌이 아니므로 의무의 이행이 있기까지 반복적으로 부과할 수 있음(단, 횟수의 제한은 존재함).14	하나의 의무위반에 대해 반복하여 부과할 수 없음.

2 이행강제금(집행벌)의 근거 및 대상

1) 법적 근거 : 행정기본법 제31조, 개별법으로 건축법, 농지법, 「독점규제 및 공정거래에 관한 법률」 등이 있음.

행정기본법 제31조【이행강제금의 부과】① 이행강제금 부과의 근거가 되는 법률에는 이행강제금에 관한 다음 각 호의 사항을 명확하게 규정하여야 한다. 다만, 제4호 또는 제5호를 규정할 경우 입법목적이나 입법취지를 훼손할 우려가 크다고 인정되는 경우로서 대통령령으로 정하는 경우는 제외한다.

1. 부과 · 징수주체
2. 부과요건
3. 부과금액
4. 부과금액 산정기준
5. 연간 부과횟수나 횟수의 상한

이행강제금은 국민의 자유와 권리를 제한한다는 의미에서 행정상 간접강제의 일종인 이른바 침익적 행정행위에 속하므로 그 부과요건, 부과대상, 부과금액, 부과횟수 등이 법률로써 엄격하게 정하여져야 함(헌재 2000. 3. 30, 98헌가8).15

2) 이행강제금(집행벌)의 대상 : 이행강제금은 부작위의무 또는 비대체적 작위의무의 불이행뿐만 아니라 대체적 작위의무의 불이행에 대하여도 부과 가능함.[16]

1. 전통적으로 행정대집행은 대체적 작위의무에 대한 강제집행수단으로, 이행강제금은 부작위의무나 비대체적 작위의무에 대한 강제집행수단으로 이해되어 왔으나, 이는 이행강제금제도의 본질에서 오는 제약은 아니며, 이행강제금은 대체적 작위의무의 위반에 대하여도 부과될 수 있음.[17]
2. 행정청은 대집행과 이행강제금을 선택적으로 활용할 수 있다고 할 것이며, 이처럼 그 합리적인 재량에 의해 선택하여 활용하는 이상 중첩적인 제재에 해당한다고 볼 수 없음(헌재 2004. 2. 26, 2001헌바80 · 84 · 102 · 103, 2002헌바26 병합).[18][19]

3 이행강제금(집행벌)의 부과

1) 행정기본법상 이행강제금 부과절차

계 고	행정청은 이행강제금을 부과하기 전에 미리 의무자에게 적절한 이행기간을 정하여 그 기한까지 행정상 의무를 이행하지 아니하면 이행강제금을 부과한다는 뜻을 문서로 계고(戒告)하여야 함.[20]
통 지	행정청은 의무자가 행정기본법 제31조 제3항에 따른 계고에서 정한 기한까지 행정상 의무를 이행하지 아니한 경우 이행강제금의 부과금액 · 사유 · 시기를 문서로 명확하게 적어 의무자에게 통지하여야 함.[21]
반복부과	• 행정청은 의무자가 행정상 의무를 이행할 때까지 이행강제금을 반복하여 부과할 수 있음.[22] • 다만, 의무자가 의무를 이행하면 새로운 이행강제금의 부과를 즉시 중지하되, 이미 부과한 이행강제금은 징수하여야 함.[23]
강제징수	행정청은 이행강제금을 부과받은 자가 납부기한까지 이행강제금을 내지 아니하면 국세강제징수의 예 또는 「지방행정제재 · 부과금의 징수 등에 관한 법률」에 따라 징수함.[24]
가중 · 감경	행정청은 ㉠ 의무불이행의 동기, 목적 및 결과, ㉡ 의무불이행의 정도 및 상습성, ㉢ 그 밖에 행정목적을 달성하는 데 필요하다고 인정되는 사유의 사항을 고려하여 이행강제금의 부과금액을 가중하거나 감경할 수 있음.

2) 개별법상 이행강제금(집행벌)의 부과요건 및 절차 – 건축법 중심으로

(1) 시정명령 및 의무의 불이행

(2) 상당한 이행기한의 통지(제2차 시정명령)[25]

1. 구 건축법상 최초의 시정명령이 있었던 날을 기준으로 1년 단위별로 2회에 한하여 이행강제금을 부과할 수 있고, 이 경우에도 매 1회 부과시마다 구 건축법 제80조 제1항 단서에서 정한 1회분 상당액의 이행강제금을 부과한 다음 다시 시정명령의 이행기회를 준 후 비로소 다음 1회분 이행강제금을 부과할 수 있음.
2. 건축주 등이 장기간 시정명령을 이행하지 아니하였으나 그 기간 중에 시정명령의 이행기회가 제공되지 아니하였다가 뒤늦게 이행기회가 제공된 경우, 이행기회가 제공되지 아니한 과거의 기간에 대한 이행강제금까지 한꺼번에 부과할 수는 없음.
3. 이를 위반하여 이루어진 이행강제금 부과처분의 하자는 중대하고 명백함(대판 2016. 7. 14, 2015두46598).[26]

(3) 계고처분 : 시정명령을 이행하지 아니한 자에 대해 이행강제금을 부과 · 징수한다는 뜻을 미리 문서로써 계고하여야 함.[27]

1. (구)농지법 제62조 제1항에 따른 이행강제금을 부과할 때에는 그때마다 이행강제금을 부과 · 징수한다는 뜻을 미리 문서로 알려야 하고, 이와 같은 절차를 거치지 아니한 채 이행강제금을 부과하는 것은 이행강제금제도의 취지에 반하는 것으로서 위법함(대결 2018. 11. 2, 2018마5608).[28]
2. 「개발제한구역의 지정 및 관리에 관한 특별조치법」 제30조 제1항, 제30조의2 제1항 및 제2항의 규정에 의하면 시정명령을 받은 후 그 시정명령의 이행을 하지 아니한 자에 대하여 이행강제금을 부과할 수 있고, 그 이행강제금을 부과하기 전에 상당한 기간을 정하여 그 기한까지 이행되지 아니할 때에 이행강제금을 부과 · 징수한다는 뜻을 문서로 계고하여야 하므로, 이행강제금의 부과 · 징수를 위한 계고는 시정명령을 불이행한 경우에 취할 수 있는 절차라 할 것이고, 따라서 이행강제금을 부과 · 징수할 때마다 그에 앞서 시정명령절차를 다시 거쳐야 할 필요는 없음(대판 2013. 12. 12, 2012두20397).[29]

(4) **이행강제금의 부과** : 건축법에 따르면 이행강제금(집행벌)은 1년에 2회 이내의 범위 안에서 당해 시정명령이 이행될 때까지 반복하여 부과 · 징수할 수 있음.[30]

(5) **하자의 승계** : 이행강제금은 시정명령 자체의 이행을 목적으로 하므로 시정명령과 이행강제금 부과처분 사이에서는 하자가 승계됨. 따라서 시정명령이 위법하면 이행강제금 부과처분도 위법함(판례).[31]

(6) **시정명령의 이행시** : 시정명령을 받은 자가 시정명령을 이행한 경우에는 더 이상 이행강제금(집행벌)을 부과하지 않으며, 이미 부과된 이행강제금(집행벌)은 징수함.[32]

1. 「부동산 실권리자명의 등기에 관한 법률」(이하 '부동산실명법'이라 함)상 '장기미등기자'에 대하여 부과되는 이행강제금은 …… 행정상의 간접강제수단에 해당함. 따라서 장기미등기자가 이행강제금 부과 전에 등기신청의무를 이행하였다면 이행강제금의 부과로써 이행을 확보하고자 하는 목적은 이미 실현된 것이므로 부동산실명법 제6조 제2항에 규정된 기간이 지나서 등기신청의무를 이행한 경우라 하더라도 이행강제금을 부과할 수 없음(대판 2016. 6. 23, 2015두36454).
2. 「국토의 계획 및 이용에 관한 법률」상 토지의 이용의무 불이행에 따른 이행명령을 받은 의무자가 이행명령에서 정한 기간을 지나서 그 명령을 이행한 경우, 이행명령 불이행에 따른 최초의 이행강제금을 부과할 수는 없음(대판 2014. 12. 11, 2013두15750).

3-1. 시정명령을 받은 의무자가 이행강제금이 부과되기 전에 그 의무를 이행한 경우에는 비록 시정명령에서 정한 기간을 지나서 이행한 경우라도 이행강제금을 부과할 수 없음.[33][34]

3-2. 시정명령을 받은 의무자가 그 시정명령의 취지에 부합하는 의무를 이행하기 위한 정당한 방법으로 행정청에 신청 또는 신고를 하였으나 행정청이 위법하게 이를 거부 또는 반려함으로써 결국 그 처분이 취소되기에 이르렀다면, 특별한 사정이 없는 한 그 시정명령의 불이행을 이유로 이행강제금을 부과할 수는 없음(대판 2018. 1. 25, 2015두35116).[35]

사안 1) 이행강제금의 부과 전 시정명령을 이행하였으면, 기간을 지나서 이행한 경우라도 이행강제금을 부과할 수는 없음.

행정청 – 甲	甲	
6. 1. "6월 30일까지 이행하라. 그때까지 이행하지 않으면 5천만원을 부과하겠다."라고 이행강제금을 부과한다는 뜻을 계고	7. 10. 시정명령을 이행함.	사안 1)의 경우 행정청이 甲에게 6월 30일에서 7월 10일 사이에 이행강제금을 부과하지 않았다면, 비록 행정청이 정한 기간을 지나 甲이 시정명령을 이행하였지만 이행강제금을 부과할 수는 없게 됨.

사안 2) 시정명령 이행 전에 부과된 이행강제금에 대하여는 징수할 수 있음.

행정청 – 乙	행정청 – 乙	乙	
6. 1. "6월 30일까지 이행하라. 그때까지 이행하지 않으면 5천만원을 부과하겠다."라고 이행강제금을 부과한다는 뜻을 계고	7. 1. 6월 30일이 지나도 乙이 이행하지 않자 행정청은 5천만원의 이행강제금을 부과	7. 10. 시정명령을 이행함.	사안 2)의 경우에는 행정청은 7월 1일에 乙에게 부과한 5천만원의 이행강제금에 대하여 징수할 수 있음.

(7) **강제징수**

건축법상 **이행강제금 납부의 최초 독촉**은 항고소송의 대상이 되는 **행정처분**에 해당함(대판 2009. 12. 24, 2009두14507).[36]

3) 이행강제금(집행벌) 부과의 성질

- 이행강제금의 부과처분은 행정행위로서 급부하명에 해당함.[37]
- 따라서 이행강제금의 부과에 하자가 있다면 행정청은 이를 직권으로 취소 또는 철회할 수 있음.
- 또한 이행강제금 부과행위는 침익적 행위로서 원칙적으로 행정절차법상의 의견청취절차를 거쳐야 함.[38]

4 이행강제금(집행벌) 부과에 대한 권리구제

개별법에 특별한 규정을 두고 있는 경우 (항고소송 ×)	이행강제금(집행벌)에 불복하는 자는 이의를 제기할 수 있으며, 이의를 제기한 경우에는 비송사건절차법에 의해 이행강제금(집행벌)을 결정하도록 특별한 규정을 두고 있는 경우 그 절차에 따라 권리를 구제받을 수 있을 뿐 항고소송을 제기할 수 없음(농지법 제63조).39 **농지법 제63조【이행강제금】** ⑥ 제1항에 따른 이행강제금 부과처분에 불복하는 자는 그 처분을 고지받은 날부터 30일 이내에 시장 · 군수 또는 구청장에게 이의를 제기할 수 있다. ⑦ 제1항에 따른 이행강제금 부과처분을 받은 자가 제6항에 따른 이의를 제기하면 시장 · 군수 또는 구청장은 지체 없이 관할법원에 그 사실을 통보하여야 하며, 그 통보를 받은 관할법원은 비송사건절차법에 따른 과태료 재판에 준하여 재판을 한다. 1. **(구)**농지법 **제62조 제1항에 따른 이행강제금** 부과처분에 불복하는 경우에는 비송사건절차법에 따른 재판절차가 적용되어야 하고, 행정소송법상 **항고소송의 대상은 될 수 없음.40** 2. 설령 피고가 **이행강제금 부과처분을 하면서 재결청에 행정심판을 청구하거나 관할 행정법원에 행정소송을 할 수 있다고 잘못 안내**하거나 경기도행정심판위원회가 각하재결이 아닌 기각재결을 하면서 관할법원에 행정소송을 할 수 있다고 잘못 안내하였다고 하더라도, 그러한 잘못된 안내로 **행정법원의 항고소송 재판관할이 생긴다고 볼 수도 없음**(대판 2019. 4. 11, 2018두42955).**41 42**
개별법에 특별한 규정을 두고 있지 않은 경우 (항고소송 ○)	• 불복방법에 대해 개별법에 특별한 규정을 두고 있지 않은 경우에는 행정기본법상의 이의신청을 비롯하여 행정심판법상의 행정심판 또는 행정소송법상의 행정소송을 제기할 수 있음.**43 44** • **건축법상 이행강제금(집행벌)의 경우** : 2006년 5월 8일부터 시행된 개정 건축법에서는 비송사건절차법에 의하도록 하는 규정을 삭제하였으므로 이행강제금 부과는 항고소송의 대상이 되는 행정처분에 해당함(통설).**45**

5 일신전속성 여부 : 이행강제금 납부의무는 일신전속적인 것으로 상속되지 않음.

1. 건축법상의 이행강제금은 간접강제의 일종으로서 그 이행강제금 납부의무는 상속인에게 승계될 수 없는 일신전속적인 성질의 것**46**이므로 이미 사망한 사람에게 이행강제금을 부과하는 내용의 처분이나 결정은 당연무효임.**47**
2. 건축법상 이행강제금은 일신전속적인 성질의 것이므로 이행강제금을 부과받은 사람이 재판절차가 개시된 이후에 사망한 경우, 재판절차는 종료됨.**48**
3. 건축법상 이행강제금을 부과받은 사람이 이행강제금사건의 제1심결정 후 항고심결정이 있기 전에 사망한 경우, 항고심결정은 당연무효이고, 이미 사망한 사람의 이름으로 제기된 재항고는 보정할 수 없는 흠결이 있는 것으로서 부적법함(대결 2006. 12. 8, 2006마470).**49**

Topic

47 행정상 강제집행 Ⅲ - 직접강제, 행정상 강제징수

p.194~196

직접강제

구분	내용
의 의	• 의무자가 행정상 의무를 이행하지 아니하는 경우 행정청이 의무자의 신체나 재산에 실력을 행사하여 그 행정상 의무의 이행이 있었던 것과 같은 상태를 실현하는 것을 말함(행정기본법 제30조 제1항 제3호). **01** • 직접강제의 예로는 식품위생법상의 시정명령을 위반한 자에 대한 영업소 폐쇄조치, **02** 출입국관리법상의 각종 의무를 위반한 자에 대한 강제퇴거조치 등이 있음. **03** • 직접강제는 의무불이행을 전제로 한다는 점에서 의무불이행을 전제로 하지 않는 즉시강제와 구별됨. **04**
법적 근거	행정기본법 제32조, 개별법으로 식품위생법 제79조(영업소 폐쇄조치), 출입국관리법 제46조(외국인의 강제퇴거) 등이 있음.
대 상	대체적 작위의무뿐만 아니라 비대체적 작위의무 · 부작위의무 · 수인의무 등 일체의 의무의 불이행
직접강제의 공통절차	• **직접강제시 증표제시** : 직접강제를 실시하기 위하여 현장에 파견되는 집행책임자는 그가 집행책임자임을 표시하는 증표를 보여주어야 함(동법 제32조 제2항). • **직접강제의 계고와 통지** : 직접강제의 계고 및 통지에 관하여는 행정기본법 제31조 제3항 및 제4항(이행강제금 부과시의 계고 및 통지 규정)을 준용함(동법 제32조 제3항).
한 계	직접강제는 행정대집행이나 이행강제금 부과의 방법으로는 행정상 의무이행을 확보할 수 없거나 그 실현이 불가능한 경우에 실시하여야 함(동법 제32조 제1항). **05**
권리구제	• 직접강제는 권력적 사실행위로서 처분성이 인정됨. • 따라서 하자 있는 직접강제에 대해서는 행정쟁송을 제기할 수 있고, 손해배상청구, 결과제거청구도 가능함.

행정상 강제징수

1 행정상 강제징수의 개념 및 근거

- 의무자가 행정상 의무 중 금전급부의무를 이행하지 아니하는 경우 행정청이 의무자의 재산에 실력을 행사하여 그 행정상 의무가 실현된 것과 같은 상태를 실현하는 것을 말함(행정기본법 제30조 제1항 제4호). **06 07**
- 국세징수법이 실질적으로 일반법적 지위를 가짐. **08**

2 절 차

1) 독 촉

구분	내용
의 의	• 상당한 이행기간을 정하여 의무의 이행을 최고하고, 그 의무가 이행되지 않을 경우에는 강제징수할 뜻을 알리는 것으로서 준법률행위적 행정행위인 통지로 봄. • **최초의 독촉**은 **처분성이 인정**되나, 반복된 독촉에 대하여는 처분성이 부정됨.
	부당이득금 또는 가산금의 납부를 독촉한 후 다시 동일한 내용의 독촉을 하는 경우 최초의 독촉만이 징수처분으로서 항고소송의 대상이 되는 행정처분이 되고 그 후에 한 동일한 내용의 독촉은 항고소송의 대상이 되는 행정처분이라 할 수 없음(대판 1999. 7. 13, 97누119). **09**
효 과	독촉은 압류의 적법요건이 되며 국세징수권의 소멸시효가 진행되는 것을 중단시키는 효력을 가짐. **10**

2) 강제징수 : 재산압류 ⇨ 매각 ⇨ 청산

(1) 재산의 압류

의 의	• 체납자의 재산에 대해 사실상 처분(파괴 등) 및 법률상 처분(매매 · 증여 등)을 금지하고 재산을 확보하는 행위 • 권력적 사실행위로서 행정처분에 해당함.11
개별적 검토	• **체납자 아닌 자의 재산을 압류한 경우** : 납세자가 아닌 제3자의 재산을 대상으로 한 압류처분은 그 **처분의 내용이 법률상 실현될 수 없는 것이어서** 당연무효임(대판 2012. 4. 12, 2010두4612).12 • **압류재산이 징수할 국세액을 초과한 경우** : 세무공무원이 국세의 징수를 위해 납세자의 재산을 압류하는 경우 그 재산의 가액이 징수할 국세액을 초과한다 하여 위 압류가 당연무효의 처분이라고는 할 수 없음(대판 1986. 11. 11, 86누479).13 • **압류 후 근거법률이 위헌결정된 경우** : 압류를 해제해야 함(압류처분이 당연무효가 되는 것은 아님).14 • **체납자 사망 후, 체납자명의의 재산에 대하여 압류한 경우** : 상속인에 대한 것으로 봄.15

(2) 압류재산의 매각

개 념	체납자의 재산을 금전으로 바꾸는 것
방 법	• 공매 또는 수의계약(경매나 입찰 등의 방법에 의하지 않고, 상대방을 임의로 선택하여 맺는 계약)의 방법으로 함. • 공매는 경쟁입찰 또는 경매의 방법으로 함.
공매의 대행	관할 세무서장은 한국자산관리공사에 공매 등을 대행하게 할 수 있으며, 이 경우 공매 등은 관할 세무서장이 한 것으로 봄.
공매의 성질	공매는 행정행위로서 항고소송의 대상이 되는 처분성 긍정16 공매는 공법상 행정처분으로서 공매에 의하여 재산을 매수한 자는 그 공매처분이 취소된 경우 그 취소처분의 위법을 주장하여 행정소송을 제기할 법률상의 이익이 있음(대판 1984. 9. 25, 84누201).17
공매통지의 성질	공매하기로 한 결정(공매결정)과 공매의 통지는 내부행위 또는 사실행위로서 처분성 부정 ① 국세징수법상 공매통지 자체는 원칙적으로 항고소송의 대상이 되는 행정처분이 아님(대판 2011. 3. 24, 2010두25527).18 ② 한국자산공사(현 한국자산관리공사)의 재공매(입찰)결정 및 공매통지는 항고소송의 대상이 되는 행정처분이 아님(대판 2007. 7. 27, 2006두8464).19 20
공매통지를 하지 않은 경우	**공매통지는 공매의 절차적 요건으로** 공매통지가 위법하면 공매처분도 위법**함**(단, 당연무효는 아님). ①-1. 체납자 등에 대한 공매통지는 국가의 강제력에 의하여 진행되는 공매에서 체납자 등의 권리 내지 재산상의 이익을 보호하기 위하여 법률로 규정한 공매의 절차적 요건에 해당하므로, 체납자 등에게 공매통지를 하지 않았거나 적법하지 않은 공매통지를 한 경우 그 공매처분은 위법함.21 ①-2. 다만, 체납자 등은 자신에 대한 공매통지의 하자만을 공매처분의 위법사유로 주장할 수 있을 뿐 다른 권리자에 대한 공매통지의 하자를 들어 공매처분의 위법사유로 주장하는 것은 허용되지 않음.22 ①-3. 한편, 공매통지 자체가 그 상대방인 체납자 등의 법적 지위나 권리 · 의무에 직접적인 영향을 주는 행정처분에 해당한다고 할 것은 아니므로 다른 특별한 사정이 없는 한 체납자 등은 공매통지의 결여나 위법을 들어 공매처분의 취소 등을 구할 수 있는 것이지 공매통지 자체를 항고소송의 대상으로 삼아 그 취소 등을 구할 수는 없음(대판 2008. 11. 20, 2007두18154 전합). ② 체납자 등에 대한 공매통지 없이 한 공매처분이 당연무효가 되는 것은 아님(대판 2012. 7. 26, 2010다50625).23
공매재산 평가 등이 잘못된 경우	부당하게 저렴한 가격으로 공매되었다 하더라도 그러한 공매처분은 취소사유에 불과하여 취소 전까지는 유효하므로 매수인의 부당이득이 되는 것은 아님. 1. 공매에 있어서 공매재산에 대한 감정평가나 매각예정가격의 결정이 잘못되어 그로 인하여 공매재산이 부당하게 저렴한 가격으로 공매된 경우 그 공매처분은 취소사유에 해당하는 것일 뿐 당연무효가 되는 것은 아님.24 2. 공매절차에서 공매재산에 대한 감정평가나 매각예정가격의 결정이 잘못된 경우, 매수인이 공매재산의 시가와 감정평가액의 차액을 부당이득한 것이라고 할 수 없음(대판 1997. 4. 8, 96다52915).

써니쌤 Talk

행정상 대집행의 절차	계고 ⇨ 대집행영장에 의한 통지 ⇨ 대집행의 실행 ⇨ 대집행비용의 징수
행정상 강제징수의 절차	독촉 ⇨ 재산의 압류 ⇨ 압류재산의 매각 ⇨ 청산 ⇧ 공매의 통지

☑ 대집행영장에 의한 통지는 그 자체가 독립하여 항고소송의 대상이 되는 행정처분에 해당함. 반면, 국세징수법상 공매통지 자체는 공매의 절차적 요건에 해당할 뿐 항고소송의 대상이 되는 행정처분이 아님.

(3) 청 산

의 의	• 압류금전, 체납자 · 제3채무자로부터 받은 금전, 매각대금 등으로 받은 금전을 국세 · 강제징수비, 기타의 채권에 배분하는 것 • 배분 후 잔액이 있으면 체납자에게 지급함.
징수의 순서	강제징수비, 국세, 가산세 순으로 우선 징수함.

3 기 타

1) 행정쟁송

- 강제징수에 대해 불복이 있는 자는 행정쟁송을 제기할 수 있음.
- 국세기본법은 이의신청절차를 규정하고 있으며, 특히 소송을 제기하기 전에 심사청구 또는 심판청구 중 하나의 절차를 반드시 거치도록 하는 예외적 행정심판전치주의를 규정하고 있음.[25][26][27]

2) 하자의 승계

- 강제징수절차는 모두가 결합하여 하나의 법률효과를 가져오는 관계에 있으므로 각 단계의 행위는 하자가 승계됨.
- 다만, 조세부과처분의 하자는 당연무효가 아닌 한 강제징수절차에 승계되지 않음.[28]

Topic

48 행정상 즉시강제

p.196~198

1 행정상 즉시강제의 의의

1) 개념 : 현재의 급박한 행정상의 장해를 제거하기 위한 경우로서 행정청이 미리 행정상 의무이행을 명할 시간적 여유가 없는 경우, 그 성질상 행정상 의무의 이행을 명하는 것만으로는 행정목적달성이 곤란한 경우에 행정청이 곧바로 국민의 신체 또는 재산에 실력을 행사하여 행정목적을 달성하는 것을 말함(행정기본법 제30조 제1항 제5호).

2) 구별개념

(1) 행정상 즉시강제와 행정상 강제집행

행정상 즉시강제	행정상 강제집행
의무의 존재와 불이행을 전제로 하지 않음.**01 02**	의무의 존재 및 그 불이행을 전제로 함.

(2) 행정상 즉시강제와 행정벌

행정상 즉시강제	행정벌
과거의 의무위반에 대한 제재가 아닌, 장래를 위해 현재의 급박한 행정상 장해의 제거를 목적으로 함.**03**	과거의 의무위반에 대한 제재를 목적으로 함.

3) 성질 : 권력적 사실행위로서**04** 항고소송의 대상이 되는 처분에 해당함.**05**

2 행정상 즉시강제의 근거

1) 이론적 근거 : 전형적인 침해적 작용이므로 엄격한 실정법적 근거를 요함(통설).**06 07**

2) 실정법적 근거 : 행정기본법 제33조, 개별법으로 경찰관직무집행법, 「감염병의 예방 및 관리에 관한 법률」, 「마약류 관리에 관한 법률」, 식품위생법, 소방기본법 등이 있음.

3 행정상 즉시강제의 종류

대인적 강제	• 경찰관직무집행법상의 보호조치, 범죄의 예방 및 제지 • 「감염병의 예방 및 관리에 관한 법률」상의 감염병환자의 강제입원, 강제건강진단 및 치료**08** • 「재난 및 안전관리기본법」상의 응급조치(긴급수송 등) 등
	① 경찰관직무집행법 제4조 제1항 제1호에서 규정하는 술에 취한 상태로 인하여 자기 또는 타인의 생명 · 신체와 재산에 위해를 미칠 우려가 있는 피구호자에 대한 보호조치는 경찰행정상 즉시강제에 해당하므로,**09** 그 조치가 불가피한 최소한도 내에서만 행사되도록 발동 · 행사 요건을 신중하고 엄격하게 해석하여야 함(대판 2012. 12. 13, 2012도11162). ② 구 경찰관직무집행법 제6조 제1항은 "경찰관은 범죄행위가 목전에 행하여지려고 하고 있다고 인정될 때에는 이를 예방하기 위하여 관계인에게 필요한 경고를 발하고, 그 행위로 인하여 인명 · 신체에 위해를 미치거나 재산에 중대한 손해를 끼칠 우려가 있어 긴급을 요하는 경우에는 그 행위를 제지할 수 있다."라고 정하고 있음. 위 조항 중 경찰관의 제지에 관한 부분은 범죄의 예방을 위한 경찰행정상 즉시강제에 관한 근거조항임(대판 2021. 10. 28, 2017다219218).**10** 최신
대물적 강제	• 소방기본법상의 소방활동에 방해가 되는 소방대상물의 파괴 등의 강제처분**11** • 구 「음반 · 비디오물 및 게임물에 관한 법률」상 불법게임물의 수거 · 삭제 · 폐기**12 13** • 「마약류 관리에 관한 법률」상의 승인 등을 받지 못한 마약류에 관한 폐기 • 「감염병의 예방 및 관리에 관한 법률」상의 감염병 유행에 대한 방역조치(일시적 폐쇄) 등**14**
대가택 강제	• 경찰관직무집행법상의 위험방지를 위한 가택출입 · 수색 • 조세범처벌절차법상의 수색

4 행정상 즉시강제의 한계

1) 실체법적 한계 – 급박성의 원칙, 비례의 원칙, 보충성의 원칙, 소극성의 원칙

- 비례원칙(행정목적을 달성하기 위해 적합한 수단일 것이 요구되며, 또한 여러 수단이 있는 경우에는 최소한의 침해를 가져오는 수단일 것 등) 및 기타 행정법의 일반원칙을 준수하여야 함.15
- 따라서 행정상 강제집행이 가능한 경우에는 행정상 즉시강제가 인정되지 않음.

행정기본법 제33조【즉시강제】① 즉시강제는 다른 수단으로는 행정목적을 달성할 수 없는 경우에만 허용되며, 이 경우에도 최소한으로만 실시하여야 한다.

1. 행정상 즉시강제는 법치국가의 요청인 예측가능성과 법적 안정성에 반하고 기본권침해의 소지가 큰 권력작용이므로 행정강제는 행정상 강제집행을 원칙으로 하고 행정상 즉시강제는 예외적으로 인정되어야 함.16
2. 행정상 즉시강제는 엄격한 실정법상의 근거를 필요로 할 뿐만 아니라, 그 발동에 있어서는 법규의 범위 안에서도 다시 행정상의 장해가 목전에 급박하고, 다른 수단으로는 행정목적을 달성할 수 없는 경우이어야 하며, 이러한 경우에도 그 행사는 필요 최소한도에 그쳐야 함을 내용으로 하는 조리상의 한계에 기속됨.17
3. 불법게임물에 대하여 관계당사자에게 수거 · 폐기를 명하고 그 불이행을 기다려 직접강제 등 행정상의 강제집행으로 나아가는 원칙적인 방법으로는 목적달성이 곤란하므로, 불법게임물의 수거 · 폐기에 관한 행정상 즉시강제를 허용하는 것은 급박한 상황에 대처하기 위한 것으로서 그 불가피성과 정당성이 인정됨(헌재 2002. 10. 31, 2000헌가12).18

2) 절차법적 한계

(1) 증표의 제시와 고지

행정기본법 제33조【즉시강제】② 즉시강제를 실시하기 위하여 현장에 파견되는 집행책임자는 그가 집행책임자임을 표시하는 증표를 보여 주어야 하며, 즉시강제의 이유와 내용을 고지하여야 한다.19
③ 제2항에도 불구하고 집행책임자는 즉시강제를 하려는 재산의 소유자 또는 점유자를 알 수 없거나 현장에서 그 소재를 즉시 확인하기 어려운 경우에는 즉시강제를 실시한 후 집행책임자의 이름 및 그 이유와 내용을 고지할 수 있다. 다만, 다음 각 호에 해당하는 경우에는 게시판이나 인터넷 홈페이지에 게시하는 등 적절한 방법에 의한 공고로써 고지를 갈음할 수 있다.20 최신
1. 즉시강제를 실시한 후에도 재산의 소유자 또는 점유자를 알 수 없는 경우
2. 재산의 소유자 또는 점유자가 국외에 거주하거나 행방을 알 수 없는 경우
3. 그 밖에 대통령령으로 정하는 불가피한 사유로 고지할 수 없는 경우

(2) 영장주의의 적용문제

통설 및 대법원 : 절충설	헌법재판소
원칙적으로 영장 필요, 예외적으로 행정목적 달성을 위해 불가피한 경우 불필요	원칙적으로 영장 불필요
①-1. 사전영장주의원칙은 인신보호를 위한 헌법상의 기속원리이기 때문에 인신의 자유를 제한하는 국가의 모든 영역(예컨대, 행정상의 즉시강제)에서도 존중되어야 하고 다만 사전영장주의를 고수하다가는 도저히 그 목적을 달성할 수 없는 지극히 예외적인 경우에만 형사절차에서와 같은 예외가 인정된다고 할 것임.21 22 ①-2. 동행명령장을 법관이 아닌 의장이 발부하고 이에 기하여 증인의 신체의 자유를 침해하여 증인을 일정 장소에 인치하도록 규정된 조례안 제6조는 영장주의원칙을 규정한 헌법 제12조 제3항에 위반한 것임(대판 1995. 6. 30, 93추83). ② 구 사회안전법 제11조 소정의 동행보호규정은 재범의 위험성이 현저한 자를 상대로 긴급히 보호할 필요가 있는 경우에 한하여 단기간의 동행보호를 허용한 것으로서 그 요건을 엄격히 해석하는 한, 동 규정 자체가 사전영장주의를 규정한 헌법규정에 반한다고 볼 수는 없음(대판 1997. 6. 13, 96다56115).23	1. 행정상 즉시강제는 상대방의 임의이행을 기다릴 시간적 여유가 없을 때 하명 없이 바로 실력을 행사하는 것으로서, 그 본질상 급박성을 요건으로 하고 있어 법관의 영장을 기다려서는 그 목적을 달성할 수 없다고 할 것이므로, 원칙적으로 영장주의가 적용되지 않는다고 보아야 할 것임. 2. 관계행정청이 등급분류를 받지 아니하거나 등급분류를 받은 게임물과 다른 내용의 게임물을 발견한 경우 관계공무원으로 하여금 이를 수거 · 폐기하게 할 수 있도록 한 구 「음반 · 비디오물 및 게임물에 관한 법률」의 조항은 급박한 상황에 대처하기 위한 것으로서 그 불가피성과 정당성이 충분히 인정되는 경우이므로, 이 사건 법률조항이 비록 영장 없는 수거를 인정한다고 하더라도 이를 두고 헌법상 영장주의에 위배되는 것으로는 볼 수 없음(헌재 2002. 10. 31, 2000헌가12).24

5 행정상 즉시강제에 대한 구제

1) 적법한 즉시강제에 대한 구제 : 행정상 손실보상

경찰관직무집행법 제11조의2【손실보상】① 국가는 경찰관의 적법한 직무집행으로 인하여 다음 각 호의 어느 하나에 해당하는 손실을 입은 자에 대하여 정당한 보상을 하여야 한다.

1. 손실발생의 원인에 대하여 책임이 없는 자가 생명 · 신체 또는 재산상의 손실을 입은 경우(손실발생의 원인에 대하여 책임이 없는 자가 경찰관의 직무집행에 자발적으로 협조하거나 물건을 제공하여 생명 · 신체 또는 재산상의 손실을 입은 경우를 포함한다)[25]
2. 손실발생의 원인에 대하여 책임이 있는 자가 자신의 책임에 상응하는 정도를 초과하는 생명 · 신체 또는 재산상의 손실을 입은 경우

2) 위법한 즉시강제에 대한 구제

(1) 행정쟁송

- 행정상 즉시강제는 권력적 사실행위로 처분에 해당함.[26] 따라서 행정기본법상의 이의신청을 비롯하여 취소소송 · 취소심판 등의 대상이 됨.
- 행정상 즉시강제는 대부분 단기간에 종료되므로 협의의 소의 이익이 결여되는 경우가 많음.[27][28] 다만, 그 조치가 계속 중인 상태에 있는 경우에는 소의 이익이 인정됨(예 감염병환자의 강제입원 등).

(2) 손해배상의 청구 : 위법한 즉시강제로 손해를 입은 자는 국가배상법이 정하는 바에 따라 손해배상을 청구할 수 있음.[29]

Topic

49 행정조사

p.199~202

1 행정조사의 의의

1) 의 의

- 행정기관이 정책결정, 직무수행시 필요한 정보나 자료를 수집하기 위해 현장조사 · 문서열람 · 시료채취 등을 하거나 조사대상자에게 보고요구, 자료제출요구 및 출석 · 진술요구를 행하는 활동
- 행정조사에는 보고서요구명령, 출두명령 등 행정행위의 형식을 취하는 것과 질문, 출입검사, 검진 등 사실행위의 형식을 취하는 것이 있음. 다만, 일반적으로는 사실행위가 대부분임.

2) 행정조사의 법적 근거

(1) **특정의 조사대상자가 있는 경우** : 행정기관은 법령 등에서 행정조사를 규정하고 있는 경우에 한하여 행정조사를 실시할 수 있음. 다만, 조사대상자의 자발적인 협조를 얻어 실시하는 행정조사의 경우에는 그러하지 아니함. **01 02**

> 개별법령 등에서 행정조사를 규정하고 있는 경우, 행정기관이 행정조사기본법 제5조 단서에서 정한 '조사대상자의 자발적인 협조를 얻어 실시하는 행정조사'를 실시할 수 있음(대판 2016. 10. 27, 2016두41811).

(2) 실정법적 근거

- 기본법의 역할을 하는 행정조사기본법이 있으며 개별법으로 경찰관직무집행법, 소방기본법 등이 있음.
- 한편, 행정절차법에는 행정조사에 관한 규정을 두고 있지 않음. **03**

3) 행정조사기본법의 적용범위

> **행정조사기본법 제3조【적용범위】** ① 행정조사에 관하여 다른 법률에 특별한 규정이 있는 경우를 제외하고는 이 법으로 정하는 바에 따른다.
> ② 다음 각 호의 어느 하나에 해당하는 사항에 대하여는 이 법을 적용하지 아니한다.
> 1. 행정조사를 한다는 사실이나 조사내용이 공개될 경우 국가의 존립을 위태롭게 하거나 국가의 중대한 이익을 현저히 해칠 우려가 있는 국가안전보장 · 통일 및 외교에 관한 사항
> 2. 국방 및 안전에 관한 사항 중 다음 각 목의 어느 하나에 해당하는 사항
>   가. 군사시설 · 군사기밀보호 또는 방위사업에 관한 사항
>   나. 병역법, 예비군법, 민방위기본법, 「비상대비에 관한 법률」, 「재난관리자원의 관리 등에 관한 법률」에 따른 징집 · 소집 · 동원 및 훈련에 관한 사항
> 3. 「공공기관의 정보공개에 관한 법률」 제4조 제3항의 정보에 관한 사항
> 4. 근로기준법 제101조에 따른 근로감독관의 직무에 관한 사항
> 5. 조세 · 형사 · 행형 및 보안처분에 관한 사항 **04**
> 6. 금융감독기관의 감독 · 검사 · 조사 및 감리에 관한 사항 (이하 생략)
>
> ③ 제2항에도 불구하고 제4조(행정조사의 기본원칙), 제5조(행정조사의 근거) 및 제28조(정보통신수단을 통한 행정조사)는 제2항 각 호의 사항에 대하여 적용한다. **05 06 07**

2 행정조사의 한계

1) 실체법적 한계

(1) **일반론** : 근거법의 규정, 행정조사기본법에 규정된 행정조사의 기본원칙, 행정법의 일반원칙 등의 한계를 준수하여야 함. 그리고 위법한 목적을 위한 조사는 불가능함.

> 헌법 제12조 제1항에서 규정하고 있는 적법절차의 원칙은 형사소송절차에 국한되지 아니하고 모든 국가작용 전반에 대하여 적용되므로 세무공무원의 세무조사권의 행사에서도 적법절차의 원칙은 마땅히 준수되어야 함(대판 2014. 6. 26, 2012두911). **08**

(2) 행정조사기본법상 행정조사의 기본원칙

조사범위의 최소화	행정조사는 조사목적을 달성하는 데 필요한 최소한의 범위 안에서 실시하여야 하며, 다른 목적 등을 위하여 조사권을 남용하여서는 아니 됨.09
조사목적의 적합성	행정기관은 조사목적에 적합하도록 조사대상자를 선정하여 행정조사를 실시하여야 함.10
중복조사의 제한	행정기관은 유사하거나 동일한 사안에 대하여는 공동조사 등을 실시함으로써 행정조사가 중복되지 아니하도록 하여야 함.11
예방 위주의 행정조사	행정조사는 법령 등의 위반에 대한 처벌보다는 법령 등을 준수하도록 유도하는 데 중점을 두어야 함.12
내용 공표 및 비밀누설 금지	다른 법률에 따르지 아니하고는 행정조사의 대상자 또는 행정조사의 내용을 공표하거나 직무상 알게 된 비밀을 누설하여서는 아니 됨.
조사결과에 대한 이용제한	행정기관은 행정조사를 통하여 알게 된 정보를 다른 법률에 따라 내부에서 이용하거나 다른 기관에 제공하는 경우를 제외하고는 원래의 조사목적 이외의 용도로 이용하거나 타인에게 제공하여서는 아니 됨.13 14

2) 절차법적 한계

(1) **행정조사와 영장주의**(권력적 행정조사의 경우) : 수사기관의 강제처분이 아니라 행정조사의 성격을 유지하는 한 영장은 요구되지 않음. 다만, 형사책임 추궁을 목적으로 하는 조사의 경우 영장이 필요함.

우편물 통관검사절차에서 이루어지는 우편물의 개봉, 시료채취, 성분분석 등의 검사는 수출입물품에 대한 적정한 통관 등을 목적으로 한 행정조사의 성격을 가지는 것으로서 수사기관의 강제처분이라고 할 수 없으므로,15 **압수 · 수색영장 없이 우편물의 개봉, 시료채취, 성분분석 등 검사가 진행**되었다 하더라도 특별한 사정이 없는 한 **위법하다고 볼 수 없음**(대판 2013. 9. 26, 2013도7718).16 17

비교판례

1. 수출입물품을 검사하는 과정에서 마약류가 감추어져 있다고 밝혀지거나 그러한 의심이 드는 경우, 「마약류 불법거래 방지에 관한 특례법」 제4조 제1항에 따라 검사의 요청으로 세관장이 행하는 조치에는 영장주의원칙이 적용됨.
2. 위 조항에 따른 조치의 일환으로 특정한 수출입물품을 개봉하여 검사하고 그 내용물의 점유를 취득한 행위가 범죄수사인 압수 또는 수색에 해당하므로 사전 또는 사후에 영장을 받아야 함(대판 2017. 7. 18, 2014도8719).18 19

(2) **권력적 행정조사에 상대방이 저항하는 경우 실력행사 가부** : 행정조사기본법에 명문의 규정이 없어 학설의 대립이 있음(부정설이 다수설임).20

3 조사의 시행

1) 조사계획의 수립 및 조사대상의 선정

행정조사를 행하는 행정기관	법령 및 조례 · 규칙에 따라 행정권한이 있는 기관과 그 권한을 위임 또는 위탁받은 법인 · 단체 또는 그 기관이나 개인
조사대상자	행정조사의 대상이 되는 법인 · 단체 또는 그 기관이나 개인
연도별 행정조사운영 계획의 수립 및 제출	행정기관의 장은 매년 12월 말까지 다음 연도의 행정조사운영계획을 수립하여 국무조정실장에게 제출하여야 함.
조사의 주기	• 법령 등 또는 행정조사운영계획으로 정하는 바에 따라 정기적으로 실시함을 원칙으로 함.21 • 다만, 다른 행정기관으로부터 법령 등의 위반에 관한 혐의를 통보받은 경우, 법령 등의 위반에 대한 신고를 받거나 민원이 접수된 경우 등 일정한 사유가 있는 경우에는 수시조사를 할 수 있음.22 23
조사대상자의 선정	• 행정기관의 장은 행정조사의 목적, 법령준수의 실적, 자율적인 준수를 위한 노력, 규모와 업종 등을 고려하여 명백하고 객관적인 기준에 따라 행정조사의 대상을 선정하여야 함. • 조사대상자는 조사대상 선정기준에 대한 열람을 행정기관의 장에게 신청할 수 있음.

조사대상자의 선정	• 행정기관의 장이 열람신청을 받은 때에는 ㉠ 행정기관이 당해 행정조사업무를 수행할 수 없을 정도로 조사활동에 지장을 초래하는 경우, ㉡ 내부고발자 등 제3자에 대한 보호가 필요한 경우를 제외하고 신청인이 조사대상 선정기준을 열람할 수 있도록 하여야 함.24

2) 조사의 방법

출석일시 변경신청	조사대상자는 지정된 출석일시에 출석하는 경우 업무 또는 생활에 지장이 있는 때에는 행정기관의 장에게 출석일시를 변경하여 줄 것을 신청할 수 있으며, 변경신청을 받은 행정기관의 장은 행정조사의 목적을 달성할 수 있는 범위 안에서 출석일시를 변경할 수 있음.
조사원 교체신청	• 조사대상자는 조사원에게 공정한 행정조사를 기대하기 어려운 사정이 있다고 판단되는 경우에는 행정기관의 장에게 당해 조사원의 교체를 신청할 수 있음.25 • 조사원 교체신청은 그 이유를 명시한 서면으로 행정기관의 장에게 하여야 함.
1회 출석의 원칙	원칙적으로 조사원은 1회 출석으로 당해 조사를 종결하여야 함.
현장조사	• 원칙적으로 해가 뜨기 전이나 해가 진 뒤에는 할 수 없음. • 다만, 다음 중 어느 하나에 해당하는 경우에는 그러하지 아니함. ① 조사대상자(대리인 및 관리책임이 있는 자 포함)가 동의한 경우26 ② 사무실 또는 사업장 등의 업무시간에 행정조사를 실시하는 경우 등27 • 행정청이 현장조사를 실시하는 과정에서 조사상대방으로부터 구체적인 위반사실을 자인하는 내용의 확인서를 작성받았다면, 그 확인서가 작성자의 의사에 반하여 강제로 작성되었거나 또는 내용의 미비 등으로 구체적인 사실에 대한 증명자료로 삼기 어렵다는 등의 특별한 사정이 없는 한 그 확인서의 증거가치를 쉽게 부정할 수 없음(대판 2017. 7. 11, 2015두2864).28
조사권행사의 제한	• **입회 등** : 조사대상자는 법률 · 회계 등에 대하여 전문지식이 있는 관계 전문가로 하여금 행정조사를 받는 과정에 입회하게 하거나 의견을 진술하게 할 수 있음.29 • **녹음 등** : 조사대상자와 조사원은 조사과정을 방해하지 아니하는 범위 안에서 행정조사의 과정을 녹음하거나 녹화할 수 있음.30
시료채취	• 조사원이 조사목적의 달성을 위하여 시료채취를 하는 경우에는 그 시료의 소유자 및 관리자의 정상적인 경제활동을 방해하지 아니하는 범위 안에서 최소한도로 하여야 함. • 행정기관의 장은 시료채취로 조사대상자에게 손실을 입힌 때에는 대통령령으로 정하는 절차와 방법에 따라 그 손실을 보상하여야 함.31
공동조사	당해 행정기관 내의 둘 이상의 부서가 동일하거나 유사한 업무 분야에 대하여 동일한 조사대상자에게 행정조사를 실시하는 경우 등에는 공동조사를 하여야 함.32
중복조사의 제한	정기조사 또는 수시조사를 실시한 행정기관의 장은 동일한 사안에 대하여 동일한 조사대상자를 재조사하여서는 아니됨. 다만, 당해 행정기관이 이미 조사를 받은 조사대상자에 대하여 위법행위가 의심되는 새로운 증거를 확보한 경우에는 그러하지 아니함.33
자료 등의 영치	조사원이 자료 등을 영치하는 경우에 조사대상자의 생활이나 영업이 사실상 불가능하게 될 우려가 있는 때에는 조사원은 자료 등을 사진으로 촬영하거나 사본을 작성하는 등의 방법으로 영치에 갈음할 수 있음. 다만, 증거인멸의 우려가 있는 자료 등을 영치하는 경우에는 그러하지 아니함.34

3) 조사의 실시

조사의 사전통지	• 행정조사를 실시하고자 하는 행정기관의 장은 출석요구서 등을 조사개시 7일 전까지 **조사대상자에게** 서면으로 통지하여야 **함**. • 다만, **다음의 어느 하나에 해당하는 경우**에는 행정조사의 개시와 동시**에 출석요구서** 등을 조사대상자에게 제시하거나 행정조사의 목적 등을 조사대상자에게 구두로 통지**할 수 있음**. ① 행정조사를 실시하기 전에 관련 사항을 미리 통지하는 때에는 증거인멸 등으로 행정조사의 목적을 달성할 수 없다고 판단되는 경우35 ② 지정통계의 작성을 위하여 조사하는 경우 ③ **조사대상자의** 자발적인 협조**를 얻어 실시하는 행정조사의 경우** 등36

자발적인 협조에 따른 행정조사	• 행정기관의 장이 조사대상자의 자발적인 협조를 얻어 행정조사를 실시하고자 하는 경우 조사대상자는 문서 · 전화 · 구두 등의 방법으로 당해 행정조사를 거부할 수 있음.[37] • 한편, 이러한 행정조사에 대하여 조사대상자가 조사에 응할 것인지에 대한 응답을 하지 아니하는 경우에는 법령 등에 특별한 규정이 없는 한 그 조사를 거부한 것으로 봄.[38]
조사결과의 통지	원칙적으로 행정조사의 결과를 확정한 날부터 7일 이내에 그 결과를 조사대상자에게 통지하여야 함.[39]

4) 자율신고제도

- 행정기관의 장은 조사사항을 조사대상자로 하여금 스스로 신고하도록 하는 제도를 운영할 수 있음.[40]
- 행정기관의 장은 조사대상자가 신고한 내용이 거짓의 신고라고 인정할 만한 근거가 있거나 신고내용을 신뢰할 수 없는 경우를 제외하고는 그 신고내용을 행정조사에 갈음할 수 있음.[41]

5) **정보통신수단을 통한 행정조사** : 행정기관의 장은 인터넷 등 정보통신망을 통하여 조사대상자로 하여금 자료의 제출 등을 하게 할 수 있음.[42]

4 행정조사에 대한 구제

1) 적법한 조사의 경우 : 손실보상청구 가능

2) 위법한 조사의 경우

(1) **위법한 행정조사와 주된 행정행위의 효력** : 행정조사가 위법한 경우 그 조사를 기초로 한 행정결정은 위법함. 다만, 행정조사절차의 하자가 경미한 경우에는 위법하지 않음.

1. 과세관청 내지 그 상급관청이나 수사기관의 강요로 합리적이고 타당한 근거도 없이 작성된 과세자료에 터잡은 과세처분의 하자는 중대하고 명백함(대판 1992. 3. 31, 91다32053 전합).
2. 종전의 부가가치세 경정조사와 같은 세목 및 같은 과세기간에 대하여 중복하여 실시된 **위법한 세무조사에 기초하여 이루어진 부가가치세 부과처분은 위법함**(대판 2006. 6. 2, 2004두12070).[43]
3. 구 국세기본법 제81조의4 제2항에 따라 금지되는 재조사에 기하여 과세처분을 하는 것은 특별한 사정이 없는 한 그 자체로 위법하고,[44] 이는 과세관청이 그러한 재조사로 얻은 과세자료를 과세처분의 근거로 삼지 않았다거나 이를 배제하고서도 동일한 과세처분이 가능한 경우라고 하여도 마찬가지임(대판 2017. 12. 13, 2016두55421 ; 대판 2020. 2. 13, 2015두745).
4. 국세기본법 제81조의5가 정한 세무조사대상 선정사유가 없음에도 세무조사대상으로 선정하여 과세자료를 수집하고 그에 기하여 과세처분을 하는 것은 적법절차의 원칙을 어기고 구 국세기본법 제81조의5와 제81조의3 제1항을 위반한 것으로서 특별한 사정이 없는 한 과세처분은 위법함(대판 2014. 6. 26, 2012두911).
5. 음주운전 여부에 대한 조사과정에서 운전자 본인의 동의를 받지 아니하고 또한 법원의 영장도 없이 채혈조사를 한 결과를 근거로 한 운전면허 정지 · 취소처분은 도로교통법 제44조 제3항을 위반한 것으로서 특별한 사정이 없는 한 위법한 처분임(대판 2016. 12. 27, 2014두46850).[45]

(2) **항고쟁송** : 권력적인 강제조사는 권력적 사실행위로서 처분성이 인정되므로 행정소송의 대상이 될 수 있음. 다만, 단기간에 끝나는 행정조사의 경우에는 일반적으로 소의 이익이 부정됨.

(3) **손해배상** : 위법한 행정조사가 국가배상법 제2조의 요건을 충족하는 한, 그로 인해 손해를 받은 국민은 국가배상을 청구할 수 있음.[46]

Topic

50 행정벌 Ⅰ - 행정벌 일반

p.203

1 행정벌의 의의

1) 개념 : 행정법상의 의무위반에 대하여 일반통치권에 근거하여 과하는 벌

2) 특성 : 과거 의무위반에 대한 제재를 통해 간접적으로 행정법규의 실효성을 확보하는 수단

3) 구별개념

(1) 징계벌 등과 행정벌의 구별 : 병과 가능

> 피고인이 행형법에 의한 징벌을 받아 그 집행을 종료하였다고 하더라도 행형법상의 징벌은 형법 법령에 위반한 행위에 대한 형사책임과는 그 목적, 성격을 달리하는 것이므로 징벌을 받은 뒤에 형사처벌을 한다고 하여 일사부재리의 원칙에 반하는 것은 아님(대판 2000. 10. 27, 2000도3874). 01

(2) 이행강제금(집행벌)과 행정벌의 구별 : 병과 가능

이행강제금(집행벌)	행정벌
행정법상의 의무불이행이 있는 경우에 장래의 의무이행을 확보하기 위한 강제집행수단	과거의 행정법상 의무위반행위에 대한 제재 02

(3) 행정처분과 행정벌의 구별 : 행정처분은 행정법상 의무위반자에 대해 허가 등을 정지 · 철회함으로써 위반자에게 불이익을 가하는 것으로 행정형벌과는 목적이나 성질이 다름. 따라서 행정처분과 행정형벌은 병과가 가능함.

> 행정처분과 형벌은 각각 그 권력적 기초, 대상, 목적이 다름. 일정한 법규위반사실이 행정처분의 전제사실이자 형사법규의 위반사실이 되는 경우에 동일한 행위에 관하여 독립적으로 행정처분이나 형벌을 부과하거나 이를 병과할 수 있음. 법규가 예외적으로 형사소추 선행 원칙을 규정하고 있지 않은 이상 형사판결 확정에 앞서 일정한 위반사실을 들어 행정처분을 하였다고 하여 절차적 위반이 있다고 할 수 없음(대판 2017. 6. 19, 2015두59808). 03

2 행정벌의 근거

행정형벌에 죄형법정주의가 적용되나 행정질서벌인 과태료 부과에는 죄형법정주의가 적용되지 않음. 04

> 죄형법정주의는 무엇이 범죄이며 그에 대한 형벌이 어떠한 것인가는 국민의 대표로 구성된 입법부가 제정한 법률로써 정하여야 한다는 원칙인데, 부동산등기특별조치법 제11조 제1항 본문 중 제2조 제1항에 관한 부분이 정하고 있는 **과태료**는 행정상의 질서유지를 위한 **행정질서벌에 해당**할 뿐 형벌이라고 할 수 없어 **죄형법정주의의 규율대상에 해당하지 아니함**(헌재 1998. 5. 28, 96헌바83). 05

3 행정벌의 종류

1) 행정형벌과 행정질서벌의 구별

구 분	행정형벌	행정질서벌
개 념	형법에 정해져 있는 벌(징역 · 벌금 · 과료 등)을 과하는 것 (예 식품위생법상 썩은 음식물을 판매한 자에게 부과하는 벌금)	형법상의 벌이 아닌 과태료를 과하는 것(예 도시가스사업법상 안전교육을 받지 않은 자에게 부과하는 과태료) 06
형법총칙의 적용 여부	원칙적으로 형법총칙이 적용됨.	형법총칙이 적용되지 않음. 07
과벌절차	원칙 : 형사소송법(형사소송절차)	원칙 : 질서위반행위규제법

2) 행정형벌과 행정질서벌의 대상행위

> 어떠한 위반행위에 대해 **행정형벌**을 과할 것인가, **행정질서벌**을 과할 것인가는 기본적으로 **입법재량**에 속함(헌재 1994. 4. 28, 91헌바14). 08

Topic

51 행정벌 Ⅱ - 행정형벌의 특수성

p.203~207

1 행정형벌의 법적 근거

- 행정형벌에는 죄형법정주의가 적용되어 행정형벌의 부과에는 법률의 근거를 요함.
- 죄형법정주의원칙 등 형벌법규의 해석원리는 행정형벌에 관한 규정을 해석할 때에도 적용되어야 함.[01]
- 행정형벌과 형법총칙 : 행정형벌에도 원칙적으로 형법총칙이 적용됨.[02]

2 행정형벌의 특수성에 관한 구체적 검토

1) 고의 또는 과실

고 의	행정범의 경우에도 원칙적으로 고의가 있어야 함.
	행정상의 단속을 주안으로 하는 법규라 하더라도 명문규정이 있거나 해석상 과실범도 벌할 뜻이 명확한 경우를 제외하고는 형법의 원칙에 따라 고의가 있어야 벌할 수 있음(대판 2010. 2. 11, 2009도9807).[03]
과 실	• 행정범의 경우에도 **과실범을 처벌하는 명문의 규정이 있는 경우**에 처벌할 수 있음. • 나아가 명문의 규정이 없더라도 행정형벌 법규의 해석에 의해 과실행위를 처벌한다는 뜻이 도출되는 **경우에는 과실행위도 처벌할 수 있음**(통설 및 판례).[04]
	1. 행정범의 경우에는 과실행위를 벌한다는 명문의 규정이 없는 경우에도 그 법률규정 중에 과실행위를 벌한다는 명백한 취지를 알 수 있는 경우에는 과실행위에 행정형벌을 부과할 수 있음. 2. 구 대기환경보전법의 입법목적이나 관계규정의 취지 등을 고려하면 구 대기환경보전법에 따라 배출허용기준을 초과하는 배출가스를 배출하는 자동차를 운행하는 행위를 처벌하는 규정은 과실범의 경우에도 적용함(대판 1993. 9. 10, 92도1136).[05]

2) 위법성의 착오

형법 제16조【법률의 착오】자기의 행위가 법령에 의하여 죄가 되지 아니하는 것으로 오인한 행위는 그 오인에 정당한 이유가 있는 때에 한하여 벌하지 아니한다.

허가를 담당하는 공무원이 허가를 요하지 않는다고 잘못 알려준 것을 믿은 것은 자기의 행위가 죄가 되지 않는 것으로 오인한 데 정당한 이유가 있는 경우에 해당하여 처벌할 수 없음(대판 1992. 5. 22, 91도2525).[06]

3) 양벌규정

(1) 의의 : 양벌규정은 범죄행위자와 함께 행위자 이외의 자를 함께 처벌하는 법규정으로 행정범에서는 형사범과 달리 양벌규정을 두는 경우가 있음.

양벌규정은 행위자에 대한 처벌규정임과 동시에 그 위반행위의 이익귀속주체인 영업주에 대한 처벌규정임(대판 1999. 7. 15, 95도2870 전합).[07]

(2) 행위자 이외의 자의 책임의 성질 : 과실책임

양벌규정에 의한 영업주의 처벌은 금지위반행위자인 **종업원의 처벌에 종속하는 것이 아니라**[08] 독립하여 그 자신의 종업원에 대한 선임 · 감독상의 과실로 인하여 처벌되는 것이므로 **종업원의 범죄성립이나 처벌이 영업주 처벌의 전제조건이 될 필요는 없음**(대판 2006. 2. 24, 2005도7673).[09] [10]

(3) **법인의 처벌가능성** : 행정법상의 의무에 위반된 행위를 한 때에는 그 행위자를 벌하는 외에 법인도 처벌한다는 양벌규정을 두는 경우가 많음.[11]

다단계판매원은 다단계판매업자의 통제 · 감독을 받으면서 다단계판매업자의 업무를 직접 또는 간접으로 수행하는 자로서, 적어도 구 「방문판매 등에 관한 법률」의 양벌규정의 적용에 있어서는 다단계판매업자의 사용인에 해당함(대판 2006. 2. 24, 2003도4966).[12]

(4) **지방자치단체의 경우** : 지방자치단체도 일정한 경우 양벌규정의 적용대상이 되는 법인에 해당함.

1. 지방자치단체가 그 고유의 자치사무를 처리하는 경우에는 지방자치단체는 국가기관의 일부가 아니라 국가기관과는 별도의 독립한 공법인이므로, 지방자치단체 소속 공무원이 지방자치단체 고유의 자치사무를 수행하던 중 도로법에 의한 위반행위(압축트럭 청소차를 운전하여 고속도로를 운행하던 중 제한축중을 초과 적재 운행함으로써 도로관리청의 차량 운행제한을 위반한 사안)를 한 경우에는 지방자치단체는 도로법의 **양벌규정에 따라 처벌대상이 되는 법인에 해당함**(대판 2005. 11. 10, 2004도2657).[13][14]
2. 지방자치단체 소속 공무원이 기관위임사무를 처리하면서 위반행위(지정항만순찰 등의 업무를 위해 관할관청의 승인 없이 개조한 승합차를 운행함으로써 구 자동차관리법을 위반한 사안)를 한 경우 해당 지방자치단체는 **양벌규정에 따른 처벌대상이 될 수 없음**(대판 2009. 6. 11, 2008도6530).[15]

써니쌤 Talk

고유의 자치사무를 처리하면서 위반행위를 한 경우 : 양벌규정의 적용대상이 되는 법인 ○
국가의 기관위임사무를 처리하면서 위반행위를 한 경우 : 양벌규정의 적용대상이 되는 법인 ×

(5) **법인책임의 성질**

- 양벌규정에 의한 법인의 처벌은 형벌로서의 성격을 가짐.

양벌규정에 의한 법인의 처벌은 어디까지나 형벌의 일종으로서 행정적 제재처분이나 민사상 불법행위책임과는 성격을 달리함(대판 2019. 11. 14, 2017도4111).[16]

- 종업원의 범죄행위에 대한 법인의 책임 : 종업원에 대한 주의 · 감독의무를 태만히 한 데 대한 법인 자신의 과실책임의 성질을 가짐(통설).[17]

헌법재판소 결정례

이 사건 심판대상 법률조항들에 의할 경우, 법인이 종업원 등의 위반행위와 관련하여 선임 · 감독상의 주의의무를 다하여 아무런 잘못이 없는 경우까지도 법인에게 형벌을 부과될 수밖에 없게 되며 …… 단순히 법인이 고용한 종업원 등이 업무에 관하여 범죄행위를 하였다는 이유만으로 법인에 대하여 형사처벌을 과하고 있는바, 이는 다른 사람의 범죄에 대하여 그 책임 유무를 묻지 않고 형벌을 부과하는 것이므로 헌법상 법치국가의 원리 및 죄형법정주의로부터 도출되는 책임주의원칙에 반한다고 할 것임(헌재 2010. 9. 30, 2010헌가10).[18][19]

참고판례

법인대표자의 행위는 법인의 행위로 볼 수 있고, 결국 법인대표자의 법규위반행위에 대한 법인의 책임은 법인 자신의 법규위반행위로 평가될 수 있는 행위에 대한 법인의 직접책임이므로,[20] 법인대표자의 범죄행위에 대하여는 법인이 책임을 부담하는 것은 책임주의원칙에 위배되지 않음(헌재 2020. 4. 23, 2019헌가25).

3 행정형벌의 과벌절차

1) **원칙** : 행정형벌은 형벌을 과하는 것이기 때문에 원칙적으로 형사소송법이 정하는 바에 따라 통상의 형사벌과 같이 법원이 부과함.[21]

2) **예외(특별절차)** : 통고처분

☑ **통고처분의 대표적인 경우인 조세범과 관련된 절차**

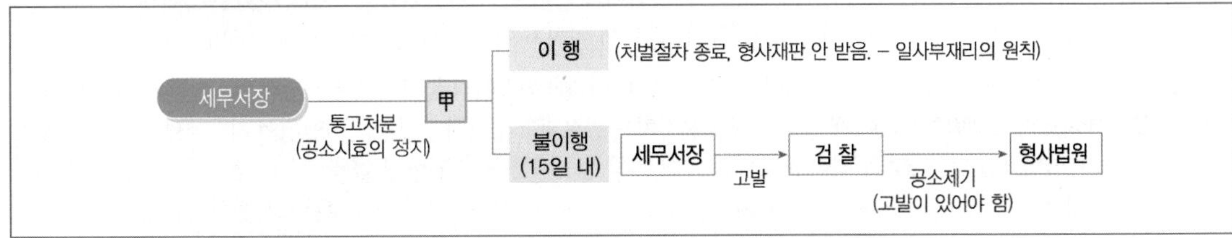

(1) **의의** : 일정한 행정형벌을 부과해야 할 행정범에 대해 정식재판에 대신하여 절차의 간이 · 신속을 목적으로 상대방의 동의하에 행정청이 벌금 또는 과료에 상당하는(벌금 그 자체가 아니라) 금액의 납부 등을 통고하는 준사법적 행위[22]

> 통고처분은 법원에 의하여 자유형 또는 재산형에 처하는 형사절차에 갈음하여 과세관청이 조세범칙자에 대하여 금전적 제재를 통고하고 이를 이행한 조세범칙자에 대하여는 고발하지 아니하고 조세범칙사건을 신속 · 간이하게 처리하는 절차로서, 형사절차의 사전절차로서의 성격을 가짐(대판 2016. 9. 28, 2014도10748).

(2) **대상** : 모든 범죄에 대해 인정되는 것이 아니라 일정한 범죄에 인정(조세범, 관세범, 교통사범, 출입국관리사범 등)[23]

(3) **처분권자** : 세무서장, 국세청장, 관세청장, 세관장, 경찰서장 등 행정청이 되며, 검사나 법원이 되는 것은 아님.

(4) **법적 성질** : 통고처분은 취소소송의 대상이 되는 행정처분이 아님(판례).[24]

(5) **통고처분의 재량성 여부** : 통고처분을 할 것인지는 권한행정청의 재량에 속함.

> 1. 관세법상 통고처분을 할 것인지는 관세청장 또는 세관장의 재량에 맡겨져 있음.[25]
> 2. 따라서 관세청장 또는 세관장이 관세범에 대하여 통고처분을 하지 아니한 채 고발하였다는 것만으로 그 고발 및 이에 기한 공소의 제기가 부적법하게 되는 것은 아님(대판 2007. 5. 11, 2006도1993).[26]

(6) **통고처분의 효과**

> 경찰서장이 범칙행위에 대하여 통고처분을 한 이상, 범칙자의 위와 같은 절차적 지위를 보장하기 위하여 통고처분에서 정한 범칙금 납부기간까지는 원칙적으로 경찰서장은 즉결심판을 청구할 수 없고, 검사도 동일한 범칙행위에 대하여 공소를 제기할 수 없음.[27] 또한 범칙자가 범칙금 납부기간이 지나도록 범칙금을 납부하지 아니하였다면 경찰서장이 즉결심판을 청구하여야 하고, 검사는 동일한 범칙행위에 대하여 공소를 제기할 수 없음. 나아가 특별한 사정이 없는 이상 경찰서장은 범칙행위에 대한 형사소추를 위하여 이미 한 통고처분을 임의로 취소할 수 없음(대판 2021. 4. 1, 2020도15194).[28] 최신

(7) **조세범처벌절차법과 관련한 통고처분의 내용**

- 공소시효 정지의 효과 발생[29]
- 통고처분 내용대로 이행한 경우 : 확정판결과 동일한 효력이 발생하여 처벌절차는 종료되고 일사부재리의 원칙이 적용되어 다시 형사소추를 할 수 없음.[30][31]

1-1. 도로교통법상 범칙금 납부통고서를 받은 사람이 그 범칙금을 납부한 경우 그 범칙행위에 대하여 다시 벌받지 아니한다고 규정하고 있는바, 이는 범칙금의 납부에 확정재판의 효력에 준하는 효력을 인정하는 취지로 해석하여야 함.[32]

1-2. 범칙금의 통고를 받고 납부기간 내에 그 범칙금을 납부한 경우 범칙금의 납부에 확정판결에 준하는 효력이 인정됨에 따라 다시 벌받지 아니하게 되는 행위사실은 범칙금 통고의 이유에 기재된 **당해 범칙행위 자체 및 그 범칙행위와 동일성이 인정되는 범칙행위에 한정됨**.[33]

1-3. 범칙행위와 같은 일시, 장소에서 이루어진 행위라 하더라도 **범칙행위의 동일성을 벗어난 형사범죄행위**에 대하여는 범칙금의 납부에 따라 확정판결의 효력에 준하는 효력이 미치지 아니함(대판 2002. 11. 22, 2001도849).

2-1. 지방국세청장 또는 세무서장이 조세범처벌절차법 제17조 제1항에 따라 통고처분을 거치지 아니하고 즉시 고발하였다면 이로써 조세범칙사건에 대한 조사 및 처분절차는 종료되고 형사사건절차로 이행되어 지방국세청장 또는 세무서장으로서는 동일한 조세범칙행위에 대하여 더 이상 통고처분을 할 권한이 없음.

2-2. 따라서 지방국세청장 또는 세무서장이 조세범칙행위에 대하여 고발을 한 후에 동일한 조세범칙행위에 대하여 통고처분을 하였더라도, 이는 법적 권한 소멸 후에 이루어진 것으로서 특별한 사정이 없는 한 효력이 없음(대판 2016. 9. 28, 2014도10748).[34][35]

- **불이행한 경우** : 통고처분을 받은 자가 송달받은 날부터 15일 내에 통고된 내용을 이행하지 않으면 통고처분은 당연히 그 효력을 상실하고 세무서장의 고발절차에 의하여 통상의 형사소송절차로 이행됨.[36][37]

(8) **도로교통법상 통고처분의 내용** : 경찰서장 등이 범칙자에 대해 범칙금 납부통고서로 범칙금을 낼 것을 통고하였으나 통고서를 받은 자가 납부기한 내에 범칙금을 내지 아니한 경우, 경찰서장 등의 즉결심판청구에 의해 법원에 심판을 받음.

도로교통법상의 통고처분은 처분을 받은 당사자의 임의의 승복을 발효요건으로 하고 있으며, 행정공무원에 의하여 발하여지는 것이지만, 통고처분에 따르지 않고자 하는 당사자에게는 정식재판의 절차가 보장되어 있음(헌재 2003. 10. 30, 2002헌마275).[38]

(9) **통고처분에 대한 권리구제** : 통고처분은 처분성이 부정되어 항고소송을 제기할 수 없음.[39]

1. 통고처분은 상대방의 임의의 승복을 그 발효요건으로 하기 때문에 그 자체만으로는 통고이행을 강제하거나 상대방에게 아무런 권리 · 의무를 형성하지 않으므로 행정심판이나 행정소송의 대상으로서의 처분성을 부여할 수 없고,[40] 통고처분에 대하여 이의가 있으면 통고내용을 이행하지 않음으로써 고발되어 형사재판절차에서 통고처분의 위법 · 부당함을 얼마든지 다툴 수 있기 때문에 관세법 제38조 제3항 제2호가 법관에 의한 재판받을 권리를 침해한다든가 적법절차의 원칙에 저촉된다고 볼 수 없음(헌재 1998. 5. 28, 96헌바4).[41][42]
2. 도로교통법에 의한 경찰서장의 통고처분의 취소를 구하는 항고소송은 부적법하고[43] 통고처분에 대하여 이의가 있는 경우에는 통고처분에 따른 범칙금의 납부를 이행하지 아니함으로써 경찰서장의 즉결심판청구에 의하여 법원의 심판을 받을 수 있을 뿐임(대판 1995. 6. 29, 95누4674).[44]

Topic

52 행정벌 Ⅲ - 행정질서벌의 특수성

p.207~211

1 행정질서벌의 법적 근거

1) 질서위반행위 법정주의 : 질서위반행위규제법은 법률(지방자치단체의 조례 포함)에 따르지 아니하고는 어떤 행위도 질서위반행위로 과태료가 부과되지 아니한다고 규정함.01

2) 다른 법률과의 관계 : 질서위반행위규제법은 과태료 부과의 요건 · 절차 · 징수 등을 정하는 법률로서 다른 법률의 규정 중 질서위반행위규제법의 규정에 저촉되는 것은 질서위반행위규제법으로 정하는 바에 따름.02

3) 질서위반행위 : 질서위반행위규제법은 질서위반행위를 '법률(조례 포함)상의 의무를 위반하여 과태료를 부과하는 행위'로 정의하고 있음.03

4) 질서위반행위규제법상 질서위반행위가 아닌 것

① 대통령령으로 정하는 사법(私法)상 · 소송법상 의무를 위반하여 과태료를 부과하는 행위04
② 대통령령으로 정하는 법률에 따른 징계사유에 해당하여 과태료를 부과하는 행위05

2 행정질서벌의 구체적 특수성

1) 고의 · 과실, 위법성의 착오

(1) 고의 · 과실의 존재 : 행정질서벌인 과태료를 부과하기 위해서는 고의 또는 과실이 있어야 함.

질서위반행위규제법 제7조는 "고의 또는 과실이 없는 질서위반행위는 과태료를 부과하지 아니한다."고 규정하고 있으므로,06 질서위반행위를 한 자가 자신의 책임 없는 사유로 위반행위에 이르렀다고 주장하는 경우 법원으로서는 그 내용을 살펴 행위자에게 고의나 과실이 있는지를 따져보아야 함(대결 2011. 7. 14, 2011마364).07

(2) 위법성의 착오

질서위반행위규제법 제8조【위법성의 착오】자신의 행위가 위법하지 아니한 것으로 오인하고 행한 질서위반행위는 그 오인에 정당한 이유가 있는 때에 한하여 과태료를 부과하지 아니한다.08

2) 책임연령 등

질서위반행위규제법 제9조【책임연령】14세가 되지 아니한 자의 질서위반행위는 과태료를 부과하지 아니한다.09 다만, 다른 법률에 특별한 규정이 있는 경우에는 그러하지 아니하다.

제10조【심신장애】① 심신장애로 인하여 행위의 옳고 그름을 판단할 능력이 없거나 그 판단에 따른 행위를 할 능력이 없는 자의 질서위반행위는 과태료를 부과하지 아니한다.10
② 심신장애로 인하여 제1항에 따른 능력이 미약한 자의 질서위반행위는 과태료를 감경한다.
③ 스스로 심신장애상태를 일으켜 질서위반행위를 한 자에 대하여는 제1항 및 제2항을 적용하지 아니한다.11

3) 부과대상자 등

질서위반행위규제법 제11조【법인의 처리 등】① 법인의 대표자, 법인 또는 개인의 대리인 · 사용인 및 그 밖의 종업원이 업무에 관하여 법인 또는 그 개인에게 부과된 법률상의 의무를 위반한 때에는 법인 또는 그 개인에게 과태료를 부과한다.12 13

제12조【다수인의 질서위반행위 가담】① 2인 이상이 질서위반행위에 가담한 때에는 각자가 질서위반행위를 한 것으로 본다.14
② 신분에 의하여 성립하는 질서위반행위에 신분이 없는 자가 가담한 때에는 신분이 없는 자에 대하여도 질서위반행위가 성립한다.15
③ 신분에 의하여 과태료를 감경 또는 가중하거나 과태료를 부과하지 아니하는 때에는 그 신분의 효과는 신분이 없는 자에게는 미치지 아니한다.16

(4) 기 타

시간적 범위	• 질서위반행위의 성립과 과태료처분은 행위시의 법률에 따름. **17** • 질서위반행위 후 법률이 변경되어 그 행위가 질서위반행위에 해당하지 아니하게 되거나 과태료가 변경되기 전의 법률보다 가볍게 된 때에는 법률에 특별한 규정이 없는 한 변경된 법률을 적용함. **18** • 행정청의 과태료처분이나 법원의 과태료재판이 확정된 후 법률이 변경되어 그 행위가 질서위반행위에 해당하지 아니하게 된 때에는 변경된 법률에 특별한 규정이 없는 한 과태료의 징수 또는 집행을 면제함. **19**
	질서위반행위에 대하여 과태료를 부과하는 근거법령이 개정되어 행위시의 법률에 의하면 과태료 부과대상이었지만 재판시의 법률에 의하면 부과대상이 아니게 된 때에는 개정법률의 부칙 등에서 행위시의 법률을 적용하도록 명시하는 등 특별한 사정이 없는 한 재판시의 법률을 적용하여야 하므로 과태료를 부과할 수 없음(대결 2017. 4. 7, 2016마1626).
장소적 범위	• 질서위반행위규제법은 대한민국 영역 안에서 질서위반행위를 한 자에게 적용되며, 대한민국 영역 밖에서 질서위반행위를 한 대한민국의 국민에게도 적용됨. **20** • 또한 질서위반행위규제법은 대한민국 영역 밖에 있는 대한민국의 선박 또는 항공기 안에서 질서위반행위를 한 외국인에게도 적용됨. **21**
수개의 질서위반 행위의 경우	하나의 행위가 둘 이상의 질서위반행위에 해당하는 경우에는 각 질서위반행위에 대하여 정한 과태료 중 '가장 중한 과태료'를 부과함. **22** 이를 제외하고 둘 이상의 질서위반행위가 경합하는 경우에는 각 질서위반행위에 대하여 정한 과태료를 각각 부과함. **23**
소멸시효	과태료 부과처분이나 법원의 과태료재판이 확정된 후 5년간 징수하지 아니하거나 집행하지 아니하면 시효로 인하여 소멸함. **24**

3 과태료의 부과 · 징수의 절차

사전통지 및 의견제출	행정청이 질서위반행위에 대하여 과태료를 부과하고자 하는 때에는 미리 당사자(고용주 등을 포함)에게 과태료 부과의 원인이 되는 사실, 과태료 금액 및 적용법령 등 대통령령으로 정하는 사항을 통지하고, 10일 이상의 기간을 정하여 의견을 제출할 기회를 주어야 함. **25**
부과의 방식	행정청은 의견제출절차를 마친 후에 서면(당사자가 동의하는 경우에는 전자문서를 포함함)으로 과태료를 부과하여야 함.
제척기간	행정청은 질서위반행위가 종료된 날(다수인이 질서위반행위에 가담한 경우에는 최종행위가 종료된 날)부터 5년이 경과한 경우에는 해당 질서위반행위에 대하여 과태료를 부과할 수 없음. **26 27**
이의제기	• 행정청의 과태료 부과에 불복하는 당사자는 과태료 부과통지를 받은 날부터 60일 이내에 해당 행정청에 서면으로 이의제기를 할 수 있음. **28** • 이의제기가 있는 경우에는 행정청의 과태료 부과처분은 그 효력을 상실함. **29**

4 취소소송대상 여부

과태료 부과처분은 **행정소송의 대상이 되는** 행정처분으로 볼 수 없음(대판 1993. 11. 23, 93누16833). **30 31**

5 질서위반행위의 재판 및 집행

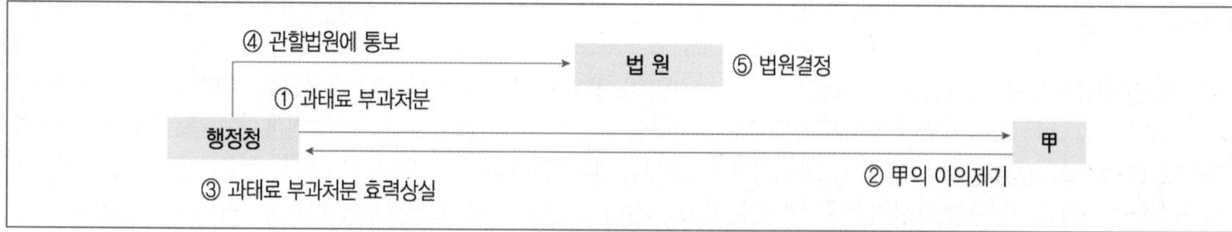

관할법원	과태료사건은 다른 법령에 특별한 규정이 있는 경우를 제외하고는 당사자(질서위반행위를 한 자연인 또는 법인 등)의 주소지의 지방법원 또는 그 지원의 관할로 함.[32]
심문 등	• 법원은 당사자 및 검사에게 심문기일을 통지하여야 하고, 심문기일을 열어 당사자의 진술을 들어야 함. • 법원은 행정청의 참여가 필요하다고 인정하는 때에는 행정청으로 하여금 심문기일에 출석하여 의견을 진술하게 할 수 있음. • 다만, 법원은 상당하다고 인정하는 때에는 심문 없이 과태료재판(약식재판)을 할 수 있고, 당사자와 검사는 약식재판의 고지를 받은 날부터 7일 이내에 이의신청을 할 수 있음.
재판과 항고	• 과태료재판은 이유를 붙인 결정으로써 함. • 당사자와 검사는 과태료재판에 대하여 즉시항고를 할 수 있고, 이 경우 항고는 집행정지의 효력이 있음.[33 34]
	과태료재판의 경우, 법원으로서는 기록상 현출되어 있는 사항에 관하여 직권으로 증거조사를 하고 이를 기초로 하여 판단할 수 있는 것이나, 그 경우 행정청의 과태료 부과처분사유와 기본적 사실관계에 있어서 동일성이 인정되는 한도 내에서만 과태료를 부과할 수 있음(대결 2012. 10. 19, 2012마1163).[35]
과태료재판의 집행	과태료재판은 검사의 명령으로써 집행함.[36] 이 경우 그 명령은 집행력 있는 집행권원과 동일한 효력이 있음.
과태료재판 집행의 위탁	• 검사는 과태료를 최초 부과한 행정청에 대하여 과태료재판의 집행을 위탁할 수 있음. • 지방자치단체의 장이 집행을 위탁받은 경우에는 그 집행한 금원은 당해 지방자치단체의 수입으로 함.

6 행정형벌과 행정질서벌의 병과의 가능성

대법원	**과태료와 형사처벌은 목적과 성질을 달리하는 별개의 것이므로** 과태료 부과 후 형사처벌을 하더라도 일사부재리원칙에 위반되지 않음.[37]
	(10일간 임시운행허가를 받은 자가 그 기간이 경과한 다음에도 자동차등록원부에 등록하지 아니한 채 무등록차량을 운행한 자에 대한 과태료의 제재 후 형사처벌을 하는 것이 일사부재리의 원칙에 위반하는 것이 아니라고 판시하면서) 과태료와 형사처벌은 성질이나 목적을 달리하는 별개의 것이므로 행정법상의 질서벌인 과태료를 납부한 후 형사처벌을 한다고 하여 일사부재리의 원칙에 위반되는 것이라고 할 수 없음(대판 1996. 4. 12, 96도158).[38 39 40]
헌법재판소	동일한 행위를 대상으로 하여 형벌을 부과하면서 과태료까지 부과하는 것은 이중처벌금지의 기본정신에 배치될 여지가 있음.
	1. 헌법 제13조 제1항에서 말하는 '처벌'은 원칙으로 범죄에 대한 국가의 형벌권 실행으로서의 과벌을 의미하는 것이고, 국가가 행하는 일체의 제재나 불이익처분을 모두 그 '처벌'에 포함시킬 수는 없다 할 것임. 2. 행정질서벌로서 과태료는 행정상 의무의 위반에 대하여 국가가 일반통치권에 기하여 과하는 제재로서 형벌(특히 행정형벌)과 목적 · 기능이 중복되는 면이 없지 않으므로, 동일한 행위를 대상으로 하여 형벌을 부과하면서 아울러 행정질서벌로서의 과태료까지 부과한다면 그것은 이중처벌금지의 기본정신에 배치되어 국가입법권의 남용으로 인정될 여지가 있음(헌재 1994. 6. 30, 92헌바38).[41]

7 관련문제 - 과태료징수의 효율을 높이기 위한 수단

1) 관허사업의 제한

2) 신용정보의 제공

3) 고액 · 상습체납자에 대한 제재 : 법원은 검사의 청구에 따라, 결정으로 30일의 범위 이내에서 과태료의 납부가 있을 때까지 일정한 사유에 모두 해당하는 경우 체납자(법인인 경우에는 대표자)를 감치에 처할 수 있음.[42 43]

4) 행정청의 과태료 감경과 징수

(1) 자진납부자에 대한 과태료 감경 : 행정청은 당사자가 의견제출기한 이내에 과태료를 자진하여 납부하고자 하는 경우에는 대통령령으로 정하는 바에 따라 과태료를 감경할 수 있음.

(2) 가산금징수 : 행정청은 당사자가 납부기한까지 과태료를 납부하지 아니한 때에는 납부기한을 경과한 날부터 체납된 과태료에 대하여 100분의 3에 상당하는 가산금을 징수함.[44]

(3) 상속재산 등에 대한 집행 : 과태료는 당사자가 과태료 부과처분에 대하여 이의를 제기하지 아니한 채 이의제기 기한이 종료한 후 사망한 경우, 그 상속재산에 대하여 집행할 수 있음.[45]

S U N N Y

제 5 편

행정구제 1
(행정상 손해전보)

2025 써니로(SunnyLaw) 합격하는 온라인 모의고사

- QR코드로 핵심집약 온라인 모의고사 풀기
- 〈써니로TV〉에서 라이브 테스트 실시 & 해설 강의 제공
- 정답과 취약 단원 파악하기

• 시험 일정은 "[네이버] 써니 행정법 카페"를 확인해 주세요.

Topic
53 행정상 손해전보

p.214

1 손해전보의 의의

국가 등의 활동으로 사인에게 발생한 손해 또는 손실을 보전하는 제도로 손해배상과 손실보상으로 구분할 수 있음.

2 손해배상과 손실보상의 차이점

손해배상	손실보상
위법한 행정작용으로 인한 손해전보	적법한 행정작용으로 인한 특별한 손실전보**01**

3 우리나라의 손해배상제도

1) 개념 : 공무원의 직무행위 또는 영조물의 하자로 인하여 국민 등에게 손해가 발생한 경우 국가 또는 지방자치단체 등이 책임을 지는 제도

2) 헌법적 보장 : 헌법 제29조는 국가배상청구권을 헌법상 기본권으로 규정

> 헌법 제29조 ① 공무원의 직무상 불법행위로 손해를 받은 국민은 법률이 정하는 바에 의하여 국가 또는 공공단체에 정당한 배상을 청구할 수 있다. 이 경우 공무원 자신의 책임은 면제되지 아니한다.

3) 국가배상법

(1) 행정상 손해배상제도의 일반법**02**

(2) 법적 성격 : 국가배상청구소송은 민사소송(판례)**03 04**

> 국가배상법은 민사상 손해배상책임의 특별법임(대판 1972. 10. 10, 69다701).**05**

(3) 유 형

- 공무원의 직무행위로 인한 손해배상청구권(국가배상법 제2조)
- 영조물의 설치 · 관리상의 하자로 인한 손해배상청구권(국가배상법 제5조)

> 국가배상법 제2조【배상책임】① 국가나 지방자치단체는 / 공무원 또는 공무를 위탁받은 사인(이하 '공무원'이라 한다)이 / 직무를 집행하면서 / 고의 또는 과실로 / 법령을 위반하여 / 타인에게 손해를 입히거나, /「자동차손해배상 보장법」에 따라 손해배상의 책임이 있을 때에는 이 법에 따라 그 손해를 배상하여야 한다.
>
> 제5조【공공시설 등의 하자로 인한 책임】① 도로 · 하천, 그 밖의 공공의 영조물의 / 설치나 관리에 하자가 있기 때문에 / 타인에게 손해를 발생하게 하였을 때에는 / 국가나 지방자치단체는 그 손해를 배상하여야 한다.

(4) 헌법과 국가배상법의 차이

구 분	헌 법	국가배상법
책임자	국가 또는 공공단체	국가 또는 지방자치단체**06**
유 형	직무행위로 인한 손해배상청구권	• 직무행위로 인한 손해배상청구권 • 영조물의 하자로 인한 손해배상청구권

4 우리나라의 손실보상제도 – 후술

Topic

54 행정상 손해배상 Ⅰ - 국가배상법 제2조 등

p.214~226

공무원의 직무행위로 인한 손해배상책임의 요건

1 공무원의 범위

공무원은 조직법상의 의미뿐만 아니라 기능적 의미를 포함함. 따라서 국가공무원법상의 공무원뿐 아니라 널리 공무를 위탁받아 실질적으로 그에 종사하는 모든 자를 포함함(통설).01

1) 국가기관의 구성자

- 중앙정부 및 지방자치단체의 공무원뿐 아니라 국회의원, 검사, 법관, 헌법재판소 재판관, 지방의회 의원도 포함

2) 사인 : 사인도 공무를 위탁받아 실질적으로 그에 종사하면 국가배상법 제2조의 공무원이 될 수 있으며, 이때 공무위탁에는 일시적 · 한정적 공무위탁도 포함됨(통설 및 판례).02

공무원 O	공무원 ×
① 지방자치단체로부터 어린이보호 등의 공무를 위탁받아 교통정리를 하던 이른바 교통할아버지03 ② 통장이 전입신고서에 확인인을 찍는 행위 ③ 소집 중인 향토예비군(현 예비군)04 ④ 구청 소속의 청소차량 운전수05 ⑤ 국가나 지방자치단체에 근무하는 청원경찰06 ⑥ 국가로부터 위탁받은 공행정사무인 '변호사등록에 관한 사무'를 수행하는 대한변호사협회의 장(長)	의용소방대원07

3) 법령에 의해 대집행권한을 위탁받은 한국토지공사(현 한국토지주택공사)의 경우 : 국가배상법상 공무원 ×

> 법령에 의해 대집행권한을 위탁받은 한국토지공사는 국가배상법상 공무원이 아니라 독자적으로 배상책임을 지는 행정주체에 해당함(대판 2010. 1. 28, 2007다82950 · 82967).08

2 직무행위

1) 직무행위의 범위 : 국가배상법상의 직무는 공법상의 권력작용뿐만 아니라 공법상의 비권력작용(관리작용) 등 모든 공행정작용을 의미함.09 그러나 국가 등이 사경제주체로서 활동하였을 경우에는 국가배상법상의 직무에 해당하지 않으므로 민법이 적용됨.10

직무행위 O	직무행위 ×
①-1. 국가배상법이 정한 배상청구의 요건인 공무원의 직무에는 권력적 작용만이 아니라 행정지도와 같은 비권력적 작용도 포함되며, 단지 행정주체가 사경제주체로서 하는 활동만이 제외됨.11 12 13 ①-2. 서울특별시 소속 공무원이 행정지도의 일종인 공탁을 위법하게 함으로써 발생한 손해도 국가배상법상의 직무행위에 포함됨(대판 1998. 7. 10, 96다38971). ② 도로개설 등 공사로 인한 무허가건물의 강제철거와 관련하여 이루어지는 시나 구 등 지방자치단체의 철거건물 소유자에 대한 시영아파트 분양권 부여 및 세입자에 대한 지원대책 등의 업무는 지방자치단체의 공권력행사 기타 공행정작용과 관련된 활동으로 볼 것이지 단순한 사경제주체로서 하는 활동이라고는 볼 수 없음(대판 1991. 7. 26, 91다14819).14	철도운행사업은 사경제적 작용이므로 이로 인한 사고에 공무원이 간여하였다고 하더라도 국가배상법이 아닌 민법이 적용됨(대판 1999. 6. 22, 99다7008). 비교판례 공공의 영조물인 철도시설물의 설치 · 관리의 하자로 인한 불법행위를 원인으로 하여 국가에 대해 손해배상청구를 하는 경우에는 국가배상법이 적용되므로 배상전치절차를 거쳐야 함(대판 1999. 6. 22, 99다7008).15

2) **사익보호성** : 공무원의 직무가 전적으로 또는 부수적으로라도 사익을 보호하는 것으로 인정되어야 함.[16]

3) **직무행위의 내용** : 직무행위에는 입법작용, 사법(司法)작용, 법률행위적 행정행위, 준법률행위적 행정행위, 행정지도 등의 사실행위, 재량행위, 부작위가 모두 포함됨.[17][18]

(1) 입법작용

- 국회의원은 국민에 대해 법적 책임을 지는 것이 아니라 정치적 책임을 지는 것에 불과하므로 국회의원의 입법행위가 헌법의 문언에 명백히 위배됨에도 불구하고 국회가 굳이 입법을 한 것과 같은 특수한 경우가 아닌 한 위법행위가 아님.
- 따라서 국회가 제정한 법률이 헌법재판소에 의해 위헌결정을 받았다는 것만으로 국가배상책임이 인정되는 것은 아님.[19]

1. 국회의 입법행위는 그 입법내용이 **헌법의 문언에 명백히 위배됨에도** 국회가 '굳이 **당해 입법을 한 것'과 같은 특수한 경우가 아닌 한**, 국가배상법 제2조 제1항 소정의 **위법행위에 해당하지 않음**.[20]
2. 국가가 일정한 사항에 관하여 헌법에 의하여 부과되는 '구체적인 입법의무'를 부담하고 있음에도 불구하고 그 입법에 필요한 상당한 기간이 경과하도록 고의 또는 과실로 이러한 입법의무를 이행하지 아니하는 등 극히 예외적인 사정이 인정되는 사안에 한정하여 국가배상법 소정의 배상책임이 인정될 수 있음.[21]
3. 국가에게 일정한 사항에 관하여 헌법에 의하여 부과되는 **'구체적인 입법의무' 자체가 인정되지 않는 경우**에는 국회의원의 입법부작위에 대해 부작위로 인한 불법행위가 성립할 여지가 없음(대판 2008. 5. 29, 2004다33469).[22][23]

(2) **사법작용** : 재판행위로 인한 국가배상책임의 인정에 있어서 위법은 판결 자체의 위법이 아니라 법관의 재판상 직무수행에 있어서의 공정한 재판을 위한 직무상 의무의 위반으로서의 위법이라고 봄.

1-1. 법관이 행하는 재판사무의 특수성과 그 재판과정의 잘못에 대하여는 따로 불복절차에 의하여 시정될 수 있는 제도적 장치가 마련되어 있는 점 등에 비추어보면, 법관의 재판에 법령규정을 따르지 않은 잘못이 있더라도 이로써 바로 재판상 직무행위가 국가배상법 제2조 제1항에서 말하는 위법한 행위로 되어 국가의 손해배상책임이 발생하는 것은 아님.

1-2. 법관의 재판상 직무행위로 인한 **국가배상책임이 인정되려면 법관이 위법하거나 부당한 목적을 가지고 재판을 하였다거나 법이 법관의 직무수행상 준수할 것을 요구하고 있는 기준을 현저하게 위반하는 등** 법관이 그에게 부여된 권한의 취지에 명백히 어긋나게 이를 행사하였다고 인정할 만한 특별한 사정이 있어야 한다는 것이 확립된 판례의 입장이다(대판 2023. 6. 1, 2021다202224).[24] 최신

2-1. 재판에 대해 **불복절차 또는 시정절차가 마련되어 있는 경우**에는 특별한 사정이 없는 한 불복절차를 통해 재판의 잘못을 시정할 수 있으므로 국가배상청구권이 부정됨.[25]

2-2. 헌법재판관이 청구기간 내에 제기된 **헌법소원심판청구사건에서 청구기간을 오인하여 각하결정**을 한 경우, 이에 대한 **불복절차 내지 시정절차가 없는 때**에는 국가배상책임이 인정됨.[26]

2-3. 헌법재판소 재판관의 위법한 직무집행의 결과 잘못된 각하결정을 함으로써 청구인으로 하여금 본안판단을 받을 기회를 상실하게 한 이상, 설령 본안판단을 하였더라도 어차피 청구가 기각되었을 것이라는 사정이 있다고 하더라도, 청구인의 합리적인 기대를 침해한 것이고 그 침해로 인한 정신상 고통에 대하여는 위자료를 지급할 의무가 있음(대판 2003. 7. 11, 99다24218).[27]

써니쌤 **Talk**

- 재판에 대한 불복절차, 시정절차가 마련되어 있는 경우 : 원칙적으로 국가배상책임 인정 ×
- 재판에 대한 불복절차, 시정절차가 마련되어 있지 않은 경우 : 국가배상책임 인정 ○

(3) **수사기관의 행위** : 검사가 공소제기한 사건에 대해 법원의 무죄판결이 확정된 경우 그러한 사유만으로 곧바로 국가배상책임이 인정되는 것은 아님.

> 검사는 피고인의 정당한 이익을 옹호할 의무가 있으므로 **무죄를 입증할 결정적인 증거를 법원에 제출하지 않은 행위는 위법**한 것으로 국가배상책임이 인정됨(대판 2002. 2. 22, 2001다23447).[28]

(4) 기타 직무행위 여부

> 구 「공공용지의 취득 및 손실보상에 관한 특례법」에 의하여 공공용지를 협의취득한 사업시행자가 그 양도인과 사이에 체결한 도봉차량 건설사업부지 예정토지 매매계약은 공공기관이 사경제주체로서 행한 사법상 매매이므로 이와 관련한 손해에 대하여는 국가배상법이 적용되기 어려움(대판 1999. 11. 26, 98다47245).

3 직무를 집행하면서

1) 외형설(통설 및 판례)

(1) **개념** : 순수한 직무집행행위뿐만 아니라 실질적으로 직무집행행위가 아닌 경우 또는 행위자에게 주관적인 직무집행의사가 없더라도, 행위 자체의 외관을 객관적으로 관찰하여 직무행위로 보여질 때에는 '직무를 집행하면서'라는요건을 충족한 것으로 봄.[29][30][31] 또한 당해 행위가 현실적으로 정당한 권한 내의 것인지도 불문함.[32]

직무집행성 인정	직무집행성 부정
① 상급자가 전입신병인 하급자에게 암기사항에 관하여 교육 중 훈계하다가 도가 지나쳐 폭행한 경우(대판 1995. 4. 21, 93다14240)[33] ② 인사업무 담당공무원이 다른 공무원의 공무원증 등을 위조한 행위에 대하여 실질적으로는 직무행위에 속하지 아니한 경우(대판 2005. 1. 14, 2004다26805)[34][35]	공무원이 통상의 근무지로 자기소유 차량을 운전하여 출근하던 중 교통사고를 일으킨 경우(대판 1996. 5. 31, 94다15271)[36]

(2) **피해자가 안 경우** : 객관적으로 보아 직무행위의 외형을 갖추고 있는 이상 실질적으로 공무집행행위가 아니라는 사정을 피해자가 알았다 하더라도 국가배상책임이 인정됨.[37]

2) 절충설 : 직무집행의 외형과 실질적 관련성을 모두 고려하여 어느 것 하나라도 인정되면 직무행위로 볼 수 있다는 견해

> 육군중사가 훈련에 대비하여 개인소유의 오토바이를 운전하여 사전 정찰차 훈련지역 일대를 돌아보고 귀대하다가 교통사고를 일으킨 경우, 오토바이의 운전행위는 (실질적 · 객관적으로 그가 명령받은 위 출장명령을 수행하기 위한 직무와 밀접한 관련이 있는 것이므로) 국가배상법 제2조 소정의 직무집행행위에 해당함(대판 1994. 5. 27, 94다6741).[38]

써니쌤 Talk

절충설은 위와 같은 판례(94다6741)를 들어 대법원이 절충설에 따르고 있다고 주장하나, 수험생으로는 외형설이 통설 및 판례의 입장이며 '실질적 · 객관적으로 직무와 밀접한 관련이 있는 경우 책임을 인정'한다는 판례도 존재한다는 것을 기억하면 족함.

4 고의 · 과실로 인한 행위

1) 의 의

(1) 개 념

- 고의란 일정한 위법행위의 발생가능성을 인식하고 그 결과를 의도하는 것을 말하며, 과실이란 통상적으로 갖추어야 할 주의의무를 게을리한 것을 의미함.

- 국가배상법 제2조의 행정상 손해배상책임은 과실책임으로 고의 또는 과실이 있어야 함.[39]

(2) 고의 · 과실의 판단기준

- 공무원을 선임 · 감독함에 있어 국가의 과실이 있는지의 여부가 아니라 직무를 행하는 공무원을 기준으로 판단함.
- 사용자가 피용자 등의 선임 · 감독에 상당한 주의를 한 때 등에는 책임이 면제되는 민법 제756조와 구별됨. 즉, 민법상의 사용자 면책사유는 국가배상법상의 고의 · 과실의 판단에서는 적용되지 않음.[40 41]

> 민법 제756조【사용자의 배상책임】① 타인을 사용하여 어느 사무에 종사하게 한 자는 피용자가 그 사무집행에 관하여 제3자에게 가한 손해를 배상할 책임이 있다. 그러나 사용자가 피용자의 선임 및 그 사무감독에 상당한 주의를 한 때 또는 상당한 주의를 하여도 손해가 있을 경우에는 그러하지 아니하다.

2) 과실의 객관화 경향[42]

- 고의 또는 과실을 완화하여 평균인의 관점에서 판단하는 것
- 과실을 객관적으로 파악하여 과실입증을 보다 쉽게 함으로써 국가배상책임의 성립을 용이하게 하기 위함.[43]

> 1. 보통 일반의 공무원의 주의의무를 기준으로 과실을 판단함(대판 1987. 9. 22, 87다카1164).[44]
> 2. 행정처분의 담당공무원이 보통 일반의 공무원을 표준으로 하여 볼 때 객관적 주의의무를 결하여 그 행정처분이 객관적 정당성을 상실하였다고 인정될 정도에 이른 경우에 국가배상법 제2조 소정의 국가배상책임의 요건을 충족하였다고 봄이 상당함(대판 2003. 12. 11, 2001다65236).[45 46]
> 3. 긴급조치 제9호는 위헌 · 무효임이 명백하고 긴급조치 제9호 발령으로 인한 국민의 기본권침해는 그에 따른 강제수사와 공소제기, 유죄판결의 선고를 통하여 현실화되었음. 이러한 경우 긴급조치 제9호의 발령부터 적용 · 집행에 이르는 일련의 국가작용은 전체적으로 보아 공무원이 직무를 집행하면서 객관적 주의의무를 소홀히 하여, 그 직무행위가 객관적 정당성을 상실한 것으로서 위법하다고 평가되고, 긴급조치 제9호의 적용 · 집행으로 강제수사를 받거나 유죄판결을 선고받고 복역함으로써 개별 국민이 입은 손해에 대해서는 국가배상책임이 인정될 수 있음(대판 2022. 8. 30, 2018다212610 전합 참조)(대판 2023. 1. 12, 2020다210976 ; 대판 2023. 1. 12, 2021다201184).[47] 최신

3) 가해공무원의 특정 불요 : 가해공무원 특정이 어려운 경우 반드시 가해공무원을 특정하지 않더라도 손해배상책임 인정

> 집회 중 사망한 사건에서 가해공무원인 전투경찰공무원을 특정하지 않더라도 손해배상책임을 인정함(대판 1995. 11. 10, 95다23897).[48]

4) 고의 · 과실의 입증책임 : 고의 또는 과실의 입증책임은 원칙적으로 피해자인 원고에게 있음.[49 50]

5) 공무원의 법령해석상의 잘못과 과실 인정 여부

공무원의 과실 인정례	①-1. 공무원의 법령의 부지 등에 대해서도 과실이 인정될 수 있음. ①-2. 법령에 대한 해석이 복잡 · 미묘하여 워낙 어렵고, 이에 대한 학설 · 판례조차 귀일되어 있지 않는 등의 특별한 사정이 없는 한 일반적으로 공무원이 관계법규를 알지 못하거나 필요한 지식을 갖추지 못하고 법규의 해석을 그르쳐 행정처분을 하였다면 그가 법률전문가가 아닌 행정직 공무원이라고 하여 과실이 없다고는 할 수 없음(대판 2001. 2. 9, 98다52988).[51] ② 행정청이 확립된 법령의 해석에 어긋나는 견해를 고집하여 계속하여 위법한 행정처분을 하거나 이에 준하는 행위로 평가될 수 있는 불이익을 처분상대방에게 주는 경우, 손해배상책임이 있음(대판 2007. 5. 10, 2005다31828).[52] ③ 법원이 형사소송법 등 관련법령에 근거하여 검사에게 어떠한 조치를 이행할 것을 명하였고, 관련법령의 해석상 법원의 결정에 따르는 것이 당연하고 그와 달리 해석될 여지가 없는데도 검사가 관련법령의 해석에 관하여 대법원 판례 등의 선례가 없다는 이유 등으로 법원의 결정에 어긋나는 행위를 한 경우, 당해 검사에게 직무상 의무를 위반한 과실이 있음(대판 2012. 11. 15, 2011다48452). ④ 수사기관이 법령에 의하지 않고는 변호인의 접견교통권을 제한할 수 없다는 것은 대법원이 오래전부터 선언해 온 확고한 법리로서, 이에 반하여 변호인의 접견신청을 허용하지 않고 변호인의 접견교통권을 침해한 경우에는 접견불허결정을 한 공무원에게 고의나 과실이 있다고 볼 수 있음(대판 2018. 12. 27, 2016다266736).

예 외	① 법령의 해석이 복잡·미묘하여 어렵고 학설·판례가 통일되지 않을 때에 **공무원이 신중을 기해** 그중 어느 한 설을 취하여 처리한 경우에는 그 해석이 결과적으로 위법한 것이었다 하더라도 국가배상법상 공무원의 과실을 인정할 수 없음(대판 1973. 10. 10, 72다2583). ②-1. 행정청이 **관계법령의 해석이 확립되기 전에 어느 한 설을 취하여 업무를 처리한 것이 결과적으로 위법**하게 되어 그 법령의 부당집행이라는 결과를 빚었더라도 처분 당시 그와 같은 처리방법 이상의 것을 **성실한 평균적 공무원에게 기대하기 어려웠던 경우**라면 특별한 사정이 없는 한 이를 두고 공무원의 과실로 인한 것이라고 볼 수는 없음.53 ②-2. 따라서 어떠한 **행정처분이 위법**하다고 할지라도 그 자체만으로 **곧바로 그 행정처분이 공무원의 고의 또는 과실**로 인한 불법행위를 구성한다고 **단정할 수는 없고**, 공무원의 고의 또는 과실의 유무에 대하여는 별도의 판단을 요함(대판 2004. 6. 11, 2002다31018).54

6) **행정규칙에 따른 처분** : 공무원이 재량준칙에 따라 처분을 한 경우에는 결과적으로 그 처분이 재량을 일탈·남용하여 위법하게 되었다고 하더라도 과실이 있다고 보기 어려움(**다수설·판례**).55 56

1-1. **재량준칙에 따라 처분을 한 경우 과실이 인정되기 어려움.**

1-2. 영업허가취소처분이 나중에 행정심판에 의하여 재량권을 일탈한 위법한 처분임이 판명되어 취소되었다고 하더라도 그 처분이 당시 시행되던 공중위생법 시행규칙에 정하여진 행정처분의 기준(편저자 주 : 부령 형식의 제재적 처분기준으로 판례는 행정규칙으로 봄)에 따른 것인 이상, 직무집행상의 과실이 있다고 할 수는 없음(대판 1994. 11. 8, 94다26141).57

☑ 우선, 공중위생법 시행규칙에 정하여진 행정처분의 기준은 부령형식의 제재처분기준으로 행정규칙의 성질을 가짐. 영업허가취소처분이 행정심판에 의하여 위법한 처분임이 판명되어 취소되었다는 것은 처분이 위법하다는 의미임. 비록 처분이 위법하여 취소되었지만 처분을 하는 당시 상급행정청에서 규정한 행정규칙에 따라 처분을 한 공무원을 부주의하다고 보기는 어려움. 따라서 고의 또는 과실이 있다고 보기 어려움. 즉, 처분이 위법하다는 것과 그 처분을 한 담당공무원에게 고의·과실이 있다는 것은 별개로 판단할 문제임.

2. 편의(공익, 합목적) 재량에 관하여 구체적인 경우 어느 행정처분을 할 것인가에 관하여 행정청 내부에 일응의 기준을 정해 둔 경우 그 기준에 따른 행정처분을 하였다면 이에 관여한 공무원에게 그 직무상의 과실이 있다고 할 수 없음(대판 1984. 7. 24, 84다카597).58

7) **항고소송에서 처분이 취소된 경우 공무원의 과실 인정 문제**

- 국가배상책임이 인정되기 위해서는 공무원의 직무행위가 위법하여야 하는데 위법과 고의 또는 과실은 별개의 개념임.
- 따라서 어떠한 처분이 취소소송에서 취소되었다 하더라도 그 판결의 기판력은 처분이 위법하다는 점에 미치는 것일 뿐 그것만으로 공무원의 고의 또는 과실을 인정할 수는 없음.

어떠한 **행정처분이 후에 항고소송에서 취소**된 사실만으로 당해 행정처분이 **곧바로 공무원의 고의 또는 과실로 인한 것으로서 불법행위를 구성한다고 단정할 수 없음**(대판 2000. 5. 12, 99다70600).59

8) **처분의 근거법률이 사후적으로 위헌선언된 경우** : 법령심사권이 없는 공무원으로서는 법령이 명백히 무효가 아닌 한 법률을 집행할 의무가 있으므로 이러한 경우 과실을 인정하기 어려움(통설).

처분이 있은 후에 근거법률이 위헌으로 결정된 경우, 그 법률을 적용한 공무원에게 **고의 또는 과실이 있었다고 단정할 수 없음**(헌재 2009. 9. 24, 2008헌바23).60

9) **위법·무효인 행정입법에 관여한 공무원의 경우**

행정입법에 관여한 공무원이 **나름대로 합리적 근거를 찾아** 어느 하나의 견해에 따라 경과규정을 두는 등의 조치 없이 새 법령을 그대로 시행 또는 적용하였으나 그 판단이 나중에 대법원이 내린 판단과 달라 결과적으로 신뢰보호원칙 등을 위반하게 된 경우, 국가배상책임의 성립요건인 공무원의 과실이 있다고 볼 수 없음(대판 2013. 4. 26, 2011다14428).61

10) 행정청의 처분 여부 결정이 지체된 경우

행정청의 처분을 구하는 신청에 대하여 상당한 기간 처분 여부 결정이 지체되었다고 하여 곧바로 공무원의 고의 또는 과실에 의한 불법행위를 구성한다고 단정할 수는 없고, 행정처분의 담당공무원이 보통 일반의 공무원을 표준으로 하여 볼 때 객관적 주의의무를 결하여 처분 여부 결정을 지체함으로써 객관적 정당성을 상실하였다고 인정될 정도에 이른 경우에 비로소 국가배상법 제2조가 정한 국가배상책임의 요건을 충족함(대판 2015. 11. 27, 2013다6759).

5 법령을 위반하여

1) 법령의 범위('법'의 의미) : 성문법과 불문법을 포함한 모든 법규 외에 인권 · 공서양속 등도 포함하여 당해 직무행위가 객관적으로 정당성을 상실한 경우까지 포함함(다수설 · 판례).

1-1. 성폭력범죄의 담당 경찰관이 경찰서에 설치되어 있는 범인식별실을 사용하지 않고 공개된 장소인 형사과 사무실에서 피의자들을 한꺼번에 세워 놓고 나이 어린 학생인 피해자에게 범인을 지목하도록 한 행위는 국가배상법상의 '법령위반' 행위에 해당함.

1-2. 국가배상책임에 있어서 **'법령위반'은 엄격한 의미의 법령위반뿐 아니라** 인권존중, 권력남용금지, 신의성실**과 같이 공무원으로서 마땅히 지켜야 할 준칙이나 규범을 지키지 아니하고** 위반한 경우를 포함하여 널리 그 행위가 객관적인 정당성을 결여하고 있음을 뜻하는 것이므로,[62 63 64 65] 경찰관이 범죄수사를 함에 있어 경찰관으로서 의당 지켜야 할 법규상 또는 조리상의 한계를 위반하였다면 이는 법령을 위반한 경우에 해당함.[66]

1-3. 성폭력범죄의 수사를 담당하거나 수사에 관여하는 경찰관이 위와 같은 직무상 의무에 반하여 피해자의 인적사항 등을 공개 또는 누설하였다면 국가는 그로 인하여 피해자가 입은 손해를 배상하여야 함(대판 2008. 6. 12, 2007다64365).[67]

2. 헌법상 과잉금지의 원칙 내지 비례의 원칙을 위반하여 국민의 기본권을 침해한 국가작용은 국가배상책임에 있어 법령을 위반한 가해행위가 됨(대판 2022. 9. 29, 2018다224408).[68] 최신

2) 법령위반의 의미('위법'의 의미)

1. **공무원의** 직무집행이 법령이 정한 요건과 절차에 따라 이루어진 것**이라면 그 과정에서** 개인의 권리가 침해**되는 일이 생긴다고 하여** 법령적합성이 곧바로 부정되는 것은 아님(즉, 손해배상청구권이 인정되지 않음)(대판 1997. 7. 25, 94다2480).[69]

2. (경찰관의 차량추적을 피해 도주하던 차량이 야기한 교통사고에 대해 피해자가 국가를 상대로 손해배상을 청구한 사안에서 국가배상책임을 부정하면서) 차량추적의 개시, 계속 혹은 추적의 방법이 상당하지 않다는 등의 특별한 사정이 없는 한 추적행위는 위법하지 않음(대판 2000. 11. 10, 2000다26807 · 26814).[70]

3. 피고인의 변호인으로부터 조력을 받을 권리와 변호인의 피고인에 대한 접견교통권을 침해하는 행위는 불법행위이고, 그에 대해 국가배상책임이 인정됨(대판 2021. 11. 25, 2019다235450). 최신

4-1. 공무원에 대한 전보인사가 법령이 정한 기준과 원칙에 위배되거나 인사권을 다소 부적절하게 행사한 것으로 볼 여지가 있다 하더라도 그러한 사유만으로 그 전보인사가 당연히 불법행위를 구성한다고 볼 수는 없고,[71] 인사권자가 당해 공무원에 대한 보복감정 등 다른 의도를 가지고 인사재량권을 일탈 · 남용하여 객관적 정당성을 상실하였음이 명백한 경우 등 전보인사가 우리의 건전한 사회통념이나 사회상규상 도저히 용인될 수 없음이 분명한 경우에, 그 전보인사는 위법하게 상대방에게 정신적 고통을 가하는 것이 되어 당해 공무원에 대한 관계에서 불법행위를 구성함.

4-2. 시청 소속 공무원이 시장을 부패방지위원회에 부패혐의자로 신고한 후 동사무소로 하향 전보된 사안에서, 그 전보인사 조치는 해당 공무원에 대한 다면평가 결과, 원활한 업무수행의 필요성 등을 고려하여 이루어진 것으로 볼 여지도 있으므로, 사회통념상 용인될 수 없을 정도로 객관적 상당성을 결여하였다고 단정할 수 없어 불법행위를 구성하지 않음(대판 2009. 5. 28, 2006다16215).[72]

3) 구체적 검토

(1) **행정규칙의 위반** : 행정규칙은 법규가 아니므로 원칙적으로 위법성이 인정되지 않음(학설 · 판례).

> 상급행정기관이 소속 공무원이나 하급행정기관에 대하여 업무처리지침이나 법령의 해석 · 적용 기준을 정해 주는 '행정규칙'은 일반적으로 행정조직 내부에서만 효력을 가질 뿐 대외적으로 국민이나 법원을 구속하는 효력이 없음. **공무원의 조치가 행정규칙을 위반하였다고 해서 그러한 사정만으로 곧바로 위법하게 되는 것은 아니고,**[73] 공무원의 조치가 행정규칙을 따른 것이라고 해서 적법성이 보장되는 것도 아님. **공무원의 조치가 적법한지는 행정규칙에 적합한지 여부가 아니라 상위법령의 규정과 입법목적 등에 적합한지 여부에 따라 판단해야 함**(대판 2020. 5. 28, 2017다211559).

(2) 부작위의 위법성

국가배상법 제2조 제1항의 요건의 충족	공무원의 부작위로 인한 국가배상책임을 인정하기 위하여는 공무원의 작위로 인한 국가배상책임을 인정하는 경우와 마찬가지로 '공무원이 그 직무를 집행함에 당하여 고의 또는 과실로 법령에 위반하여 타인에게 손해를 가한 때'라고 하는 국가배상법 제2조 제1항의 요건이 충족되어야 함(대판 2004. 6. 25, 2003다69652).[74][75]
작위의무의 존재	• **기속행위의 경우** : 통상 작위의무 인정 • **재량행위의 경우** : 재량권이 영(0)으로 수축되면 작위의무가 인정(통설 및 판례) • **조리상 작위의무 인정 여부** : 사람의 생명, 신체 및 재산 등 중요한 법익에 급박하고 현저한 위험이 존재하는 등 일정한 경우 형식적 의미의 법령에 명시적으로 작위의무가 규정되어 있지 않은 경우라도 위험방지의 작위의무 인정(판례)
	① (국가배상법 제2조 제1항의) **'법령에 위반하여'라고 하는 것은 엄격하게 형식적 의미의 법령에 명시적으로 공무원의 작위의무가 규정되어 있는데도 이를 위반하는 경우만을 의미하는 것은 아니고,**[76] …… 국가가 **초법규적**, 일차적으로 그 위험배제에 나서지 아니하면 국민의 생명, 신체, 재산 등을 보호할 수 없는 경우에는 형식적 의미의 법령에 근거가 없더라도 **국가나 관련 공무원에 대하여 그러한 위험을 배제할** 작위의무를 인정할 수 있음(대판 2004. 6. 25, 2003다69652).[77] ② (군산 윤락업소 화재사건으로 사망한 윤락녀의 유족들이 국가를 상대로 제기한 손해배상청구사건에서 배상책임은 인정하면서) 경찰권의 발동 여부는 원칙적으로 경찰관의 재량권한에 속하나 구체적인 사정에 따라 권한을 행사하여 필요한 조치를 취하지 아니한 것이 현저히 불합리하다고 인정되는 경우 권한불행사는 직무상 의무를 위반한 것이 되어 위법함(대판 2004. 9. 23, 2003다49009). ③ 소방공무원의 행정권한행사가 관계법률의 규정형식상 소방공무원의 재량에 맡겨져 있더라도 소방공무원에게 그러한 권한을 부여한 취지와 목적에 비추어 볼 때 구체적인 상황 아래에서 소방공무원이 권한을 행사하지 아니한 것이 현저하게 합리성을 잃어 사회적 타당성이 없는 경우에는 소방공무원의 직무상 의무를 위반한 것으로서 위법하게 됨(대판 2016. 8. 25, 2014다225083).[78] ④ (토석채취공사 도중 경사지를 굴러 내린 암석이 가스저장시설에 충격을 가하여 화재가 발생한 사안에서) 토지형질변경허가권자에게 허가 당시 사업자로 하여금 위해방지시설을 설치하게 할 의무를 다하지 아니한 위법과 작업 도중 구체적인 위험이 발생하였음에도 작업을 중지시키는 등의 사고예방조치를 취하지 아니한 위법이 있음(대판 2001. 3. 9, 99다64278).[79] ⑤ (경찰관이 음주운전 단속시 운전자의 요구에 따라 곧바로 채혈을 실시하지 않은 행위가 위법하다고 볼 수 없다고 판시하면서) 경찰관이 구체적 상황하에서 업무상 판단에 따라 범죄의 진압 및 수사에 관한 직무를 수행한 경우, 그것이 객관적 정당성을 상실하여 현저히 불합리하다고 인정되지 않는 한 그와 다른 조치를 취하지 아니한 부작위를 이유로 국가배상책임을 인정할 수는 없음(대판 2008. 4. 24, 2006다32132).[80] ⑥ (위조인장에 의하여 타인 명의의 인감증명서가 발급되고 이를 토대로 소유권이전등기가 경료된 부동산을 담보로 금전을 대여한 자가 손해를 입게 된 경우, 인감증명 발급업무 담당공무원의 직무집행상의 과실을 인정하면서) 인감증명사무를 처리하는 공무원에게 그 발급된 인감으로 인한 부정행위의 발생을 방지할 직무상의 의무가 있음(대판 2004. 3. 26, 2003다54490).[81]
사익보호성	'반사적 이익'의 침해가 아닌 '법률상 이익'의 침해에 한하여 국가배상책임 인정(다수설 · 판례)
	①-1. (극동호가 침몰하여 승객들이 사망 또는 부상을 입은 사안에서) 선박안전법이나 「유선 및 도선업법」(현 「유선 및 도선사업법」)의 규정은 공공의 안전 외에 일반인의 인명과 재화의 안전보장도 그 목적으로 하는 것이라는 이유로 국가배상책임이 인정됨. ①-2. **공무원에게 부과된 의무에 대해 전적 또는 부수적으로 사익보호성이 인정되면 국가배상책임이 인정될 수 있음**(대판 1993. 2. 12, 91다43466).

사익보호성	② 주민등록사무를 담당하는 공무원이 개명과 같은 사유로 주민등록상 성명을 정정한 경우 본적지 관할관청에 그 변경사항을 통보할 직무상 의무가 있으며 그러한 의무에는 사익보호성이 인정됨(대판 2003. 4. 25, 2001다59842).82 ③ (국가 등에게 상수원수의 수질을 유지하여야 할 의무를 부과하는 법령의 규정은 공공일반의 전체적인 이익을 도모하기 위한 것이지, 국민 개개인의 안전과 이익을 직접적으로 보호하기 위한 규정이 아니므로) 국가 또는 지방자치단체가 법령이 정하는 상수원수 수질기준 유지의무를 다하지 못하고, 법령이 정하는 고도의 정수처리방법이 아닌 일반적 정수처리방법으로 수돗물을 생산 · 공급하였다는 사유만으로 그 수돗물을 마신 개인에 대하여 손해배상책임을 부담하는 것은 아님(대판 2001. 10. 23, 99다36280).83 ④ (공무원 甲이 내부전산망을 통해 乙에게 실효된 4건의 금고형 이상의 전과가 있음을 확인하고도 乙의 공직선거 후보자용 범죄경력조회 회보서에 이를 기재하지 않은 사안) 공직선거법상 수사기관의 전과기록의 회보의무는 개별적 이익도 보호하기 위한 것임(대판 2011. 9. 8, 2011다34521).84 ⑤ 신제품 인증을 받은 제품(이하 '인증신제품'이라 함) 구매의무는 …… 공공일반의 이익을 도모하기 위한 것이고, 공공기관이 구매의무를 이행한 결과 신제품 인증을 받은 자가 재산상 이익을 얻게 되더라도 이는 반사적 이익에 불과할 뿐 위 법령(편저자 주 : 구 산업기술혁신촉진법령)이 보호하고자 하는 이익으로 보기는 어려움. 따라서 공공기관이 위 법령에서 정한 인증신제품 구매의무를 위반하였다고 하더라도, 이를 이유로 신제품 인증을 받은 자에 대하여 국가배상법 제2조가 정한 배상책임이나 불법행위를 이유로 한 손해배상책임을 지는 것은 아님(대판 2015. 5. 28, 2013다41431).85
과실의 인정 여부	• 공무원의 권한불행사가 위법한 것으로 평가되는 경우 : 특별한 사정이 없는 한 과실 인정 ○ • 공무원이 관련법령대로만 직무를 수행한 경우 : 특별한 사정이 없는 한 과실 인정 × ① (어린이가 '미니컵 젤리'를 먹다가 질식하여 사망한 사안) 식품의약품안전청장(현 식품의약품안전처장) 등이 구 식품위생법 제7조, 제9조, 제10조, 제16조 등에 의하여 부여된 규제권한을 행사하지 않은 것이 직무상 의무를 위반한 것으로 위법한 것으로 평가되는 경우 과실도 인정됨(대판 2010. 9. 9, 2008다77795).86 ②-1. 절박하고 중대한 위험상태가 발생하였거나 발생할 상당한 우려가 있는 경우가 아닌 한, 원칙적으로 공무원이 관련법령에서 정하여진 대로 직무를 수행하였다면 그와 같은 공무원의 부작위를 가지고 '고의 또는 과실로 법령에 위반'하였다고 할 수는 없음.87 ②-2. (경주보훈지청 담당공무원에게서 주택구입대부금 지급보증서제도에 관한 안내를 받지 못하여 시중은행에서 대출을 받아 더 많은 이자를 부담하게 되었다고 주장하며 국가를 상대로 손해의 배상을 구한 사안에서) 담당공무원에게 지급보증서제도를 안내하거나 설명할 의무가 있음을 전제로 그 위반에 대한 국가배상책임을 인정한 원심판결에 법리오해의 위법이 있음(대판 2012. 7. 26, 2010다95666).88

(3) **절차의 위법과 국가배상책임** : 절차상의 위법도 국가배상법상의 법령위반에 해당하나,89 절차상 위법하지만 실체상 적법하여 실제에 있어서 손해가 발생하였다고 볼 수 없는 경우 국가배상책임이 인정될 수 없음.

> 경매 담당공무원이 이해관계인에 대한 기일통지를 잘못한 것이 원인이 되어 경락허가결정이 취소되었다면, 그 사이 경락대금을 완납하고 소유권이전등기를 마친 경락인에 대하여 국가배상책임이 인정됨(대판 2008. 7. 10, 2006다23664).90

(4) **수익적 행정처분의 위법 여부 등**

> **신청인이 손해를 입게 될 것임이 분명하다고 할 수 있어 신청인을 위하여도 당해 행정처분을 거부할 것이 요구되는 경우라면 수익적 행정처분도 위법한 처분이 될 수 있음**(대판 2001. 5. 29, 99다37047).91

6 타인에게 손해를 입히거나

1) **손해** : 재산상 손해, 생명 · 신체 등 비재산상 손해, 정신적 손해(위자료) 등 일체의 손해를 의미92

> 1. 불법행위를 이유로 배상하여야 할 손해는 현실로 입은 확실한 손해에 한함(대판 2020. 10. 15, 2017다278446).
> 2. (甲도지사가 도에서 설치 · 운영하는 乙지방의료원을 폐업하겠다는 결정을 발표하고 그에 따라 폐업을 위한 일련의 조치가 이루어진 후 乙지방의료원을 해산한다는 내용의 조례를 공포하고 乙지방의료원의 청산절차가 마쳐진 사안에서) 국가배상법 제2조 제1항에 따른 국가배상책임이 성립하기 위해서 공무원의 직무집행이 위법하다는 점만으로는 부족하

고 공무원의 위법한 직무집행으로 타인의 권리 · 이익이 침해되어 구체적 손해가 발생하여야 함(대판 2016. 8. 30, 2015두60617). 93

3-1. 행정절차는 그 자체가 독립적으로 의미를 가지는 것이라기보다는 행정의 공정성과 적정성을 보장하는 공법적 수단으로서의 의미가 크므로, 관련 행정처분의 성립이나 무효 · 취소 여부 등을 따지지 않은 채 주민들이 일시적으로 행정절차에 참여할 권리를 침해받았다는 사정만으로 곧바로 국가나 지방자치단체가 주민들에게 정신적 손해에 대한 배상의무를 부담한다고 단정할 수 없음.

3-2. 국가나 지방자치단체가 행정절차를 진행하는 과정에서 주민들의 의견제출 등 절차적 권리를 보장하지 않은 위법이 있다고 하더라도 그 후 이를 시정하여 절차를 다시 진행한 경우, 종국적으로 행정처분단계까지 이르지 않거나 처분을 직권으로 취소하거나 철회한 경우, 행정소송을 통하여 처분이 취소되거나 처분의 무효를 확인하는 판결이 확정된 경우 등에는 주민들이 절차적 권리의 행사를 통하여 환경권이나 재산권 등 사적 이익을 보호하려던 목적이 실질적으로 달성된 것이므로 특별한 사정이 없는 한 절차적 권리침해로 인한 정신적 고통에 대한 배상은 인정되지 않음. 다만 이러한 조치로도 주민들의 절차적 권리침해로 인한 정신적 고통이 여전히 남아 있다고 볼 특별한 사정이 있는 경우에 국가나 지방자치단체는 그 정신적 고통으로 인한 손해를 배상할 책임이 있음(대판 2021. 7. 29, 2015다221668). 94 최신

2) 재산상 피해를 입은 경우, 정신적 고통에 대한 손해배상(위자료)을 청구할 수 있는지 여부

1. 재산권침해로 인한 위자료청구권은 긍정됨(대판 1990. 12. 21, 90다6033 · 6040 · 6057 병합).
2. 재산권침해로 인한 정신적 고통은 그로 인하여 재산상 손해의 배상만으로는 전보될 수 없을 정도의 심대한 것이라고 볼 만한 특별한 사정이 없는 한 재산상 손해배상으로써 위자됨(대판 1998. 7. 10, 96다38971).

7 직무행위와 손해발생 간의 인과관계

	공무원에게 부과된 직무상 의무의 내용이 단순히 공공일반의 이익을 위한 것이거나 행정기관 내부의 질서를 규율하기 위한 것이 아니고 전적으로 또는 부수적으로 사회구성원 개인의 안전과 이익을 보호하기 위하여 설정된 것이라면, 공무원이 그와 같은 직무상 의무를 위반함으로써 피해자가 입은 손해에 대해서는 상당인과관계가 인정되는 범위에서 국가가 배상책임을 짐(대판 2021. 6. 10, 2017다286874). 95 96 최신
상당인과관계 인정	① 헌병대 영창에서 탈주한 군인들이 민가에 침입하여 저지른 범죄행위(대판 2003. 2. 14, 2002다62678) 97 ② 유흥주점에 감금된 채 윤락을 강요받으며 생활하던 여종업원들이 유흥주점에 화재가 났을 때 미처 피신하지 못하고 유독가스에 질식해 사망한 사안에서, 소방공무원이 위 화재 전 유흥주점에 대하여 구 소방법상 시정조치를 명하지 않은 직무상 의무위반과 위 사망 사이(대판 2008. 4. 10, 2005다48994) ③ 소방공무원들이 다중이용업소인 주점의 비상구와 피난시설 등에 대한 점검을 소홀히 함으로써 주점의 피난통로 등에 중대한 피난 장애요인이 있음을 발견하지 못하여 업주들에 대한 적절한 지도 · 감독을 하지 아니한 경우 직무상 의무위반과 주점 손님들의 사망 사이(대판 2016. 8. 25, 2014다225083) 98 ④ 우편집배원이 압류 및 전부명령 결정 정본을 특별송달하는 과정에서 민사소송법을 위반하여 부적법한 송달을 하고도 적법한 송달을 한 것처럼 우편송달보고서를 작성하여 압류 및 전부의 효력이 발생하지 아니하여 집행채권자가 피압류채권을 전부받지 못한 경우, 우편집배원의 위와 같은 직무상 의무위반과 집행채권자의 손해 사이(대판 2009. 7. 23, 2006다87798) 99 ⑤ 주민등록사무를 담당하는 공무원이 개명으로 인한 주민등록상 성명정정을 본적지 관할관청에 통보하지 아니한 직무상 의무위배행위와 甲과 같은 이름으로 개명허가를 받은 듯이 호적등본을 위조하여 주민등록상 성명을 위법하게 정정한 乙이 甲의 부동산에 관하여 불법적으로 근저당권설정등기를 경료함으로써 甲이 입은 손해 사이(대판 2003. 4. 25, 2001다59842) 100
상당인과관계 부정	• 공무원에게 직무상 의무를 부과한 법령의 보호목적이 사회구성원 개인의 이익과 안전을 보호하기 위한 것이 아니고 단순히 공공일반의 이익이나 행정기관 내부의 질서를 규율하기 위한 것이라면, 공무원이 직무상 의무를 위반한 행위와 제3자가 입은 손해 사이에는 법리상 상당인과관계가 있다고 할 수 없음(대판 2001. 4. 13, 2000다34891 ; 대판 2020. 7. 9, 2016다268848). 101

	• 공무원이 직무를 수행하면서 근거되는 법령의 규정에 따라 구체적으로 의무를 부여받았어도 그것이 직접 국민 개개인의 이익을 위한 것이 아니라 전체적으로 공공일반의 이익을 도모하기 위한 것이라면 그 의무를 위반하여 국민에게 손해를 가하여도 국가 또는 지방자치단체는 배상책임을 부담하지 아니함(대판 2015. 5. 28, 2013다41431).102 103
	유흥주점에 감금된 채 윤락을 강요받으며 생활하던 여종업원들이 유흥주점에 화재가 났을 때 미처 피신하지 못하고 유독가스에 질식해 사망한 사안에서, 지방자치단체의 담당공무원이 식품위생법상 취하여야 할 조치를 게을리한 직무상 의무위반행위와 위 사망 사이(대판 2008. 4. 10, 2005다48994)104

8 관련문제 – 형사책임과 국가배상책임

(경찰관이 범인을 제압하는 과정에서 총기를 사용하여 범인을 사망에 이르게 한 경우 형사상 무죄판결이 확정되었지만 배상책임은 인정하면서) 형사상 범죄를 구성하지 아니하는 침해행위도 민사상 불법행위를 구성할 수 있음(대판 2008. 2. 1, 2006다6713).105 106

☑ 형사책임과 국가배상책임은 각각 다른 목적을 가지고 있음. 형사책임을 지게 하는 목적은 가해자를 처벌하기 위함이고, 국가배상책임을 지게 하는 목적은 피해자를 구제하기 위함임. 따라서 형사상 범죄가 되지 않는 침해행위라도 그 행위로 인하여 피해자에게 손해를 발생하게 한 경우 국가배상책임이 인정될 수 있음. 즉, 형사상 범죄를 구성하지 아니하는 침해행위도 민사상 불법행위를 구성할 수 있음.

배상책임자 등

1 국가배상기준

1) 국가배상법 제3조의 손해배상금액의 기준의 성질

한정액설	기준액설(통설 및 판례)
국가배상법 제3조의 기준은 배상액의 상한을 정한 것이라는 견해	국가배상법 제3조의 기준은 단순한 기준을 정한 것에 불과하므로 구체적인 경우 배상금액은 증감이 가능하다는 견해107

국가배상법(1967. 3. 3, 법률 제1899호) 제3조 제1 · 3항 규정의 손해배상기준은 배상심의회의 배상금지급기준을 정함에 있어 하나의 기준을 정한 것에 지나지 아니하고 이로써 배상액의 상한을 제한한 것으로는 볼 수 없으므로 손해배상액을 산정함에 있어서 국가배상법 제3조 소정의 기준에 구애되지 않고 이를 초과하여 그 액을 정하였다 하더라도 다른 특별한 사정이 없는 한 위법이라고 할 수 없음(대판 1970. 3. 10, 69다1772).108

2) 이익의 공제

국가배상법 제3조의2【공제액】① 제2조 제1항을 적용할 때 피해자가 손해를 입은 동시에 이익을 얻은 경우에는 손해배상액에서 그 이익에 상당하는 금액을 빼야 한다.109

2 배상책임자

1) 국가배상법 제2조의 책임자 : 헌법과 달리 국가배상법은 배상책임자로 국가 또는 지방자치단체만 규정함.110 111

국가배상법 제2조【배상책임】① 국가나 지방자치단체는 …… 그 손해를 배상하여야 한다.

2) 국가배상법 제6조 제1항의 책임자

(1) 규정 및 취지 : 국민은 '선임 · 감독자'와 '비용을 부담하는 자'에 대해서 선택적 배상청구 가능112

국가배상법 제6조【비용부담자 등의 책임】 ① 제2조 · 제3조 및 제5조에 따라 국가나 지방자치단체가 손해를 배상할 책임이 있는 경우에 공무원의 선임 · 감독 또는 영조물의 설치 · 관리를 맡은 자와 공무원의 봉급 · 급여, 그 밖의 비용 또는 영조물의 설치 · 관리 비용을 부담하는 자가 동일하지 아니하면 그 비용을 부담하는 자도 손해를 배상하여야 한다.[113]

국가배상법 제6조 제1항 소정의 '공무원의 봉급 · 급여 기타의 비용'이란 공무원의 인건비만을 가리키는 것이 아니라 당해 사무에 필요한 일체의 경비를 의미한다고 할 것이고, 적어도 대외적으로 그러한 경비를 지출하는 자는 경비의 실질적 · 궁극적 부담자가 아니더라도 그러한 경비를 부담하는 자에 포함됨(대판 1994. 12. 9, 94다38137).[114]

(2) 기관위임사무의 경우

대전광역시장이 대전 대덕구 일원 6차로 도로에 횡단보도와 신호기를 설치함.	대전광역시장이 설치한 신호기의 관리권한이 충남지방경찰청장에게 위임됨.	10. 2. 밤 낙뢰로 신호기에 고장 발생	10. 3. 12시경 수차례 걸쳐 충남지방경찰청 교통정보센터에 신고되었으나, 신호기는 여전히 고장난 채 방치	10. 3. 15시경 보행자신호기의 녹색등을 보고 횡단보도를 건너던 A씨가 차량신호기의 녹색등을 보고 도로를 주행하던 승용차에 충격되어 교통사고 발생

- 위 사례의 경우 대전광역시장이 소속된 대전광역시는 사무귀속자로서 손해배상책임을 부담함.
- 국가는 충남지방경찰청 소속 경찰관 등에게 봉급을 지급하는 비용부담자로서 국가배상책임을 짐.

1. 지방자치단체장에게 **기관위임**된 사무의 경우 그에 소요되는 경비의 실질적 · 궁극적 부담자는 국가라고 하더라도 지방자치단체가 경비를 대외적으로 지출하였다면 **지방자치단체도 비용부담자**로서 국가배상책임을 짐(대판 1994. 12. 9, 94다38137).[115]
   ☑ 지방자치단체장이 기관위임된 국가행정사무를 처리하는 경우 국가는 그 사무의 귀속자가 되며, 지방자치단체는 그 사무에 필요한 경비를 대외적으로 지출하는 비용부담자가 됨. 여기서 지방자치단체 소속 공무원이 사무를 처리하던 중 불법행위로 인하여 손해를 가하였다면 사무귀속자인 국가와 대외적 비용부담자인 지방자치단체 모두 배상책임이 있음.
2. 지방자치단체장 간의 **기관위임**의 경우, 하위지방자치단체장을 보조하는 하위지방자치단체 소속 공무원이 위임사무처리에 있어 고의 또는 과실로 타인에게 손해를 가하였더라도 **상위지방자치단체**는 여전히 그 **사무귀속주체**로서 손해배상책임을 짐(대판 1996. 11. 8, 96다21331).[116]
3. 장관으로부터 도지사를 거쳐 군수에게 재위임된 국가사무인 기관위임사무를 처리함에 있어서 군수 또는 군수를 보조하는 공무원이 고의 또는 과실로 타인에게 손해를 가하였다 하더라도 원칙적으로 군에는 국가배상책임이 없고 그 사무의 귀속주체인 국가가 손해배상책임을 지는 것이며, 다만 국가배상법 제6조에 의하여 군이 비용을 부담한다고 볼 수 있는 경우에 한하여 국가와 함께 손해배상책임을 부담함(대판 2000. 5. 12, 99다70600).[117]

3) 최종적 배상책임자 - 내부적 구상권의 문제

국가배상법 제6조【비용부담자 등의 책임】 ② 제1항의 경우에 손해를 배상한 자는 내부관계에서 그 손해를 배상할 책임이 있는 자에게 구상할 수 있다.

3 공무원 개인의 배상책임

1) **공무원의 외부적 책임(선택적 청구권의 문제)** : 헌법 제29조 제1항 단서에서 공무원 자신의 책임은 면제되지 않는다는 의미는 공무원의 구체적 책임의 범위까지 규정한 것이 아니라는 전제하에, 고의 · 중과실의 경우에는 공무원 개인에게 책임이 있으므로 피해자의 선택적 청구권을 긍정하고, 경과실의 경우에는 공무원 개인에게 책임이 없으므로 피해자의 선택적 청구권을 부정함.[118]

헌법 제29조 ① 공무원의 직무상 불법행위로 손해를 받은 국민은 법률이 정하는 바에 의하여 국가 또는 공공단체에 정당한 배상을 청구할 수 있다. 이 경우 공무원 자신의 책임은 면제되지 아니한다.

1-1. 헌법 제29조 제1항 단서는 공무원 개인의 구체적 손해배상책임범위까지 규정한 것으로 보기는 어려움.119
1-2. 국가배상법 제2조 제1항 본문 및 제2항의 입법취지는 공무원의 직무상 위법행위로 타인에게 손해를 끼친 경우에는 변제자력이 충분한 국가 등에게 선임 · 감독상 과실 여부에 불구하고 손해배상책임을 부담시켜 국민의 재산권을 보장하는 데 있음.
1-3. 공무원이 직무수행 중 불법행위로 타인에게 손해를 입힌 경우에 국가 등이 국가배상책임을 부담하는 외에 공무원 개인도 **고의 또는 중과실**이 있는 경우에는 불법행위로 인한 민사상 손해배상책임을 짐.120
1-4. 그러나 공무원에게 **경과실**뿐인 경우에는 공무원 개인은 손해배상책임을 부담하지 아니함(대판 1996. 2. 15, 95다38677 전합).121 122

☑ 한편, 국가배상법에는 공무원 개인의 피해자에 대한 배상책임을 인정하는 명시적인 규정은 없음.123

2. 공법인이 국가로부터 위탁받은 공행정사무를 집행하는 과정에서 공법인의 임직원이나 피용인이 고의 또는 과실로 법령을 위반하여 타인에게 손해를 입힌 경우에는, 공법인은 위탁받은 공행정사무에 관한 행정주체의 지위에서 배상책임을 부담하여야 하지만, 공법인의 임직원이나 피용인은 실질적인 의미에서 공무를 수행한 사람으로서 국가배상법 제2조에서 정한 공무원에 해당하므로 고의 또는 중과실이 있는 경우에만 배상책임을 부담하고 경과실이 있는 경우에는 배상책임을 면함(대판 2021. 1. 28, 2019다260197).124 125 최신
3. 행정주체인 공무수탁법인이 배상책임을 지는 경우에는 그 법인이 경과실이 면책되는 국가배상법 제2조 소정의 공무원이 아니고, 실질적으로 공무를 수행하는 공공단체의 직원 등이 경과실이 면책되는 공무원임(대판 2010. 1. 28, 2007다82950 · 82967).126
4. 공무원의 중과실이란 공무원에게 통상 요구되는 정도의 상당한 주의를 하지 않더라도 약간의 주의를 한다면 손쉽게 위법 · 유해한 결과를 예견할 수 있는 경우임에도 만연히 이를 간과함과 같은 거의 고의에 가까운 현저한 주의를 결여한 상태를 의미함(대판 2011. 9. 8, 2011다34521).127

2) **공무원의 내부적 책임(국가 등의 구상권 문제)** : 선택적 청구권에 관해서 국가배상법에 아무런 규정이 없는 것과는 달리 구상권에 관해서는 국가배상법에 명문규정을 두어128 고의 또는 중과실의 경우 국가 등은 가해공무원에 대해 구상권을 행사할 수 있다고 하고 있음.

국가배상법 제2조【배상책임】 ② 제1항 본문의 경우에 공무원에게 고의 또는 중대한 과실이 있으면 국가나 지방자치단체는 그 공무원에게 구상할 수 있다.129

국가 등은 당해 공무원의 직무내용, 당해 불법행위의 상황 등 제반 사정을 참작하여 손해의 공평한 분담이라는 견지에서 신의칙상 상당하다고 인정되는 한도 내에서만 당해 공무원에 대하여 구상권을 행사할 수 있음(대판 1991. 5. 10, 91다6764).130 131

3) **공무원의 국가에 대한 구상권** : 피해자에 대한 개인책임이 없는 경과실로 피해자에게 손해를 입힌 공무원이 피해자에게 손해를 직접 배상하였다면 공무원은 원칙적으로 국가에 대해 구상권을 취득함.

1. **경과실이 있는 공무원**이 피해자에 대하여 손해배상책임을 부담하지 아니함에도 **피해자에게 손해를 배상하였다면** 그것은 채무자 아닌 사람이 **타인의 채무를 변제한 경우에 해당하고,**132 이는 민법 제469조의 '제3자의 변제' 또는 민법 제744조의 **'도의관념에 적합한 비채변제'**에 해당하여 피해자는 공무원에 대하여 이를 반환할 의무가 없음.133
2. 공무원이 직무수행 중 불법행위로 타인에게 손해를 입힌 경우, **피해자에게 손해를 직접 배상한 경과실이 있는** 공무원은 원칙적으로 변제한 금액에 관하여 국가에 대하여 구상권을 취득함(대판 2014. 8. 20, 2012다54478).134 135

국가와 지방자치단체의 자동차손해배상책임

1 배상책임의 근거

1) 입법상황

> 국가배상법 제2조【배상책임】① 국가나 지방자치단체는 공무원 또는 공무를 위탁받은 사인(이하 '공무원'이라 한다)이 직무를 집행하면서 고의 또는 과실로 법령을 위반하여 타인에게 손해를 입히거나, 「자동차손해배상 보장법」에 따라 손해배상의 책임이 있을 때에는 이 법에 따라 그 손해를 배상하여야 한다.
>
> 「자동차손해배상 보장법」 제3조【자동차손해배상책임】자기를 위하여 자동차를 운행하는 자는 / 그 운행으로 / 다른 사람을 사망하게 하거나 부상하게 한 경우에는 / 그 손해를 배상할 책임을 진다.

2) 조문의 해석 : 배상책임의 성립요건에 관하여는 「자동차손해배상 보장법」이 국가배상법에 우선하여 적용되므로,[136] 「자동차손해배상 보장법」에 따라 책임이 인정되면 구체적인 손해배상청구는 국가배상법의 절차에 따라 이루어짐.

2 배상책임의 요건

1) 「자동차손해배상 보장법」상 요건 : ① '자기를 위하여' 자동차를 운행하는 자가, ② 운행으로 인하여, ③ 다른 사람을 사망하게 하거나 부상하게 하는 인적 손해가 발생하여야 하며, ④ 자살 및 고의에 의한 부상 등 면책사유가 존재하지 않아야 함.

2) 무과실책임 : 운행자의 과실 여부를 불문하고 손해배상책임을 짐.

3 국가배상책임과 「자동차손해배상 보장법」의 관계

공무원이 직무를 집행하기 위하여 자기소유의 자동차를 운행하다가 사고가 일어난 경우	공무원이 직무를 집행하기 위하여 관용차를 운행하다가 사고가 일어난 경우
• 공무원은 「자동차손해배상 보장법」에 따라 고의 · 중과실 · 경과실을 묻지 않고 손해배상책임이 있음. • 국가는 「자동차손해배상 보장법」에 따른 책임을 지는 것이 아니라 국가배상법에 따라 배상책임을 짐.	• 공무원 개인은 일반 이론에 따라 고의 또는 중과실이 있는 경우에만 손해배상책임이 있음. • 국가는 「자동차손해배상 보장법」에 따라 손해배상책임이 있음.
공무원이 자기소유 차량으로 공무수행 중 사고를 일으킨 경우 공무원 개인은 경과실에 의한 것인지 또는 고의 · 중과실에 의한 것인지를 가리지 않고 「자동차손해배상 보장법」상의 운행자성이 인정되는 한 배상책임을 부담함(대판 1996. 5. 31, 94다15271).[137] [138]	공무원이 그 직무를 집행하기 위하여 국가 또는 지방자치단체 소유의 관용차를 운행하는 경우, 그 자동차에 대한 운행지배나 운행이익은 그 공무원이 소속한 국가 또는 지방자치단체에 귀속되는 것이므로, 그 공무원은 「자동차손해배상 보장법」 제3조 소정의 손해배상책임의 주체가 될 수 없음(대판 1992. 2. 25, 91다12356).[139] [140]

Topic

55 행정상 손해배상 Ⅱ - 국가배상법 제5조 등

p.227~235

영조물의 설치 · 관리상의 하자로 인한 손해배상

1 손해배상책임의 근거

1) 국가배상법 제5조 01

> 국가배상법 제5조【공공시설 등의 하자로 인한 책임】① 도로 · 하천, 그 밖의 공공의 영조물의 / 설치나 관리에 하자가 있기 때문에 / 타인에게 손해를 발생하게 하였을 때에는 / 국가나 지방자치단체는 그 손해를 배상하여야 한다. 이 경우 제2조 제1항 단서(편저자 주 : 이중배상금지), 제3조(배상기준) 및 제3조의2(이익공제)를 준용한다.

2) 헌법과 국가배상법 제5조의 관계 : 헌법은 제29조에서 '직무행위로 인한 손해배상'에 관해서는 명문규정을 두고 있으나 '영조물의 설치 · 관리상 하자로 인한 손해배상'에 관해서는 명문규정을 두고 있지 않음. 02

3) 민법 제758조와 국가배상법 제5조의 관계

> 민법 제758조【공작물 등의 점유자, 소유자의 책임】① 공작물의 설치 또는 보존의 하자로 인하여 타인에게 손해를 가한 때에는 공작물점유자가 손해를 배상할 책임이 있다. 그러나 점유자가 손해의 방지에 필요한 주의를 해태하지 아니한 때에는 (편저자 주 : 점유자는 책임이 없고) 그 소유자가 손해를 배상할 책임이 있다.

민법 제758조	국가배상법 제5조
• 공작물(인공적 물건)의 하자에 대하여 규정 • 점유자의 면책규정 ○	• 인공공물, 자연공물 등을 포함한 영조물의 하자에 대하여 규정 ⇨ 국가배상법이 민법보다 책임대상이 넓음. 03 • 점유자의 면책규정 × 04

4) 무과실책임(통설 및 판례) 05

> 국가배상법 제5조 소정의 영조물의 설치 · 관리상의 하자로 인한 책임은 무과실책임이고 나아가 민법 제758조 소정의 공작물의 점유자의 책임과는 달리 면책사유도 규정되어 있지 않으므로, 국가 또는 지방자치단체는 영조물의 설치 · 관리상의 하자로 인하여 타인에게 손해를 가한 경우에 그 손해의 방지에 필요한 주의를 해태하지 아니하였다 하여 면책을 주장할 수 없음(대판 1994. 11. 22, 94다32924). 06

2 손해배상책임의 요건

1) 공공의 영조물일 것

(1) 공물의 개념

- 강학상 공물(일반공중이 사용하는 공공용물, 행정주체가 직접 사용하는 공용물, 인공공물 · 자연공물 모두 포함), 07 즉 직접 행정목적에 제공된 유체물 내지 물적 설비를 의미함(통설 · 판례). 08
- 이러한 공물은 국가나 지방자치단체가 권원에 의해 관리하는 것뿐 아니라 사실상 관리하는 것도 포함함(통설 · 판례).
- 또한 사(私)소유물이라도 국가 또는 지방자치단체가 관리하는 공물인 한, 국가배상법 제5조의 영조물에 해당함. 09

> 국가배상법 제5조 제1항 소정의 '공공의 영조물'이라 함은 국가 또는 지방자치단체에 의하여 특정 공공의 목적에 공여된 유체물 내지 물적 설비를 지칭하며, 특정 공공의 목적에 공여된 물이라 함은 일반공중의 자유로운 사용에 직접적으로 제공되는 공공용물에 한하지 아니하고, 행정주체 자신의 사용에 제공되는 공용물도 포함하며 10 국가 또는 지방자치단체가 소유권, 임차권, 그 밖의 권한에 기하여 관리하고 있는 경우뿐만 아니라 사실상의 관리를 하고 있는 경우도 포함함(대판 1995. 1. 24, 94다45302). 11 12

(2) **공물의 종류** : 자연공물(하천 등), 인공공물(도로, 관공서의 청사 등), 동산(관용자동차 등), 부동산, 동물(경찰견 · 경찰마 등) 등이 모두 포함됨(통설 · 판례).[13]

(3) **구체적 예**

영조물 인정	영조물 부정
• 도로 • 수도 • 공중화장실 • 제방과 하천부지 • 여의도광장 • 철도역 대합실과 승강장 • 교통신호기(보행자 신호기, 차량 신호기)[14]	• 현금 • 국유림(일반재산으로서 공물성 부정) • 공용개시 없이 사실상 군민(郡民)의 통행에 제공되고 있는 도로(공용지정행위가 없어 공물성 부정)[15 16] • 아직 완성되지 않아 일반공중의 이용에 제공되지 않은 옹벽(공물로서의 형체를 갖추지 않아 공물성 부정)[17]

2) 설치나 관리의 하자일 것

(1) 하자의 의미

● 학설

객관설	주관설(안전관리의무위반설)	절충설
• 설치 · 관리의 하자를 객관적으로 파악하여 영조물이 통상 갖추어야 할 안전성을 결함으로써 타인에게 위해를 미칠 위험성이 있는 상태를 의미하는 것으로 보는 견해(전통적 견해) • 객관설을 취하면 하자입증이 용이해지므로 주관설보다 피해자 구제에 유리[18]	설치 또는 관리의 하자라는 것은 영조물을 안전하고 양호한 상태로 보전해야 할 안전관리의무를 위반함을 의미한다고 보는 견해	영조물 자체의 객관적인 하자뿐만 아니라 관리자의 관리의무의 위반이라는 주관적 요소도 함께 고려해야 한다는 견해

● 판례 : 종래 객관설을 취하였으나, 최근에는 주관적 요소를 고려한 듯한 판례가 증가하고 있음.

객관설을 취한 판례

1. 국가배상법 제5조 제1항에 정하여진 **'영조물의 설치 또는 관리의 하자'라 함은 공공의 목적에 공여된 영조물이** 그 용도에 따라 통상 갖추어야 할 안전성을 갖추지 못한 상태**에 있음을 말함.**[19]
2. 안전성을 갖추지 못한 상태, 즉 타인에게 위해를 끼칠 위험성이 있는 상태라 함은 당해 영조물을 구성하는 물적 시설 그 자체에 있는 물리적 · 외형적 흠결이나 불비로 인하여 그 이용자에게 위해를 끼칠 위험성이 있는 경우가 포함됨(대판 2004. 3. 12, 2002다14242).

주관적 요소를 고려한 판례

1-1. 국가배상법 제5조 제1항에 정해진 영조물의 설치 또는 관리의 하자를 판단함에 있어서는 영조물의 위험성에 비례하여 사회통념상 일반적으로 요구되는 정도의 방호조치의무를 다하였는지를 기준으로 삼아야 함.

1-2. 만일 시간적 · 장소적으로 **영조물의 기능상 결함으로 인한 손해발생의** 예견가능성과 회피가능성이 없는 경우, 즉 그 영조물의 결함이 영조물의 설치 · 관리자의 관리행위가 미칠 수 없는 상황 아래에 있는 경우**임이 입증되는 경우라면 영조물의 설치 · 관리상의 하자를 인정할 수 없음**(대판 2001. 7. 27, 2000다56822).[20 21 22]

2-1. 도로의 설치 · 관리상의 하자는 도로의 위치 등 장소적인 조건, 도로의 구조, 교통량, 사고시에 있어서의 교통사정 등 도로의 이용상황과 본래의 이용목적 등 제반 사정과 물적 결함의 위치, 형상 등을 종합적으로 고려하여 사회통념에 따라 구체적으로 판단하여야 함.

2-2. 적설지대가 아닌 지역의 도로 또는 고속도로 등 특수 목적의 도로가 아닌 **'일반도로'**에서 강설로 인하여 발생한 도로통행상의 위험을 즉시 배제하여 그 안전성을 확보할 의무는 도로의 설치 · 관리자에게 없음.

2-3. 강설의 특성(통상 광범위한 지역에 걸치며, 일시에 나타나고 시간이 경과하면 소멸하는 점 등), 기상적 요인과 지리

적 요인, 이에 따른 도로의 상대적 안전성을 고려하면 '겨울철 산간지역에 위치한 도로'에 강설로 생긴 빙판을 그대로 방치하고 도로상황에 대한 경고나 위험표지판을 설치하지 않았다는 사정만으로 도로관리상의 하자가 있다고 볼 수 없음(대판 2000. 4. 25, 99다54998).

3-1. 강설에 대처하기 위하여 완벽한 방법으로 도로 자체에 융설설비를 갖추는 것이 현대의 과학기술 수준이나 재정사정에 비추어 사실상 불가능하다고 하더라도, 최저 속도의 제한이 있는 '고속도로'의 경우에 있어서는 도로관리자가 도로의 구조, 기상예보 등을 고려하여 사전에 충분한 인적 · 물적 설비를 갖추어 강설시 신속한 제설작업을 하고 나아가 필요한 경우 제때에 교통통제 조치를 취함으로써 고속도로로서의 기본적인 기능을 유지하거나 신속히 회복할 수 있도록 하는 관리의무가 있음.[23]

3-2. 폭설로 차량 운전자 등이 고속도로에서 장시간 고립된 사안에서, 고속도로의 관리자가 고립구간의 교통정체를 충분히 예견할 수 있었음에도 교통제한 및 운행정지 등 필요한 조치를 충실히 이행하지 아니하였으므로 고속도로의 관리상 하자가 있음(대판 2008. 3. 13, 2007다29287).

(2) 일반적 판단기준

- 안전성의 정도 : 영조물의 설치 및 보존에 있어서의 안전성은 완전무결한 상태를 유지할 정도의 고도의 안전성을 의미하는 것이 아니라 영조물의 위험성에 비례하여 사회통념상 일반적으로 요구되는 정도의 것을 말함(통설 및 판례).

1. 안전성 구비 여부는 당해 영조물의 구조, 본래의 용법, 장소적 환경 및 이용상황 등의 여러 사정을 종합적으로 고려하여 구체적 · 개별적으로 판단하여야 함(대판 2000. 1. 14, 99다24201).[24]

2-1. 안전성의 구비 여부는 영조물의 설치자 또는 관리자가 그 영조물의 위험성에 비례하여 사회통념상 일반적으로 요구되는 정도의 방호조치의무를 다하였는지를 기준으로 판단하여야 하고, 아울러 그 설치자 또는 관리자의 재정적 · 인적 · 물적 제약 등도 고려하여야 함.[25]

2-2. **영조물이 그 설치 및 관리에 있어** 완전무결한 상태를 유지할 정도의 고도의 안전성을 갖추지 아니하였다고 하여 하자가 있다고 단정할 수는 없고, **영조물 이용자의 상식적이고 질서 있는 이용방법을 기대한 상대적인 안전성을 갖추는 것으로 족함**(대판 2022. 7. 28, 2022다225910).[26] 최신

3. 甲이 차량을 운전하여 지방도 편도 1차로를 진행하던 중 커브 길에서 중앙선을 침범하여 반대편 도로를 벗어나 도로 옆 계곡으로 떨어져 동승자인 乙이 사망한 사안에서, 좌로 굽은 도로에서 운전자가 무리하게 앞지르기를 시도하여 중앙선을 침범하여 반대편 도로로 미끄러질 경우까지 대비하여 도로관리자인 지방자치단체가 차량용 방호울타리를 설치하지 않았다고 하여 도로에 통상 갖추어야 할 안전성이 결여된 설치 · 관리상의 하자가 있다고 보기 어려움(대판 2013. 10. 24, 2013다208074).

- 물적 하자 : 당해 영조물을 구성하는 물적 시설 그 자체에 있는 물리적 · 외형적 흠결이나 불비로 인하여 그 이용자에게 위해를 끼칠 위험성이 있는 경우를 말함.

고등학교 3학년 학생이 교사의 단속을 피해 담배를 피우기 위하여 3층 건물 화장실 밖의 난간을 지나다가 실족하여 사망한 사안에서, 학교 관리자에게 그와 같은 '이례적인 사고'가 있을 것을 예상하여 복도나 화장실 창문에 난간으로의 출입을 막기 위하여 출입금지장치나 추락위험을 알리는 경고표지판을 설치할 의무가 있다고 볼 수는 없다는 이유로 학교시설의 설치 · 관리상의 하자가 없음(대판 1997. 5. 16, 96다54102).[27]

- 기능적 하자 : 영조물이 공공의 목적에 이용됨에 있어 그 이용상태 및 정도가 일정한 한도를 초과하여 제3자에게 사회통념상 참을 수 없는 피해를 입히는 경우(수인한도를 넘는 경우)를 말함. 판례는 매향리 사격장에서 발생한 소음, 김포공항에서 발생하는 소음이 수인한도를 넘는 경우 인근주민들에게 국가의 배상책임을 인정함.[28]

(김포공항에서 발생하는 소음 등으로 인근주민들이 입은 피해는 사회통념상 수인한도를 넘는 것으로서 김포공항의 설치 · 관리에 하자가 있다고 판시하면서) **하자란 이용상태 및 정도가 제3자에게 사회통념상 수인한도를 넘는 피해를 입히는 경우까지 포함함**(대판 2005. 1. 27, 2003다49566).[29][30][31]

(3) 구체적 판단기준

● 도로의 경우

제3자의 행위로 인하여 장해물이 생긴 경우	1. 도로의 설치 후 제3자의 행위에 의하여 그 본래의 목적인 통행상의 안전에 결함이 발생된 경우 제반 사정을 종합하여 그와 같은 결함을 제거하여 원상으로 복구할 수 있는데도 이를 방치한 것인지 여부를 개별적 · 구체적으로 심리하여 하자의 유무를 판단하여야 할 것임. 2. 트럭 앞바퀴가 고속도로상에 떨어져 있는 자동차 타이어에 걸려 중앙분리대를 넘어가 사고가 발생한 경우에 있어서 타이어가 사고지점 고속도로상에 떨어진 것은 사고가 발생하기 **10분 내지 15분 전**이었다면 손해배상책임을 물을 수는 없음(대판 1992. 9. 14, 92다3243).32
신호등 고장으로 인한 사고	1. **가변차로에 설치된 두 개의 신호등**에서 서로 모순되는 신호가 들어오는 오작동이 발생하였고 그 고장이 **현재의 기술수준상 부득이한 것**이라고 가정하더라도 그와 같은 사정만으로 손해발생의 예견가능성이나 회피가능성이 없어 영조물의 하자를 인정할 수 없는 경우라고 단정할 수 없음(대판 2001. 7. 27, 2000다56822).33 2. 교차로의 진행방향 신호기의 정지신호가 단선으로 소등되어 있는 상태에서 그대로 진행하다가 다른 방향의 진행신호에 따라 교차로에 진입한 차량과 충돌한 경우, 신호기의 적색신호가 소등된 기능상 결함이 있었다는 사정만으로 신호기의 설치 또는 관리상의 하자를 인정할 수 없음(대판 2000. 2. 25, 99다54004).

● 하천의 경우

하천관리상의 하자	**하천관리의 하자 유무는, 과거에 발생한 수해의 규모** · 발생의 빈도 · 발생원인 · 피해의 성질 · 강우상황 · 유역의 지형 기타 자연적 조건, 토지의 이용상황 기타 사회적 조건, 개수를 요하는 긴급성의 유무 및 그 정도 등 제반 사정을 종합적으로 고려하고, 하천관리에서의 위와 같은 재정적 · 시간적 · 기술적 제약하에서 같은 종류, 같은 규모 하천에 대한 하천관리의 일반수준 및 사회통념에 비추어 시인될 수 있는 안전성을 구비하고 있다고 인정할 수 있는지 여부를 기준으로 하여 판단함(대판 2007. 9. 21, 2005다65678).
하천홍수위(계획홍수위)와 관련된 문제	1. 하천의 관리청이 관계규정에 따라 설정한 계획홍수위를 변경시켜야 할 사정이 생기는 등 특별한 사정이 없는 한, 이미 존재하는 **하천의 제방이** 계획홍수위를 **넘고 있다면 그 하천은 용도에 따라 통상 갖추어야 할 안전성을 갖추고 있다고 보아야 하고,** 그와 같은 하천이 그 후 새로운 하천시설을 설치할 때 기준으로 삼기 위하여 제정한 '하천시설기준'이 정한 여유고를 확보하지 못하고 있다는 사정만으로 바로 안전성이 결여된 하자가 있다고 볼 수는 없음.34 2. **'하천제방'이 100년 발생빈도의 적정 강우량을 기준으로 책정된** '계획홍수위**를 넘고 있다면'** 수해로 손해가 발생했다 하더라도 **국가배상책임을 인정할 수 없음**(대판 2003. 10. 23, 2001다48057).
개수 중인 하천의 설치 · 관리의 하자	관리청이 하천법 등 관련규정에 의해 책정한 하천정비기본계획 등에 따라 개수를 완료한 하천이 위 기본계획 등에서 정한 계획홍수량 **등을 충족하여 관리**되고 있는 경우, 특별한 사정이 없는 한 안전성을 갖추고 있다고 봄이 상당함(대판 2007. 9. 21, 2005다65678).35
익사사고를 방지하기 위하여 부담하는 방호조치의무의 정도	하천 관리주체로서는 익사사고의 위험성이 있는 모든 하천구역에 대해 위험관리를 하는 것은 불가능하므로, 당해 하천의 현황과 이용상황, 과거에 발생한 사고 이력 등을 종합적으로 고려하여 하천구역의 위험성에 비례하여 **사회통념상 일반적으로 요구되는 정도의 방호조치의무**를 다하였다면 하천의 설치 · 관리상의 하자를 인정할 수 없음(대판 2014. 1. 23, 2013다211865).

3) 타인에게 손해가 발생할 것 : 적극적 손해, 소극적 손해, 재산상의 손해 또는 생명 · 신체 등 비재산상 손해 그리고 정신적 손해(위자료)를 가리지 않고 모두 포함함.36

> 국가배상법 제5조 제1항의 영조물의 설치 · 관리상의 하자로 인한 손해가 발생한 경우 같은 법 제3조 제1항 내지 제5항의 해석상 피해자의 위자료청구권이 배제되지 아니함(대판 1990. 11. 13, 90다카25604).37

4) 상당인과관계가 있을 것

3 영조물책임의 감면사유(면책사유)

1) **불가항력** : 천재지변과 같이 인간의 능력으로 예견할 수 없거나 예견하였더라도 회피할 수 없는 힘에 의해 손해가 발생한 경우를 의미함.

불가항력 인정	불가항력 부정
600년 또는 1,000년 발생빈도의 강우량으로 인한 하천의 범람은 불가항력적인 재해임(대판 2003. 10. 23, 2001다48057).38	50년 빈도의 최대강우량에 해당한다는 사실만으로 불가항력에 기인한 것으로 볼 수 없음(대판 2000. 5. 26, 99다53247).39

2) **재정적 사유(예산부족의 경우)** : 참작사유일 뿐 절대적 면책사유 아님.40

> 영조물 설치자의 재정사정이나 영조물의 사용목적에 의한 사정은, 안전성을 요구하는 데 대한 정도의 문제로서 참작사유에는 해당할지언정 안전성을 결정지을 절대적 요건에는 해당하지 아니한다 할 것임(대판 1967. 2. 21, 66다1723).41

3) **피해자의 과실** : 피해자에게 과실이 있었던 경우에는 피해자의 과실에 의하여 확대된 손해의 한도 내에서 영조물 관리주체의 책임이 부분적으로 감면됨(과실상계).

> 1-1. 소음 등을 포함한 공해 등의 위험지역으로 이주하여 들어가 거주하는 경우와 같이 **위험의 존재를 인식하거나 과실로 인식하지 못하고 이주한 경우**에는 손해배상액의 산정에 있어 형평의 원칙상 과실상계에 준하여 감경 또는 면제사유로 고려하여야 함.
> 1-2. 특히 소음 등의 공해로 인한 법적 쟁송이 제기되거나 그 피해에 대한 보상이 실시되는 등 피해지역임이 구체적으로 드러나고 또한 **이러한 사실이 그 지역에 널리 알려진 이후에 이주하여 오는 경우**에는 위와 같은 위험에의 접근에 따른 가해자의 면책 여부를 보다 적극적으로 인정할 여지가 있음(대판 2010. 11. 11, 2008다57975).42 43
> 2. (매향리 사격장에서 발생하는 소음 등으로 지역주민들이 입은 피해는 사회통념상 참을 수 있는 정도를 넘는 것으로서 사격장의 설치 또는 관리에 하자가 있었다고 판시하면서) 소음 등을 포함한 공해 등의 위험지역으로 이주하여 거주하는 경우라 해도 위험의 존재를 인식하면서 굳이 위험으로 인한 피해를 용인하였다고 볼 수 없는 경우에는 책임이 감면되지 아니함(대판 2004. 3. 12, 2002다14242).

4 하자의 입증책임

1) **영조물의 하자** : 피해자인 원고가 하자가 존재한다는 점에 대해 입증책임 부담

2) **손해발생의 예견가능성과 회피가능성** : 국가 등의 관리주체가 예견가능성과 회피가능성이 없다는 점에 대해 입증책임 부담44

> 고속도로의 관리상 하자가 인정되는 이상 고속도로의 점유관리자는 그 하자가 불가항력에 의한 것이거나 손해의 방지에 필요한 주의를 해태하지 아니하였다는 점을 주장 · 입증하여야 비로소 그 책임을 면할 수 있음(편저자 주 : 민법 관련 판례임)(대판 2008. 3. 13, 2007다29287 · 29294).45

5 경합문제

1) **영조물의 하자와 제3자의 행위 또는 자연현상의 경합**

> 다른 자연적 사실이나 제3자의 행위 또는 피해자의 행위와 경합하여 손해가 발생하였더라도 영조물의 설치 또는 관리상의 하자가 손해발생의 공동원인의 하나가 된 이상 그 손해는 영조물의 설치 또는 관리상의 하자에 의하여 발생한 것이라고 보아야 함(대판 1994. 11. 22, 94다32924).46

2) **영조물책임의 감면사유와 공무원 과실의 경합** : 공무원의 과실로 피해가 확대된 경우(불가항력의 자연재해시 관계행정기관이 과실로 피난명령을 발하지 않은 경우 등)에는 그 한도 내에서 국가배상법 제2조의 배상책임이 인정됨.47

6 배상책임자

1) 배상책임자의 범위

(1) 국가배상법 제5조의 배상책임자 : 국가 또는 지방자치단체

(2) 국가배상법 제6조 제1항의 배상책임자

> 국가배상법 제6조【비용부담자 등의 책임】① 제2조 · 제3조 및 제5조에 따라 국가나 지방자치단체가 손해를 배상할 책임이 있는 경우에 공무원의 선임 · 감독 또는 영조물의 설치 · 관리를 맡은 자와 공무원의 봉급 · 급여, 그 밖의 비용 또는 영조물의 설치 · 관리비용을 부담하는 자가 동일하지 아니하면 그 비용을 부담하는 자도 손해를 배상하여야 한다.[48]

(3) 설치 · 관리자와 비용부담자가 다른 경우 : 국민은 양자에 대해 '선택적'으로 손해배상청구권을 행사할 수 있음.[49]

2) 기관위임사무의 경우

(1) 국가 등에 사무를 위임한 경우 : 지방자치단체의 사무가 국가기관 등에 위임된 때에는 지방자치단체가 사무귀속주체로서 책임을 지며, 국가 등은 비용부담자로서 책임을 질 수 있음.

> 1. 지방자치단체장이 설치하여 관할 지방경찰청장(현 시 · 도경찰청장)에게 관리권한이 위임된 교통신호기 고장으로 사고가 발생한 경우 지방자치단체는 사무귀속자로서(편저자 주 : 국가배상법 제5조 제1항에 의하여) 손해배상책임을 부담하고, 국가는 경찰관 등에게 봉급을 지급하는 비용부담자로서(편저자 주 : 국가배상법 제6조 제1항에 의하여) 국가배상책임을 짐(대판 1999. 6. 25, 99다11120).[50] [51] [52]
> 2. 행정권한을 기관위임한 경우 위임사무로 설치 · 관리하는 영조물의 하자로 타인에게 손해를 발생하게 한 경우에는 권한을 위임한 관청이 소속된 지방자치단체가 국가배상법 제2조 또는 제5조에 의한 배상책임을 부담하고, 권한을 위임받은 관청이 속하는 지방자치단체 또는 국가가 국가배상법 제2조 또는 제5조에 의한 배상책임을 부담하는 것은 아님. 다만 국가배상법 제6조 제1항에 영조물의 설치 · 관리를 맡은 자와 영조물의 설치 · 관리의 비용을 부담하는 자가 동일하지 아니한 경우에는 그 비용을 부담하는 자도 손해를 배상하여야 함(대판 2017. 9. 21, 2017다223538).[53]

(2) 도로법과 관련한 경우

> 국도(國道)에 관한 관리사무가 서귀포시로 위임된 경우 서귀포시는 비용부담자로서, 국가는 사무귀속주체로서 손해배상책임을 짐(현재는 법령개정으로 서귀포시는 더 이상 지방자치단체가 아님)(대판 1993. 1. 26, 92다2684).[54]

3) 최종적 배상책임자(내부적 구상권의 문제)

> 국가배상법 제6조【비용부담자 등의 책임】② 제1항의 경우에 손해를 배상한 자는 내부관계에서 그 손해를 배상할 책임이 있는 자에게 구상할 수 있다.[55]

4) 원인책임자에 대한 구상

> 국가배상법 제5조【공공시설 등의 하자로 인한 책임】② 제1항을 적용할 때(편저자 주 : 국가 또는 지방자치단체가 배상책임을 진 경우) 손해의 원인에 대하여 책임을 질 자가 따로 있으면 국가나 지방자치단체는 그 자에게 구상할 수 있다.

손해배상청구권

1 주 체

1) 국 민

2) 외국인 : 피해자가 외국인인 경우 해당 국가와 상호보증이 있는 경우에 한하여 국가배상청구권이 인정됨.56 다만, 이러한 상호보증은 반드시 당사국과의 조약이 체결되어 있을 필요는 없음.

> 국가배상법 제7조【외국인에 대한 책임】이 법은 외국인이 피해자인 경우에는 해당 국가와 상호보증이 있을 때에만 적용한다.57 58

1. 상호보증은 외국의 법령, 판례 및 관례 등에 의하여 발생요건을 비교하여 인정되면 충분하고 반드시 당사국과의 조약이 체결되어 있을 필요는 없음.59
2. 일본 국가배상법 제1조 제1항, 제6조가 국가배상청구권의 발생요건 및 상호보증에 관하여 우리나라 국가배상법과 동일한 내용을 규정하고 있는 점 등에 비추어 우리나라와 일본 사이에 국가배상법 제7조가 정하는 상호보증이 있음(대판 2015. 6. 11, 2013다208388).60

2 이중배상금지

1) 이중배상금지의 근거 : 헌법 제29조, 국가배상법 제2조

> 헌법 제29조 ② 군인 · 군무원 · 경찰공무원 기타 법률이 정하는 자가 전투 · 훈련 등 직무집행과 관련하여 받은 손해에 대하여는 법률이 정하는 보상 외에 국가 또는 공공단체에 공무원의 직무상 불법행위로 인한 배상은 청구할 수 없다.
>
> 국가배상법 제2조【배상책임】① …… 다만, 군인 · 군무원 · 경찰공무원 또는 예비군대원이 / 전투 · 훈련 등 직무집행과 관련하여 전사 · 순직하거나 공상을 입은 경우에 / 본인이나 그 유족이 다른 법령에 따라 재해보상금 · 유족연금 · 상이연금 등의 보상을 지급받을 수 있을 때에는 / 이 법 및 민법에 따른 손해배상을 청구할 수 없다.61
>
> 제5조【공공시설 등의 하자로 인한 책임】① 도로 · 하천, 그 밖의 공공의 영조물의 설치나 관리에 하자가 있기 때문에 타인에게 손해를 발생하게 하였을 때에는 국가나 지방자치단체는 그 손해를 배상하여야 한다. 이 경우 제2조 제1항 단서, 제3조 및 제3조의2를 준용한다.62

국가배상법 제2조 제1항 단서는 헌법 제29조 제1항에 의하여 보장되는 국가배상청구권을 헌법 내재적으로 제한하는 헌법 제29조 제2항에 직접 근거하고, 실질적으로 그 내용을 같이하는 것이므로 헌법에 위반되지 아니함(헌재 2001. 2. 22, 2000헌바38).63

2) 이중배상금지의 요건

(1) 적용대상자

- 국가배상법에 명시된 자 : 군인, 군무원, 경찰공무원, 예비군대원(예비군대원은 헌법에는 없고 국가배상법에만 규정)
- 구체적 판례 검토

손해배상청구권 허용	손해배상청구권 제한
① 공익근무요원은 소집되어 군에 복무하지 않는 한 이중배상금지가 적용되는 군인이 아님(대판 1997. 3. 28, 97다4036).64 ② 현역병 입영 후 경비교도로 전임된 자는 이중배상금지가 적용되는 군인이 아님(대판 1998. 2. 10, 97다45914).65	전투경찰순경은 이중배상금지가 적용되는 경찰공무원에 해당함(헌재 1996. 6. 13, 94헌마118, 95헌바39 병합).66

(2) 전투 · 훈련 등 직무집행과 관련하여 손해를 받았을 것

1. 숙직실은 전투시설이 아니므로 숙직실에서 자다가 사망한 경우 경찰공무원이라 하더라도 국가배상청구권을 행사할 수 있음(편저자 주 : 그 당시 조문에 따른 판례임)(대판 1979. 1. 30, 77다2389).67
2. (경찰공무원이 낙석사고 현장 주변 교통정리를 위하여 사고현장 부근으로 이동하던 중 대형 낙석이 순찰차를 덮쳐 사망한 사안에서) 경찰공무원 등이 '전투 · 훈련 등 직무집행과 관련하여' 순직 등을 한 경우 같은 법 및 민법에 의한 손해배상책임을 청구할 수 없다고 정한 국가배상법 제2조 제1항 단서의 면책조항은 **전투 · 훈련 또는 이에 준하는 직무집행뿐만 아니라 '일반 직무집행'에 관하여도 국가나 지방자치단체의 배상책임을 제한**하는 것임(대판 2011. 3. 10, 2010다85942).68

(3) 본인 또는 유족이 다른 법령의 규정에 의해 보상금을 지급받을 수 있을 것

1-1. 공상을 입은 군인 · 경찰공무원 등이 별도의 국가보상을 받을 수 없는 경우, 이중배상금지규정은 적용되지 않음.
1-2. 군인 · 경찰공무원이 공상을 입고 전역 · 퇴직하였으나 그 장애의 정도가 「국가유공자예우 등에 관한 법률」(현 「국가유공자 등 예우 및 지원에 관한 법률」) 또는 군인연금법의 적용대상 등급에 해당되지 않는 경우라면 국가배상청구는 가능함(대판 1997. 2. 14, 96다28066).69
2. 이중배상금지에 관한 규정은 보상금청구권이 시효로 소멸된 경우에도 적용됨(대판 2002. 5. 10, 2000다39735).70
3. 구 공무원연금법(2018. 3. 20, 법률 제15523호로 전부 개정되기 전의 것, 이하 '구 공무원연금법'이라고 함)에 따라 각종 급여를 지급하는 제도는 공무원의 생활안정과 복리향상에 이바지하기 위한 것이라는 점에서 국가배상법 제2조 제1항 단서에 따라 손해배상금을 지급하는 제도와 그 취지 및 목적을 달리하므로, **경찰공무원인 피해자가 구** 공무원연금법**의 규정에 따라 공무상 요양비를 지급받는 것은 국가배상법 제2조 제1항 단서에서 정한 '다른 법령의 규정'에 따라 보상을 지급받는 것에 해당하지 않음**(대판 2019. 5. 30, 2017다16174).71

3) 요건에 해당하는 자가 손해배상금을 지급받은 경우

직무집행과 관련하여 공상을 입은 군인 등이 먼저 국가배상법에 따라 손해배상금을 지급받은 다음 「보훈보상대상자 지원에 관한 법률」이 정한 **보상금 등** 보훈급여금의 지급을 청구하는 경우, **국가배상법에 따라 손해배상을 받았다는 이유로 그** 지급을 거부할 수 없음(대판 2017. 2. 3, 2015두60075).72 73

비교판례

1. 군 복무 중 사망한 군인 등의 유족이 국가배상법에 따른 손해배상금을 받은 경우, 군인연금법 제31조가 정한 사망보상금을 지급받을 수 없음(대판 2018. 7. 20, 2018두36691).74 75
2. 군 복무 중 사망한 망인의 유족이 국가배상을 받은 경우 피고는 군인연금법이 정하고 있는 사망보상금에서 소극적 손해배상금 상당액을 공제할 수 있을 뿐, 이를 넘어 정신적 손해배상금 상당액까지 공제할 수는 없음(대판 2022. 3. 31. 2019두36711).76 최신

4) 공동불법행위자의 구상권

대법원(부정설의 입장)	헌법재판소(긍정설의 입장)
민간인과 직무집행 중인 군인 등의 공동불법행위로 인하여 직무집행 중인 다른 군인 등이 피해를 입은 경우, **민간인은** 자신의 부담부분에 한하여 손해를 배상**하고, 만약 민간인이 피해군인 등에게** 자신의 귀책부분을 넘어서 배상한 경우 **국가 등에게** 구상권을 행사할 수 없음(대판 2001. 2. 15, 96다42420 전합).77 78 ☑ 헌법재판소가 법률의 위헌 여부를 판단하기 위하여 한 법률해석에 법원이 구속되는 것은 아님.	국가배상법 제2조 제1항 단서 중 군인에 관련되는 부분은 **국가에 대하여 구상권을 행사하는 것을 허용하지 아니한다고 해석하는 한, 헌법에 위반**됨(구상권 행사 가능)(헌재 1994. 12. 29, 93헌바21).79

3 배상청구권의 양도금지

국가배상법 제4조【양도 등 금지】생명 · 신체의 침해로 인한 국가배상을 받을 권리는 양도하거나 압류하지 못한다.[80][81]

4 배상청구권의 소멸시효

1) 시효기간

(1) 손해 및 가해자를 안 경우

- 손해 및 가해자를 안 날로부터 3년(민법 제766조)[82]

> 국가배상청구권에 관한 3년의 단기시효기간 기산에는 민법 제766조 제1항 외에 소멸시효의 기산점에 관한 일반규정인 민법 제166조 제1항이 적용되므로 3년의 단기시효기간은 그 '손해 및 가해자를 안 날'에 더하여 그 '권리를 행사할 수 있는 때'가 도래하여야 비로소 시효가 진행한다(대판 2023. 1. 12, 2021다201184).[83] 최신

- 국가배상청구권의 소멸시효기간에 민법 제766조를 적용하도록 한 것은 위헌이 아님(헌법재판소).
- 손해 및 가해자를 안 날의 의미 : 직무행위 등 불법행위의 요건을 구비하였음을 인식한 날(대법원)

> 가해자를 안다는 것은 피해자가 가해공무원과 국가 또는 지방자치단체 사이에 공법상 근무관계가 있다는 사실을 알고, 또한 일반인이 당해 공무원의 불법행위가 국가 또는 지방자치단체의 직무를 집행함에 있어서 행해진 것이라고 판단하기에 족한 사실까지도 인식하는 것을 의미함(대판 1989. 11. 14, 88다카32500).[84]

(2) 손해 및 가해자를 알지 못한 경우 : 불법행위 종료일로부터 5년(국가재정법 제96조 제1항)(대법원)

2) 국가배상청구소송의 제기와 보상청구권의 소멸시효 : 이중배상금지가 적용되는 공무원의 경우 국가배상청구소송을 제기하는 것만으로 다른 법률에 따른 보상청구권의 소멸시효가 중단되는 것은 아님.

> (이중배상금지가 적용되는 공무원이 「국가유공자 등 예우 및 지원에 관한 법률」 등에 의해 보상청구권이 있음에도 불구하고 국가배상청구소송을 제기하여 소송 진행 중 「국가유공자 등 예우 및 지원에 관한 법률」상의 소멸시효기간인 3년이 경과한 경우 국가배상청구소송에 의해 「국가유공자 등 예우 및 지원에 관한 법률」에 따른 보상청구권의 소멸시효가 중단되는지에 대해 이를 부정하면서) 채권자가 동일한 목적을 달성하기 위하여 복수의 채권을 갖고 있는 경우, 어느 하나의 청구권을 행사하는 것이 다른 채권에 대한 소멸시효 중단의 효력이 있다고 할 수 없음(대판 2002. 5. 10, 2000다39735).[85]

3) 소멸시효완성의 항변이 신의성실의 원칙에 위반되는 경우 : 소멸시효완성의 항변은 인정되지 않음.

> 공무원의 불법행위로 손해를 입은 피해자의 국가배상청구권의 소멸시효기간이 지났으나 국가가 소멸시효완성을 주장하는 것이 신의성실의 원칙에 반하는 권리남용으로 허용될 수 없어 배상책임을 이행한 경우에는, 해당 공무원이 그 원인이 되는 행위를 적극적으로 주도하였다는 등의 특별한 사정이 없는 한, 국가가 해당 공무원에게 구상권을 행사하는 것은 신의칙상 허용되지 않음(대판 2016. 6. 9, 2015다200258).[86]

배상금 청구절차

1 행정절차

1) 임의적 결정전치주의 : 배상심의회에 배상신청을 하지 않고도 손해배상청구소송을 제기할 수 있음.[87][88]

2) 배상심의회

- 배상심의회의 결정은 행정처분이 아님(판례).[89]
- 배상결정에 동의하거나 배상금을 수령한 경우에도 법원에 손해배상청구소송을 제기하여 배상금의 증액을 청구할 수 있음.

2 사법절차

1) 다수설

- 국가배상법을 공법으로 보고 행정상 손해배상청구권을 공권으로 파악
- 손해배상청구소송은 행정소송인 공법상의 당사자소송에 의하여야 함.

2) 판 례

- 국가배상법을 사법으로 보고 행정상 손해배상청구권을 사권으로 파악[90]
- 국가배상청구소송은 민사소송에 의함.[91]

Topic

56 행정상 손실보상 Ⅰ - 손실보상청구권의 요건 등

p.235~239

1 행정상 손실보상의 개념 및 근거

1) 개념 : 적법한 공권력의 행사에 의한 개인의 재산상 특별한 손해에 대해 재산권보장과 공평부담의 견지에서 행정주체가 행하는 조절적인 재산적 보상01 02

2) 근 거

이론적 근거	특별희생설(통설) : 사유재산권의 보장을 전제로 하여 공익을 위해 특정인에게 다른 사람이 받지 않는 특별한 희생 내지 불평등한 희생이 있는 경우, 이를 공동체 전체에 부담을 하여 보상하는 것이 정의 · 공평의 요구에 합치하는 것이라는 견해
실정법적 근거	• 헌법적 근거 : 헌법 제23조 제3항03 헌법 제23조 ③ 공공필요 / 에 의한 재산권 / 의 수용 · 사용 또는 제한 및 그에 대한 보상은 법률 / 로써 하되, 정당한 보상을 지급하여야 한다.04 • 개별법적 근거 : 전체적인 손실보상에 관한 일반법은 없으나,05 공익사업과 관련한 토지 등의 수용에 관한 일반법인 「공익사업을 위한 토지 등의 취득 및 보상에 관한 법률」(토지보상법)과 그 밖의 도로법, 하천법 등이 있음.06

2 손실보상청구권의 요건

1) 공공의 필요

(1) 국민의 재산권을 그 의사에 반하여 강제적으로라도 취득하여야 할 공익적 필요성을 말함.07

> 도시계획시설사업은 도로 · 철도 · 항만 · 공항 · 주차장 등 교통시설, 수도 · 전기 · 가스공급설비 등 공급시설과 같은 도시계획시설을 설치 · 정비 또는 개량하여 공공복리를 증진시키고 국민의 삶의 질을 향상시키는 것을 목적으로 하고 있으므로, 도시계획시설사업은 그 자체로 공공필요성의 요건이 충족됨(헌재 2014. 7. 24, 2013헌바294).08

(2) 사기업도 공공필요만 있으면 수용 등 가능09

> 1-1. 민간기업을 수용의 주체로 규정한 「산업입지 및 개발에 관한 법률」 제22조 제1항은 공공필요 요건을 충족하므로 헌법 제23조 제3항에 위반되지 않음.10
>
> 1-2. 헌법 제23조 제3항은 정당한 보상을 전제로 하여 재산권의 수용 등에 관한 가능성을 규정하고 있지만, 재산권 수용의 주체를 한정하지 않고 있음. 위 헌법조항의 핵심은 당해 수용이 공공필요에 부합하는가, 정당한 보상이 지급되고 있는가 여부 등에 있는 것이지, 그 수용의 주체가 국가인지 민간기업인지 여부에 달려 있다고 볼 수 없음. 또한 국가 등의 공적 기관이 직접 수용의 주체가 되는 것이든 그러한 공적 기관의 최종적인 허부판단과 승인결정하에 민간기업이 수용의 주체가 되는 것이든, 양자 사이에 공공필요에 대한 판단과 수용의 범위에 있어서 본질적인 차이를 가져올 것으로 보이지 않음. 따라서 위 수용 등의 주체를 국가 등의 공적 기관에 한정하여 해석할 이유가 없음(헌재 2009. 9. 24, 2007헌바114).11 12
>
> 2-1. 사업인정이란 공익사업을 토지 등을 수용 또는 사용할 사업으로 결정하는 것으로서 공익사업의 시행자에게 그 후 일정한 절차를 거칠 것을 조건으로 일정한 내용의 수용권을 설정하여 주는 형성행위이므로 해당 공익사업을 수행하여 공익을 실현할 의사나 능력이 없는 자에게 타인의 재산권을 공권력적 · 강제적으로 박탈할 수 있는 수용권을 설정하여 줄 수는 없으므로, 사업시행자에게 해당 공익사업을 수행할 의사와 능력이 있어야 한다는 것도 사업인정의 한 요건이라고 보아야 함.13
>
> 2-2. 사업시행자가 해당 공익사업을 수행할 의사나 능력을 상실하였음에도 여전히 그 사업인정에 기하여 수용권을 행사하는 것은 수용권의 공익목적에 반하는 수용권의 남용에 해당하여 허용되지 않음(대판 2011. 1. 27, 2009두1051).14
>
> 3. 사업시행자가 사인인 경우에는 공익의 우월성이 인정되는 것 외에도 사인은 경제활동의 근본적인 목적이 이윤을 추구하는 일에 있으므로, 그 사업시행으로 획득할 수 있는 공익이 현저히 해태되지 않도록 보장하는 제도적 규율도 갖추어져 있어야 함(헌재 2014. 10. 30, 2011헌바172).15

(3) 다만, 순수 국고목적을 위한 것은 여기서의 공공필요에 해당하지 않음.[16]

(4) **공공의 필요에 대한 입증책임** : 사업시행자(판례)

2) 재산권에 대한 의도적인 침해

(1) 재산적 가치가 있는 일체의 권리(어업권, 광업권, 특허권 등)를 의미함.

> 1. 구 수산업법상 어업허가를 받고 허가어업에 종사하던 어민이 공유수면매립사업의 시행으로 피해를 입게 된 경우, 손실보상청구권이 있음.
> 2. 정당한 어업허가를 받고 공유수면매립사업지구 내에서 허가어업에 종사하고 있던 어민들에 대하여 손실보상을 할 의무가 있는 사업시행자가 손실보상의무를 이행하지 아니한 채 공유수면매립공사를 시행함으로써 실질적이고 현실적인 침해를 가한 때에는 불법행위를 구성하는 것이고, 이 경우 허가어업자들이 입게 되는 손해는 그 손실보상금 상당액임(대판 1999. 11. 23, 98다11529).[17]

(2) 사법(私法)상의 권리만이 아니라 공법상의 권리(공유수면매립권 등)도 모두 포함

(3) 또한 위법한 건축물도 원칙적으로 손실보상의 대상이 됨.

> 1. 토지수용법상의 사업인정 고시 이전에 건축된 지장물인 건물은 통상 적법한 건축허가를 받았는지 여부에 관계없이 손실보상의 대상이 됨.[18]
> 2. 주거용 건물이 아닌 위법건축물의 경우, 그 위법의 정도가 관계법령의 규정이나 사회통념상 용인할 수 없을 정도로 크고 객관적으로도 합법화될 가능성이 거의 없어 거래의 객체도 되지 아니하는 경우에는 예외적으로 토지수용법상의 수용보상 대상이 되지 아니함(대판 2001. 4. 13, 2000두6411).

(4) 현재 존재하는 재산적 가치일 것이 요구되므로 기대이익, 자연적 · 문화적 학술가치는 손실보상의 대상 ×[19]

> 문화적 · 학술적 가치는 특별한 사정이 없는 한 그 토지의 부동산으로서 경제적 · 재산적 가치를 높여 주는 것이 아니므로 토지수용법 제51조 소정의 손실보상의 대상이 될 수 없으니, 이 사건 토지가 철새 도래지로서 자연 · 문화적인 학술가치를 지녔더라도 손실보상의 대상이 될 수 없음(대판 1989. 9. 12, 88누11216).[20]

(5) 생명 · 신체 등 비재산권에 대한 침해의 경우에는 손실보상청구권이 성립하는 것이 아님.

3) 수용 · 사용 또는 제한

(1) 헌법 제23조 제3항은 침해의 유형으로 수용 · 사용 · 제한을 규정하고 있음. 이들 유형을 포괄하여 보통 공용침해라고 부름.

(2) 공용침해로 손실이 발생하였을 것

- 손실보상이 인정되기 위해서는 재산권에 대한 침해가 현실적으로 발생하여야 함.[21]

> 1. 간척사업의 시행으로 종래의 관행어업권자에게 구 공유수면매립법에서 정하는 **손실보상청구권이 인정되기 위해서는** 매립면허고시 후 매립공사가 실행되어 관행어업권자에게 **실질적이고 현실적인 피해가 발생하여야** 함.
> 2. **공유수면매립면허의 고시가 있다고 하여** 반드시 그 사업이 시행되고 그로 인하여 **손실이 발생한다고 할 수 없으므로,** 매립면허 고시 이후 매립공사가 실행되어 관행어업권자에게 실질적이고 현실적인 피해가 발생한 경우**에만 공유수면매립법에서 정하는** 손실보상청구권이 발생**함**(대판 2010. 12. 9, 2007두6571).[22]

써니쌤 Talk

공유수면매립면허의 고시만 있는 경우	손실보상청구권 ×
공유수면매립면허 고시 이후 매립공사가 실행되어 실질적이고 현실적인 피해가 발생한 경우	손실보상청구권 ○

- 공익사업과 손실 사이에 상당인과관계가 있어야 함. ⇨ 공익사업시행으로 토석채취허가를 연장받지 못한 경우라 하더라도 토석채취허가는 다른 이유(예 새로운 마을이 조성되었다는 사정 등)로도 거부될 수 있으므로 상당인과관계가 없음.

> 공익사업의 시행으로 토석채취허가를 연장받지 못한 경우 그로 인한 손실과 공익사업 사이에 상당인과관계는 인정되지 않으며 그 손실이 적법한 공권력의 행사로 가하여진 재산상의 특별한 희생으로서 손실보상의 대상이 되는 것도 아님(대판 2009. 6. 23, 2009두2672).[23]

(3) 법률로써 하게 되므로 공용침해는 적법한 공용침해

4) 재산권의 수용 · 사용 또는 제한 및 그에 대한 보상은 법률로써 하되

(1) 국회제정의 형식적 의미의 법률을 의미하므로 위임이 없는 한 명령이나 조례로는 수용 등 불가[24]

(2) 보상을 법률로 하도록 하고 있는바, 이는 보상청구권뿐만 아니라 보상의 기준과 방법도 법률에 유보하고 있음.

> 헌법 제23조 제3항의 규정은 보상청구권의 근거에 관하여서뿐만 아니라 보상의 기준과 방법에 관하여서도 법률의 규정에 유보하고 있는 것으로 보아야 함(대판 1993. 7. 13, 93누2131).[25]

5) 정당한 보상

(1) 상당한 보상이 아니라 완전보상을 의미함. 단, 개발이익은 완전보상에 포함되지 않음.

> 1-1. 정당한 보상이란 완전보상을 뜻하는 것으로서 보상금액뿐만 아니라 보상의 시기나 방법 등에 있어서도 어떠한 제한을 두어서는 아니 된다는 것을 의미함.[26]
> 1-2. 개발이익은 성질상 완전보상의 범위에 포함되지 아니함(헌재 1995. 4. 20, 93헌바20, 94헌바4, 95헌바6).[27]
> 2. **'정당한 보상'이라 함은 원칙적으로 피수용재산의 객관적인 재산가치를 완전하게 보상하여야 한다는** 완전보상을 뜻하는 것이라 **할 것이나,**[28] 투기적인 거래에 의하여 형성되는 가격은 정상적인 객관적 재산가치로는 볼 수 없으므로 이를 배제한다고 하여 완전보상의 원칙에 어긋나는 것은 아니며, 공익사업의 시행으로 지가가 상승하여 발생하는 개발이익은 **궁극적으로는 국민 모두에게 귀속되어야 할 성질의 것이므로 이는** 완전보상의 범위에 포함되는 **피수용토지의 객관적 가치 내지 피수용자의** 손실이라고는 볼 수 없음(대판 1993. 7. 13, 93누2131).[29]

(2) 잔여 건물에 대한 가치하락까지 보상하여야 함.

> 지장물인 건물의 일부가 수용되어 잔여건물 부분에 대하여 보수만으로 보전될 수 없는 가치하락이 있는 경우에는 잔여건물 부분의 교환가치하락으로 인한 감가보상을 잔여지의 감가보상을 규정한 「공공용지의 취득 및 손실보상에 관한 특례법 시행규칙」 제26조 제2항을 유추적용하여 잔여건물의 가치하락분에 대한 보상, 즉 감가(減價)보상을 하여야 함(대판 2001. 9. 25, 2000두2426).[30]

(3) **개발이익 배제의 문제** : 당해 사업으로 인한 개발이익은 배제하는 것이 타당함. 그러나 다른 사업으로 인한 개발이익은 배제하면 안 됨.

> 1. 당해 사업으로 인한 개발이익은 피수용자의 객관적 재산가치에 포함되지 아니하므로 개발이익을 배제하는 것은 정당함(대판 1993. 7. 27, 92누11084).
> 2. 손실보상액 산정에 있어 '당해 공공사업'과는 상관없는 '다른 사업'의 시행으로 인한 개발이익을 배제하여서는 안 됨(대판 1992. 2. 11, 91누7774).[31]

(4) 개발이익의 배제의 방법

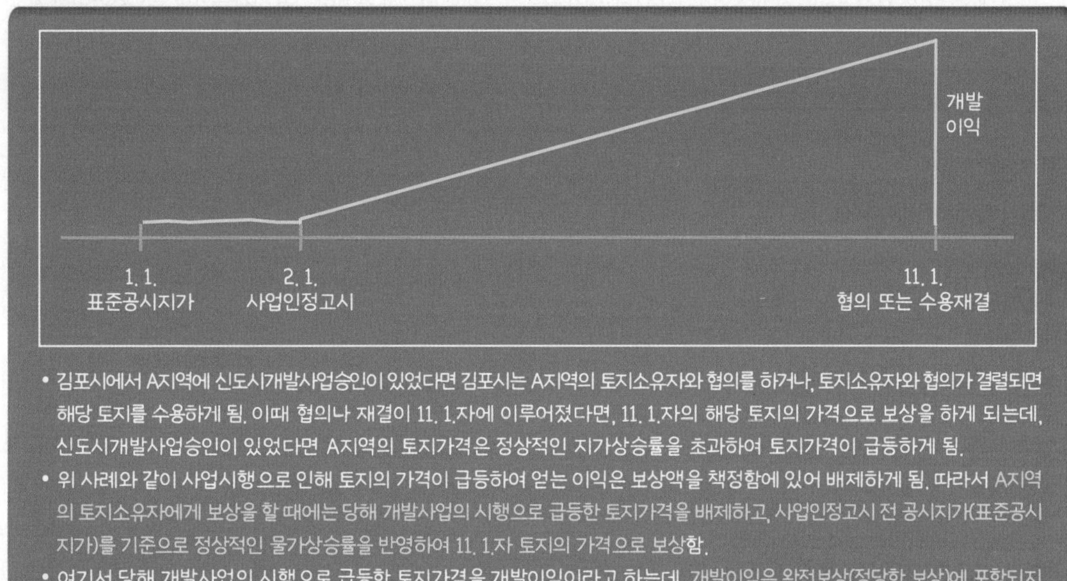

- 김포시에서 A지역에 신도시개발사업승인이 있었다면 김포시는 A지역의 토지소유자와 협의를 하거나, 토지소유자와 협의가 결렬되면 해당 토지를 수용하게 됨. 이때 협의나 재결이 11. 1.자에 이루어졌다면, 11. 1.자의 해당 토지의 가격으로 보상을 하게 되는데, 신도시개발사업승인이 있었다면 A지역의 토지가격은 정상적인 지가상승률을 초과하여 토지가격이 급등하게 됨.
- 위 사례와 같이 사업시행으로 인해 토지의 가격이 급등하여 얻는 이익은 보상액을 책정함에 있어 배제하게 됨. 따라서 A지역의 토지소유자에게 보상을 할 때에는 당해 개발사업의 시행으로 급등한 토지가격을 배제하고, 사업인정고시 전 공시지가(표준공시지가)를 기준으로 정상적인 물가상승률을 반영하여 11. 1.자 토지의 가격으로 보상함.
- 여기서 당해 개발사업의 시행으로 급등한 토지가격을 개발이익이라고 하는데, 개발이익은 완전보상(정당한 보상)에 포함되지 않으므로 이를 배제하고 보상가격을 책정하는 것임.

- 개발이익을 배제하기 위해 공시지가(표준공시지가)를 기준으로 하여 보상

> 공익사업을 위한 토지수용의 경우 「부동산 가격공시 및 감정평가에 관한 법률」(현 「부동산 가격공시에 관한 법률」)이 정한 공시지가를 기준으로 보상하도록 하는 구 「공익사업을 위한 토지 등의 취득 및 보상에 관한 법률」 제70조 제1항은 정당보상의 원칙에 위배되지 않음(헌재 2013. 12. 26, 2011헌바162).[32 33]

- 공시지가 기준일

> 「공익사업을 위한 토지 등의 취득 및 보상에 관한 법률」 제70조【취득하는 토지의 보상】④ 사업인정 후의 취득의 경우에 제1항에 따른 공시지가는 사업인정고시일 전의 시점을 공시기준일로 하는 공시지가로서, 해당 토지에 관한 협의의 성립 또는 재결 당시 공시된 공시지가 중 그 사업인정고시일과 가장 가까운 시점에 공시된 공시지가로 한다.

> 1. 공익사업의 근거법령에서 공고 · 고시의 절차, 형식이나 기타 요건을 정하고 있는 경우에는 원칙적으로 공고 · 고시가 그 법령에서 정한 바에 따라 이루어져야 보상금 산정의 기준이 되는 공시지가의 공시기준일이 해당 공고 · 고시일 전의 시점으로 앞당겨지는 효과가 발생할 수 있음.
> 2. 국토교통부의 2008. 8. 26.자 언론발표가 토지보상법 제70조 제5항에서 정한 '공익사업의 계획 또는 공고 · 고시'에 해당하지 않는다고 판단함(대판 2022. 5. 26, 2021두45848).[34] 최신

- 보상액의 가격시점(보상액 산정의 기준이 되는 시점) : 보상액 산정은 협의에 의한 취득의 경우 협의 당시, 재결에 의한 취득의 경우 재결 당시 가격을 기준으로 함. 단, 여기에는 개발이익이 포함되어 있으므로 사업인정고시 전 공시지가(표준공시지가)를 기준으로 정상적 물가상승률을 반영하여 결정함.

> 「공익사업을 위한 토지 등의 취득 및 보상에 관한 법률」 제67조【보상액의 가격시점 등】① 보상액의 산정은 협의에 의한 경우에는 협의 성립 당시의 가격을, 재결에 의한 경우에는 수용 또는 사용의 재결 당시의 가격을 기준으로 한다.[35]
> ② 보상액을 산정할 경우에 해당 공익사업으로 인하여 토지 등의 가격이 변동되었을 때에는 이를 고려하지 아니한다.[36]

수용대상토지의 보상가격을 정함에 있어 표준지공시지가를 기준으로 비교한 금액이 수용대상토지의 수용사업인정 전의 개별공시지가보다 적은 경우가 있다 하더라도, 이것만으로는 정당보상의 원리에 어긋나지 않으므로 위헌이 아님(헌재 1990. 6. 25, 89헌마107).37

3 특별한 희생

1) 사회적 제약과 특별한 희생

헌법 제23조 ① 모든 국민의 재산권은 보장된다. 그 내용과 한계는 법률로 정한다. ② 재산권의 행사는 공공복리에 적합하도록 하여야 한다.	사회적 제약(사회적 한계)
③ 공공필요에 의한 재산권의 수용·사용 또는 제한 및 그에 대한 보상은 법률로써 하되, 정당한 보상을 지급하여야 한다.	공용침해로 입은 피해는 특별한 희생

(1) 헌법 제23조 제1·2항에 따르면 재산권은 사회공동체와의 관계에서 일정한 한계가 존재함. 이를 사회적 제약(사회적 구속성, 상린관계(相隣關係)적 제한)이라고 하며 이러한 경우 손실보상이 필요 없음.38

민법상의 상린관계(이웃 간의 관계)의 예
민법 제244조【지하시설 등에 대한 제한】 ① 우물을 파거나 용수, 하수 또는 오물 등을 저치할 지하시설을 하는 때에는 경계로부터 2미터 이상의 거리를 두어야 하며 저수지, 구거(편저자 주 : 빗물이나 허드렛물이 흐르는 작은 도랑) 또는 지하실 공사에는 경계로부터 그 깊이의 반 이상의 거리를 두어야 한다.

(2) 그러나 재산권에 대한 공용침해, 즉 재산권에 대해 특별한 희생을 가하게 되는 경우 손실을 보상하여야 함.39

2) 구체적 검토

(1) **검사시험을 위한 소량의 물건 수거** : 일반적으로 재산권의 사회적 제약에 해당하나, 조사대상자가 특별한 희생을 입은 경우 보상이 있어야 함.

행정조사기본법 제12조【시료채취】 ② 행정기관의 장은 제1항에 따른 시료채취로 조사대상자에게 손실을 입힌 때에는 대통령령으로 정하는 절차와 방법에 따라 그 손실을 보상하여야 한다.

(2) **공공용물에 대한 일반사용의 경우의 제한** : 특별한 희생 ×

공공용물에 대한 일반사용(**해안가 백사장에 대한 어선정박 등**)이 적법한 개발행위로 인해 제한**됨으로써 입는 불이익은 손실보상의 대상이 되는** 특별한 희생이 아님(대판 2002. 2. 26, 99다35300).40 41

4 기 타

1) 손실보상청구권의 성질

(1) 판 례

전통적 판례	행정소송으로 보는 최근의 판례
손실보상의 원인행위가 비록 공법적인 것이라 할지라도 손실의 내용이 사권이라면 그 손실보상청구권은 사권이라는 입장 ⇨ 손실보상청구소송을 민사소송으로 제기	하천법, 「공익사업을 위한 토지 등의 취득 및 보상에 관한 법률」상 권리를 공권으로 봄. ⇨ 행정소송인 공법상 당사자소송으로 해결42

(2) 토지소유권(사권), 도로점용권(공권) 등이 수용되면 상대방에게는 손실보상청구권이 발생함. 「공익사업을 위한 토지 등의 취득 및 보상에 관한 법률」에 따라 수용되는 경우 발생하는 손실보상청구권은 공권임. 따라서 당사자소송으로 보상을 청구해야 함.

(3) 구체적 검토

1. 구 하천법상 **하천구역 편입토지 보상에 대한 손실보상청구권**은 공법상 권리로서 1984. 12. 31. 전에 토지가 하천구역으로 된 경우에는 **당연히 발생되는 것이지, 관리청의 보상금지급결정에 의하여 비로소 발생하는 것은 아니므로** 이에 따른 손실보상금의 지급을 구하거나 손실보상청구권의 확인을 구하는 소송은 **당사자소송**임(대판 2006. 5. 18, 2004다6207 전합).**43 44 45**
2. 「하천**구역 편입토지 보상에 관한 특별조치법**」에 정한 하천편입 토지소유자의 보상청구권에 기하여 손실보상금의 지급을 구하거나 손실보상청구권의 확인을 구하는 소송은 당사자소송임(대판 2006. 11. 9, 2006다23503).**46**
3. 「공익사업을 위한 토지 등의 취득 및 보상에 관한 법률」 제77조 제2항에 의한 농업손실**에 대한 보상청구권**은 행정쟁송절차에 의하여야 함(대판 2011. 10. 13, 2009다43461).**47 48**
4. 구 「공익사업을 위한 토지 등의 취득 및 보상에 관한 법률」 제79조 제2항 등에 따른 사업폐지 **등에 대한 보상청구권**에 관한 쟁송형태는 행정소송임(대판 2012. 10. 11, 2010다23210).**49**
5. 토지가 구 소하천정비법에 의하여 소하천구역으로 적법하게 편입된 경우 그로 인하여 그 토지의 소유자가 사용 · 수익에 관한 권리행사에 제한을 받아 손해를 입고 있다고 하더라도 구 소하천정비법 제24조에서 정한 절차에 따라 손실보상을 청구할 수 있음은 별론으로 하고, 관리청의 제방부지에 대한 점유를 권원 없는 점유와 같이 보아 손해배상이나 부당이득의 반환을 청구할 수 없음(대판 2021. 12. 30, 2018다284608).**50** 최신

2) 헌법 제23조 제3항의 성격 – 법률에 수용규정은 두면서 보상규정을 두지 않은 경우

헌법 제23조 ③ 공공필요에 의한 재산권의 수용 · 사용 또는 제한 및 그에 대한 보상은 법률로써 하되, 정당한 보상을 지급하여야 한다.

(1) 학 설

입법자에 대한 직접효력설 (위헌무효설)	• (헌법 제23조 제3항은 국민에 대한 직접효력은 없고) 입법자에 대한 직접효력이 있다는 설 • 재산권침해규정시 보상규정이 없으면 위헌 · 무효의 법률이며, 이에 근거한 재산권침해행위는 위법행위가 되므로 국민은 위법한 재산권침해에 대해 취소소송을 제기할 수 있고 국가배상법에 의한 손해배상청구권을 갖게 됨.
직접효력설	• (헌법 제23조 제3항은 국민에 대한) 직접효력이 있다는 설 • 손실보상에 관한 헌법상의 규정이 국민에 대해 직접효력이 있다고 봄. 따라서 만일 법률에 당연히 있어야 할 보상규정이 없는 경우 직접 헌법상의 보상규정에 근거하여 보상을 청구할 수 있음.
유추적용설	헌법 제23조 제1항(재산권보장규정) 및 제11조(평등원칙)를 근거로 헌법 제23조 제3항 및 관계규정을 유추적용해서 손실보상을 청구할 수 있음.

(2) **대법원** : 비슷한 다른 법률상의 보상규정을 유추적용하여 보상을 인정함.

1. 법률에 직접적으로 손실보상청구를 인정하는 명문규정이 없는 경우에도 공유수면매립사업의 시행자로서는 위 구 「공공용지의 취득 및 손실보상에 관한 특례법 시행규칙」 제25조의2의 규정을 유추적용하여 위와 같은 어민들에게 손실보상을 하여 줄 의무가 있음(대판 1999. 11. 23, 98다11529).**51**
2. 제방부지 및 제외지가 유수지와 더불어 하천구역이 되어 국유로 되는 이상 그로 인하여 소유자가 입은 손실은 보상되어야 하고 보상방법을 유수지에 관한 것과 달리할 아무런 합리적인 이유가 없으므로, 법률 제2292호 하천법 개정법률 시행일부터 법률 제3782호 하천법 중 개정법률 시행일 전에 국유로 된 제방부지 및 제외지에 대하여도 특별조치법 제2조를 유추적용하여 소유자에게 손실을 보상하여야 함(대판 2011. 8. 25, 2011두2743).

(3) 헌법재판소 : 법률에 보상규정을 두지 않은 것이 위헌이라는 입장을 밝히면서 보상에 대한 입법의무를 부과하는 입장임.

> 국립공원구역지정 후 토지를 종래의 목적으로도 사용할 수 없거나 토지를 사적으로 사용할 수 있는 방법이 없이 공원구역 내 일부 토지소유자에 대하여 가혹한 부담을 부과하면서 아무런 보상규정을 두지 않은 경우에는 비례의 원칙에 위반되어 당해 토지소유자의 재산권을 과도하게 침해하는 것이라고 할 수 있음(헌재 2003. 4. 24, 99헌바110).[52]

3) 불가분조항 여부

(1) 독일기본법 제14조 제3항은 "수용은 보상을 규정한 법률에 근거하여서만 행해질 수 있다."라고 규정하고 있음. 따라서 법률에 수용규정을 두면 그 법률에서 보상규정도 두어야 함. 이를 불가분조항이라고 함.

(2) 우리 헌법 제23조 제3항도 불가분조항 원칙을 선언한 것인지에 대해 견해의 대립이 있음.

- 불가분조항이라고 본다면 보상규성을 두지 아니한 수용법률은 헌법위반이 됨.[53]
- 한편 헌법 제23조 제3항에 대해, 입법자에 대한 직접효력설(위헌무효설)은 불가분조항으로 이해하는 데 반해 직접효력설은 불가분조항으로 보지 않음. 왜냐하면 보상청구권은 헌법에 있으므로 굳이 법률에 두지 않아도 됨.[54]

4) 헌법 제37조 제2항과의 관계

> 헌법 제37조 ② 국민의 모든 자유와 권리는 국가안전보장 · 질서유지 또는 공공복리를 위하여 필요한 경우에 한하여 법률로써 제한할 수 있으며, 제한하는 경우에도 자유와 권리의 본질적인 내용을 침해할 수 없다.

> 헌법재판소는 헌법 제23조 제3항에서 규정하고 있는 '공공필요'의 의미를 "국민의 재산권을 그 의사에 반하여 강제적으로라도 취득해야 할 공익적 필요성"으로 해석하여 왔음. 즉, '공공필요'의 개념은 '공익성'과 '필요성'이라는 요소로 구성되어 있으며, 여기서 공익성은 추상적인 공익 일반 또는 국가의 이익 이상의 중대한 공익을 요구하므로 기본권 일반의 제한사유인 '공공복리'보다 좁게 보는 것이 타당함(헌재 2014. 10. 30, 2011헌바172).[55]

Topic

57 행정상 손실보상 Ⅱ - 경계이론 · 분리이론

p.240~241

1 헌법 제23조 해석이론

헌법 제23조 ① 모든 국민의 재산권은 보장된다. 그 내용과 한계는 법률로 정한다.
② 재산권의 행사는 공공복리에 적합하도록 하여야 한다.
③ 공공필요에 의한 재산권의 수용 · 사용 또는 제한 및 그에 대한 보상은 법률로써 하되, 정당한 보상을 지급하여야 한다.

1) 헌법 제23조 제1 · 2항에 따른 법률규정(재산권의 사회적 제약을 규정) : 보상이 필요 없음.

2) 헌법 제23조 제3항에 따른 법률규정(재산권에 대한 공용침해를 규정) : 보상이 필요함.

3) 재산권의 사용을 제한하는 경우 그러한 법규정이 재산권행사의 내용을 구체화한 규정인지, 아니면 재산권에 대한 공용침해규정인지 구별이 어려운 경우가 있음. 이를 구별하기 위한 이론이 경계이론과 분리이론임.[01]

2 경계이론, 분리이론

1) 경계이론

(1) 사회적 제약과 공용침해는 별개의 제도가 아니라 재산권 규제의 강도에 따라서 달라짐.

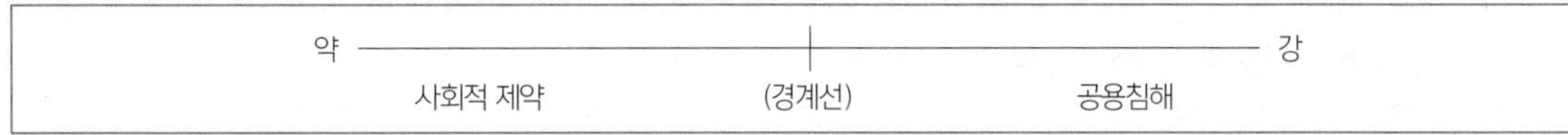

(2) 재산권 규제 정도가 약하다면 사회적 제약에 해당하지만, 그 정도가 경계선을 넘어가는 순간 보상이 필요한 공용침해로 바뀜.

(3) 재산권 규제 정도가 커서 경계선을 넘는 순간 공용침해가 되므로 보상이 필요하며 보상을 하게 되면 문제 없음.

(4) 경계이론에 따르면 국가 등이 국민 재산에 대해 규제하는 조치를 할 때 국민은 사회적 제약의 경계선 안에 있는 제한이라면 이를 감수해야 하고 그 제한이 경계선을 벗어나게 되면 손실보상을 받을 수 있을 뿐임.

(5) 개발제한구역지정 등 토지 등에 대한 재산권 규제시 그 제한 정도가 큰 경우 보상을 받을 수 있을 뿐 규제 그 자체는 받아들여야 함.

(6) 이른바 가치보장(땅에 대한 가치, 즉 돈을 받는다는 말임)을 강조하는 이론임.

(7) 독일 연방최고법원과 우리 대법원이 취하는 입장임.[02]

2) 분리이론

(1) 사회적 제약과 공용침해는 별개의 제도로 봄.

(2) 경계이론에 따르면 입법자(국회)의 의사를 무시하게 됨. 예컨대, 입법자(국회)가 재산권을 제한하는 법을 만들면서 보상에 관한 규정을 두지 않았다면 이는 재산권행사가 사회적 한계를 가진다는 전제하에 공용침해가 아니라 사회적 제약을 구체화하는 법을 만든 것임. 그런데 경계이론에 따르면 법이 만들어진 후에 법원이 판단하기에 재산권 규제의 강도가 강해서 경계선을 넘고 있는 것으로 판단되면 이는 사회적 제약(헌법 제23조 제1 · 2항에 따른 법률)이 아니라 보상이 필요한 공용침해(헌법 제23조 제3항에 따른 법률)가 됨. 이는 입법자의 의도를 무시하는 해석이 됨.

(3) 또한 경계이론에 따르면 토지 등 소유자는 재산권 규제시 보상을 받은 것으로 만족해야 됨.

(4) 사회적 제약을 벗어나는 보상 없는 공용침해에 대해서 이는 위법한 침해가 되므로 위헌적 침해의 폐지 등을 주장함으로써 존속보장에 중점을 두고 있음.[03][04]

(5) 이는 토지소유자 입장에서 토지의 다양한 활용 가능성을 생각할 때 바람직하지 않음.

(6) 위 (2), (3), (4), (5)를 고려해 분리이론은 사회적 제약과 공용침해를 별개의 것으로 봄.

구 분	법률의 목적
내용 및 한계규정(사회적 제약)	일반적 공익을 위해 일반적 · 추상적으로 장래를 향하여 재산권의 내용을 새롭게 규정
공용침해규정	특정한 공익사업을 위해 개별적 · 구체적으로 기존 재산권을 침해(즉, 공공필요에 의해 특정재산을 의도적으로 박탈)

(7) ┌ 재산권의 사회적 제약에 관한 규정 ┬ 헌법 제23조 제3항에 따른 보상 불필요
│ └ 다만, 비례의 원칙에 맞게 조정하기 위해 보상 필요한 경우 있음.
└ 공용침해에 관한 규정 ─ 보상 필요

(8) 독일 연방헌법재판소와 우리 헌법재판소가 취하는 입장임.

1. 코로나19의 예방을 위한 집합제한조치로 인하여 음식점을 영업하는 청구인들의 영업이익이 감소하였다고 하더라도 그 손실을 보상하지 않는 것이 청구인들의 재산권을 제한하는 것은 아님(헌재 2023. 6. 29, 2020헌마1669).05 최신
2. 개성공단 전면중단 조치는 공익 목적을 위하여 개별적 · 구체적으로 형성된 구체적인 재산권의 이용을 제한하는 공용제한이 아니므로, 이에 대한 정당한 보상이 지급되지 않았다고 하더라도, 그 조치가 헌법 제23조 제3항을 위반하여 개성공단 투자기업인 청구인들의 재산권을 침해한 것으로 볼 수 없음(헌재 2022. 1. 27, 2016헌마364).06 최신
3. 도축장 사용정지 · 제한명령은 공익목적을 위하여 이미 형성된 구체적 재산권을 박탈하거나 제한하는 헌법 제23조 제3항의 수용 · 사용 또는 제한에 해당하는 것이 아니라, 도축장 소유자들이 수인하여야 할 사회적 제약으로서 헌법 제23조 제1항의 재산권의 내용과 한계에 해당함(헌재 2015. 10. 21, 2012헌바367).07

3) 구 도시계획법 제21조

도시계획법 제21조【개발제한구역의 지정】① 건설교통부장관은 도시의 무질서한 확산을 방지하기 위하여 도시의 개발을 제한할 필요가 있다고 인정되는 때에는 개발제한구역지정을 할 수 있다.
② 제1항의 규정에 의하여 지정된 개발제한구역 안에서는 그 구역지정의 목적에 위배되는 건축물의 건축 등을 할 수 없다(편저자 주 : 보상에 관해서는 내용이 없음).

(1) **경계이론** : 경계이론에 따르면 개발제한구역의 지정이 있을 때
① 과수원농사 짓는 사람에 대한 재산권 제한 정도는 약함. - 사회적 제약에 불과함.
② 나대지 소유자에 대한 재산권 제한 정도는 강함. - 공용침해가 될 수 있음.

(2) **분리이론**
① 헌법재판소의 입장인 분리이론에 따르면 도시계획법 제21조는 재산권에 대한 일반적 공익을 위해 일반적 · 추상적으로 장래를 향해 재산권의 내용을 새롭게 규정하는 조항임. 또한 개발제한구역지정 이후에 토지재산권 행사를 규율함. 즉, 장래를 향해 재산권 행사를 규제함. 따라서 재산권의 사회적 제약을 규정하고 있는 재산권의 내용과 한계에 관한 조문에 불과함.
② 도시계획법 제21조는 재산권의 사회적 제약을 구체화한 재산권의 내용과 한계에 관한 규정임. 따라서 원칙적으로 보상에 관한 규정을 둘 필요는 없음. 그러나 재산권의 내용과 한계를 정한 조문이라도 비례의 원칙 등은 지켜야 하고 이를 위반하면 헌법 위반이 됨. 따라서 상대방의 재산권이 지나치게 제한되지 않도록 하기 위해 일정한 경우에는 조정적 규정(조정적 보상규정)을 둘 필요가 있음.
③ 그런데 도시계획법 제21조는 개발제한구역의 지정으로 재산권이 지나치게 제한되는 자(예컨대 나대지 소유자)에게 아무런 조정규정을 두고 있지 않음. 따라서 이러한 경우에는 비례원칙을 위반한 것으로 위헌이 됨.

보상 없는 개발제한구역지정
- 헌법 합치
  - 종래 목적대로 사용 가능(과수원)
  - 지가하락,08 09 지가상승률의 상대적 감소[10]
- 헌법 위반
  - 종래 목적대로 사용 불가(나대지 등)
  - 토지를 이용할 수 있는 방법이 전혀 없는 경우

☑ 개발제한구역지정 자체는 합헌이나 개발제한구역지정으로 일부 토지소유자에게 사회적 제약의 범위를 넘는 가혹한 부담이 발생하는 경우에 보상규정을 두지 않은 것은 위헌성이 있는 것이고, 다만, 보상의 구체적 기준과 방법은 입법자가 입법정책적으로 정할 사항임.

④ 다만, ㉠ 개발제한구역지정 자체는 헌법 위반이 아닌 점, ㉡ 따라서 곧바로 위헌결정을 내려서 개발제한구역지정 자체를 없애기보다는 도시계획법 제21조를 유지해야 할 필요성이 크다는 점, ㉢ 개발제한구역지정에 따라 생기게 된 지나친 재산권 침해 정도 및 구체적 보상방법은 입법자가 정하는 게 맞다는 점 등을 고려해 헌법불합치 결정(법률은 위헌이나 일정한 기간 동안 법률의 효력을 유지)을 통해 도시계획법 제21조를 존속케 함.

⑤ 그러면서 헌법재판소는 ㉠ 입법자는 되도록 빨리 보상입법을 마련하여야 하며, ㉡ 행정청은 보상입법이 만들어지기 전까지 새로운 개발제한구역지정을 하여서는 안 되고, ㉢ 토지소유자는 보상입법을 기다려 권리행사를 할 수는 있을지언정 개발제한구역지정 등을 다투어서는 안 된다고 판시함.

(3) 구체적 판례 검토

1-1. 구 도시계획법 제21조에 규정된 **개발제한구역제도 그 자체는 원칙적으로 합헌적인 규정**인데, **다만 개발제한구역의 지정으로 말미암아 일부 토지소유자에게** 사회적 제약의 범위를 넘는 가혹한 부담이 발생하는 예외적인 경우**에 대하여** 보상규정을 두지 않은 것에 위헌성이 있음.

1-2. **보상의 구체적 기준과 방법**은 헌법재판소가 결정할 성질의 것이 아니라 광범위한 입법형성권을 가진 **입법자가 입법정책적으로 정할 사항**이므로,[11] 입법자가 보상입법을 마련함으로써 위헌적인 상태를 제거할 때까지 위 조항을 형식적으로 존속케 하기 위하여 **헌법불합치결정**을 함.[12]

1-3. 입법자**는 되도록 빠른 시일 내에** 보상입법을 하여 위헌적 상태를 제거할 의무**가 있고,** 행정청**은 보상입법이 마련되기 전에는** 새로 개발제한구역을 지정하여서는 아니 **되며,** 토지소유자**는** 보상입법을 기다려 **그에 따른 권리행사를 할 수 있을 뿐 개발제한구역의 지정이나 그에 따른 토지재산권의 제한 그 자체의 효력을 다투거나 위 조항에 위반하여 행한 자신들의 행위의 정당성을 주장할 수는 없음**(헌재 1998. 12. 24, 89헌마214, 90헌바16, 97헌바78 병합).[13]

2. **개발제한구역지정으로** 토지를 종래의 목적으로도 사용할 수 없거나 실질적으로 토지의 사용 · 수익의 길이 없는 경우**에는 토지소유자가 수인해야 하는** 사회적 제약의 한계를 넘는 것이므로 입법자가 그 부담을 완화하는 보상규정을 두어야**만 비로소 헌법상으로 허용됨**(헌재 1998. 12. 24, 89헌마214).[14]

3. 도시계획시설의 지정으로 말미암아 당해 토지의 이용가능성이 배제되거나 또는 토지소유자가 토지를 종래 허용된 용도대로도 사용할 수 없기 때문에 이로 말미암아 현저한 재산적 손실이 발생하는 경우에는, 원칙적으로 사회적 제약의 범위를 넘는 수용적 효과를 인정하여 국가나 지방자치단체는 이에 대한 보상을 해야 함(헌재 1999. 10. 21, 97헌바26).[15]

> 비교판례
>
> 도시계획시설부지가 나대지인 경우와 달리 지목이 대(垈) 이외인 토지인 경우는 도시계획시설결정에 의한 제한이 수인하여야 하는 사회적 제약의 범주에 속하는 것으로서 재산권에 대한 침해라고 할 수 없고, 이에 따라 지목이 대(垈)인 토지에 대하여 인정되는 매수청구권을 인정하지 않더라도 합리적 이유가 있으므로 평등원칙에 반하지 아니함(헌재 2009. 7. 30, 2007헌바110).[16]

4. 개발제한구역의 지정으로 인하여 토지의 효용이 현저히 감소하거나 그 사용 · 수익이 사실상 불가능한 토지소유자에게 토지매수청구권을 인정하는 등 보상규정을 두고 있는 점에 비추어 개발제한구역 내에서 건축물의 건축 및 용도변경 등의 행위를 제한하는 이 사건 특조법 조항(편저자 주 : 「개발제한구역의 지정 및 관리에 관한 특별조치법」 제11조 제1항)이 비례의 원칙을 위반하여 청구인들의 재산권을 과도하게 침해한 것으로 보기 어려움(헌재 2004. 2. 26, 2001헌바80 · 84 병합).[17]

Topic

58 행정상 손실보상 Ⅲ - 손실보상의 기준과 내용 등

p.241~251

손실보상의 기준과 내용

1 토지보상법상(토지수용)의 일반적 기준

1) 보상대상자 : 공익사업에 필요한 토지의 소유자 및 관계인(사업인정의 고시 이후에 권리를 취득한 자는 관계인에 포함되지 않음)

「공익사업을 위한 토지 등의 취득 및 보상에 관한 법률」상 보상대상이 되는 '기타 토지에 정착한 물건에 대한 소유권 그 밖의 권리를 가진 관계인'에는 수거 · 철거권 등 실질적 처분권을 가진 자도 포함됨(대판 2019. 4. 11, 2018다277419). 01

2) 공용수용의 경우

(1) 객관적 가치보상 + 부대적 손실보상

객관적 가치보상	부대적 손실보상
• 시가보상의 원칙 : 토지보상법은 원칙적으로 협의성립 당시 또는 재결 당시의 가격에 의한 재산권보상을 하도록 규정 • 토지에 대한 보상액 : 가격시점에서의 현실적인 이용상황과 일반적인 이용방법에 의한 객관적 상황을 고려하여 산정하되, 일시적인 이용상황과 토지소유자나 관계인이 갖는 주관적 가치 및 특별한 용도에 사용할 것을 전제로 한 경우 등은 고려하지 아니함. 02	토지보상법은 잔여지 가격하락에 의한 손실과 공사비용의 보상, 지상물건의 이전비보상, 영업손실보상, 이전대상 건축물의 수용 등을 규정

(2) 용도지역 등의 변경 : 공익사업 시행을 직접 목적으로 하여 용도지역 또는 용도지구 등이 변경된 토지는 변경되기 전의 용도지역 또는 용도지구 등을 기준으로 평가함.

1-1. 토지수용보상액을 산정함에 있어서는 구 토지수용법 제46조 제1항에 따라 당해 공공사업의 시행을 직접 목적으로 하는 계획의 승인 · 고시로 인한 가격변동은 이를 고려함이 없이 수용재결 당시의 가격을 기준으로 하여 정하여야 함. 03

1-2. 따라서 당해 사업인 택지개발사업에 대한 실시계획의 승인과 더불어 그 용도지역이 주거지역으로 변경된 토지를 그 사업의 시행을 위하여 후에 수용하였다면 그 재결을 위한 평가를 함에 있어서는 그 용도지역의 변경을 고려함이 없이 평가하여야 함(대판 1999. 3. 23, 98두13850).

2-1. 공법상 제한이 당해 공공사업의 시행을 직접 목적으로 하여 가하여진 경우가 아니라면 그러한 제한을 받는 상태 그대로 평가하여야 함.

2-2. 문화재보호구역의 확대지정이 당해 공공사업인 택지개발사업의 시행을 직접 목적으로 하여 이루어진 것이 아님이 명백하다면 토지의 수용보상액은 그러한 공법상 제한을 받는 상태대로 평가하여야 함(대판 2005. 2. 18, 2003두14222). 04

(3) 손실보상청구권 유무의 판단시점 : 공공사업의 시행 당시

1. 공공사업의 시행으로 인한 손실보상청구권의 유무를 판단할 기준시점은 공공사업의 시행 당시를 기준으로 하여야 하며, 공공사업 실시계획의 승인 · 고시 이후 영업허가를 받은 자는 그 이후의 공공사업 시행으로 특별한 손실을 입었다고 볼 수 없음(대판 2006. 11. 23, 2004다65978).
2. 공유수면매립허가가 고시된 이후 어업허가를 받은 자는 공유수면매립사업의 시행으로 특별한 손실을 입었다고 볼 수 없음(대판 1999. 11. 23, 98다11529).

(4) 손실보상의무불이행상태에서 공익사업을 시행한 경우

> 기업자가 토지수용법상 소정의 보상을 함이 없이 수용목적물에 대한 공사를 시행하여 토지소유자 또는 관계인에게 손해를 입혔다면 이는 불법행위를 구성하는 것으로서, 토지소유자가 그 손해금의 지급을 구하는 소는 민사상의 손해배상청구로 보아야 함(대결 1988. 11. 3, 88마850).

(5) 보상 없이 타인의 토지를 점유 · 사용하는 경우

> 1. 농지개량사업 시행지역 내의 토지 등 소유자가 토지사용에 관한 승낙을 하였더라도 그에 대한 정당한 보상을 받은 바가 없다면 농지개량사업 시행자는 토지소유자 및 승계인에 대하여 보상할 의무가 있고,05 그러한 보상 없이 타인의 토지를 점유 · 사용하는 것은 법률상 원인 없이 이득을 얻은 때에 해당함(대판 2016. 6. 23, 2016다206369).
>
> 2-1. 토지의 상공에 고압전선이 통과하게 됨으로써 토지소유자가 토지 상공의 사용 · 수익을 제한받게 되는 경우, 특별한 사정이 없는 한 고압전선의 소유자는 토지소유자의 사용 · 수익이 제한되는 상공 부분에 대한 차임 상당의 부당이득을 얻고 있으므로, 토지소유자는 이에 대한 반환을 구할 수 있음.
>
> 2-2. 이때 토지소유자의 사용 · 수익이 제한되는 상공의 범위에는 고압전선이 통과하는 부분뿐만 아니라 관계법령에서 고압전선과 건조물 사이에 일정한 거리를 유지하도록 규정하고 있는 경우 그 거리 내의 부분도 포함됨(대판 2022. 11. 30, 2017다257043).06 최신

2 보상내용의 변천과정 : 대인적 보상 ⇨ 대물적 보상 ⇨ 생활보상으로 발전

대인적 보상	대물적 보상(재산권보상)	생활보상
피수용자의 수용목적물에 대한 주관적 가치를 기준으로 보상	• 주관적 가치가 아니라 객관적 시장가치를 기준으로 보상 • 침해가 없었던 것과 동일한 재산상태의 실현	• 재산권의 수용 등으로 인해 생활근거를 상실하게 되는 재산권의 피수용자 등에 대하여 종전과 같은 생활을 유지하도록 실질적으로 보장하는 보상07 • 침해가 없었던 것과 동일한 생활상태의 실현

3 재산권보상 : 손실에 대한 객관적인 가치 및 부대적 손실에 대한 보상

1) 토지의 보상 : 공시지가를 기준으로 하여 지가변동이 없는 인근토지의 지가상승률 등을 고려한 금액으로 보상

2) 토지 이외의 재산권보상

(1) 농업에 대한 보상 : 실제 경작자에게 보상. 다만, 농지소유자가 해당 지역에 거주하는 농민인 경우에는 농지소유자와 실제 경작자가 협의하는 바에 따라 보상할 수 있음.08

(2) 광업권, 어업권, 양식업권, 물(용수시설 포함) 등의 사용에 관한 권리에 대한 보상 : 투자비용, 예상수익 및 거래가격 등을 고려하여 평가한 적정가격으로 보상하여야 함.

> 하천법 제50조에 의한 하천수 사용권은 토지보상법 제76조 제1항이 손실보상의 대상으로 규정하고 있는 '물의 사용에 관한 권리'에 해당함(대판 2018. 12. 27, 2014두11601).09

(3) 잔여지보상

> 1. 사업시행자가 동일한 토지소유자에 속하는 일단의 토지 일부를 취득함으로 인하여 **잔여지의 가격이 감소하거나 그 밖의 손실이 있을 때 등에는 잔여지를 종래의 목적으로 사용하는 것이 가능한 경우라도 잔여지 손실보상의 대상**이 되며, 잔여지를 종래의 목적에 사용하는 것이 불가능하거나 현저히 곤란한 경우이어야만 잔여지 손실보상청구를 할 수 있는 것이 아님(대판 2018. 7. 20, 2015두4044).10
>
> 2-1. 특정한 공익사업의 사업시행자가 보상하여야 하는 잔여지 손실은, 동일한 소유자에게 속하는 일단의 토지 중 일부를 사업시행자가 그 공익사업을 위하여 취득하거나 사용함으로 인하여 잔여지에 발생하는 것임을 전제로 하므로 잔여지

에 대하여 현실적 이용상황 변경 또는 사용가치 및 교환가치의 하락 등이 발생하였더라도, 그 손실이 토지의 일부가 공익사업에 취득되거나 사용됨으로 인하여 발생하는 것이 아니라면 잔여지 손실보상대상에 해당한다고 볼 수 없음.[11]

2-2. 고속도로 건설공사를 위해 일단의 토지의 일부만 수용되고 남은 '잔여지'가 고속도로 접도구역으로 지정되어 가치가 하락한 것이 토지보상법 제73조 제1항의 잔여지 가격감소 손실보상의 대상이 되지 않음(대판 2017. 7. 11, 2017두40860).

(4) 영업손실의 보상

- 영업을 폐업하거나 휴업함에 따른 영업손실은 영업이익과 시설의 이전비용 등을 고려하여 보상하여야 함.[12]
- 재결절차를 거쳤는지 여부는 보상항목별로 판단하여야 함(대판 2020. 4. 9, 2017두275). 보상항목이란 피보상자별로 어떤 토지, 물건, 권리 또는 영업이 손실보상대상에 해당하는지, 나아가 보상금액이 얼마인지를 심리판단하는 기초 단위를 말함.

편입토지 · 물건 보상, 지장물 보상, 잔여 토지 · 건축물 손실보상 또는 수용청구의 경우에는 원칙적으로 개별물건별로 하나의 보상항목이 되지만, 잔여 영업시설 손실보상을 포함하는 영업손실보상의 경우에는 '전체적으로 단일한 시설 일체로서의 영업' 자체가 보상항목이 됨(대판 2018. 7. 20, 2015두4044).

- 영업의 폐업과 휴업은 영업을 실제로 이전하였는지가 아니라 이전이 가능한지에 따라 구별함.

1. 영업손실에 관한 보상에서 영업의 폐지(편저자 주 : 폐업)와 휴업의 구별기준은 실제로 이전하였는지가 아니라 영업을 다른 장소로 이전하는 것이 가능한지에 달려 있음(대판 2001. 11. 13, 2000두1003).[13]
2. 구 토지수용법 제51조가 규정하고 있는 '영업상의 손실'이란 수용의 대상이 된 토지 · 건물 등을 이용하여 영업을 하다가 그 토지 · 건물 등이 수용됨으로 인하여 영업을 할 수 없거나 제한을 받게 됨으로 인하여 생기는 직접적인 손실을 말함(대판 2005. 7. 29, 2003두2311).[14]
3. 영업을 하기 위하여 투자한 비용이나 그 영업을 통하여 얻을 것으로 기대되는 이익은 손실보상의 대상이 아님(대판 2006. 1. 27, 2003두13106).[15][16]

- 또한, 토지보상법상 공익사업에 해당하고 해당 공익사업으로 폐업하거나 휴업하게 된 것이어서 토지보상법령에서 정한 영업손실보상대상에 해당하면, 사업인정고시가 없더라도 영업손실을 보상할 의무가 있다고 함.[17][18]

〔지방자치단체가 전통시장 공영주차장 설치사업(공익사업)을 사업인정고시 없이 시행하면서 협의취득한 건물의 임차인들에게 영업손실보상을 하지 않자, 임차인들이 재산상 손해로서 영업손실보상 상당액과 정신적 손해에 대한 위자료를 함께 청구한 사건에서〕「공익사업을 위한 토지 등의 취득 및 보상에 관한 법률」(이하 '토지보상법')상 공익사업에 해당하지만 국토교통부장관의 사업인정고시가 없는 경우라도, 토지보상법상 영업손실보상에 관한 규정이 적용됨(대판 2021. 11. 11, 2018다204022). 최신

4 생활(권)보상

1) 이주대책

(1) 의의 : 공익사업의 시행으로 인하여 주거용 건축물을 제공함에 따라 생활의 근거를 상실하게 되는 자를 종전과 같은 생활상태를 유지할 수 있도록 다른 지역으로 이주시키는 것

구 「공공용지의 취득 및 손실보상에 관한 특례법」 제8조 제1항 소정의 '이주대책'은 생활보상의 일환임(대판 2003. 7. 25, 2001다57778).

(2) 헌법 제23조 제3항의 정당한 보상에 포함되는지 여부 등

- 이주대책은 헌법 제23조 제3항의 정당한 보상에 포함되는 것이 아님. ⇨ 국가의 적극적이고 정책적인 배려

> 1. 이주대책은 공익사업의 시행에 필요한 토지 등을 제공함으로 인하여 생활의 근거를 상실하게 되는 이주대책대상자들에게 종전 생활상태를 원상으로 회복시키면서 동시에 인간다운 생활을 보장하여 주기 위하여 마련된 제도임.[19]
> 2. 이주대책은 헌법 제23조 제3항에 규정된 정당한 보상에 포함되는 것이라기보다는 생활보상의 일환으로서 국가의 적극적이고 정책적인 배려에 의하여 마련된 제도라고 볼 것임(헌재 2006. 2. 23, 2004헌마19).[20][21]

- 따라서 이주대책의 실시 여부는 국가기관인 입법자(국회)의 입법정책적 재량의 영역에 속하므로, 토지보상법 시행령에서 이주대책의 대상자에서 세입자를 제외하고 있는 것은 세입자의 재산권을 침해하는 것이 아님.

> 1. 이주대책의 실시 여부는 '입법자'의 입법정책적 재량의 영역에 속함.[22]
> 2. 「공익사업을 위한 토지 등의 취득 및 보상에 관한 법률 시행령」 제40조 제3항 제3호가 이주대책의 대상자에서 세입자를 제외하고 있는 것은 세입자의 재산권을 침해하지 않음(헌재 2006. 2. 23, 2004헌마19).[23][24]

써니쌤 Talk

주거용 건물의 소유자(소유권)	이주대책대상자 ○
주거용 건물의 세입자(전세권)	이주대책대상자 ×

(3) 이주대책수립자 : 이주대책을 수립하는 자는 사업시행자인데, 사업시행자가 이주대책을 수립하고자 하는 때에는 미리 관할 지방자치단체의 장과 협의하여야 함.

(4) 이주대책대상자

구분	내용
법상 이주대책대상자	㉠ 공익사업의 시행으로 인하여 주거용 건축물을 제공함에 따라 생활의 근거를 상실하게 되는 자, ㉡ 대통령령으로 정하는 공익사업의 시행으로 공장을 이전하는 자
	「공익사업을 위한 토지 등의 취득 및 보상에 관한 법률 시행령」 제40조 제3항 제2호의 '공익사업을 위한 관계법령에 의한 고시 등이 있은 날' 당시 주거용 건물이 아니었던 건물이 그 후 주거용으로 용도변경된 경우, 이주대책대상이 되는 주거용 건축물이 아님(대판 2009. 2. 26, 2007두13340).[25]
법상 제외되는 자	㉠ 허가를 받거나 신고를 하고 건축하여야 하는 건축물을 허가를 받지 아니하거나 신고를 하지 아니하고 건축한 건축물의 소유자, ㉡ 타인이 소유하고 있는 건축물에 거주하는 세입자
세입자의 경우	사업시행자는 법상 이주대책대상자가 아닌 세입자도 임의로 이주대책대상자에 포함시킬 수는 있음.
	① 이주대책의 수립에 의해 이주대책대상자에 포함된 세입자 등은 영구임대주택 입주권 등 이주대책을 청구할 권리를 가지며 이를 거부한 것은 거부처분이 됨(대판 1994. 2. 25, 93누15120). ② 「공익사업을 위한 토지 등의 취득 및 보상에 관한 법률」상 해당 공익사업의 성격, 구체적인 경위나 내용, 원만한 시행을 위한 필요 등 제반 사정을 고려하여, 사업시행자는 법이 정한 이주대책대상자를 포함하여 그 밖의 이해관계인에게까지 넓혀 이주대책 수립 등을 시행할 수 있음(대판 2015. 7. 23, 2012두22911).[26]

(5) 이주대책의 내용 등

> 「공익사업을 위한 토지 등의 취득 및 보상에 관한 법률」 제78조 【이주대책의 수립 등】 ① 사업시행자는 공익사업의 시행으로 인하여 주거용 건축물을 제공함에 따라 생활의 근거를 상실하게 되는 자(이하 '이주대책대상자'라 한다)를 위하여 대통령령이 정하는 바에 따라 이주대책을 수립 · 실시하거나 이주정착금을 지급하여야 한다.
> ④ 이주대책의 내용에는 이주정착지(이주대책의 실시로 건설하는 주택단지를 포함한다)에 대한 도로, 급수시설, 배수시설, 그 밖의 공공시설 등 통상적인 수준의 생활기본시설이 포함되어야 하며, 이에 필요한 비용은 사업시행자가 부담한다.[27] 다만, 행정청이 아닌 사업시행자가 이주대책을 수립 · 실시하는 경우에 지방자치단체는 비용의 일부를 보조할 수 있다.

- 사업시행자는 법령에서 정한 일정한 경우(10가구 이상) 「공익사업을 위한 토지 등의 취득 및 보상에 관한 법률」 제78조에 따르면 이주대책을 수립할 의무가 있음.[28][29]
- 다만, 이주대책의 '내용결정'에 있어서는 재량권을 가짐.[30] 따라서 이주대책대상자들에게 공급할 택지 등을 정할 때 재량권을 가짐.

> 도시개발사업의 사업시행자는 이주대책기준을 정하여 이주대책대상자 가운데 이주대책을 수립 · 실시하여야 할 자를 선정하여 그들에게 공급할 택지 등을 정하는 데 재량을 가짐(대판 2009. 3. 12, 2008두12610).[31]

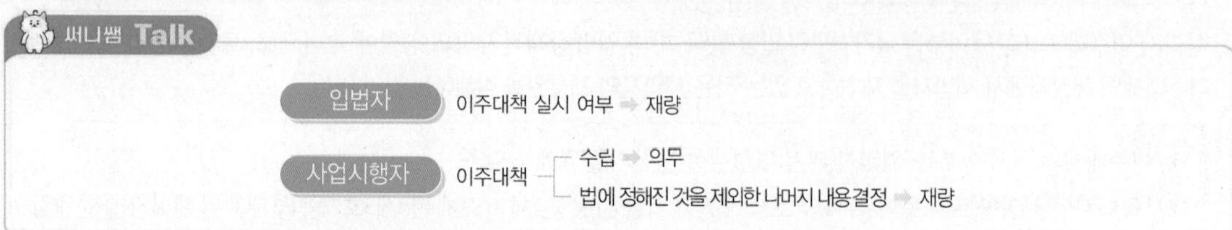

- 사업시행자는 생활기본시설에 필요한 비용을 부담하여야 함.
- 이주대책에 관한 규정은 강행법규(두 당사자 간 합의에 의하여 그 적용을 배제할 수 없는 규정)임.

> 1. 사업시행지의 이주대책 수립 · 실시의무를 정하고 있는 구 「공익사업을 위한 토지 등의 취득 및 보상에 관한 법률」 제78조 제1항과 이주대책의 내용을 정하고 있는 같은 조 제4항 본문은 당사자의 합의 또는 사업시행자의 재량에 의하여 적용을 배제할 수 없는 강행법규임(대판 2011. 6. 23, 2007다63089 · 63096 전합).[32]
> 2. 공익사업의 시행자가 이주대책대상자와 체결한 택지에 관한 특별공급계약에서 구 「공익사업을 위한 토지 등의 취득 및 보상에 관한 법률」 제78조 제4항에 규정된 생활기본시설 설치비용을 분양대금에 포함시킨 경우, 그 부분은 강행법규에 위배되어 무효가 됨(대판 2019. 3. 28, 2015다49804).

(6) 이주자의 법적 지위

- 이주대책대상자의 수분양권 등 특정한 실체법상의 권리취득시기 : 사업시행자 이주대책계획수립공고 ⇨ 이주자 이주대책대상자 선정신청 ⇨ 심사 후 사업시행자가 이주대책대상자로 확인 · 결정하여야 비로소 수분양권이 발생함. 이러한 이주대책대상자 확인 · 결정은 항고소송의 대상이 되는 처분임.
- 이주대책대상자 선정신청을 거부하는 경우 그 거부는 처분이 되므로 이에 대하여 취소소송을 제기하고 응답이 없는 경우에는 부작위위법확인소송을 제기하여야 함.

> 1. 구 「공공용지의 취득 및 손실보상에 관한 특례법」 제8조 제1항(현 토지보상법 제78조)에 의하여 이주자에게 이주대책상의 택지분양권이나 아파트입주권 등을 받을 수 있는 구체적인 권리(수분양권)가 직접 발생하는 것이 아니라[33][34] 사업시행자가 이주대책대상자로 확인 · 결정하여야만 비로소 구체적인 수분양권이 발생하게 됨(대판 1994. 5. 24, 92다35783 전합).[35]
> 2. 「공익사업을 위한 토지 등의 취득 및 보상에 관한 법률」상의 공익사업시행자가 하는 이주대책대상자 확인 · 결정의 법적 성질은 행정처분으로서 이에 대한 쟁송방법은 항고소송임(대판 2014. 2. 27, 2013두10885).[36]

2) 이주정착금의 지급

> 「공익사업을 위한 토지 등의 취득 및 보상에 관한 법률 시행령」 제41조【이주정착금의 지급】 사업시행자는 법 제78조 제1항에 따라 다음 각 호의 어느 하나에 해당하는 경우에는 이주대책대상자에게 국토교통부령으로 정하는 바에 따라 이주정착금을 지급해야 한다.
> 1. 이주대책을 수립 · 실시하지 아니하는 경우
> 2. 이주대책대상자가 이주정착지가 아닌 다른 지역으로 이주하려는 경우[37] (이하 생략)

3) 주거이전비의 지급 : 주거용 건물의 거주자에 대하여는 주거이전에 필요한 비용과 가재도구 등 동산의 운반에 필요한 비용을 산정하여 보상하여야 함.

> 세입자의 주거이전비 보상청구권은 공법상의 권리로 보아 그 보상과 관련한 소송은 **행정소송**임(대판 2008. 5. 29, 2007다8129).**38**

4) 생활대책

- 생활대책용지의 공급과 같이 공익사업 시행 이전과 같은 경제수준을 유지할 수 있도록 하는 대책
- 대법원은 헌법 제23조 제3항의 정당한 보상에 포함되는 것으로, 헌법재판소는 정책적 배려에 의하여 마련된 제도로 봄.

대법원	헌법재판소
1. 생활대책에 관한 분명한 근거규정을 두고 있지는 않으나, **생활대책을 수립·실시할 수 있도록 하는 내부규정을 두고 있고 내부규정에 따라 생활대책대상자 선정기준을 마련하여 생활대책을 수립·실시하는 경우 이러한 생활대책 역시 헌법 제23조 제3항에 따른** 정당한 보상에 포함되는 것으로 보아야 함. 2. (사업시행자 스스로 공익사업의 원활한 시행을 위하여 생활대책을 수립·실시할 수 있도록 하는 내부규정을 두고 이에 따라 생활대책대상자 선정기준을 마련하여 생활대책을 수립·실시하는 경우 생활대책대상자 선정기준에 해당하는 자는 사업시행자에게 생활대책대상자 선정 여부의 확인·결정을 신청할 수 있는 권리를 가지는 것이어서**39** 생활대책대상자 선정기준에 해당하는 자가 자신을 생활대책대상자에서 제외하거나 선정을 거부한 사업시행자를 상대로 항고소송을 제기할 수 있음(대판 2011. 10. 13, 2008두17905).**40 41**	**생활대책은 헌법 제23조 제3항에 규정된 정당한 보상에 포함되는 것이라기보다는 생활보상의 일환으로서** 국가의 정책적인 배려**에 의하여 마련된 제도**이므로, 그 실시 여부는 입법자의 입법정책적 재량의 영역에 속함(헌재 2013. 7. 25, 2012헌바71).**42**

써니쌤 Talk

헌법 제23조 제3항에 따른 '정당한 보상' 포함 여부

구 분	이주대책	생활대책
대법원	포함되지 않음.	포함됨.
헌법재판소	모두 포함되지 않음.	

5 사업손실(간접손실)의 보상

개 념	공공사업의 시행 또는 완성 후의 시설이 간접적으로 사업지 밖의 타인의 재산권에 가하는 손실
법적 근거	• 토지보상법과 동법 시행규칙에서는 간접손실에 관한 내용을 규정 • 간접적인 영업손실도 일정한 요건을 갖춘 경우 특별한 희생이 되어 헌법 제23조 제3항에 규정한 손실보상의 대상이 됨.**43**
요 건	간접손실보상이 인정되기 위하여는 간접손실이 발생하여야 하고, 당해 간접손실이 특별한 희생이 되어야 함. 1. A지역에서 수산업협동조합이 수산물 위탁판매장을 운영하면서 위탁판매수수료를 지급받아 왔고, 법령에 의하여 그 지역에서 독점적 위탁판매지위가 부여되어 있었음. 2. 이후 해당 지역에서 공유수면매립사업이 시행되어 어업활동을 하던 사람들의 조업이 불가능하게 되었고 이로 인해 수산업협동조합의 위탁판매사업이 중단되었음. 이때 수산업협동조합이 매립사업으로 인해 상실하게 된 위탁판매수수료 수입은 매립사업의 간접적인 영업손실임. 3. 수산업협동조합의 영업상의 손실(간접손실)은 **재산이익을 본질적으로 침해하는** 특별한 희생**에 해당되고, 매립사업으로 인하여 발생한** 영업손실은 예측할 수 있고, 손실의 범위도 구체적으로 확정할 수 있으므로 **손실보상의 대상이 되고** 직접적인 보상규정이 없더라도 관련법규를 유추적용하여 보상해 주어야 함.

	간접적인 영업손실이라고 하더라도 피침해자인 수산업협동조합이 공공의 이익을 위하여 당연히 수인하여야 할 재산권에 대한 제한의 범위를 넘어 수산업협동조합의 위탁판매사업으로 얻고 있는 영업상의 재산이익을 본질적으로 침해하는 특별한 희생에 해당하고, 사업시행자는 공유수면매립면허 고시 당시 그 매립사업으로 인하여 위와 같은 **영업손실이 발생한다는 것을 상당히 확실하게 예측할 수 있었고 그 손실의 범위도 구체적으로 확정할 수 있으므로, 위 위탁판매수수료 수입손실은 헌법 제23조 제3항에 규정한 손실보상의 대상이 됨**(대판 1999. 10. 8, 99다27231).[44][45]
토지보상법 시행규칙상의 간접손실보상	1. 공익사업인 고속철도 건설사업 시행 후의 고속철도 운행에 따른 소음, 진동 등으로 인하여 고속철도 인근에서 양잠업을 영위하던 원고에게 발생한 손실에 관하여 「공익사업을 위한 토지 등의 취득 및 보상에 관한 법률」(이하 '토지보상법'이라고 함) 관련규정에 따라 손실보상청구를 할 수 있음. 2. 「공익사업을 위한 토지 등의 취득 및 보상에 관한 법률 시행규칙」 제64조 제1항 제2호에서 정한 공익사업시행지구 밖 영업손실보상의 요건인 '공익사업의 시행으로 인한 그 밖의 부득이한 사유로 일정 기간 동안 휴업이 불가피한 경우'에 공익사업의 시행 결과로 휴업이 불가피한 경우도 포함됨. 3. 실질적으로 같은 내용의 손해에 관하여 「공익사업을 위한 토지 등의 취득 및 보상에 관한 법률」 제79조 제2항에 따른 손실보상과 환경정책기본법 제44조 제1항에 따른 손해배상청구권이 동시에 성립하는 경우, 영업자가 두 청구권을 동시에 행사할 수 없음(대판 2019. 11. 28, 2018두227).
법률에 규정이 없는 경우	• 보상규정이 없더라도 일정한 요건이 충족되면 보상을 하여야 함. • 구 토지수용법하에서 간접손실의 경우 간접손실이 발생하리라는 것을 쉽게 예견할 수 있고, 손실의 범위도 구체적으로 특정될 수 있다면 관련법규를 유추적용하여 보상해 주어야 함.[46]
	공공사업의 시행 결과 공공사업의 기업지 밖에서 발생한 간접손실에 대하여 사업시행자와 협의가 이루어지지 아니하고, 그 보상에 관한 명문의 법령이 없는 경우, 피해자는 「공공용지의 취득 및 손실보상에 관한 특례법 시행규칙」상의 손실보상에 관한 규정을 유추적용하여 사업시행자에게 보상을 청구할 수 있음(대판 1999. 10. 8, 99다27231).[47]

6 확장수용

1) 의의 : 공용수용은 원칙적으로 당해 공익사업을 위하여 필요한 최소한도에 국한되어야 하지만, 예외적으로 피수용자의 권리보호를 위하여 또는 사업의 목적달성상 필요한 때에는 수용한도를 넘어서 목적물이 확장되는 경우가 있음.

2) 공공사용에 대한 수용청구 : ㉠ 토지를 사용하는 기간이 3년 이상인 경우, ㉡ 토지의 사용으로 인하여 토지의 형질이 변경되는 경우, ㉢ 사용하려는 토지에 그 토지소유자의 건축물이 있는 경우에는 '토지소유자'는 사업시행자에게 매수청구를 하거나 관할 토지수용위원회에 토지의 수용을 청구할 수 있음.[48]

1. 토지보상법 제72조에 의한 사용토지에 대한 수용청구권은 형성권의 성질을 가짐.
2. 토지소유자의 토지수용청구를 받아들이지 아니한 토지수용위원회의 재결에 대하여 토지소유자가 불복하여 제기하는 소송은 토지보상법 제85조 제2항에 규정되어 있는 '보상금의 증감에 관한 소송'에 해당하고, 피고는 토지수용위원회가 아니라 사업시행자로 하여야 함(대판 2015. 4. 9, 2014두46669).[49]

3) 잔여지 등 수용

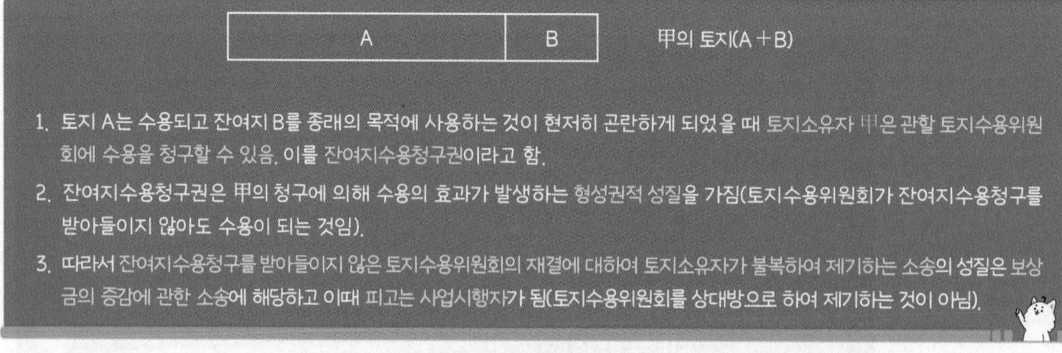

「공익사업을 위한 토지 등의 취득 및 보상에 관한 법률」 제74조 【잔여지 등의 매수 및 수용 청구】 ① 동일한 소유자에게 속하는 일단의 토지의 일부가 협의에 의하여 매수되거나 수용됨으로 인하여 잔여지를 종래의 목적에 사용하는 것이 현저히 곤란할 때에는 해당 토지소유자는 사업시행자에게 잔여지를 매수하여 줄 것을 청구할 수 있으며, 사업인정 이후에는 관할 토지수용위원회에 수용을 청구할 수 있다. 이 경우 수용의 청구는 매수에 관한 협의가 성립되지 아니한 경우에만 할 수 있으며, 사업완료일까지 하여야 한다.[50]

(1) 의의 : 토지의 일부가 수용되어 잔여지를 종래 목적대로 사용하는 것이 현저히 곤란할 때 사업인정 후 관할 토지수용위원회에 잔여지수용청구 가능

1. 구 「공익사업을 위한 토지 등의 취득 및 보상에 관한 법률」 제74조 제1항의 토지소유자의 잔여지수용청구 의사표시는 관할 토지수용위원회에 하여야 함.
2. 따라서 사업시행자에게 한 잔여지매수청구의 의사표시를 관할 토지수용위원회에 한 잔여지수용청구의 의사표시로 볼 수는 없음(대판 2010. 8. 19, 2008두822).[51]

(2) 요 건

- 종래의 목적 : 수용재결 당시에 당해 잔여지가 현실적으로 사용되고 있는 구체적인 용도를 의미
- 사용하는 것이 현저히 곤란한 때 : 물리적으로 사용하는 것이 곤란하게 된 경우는 물론 사회적 · 경제적으로 사용하는 것이 곤란하게 된 경우, 즉 절대적으로 이용불가능한 경우만이 아니라 이용은 가능하나 많은 비용이 소요되는 경우를 포함함(판례).[52] [53]

(3) 성질 : 잔여지수용청구권이 그 요건을 구비한 때에는 토지수용위원회의 특별한 조치를 기다릴 것 없이 청구에 의하여 수용의 효과가 발생하므로 형성권적 성질을 가짐(판례).[54]

(4) 잔여지수용청구권의 행사기간 : 협의가 성립되지 아니한 경우에 한하여 사업완료일까지 하여야 하고,[55] 그 행사기간은 제척기간임.

토지수용법에 의한 잔여지수용청구권의 법적 성질은 형성권이며, 그 행사기간의 법적 성질은 제척기간으로 기간 내에 권리를 행사하지 아니하면 권리가 소멸함(대판 2001. 9. 4, 99두11080).[56]

(5) 잔여지수용청구를 받아들이지 않은 토지수용위원회의 재결에 대하여 토지소유자가 불복하여 제기하는 소송의 성질 : 보상금증감소송, 피고는 사업시행자(형식적 당사자소송)

구 「공익사업을 위한 토지 등의 취득 및 보상에 관한 법률」 제74조 제1항에 규정되어 있는 잔여지수용청구권은 손실보상의 일환으로 토지소유자에게 부여되는 권리로서 그 요건을 구비한 때에는 잔여지를 수용하는 토지수용위원회의 재결이 없더라도 그 청구에 의하여 수용의 효과가 발생하는 형성권적 성질을 가지므로, 잔여지수용청구를 받아들이지 않은 토지수용위원회의 재결에 대하여 토지소유자가 불복하여 제기하는 소송은 위 법 제85조 제2항에 규정되어 있는 '보상금의 증감에 관한 소송'에 해당하여 사업시행자를 피고로 하여야 함(대판 2010. 8. 19, 2008두822).[57] [58]

손실보상의 유형과 지급

1 금전보상의 원칙

1) 현금지급의 원칙 : 손실보상은 현금으로 지급하는 것이 원칙임.[59] 다만, 일정한 경우 현물보상, 채권보상 등 다른 보상으로 하는 것도 가능함.

2) 예외 : 현물보상, 채권보상, 매수보상, 대토보상

2 사전보상의 원칙, 전액보상의 원칙

- 사업시행자는 해당 공익사업을 위한 공사에 착수하기 이전에 토지소유자와 관계인에게 보상액의 전액을 지급하여야 함(선급). 다만, 토지보상법 제38조에 따른 천재지변시의 토지사용의 경우 등 일정한 경우에는 사전보상의 원칙이 적용되지 않음(후급).[60]
- 한편, 후급의 경우 이자와 물가변동에 따르는 불이익은 보상책임자가 부담하여야 함(판례).[61]

> 1. 수용에 대한 재결절차에서 정한 보상액과 행정소송절차에서 정한 보상금액의 차액이 수용시기에 지급되지 않은 이상 지연손해금이 당연히 발생함(대판 1991. 12. 24, 91누308).[62]
> 2. 공익사업의 시행자가 토지소유자와 관계인에게 보상액을 지급하지 않고 그 승낙도 받지 않은 채 공사에 착수함으로써 토지소유자와 관계인이 손해를 입은 경우, 토지소유자와 관계인에 대하여 불법행위가 성립할 수 있고, 사업시행자는 그로 인한 손해를 배상할 책임을 짐(대판 2021. 11. 11, 2018다204022).[63] 최신

3 개인별 보상의 원칙[64]

- 손실보상은 개인별로 보상액을 산정할 수 없는 때를 제외하고는 토지소유자 또는 관계인에게 개인별로 보상하여야 한다는 원칙으로 개별급이라고도 함.
- 한편, '개인별'이란 수용 또는 사용의 대상이 되는 물건별로 보상을 하는 것이 아니라 피보상자 개인별로 보상하는 것을 의미함.

> 토지수용법(현 「공익사업을 위한 토지 등의 취득 및 보상에 관한 법률」)에 의한 보상은 수용 또는 사용의 대상이 되는 물건별로 하는 것이 아니라 피보상자 개인별로 행하여지며,[65] 피보상자가 수용대상물건 중 전부 또는 일부에 관하여 불복이 있는 경우에는 그 불복의 사유를 주장하여 행정소송을 제기할 수 있음(대판 2000. 1. 28, 97누11720).

4 사업시행자보상의 원칙

공익사업에 필요한 토지 등의 취득 또는 사용으로 인하여 토지소유자나 관계인이 입은 손실은 사업시행자가 보상하여야 함.[66][67]

5 기타 보상의 원칙

1) 일괄보상 : 사업시행자는 동일한 사업지역에 보상시기를 달리하는 동일인 소유의 토지 등이 여러 개 있는 경우 토지소유자 또는 관계인이 요구할 때에는 한꺼번에 보상금을 지급하도록 하여야 함.[68]

2) 사업시행이익과의 상계금지 : 사업시행자는 동일한 소유자에게 속하는 일단의 토지의 일부를 취득하거나 사용하는 경우 해당 공익사업의 시행으로 인하여 잔여지의 가격이 증가하거나 그 밖의 이익이 발생한 경우에도 그 이익을 그 취득 또는 사용으로 인한 손실과 상계할 수 없음.[69]

손실보상의 절차와 불복

1 협의전치(前置)주의

- 공익사업시행자는 수용 또는 사용할 토지의 소유자 및 관계인과 보상액, 수용의 개시일 등에 관하여 협의하여야 함.
- 협의가 성립되면 그것으로 공용수용의 절차는 종결되고, 협의의 내용에 따라 수용의 효과가 발생함.
- 이러한 합의는 사경제주체로서 행하는 사법상 계약의 성질을 가지므로 합의가 성립한 경우, 그 합의내용이 같은 법에서 정하는 손실보상기준에 맞지 않는다고 하더라도 특별한 사정이 없는 한 그 기준에 따른 손실보상금청구를 추가로 할 수는 없음.

> 1. 「공익사업을 위한 토지 등의 취득 및 보상에 관한 법률」에 의한 보상합의는 공공기관이 사경제주체로서 행하는 사법상 계약의 실질을 가지는 것으로서,[70] 당사자 간의 합의로 같은 법 소정의 손실보상의 기준에 의하지 아니한 손실보상금을 정할 수 있음.
> 2. 따라서 「공익사업을 위한 토지 등의 취득 및 보상에 관한 법률」에 의한 보상을 하면서 손실보상금에 관한 당사자 간의 합의가 성립한 경우, 그 합의내용이 같은 법에서 정하는 손실보상기준에 맞지 않는다고 하더라도 특별한 사정이 없는 한 그 기준에 따른 손실보상금청구를 추가로 할 수는 없음(대판 2013. 8. 22, 2012다3517).[71]

2 토지수용위원회의 재결

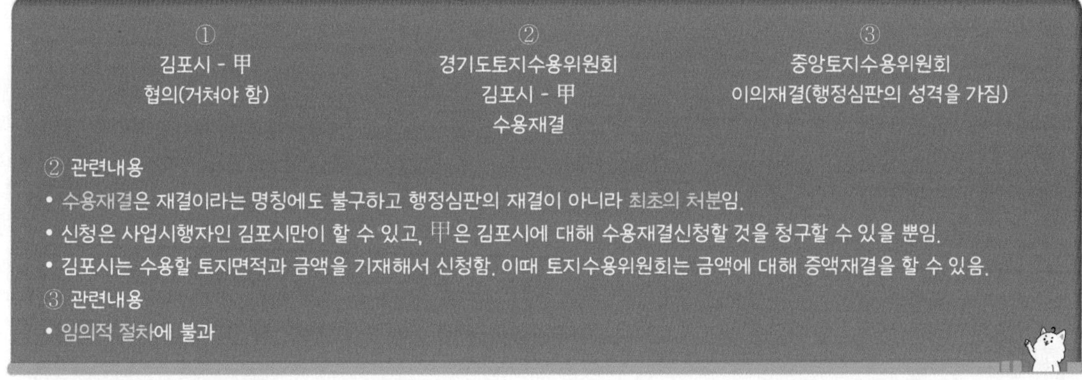

1) 사업시행자의 재결신청 : 당사자 간에 '협의가 성립되지 아니하거나' 협의를 할 수 없을 때에는 사업시행자는 사업인정의 고시가 있은 날부터 1년 이내에 대통령령이 정하는 바에 따라 관할 토지수용위원회에 재결을 신청할 수 있음.[72]

> 「공익사업을 위한 토지 등의 취득 및 보상에 관한 법률」 제30조 제1항에서 정한 '협의가 성립되지 아니한 때'에는, 토지소유자 등이 손실보상대상에 해당한다고 주장하며 보상을 요구하는데도 사업시행자가 손실보상대상에 해당하지 않는다며 보상대상에서 이를 제외한 채 협의를 하지 않아 결국 협의가 성립하지 않은 경우도 포함됨(대판 2011. 7. 14, 2011두2309).[73]

2) 토지소유자와 관계인의 재결신청청구

- 피수용자인 토지소유자 및 관계인은 '토지수용위원회'에 재결을 신청할 수는 없고 협의가 성립되지 아니하였을 때에는 토지소유자와 관계인은 서면으로 '사업시행자에게 재결을 신청할 것을 청구'할 수 있음.[74]
- 이 경우 사업시행자는 그 청구를 받은 날부터 60일 이내에 재결을 신청하여야 함.

> 1. 기업자가 토지소유자 등의 재결신청의 청구를 거부한다고 하여 이를 이유로 민사소송의 방법으로 그 절차이행을 구할 수는 없음(대판 1997. 11. 14, 97다13016).[75]

2. 「공익사업을 위한 토지 등의 취득 및 보상에 관한 법률」 제28조, 제30조에 따르면, 편입토지보상, 지장물보상, 영업·농업보상에 관해서는 사업시행자만이 재결을 신청할 수 있고 토지소유자와 관계인은 사업시행자에게 재결신청을 청구하도록 규정하고 있으므로, 토지소유자나 관계인의 재결신청청구에도 사업시행자가 재결신청을 하지 않을 때 토지소유자나 관계인은 사업시행자를 상대로 거부처분취소소송 또는 부작위위법확인소송의 방법으로 다투어야 함(대판 2019. 8. 29, 2018두57865).

3) 토지수용위원회의 재결

- 토지수용위원회의 재결에 의해 보상액, 수용의 개시일 등이 결정됨. 수용재결이 있는 경우 사업시행자가 재결서에 기재된 수용의 개시일까지 보상금을 지급 또는 공탁하면 수용의 개시일에 토지에 관한 권리를 취득함.
- 토지수용위원회는 사업시행자, 토지소유자 또는 관계인이 신청한 범위에서 재결하여야 함. 다만, 손실보상의 경우에는 증액재결을 할 수 있음.[76]

4) 수용재결이 있은 후의 협의 가능 여부

「공익사업을 위한 토지 등의 취득 및 보상에 관한 법률」상 토지수용위원회의 수용재결이 있은 후 토지소유자 등과 사업시행자가 다시 협의하여 토지 등의 취득이나 사용 및 그에 대한 보상에 관하여 임의로 계약을 체결할 수 있음(대판 2017. 4. 13, 2016두64241).[77]

3 이의신청

1) 재결에 대한 이의신청

「공익사업을 위한 토지 등의 취득 및 보상에 관한 법률」 제83조【이의의 신청】① 중앙토지수용위원회의 제34조에 따른 재결에 이의가 있는 자는 중앙토지수용위원회에 이의를 신청할 수 있다.
② 지방토지수용위원회의 제34조에 따른 재결에 이의가 있는 자는 해당 지방토지수용위원회를 거쳐 중앙토지수용위원회에 이의를 신청할 수 있다.
③ 제1항 및 제2항에 따른 이의의 신청은 재결서의 정본을 받은 날부터 30일 이내에 하여야 한다.

- 이의신청은 행정심판으로서의 성질을 가지며 토지보상법상 이의신청에 관한 규정은 행정심판법에 대한 특별법규정임.

토지수용위원회의 수용재결에 대한 이의절차는 실질적으로 행정심판의 성질을 갖는 것이므로 토지수용법(현 토지보상법)에 특별한 규정이 있는 것을 제외하고는 행정심판법의 규정이 적용된다고 할 것임(대판 1992. 6. 9, 92누565).

- 이러한 이의신청은 임의적 절차에 불과함.[78]

2) 이의신청에 대한 재결의 취소 및 변경 : 이의신청을 받은 경우 토지보상법 제34조에 따른 재결이 위법하거나 부당하다고 인정할 때에는 그 재결의 전부 또는 일부를 취소하거나 보상액을 변경할 수 있음.

4 행정소송

1) 행정소송의 제기

- 사업시행자·토지소유자·관계인은 토지수용위원회의 수용재결에 대하여 불복이 있는 때에는 재결서를 받은 날로부터 90일 이내에, 이의신청을 거친 경우에는 이의신청에 대한 재결서를 받은 날로 부터 60일 이내의 기간을 준수하여 행정소송제기가 가능함.[79]
- 한편, 이의신청이나 행정소송의 제기는 사업의 진행 및 토지의 수용 또는 사용을 정지시키지 아니함.[80 81]
- 이 경우 행정소송법의 제소기간에 관한 규정은 적용되지 아니한다는 것이 판례의 입장이며, 또한 헌법재판소는 구 토지수용법의 1개월의 단기출소기간이 재판청구권에 관한 헌법위반이 아니라고 판시한 바 있음.

1. 토지수용에 대한 불복절차에는 행정심판법 제18조상의 청구기간, 행정소송법 제20조의 제소기간에 관한 규정이 적용되지 않음(대판 1989. 3. 28, 88누5198).82
2. 행정소송법상의 제소기간보다 짧은 제소기간을 규정한 구 토지수용법은 위헌이 아님(헌재 1996. 8. 29, 93헌바63 · 95헌바8).

- 토지소유자는 특별한 사정이 없는 한 토지보상법 제34 · 50조 등에 규정된 재결절차를 거치지 않은 채 곧바로 사업시행자를 상대로 손실보상을 청구할 수 없음.

1-1. **손실보상금 채권**은 토지보상법에서 정한 절차로서 **관할 토지수용위원회의 재결 또는 행정소송절차를 거쳐야 비로소 구체적인 권리의 존부 및 범위가 확정됨.**83
1-2. 따라서 재결절차를 거치지 않은 채 곧바로 **사업시행자를 상대로** 손실보상을 청구하는 것은 허용되지 않음(대판 2022. 11. 24, 2018두67 전합). 최신

2. 공익사업으로 인하여 영업을 폐지(편저자 주 : 폐업)하거나 휴업하는 자가 토지보상법상 재결절차를 거치지 않은 채 사업시행자를 상대로 영업손실보상청구소송을 제기할 수는 없음(대판 2011. 9. 29, 2009두10963).84
3. 구 「공익사업을 위한 토지 등의 취득 및 보상에 관한 법률」의 관련규정에 의하여 취득하는 **어업피해에 관한 손실보상청구권**은 민사소송의 방법으로 행사할 수는 없고, 구 토지보상법에 규정된 **재결절차를 거친 다음 그 재결**에 대하여 불복이 있는 때에 비로소 구 **토지보상법 제83조 내지 제85조에 따라 권리구제를 받아야** 하며(당사자소송), 이러한 재결절차를 거치지 않은 채 곧바로 **사업시행자를 상대로** 손실보상을 청구할 수 없음(대판 2014. 5. 29, 2013두12478).
4. 공익사업에 **영업시설 일부가 편입됨으로 인하여 잔여 영업시설에 손실을 입은** 자가 잔여 영업시설의 손실에 대한 보상을 받기 위해서는, 토지보상법에 규정된 **재결절차를 거친 다음 그 재결**에 대하여 불복이 있는 때에 비로소 **토지보상법 제83조 내지 제85조에 따라 권리구제를 받을 수 있을 뿐,** 이러한 재결절차를 거치지 않은 채 곧바로 **사업시행자를 상대로** 손실보상을 청구하는 것은 허용되지 않음(대판 2018. 7. 20, 2015두4044).
5. 농업손실보상청구권은 손실보상의 일종으로 공법상의 권리임이 분명하므로 그에 관한 쟁송은 민사소송이 아닌 행정소송절차에 의하여야 할 것이고, **공익사업으로 인하여 농업의 손실을 입게 된 자가 사업시행자로부터 구 토지보상법 제77조 제2항에 따라 농업손실에 대한 보상을 받기 위해서는** 구 토지보상법 제34조, 제50조 등에 규정된 재결절차를 거친 다음 **그 재결에 대하여 불복이 있는 때에 비로소 구 토지보상법 제83조 내지 제85조에 따라** 권리구제를 받을 수 있음(대판 2011. 10. 13, 2009다43461).85

2) **소송의 대상** - 원처분주의(통설 및 판례)

토지소유자 등이 수용재결에 불복하여 이의신청을 거친 후 취소소송을 **제기하는 경우** 피고적격을 가지는 자는 수용재결을 한 토지수용위원회**이며** 소송대상은 수용재결**이 됨**(다만 이의신청에 대한 재결 자체에 고유한 위법이 있는 경우에는 그 이의재결을 한 중앙토지수용위원회를 피고로 하여 이의재결의 취소를 구할 수 있음)(대판 2010. 1. 28, 2008두1504).86 87 88 89 90 91

5 보상금증감소송

경기도토지수용위원회
김포시 - 甲
수용재결 1. 면적
2. 보상금

① 수용재결 자체
甲 - 경기도토지수용위원회
수용재결 취소소송

② 보상금을 다투는 경우
甲 - 김포시
보상금증액소송

1) 의의 : 수용재결이나 이의재결 중 보상금에 대한 재결에 불복이 있는 경우 보상금의 증액 또는 감액을 청구하는 소송

2) 법적 성질 – 형식적 당사자소송[92][93] : 처분청인 토지수용위원회를 피고로 하지 않고 대등한 당사자인 토지소유자 또는 관계인과 사업시행자를 원고 또는 피고로 함.[94]

> 토지보상법 제85조 제2항에 따른 보상금 증액청구의 소는 토지소유자 등이 사업시행자를 상대로 제기하는 당사자소송의 형식을 취하고 있지만, 토지수용위원회의 재결 중 보상금 산정에 관한 부분에 불복하여 그 증액을 구하는 소이므로 실질적으로는 재결을 다투는 항고소송의 성질을 가짐(대판 2022. 11. 24, 2018두67 전합). 최신

3) 인정범위

> **이떤 보상항목이 법령상 손실보상대상에 해당함에도 관할 토지수용위원회가 사실을 오인하거나 법리를 오인함으로써 손실보상대상에 해당하지 않는다고 잘못된 내용의 재결을 한 경우, 피보상자는 관할 토지수용위원회를 상대로 그 재결에 대한 취소소송을 제기할 것이 아니라, 사업시행자를 상대로 보상금증감소송을 제기하여야 함**(대판 2018. 7. 20, 2015두4044).[95][96]

4) 보상항목 등 일부에 대한 불복 등

> 1. 하나의 재결에서 피보상자별로 여러 가지의 토지, 물건, 권리 또는 영업의 손실에 관하여 심리 · 판단이 이루어졌을 때, 피보상자 또는 사업시행자가 반드시 재결 전부에 관하여 불복하여야 하는 것은 아니며,[97][98] **여러 보상항목들 중 일부에 관해서만 불복하는 경우에는 그 부분에 관해서만 개별적으로 불복의 사유를 주장하여 행정소송을 제기할 수 있음.**[99]
> 2. 법원이 구체적인 불복신청이 있는 보상항목들에 관해서 감정을 실시하는 등 심리한 결과, 재결에서 정한 보상금액이 일부 보상항목의 경우 과소하고 다른 보상항목의 경우 과다한 것으로 판명된 경우, 보상항목 상호 간의 유용을 허용하여 정당한 보상금을 결정할 수 있음(대판 2018. 5. 15, 2017두41221).

5) 보상금증액청구소송의 당사자적격

보상금증액청구소송	보상금감액청구소송
• 원고적격 : 토지소유자와 관계인 • 피고적격 : 사업시행자(보상의무를 지는 국가 또는 공공단체 등) cf 토지수용위원회 × [100][101]	• 원고적격 : 사업시행자(보상의무를 지는 국가 또는 공공단체 등) • 피고적격 : 토지소유자와 관계인

> 「공익사업을 위한 토지 등의 취득 및 보상에 관한 법률」 제85조【행정소송의 제기】② 제1항에 따라 제기하려는 행정소송이 보상금의 증감(增減)에 관한 소송인 경우 / 그 소송을 제기하는 자가 토지소유자 또는 관계인일 때에는 사업시행자를, 사업시행자일 때에는 토지소유자 또는 관계인을 각각 피고로 한다.[102][103]

6) 입증책임

> 보상금의 증액에 관한 소송에서 정당한 손실보상금액이 더 많다는 점에 대한 입증책임은 원고에게 있음(대판 2008. 8. 21, 2007두13845).

Topic

59 손해전보를 위한 그 밖의 제도 등

p.251~253

손해전보를 위한 그 밖의 제도

1 독일법상 수용유사침해

1) 의 의

(1) 개념 : 공용침해행위로 인해 개인에게 특별한 희생이 발생했음에도 불구하고 보상규정이 결여되어 있는 경우,01 이를 수용행위와 유사한 공용침해로 보아 손실보상을 인정하는 이론

(2) 근거 : 보상을 직접 목적으로 하는 것으로서 경계이론에서 도출02

2) 구별개념

수용유사침해의 보상	손실보상	국가배상
위법 · 무책한 공용침해에 대한 보상	적법한 공용침해에 대한 보상	위법 · 유책한 침해에 대한 보상

3) 우리나라의 도입 논의 : 우리 대법원은 유보적 입장을 보인 적이 있을 뿐 명시적으로 인정한 경우는 없음.03

> (수용유사침해이론이 우리 법제하에서 채택될 수 있는지는 별론으로 하더라도) 국군보안사령부 정보처장이 언론통폐합조치의 일환으로 사인 소유의 방송사 주식을 강압적으로 국가에 증여하게 한 것은 사법상의 증여계약일 뿐 수용유사침해행위에 해당되지 않음(대판 1993. 10. 26, 93다6409).04

2 독일법상 수용적 침해

1) 개념 : 공공필요에 의해 이루어진 적법한 공권력행사가 예상하지 못한 부수적이며 비정형적인 결과를 야기하여 개인의 재산권에 직접적 피해를 주는 경우 이를 특별한 희생으로 보아 손실보상을 인정하는 것(예 지하철공사가 장기간 계속됨으로 인하여 인근상점이 오랫동안 영업을 하지 못한 경우 등)05

2) 구별개념

수용적 침해	손실보상(공용침해)	수용유사침해
비의도적 침해, 적법한 침해	의도적 침해	위법한 침해

3 독일법상 희생보상청구권

- 적법한 공권력행사로 인해 생명 · 신체 등의 비재산적 법익이 침해된 경우 그 손실에 대한 보상을 청구할 수 있는 권리
- 논의되는 영역에는 국립병원 의사가 법률에 의해 강제되는 예방주사를 접종하였는데 특이체질의 사람이 이로 인해 병을 얻은 경우 등이 그 예임.

> 구 전염병예방법에 의한 피해보상제도가 수익적 행정처분의 형식을 취하고는 있지만, 구 전염병예방법의 취지와 입법경위 등을 고려하면 실질은 피해자의 특별한 희생에 대한 보상에 가까우므로, 보건복지가족부장관은 위와 같은 사정 등을 두루 고려하여 객관적으로 합리적인 재량권의 범위 내에서 타당한 결정을 해야 함(대판 2014. 5. 16, 2014두274).06

행정상의 결과제거청구

1 결과제거청구권의 의의

1) 개념 : 행정청의 공행정작용으로 조성된 위법한 결과의 제거를 청구하는 일종의 원상회복청구권(예 운전면허증의 압수가 취소되었음에도 불구하고 행정청이 그것을 반환하지 않는 경우 등)07

2) 행정상 손해배상청구권과 결과제거청구권의 구별

구 분	손해배상청구권	결과제거청구권
목 적	금전에 의한 배상	위법한 결과의 제거(원상회복)
위 법	가해행위의 위법	결과의 위법성
고의 · 과실	필요(특히 국가배상법 제2조)	요건 아님.08
대 상	가해행위와 상당인과관계가 있는 손해	공행정작용의 직접적인 결과09

☑ 양자는 요건 면에서 구별되므로 결과제거청구권으로 충분히 구제되지 않은 경우 손해배상청구권을 행사할 수 있음.

3) 성 질

(1) 물권적 청구권 여부 : 명예훼손의 경우 명예회복을 청구하는 것과 같이 물권적 내용을 가지지 않는 경우에도 발생할 수 있으므로 물권적 청구권에 한정할 것은 아님(다수설).

(2) 개인적 공권 여부 : 결과제거청구권은 행정주체의 공행정작용으로 인해 야기된 위법상태를 제거하는 데 목적이 있다는 점에서 공권으로 봄(다수설).

2 결과제거청구권의 요건

1) 행정주체의 공행정작용으로 인한 침해 : 공행정작용에는 법적인 행위뿐만 아니라 사실행위도 포함10되며 권력작용뿐만 아니라 관리작용 등 비권력적 작용도 포함됨.

2) 타인의 권리 또는 법률상 이익의 침해 : 행정작용으로 인하여 야기된 결과적 상태가 타인의 권리 또는 법률상 이익이 침해된 것이어야 하며 반사적 이익, 사실상 이익 침해의 경우에는 결과제거청구권이 인정되지 않음.

3) 위법한 상태의 존재 : 위법한 상태는 위법한 행정작용에 의해 처음부터 발생할 수도 있고 사후적으로 발생할 수도 있음.11 12

4) 결과제거의 가능성 · 허용성 · 기대가능성 : 결과제거청구의 내용은 원래의 상태 또는 동일한 가치의 상태로 회복함이 사실상 가능하며, 법적으로 허용되고 또한 의무자에게 그것이 기대가능한 것이어야 함.13

3 결과제거청구권의 내용

1) 원상회복의 청구 : 공행정작용으로 인한 위법한 결과를 제거하여 원래의 상태로 회복시켜 줄 것을 청구

2) 직접적 결과의 제거 : 위법한 공행정작용으로 인한 직접적 결과의 제거만을 대상으로 하고14 간접적인 결과의 제거는 그 내용으로 하지 않음.

4 과실상계

- 민법상의 과실상계에 관한 규정은 공법상 결과제거청구권에 유추적용될 수 있음.[15]
- 따라서 피해자의 과실이 위법상태 발생에 기여한 경우에는 그 과실에 비례하여 결과제거청구권이 제한되거나 상실됨.[16]

5 쟁송절차

결과제거청구권은 공권 ⇨ 결과제거청구소송은 공법상 당사자소송(통설)

SUNNY

제 6 편

행정구제 2
(행정쟁송)

2025 써니로(SunnyLaw) 합격하는 온라인 모의고사

- QR코드로 핵심집약 온라인 모의고사 풀기
- 〈써니로TV〉에서 라이브 테스트 실시 & 해설 강의 제공
- 정답과 취약 단원 파악하기

• 시험 일정은 "[네이버] 써니 행정법 카페"를 확인해 주세요.

Topic

60 행정심판의 개관 등 I - 행정심판의 개관

p.256~259

1 행정심판의 의의

1) 개 념

- 행정청의 위법 또는 부당한 처분, 그 밖에 공권력의 행사 · 불행사 등으로 인하여 권리나 이익을 침해당한 자가 행정기관에 대하여 그 시정을 구하는 절차
- 행정심판법은 행정심판에 관한 일반법으로서 다른 특별법이 있으면 그 법이 우선 적용되며, 그 법이 규정하고 있지 않은 사항에 대해서는 행정심판법이 적용됨.

> **행정심판법 제4조【특별행정심판 등】** ① 사안(事案)의 전문성과 특수성을 살리기 위하여 특히 필요한 경우 외에는 이 법에 따른 행정심판을 갈음하는 특별한 행정불복절차(이하 '특별행정심판'이라 한다)나 이 법에 따른 행정심판절차에 대한 특례를 다른 법률로 정할 수 없다.
> ② 다른 법률에서 특별행정심판이나 이 법에 따른 행정심판절차에 대한 특례를 정한 경우에도 그 법률에서 규정하지 아니한 사항에 관하여는 이 법에서 정하는 바에 따른다. 01
> ③ 관계행정기관의 장이 특별행정심판 또는 이 법에 따른 행정심판절차에 대한 특례를 신설하거나 변경하는 법령을 제정 · 개정할 때에는 미리 중앙행정심판위원회와 협의하여야 한다. 02

2) 이의신청과 행정심판의 구별

구분		
구별개념	이의신청은 행정청의 위법 · 부당한 처분으로 인해 권리나 이익이 침해된 자가 통상 처분청(상급 행정청이 되는 경우도 있음)에 불복을 제기하는 절차	
구별개념	① 이의신청을 제기해야 할 사람이 처분청에 표제를 '행정심판청구서'로 한 서류를 제출한 경우라 할지라도 서류의 내용에 이의신청요건에 맞는 불복취지와 사유가 충분히 기재되어 있다면 표제에도 불구하고 이를 처분에 대한 이의신청으로 볼 수 있음(대판 2012. 3. 29, 2011두26886). 03 ② 과세처분에 관한 이의신청절차에서 과세관청이 이의신청사유가 옳다고 인정하여 과세처분을 직권으로 취소한 후, 특별한 사유 없이 이를 번복하여 종전 처분과 동일한 내용의 처분을 할 수는 없음(대판 2017. 3. 9, 2016두56790). 04 05	
구별실익	• 개별법률에서 정하고 있는 이의신청 중에는 실질은 행정심판에 해당하는 경우가 있음(예 토지보상법상의 이의신청). 06 • 만약 이의신청이 행정심판이라면 다시 심판청구를 할 수 없으나, 07 행정심판이 아니라면 특별한 규정이 없는 한 다시 행정심판을 제기할 수 있으므로 양자를 구별할 실익이 있음. • 또한 이의신청이 행정심판의 성질을 갖는 것이라면 개별법에 특별한 규정이 있는 것을 제외하고는 행정심판법의 규정이 적용됨. 08	
관 계	명시적으로 규정한 경우	• 정보공개법상 정보공개와 관련한 공공기관의 비공개 또는 부분공개의 결정 : 이의신청뿐만 아니라 행정심판법상 행정심판청구 ○ 09 • 난민법상 법무부장관의 난민불인정결정 또는 난민취소결정 : 이의신청을 한 경우 행정심판법상 행정심판청구 × 10
관 계	특별한 규정을 두지 않은 경우	행정기본법상 이의신청의 경우 그 이의신청과 관계없이 행정심판법상 행정심판 또는 행정소송법상 행정소송 ○

2 행정심판의 종류

1) 개 설

(1) **행정심판법상의 종류** : 행정심판법은 행정심판의 종류로서 취소심판, 무효등확인심판, 의무이행심판을 규정하고 있는데, 11 12 이들은 모두 항고심판의 성질을 가짐.

(2) **특별행정심판** : 행정심판법 외의 개별법률에서 사건의 전문성 등을 고려하여 특별한 행정심판을 규정하고 있는 경우가 있음(예 특허심판, 조세심판, 공무원소청심사, 수용재결에 대한 이의재결 등).

> 구 공무원연금급여 재심위원회에 대한 심사청구제도는 사안의 전문성과 특수성을 살리기 위하여 특히 필요하여 행정심판법에 따른 일반행정심판을 갈음하는 특별한 행정불복절차(행정심판법 제4조 제1항), 즉 특별행정심판에 해당함(대판 2019. 8. 9, 2019두38656).**13**

(3) **당사자심판** : 행정심판법에는 당사자심판에 대한 규정이 없고,**14 15** 개별법상 근거만 있음.

2) 행정심판법상 행정심판의 종류

구 분	취소심판	무효등확인심판	의무이행심판
의 의	행정청의 위법 또는 부당한 공권력의 행사나 거부, 그 밖에 이에 준하는 행정작용 때문에 권익을 침해당한 자가 그 취소 또는 변경을 구하는 행정심판**16**	행정청의 처분의 효력 유무 또는 존재를 확인하는 행정심판	당사자의 신청에 대한 행정청의 위법 또는 부당한 거부처분이나 부작위에 대하여 일정한 처분을 하도록 하는 행정심판**17 18**
인용재결	• 처분취소 · 변경재결**19** • 처분변경명령재결 cf 처분취소명령재결 ×**20**	• 처분무효확인재결 • 처분유효확인재결 • 처분실효확인재결 • 처분존재확인재결 • 처분부존재확인재결	• 처분재결 • 처분명령재결
특수성	• 심판청구기간의 제한 ○ • 사정재결 ○ • 집행부정지의 원칙 인정 ○	• 심판청구기간의 제한 × • 사정재결 ×**21**	• 심판청구기간의 제한 – 거부처분 ○ – 부작위 × • 사정재결 ○
거 부**22**	거부처분취소재결(제49조 제2항) 인정**23 24**	거부처분무효 · 부존재 확인재결(제49조 제2항) 인정	의무이행재결
기속력 확보			의무이행심판의 경우에만 직접처분(제50조)
	간접강제(제50조의2)		
가구제	집행정지(제30조) 외에 임시처분(제31조)이 명문으로 인정됨.		

3 행정심판의 대상

개괄주의	행정청의 처분 또는 부작위에 대하여는 다른 법률에 특별한 규정이 있는 경우 외에는 행정심판법에 따라 행정심판을 청구할 수 있음.**25**
처분 또는 부작위	• 위법한 처분 또는 부작위뿐만 아니라 부당한 처분 또는 부작위도 포함**26 27** • 부작위란 행정청이 당사자의 신청에 대하여 상당한 기간 내에 일정한 처분을 하여야 할 법률상 의무가 있는데도 처분을 하지 않는 것을 말함.**28**
제외대상	• 대통령의 처분 또는 부작위에 대하여는 다른 법률에서 행정심판을 청구할 수 있도록 정한 경우 외에는 행정심판을 청구할 수 없음.**29** • 심판청구에 대한 재결이 있으면 그 재결 및 같은 처분 또는 부작위에 대하여 다시 행정심판을 청구할 수 없음.**30 31 32**

4 행정기본법상 처분에 대한 이의신청 및 재심사

구 분	이의신청	처분의 재심사
근 거	행정기본법 제36조(다른 법률에서 이의신청과 이에 준하는 절차에 대하여 정하고 있는 경우에도 그 법률에서 규정하지 아니한 사항에 관하여는 행정기본법에서 정하는 바에 따름)**33**	행정기본법 제37조
대 상	행정청의 처분(행정심판법상 행정심판대상인 처분)	불가쟁력이 발생했어도 재심사 신청사유*에 해당하는 처분(제재처분 및 행정상 강제는 제외)**41**
작용제외	• 공무원 인사관계법령에 따른 징계 등 처분에 관한 사항**34** • 국가인권위원회법 제30조에 따른 진정에 대한 국가인권위원회의 결정 • 노동위원회법 제2조의2에 따라 노동위원회의 의결을 거쳐 행하는 사항 • 형사, 행형 및 보안처분 관계법령에 따라 행하는 사항 • 외국인의 출입국 · 난민인정 · 귀화 · 국적회복에 관한 사항 • 과태료 부과 및 징수에 관한 사항**35**	• 공무원 인사관계법령에 따른 징계 등 처분에 관한 사항 • 노동위원회법 제2조의2에 따라 노동위원회의 의결을 거쳐 행하는 사항 • 형사, 행형 및 보안처분 관계법령에 따라 행하는 사항 • 외국인의 출입국 · 난민인정 · 귀화 · 국적회복에 관한 사항 • 과태료 부과 및 징수에 관한 사항**42** • 개별 법률에서 그 적용을 배제하고 있는 경우
제기(신청)기간	처분을 받은 날부터 30일 이내 신청**36**	재심사 신청사유를 안 날부터 60일 이내. 다만, 처분이 있은 날부터 5년이 지나면 신청할 수 없음.
처리기간	이의신청을 받은 날부터 14일 이내 결과 통지(단, 10일 범위에서 한 차례 연장 가능)**37 38**	신청을 받은 날부터 90일(합의제 행정기관은 180일) 이내 결과 통지(단, 90일(합의제 행정기관은 180일) 범위에서 한 차례 연장 가능)
관 계	• 이의신청과 관계없이 행정심판법상 행정심판 또는 행정소송법상 행정소송을 제기할 수 있음.**39** • 이의신청 결과를 통지받은 날(통지기간 내에 결과를 통지받지 못한 경우 통지기간이 만료되는 날의 다음 날)부터 90일 이내에 행정심판 또는 행정소송을 제기할 수 있음.**40**	**불복 불가** : 처분의 재심사 결과 중 처분을 유지하는 결과에 대해서는 행정심판, 행정소송 및 그 밖의 쟁송수단을 통하여 불복할 수 없음.**43**

* 처분의 재심사 신청사유

• 처분(제재처분 및 행정상 강제는 제외)이 행정심판, 행정소송 및 그 밖의 쟁송을 통하여 다툴 수 없게 된 경우(법원의 확정판결이 있는 경우는 제외)로서 다음에 해당하는 사유**44**

- 처분의 근거가 된 사실관계 또는 법률관계가 추후에 당사자에게 유리하게 바뀐 경우**45**
- 당사자에게 유리한 결정을 가져다주었을 새로운 증거가 있는 경우
- 민사소송법 제451조에 따른 재심사사유에 준하는 사유가 발생한 경우 등 대통령령으로 정하는 경우

• 해당 처분의 절차, 행정심판, 행정소송 및 그 밖의 쟁송에서 당사자가 중대한 과실 없이 위 사유를 주장하지 못한 경우에만 신청할 수 있음.

Topic

61 행정심판의 개관 등 Ⅱ - 행정심판의 당사자 등

p.259~260

1 청구인 - 당사자

1) 의 의

청구인 자격	• 처분의 상대방 아닌 제3자도 될 수 있으며, 자연인 · 법인 불문 • 종중이나 교회와 같은 법인이 아닌 사단이나 재단도 대표자 또는 관리인이 정하여져 있는 경우 그 '사단'이나 '재단'의 이름으로 행정심판을 청구할 수 있음.01
선정대표자	• 여러 명의 청구인이 공동으로 심판청구를 할 때에는 청구인들 중에서 3명 이하의 선정대표자를 선정할 수 있으며,02 행정심판위원회도 그 선정을 권고할 수 있음. • 선정대표자는 다른 청구인들을 위해 그 사건에 관한 모든 행위를 할 수 있으나, 심판청구의 취하를 하려면 다른 청구인들의 동의를 얻어야만 함.03 • 한편, 선정대표자가 선정된 때에는 다른 청구인들은 그 선정대표자를 통해서만 사건에 관한 행위를 할 수 있음.
	행정심판절차에서 청구인들이 당사자가 아닌 자를 선정대표자로 선정하였다면 행정심판법 제11조(현 제15조)에 위반되어 그 선정행위는 무효임(대판 1991. 1. 25, 90누7791).04

2) 청구인적격 : 법률상 이익이 있는 자

취소심판	무효등확인심판	의무이행심판
• 취소 또는 변경을 구할 법률상 이익이 있는 자가 청구할 수 있음. • 처분의 효과가 소멸한 후에도 그 처분의 취소로 회복되는 법률상 이익이 있는 경우 행정심판청구가 가능함.	처분의 효력 유무 또는 존재 여부에 대한 확인을 구할 법률상 이익이 있는 자가 청구할 수 있음.	처분을 신청한 자로서 행정청의 거부처분 또는 부작위에 대하여 일정한 처분을 구할 법률상 이익이 있는 자가 청구할 수 있음.05

3) 청구인의 지위승계

당연승계	• 자연인인 청구인이 사망한 때에는 그 상속인이나 법령에 의하여 당해 처분에 관계되는 권리나 이익을 승계한 자가 그 청구인의 지위를 승계함. • 법인 또는 법인격 없는 사단(社團)이나 재단(財團)인 청구인이 다른 법인과 합병한 때에는 합병에 의하여 존속하거나 설립된 법인 등이 그 청구인의 지위를 승계함.
허가승계	행정심판이 제기된 후에 당해 심판청구의 대상과 관계되는 권리 또는 이익을 양수한 자는 관계행정심판위원회의 허가를 받아 청구인의 지위를 승계할 수 있음.06

2 피청구인 - 당사자

피청구인적격	• 처분을 한 처분청07 또는 부작위를 한 부작위청(의무이행심판의 경우 청구인의 신청을 받은 행정청08) • 다만, 처분이나 부작위가 있은 후 그 권한이 다른 행정청에 승계된 경우에는 권한을 승계한 행정청09
피청구인의 경정	• 청구인이 피청구인을 잘못 지정한 경우 또는 행정심판이 제기된 후에 당해 처분이나 부작위에 대한 권한이 다른 행정청에 승계된 경우에는 행정심판위원회는 당사자의 신청 또는 직권에 의하여 결정으로써 피청구인을 바꿀 수 있음.10 • 행정심판위원회는 피청구인을 경정하는 결정을 하면 결정서 정본을 당사자(종전의 피청구인과 새로운 피청구인 포함)에게 송달하여야 함. • 피청구인의 변경결정이 있으면 종전의 피청구인에 대한 심판청구는 취하되고, 종전의 피청구인에 대한 행정심판이 청구된 때에 새로운 피청구인에 대한 행정심판이 청구된 것으로 봄.11

3 참가인 - 관계인

의 의	행정심판의 결과에 이해관계가 있는 제3자나 행정청은 당해 심판에 참가할 수 있음. 이때 '이해관계'라 함은 법률상의 이해관계를 의미함(판례).	
종 류	신청에 의한 참가	행정심판의 결과에 이해관계가 있는 제3자나 행정청은 해당 심판청구에 대한 행정심판위원회나 소위원회의 의결이 있기 전까지 행정심판위원회의 허가를 받아 그 사건에 대하여 심판참가를 할 수 있음. **12**
	요구에 의한 참가	행정심판위원회는 이해관계 있는 제3자나 행정청에 그 사건 심판에 참가할 것을 요구할 수 있음. **13**
참가인의 지위	참가인은 행정심판절차에서 당사자가 할 수 있는 심판절차상의 행위를 할 수 있음. **14**	

4 대리인과 국선대리인

대리인	• 청구인은 법정대리인, 배우자, 청구인 또는 배우자의 사촌 이내의 혈족, 청구인이 법인이거나 청구인능력이 있는 법인이 아닌 사단 또는 재단인 경우 그 소속 임직원, 변호사, 다른 법률에 따라 심판청구를 대리할 수 있는 자, 그 밖에 행정심판위원회의 허가를 받은 자를 대리인으로 선임할 수 있음. • 피청구인은 그 소속직원, 변호사, 다른 법률에 따라 심판청구를 대리할 수 있는 자, 그 밖에 행정심판위원회의 허가를 받은 자를 대리인으로 선임할 수 있음.
국선대리인	• 청구인이 경제적 능력으로 인해 대리인을 선임할 수 없는 경우에는 행정심판위원회에 국선대리인을 선임하여 줄 것을 신청할 수 있음. **15** • 행정심판위원회는 신청에 따른 국선대리인 선정 여부에 대한 결정을 하고, 지체 없이 청구인에게 그 결과를 통지하여야 함. 이 경우 심판청구가 명백히 부적법하거나 이유 없는 경우 또는 권리의 남용이라고 인정되는 경우에는 국선대리인을 선정하지 아니할 수 있음.

써니쌤 Talk

행정심판법상 행정심판과 행정소송의 비교(행정쟁송을 이해한 후 정리할 것)

구 분	행정심판	행정소송
종 류	• 취소심판 • 무효등확인심판 • 의무이행심판	• 취소소송 • 무효등확인소송 • 부작위위법확인소송 등
항고쟁송의 대상	위법 · 부당한 처분 또는 부작위	위법한 처분 또는 부작위
거부처분	취소심판, 무효등확인심판, 의무이행심판	취소소송, 무효등확인소송
의무이행쟁송 인정 여부	긍정	부정
당사자심판(소송)	×	○
적극적 변경 여부	가능	불가능
기 간	• 처분이 있음을 안 날 : 90일 • 처분이 있은 날 : 180일	• 처분이 있음을 안 날 : 90일 • 처분이 있은 날 : 1년
심 리	• 구술심리 또는 서면심리 • 비공개원칙(다수설)	• 구술심리원칙 • 공개원칙
가구제	집행정지(○), 임시처분(○ : 보충성)	집행정지(○), 임시처분(×)
집행정지요건	중대한 손해가 생기는 것을 예방할 필요성이 긴급하다고 인정할 때	회복하기 어려운 손해를 예방하기 위하여 긴급한 필요가 있다고 인정할 때
재처분의무불이행	간접강제, 직접처분(거부처분 또는 부작위에 대한 처분이행명령재결에 따른 재처분 불이행시)	간접강제
오고지 · 불고지에 대한 규정	○	×
기판력	×	○
피청구인(피고인) 경정	위원회의 직권 또는 당사자의 신청	원고의 신청
사정재결(판결)	취소심판, 의무이행심판	취소소송

Topic

62 행정심판의 개관 등 Ⅲ - 행정심판위원회

p.261~262

1 행정심판위원회의 설치

1) 의 의

- 행정심판위원회 : 행정심판청구를 수리하여 재결할 권한을 가지는 합의제 행정청
- 행정심판기관의 일원화 : 행정심판위원회가 행정심판의 심리 · 재결기능 모두 담당**01**

2) 종류 : 행정심판법에 의해 설치되는 일반행정심판위원회와 개별법에 의해 설치되는 특별행정심판위원회

(1) 일반행정심판위원회

독립기관 등 소속 행정심판위원회 (해당 행정청 소속 행정심판위원회)	① 감사원,**02** 국가정보원장,**03** 그 밖에 대통령령으로 정하는 대통령 소속기관의 장 ② 국회사무총장**04** · 법원행정처장 · 헌법재판소사무처장 및 중앙선거관리위원회사무총장 ③ 국가인권위원회,**05** 그 밖에 지위 · 성격의 독립성과 특수성 등이 인정되어 대통령령으로 정하는 행정청 또는 그 소속 행정청의 처분 또는 부작위에 대한 심리 · 재결
중앙행정심판위원회	① 해당 행정청 소속으로 설치하는 경우 외의 국가행정기관의 장 또는 그 소속 행정청 ② 특별시장 등(교육감 포함) 또는 특별시 · 광역시 · 특별자치시 · 도 · 특별자치도의 의회 ③ 국가 · 지방자치단체 · 공공법인 등이 공동으로 설립한 행정청의 처분 또는 부작위에 대한 심리 · 재결
시 · 도지사 소속 행정심판위원회	① 시 · 도 소속 행정청**06** ② 시 · 도의 관할구역에 있는 시 · 군 · 자치구의 장,**07** 소속 행정청 또는 시 · 군 · 자치구의 의회 ③ 시 · 도의 관할구역에 있는 둘 이상의 지방자치단체(시 · 군 · 자치구) · 공공법인 등이 공동으로 설립한 행정청의 처분 또는 부작위에 대한 심리 · 재결**08**
직근상급행정기관 소속 행정심판위원회	그 밖에 대통령령으로 정하는 국가행정기관 소속 특별지방행정기관의 장의 처분 또는 부작위에 대한 심리 · 재결

(2) 특별행정심판위원회 : 소청심사위원회(공무원법),**09** 조세심판원(세법), 중앙토지수용위원회(토지보상법)**10** 등

2 행정심판위원회의 구성 및 회의

구 분	각급 행정심판위원회	중앙행정심판위원회
구 성	위원장 1명을 포함한 50명 이내의 위원	위원장 1명을 포함한 70명 이내의 위원(위원 중 상임위원은 4명 이내**11**)
위원장	해당 행정심판위원회가 소속된 행정청(시 · 도지사 소속의 행정심판위원회에서는 위원장(비상임)을 공무원이 아닌 위원으로 정할 수 있음**12**)	국민권익위원회의 부위원장 중 1명
위원장의 직무대행	• 위원장이 사전에 지명한 위원 • 지명된 공무원인 위원(직무등급이 높은 순서 > 재직기간이 긴 순서 > 연장자의 순서)	상임위원 (상임으로 재직한 기간이 긴 순서 > 연장자 순서)
회 의	**원칙** : 위원장 + 위원장이 회의마다 지정하는 위원 8명(행정청이 위촉한 위원 6명 이상, 위원장이 공무원이 아닌 경우 5명 이상)	• 위원장, 상임위원, 비상임위원을 포함하여 9명**13** • 소위원회 둘 수 있음(4명의 위원으로 구성, 도로교통법에 따른 자동차운전면허행정처분에 관한 사건을 심리 · 의결함).**14**
의 결	구성원 과반수의 출석과 출석위원 과반수의 찬성	

임 기	• 소속 공무원인 위원 : 재직하는 동안 재임 • 위촉된 위원 : 2년 임기, 2차에 한하여 연임 가능	• 상임위원(일반직 공무원) : 3년 임기, 1차에 한하여 연임 가능(중앙행정심판위원회 위원장의 제청으로 국무총리를 거쳐 대통령이 임명) **15 16** • 비상임위원 : 2년 임기, 2차에 한하여 연임 가능(중앙행정심판위원회 위원장의 제청으로 국무총리가 성별을 고려하여 위촉) **17**

3 위원 등의 제척 · 기피 · 회피

제척 · 기피	• 행정심판위원회의 위원은 일정한 사유에 해당하는 경우에는 그 사건의 심리 · 의결에서 제척(除斥)됨. 이 경우 제척결정은 행정심판위원회의 위원장이 직권으로 또는 당사자의 신청에 의하여 함. • 당사자는 위원에게 심리 · 의결의 공정을 기대하기 어려운 사정이 있는 경우에는 행정심판위원회의 위원장에게 기피신청을 할 수 있음. • 위원에 대한 제척신청이나 기피신청은 그 사유를 소명(疏明)한 문서로 하여야 함. **18**
회 피	위원이 제척 및 기피의 사유에 해당하는 때에는 스스로 그 사건의 심리 · 의결에서 회피할 수 있음. 이 경우 회피하고자 하는 위원은 위원장에게 그 사유를 소명하여야 함.
준 용	사건의 심리 · 의결에 관한 사무에 관여하는 위원 아닌 직원에게도 제척 · 기피 · 회피에 관한 규정을 준용함. **19**

4 행정심판위원회의 권한(주된 권한 : 심리 · 재결권)

1) 심리권 · 재결권 : 심판청구에 대하여 심리할 권한뿐만 아니라 재결할 권한을 가짐(시 · 도행정심판위원회, 중앙행정심판위원회 불문).

2) 기타(직접처분권 등)(Topic 64 참조)

Topic

63 행정심판절차 등 Ⅰ - 행정심판의 청구

p.262~265

1 행정심판청구의 방식

1) 행정심판청구서

- 행정심판의 청구는 일정한 사항을 기재하여 서면으로 하여야 함(서면주의).01
- 엄격한 형식을 요하는지 여부 : 엄격한 형식을 요하지 않는 서면행위(진정서의 형식도 가능)02

1. 행정심판청구는 엄격한 형식을 요하지 아니하는 서면행위이어서 어느 것이나 그 보정이 가능한 것이므로, 청구인과 피청구인의 표시, 심판청구취지 및 이유 등을 구분하여 기재하지 않고 작성자의 서명 · 날인이 없는 학사제명취소신청서를 제출한 경우라도 일정한 경우 적법한 행정심판청구로 보아야 함(대판 1990. 6. 8, 90누851).03
2. 처분에 대한 취소를 구하는 서면이 제출된 경우 비록 진정서라는 표제하에 제출되었다 하더라도 행정심판청구로 볼 수 있음(대판 2000. 6. 9, 98두2621).04 05

2) 행정심판청구의 제출절차

피청구인인 행정청 또는 행정심판위원회에 제출	• 행정심판을 청구하려는 자는 심판청구서를 작성하여 피청구인이나 행정심판위원회에 제출하여야 함.06 이 경우 피청구인의 수만큼 심판청구서 부본을 함께 제출하여야 함. • 청구인은 본인의 선택에 따라 처분청을 경유하여 제기하거나 직접 행정심판위원회에 제기할 수 있음(처분청경유주의 ×).07 08
피청구인인 행정청에 제출되는 경우의 처리	• 자율적 시정 - 직권으로 처분을 취소 · 변경하거나 확인을 하거나 신청에 따른 처분을 할 수 있음.09 이 경우 서면으로 청구인에게 알려야 함. - 직권취소 등을 하였을 때에는 심판청구서 · 답변서를 보낼 때 직권취소 등의 사실을 증명하는 서류를 행정심판위원회에 함께 제출하여야 함. • 행정심판위원회에 대한 송부 등 - 10일 이내에 심판청구서와 답변서를 행정심판위원회에 보내야 함. - 처분의 상대방이 아닌 제3자가 심판청구를 한 경우에는 지체 없이 처분의 상대방에게 그 사실을 알려야 하며, 이 경우 심판청구서 사본을 함께 송달하여야 함.
행정심판위원회에 제출된 경우의 처리	행정심판위원회는 심판청구서를 받으면 지체 없이 피청구인에게 심판청구서 부본을 보내야 하며, 피청구인으로부터 답변서가 제출된 경우 답변서 부본을 청구인에게 송달하여야 함.

2 행정심판청구기간

행정심판법 제27조【심판청구의 기간】① 행정심판은 처분이 있음을 알게 된 날부터 90일 이내에 청구하여야 한다.10

② 청구인이 천재지변, 전쟁, 사변(事變), 그 밖의 불가항력으로 인하여 제1항에서 정한 기간에 심판청구를 할 수 없었을 때에는 그 사유가 소멸한 날부터 14일 이내에 행정심판을 청구할 수 있다. 다만, 국외에서 행정심판을 청구하는 경우에는 그 기간을 30일로 한다.11

③ 행정심판은 처분이 있었던 날부터 180일이 지나면 청구하지 못한다.12 다만, 정당한 사유가 있는 경우에는 그러하지 아니하다.13

④ 제1항과 제2항의 기간은 불변기간(不變期間)으로 한다.

⑤ 행정청이 심판청구기간을 제1항에 규정된 기간보다 긴 기간으로 잘못 알린 경우 그 잘못 알린 기간에 심판청구가 있으면 그 행정심판은 제1항에 규정된 기간에 청구된 것으로 본다.

⑥ 행정청이 심판청구기간을 알리지 아니한 경우에는 제3항에 규정된 기간에 심판청구를 할 수 있다.

⑦ 제1항부터 제6항까지의 규정은 무효등확인심판청구와 부작위에 대한 의무이행심판청구에는 적용하지 아니한다.14

- 행정심판은 원칙적으로 처분이 있음을 알게 된 날부터 90일 이내(불변기간 O), 처분이 있었던 날부터 180일 이내에 청구하여야 함. 한편, 두 기간 중 어느 하나라도 먼저 경과하면 당해 행정심판청구는 부적법한 것으로서 각하됨.
- 행정심판 가운데 무효등확인심판과 부작위에 대한 의무이행심판은 청구기간의 제한이 없으므로,[15 16 17] 청구기간 제한은 취소심판과 거부처분(소극적 처분)에 대한 의무이행심판에만 해당됨.[18]

1) 원칙적인 심판청구기간

(1) '처분이 있음을 알게 된 날'의 의미 : 통지 · 공고, 기타의 방법으로 처분이 있었음을 현실적으로 알게 된 날[19]

> 1. 처분이 있음을 안 날은 추상적으로 알 수 있었던 날이 아닌 현실적으로 안 날을 의미함.[20] 다만, 당사자의 주소에 송달되는 등 당사자가 알 수 있는 상태에 놓여지면 반증이 없는 한 처분이 있음을 알았다고 추정할 수 있음(대판 2002. 8. 27, 2002두3850).
> 2. 처분상대방의 주소지에서 아르바이트 직원이 납부고지서를 수령한 경우 처분이 있음을 알았다고 추정할 수 있음(대판 1999. 12. 28, 99두9742).
>
> 3-1. 아파트 경비원이 관례에 따라 부재중인 납부의무자에게 배달되는 과징금 부과처분의 납부고지서를 수령한 경우, 납부의무자가 아파트 경비원에게 우편물 등의 수령권한을 위임한 것으로 볼 수는 있더라도[21] 과징금 부과처분의 대상으로 된 사항에 관하여 납부의무자를 대신하여 처리할 권한까지 위임한 것으로 볼 수는 없음.
>
> 3-2. 경비원이 위 납부고지서를 수령한 때에 위 부과처분이 있음을 알았다고 하더라도 이로써 납부의무자 자신이 그 부과처분이 있음을 안 것과 동일하게 볼 수는 없음(대판 2002. 8. 27, 2002두3850).

(2) '처분이 있었던 날'의 의미 : 처분이 통지에 의하여 외부에 표시되고 효력이 발생한 날

> (인터넷 웹사이트에 대하여 구 청소년보호법에 따른 청소년유해매체물 결정 · 고시처분을 한 사안에서, 위 결정은 이해관계인이 고시가 있었음을 알았는지 여부에 관계없이 관보에 고시됨으로써 효력이 발생하고, 그가 위 결정을 통지받지 못하였다는 것이 제소기간을 준수하지 못한 것에 대한 정당한 사유가 될 수 없다고 판시하면서) **불특정 다수인에게 고시 또는 공고하는 경우 상대방이 고시 또는 공고사실을 현실적으로 알았는지와 무관하게 고시가 효력이 발생하는 날에 처분이 있음을 알았다고 보아야 함**(대판 2007. 6. 14, 2004두619).[22]

2) 예외적인 심판청구기간

(1) 제3자효 행정행위와 심판청구기간 – 정당한 사유의 문제

> 1. **행정처분의 직접 상대방이 아닌 제3자는 처분이 있은 날로부터 180일이 지나더라도 특별한 사정이 없는 한 정당한 사유가 있는 것으로 보아** 행정심판청구가 가능함(대판 2002. 5. 24, 2000두3641).[23]
> 2. **제3자가 어떤 경위로든 처분이 있음을 알았거나 알 수 있는** 등의 사정이 있으면 **그때로부터 90일 내에** 행정심판을 청구해야 함(대판 1996. 9. 6, 95누16233).

(2) 오고지 · 불고지 등의 경우

오고지	불고지
행정청이 착오로 소정 기간보다 긴 기간으로 고지한 경우에는 그 잘못 고지된 기간 내에 청구하면 청구기간을 준수한 것으로 봄.[24]	행정청이 심판청구기간을 고지하지 않은 경우에는 당사자가 처분이 있음을 알았다고 하더라도 처분이 있었던 날부터 180일 이내에 행정심판을 제기할 수 있음.[25 26]

3 심판청구의 변경 · 취하

심판청구의 변경	• **임의적 청구의 변경** : 청구인은 청구의 기초에 변경이 없는 범위에서 청구취지 또는 청구이유를 변경할 수 있음. • **처분변경 등으로 인한 청구변경** : 행정심판이 청구된 후에 피청구인인 행정청이 새로운 처분을 하거나 심판청구의 대상인 처분을 변경한 경우에는 청구인은 새로운 처분이나 변경된 처분에 맞추어 청구의 취지나 이유를 변경할 수 있음.27 • **효과** : 청구의 변경결정이 있으면 처음 행정심판이 청구되었을 때부터 변경된 청구의 취지나 이유로 행정심판이 청구된 것으로 봄.28
심판청구의 취하	청구인은 심판청구에 대한 의결이 있을 때까지 서면으로 심판청구를 취하할 수 있고, 참가인은 심판청구에 대한 의결이 있을 때까지 서면으로 참가신청을 취하할 수 있음.29

4 행정심판청구의 효과

1) 처분에 대한 효과 – 집행부정지와 집행정지

(1) 집행부정지의 원칙

- 행정심판이 제기되더라도 행정처분의 효력에는 아무 영향이 없으며 그 집행 또는 절차의 속행을 정지시키지 아니함.30
- 행정심판법은 일정한 요건이 충족되는 경우 처분에 대한 집행정지를 예외적으로 인정하고 있음.31

(2) 집행정지

의 의	행정심판위원회는 처분, 처분의 집행 또는 절차의 속행 때문에 중대한 손해가 생기는 것을 예방할 필요성이 긴급하다고 인정할 때에는 직권으로 또는 당사자의 신청에 의하여 처분의 효력, 처분의 집행 또는 절차의 속행의 전부 또는 일부의 정지를 결정할 수 있음. 다만, 처분의 효력정지는 처분의 집행 또는 절차의 속행을 정지함으로써 그 목적을 달성할 수 있을 때에는 허용되지 아니함.	
요 건	적극적 요건	• 집행정지대상인 처분의 존재 • 중대한 손해발생의 가능성32 • 심판청구의 계속 • 긴급한 필요의 존재
	소극적 요건	공공복리에 중대한 영향을 미칠 우려가 있을 때에는 허용되지 아니함.
절 차	• 행정심판위원회는 당사자의 신청 또는 직권에 의하여 집행정지를 결정할 수 있음.33 • 다만, 행정심판위원회의 심리 · 결정을 기다릴 경우 중대한 손해가 생길 우려가 있다고 인정될 때에는 행정심판위원회의 위원장은 직권으로 행정심판위원회의 심리 · 결정을 갈음하는 결정을 할 수 있음.	
취 소	행정심판위원회는 집행정지를 결정한 후에 집행정지가 공공복리에 중대한 영향을 미치거나 그 정지사유가 없어진 때에는 당사자의 신청 또는 직권에 의하여 집행정지결정을 취소할 수 있음.	

2) 처분에 대한 효과 – 임시처분(가처분)34

의 의	행정심판위원회는 처분 또는 부작위가 위법 · 부당하다고 상당히 의심되는 경우로서 처분 또는 부작위 때문에 당사자가 받을 우려가 있는 중대한 불이익이나 당사자에게 생길 급박한 위험을 막기 위하여 임시지위를 정하여야 할 필요가 있는 경우에는 직권으로 또는 당사자의 신청에 의하여 임시처분을 결정할 수 있음.35
요 건	• 심판청구의 계속 • 처분(신청에 대한 거부처분도 포함) 또는 부작위가 위법 · 부당하다고 상당히 의심되는 경우일 것 • 당사자에게 중대한 불이익이나 급박한 위험이 생길 우려가 있을 것 • 공공복리에 중대한 영향을 미칠 우려가 없을 것
절차 및 취소 (집행정지에 관한 규정 준용)	• 임시처분은 당사자의 신청 또는 행정심판위원회의 직권으로 결정할 수 있음.36 • 행정심판위원회는 임시처분을 결정한 후에 임시처분이 공공복리에 중대한 영향을 미치거나 그 처분사유가 없어진 경우에는 직권으로 또는 당사자의 신청에 의하여 임시처분결정을 취소할 수 있음.37 • 행정심판위원회는 임시처분 또는 임시처분의 취소에 관하여 심리 · 결정하면 지체 없이 당사자에게 결정서 정본을 송달하여야 함.
집행정지와의 관계	임시처분은 집행정지로 목적을 달성할 수 있는 경우에는 허용되지 않음(임시처분의 보충성).38 39 40

Topic

64 행정심판절차 등 Ⅱ - 행정심판의 심리 · 재결 등

p.266~272

행정심판의 심리

1 심리의 내용과 범위

심리의 내용 - 요건심리	심리의 범위
• 요건불비시 각하, 보정될 수 있으면 보정을 명하거나 경미한 경우 직권으로 보정 가능 • 행정심판위원회는 청구인이 보정기간 내 흠을 보정하지 아니한 경우 각하 가능 • 심판청구서에 타인을 비방하거나 모욕하는 내용 등이 기재되어 청구 내용을 특정할 수 없고 그 흠을 보정할 수 없다고 인정되는 경우 보정요구 없이 각하 가능	• **불고불리의 원칙** : 행정심판위원회는 심판청구의 대상이 되는 처분 또는 부작위 외의 사항에 대하여는 재결하지 못함.**01** • **불이익변경금지의 원칙** : 행정심판위원회는 심판청구의 대상이 되는 처분보다 청구인에게 불리한 재결을 하지 못함.**02 03** • 재량행사의 당 · 부당의 문제도 심리할 수 있음.

2 심리절차의 구조와 원칙

당사자주의적 구조 (대심주의)	심판청구의 당사자를 청구인과 피청구인으로 하여 이들 당사자가 각각 공격 · 방어방법을 세출하게 하고, 이와 같이 제출된 공격 · 방어방법을 기초로 하여 심리 · 재결하는 구조를 말함.
처분권주의	절차의 개시, 심판의 대상 및 절차의 종결을 당사자의 의사에 맡기는 것을 말함.
직권심리주의의 채택	• 심리에 필요한 자료를 당사자에만 의존하지 않고 직권으로 수집하는 제도를 말함. • 행정심판법은 당사자주의, 처분권주의를 원칙으로 하면서도, 심판청구의 심리를 위하여 필요하다고 인정되는 경우에는 행정심판위원회로 하여금 당사자가 주장하지 아니한 사실에 대하여도 심리할 수 있도록 하고, 증거조사를 할 수 있도록 하고 있음.**04** • 즉, 행정심판에서는 당사자주의가 원칙이며 직권탐지도 가미되어 있다고 보는 것이 일반적 견해임.**05**
구술심리주의 또는 서면심리주의	• 구술심리 또는 서면심리로 한다고 규정하여 어느 방식을 취하는지는 행정심판위원회의 선택에 맡기고 있음.**06** • 다만, 당사자가 구술심리를 신청한 경우에는 서면심리만으로 결정할 수 있다고 인정되는 경우 외에는 구술심리를 하여야 함.**07**
비공개주의	행정심판의 심리 · 재결과정을 일반에게 공개하지 않는다는 원칙을 말함. 행정심판법에는 이에 관한 명문규정은 없으나, 서면심리 등을 채택한 행정심판법의 구조로 보아 비공개주의를 채택하고 있는 것으로 봄이 일반적임.

3 처분사유의 추가 · 변경 : 항고소송에서 처분사유의 추가 · 변경의 법리는 행정심판단계에서도 그대로 적용됨.

항고소송에서 행정청이 처분의 근거사유를 추가하거나 변경하기 위한 요건인 '기본적 사실관계의 동일성'은 행정심판단계에서도 적용됨(대판 2014. 5. 16, 2013두26118).**08**

비교판례

산업재해보상보험법상 심사청구에 관한 절차는 근로복지공단 내부의 시정절차로서 그 절차에서 근로복지공단이 당초 처분의 근거로 삼은 사유와 기본적 사실관계의 동일성이 인정되지 않는 사유를 처분사유로 추가 · 변경할 수 있음(대판 2012. 9. 13, 2012두3859).**09**

4 처분의 위법 · 부당 여부의 판단시 : 원칙적으로 처분시를 기준으로 판단함.

행정심판에 있어서 행정처분의 위법 · 부당 여부는 원칙적으로 처분시를 기준으로 판단하여야 할 것이나, 재결청은 처분 당시 존재하였거나 행정청에 제출되었던 자료뿐만 아니라, 재결 당시까지 제출된 모든 자료를 종합하여 처분 당시 존재하였던 객관적 사실을 확정하고 그 사실에 기초하여 처분의 위법 · 부당 여부를 판단할 수 있음(대판 2001. 7. 27, 99두5092).**10**

행정심판의 재결

1 재결의 의의 - 행정심판위원회가 행하는 판단의 표시(확인행위, 준사법행위)

2 재결의 절차와 형식

1) 재결기간 : 재결은 행정심판위원회 또는 피청구인인 행정청이 심판청구서를 받은 날부터 60일 이내에 하여야 함.다만, 부득이한 사정이 있을 때에는 위원장이 직권으로 30일(30일의 범위 내에서로 해석함)을 연장할 수 있음.

2) 재결의 방식 : 서면주의[11]

3) 재결의 송달 등 : 재결을 한 때에 행정심판위원회는 재결서의 정본을 행정심판청구의 당사자에게 지체 없이 송달하여야 하며, 재결은 청구인에게 송달되었을 때에 그 효력이 생김.[12]

3 재결의 종류

1) 각하재결 : 심판청구가 요건을 갖추지 못한 부적법한 것인 때에 하는 재결[13]

2) 기각재결 : 심판청구가 이유 없다고 인정할 때에 하는 재결. 다만, 예외적인 것으로 심판청구가 이유 있으나 청구를 기각하는 사정재결이 있음.

3) 사정재결

의 의	행정심판위원회는 심판청구가 이유 있다고 인정하는 경우에도 이를 인용하는 것이 공공복리에 크게 위배된다고 인정하면 그 심판청구를 기각하는 재결(= 사정재결)을 할 수 있음.[14]
요 건	• 심판청구가 이유 있음에도 불구하고, 이를 인용하는 것이 공공복리에 크게 위배된다고 인정되는 경우이어야 가능함. • 재결의 주문에 그 처분이나 부작위가 위법하거나 부당함을 명시하여야 함.[15]
구제방법	• 청구인에 대하여 상당한 구제방법을 취하거나 상당한 구제방법을 취할 것을 피청구인에게 명할 수 있음. • 손해배상, 기타의 구제방법을 직접 강구할 수 있고(직접구제), 일정한 구제방법을 취하도록 처분청이나 부작위청에 명(구제명령)할 수 있음.
적용범위	사정재결은 취소심판 및 의무이행심판에만 인정되고 무효등확인심판에는 인정되지 아니함.[16] [17] [18]

4) 인용재결 : 본안심리 결과 심판청구가 이유 있다고 인정하는 내용의 재결

취소 · 변경 등 재결	• **적극적 변경 가능** : 변경재결에서의 변경은 소극적 변경뿐만 아니라 적극적 변경, 즉 원처분을 갈음하는 다른 처분으로 변경하는 것까지 포함함(예 운전면허취소처분을 6개월의 운전면허정지처분으로 변경하는 것).[19] [20] [21] • **취소 · 변경재결, 변경명령재결** : 행정심판위원회는 원처분을 직접 취소 · 변경하는 형성적 재결(= 취소 · 변경재결)뿐만 아니라 원처분청으로 하여금 변경할 것을 명하는 데에 그치는 이행적 재결(= 변경명령재결)을 할 수도 있음(취소명령재결은 현행법에 없음).[22] [23] [24]
무효등확인재결	처분의 효력 유무 또는 존재 여부를 확인함. 처분무효확인재결, 처분유효확인재결, 처분실효확인재결, 처분존재확인재결 및 처분부존재확인재결이 있음.
의무이행재결	신청에 따른 처분을 하거나 처분을 할 것을 피청구인인 행정청에 명함. 처분재결(형성재결)과 처분명령재결(이행재결)이 있음.[25]

4 재결의 효력

1) 불가쟁력 : 재결에 대해서 다시 행정심판을 청구할 수는 없고, 재결에 고유한 위법이 있는 경우에 한해 재결에 대해 행정소송의 제기가 가능하지만 이 경우에도 제소기간이 경과하면 더 이상 효력을 다툴 수 없음.[26]

2) 불가변력 : 재결이 행하여진 이상 비록 그것이 위법하다 하더라도 행정심판위원회 스스로 이를 취소 · 변경할 수 없는 효력이 발생함.[27]

3) 형성력

- 처분을 취소하는 재결이 있으면 당해 처분은 행정청의 별도의 처분이 없더라도 처분시에 소급하여 효력이 소멸되어 처음부터 존재하지 않은 것으로 되는 효력임.[28] 이러한 형성력에는 대세적 효력(제3자효)이 인정됨.
- 형성력이 인정되는 재결로는 취소재결, 변경재결, 처분재결이 있음.[29] 즉, 모든 재결에 형성력이 인정되는 것은 아니고 행정심판위원회가 재결로써 직접처분의 취소 · 변경 등을 하지 않고 처분변경명령재결 등의 명령재결을 한 경우에는 형성력이 발생하는 것이 아니라 기속력이 발생함.[30]

> 1. **처분취소재결의 경우 재결의 형성력에 의해 행정처분은 별도의 처분을 기다릴 것 없이 당연히 효력이 소멸됨**(대판 1998. 4. 24, 97누17131).[31] [32]
> 2. 형성적 재결의 결과통보는 항고소송의 대상이 되는 행정처분이 아님(대판 1997. 5. 30, 96누14678).[33]
> 3. 원처분에 대한 형성적 취소재결이 확정된 후 처분청이 다시 원처분을 취소한 경우, 그 처분은 항고소송의 대상이 되는 처분이 아님(대판 1998. 4. 24, 97누17131).[34]

4) 기속력

(1) 기속력의 의의

- 피청구인인 행정청이나 관계행정청으로 하여금 재결의 취지에 따라 행동할 의무를 발생시키는 효력임.
- 인용재결에만 인정되고 각하재결, 기각재결에는 인정되지 않음.[35] 처분청은 기각재결이 있은 뒤에도 정당한 사유가 있으면 직권으로 원처분을 취소 · 변경 또는 철회할 수 있음.[36]

> 인용재결이 있는 경우 처분청은 그러한 재결에 기속되므로 이에 불복하여 취소소송을 제기할 수 없음(대판 1998. 5. 8, 97누15432).[37] [38]

(2) 기속력의 내용

구분	내용
반복금지의무 (소극적 의무)	• 행정청은 **동일한 사정**하에서 **동일인**에게 재결의 내용에 모순되는 **동일내용의 처분을 할 수 없는 의무** • 반복금지의무 위반 여부는 기본적 사실관계의 동일성 유무를 기준으로 판단함.
	① 동일 사유인지 여부는 기본적 사실관계에 있어 동일성이 인정되는 사유인지 여부에 따라 판단되어야 함(대판 2005. 12. 9, 2003두7705). ② 행정청이 당해 처분에 관하여 위법한 것으로 재결에서 판단된 사유와 기본적 사실관계에 있어 동일성이 인정되는 사유를 내세워 다시 동일한 내용의 처분을 하는 것은 허용되지 않음(대판 2003. 4. 25, 2002두3201).[39] ③ 양도소득세 및 방위세 부과처분이 국세청장에 대한 불복심사청구에 의하여 그 불복사유가 이유 있다고 인정되어 취소되었음에도 처분청이 동일한 사실에 관하여 부과처분을 되풀이한 것이라면 설령 그 부과처분이 감사원의 시정요구에 의한 것이라 하더라도 위법함(대판 1986. 5. 27, 86누127).[40]
변경의무 및 처분의무 (적극적 의무)	• **처분변경명령재결에 따른 변경의무** : 취소심판에 있어서 다른 처분으로 변경을 명하는 처분이 있는 때에는 처분청은 당해 처분을 다른 처분으로 변경하여야 함. • **의무이행재결의 취지에 따른 처분의무** : 당사자의 신청을 거부하거나 부작위로 방치한 처분의 이행을 명하는 재결이 있으면 행정청은 지체 없이 이전의 신청에 대하여 재결의 취지에 따라 처분을 하여야 함.[41] • **거부처분에 대한 취소 · 무효 · 부존재 재결에 따른 처분의무** : 재결에 의하여 취소되거나 무효 또는 부존재로 확인되는 처분이 당사자의 신청을 거부하는 것을 내용으로 하는 경우에는 그 처분을 한 행정청은 재결의 취지에 따라 다시 이전의 신청에 대한 처분을 하여야 함.[42]
	① 처분의 **절차적 위법사유로 인용재결**이 있었으나 행정청이 **절차적 위법사유를 시정한 후 행정청이 종전과 같은 처분을 하는 것**은 재결의 **기속력에 반하지 않음**(대판 1986. 11. 11, 85누231). ② 당사자의 신청을 거부하는 처분을 취소하는 재결이 있는 경우에는 행정청은 그 재결의 취지에 따라 이전의 신청에 대한 처분을 하여야 함(대판 1988. 12. 13, 88누7880).[43]
결과제거의무 (원상회복의무)	취소재결이 확정되면 행정청은 취소된 처분에 의해 초래된 위법상태를 제거하여 원상회복할 의무
공고 · 고시 · 통지의무	법령의 규정에 따라 공고하거나 고시한 처분이 재결로써 취소되거나 변경되면 처분을 한 행정청은 지체 없이 그 처분이 취소 또는 변경되었다는 것을 공고하거나 고시하여야 함.[44]

(3) 기속력의 범위

- 주관적 범위는 피청구인인 행정청뿐만 아니라 그 밖의 모든 관계행정청까지임.45
- 객관적 범위는 재결의 주문 및 그 전제가 된 요건사실의 인정과 판단, 즉 처분 등의 구체적 위법사유에 관한 판단에만 미침.

1. 교원소청심사위원의 결정은 처분청에 대하여 기속력을 가지고 이는 그 결정의 주문에 포함된 사항뿐 아니라 그 전제가 된 요건사실의 인정과 판단, 즉 처분 등의 구체적 위법사유에 관한 판단에까지 미침(대판 2013. 7. 25, 2012두12297).46
2. 재결의 기속력은 재결의 주문 및 그 전제가 된 요건사실의 인정과 판단, 즉 처분 등의 구체적 위법사유에 관한 판단에만 미친다고 할 것이고,47 종전 처분이 재결에 의하여 취소되었다 하더라도 종전 처분시와는 다른 사유를 들어서 처분을 하는 것은 기속력에 저촉되지 않음(대판 2005. 12. 9, 2003두7705).
3. 당사자의 신청을 받아들이지 않은 거부처분이 재결에서 취소된 경우에 행정청은 종전 거부처분 또는 재결 후에 발생한 새로운 사유를 내세워 다시 거부처분을 할 수 있음.48 그 재결의 취지에 따라 이전의 신청에 대하여 다시 어떠한 처분을 하여야 할지는 처분을 할 때의 법령과 사실을 기준으로 판단하여야 하기 때문임(대판 2017. 10. 31, 2015두45045).
4. 부과처분을 취소하는 재결이 있는 경우 당해 처분청은 재결의 취지에 반하지 아니하는 한, 그 재결에 적시된 위법사유를 시정 · 보완하여 정당한 조세를 산출한 다음 새로이 이를 부과할 수 있는 것이고, 이러한 새로운 부과처분은 재결의 기속력에 저촉되지 아니함(대판 2001. 9. 14, 99두3324).49

(4) 기속력의 위반효과

- 반복금지의무를 위반하여 동일한 내용의 처분을 다시 한 경우 그 처분은 하자가 중대하고 명백하여 무효임.
- 재처분의무를 위반한 경우 그 기속력의 확보방안으로 직접처분과 간접강제를 할 수 있음.

5) 시정명령 및 직접처분 – 기속력의 이행확보

의 의	행정심판위원회는 당사자의 신청을 거부하거나 부작위로 방치한 처분의 이행을 명하는 재결이 있음에도 당해 행정청이 지체 없이 이전의 신청에 대하여 재결의 취지에 따라 처분을 하지 않는 경우에 당사자가 신청하면 기간을 정하여 서면으로 시정을 명하고, 그 기간에 이행하지 아니하면 직접처분을 할 수 있음.50
특 징	• 행정심판위원회의 직접처분권은 의무이행재결(처분명령재결)에만 인정되고, 취소재결 또는 무효등확인재결에는 인정되지 않음.51 52 • 행정심판법상 행정심판위원회의 직접처분권이 인정되어 있는 것과 달리 행정소송법상 법원의 직접처분권은 인정되지 않고 있음.53
사후조치	행정심판위원회는 직접처분을 하였을 때에는 그 사실을 해당 행정청에 통보하여야 하며, 그 통보를 받은 행정청은 행정심판위원회가 한 처분을 자기가 한 처분으로 보아 관계법령에 따라 관리 · 감독 등 필요한 조치를 하여야 함.
불 복	직접처분으로 법률상 이익을 침해받은 제3자는 행정심판위원회를 피고로 하여 직접처분의 취소를 구하는 행정소송을 제기할 수 있음.54
한 계	• 처분의 성질이나 그 밖의 불가피한 사유로 행정심판위원회가 직접처분을 할 수 없는 경우에 해당하는 때에는 직접처분을 할 수 없음. • 예컨대 정보공개를 명하는 재결의 경우 정보공개는 정보를 보유하는 기관만이 할 수 있으며 처분의 성질상 행정심판위원회는 정보공개처분을 할 수 없음.55

6) 간접강제 – 기속력의 이행확보

의 의	행정청의 재처분의무에도 불구하고 행정청이 인용재결에 따른 처분을 하지 아니하면 행정심판위원회가 당사자의 신청에 의하여 결정으로 상당한 기간을 정하고, 행정청이 그 기간 내에 이행하지 아니하는 경우에는 지연기간에 따라 일정한 배상을 하도록 명하거나 즉시 배상을 할 것을 명할 수 있음.56 57 58

절 차	• 행정심판위원회는 사정의 변경이 있는 경우에는 당사자의 신청에 의하여 간접강제결정의 내용을 변경할 수 있음. • 행정심판위원회는 간접강제결정 또는 변경결정을 하기 전에 신청 상대방의 의견을 들어야 함.59
불 복	청구인은 간접강제결정 또는 변경결정에 불복하는 경우 그 결정에 대하여 행정소송을 제기할 수 있음.60
효 력	• 결정의 효력은 피청구인인 행정청이 소속된 국가 · 지방자치단체 또는 공공단체에 미침.61 • 결정서 정본은 민사집행법에 따른 강제집행에 관하여는 집행권원과 같은 효력을 가짐.

써니쌤 Talk

취소심판과 의무이행심판의 비교

구 분	거부처분		재처분의무	(행정심판위원회의) 직접처분	(행정심판위원회의) 간접강제
취소심판	○	취소재결	○	×	○
의무이행심판	○	의무이행재결	○	○	○

7) 조 정

의 의	행정심판위원회는 당사자의 권리 및 권한의 범위에서 당사자의 동의를 받아 심판청구의 신속하고 공정한 해결을 위하여 조정을 할 수 있음. 나만, 그 조정이 공공복리에 적합하지 아니하거나 해당 처분의 성질에 반하는 경우에는 그러하지 아니함.62
절 차	• 행정심판위원회는 조정을 함에 있어서 심판청구된 사건의 법적 · 사실적 상태와 당사자 및 이해관계자의 이익 등 모든 사정을 참작하고, 조정의 이유와 취지를 설명하여야 함. • 조정은 당사자가 합의한 사항을 조정서에 기재한 후 당사자가 서명 또는 날인하고 행정심판위원회가 이를 확인함으로써 성립함.63
준 용	조정에 대하여는 행정심판법 제48조(재결의 송달과 효력발생)부터 제50조(행정심판위원회의 직접처분)까지, 제50조의2(행정심판위원회의 간접강제), 제51조(행정심판 재청구의 금지)의 규정을 준용함.64 65

5 관련문제

1) 법령 등의 개선 : 중앙행정심판위원회는 심판청구를 심리 · 재결할 때에 처분 또는 부작위의 근거가 되는 명령이 법령에 근거가 없거나 상위법령에 위배되거나 국민에게 과도한 부담을 주는 등 크게 불합리하면 관계행정기관에 그 명령 등의 개정 · 폐지 등 적절한 시정조치를 요청할 수 있음.66

2) 증거서류 등의 반환 : 행정심판위원회는 재결을 한 후 증거서류 등의 반환신청을 받으면 신청인이 제출한 문서 · 장부 · 물건이나 그 밖의 증거자료의 원본을 지체 없이 제출자에게 반환하여야 함.67

3) 서류의 송달 : 행정심판법에 따른 서류의 송달에 관하여는 민사소송법 중 송달에 관한 규정을 준용함.

4) 기판력의 인정 여부 : 행정심판의 재결은 판결에서와 같은 기판력이 인정되는 것은 아님.68

행정심판의 재결은 피청구인인 행정청을 기속하는 효력을 가지므로 재결청이 취소심판의 청구가 이유 있다고 인정하여 처분청에 처분을 취소할 것을 명하면 처분청으로서는 재결의 취지에 따라 처분을 취소하여야 하지만, 나아가 재결에 판결에서와 같은 기판력이 인정되는 것은 아니어서, 재결이 확정된 경우에도 처분의 기초가 된 사실관계나 법률적 판단이 확정되고 당사자들이나 법원이 이에 기속되어 모순되는 주장이나 판단을 할 수 없게 되는 것은 아님(대판 2015. 11. 27, 2013다6759).69

행정심판의 고지

1 고지의 의의 및 성질

1) 의 의

- 행정청이 처분을 함에 있어서 상대방에게 그 처분에 대하여 행정심판을 제기할 수 있는지 여부, 심판청구절차, 청구기간 등 행정심판의 제기에 필요한 사항을 미리 알려주어야 하는 것을 말함.
- 행정심판법 제58조 외에도 행정절차법 제26조, 「공공기관의 정보공개에 관한 법률」 제13조 제5항은 고지제도를 규정하고 있음.
- 한편, 행정절차법의 고지규정에는 고지의무를 이행하지 않은 경우에 대한 제재(효과)를 규정하고 있지 않다는 점에서 행정심판법의 고지규정과는 구별됨.[70]

2) 성질 : 고지는 불복제기의 가능 여부 및 불복청구의 요건 등 불복청구에 필요한 사항을 알려주는 비권력적 사실행위로서 그 자체로는 아무런 법적 효과를 발생시키지 않음.[71]

2 고지의 종류 - 직권에 의한 고지와 청구에 의한 고지

구 분	직권에 의한 고지	청구(요구)에 의한 고지[72]
대 상	처분(다른 법률에 의한 처분도 포함(통설))	처분
상대방	처분의 상대방	청구권자(이해관계인)
내 용	심판제기 가능 여부, 심판청구절차, 청구기간 등	행정심판의 대상이 되는 처분인지의 여부, 소관 행정심판위원회, 청구기간 등

3 고지의무위반의 효과

1) 고지의 하자와 처분의 효력 : 고지의무를 불이행한 경우 처분 자체가 위법하게 되는 것은 아님(판례).[73][74]

2) 불고지의 효과

제출기관	불고지로 다른 행정청에 잘못 제출한 경우 당해 행정기관은 심판청구서를 지체 없이 정당한 권한 있는 피청구인에게 보내고, 그 사실을 청구인에게 알려야 함.
청구기간	심판청구기간을 고지하지 아니한 때에는 심판청구기간은 처분이 있었던 날로부터 180일로 됨.
	개별법률에서 정한 심판청구기간이 행정심판법이 정한 심판청구기간보다 짧은 경우라도 행정청이 그 개별법률상 심판청구기간을 알려주지 아니하였다면 행정심판법이 정한 심판청구기간 내에 심판청구가 가능함(대판 1990. 7. 10, 89누6839).[75]

3) 오고지의 효과

제출기관	행정청이 잘못 고지하여 청구인이 심판청구서를 다른 행정기관에 제출한 때에는, 불고지의 경우와 같이 그 심판청구서를 접수한 행정기관은 그 심판청구서를 지체 없이 정당한 권한 있는 피청구인에 송부하고 그 사실을 청구인에게 알려야 함.
청구기간	법률에 규정된 고지기간보다 길게 고지한 경우 고지된 청구기간 내에 심판청구가 있으면 적법한 기간 내에 심판청구가 있은 것으로 봄.[76]

Topic
65 행정소송 개관, 당사자소송 및 객관적 소송

p.273~281

행정소송의 개관

1 행정소송의 한계

1) 사법(司法)의 본질에 따른 한계

- 행정소송도 사법(司法)작용인 이상 법률상의 쟁송이 있는 경우에만 가능하며, 단순한 사실관계의 존부 등의 문제는 행정소송의 대상이 되지 아니함.01
- 법의 일반적 · 추상적 효력 내지 해석에 관한 분쟁은 구체적 권리 · 의무에 관한 분쟁이 아니어서 원칙적으로 행정소송의 대상이 될 수 없음. 다만, 법령이라도 그 자체가 직접 국민의 권리 · 의무에 영향을 주는 경우(처분적 법규명령)에는 행정소송의 대상이 될 수 있음.02 03
- 재량행위에 대해 소송이 제기된 경우 법원의 판단 : 재량권 일탈 · 남용은 위법성, 즉 본안에 관한 문제이므로 법원은 각하할 것이 아니라 본안판단을 통해 기각 또는 인용판결을 하여야 함.04

> 국가보훈처장(현 국가보훈부장관) 등이 발행한 책자에서 독립운동가 등의 활동상을 잘못 기술하였다는 등의 이유로 사실관계의 확인을 구하거나 국가보훈처장의 서훈추천권의 행사, 불행사의 당연무효 또는 부작위위법확인을 구하는 청구는 사실관계에 관한 것이므로 항고소송의 대상이 되지 않음(대판 1990. 11. 23, 90누3553).05

2) 권력분립에 따른 한계

(1) 의무이행소송

의 의	사인이 일정한 행정행위를 청구한 경우에 행정청이 처분을 하여야 할 의무가 있음에도 불구하고 거부 또는 부작위로 방치한 경우 행정청에 대하여 일정한 행정행위를 해줄 것을 청구하는 소송
인정 여부	• 우리 행정소송법에는 의무이행소송에 관한 명문규정이 없음.06 • 판례는 의무이행소송을 인정하지 않고 있음.
	① 검사에게 이행을 명하는 의무이행소송은 인정되지 않음(대판 1995. 3. 10, 94누14018).07 ② 행정소송법상 이행판결을 구하는 소송이나 행정청이 한 것과 같은 효과가 있는 처분을 직접 행하도록 하는 형성판결을 구하는 소송은 허용되지 않음(대판 1997. 9. 30, 97누3200).08

(2) 예방적 부작위소송(예방적 금지소송, 금지청구소송)

의 의	행정청의 처분으로 장래에 개인의 법률상 이익이 침해될 경우에 대비하여 사전에 행정청이 일정한 처분을 하지 못하도록 그 부작위를 청구하는 소송
인정 여부	• 우리 행정소송법에는 예방적 부작위소송에 관한 명문규정이 없음.09 • 판례는 예방적 부작위소송도 인정하지 않고 있음.10
	신축건물의 준공처분을 하여서는 아니 된다는 내용의 부작위를 구하는 청구는 허용되지 않음(대판 1987. 3. 24, 86누182).11

3) 작위의무확인소송

의 의	행정청에 대해 일정한 작위의무가 있음을 확인해 줄 것을 법원에 청구하는 소송
인정 여부	판례는 작위의무확인소송도 인정하지 않고 있음.

2 행정소송의 종류

- 행정소송법은 제3조에서 행정소송을 항고소송, 당사자소송, 민중소송, 기관소송으로 구분하고 있음.[12][13]
- 행정소송은 그 내용에 따라 개인의 권리구제를 주된 목적으로 하는 주관적 소송과 적법성 통제가 주된 목적인 객관적 소송으로 나눌 수 있음. 주관적 소송은 다시 항고소송과 당사자소송으로,[14] 객관적 소송은 민중소송과 기관소송으로 구분할 수 있음.

주관적 소송

1 항고소송

- 행정청의 처분 등이나 부작위에 대하여 제기하는 소송[15]
- 행정소송법은 제4조에서 항고소송을 취소소송, 무효등확인소송, 부작위위법확인소송으로 구분하고 있음.[16]

2 당사자소송

행정청의 처분 등을 원인으로 하는 법률관계(처분 등에 의하여 발생 · 변경 · 소멸된 공법상의 법률관계를 말함)에 관한 소송, 그 밖에 공법상의 법률관계(처분 등을 원인으로 하지 않는 공법이 규율하는 법률관계를 말함)에 관한 소송으로서 그 법률관계의 한쪽 당사자를 피고로 하는 소송[17]

> 국가 등 과세주체가 당해 확정된 조세채권의 소멸시효중단을 위하여 납세의무자를 상대로 제기한 조세채권존재확인의 소의 법적 성질은 공법상 당사자소송임(대판 2020. 3. 2, 2017두41771).[18]

1) 항고소송과 당사자소송의 구별

(1) 공법상 계약에 관한 소송

항고소송	당사자소송
공행정주체가 우월한 지위에서 갖는 공권력의 행사 · 불행사와 관련된 분쟁의 해결을 위한 소송	대등한 당사자 간에 다투어지는 공법상의 법률관계를 소송의 대상으로 함.[19]
	① 시립합창단원의 재위촉 거부에 대해서는 공법상 당사자소송을 제기하여야 함(대판 2001. 12. 11, 2001두7794).[20] ② 지방전문직 공무원(공중보건의사)채용계약의 해지에 대해서는 당사자소송을 제기(대판 1993. 9. 14, 92누4611)[21] ③ 읍 · 면장에 의한 이장의 임명 및 면직은 행정처분이 아니라 공법상 계약 및 그 계약을 해지하는 의사표시(대판 2012. 10. 25, 2010두18963)[22] ④-1. 민간투자사업상 실시협약은 공법상 계약이며, 그 실시협약에 따른 재정지원금의 지급을 구하는 소송은 공법상 당사자소송임.[23] ④-2. **민간투자사업 실시협약**을 체결한 당사자가 **공법상 당사자소송**에 의하여 **그 실시협약에 따른 재정지원금의 지급을 구하는 경우**에, **수소법원은** 단순히 주무관청이 재정지원금액을 산정한 절차 등에 위법이 있는지 여부를 심사하는 데 그쳐서는 아니 되고, 실시협약에 따른 적정한 **재정지원금액이 얼마인지를 구체적으로 심리 · 판단하여야 함**(대판 2019. 1. 31, 2017두46455).[24]

(2) 금전급부에 관한 소송

항고소송	당사자소송
권리의 존부 또는 범위가 행정청의 결정에 의하여 비로소 확정되는 경우	권리의 존부 또는 범위가 법령에 의하여 바로 확정되는 경우
① '민주화운동 관련자 명예회복 및 보상심의위원회'의 보상금 등의 지급대상자에 관한 결정은 행정처분이며 「민주화운동 관련자 명예회복 및 보상 등에 관한 법률」에 따른 보상금 지급 신청을 기각하는 결정에 대한 불복을 구하는 소송은 취소소송임(대판 2008. 4. 17, 2005두16185 전합). **25 26** ② 공무원연금법령상 급여를 받으려고 하는 자는 우선 관계법령에 따라 공무원연금공단에 급여지급을 신청하여 공무원연금공단이 이를 거부하거나 일부 금액만 인정하는 급여지급결정을 하는 경우 그 결정을 대상으로 항고소송을 제기하는 등으로 구체적 권리를 인정받아야 하고, **27** **구체적인 권리가 발생하지 않은 상태에서 곧바로 공무원연금공단을 상대로 한 당사자소송으로 권리의 확인이나 급여의 지급을 소구하는 것은 허용되지 아니함**(대판 2017. 2. 9, 2014두43264). **28** ③ 구 공무원연금법상의 퇴직급여는 공무원연금관리공단의 지급결정으로 구체적 권리가 발생하는 것이므로 공무원연금관리공단의 급여결정은 행정처분으로서 이에 대해서는 항고소송을 제기하여야 함(대판 1996. 12. 6, 96누6417). **29** ④ 구 의료보호법상 진료기관의 보호비용청구에 대해 보호기관이 심사결과 진료비지급을 거절한 경우 구체적인 진료비지급청구권은 보호기관의 심사결정에 의해 비로소 발생하는 것이므로 진료기관은 항고소송을 제기하여야 함(대판 1999. 11. 26, 97다42250). ⑤ 퇴직연금결정 후의 퇴직연금청구소송은 당사자소송이나 구 군인연금법에 의한 퇴역연금 등의 급여를 받을 권리는 국방부장관의 인정으로 인해 비로소 구체적 권리가 발생하는 것이므로 국방부장관이 인정청구를 거부한 경우 항고소송을 제기하여야 함(대판 2003. 9. 5, 2002두3522)(오른쪽 ⑤와 비교). ⑥ 구 군인연금법령상 급여를 받으려고 하는 사람은 우선 관계법령에 따라 국방부장관 등에게 급여지급을 청구하여 국방부장관 등이 이를 거부하거나 일부금액만 인정하는 급여지급결정을 **하는 경우 그 결정을 대상으로 항고소송을 제기하는 등으로 구체적 권리를 인정받은 다음 비로소 당사자소송으로 그 급여의 지급을 구해야 함.** **30** 이러한 **구체적인 권리가 발생하지 않은 상태에서 곧바로 국가를 상대로 한 당사자소송으로 급여의 지급을 소구하는 것은 허용되지 않음**(대판 2021. 12. 16, 2019두45944). 최신	① **광주민주화운동** 관련 보상금지급에 관한 권리는 보상심의위원회의 결정에 의해 비로소 성립하는 것이 아니라 법에 의해 구체적 권리가 발생한 것이므로 당사자소송을 제기(대판 1992. 12. 24, 92누3335) **31** ②-1. 공무원연금관리공단이 **공무원연금법령의 개정사실과 퇴직연금 수급자가 퇴직연금 중 일부 금액의 지급정지대상자가 되었다는 사실을 통보한 경우**, 위 통보는 항고소송의 대상이 되는 처분이 아님. **32** ②-2. 공무원연금관리공단이 퇴직연금 중 일부 금액에 대하여 지급거부의 의사표시를 한 경우, 그 의사표시가 항고소송의 대상이 되는 행정처분이 아니며, 이 경우 **미지급퇴직연금의 지급을 구하는 소송은** 공법상 당사자소송임(대판 2004. 7. 8, 2004두244). **33 34** ③ 공무원연금관리공단이 **연금지급결정 후 공무원연금법령의 개정에 따라 퇴직연금 중 일부 금액에 대하여 지급거부의 의사표시를 한 경우**, 그 의사표시는 항고소송의 대상이 되는 행정처분이 아니고, 이러한 미지급 퇴직연금에 대한 지급청구권은 공법상 권리로서 그 지급을 구하는 소송은 공법상의 법률관계에 관한 소송인 공법상 당사자소송에 해당함(대판 2004. 12. 24, 2003두15195). ④-1. **법관이 이미 수령한 명예퇴직수당액이** 구 「법관 및 법원공무원 명예퇴직수당 등 지급규칙」 **제4조에서 정한 정당한 수당액에 미치지 못한다고 주장하며 차액의 지급을 신청한 것에 대하여 법원행정처장이 거부하는** 의사를 표시한 경우, 위 의사표시를 행정처분으로 볼 수 없음. **35** ④-2. 명예퇴직한 법관이 **미지급 명예퇴직수당액의 지급을 구하는 경우, 소송형태는** 당사자소송임(대판 2016. 5. 24, 2013두14863). **36 37** ⑤ **국방부장관의 인정에** 의하여 **퇴역연금을 지급받아** 오던 중 군인보수법 및 공무원보수규정에 의한 호봉이나 봉급액의 **개정** 등으로 퇴역연금액이 변경된 경우에는 **법령의 개정에 따라 당연히 개정규정에 따른 퇴역연금액이 확정되는 것이지 국방부장관의 퇴역연금액 결정과 통지에 의하여 비로소 그 금액이 확정되는 것이 아니므로,** 법령의 개정에 따른 국방부장관의 퇴역연금액 감액조치에 대하여 이의가 있는 퇴역연금수급권자는 항고소송을 제기하는 방법으로 감액조치의 효력을 다툴 것이 아니라 직접 국가를 상대로 정당한 퇴역연금액과 결정, 통지된 퇴역연금액과의 차액의 지급을 구하는 공법상 당사자소송을 제기하는 방법으로 다툴 수 있음(대판 2003. 9. 5, 2002두3522).

2) 민사소송과 당사자소송의 구별

(1) 금전급부소송

민사소송	당사자소송
사법상의 법률관계를 대상으로 함.	공법상의 법률관계를 대상으로 함.
① 부당이득반환청구소송(대판 1995. 4. 28, 94다55019)**38** ② 이미 존재와 범위가 확정되어 있는 과오납부액은 납세자가 부당이득의 반환을 구하는 민사소송으로 환급을 청구할 수 있음(대판 2015. 8. 27, 2013다212639). ③ 환매권의 존부에 관한 확인을 구하는 소송 및 환매금액의 증감을 구하는 소송(대판 2013. 2. 28, 2010두22368)**39**	①-1. 지방소방공무원의 보수에 관한 법률관계 ①-2. 지방소방공무원이 소속 지방자치단체를 상대로 초과근무수당의 지급을 구하는 소송을 제기하는 경우(대판 2013. 3. 28, 2012다102629)**40** ② 공무원의 연가보상비청구권(행정청이 공무원에게 연가보상비를 지급하지 아니한 행위는 항고소송의 대상이 되는 처분으로 볼 수 없음)(대판 1999. 7. 23, 97누10857)**41** ③ 석탄가격안정지원금청구소송(대판 1997. 5. 30, 95다28960)**42** ④ 석탄산업법에 따른 재해위로금지급청구권(대판 1999. 1. 26, 98두12598)**43** ⑤ 교육부장관(당시 문교부장관)의 권한을 재위임받은 공립교육기관의 장에 의하여 공립유치원의 임용기간을 정한 전임강사로 임용되어 지방자치단체로부터 보수를 지급받으면서 공무원복무규정을 적용받고 사실상 유치원 교사의 업무를 담당하여 온 유치원 교사의 자격이 있는 자에 대한 해임처분의 시정 및 수령지체된 보수의 지급을 구하는 소송(대판 1991. 5. 10, 90다10766)**44** ⑥ 구 「공익사업을 위한 토지 등의 취득 및 보상에 관한 법률」에 따른 주거용 건축물 세입자의 주거이전비 보상청구소송(대판 2008. 5. 29, 2007다8129)**45 46** ⑦-1. 납세의무자에 대한 국가의 부가가치세 환급세액 지급의무는 그 납세의무자로부터 어느 과세기간에 과다하게 거래징수된 세액 상당을 국가가 실제로 납부받았는지와 관계없이 부가가치세법령의 규정에 의하여 직접 발생하는 것으로서, 그 법적 성질은 부당이득반환의무가 아니라 조세정책적 관점에서 특별히 인정되는 공법상 의무라고 봄이 타당함.**47 48** ⑦-2. 납세의무자의 부가가치세 환급세액 지급청구는 민사소송이 아니라 행정소송법 제3조 제2호에 규정된 당사자소송의 절차에 따라야 함(대판2013. 3. 21, 2011다95564 전합).**49** ⑧ 고용산재보험료징수법의 각 규정에 의하면, 사업주가 당연가입자가 되는 고용보험 및 산재보험에서 보험료 납부의무 부존재확인의 소는 공법상의 법률관계 그 자체를 다투는 소송으로서 공법상 당사자소송임(대판 2016. 10. 13, 2016다221658).**50** ⑨ 산업기술혁신촉진법상 산업기술개발사업에 관하여 체결된 협약(편저자 주 : 공법상 계약)에 따라 집행된 사업비 정산금 반환채무의 존부에 대한 분쟁은 공법상 당사자소송의 대상임(대판 2023. 6. 29, 2021다250025).**51** 최신

(2) 공법상 신분 또는 지위 등의 확인소송

민사소송	당사자소송
구 「도시 및 주거환경정비법」상 재개발조합과 조합장 또는 조합임원 사이의 선임 · 해임 등을 둘러싼 법률관계의 성질은 사법(私法)상의 법률관계로서 그 조합장 또는 조합임원의 지위를 다투는 소송(대결 2009. 9. 24, 2009마168 · 169)**52**	① 공무원의 지위확인소송(대판 1998. 10. 23, 98두12932) ② 재개발조합을 상대로 조합원자격 유무에 관한 확인을 구하는 소송(대판 1996. 2. 15, 94다31235 전합)**53** ③ 한국전력공사가 TV방송수신료를 징수할 권한이 있는지 여부를 다투는 소송(대판 2008. 7. 24, 2007다25261)**54**

	④ 지방자치단체가 보조금 지급결정을 하면서 일정 기한 내에 보조금을 반환하도록 하는 교부조건을 부가한 경우, 보조금을 교부받은 사업자에 대한 지방자치단체의 **보조금반환청구**(대판 2011. 6. 9, 2011다2951)**55** ⑤ **「국토의 계획 및 이용에 관한 법률」** 제130조 제3항에서 정한 토지의 소유자 · 점유자 또는 관리인이 사업시행자의 일시사용에 대하여 정당한 사유 없이 동의를 거부하는 경우, **사업시행자가 해당 토지의 소유자 등을 상대로 동의의 의사표시를 구하는 소송**(대판 2019. 9. 9, 2016다262550)**56 57**

(3) 주택재건축정비사업조합 상대로 조합총회결의의 효력을 다투는 소송

항고소송	당사자소송
「도시 및 주거환경정비법」상의 주택재건축정비사업조합이 같은 법 제48조에 따라 수립한 관리처분계획에 대하여 관할행정청의 인가 · 고시가 있은 후에는 행정처분의 효력을 다투는 항고소송의 방법으로 관리처분계획의 취소 또는 무효확인을 구하여야 하고, 그 관리처분계획안에 대한 총회결의의 무효확인을 구할 수는 없음(대판 2009. 9. 17, 2007다2428 전합).**58 59 60 61**	「도시 및 주거환경정비법」상의 주택재건축정비사업조합을 상대로 관리처분계획안에 대한 조합총회결의의 효력을 다투는 소송의 법적 성질은 행정소송법상 당사자소송임(대판 2009. 9. 17, 2007다2428 전합).**62 63 64**

써니쌤 Talk

조합설립추진위원회 – 승인(인가)	⇨	조합설립결의 – 인가(특허)	⇨	사업시행계획(안) – 인가(인가)	⇨	관리처분계획(안) – 인가(인가)
		조합설립결의의 인가는 조합을 행정주체로 만들어주는 것으로서 설권적 행위		사업시행계획(안)이 인가를 받으면 구속적 행정계획으로서 처분이 됨.		관리처분계획(안)이 인가를 받으면 구속적 행정계획으로서 처분이 됨.

3) 당사자소송의 종류 – 형식적 당사자소송

개 념	실질적으로는 행정청의 처분 등을 다투는 것이나 형식적으로는 처분을 대상으로 하지 않고 또한 처분청을 피고로 하지도 않고, 그 대신 처분 등으로 인해 형성된 법률관계를 다투기 위해 관련 법률관계의 일방 당사자를 피고로 하여 제기하는 당사자소송을 말함.
특 징	실질적으로 행정청의 처분 또는 재결의 효력에 대해서 다투는 항고소송의 성질을 갖지만, 소송형식은 행정청이 아닌 권리주체인 당사자를 피고로 하는 당사자소송의 형식을 취함.
일반적 인정 여부	개별법률에 명문의 규정이 있는 경우에 한해 허용(통설)
실정법상의 근거규정	• 특허법, 실용신안법 • 「공익사업을 위한 토지 등의 취득 및 보상에 관한 법률」(토지수용재결에 대한 행정소송이 보상금증감소송인 경우에 원고가 토지소유자 또는 관계인인 때에는 행정청인 토지수용위원회를 피고로 하지 아니하고 사업시행자를 피고로 함)**65**

4) 당사자 및 관계인

(1) 원고적격 및 소의 이익

- 행정소송법에는 당사자소송의 원고적격에 관해 별도의 규정을 두고 있지 않으며**66** 취소소송의 원고적격 및 소의 이익에 관한 규정이 준용되지 아니함.
- 판례는 당사자소송으로서 법률관계 확인청구소송(해지의사표시 무효확인을 구하는 소송)을 제기하는 경우 확인의 이익(즉시확정의 이익)이 요구된다고 함.

1-1. 과거의 법률관계라 할지라도 현재의 권리 또는 법률상 지위에 영향을 미치고 있고 현재의 권리 또는 법률상 지위에 대한 위험이나 불안을 제거하기 위하여 그 법률관계에 관한 확인판결을 받는 것이 유효적절한 수단이라고 인정될 때에는 그 법률관계의 확인소송은 즉시확정의 이익이 있음.67

1-2. 당사자소송으로서 법률관계 확인청구소송을 제기하는 경우 확인의 이익이 필요함.

1-3. 지방자치단체와 채용계약에 의하여 채용된 계약직 공무원이 그 계약기간 만료 이전에 채용계약해지 등의 불이익을 받은 후 그 계약기간이 만료된 때에는 그 채용계약해지의 의사표시가 무효라고 하더라도 …… 이 사건과 같이 이미 채용기간이 만료되어 소송결과에 의해 법률상 그 직위가 회복되지 않는 이상 채용계약해지의 의사표시의 무효확인만으로는 당해 소송에서 추구하는 권리구제의 기능이 있다고 할 수 없고, 침해된 급료지급청구권이나 사실상의 명예를 회복하는 수단은 바로 급료의 지급을 구하거나 명예훼손을 전제로 한 손해배상을 구하는 등의 이행청구소송으로 직접적인 권리구제방법이 있는 이상 무효확인소송은 적절한 권리구제수단이라 할 수 없어 확인소송의 또 다른 소송요건을 구비하지 못하고 있다 할 것이며, 위와 같이 직접적인 권리구제의 방법이 있는 이상 무효확인소송을 허용하지 않는다고 해서 당사자의 권리구제를 봉쇄하는 것도 아님(대판 2008. 6. 12, 2006두16328).68

2. 원고가 위탁운영기간 만료일까지 공립어린이집의 원장 지위에 있음의 확인을 구하고 있는 사안에서, 공립어린이집 위탁운영기간이 만료된 경우라면 소의 이익이 없음(대판 2019. 2. 14, 2016두49501).69

(2) 피고적격

권리주체	당사자소송은 항고소송과 달리 행정청을 피고로 하지 않고 국가 · 공공단체, 그 밖의 권리주체를 피고로 함.70 71
	① 당사자소송의 경우 항고소송과 달리 '행정청'이 아닌 '권리주체'에게 피고적격이 있음을 규정하는 것일 뿐, 피고적격이 인정되는 권리주체를 행정주체로 한정한다는 취지가 아니므로, 이 규정을 들어 사인(私人)을 피고로 하는 당사자소송을 제기할 수 없다고 볼 것은 아님(대판 2019. 9. 9, 2016다262550).72 ② **납세의무부존재확인의 소**는 공법상의 법률관계 그 자체를 다투는 소송으로서 **당사자소송**이라 할 것이므로73 그 법률관계의 한쪽 당사자인 **국가 · 공공단체 그 밖의 권리주체가 피고적격을 가짐**(대판 2000. 9. 8, 99두2765).74
대 표	• 국가를 당사자로 하는 소송의 경우 법무부장관이 국가를 대표함. • 지방자치단체를 당사자로 하는 소송의 경우에는 지방자치단체장이 당해 지방자치단체를 대표함.75
피고경정	당사자소송에도 피고경정에 관한 규정이 적용되므로 원고가 피고를 잘못 지정한 때에는 법원은 원고의 신청에 의해 결정으로써 피고의 경정을 허가할 수 있음.76 77

(3) 소송참가 및 공동소송

- 취소소송의 규정이 준용되어 당사자소송에서도 제3자의 소송참가와 행정청의 소송참가가 인정되고 있음.78 79
- 공동소송에 관한 규정도 당사자소송에 준용됨.

5) 토지관할

- 취소소송의 토지관할에 관한 규정이 준용됨. 따라서 피고의 소재지를 관할하는 행정법원이 관할법원이 됨.
- 다만, 행정소송법 제40조는 국가나 공공단체가 피고인 때에는 당해 소송과 구체적인 관계가 있는 '관계행정청의 소재지'를 피고의 소재지로 보아 그 행정청의 소재지를 관할하는 행정법원을 관할법원으로 보는 특칙을 두고 있음.80

6) 제소기간

- 당사자소송에 관하여 법령(개별법을 의미)에 제소기간이 정하여져 있는 때에는 그 기간은 불변기간으로 함.
- 다만, 행정소송법에는 당사자소송의 제기기간에 관한 제한이 없으며 취소소송의 제소기간도 적용되지 않음.81

7) 소의 변경 및 관련청구의 이송 · 병합 등

소의 변경	• 행정소송법 제21조(소의 변경)는 당사자소송을 항고소송으로 변경하는 경우에도 준용됨.[82] • 따라서 법원은 당사자소송을 취소소송으로 변경하는 것이 상당하다고 인정할 때에는, 청구의 기초에 변경이 없는 한 사실심 변론종결시까지 원고의 신청에 의하여 결정으로써 소의 변경을 허가할 수 있음.[83] • 청구의 기초가 바뀌지 않는 한 당사자소송을 민사소송으로 소변경하는 것도 가능함(Topic 71 **3** 참조)
	원고가 고의 또는 중대한 과실 없이 당사자소송으로 제기하여야 할 것을 항고소송으로 잘못 제기한 경우에, 당사자소송으로서의 소송요건을 결하고 있음이 명백하여 당사자소송으로 제기되었더라도 어차피 부적법하게 되는 경우가 아닌 이상, 법원으로서는 원고가 당사자소송으로 소 변경을 하도록 하여 심리 · 판단하여야 함(대판 2016. 5. 24, 2013두14863).[84]
관련청구의 이송 · 병합	당사자소송과 이와 관련된 소송이 각각 다른 법원에 계속되어 있는 경우에는 법원은 당사자의 신청 또는 직권에 의하여 이를 당사자소송이 계속되어 있는 법원으로 이송할 수 있음.
	본래의 당사지소송이 부적법하여 각하되는 경우, 행정소송법 제44 · 10조에 따라 **병합된 관련청구소송도 소송요건 흠결로 부적합하여 각하**되어야 함(대판 2011. 9. 29, 2009두10963).[85][86]
기 타	심리절차에 관한 행정심판기록제출명령,[87] 변론주의, 처분권주의, 직권조사규정, 구술심리주의, 쌍방심문주의 등도 당사자소송에 적용됨. 따라서 당사자소송의 경우 법원은 필요하다고 인정할 때 직권으로 증거조사를 할 수 있고 당사자가 주장하지 아니한 사실에 대하여도 판단할 수 있음.[88]

8) 판 결

- 판결의 종류는 기본적으로 취소소송의 경우와 동일함. 다만, 당사자소송에는 사정판결의 제도가 없다는 점에서 취소소송과 구별됨.[89]
- 취소판결에서 인정되는 효력 중 취소판결의 제3자효 등은 성질상 당사자소송에는 적용되지 않음.

9) 가집행

- 확정되지 아니한 판결에 대하여 확정판결과 같이 집행력을 부여하는 법원의 재판
- 최근 헌법재판소는 "국가를 상대로 하는 당사자소송의 경우에는 가집행선고를 할 수 없다."라고 규정한 행정소송법 제43조가 평등원칙에 위배된다고 보아 위헌결정을 내림.[90]

1. 행정소송법 제8조 제2항에 의하면 행정소송에도 민사소송법의 규정이 일반적으로 준용되므로 법원으로서는 **공법상 당사자소송**에서 재산권의 청구를 인용하는 판결을 하는 경우 **가집행선고를 할 수 있음**(대판 2000. 11. 28, 99두3416).[91]
2. 심판대상조항(편저자 주 : 행정소송법 제43조)은 국가가 당사자소송의 피고인 경우 가집행의 선고를 제한하여, 국가가 아닌 공공단체 그 밖의 권리주체가 피고인 경우에 비하여 합리적인 이유 없이 차별하고 있으므로 평등원칙에 반함(헌재 2022. 2. 24, 2020헌가12). 최신

10) 가처분 : 행정소송법에 규정 없음.[92] 당사자소송의 경우 민사집행법상 가처분에 관한 규정이 준용됨.

「도시 및 주거환경정비법」상 행정주체인 주택재건축정비사업조합을 상대로 관리처분계획안에 대한 조합총회결의의 효력을 다투는 소송은 행정처분에 이르는 절차적 요건의 존부나 효력 유무에 관한 소송으로서 소송결과에 따라 행정처분의 위법 여부에 직접 영향을 미치는 **공법상 법률관계**에 관한 것이므로, 이는 행정소송법상 **당사자소송**에 해당함. 그리고 이러한 당사자소송에 대하여는 행정소송법 제23조 제2항의 집행정지에 관한 규정이 준용되지 아니하므로, 이를 본안으로 하는 가처분에 대하여는 행정소송법 제8조 제2항에 따라 민사집행법상 가처분에 관한 규정이 준용되어야 함(대결 2015. 8. 21. 2015무26).[93][94]

11) 취소소송과 당사자소송의 관계

- 행정행위의 공정력으로 인해 단순위법의 하자 있는 행정행위는 취소소송 이외의 소송으로 그 효력을 부인할 수 없음.
- 따라서 파면처분을 받은 공무원은 그 파면처분이 단순위법의 처분이라면 파면처분취소소송을 제기하여야 하고, 당사자소송으로 공무원지위확인소송을 제기할 수 없음.[95]

12) **관할위반의 효력** : 민사소송으로 제기할 것을 당사자소송으로 서울행정법원에 제기하여 관할위반이 되었더라도 피고가 관할위반이라고 항변하지 아니하고 본안에 대하여 변론을 한 경우에는 변론관할이 발생함(판례).96

1. 민사소송인 이 사건 소(환매대금증감청구소송)가 서울행정법원에 제기되었는데도 피고가 제1심법원에서 관할위반이라고 항변하지 아니하고 본안에 대하여 변론을 한 경우, 행정소송법 제8조 제2항, 민사소송법 제30조에 의하여 제1심법원에 변론관할이 생겼다고 봄이 상당함(대판 2013. 2. 28, 2010두22368).
2. 행정사건의 심리절차는 행정소송의 특수성을 감안하여 행정소송법이 정하고 있는 특칙이 적용될 수 있는 점을 제외하면 심리절차 면에서 민사소송절차와 큰 차이가 없으므로, 특별한 사정이 없는 한 민사사건을 행정소송절차로 진행한 것 자체가 위법하다고 볼 수 없음(대판 2018. 2. 13, 2014두11328).97

객관적 소송

1 주관적 소송과 객관적 소송의 구별

주관적 소송	객관적 소송
• **목적** : 개인의 권리구제(권익보호), 행정의 적법성 보장 • 개인이 소송을 제기할 소의 이익만 있으면 제기 가능함.	• **목적** : 행정작용의 적법성 보장 • 법이 정하는 경우에 한하여 소의 제기가 가능하며(예외적 열기주의), 그 법률에 정한 자만이 제기할 수 있음.98

2 객관적 소송의 종류

구 분	민중소송	기관소송
의 의	국가 또는 공공단체의 기관이 법률에 위반되는 행위를 한 때에 직접 자기의 법률상 이익과 관계없이 그 시정을 구하기 위하여 제기하는 소송99	• 국가 또는 공공단체의 기관 상호 간에 있어서의 권한의 존부 또는 그 행사에 관한 다툼이 있을 때에 이에 대하여 제기하는 소송100 • 다만, 국가기관 상호 간, 국가기관과 지방자치단체 간 및 지방자치단체 상호 간의 권한쟁의심판은 헌법재판소의 관장사항으로서, 행정소송으로서의 기관소송에서 제외됨.101 102
소송요건	법률이 정한 경우에 법률에 정한 자에 한하여 제기할 수 있음.103	
종 류	① 공직선거법상의 선거 · 당선소송 ② 국민투표법상의 국민투표에 관한 소송104 ③ 주민투표법상의 주민투표에 관한 소송105 ④ 지방자치법상 주민소송106	① **지방자치법상 기관소송** : 지방자치단체장이 지방의회의 재의결에 대해 대법원에 제소107 ② **「지방교육자치에 관한 법률」상 기관소송** : 교육감이 대법원에 제소

3 적용법규

- 민중소송 또는 기관소송에 적용될 법규는 민중소송 · 기관소송을 규정하는 각 개별법률이 정하는 것이 일반적임.
- 그러나 개별법에 특별한 규정이 없는 경우 ① 처분 등의 취소를 구하는 소송에는 그 성질에 반하지 않는 한 취소소송에 관한 규정을 준용하고,108 109 ② 처분 등의 효력 유무 또는 존재 여부나 부작위의 위법확인을 구하는 소송에는 그 성질에 반하지 않는 한 각각 무효등확인소송 또는 부작위위법확인소송에 관한 규정을 준용하며, 위의 ①과 ②에 해당하지 않는 소송에는 그 성질에 반하지 않는 한 당사자소송에 관한 규정을 준용함.

Topic

66 항고소송 Ⅰ - 취소소송의 일반론

p.282~284

1 취소소송의 의의

- 행정청의 위법한 처분 등을 취소 또는 변경하는 소송01
- 취소소송의 소송물을 처분의 위법성 일반(처분의 위법성 그 자체)으로 봄(다수설 및 판례).02 03

	①	②
동작구청장 - 甲 2. 1. 1년 영입정지처분 (1. 2. 청소년인 A에게 주류판매)	甲 - 동작구청장 4. 1. 취소소송 1. 2. A에게 주류판매 ×	甲 - 동작구청장 4. 10. 취소소송 사전통지 ×

- 甲이 처분의 내용상 위법성이 있다는 이유로(청소년인 A에게 주류를 판매하지 않았다는 점) 영업정지처분에 대한 취소소송을 제기한 후, 처분의 형식 또는 절차상 위법성이 있다는 이유로(사전통지를 하지 않았다는 점) 또다시 영업정지처분에 대한 취소소송을 제기한다면 이는 중복소송이 됨.
- 비록 처분의 위법사유는 두 개라 하더라도 다수설 및 판례에 따르면 취소소송의 소송물(소송에서 궁극적으로 다투고자 하는 것)은 처분의 위법성 일반, 그 자체이지 위법성을 구성하는 개별사유가 아님.

2 재판관할

1) 재판의 관할

(1) 심급관할 : 1심은 원칙적 지방법원급인 행정법원(단, 행정법원이 없는 지역은 지방법원 본원)

(2) 토지관할 - 소재지를 기준으로 하여 재판권 분배

보통관할	• 취소소송의 관할법원은 피고(행정청)의 소재지를 관할하는 행정법원04 • 다만, 중앙행정기관, 중앙행정기관의 부속기관과 합의제 행정기관 또는 그 장이 피고인 경우 또는 국가의 사무를 위임 또는 위탁받은 공공단체 또는 그 장이 피고인 경우에는 대법원소재지를 관할하는 행정법원에 제기할 수도 있음.05 06 07 08
특별관할	토지의 수용 기타 부동산 또는 특정의 장소에 관계되는 처분 등에 대한 취소소송은 그 부동산 또는 장소의 소재지를 관할하는 행정법원에 이를 제기할 수 있음.09 10
토지관할의 성질	토지관할에 관하여 전속관할(특정법원만이 배타적으로 관할권을 가지는 것)을 규정하고 있지 않으므로 토지관할은 그 성격상 임의관할임. 따라서 민사소송법상의 합의관할 또는 변론관할에 관한 규정이 적용될 수 있음.11

2) 관할위반을 이유로 한 이송

(1) 관할 또는 심급상의 문제인 경우

- 법원은 소송의 전부 또는 일부가 그 관할에 속하지 아니함을 인정할 때에는 결정으로 관할법원에 이송함.
- 또한 원고의 고의 또는 중대한 과실 없이 행정소송이 심급(지방법원과 고등법원)을 달리하는 법원에 잘못 제기된 경우에도 법원은 관할법원에 이송하도록 규정하고 있음.12

(2) 행정사건을 민사소송으로 제기한 경우

1. 원고가 고의 또는 중대한 과실 없이 행정소송으로 제기하여야 할 사건을 민사소송으로 잘못 제기한 경우, 수소법원으로서는 만약 그 행정소송에 대한 관할도 동시에 가지고 있다면 이를 행정소송으로 심리·판단하여야 하고, 그 행정소송에 대한 관할을 가지고 있지 아니하다면 당해 소송이 이미 행정소송의 전심절차 및 제소기간을 도과하였거나 행정소송의 대상이 되는 처분 등이 존재하지도 아니한 상태에 있는 등 행정소송의 소송요건을 결하고 있음이 명백하여 행정소송으로 제기되었더라도 어차피 부적

법하게 되는 경우가 아닌 이상 이를 부적법한 소라고 하여 **각하할 것이 아니라 관할법원에 이송하여야 함**(대판 1997. 5. 30, 95다28960 ; 대판 2017. 11. 9, 2015다215526).[13][14]

2. 행정소송법상 항고소송으로 제기하여야 할 사건을 민사소송으로 잘못 제기한 경우에 수소법원이 항고소송에 대한 관할도 동시에 가지고 있다면, 전심절차를 거치지 않았거나 제소기간을 도과하는 등 항고소송으로서의 소송요건을 갖추지 못했음이 명백하여 항고소송으로 제기되었더라도 어차피 부적법하게 되는 경우가 아닌 이상, 원고로 하여금 항고소송으로 소변경을 하도록 석명권을 행사하여 행정소송법이 정하는 절차에 따라 심리 · 판단하여야 함(대판 2020. 4. 9, 2015다34444).[15]

3. (재건축조합을 피고로 관리처분계획안 수립결의 무효확인을 민사소송으로 구한 사건에서) 「도시 및 주거환경정비법」상의 주택재건축정비사업조합을 상대로 관리처분계획안과 사업시행계획안에 대한 총회결의의 무효확인을 구하는 소를 민사소송으로 제기한 이 사건의 제1심 전속관할법원은 서울행정법원이라 할 것인바, 그럼에도 제1심과 원심은 이 사건 소가 서울중앙지방법원에 제기됨으로써 전속관할을 위반하였음에도 이를 간과한 채 민사소송으로 보고서 본안판단으로 나아갔으니, 이러한 제1심과 원심의 판단에는 행정소송법상 당사자소송에 관한 법리를 오해하여 전속관할에 관한 규정을 위반한 위법이 있음(대판 2009. 10. 15, 2008다93001).[16]

3 관련청구의 이송과 병합

행정소송법 제10조【관련청구소송의 이송 및 병합】① 취소소송과 다음 각 호의 1에 해당하는 소송(이하 '관련청구소송'이라 한다)이 각각 다른 법원에 계속되고 있는 경우에 관련청구소송이 계속된 법원이 상당하다고 인정하는 때에는 당사자의 신청 또는 직권에 의하여 이를 취소소송이 계속된 법원으로 이송할 수 있다.
1. 당해 처분 등과 관련되는 손해배상 · 부당이득반환 · 원상회복 등 청구소송
2. 당해 처분 등과 관련되는 취소소송
② 취소소송에는 사실심의 변론종결시까지 관련청구소송을 병합하거나 피고 외의 자를 상대로 한 관련청구소송을 취소소송이 계속된 법원에 병합하여 제기할 수 있다.

1) 관련청구의 이송

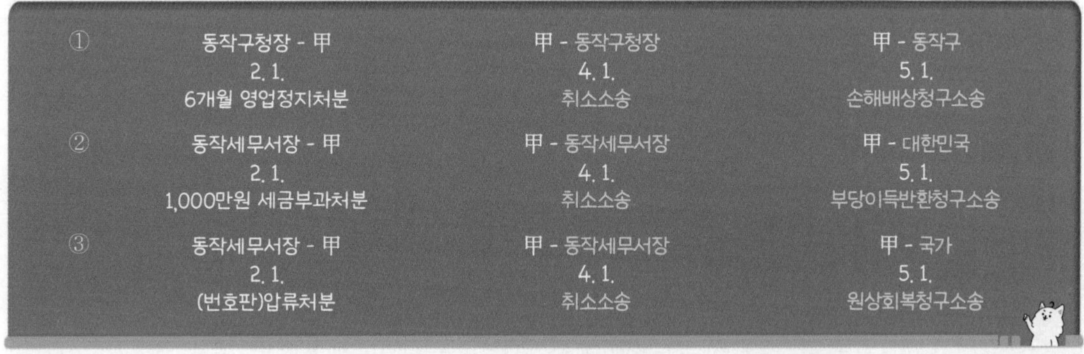

- 취소소송과 관련청구소송이 각각 다른 법원에 계속되고 있는 경우에 관련청구소송이 계속된 법원이 상당하다고 인정하는 때에는 당사자의 신청 또는 직권에 의하여 이를 취소소송이 계속된 법원으로 이송할 수 있음.[17]
- 다른 항고소송은 물론 당사자소송, 민중소송, 기관소송에도 준용됨.
- 효과 : 이송의 결정은 당해 관련청구소송을 이송받는 법원을 기속하여 그 법원은 당해 소송을 다시 다른 법원에 이송하지 못함.[18]

2) 관련청구의 병합

(1) 의의 : 하나의 소송절차에서 수개의 청구에 대하여 일괄하여 심판이 이루어지는 것

(2) 병합의 종류와 형태 – 객관적 병합

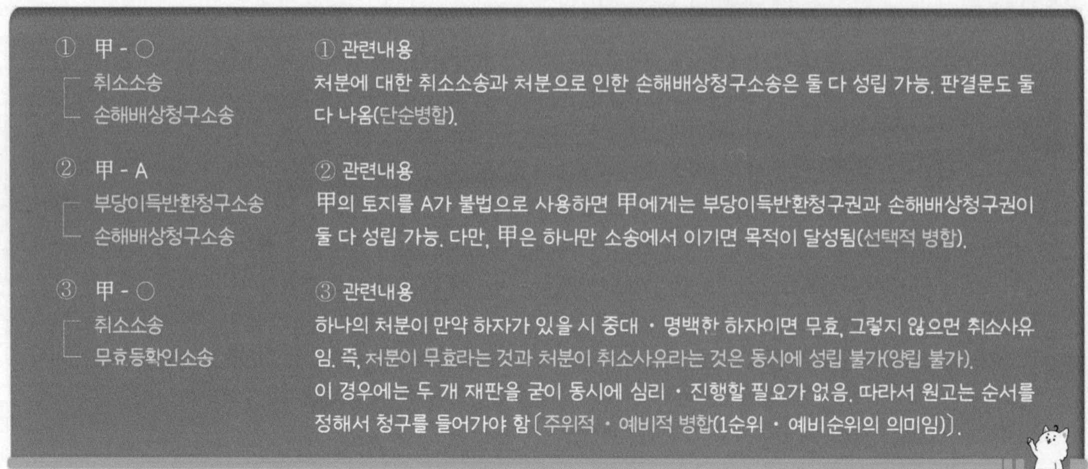

① 甲 - ○ 취소소송 손해배상청구소송	① 관련내용 처분에 대한 취소소송과 처분으로 인한 손해배상청구소송은 둘 다 성립 가능, 판결문도 둘 다 나옴(단순병합).
② 甲 - A 부당이득반환청구소송 손해배상청구소송	② 관련내용 甲의 토지를 A가 불법으로 사용하면 甲에게는 부당이득반환청구권과 손해배상청구권이 둘 다 성립 가능. 다만, 甲은 하나만 소송에서 이기면 목적이 달성됨(선택적 병합).
③ 甲 - ○ 취소소송 무효등확인소송	③ 관련내용 하나의 처분이 만약 하자가 있을 시 중대 · 명백한 하자이면 무효, 그렇지 않으면 취소사유임. 즉, 처분이 무효라는 것과 처분이 취소사유라는 것은 동시에 성립 불가(양립 불가). 이 경우에는 두 개 재판을 굳이 동시에 심리 · 진행할 필요가 없음. 따라서 원고는 순서를 정해서 청구를 들어가야 함〔주위적 · 예비적 병합(1순위 · 예비순위의 의미임)〕.

- 1명의 원고가 1명의 피고에 대하여 하나의 절차에서 수개의 청구를 하는 경우를 말함.
- 하나의 행정처분에 대한 무효확인청구와 취소청구는 서로 양립할 수 없는 관계에 있으므로 이러한 청구는 주위적 · 예비적 청구로서만 병합이 가능하고 선택적 청구의 병합 또는 단순병합은 허용되지 않음(판례).[19 20 21]

(3) 병합의 요건

- 취소 · 관련소송의 적법성
- 관련청구의 범위 : 취소소송의 대상인 처분 등과 관련되는 손해배상 · 부당이득반환 · 원상회복 등의 청구소송 또는 본체인 취소소송의 대상인 처분 등과 관련되는 취소소송[22 23 24 25]
- 병합의 시기 : 사실심변론종결 전[26]
- 관할법원 등 : 관할법원은 취소소송이 계속된 법원이어야 함.

(4) 병합된 관련청구소송의 판결

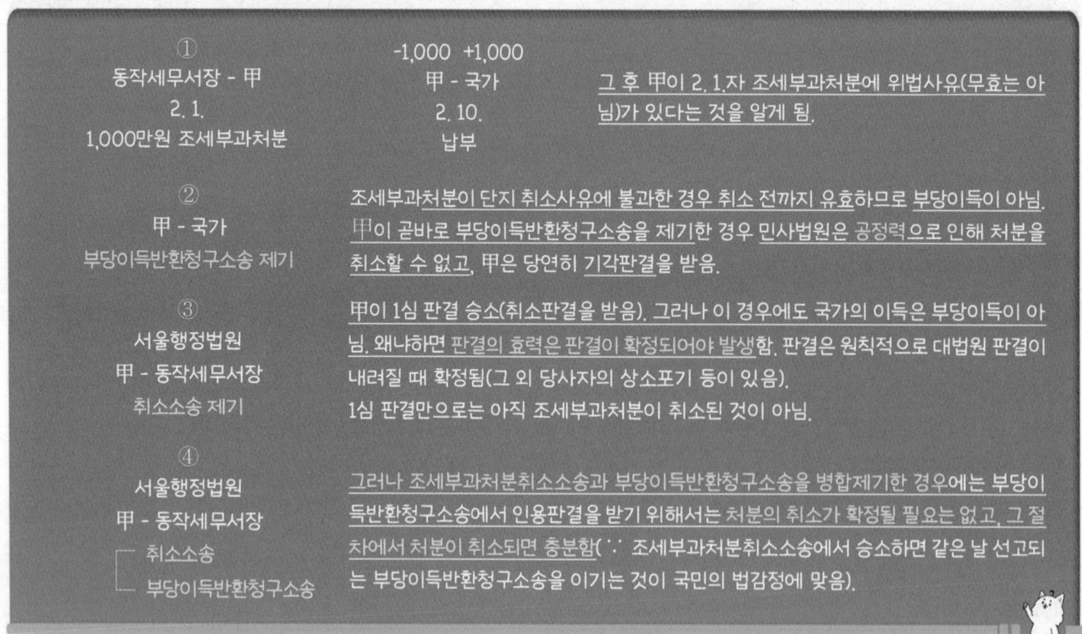

① 동작세무서장 - 甲 2. 1. 1,000만원 조세부과처분	-1,000 +1,000 甲 - 국가 2. 10. 납부 그 후 甲이 2. 1.자 조세부과처분에 위법사유(무효는 아님)가 있다는 것을 알게 됨.
② 甲 - 국가 부당이득반환청구소송 제기	조세부과처분이 단지 취소사유에 불과한 경우 취소 전까지 유효하므로 부당이득이 아님. 甲이 곧바로 부당이득반환청구소송을 제기한 경우 민사법원은 공정력으로 인해 처분을 취소할 수 없고, 甲은 당연히 기각판결을 받음.
③ 서울행정법원 甲 - 동작세무서장 취소소송 제기	甲이 1심 판결 승소(취소판결을 받음). 그러나 이 경우에도 국가의 이득은 부당이득이 아님. 왜냐하면 판결의 효력은 판결이 확정되어야 발생함. 판결은 원칙적으로 대법원 판결이 내려질 때 확정됨(그 외 당사자의 상소포기 등이 있음). 1심 판결만으로는 아직 조세부과처분이 취소된 것이 아님.
④ 서울행정법원 甲 - 동작세무서장 취소소송 부당이득반환청구소송	그러나 조세부과처분취소소송과 부당이득반환청구소송을 병합제기한 경우에는 부당이득반환청구소송에서 인용판결을 받기 위해서는 처분의 취소가 확정될 필요는 없고, 그 절차에서 처분이 취소되면 충분함(∵ 조세부과처분취소소송에서 승소하면 같은 날 선고되는 부당이득반환청구소송을 이기는 것이 국민의 법감정에 맞음).

행정처분의 취소를 구하는 **취소소송**에 당해 처분의 취소를 선결문제로 하는 **부당이득반환청구가 병합된 경우**, 그 청구의 인용을 위하여는 **그 소송절차에서 판결에 의해 당해 처분이 취소되면 충분**하고 **그 처분의 취소가 확정되어야 할 필요는 없음**(대판 2009. 4. 9, 2008두23153).[27]

(5) 본래 소송이 각하된 경우 관련청구소송의 처리

관련청구소송의 병합은 본래의 항고소송이 적법할 것을 요건으로 하는 것이어서 **본래의 항고소송이 부적법하여 각하되면 그에 병합된 관련청구도 소송요건을 흠결한 부적합한 것으로 각하**되어야 함(대판 2001. 11. 27, 2000두697).[28]

Topic

67 항고소송 Ⅰ - 취소소송의 당사자 등

p.284~299

당사자능력

1 취소소송의 당사자 : 원고와 피고

2 당사자능력

취소소송의 당사자가 될 수 있는 능력(당사자능력)은 민사소송과 마찬가지로 자연인, 법인뿐만 아니라 법인격 없는 사단·재단도 대표자 또는 관리인이 있으면 그 단체이름으로 당사자가 될 수 있음.01

1. 자연물인 도롱뇽은 당사자능력이 인정될 수 없음(대결 2006. 6. 2, 2004마1148 · 1149).02
2-1. **국가는 국토이용계획과 관련한 기관위임사무의 처리에 관하여 지방자치단체의 장을 상대로 취소소송을 제기할 수 없음**(∵ 직권취소하면 됨).03
2-2. 지방자치단체를 피고로 한 취소소송에서 **충북대학교 총장은** (원고 대한민국이 설치한 충북대학교의 대표자일 뿐) **원고가 될 수 있는 당사자능력이 없음**(대판 2007. 9. 20, 2005두6935).04

원 고

1 원고적격

1) 원고적격의 의의

(1) 의 의

행정소송법 제12조【원고적격】 취소소송은 처분 등의 취소를 구할 법률상 이익이 있는 자가 제기할 수 있다.05 처분 등의 효과가 기간의 경과, 처분 등의 집행 그 밖의 사유로 인하여 소멸된 뒤에도 그 처분 등의 취소로 인하여 회복되는 법률상 이익이 있는 자의 경우에는 또한 같다.06

- 원고적격은 소송요건의 하나로서 사실심변론종결시는 물론 상고심에서도 존속하여야 하고 이를 흠결하면 부적법한 소가 됨(판례).07
- **법률상 이익구제설(통설)** : 고유한 의미의 권리뿐 아니라 법률에서 보호되고 있는 이익을 가진 자가 그러한 이익을 침해받은 경우 원고적격을 가짐.08

(2) 구체적 검토

국가 등의 기관의 경우	• 원칙적으로 원고가 될 수 있는 능력이 없음(위 2-2. 판례). • 다만, 다른 기관의 처분에 의해 국가기관이 권리를 침해받거나 의무를 부과받는 등 중대한 불이익을 받았음에도 그 처분을 다툴 별다른 방법이 없고, 그 처분의 취소를 구하는 항고소송을 제기하는 것이 유효·적절한 권익구제수단인 경우에는 국가기관에게 당사자능력과 원고적격을 인정하여야 함.
	① 국가기관인 시·도선거관리위원회 위원장은 **국민권익위원회**가 그에게 소속 직원에 대한 중징계요구를 취소하라는 등의 조치요구를 한 것에 대해서 **취소소송을 제기할 원고적격을 가짐**(대판 2013. 7. 25, 2011두1214).09 ②-1. **법령이 특정한 행정기관 등으로 하여금 다른 행정기관을 상대로 제재적 조치를 취할 수 있도록 하면서, 그에 따르지 않으면 그 행정기관에 대하여 과태료를 부과하거나 형사처벌을 할 수 있도록 정하는 경우, 권리구제나 권리보호의 필요성이 인정된다면 예외적으로** 그 제재적 조치의 상대방인 행정기관 등에게 **항고소송의 원고로서의 당사자능력과 원고적격을 인정할 수 있음**.10 ②-2. 국민권익위원회가 소방청장에게 인사와 관련하여 부당한 지시를 한 사실이 인정된다며 이를 취소할 것을 요구하기로 의결하고 그 내용을 통지한 경우, **소방청장은 국민권익위원회 조치요구의 취소**를 구하는 항고소송을 제기할 **원고적격을 가짐**(대판 2018. 8. 1, 2014두35379).11

국가 또는 지방자치단체의 경우	국가나 지방자치단체가 행정처분의 상대방인 경우에는 해당 처분을 다툴 원고적격이 있음.
	1. 구 건축법 제29조 제1항에서 정한 건축협의의 취소는 처분에 해당함.12 2. 지방자치단체 등이 건축물 소재지 관할 허가권자인 지방자치단체의 장을 상대로 건축협의 취소의 취소를 구할 수 있음(대판 2014. 2. 27, 2012두22980).13 14

2) 원고적격 일반론

원고적격 O	원고적격 ×
• 법률상 이익(처분의 근거법규 및 관계법규에 의해 보호되는 개별적 · 직접적 · 구체적 이익)이 침해된 자이어야 함. • 법률상 이익이 침해된 자라면 처분의 상대방뿐만 아니라 상대방이 아닌 제3자라도 처분의 취소를 구할 원고적격이 인정됨.15 • 법률상 이익이 침해될 우려가 있는 경우에도 원고적격이 인정됨.16	• 사실상 · 경제상 이익 내지 반사적 이익의 침해만으로는 원고적격이 인정되지 않음. • 추상적 기본권인 환경권 침해만으로는 원고적격을 인정할 수 없음.
① 불이익처분의 상대방은 직접 개인적 이익의 침해를 받은 자로서 원고적격이 인정됨(대판 2018. 3. 27, 2015두47492).17 ②-1. 행정처분의 직접 상대방이 아닌 제3자라 하더라도 당해 행정처분으로 인하여 법률상 보호되는 이익을 침해당한 경우에는 취소소송을 제기하여 그 당부의 판단을 받을 자격이 있음.18 ②-2. 법률상 보호되는 이익은 당해 처분의 근거법규 및 관련법규에 의하여 보호되는 개별적 · 직접적 · 구체적 이익이 있는 경우를 말함.19 ②-3. 이때 당해 처분의 근거법규 및 관련법규에 의하여 보호되는 법률상 이익이라 함은 당해 처분의 근거법규의 명문규정에 의하여 보호받는 법률상 이익, 당해 처분의 근거법규에 의하여 보호되지는 아니하나 당해 처분의 행정목적을 달성하기 위한 일련의 단계적인 관련 처분들의 근거법규에 의하여 명시적으로 보호받는 법률상 이익을 말함. ②-4. 명시적으로 당해 이익을 보호하는 명문의 규정이 없더라도 근거법규 및 관련법규의 합리적 해석상 그 법규에서 행정청을 제약하는 이유가 순수한 공익의 보호만이 아닌 개별적 · 직접적 · 구체적 이익을 보호하는 취지가 포함되어 있다고 해석되는 경우까지도 법률상 이익에 포함됨(대판 2013. 9. 12, 2011두33044).	① 공익보호의 결과로 국민 일반이 공통적으로 가지는 일반적 · 간접적 · 추상적 이익과 같이 사실적 · 경제적 이해관계를 갖는 데 불과한 경우는 법률상 이익에 포함되지 아니함(대판 2013. 9. 12, 2011두33044).20 ② 제주 강정마을 일대가 절대보전지역으로 유지됨으로써 지역주민회와 주민들이 가지는 주거 및 생활환경상 이익은 그 지역의 경관 등이 보호됨으로써 반사적으로 누리는 것일 뿐 근거법규 또는 관련법규에 의하여 보호되는 개별적 · 직접적 · 구체적 이익이라고 할 수 없음(대판 2012. 7. 5, 2011두13187 · 13914 병합).21 ③-1. 구 문화재보호법상의 도지정문화재 지정처분으로 인하여 침해될 수 있는 특정 개인의 명예 내지 명예감정이 그 지정처분의 취소를 구할 법률상의 이익에 해당하지 않음. ③-2. 문화재지정처분의 상대방이 아닌 제3자는 지정처분의 취소 또는 해제를 구할 조리상 신청권이 있다고 할 수 없음(대판 2001. 9. 28, 99두8565). ④ 환경부장관이 생태 · 자연도 1등급으로 지정되었던 지역을 2등급 또는 3등급으로 변경하는 내용의 생태 · 자연도 수정 · 보완을 고시하자, 인근주민 甲이 생태 · 자연도 등급변경처분의 무효확인을 청구한 사안에서, 甲은 무효확인을 구할 원고적격이 없음(대판 2014. 2. 21, 2011두29052).22

2 구체적인 경우의 원고적격 여부 검토

1) 수익적 처분의 상대방

1. 행정처분이 수익적인 처분이거나 신청에 의하여 신청내용대로 이루어진 처분인 경우에는 처분상대방의 권리나 법률상 보호되는 이익이 침해되었다고 볼 수 없으므로 달리 특별한 사정이 없는 한 처분의 상대방은 그 취소를 구할 이익이 없음(대판 1995. 5. 26, 94누7324).23
2. 구 주택법상 입주자나 입주예정자가 사용검사처분의 취소를 구할 법률상 이익은 없음(대판 2014. 7. 24, 2011두30465).24

2) 침익적 처분의 상대방 등

(1) 공동이해관계를 갖는 자

어떠한 고시가 일반적 · 추상적 성격을 가질 때에는 법규명령 또는 행정규칙에 해당할 것이지만, 다른 집행행위의 매개 없이 그 자체로서 직접 국민의 구체적인 권리 · 의무나 법률관계를 규율하는 성격을 가질 때에는 행정처분에 해당하고,25 제약회사는 보건복지부 고시인 「약제급여 · 비급여목록 및 급여상한금액표」의 취소를 구할 원고적격이 있음(대판 2006. 9. 22, 2005두2506).26

(2) 밀접한 이해관계를 갖는 제3자

1. 조세징수를 위한 압류등기 후에 그 부동산을 양수한 소유자는 압류처분이나 그에 터잡아 이루어진 공매처분의 실효나 무효확인을 구할 당사자적격이 없음(대판 1992. 3. 31, 91누6023).

   비교판례
   (재산압류는 체납자의 재산에 대해 행해져야 함에도 불구하고 체납자가 가지고 있을 뿐 체납자 아닌 제3자의 물건을 압류한 것과 관련하여) 과세관청이 체납자가 점유하고 있는 제3자 소유의 동산을 압류한 경우, 체납자는 그 압류처분의 취소나 무효확인을 구할 원고적격이 있음(대판 2006. 4. 13, 2005두15151).[27]

2. 채석허가를 받은 자에 대한 관할행정청의 채석허가취소처분에 대하여, 수허가자의 지위를 양수한 양수인에게 그 취소처분의 취소를 구할 법률상 이익이 있음(대판 2003. 7. 11, 2001두6289).[28]
3. 주택건설사업의 양수인이 사업주체의 변경승인신청을 한 이후에 행정청이 양도인에 대하여 그 사업계획변경승인의 전제로 되는 사업계획승인을 취소하는 처분을 한 경우, 양수인은 위 처분의 취소를 구할 법률상의 이익을 가짐(대판 2000. 9. 26, 99두646).
4. 공매 등의 절차에 따라 문화체육관광부령으로 정하는 주요한 유원시설업 시설의 전부 또는 체육시설업의 시설기준에 따른 필수시설을 인수함으로써 그 유원시설업자 또는 체육시설업자의 지위를 승계한 자가 관계행정청에 이를 신고하여 행정청이 이를 수리하는 경우에는 종전의 유원시설업자에 대한 허가는 그 효력을 잃고, 종전의 체육시설업자는 적법한 신고를 마친 체육시설업자로서의 지위를 부인당할 불안정한 상태에 놓이게 되므로 수리처분의 취소를 구할 법률상 이익이 있음(대판 2012. 12. 13, 2011두29144).[29]
5. 「도시 및 주거환경정비법」상 조합설립추진위원회의 구성에 동의하지 아니한 정비구역 내의 토지 등 소유자에게 조합설립추진위원회 설립승인처분의 취소를 구할 원고적격이 인정됨(대판 2007. 1. 25, 2006두12289).[30]
6. 예탁금회원제 골프장의 기존회원은 골프장운영자가 사업계획의 승인을 받을 때 정한 예정인원을 초과하여 회원을 모집하는 내용의 회원모집계획서에 대한 시 · 도지사의 검토결과 통보의 취소를 구할 법률상의 이익이 있다고 보아야 함(대판 2009. 2. 26, 2006두16243).[31]
7. 교육감이 사립학교 직원 甲 등이 소속된 학교법인의 이사장 및 학교장에게 소속 직원들의 유사경력 호봉환산이 과다하게 반영되었다는 이유로 호봉이 과다하게 산정된 직원들의 호봉정정에 따른 급여를 5년의 범위 내에서 환수하도록 하고 미이행 시 해당 직원들에 대한 재정결함 보조금(인건비) 지원을 중단하겠다는 내용의 시정명령을 하고, 재차 정정된 호봉으로 호봉 재획정 처리를 하고 조치결과를 제출하라는 명령을 한 경우, 사립학교 직원들인 甲 등에게 각 소속 학교법인들에 대한 위 각 명령을 다툴 개별적 · 직접적 · 구체적 이해관계가 있음(대판 2023. 1. 12, 2022두56630).[32] 최신

3) 법인 및 단체에 대한 처분을 그 구성원이 다투는 경우

1-1. 법인의 주주는 법인에 대한 처분에 대해 원칙적으로 원고적격이 없음.
1-2. 은행업무정지처분 등의 효력이 유지되는 한 은행이 종전에 행하던 영업을 다시 행할 수는 없는 경우, 은행의 주주에게 당해 은행의 업무정지처분 등을 다툴 원고적격이 인정됨(대판 2005. 1. 27, 2002두5313).
2. 법인에 대한 처분이 당해 법인의 존속 자체를 직접 좌우하거나, 그 처분으로 인하여 궁극적으로 주식이 소각되거나 주주의 법인에 대한 권리가 소멸하는 등 주주의 지위에 중대한 영향을 초래하게 되는데도 그 처분의 성질상 당해 법인이 이를 다툴 것을 기대할 수 없고 달리 주주의 지위를 보전할 구제방법이 없는 경우에는 주주도 그 처분에 관하여 직접적이고 구체적인 법률상 이해관계를 가진다고 보이므로 그 취소를 구할 원고적격이 있음(대판 2004. 12. 23, 2000두2648).[33]

4) 경업자소송 – 복효적 처분 1

- 여러 영업자가 경쟁관계에 있는 경우, 경쟁관계에 있는 영업자에 대한 처분을 다른 경쟁업자가 다투는 소송
- 통설과 판례는 기본적으로 기존업자가 특허업자인지 허가업자인지를 구분하여 기존업자가 특허업자인 경우에는 특

허로 받은 이익을 법률상 이익으로 보아 원고적격을 인정하고, 허가업자인 경우에는 반사적 이익 또는 사실상 이익에 불과한 것으로 보아 원고적격을 부정하고 있음.[34]

(1) 기존업자가 특허업자일 때 법률상 이익으로 본 경우

1-1. 면허나 인 · 허가 등의 수익적 행정처분의 근거가 되는 **법률이 해당 업자들 사이의 과당경쟁으로 인한 경영의 불합리를 방지하는 것도 목적**으로 하고 있는 경우, 기존업자는 경업자에 대하여 이루어진 면허나 인 · 허가 등 행정처분의 취소를 구할 당사자적격이 있음.[35]

1-2. 기존 **고속형** 시외버스운송사업자에게 직행형 시외버스운송사업자에 대한 사업계획변경인가처분의 취소를 구할 법률상의 이익이 있음(대판 2010. 11. 11, 2010두4179).

2. 기존 **한정면허를 받은** 시외버스운송사업자는 일반면허를 받은 시외버스운송사업자에 대한 사업계획변경 인가처분으로 수익감소가 예상되는 경우 그 취소를 구할 법률상의 이익이 있음(대판 2018. 4. 26, 2015두53824).[36]

3. **동일한 사업구역 내의 동종의** 사업용 화물자동차면허대수**를 늘리는 보충인가처분에 대하여 기존업자**는 그 취소를 구할 법률상 이익이 있음(대판 1992. 7. 10, 91누9107).[37]

(2) 기존업자가 허가업자일 때 반사적 이익 또는 사실상 이익으로 본 경우

1. **숙박업구조변경허가**처분을 받은 건물의 인근에서 여관을 경영하는 자들에게 그 처분의 무효확인 또는 취소를 구할 소의 이익이 없음(대판 1990. 8. 14, 89누7900).

2. 「석탄수급조정에 관한 임시조치법」 소정의 석탄가공업에 관한 허가는 사업경영의 권리를 설정하는 형성적 행정행위가 아니라 질서유지와 공공복리를 위한 금지를 해제하는 명령적 행정행위여서 그 허가를 받은 자는 영업자유를 회복하는 데 불과하고 독점적 영업권을 부여받은 것이 아니기 때문에 기존허가를 받은 원고들이 신규허가로 인하여 영업상 이익이 감소된다 하더라도 이는 원고들의 반사적 이익을 침해하는 것에 지나지 아니하므로 원고들은 신규허가 처분에 대하여 행정소송을 제기할 법률상 이익이 없음(대판 1980. 7. 22, 80누33 · 34).[38]

3. **한의사면허는 경찰금지를 해제하는 강학상 허가**로서[39] 한약조제시험을 통하여 약사에게 한약조제권을 인정함으로써 한의사**들의 영업상 이익이 감소되었더라도 이러한 이익은 사실상 이익에 불과**하므로 한의사에게 한약조제시험을 통해 한약조제권을 인정받은 약사에 대한 합격처분의 효력을 다툴 원고적격이 없음(대판 1998. 3. 10, 97누4289).[40]

4. 당초 병원설치가 불가능한 용도에서 병원설치가 가능한 용도로 건축물 용도를 변경하여 준 처분에 대하여 인근의 **기존 병원경영자**에게 취소소송의 원고적격이 부정됨(대판 1990. 5. 22, 90누813).[41]

(3) 예외적으로 기존업자의 이익을 보호하는 경우

기존 약종상업자는 다른 약종상업자의 영업소이전허가처분에 대해 소송을 제기할 원고적격이 있음(대판 1988. 6. 14, 87누873).[42]

(4) 기 타

경업자에 대한 행정처분이 경업자에게 불리한 내용이라면 그와 경쟁관계에 있는 기존의 업자에게는 특별한 사정이 없는 한 유리할 것이므로 기존의 업자가 그 행정처분의 무효확인 또는 취소를 구할 이익은 없다고 보아야 함(대판 2020. 4. 9, 2019두49953).[43]

5) **경원자소송** - 복효적 처분 2

- 수인의 신청을 받아 일부에 대하여만 인 · 허가 등의 수익적 행정처분을 하는 경우에 인 · 허가 등의 처분을 받지 못한 자가 타인에 대한 인 · 허가처분을 대상으로 제기하는 항고소송

- 각 경원자에 대한 인 · 허가 등이 배타적인 관계에 있으므로 자신의 권익을 구제하기 위해서는 타인에 대한 인 · 허가 등을 취소할 법률상 이익이 있다고 보아야 함.

> 1. 인 · 허가 등의 수익적 행정처분을 신청한 수인이 서로 경쟁관계에 있어서 일방에 대한 허가 등의 처분이 타방에 대한 불허가 등으로 귀결될 수밖에 없는 때 허가 등의 처분을 받지 못한 자는 비록 경원자에 대하여 이루어진 허가 등 처분의 상대방이 아니라 하더라도 당해 처분의 취소를 구할 원고적격이 있음.44 다만, 명백한 법적 장애로 인하여 원고 자신의 신청이 인용될 가능성이 처음부터 배제되어 있는 경우에는 당해 처분의 취소를 구할 정당한 이익이 없음(대판 2009. 12. 10, 2009두8359).45
> 2. 인가 · 허가 등 수익적 행정처분을 신청한 여러 사람이 서로 경원관계에 있는 경우, 허가 등 처분을 받지 못한 사람은 원칙적으로 자신에 대한 거부처분의 취소를 구할 원고적격과 소의 이익이 있음(대판 2015. 10. 29, 2013두27517).46 47

6) 주민소송(인근주민의 경우) - 복효적 처분 3

- 어떠한 시설의 설치를 허가하는 처분 등에 대하여 당해 시설의 인근주민이 다투는 소송
- 판단기준 : 당해 허가처분의 근거법규 및 관계법규의 보호목적에 따라 결정됨.

(1) 처분의 근거규정의 해석에 의해 원고적격을 판단하는 경우

원고적격 ○	원고적격 ×
① 원자로시설부지 인근주민들에게 방사성 물질 등에 의한 생명 · 신체의 안전침해가 예상되므로 부지사전승인처분의 취소를 구할 원고적격이 있음(대판 1998. 9. 4, 97누19588).48 ② 공설화장장 설치와 관련하여 인근주민에게는 처분의 취소를 구할 원고적격이 있음(대판 1995. 9. 26, 94누14544). ③ 토사채취 허가지의 인근주민들에게 토사채취허가의 취소를 구할 법률상 이익이 있음. 토사채취로 인하여 직접적이고 중대한 생활환경의 피해를 입으리라고 예상되는 인근 지역 주민들의 주거 · 생활환경상의 이익은 토사채취허가의 근거법률에 의하여 보호되는 직접적 · 구체적인 법률상 이익이라고 할 것임(대판 2007. 6. 15, 2005두9736).49 ④-1. 「산업집적활성화 및 공장설립에 관한 법률」에 따라 공장설립승인을 한 경우, 공장설립승인처분의 근거법규 및 관련법규 등을 고려할 때 수돗물을 공급받아 이를 마시거나 이용하는 주민들로서는 위 근거법규 및 관련법규가 환경상 이익의 침해를 받지 않은 채 깨끗한 수돗물을 마시거나 이용할 수 있는 자신들의 생활환경상의 개별적 이익을 직접적 · 구체적으로 보호하고 있음을 증명하여 원고적격을 인정받을 수 있음. ④-2. 공장설립으로 수질오염 등이 발생할 우려가 있는 취수장에서 물을 공급받는 부산광역시 또는 양산시에 거주하는 주민들도 위 처분의 근거법규 및 관련법규에 의하여 법률상 보호되는 이익이 침해되거나 침해될 우려가 있는 주민으로서 원고적격이 인정됨(대판 2010. 4. 15, 2007두16127).50	상수원보호구역의 인근주민은 상수원보호구역지정해제를 다툴 원고적격이 없음(위 지역주민들이 가지는 이익은 상수원의 확보와 수질보호라는 공익이 달성됨에 따라 반사적으로 얻게 되는 이익에 불과함)(대판 1995. 9. 26, 94누14544).51

(2) 환경영향평가법령 등을 처분의 근거법규 내지 관계법규로 보아 원고적격을 판단하는 경우

환경영향평가구역 안의 주민	① 환경영향평가대상사업에 해당하는 국립공원 집단시설지구개발사업에 있어 그 시설물기본설계 변경승인처분 등과 관련하여 '환경영향평가대상지역 안의 주민들이 갖고 있는 환경상의 이익'은 법률상 이익으로서 대상지역 안의 주민은 소송을 제기할 원고적격이 있음(대판 2001. 7. 27, 99두2970).52 ② 행정처분의 근거법규 또는 관련법규에 그 처분으로써 이루어지는 행위 등 사업으로 인하여 환경상 침해를 받으리라고 예상되는 영향권의 범위가 구체적으로 규정되어 있는 경우에는, 그 영향권 내의 주민들에 대하여는 당해 처분으로 인하여 직접적이고 중대한 환경피해를 입으리라고 예상할 수 있고, 이와 같은 환경상의 이익은 주민 개개인에 대하여 개별적으로 보호되는 직접적 · 구체적 이익으로서 그들에 대하여는 특단의 사정이 없는 한 환경상 이익에 대한 침해 또는 침해우려가 있는 것으로 사실상 추정되어 원고적격이 인정됨(대판 2009. 9. 24, 2009두2825).53

환경영향평가구역 밖의 주민	①-1. 행정처분의 직접 상대방이 아닌 자로서 그 처분에 의하여 자신의 환경상 이익을 침해받거나 침해받을 우려가 있다는 이유로 취소나 무효확인을 구하는 **제3자는, 자신의 환경상 이익이 처분의 근거법규 또는 관련법규에 의하여 개별적·직접적·구체적으로 보호되는 이익, 즉 법률상 보호되는 이익임을 입증하여야 원고적격이 인정됨.** ①-2. **영향권 밖의 주민**들은 당해 처분으로 인하여 그 처분 전과 비교하여 수인한도를 넘는 환경피해를 받거나 받을 우려가 있다는 자신의 **환경상 이익에 대한 침해 또는 침해우려가 있음을 입증하여야만 법률상 보호되는 이익으로 인정되어 원고적격이 인정됨**(대판 2009. 9. 24, 2009두2825). ② **환경영향평가대상지역 밖의 주민**이라 할지라도 공유수면매립면허처분 등으로 인하여 그 처분 전과 비교하여 수인한도를 넘는 환경피해를 받거나 받을 우려가 있는 경우에는, 공유수면매립면허처분 등으로 인하여 **환경상 이익에 대한 침해 또는 침해우려가 있다는 것을 입증함으로써 그 처분 등의 무효확인을 구할 원고적격을 인정받을 수 있음**(대판 2006. 3. 16, 2006두330 전합).**54 55**
환경상 이익을 현실적으로 향유하는 자	1. 비록 환경영향평가구역 안의 주민이 아니더라도 그 영향권 내에서 농작물을 경작하는 등 **현실적으로 환경상 이익을 향유하는** 사람도 환경상 이익에 대한 침해 또는 침해우려가 있는 것으로 **사실상 추정**되어 원고적격이 인정됨. 2. 그러나 단지 그 영향권 내의 **건물·토지를 소유하거나 환경상 이익을** 일시적으로 향유하는 데 그치는 사람은 원고적격이 인정되지 않음(대판 2009. 9. 24, 2009두2825).**56**

써니쌤 Talk

- 환경영향평가 대상지역
  - 안의 주민 : 원고적격 ○
  - 밖의 주민 : 환경상 이익에 대한 침해 또는 침해우려를 입증함으로써 인정
- (구역 안의 주민이 아닌 경우) 환경상 이익
  - 현실적 향유 : 원고적격 ○(예 농작물 경작)
  - 일시적 향유 : 원고적격 ×

7) 단체소송

- 환경단체나 소비자단체 등 당해 단체가, 그 목적으로 하는 일반적 이익 또는 집단적 이익의 보호를 위하여 제기하는 소송
- 인정 여부 : 학설의 대립이 있는바 개별법률에 특별한 규정이 없는 한 허용되지 않는다는 것이 일반적 견해

> **사단법인 대한의사협회는 보건복지부 고시**인 「건강보험요양급여행위 및 그 상대가치점수」 개정의 취소를 구할 **원고적격이 없음**(대판 2006. 5. 25, 2003두11988).**57**

8) 기타 원고적격

원고적격 ○	원고적격 ×
① 관할청이 학교법인의 임원취임승인신청에 대하여 이를 반려하거나 거부하는 경우 **학교법인에 의하여 임원으로 선임된 사람은 관할청의 임원취임승인신청 반려처분을 다툴 수 있는 원고적격이 있음**(대판 2007. 12. 27, 2005두9651).**58** ② 지방법무사회가 법무사의 사무원 채용승인신청을 거부하거나 채용승인을 얻어 채용 중인 사람에 대한 채용승인을 취소한 경우(편저자 주 : 처분에 해당함), **처분 상대방인 법무사뿐만 아니라 그 때문에 사무원이 될 수 없게 된 사람**에게 항고소송을 제기할 원고적격이 인정됨(대판 2020. 4. 9, 2015다34444).**59** ③ **주택재개발사업에 대한 사업시행계획에 당연무효의 하자가 있는 경우**, 분양신청기간 내에 분양신청을 하지 않거나 분양신청을 철회하여 구 「도시 및 주거환경정비법」 제47조 등에 의하여 **조합원 지위를 상실한 토지 등 소유자에게 사업시행계획의 무효확인 또는 취소를 구할 법률상 이익이 있음**(대판 2014. 2. 27, 2011두25173).**60**	① 운전기사의 합승행위를 이유로 **소속 운수회사에 대하여 과징금 부과처분**이 있는 경우 회사 내부규정에 의하여 과징금을 부담하도록 되어 있는 당해 운전기사는 그 과징금 부과처분의 취소를 구할 이익이 없음(대판 1994. 4. 12, 93누24247).**61 62** ② 식품접객업소에서 **합성수지 도시락용기의 '사용을 금지'**하는 것의 직접적 수범자는 식품접객업주이므로 이로 인해 합성수지 도시락용기의 생산업자들이 침해당하는 영업상의 이익은 반사적 이익에 불과함(헌재 2007. 2. 22, 2003헌마428·600 병합).**63** ③ 개발제한구역 중 일부취락을 개발제한구역에서 해제하는 내용의 도시관리계획변경결정에 대하여, 개발제한구역 해제대상에서 누락된 토지의 소유자는 위 결정의 취소를 구할 법률상 이익이 없음(대판 2008. 7. 10, 2007두10242).**64** ④ **경쟁업자에 대한 과징금 부과처분에 의해 동종업자가 가지는 이익**은 반사적 이익에 불과하므로 원고적격이 없음(대판 1992. 12. 8, 91누13700).

④ 토지소유자는 도시계획사업실시계획인가처분에 대한 취소소송을 제기할 이익이 있음(대판 1995. 12. 8, 93누9927).

⑤ 공매 등의 절차로 영업시설의 전부를 인수함으로써 영업자의 지위를 승계한 자가 관계행정청에 이를 신고하여 관계행정청이 그 신고를 수리하는 처분에 대해 종전 영업자는 그 처분의 취소를 구할 법률상 이익이 인정됨(대판 2012. 12. 13, 2011두29144).

⑥ 제3자의 접견허가신청에 대한 교도소장의 거부처분에 있어서 그 접견신청의 대상자였던 구속된 피고인(미결수용자)은 교도소장의 접견허가거부처분으로 인하여 자신의 접견권이 침해되었음을 주장하여 위 거부처분의 취소를 구할 원고적격을 가짐(대판 1992. 5. 8, 91누7552).**65**

⑦ 미얀마 국적의 甲이 위명(僞名)인 '乙' 명의의 여권으로 대한민국에 입국한 뒤 乙 명의로 난민 신청을 하였으나 법무부장관이 乙 명의를 사용한 甲을 직접 면담하여 조사한 후 甲에 대하여 난민불인정처분을 한 사안에서, 처분의 상대방은 허무인이 아니라 '乙'이라는 위명을 사용한 甲이라는 이유로, 甲이 처분의 취소를 구할 법률상 이익이 있음(대판 2017. 3. 9, 2013두16852).**66**

⑧ 개발제한구역 안에서의 공장설립을 승인한 처분이 위법하다는 이유로 쟁송취소되었으나 그 승인처분에 기초한 공장건축허가처분이 잔존하는 경우, 인근 주민들은 여전히 공장건축허가처분의 취소를 구할 법률상 이익이 있음(대판 2018. 7. 12, 2015두3485).**67**

⑨ 국가가 두뇌한국(BK)21 사업의 주관연구기관인 대학에 연구개발비를 출연하는 것은 …… 대학에 소속된 연구인력의 역량 강화에도 목적이 있다고 보이는 점, 기본적으로 …… 대학에 소속된 일정한 연구단위별로 신청한 연구개발과제에 대한 것인 점 등 제반 사정에 비추어 보면, 연구개발사업의 연구팀장인 교수 乙은 위 두뇌한국(BK)21 사업에 관한 협약의 해지통보에 효력을 다툴 법률상 이익이 있음(대판 2014. 12. 11, 2012두28704).**68**

⑩ 교원소청심사위원회 결정에 대하여 학교의 장도 행정소송을 제기할 수 있음(대판 2011. 6. 24, 2008두9317).**69**

⑤ 도시계획사업의 시행으로 인한 토지수용에 의하여 토지에 대한 소유권을 상실한 자는 도시계획결정이 당연무효라고 볼 만한 특별한 사정이 없는 한 도시계획결정의 취소를 청구할 법률상 이익이 없음(헌재 2002. 5. 30, 2000헌바58).**70**

⑥ 대학생들은 전공이 다른 교수의 임용으로 인해 학습권을 침해당하였다는 이유를 들어 교수(전임강사)임용처분의 취소를 구할 원고적격이 없음(대판 1993. 7. 27, 93누8139).

⑦ 과세권자의 원천징수의무자에 대한 납세고지에 대하여 원천납세의무자가 항고소송을 제기할 수 없음(대판 1994. 9. 9, 93누22234).**71**

⑧ 원천징수의무자에 대한 소득금액변동통지는 원천납세의무의 존부나 범위와 같은 원천납세의무자의 권리나 법률상 지위에 어떠한 영향을 준다고 할 수 없으므로 소득처분에 따른 소득의 귀속자는 법인에 대한 소득금액변동통지의 취소를 구할 법률상 이익이 없음(대판 2015. 3. 26, 2013두9267).**72**

⑨ 자연인이 아닌 재단법인인 甲 수녀원은 쾌적한 환경에서 생활할 수 있는 이익을 향수할 수 있는 주체가 아니므로 매립목적을 택지조성에서 조선시설용지로 변경하는 내용의 공유수면매립목적 변경승인처분의 무효확인을 구할 원고적격이 없음(대판 2012. 6. 28, 2010두2005).**73**

⑩ 교육부장관이 사학분쟁조정위원회의 심의를 거쳐 학교법인의 이사와 임시이사를 선임한 데 대하여 그 대학교의 교수협의회와 총학생회는 이사선임처분을 다툴 법률상 이익이 있지만, 학교직원으로 구성된 노동조합은 법률상 이익이 없음(대판 2015. 7. 23, 2012두19496).**74**

⑪ 부교수임용처분에 대해 같은 학과의 기존 교수는 원고적격이 없음(대판 1995. 12. 12, 95누11856).

⑫ 사증발급의 법적 성질, 출입국관리법의 입법 목적, 사증발급 신청인의 대한민국과의 실질적 관련성, 상호주의원칙 등을 고려하면, 우리 출입국관리법의 해석상 외국인(편저자 주 : 중국 국적 여성)에게는 사증발급 거부처분의 취소를 구할 법률상 이익이 원칙적으로 인정되지 않음(대판 2018. 5. 15, 2014두42506).**75**

비교판례

① 이와 달리, 사증발급 거부처분을 다투는 외국인(편저자 주 : 가수 유○○)이라도 대한민국에서 출생하여 오랜 기간 대한민국 국적을 보유하면서 거주한 사람으로서 이미 대한민국과의 실질적 관련성 내지 법적으로 보호가치가 있는 이해관계를 형성한 경우에는 원고적격이 인정됨(대판 2019. 7. 11, 2017두38874).**76**

② 국적법상 귀화불허가처분이나 출입국관리법상 체류자격 변경 불허가처분, 강제퇴거명령 등을 다투는 외국인은 대한민국에 적법하게 입국하여 상당한 기간을 체류한 사람이므로, 이미 대한민국과의 실질적 관련성 내지 대한민국에서 법적으로 보호가치 있는 이해관계를 형성한 경우이어서, 해당 처분의 취소를 구할 법률상 이익이 인정됨(대판 2018. 5. 15, 2014두42506).**77**

⑬ (한문, 영어, 음악과목) 2종 교과용 도서에 대하여 검정신청을 하였다가 불합격결정처분을 받은 자가 자신이 검정신청한 교과서의 과목과 전혀 관계가 없는 과목(수학, 미술과목)의 교과용 도서에 대한 합격결정처분에 대하여는 그 취소를 구할 법률상의 이익이 없음(대판 1992. 4. 24, 91누6634).**78**

3 협의의 소익(권리보호의 필요)

- 소의 이익은 소송요건으로서 소의 이익이 없으면 법원은 각하판결 ⇨ 소의 이익은 상고심에서도 존속해야 함.
- 행정소송법 제12조 후단(협의의 소익)의 의미 : 기본적 권리가 회복되지 않더라도 부수적 이익이 있으면 소송제기가 가능하도록 한 규정이라고 해석함이 일반적임. 이때 부수적 이익도 법률상 이익이어야 하며, 단순한 사실상 · 경제상 이익이어서는 안 됨(통설).

> 법인세 과세표준과 관련하여 과세관청이 법인의 소득처분 상대방에 대한 소득처분을 경정하면서 증액과 감액을 동시에 한 결과 **전체로서 소득처분금액이 감소**된 경우, 법인이 소득금액변동통지의 취소를 구할 소의 이익은 없음(대판 2012. 4. 13, 2009두5510).**79**

4 구체적인 경우의 소익에 대한 판단

1) 처분이 효력기간 등의 경과로 인해 소멸된 경우

(1) **원칙** : 처분의 효력이 소멸한 경우에는 통상 취소소송을 제기할 소의 이익이 없음.

> **행정처분에 그 효력기간이 정하여져 있는 경우,** 기간의 경과로 그 행정처분의 효력은 상실되므로 **그 기간 경과 후에는 그 처분이 외형상 잔존함으로 인하여 어떠한 법률상 이익이 침해되고 있다고 볼 만한 별다른 사정이 없는 한** 그 처분의 취소를 구할 **법률상의 이익이 없음**(대판 2002. 7. 26, 2000두7254).**80**

(2) **예 외**

구분	내용
제재적 처분이 장래 처분의 가중요건인 경우	• 처분이 소멸하였다 하더라도 그 처분이 후행처분의 가중요건으로 규정된 경우 가중처분을 받을 불이익이 있으므로 제재처분의 취소를 구할 소의 이익 존재(다만, 실제로 가중된 제재처분을 받을 우려가 없어졌다면 소의 이익 없음) • 부령형식의 제재적 처분기준에서 가중사유로 규정한 경우, 그 기준의 성격이 법규명령인지와 상관없이 소의 이익 긍정 • 한편, 가중사유가 행정규칙에 규정된 경우에도 소의 이익 긍정**81**
	① (제재적 행정처분의 가중사유나 전제요건에 관한 규정이 규칙의 형식으로 되어 있다고 하더라도, 관할행정청이나 담당공무원은 이를 준수할 의무가 있으므로**82**) 제재적 행정처분이 그 처분에서 정한 제재기간의 경과로 인하여 그 효과가 소멸되었다 하더라도 그 **처분이 후행처분의 가중적 요건사실이 되는 경우** 선행처분의 취소를 구할 소의 이익이 있음(대판 2006. 6. 22, 2003두1684 전합).**83 84** ② 건축사 업무정지처분을 받은 후 새로운 업무정지처분을 받음이 없이 1년이 경과하여 **실제로 가중된 제재처분을 받을 우려가 없게 된 경우**(건축사법에는 업무정지처분을 연 2회 이상 받는 경우 가중처분하도록 되어 있음), **업무정지처분에서 정한 정지기간이 경과한 후에 업무정지처분의 취소를 구할 법률상 이익은 없음**(대판 2000. 4. 21, 98두10080).**85 86**
집행정지결정이 있는 경우	처분시 표시한 제재기간이 경과하였더라도 중간에 집행정지결정이 있었으면 소의 이익이 있음(대판 1974. 1. 29, 73누202).
반복 위험이 있는 경우	행정처분과 동일한 사유로 위법한 처분이 반복될 위험성이 있는 경우 예외적으로 그 처분의 취소를 구할 소의 이익을 인정할 수 있음.
	① 수형자의 영치품에 대한 사용신청 불허처분 후 수형자가 다른 교도소로 이송되었다 하더라도 수형자의 권리와 이익의 침해 등이 해소되지 않은 점 등에 비추어, 위 영치품 사용신청 불허처분의 취소를 구할 이익이 있음(대판 2008. 2. 14, 2007두13203).**87** **②-1. 학교법인의 임시이사선임처분에 대한 취소소송 제기 후 소송계속 중 임시이사가 교체되어 새로운 임시이사가 선임된 경우, 당초의 임시이사선임처분의 취소를 구할 소의 이익이 있음.88** **②-2. 취임승인이 취소된 학교법인의 정식이사들에 대해 원래 정해져 있던 임기가 만료되었다 하더라도 후임이사 선임시까지 직무수행에 관한 긴급처리권을 인정받을 수 있는 경우에는 그 임원취임승인취소처분의 취소를 구할 소의 이익이 있음**(대판 2007. 7. 19, 2006두19297 전합).**89** ③ 소송계속 중 해당 처분이 기간의 경과로 그 효과가 소멸하더라도 예외적으로 그 처분의 취소를 구할 소의 이익을 인정할 수 있는 '행정처분과 동일한 사유로 위법한 처분이 반복될 위험성이 있는 경우'란 불분명한 법률문제에 대한 해명이 필요한 상황에 대한 대표적인 예시일 뿐이며, 반드시 '해당 사건의 동일한 소송당사자 사이에서' 반복될 위험이 있는 경우만을 의미하는 것은 아님(대판 2020. 12. 24, 2020두30450).**90**

2) 원상회복이 불가능한 경우

- 행정처분의 무효확인 또는 취소를 구하는 소에서, 비록 행정처분의 위법을 이유로 무효확인 또는 취소판결을 받더라도 그 처분에 의하여 발생한 위법상태를 원상으로 회복시키는 것이 불가능한 경우에는 원칙적으로 그 무효확인 또는 취소를 구할 법률상 이익이 없음.
- 다만, 원상회복이 불가능하더라도 그 무효확인 또는 취소로써 회복할 수 있는 다른 권리나 이익(부수적 이익)이 남아 있는 경우 예외적으로 법률상 이익이 인정될 수 있음(판례).

소의 이익 ×	소의 이익 ○
① 행정대집행이 실행완료된 경우 대집행 계고처분의 취소를 구할 법률상 이익은 없음(대판 1993. 6. 8, 93누6164). ② 건축허가가 건축법 소정의 이격거리(건물 외벽부터 대지 경계까지 거리)를 두지 아니하고 건축물을 건축하도록 되어 있어 위법하다 하더라도 이미 건축공사가 완료되었다면 인접한 대지의 소유자가 건축허가처분의 취소를 구할 소의 이익은 없음(대판 1992. 4. 24, 91누11131).**91** ③ 인접건물이 건축공사완료 후 준공검사를 받은 경우 인접건물 소유자가 건물준공처분의 무효확인이나 취소를 구할 법률상 이익은 없음(대판 1993. 11. 9, 93누13988).**92**	① **파면처분이 있은 후 금고 이상의 형을 선고받아 당연퇴직되는 등의 사정으로 공무원의 지위를 회복할 여지가 없게 된 경우라도 급여청구의 관계에서 이익이 있는 이상**, 위 파면처분의 취소를 구할 이익이 있음(대판 1985. 6. 25, 85누39).**93** ② 국가공무원법상 직위해제처분의 무효확인 또는 취소소송계속 중 정년을 초과하여 직위해제처분의 무효확인 또는 취소로 공무원 신분을 회복할 수는 없다고 할지라도, 그 무효확인 또는 취소로 **직위해제일부터 직권면직일까지 기간에 대한 감액된 봉급 등의 지급을 구할 수 있는 경우**에는 직위해제처분의 무효확인 또는 취소를 구할 법률상 이익이 있음(대판 2014. 5. 16, 2012두26180).**94** ③ **제명의결의 취소**로 의원의 지위를 회복할 수는 없다 하더라도 **제명의결시부터 임기만료일까지의 기간에 대한 월정수당의 지급**을 구할 수 있는 등 여전히 그 제명의결의 취소를 구할 법률상 이익이 있음(대판 2009. 1. 30, 2007두13487).**95** ④ **대학입학고사 불합격처분의 취소를 구하는 소송계속 중 당해 연도의 입학시기가 지났다 하더라도** 다음 연도의 입학시기에 입학할 수 있으므로 **소의 이익이 있음**(대판 1990. 8. 28, 89누8255).**96** ⑤ 도시개발사업의 공사 등이 완료되고 원상회복이 사회통념상 불가능하게 되었더라도, 도시개발사업의 시행에 따른 **도시계획변경결정처분과 도시개발구역지정처분 및 도시개발사업실시계획인가처분의 취소를 구할 법률상 이익이 있음**(대판 2005. 9. 9, 2003두5402 · 5419).**97** ⑥ 한국방송공사 사장에 대한 해임처분 무효확인 또는 취소소송계속 중 임기가 만료되어 해임처분의 무효확인 또는 취소로 지위를 회복할 수는 없다고 할지라도, 그 무효확인 또는 취소로 **해임처분일부터 임기만료일까지 기간에 대한 보수지급을 구할 수 있는 경우**에는 해임처분의 무효확인 또는 취소를 구할 법률상 이익이 있음(대판 2012. 2. 23, 2011두5001).**98** ⑦-1. 근로자를 직위해제한 후 동일한 사유를 이유로 징계처분을 한 경우, 직위해제처분은 효력을 상실함. ⑦-2. **인사규정 등에서 직위해제처분에 따른 효과로 승진 · 승급에 제한을 가하는 등의 법률상 불이익을 규정하고 있는 경우**에는 직위해제처분을 받은 근로자는 이러한 법률상 불이익을 제거하기 위하여 그 실효된 직위해제처분에 대한 구제를 신청할 이익이 있음(대판 2010. 7. 29, 2007두18406).**99** ⑧ **공장등록이 취소된 후 그 공장시설물이 철거되었고 다시 복구를 통하여 공장을 운영할 수 없는 상태라 하더라도 대도시 안의 공장을 지방으로 이전할 경우 조세감면 및 우선입주 등의 혜택이 관계법률에 보장되어 있다면, 공장등록취소처분의 취소를 구할 법률상 이익이 인정됨**(대판 2002. 1. 11, 2000두3306).**100**

3) 사정변경

권리침해가 해소된 경우 : 소의 이익 ×	권리침해가 해소되지 않은 경우 : 소의 이익 ○
① **사법시험 제1차 시험 불합격처분 이후에** 새로이 실시된 사법시험 제1차 시험에 합격하였을 경우, 그 불합격처분의 취소를 구할 법률상 이익이 없음(대판 1996. 2. 23, 95누2685). ② **사법시험 제2차 시험 불합격처분 이후에** 새로이 실시된 제2차와 제3차 시험에 합격한 사람은 불합격처분의 취소를 구할 법률상 이익이 없음(대판 2007. 9. 21, 2007두12057).**101** ③ **불합격처분 이후** 새로 실시된 치과의사국가시험에 합격한 경우 불합격처분의 취소를 구할 법률상 이익이 없음(대판 1993. 11. 9, 93누6867).**102** ④ **공익근무요원 소집해제신청을 거부한 후** 복무기간이 만료되어 소집해제처분이 이루어진 경우라면 소집해제신청거부처분 취소를 구할 소의 이익이 없음(대판 2005. 5. 13, 2004두4369).**103** ⑤ 현역병입영대상자로 병역처분을 받은 자가 **그 취소소송 중 모병에 응하여** 현역병으로 자진입대**한 경우**, 소의 이익이 없음(대판 1998. 9. 8, 98두9165).**104**	**현역병입영대상자의 경우 현역병으로 입영한 후에라도 현역병입영통지처분의 취소를 구할 소송상의 이익이 있음**(대판 2003. 12. 26, 2003두1875)(왼쪽 ⑤와 비교).**105**

4) 기타 소의 이익

소의 이익 ×	소의 이익 ○
①-1. 취소되어 더 이상 존재하지 않는 행정처분을 대상으로 한 취소소송은 소의 이익이 없음.106 ①-2. **행정청이 당초의 분뇨 등 관련 영업허가신청 반려처분의 취소를 구하는 소의 계속 중, 사정변경을 이유로 위 반려처분을 직권취소함과 동시에 위 신청을 재반려하는 내용의 재처분을 한 경우, 당초의 반려처분의 취소를 구하는 소는 더 이상 소의 이익이 없음**(대판 2006. 9. 28, 2004두5317).107 ② 소송계속 중 처분청이 다툼의 대상이 되는 행정처분을 직권으로 취소하면 그 처분은 효력을 상실하여 더 이상 존재하지 않는 것이므로, 존재하지 않는 처분을 대상으로 한 항고소송은 원칙적으로 소의 이익이 소멸하여 부적법함(대판 2020. 4. 9, 2019두49953). ③ **행정청이 공무원에 대하여** 새로운 직위해제사유에 기한 직위해제처분을 한 경우, 그 이전에 한 직위해제처분의 취소를 구할 소의 이익이 없음(대판 2003. 10. 10, 2003두5945).108 ④ 환지처분 공고 후**에 환지예정지지정처분**의 취소를 구할 법률상 이익은 없음(대판 1999. 10. 8, 99두6873). ⑤-1. **절차상 또는 형식상 하자로 무효인 행정처분에 대하여 행정청이 적법한 절차 또는 형식을 갖추어 동일한 행정처분을 한 경우, 종전의 무효인 행정처분에 대하여 무효확인을 구할 법률상 이익은 없음.**109 ⑤-2. 병역감면신청서 회송처분과 공익근무요원 소집처분이 직권으로 취소되었는데도, 이에 대한 무효확인과 취소를 구하는 소는 더 이상 존재하지 않는 행정처분을 대상으로 하거나 과거의 법률관계의 효력을 다투는 것에 불과하므로 소의 이익이 없어 부적법함(대판 2010. 4. 29, 2009두16879). ⑥ 상등병에서 병장으로의 진급요건을 갖춘 자에 대하여 그 **진급처분을 행하지 아니한 상태에서 예비역으로 편입하는 처분**을 한 경우, 진급처분부작위위법을 이유로 예비역편입처분취소를 구할 소의 이익은 없음(대판 2000. 5. 16, 99두7111).110 ⑦ 「도시 및 주거환경정비법」상 이전고시가 효력을 발생한 후 **조합원 등이 관리처분계획에 대한 인가처분의 취소 또는 무효확인을 구할 법률상 이익은 없음**(대판 2012. 5. 24, 2009두22140).111 ⑧ **(소음 · 진동배출시설에 대한 설치허가가 취소된 후 그 배출시설이 철거된 경우, 허가취소처분의 취소를 구하는 소송에서 소의 이익을 부정하면서)** 원고가 처분이 위법하다는 점에 대한 판결을 받아 피고에 대한 손해배상청구소송에서 이를 원용할 수 있는 이익은 **사실적 · 경제적 이익에 불과하여 소의 이익에 해당하지 않는다고 봄**(대판 2002. 1. 11, 2000두2457).112 ⑨ 구 「도시 및 주거환경정비법」상 조합설립추진위원회 구성승인처분을 다투는 소송계속 중 조합설립인가처분이 이루어진 경우 조합설립추진위원회 구성승인처분에 대하여 취소 또는 무효확인을 구할 법률상 이익은 없음(대판 2013. 1. 31, 2011두11112, 2011두11129).113 ⑩ 구 토지구획정리사업법 제61조에 의한 **환지확정처분의 일부**에 대하여 취소나 무효확인을 구할 법률상 이익은 없음(대판 2013. 3. 28, 2010두2289).114 ⑪ 甲 도지사가 도에서 설치 · 운영하는 乙 지방의료원을 폐업하겠다는 결정을 발표하고 그에 따라 폐업을 위한 일련의 조치가 이루어진 후 乙 지방의료원을 해산한다는 내용의 조례를 공포하고 乙 지방의료원의 청산절차가 마쳐진 사안에서, **甲 도지사의 폐업결정은 항고소송의 대상에 해당115** 하지만 취소를 구할 소의 이익을 인정하기 어려움(대판 2016. 8. 30, 2015두60617). ⑫ 상소는 자기에게 불이익한 재판에 대하여 자기에게 유리하도록 그 취소 · 변경을 구하는 것이므로 전부 승소한 원심판결에 대한 불복 상고는 상고를 제기할 이익이 없어 허용될 수 없고, 한편 재판이 상소인에게 불이익한지 여부는 원칙적으로 재	① **고등학교에서 퇴학처분을 당한 후 고등학교 졸업학력 검정고시에 합격한 경우라 하더라도** 퇴학처분의 취소를 구할 소의 이익이 있음(예외적으로 명예 등의 이익을 고려한 듯한 판례)(대판 1992. 7. 14, 91누4737).116 ② **동일한 내용의 후행거부처분이 존재하더라도 선행거부처분 취소소송의 소의 이익은 있음**(대판 1994. 4. 12, 93누21088). ③ **처분청의 직권취소에도 완전한 원상회복이 이루어지지 않아 무효확인 또는 취소로써 회복할 수 있는 다른 권리나 이익이 남아 있거나** 또는 **동일한 소송당사자 사이에서 그 행정처분과 동일한 사유로 위법한 처분이 반복될 위험성이 있어 행정처분의 위법성 확인 내지 불분명한 법률문제에 대한 해명이 필요한 경우** 행정의 적법성 확보와 그에 대한 사법통제, 국민의 권리구제의 확대 등의 측면에서 예외적으로 그 처분의 취소를 구할 소의 이익을 인정할 수 있음(대판 2020. 4. 9, 2019두49953)(왼쪽 ②와 비교).117 118 ④-1. 공정거래위원회가 부당한 공동행위의 시정명령 및 과징금 부과와 자진신고자 또는 조사협조자에 대한 감면 여부를 분리 심리하여 별개로 의결한 후 과징금 등 처분과 별도의 처분서로 감면기각처분을 한 경우, 각 처분에 대하여 함께 또는 별도로 불복할 수 있음. ④-2. 과징금 등 처분과 감면기각처분의 취소를 구하는 소를 함께 제기한 경우, 감면기각처분의 취소를 구할 소의 이익은 원칙적으로 인정됨(대판 2016. 12. 27, 2016두43282). ⑤ **건축허가취소처분을 받은 건축물 소유자는 그 건축물이 완공된 후에도 여전히 위 취소처분의 취소를 구할 법률상 이익을 가진다고 보아야 함**(대판 2015. 11. 12, 2015두47195).119 ⑥ **사업시행계획 인가처분의 유효를 전제로 한 일련의 후속행위가 이루어진 경우**, 당초 사업시행계획을 실질적으로 변경하는 내용으로 새로운 사업시행계획을 수립하여 시장 · 군수로부터 인가를 받았다고 하여 당초 사업시행계획의 무효확인을 구할 소의 이익이 소멸하지 않음(대판 2013. 11. 28, 2011두30199).

판의 주문을 표준으로 판단하여야 하며, 상소인의 주장이 받아들여져 승소하였다면 그 판결이유에 불만이 있더라도 상소의 이익이 없음(대판 2017. 1. 12, 2015두2352).

⑬ 거부처분이 재결에서 취소된 경우 재결에 따른 후속처분이 아니라 **그 재결의 취소를 구하는 것은 실효적이고 직접적인 권리구제수단이 될 수 없어 분쟁해결의 유효적절한 수단이라고 할 수 없으므로 법률상 이익이 없음**(대판 2017. 10. 31, 2015두45045).**120**

⑭ 행정청이 과징금 부과처분을 한 후 부과처분의 하자를 이유로 감액처분을 한 경우, 감액된 부분에 대한 부과처분취소청구는 이미 소멸하고 없는 부분에 대한 것으로서 소의 이익이 없어 부적법함(대판 2017. 1. 12, 2015두2352).

피 고

1 피고적격

1) 원칙 – 처분청, 예외 – 소속장관 등 / 승계청 / 국가 등

원 칙		• 피고적격을 가진 자는 처분 등을 행한 행정청, 즉 처분청(국가 또는 공공단체 등의 의사를 결정하여 외부적으로 표시할 수 있는 기관)이 됨.**121** • 대외적으로 의사를 표시할 수 있는 기관이 아닌 내부기관은 실질적인 의사가 그 기관에 의하여 결정되더라도 피고적격을 갖지 못함(예 징계위원회).**122** • '행정청'에는 법령에 의하여 행정권한의 위임 또는 위탁을 받은 행정기관, 공공단체 및 그 기관 또는 사인이 포함됨. ⇨ 공무수탁사인이 자신의 이름으로 처분하면 공무수탁사인이 피고가 됨.**123**
		행정처분의 취소 또는 무효확인을 구하는 행정소송은 다른 법률에 특별한 규정이 없는 한 소송의 대상인 행정처분 등을 외부적으로 그의 명의로 행한 행정청을 피고로 하여야 하는 것으로서 그 행정처분을 하게 된 연유가 상급행정청이나 타행정청의 지시나 통보에 의한 것이라 하여 다르지 않다고 할 것임(대판 1995. 12. 22, 95누14688).**124**
예 외	소속장관 등	• **공무원 등에 대한 징계, 기타 불이익처분의 처분청이 대통령인 경우** : 소속장관**125** • **대법원장이 행한 처분에 대한 행정소송** : 법원행정처장**126** • **헌법재판소장이 행한 처분에 대한 행정소송** : 헌법재판소사무처장 • **국회의장이 행한 처분에 대한 행정소송** : 국회사무총장
	승계청	**처분 등이 있은 후에 그 처분 등에 관계되는 권한이 다른 행정청에 승계된 때** : 승계한 행정청**127 128**
	국가 등	**처분이나 재결을 한 행정청이 없게 된 때** : 그 처분 등에 관한 사무가 귀속되는 국가 또는 공공단체**129**

2) 구체적 검토

합의제 행정청의 경우	• 합의제 행정청이 피고가 됨.**130** 예컨대 공정거래위원회, 토지수용위원회의 처분에 대해서는 각각 **공정거래위원회, 토지수용위원회**가 취소소송의 피고가 됨.**131** • 단, 중앙노동위원회의 경우 법률의 규정에 의해 중앙노동위원회가 아닌 중앙노동위원회의 위원장이 취소소송의 피고가 됨.**132**
권한의 위임 · 위탁의 경우	권한이 위임 · 위탁된 때에는 위임을 받은 수임청, 위탁을 받은 수탁청이 자신의 명의로 처분을 하게 되므로 취소소송의 피고도 수임청 · 수탁청이 됨.
내부위임과 대리의 경우	• 내부위임과 대리에서는 권한이 수임자와 대리청에 이전되지 않으며 처분명의도 위임자와 피대리청(원래의 행정청)의 명의로 하게 되므로 각각 위임청과 피대리청이 피고가 됨. • 다만, 내부위임을 받은 기관이 위임자의 명의가 아닌 자신의 이름으로 권한을 행사한 경우, 이는 권한 없이 행정처분을 한 것으로서 위법하며, 이때 피고는 실제로 처분을 한 하급행정청(수임청 등)이 됨.**133**

내부위임과 대리의 경우	① 대리기관이 대리관계를 표시하고 피대리 행정청을 대리하여 행정처분을 한 때에는 피대리 행정청이 피고로 되어야 함(대결 2006. 2. 23, 2005부4). 134 ② 상급행정청으로부터 내부위임을 받은 데 불과한 하급행정청이 권한 없이 한 행정처분에 대한 행정소송의 피고적격이 있는 자는 처분을 행할 적법한 권한 있는 상급행정청이 아닌 (자신의 명의로) 실제로 처분을 행한 하급행정청임(대판 1991. 2. 22, 90누5641). 135 ③-1. 대리권을 수여받은 데 불과하여 자신의 명의로는 처분할 권한이 없는 행정청이 그 대리관계를 밝힘이 없이 그 자신의 명의로 행정처분을 하였다면 처분명의자인 당해 행정청이 항고소송의 피고가 되어야 하는 것이 원칙임. 136 ③-2. 비록 대리관계를 명시적으로 밝히지는 아니하였다 하더라도 처분명의자가 피대리 행정청 산하의 행정기관으로서 실제로 피대리 행정청으로부터 대리권한을 수여받아 피대리 행정청을 대리한다는 의사로 행정처분을 하였고 처분명의자는 물론 그 상대방도 그 행정처분이 피대리 행정청을 대리하여 한 것임을 알고서 이를 받아들인 예외적인 경우에는 피대리 행정청이 피고가 되어야 함(대결 2006. 2. 23, 2005부4). 137
처분청과 통지한 자가 다른 경우	• 처분청이 피고가 됨. 138 • 독립유공자서훈취소결재를 한 대통령을 피고로 하지 않고 그 처분을 통보한 자에 불과한 국가보훈처장(현 국가보훈부장관)을 피고로 한 소송은 피고를 잘못 지정한 경우에 해당함(판례). 139
처분적 조례인 경우	• 조례는 원칙적으로 소송대상이 아니나 조례가 직접 국민의 권리 · 의무에 영향을 미치는 경우에는 소송대상이 될 수 있음. 이때 피고는 지방의회가 아니라 공포권자인 지방자치단체의 장임. 140 141 • 단, 조례가 교육 · 학예에 관한 조례인 경우 교육감이 피고가 됨. 142
지방의회의원의 제명 등 의결의 경우	지방의회는 원칙적으로 취소소송의 피고가 될 수 없으나 지방의회의원에 대한 징계의결, 지방의회의장 불신임결의, 지방의회의장선거와 같은 행위를 하는 경우에는 지방의회도 행정청으로서 피고가 될 수 있음. 143

2 피고경정

의 의	• 소송의 계속 중에 피고로 지정된 자를 다른 자로 변경하는 것 • 행정소송법 제14조에 의한 피고의 경정은 사실심변론종결시까지 허용됨(행정소송규칙 제6조 · 판례). 144 145 최신
허용되는 경우	• 피고를 잘못 지정한 때(피고의 잘못 지정에 대한 원고의 고의 · 과실 유무는 불문) • 권한승계 등의 경우 • 소의 변경이 있는 때
절 차	원고가 피고를 잘못 지정한 때에는 법원은 원고의 신청에 의하여 결정으로써 피고의 경정을 허가할 수 있음. 146 147 다만, 취소소송이 제기된 후에 행정청의 권한의 승계 등의 사유가 생긴 때에는 법원은 당사자의 신청 또는 직권에 의하여 피고를 경정함.
효 과	• 새로운 피고에 대한 소송은 처음에 소를 제기한 때에 제기된 것으로 봄. 148 따라서 허가결정 당시(경정시)에 이미 제소기간이 경과한 경우에도 처음에 소를 제기할 때 제소기간을 지켰으면 제소기간은 준수된 것이 됨. 149 • 피고경정의 허가결정이 있을 때에는 종전의 피고에 대한 소송은 취하된 것으로 봄.
원고가 피고를 잘못 지정한 경우의 법원의 조치	피고를 잘못 지정한 경우 법원은 소를 곧바로 각하할 것이 아니라 석명권을 행사하여 피고를 경정하게 한 후 소송을 진행하여야 함. 150 행정소송에서 피고지정이 잘못된 경우, 법원이 석명권을 행사하여 원고로 하여금 피고를 경정하게 하지 않고 바로 소를 각하한 것은 위법함(대판 2004. 7. 8, 2002두7852). 151

공동소송인, 소송참가, 소송대리인

1 공동소송인

2 소송참가

1) 소송참가의 의의

- 소송의 계속 중에 자기의 법률상 지위를 보호하기 위하여 제3자 또는 행정청이 자기의 이익을 위하여 그 소송절차에 참가하는 것[152]
- 소송참가제도는 취소소송 이외의 항고소송, 당사자소송, 민중소송 및 기관소송에도 준용됨.[153]

2) 제3자의 소송참가 및 다른 행정청의 소송참가

구 분	제3자의 소송참가	다른 행정청의 소송참가
의 의	• 법원은 소송의 결과에 따라 권리 또는 이익의 침해를 받을 제3자가 있는 경우 당사자, 제3자의 신청 또는 직권에 의하여 결정으로써 제3자를 소송에 참가시킬 수 있음.[154] • 소송의 결과에 따라 권리 또는 이익의 침해를 받을 자이어야 함[155](판결의 형성력뿐만 아니라 기속력으로 인하여 권리 또는 이익을 침해받는 경우도 포함[156]).	법원은 다른 행정청을 소송에 참가시킬 필요가 있다고 인정할 때에는 당사자 또는 당해 행정청의 신청 또는 직권에 의하여 결정으로써 그 행정청을 소송에 참가시킬 수 있음.[157]
참가인의 지위	참가인은 현실적으로 소송행위를 하였는지 여부에 관계없이 참가한 소송의 판결의 효력을 받음.[158]	단순한 보조참가인의 지위를 가지게 되므로 피참가인의 소송행위와 저촉되는 소송행위를 할 수 없음.
판 례	① 특정 소송사건에서 당사자 일방을 보조하기 위하여 보조참가를 하려면 당해 소송의 결과에 대하여 이해관계가 있어야 하고, 여기서 말하는 이해관계라 함은 사실상 · 경제상 또는 감정상의 이해관계가 아니라 법률상의 이해관계를 가리킴(대판 2014. 8. 28, 2011두17899).[159] ② 사립학교의 교원이 교원소청심사위원회의 소청심사 기각결정에 불복하여 교원소청심사위원회를 피고로 하여 행정소송을 제기한 경우, 소청심사의 피청구인이었던 사립학교의 장이 피고보조참가인으로서 소송에 참여할 수 있음(대판 2023. 10. 26, 2018두55272).[160] 최신 ③ 피참가인의 소송행위는 모두의 이익을 위하여서만 효력을 가지고, 공동소송적 보조참가인에게 불이익이 되는 것은 효력이 없으므로, 참가인이 상소를 할 경우에 피참가인이 상소취하나 상소포기를 할 수는 없음(대판 2017. 10. 12, 2015두36836).[161]	

3) 민사소송법에 의한 소송참가

1. 행정소송에서도 민사소송법상의 보조참가는 허용됨(대판 2013. 3. 28, 2011두13729).[162]
2. 타인 사이의 항고소송에서 소송의 결과에 관하여 이해관계가 있다고 주장하면서 민사소송법 제71조에 의한 보조참가를 할 수 있는 제3자는 민사소송법상의 당사자능력 및 소송능력을 갖춘 자이어야 하므로 그러한 당사자능력 및 소송능력이 없는 행정청으로서는 민사소송법상의 보조참가를 할 수는 없고 다만 행정소송법 제17조 제1항에 의한 소송참가를 할 수 있을 뿐임(행정청에 불과한 서울특별시장의 보조참가신청을 부적법하다고 한 사례)(대판 2002. 9. 24, 99두1519).[163] [164]

3 소송대리인

Topic

68 항고소송 Ⅱ - 처분(취소소송의 제1대상)

p.300~310

제기요건(소송요건)의 일반론

소송요건	본안심리에서 다룰 문제
소송요건은 법원에 의한 직권조사사항으로서 소송요건이 결여되면 법원은 소각하판결을 하여야 함.01	처분의 위법성 심리 ┌ 위법 : 인용판결 └ 적법 : 기각판결
① 소를 제기할 **원고적격**이 있는 자가 ② 소송을 제기할 현실적 필요가 있는 경우(**협의의 소익**) ③ 행정청의 **처분 등을 대상**으로02 ④ **피고적격**이 있는 행정청을 상대로 ⑤ 관할법원에 ⑥ 소장이라는 형식을 갖추어 ⑦ 일정한 **제소기간** 내에03 ⑧ **행정심판이 필요한 경우 행정심판을 거쳐** 제기할 것04	• 처분이 절차상 하자(예 청문을 거쳐야 하는 처분에 대해 청문을 거치지 않음)가 있으면 처분은 위법하게 됨. 이는 본안문제이지 소송요건과는 무관함. • 처분청에게 권한이 있는지의 문제(예 내부위임을 받은 자가 자기명의로 처분을 함) 또한 처분이 위법한지의 문제이므로 소송요건과는 무관함.

처분 등의 존재(대상적격의 문제) - 처분(취소소송의 제1대상)

행정소송법 제2조【정의】① 이 법에서 사용하는 용어의 정의는 다음과 같다.
1. '처분 등'이라 함은 행정청이 행하는 구체적 사실에 관한 법집행으로서의 공권력의 행사 또는 그 거부와 / 그 밖에 이에 준하는 행정작용(이하 '처분'이라 한다)05 및 행정심판에 대한 재결을 말한다.06 07

1 행정행위와 처분의 구별

- 행정청의 행위가 '처분'에 해당하는지가 불분명한 경우에는 그에 대한 불복방법 선택에 중대한 이해관계를 가지는 상대방의 인식가능성과 예측가능성을 중요하게 고려하여 규범적으로 판단하여야 함. 그러한 고려에 따라 그 불복(쟁송)의 기회를 부여할 필요성이 있다고 보이면 처분성을 인정하여야 한다08는 것이 판례의 입장임(대판 2022. 9. 7, 2022두42365 ; 대판 2020. 4. 9, 2019두61137 ; 대판 2021. 1. 14, 2020두50324). 최신
- 한편, 판례는 처분성의 인정에 법률의 근거는 필요하지 않은 것으로 봄(대판 2012. 9. 27, 2010두3541 ; 대판 2018. 11. 29, 2015두52395).

2 처분 등 개념요소의 분석

항고소송의 대상이 되는 행정처분이란 행정청의 공법상 행위로서 특정사항에 대하여 법규에 의한 권리의 설정 또는 의무의 부담을 명하며 기타 법률상 효과를 발생하게 하는 등 **국민의 구체적 권리 · 의무에 직접적 변동을 초래하는 행위를 말하고,**09 행정청 내부에서의 행위나 알선, 권유, 사실상의 통지 등과 같이 상대방 또는 기타 관계자들의 법률상 지위에 직접적인 법률적 변동을 일으키지 아니하는 행위는 항고소송의 대상이 될 수 없음(대판 2019. 2. 14, 2016두41729).

1) 행정청의 행위일 것

(1) 행정청의 개념

- 행정청은 조직법상 개념이 아닌 기능상 개념으로 국가 및 지방자치단체의 기관 이외에 행정권한의 위임 또는 위탁을 받은 공공단체 또는 사인도 포함됨.10 11
- 처분은 행정청이 하는 작용을 말하므로 상대방의 권리를 제한하는 행위라 하더라도 행정청 또는 소속기관이나 권한을 위임받은 공공단체 등의 행위가 아닌 한 이를 행정처분이라고 할 수 없음(판례).12

(2) 구체적 검토

1. 지방의회 의원제명의결은 행정처분으로서 행정소송의 대상이 됨(대판 1993. 11. 26, 93누7341).
2. 지방의회의장에 대한 불신임의결은 행정처분으로서 행정소송의 대상이 됨(대결 1994. 10. 11, 94두23).[13]

(3) 입찰참가자격제한조치의 경우

- 「국가를 당사자로 하는 계약에 관한 법률」에 따른 각 중앙관서의 장 또는 국가나 지방자치단체 등의 행정청이 행하는 입찰참가자격제한조치는 처분성이 인정됨.[14][15][16]
- 조달계약 및 공법상 계약에 관한 입찰참가자격제한이 법적 근거에 따른 경우 처분에 해당함.[17] 이에 반해 입찰참가자격제한조치가 계약상의 의사표시인 경우에는 항고소송의 대상이 되는 처분이 아니라는 것이 판례의 취지임.[18]

1-1. 공기업 · 준정부기관이 법령 또는 계약에 근거하여 선택적으로 입찰참가자격제한조치를 할 수 있는 경우, 계약상대방에 대한 입찰참가자격제한조치가 법령에 근거한 행정처분인지 아니면 계약에 근거한 권리행사인지는 원칙적으로 의사표시의 해석 문제임.[19] 이때에는 공기업 · 준정부기관이 계약상대방에게 통지한 문서의 내용과 해당 조치에 이르기까지의 과정을 객관적 · 종합적으로 고찰하여 판단하여야 함.

1-2. 그럼에도 불구하고 공기업 · 준정부기관이 법령에 근거를 둔 행정처분으로서의 입찰참가자격제한조치를 한 것인지 아니면 계약에 근거한 권리행사로서의 입찰참가자격제한조치를 한 것인지가 여전히 불분명한 경우에는, 그에 대한 불복방법 선택에 중대한 이해관계를 가지는 그 조치 상대방의 인식가능성 내지 예측가능성을 중요하게 고려하여 규범적으로 이를 확정함이 타당함(대판 2018. 10. 25, 2016두33537).

2-1. 공기업 · 준정부기관이 입찰을 거쳐 계약을 체결한 상대방에 대해 「공공기관의 운영에 관한 법률」 제39조 제2항 등에 따라 계약조건 위반을 이유로 입찰참가자격제한처분을 하기 위해서는 입찰공고와 계약서에 미리 계약조건과 그 계약조건을 위반할 경우 입찰참가자격제한을 받을 수 있다는 사실을 모두 명시해야 함.[20]

2-2. 계약상대방이 입찰공고와 계약서에 기재되어 있는 계약조건을 위반한 경우에도 공기업 · 준정부기관이 입찰공고와 계약서에 미리 계약조건을 위반할 경우 입찰참가자격이 제한될 수 있음을 명시해 두지 않았다면, 위 규정들을 근거로 입찰참가자격제한처분을 할 수 없음(대판 2021. 11. 11, 2021두43491). 최신

2) 구체적 사실에 관한 행위일 것

처분성 O	처분성 ×
• 법규명령이지만 구체적 성질을 가지는 처분법규(예 두밀분교폐지조례)는 처분에 해당함. • 일반처분의 수범자는 불특정 다수인이나 구체적 사건성을 띤다는 점에서 처분에 해당함.	일반적 · 추상적 법령 그 자체로서 국민의 구체적인 권리 · 의무에 직접적인 변동을 초래하는 것이 아닌 것은 취소소송의 대상이 될 수 없음.[21]
①-1. 어떠한 고시가 일반적 · 추상적 성격을 가질 때에는 법규명령 또는 행정규칙에 해당할 것이지만, 다른 집행행위의 매개 없이 그 자체로서 직접 국민의 구체적인 권리 · 의무나 법률관계를 규율하는 성격을 가질 때에는 행정처분에 해당함.[22] ①-2. 보건복지부 고시인 구 「약제급여 · 비급여목록 및 급여상한금액표」는 다른 집행행위의 매개 없이 그 자체로서 국민건강보험가입자, 국민건강보험공단, 요양기관 등의 법률관계를 직접 규율하는 성격을 가진다면 항고소송의 대상이 되는 행정처분에 해당함(대판 2006. 9. 22, 2005두2506).[23] ② 항정신병 치료제의 요양급여 인정기준에 관한 보건복지부 고시는 다른 집행행위의 매개 없이 그 자체로서 제약회사, 요양기관, 환자 및 국민건강보험공단 사이의 법률관계를 직접 규율하므로 항고소송의 대상이 되는 행정처분에 해당함(대결 2003. 10. 9, 2003무23).[24] ③ 코로나바이러스감염증-19의 예방을 위하여 음식점 및 PC방 운영자 등에게 영업시간을 제한하거나 이용자 간 거리를 둘 의무를 부여하는 서울특별시고시는 관내 음식점 및 PC방의 관리자 · 운영자들에게 일정한 방역수칙을 준수할 의무를 부과하는 것으로서, 항고소송의 대상인 행정처분에 해당함(헌재 2023. 5. 25, 2021헌마21).[25] 최신	1. 의료기관의 명칭표시판에 진료과목을 함께 표시하는 경우 글자크기를 제한하고 있는 구 의료법 시행규칙 제31조는 법규명령으로서 그 자체가 국민의 구체적인 권리 · 의무나 법률관계에 직접적인 변동을 초래하지 아니하므로 항고소송의 대상이 되는 행정처분이라고 할 수 없음(대판 2007. 4. 12, 2005두15168).[26] 2. 「일본산 공기압 전송용 밸브에 대한 덤핑방지관세의 부과에 관한 규칙」(시행규칙)은 세관장의 덤핑방지관세 부과처분 등 별도의 집행행위가 있어야 상대방의 권리 · 의무나 법률관계에 영향을 미치게 되는 점에서 항고소송의 대상이 될 수 없음(대판 2022. 12. 1, 2019두48905).[27] 최신

3) 법집행행위일 것 : 단순한 사실행위나 행정기관 내부의 행위(예 상급관청의 지시, 상관의 명령)는 처분성이 부정됨.

처분성 O	처분성 ×
① 지방병무청장의 병역처분은 항고소송의 대상이 되는 처분임(대판 1993. 8. 27, 93누3356)(오른쪽 ④와 비교). ② 공정거래위원회가 구 「하도급거래 공정화에 관한 법률」 제26조 제2항 후단에 따라 관계행정기관의 장에게 한 원사업자 또는 수급사업자에 대한 입찰참가자격의 제한을 요청한 결정은 항고소송의 대상이 되는 처분임(대판 2023. 2. 2, 2020두48260).28 최신	행정청 내부에서의 행위나 알선, 권유, 사실상의 통지 등과 같이 상대방 또는 기타 관계자들의 법률상 지위에 직접적인 법률적 변동을 일으키지 아니하는 행위는 항고소송의 대상이 아님(판례). ① 공정거래위원회의 고발조치 및 고발의결(대판 1995. 5. 12, 94누13794)29 ② 감사원이 심사청구에 의하여 관계기관에 통지하는 시정결정이나 이유 없다고 기각하는 결정(대판 1967. 6. 27, 67누44) ③ 국세환급결정이나 환급신청에 대한 거부결정(대판 1994. 12. 2, 92누14250)30 ④ 군의관이 행한 징병검사시의 신체등위판정(대판 1993. 8. 27, 93누3356)31 ⑤ 운전면허 행정처분처리대장상 벌점의 배점(대판 1994. 8. 12, 94누2190) ⑥ 하도급법상 벌점 부과행위(대판 2023. 1. 12, 2020두50683)32 최신 ⑦ 상급행정청이나 타행정청의 지시나 통보, 권한의 위임이나 위탁(대판 2013. 2. 28, 2012두22904) ⑧ 상급행정기관의 하급행정기관에 대한 승인 · 동의 · 지시 등(대판 1997. 9. 26, 97누8540) ⑨ 교육부장관이 시 · 도 교육감에게 통보한 대학입시기본계획 내의 내신성적산정지침(대판 1994. 9. 10, 94두33)33 34 ⑩ 금융감독위원회(현 금융위원회)의 부실금융기관에 대한 파산신청(대판 2006. 7. 28, 2004두13219) ⑪ 경찰공무원시험승진후보자명부에 등재된 자가 승진임용되기 전에 감봉 이상의 징계처분을 받은 경우, 임용권자가 당해인을 시험승진후보자명부에서 삭제한 행위(대판 1997. 11. 14, 97누7325)35 ⑫ 각 군 참모총장이 '군인 명예전역수당 지급대상자 결정절차'에서 국방부장관에게 수당지급대상자를 추천하거나 신청자 중 일부를 추천하지 않는 행위(대판 2009. 12. 10, 2009두14231)36 ⑬ 방송통신위원회가 JTBC에 대해 행한 고지방송명령(대판 2023. 7. 13, 2016두34257).37 최신 ⑭ 시내버스한정면허를 받은 여객자동차 운송사업자의 보조금신청에 대한 경기도지사의 통보(여객자동차 운송사업자 甲주식회사가 시내버스 노선을 운행하면서 환승요금할인, 청소년요금할인을 시행한 데에 따른 손실을 보전해 달라며 경기도지사와 OO시장에게 보조금지급신청을 하였으나, 경기도지사가 甲회사와 OO시장에게 "甲회사의 보조금지급신청을 받아들일 수 없음은 기존에 회신한 바와 같고, OO시에서는 적의 조치하여 주기 바란다."는 취지로 통보한 사안)(대판 2023. 2. 23, 2021두44548).38 최신 ⑮ 무단 용도변경을 이유로 단전조치된 건물의 소유자로부터 새로이 전기공급신청을 받은 한국전력공사가 관할 구청장에게 전기공급의 적법 여부를 조회한 데 대하여, 관할 구청장이 한국전력공사에 대하여 건축법 규정에 의하여 위 건물에 대한 전기공급이 불가하다는 내용의 회신을 하였다면, 그 회신은 권고적 성격의 행위에 불과한 것으로서 항고소송의 대상이 되는 행정처분이라고 볼 수 없음(대판 1995. 11. 21, 95누9099).39

4) 공권력의 행사일 것 : 공법상 계약, 공법상 합동행위는 공권력 행사작용이 아니므로 처분성 ×

5) 공권력행사의 거부처분 – 소극적 처분

(1) 거부처분의 요건

공권력행사의 거부일 것	공권력행사의 거부가 아닌 일반재산(개정 전 잡종재산) 임대 · 매각신청 거부는 행정소송법상의 처분이 아님(판례).
거부가 신청인의 법률관계에 영향을 줄 것	거부가 처분이 되기 위한 요건으로 '신청인의 법률관계에 어떤 변동을 일으키는 것'의 의미는 신청인의 실체상의 권리관계에 직접적인 변동을 일으키는 것은 물론, 그렇지 않다 하더라도 신청인이 실체상의 권리자로서 권리를 행사함에 중대한 지장을 초래하는 것도 포함함(대판 2007. 10. 11, 2007두1316).40
법규상 또는 조리상 신청권이 있을 것	• 국민의 적극적 행위신청에 대한 행정청의 거부행위가 항고소송의 대상이 되는 행정처분이 되기 위해서는 국민에게 법규상 또는 조리상의 신청권이 있어야 함(판례).41 42 • 신청권의 존부 판단기준 : 신청권은 신청의 인용이라는 만족적 결과를 얻을 권리를 의미하는 것이 아니라 관계법규의 해석상 일반국민에게 그러한 신청권을 인정하고 있는가를 살펴 추상적으로 판단해야 함.43
	신청권의 존부는 신청의 인용이라는 만족적 결과를 얻을 권리를 의미하는 것은 아니며 신청이 인용될 수 있는지는 본안에서 판단해야 할 사항임(대판 1996. 6. 11, 95누12460).44

(2) **묵시적 거부** : 신청인에 대해 직접 거부의 의사표시를 하지 않더라도 일정한 경우에는 묵시적 거부처분이 있는 것으로 봄(판례).

> 검사 지원자 중 한정된 수의 임용대상자에 대한 임용결정만을 하는 경우 임용대상에서 제외된 자에 대하여 임용거부의 소극적 의사표시를 한 것으로 봄. 임용거부의 의사표시는 본인에게 직접 고지되지 않았다고 하여도 본인이 이를 알았거나 알 수 있었을 때에 그 효력이 발생됨(대판 1991. 2. 12, 90누5825).

(3) **구체적 검토**

거부의 처분성 긍정	거부의 처분성 부정
① 대학 교원의 신규채용에 있어서 유일한 면접심사 대상자로 선정되어 심사단계 중 대부분의 단계를 통과한 경우 이러한 자는 임용신청권이 있으므로 임용거부조치는 행정처분에 해당함(대판 2004. 6. 11, 2001두7053). ② 기간제로 임용되어 임용기간이 만료된 국·공립대학의 조교수는 …… 재임용 여부에 관하여 합리적인 기준에 의한 공정한 심사를 요구할 법규상 또는 조리상 신청권을 가진다고 할 것이니, 대학 교원의 임용권자가 임용기간이 만료된 조교수에 대하여 재임용을 거부하는 취지로 한 임용기간만료의 통지는 대학 교원의 법률관계에 영향을 주는 것으로서 행정소송의 대상이 되는 처분에 해당함(대판 2004. 4. 22, 2000두7735 전합).45 ③-1. 대학의 상근강사로서 근무를 마친 자가 정규교원에 임용하여 줄 것을 요청하는 내용의 탄원서에 대하여 교장이 민원서류 처리 결과통보의 형식으로 인사위원회에서 임용동의가 부결되어 임용하지 못한다는 설명을 담은 서신을 보낸 경우는 임용거부처분임. ③-2. 대학의 정규교원으로 임용되기 전에 1년간 상근강사로 근무하여 적격판정을 받은 자만을 임용하는 제도하에서 상근강사로 채용된 자는 임용신청권이 있음(대판 1990. 9. 25, 89누4758). ④ 건축계획심의신청에 대한 반려처분(대판 2007. 10. 11, 2007두1316)46 ⑤ **금강수계 중 상수원 수질보전**을 위하여 필요한 지역의 토지 등의 소유자가 국가에 **그 토지 등을 매도하기 위하여 매수신청**을 하였으나 유역환경청장이 이를 거절한 경우, 그러한 매수 거부행위(대판 2009. 9. 10, 2007두20638) ⑥ 구 교육공무원법에 의하여 **기간제로 임용되어 임용기간이 만료된 국·공립대학의 교원**은 재임용 여부에 관하여 심사를 요구할 신청권을 가짐(대판 2011. 1. 27, 2009다30946).47 ⑦ (인터넷 포털사이트의 개인정보 유출사고로 주민등록번호가 불법 유출되었음을 이유로 주민등록번호 변경신청을 하였으나 관할 구청장이 이를 거부한 사안에서) **피해자의 의사와 무관하게 주민등록번호가 유출된 경우**에는 조리상 주민등록번호의 변경을 요구할 신청권을 인정함이 타당하고,48 구청장의 주민등록번호 변경신청 거부행위는 항고소송의 대상이 되는 행정처분에 해당함(대판 2017. 6. 15, 2013두2945). ⑧ **방위사업법령 및 국방전력발전업무훈령**에 따른 연구개발확인서 발급 및 그 거부는 행정처분임(대판 2020. 1. 16, 2019다264700).49 ⑨ **공사중지명령 이후에 그 원인사유가 해소되는 경우에는 잠정적으로 내린 당해 공사중지명령의 해제를 요구할 수 있는 권리를 위 명령의 상대방에게 인정하므로, 조리상으로 그 해제를 요구할 수 있는 권리가 인정됨**(편저자 주 : 해제신청 거부의 처분성 인정)(대판 1997. 12. 26, 96누17745).50	① 과거에 법률에 의하여 당연퇴직된 공무원의 복직 또는 재임용신청에 대한 행정청의 거부행위(대판 2005. 11. 25, 2004두12421)51 ② 서울특별시의 '철거민에 대한 시영아파트 특별분양개선지침'의 **법적 성질은 행정지침**에 불과하므로 일반국민에게 신청권을 부여하는 것이 아니어서 **서울특별시의 분양불허의 의사표시는 행정처분이 아님**(대판 1993. 5. 11, 93누2247). ③ 국·공립대학 교원 임용지원자에게는 임용 여부에 대한 응답신청권이 없으므로 임용거부통보는 처분이 아님(대판 2003. 10. 23, 2002두12489).52 ④ 특별채용대상자로서의 자격을 갖추고 있고, 원고 등과 유사한 지위에 있는 전임강사에 대하여는 피고가 정규교사로 특별채용한 전례가 있다 하더라도 그러한 사정만으로 임용지원자에 불과한 원고 등에게 피고에 대하여 교사로 특별채용을 요구할 법규상 또는 조리상의 권리가 있다고 할 수는 없으므로, 교사특별채용신청에 대한 거부행위는 처분이 아님(대판 2005. 4. 15, 2004두11626).53 ⑤ 전수교육 조교인 원고에게 중요무형문화재 보유자 추가인정에 관한 법규상 또는 조리상 신청권은 없음(대판 2015. 12. 10, 2013두20585). ⑥ 업무상 재해를 당한 甲의 요양급여신청에 대하여 근로복지공단이 요양승인처분을 하면서 사업주를 乙 주식회사로 보아 요양승인 사실을 통지하자, 乙 회사가 甲이 자신의 근로자가 아니라고 주장하면서 사업주변경신청을 하였으나 근로복지공단이 거부통지를 한 경우, 위 통지는 항고소송의 대상이 되는 행정처분이 되지 않음(대판 2016. 7. 14, 2014두47426).54

(4) 반복된 거부의 경우

1. 거부처분 이후 동일한 내용의 새로운 신청에 대하여 다시 거부한 경우, 새로운 거부처분이 있는 것으로 볼 수 있음(대판 2002. 3. 29, 2000두6084). 55 56

2-1. 거부처분이 있은 후 당사자가 다시 신청을 한 경우에는 신청의 제목 여하에 불구하고 그 내용이 새로운 신청을 하는 취지라면 관할행정청이 이를 다시 거절하는 것은 새로운 거부처분이라고 보아야 함.

2-2. 피고(한국토지주택공사)가 원고에 대하여 이주대책대상자 제외결정(1차 결정)을 통보하면서 "이의신청을 할 수 있고, 또한 행정심판 또는 행정소송을 제기할 수 있다."고 안내하였고, 이에 원고가 이의신청을 하자 피고가 원고에게 다시 이주대책대상자 제외결정(2차 결정)을 통보하면서 "다시 이의가 있는 경우 90일 이내에 행정심판 또는 행정소송을 제기할 수 있다."고 안내한 경우, 2차 결정이 1차 결정과 별도로 행정심판 또는 취소소송의 대상이 되는 '처분'(거부처분)에 해당함(대판 2021. 1. 14, 2020두50324). 최신

3-1. 어떠한 처분이 수익적 행정처분을 구하는 신청에 대한 거부처분이 아니라고 하더라도, 해당 처분에 대한 이의신청의 내용이 새로운 신청을 하는 취지로 볼 수 있는 경우에는, 그 이의신청에 대한 결정(기각결정 포함)의 통보를 새로운 처분으로 볼 수 있음.

3-2. 甲시장이 乙 소유 토지의 경계확정으로 지적공부상 면적이 감소되었다는 이유로 지적재조사위원회의 의결을 거쳐 乙에게 조정금 수령을 통지하자(1차 통지), 乙이 구체적인 이의신청사유와 소명자료를 첨부하여 이의를 신청하였으나, 甲시장이 지적재조사위원회의 재산정 심의 · 의결을 거쳐 종전과 동일한 액수의 조정금 수령을 통지한(2차 통지) 경우, 2차 통지는 1차 통지와 별도로 행정쟁송의 대상이 되는 처분으로 보는 것이 타당함(대판 2022. 3. 17, 2021두53894). 57 최신

6) 그 밖에 이에 준하는 행정작용

3 개별적 검토

1) 개념요소 이외 기타 처분성 인정 여부 관련 주요한 것 검토

일반처분	구 청소년보호법에 따른 청소년유해매체물 결정 · 고시처분과 같은 일반처분은 처분성 ○ 58 59
특별권력관계	구성원의 법적 지위에 영향을 미치는 한, 처분성 ○
사실행위	권력적 사실행위의 경우 처분성 ○, 비권력적 사실행위의 경우 처분성 ×
부분허가	• 부지사전승인과 같은 부분허가도 처분성 ○ • 부지사전승인처분 후 건설허가처분이 있게 되면 건설허가처분만이 취소소송의 대상이 됨(판례).
확 약	어업권면허에 선행하는 우선순위결정과 같은 확약은 처분성 × 60
행정계획	• 구속적 행정계획인 도시계획결정(현 도시관리계획결정)의 경우 처분성 ○ • 구 도시계획법상 도시기본계획, 구 도시개발법 제27조의 환지계획의 경우 처분성 ×
신고의 수리 또는 거부	• 자기완결적 신고에 대한 수리 또는 거부의 경우 처분성 ×(단, 건축신고의 반려행위 등 일부 처분성 ○) • 행위요건적 신고의 수리 또는 거부의 경우 처분성 ○(예 영업자지위승계신고의 수리 또는 수리거부) • 한편 법령상 신고대상이 아닌 사실을 신고하고 이를 행정청이 수리하더라도 이는 취소소송대상인 행정처분이 아님(판례).
공시지가결정	표준공시지가결정과 개별공시지가결정에 대해 처분성 ○ 61 62
반복된 행위	• 대집행법상 2차 · 3차의 계고처분, 국세징수법상 2차 독촉의 경우 처분성 × • 반복된 거부처분의 경우 처분성 ○ 63
부 관	부담에 한하여, 처분성 ○
공부의 기재행위	• 자동차운전면허대장, 임야대장 등의 기재행위의 경우 처분성 × • 토지분할신청 거부행위, 지목변경신청 반려(거부)행위의 경우 처분성 ○ 64

특별한 불복제도를 두고 있는 경우	• 행정소송법 제2조의 처분의 개념 정의에는 해당한다고 하더라도 그 **처분의 근거법률에서 행정소송 이외의 다른 절차에 의하여 불복할 것을 예정하고 있는 처분**은 항고소송의 대상이 될 수 없음.**65** • 통고처분, 과태료처분, 검사의 공소제기,**66** 불기소처분**67** 등 특별한 불복절차를 규정하고 있는 경우 처분성 ×
경 고	• 경고가 상대방의 권리 · 의무에 직접 영향을 미치는 경우 처분성 ○ • 직접 영향을 미치지 않는 경우 처분성 ×
	① **금융기관의 '임원'에 대한 금융감독원장의 문책경고**는 항고소송의 대상이 되는 행정처분에 해당함(대판 2005. 2. 17, 2003두14765).**68** ② **공무원징계양정규칙(행정규칙)에 의한 불문경고조치**는 항고소송의 대상이 되는 행정처분에 해당함(대판 2002. 7. 26, 2001두3532).**69** ③ **대검찰청 내부규정에 근거한 검찰총장의 검사에 대한 '경고조치'**는 검사의 권리 · 의무에 영향을 미치는 행위로서 항고소송의 대상이 되는 처분임(대판 2021. 2. 10, 2020두47564).**70** 최신 ④ 공무원이 소속장관으로부터 받은 **'서면에 의한 경고'**는 국가공무원법상의 징계처분이나 행정소송의 대상이 되는 행정처분이라고 할 수 없음(대판 1991. 11. 12, 91누2700). ⑤ **금융감독원장이 종합금융주식회사의 '전 대표이사'에게 '문책경고장(상당)'을 보낸 행위**는 항고소송의 대상이 되는 행정처분이 아님(대판 2005. 2. 17, 2003두10312).**71**
재량행위의 경우	• 재량행위도 행정행위로서 처분에 해당하므로 취소소송의 대상이 됨. • 다만, 재량행위가 부당함에 그치는 경우 법원이 취소할 수 없음.

2) 경정처분

감액경정처분	증액경정처분
감액되고 남은 당초처분이 취소소송의 대상이 됨.	증액경정처분만이 취소소송의 대상이 됨.**72**
① 행정청이 과징금 부과처분을 하였다가 감액처분을 한 것에 대하여 그 감액처분으로도 아직 취소되지 않고 남아 있는 부분이 위법하다고 하여 다투는 경우 **항고소송의 대상은 처음의 부과처분 중 감액처분에 의하여 취소되지 않고 남은 부분이고 감액처분이 항고소송의 대상이 되는 것은 아님**(대판 2008. 2. 15, 2006두3957).**73** ② 과세표준과 세액을 감액하는 경정처분이 있는 경우, 항고소송의 대상은 당초의 부과처분 중 경정처분에 의하여 아직 취소되지 않고 남은 부분이고, 그 경정처분이 항고소송의 대상이 되는 것은 아니며, 이 경우 **적법한 전심절차를 거쳤는지 여부도 당초처분을 기준**으로 판단하여야 함(대판 2009. 5. 28, 2006두16403).**74**	① **증액경정처분이 있는 경우 당초처분은 증액경정처분에 흡수되어 소멸하고, 소멸한 당초처분의 절차적 하자는 존속하는 증액경정처분에 승계되지 아니함**(대판 2010. 6. 24, 2007두16493).**75** ② 납세의무자는 증액경정처분의 취소를 구하는 항고소송에서 과세관청의 증액경정사유뿐만 아니라 **당초신고에 관한 과다신고사유도 함께 주장하여 다툴 수 있음**(대판 2013. 4. 18, 2010두11733 전합).**76**

3) 기타 처분성 관련한 주요한 판례 검토

처분성 ○	처분성 ×
① 변상금 부과처분(대판 2000. 1. 14, 99두9735) ②-1. 어떠한 **처분의 근거가 행정규칙에 규정되어 있다고 하더라도**, 그 처분이 상대방에게 권리의 설정 또는 의무의 부담을 명하거나 기타 법적인 효과를 발생하게 하는 등으로 그 **상대방의 권리 · 의무에 직접 영향을 미치는 행위**라면, 이 경우에도 **항고소송의 대상이 되는 행정처분에 해당함**.**77** ②-2. 항공노선에 대한 운수권배분처분(대판 2004. 11. 26, 2003두10251 · 10268)**78** ③ 과세관청의 원천징수의무자인 법인에 대한 소득금액변동통지(대판 2006. 4. 20, 2002두1878 전합)**79** ④ 토지보상법상 사업인정은 그 후 일정한 절차를 거칠 것을 조건으로 하여 일정한 내용의 수용권을 설정해 주는 형성행위로서 행정처분에 해당함(대판 1994. 11. 11, 93누19375).**80**	① 해양수산부장관의 항만 명칭결정(대판 2008. 5. 29, 2007두23873) ② 혁신도시 최종입지로 선정한 행위(대판 2007. 11. 15, 2007두10198)**81** ③ 법인세 과세표준 결정이나 손금불산입 처분(대판 1996. 9. 24, 95누12842) ④ 원천납세의무자인 소득귀속자에 대한 소득금액변동통지(대판 2015. 3. 26, 2013두9267)(왼쪽 ③과 비교)**82** ⑤-1. 한국마사회의 조교사 및 기수 면허 부여 또는 취소는 행정처분이 아님.**83** ⑤-2. **한국마사회가 조교사 또는 기수의 면허를 부여하거나 취소하는 것은** 국가 기타 행정기관으로부터 위탁받은 행정권한의 행사가 아니라 **일반사법상의 법률관계에서 이루어지는 단체 내부에서의 징계 내지 제재처분임**(대판 2008. 1. 31, 2005두8269).

⑤ 국가인권위원회의 성희롱결정 및 시정조치권고(대판 2005. 7. 8, 2005두487)84
⑥ 특정 인터넷사이트를 청소년유해매체물로 결정한 행위(대판 2007. 6. 14, 2005두4397)85
⑦ 친일반민족행위자재산조사위원회의 재산조사개시결정(대판 2009. 10. 15, 2009두6513)
⑧ 공정거래위원회의 표준약관 사용권장행위(대판 2010. 10. 14, 2008두23184)86
⑨ 방산물자 지정취소(대판 2009. 12. 24, 2009두12853)
⑩ 건축물대장을 직권말소한 행위(대판 2010. 5. 27, 2008두22655)
⑪ 지적공부 소관청이 토지대장을 직권으로 말소한 행위(대판 2013. 10. 24, 2011두13286)87
⑫ 토지면적등록 정정신청 반려처분(대판 2011. 8. 25. 2011두3371)88
⑬-1. 세무조사결정은 항고소송의 대상이 되는 행정처분에 해당함.89
⑬-2. 부과처분을 위한 과세관청의 질문조사권이 행해지는 세무조사결정이 있는 경우 납세의무자는 세무공무원의 과세자료 수집을 위한 질문에 대답하고 검사를 수인하여야 할 법적 의무를 부담함(대판 2011. 3. 10, 2009두23617 · 23624).
⑭ 자동차운송사업양도 · 양수인가신청에 대하여 행정청이 내인가를 한 후 그 본인가신청이 있음에도 내인가를 취소한 경우 내인가취소(대판 1991. 6. 28, 90누4402)90
⑮ 구 「표시 · 광고의 공정화에 관한 법률」 위반을 이유로 한 공정거래위원회의 경고의결(대판 2013. 12. 26, 2011두4930)91
⑯ 구 「부당한 공동행위 자진신고자 등에 대한 시정조치 등 감면제도 운영고시」 제14조 제1항에 따른 시정조치 등 감면신청에 대한 감면불인정 통지(대판 2012. 9. 27, 2010두3541)92
⑰ 「진실 · 화해를 위한 과거사정리 기본법」 제26조에 따른 진실 · 화해를 위한 과거사정리위원회의 진실규명결정(대판 2013. 1. 16, 2010두22856)93
⑱ 지방계약직 공무원에 대한 보수의 삭감은 이를 당하는 공무원의 입장에서는 징계처분의 일종인 감봉처분으로 항고소송의 대상인 행정처분임(대판 2008. 6. 12, 2006두16328).94
⑲ 「사회기반시설에 대한 민간투자법」상의 민간투자시설사업의 사업시행자 지정처분(대판 2009. 4. 23, 2007두13159)95
⑳ 택지개발예정지구지정 및 택지개발사업시행자에 대한 택지개발계획승인(대판 1992. 8. 14, 91누11582)
㉑ 교도소장이 수형자 甲을 '접견내용 녹음 · 녹화 및 접견시 교도관 참여대상자'로 지정한 사안(대판 2014. 2. 13, 2013두20899)96
㉒ 국가인권위원회의 진정에 대한 각하 및 기각결정(헌재 2015. 3. 26, 2013헌마214 등)97
㉓-1. 기존의 행정처분을 변경하는 내용의 행정처분이 뒤따르는 경우, 후속처분이 종전처분을 완전히 대체하는 것이거나 주요 부분을 실질적으로 변경하는 내용인 경우에는 특별한 사정이 없는 한 종전처분은 효력을 상실하고 후속처분만이 항고소송의 대상이 됨.98 99 100
㉓-2. 그러나 후속처분의 내용이 종전처분의 유효를 전제로 그 내용 중 일부만을 추가 · 철회 · 변경하는 것이고 추가 · 철회 · 변경된 부분이 내용과 성질상 나머지 부분과 불가분적인 것이 아닌 경우에는, 후속처분에도 불구하고 종전처분이 여전히 항고소송의 대상이 됨(대판 2015. 11. 19, 2015두295 전합).101

⑥ 과세관청이 사업자등록을 관리하는 과정에서 위장사업자의 사업자명의를 직권으로 실사업자의 명의로 정정하는 행위(대판 2011. 1. 27, 2008두2200)
⑦ 신고납부하는 취득세와 등록세의 수납행위는 행정처분이 아님(대판 1990. 3. 27, 88누4591).102
⑧ 징계위원회의 결정(대판 1983. 2. 8, 81누35)
⑨ (구)「민원사무처리에 관한 법률」 제18조 제1항에서 정한 '거부처분에 대한 이의신청'을 받아들이지 않는 취지의 기각 결정 또는 그 취지의 통지(대판 2012. 11. 15, 2010두8676)
⑩ 법무법인의 공정증서 작성행위는 항고소송의 대상이 되는 행정처분이 아님. 행정소송제도는 행정청의 위법한 처분, 그 밖에 공권력의 행사 · 불행사 등으로 인한 국민의 권리 또는 이익의 침해를 구제하고 공법상 권리관계 또는 법률적용에 관한 다툼을 적정하게 해결함을 목적으로 하는 것이므로, 항고소송의 대상이 되는 행정처분에 해당하는지는 행위의 성질 · 효과 이외에 행정소송제도의 목적이나 사법권에 의한 국민의 권익보호기능도 충분히 고려하여 합목적적으로 판단해야 함. 이러한 행정소송 제도의 목적 및 기능 등에 비추어 볼 때, 행정청이 한 행위가 단지 사인 간 법률관계의 존부를 공적으로 증명하는 공증행위에 불과하여 그 효력을 둘러싼 분쟁의 해결이 사법원리에 맡겨져 있거나 행위의 근거법률에서 행정소송 이외의 다른 절차에 의하여 불복할 것을 예정하고 있는 경우에는 항고소송의 대상이 될 수 없다고 보는 것이 타당함(대판 2012. 6. 14, 2010두19720).103
⑪ 인감증명행위는 인감증명청이 적법한 신청이 있는 경우에 인감대장에 이미 신고된 인감을 기준으로 출원자의 현재 사용하는 인감을 증명하는 것으로서 구체적인 사실을 증명하는 것일 뿐, 나아가 출원자에게 어떠한 권리가 부여되거나 변동 또는 상실되는 효력을 발생하는 것이 아니고, 인감증명의 무효확인을 받아들인다 하더라도 이로써 이미 침해된 당사자의 권리가 회복되거나 또는 곧바로 이와 관련된 새로운 권리가 발생하는 것도 아니므로 무효확인을 구할 법률상 이익이 없어 부적법함(대판 2001. 7. 10, 2000두2136).
⑫ 행정청이 토지대장의 소유자명의변경신청을 거부한 행위(대판 2012. 1. 12, 2010두12354)104
⑬ 주택건설사업이 양도되었으나 그 변경승인을 받기 이전에 행정청이 양수인에 대하여 양도인에 대한 사업계획승인을 취소하였다는 사실을 통지한 경우(대판 2000. 9. 26, 99두646)105
⑭ 상표권자인 법인에 대한 청산종결등기가 되었음을 이유로 한 상표권의 말소등록행위(대판 2015. 10. 29, 2014두2362)
⑮ 국가보훈처장(현 국가보훈부장관)이 유족에게 한 망인에 대한 서훈취소 통지(대판 2015. 4. 23, 2012두26920)
⑯ [재단법인 한국연구재단이 甲 대학교 총장에게 연구개발비의 부당집행을 이유로 '해양생물유래 고부가식품 · 향장 · 한약 기초소재 개발 인력양성사업에 대한 2단계 두뇌한국(BK)21 사업' 협약을 해지하고 연구팀장 乙에 대한 대학 자체 징계요구 등을 통보한 사안에서] 乙에 대한 대학 자체 징계요구(대판 2014. 12. 11, 2012두28704)
⑰ 감사원의 징계요구와 재심의결정(대판 2016. 12. 27, 2014두5637)106 107
⑱ 구 「민원사무처리에 관한 법률」 제19조 제1항에서 정한 사전심사결과 통보(대판 2014. 4. 24, 2013두7824)108
⑲ (구)국세징수법상 가산금 또는 중가산금의 고지(대판 2005. 6. 10, 2005다15482)109

㉔ 일부 택시회사들이 감차하기로 약정한 합의를 이행하지 않는다는 이유로 피고 행정청이 그 택시회사들에 대하여 한 직권감차명령(대판 2016. 11. 24, 2016두45028)110

㉕ **산업단지관리공단의 구「산업집적활성화 및 공장설립에 관한 법률」제38조 제2항**에 따른 변경계약의 취소는 행정청인 관리권자로부터 관리업무를 위탁받은 산업단지관리공단이 우월적 지위에서 입주기업체들에게 일정한 법률상 효과를 발생하게 하는 것으로서 항고소송의 대상이 되는 행정처분에 해당함(대판 2017. 6. 15, 2014두46843).111

㉖ (재단법인 한국연구재단이 甲 대학교 총장에게 연구개발비의 부당집행을 이유로 '두뇌한국(BK)21사업' 협약의 해지를 통보한 사안에서) 과학기술기본법령상 사업협약의 해지통보는 **단순히 대등당사자의 지위에서 형성된 공법상 계약을 계약당사자의 지위에서 종료시키는 의사표시에 불과한 것이 아니라**112 행정청이 우월적 지위에서 연구개발비의 회수 및 관련자에 대한 국가연구개발사업 참여제한 등의 법률상 효과를 발생시키는 **행정처분에 해당**함(대판 2014. 12. 11, 2012두28704)(앞페이지 오른쪽 ⑯과 비교).

㉗ **교육공무원법상 승진후보자 명부에 의한 승진심사방식으로 행해지는 승진임용에서 승진후보자 명부에 포함되어 있던 후보자를** 승진임용인사발령에서 **제외하는 행위**(대판 2018. 3. 27, 2015두47492)113

㉘ 조달청장이 사법상 계약인 물품구매(제조)계약 추가특수조건에 근거하여 한 나라장터 종합쇼핑몰 거래정지조치(대판 2018. 11. 29, 2015두52395)114

㉙-1. **교육부장관이 대학에서 추천한 복수의 총장 후보자들 전부 또는 일부를** 임용제청에서 **제외하는 행위**는 항고소송의 대상이 되는 처분에 해당함.115

㉙-2. 다만, 교육부장관이 특정 후보자를 임용제청에서 제외하고 다른 후보자를 임용제청함으로써 **대통령이 임용제청된 다른 후보자를 총장으로 임용한 경우**, (교육부장관의 임용제청 제외처분을 별도로 다툴 소의 이익이 없어지므로) 임용제청에서 제외된 후보자가 **행정소송으로 다툴 처분은 대통령의 임용 제외처분임**.116

㉙-3. 교육공무원법령은 대학이 대학의 장 후보자를 복수로 추천하도록 정하고 있을 뿐이고, 교육부장관이나 대통령이 대학이 정한 순위에 구속된다고 볼 만한 규정을 두고 있지 않음. **대학이 복수의 후보자에 대하여 순위를 정하여 추천한 경우 교육부장관이 후순위 후보자를 임용제청하더라도** 단순히 그것만으로 **헌법과 법률이 보장하는 대학의 자율성이 제한된다고 볼 수는 없음**(대판 2018. 6. 15, 2016두57564).117

㉚ 국립대학교의 학칙이 이에 기초한 별도의 집행행위의 개입 없이도 그 자체로 구성원의 구체적인 권리나 법적 이익에 영향을 미치는 등 법률상의 효과를 발생시키는 경우, 이는 항고소송의 대상이 됨(대판 2009. 1. 30, 2008두19550, 2008두19567).

㉛ 구 농지법상 농지처분의무의 통지는 통지를 전제로 농지처분명령 및 이행강제금 부과 등의 일련의 절차가 진행되는 점에서 상대방인 농지 소유자의 의무에 직접 관계되는 독립한 행정처분으로서 항고소송의 대상이 됨(대판 2003. 11. 14, 2001두8742).

㉜ **지방자치단체장의「공유재산 및 물품관리법」에 근거한** 우선협상대상자 선정행위와 이미 선정된 우선협상대상자의 지위배제행위(대판 2020. 4. 29, 2017두31064)118 119

⑳ 지방공무원법상의 고충심사결정(대판 1987. 12. 8, 87누657 · 87누658)

㉑ 국세환급금의 충당은 납세의무자가 갖는 환급청구권의 존부나 범위 또는 소멸에 구체적이고 직접적인 영향을 미치는 **처분이라기보다는 국가의 환급금 채무와 조세채권이 대등액에서 소멸되는 점에서 오히려 민법상의 상계와 비슷함**(대판 2019. 6. 13, 2016다239888).120

㉒-1. 한국철도시설공단(현 국가철도공단)이 공사낙찰적격심사 감점처분의 근거로 내세운 **공사낙찰적격심사세부기준**은 공공기관이 사인과의 계약관계를 공정하고 합리적 · 효율적으로 처리할 수 있도록 관계공무원이 지켜야 할 계약사무처리에 관한 필요한 사항을 규정한 것으로서 **공공기관의 내부규정에 불과하여 대외적 구속력이 없음**.121

㉒-2. 한국철도시설공단이 甲 주식회사에 대하여 시설공사 입찰참가 당시 허위 실적증명서를 제출하였다는 이유로 향후 2년간 공사낙찰적격심사시 종합취득점수의 10/100을 감점한다는 내용의 통보를 한 것은 내부규정인 이 사건 세부기준에 의하여 종합취득점수의 10/100을 감점하게 된다는 뜻의 사법상의 효력을 가지는 통지행위에 불과하여 행정소송의 대상이 되는 행정처분이라고 할 수 없음(대판 2014. 12. 24, 2010두6700).122

㉝-1. 지방법무사회의 법무사 사무원 '채용승인을 거부'하는 조치 또는 '채용승인을 취소'하는 조치는 항고소송의 대상인 '처분'에 해당함.

㉝-2. **법무사에 대하여 지방법무사회로부터 채용승인을 얻어 사무원을 채용할 의무는 법무사법에 의하여 강제되는 공법적 의무임**(대판 2020. 4. 9, 2015다34444). **123**

㉞ **공법인인 총포 · 화약안전기술협회의** '회비납부통지'는 '부담금 부과처분'으로서 항고소송의 대상이 됨(대판 2021. 12. 30, 2018다241458). **124** 최신

Topic

69 항고소송 Ⅱ - 재결(취소소송의 제2대상)

p.310~313

1 원처분주의

1) 원처분주의와 재결주의

원처분주의	재결주의
• 원처분과 재결을 모두 소송대상으로 하지만, **원칙적으로 원처분**에 대해서만 소송을 제기할 수 있음. • **재결은 재결 자체의 고유한 위법이 있는 경우에 한하여** 소송을 제기할 수 있음.	**재결에 대해서만** 취소소송을 제기할 수 있음.

2) 행정소송법의 규정 - '원처분주의'를 규정

행정소송법 제19조【취소소송의 대상】 취소소송은 처분 등을 대상으로 한다. 다만, 재결취소소송의 경우에는 재결 자체에 고유한 위법이 있음을 이유로 하는 경우에 한한다.01

(1) 원처분주의

- 행정소송법은 원처분주의를 채택하고 있으므로 재결에 대한 취소소송은 재결 자체에 '고유한 위법'이 있는 경우에 한해 제기할 수 있고,02 그렇지 않은 경우에는 원처분을 대상으로 소송을 제기하여야 함.
- 따라서 원처분의 위법을 이유로 행정심판재결에 대한 취소소송을 제기할 수는 없음.03

(2) **고유한 위법의 의미** : 원처분에는 없고 재결 자체에만 존재하는 위법을 의미하는 것으로 재결의 주체(예 권한이 없는 행정심판위원회가 행한 재결), 형식(예 문서에 의하지 않은 재결),04 절차상의 위법뿐만 아니라 내용에 관한 위법도 포함됨(다수설 및 판례).05

1. 행정소송법 제19조에서 말하는 '재결 자체에 고유한 위법'이란 원처분에는 없고 재결에만 있는 재결청의 권한 또는 구성의 위법, 재결의 절차나 형식의 위법, 내용의 위법 등을 뜻하고,06 그중 내용의 위법에는 위법 · 부당하게 인용재결을 한 경우가 해당함(대판 1997. 9. 12, 96누14661).

2-1. 징계혐의자에 대한 감봉 1월의 징계처분을 견책으로 변경한 소청결정이 재량남용으로 위법하다는 주장은 소청결정 자체에 고유한 위법을 주장하는 것으로 볼 수는 없음.
2-2. 소청결정이 재량권남용 또는 일탈로서 위법하다는 주장은 소청결정 취소사유가 되지 않음(대판 1993. 8. 24, 93누5673).07

3. 행정처분에 대한 행정심판의 재결에 이유모순의 위법이 있다는 사유는 재결처분 자체에 고유한 하자로서 재결처분의 취소를 구하는 소송에서는 그 위법사유로서 주장할 수 있으나, 원처분의 취소를 구하는 소송에서는 그 취소를 구할 위법사유로서 주장할 수 없음(대판 1996. 2. 13, 95누8027).08

3) 구체적 검토

(1) **각하재결** : 적법한 행정심판청구를 부적법하다고 보아 본안심리를 하지 않고 각하한 재결은 청구인의 본안심리를 받을 권리를 박탈한 재결로서, 이는 원처분에는 없는 재결에 고유한 하자가 있는 것이므로 이러한 경우에는 재결이 행정소송의 대상이 됨(대판 2001. 7. 27, 99두2970).09

(2) **기각재결** : 원처분이 정당하다고 판단하여 원처분을 유지하는 재결의 경우 원칙적으로 재결 자체에 고유한 하자가 있는 것이 아니어서 원처분을 대상으로 행정소송을 제기하여야 함.

(3) 인용재결

① 제3자효 행정행위에 대한 인용재결 : 재결이 취소소송의 대상이 됨.

동작구청장 - 甲 신규버스사업면허 2. 1. A 기존업자	서울시행정심판위원회 A - 동작구청장 4. 1. 취소심판	서울시행정심판위원회 A - 동작구청장 5. 1. 인용재결

- 위 사안과 같이 기존업자인 A가 행정심판을 청구하여 신규버스사업면허 취소심판에 대한 인용재결이 있으면 甲의 신규버스사업면허는 취소됨. 5. 1.자 인용재결로 인해 비로소 불이익을 얻은 甲은 2. 1.자 면허는 적법하나 5. 1.자 인용재결에만 문제가 있다고 주장하면서 재결취소소송을 제기할 것임.
- 이른바 제3자효를 수반하는 행정행위에 대한 행정심판청구에 있어 그 청구를 인용하는 내용의 재결로 비로소 권리이익을 침해받게 되는 자(위 사안에서 甲)는 그 인용재결의 취소를 구하는 소를 제기할 수 있음.

1. **이른바 복효적 행정행위, 특히 제3자효를 수반하는 행정행위에 대한 행정심판청구에 있어서 그 청구를 인용하는 내용의 재결로 인하여 비로소 권리이익을 침해받게 되는 자**(예컨대, 제3자가 행정심판청구인인 경우의 행정처분 상대방 또는 행정처분 상대방이 행정심편청구인인 경우의 제3자)**는 재결의 당사자가 아니라고 하더라도 그 인용재결의 취소를 구하는 소를 제기할 수 있으나**, 그 인용재결로 인하여 새로이 어떠한 권리이익도 침해받지 아니하는 자인 경우에는 그 재결의 취소를 구할 소의 이익이 없음(대판 1995. 6. 13, 94누15592).**10 11**
2. 원처분의 상대방이 아닌 제3자가 행정심판을 청구하여 재결청이 원처분을 취소하는 형성재결을 한 경우에 그 원처분의 상대방은 그 재결에 대하여 항고소송을 제기할 수밖에 없고, 이 경우 재결은 원처분과 내용을 달리하는 것이어서 재결의 취소를 구하는 것은 원처분에 없는 재결 고유의 위법을 주장하는 것이 됨(대판 1998. 4. 24, 97누17131).**12**

② 수정(적극적 변경)재결 · 일부인용(취소)재결 : 원처분주의에 따라 피고를 행정심판기관이 아닌 처분청으로 함. 즉, 수정재결의 경우 수정된 원처분, 일부인용재결의 경우 일부인용되고 남은 원처분을 대상으로 소송을 제기하여야 함(통설 · 판례).**13**

동작구청장 - 甲 2. 1. 3개월 영업정지처분 ⇩ 동작구청장 - 甲 2. 1. ~~3개월 영업정지처분~~ 500만원 과징금 부과처분	서울시행정심판위원회 甲 - 동작구청장 2. 10. 취소심판	서울시행정심판위원회 甲 - 동작구청장 2. 25. 3개월 영업정지처분을 2개월의 영업정지에 갈음하는 과징금으로 변경(예컨대 500만원)	법원 甲 - 동작구청장 4. 1. 500만원 과징금 부과처분 취소소송

∴ 피고를 동작구청장으로 하여 2. 1.자 500만원 과징금 부과처분(수정된 원처분)을 대상으로 소송을 제기하여야 함.

③ 적극적 변경'명령'재결에 따른 변경처분의 경우 : 변경된 내용의 당초처분이 취소소송의 대상이 됨.**14**

동작구청장 - 甲 2. 1. 1년 영업정지처분 ⇩ 동작구청장 - 甲 2. 1. ~~1년 영업정지처분~~ 1,500만원 과징금 부과처분	서울시행정심판위원회 甲 - 동작구청장 2. 10. 취소심판	서울시행정심판위원회 甲 - 동작구청장 4. 1. 1년 영업정지처분을 6개월 영업정지에 해당하는 과징금처분으로 변경하라(변경명령재결).	동작구청장 - 甲 5. 1. 1,500만원 과징금 부과처분

∴ 위 사안의 경우 취소소송의 대상은 동작구청장의 2. 1.자 1,500만원 과징금 부과처분(변경된 내용의 당초처분)이 됨. 제소기간은 4. 1.부터 90일(행정심판을 거친 경우이므로 재결서의 정본을 송달받은 날부터 90일)이 됨.

1. 처분변경명령재결에 따른 변경처분의 경우 취소소송의 대상은 변경된 내용의 당초처분이며 제소기간은 재결서의 정본을 송달받은 날로부터 90일 이내임.
2. 행정청이 식품위생법령에 따라 영업자에게 행정제재처분을 한 후 당초처분을 영업자에게 유리하게 변경하는 처분을 한 경우, 취소소송의 대상 및 제소기간의 판단기준이 되는 처분은 변경된 내용의 당초처분임(대판 2007. 4. 27, 2004두9302).[15]

(4) 재결 자체에 고유한 위법이 없음에도 재결 자체에 대해 소송이 제기된 경우 : 청구를 기각해야 함(다수설 및 판례).

동작구청장 - 甲	서울시행정심판위원회 甲 - 동작구청장	서울시행정심판위원회 甲 - 동작구청장	甲 - 서울시행정심판위원회
2. 1.	2. 10.	4. 1.	4. 10.
1년 영업정지처분	취소심판	기각재결	기각재결취소소송

• 재결취소소송의 경우 재결 자체에 고유한 위법이 있는지 여부를 심리할 것임.
• 위 사안의 경우 재결 자체에 고유한 위법이 없다면 법원은 원고청구를 기각함.

재결취소소송에 있어 재결 자체에 고유한 위법이 없는 경우 법원은 재결취소소송을 기각하여야 함(대판 1994. 1. 25, 93누16901).[16]

2 개별법상 재결주의를 취하고 있는 경우

- 개별법률에서 원처분이 아닌 재결을 취소소송의 대상으로 규정한 경우 이를 재결주의라고 부름.[17]
- 한편, 재결주의를 채택한 경우에는 취소소송의 대상은 재결이지만 행정소송법 제19조 단서와 같은 제한이 없으므로 재결취소소송에서 재결 고유의 위법뿐만 아니라 원처분의 위법도 주장할 수 있음(판례).

1) 감사원의 재심의(再審議) 판정(재결주의)

감사원의 변상판정처분에 대하여서는 행정소송을 제기할 수 없고, 재결에 해당하는 재심의 판정에 대하여서만 감사원을 피고로 하여 행정소송을 제기할 수 있음(대판 1984. 4. 10, 84누91).[18]

2) 중앙노동위원회의 재심판정(재결주의)[19]

3) 특허심판원의 심결(재결주의)

특허출원에 대한 심사관의 거절결정에 대하여 행정소송을 제기할 수 없고, 특허심판원에 심판청구를 한 후 그 심결을 소송대상으로 특허법원에 심결취소를 구하는 소를 제기하여야 함.[20]

4) 단, 중앙토지수용위원회의 재결에 대한 불복(원처분주의)

써니쌤 Talk

재결주의와 원처분주의의 예 구별

감사원, 중앙노동위원회, 특허심판원	재결주의 ○
토지수용위원회	재결주의 × ⇨ 원처분주의 ○

3 관련문제 - 교원의 경우

사립학교 교원의 경우

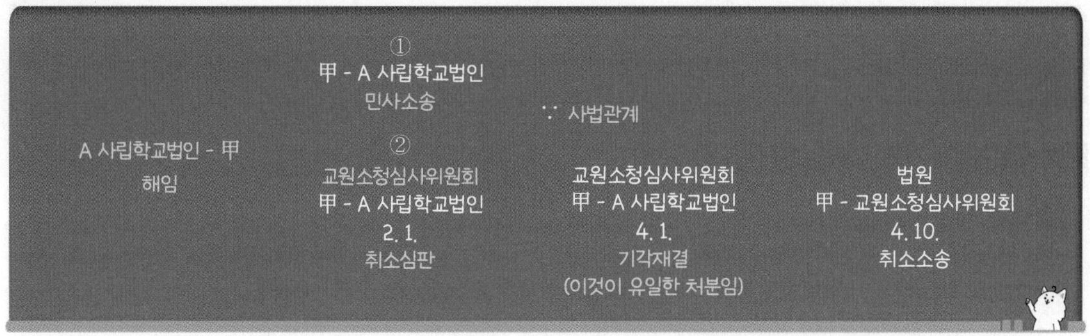

사립학교 교원의 경우	국 · 공립학교 교원의 경우
• **사립학교 교원이 학교법인으로부터 해임처분을 받은 경우 사립학교 교원과 학교법인의 관계는 사법관계**에 해당하므로 **민사소송**을 제기할 수 있음. • **교원소청심사위원회에 소청심사를 거친 경우 그 결정**은 항고소송의 대상이 되는 **행정처분**임[21](**피고는 교원소청심사위원회**[22]).	• **국 · 공립학교 교원이 해임 등 징계처분**을 받은 경우 이는 **행정처분**으로서 공법관계에 해당하므로 민사소송이 아닌 **항고소송**을 제기해야 함. • **교원소청심사위원회의 결정을 거쳐** 행정소송을 제기하여야 하며(예외적 행정심판전치주의), 이 경우 원처분주의가 적용되어 **원래의 징계처분(원처분)을 대상**으로 **원처분청을 피고**로 하여야 함.
사립학교 교원이 학교법인의 해임처분에 대하여 「교원지위향상을 위한 특별법」(현 「교원의 지위 향상 및 교육활동 보호를 위한 특별법」)에 따라 교육부 내의 교원징계재심위원회(현 교원소청심사위원회)에 재심청구를 한 경우 재심위원회의 결정은 행정소송의 대상인 행정처분임(대판 1993. 2. 12, 92누13707).	국 · 공립학교 교원에 대한 징계처분에 대해 행정심판을 거친 경우 취소소송의 대상은 원처분임(대판 1994. 2. 8, 93누17874).[23]

Topic

70 항고소송 Ⅲ - 그 밖의 소송요건

p.313~317

제소기간

1 행정심판을 거치지 않은 경우

행정소송법 제20조【제소기간】① 취소소송은 처분 등이 있음을 안 날부터 90일 이내에 제기하여야 한다. 다만, 제18조 제1항 단서에 규정한 경우와 그 밖에 행정심판청구를 할 수 있는 경우 또는 행정청이 행정심판청구를 할 수 있다고 잘못 알린 경우에 행정심판청구가 있은 때의 기간은 재결서의 정본을 송달받은 날부터 기산한다.01 02
② 취소소송은 처분 등이 있은 날부터 1년(제1항 단서의 경우는 재결이 있은 날부터 1년)을 경과하면 이를 제기하지 못한다. 다만, 정당한 사유가 있는 때에는 그러하지 아니하다.03
③ 제1항의 규정에 의한 기간은 불변기간으로 한다.

- 제소기간 도과 여부는 소송요건에 해당하므로 법원의 직권조사사항04
- 제소기간이 도과하여 제기된 소송에 대하여는 부적법 각하판결

1) 처분 등이 있음을 안 경우(안 날로부터 90일 - 불변기간)

	• 처분 등이 있음을 안 날로부터 90일 이내에 제기하여야 함. • '처분이 있음을 안 날'이란 처분이 있었음을 현실적으로 안 날을 의미하며, 구체적으로 그 행정처분의 위법 여부를 판단한 날을 가리키는 것은 아님.05	
처분이 송달된 경우	① 처분이 있음을 안 날이란 처분이 있었다는 사실을 현실적으로 안 날을 의미하나, 주소지에 송달되는 등 사회통념상 처분이 있음을 당사자가 알 수 있는 상태에 놓여진 때에는 반증이 없는 한 그 처분이 있음을 알았다고 추정할 수 있음(대판 1999. 12. 28, 99두9742).06 ②-1. 행정소송법 제20조 제1항이 정한 제소기간의 기산점인 '처분 등이 있음을 안 날'이란 통지, 공고, 기타의 방법에 의하여 당해 처분 등이 있었다는 사실을 현실적으로 안 날을 의미하고, 상대방이 있는 행정처분의 경우 위 제소기간의 기산점은 행정처분이 상대방에게 고지되어 상대방이 이러한 사실을 인식함으로써 행정처분이 있다는 사실을 현실적으로 알았을 때를 의미함. ②-2. 원고가 처분서를 송달받기 전에 정보공개를 청구하여 일체의 서류를 교부받음으로써 적어도 그 무렵에는 처분이 있음을 알았더라도, 동 처분이 원고에게 고지되어 원고가 이러한 사실을 인식함으로써 처분이 있다는 사실을 현실적으로 알았을 때 행정소송법 제20조 제1항이 정한 제소기간이 진행됨(대판 2014. 9. 25, 2014두8254).07 08	
고시 또는 공고의 경우	불특정 다수인에게 공고하는 경우	통상 고시 또는 공고에 의하여 행정처분을 하는 경우에는 그 행정처분에 이해관계를 갖는 자가 고시 또는 공고가 있었다는 사실을 현실적으로 알았는지 여부에 관계없이 고시가 효력을 발생하는 날에 처분이 있음을 알았다고 보아야 함(대판 2007. 6. 14, 2004두619).09
	특정인에 대한 처분을 주소불명 등의 이유로 송달할 수 없어 관보 등에 공고한 경우	특정인에 대한 행정처분을 주소불명 등의 이유로 송달할 수 없어 관보 등에 공고한 경우, 상대방이 그 처분이 있음을 안 날은 공고가 효력을 발생하는 날이 아닌 상대방이 처분이 있었다는 사실을 현실적으로 안 날이라고 보아야 함(대판 2006. 4. 28, 2005두14851).10
법률의 위헌결정으로 소제기가 가능해진 경우	처분 당시에는 취소소송의 제기가 법제상 허용되지 않아 소송을 제기할 수 없다가 위헌결정으로 인하여 비로소 취소소송을 제기할 수 있게 된 경우 객관적으로는 '위헌결정이 있은 날', 주관적으로는 '위헌결정이 있음을 안 날' 비로소 취소소송을 제기할 수 있게 되어 이때를 제소기간의 기산점으로 삼아야 함(대판 2008. 2. 1, 2007두20997).11	
불변기간	• 처분 등이 있음을 안 날로부터 90일 이내에 제기하여야 한다는 제소기간은 법원이 늘리거나 줄일 수 없는 불변기간임. • 다만, 행정소송법 제8조에 의해 준용되는 민사소송법 제172조와 제173조에 따르면 주소 또는 거소가 멀리 떨어진 곳에 있는 사람을 위하여 부가기간을 정할 수 있고,12 당사자가 그 책임을 질 수 없는 사유로 말미암아 불변기간을 지킬 수 없었던 경우에는 그 사유가 없어진 날부터 2주 내에 게을리한 소송행위를 추완(추후에 보완하는 것)할 수 있음.	

불고지 · 오고지의 경우	행정심판법상 오고지에 관한 규정은 행정소송에 적용되지 않음.
	행정처분시나 그 이후 행정청으로부터 행정심판제기기간에 관하여 법정심판청구기간보다 긴 기간으로 잘못 통지받은 경우에 보호할 신뢰이익은 그 통지받은 기간 내에 행정심판을 제기한 경우에 한하는 것이지 행정소송을 제기한 경우까지 확대된다고 할 수 없음(대판 2001. 5. 8, 2000두6916).[13]

2) 처분이 있음을 알지 못한 경우(있은 날로부터 1년)

원 칙	• 처분이 있은 날로부터 1년 내에 취소소송을 제기하여야 함.[14] • 이때 처분이 있은 날이란 행정처분이 상대방에게 도달되어 효력이 발생한 날을 의미(통설 및 판례)[15]	
예 외	일반론	정당한 사유가 있는 경우에는 1년이 경과하더라도 소송을 제기할 수 있음.[16]
	제3자효적 행정행위의 경우	• 제3자효적 행정행위에도 취소소송의 제소기간에 관한 요건은 적용됨.[17] • 제3자는 일반적으로 처분이 있음을 바로 알 수 없는 처지에 있으므로 특별한 사정이 없는 한 정당한 사유가 있는 경우에 해당하여 1년이 경과하더라도 취소소송을 제기할 수 있음. • 다만, 제3자가 어떠한 경위로든 행정처분이 있음을 안 이상 그 처분이 있음을 안 날로부터 90일 이내에 취소소송을 제기하여야 함(판례).[18]

3) 90일과 1년의 관계

- 두 기간 중 어느 하나의 기간이라도 먼저 경과하면 취소소송을 제기할 수 없음.
- 따라서 비록 처분이 있은 날로부터 1년이 경과하지 않은 경우라 하더라도 처분이 있음을 안 날로부터 90일이 경과하였다면 취소소송을 제기할 수 없음.[19]

2 행정심판을 거친 경우

1) 정본을 송달받은 경우 : 재결서의 정본을 송달받은 날로부터 90일 이내(불변기간)[20][21]

(1) '행정심판'의 의미 : 여기서 말하는 행정심판은 행정심판법에 따른 일반행정심판과 이에 대한 특례로서 다른 법률에서 사안의 전문성과 특수성을 살리기 위하여 특히 필요하여 일반행정심판을 갈음하는 특별한 행정불복절차를 정한 경우의 특별행정심판을 포함함(대판 2014. 4. 24, 2013두10809).[22]

(2) '행정심판을 거쳐 취소소송을 제기하는 경우'의 의미

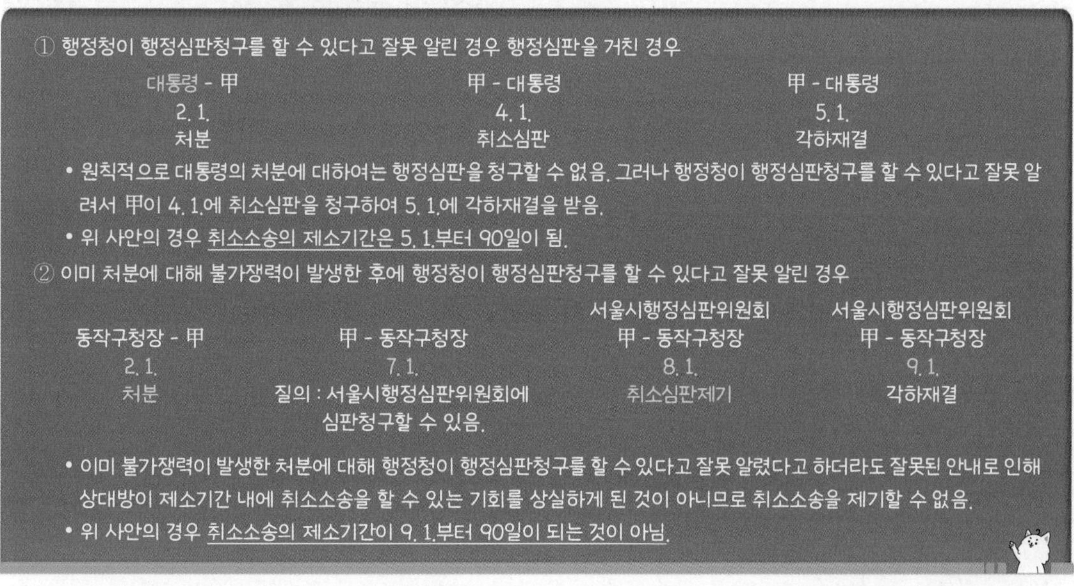

① 행정청이 행정심판청구를 할 수 있다고 잘못 알린 경우 행정심판을 거친 경우

대통령 - 甲	甲 - 대통령	甲 - 대통령
2. 1.	4. 1.	5. 1.
처분	취소심판	각하재결

- 원칙적으로 대통령의 처분에 대하여는 행정심판을 청구할 수 없음. 그러나 행정청이 행정심판청구를 할 수 있다고 잘못 알려서 甲이 4. 1.에 취소심판을 청구하여 5. 1.에 각하재결을 받음.
- 위 사안의 경우 취소소송의 제소기간은 5. 1.부터 90일이 됨.

② 이미 처분에 대해 불가쟁력이 발생한 후에 행정청이 행정심판청구를 할 수 있다고 잘못 알린 경우

		서울시행정심판위원회	서울시행정심판위원회
동작구청장 - 甲	甲 - 동작구청장	甲 - 동작구청장	甲 - 동작구청장
2. 1.	7. 1.	8. 1.	9. 1.
처분	질의 : 서울시행정심판위원회에 심판청구할 수 있음.	취소심판제기	각하재결

- 이미 불가쟁력이 발생한 처분에 대해 행정청이 행정심판청구를 할 수 있다고 잘못 알렸다고 하더라도 잘못된 안내로 인해 상대방이 제소기간 내에 취소소송을 할 수 있는 기회를 상실하게 된 것이 아니므로 취소소송을 제기할 수 없음.
- 위 사안의 경우 취소소송의 제소기간이 9. 1.부터 90일이 되는 것이 아님.

- 이때 행정심판을 거쳐 취소소송을 제기하는 경우라 함은 ㉠ 행정심판을 거쳐야 하는 경우와 ㉡ 그 밖에 행정심판청구를 할 수 있는 경우 또는 ㉢ 행정청이 행정심판청구를 할 수 있다고 잘못 알린 경우에 행정심판청구를 한 경우를 포함함.

- 다만, 이미 처분에 대해 불가쟁력이 발생한 후에 행정청이 행정심판청구를 할 수 있다고 잘못 알렸다 하더라도 그 때문에 처분 상대방이 적법한 제소기간 내에 취소소송을 제기할 수 있는 기회를 상실하게 된 것은 아니므로, 이러한 경우 그 안내에 따라 청구된 행정심판재결서 정본을 송달받은 날부터 다시 취소소송의 제소기간이 기산되는 것은 아님(판례).[23]

(3) **행정처분이 있음을 안 날부터 90일을 넘겨 행정심판을 청구하였다가 부적법하다는 이유로 각하재결을 받은 후 재결서를 송달받은 날부터 90일 내에 원래의 처분에 대하여 취소소송을 제기한 경우** : 취소소송의 제소기간을 준수한 것으로 볼 수는 없음(대판 2011. 11. 24, 2011두18786).[24 25]

2) 정본을 송달받지 못한 경우 : 재결이 있은 날부터 1년 이내

3 제소기간 준수 여부의 기준시점

소변경의 경우	• 소 종류변경의 경우(행정소송법에 따른 소변경) : 처음의 소를 제기한 때[26] • 청구취지변경의 경우(민사소송법에 따른 소변경) : 소의 변경이 있은 때
	청구취지를 변경하여 구소가 취하되고 새로운 소가 제기된 것으로 변경되었을 때에 새로운 소에 대한 제소기간의 준수 등은 원칙적으로 소의 변경이 있은 때를 기준으로 하여야 함(대판 2019. 7. 4, 2018두58431).[27]
민사소송의 행정소송으로의 소의 변경	원고가 행정소송법상 항고소송으로 제기해야 할 사건을 민사소송으로 잘못 제기한 경우에 수소법원이 그 항고소송에 대한 관할을 가지고 있지 아니하여 관할법원에 이송하는 결정을 하였고, 그 이송결정이 확정된 후 원고가 항고소송으로 소변경을 하였다면, 그 항고소송에 대한 제소기간의 준수 여부는 원칙적으로 처음에 소를 제기한 때(편저자 주 : 민사소송을 제기한 때)를 기준으로 판단하여야 함(대판 2022. 11. 27, 2021두44425).[28] 최신
추가적 병합의 경우	원칙상 추가 · 병합신청이 있은 때
	보충역편입처분취소처분의 효력을 다투는 소에 공익근무요원복무중단처분, 현역병입영대상편입처분 및 현역병입영통지처분의 취소를 구하는 청구를 추가적으로 병합한 경우, 공익근무요원복무중단처분, 현역병입영대상편입처분 및 현역병입영통지처분의 취소를 구하는 소의 제소기간의 준수 여부는 각 그 청구취지의 추가 · 변경신청이 있은 때를 기준으로 개별적으로 판단하여야 함(대판 2004. 12. 10, 2003두12257).[29]
재조사결정	후속처분의 통지를 받은 날부터
	재결청(행정심판위원회)의 '재조사결정'에 따른 심사청구기간이나 심판청구기간 또는 행정소송의 제소기간의 기산점은 후속처분의 통지를 받은 날**이 됨**(대판 2010. 6. 25, 2007두12514 전합).[30]

	국세청장	국세청장	
동작세무서장 - 甲	甲 - 동작세무서장	甲 - 동작세무서장	동작세무서장 - 甲
2. 1.	4. 1.	5. 1.	9. 1.
5억원 세금부과처분 토지 ┐ 　　├ 상속 건물 ┘	심사청구	재조사결정 (건물 가격을 다시 조사해서 세금을 부과하라)	5억원 세금부과처분 (후속처분)

- 행정심판을 청구하였는데 '재조사결정'을 통보받았다면 심판을 청구한 청구인은 처분청의 재조사결과를 기다려 그에 따른 후속처분의 내용에 따라 취소소송을 제기할지 여부를 결정하는 것으로 보는 것이 타당함.
- 위 사안의 경우 행정심판청구에 대하여 재조사결정이 있을 때에 취소소송의 제소기간의 기산점은 후속처분의 통지를 받은 날(9. 1.)이 됨.

4 다른 주관적 소송의 경우

무효등확인소송의 경우	• **무효등확인소송** : 제소기간의 적용 × • **무효선언적 의미의 취소소송** : 취소소송의 경우와 같이 제소기간의 제한 ○
	당연무효를 선언하는 의미의 취소청구소송(무효선언적 의미의 취소소송)을 제기함에 있어서는 제소기간의 제한이 있음(대판 1987. 6. 9, 87누219).[31 32]
부작위위법확인소송의 경우	• **행정심판을 거치지 않고 소송을 제기하는 경우** : 제소기간의 제한 × • **행정심판을 거쳐 소송을 제기하는 경우** : 제소기간의 제한 ○

	행정심판 등 전심절차를 거친 경우에는 행정소송법 제20조가 정한 제소기간 내에 부작위위법확인의 소를 제기하여야 함(대판 2009. 7. 23, 2008두10560).
당사자소송의 경우	• 행정소송법에는 당사자소송의 제소기간에 대해 별도의 제한 × • 취소소송의 제소기간에 관한 규정은 적용 × • 당사자소송에 관하여 개별법령에 제소기간이 정해져 있는 경우 그 기간은 불변기간33

행정심판과 취소소송의 관계

1 행정심판임의주의의 채택 – 원칙34

2 필요적(예외적) 행정심판전치주의 – 예외

<table>
<tr><td>의 의</td><td colspan="2">• 취소소송은 법령의 규정에 의하여 당해 처분에 대한 행정심판을 제기할 수 있는 경우에도 이를 거치지 아니하고 제기할 수 있음.35 다만, 다른 법률에 당해 처분에 대한 행정심판의 재결을 거치지 아니하면 취소소송을 제기할 수 없다는 규정이 있는 때에는 그러하지 아니함.36
• 다른 법률의 예 : 국가공무원법, 지방공무원법, 국세기본법,37 지방세기본법, 도로교통법,38 특허법 등에 필요적 전치주의가 규정되어 있음. 따라서 과세관청의 압류처분에 대해서는 심사청구 또는 심판청구 중 하나에 대한 결정을 거친 후 행정소송을 제기하여야 함.39</td></tr>
<tr><td>심판청구의 적법성</td><td colspan="2">• 행정심판전치주의의 요건을 충족하기 위하여는 행정심판이 적법하여야 함.
• 부적법한 심판청구를 각하하지 않고 본안에 대한 재결을 한 경우 : 기간경과 등의 부적법한 심판청구에 대해 본안 재결을 하였더라도 행정심판전치의 요건은 충족된 것이 아님(판례).40</td></tr>
<tr><td rowspan="2">전치요건 충족의 시기 및 판단</td><td colspan="2">• 행정심판전치요건의 충족은 취소소송의 제기요건이므로 제기 당시에 충족되어야 하나, 우리 판례는 행정소송의 제기 후에도 사실심변론종결시까지 행정심판절차를 거친 경우에는41 이 요건의 흠결은 치유된 것으로 보고 있음.
• 한편, 행정심판을 거친 것인지 여부는 소송요건으로 직권조사사항임.42</td></tr>
<tr><td colspan="2">행정심판전치주의가 적용되는 경우에 행정심판을 거치지 않고 소제기를 하였더라도 사실심변론종결 전까지 행정심판을 거친 경우 하자는 치유된 것으로 볼 수 있음(대판 1987. 4. 28, 86누29).43</td></tr>
<tr><td rowspan="2">필요적(예외적) 전치제도의 완화</td><td>행정심판제기는 하되
재결을 거칠 필요가 없는 경우44</td><td>행정심판을 제기함이 없이
취소소송을 제기할 수 있는 경우45</td></tr>
<tr><td>① 행정심판청구가 있은 날로부터 60일이 지나도 재결이 없는 때
② 처분의 집행 또는 절차의 속행으로 생길 중대한 손해를 예방하여야 할 긴급한 필요가 있는 때
③ 법령의 규정에 의한 행정심판기관이 의결 또는 재결을 하지 못할 사유가 있는 때
④ 그 밖의 정당한 사유가 있는 때</td><td>① 동종사건에 관하여 이미 행정심판의 기각재결이 있은 때
② 서로 내용상 관련되는 처분 또는 같은 목적을 위하여 단계적으로 진행되는 처분 중 어느 하나가 이미 행정심판의 재결을 거친 때
③ 행정청이 사실심의 변론종결 후 소송의 대상인 처분을 변경하여 당해 변경된 처분에 관하여 소를 제기하는 때
④ 처분을 행한 행정청이 행정심판을 거칠 필요가 없다고 잘못 알린 때</td></tr>
<tr><td>예외적 행정심판전치주의의 적용범위</td><td colspan="2">• 적용되는 소송형태 : 취소소송 ○, 무효등확인소송 ×, 부작위위법확인소송 ○
• 2단계 이상의 행정심판절차가 규정되어 있는 경우 : 특별한 규정이 있는 경우를 제외하고는 하나만 거치면 족함(통설).46</td></tr>
<tr><td>처분의 상대방이 아닌 제3자가 제소하는 경우</td><td colspan="2">처분의 상대방이 아닌 제3자가 제소하는 경우에도 행정심판전치주의에 관한 규정은 적용됨(판례).47</td></tr>
</table>

3 심판과 소송에서 공격 · 방어방법의 동일성 여부

항고소송에 있어서 원고는 전심절차(행정심판)에서 주장하지 아니한 공격 · 방어방법을 소송절차에서 주장할 수 있고 법원은 이를 심리하여 행정처분의 적법 여부를 판단할 수 있는 것이므로, 원고가 전심절차에서 주장하지 아니한 처분의 위법사유를 소송절차에서 새롭게 주장하였다고 하여 다시 그 처분에 대하여 별도의 전심절차를 거쳐야 하는 것은 아님(대판 1996. 6. 14, 96누754).48

Topic

71 항고소송 Ⅲ - 소의 변경과 소제기의 효과

p.317~322

소의 변경

1 행정소송법에 의한 소의 변경 - 소의 종류의 변경(동법 제21조)과 처분변경으로 인한 소의 변경(동법 제22조)

① 소의 종류의 변경의 경우

동작구청장 - 甲	甲 - 동작구청장	甲 - 동작구청장
2. 1.	4. 1.	8. 1.
허가취소처분	무효등확인소송	무효등확인소송 ⇨ 취소소송

- 비록 8. 1.을 기준으로 하면 2. 1.자 처분은 90일이 지났지만 4. 1.을 기준으로 하면 제소기간을 준수한 것이 됨.
- 소 종류변경은 처음에 소를 제기할 때 변경된 소가 제기된 것으로 봄.

② 처분변경으로 인한 소의 변경의 경우

	소청심사위원회	소청심사위원회			
행정청 - 甲	甲 - 행정청	甲 - 행정청	甲 - 행정청	행정청 - 甲	甲 - 행정청
2. 1.	2. 10.	4. 1.	5. 1.	7. 1.	8. 1.
파면처분	취소심판	기각재결	(파면처분)	파면 ⇨ 강등	(강등처분)
(A로부터 뇌물수수)	(A로부터 뇌물수수 ×)		취소소송	처분을 변경	취소소송

소 종류는 바뀌지 않음.

구 분	소 종류의 변경	처분변경으로 인한 소의 변경
의 의	• 청구의 기초에 변경이 없는 한 사실심변론종결시까지 당사자소송 또는 취소소송 외의 항고소송으로 변경하는 것 • 피고의 변경을 수반하는 경우에도 가능함. **01**	법원은 행정청이 소송의 대상인 처분을 소가 제기된 후 변경한 때에는 원고의 신청에 의하여 결정으로써 청구의 취지 또는 원인의 변경을 허가할 수 있음.
요 건	• 취소소송이 계속되고 있을 것 • 사실심의 변론종결시까지 원고의 신청이 있을 것(따라서 항소심(2심)에서는 허용되지만 상고심에서는 소변경이 허용되지 않음) **02 03 04** • 취소소송을 당해 처분 등에 관계되는 사무가 귀속하는 국가 또는 공공단체에 대한 당사자소송 또는 취소소송 외의 항고소송으로 변경하는 경우일 것 • 청구의 기초에 변경이 없을 것 • 법원이 상당하다고 인정하여 허가결정을 할 것	• 처분의 변경이 있을 것 • 처분의 변경이 있음을 안 날로부터 60일 이내일 것 **06** • 원고의 신청이 있을 것 **07** • 법원의 허가결정이 있어야 함. • 취소소송이 계속 중이고 사실심변론종결 전이어야 하며, 변경되는 새로운 소는 적법해야 함. • 변경 전의 처분에 대하여 행정심판전치절차를 거쳤으면 새로운 처분에 대하여 별도의 행정심판을 거치지 않아도 됨. **08**
절 차	법원은 소변경을 허가함에 있어 피고를 변경하는 경우에는 새로이 피고로 될 자의 의견을 들어야 함. **05**	
효 과	소의 변경을 허가하는 결정이 있게 되면 새로운 소는 변경시가 아닌 변경된 구소를 제기한 때에 제기된 것으로 보며, 변경된 구소는 취하된 것으로 봄. **09**	소변경의 허가결정이 있으면 새로운 소는 구소가 제기된 때에 제기된 것으로 보며, 구소는 취하된 것으로 봄.
다른 소송의 경우	무효등확인소송, 부작위위법확인소송을 다른 항고소송이나 당사자소송으로 변경하거나 당사자소송을 항고소송으로 변경하는 경우에도 준용되고 있음. **10**	무효등확인소송과 당사자소송의 경우는 준용이 되나 부작위위법확인소송의 경우에는 준용되지 않음.

2 민사소송법에 의한 소의 변경 - 행정소송에서 민사소송법상 청구의 변경 인정

> 행정소송법 제21 · 22조가 정하는 소의 변경은 그 법조에 의하여 특별히 인정되는 것으로서 민사소송법상 소의 변경을 배척하는 것이 아니므로, 행정소송의 원고는 행정소송법 제8조 제2항에 의하여 준용되는 민사소송법 제235조에 따라 청구의 기초에 변경이 없는 한도에서 청구의 취지 또는 원인을 변경할 수 있음(대판 1999. 11. 26, 99두9407).

3 행정소송과 민사소송 간의 변경 여부 - 소변경 가능

> 1. 고의 또는 중과실 없이 행정소송으로 제기하여야 할 사건을 민사소송으로 잘못 제기한 경우 수소법원이 그 행정소송에 대한 관할도 동시에 가지고 있다면 소변경이 가능함(대판 1999. 11. 26, 97다42250).
> 2. 공법상 당사자소송의 경우 그 청구의 기초가 바뀌지 아니하는 한도 안에서 민사소송으로 소변경이 가능함(대판 2023. 6. 29, 2022두44262).11 최신

소제기의 효과

1 집행부정지원칙

- 취소소송이 제기되더라도 처분의 효력에는 영향이 없으며 그 집행 또는 절차의 속행을 정지시키지 않음.
- 원고가 청구인용판결을 받더라도 이미 집행이 완료되어 회복할 수 없는 손해를 입게 될 우려가 있음. 따라서 예외적으로 원고의 권리보호를 위해 일정한 경우 임시적인 조치로서 처분의 집행 등을 정지시키는 집행정지(가구제)제도가 인정되고 있음.

2 집행정지제도

1) 집행정지의 요건

(1) 적극적 요건

적법한 본안소송의 계속	• 민사소송법상의 가구제와 달리 먼저 본안소송이 계속되어 있어야 함.12 • 다만, 본안소송의 제기와 동시에 집행정지를 신청하는 것은 허용됨.13 • **처분의 적법 여부는 집행정지의 요건이 아니지만** 본안소송 그 자체는 적법해야 함.14 • 한편, 본안소송이 계속되어야 하므로 본안소송이 취하되면 집행정지결정은 당연히 소멸하며 별도 취소조치는 필요 없음.
	① 행정처분의 효력정지나 집행정지를 구하는 신청사건에 있어서 본안청구가 적법한 것이어야 한다는 점이 집행정지의 요건임(대결 1999. 11. 26, 99부3).15 16 ② 집행정지결정 후에라도 본안소송이 취하되어 소송의 계속이 인정되지 않으면 집행정지결정은 당연히 그 효력이 소멸함(대판 1975. 11. 11, 75누97).17 ③ 행정처분의 집행정지는 행정처분 집행부정지의 원칙에 대한 예외로서 인정되는 일시적인 응급처분이라 할 것이므로 집행정지결정을 하려면 이에 대한 본안소송이 법원에 제기되어 계속 중임을 요하고, 따라서 집행정지신청 기각결정 후 본안소송이 취하되었다면 위 기각결정에 대한 재항고는 그 실익이 없어 각하될 수밖에 없음(대결 2019. 6. 27, 2019무622).18
처분 등의 존재	• 처분이 아니거나 부작위인 경우 집행정지가 허용되지 않음. ⇨ 취소소송과 무효등확인소송의 경우에만 허용되며19 부작위위법확인소송의 경우 허용되지 않음.20 • 처분이 가분적인 경우에는 처분의 일부에 대해서도 집행정지가 가능함.21
	재량행위인 과징금처분의 일부에 대한 집행정지도 가능함(대결 2011. 5. 2, 2001무6).
회복하기 어려운 손해예방의 필요성22	• 회복하기 어려운 손해란 특별한 사정이 없는 한 금전으로 보상할 수 없는 손해를 의미함. • 이때 금전으로 보상할 수 없는 손해란 금전보상이 불가능한 경우뿐만 아니라 금전보상으로는 사회관념상 행정처분을 받은 당사자가 참고 견딜 수 없거나 참고 견디기가 현저히 곤란한 경우의 유형 · 무형의 손해를 말함. ⇨ 다만, 손해의 규모가 현저하게 클 필요는 없음.23

회복하기 어려운 손해예방의 필요성	• 기업의 경우에는 중대한 경영상 위기를 기준의 하나로 봄. ① 처분으로 인해 사업 자체가 계속될 수 없거나 중대한 경영상의 위기를 맞게 될 것으로 보이는 등의 사정이 있으면 회복하기 어려운 손해가 인정될 수 있음(대결 2003. 10. 9, 2003무23). ② 유흥접객영업허가의 취소처분으로 5,000여 만원의 시설비를 회수하지 못하게 된다면 생계까지 위협받게 되는 결과가 초래될 수 있다는 등의 사정이 행정처분의 효력이나 집행을 정지하기 위한 요건인 '회복하기 어려운 손해'가 생길 우려가 있는 경우에 해당하지 않음(대판 1991. 3. 2, 91두1).24 ③ 과징금납부명령의 처분이 사업자의 자금사정이나 경영 전반에 미치는 파급효과가 매우 중대하다면(사업자가 중대한 경영상의 위기를 맞게 될 것으로 보이는 경우) 회복하기 어려운 손해에 해당함(대결 2001. 10. 10, 2001무29).25
긴급한 필요	회복하기 어려운 손해의 발생이 절박하여 본안판결을 기다릴 여유가 없는 경우

(2) 소극적 요건

공공복리에 중대한 영향을 줄 우려가 없을 것	• 집행성시는 공공복리에 중대한 영향을 미칠 우려가 있는 경우에는 허용되지 아니함. • 여기서의 '공공복리'는 그 처분의 집행과 관련된 구체적이고도 개별적인 공익을 말함.26
본안의 이유 없음이 명백하지 아니할 것	본안문제인 행정처분 자체의 적법 여부는 집행정지의 판단대상이 되지 아니하는 것이 원칙이나, 처분의 취소가능성이 없음에도 집행정지를 인정하는 것은 집행정지제도의 취지에 반하므로 본안청구가 이유 없음이 명백하지 아니할 것을 집행정지의 소극적 요건으로 봄(통설 및 판례).27 28

2) 집행정지의 절차

(1) **집행정지의 실시** : 당사자의 신청 또는 법원의 직권29

(2) **관할법원** : 본안이 계속된 법원(상고심도 포함)30

(3) **심리** : 집행정지의 적극적 요건은 신청인이, 소극적 요건은 피신청인인 행정청이 주장 · 소명책임이 있음.31

3) 신청인적격

- 본안소송의 당사자로서 법률상 이익이 있는 자32
- 제3자효 행정행위의 경우에는 제3자에게 원고적격이 있는 한 소송을 제기하고 원고의 입장에서 집행정지를 신청할 수 있다고 봄(일반적 견해).33

4) **거부처분의 경우** : 집행정지는 처분이 없었던 것과 같은 상태를 만드는 것을 의미할 뿐 그 이상으로 적극적 상태를 만드는 것은 아니므로 거부처분은 집행정지의 대상이 아님(통설 및 판례).34 35

> 1. 유효기간 만료 후 허가갱신신청을 거부한 투전기업소갱신허가불허처분에 대하여는 집행정지(효력정지)를 구할 이익이 없음(대결 1993. 2. 10, 92두72).
> 2. 교도소장의 접견허가신청에 대한 거부처분은 집행정지의 대상이 아님(대결 1991. 5. 2, 91두15).

5) 집행정지결정의 내용

- 법원은 처분 등의 효력이나 그 집행 또는 절차의 속행의 전부 또는 일부의 정지를 결정할 수 있음.36 37
- **처분의 효력정지와 집행정지, 속행정지의 관계** : 처분의 집행정지, 절차의 속행정지만으로 목적을 달성할 수 있는 경우에는 처분의 효력정지는 허용되지 않음.38

6) 집행정지결정의 효력

형성력	일정한 납부기한을 정한 과징금 부과처분에 대하여 '회복하기 어려운 손해'를 예방하기 위하여 긴급한 필요가 있고 달리 공공복리에 중대한 영향을 미치지 아니한다는 이유로 집행정지결정이 내려졌다면 그 집행정지기간 동안은 과징금 부과처분에서 정한 과징금의 납부기간은 더 이상 진행되지 아니하고 집행정지결정이 당해 결정의 주문에 표시된 시기의 도래로 인하여 실효되면 그 때부터 당초의 과징금 부과처분에서 정한 기간(집행정지결정 당시 이미 일부 진행되었다면 그 나머지 기간)이 다시 진행하는 것으로 보아야 함(대판 2003. 7. 11, 2002다48023).39

기속력	• 취소판결의 기속력에 관한 규정은 집행정지결정에도 준용되므로 집행정지결정의 효력은 당사자인 행정청뿐만 아니라 그 밖의 관계행정청도 기속함.40 41 • 집행정지결정을 위반한 처분은 무효임(판례).42
시간적 효력	• 집행정지결정의 효력은 결정주문에서 정한 기간까지 존속하다가 그 기간이 만료되면 장래에 향하여 당연히 소멸함.43 단, 주문에서 정한 바가 없다면 판결확정시기까지 집행정지효력이 존속됨. • 정지대상결정인 처분의 발령시점에 소급하는 것이 아니라 집행정지결정시점부터 장래에 향하여 효력이 발생함.44 따라서 집행정지결정 전에 이미 집행된 부분에 대해서는 아무런 영향을 미치지 아니함.
	①-1. 보조금 교부결정의 일부를 취소한 행정청의 처분에 대하여 법원이 효력정지결정을 하면서 주문에서 그 법원에 계속 중인 본안소송의 판결선고시까지 처분의 효력을 정지한다고 선언하였을 경우, 본안소송의 판결선고에 의하여 그 정지결정의 효력은 소멸하고 이와 동시에 당초의 보조금 교부결정 취소처분의 효력이 당연히 되살아난다고 할 것임.45 ①-2. 교부결정 취소처분의 효력이 되살아난 경우, 원칙적으로 취소처분에 의하여 취소된 부분의 보조사업에 대하여 효력정지기간 동안 교부된 보조금의 반환을 명하여야 함(대판 2017. 7. 11, 2013두25498). ②-1. 제재처분에 대한 행정쟁송절차에서 처분에 대해 집행정지결정이 이루어졌더라도 본안에서 해당 처분이 최종적으로 적법한 것으로 확정되면, 처분청으로서는 당초 집행정지결정이 없었던 경우와 동등한 수준으로 해당 제재처분이 집행되도록 필요한 조치를 취하여야 함.46 ②-2. 처분 상대방이 집행정지결정을 받지 못했으나 본안소송에서 해당 제재처분이 위법하다는 것이 확인되어 취소하는 판결이 확정되면, 처분청은 그 제재처분으로 처분 상대방에게 초래된 불이익한 결과를 제거하기 위하여 필요한 조치를 취하여야 함(대판 2020. 9. 3, 2020두34070).47 ③ 집행정지결정의 효력은 결정주문에서 정한 시기까지 존속하며 그 시기의 도래와 동시에 효력이 당연히 소멸하는 것이므로, 일정기간 동안 영업을 정지할 것을 명한 행정청의 영업정지처분에 대하여 법원이 집행정지결정을 하면서 주문에서 당해 법원에 계속 중인 본안소송의 판결선고시까지 처분의 효력을 정지한다고 선언하였을 경우에는 처분에서 정한 영업정지기간의 진행은 그때까지 저지되는 것이고 본안소송의 판결선고에 의하여 당해 정지결정의 효력은 소멸하고 이와 동시에 당초의 영업정지처분의 효력이 당연히 부활되어 처분에서 정하였던 정지기간(정지결정 당시 이미 일부 진행되었다면 나머지 기간)은 이때부터 다시 진행함(대판 1999. 2. 23, 98두14471).48

2. 1.	6. 30.	7. 25.	7. 31.	10. 30.
행정청 - A 매월 1,000만원 보조금 교부결정	행정청 - A 보조금 교부결정 취소처분	A - 행정청 ① 보조금 교부결정 취소처분에 대한 취소소송 ② 보조금 교부결정 취소처분의 집행정지신청	집행정지결정 (이후 8월, 9월, 10월 보조금이 지급됨)	기각판결 (6. 30.자 보조금 교부결정 취소처분의 효력이 되살아남) ∴ 8월, 9월, 10월에 교부된 보조금의 반환을 명하여야 함.

7) **집행정지결정의 취소** : 집행정지결정이 확정된 후 집행정지가 공공복리에 중대한 영향을 미치거나 그 정지사유가 없어진 때, 당사자의 신청 또는 직권에 의하여 결정으로써 집행정지결정을 취소할 수 있음.49

8) **집행정지결정에 대한 불복** : 법원의 집행정지결정이나 집행정지신청기각의 결정 또는 집행정지결정의 취소결정에 대해서는 즉시항고할 수 있음. 다만, 이 경우 집행정지의 결정에 대한 즉시항고는 그 즉시항고의 대상인 결정의 집행을 정지하는 효력이 없음.50

> 행정소송법 제23조 제2항에서 정한 요건을 결여하였다는 이유로 효력정지신청을 기각한 결정에 대하여, 행정처분 자체의 적법 여부를 가지고 불복사유로 삼을 수는 없음(대결 2011. 4. 21, 2010무111 전합).51

3 항고소송에서 민사집행법상 가처분(적극적 의미의 가구제)의 준용 여부

- 행정소송법에서는 명문의 규정이 없어52 민사집행법상 가처분을 준용할 수 있는지가 문제됨.
- 인정 여부 : 판례는 항고소송에서 민사집행법상의 가처분 규정이 준용되지 않는다고 봄.53 54

> 민사소송법상의 가처분으로써 행정행위의 금지를 구할 수 없음(대결 1992. 7. 6, 92마54).

Topic

72 항고소송 Ⅳ - 취소소송의 심리 등

p.322~328

1 취소소송의 심리

1) 개 설

- 소송의 심리에 관한 원칙 : 당사자주의, 직권주의
- 당사자주의 : 당사자주의의 내용으로 소송의 개시 · 종료 · 범위의 결정을 당사자에게 맡기는 원칙인 처분권주의와 재판의 기초가 되는 자료수집 · 제출을 당사자에게 맡기는 원칙인 변론주의가 있음.
- 행정소송 : 변론주의의 원칙 + 직권주의 가미(변론주의를 보충하는 의미)

2) 심리의 내용

소송요건심리	본안심리
• 소송요건 구비 여부는 법원의 직권조사사항으로 당사자의 주장에 구애받지 않고 법원이 조사할 수 있음. 01 02 • 소송요건을 결한 경우 소송은 부적법 각하03 • 소송요건은 제소시까지 구비되어야 함이 원칙이나 소송 중에라도 사실심변론종결시까지 소송요건을 구비하면 하자가 치유 ⇨ 실질적으로 소송요건의 구비 여부는 사실심변론종결시 기준으로 판단04	• 본안심리란 청구를 인용할 것인지 기각할 것인지 판단하기 위하여 사건의 본안을 심리하는 과정을 말함. 05 • 즉, 처분의 위법성 여부는 소송요건이 아님. 06 ⇨ 처분청의 처분권한 유무는 '처분의 위법성'과 관련된 것으로 소송요건이 아니므로 법원의 직권조사사항이 아니며, 변론주의가 적용됨.
①-1. 행정소송에서 쟁송의 대상이 되는 행정처분의 존부는 소송요건으로서 직권조사사항이고, 자백의 대상이 될 수 없는 것이므로, 설사 그 존재를 당사자들이 다투지 아니한다 하더라도 그 존부에 관하여 의심이 있는 경우에는 이를 직권으로 밝혀 보아야 함. 07 08 ①-2. 사실심에서 변론종결시까지 당사자가 주장하지 않던 직권조사사항에 해당하는 사항을 상고심에서 비로소 주장하는 경우 그 직권조사사항에 해당하는 사항은 상고심의 심판범위에 해당함(대판 2004. 12. 24, 2003두15195). 09 ② 당사자적격, 권리보호이익 등 소송요건은 직권조사사항으로서 당사자가 주장하지 아니하더라도 법원이 직권으로 조사하여 판단하여야 하고, 사실심변론종결 이후에 소송요건이 흠결되거나 그 흠결이 치유된 경우 상고심에서도 이를 참작하여야 함(대판 2017. 8. 18, 2016두52064). 10 ③ 해당 처분을 다툴 법률상 이익이 있는지 여부는 직권조사사항으로 이에 관한 당사자의 주장은 직권발동을 촉구하는 의미밖에 없으므로, 원심법원이 이에 관하여 판단하지 않았다고 하여 판단유탈의 상고이유로 삼을 수 없음(대판 2017. 3. 9, 2013두16852). 11	① **어떠한 처분에 법령상 근거가 있는지, 행정절차법에서 정한 처분절차를 준수하였는지는 본안에서 당해 처분이 적법한가를 판단하는 단계에서 고려할 요소이지, 소송요건 심사단계에서 고려할 요소가 아님**(대판 2016. 8. 30, 2015두60617 ; 대판 2020. 1. 16, 2019다264700). 12 ② 행정소송에 있어서 처분청의 처분권한 유무는 직권조사사항이 아님(대판 1997. 6. 19, 95누8669 전합). 13

3) 심리의 범위

(1) **불고불리의 원칙** : 법원은 소제기가 없는 사건에 대하여 심리 · 재판할 수 없으며, 소제기가 있는 사건에 대하여도 당사자의 청구범위를 넘어서 심리 · 재판할 수 없음.

> 행정소송에 있어서도 원고의 청구취지, 즉 청구범위 · 액수 등은 모두 원고가 청구하는 한도를 초월하여 판결할 수 없음(대판 1987. 11. 10, 86누491). 14

(2) 재량행위의 심리

- 법원은 처분의 위법 여부에 대해서 심사할 수 있을 뿐이므로 재량의 당 · 부당에 대해서는 심사할 수 없음.

- 다만, 재량행위에 대해 취소소송이 제기된 경우 곧바로 각하할 것이 아니라 재량권의 일탈 · 남용이 있었는지 검토하여 재량 하자가 있으면 청구를 인용하고, 그렇지 아니한 경우 청구를 기각하여야 함(통설).

4) 심리에 관한 여러 원칙

(1) 일반론

- 행정사건의 심리에서도 처분권주의, 공개심리주의, 구술심리주의,[15] 변론주의 등이 적용됨.
- 행정소송법은 직권증거조사(동법 제26조)와 법원의 행정심판기록제출명령(동법 제25조) 등 특칙들을 규정하고 있음.[16]

(2) 심리에 관한 적용원칙

처분권주의	• 소송개시, 심판대상결정, 소송종결 등을 당사자의 의사에 맡기는 것 • 행정소송법에서도 처분권주의가 적용됨(일반적 견해).[17][18]
변론주의	사실과 증거의 수집 · 제출의 책임을 당사자에게 맡기고 당사자가 제출한 소송자료만을 재판의 기초로 삼아야 한다는 원칙
구술심리주의	당사자 및 법원의 소송행위, 특히 변론 및 증거조사를 모두 구술로 시행하고 구술에 의한 자료만을 판결의 기초로 하는 원칙
공개주의	재판에 이해관계가 있는 자가 아닌 경우도 변론의 시기 · 장소 등을 알 수 있고 방청할 수 있다는 원칙
행정심판기록 제출명령	• **법원은 당사자의** 신청이 있는 때에는 결정으로써 **재결을 행한 행정청에 대하여 행정심판에 관한 기록의 제출을 명할 수 있음**(행정소송법 제25조 제1항).[19] • 이러한 **제출명령을 받은 행정청은 지체 없이 당해 행정심판에 관한 기록을 법원에 제출하여야 함.**[20]

(3) 직권심리

- 행정소송법 제26조는 "법원은 필요하다고 인정할 때에는 직권으로 증거조사를 할 수 있고, 당사자가 주장하지 아니한 사실에 대하여도 판단할 수 있다."라고 규정하고 있음.[21]
- 판례는 변론주의를 원칙으로 하되 직권탐지를 예외적으로 가미하는 입장임. 즉, 행정소송에서는 당사자주의, 변론주의가 원칙이며 직권탐지주의는 소송기록에 나타난 사실에 한정하여 인정하고 있음.[22]
- 취소소송의 직권심리를 규정하는 행정소송법 제26조의 규정은 당사자소송에 준용됨.[23]

1. 행정소송법 제26조가 법원은 필요하다고 인정할 때에는 직권으로 증거조사를 할 수 있고, 당사자가 주장하지 아니한 사실에 대하여도 판단할 수 있다고 규정하고 있지만, 이는 행정소송의 특수성에 연유하는 당사자주의, 변론주의에 대한 일부 예외규정일 뿐 법원이 아무런 제한 없이 당사자가 주장하지 아니한 사실을 판단할 수 있는 것은 아니고, **일건 기록에 현출되어 있는 사항에 관하여서만 직권으로 증거조사**를 하고 이를 기초로 하여 판단할 수 있을 따름임(대판 1994. 10. 11, 94누4820).[24]
2. 법원의 석명권 행사는 당사자의 주장에서 모순된 점, 불완전 · 불명료한 점을 지적하여 이를 정정 · 보충할 기회를 주고 증거제출을 촉구하는 것을 내용으로 하는 것으로 당사자가 주장하지도 않은 사실 또는 공격 · 방어방법의 제출을 권유하는 것은 변론주의원칙에 위배되는 것으로 석명권 행사의 한계를 일탈한 것임(대판 2001. 1. 16, 99두8107).[25]

3-1. 행정청이 공무수행과 상이(傷痍) 사이에 인과관계가 없다는 이유로 국가유공자 비해당결정을 한 데 대하여 법원이 인과관계의 존재는 인정하면서 직권으로 본인 과실이 경합된 사유가 있다는 이유로 그 처분이 정당하다고 판단하는 것은 위법함.

3-2. 같은 국가유공자 비해당결정이라도 그 사유가 공무수행과 상이 사이에 인과관계가 없다는 것과 본인 과실이 경합되어 있어 지원대상자에 해당할 뿐이라는 것은 기본적 사실관계의 동일성이 없음(대판 2013. 8. 22, 2011두26589).

4. 명의신탁등기 과징금과 장기미등기 과징금은 위반행위의 태양, 부과요건, 근거조항을 달리하므로, 그 각 과징금 부과처분의 사유는 상호 간에 기본적 사실관계의 동일성이 있다고 할 수 없음. 그러므로 그중 어느 하나의 처분사유에 의한 과징금 부과처분에 대하여 당해 처분사유가 아닌 다른 처분사유가 존재한다는 이유로 적법하다고 판단하는 것은 특별한 사정이 없는 한 행정소송법상 직권심사주의의 한계를 넘는 것으로 허용될 수 없음(대판 2017. 5. 17, 2016두53050).[26]

5) 주장책임[27]

- 변론주의하에서 당사자가 분쟁의 중요한 사실을 주장하지 않아 일방당사자가 받는 일체의 불이익을 말함.
- 행정소송법 제26조와 주장책임의 관계 : 행정소송에서도 주장책임이 의미가 있으나 행정소송법 제26조와 주장책임의 관계에서 주장책임이 어느 정도 완화될 수는 있음.[28]

> 행정소송에서 직권주의가 가미되어 있다고 하여도 여전히 변론주의를 기본구조로 하는 이상 행정처분의 위법을 들어 그 취소를 청구함에 있어서는 직권조사사항을 제외하고는 그 취소를 구하는 자가 위법사유에 해당하는 구체적인 사실을 먼저 주장하여야 함(대판 2000. 3. 23, 98두2768).

6) 입증책임

- 소송상 일정한 사실의 존부가 확정되지 않을 때 불리한 법적 판단을 받게 되는 일방당사자의 위험 또는 불이익을 말함.[29]
- 입증책임분배의 기준 : 입증책임의 분배라 함은 어떤 사실의 존부가 확정되지 않은 경우에 당사자 중 누구에게 입증책임을 지게 할 것인가의 문제임.[30]

> 1. 민사소송법의 규정이 준용되는 행정소송에서 입증책임은 원칙적으로 민사소송의 일반원칙에 따라 당사자 간에 분배되고 항고소송의 경우에는 그 특성에 따라 당해 처분의 적법성을 주장하는 피고에게 그 적법사유에 대한 입증책임이 있다 할 것인바, 이와 상반되는 주장과 입증은 그 상대방인 원고에게 그 책임이 돌아간다고 할 것임(대판 1984. 7. 24, 84누124).
> 2. 과세소득의 존재 및 그 귀속사업연도에 관한 증명책임은 과세관청에 있음(대판 2020. 4. 9, 2018두57490).
>
> 3-1. 처분사유에 관한 증명책임은 피고 행정청에 있고 거부처분 취소소송에서도 그 처분사유에 관한 증명책임은 피고 행정청에 있음.
>
> 3-2. 결혼이민(F-6 다.목) 체류자격을 신청한 외국인에 대하여 행정청이 그 요건을 충족하지 못하였다는 이유로 거부처분을 하는 경우에는 '그 요건을 갖추지 못하였다는 판단' 다시 말해 '혼인파탄의 주된 귀책사유가 국민인 배우자에게 있지 않다는 판단' 자체가 처분사유가 되는바, **결혼이민(F-6 다.목) 체류자격 거부처분 취소소송에서도 그 처분사유에 관한 증명책임은 피고 행정청에게 있다고 보아야 함**(대판 2019. 7. 4, 2018두66869).[31]
>
> 4. 성희롱을 사유로 한 징계처분의 당부를 다투는 행정소송에서 징계사유에 대한 증명책임은 그 처분의 적법성을 주장하는 피고에게 있으나 입증의 정도는 자연과학적 증명이 아니라 고도의 개연성을 증명하는 것이면 충분함(대판 2018. 4. 12, 2017두74702).[32]

(1) 개별적 검토

구분	내용
소송요건	소송요건은 직권조사사항이지만 요건사실의 존부가 불분명한 경우 입증책임의 문제가 생기며 그 입증책임은 원고에게 있음(통설).[33]
처분근거의 존재	일정한 행정처분으로 국민이 일정한 이익과 권리를 취득하였을 경우에 종전 행정처분을 취소하는 행정처분은 이미 취득한 국민의 기존 이익과 권리를 박탈하는 별개의 행정처분으로 취소될 행정처분의 하자나 취소해야 할 필요성에 관한 증명책임은 기존 이익과 권리를 침해하는 처분을 한 행정청에 있음(대판 2012. 3. 29, 2011두23375).[34]
재량처분의 일탈 · 남용 등 취소사유의 존부	당해 재량처분이 재량권을 일탈 · 남용한 것을 주장하는 원고가 입증책임을 짐.[35][36][37]
	행정처분이 재량권을 일탈하였다는 것에 대한 입증책임은 처분의 효력을 다투는 원고에게 있음(대판 1987. 12. 8, 87누861).
절차적 요건 등	• 절차적 요건의 준수에 관해 행정청이 입증책임을 부담함. • 송달에 관한 입증책임도 행정청에게 있음.

절차적 요건 등	우편물이 등기취급의 방법으로 발송된 경우, 특별한 사정이 없는 한 그 무렵 수취인에게 배달되었다고 보아도 좋을 것이나, 수취인이나 그 가족이 주민등록지에 실제로 거주하고 있지 아니하면서 전입신고만을 해 둔 경우에는 우편물이 수취인에게 도달하였다고 추정할 수는 없고, 우편물의 도달사실을 과세관청이 입증해야 함(대판 1998. 2. 13, 97누8977).
과세처분에서 과세요건사실 등	과세처분취소소송에서 처분의 적법성 및 과세요건사실의 존재에 관하여는 과세관청이 입증책임을 부담함(대판 1996. 4. 26, 96누1627).38
과세처분에서 비과세 · 면제대상 여부	과세대상이 된 토지가 비과세 혹은 면제대상이라는 점은 이를 주장하는 납세의무자에게 입증책임이 있음(대판 1996. 4. 26, 94누12708).39

(2) 증거제출시한

1. 당사자는 사실심의 변론종결시까지 주장과 증거를 제출할 수 있음(대판 1989. 6. 27, 87누448).
2. 항고소송에 있어서 원고는 전심절차(행정심판절차)에서 주장하지 아니한 공격 · 방어방법을 소송절차에서 주장할 수 있는 것이므로 법원은 이를 심리하여 행정처분의 적법 여부를 판단할 수 있음(대판 1996. 6. 14, 96누754 ; 대판 1999. 11. 26, 99두9407).40

2 처분사유의 추가 · 변경

동작구청장 - 甲	甲 - 동작구청장	동작구청장 - 甲	甲 - 동작구청장	동작구청장 - 甲
2023. 2. 1.	2023. 2. 10.	2023. 12. 10.	2024. 11. 20.	2024. 12. 10.
3개월 영업정지처분 (숙박업을 하는 甲이 숙박자에게 성매매를 알선하였다는 사유)	취소소송 제기	숙박자에게 성매매를 알선하였다는 사유를 변경하지 아니한 채 처분의 근거 법령만 변경	항소심에서 변론종결	甲이 숙박자에게 성매매를 알선하였다는 사유에서 음란행위를 알선하였다는 사유로 변경 (두 사유는 기본적 사실관계가 동일함)

- 동작구청장이 이 사건 처분 당시에 적시한 숙박자에게 성매매를 알선하였다는 사유를 변경하지 아니한 채 단지 처분의 근거 법령만을 추가 · 변경하는 것은 새로운 처분사유의 추가라고 볼 수 없음. 이와 같은 경우에는 동작구청장이 처분 당시 적시한 구체적 사실에 대하여 처분 후 추가 · 변경한 법령을 적용하여 처분의 적법 여부를 판단하여도 무방함.
- 취소소송에서 행정청의 처분사유의 추가 · 변경은 사실심변론종결시까지 허용되므로, 동작구청장은 2024. 11. 20. 이후 이 사건 처분사유를 숙박자에게 성매매를 알선하였다는 사유에서 음란행위를 알선하였다는 사유로 변경할 수 없음.

1) 개 념

- 처분 당시에는 존재하였으나 행정청이 처분의 근거로 삼지 않았던 사유를 행정쟁송의 단계에서 추가하거나 그 내용을 변경하는 것(처분의 실체법상 적법성 확보)
- 처분사유의 추가 · 변경은 행정소송 제기 이후부터 사실심변론종결시 이전 사이에 문제됨.41
- 사실관계에 변동이 없는 한 처분의 근거법령만을 추가 · 변경하거나 당초의 처분사유를 구체적으로 밝히는 것은 허용됨.

1. 행정처분의 취소를 구하는 항고소송에서 **처분청이 처분 당시에 적시한 구체적 사실을 변경하지 아니하는 범위 내에서 단지 그 처분의 근거법령만을 추가 · 변경하거나 당초의 처분사유를 구체적으로 표시하는 것에 불과한 경우, 새로운 처분사유의 추가 · 변경이 아님(허용된다는 의미)**(대판 2007. 2. 8, 2006두4899).42 43
2. 「국가를 당사자로 하는 계약에 관한 법률 시행령」 제76조 제1항 제12호 소정의 "담합을 주도하거나 담합하여 입찰을 방해하였다."는 것으로부터 같은 항 제7호 소정의 '특정인의 낙찰을 위하여 담합한 자'로 이 사건 처분의 사유를 변경

한 것은, 그 변경 전후에 있어서 같은 행위에 대한 법률적 평가만 달리하는 것일 뿐 기본적 사실관계를 같이하는 것이므로 허용됨(대판 2008. 2. 28, 2007두13791 · 13807).

3. 처분청이 처분 당시에 적시한 구체적 사실을 변경하지 아니하는 범위 내에서 단지 그 처분의 근거법령만을 추가 · 변경하는 것에 불과한 경우에는 새로운 처분사유의 추가라고 볼 수 없으므로 행정청이 처분 당시에 적시한 구체적 사실에 대하여 처분 후에 추가 · 변경한 법령을 적용하여 그 처분의 적법 여부를 판단할 수 있음. 그러나 처분의 근거법령을 변경하는 것이 종전처분과 동일성을 인정할 수 없는 별개의 처분을 하는 것과 다름없는 경우에는 허용될 수 없음(대판 2021. 7. 29, 2021두34756). 최신

- 한편, 처분사유 자체가 아니라 처분사유의 근거가 되는 기초사실 내지 평가요소에 지나지 않는 사정은 추가로 주장할 수 있음.

1. 구 국적법 제5조 각 호 사유 중 일부를 갖추지 못하였다는 이유로 행정청이 귀화신청을 받아들이지 않는 처분을 한 경우, '그 각 호 사유 중 일부를 갖추지 못하였다는 판단' 자체가 처분의 사유임.
2. 외국인 甲의 귀화신청에 대하여 법무부장관이 심사를 거쳐 '품행 미단정'을 불허사유로 국적법상의 요건을 갖추지 못하였다며 신청을 받아들이지 않는 처분을 하였는데, 법무부장관이 甲을 '품행 미단정'이라고 판단한 이유에 대하여 제1심 변론절차에서 기소유예 전력을 고려하였다고 주장하였다가 항소심에서 불법체류 전력까지 고려하였다고 주장한 경우, 추가로 제시한 불법체류 전력은 처분사유의 근거가 되는 기초사실 내지 평가요소에 지나지 않으므로, 추가로 주장할 수 있음(대판 2018. 12. 13, 2016두31616).[44]

2) 구별개념

(1) **처분이유의 사후제시** : 이유제시가 아예 결여되어 있거나 불충분한 이유제시가 있는 경우에 이를 사후적으로 추완하거나 보완함으로써 절차상의 하자를 제거하는 것을 말함.

(2) **무효행위의 전환** : 하자 있는 행정행위를 새로운 행정행위로 대체하는 것을 말함. 무효행위의 전환과 달리 처분사유의 추가 · 변경이 있더라도 처분변경으로 인한 소변경을 신청할 필요는 없음.[45]

3) 허용 여부

- (재량행위와 기속행위를 구별하지 않고) 당초의 처분사유와 기본적 사실관계에서 동일성이 인정되는 한도 내에서만 새로운 처분사유의 추가나 변경을 허용함(판례 · 행정소송규칙 제9조).[46] 최신
- 이때 '기본적 사실관계의 동일성'은 처분사유를 법률적으로 평가하기 이전의 구체적인 사실에 착안하여 그 기초가 되는 사회적 사실관계가 기본적인 점에서 동일한지 여부에 따라 결정해야 함.[47]

1-1. 행정처분의 취소를 구하는 항고소송에 있어서 당초의 처분사유와 기본적 사실관계의 동일성이 없는 별개의 사실을 처분사유로 주장하는 것을 허용하지 아니하는 입법취지는 행정처분의 상대방의 방어권을 보장함으로써 실질적 법치주의를 구현하고 행정처분의 상대방에 대한 신뢰를 보호하고자 함에 있음.

1-2. **추가 또는 변경된 사유가 당초의 처분시 그 사유를 명기하지 않았을 뿐 처분시에 이미 존재하고 있었고 당사자도 그 사실을 알고 있었다 하여 당초의 처분사유와 동일성이 있는 것으로 볼 수는 없음**(대판 2003. 12. 11, 2001두8827).[48]

2. 피고가 당초처분의 근거로 제시한 사유가 실질적인 내용이 없다고 보는 이상, 위 추가사유는 그와 기본적 사실관계가 동일한지 여부를 판단할 대상조차 없는 것이므로, 결국 소송단계에서 처분사유를 추가하여 주장할 수 없음(대판 2017. 8. 29, 2016두44186).[49]

4) 구체적 검토

처분사유의 추가 · 변경 긍정	처분사유의 추가 · 변경 부정
① 주유소 영업허가의 불허가사유로 처음에 내세운 "행정청의 허가기준에 맞지 않는다."라는 사유를 후에 '이격거리에 관한 허가기준 위배'라는 사유로 변경한 경우(대판 1989. 7. 25, 88누11926) ② 토지형질변경 불허가처분의 당초의 처분사유인 "국립공원에 인접한 미개발지의 합리적인 이용대책 수립시까지 그 허가를 유보한다."라는 사유를 그 처분의 취소소송에서 추가하여 '국립공원 주변의 환경 · 풍치 · 미관 등을 크게 손상시킬 우려가 있으므로 공공목적상 원형 유지의 필요가 있는 곳으로서 형질변경허가 금지대상'이라고 주장한 경우(대판 2001. 9. 28, 2000두8684)50 ③ 산림형질변경거부처분의 근거로 제시된 '준농림지역의 행위제한'이라는 사유와 나중에 거부처분의 근거로 추가한 '자연경관 및 생태계의 교란, 국토 및 자연의 유지와 환경보전 등 중대한 공익상의 필요'라는 사유(대판 2004. 11. 26, 2004두4482)51 ④ 구 「정기간행물등록에 관한 법률」 소정의 첨부서류가 제출되지 아니하였다는 처분사유와 발행주체가 불법단체라는 당초의 처분사유(대판 1998. 4. 24, 96누13286)	① '인근주민의 동의서 미제출'을 이유로 토석채취허가신청을 반려한 후 '자연경관이 훼손'된다는 이유를 소송에서 주장한 경우(대판 1992. 8. 18, 91누3659) ② 광업권설정출원을 불허함에 있어 "당해 광구에는 소외인들에 의하여 이미 광업권 등록이 필하여져 있다."라는 사유를 "위 광구가 도시계획지구에 해당하여 광물을 채굴함이 공익을 해한다."라는 사유로 변경한 경우(대판 1987. 7. 21, 85누694) ③ "무자료 주류판매 및 위장거래금액이 부가가치세 과세기간별 총주류판매액의 100분의 20 이상에 해당한다."라는 사유와 "무면허판매업자에게 주류를 판매하였다."라는 사유(대판 1996. 9. 6, 96누7427)52 ④ 이주대책대상자 선정신청을 거부한 사유로서 "이주대책신청기간이나 소정의 이주대책실시(시행)기간을 모두 도과하여 실기한 이주대책신청을 하였으므로 원고에게는 이주대책을 신청할 권리가 없고, 사업시행자가 이를 받아들여 택지나 아파트 공급을 해줄 법률상 의무를 부담한다고 볼 수 없다는 사유"와 "사업지구 내 가옥 소유자가 아니"라는 사유(대판 1999. 8. 20, 98두17043) ⑤ 당초 처분사유인 "기존 공동사업장의 거리제한규정에 저촉된다."는 사유와 "최소 주차용지에 미달한다."는 사유(대판 1995. 11. 21, 95누10952)53 ⑥ 의료보험요양기관 지정취소처분의 당초의 처분사유인 '구 의료보험법 제33조 제1항이 정하는 본인부담금 수납대장을 비치하지 아니한 사실'과 항고소송에서 새로 주장한 처분사유인 같은 '법 제33조 제2항이 정하는 보건복지부장관의 관계서류 제출명령에 위반'하였다는 사실(대판 2001. 3. 23, 99두6392)54 ⑦ 온천으로서의 이용가치, 기존의 도시계획 및 공공사업에의 지장 여부 등을 고려하여 이 사건 온천발견신고수리를 거부한다는 사유와 규정온도가 미달되어 온천에 해당하지 않는다는 처분사유(대판 1992. 11. 24, 92누3052)55 ⑧ 입찰참가자격을 제한시킨 당초의 처분사유인 정당한 이유 없이 계약을 이행하지 않은 사실과 항고소송에서 새로 주장한 계약의 이행과 관련하여 관계공무원에게 뇌물을 준 사실(대판 1999. 3. 9, 98두18565) ⑨ 당초의 정보공개거부처분사유인 「공공기관의 정보공개에 관한 법률」 제7조(현행 제9조) 제1항 제4호(의사결정 과정) 및 제6호(사생활보호)의 사유와 새로이 추가된 같은 항 제5호(감사 · 감독 · 검사 · 시험 · 규제 · 입찰계약 · 기술개발 · 인사관리에 관한 사항이나 의사결정 과정 또는 내부검토 과정에 있는 사항 등으로서 공개될 경우 업무의 공정한 수행이나 연구 · 개발에 현저한 지장을 초래한다고 인정할 만한 상당한 이유가 있는 정보)의 사유(대판 2003. 12. 11, 2001두8827)56 ⑩ 석유판매업허가신청에 대하여 당초 사업장소인 토지가 군사보호시설구역 내에 위치하고 있는 관할 군부대장의 동의를 얻지 못하였다는 이유로 이를 불허가하였다가, 소송에서 위 토지는 탄약창에 근접한 지점에 위치하고 있어 공공의 안전과 군사시설의 보호라는 공익적인 측면에서 보아 허가신청을 불허한 것(대판 1991. 11. 8, 91누70)57 ⑪ 당초의 처분사유인 중기취득세의 체납과 그 후 추가된 처분사유인 자동차세의 체납(대판 1989. 6. 27, 88누6160)58 ⑫ 이동통신요금 원가 관련 정보공개청구에 대해 행정청이 별다른 이유를 제시하지 아니한 채 통신요금과 관련한 총괄원가액수만을 공개한 후, 정보공개거부처분 취소소송에서 원가 관련 정보가 법인의 영업상 비밀에 해당한다는 비공개사유를 주장하는 것(대판 2018. 4. 12, 2014두5477) ⑬ 컨테이너를 설치하여 사무실 등으로 사용하는 甲 등에게 관할시장이 건축법에 따른 '건축허가를 받지 않고 건축하였다'는 이유로 원상복구명령 및 계고처분을 하였다가 이에 대한 취소소송에서 컨테이너가 '가설건축물에 해당함에도 축조신고를 하지 아니하고 축조하였다.'를 처분사유로 추가한 경우(대판 2021. 7. 29, 2021두34756).59 최신

5) 한 계

- 취소소송에서 행정청의 처분사유의 추가 · 변경은 사실심변론종결시까지 허용됨(행정소송규칙 제9조).[60] 최신

> 행정청은 기본적 사실관계의 동일성이 있다고 인정되는 한도 내에서만 다른 처분사유를 추가 · 변경할 수 있다고 할 것이나, 이는 사실심변론종결시까지만 허용됨(대판 1999. 8. 20, 98두17043).[61]

- 처분시에 존재하였던 사유일 것 : 처분 이후에 발생한 새로운 사실적 · 법적 사유를 추가 · 변경할 수는 없음. 따라서 이러한 경우에는 기존 처분을 직권취소하고 새로운 사유를 들어 새로운 처분을 할 수 있을 뿐임.[62]
- 소송물의 범위 내일 것 : 처분의 동일성이 유지되어야 함.

3 위법판단의 기준시점

1) 처분시설(통설 및 판례) : 처분 등의 위법 여부의 판단은 처분 당시의 법령 및 사실상태를 기준으로 하여야 함.

> 1. **행정소송에서 행정처분의 위법 여부는 행정처분이 행하여졌을 때의 법령과 사실상태를 기준으로 하여 판단하여야 하고,[63] 처분 후 법령의 개폐나 사실상태의 변동에 의하여 영향을 받지는 않음**(대판 2007. 5. 11, 2007두1811).[64] [65]
> 2. 부당해고 구제신청에 관한 중앙노동위원회의 명령 또는 결정의 취소를 구하는 소송에서 그 명령 또는 결정이 적법한지는 그 명령 또는 결정이 이루어진 시점을 기준으로 판단하여야 하고, 그 명령 또는 결정 후에 생긴 사유를 들어 적법 여부를 판단할 수는 없음(대판 2021. 7. 29, 2016두64876).[66] 최신

2) 위법 여부를 판단하는 기준시점이 '처분시'라는 의미

> 1. 행정처분의 위법 여부를 판단하는 기준시점이 처분시라는 의미는 행정처분이 있을 때의 법령과 사실상태를 기준으로 하여 위법 여부를 판단할 것이며 처분 후 법령의 개폐나 사실상태의 변동에 영향을 받지 않는다는 뜻임.
> 2. 처분 당시 존재하였던 자료나 행정청에 제출되었던 자료만으로 위법 여부를 판단한다는 의미는 아니므로, 처분 당시의 사실상태 등에 대한 입증은 사실심변론종결 당시까지 할 수 있고, **법원은 행정처분 당시 행정청이 알고 있었던 자료뿐만 아니라 사실심변론종결 당시까지 제출된 모든 자료를 종합하여 처분 당시 존재하였던 객관적 사실을 확정하고 그 사실에 기초하여 처분의 위법 여부를 판단할 수 있음**(대판 1993. 5. 27, 92누19033 ; 대판 2018. 6. 28, 2015두58195).[67]
>
> 3-1. 산업재해보상보험법 시행령 제34조 제3항 [별표 3] '업무상 질병에 대한 구체적인 인정 기준'은 산업재해보상보험법 제37조 제1항 제2호에서 정한 '업무상 질병'에 해당하는 경우를 예시적으로 규정한 것임.
>
> 3-2. 산업재해보상보험법 시행령 제34조 제3항 별표3 '인정 기준'의 위임에 따른 '뇌혈관 질병 또는 심장 질병 및 근골격계 질병의 업무상 질병 인정 여부 결정에 필요한 사항'(고용노동부고시)은 대외적으로 국민과 법원을 구속하는 효력이 있는 규범이라고 볼 수 없음.[68]
>
> 3-3. 따라서 근로복지공단이 처분 당시에 시행된 '고용노동부고시'를 적용하여 산재요양 불승인처분을 하였더라도, 법원은 해당 불승인처분에 대한 항고소송에서 법원은 (편저자 주 : '개정 전 고시'를 적용할 의무는 없고) 해당 불승인처분이 있은 후 개정된 '현행 고용노동부고시'의 규정내용과 개정취지를 참작하여 상당인과관계의 존부를 판단할 수 있다(대판 2023. 4. 13, 2022두47391).[69] 최신

3) 관련문제 - 처분사유 중 일부가 위법한 경우

> 1. 수개의 처분사유 중 일부가 위법하더라도 **다른 처분사유로써 그 처분의 정당성이 인정되는 경우에는** 그 처분을 **위법하다고 할 수 없음**(대판 2013. 10. 24, 2013두963).[70] [71]
> 2. 수개의 징계사유 중 일부가 인정되지 않더라도 인정되는 다른 징계사유만으로도 징계처분의 타당성을 인정하기에 충분한 경우에는 그 징계처분을 유지하여도 위법하지 아니함(대판 2002. 9. 24, 2002두6620).[72]

Topic

73 항고소송 Ⅳ - 취소소송의 판결 등

p.329~336

취소소송의 판결 - 종국판결의 내용

1 소각하판결

- 소송요건을 갖추지 못한 부적법한 소에 대해서 본안심리를 거부하는 판결
- 소각하판결로 인하여 소송대상이 된 처분이 적법한 것으로 확정된 것은 아니므로 동일처분에 대해서 다시 소송요건을 갖춘 소가 제기되면 법원은 이를 심리 · 판결하여야 함.

> 소송판결의 기판력은 그 판결에서 확정한 소송요건의 흠결에 관하여 미치는 것이지만, 당사자가 그러한 소송요건의 흠결이 보완된 상태에서 다시 소를 제기한 경우에는 그 기판력의 제한을 받지 않음(대판 2023. 2. 2, 2020다270633).**01** 최신

2 청구기각판결

1) (보통의) 기각판결

- 처분의 취소청구가 이유 없다고 하여 원고의 청구를 배척하는 판결
- 한편 행정의 법률적합성 원칙의 예외적 현상으로서, 원고의 청구가 이유 있는 경우(즉, 위법함)에도 예외적으로 기각판결을 할 수 있는데, 이 경우의 기각판결을 사정판결이라 함.**02**

2) 사정판결

의 의	• 처분이 위법하여 원고의 청구가 이유 있다고 인정함에도 처분 등을 취소하는 것이 현저히 공공복리에 적합하지 아니하다고 인정하는 때에 법원이 원고의 청구를 기각하는 판결**03** • 사정판결도 기각판결이므로 원고는 당연히 상소할 수 있음.
사정판결의 요건	• **청구가 이유 있다고 인정될 것04** • **처분 등의 취소가 현저히 공공복리에 적합하지 아니할 것05**
	1. 사정판결을 하기 위한 요건인 '현저히 공공복리에 적합하지 아니한가' 여부는 위법 · 부당한 행정처분을 취소 · 변경하여야 할 필요와 그 취소 · 변경으로 발생할 수 있는 공공복리에 반하는 사태 등을 비교 · 교량하여 그 적용 여부를 판단하여야 하며 사정판결제도는 위헌이 아님.**06** 2. 행정처분이 위법한 때에는 이를 취소함이 원칙이고 그 위법한 처분을 취소 · 변경하는 것이 도리어 현저히 공공의 복리에 적합하지 않은 경우에 극히 예외적으로 위법한 행정처분의 취소를 허용하지 않는다는 사정판결을 할 수 있으므로, 사정판결의 적용은 극히 엄격한 요건 아래 제한적으로 하여야 함(대판 2009. 12. 10, 2009두8359).
사정판결의 위법성과 필요성 판단의 기준시	• 처분의 위법성 판단의 기준시는 처분시가 됨. • 사정판결의 필요성 판단은 처분의 위법성 판단과 달리 사실심변론종결시가 기준(행정소송규칙 제14조)**07** 최신
사정판결의 효과	• 처분의 위법성이 치유되는 것은 아니라 공공복리를 위하여 **위법성을 가진 채로 그 효력을 지속**하는 데 불과함.**08** • 처분 등이 위법함을 판결주문에 명시하여야 하며,**09** 그 처분 등의 위법성에 대하여 기판력이 발생함. • **소송비용** : 일반적인 소송비용부담과 달리 패소자인 원고가 아니라, 피고가 부담함.**10**
원고에 대한 대가적 조치	• **사정판결을 하기 위해서는 원고가 그로 인해 입게 될 손해의 정도와 배상방법, 그 밖의** 사정을 미리 조사하여야 함.**11** • **원고는 피고인 행정청이 속하는 국가 또는 공공단체를 상대로 손해배상, 제해시설의 설치 및 그 밖에** 적당한 구제방법의 청구를 병합하여 제기**할 수 있음.12**
당사자의 신청 여부	법원은 행정청의 신청뿐만 아니라, 당사자의 명백한 주장이 없는 경우에도 기록에 나타난 여러 사정을 기초로 직권으로도 사정판결을 할 수 있음(대판 1995. 7. 28, 95누4629).**13**
다른 행정소송과 사정판결	무효확인소송과 부작위위법확인소송, 당사자소송의 경우 사정판결이 허용되지 않음.**14**

3 청구인용판결 - 처분의 취소청구가 이유 있다고 인정하여 그 청구의 전부 또는 일부를 인용하는 형성판결

1) 일부인용(일부취소)판결의 문제

일부취소가 가능한 경우	일부취소가 불가능한 경우
① 조세부과처분과 같은 금전부과처분이 기속행위인 경우 법원이 정당한 부과금액을 산정할 수 있다면 정당한 부과금액을 초과하는 부분만 일부취소해야 함(대판 2000. 6. 13, 98두5811). ② 행정청의 정보공개거부결정에 대해 **비공개대상정보에 해당하는 부분과 공개가 가능한 부분이 구별되고 이를 분리할 수 있는 경우** 일부 취소함(대판 2003. 3. 11, 2001두6425). 15 ③ 「독점규제 및 공정거래에 관한 법률」을 위반한 광고행위와 표시행위를 하였다는 이유로 공정거래위원회가 사업자에 대하여 법위반사실 공표명령을 행한 경우, **표시행위에 대한 법위반사실이 인정되지 아니한다면 법원으로서는 그 부분에 대한 공표명령의 효력만을 취소할 수 있을 뿐**, 공표명령 전부를 취소할 수 있는 것은 아님(대판 2000. 12. 12, 99두12243). 16 ④ 공정거래위원회가 **여러 개의 위반행위에 대하여 하나의 과징금납부명령을 하였으나 여러 개의 위반행위 중 일부의 위반행위에 대한 과징금 부과만이 위법하고 소송상 그 일부의 위반행위를 기초로 한 과징금액을 산정할 수 있는** 자료가 있는 경우에는, 하나의 과징금납부명령일지라도 그 일부의 위반행위에 대한 과징금액에 해당하는 부분만을 취소하여야 함(대판 2009. 10. 29, 2009두11218 ; 대판 2019. 1. 31, 2013두14726). 17 ⑤ 행정청이 여러 개의 위반행위에 대하여 **하나의 제재처분**을 하였으나, 위반행위별로 **제재처분의 내용을 구분하는 것이 가능**하고 여러 개의 위반행위 중 **일부의 위반행위에 대한 제재처분 부분만이 위법**하다면, 법원은 그 제재처분 중 위법성이 인정되는 부분만 취소하여야 함(대판 2020. 5. 14, 2019두63515). 18 ⑥-1. **외형상 하나의 행정처분이라 하더라도 가분성이 있거나** 그 처분대상의 **일부가 특정될 수 있다면** 그 **일부만의 취소도 가능**하고 그 일부의 취소는 당해 취소부분에 관하여 효력이 생김. 19 ⑥-2. **여러 개의 상이에 대한 국가유공자 요건 비해당처분에 대한 취소소송에서 그중 일부 상이가 국가유공자요건이 인정되는 상이에 해당하고 나머지 상이는 해당하지 않는 경우**, 국가유공자 요건 비해당처분 중 위 **요건이 인정되는 상이에 대한 부분만을 취소**하여야 할 것이고, 그 **비해당처분 전부를 취소할 수는 없음**(대판 2012. 3. 29, 2011두9263). 20	① 자동차운수사업면허조건 등을 위반한 사업자에 대하여 행정청이 행정제재수단으로 사업정지를 명할 것인지, 과징금을 부과할 것인지, 과징금을 부과하기로 한다면 그 금액은 얼마로 할 것인지에 관하여 재량권이 부여**되었다 할 것이므로** 과징금 부과처분이 법이 정한 한도액을 초과하여 위법할 경우 법원으로서는 그 전부를 취소할 수밖에 없고, **그 한도액을 초과한 부분이나 법원이 적정하다고 인정되는 부분을 초과한 부분만을 취소할 수 없음**(대판 1998. 4. 10, 98두2270 ; 대판 2017. 1. 12, 2015두2352). 21 22 ②-1. 재량행위인 영업정지처분이 적정한 영업정지기간을 초과하여서 위법한 경우 그 초과부분만을 취소할 수는 없음. ②-2. 법원으로서는 영업정지처분이 재량권남용이라고 판단될 때에는 위법한 처분으로서 그 처분의 취소를 명할 수 있을 뿐이고, 재량권의 한계 내에서 어느 정도가 적정한 영업정지기간인지를 가리는 일은 사법심사의 범위를 벗어남(대판 1982. 9. 28, 82누2). ③ 개발부담금 부과처분 취소소송에 있어 당사자가 제출한 자료에 의하여 적법하게 부과될 정당한 부과금액을 산출할 수 없을 경우**에는 부과처분 전부를 취소**할 수밖에 없으나, 그렇지 않은 경우에는 그 정당한 금액을 초과하는 부분만 취소하여야 함(대판 2004. 7. 22, 2002두868). 23 ④ 수개의 위반행위에 대하여 하나의 과징금납부명령을 하였는데 수개의 위반행위 중 일부의 위반행위만이 위법하나 소송상 그 일부의 위반행위를 기초로 한 **과징금액을 산정할 수 있는** 자료가 없는 경우에는 하나의 과징금납부명령 전부를 취소할 수밖에 없음(대판 2004. 10. 14, 2001두2881)(왼쪽 ④와 비교). 24 ⑤ **당사자가 사실심변론종결시까지 객관적인 과세표준과 세액을 뒷받침하는 주장과 자료를 제출하지 아니하여 적법하게 부과될 정당한 세액을 산출할 수 없는 경우에는 과세처분 전부를 취소할 수밖에 없고,** 그 경우 법원이 직권에 의하여 적극적으로 납세의무자에게 귀속될 세액을 찾아내어 부과될 정당한 세액을 계산할 의무까지 지는 것은 아님(대판 2020. 8. 20, 2017두44084).

2) 적극적 형성판결(적극적 변경)의 문제 : 행정소송법 제4조 제1호의 '변경'의 의미를 일부취소의 의미로 이해하여 적극적 형성판결은 허용되지 않음(다수설 및 판례).

판결의 효력

1 기판력

1) 의 의

- 법원의 판단내용이 확정되면 이후 동일사항이 소송상 문제된 경우에 당사자가 그에 반하는 주장을 하여 다투는 것이 허용되지 않으며 법원도 그와 모순 · 저촉되는 판단을 해서는 안 되는 구속력을 말함.25 26
- 행정소송법에 명문규정은 없으나,27 행정소송법 제8조 제2항에 따라 민사소송법상 기판력에 관한 규정이 행정소송에도 준용됨.

> **행정소송법 제8조【법적용례】** ② 행정소송에 관하여 이 법에 특별한 규정이 없는 사항에 대하여는 법원조직법과 민사소송법 및 민사집행법의 규정을 준용한다.28

2) 인정범위 : 인용판결뿐만 아니라 청구기각판결에도 기판력이 미침.29

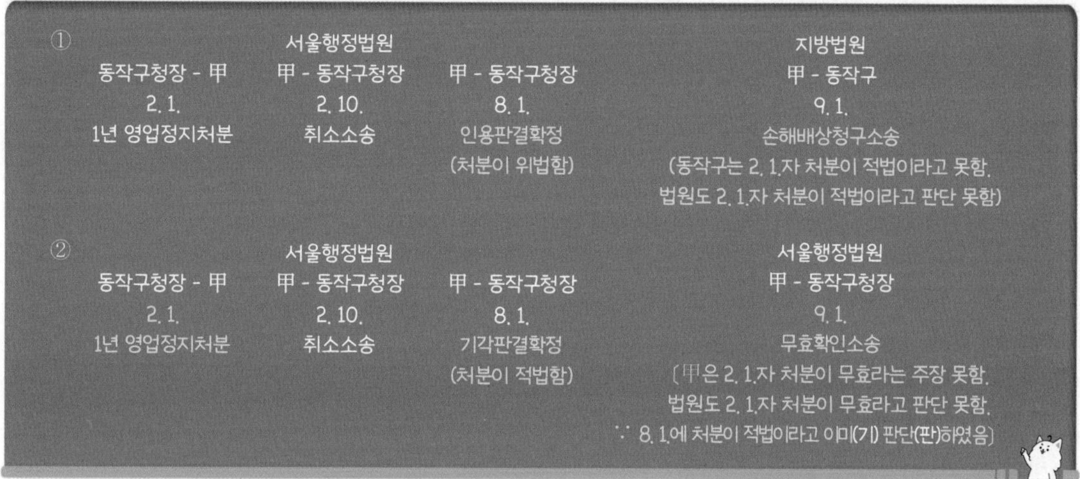

> 과세처분취소소송에서 청구가 기각된 확정판결의 기판력은 과세처분 무효확인소송에도 미침(대판 1996. 6. 25, 95누1880).30

3) 기판력의 내용 : 반복금지 · 모순금지

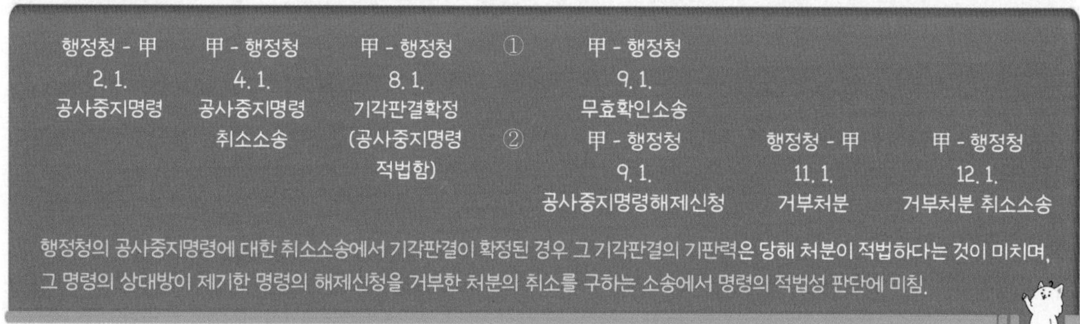

> 행정청이 공사중지명령의 상대방이 명령의 취소를 구한 소송에서 패소함으로써 그 명령이 적법한 것으로 이미 확정되었다면, 이후 이러한 공사중지명령의 상대방은 그 명령의 해제신청을 거부한 처분의 취소를 구하는 소송에서 그 명령의 적법성을 다툴 수 없음(대판 2014. 11. 27, 2014두37665).31

4) 범위 : 기판력을 너무 넓게 인정하면 어떠한 사안에 대해 이미 판결이 있었다는 것 때문에 누군가가 소송을 제기할 수 없는 문제가 생김. 이는 국민의 재판청구권(헌법 제27조상의 기본권)과의 관계에서 문제가 있음. 이런 점을 고려하여 기판력은 일정한 범위 내에서만 미침.

(1) 주관적 범위

동작세무서장 - 甲	-1,000 +1,000 甲 - 국가	甲 - 동작세무서장	甲 - 동작세무서장	甲 - 국가
2. 1.	2. 10.	4. 1.	8. 1.	8. 10.
1,000만원 세금부과처분	납부	1,000만원 세금부과처분 취소소송 (심판을 거쳤다는 것을 전제할 것)	기각판결확정 (처분이 적법함)	부당이득반환 청구소송

- 8. 1.자 판결에서 2. 1.자 처분을 적법한 것으로 보아 기각했기 때문에 甲은 2. 1.자 세금부과처분이 위법이므로 국가에 대해 부당이득을 반환하라는 주장을 할 수 없음.
- 즉, 기존에 판결이 확정되면 후속소송에서 동일한 사항(2. 1.자 세금부과처분)이 문제되었을 때 당사자는 이와 저촉되는 주장을 할 수 없음. 이것이 기판력

- 당해 소송의 당사자(원고와 피고) 및 당사자와 동일시할 수 있는 승계인에게만 미치고, 제3자에게는 미치지 않음. 32
- 피고인 처분행정청이 속하는 국가나 공공단체에도 미침.

> 처분청을 피고로 한 과세처분취소소송의 기판력은 당해 처분이 귀속하는 국가 또는 공공단체에 미침(대판 1998. 7. 24, 98다10854). 33 34

(2) 객관적 범위

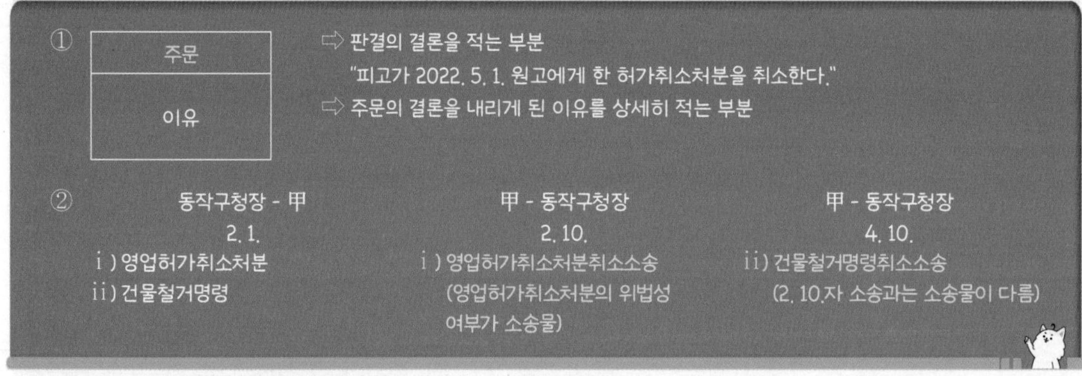

- 민사소송과 동일하게 판결의 주문에 나타난 판단에만 미치며 판결이유 중에 적시된 구체적인 위법사유에 관한 판단에는 미치지 않음.

> 1. 기판력은 판결주문에 대해서 미침.
> 2. 기판력의 객관적 범위는 그 판결의 주문에 포함된 것, 즉 소송물로 주장된 법률관계의 존부에, 즉 위법성 존부에 관한 판단 그 자체에만 미치는 것이고, 35 판결이유에 설시된 그 전제가 되는 법률관계의 존부에까지 미치는 것은 아님(대판 1987. 6. 9, 86다카2756). 36

- 취소소송의 소송물을 위법성 일반이라고 보는 다수설과 판례 : 인용판결의 경우 처분이 위법하다는 점에, 기각판결의 경우 당해 처분이 적법하다는 점에 기판력이 미침(단, 사정판결의 경우에는 당해 처분이 위법하다는 점에 미침). ⇨ 어떠한 처분에 대한 청구기각의 확정판결이 있는 경우라면 당사자는 후소에서 그 처분의 위법성을 주장할 수 없음. 37

- 전소와 후소가 그 소송물을 달리하는 경우에는 전소확정판결의 기판력이 후소에 미치지 않음.
- 단, 전소의 주문에 포함된 법률관계가 후소의 선결적 법률관계가 되는 때에는 전소의 판결의 기판력이 후소에 미침.

> 1. 취소판결의 기판력은 소송물로 된 행정처분의 위법성 존부에 관한 그 자체에만 미치는 것이므로 전소와 후소가 그 소송물을 달리하는 경우에는 전소확정판결의 기판력이 후소에 미치지 아니함(대판 1996. 4. 26, 95누5820).[38]
> 2. 전소와 후소의 소송물이 동일하지 아니하여도 전소의 주문에 포함된 법률관계가 후소의 선결적 법률관계가 되는 때에는 전소의 판결의 기판력이 후소에 미쳐 후소의 법원은 전에 한 판단과 모순되는 판단을 할 수 없음(대판 2000. 2. 25, 99다55472 ; 대판 2001. 1. 16, 2000다41349).[39]

(3) 시간적 범위 : 사실심변론종결시를 기준하여 발생함.[40]

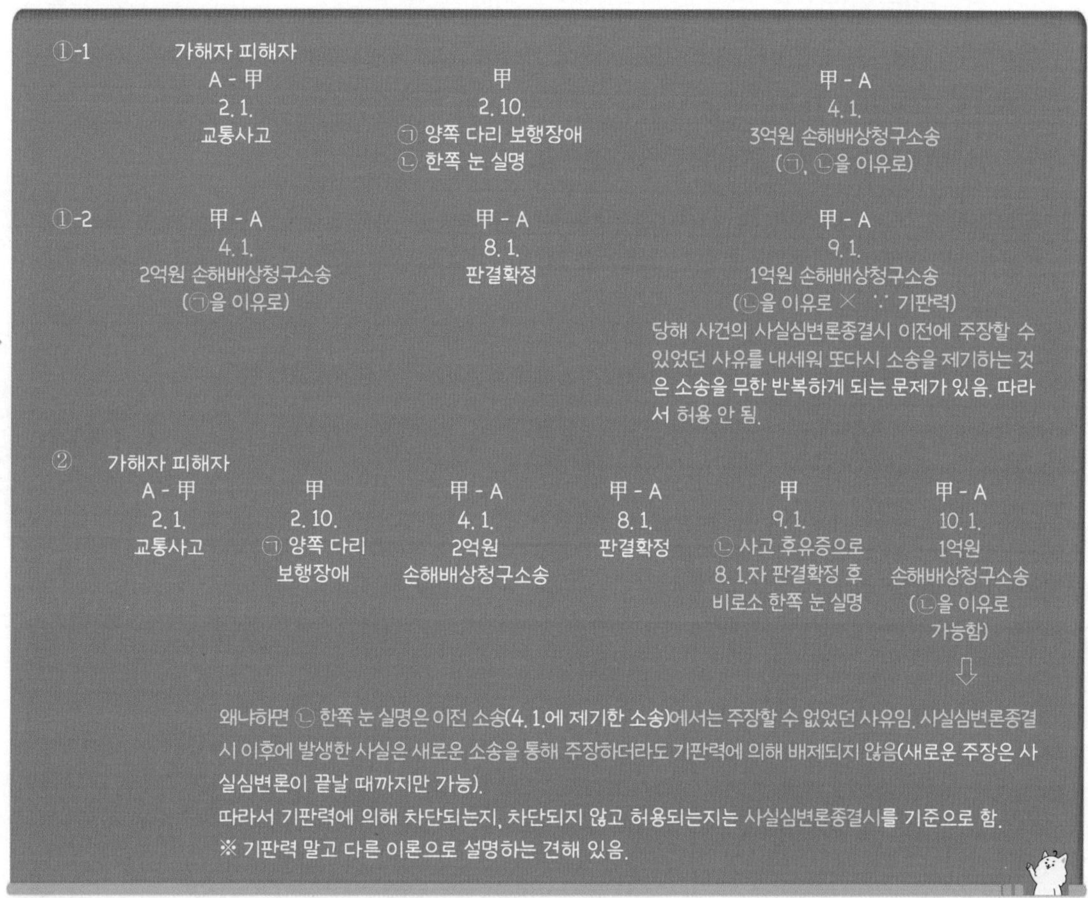

2 형성력(제3자에 대한 효력)

1) 의의 : 판결의 취지에 따라 법률관계의 발생 · 변경 · 소멸을 가져오는 효력을 말함.

2) 인정범위 : 형성력은 기판력과 달리 기각판결에는 인정되지 않고, 청구인용판결의 경우에만 인정됨.[41 42 43]

3) 효 과

(1) 형성효

동작세무서장 - 甲	甲 - 동작세무서장	甲 - 동작세무서장	동작세무서장 - 甲
2. 1. 1,000만원 세금부과처분	4. 1. 취소소송 (심판을 거쳤음을 전제할 것)	8. 1. 1,000만원 세금부과처분 취소판결확정	9. 1. 2. 1.자 처분 중 300만원을 감액하는 경정처분을 함(이는 취소판결 후에 취소된 처분을 대상으로 하는 처분으로 당연무효임). ∵ 8. 1.자 판결로 2. 1.자 처분은 취소되어 더 이상 존재하지 않음.

- 처분청의 별도 행위를 기다릴 것 없이 소멸되어 처분이 없었던 것과 같은 상태로 됨.

> **행정처분취소 확정판결은 형성력이 있으므로 행정청의 별도 취소절차 없이도 처분의 효력은 소멸함**(대판 1991. 10. 11, 90누5443).44 45

- 따라서 취소판결 후에 취소된 처분을 대상으로 하는 처분은 당연무효임.46

> **과세처분을 취소하는 판결이 확정되면 그 과세처분은 처분시에 소급하여 소멸**하므로 그 뒤에 과세관청에서 그 과세처분을 **경정하는 경정처분**을 하였다면 이는 존재하지 않는 과세처분을 경정한 것으로서 그 하자가 중대하고 명백한 **당연무효**의 처분임(대판 1989. 5. 9, 88다카16096).47

(2) **소급효** : 취소판결의 취소의 효과는 판결시가 아닌 처분시로 소급하는바 이를 소급효라 함.

> 「도시 및 주거환경정비법」상 주택재개발사업조합의 조합설립인가처분이 법원의 재판에 의하여 취소된 경우, 주택재개발사업조합이 조합설립인가처분 취소 전에 「도시 및 주거환경정비법」상 적법한 행정주체 또는 사업시행자로서 한 결의 등 처분은 소급하여 효력을 상실함(대판 2012. 3. 29, 2008다95885).48

(3) **취소판결의 제3자효**(대세효)

	A - 동작구청장	동작구청장 - A	甲 - 동작구청장	甲 - 동작구청장
①	2. 1. 버스사업면허신청 甲 기존사업면허	4. 1. 신규버스사업면허	5. 1. A 버스사업면허 취소소송	11. 1. A 버스사업면허 취소판결확정 ∴ 판결의 효력은 원고인 甲, 피고인 동작구청장 외에 제3자인 A에게도 효력발생
②	2. 1. 버스사업면허신청 甲 기존사업면허	4. 1. 신규버스사업면허	5. 1. A 버스사업면허 무효확인소송	11. 1. A 버스사업면허 무효확인판결확정 ∴ A에게도 효력발생. 제3자효에 대한 효력은 무효등확인소송의 경우에도 준용됨.

- 취소판결의 형성력과 소급효는 제3자에 대하여도 미치는바 이를 취소판결의 제3자효라 함.
- 행정소송법은 처분 등을 취소하는 확정판결이 제3자에 대하여도 효력이 있다고 하여 처분취소판결의 제3자에 대한 구속력을 명문화하고 있음.49
- 행정처분을 취소하는 확정판결이 제3자에 대하여도 효력이 있다고 하더라도 일반적으로 판결의 효력은 주문에 포함한 것에 한하여 미치는 것이니 그 취소판결 자체의 효력으로써 그 행정처분을 기초로 하여 새로 형성된 제3자의 권리

까지 당연히 그 행정처분 전의 상태로 환원되는 것이라고는 할 수 없고, 단지 취소판결의 존재와 취소판결에 의하여 형성되는 법률관계를 소송당사자가 아니었던 제3자라 할지라도 이를 용인하지 않으면 아니된다는 것을 의미하는 것에 불과함(대판 1986. 8. 19, 83다카2022).[50]

- 무효등확인소송 · 부작위위법확인소송의 경우에도 준용됨.

> 행정처분의 무효확인판결은 비록 형식상은 확인판결이라 하여도 그 효력은 취소판결의 경우와 같이 소송의 당사자는 물론 제3자에게도 미침(대판 1982. 7. 27, 82다173).[51]

3 기속력(행정기관에 대한 효력)

1) 의 의

- 처분 등을 취소하는 확정판결이 그 사건에 관하여 당사자인 행정청과 그 밖의 관계행정청을 기속하는 효력을 말함.[52]
- 행정소송법은 이를 명시하고 있으며 이 규정을 그 밖의 항고소송과 당사자소송에도 준용하고 있음.[53]

2) 기속력이 인정되는 판결

- 기속력은 형성력과 동일하게 청구인용판결의 경우에만 인정되며 청구기각판결에는 인정되지 않음.[54][55]
- 청구기각판결이 확정되어 처분의 적법성이 확정된 이후에도 처분청은 당해 처분을 직권취소할 수 있음.[56]

3) 기속력의 내용 - 반복금지의무(부작위의무)

(1) 의의 : 행정청은 동일한 사실관계 아래에서 동일한 당사자에 대하여 동일한 내용의 처분 등을 반복해서는 안 됨.[57]

(2) 위반의 효과 : 하자가 중대 · 명백하여 무효가 됨.[58]

> 확정판결을 받은 처분행정청이 사실심변론종결 이전의 (동일한) 사유를 내세워 다시 확정판결과 저촉되는 행정처분을 하는 것은 무효임(대판 1990. 12. 11, 90누3560).

(3) 반복금지의무의 범위

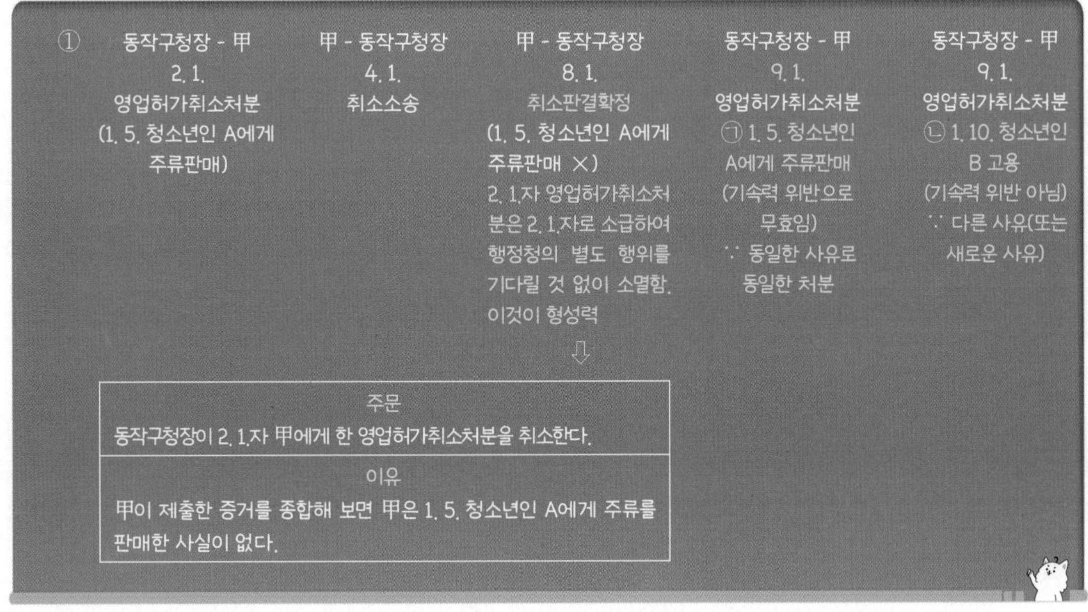

- 판결의 주문과 이유에서 적시된 개개의 위법사유에만 미치므로 다른 사유를 들어 동일한 처분을 하더라도 반복금지의무에 위반되지 않음.

> **종전 처분 후 발생한 새로운 사유를 내세워 다시 거부처분을 하는 것은 처분 등을 취소하는 확정판결의 기속력에 위배되지 않음** (대판 2011. 10. 27, 2011두14401).

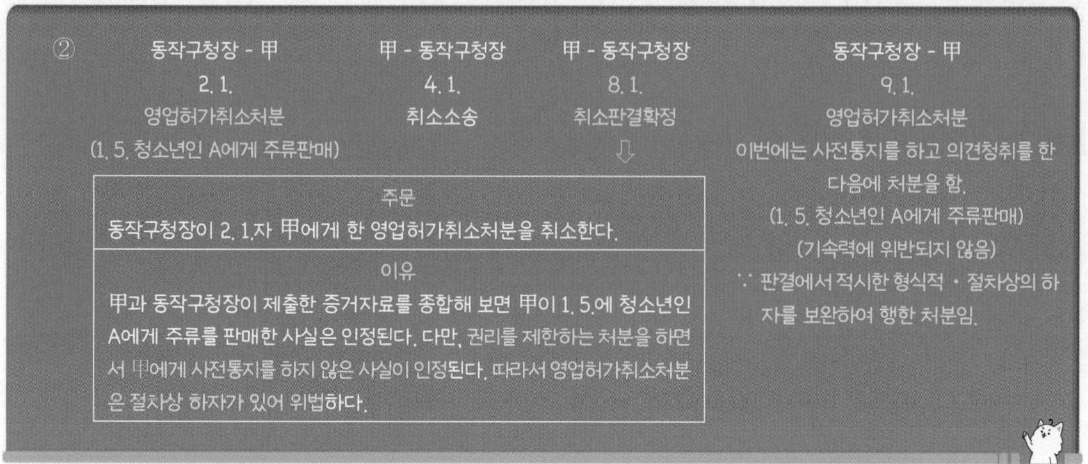

- 처분의 절차나 형식의 하자를 이유로 취소된 경우에 처분청 스스로 위법사유를 보완한 후 동일내용의 처분을 하는 것은 기속력에 반하지 않음.

> 과세처분시 납세고지서에 절차 내지 형식의 위법을 이유로 과세처분을 취소하는 판결이 확정된 경우에 그 확정판결의 기판력(편저자 주 : 기속력)은 **확정판결에 적시된 절차 내지 형식의 위법사유에 한하여 미친다고 할 것이므로 과세처분취소소송의 확정판결에 적시된 위법사유를 보완하여 새로이 행한 과세처분은 종전의 과세처분과는 별개의 처분으로서 확정판결의 기판력**(편저자 주 : 기속력)**에 저촉되지 않음**(대판 1986. 11. 11, 85누231).[59 60]

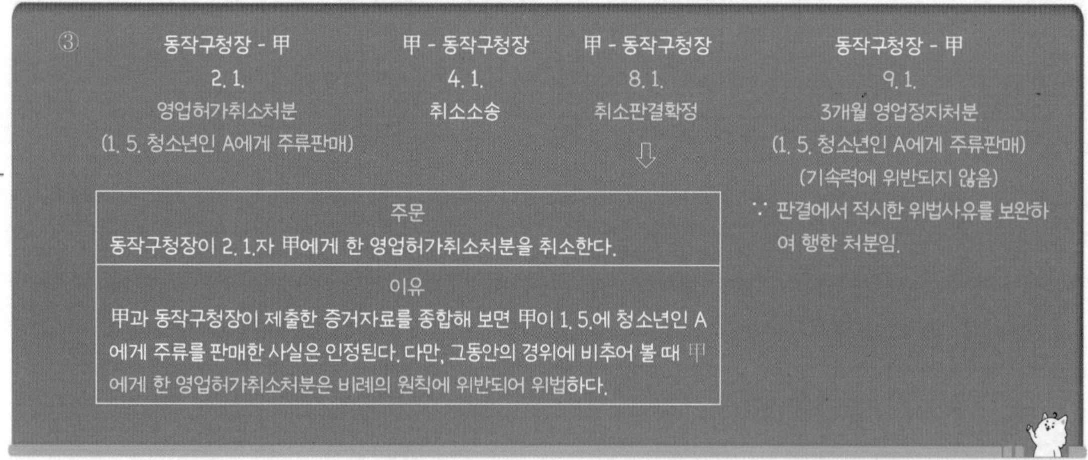

- 법규위반을 이유로 내린 '영업허가취소처분'이 비례원칙 위반으로 취소된 경우에 동일한 법규위반을 이유로 '영업정지처분'을 내리는 것은 기속력에 반하지 않음.[61]

4) 기속력의 내용 - 재처분의무(적극적 처분의무)

> 행정소송법 제30조【취소판결 등의 기속력】① 처분 등을 취소하는 확정판결은 그 사건에 관하여 당사자인 행정청과 그 밖의 관계행정청을 기속한다.
> ② 판결에 의하여 취소되는 처분이 당사자의 신청을 거부하는 것을 내용으로 하는 경우에는 그 처분을 행한 행정청은 판결의 취지에 따라 다시 이전의 신청에 대한 처분을 하여야 한다.
> ③ 제2항의 규정은 신청에 따른 처분이 절차의 위법을 이유로 취소되는 경우에 준용한다.

(1) 의 의

- 행정청이 판결의 취지에 따른 처분을 하여야 함을 의미함.
- 거부처분취소판결이 있는 경우 행정청은 판결의 취지에 따라 다시 이전의 신청에 대한 처분을 하여야 함.
- 재처분의무는 당사자의 새로운 신청이 없더라도 당연히 하여야 하는 의무임.
- 판결의 취지에 따른 재처분 : 반드시 원고가 신청한 대로 재처분을 하여야 하는 것을 의미하는 것은 아님.[62] ⇨ 처분 후 새로운 사유를 이유로 거부처분을 할 수도 있음.[63]

> 1. 거부처분취소의 확정판결을 받은 행정청이 사실심변론종결 이후 발생한 새로운 사유를 내세워 다시 이전의 신청에 대하여 거부처분을 한 경우 이러한 처분은 행정소송법 제30조 제2항에 규정된 재처분에 해당함(기속력에 반하는 처분이 아니라는 의미)(대판 1999. 12. 28, 98두1895).
> 2. 주민 등의 도시관리계획입안 제안을 거부한 처분을 이익형량에 하자가 있어 위법하다고 판단하여 취소하는 판결이 확정되었더라도 행정청에게 그 입안 제안을 그대로 수용하는 내용의 도시관리계획을 수립할 의무가 있다고는 볼 수 없고, 행정청이 다시 새로운 이익형량을 하여 적극적으로 도시관리계획을 수립하였다면 취소판결의 기속력에 따른 재처분의무를 이행한 것이라고 보아야 함(대판 2020. 6. 25, 2019두56135).[64]

- 거부처분이 형식상의 위법을 이유로 취소된 경우 : 행정청은 동일한 형식상(절차상)의 위법을 반복하지 않고 다시 재처분을 하면 됨. 따라서 행정청은 실체적 요건을 심사하여 다시 거부처분을 할 수도 있음.
- 거부처분이 실체상의 위법을 이유로 취소된 경우 : 위법판단의 기준시에 관해 통설 및 판례의 입장인 처분시설에 따르면 거부처분 이후의 새로운 사유를 이유로 다시 거부처분을 하는 것은 가능함.[65] 다만, 새로운 사유가 없다면 실체법상의 위법사유에 기하여 취소하는 판결이 확정된 경우에는 당해 거부처분을 한 행정청은 원칙적으로 신청을 인용하는 처분을 하여야 함.

> 취소소송에서 소송의 대상이 된 거부처분을 실체법상의 위법사유에 기하여 취소하는 판결이 확정된 경우에는 당해 거부처분을 한 행정청은 원칙적으로 신청을 인용하는 처분을 하여야 하고, 사실심변론종결 이전의 사유(편저자 주 : 동일한 사유)를 내세워 다시 거부처분을 하는 것은 확정판결의 기속력에 저촉되어 허용되지 아니함(대판 2001. 3. 23, 99두5238).

- 거부처분시 이전에 존재하던 다른 사유를 근거로 다시 거부처분이 가능한지의 문제 : 기본적 사실관계의 동일성이 없어 법원의 판단대상에서 제외된 경우라면 행정청이 재처분을 하며 처분 이전에 존재한 사유를 주장할 수 있음.

> 종전 확정판결의 행정소송과정에서 한 주장 중 처분사유가 되지 아니하여 판결의 판단대상에서 제외된 부분을 행정청이 그 후 새로이 행한 처분의 적법성과 관련하여 새로운 소송에서 다시 주장하는 것은 위 확정판결의 기판력(편저자 주 : 기속력을 의미)에 저촉되지 않음(대판 1991. 8. 9, 90누7326).[66]

① 甲 - 동작구청장 2. 1. 음식점영업허가 신청 / 동작구청장 - 甲 4. 1. 거부처분 (화장실이 수세식이 아님) / 甲 - 동작구청장 5. 1. 취소소송 / 甲 - 동작구청장 8. 1. 취소판결확정 ⇩ / 동작구청장 - 甲 9. 1. 거부처분 / 동작구청장 - 甲 9. 1. 거부처분

주문
동작구청장이 4. 1.자 甲에게 한 거부처분을 취소한다.
이유
甲이 제출한 증거자료를 종합해 보면 甲의 2. 1.자 음식점영업허가 신청은 화장실이 수세식이라는 요건을 갖춘 것으로 인정된다.

㉠ 화장실이 수세식이 아님 (기속력 위반으로 무효).
∵ 동일한 사유로 동일한 처분

㉡ 4. 10. 법이 개정되었는데 신법에 따르면 화장실에 손 씻는 설비 갖출 것이 추가됨. 그런데 甲은 그 설비를 갖추고 있지 못함 (기속력 위반 아님).
∵ 거부처분 이후 법령개정을 근거로 다시 거부처분을 한 경우 기속력에 위반되지 않음(새로운 사유에 해당함).

② A - 동작구청장 2. 1. 공장건축허가 신청 / 동작구청장 - A 4. 1. 공장건축허가처분 甲 주민 / 甲 - 동작구청장 5. 1. A 공장건축허가취소소송 / 甲 - 동작구청장 8. 1. 취소판결확정 ⇩

주문
동작구청장이 4. 1.자 A에게 한 공장건축허가처분을 취소한다.
이유
甲과 동작구청장이 제출한 증거자료를 종합해 보면 case ① 甲에게 공청회를 거치지 않은 사실이 인정된다. 따라서 4. 1.자 처분은 절차상의 하자가 있어 위법하다. case ② 해당 지역은 주거지역이다. 따라서 4. 1.자 처분은 내용상 하자가 있어 위법하다.

case①이라면 공청회를 거친 후 공장건축허가가 가능하므로 동작구청장은 다시 처분을 하여야 함.
case②라면 공장건축허가 불가능함. 따라서 재처분의무 없음.

(2) **법령 등의 개정이 있는 경우** : 원거부처분 이후 법령개정이 있어서 개정법령을 근거로 거부한 경우 기속력에 반하지 않음.

> 거부처분취소의 확정판결을 받은 행정청이 거부처분 후에 법령이 개정 · 시행된 경우 이를 새로운 사유로 내세워 다시 거부처분을 한 것은 기속력에 반하는 처분이 아님(대결 1998. 1. 7, 97두22).**67**

(3) **신청에 따른 처분이 절차상 위법을 이유로 취소된 경우**(제3자효 행정행위에서 처분의 상대방이 아닌 제3자가 취소소송을 제기하여 처분이 절차상의 하자를 이유로 취소된 경우를 의미) : 판결의 취지에 따라 적법한 절차에 의하여 이전의 신청에 대한 처분을 하여야 함.**68**

5) **기속력의 내용** - 결과제거의무

동작구청장 - 甲 2. 1. 자동차번호판 압류처분 / 甲 - 동작구청장 4. 1. 취소소송 / 甲 - 동작구청장 8. 1. 취소판결확정

∴ 2. 1.자 압류처분이 취소되면 동작구청장은 압류재산을 반환하여야 함.

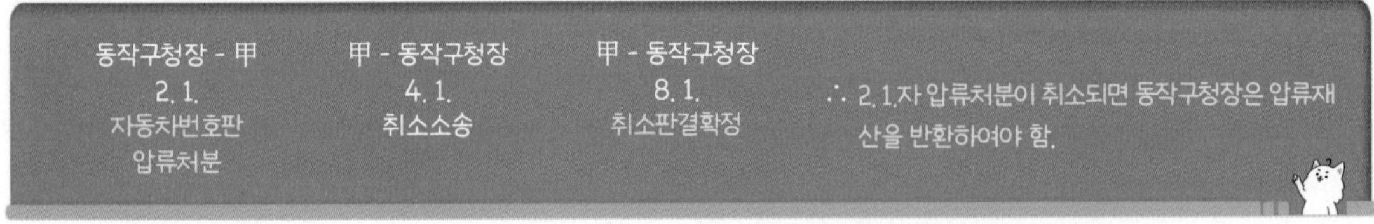

- 처분의 취소판결이 확정되면 행정청은 위법한 처분에 의해 초래된 상태를 제거할 의무를 가짐.**69**
- 어떤 행정처분을 위법하다고 판단하여 취소하는 판결이 확정되면 행정청은 취소판결의 기속력에 따라 그 판결에서

확인된 위법사유를 배제한 상태에서 다시 처분을 하거나 그 밖에 위법한 결과를 제거하는 조치를 할 의무가 있음(대판 2020. 4. 9, 2019두49953).[70]

6) 기속력의 범위

주관적 범위	당사자인 행정청뿐만 아니라 그 밖의 모든 관계행정청에게도 미침.[71]
객관적 범위	• 판결주문 및 이유에 적시된 구체적 위법사유에만 미침.[72] • 기속력은 기판력과 달리 '판결로 적시된 개개의 위법사유'에 관해서 발생하므로,[73] 기본적 사실관계가 동일하지 아니한 별도의 이유에 기하여 동일한 내용의 처분을 하는 것은 기속력에 위반되지 않음. ① 취소소송에서 처분 등을 취소하는 확정판결의 **기속력은 판결의 주문뿐만 아니라 그 전제가 되는 처분 등의 구체적 위법사유에 관한 이유 중의 판단에 대하여도 인정**됨(대판 2001. 3. 23, 99두5238). ②-1. 심판청구 등에 대한 결정의 한 유형으로 실무상 행해지고 있는 **재조사결정**은 재결청의 결정에서 지적된 사항에 관하여 처분청의 재조사결과를 기다려 그에 따른 후속처분의 내용을 심판청구 등에 대한 결정의 일부분으로 삼겠다는 의사가 내포된 변형결정에 해당하므로, **처분청은 재조사결정의 취지에 따라 재조사를 한 후 그 내용을 보완하는 후속처분만을 할 수 있음**.[74] ②-2. 따라서 처분청이 재조사결정의 주문 및 그 전제가 된 요건사실의 인정과 판단, 즉 **처분의 구체적 위법사유에 관한 판단에 반하여 당초처분을 그대로 유지하는 것은 재조사결정의 기속력에 저촉됨**(대판 2017. 5. 11, 2015두37549).[75] ③ 징계처분의 취소를 구하는 소에서 징계사유가 될 수 없다고 판결한 사유와 **동일한 사유**를 내세워 다시 징계처분할 수 없음(대판 1992. 7. 14, 92누2912).[76] ④ 새로운 처분의 처분사유와 종전처분에 관하여 위법한 것으로 판결에서 판단된 사유가 **기본적 사실관계에 있어 동일성이 없는 경우**(처분사유가 종전처분 당시 이미 존재하고 있었고 당사자가 이를 알고 있었더라도) 새로운 처분은 종전처분에 대한 판결의 기속력에 저촉되지 않음(대판 2016. 3. 24, 2015두48235).[77][78][79]
시간적 범위	• 처분시까지의 위법사유에만 미침. • 처분 이후에 발생한 새로운 법령 및 사실상태의 변동을 이유로 동일한 내용의 처분을 하는 것은 기속력에 반하지 않음.[80]

7) 위반의 효과 : 기속력에 위반한 효과는 당연무효가 됨.

4 간접강제 - 기속력의 실효성을 확보하기 위한 수단

1) 의의 : 행정청이 거부처분의 취소판결의 취지에 따라 처분을 하지 아니하는 때에는 1심 수소법원은 당사자의 신청에 의하여 결정으로써 상당한 기간을 정하고 행정청이 그 기간 내에 이행하지 아니하는 때에는 그 지연기간에 따라 일정한 배상을 할 것을 명하거나 즉시 손해배상할 것을 명할 수 있음.[81]

2) 규정내용

- 행정소송법은 제34조에서 간접강제에 관한 규정을 두고 있음.
- 무효확인소송에는 취소소송의 재처분의무에 관한 규정은 준용되나 간접강제에 관한 규정은 준용 안 됨.
- 부작위위법확인소송에는 취소소송의 재처분의무에 관한 규정과 간접강제에 관한 규정 모두 준용됨.[82]

3) 간접강제의 행사요건

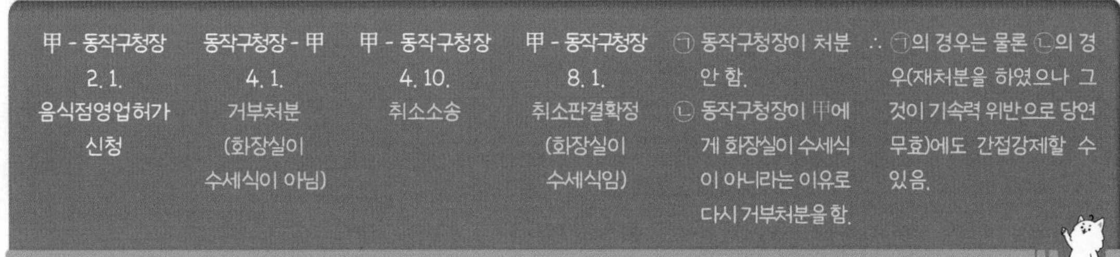

- 행정청의 재처분의무를 이행하지 아니한 경우 허용됨.

- 행정청이 재처분을 하였더라도 그 처분의 판결의 기속력에 위반되어 당연무효인 경우라면 아무런 재처분을 하지 아니한 때와 마찬가지가 되어 간접강제가 가능함.[83]

> 거부처분에 대한 취소의 확정판결이 있음에도 행정청이 아무런 재처분을 하지 아니하거나, 재처분을 하였다 하더라도 그 것이 종전 거부처분에 대한 취소의 확정판결의 기속력에 반하는 등 당연무효라면 이는 아무런 재처분을 하지 아니한 때와 마찬 가지이므로, 이러한 경우에는 행정소송법 제30조 제2항, 제34조 제1항 등에 의한 간접강제신청에 필요한 요건을 갖춘 것으로 보아야 함(대결 2002. 12. 11, 2002무22).

4) 배상금추심의 한계

- 배상금은 확정판결의 취지에 따른 재처분의 지연에 대한 제재나 손해배상이 아니고 재처분의무의 이행을 확보하기 위한 심리적 강제수단임.
- 법원에서 정한 기한이 경과한 후에라도 행정청이 재처분의무를 이행하면 배상금추심은 허용되지 않음.

> 1. 행정소송법 제34조 소정의 간접강제결정에 기한 배상금의 성질은 확정판결의 취지에 따른 재처분의 지연에 대한 제재나 손해배상이 아니고 재처분의 이행에 관한 심리적 강제수단에 불과한 것으로 보아야 함.[84]
> 2. 확정판결의 취지에 따른 재처분이 간접강제결정에서 정한 의무이행기한이 경과한 후에 이루어진 경우, 간접강제결정에 기한 배상금의 추심은 허용되지 않음(대판 2004. 1. 15, 2002두2444).[85]

cf 법원의 직접처분권 없음.

재심청구, 소송비용 등

1 재심청구

- 처분 등을 취소하는 판결에 의하여 권리 또는 이익의 침해를 받은 제3자는 자기에게 책임 없는 사유로 소송에 참가하지 못함으로써 판결의 결과에 영향을 미칠 공격 또는 방어방법을 제출하지 못한 때에는 이를 이유로 확정된 종국판결에 대하여 재심의 청구를 할 수 있음.[86]
- 제3자에 의한 재심청구는 확정판결이 있음을 안 날로부터 30일 이내, 판결이 확정된 날로부터 1년 이내에 제기하여야 함.[87]

2 소송비용

- 원칙 : 패소자가 부담함.
- 예외 : 사정판결에 의하여 기각되거나[88] 행정청이 처분 등을 취소 또는 변경함으로 인하여 청구가 각하 또는 기각되는 경우 피고가 부담함.[89]

Topic

74 항고소송 V - 무효등확인소송

p.336~340

1 무효등확인소송의 의의

1) 의의 : 행정청의 처분 등의 효력 유무 또는 존재 여부를 확인하는 소송으로 무효확인소송 외에도 처분 등의 존재확인소송, 부존재확인소송, 유효확인소송, 실효확인소송이 포함됨.

2) 적용법규

원칙	예외
취소소송에 대한 행정소송법상의 규정은 거의 대부분 무효등확인소송에도 준용됨.	취소소송의 규정 중 예외적 심판전치주의, 제소기간, 사정판결, 간접강제에 관한 규정은 **준용되지 않음.** 01 02 03

2 소송요건

1) **재판관할** : 피고행정청 소재지 관할 행정법원이 1심 법원이 되며, 관할권 없는 법원에 잘못 제기된 경우 정당한 관할법원에 이송하여야 함.

2) **관련청구소송의 이송과 병합** : 무효확인소송과 관련청구소송이 각각 다른 법원에 계속되고 있는 경우 관련청구소송을 무효등확인소송이 계속된 법원에 이송 · 병합할 수 있음.

3) **소송의 대상** : 무효등확인소송도 취소소송과 마찬가지로 처분 등을 소송의 대상으로 함.

> 행정소송의 대상은 구체적인 권리 · 의무에 관한 분쟁이어야 하는바 구체적인 권리 · 의무에 관한 분쟁이 아닌 법규범의 무효확인 또는 문서의 진위 등 사실관계의 확인을 무효등확인소송으로 청구하는 것은 부적법함(대판 1991. 12. 24, 91누1974). 04

4) **소의 이익**(원고적격 및 협의의 소익)

> **행정소송법 제35조【무효등확인소송의 원고적격】** 무효등확인소송은 처분 등의 효력 유무 또는 존재 여부의 확인을 구할 법률상 이익이 있는 자가 제기할 수 있다. 05

보충성의 문제	기타
• 종전 판례는 무효등확인소송에서 확인의 소의 보충성을 요구하고 있었으나 기존의 판결을 변경하여 더 이상 확인의 소의 보충성을 요구하지 않음. 06 • 따라서 무효인 조세부과처분에 대하여 세금을 납부한 자가 부당이득반환청구소송 등 실질적으로 구제받을 수 있는 다른 소송을 제기할 수 있더라도 조세부과처분의 무효확인소송을 독립된 소로서 제기할 수 있음. 07 ① 항고소송으로 무효확인소송을 제기하는 경우 **무효확인소송의 '보충성'이 요구되는 것은 아님.** 08 ② 행정소송법 제35조에 규정된 '무효확인을 구할 법률상 이익'이 있는지를 판단할 때 **행정처분의 무효를 전제로 한 이행소송 등과 같은 직접적인 구제수단이 있는지를 따져볼 필요가 없음**(대판 2008. 3. 20, 2007두6342 전합). 09	① **사업의 양도행위가 무효라고 주장하는 양도자가 양도 · 양수행위의 무효를 구함이 없이 사업양도 · 양수에 따른 허가관청의 지위승계신고수리처분의 무효확인을 구할 법률상 이익이 있음**(대판 2005. 12. 23, 2005두3554). 10 11 ② 압류등기가 말소된다고 하여도 압류처분이 외형적으로 효력이 있는 것처럼 존재하는 이상 그 불안과 위험을 제거할 필요가 있다고 할 것이므로, 압류처분에 기한 압류등기가 경료되어 있는 경우에도 압류처분의 무효확인을 구할 이익이 있음(대판 2003. 5. 16, 2002두3669). 12

5) 피고적격 : 취소소송의 피고적격에 관한 규정이 준용되어 처분 등을 한 행정청이 피고가 됨.[13]

6) 제소기간 : 무효등확인소송에는 제소기간의 제한이 없음.[14] 다만, 무효선언적 의미의 취소소송에는 제소기간이 적용됨.

7) 예외적 행정심판전치주의

- 무효등확인소송은 개별법에서 예외적 행정심판전치주의를 규정하고 있는 경우에도 그 적용을 받지 아니함. 따라서 행정심판전치주의가 적용되는 경우에도 무효등확인소송을 제기함에 있어서는 행정심판을 거치지 않아도 됨.[15][16]
- 다만, 무효선언적 의미의 취소소송에는 예외적 행정심판전치주의가 적용되므로 개별법 규정이 있는 경우에 무효사유의 하자가 있는 처분에 대해 취소소송을 제기하여 다투는 경우에는 행정심판을 거쳐야 함.[17]

3 소의 변경과 소제기의 효과

1) 소의 변경 : 취소소송의 소변경에 관한 규정은 무효등확인소송을 취소소송 또는 당사자소송으로 변경하는 경우에도 준용됨. 또한 처분변경으로 인한 소변경 역시 무효등확인소송에 준용됨.

2) 집행부정지원칙 및 가구제(집행정지)

- 집행부정지의 원칙은 무효등확인소송에도 준용됨. 따라서 무효등확인소송의 제기는 처분 등의 효력이나 그 집행 또는 절차의 속행에 영향을 주지 아니함.[18]
- 한편 일정한 요건을 갖춘 경우 예외적으로 집행정지제도가 인정되는바, 무효등확인소송의 경우에도 취소소송의 집행정지에 관한 규정이 준용됨.[19][20]

4 소송의 심리

1) 직권심리주의 : 무효등확인소송의 심리에 있어서도 법원이 필요하다고 인정될 때에는 직권으로 증거조사를 할 수 있으며 당사자가 주장하지 않은 사실에 대해서도 심판할 수 있음.[21]

2) 입증책임 : 무효를 주장하는 자가 처분에 존재하는 하자가 무효사유임을 주장 · 입증해야 함(원고책임설).

> 1. 행정처분의 당연무효를 구하는 소송에 있어서는 그 **무효를 구하는 사람(원고)에게 그 행정처분에 존재하는 하자가 중대하고 명백하다는 것을 주장 · 입증할 책임이 있음**(대판 1984. 2. 28, 82누154).[22]
> 2. 무효확인을 구하는 행정소송에서는 원고에게 행정처분이 무효인 사유를 주장 · 증명할 책임이 있고, 이는 무효확인을 구하는 뜻에서 행정처분의 취소를 구하는 소송에 있어서도 마찬가지임(대판 2023. 6. 29, 2020두46073).[23] 최신

3) 위법판단의 기준시 : 처분시를 기준으로 처분의 무효 등을 판단하여야 함.

5 판결 및 소송의 종료

1) 일반론

- 무효확인판결은 제3자에 대해서도 효력이 있으며[24] 집행정지결정 역시 제3자효를 가짐.
- 무효확인판결은 당사자인 행정청과 그 밖의 행정청을 기속하며,[25] 확정판결에 대한 제3자의 재심청구도 허용됨.
- 무효등확인소송에서 청구기각판결이 확정된 경우라도 해당 처분이 위법한 것임을 주장하면서 국가배상청구소송을 제기할 수 있음.

2) 사정판결 : 무효확인소송에서는 사정판결을 할 수 없음.

> **당연무효의 행정처분을 소송목적물로 하는 행정소송에서는 존치시킬 효력이 있는 행정행위가 없기 때문에 행정소송법 제28조 소정의 사정판결을 할 수 없음**(대판 1996. 3. 22, 95누5509).[26]

3) **기속력의 실효성 확보** : 간접강제에 관한 행정소송법 제34조는 무효등확인판결에 준용되는 규정이 아니므로 거부처분에 대해 무효확인판결이 내려진 경우 간접강제는 허용되지 않음.

1. 행정소송법 제4조에서는 무효확인소송을 항고소송의 일종으로 규정하고 있고, 행정소송법 제38조 제1항에서는 처분 등을 취소하는 확정판결의 기속력 및 행정청의 재처분의무에 관한 행정소송법 제30조를 무효확인소송에도 준용하고 있으므로 무효확인판결 자체만으로도 실효성을 확보할 수 있음(대판 2008. 3. 20, 2007두6342 전합).27
2. 행정소송법에는 간접강제를 준용한다는 규정이 없으므로 무효확인소송에는 간접강제가 인정되지 않음(대결 1998. 12. 24, 98무37).28 29

6 취소소송과 무효등확인소송의 관계

무효사유에 해당하는 처분에 대해 취소소송을 제기한 경우	• 무효선언적 의미의 취소판결을 할 수 있음(통설 및 판례).30 31 • 다만, 이러한 경우는 형식적으로는 취소소송으로 제기되었으므로 취소소송의 소송요건(예 예외적 행정심판전치주의, 제소기간 등의 요건)을 준수해야만 함.32 • 따라서 과세처분에 대해 무효확인소송을 제기하는 경우에는 전심절차를 거칠 필요가 없으나, 과세처분에 대해 무효선언을 구하는 의미에서 취소소송을 제기하는 경우에는 전심절차를 거쳐야 함.
	무효사유에 해당하는 처분에 대해 취소소송을 제기하는 경우에도 제소기간의 준수 등 취소소송의 제소요건을 갖추어야 함(대판 1984. 5. 29, 84누175).33
취소사유에 해당하는 처분에 대해 무효확인소송을 제기한 경우	• **취소소송의 제기요건을 갖춘 경우** : 취소판결설 입장을 보임(판례).34 • **취소소송의 제기요건을 갖추지 못한 경우** : 청구기각판결을 하여야 함(통설 및 판례).35 • **취소소송의 불복기간이 지난 후 그 행정처분의 근거가 된 법률이 위헌이라는 이유로 무효확인청구의 소가 제기된 경우** : 다른 특별한 사정이 없는 한 법원으로서는 그 법률이 위헌인지 여부를 판단할 필요 없이 무효확인청구를 기각하여야 함.
	① 행정처분의 무효확인을 구하는 소에는 원고가 그 처분의 취소를 구하지 아니한다고 밝히지 아니한 이상 그 처분이 만약 당연무효가 아니라면 그 **취소를 구하는 취지도 포함**되어 있는 것으로 보아야 함(대판 1994. 12. 23, 94누477).36 37 ② 행정처분의 무효확인을 구하는 소에는 특단의 사정이 없는 한 취소를 구하는 취지도 포함되어 있다고 보아야 하므로, 해당 행정처분의 취소를 구할 수 있는 경우라면 **무효사유가 증명되지 아니한 때에 법원으로서는 취소사유에 해당하는 위법이 있는지 여부까지 심리하여야** 함(대판 2023. 6. 29, 2020두46073).38 최신 ③ 행정처분의 무효확인을 구하는 청구에는 특별한 사정이 없는 한 그 처분의 취소를 구하는 취지까지도 포함되어 있다고 볼 수는 있으나 위와 같은 경우에 **취소청구를 인용하려면** 먼저 **취소를 구하는 항고소송으로서의 제소요건을 구비**한 경우에 한함(대판 1986. 9. 23, 85누838).39 ④ **동일한 행정처분에 대하여 무효확인의 소를 제기하였다가 그 후 그 처분의 취소를 구하는 소를 추가적으로 병합한 경우**, 주된 청구인 **무효확인의 소가 (취소소송의) 적법한 제소기간 내에 제기되었다면 추가로 병합된 취소청구의 소도 적법하게 제기된 것으로 볼 수 있음**(편저자 주 : 한편 이러한 병합은 예비적 병합으로만 가능함. 병합 부분 참조)(대판 2005. 12. 23, 2005두3554).40 ⑤ **이미 취소소송의 제기기간을 경과하여 확정력이 발생한 행정처분**에는 위헌결정의 소급효가 미치지 않는다고 보아야 할 것이므로 어느 행정처분에 대하여 그 행정처분의 근거가 된 법률이 위헌이라는 이유로 무효확인청구의 소가 제기된 경우에는 다른 특별한 사정이 없는 한 법원으로서는 그 법률이 위헌인지 여부에 대하여는 판단할 필요 없이 위 **무효확인청구를 기각**하여야 할 것임(대판 2000. 11. 14, 2000다20144).41

Topic

75 항고소송 V - 부작위위법확인소송

p.340~343

1 부작위위법확인소송의 의의

1) 의의 : 행정청의 부작위가 위법하다는 것을 확인하는 소송

2) 적용법규

원 칙	예 외
취소소송에 관한 대부분의 규정이 부작위위법확인소송에도 준용됨.	다만 처분변경으로 인한 소변경, 집행정지결정, 사정판결에 관한 규정 등은 **준용되지 않음**.01

2 소송요건

1) **관할** : 취소소송의 규정이 준용되어 취소소송과 동일함.

2) 소송의 대상

(1) **부작위의 의의** : 행정청이 당사자의 신청에 대하여 상당한 기간 내에 일정한 '처분'을 하여야 할 법률상 의무가 있음에도 불구하고 이를 하지 아니하는 것을 말함.

> 검사가 압수해제된 것으로 간주된 압수물의 환부신청에 대하여 아무런 결정 · 통지도 하지 아니한 경우, 부작위위법확인소송의 대상이 되지 않음(대판 1995. 3. 10, 94누14018).02

(2) 위법한 부작위의 성립요건

당사자의 신청	부작위가 성립하기 위하여는 당사자의 신청이 있어야 하며, 여기서 신청이라 함은 법규상 또는 조리상 신청권이 있음을 전제로 함.03
	① 당사자에게 **법규상 · 조리상 신청권이 없는 경우 부작위위법확인의 소는 부적법**함(대판 1995. 9. 15, 95누7345).04 ②-1. 행정청이 행한 공사중지명령의 상대방은 그 명령 이후에 그 원인사유가 소멸하였음을 들어 행정청에 대하여 공사중지명령의 철회를 요구할 수 있는 조리상의 신청권이 있음.05 ②-2. 행정청이 행한 공사중지명령의 상대방이 그 명령 이후에 그 원인사유가 소멸하였음을 들어 행정청에 대하여 공사중지명령의 철회를 신청하였으나 행정청이 이에 대하여 아무런 응답을 하지 않고 있는 경우, 그러한 행정청의 부작위는 그 자체로 위법함(대판 2005. 4. 14, 2003두7590).06 ③ 4급 공무원이 당해 지방자치단체 인사위원회의 심의를 거쳐 3급 승진대상자로 결정되고 임용권자가 그 사실을 대내외에 공표한 경우, 그 공무원에게 승진임용신청권이 있음(대판 2008. 4. 10, 2007두18611).07
상당한 기간의 경과	위법한 부작위가 성립하기 위해서는 당사자의 신청 후 상당한 기간이 경과했는데도 행정청이 아무런 처분을 하지 않아야 함.
처분을 할 법률상 의무의 존재	부작위란 행정청이 어떤 행위를 해야 할 법률상 의무가 있음에도 불구하고 아무런 처분을 하지 않은 경우에 성립함. 법률상 의무란 명문의 규정에 있는 의무뿐만 아니라 조리상 인정되는 경우도 포함됨.
처분의 부존재	• 처분이 존재하는 경우 부작위위법확인소송이 아닌 취소소송을 제기하여야 함. • **간주거부** : 법령이 일정한 상태에서 부작위를 거부처분으로 간주하는 규정을 둔 경우에는 부작위위법확인소송의 대상이 되지 않고, 거부처분취소소송을 제기할 수 있을 뿐임.08 • **처분의 부존재** : 행정입법에 관한 부작위는 부작위위법확인소송의 대상이 되지 않음.09
	① **행정청이 당사자의 신청에 대하여 거부처분을 한 경우**에는 항고소송의 대상인 위법한 부작위가 있다고 볼 수 없어 그 **부작위위법확인의 소는 부적법**함(대판 1998. 1. 23, 96누12641).10 ② **추상적인 법령에 관한 제정 여부** 등은 그 자체로서 국민의 구체적 권리 · 의무에 관한 분쟁이 아니어서 **부작위위법확인소송의 대상이 될 수 없음**(대판 1992. 5. 8, 91누11261).11 12

3) 원고적격의 문제

> **행정소송법 제36조【부작위위법확인소송의 원고적격】** 부작위위법확인소송은 처분의 신청을 한 자로서 부작위의 위법의 확인을 구할 법률상 이익이 있는 자만이 제기할 수 있다.[13]

(1) **처분의 신청을 한 자** : 판례 및 다수설은 부작위의 성립요소로 신청권(법규상 또는 조리상 신청권)을 요구하고 있는바, 이러한 입장에 따르면 부작위가 있으면 신청권이 있는 자에게 원고적격이 인정됨.

> 1. 부작위위법확인의 소에 있어 당사자가 행정청에 대하여 어떠한 행정행위를 하여 줄 것을 요구할 수 있는 법규상 또는 조리상 권리를 갖고 있지 아니한 경우에는 원고적격이 없거나 항고소송의 대상인 위법한 부작위가 있다고 볼 수 없어 그 부작위위법확인의 소는 부적법함(대판 1999. 12. 7, 97누17568).[14]
> 2. 국회의원이 대통령 및 외교통상부(현 외교부)장관의 특임공관장에 대한 인사권행사 등과 관련하여 그 임면과정이나 지위변경 등에 관한 요구를 할 수 있는 법규상 또는 조리상 신청권은 없음(대판 2000. 2. 25, 99두11455).[15]

(2) **제3자의 경우** : 부작위의 직접 상대방이 아닌 제3자라도 법률상 이익이 있는 한 부작위위법확인소송을 제기할 원고적격이 있음(판례).[16]

4) 소의 이익

- 부작위위법확인판결을 받더라도 원고의 권리와 이익을 보호받는 것이 불가능하게 되었다면 소의 이익이 없음.
- 한편, 부작위위법확인소송의 계속 중 행정청이 신청에 대해서 적극 또는 소극의 처분을 하게 되어 부작위상태가 해소되면 소의 이익을 상실하게 되어 각하됨.[17] [18]

> (지방자치단체가 노동운동이 허용되는 사실상의 노무에 종사하는 공무원의 구체적 범위를 조례를 통해 규정하지 않고 있는 것에 대해 버스전용차로 통행위반 단속업무에 종사하는 자가 **부작위위법확인의 소를 제기하였으나 상고심 계속 중에 정년퇴직한 경우, 위 조례를 제정하지 아니한 부작위가 위법하다는 확인을 구할 소의 이익이 상실되었다고** 판단하면서[19]) 당사자의 신청이 있은 이후 당사자에게 생긴 사정의 변화로 인하여 **부작위가 위법하다는 확인을 받는다고 하더라도 종국적으로 침해되거나 방해받은 권리와 이익을 보호 · 구제받는 것이 불가능**하게 된 경우, 그 **부작위가 위법하다는 확인을 구할 이익은 없음**(대판 2002. 6. 28, 2000두4750).[20]

5) **피고적격** : 취소소송의 피고적격에 관한 규정이 준용되어 부작위행정청이 피고가 됨. 또한 피고의 경정에 관한 규정도 준용됨.

6) **제소기간** : 취소소송의 제소기간에 관한 규정은 부작위위법확인소송에도 준용됨.

> 1. **부작위위법확인의 소는** 부작위상태가 계속되는 한 그 위법의 확인을 구할 이익이 있다고 보아야 하므로 **원칙적으로 제소기간의 제한을 받지 않음.**[21]
> 2. 그러나 **행정심판 등 전심절차를 거친 경우에는 행정소송법 제20조가 정한 제소기간 내에 부작위위법확인의 소를 제기하여야 함.**[22] [23]
> 3. 당사자가 적법한 제소기간 내에 부작위위법확인의 소를 제기한 후, 동일한 신청에 대하여 소극적 처분이 있다고 보아 처분취소소송으로 소를 교환적으로 변경한 후 부작위위법확인의 소를 추가적으로 병합한 경우, 제소기간을 준수한 것으로 볼 수 있음(대판 2009. 7. 23, 2008두10560).

써니쌤 Talk

행정심판을 거치지 않은 경우	제소기간의 제한 없음.
행정심판을 거친 경우	재결서의 정본을 송달받은 날부터 90일

7) 예외적 행정심판전치주의

- 부작위위법확인소송에 대해서도 행정심판과 취소소송의 관계를 준용하여 임의적 전치가 원칙이며,[24] 다른 법률이 정한 경우에만 예외적으로 행정심판전치주의가 적용됨.[25]
- 이때의 행정심판은 행정심판법상 부작위위법확인심판을 규정하지 않고 있으므로 의무이행심판을 거쳐야 할 것임.[26]

3 소송의 심리

1) 심리의 범위

(1) 학 설

소극설(절차적 심리설)	적극설(실체적 심리설)
심리범위가 부작위의 위법 여부에만 국한된다고 보는 견해	부작위의 위법 여부뿐만 아니라 신청에 따른 특정처분의무가 있는지도 심리 · 판단할 수 있다는 견해

(2) **판례** : 부작위위법확인소송은 부작위의 위법성을 확인하는 데 그치고 실체적 내용까지는 심리할 수 없다고 함으로써 소극설(절차적 심리설)을 취하고 있음.[27 28]

> 부작위위법확인의 소는 행정청이 법률상의 응답의무가 있음에도 불구하고 이를 하지 아니하는 경우, 그 부작위의 위법을 확인함으로써 행정청의 응답을 신속하게 하여 **부작위 내지 무응답이라고 하는 소극적인 위법상태를 제거하는 것을 목적으로** 하는 것임(대판 2002. 6. 28, 2000두4750).[29]

2) **입증책임** : 일정한 처분을 신청한 사실, 신청권의 존재, 상당한 기간이 경과하였다는 사실은 원고에게 입증책임이 있음. 그러나 상당한 기간이 경과하였음에도 신청에 따른 처분을 하지 못한 것을 정당화하는 사유에 대해서는 행정청이 입증책임을 짐.

3) **위법판단의 기준시** : 부작위위법확인소송의 경우 처분이 존재하지 않으므로 판결시(사실심변론종결시)를 기준으로 판단함(통설).[30]

4) 소의 변경

- 취소소송의 소변경에 관한 규정은 부작위위법확인소송에도 준용됨. 따라서 부작위위법확인소송이 법원에 계속 중 행정청이 거부처분 등 일정한 처분을 한 경우에는 그 거부처분 등에 대한 취소소송으로 소변경이 가능함. 또한 부작위위법확인소송을 당사자소송으로 변경하는 것도 가능함.
- 그러나 부작위위법확인소송에는 처분이라는 것이 없으므로 취소소송의 처분변경으로 인한 소변경에 관한 규정은 적용되지 아니함.[31]

4 법원의 판결 - 판결의 제3자효, 판결의 기속력, 간접강제

- 부작위위법확인소송의 확정판결은 제3자에게 효력이 있음.
- 부작위위법확인소송의 확정판결에도 취소소송의 처분행정청에 대한 기속력과 간접강제에 관한 규정이 준용됨.[32]
- 부작위위법확인판결의 기속력은 행정청의 판결취지에 따른 처분의무인데, 이러한 처분의무가 행정청의 응답의무인지 혹은 신청에 따른 특정한 내용의 처분의무인지에 관하여 견해가 대립함.

응답의무설(판례)	특정처분의무설
• 부작위위법확인판결의 기속력으로서의 (재)처분의무는 행정청의 응답의무라고 보는 견해 • 행정청은 재량행위는 물론이고 신청의 대상이 기속행위인 경우에 거부처분을 하여도 판결의 기속력의 내용인 처분의무를 이행한 것이 됨. **33 34 35** • 부작위위법확인소송의 인용판결에 실질적 기속력이 부인됨.	• 부작위위법확인판결의 기속력으로서의 (재)처분의무는 당초 신청된 특정한 처분의무라고 보는 견해 • 행정청은 신청의 대상이 기속행위인 경우에 거부처분을 할 수는 없게 됨. • 부작위위법확인소송의 인용판결에 실질적 기속력이 인정됨. **36**

☑ 취소소송에 관한 행정소송법 제9조~제34조 규정이 다른 주관적 소송에 준용되는지 여부

내 용	무효등확인소송	부작위위법확인소송	당사자소송
재판관할(제9조)	○	○	○
관련청구소송의 이송·병합(제10조)	○	○	○
피고적격(제13조)	○	○	×
피고의 경정(제14조)	○	○	○
공동소송(제15조)	○	○	○
제3자의 소송참가(제16조)	○	○	○
행정청의 소송참가(제17조)	○	○	○
행정심판임의주의 및 예외적 행정심판전치주의(제18조)	×	○	×
취소소송의 대상(제19조)	○	○	×
제소기간의 제한(제20조)	×	○ 단, 행정심판을 거치지 않은 경우에는 제소기간의 제한이 없음.	×
소의 변경(제21조)	○	○	○
처분변경으로 인한 소의 변경(제22조)	○	×	○
집행부정지의 원칙 및 예외적 집행정지(제23조)	○	×	×
행정심판기록의 제출명령(제25조)	○	○	○
직권심리(제26조)	○	○	○
사정판결(제28조)	×	×	×
확정판결의 대세적 효력(제3자효)(제29조)	○	○	×
판결의 기속력(제30조)	○	○	○
제3자에 의한 재심청구(제31조)	○	○	×
판결의 간접강제(제34조)	×	○	×

박준철 교수

약 력

고려대학교 법과대학 법학과 졸업
고려대학교 법과대학원 행정법 전공
現, 공단기 행정법 대표 강사
소방단기 행정법 대표 강사
前, 남부고시학원 7·9급 행정법 대표 강사
KG패스원(웅진패스원) 7·9급 행정법 대표 강사

주요 저서

써니 행정법총론
7급 써니 행정법각론
써니 행정법총론 기출문제집
7급 써니 행정법각론 기출문제집
써니 행정법총론 행정법으로의 초대
써니 행정법총론 핵심집약
7·9급 써니 행정법총론 단원별 모의고사
써니 행정법총론 소방 난원별 모의고사
7·9급 써니 행정법총론 실전동형 모의고사
써니 행정법총론 소방 실전동형 모의고사
써니 행정법총론 오답노트
7·9급 써니 행정법총론 SOS
코드에 맞는 행정법총론
7·9급 써니 행정법총론 판례집
7·9급 써니 행정법총론 판례특강
써니 행정법총론 오답노트 하프모의고사

2025 써니 행정법총론 핵심집약 | 이론편

3판 1쇄 발행 2024년 7월 29일
3판 6쇄 발행 2024년 10월 7일

편저자 박준철
발행인 김지연

등 록 제319-2011-41호
발행처 (주)도서출판 지금(http://www.papergold.net)
주 소 06924 서울특별시 동작구 장승배기로 '128, 305호(노량진동, 동창빌딩)
교재공급처 (02)814-0022 FAX (02)872-1656
유튜브 SunnyLawTV_써니로
학습문의처 cafe.naver.com/sunnylaw(써니 행정법)
ISBN 979-11-6018-391-7 14360(세트)

정가 30,000원(전 2권)

2025

써니 행정법총론 핵심집약

박준철 편저

문제편

도서출판 지금

Contents / 차례

Contents / 차례

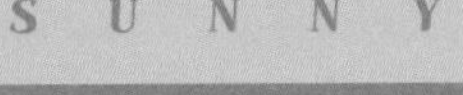

제 1 편

행정법통론

1회독	2회독	3회독	4회독	5회독
/	/	/	/	/

Topic
01 권력분립과 행정
p.10

OX ★★ 2017 국가직 7급

01 **행정청**이 행정처분의 단계에서 당해 처분의 근거가 되는 **법률이 위헌이라 판단**하여 그 **적용을 거부**하는 것은 권력분립의 원칙상 허용될 수 없다.

권력분립의 원칙 위반 — O

OX ★ 2015 지방직 7급

02 행정심판의 **재결**은 실질적 의미의 행정에 해당한다.

형식적 행정, **실질적 사법** — X

OX ★ 2015 지방직 7급

03 **대통령령의 제정**은 실질적 의미의 행정에 해당한다.

형식적 행정, **실질적 입법** — X

OX ★ 2010 경행특채

04 **국회사무총장의 직원임명**은 실질적 의미, 형식적 의미 모두 행정에 속한다.

형식적 입법, 실질적 행정 — X

Topic
02 통치행위
p.11

OX ★★ 2016 교육행정직 9급

01 대통령의 **특별사면**은 통치행위이다.

통치행위 ○ — O

OX ★★★ 2022 군무원 7급

02 대통령의 **사면권행사**는 형의 선고의 효력 또는 공소권을 상실시키거나 형의 집행을 면제시키는 국가원수의 고유한 권한을 의미하며, 사법부의 판단을 변경하는 제도로서 **권력분립의 원리**에 대한 예외이다.

형 선고의 효력 또는 **공소권 상실**, **형 집행 면제**시키는 국가원수의 고유권한 → 권력분립원리의 예외 — O

OX ★★ 2023 변호사

03 **국회의원에 대한 징계처분**에 대하여는 헌법 제64조 제4항이 법원에 제소할 수 없다고 규정하고 있으므로 행정소송의 대상이 되지 아니하나, 그러한 특별한 규정이 없는 **지방의회의원에 대한 징계의결**은 **항고소송**의 대상이 된다.

국회의원 징계처분 : 제소 불가 / 지방의회의원 징계의결 : 항고소송대상 ○ — O

OX ★★★ 2024 해경승진

04 판례는 대통령의 금융실명거래 및 비밀보장에 관한 **긴급재정 · 경제명령**의 발령을 통치행위로 보았다.

통치행위 ○ — O

OX ★★★★★ 2020 경행경채

05 대통령의 **긴급재정 · 경제명령**은 국가긴급권의 일종으로서 고도의 정치적 결단에 의하여 발동되는 행위이고 그 결단을 존중하여야 할 필요성이 있는 행위라는 의미에서 이른바 통치행위에 속한다고 할 수 있으나, 그것이 국민의 **기본권침해와 직접 관련되는 경우**에는 당연히 헌법재판소의 심판대상이 된다.

통치행위 ○
but **기본권침해와 관련된 경우** 헌법재판소의 **심판대상** — O

OX ★★★★★ 2023 국가직 9급

06 **서훈취소**는 대통령이 국가원수로서 행하는 행위이지만 통치행위는 아니다.

통치행위 × — O

OX ★★★★ 2016 교육행정직 9급

07 **남북정상회담의 개최**는 통치행위이다.

통치행위 ○ — O

O X ★★★★ 2024 해경승진

08 **남북정상회담의 개최과정에서** 재정경제부장관에게 신고하지 아니하거나 통일부장관의 협력사업승인을 얻지 아니한 채 **북한 측에 사업권의 대가 명목으로 송금한 행위는 사법심사**의 대상이 된다.

사법심사 **대상** ○ — O

O X ★★★★ 2024 해경승진

09 일반사병의 **이라크 파견결정**은 성격상 국방 및 외교에 관련된 고도의 정치적 결단을 요하는 문제이다.

통치행위 ○ — O

O X ★★★★ 2022 군무원 7급

10 **국군을 외국에 파견하는 결정**은 통치행위로서 고도의 정치적 결단이 요구되는 사안에 대한 대통령과 국회의 판단은 존중되어야 하고 헌법재판소가 사법적 기준만으로 이를 심판하는 것은 자제되어야 한다.

통치행위 ○ → 사법심사 자제 — O

O X ★★★ 2011 경행특채

11 대통령이 **한미연합 군사훈련**의 일종인 2007년 **전시증원연습**을 하기로 한 **결정**은 국방에 관련되는 고도의 정치적 결단에 해당하여 사법심사를 자제하여야 하는 통치행위에 해당한다.

통치행위 × — X

O X ★★★★ 2015 국가직 9급

12 **비상계엄의 선포와 그 확대행위가 국헌문란의 목적**을 달성하기 위하여 행하여진 경우에는 법원은 그 자체가 범죄행위에 해당하는지의 여부에 관하여 심사할 수 있다.

법원은 그 자체가 **범죄**행위에 해당하는지 **여부 심사 가능** / 비상계엄선포 : 통치행위 ○ — O

O X ★★★ 최신판례

13 **개성공단 전면중단 조치**는 고도의 정치적 결단을 요하는 문제이므로 중단 조치의 결과 개성공단 투자기업인들에게 **기본권 제한이 발생**한 경우에도 헌법소원심판의 대상이 될 수 없다.

헌법소원 대상 ○ — X

O X ★★★ 2018 소방직 9급

14 **통치행위**는 정부에 의해 이루어지는 것이 일반적이며, 국회에 의해 이루어질 수도 있다.

주체 : 국회 및 정부 ○ cf 법원 × — O

O X ★★★★ 2013 지방직 9급

15 **통치행위**의 개념을 인정한다고 하더라도 과도한 사법심사의 자제가 기본권을 보장하고 법치주의 이념을 구현하여야 할 법원의 책무를 태만히 하거나 포기하는 것이 되지 않도록 그 인정을 지극히 신중하게 하여야 하며, 그 **판단**은 오로지 사법부만에 의하여 이루어져야 한다.

통치행위 여부의 판단은 **오로지 사법부만**에 의함. — O

Topic 03 행정법의 지도원리와 법치행정의 원리(행정의 법률적합성원칙)

p.12~14

O X ★★★★ 2021 국가직 9급

01 **국가가** 국민의 생명 · 신체의 안전에 대한 **보호의무를 다하지 않았는지 여부를 헌법재판소**가 **심사**할 때에는 국가가 이를 보호하기 위하여 적어도 적절하고 효율적인 최소한의 보호조치를 취하였는가 하는 '과소보호금지원칙'의 위반 여부를 **기준**으로 삼는다.

과소보호금지원칙의 위반 여부를 기준 — O

O X ★★ 2019 서울시 1회 7급

02 **법치행정원리의 현대적 의미**는 실질적 법치주의에서 형식적 법치주의로의 전환이다.

형식적 법치주의 → 실질적 법치주의 — X

OX ★★★ 2008 관세사

03 **실질적 법치국가**에서는 국회에서 제정된 형식적 법률을 중시하며, 법의 내용적 측면이나 인권은 중요시하지 아니한다.

기본적 인권의 보호 등 실질적 요소 강조 X

OX ★★★ 2021 군무원 9급

04 **행정**은 공공의 이익을 위하여 **적극적**으로 **추진**되어야 한다.

행정기본법 제4조 제1항 O

OX ★★★ 2023 소방승진

05 **국가와 지방자치단체**는 소속 공무원이 공공의 이익을 위하여 **적극적으로 직무를 수행**할 수 있도록 **제반 여건을 조성**하고, 이와 관련된 **시책 및 조치를 추진**하여야 한다.

행정기본법 제4조 제2항 O

OX ★★★★ 2024 해경승진

06 **행정작용**은 **법률에 위반되어서는 아니 되며**, 국민의 **권리를 제한**하거나 **의무를 부과**하는 경우와 그 밖에 **국민생활에 중요한 영향을 미치는 경우**에는 **법률에 근거**해야 한다.

행정기본법 제8조 O

OX ★★★ 2023 소방간부

07 **법치행정**에 관하여 **행정기본법**에 명문규정을 두고 있다.

명문규정 ○(행정기본법 제8조) O

OX ★★ 2018 교육행정직 9급

08 **법률우위의 원칙**이란 국가의 행정은 합헌적 절차에 따라 제정된 법률에 위반되어서는 아니 된다는 것을 말한다.

모든 행정작용은 법률에 위반되어서는 안 된다는 원칙 O

OX ★★★ 2019 서울시 1회 7급

09 **법우위의 원칙에서 법**은 형식적 법률뿐 아니라 법규명령과 관습법 등을 포함하는 넓은 의미의 법이다.

불문법을 포함한 모든 법규범 O

OX ★★★ 2023 군무원 5급

10 행정작용은 법률에 위반되어서는 아니 되며, **행정작용이 기속**되는 것에는 **형식적 의미의 법률**뿐만 아니라 **조약, 일반적으로 승인된 국제법규**와 **대외적 구속력을 가지는 법률 하위의 법규범(법규명령, 법령보충적 행정규칙, 조례 등)**도 포함된다.

법률우위원칙의 법률에 **포함** ○ O

OX ★★★ 2017 교육행정직 9급

11 **법률우위의 원칙**은 침해적 행정에만 적용된다.

행정의 모든 영역에 적용 X

OX ★★★ 2024 군무원 9급

12 **법률우위의 원칙**은 공법적 행위에만 적용되고 사법적(私法的) 행위에는 적용되지 않는다.

사법적(私法的) 행위에도 **적용** ○ X

OX ★★★ 2024 군무원 9급

13 **법률우위의 원칙**은 행정행위와 같은 구체적인 규율은 물론 법규명령이나 조례와 같은 행정입법에도 적용된다.

행정입법에도 **적용** ○ O

OX ★★★★ 2024 해경승진

14 **국가와 사인 사이에 계약**이 체결되었다면 법령에 따라 작성해야 하는 **계약서가 따로 작성되지 않았다**고 하더라도 **효력**이 있다.

「국가를 당사자로 하는 계약에 관한 법률」상 요건 · 절차 거치지 않은 경우 → **무효** X

OX ★★★★ 2024 해경간부

15 구 「**국가를 당사자로 하는 계약에 관한 법률**」상의 **요건**과 **절차**를 **거치지 않고 체결**한 국가와 사인 간의 **사법상 계약**은 무효이다.

무효 O

OX ★★★★ 2022 해경간부

16 **법률유보원칙에서 요구되는 법적 근거**는 작용법적 근거를 의미하며, 조직법적 근거는 모든 행정권 행사에 있어서 당연히 요구된다.

작용법적 근거 / 조직법적 근거 : 모든 행정권행사에 당연히 필요 — O

OX ★★★ 2022 경찰간부

17 **개인택시운송사업자에게 운전면허 취소사유**가 있는 경우에 그로 인하여 운전면허취소처분이 이루어지지 않았다고 하더라도 관할관청은 **개인택시운송사업면허**를 **취소**할 수 있다.

운전면허취소처분 없었다면 개인택시운송사업면허 **취소 불가** — X

OX ★ 2013 국회속기직 9급

18 **법률의 우위원칙**은 행정의 법률에의 구속성을 의미하는 적극적인 성격의 것인 반면에 **법률유보의 원칙**은 행정은 단순히 법률의 수권에 의하여 행해져야 한다는 소극적 성격의 것이다.

㉠ **법률우위원칙 : 소극적**
㉡ **법률유보원칙 : 적극적** — X

OX ★★★★★ 2019 서울시 1회 7급

19 **법률유보원칙**에서 '법률의 유보'라고 하는 경우의 **'법률'**에는 국회에서 법률제정의 절차에 따라 만들어진 형식적 의미의 법률뿐만 아니라 국회의 의결을 거치지 않은 명령이나 불문법원으로서의 관습법이나 판례법도 포함된다.

형식적 의미의 법률만 ○
but **국회의 의결을 거치지 않은 명령, 관습법, 판례법** × — X

OX ★★★★ 2019 서울시 9급

20 헌법재판소는 국회의 의결을 거쳐 확정되는 **예산**도 일종의 법규범이므로 법률과 마찬가지로 국가기관뿐만 아니라 국민도 구속한다고 본다.

일종의 **법규범** ○
but **국가기관만 구속** — X

OX ★★★★★ 2024 해경승진

21 **법률유보의 원칙**은 '법률에 의한 규율'만을 요청하는 것이 아니라 '법률에 근거한 규율'을 요청하는 것이기 때문에 기본권의 제한에는 법률의 근거가 필요할 뿐이고 **기본권 제한의 형식**이 반드시 법률의 형식일 필요는 없다.

법률에 근거한 규율 → 반드시 법률의 형식일 필요 × — O

OX ★★★★★ 2017 국가직 9급

22 헌법재판소는 법률에 근거를 두면서 헌법 제75조가 요구하는 위임의 구체성과 명확성을 구비하는 경우에는 **위임입법에 의하여도 기본권을 제한**할 수 있다고 한다.

22 23 **'법률에 근거'를 두면 위임입법에 의하여 기본권 제한 가능** — O

OX ★★★★ 2019 서울시 9급

23 헌법재판소 결정에 따를 때 기본권 제한에 관한 **법률유보원칙**은 법률에 근거한 규율을 요청하는 것이므로 그 형식이 반드시 법률일 필요는 없더라도 법률상의 근거는 있어야 한다.

O

OX ★★★ 2024 국회직 8급

24 법률의 **위임범위를 벗어난 하위법령에 의한 기본권 제한**은 법률의 근거가 없는 것이 되고 이는 법률유보원칙에 위반된다.

법률유보원칙 위반 ○ — O

OX ★ 2012 지방직 9급

25 **급부행정유보설**에 따르면 국민의 자유와 재산에 대한 침해행정에 대해서는 법률의 근거가 필요하지 않다고 한다.

침해적 행정작용 + 급부행정작용에 법률의 근거가 필요 — X

OX ★ 2013 지방직 9급

26 **전부유보설**은 모든 행정작용이 법률에 근거해야 한다는 입장으로, 행정의 자유영역을 부정하는 견해이다.

모든 영역에 법률의 근거가 필요 / 행정의 자유영역을 부정 — O

OX ★★ 2016 사회복지직 9급 변형

27 **법률유보의 적용범위**와 관련하여 헌법재판소는 행정유보의 입장을 확고히 하고 있다.

헌법재판소는 **의회유보의 입장** — X

OX ★★★ 2013 지방직 9급

28 **중요사항유보설**은 행정작용에 법률의 근거가 필요한지 여부에 그치지 않고 법률의 규율 정도에 대해서도 설명하는 이론이다.

법률유보의 범위뿐만 아니라 **밀도(정도)도 규율** — O

	문항	해설	정답
29	OX ★★★★ 2024 국회직 8급 **법률유보원칙**은 입법자 스스로 국민의 기본권 실현에 본질적인 사항을 직접 정해야 하는 **의회유보**와는 별개의 원칙이다.	29 30 법률유보원칙 → **의회유보원칙까지 내포** ○	X
30	OX ★★★★★ 2024 소방직 9급 **법률유보원칙**은 단순히 행정작용이 법률에 근거를 두기만 하면 충분한 것이 아니라, 국가공동체와 그 구성원에게 기본적이고도 중요한 의미를 갖는 영역, 특히 국민의 **기본권 실현과 관련된 영역**에 있어서는 국민의 대표자인 **입법자가 그 본질적 사항**에 대해서 **스스로 결정**하여야 한다는 요구까지 내포한다.		O
31	OX ★★★★ 2024 해경승진 규율대상이 국민의 **기본권 및 기본적 의무와 관련한 중요성을 가질수록** 그리고 그에 관한 **공개적 토론의 필요성** 또는 상충하는 **이익 사이의 조정 필요성이 클수록,** 그것이 **국회의 법률에 의해 직접 규율될 필요성**은 더 증대된다고 보아야 한다.	국회의 법률에 의한 직접 규율의 필요성 **증대** ○	O
32	OX ★★★ 2024 국회직 8급 헌법상 법치주의의 한 내용인 **법률유보원칙**은 **기본권규범과 관련 없는 경우**에까지 준수되도록 요청되는 것은 아니다.	기본권규범과 관련 없는 경우에까지 **준수 요청** ×	O
33	OX ★★★ 2012 국회(속기·경위직) 9급 **병의 복무기간**은 국방의무의 본질적 내용에 관한 것이어서 반드시 법률로 정하여야 할 입법사항에 속한다.	법률로 정하여야 할 **입법사항**	O
34	OX ★★★★★ 2022 국회직 8급 **텔레비전방송수신료금액의 결정**은 납부의무자의 범위와는 달리 수신료에 관한 본질적인 중요한 사항이 아니므로 국회가 스스로 결정할 필요는 없다.	납부의무자의 범위와 함께 **본질사항** → 법률로 정하여야 할 입법사항	X
35	OX ★★ 2011 지방직 7급 판례에 따르면 **국가의 통치조직과 작용에 관한 기본적이고 본질적인 사항**은 반드시 국회가 정하여야 한다.	법률로 정하여야 할 **입법사항**	O
36	OX ★★★★★ 2018 서울시 9급 **지방의회의원에 대하여 유급보좌인력을 두는 것**은 개별 지방의회의 조례로써 규정할 사항이 아니라 국회의 법률로써 규정하여야 할 입법사항이다.	법률로 정하여야 할 **입법사항** (조례 규정 ×)	O
37	OX ★★★ 2024 소방직 9급 **토지 등 소유자가 도시환경정비사업을 시행하는 경우, 사업시행인가 신청시 필요한 토지 등 소유자의 동의요건**을 정하는 것은 국민의 권리와 의무의 형성에 관한 기본적이고 본질적인 사항이 아니므로 국회의 법률로써 규정해야 할 사항이 아니다.	본질적인 사항 ○ → **법률로써 규정할 사안** ○	X
38	OX ★★★ 2022 해경간부 **토지 등 소유자가 도시환경정비사업을 시행하는 경우 사업시행인가 신청에 필요한 토지 등 소유자의 동의정족수**를 토지 등 소유자가 자치적으로 정하여 운영하는 규약에 정하도록 한 것은 **법률유보원칙**에 위반된다.	법률로 정하여야 할 **입법사항**(자치규약 ×)	O
39	OX ★★★ 2024 변호사 법인세, 종합소득세와 같이 **납세의무자에게** 조세의 납부의무뿐만 아니라 스스로 **과세표준과 세액을 계산**하여 **신고**하여야 하는 **의무**까지 부과하는 경우에는 **신고의무 이행**에 필요한 **기본적인 사항과 신고의무 불이행 시** 납세의무자가 **입게 될 불이익** 등은 납세의무를 구성하는 기본적, 본질적 내용으로서 법률로 정하여야 한다.	법률로 정하여야 할 **입법사항**	O

O X ★★★ 2024 변호사

40 **법외노조 통보**는 적법하게 설립된 노동조합의 법적 지위를 박탈하는 중대한 침익적 처분으로서 원칙적으로 국민의 대표자인 입법자가 스스로 형식적 법률로써 규정하여야 할 사항이고, 행정입법으로 이를 규정하기 위하여는 반드시 법률의 명시적이고 구체적인 위임이 있어야 한다.

법률로 정하여야 할 **입법사항** O

O X ★★★ 2017 지방직(하) 9급

41 헌법재판소는 **중학교 의무교육 실시 여부 자체**는 법률로 정하여야 하는 기본사항으로서 법률유보사항이나 그 실시의 시기 · 범위 등 **구체적 실시에 필요한 세부사항**은 반드시 법률로 정하여야 할 사항이 아니라고 하였다.

㉠ **실시 여부 자체 : 본질사항** ○
㉡ 실시에 필요한 **세부사항** : **본질사항** ×

O

O X ★★★ 2024 소방직 9급

42 **수신료 징수업무를 한국방송공사가 직접 수행할 것인지 제3자에게 위탁할 것인지**, 위탁한다면 누구에게 위탁하도록 할 것인지, 위탁받은 자가 자신의 고유업무와 결합하여 징수업무를 할 수 있는지는 징수업무처리의 효율성 등을 감안하여 결정할 수 있는 사항으로서 국민의 기본권 제한에 관한 본질적인 사항이 아니다.

수신료 징수업무 위탁 여부 → **본질적인 사항** ×

O

O X ★ 2024 국회직 8급

43 헌법재판소는 **초등교원 임용시 지역가산점의 배점비율, 최종합격자 결정방식**은 직접 법률에 규정되어야 할 본질적인 사항으로 보기 어렵다고 판시하였다.

본질적인 사항 ×

O

O X ★★★ 2022 국회직 8급

44 **자격이나 신분 등을 취득 또는 부여할 수 없거나 인가, 허가, 지정, 승인, 영업등록, 신고수리 등을 필요로 하는 영업 또는 사업 등을 할 수 없는 사유**는 **법률**로 정하여야 한다.

행정기본법 제16조 제1항(결격사유)

O

Topic 04 행정법의 법원

p.15~16

O X ★★ 2019 서울시 9급

01 인간다운 생활을 할 권리와 같은 **헌법상의 추상적인 기본권**에 관한 규정은 행정법의 법원이 되지 못한다.

헌법은 **행정법**의 **가장 기본적 법원**

X

O X ★★ 2016 교육행정직 9급

02 지방자치단체의 **학생인권조례**는 행정법의 법원이 된다.

법원 ○

O

O X ★★★ 2018 소방직 9급

03 **지방자치단체의 자치에 관한 규정**은 행정법의 법원(法源)으로서 헌법이 직접 규정하고 있다.

행정법의 **법원** ○ /
헌법 제117조 직접 규정 ○

O

O X ★★ 고난도

04 「도시 및 주거환경정비법」에 의한 **주택재개발 정비사업조합의 정관**은 조합과 조합원에 대하여 구속력을 가지는 **자치법규**이며, **정관에서 정한 사항**은 원칙적으로 조합 외부의 제3자를 보호하거나 제3자를 위한 규정이라고 볼 수 없다.

제3자를 **보호**하거나 **제3자**를 **위한 규정** ×

O

O X ★★★ 2023 변호사

05 **헌법에 의하여 체결 · 공포된 조약**과 달리 **일반적으로 승인된 국제법규**는 헌법절차에 의해서 승인되었다고 볼 수 없으므로 국내법과 같은 효력을 갖지 않는다.

국내법과 같은 효력 ○

X

O X ★★★ 2017 교육행정직 9급

06 「**남북 사이의 화해와 불가침 및 교류협력에 관한 합의서**」는 국가 간의 조약이다.

조약 ×

X

O X ★ 2015 경행특채 2차

07 **일반적으로 승인된 국제법규**라도 의회에 의한 입법절차를 거쳐야 행정법의 법원(法源)이 된다.

별도의 입법조치 없이 국내법으로 수용

X

O X ★★ 2011 지방직 9급

08 헌법에 의하여 체결 · 공포된 **조약과 일반적으로 승인된 국제법규**가 동일한 효력을 가진 **국내의 법률, 명령과 충돌**하는 경우에는 신법우위의 원칙 및 특별법우위의 원칙이 적용된다.

신법우선의 원칙, 특별법우선의 원칙 적용 — O

O X ★★★★ 2021 국가직 9급

09 지방자치단체가 제정한 **조례**가 헌법에 의하여 체결 · 공포된 **조약에 위반되는 경우** 그 조례는 효력이 없다.

조례는 무효 — O

O X ★★★★ 2022 해경간부

10 회원국 정부의 반덤핑부과처분이 **WTO 협정위반**이라는 **이유만으로 사인이 직접** 국내 법원에 회원국 정부를 상대로 그 처분의 취소를 구하는 **소를 제기**할 수 있다.

WTO 협정위반이라는 이유만으로 사인이 직접 **소 제기 허용** × — X

O X ★★ 2015 경행특채 1차

11 **관습법**이란 사회의 거듭된 관행으로 생성한 사회생활규범이 사회의 법적 확신과 인식에 의하여 법적 규범으로 승인 강행되기에 이른 것을 말한다.

관습법의 성립요건 : **관행 + 법적 확신 → 법적 규범으로 승인 강행** — O

O X ★★ 2007 국가직 9급

12 국세기본법은 조세행정에서 **행정선례법**의 존재를 인정하는 조항을 두고 있다.

국세기본법 제18조 제3항, 행정절차법 제4조 제2항 — O

O X ★★ 2014 지방직 9급

13 판례는 **국세행정상 비과세의 관행**을 일종의 행정선례법으로 인정하지 아니한다.

행정선례법으로 인정 — X

O X ★★ 2014 지방직 9급

14 수산업법은 **민중적 관습법인 입어권**의 존재를 명문으로 인정하고 있다.

수산업법이 명문으로 인정 — O

O X ★★★ 2018 교육행정직 9급

15 일반적으로 **관습법**은 성문법에 대하여 개폐적 효력을 가진다.

개폐적 효력 × **보충적 효력** ○ — X

O X ★★★ 2022 해경간부

16 사회의 거듭된 관행으로 생성된 사회생활규범이 **관습법**으로 승인되었다고 하더라도 사회구성원들이 그러한 관행의 **법적 구속력에 대하여 확신을 갖지 않게 되었다면** 그러한 관습법은 법적 규범으로서의 **효력**이 부정될 수밖에 없다.

관습법의 법적 구속력에 대한 확신 상실 → **법적 효력 상실** — O

O X ★ 2012 지방직 9급

17 헌법재판소는 「신행정수도의 건설을 위한 특별조치법」의 위헌확인사건에서 **관습헌법**은 성문헌법과 같은 헌법개정절차를 통해서 **개정**될 수 있다고 판시하였다.

성문헌법개정의 방법으로 개정 가능 — O

O X ★★★ 2010 경행특채

18 법원조직법에는 **상급법원의 재판에 있어서의 판단은 해당 사건에 관하여 하급심을 기속한다**는 규정이 있다.

법원조직법 제8조 — O

O X ★★★★ 2011 국가직 9급

19 **동종사건**에 관하여 대법원의 판례가 있더라도 하급법원은 그 판례와 다른 판단을 하는 것이 가능하다.

다른 판단 가능 (대법원의 판례에 구속 ×) — O

O X ★★★★ 2017 경행경채

20 대법원의 판례가 법률해석의 일반적인 기준을 제시한 경우에 **유사**한 **사건**을 재판하는 하급심법원의 법관은 판례의 견해를 존중하여 재판하여야 하는 것이나, 판례가 사안이 서로 다른 사건을 재판하는 하급심법원을 직접 기속하는 효력이 있는 것은 아니다.

다른 판단 가능 (대법원의 판례에 구속 ×) — O

O X ★★★ 2012 지방직 9급

21 헌법재판소에 의한 법률의 **위헌결정**은 국가기관과 지방자치단체를 기속한다는 헌법재판소법 제47조에 의해 법원으로서의 성격을 가진다.

법원성 ○ — O

OX ★★ 2024 해경간부

22 구체적 분쟁사건의 재판에서 **합헌적 법률해석을 포함하는 법령의 해석·적용 권한**은 대법원을 최고법원으로 하는 법원에 전속되어 있다.

법원에 전속 O

OX ★★ 2010 국가직 9급

23 **헌법재판소**가 법률의 위헌 여부를 판단하기 위하여 한 **법률해석**에 대법원이나 각급 법원이 구속되는 것은 아니다.

법률해석에 **법원 구속** ×
cf 위헌결정 : 법원 구속 ○ O

OX ★ 2018 교육행정직 9급

24 법원(法院)은 보충적 법원으로서의 **조리**에 따라 재판할 수 있다.

최후의 보충적 법원(法源) O

Topic

05 행정법의 효력

p.17~19

OX ★★★★ 2024 소방간부

01 **대통령령, 총리령 및 부령**은 특별한 규정이 없으면 공포한 날부터 20일이 경과함으로써 **효력을 발생**한다.

특별한 규정이 없으면 **공포한 날부터 20일 경과** O

OX ★★★★ 2024 소방간부

02 **국민의 권리제한 또는 의무부과와 직접 관련되는 대통령령, 총리령 및 부령**은 긴급히 시행하여야 할 특별한 사유가 있는 경우를 제외하고는 공포일부터 적어도 30일이 경과한 날부터 **시행**되도록 하여야 한다.

공포일부터 적어도 30일이 경과한 날부터 O

OX ★★★★ 2024 소방직 9급

03 **조례와 규칙**은 특별한 규정이 없으면 공포한 날부터 20일이 지나면 **효력을 발생**한다.

특별한 규정이 없으면 **공포한 날부터 20일**이 지나면 효력 발생 O

OX ★★★★ 2023 소방간부

04 법령 등의 시행일을 정하거나 계산할 때에는 법령 등을 **공포한 날부터 시행하는 경우** 공포한 날을 **시행일**로 한다.

공포한 날(행정기본법 제7조 제1호) O

OX ★★★★ 2024 국가직 9급

05 법령 등을 **공포한 날부터 일정 기간이 경과한 날부터 시행**하는 경우 **법령 등을 공포한 날**을 첫날에 산입한다.

첫날에 산입 × X

OX ★★★★ 2024 국가직 9급

06 법령 등을 **공포한 날부터 일정 기간이 경과한 날부터 시행**하는 경우 그 기간의 **말일이 토요일 또는 공휴일인 때**에는 그 말일로 기간이 만료한다.

말일로 기간 만료 ○ O

OX ★★★ 2020 경행경채

07 헌법개정·법률·조약·대통령령·총리령 및 부령의 **공포**와 헌법개정안·예산 및 예산 외 국고부담계약의 **공고**는 **관보**(官報)에 **게재**함으로써 한다.

「법령 등 공포에 관한 법률」 제11조(공포 및 공고의 절차) O

OX ★★★ 2023 경찰간부

08 국회법에 따라 하는 **국회의장의 법률 공포**는 관보(官報)에 게재함으로써 한다.

서울특별시에서 발행되는 **둘 이상의 일간신문**에 게재 X

OX ★★★ 2023 경찰간부

09 「법령 등 공포에 관한 법률」에 따르면, 관보의 내용 해석 및 적용 시기 등에 대하여 **종이관보**와 **전자관보**는 동일한 **효력**을 가진다.

동일한 효력 O

OX ★★★ 2022 서울시 지적 7급

10 **조례와 규칙의 공포**는 해당 지방자치단체의 공보에 게재하는 방법으로 한다. 다만, 지방자치법 제32조 제6항 후단에 따라 **지방의회의 의장이 조례를 공포**하는 경우에는 공보나 일간신문에 게재하거나 게시판에 게시한다.

조례 · 규칙 공포 : 해당 **지방자치단체의 공보** / 지방의회 의장 공포 : 공보나 **일간신문** 또는 **게시판** — O

OX ★★★ 2024 소방간부

11 **법령 등의 공포일 또는 공고일**은 해당 법령 등을 게재한 관보 또는 신문이 발행된 날로 한다.

관보 또는 신문이 발행된 날 — O

OX ★★★★ 2023 서울시 지적 7급

12 **새로운 법령** 등은 법령 등에 특별한 규정이 있는 경우를 제외하고는 **그 법령** 등의 **효력발생 전**에 **완성되거나 종결된 사실관계 또는 법률관계**에 대해서는 적용되지 아니한다.

원칙적 **진정소급적용 인정** × (행정기본법 제14조) — O

OX ★★★★ 2015 서울시 9급

13 **과거에 완성된 사실**에 대하여 **신법을 적용**하는 것은 당사자의 법적 안정성을 해치는 것이므로 어떠한 경우에도 허용될 수 없다.

13 14 **예외적 진정소급적용 허용** : ① **일반국민의 이해에 직접 관계가 없는 경우**, ② **이익을 증진**하는 경우, ③ **불이익이나 고통을 제거**하는 경우 — X

OX ★★★★ 2022 군무원 9급

14 법령을 소급적용하더라도 일반국민의 이해에 직접 관계가 없는 경우, 오히려 그 이익을 증진하는 경우, 불이익이나 고통을 제거하는 경우 등의 특별한 사정이 있는 경우에 한하여 **예외적으로 법령의 소급적용**이 **허용**된다.

O

OX ★★★★ 2023 국가직 7급

15 **신법의 효력발생일까지 진행 중인 사건**에 대하여 **신법을 적용**하는 것은 법률의 소급적용에 해당하므로 원칙적으로 허용될 수 없다.

15 16 **부진정소급적용** : **원칙적 허용** ○ — X

OX ★★★★ 2015 사회복지직 9급

16 법령의 효력이 시행일 이전에 소급하지 않는다는 것은 시행일 이전에 이미 종결된 사실에 대하여 법령이 적용되지 않는다는 것을 의미하는 것이지, **시행일 이전부터 계속되는 사실**에 대하여도 법령이 적용되지 않는다는 의미가 아니다.

O

OX ★★★ 2015 서울시 9급

17 소득세법이 개정되어 세율이 인상된 경우, **법 개정 전부터 개정법이 발효된 후에까지 걸쳐 있는 과세기간(1년)의 전체 소득**에 대하여 **인상된 세율을 적용**하는 것은 재산권에 대한 소급적 박탈이 되므로 위법하다.

부진정소급적용으로 원칙적으로 허용 ○ → **위법** × — X

OX ★★★★ 2022 국가직 9급

18 **수강신청 후에 징계요건을 완화하는 학칙개정**이 이루어지고 이어 시험이 실시되어 그 **개정학칙에 따라** 대학이 성적불량을 이유로 학생에 대하여 **징계처분**을 한 경우라면 이는 이른바 부진정소급효에 관한 것으로서 특별한 사정이 없는 한 위법이라고 할 수 없다.

부진정소급적용으로 원칙적으로 허용 ○ → **위법** × — O

OX ★★★★★ 2024 국회직 8급

19 **진정소급입법**이라 하더라도 **예외적**으로 **국민이 소급입법을 예상**할 수 있었거나 **신뢰보호의 요청에 우선하는 심히 중대한 공익상의 사유가 소급입법을 정당화하는 경우** 등에는 **허용**될 수 있다.

진정소급입법의 **예외적 허용** : ① **소급입법을 예상**할 수 있는 경우, ② 신뢰보호의 요청에 우선하는 **심히 중대한 공익상의 사유**가 있는 경우 — O

OX ★★★ 2019 경행경채 2차

20 '친일재산은 그 취득 · 증여 등 원인행위시에 국가의 소유로 한다.'고 정한 「**친일반민족행위자 재산의 국가귀속**에 관한 특별법」 제3조 제1항의 규정은 부진정소급입법에 해당하므로 원칙적으로 허용된다.

진정소급입법 but 신뢰보호보다 **공익적 요구**가 **크므로 허용** — X

OX ★★★ 2021 국회직 8급

21 계속 중인 사실이나 그 이후에 발생한 요건사실에 대한 법률적용을 인정하는 **부진정소급입법**의 경우 개인의 신뢰보호와 법적 안정성을 내용으로 하는 법치국가원리에 의하여 허용되지 않는 것이 원칙이다.

원칙적 허용

X

OX ★★★★ 2024 소방직 9급

22 **개정법령이 기존의 사실 또는 법률관계를 적용대상**으로 하면서 국민의 재산권과 관련하여 **종전보다 불리한 법률효과**를 규정하고 있는 경우에도 그러한 사실 또는 법률관계가 **개정법령이 시행되기 이전에 이미 완성 또는 종결된 것이 아니라면** 개정법령을 적용하는 것이 헌법상 금지되는 소급입법에 의한 재산권침해라고 할 수는 없다.

부진정소급입법 : 원칙적 허용 ○

O

OX ★★★★ 2017 국가직 7급

23 **부진정소급입법**은 원칙적으로 허용되지만 소급효를 요구하는 공익상의 사유와 신뢰보호의 요청 사이의 형량과정에서 신뢰보호의 관점이 입법자의 형성권에 제한을 가하게 된다.

신뢰보호 관점이 입법자의 형성권에 제한을 가함.

O

OX ★★ 2024 소방직 9급

24 어떠한 법률조항에 대하여 헌법재판소가 **헌법불합치결정**을 하여 그 법률조항을 합헌적으로 개정 또는 폐지하는 임무를 **입법자의 형성재량에 맡긴 이상, 그 개선입법의 소급적용 여부**와 **소급적용의 범위**는 원칙적으로 입법자의 재량에 달린 것이다.

헌법불합치결정에 따른 개정 · 폐지 : **입법자의 재량** ○

O

OX ★★ 2012 사회복지직 9급

25 **한시법**은 명문으로 정해진 **유효기간이 경과**하더라도 당연히 그 효력이 소멸되는 것은 아니다.

효력 소멸 ○

X

OX ★★ 2008 국가직 9급

26 법령이 **전문개정**된 경우 특별한 사정이 없는 한 종전의 법률 **부칙의 경과규정**도 모두 실효된다.

모두 실효 ○

O

OX ★★ 2022 소방간부

27 법령이 **일부 개정**된 경우에는 기존 법령 부칙의 경과규정을 개정 또는 삭제하거나 이를 대체하는 별도의 규정을 두는 등의 특별한 조치가 없는 한 개정법령에 다시 경과규정을 두지 않았다고 하여 기존 법령 **부칙의 경과규정**이 당연히 실효되는 것은 아니다.

당연 실효 ×

O

OX ★ 2008 경기도 9급

28 하나의 지방자치단체의 **조례가 다른 지방자치단체의 구역 내**에서도 그 **효력**을 가지는 경우가 있다.

예 서울시가 인천공항에 서울시 홍보관을 운영하기 위해 제정한 조례 : 인천시의 구역 내에서 효력 ○

O

OX ★ 2016 교육행정직 9급

29 행정법령의 **대인적 효력**은 속지주의를 **원칙**으로 한다.

속지주의 : 관할**구역** 내에 있는 모든 자연인 · 법인, 내 · 외국인에게 효력 ○

O

OX ★ 2012 국회(속기 · 경위직) 9급

30 **국외의 자국인**에 대하여 국내법령은 적용되지 않는다.

속인주의 : 한국인에 속하면 우리 행정법규가 적용

X

Topic

06 비례의 원칙(과잉금지의 원칙)

p.20~21

O X ★★ 2005 관세사

01 **비례의 원칙**은 우리 헌법 제37조 제2항에서 **근거**를 찾을 수 있다.

헌법적 근거 있음. O

O X ★★★ 2022 국가직 7급

02 행정기본법은 **비례의 원칙**을 명문으로 **규정**하고 있다.

법률적 근거 : **행정기본법 제10조** O

O X ★★★★ 2023 군무원 5급

03 **행정작용**은 행정목적을 달성하는 데 **유효하고 적절**해야 하고, 행정목적을 달성하는 데 **필요한 최소한도**에 그쳐야 하며, 행정작용으로 인한 **국민의 이익침해**가 그 행정작용이 의도하는 **공익보다 크지 아니해야** 한다.

행정기본법 제10조 O

O X ★★ 2013 국가직 9급

04 **비례의 원칙**은 침해행정인가 급부행정인가를 가리지 아니하고 행정의 전영역에 적용된다.

행정의 전영역 적용 O

O X ★★ 2020 지방직 · 서울시 9급

05 **비례의 원칙**은 행정에만 적용되는 원칙이므로 입법에서는 적용될 여지가 없다.

모든 국가작용에 적용 X

O X ★★★ 2022 지방직 · 서울시 9급

06 **비례의 원칙**은 법치국가원리에서 당연히 파생되는 헌법상의 기본원리이다.

법치국가원리에서 당연히 **파생**되는 **헌법상 기본원리** O

O X ★★ 2008 국가직 7급

07 위험한 건물에 대하여 **개수명령으로써 목적을 달성할 수 있음에도** 불구하고 **철거명령을 발령**하는 것은 비례원칙의 내용 중 필요성원칙에 반한다.

필요성원칙(최소침해의 원칙) **위반** O

O X ★★ 2013 국가직 9급

08 협의의 비례원칙인 **상당성의 원칙**은 재량권행사의 적법성의 기준에 해당한다.

재량권행사의 **적법성 기준** O

O X ★★★ 2023 지방직 · 서울시 7급

09 **음주운전으로 인한 운전면허취소처분의 재량권 일탈 · 남용 여부를 판단**할 때, 운전면허의 취소로 입게 될 당사자의 불이익보다 음주운전으로 인한 교통사고를 방지하여야 하는 일반예방적 측면이 더 강조되어야 한다.

상대방의 불이익보다 **일반예방적 측면 더 강조** O

O X ★★★ 2020 국가직 7급

10 **음주운전으로 인해 운전면허를 취소**하는 경우의 **이익형량**에서 음주운전으로 인한 교통사고를 방지할 공익상의 필요가 취소의 상대방이 입게 될 불이익보다 강조되어야 하는 것은 아니다.

공익상의 필요가 취소의 상대방의 불이익보다 강조(일반예방적 측면이 더 강조) X

O X ★★★ 2022 해경간부

11 **비례원칙**은 적합성의 원칙, 필요성의 원칙, 상당성의 원칙(협의의 비례원칙)으로 구성된다고 보는 것이 일반적이며, **헌법재판소**는 과잉금지원칙과 관련하여 위 세 가지에 목적의 정당성을 더하여 판단하고 있다.

비례원칙 : **적합성 · 필요성 · 상당성** / 과잉금지원칙 : **목적의 정당성** + 비례원칙 O

O X ★★ 2008 국회직 8급

12 **경찰관**이 난동을 부리던 범인을 검거하면서 **가스총**을 **근접 발사**하여 가스와 함께 발사된 고무마개가 범인의 눈에 맞아 **실명**한 경우에는 국가배상이 인정된다.

국가배상 인정 O

O X ★★ 2012 국가직 7급

13 **헌법재판소**는 **비례원칙**을 위헌법률심사의 기준으로 삼고 있다.

위헌법률심사의 기준으로 삼음. O

OX ★★★ 2021 소방직 9급

14 대법원은 원고가 단지 **1회** 훈령에 위반하여 **요정출입**을 하다가 적발된 정도라면, 면직처분보다 가벼운 징계처분으로서도 능히 위 훈령의 목적을 달성할 수 있다고 볼 수 있는 점에서 이 사건 **파면처분**은 이른바 비례의 원칙에 어긋난 것으로 위법하다고 판시하였다.

비례의 원칙 위반 → 위법 ○

OX ★★★ 2019 국회직 8급

15 **자동차를 이용하여 범죄행위**를 한 경우 **범죄의 경중에 상관없이 반드시 운전면허를 취소**하도록 한 규정은 비례원칙을 위반한 것이다.

비례의 원칙 위반 ○

OX ★★★ 2021 소방직 9급

16 대법원은 **수입녹용** 중 일정성분이 **기준치를 0.5% 초과**하였다는 이유로 수입녹용 전부에 대하여 **전량폐기** 또는 **반송처리**를 지시한 처분은 재량권을 일탈 · 남용한 경우에 해당한다고 판시하였다.

재량권을 일탈 · 남용 ×
비례의 원칙 위반 × X

OX ★★ 2021 소방직 9급

17 대법원은 **사법시험 제2차** 시험에 **과락제도**를 적용하고 있는 (구)사법시험령 제15조 제2항은 비례의 원칙, 과잉금지의 원칙, 평등의 원칙에 위반되지 않는다고 판시하였다.

비례의 원칙, 과잉금지의 원칙, 평등의 원칙 위반 × ○

OX ★★ 2020 소방직 9급

18 **옥외집회의 사전신고의무**를 규정한 구 「집회 및 시위에 관한 법률」 제6조 제1항 중 **'옥외집회'에 관한 부분**은 과잉금지원칙에 위배하여 집회의 자유를 침해하는 것으로 볼 수 있다는 것이 헌법재판소의 태도이다.

과잉금지원칙 위배 × X

Topic

07 신뢰보호의 원칙

p.22~27

OX ★★★ 2017 국가직 7급

01 **신뢰보호의 원칙**은, 국민이 법률적 규율이나 제도가 장래에 지속할 것이라는 합리적인 신뢰를 바탕으로 개인의 법적 지위를 형성해 왔을 때에는 국가에게 그 국민의 신뢰를 되도록 보호할 것을 요구하는 법치국가원리의 파생원칙이다.

법치국가원리의 파생원칙 ○

OX ★★★ 2022 군무원 7급

02 **신뢰보호의 원칙**은 **행정기본법**에 규정된 행정법상 원칙이다.

행정기본법 **규정** ○ ○

OX ★★ 2018 지방직 9급

03 **행정절차법**과 **국세기본법**에서는 법령 등의 해석 또는 행정청의 관행이 일반적으로 국민에게 받아들여졌을 때와 관련하여 신뢰보호의 원칙을 규정하고 있다.

신뢰보호의 원칙 명문 **규정** ○ ○

OX ★★★★ 2023 국가직 7급

04 행정기본법에 의하면 행정청은 **공익** 또는 **제3자의 이익을 현저히 해칠 우려가 있는 경우를 제외**하고는 행정에 대한 국민의 정당하고 합리적인 **신뢰를 보호**하여야 한다.

행정기본법 제12조 제1항 ○

OX ★★★★ 2019 국가직 7급

05 신뢰보호의 원칙상 **법령**이나 비권력적 사실행위인 **행정지도 등은 신뢰의 대상이 되는 선행조치**에 포함되지 않는다.

법령, 행정지도 등 사실행위, 기타 국민이 신뢰를 가지게 될 일체의 조치가 **포함** X

OX ★★★★ 2024 소방간부

06 신뢰의 대상이 되는 **선행조치**는 공적인 견해표명에 국한되지 않는다.

판례는 **공적인 견해표명에 한정** X

OX ★★★★ 2020 지방직 · 서울시 9급

07 신뢰보호의 원칙이 적용되기 위한 요건인 행정권의 행사에 관하여 **신뢰를 주는 선행조치**가 되기 위해서는 반드시 처분청 자신의 적극적인 언동이 있어야만 한다.

처분청 소속 직원의 언동도 선행조치 ○ / **적극적 · 소극적 조치 불문** X

OX ★★★ 2019 서울시 9급

08 **위법한 행정관행**에 대해서도 신뢰보호의 원칙이 적용될 수 있다.

신뢰보호의 원칙 적용 ○
cf 평등원칙, 자기구속의 원칙 : 위법한 관행의 경우 적용 ×

O

OX ★★★ 2014 국회직 8급

09 신뢰의 대상인 **행정청의 선행조치**는 문서에 의한 **형식**적 행위이어야 한다.

문서의 형식 불요

X

OX ★★★★ 2023 소방승진

10 행정청의 **공적 견해표명**은 보호가치 있는 신뢰의 대상이어야 하므로, 묵시적인 표시만으로는 성립할 수 없고 명시적인 표시가 있었을 것을 요한다.

명시적 · 묵시적 표시 **불문**

X

OX ★★★ 2020 지방직 · 서울시 7급

11 면허세의 근거법령이 제정되어 폐지될 때까지의 **4년 동안** 과세관청이 **면허세를 부과할 수 있음을 알면서도 수출확대라는 공익상 필요에서 한 건도 부과한 일이 없었다면** 비과세의 관행이 이루어졌다고 보아도 무방하다.

비과세의 관행 ○
묵시적인 의사표시에 의한 선행조치(공적인 견해표명)에 해당

O

OX ★★★ 2024 국가직 9급

12 **시의 도시계획과장과 도시계획국장**이 도시계획사업의 준공과 동시에 사업부지에 편입한 토지에 대한 **완충녹지 지정을 해제함과 아울러 당초의 토지소유자들에게 환매하겠다는 약속**을 했음에도 이를 믿고 토지를 협의매매한 토지소유자의 **완충녹지지정해제신청을 거부**한 것은 신뢰보호의 원칙을 위반하거나 재량권을 일탈 · 남용한 위법한 처분이다.

신뢰보호의 원칙 위반(공적 견해표명 긍정) 또는 **재량권 일탈 · 남용** ○

O

OX ★★★ 2022 소방간부

13 국세기본법 제18조 제3항에서 말하는 **비과세관행**이 **성립**하려면 상당한 기간에 걸쳐 **과세를 하지 않은 객관적 사실**이 존재하면 충분하고, 나아가 과세관청 자신이 그 사항에 관하여 **과세할 수 있음을 알면서도 어떤 특별한 사정 때문에 과세하지 않는다는 주관적인 의사**까지 요구되는 것은 아니다.

비과세의 **객관적 사실** + 과세할 수 있음을 알면서도 특별한 사정 때문에 과세하지 않는다는 **주관적인 의사**도 필요

X

OX ★★★ 2006 관세사

14 대법원 판례는 행정기관의 **추상적 질의에 대한 일반적 견해표명**에 대하여도 신뢰보호원칙이 적용될 수 있다고 보았다.

신뢰보호원칙 적용 ×

X

OX ★★★★ 2024 국가직 9급

15 **개발사업을 시행하기 전**에 사건 토지 지상에 예식장 등을 건축하는 것이 관계법령상 가능한지 여부를 질의하여 **민원 부서로부터 '저촉사항 없음'**이라고 기재된 **민원예비심사결과를 통보**받았다면, 이는 이후의 개발부담금 부과처분에 관하여 신뢰보호의 원칙을 적용하기 위한 공적인 견해표명을 한 것에 해당한다.

공적 견해표명 ×

X

OX ★★★★ 2021 국가직 7급

16 **「개발이익환수에 관한 법률」**에 정한 **개발사업**을 **시행하기 전**에, 행정청이 **민원예비심사**에 대하여 관련부서 의견으로 **'저촉사항 없음'**이라고 기재한 것은 공적인 견해표명에 해당한다.

공적인 견해표명 ×

X

OX ★★★ 2024 소방직 9급

17 특정 사항에 관하여 신뢰보호원칙상 행정청이 그와 배치되는 조치를 할 수 없다고 할 수 있을 정도의 **행정관행이 성립**되었다고 하려면 상당한 기간에 걸쳐 그 사항에 관하여 동일한 처분을 하였다는 객관적 사실이 존재하는 것으로 족하다.

관행의 **객관적 사실** + 다른 내용의 처분을 할 수 있음을 **알면서도 하지 않는다는 의사**와 **명시적 · 묵시적 표시**

X

OX ★★★★ 2023 변호사

18 행정청이 **단순한 착오로 어떠한 처분을 계속한 경우**, 신뢰보호원칙상 행정청이 그와 배치되는 조치를 할 수 없는 **행정관행**이 성립하므로, 행정청이 추후 오류를 발견하여 합리적인 방법으로 변경하더라도 **신뢰보호원칙**에 위배된다.

단순 착오 → 행정관행 **성립** × → 신뢰보호원칙 **위반** ×

X

O X ★★★★ 2024 해경승진

19 **병무청 담당부서의 담당공무원**에게 공적 견해의 표명을 구하는 정식의 **서면질의 등을 하지 아니한 채 총무과 민원팀장**에 불과한 공무원이 **민원봉사** 차원에서 상담에 응하여 안내한 것을 신뢰한 경우, **신뢰보호의 원칙**이 적용되지 아니한다.

신뢰보호원칙 **적용** × — O

O X ★★★ 2023 경찰간부

20 과세관청이 납세의무자에게 **부가가치세 면세사업자용 사업자등록증을 교부**한 행위는 부가가치세를 과세하지 아니함을 시사하는 언동이나 공적인 견해를 표명한 것으로 볼 수 있다.

공적 견해표명 × — X

O X ★★★ 2012 경행특채

21 판례에 의하면, 문화관광부(현 문화체육관광부)**장관이 지방자치단체장에게 한** 사업승인가능성에 대한 **회신**은 사업신청자인 민원인에 대한 공적 견해표명이다.

공적 견해표명 × — X

O X ★★★★ 2021 지방직 · 서울시 9급

22 **재량권행사의 준칙인 행정규칙의 공표**만으로 상대방은 보호가치 있는 신뢰를 갖게 되었다고 볼 수 있다.

선행조치(공적인 견해표명) 부정 — X

O X ★★★ 2021 국회직 8급

23 **지구단위계획을 수립**하면서 그 **권장용도를 판매 · 위락 · 숙박시설로 결정하여 고시한 행위**를 당해 지구 내에서는 공익과 무관하게 언제든지 숙박시설에 대한 건축허가를 받을 수 있을 것이라는 공적 견해를 표명한 것이라고 평가할 수는 없다.

공익과 무관하게 언제든지 숙박시설에 대한 건축허가를 받을 수 있다는 **공적 견해표명** × — O

O X ★★★★ 2024 해경간부

24 **입법예고**를 통해 법령안의 내용을 국민에게 예고한 적이 있다고 하더라도 그것이 법령으로 확정되지 아니한 이상 국가가 이해관계인들에게 위 법령안에 관련된 사항을 약속하였다고 볼 수 없으며, 이러한 사정만으로 어떠한 신뢰를 부여하였다고 볼 수도 없다.

선행조치(공적인 견해표명) 부정 — O

O X ★★★ 2024 국가직 9급

25 **국회에서 일정한 법률안을 심의하거나 의결한 적이 있다고 하더라도** 그것이 **법률로 확정되지 아니한 이상** 국가가 이해관계자들에게 위 법률안에 관련된 사항을 약속하였다고 볼 수 없으며, 이러한 사정만으로 어떠한 신뢰를 부여하였다고 볼 수도 없다.

신뢰 부여 ×(공적 견해표명 부정) — O

O X ★★★★ 2024 국가직 9급

26 **헌법재판소의 위헌결정**은 행정청이 개인에 대하여 신뢰의 대상이 되는 공적인 견해를 표명한 것이라고 할 수 없으므로 그 결정에 관련한 개인의 행위에 대하여는 **신뢰보호의 원칙**이 적용되지 아니한다.

헌법재판소의 위헌결정 : 공적 견해표명 × → 신뢰보호원칙 **적용** × — O

O X ★★★★★ 2024 지방직 · 서울시 9급

27 행정청의 **공적 견해표명**이 있었는지 여부를 **판단**함에 있어서는, 반드시 행정조직상의 형식적인 권한분장에 구애될 것은 아니고, 담당자의 조직상의 지위와 임무, 당해 언동을 하게 된 구체적인 경위 및 그에 대한 상대방의 신뢰가능성에 비추어 실질에 의하여 판단하여야 한다.

행정조직상의 **형식적인 권한분장** × / **실질에 의해 판단** — O

O X ★★★★ 2024 소방직 9급

28 행정청의 **공적 견해표명**이 있다고 **인정**하기 위해서는 적어도 담당자의 조직상 지위와 임무, 당해 언동을 하게 된 구체적인 경위 등에 비추어 그 언동의 내용을 신뢰할 수 있는 경우이어야 한다.

공적 견해표명 인정 → **언동내용을 신뢰할 수 있어야** — O

O X ★★★★ 2019 소방직 9급

29 처분청 자신의 공적 견해표명이 있어야만 하는 것은 아니며, 경우에 따라서는 **보조기관인 담당공무원의 공적인 견해표명**도 신뢰의 대상이 될 수 있다.

신뢰의 대상 ○ — O

O X ★★★ 2022 소방간부

30 납세자에게 신뢰의 대상이 되는 **공적인 견해가 표명되었다는 사실**은 과세처분의 적법성에 대한 **증명책임**이 있는 과세관청이 주장 · 입증하여야 한다.

납세자(신뢰보호원칙을 주장하는 자) ○ / 과세관청 × — X

OX ★★★★ 2018 경행경채 3차

31 도시계획구역 내 생산녹지로 **답(畓)인 토지**에 대하여 **종교회관 건립**을 이용목적으로 하는 **토지거래계약의 허가**를 받으면서 **담당공무원이 관련법규상 허용된다 하여 이를 신뢰하고 건축준비**를 하였으나, 그 후 **토지형질변경허가신청을 불허가**한 것은 신뢰보호원칙에 반한다.

신뢰보호원칙 위반

O

OX ★★★★★ 2023 지방직 · 서울시 7급

32 甲은 폐기물처리업을 경영하기 위하여 폐기물처리업 사업계획서를 제출하여 관할 도지사 乙로부터 사업계획 적합통보를 받았다. 그 후 甲은 폐기물처리시설의 설치가 허용되지 않는 용도지역을 허용되는 용도지역으로 변경하기 위하여 「국토의 계획 및 이용에 관한 법률」에 따라 乙에게 국토이용계획변경신청을 하였으나, 乙은 위 신청을 거부하였다.

① **폐기물처리업 사업계획에 대한 적합통보와 국토이용계획변경**은 각기 그 제도적 취지와 결정단계에서 고려해야 할 사항들이 다르다.

① **취지와 고려할 사항이 다름.**

O

② 乙이 **폐기물처리업 사업계획**에 대하여 **적합통보**를 한 것은 그 사업부지 토지에 대한 **국토이용계획변경신청**을 승인하여 주겠다는 취지의 공적인 견해표명을 한 것으로 볼 수 있다.

② 국토이용계획변경신청 **승인 취지의 공적 견해표명** ×

X

③ 甲이 **국토이용계획변경신청**의 승인을 받을 것으로 신뢰하였더라도 乙의 **거부처분**이 신뢰보호의 원칙에 위배된다고 할 수 없다.

③ **신뢰보호원칙 위배** ×

O

OX ★★★★★ 2021 국가직 9급

33 일반적으로 행정청이 **폐기물처리업 사업계획에 대한 적정통보**를 한 경우 이는 토지에 대한 형질변경신청을 허가하는 취지의 공적 견해표명까지도 포함한다.

토지형질변경신청을 허가하는 취지의 **공적 견해표명** ×

X

OX ★★★★ 2019 소방직 9급

34 수익적 행정행위가 수익자의 **귀책사유가 있는 신청**에 의해 행하여졌다면 그 신뢰의 보호가치성은 인정되지 않는다.

신뢰의 보호가치성 ×

O

OX ★★★★ 2024 지방직 · 서울시 9급

35 신뢰보호의 원칙에서 개인의 **귀책사유**라 함은 행정청의 견해표명의 하자가 상대방 등 관계자의 사실은폐나 기타 사위의 방법에 의한 신청행위 등 부정행위에 기인한 것이거나 그러한 부정행위가 없더라도 하자가 있음을 알았거나 중대한 과실로 알지 못한 경우 등을 의미한다.

35 36 37 **귀책사유** : 공적 견해표명의 하자가 사실은폐나 사위(詐僞)에 의한 신청 등 **부정행위**에 기인, 사후에 선행조치가 **변경**될 것을 사인이 **예상**하였거나 예상할 수 있었음에도 **중대한 과실로 알지 못한 경우**

O

OX ★★★★ 2009 국회직 8급

36 공적 견해표명을 신뢰한 자가 사실은폐 등 적극적 부정행위를 하지 않는 한 **귀책사유**가 인정되지 않는다.

X

OX ★★★★ 2018 서울시 1회 7급

37 신뢰가 보호할 만한 것인가는 정당한 이익형량에 의한다. 사후에 선행조치가 변경될 것을 사인이 예상하였거나 중대한 과실로 알지 못한 경우 또는 사인의 사위나 사실은폐 등이 있는 경우에는 **보호가치가 있는 신뢰**라고 보기 어렵다.

O

OX ★★★★ 2024 변호사

38 **취소되는 수익적 행정처분의 하자**가 당사자의 **사실은폐나 기타 사위(詐僞)의 방법에 의한 신청행위에 기인**한 것이라면 당사자는 처분에 관한 신뢰이익을 원용할 수 없지만, 행정청이 이를 고려하지 아니한 경우에는 재량권의 일탈 · 남용이 된다.

신뢰이익 고려하지 아니한 경우에도 **재량권의 일탈 · 남용** ×

X

OX ★★★★ 2023 국가직 9급

39 **수익적 처분**이 **상대방의 허위 기타 부정한 방법**으로 인하여 행하여졌다면 상대방은 그 처분이 그와 같은 사유로 인하여 취소될 것임을 예상할 수 있으므로, 이러한 경우까지 상대방의 **신뢰를 보호**하여야 하는 것은 아니다.

처분 **취소 예상 가능** → 신뢰보호 **필요** ×

O

O X ★★★★★ 2024 소방간부

40 행정청의 행위에 대한 신뢰보호원칙의 적용요건 중 하나인 '행정청의 견해표명이 정당하다고 신뢰한 데에 대하여 그 개인에게 귀책사유가 없을 것'을 판단함에 있어, **귀책사유의 유무**는 상대방과 그로부터 신청행위를 위임받은 수임인 등 관계자 모두를 기준으로 판단하여야 한다.

상대방, 수임인 등 관계자 모두를 기준으로 판단 — O

O X ★★★★ 2022 국가직 9급

41 건축주와 그로부터 **건축설계를 위임받은 건축사**가 관계**법령**에서 정하고 있는 **건축한계선의 제한이 있다는 사실을 간과**한 채 건축설계를 하고 이를 토대로 건축물의 신축 및 증축허가를 받은 경우, 그 신축 및 증축허가가 정당하다고 신뢰한 데에는 귀책사유가 있다.

귀책사유 ○ — O

O X ★★★ 2016 지방직 9급

42 법령개정에 대한 신뢰와 관련하여, **법령에 따른 개인의 행위가 국가에 의하여 일정한 방향으로 유인**된 경우에 특별히 보호가치가 있는 신뢰이익이 인정될 수 있다.

신뢰이익 ○ — O

O X ★★★ 2018 국가직 7급

43 법률에 따른 개인의 행위가 국가에 의하여 일정 방향으로 유인된 신뢰의 행사가 아니라 **단지 법률이 부여한 기회를 활용**한 것이라 하더라도, 신뢰보호의 이익이 인정된다.

신뢰보호이익 × — X

O X ★★★ 2019 서울시 2회 7급

44 **신뢰보호원칙이 적용되려면** 개인이 행정청의 견해표명을 신뢰하고 이에 상응하는 어떠한 행위를 하였어야 한다.

신뢰에 입각한 **국민의 조치 필요** — O

O X ★★★ 2008 국회직 8급

45 행정청의 **선행조치와 무관하게 우연히 행해진 사인의 처리행위**도 신뢰보호의 대상이 될 수 있다.

신뢰에 입각한 국민의 조치 필요
(**인과관계** 필요) — X

O X ★★★ 2019 서울시 2회 7급

46 신뢰보호원칙이 적용되려면 행정청이 그 **견해표명에 반하는 처분**을 함으로써 견해표명을 신뢰한 개인의 이익이 침해되는 결과가 초래되어야 한다.

견해표명을 신뢰한 **개인의 이익침해 결과 초래** — O

O X ★★★★ 2024 해경승진

47 **신뢰보호의 원칙은 공익 또는 제3자의 정당한 이익을 현저히 해칠 우려가 있는 경우**에도 부정되어야 하는 것은 아니다.

부정 ○ — X

O X ★★★★ 2024 소방간부

48 국민이 가지는 모든 기대 내지 신뢰가 권리로서 보호될 것은 아니고, 그 보호 여부는 기존의 제도를 신뢰한 자의 **신뢰를 보호할 필요성**과 새로운 제도를 통하여 달성하려고 하는 **공익을 비교·형량**하여 판단하여야 한다.

신뢰보호 여부 판단 : **신뢰보호 필요성과 공익을 비교·형량** ○ — O

O X ★★★★ 2016 사회복지직 9급

49 **신뢰보호의 이익과 공익 또는 제3자의 이익이 상호 충돌하는 경우** 신뢰보호의 이익이 우선한다.

이익을 **비교·형량** — X

O X ★★★★ 2020 지방직·서울시 7급

50 **신뢰보호의 원칙과 행정의 법률적합성의 원칙이 충돌하는 경우** 국민보호를 위해 원칙적으로 신뢰보호의 원칙이 우선한다.

이익을 **비교·형량** — X

O X ★★★★ 2024 지방직·서울시 9급

51 행정청의 **공적 견해의 표명 후** 그 견해표명 당시의 **사정이 변경**된 경우에도 행정청이 **공적 견해표명에 반하는 처분**을 하는 경우에는 특별한 사정이 없는 한 **신뢰보호의 원칙**에 위반된다.

사정변경으로 견해표명에 반하는 처분 → 신뢰보호의 원칙 **위반** × — X

OX ★★★★ 2016 경행경채

52 국가가 **공무원임용결격사유**가 있는 자에 대하여 결격사유가 있는 것을 알지 못하고 공무원으로 임용하였다가 **사후에 결격사유가 있는 자임을 발견**하고 **공무원 임용**행위를 **취소**함은 당사자에게 원래의 임용행위가 당초부터 당연무효이었음을 통지하여 확인시켜 주는 행위에 지나지 아니하는 것이므로, 그러한 의미에서 당초의 임용처분을 취소함에 있어서는 신의칙 내지 신뢰의 원칙을 적용할 수 없다.

㉠ 공무원임용결격자의 임용 : **당연무효**
㉡ 공무원으로 임용하였다가 나중에 결격사유가 있음을 발견하고 그 임용행위를 취소하는 것 : **당연무효이었음을 통지**하여 확인시켜주는 행위 → **신의칙 내지 신뢰의 원칙 적용** ×

ㅇ

OX ★★★ 2018 국가직 7급

53 甲은 국가공무원법에 따라 일반직 공무원으로 임용된 사람이다. 임용 당시 甲에게 **임용결격사유**가 있었다면 비록 국가의 **과실에 의하여 임용결격자임을 밝혀내지 못하였다 하더라도** 그 임용행위는 당연무효이다.

공무원임용결격자에 대한 공무원 임용은 **당연무효**

ㅇ

OX ★★★★ 2023 국가직 7급

54 행정기본법에 의하면 행정청은 권한행사의 기회가 있음에도 불구하고 **장기간 권한을 행사하지 아니하여** 국민이 그 **권한이 행사되지 아니할 것으로 믿을** 만한 **정당한 사유**가 있는 경우에는, **공익 또는 제3자의 이익을 현저히 해칠 우려가 있는 경우**를 제외하고는 **그 권한을 행사해서는 아니 된다.**

행정기본법 제12조 제2항

ㅇ

OX ★★★ 2019 국가직 7급

55 처분청이 착오로 행정서사업 **허가처분을 한 후 20년이 다되어서야 취소사유를 알고** 행정서사업 허가를 **취소**한 경우, 그 허가취소처분은 실권의 법리에 저촉되는 것으로 보아야 한다.

실권의 법리에 저촉 ×

X

OX ★★★ 2013 국가직 9급

56 **교통사고가 일어난 지 1년 10개월**이 지난 뒤 그 **교통사고를 일으킨 택시에 대하여 운송사업면허를 취소**한 경우, **택시운송사업자**로서는 자동차운수사업법의 내용을 잘 알고 있어 교통사고를 낸 택시에 대하여 **운송사업면허가 취소될 가능성을 예상할 수 있었으므로** 별다른 행정조치가 없을 것으로 자신이 믿고 있었다 하여도 신뢰의 이익을 주장할 수는 없다.

신뢰의 이익 ×
(중대한 교통사고, 택시사업자)
cf 면허정지 중 운전행위 적발 후 3년이 지나 운전면허취소 : 신뢰보호원칙 위반

ㅇ

OX ★★★ 2020 소방직 9급

57 하자 있는 처분이 국민에게 권리나 이익을 부여하는 이른바 **수익적 행정행위**인 때에는 **취소**하여야 할 공익상 필요와 취소로 인하여 당사자가 입게 될 기득권과 신뢰보호 및 법률생활안정의 침해 등 불이익을 **비교·교량**한 후 공익상 필요가 당사자가 입을 불이익을 정당화할 만큼 강하지 않아도 이를 취소할 수 있다는 것이 판례의 태도이다.

수익적 행정행위의 취소·철회 제한 : 이익을 비교·교량한 후 **공익상 필요가 당사자가 입을 불이익을 정당화할 만큼 강한 경우**에 한하여 **취소 가능**

X

OX ★★★ 2024 군무원 9급

58 **도시관리계획결정**만으로는 **기존**의 **계획**을 앞으로도 **계속**하겠다는 공적인 견해표명을 한 것으로 볼 수 없다.

공적인 **견해표명** ×

ㅇ

OX ★★★ 2019 국가직 7급

59 당초 **정구장시설을 설치**한다는 **도시계획결정**을 하였다가 **정구장 대신 청소년수련시설을 설치**한다는 **도시계획변경결정 및 지적승인**을 한 경우 당초의 도시계획결정만으로는 도시계획사업의 시행자 지정을 받게 된다는 공적 견해를 표명했다고 할 수 없다.

당초의 도시계획결정만으로 그 사업의 시행자 지정을 받게 된다는 **공적 견해표명** ×(계획의 가변성)

ㅇ

OX ★★★ 2012 지방직 7급

60 **정구장시설 설치의 도시계획결정을 청소년수련시설 설치의 도시계획으로 변경**한 경우, 사업시행자로 지정받을 것을 예상하고 정구장 설계비용 등을 지출한 자의 신뢰이익을 침해한 것으로 볼 수 없다.

신뢰이익 침해 ×

ㅇ

OX ★★★ 2012 지방직 7급

61 **법령의 개정**에도 신뢰보호의 원칙이 적용된다.

신뢰보호의 원칙 적용 ○

ㅇ

OX ★★★ 2024 국회직 8급

62 **신뢰보호**는 절대적이거나 어느 생활영역에서나 균일한 것은 아니고 **개개의 사안마다** 관련된 자유나 권리 등에 따라 **보호의 정도와 방법이 다를 수 있으며, 새로운 법령을 통하여 실현하고자 하는 공익적 목적이 우월한 때**에는 이를 고려하여 제한될 수 있다.

공익적 목적이 우월한 때에는 이를 고려하여 **제한 가능** — O

OX ★★★ 2024 국회직 8급

63 **법령의 개정에 있어서** 구 법령의 존속에 대한 당사자의 신뢰가 합리적이고도 정당하며, 법령의 개정으로 야기되는 당사자의 손해가 극심하여 **새로운 법령으로 달성하고자 하는 공익적 목적이** 그러한 **신뢰의 파괴를 정당화할 수 없다면, 입법자**는 경과규정을 두는 등 당사자의 신뢰를 보호할 적절한 조치를 하여야 한다.

경과규정을 두는 등 당사자의 **신뢰를 보호할 적절한 조치를 하여야** 함. — O

OX ★★★★ 2024 소방간부

64 **법령의 개정**에서 **신뢰보호원칙**의 **위배 여부**를 **판단**하기 위해서는 침해된 이익의 보호가치, 침해의 중한 정도, 신뢰가 손상된 정도, 신뢰침해의 방법 등과 새 법령을 통해 실현하고자 하는 공익적 목적을 종합적으로 비교 · 형량하여야 한다.

법령개정의 신뢰보호원칙 위배 여부 판단 : **구법**에 대한 **신뢰이익**과 **새 법령**으로 실현하고자 하는 **공익 비교 · 형량** ○ — O

OX ★★★ 2024 국회직 8급

65 **새로운 법령에 의한 신뢰이익의 침해**는 새로운 법령이 **과거의 사실 또는 법률관계에 소급적용되는 경우**에 한하여 문제된다.

진행 중인 사실 또는 법률관계 등을 새로운 법령이 **규율**함으로써 **종전에 시행되던 법령의 존속에 대한 신뢰이익**을 **침해하게 되는 경우**에도 **적용**됨. — X

OX ★★ 2021 국회직 8급

66 재건축**조합**에서 일단 내부규범이 정립되면 조합원들은 특별한 사정이 없는 한 그것이 존속하리라는 신뢰를 가지게 되므로, **내부규범을 변경할 경우** 내부규범 변경을 통해 달성하려는 이익이 종전 내부규범의 존속을 신뢰한 조합원들의 이익보다 우월해야 한다.

내부규범 **변경을 통해 달성하려는 이익**이 종전 내부규범의 **존속을 신뢰한 조합원들의 이익보다 우월**해야 함. — O

OX ★★ 2021 지방직 · 서울시 9급

67 **신뢰보호원칙의 위반**은 국가배상법상의 위법 개념을 충족시킨다.

국가배상법상 손해배상청구 가능 — O

OX ★★★ 2023 소방승진

68 폐기물처리업에 대하여 관할관청의 **사전 적정통보를 받고 막대한 비용을 들여** 요건을 갖춘 다음 **허가신청**을 한 경우, 행정청이 **청소업자의 난립**으로 **효율적인 청소업무의 수행에 지장이 있다**는 **이유로 불허가처분**을 하였다면 신뢰보호의 원칙에 반하여 위법하다.

신뢰보호의 원칙 위반 ○ — O

OX ★★★ 2018 경행경채

69 운전면허 취소사유에 해당하는 음주운전을 적발한 경찰관의 소속 **경찰서장이 사무착오**로 위반자에게 **운전면허정지처분**을 한 상태에서 위반자의 주소지 관할 **지방경찰청장(현 시 · 도경찰청장)**이 위반자에게 **운전면허취소처분**을 한 것은 선행처분에 대한 당사자의 신뢰 및 법적 안정성을 저해하는 것으로 볼 수 없다.

당사자의 **신뢰** 및 **법적 안정성 저해** ○ — X

OX ★★★ 2023 경찰간부

70 **동일한 사유**에 관하여 보다 **무거운 면허취소처분을 하기 위하여** 이미 행하여진 **가벼운 면허정지처분을 취소**하는 것은 선행처분에 대한 당사자의 신뢰 및 법적 안정성을 크게 저해하는 것이 되어 허용될 수 없다.

당사자의 신뢰 및 법적 안정성 저해 → **허용** × — O

OX ★★ 2022 소방간부

71 **행정청이 착오로 인하여 국적이탈을 이유로 주민등록을 말소한 행위**를 법령에 따라 국적이탈이 처리되었다는 견해를 표명한 것으로 볼 수는 없으며, 상대방이 이러한 주민등록 말소를 통하여 자신의 국적이탈이 적법하게 처리된 것으로 신뢰하였다고 하더라도 이는 보호할 가치 있는 신뢰에 해당하지 않는다.

국적이탈이 처리되었다는 **견해표명** ○ / **보호할 가치 있는 신뢰에 해당** ○ — X

O X ★★★ 2013 국가직 7급

72 과세관청이 비과세대상에 해당하는 것으로 **잘못 알고 일단 비과세결정**을 하였으나 **그 후** 과세표준과 세액의 **탈루 또는 오류가 있는 것을 발견**한 때에는, 이를 조사하여 결정할 수 있다. | 조사하여 다시 **경정결정 가능** | O

O X ★★★ 2015 사회복지직 9급

73 국립공원 관리권한을 가진 행정청이 실제의 공원구역과 다르게 **경계측량과 표지를 설치**한 **십수 년 후 착오를 발견하여 지형도를 수정**한 조치는 신뢰보호원칙에 위배된다. | **신뢰보호의 원칙 위반** × | X

O X ★★★ 2022 지방직·서울시 9급

74 법원이 하는 **과태료재판**에는 원칙적으로 행정소송에서와 같은 **신뢰보호의 원칙**이 적용된다. | 원칙적으로 **적용되지 않음.** | X

Topic

08 그 밖의 일반원칙

p.28~31

O X ★★★★ 2023 군무원 9급

01 **행정청**은 **합리적 이유 없이** 국민을 **차별하여서는 아니 된다.** | 행정기본법 제9조(평등의 원칙) | O

O X ★★★ 2021 국가직 9급

02 **평등원칙**은 일체의 차별적 대우를 부정하는 절대적 평등을 의미하는 것이 아니라 입법과 법의 적용에 있어서 합리적인 근거가 없는 차별을 배제하는 상대적 평등을 뜻한다. | 절대적 평등 × **상대적 평등** ○ | O

O X ★★★ 2021 군무원 9급

03 국가기관이 채용시험에서 **국가유공자의 가족**에게 **10%의 가산점**을 부여하는 규정은 평등권과 공무담임권을 침해한다. | **평등권·공무담임권 침해** | O

O X ★★★ 2012 국회(속기·경위직) 9급

04 **국가유공자** 등과 그 **가족에 대한 가산점제도**는 입법정책상 전혀 허용될 수 없다. | **입법정책상 허용 가능** | X

O X ★★★ 2017 서울시 9급

05 **지방의회의 감사 또는 조사**를 위하여 출석요구를 받은 **증인이 출석하지 않을 경우** 증인의 **사회적 지위에 따라 과태료의 액수에 차등**을 두는 것을 내용으로 하는 **조례안**은 헌법에 규정된 평등의 원칙에 위배된다고 볼 수 없다. | **평등원칙 위반** ○ | X

O X ★★★★ 2023 군무원 9급

06 **같은 정도의 비위**를 저지른 자들 사이에 있어서 그 직무의 특성 등에 비추어, **개전의 정이 있는지 여부에 따라** 징계의 종류의 선택과 양정에 있어서 **차별적으로 취급**하는 것은, 자의적 취급이라고 할 수 있어서 평등원칙 내지 형평에 반한다. | **평등원칙 위반** × | X

O X ★★★ 2011 국회직 8급

07 일반직 직원의 정년을 58세로 규정하면서 **전화교환직렬 직원만**은 **정년**을 **53세로 규정**하여 5년간의 정년차등을 둔 것은 사회통념상 합리성이 없는 차별로서 평등원칙에 위반된다. | **평등원칙 위반** × | X

O X ★★ 2020 소방직 9급

08 **연구단지 내 녹지구역에** 위험물저장시설인 주유소와 LPG충전소 중에서 **주유소는 허용**하면서 **LPG충전소를 금지**하는 시행령 규정은 LPG충전소 영업을 하려는 국민을 합리적 이유 없이 자의적으로 차별하여 결과적으로 평등원칙에 위배된다는 것이 헌법재판소의 태도이다. | **평등원칙 위반** × | X

O X ★★★ 2023 지방직·서울시 7급

09 의료법 등 관련법령이 **정신병원** 등의 **개설**에 관하여는 **허가제**로, **정신과의원 개설**에 관하여는 **신고제**로 각 규정하고 있는 것은 합리적 차별로서 평등의 원칙에 반하지 않는다. | **합리적 차별** ○ → **평등원칙 위반** × | O

O X ★★★★★ 2024 해경승진

10 **헌법재판소**는 평등의 원칙이나 신뢰보호의 원칙을 근거로 행정의 **자기구속의 원칙**을 인정하고 있다.

평등원칙과 **신뢰보호원칙**을 **근거로** 자기구속원칙 인정 — O

O X ★★★★★ 2023 서울시 연구사

11 판례는 행정기관의 **자기구속**이 **평등원칙**과 관련이 있으며 **신뢰보호의 원칙**과 관련이 없다고 보고 있다.

관련 ○ — X

O X ★★★★★ 2023 국가직 7급

12 **재량권행사의 준칙인 행정규칙**이 그 정한 바에 따라 **되풀이 시행되어 행정관행**이 이루어지게 되면, 평등의 원칙이나 신뢰보호의 원칙에 따라 행정기관은 그 상대방에 대한 관계에서 그 행정규칙에 따라야 할 자기구속을 받게 되고, 그러한 경우에는 대외적인 구속력을 가지게 된다.

재량준칙이 되풀이 시행되어 행정관행 형성 → **평등원칙** 또는 **신뢰보호원칙**에 따라 **자기구속** ○ → **대외적 구속력** ○ — O

O X ★★★★★ 2018 서울시 2회 7급

13 재량준칙이 정한 바에 따라 되풀이 시행되어 행정관행이 이루어지게 되면 평등의 원칙이나 신뢰보호의 원칙에 따라 행정청은 상대방에 대한 관계에서 그 규칙에 따라야 할 **자기구속**을 받게 되므로, 이러한 경우에는 특별한 사정이 없는 한 그에 **반하는 처분**은 평등의 원칙이나 신뢰보호의 원칙에 어긋나 재량권을 일탈 · 남용한 위법한 처분이 된다.

평등의 원칙이나 신뢰보호의 원칙에 어긋나 **재량권을 일탈 · 남용한 위법** — O

O X ★★★★★ 2023 군무원 7급

14 훈령을 근거로 **행정관행이 형성된 경우**에는 그 **관행에 위반하여 처분**을 하게 되면 행정의 자기구속의 법리나 평등의 원칙의 위배로 위법한 처분이 될 수 있다.

자기구속원칙 · 평등원칙 위배 → **위법**한 처분 — O

O X ★★★ 2024 해경승진

15 행정의 **자기구속의 원칙**은 법적으로 동일한 사실관계, 즉 동종의 사안에서 적용이 문제되는 것으로 주로 **재량의 통제법리**와 관련된다.

동종의 사안에서 문제됨. — O

O X ★★★ 2019 서울시 9급

16 행정의 **자기구속의 원칙**은 처분청이 아닌 제3자 행정청에 대해서도 적용된다.

처분청에 적용 ○
제3자 행정청에는 적용 × — X

O X ★★★★★ 2023 지방직 · 서울시 7급

17 재량준칙이 공표된 것만으로는 행정의 자기구속의 원칙이 적용될 수 없고, **재량준칙이 되풀이 시행되어 행정관행이 성립**한 경우에 행정의 자기구속의 원칙이 적용될 수 있다.

재량준칙이 되풀이 시행, 행정관행 성립 → **자기구속원칙 적용** ○ — O

O X ★★★★ 2023 서울시 연구사

18 **최초의 선례가 없는 경우**에도 예기된 관행만으로 행정기관의 **자기구속**이 인정된다.

선례가 없는 경우 **자기구속 인정** × — X

O X ★★★★★ 2022 군무원 9급

19 행정청 내부의 **사무처리준칙이 제정 · 공표**되었다면 이 자체만으로도 행정청은 **자기구속**을 받게 되므로 이 준칙에 위배되는 처분은 위법하게 된다.

19 20 **재량준칙이 공표된 것만으로는 자기구속의 원칙 적용** × / **관행 성립 필요** — X

O X ★★★★★ 2019 서울시 1회 7급

20 **재량**권행사의 **준칙**인 행정규칙이 있으면 그에 따른 **관행**이 없더라도 평등의 원칙에 따라 행정기관은 상대방에 대한 관계에서 그 규칙에 따라야 할 **자기구속**을 받게 된다.

X

O X ★★★★★ 2024 해경승진

21 **반복적으로 행해진 처분**이 **위법**하더라도 행정의 자기구속의 원칙에 따라 행정청은 선행처분에 구속된다.

21 22 위법한 처분 반복 → **자기구속의 원칙 인정** × — X

OX ★★★★ 2023 변호사

22 평등의 원칙에 따라 본질적으로 같은 것은 같게 취급할 것이 요구되므로, **위법한 행정처분**이더라도 수차례에 걸쳐 **반복**적으로 행하여졌다면 그러한 위법한 처분은 행정청에 대하여 **자기구속력**을 갖게 된다. — X

OX ★★★ 2022 군무원 9급

23 **부당결부금지**의 원칙은 판례에 의해 확립된 행정의 법원칙으로 실정법상 **명문의 규정**은 없다. — 명문 **규정** ○(행정기본법 제13조) — X

OX ★★★ 2023 서울시 연구사

24 판례에서는 **부당결부금지의 원칙**을 인정하고 있지만 행정기본법에는 이를 명문으로 규정하고 있지 않다. — **행정기본법**에 **명문**으로 **규정** ○ — X

OX ★★★ 2023 소방승진

25 행정청은 행정작용을 할 때 상대방에게 해당 행정작용과 **실질적인 관련이 없는 의무를 부과해서는 아니 된다**. — 행정기본법 제13조 — O

OX ★★ 2008 지방직 7급

26 부당결부금지의 원칙은 **공법상 계약**에 있어서도 그 적용이 있다. — **부당결부금지원칙 적용** — O

OX ★★★★ 2022 경찰간부

27 고속국도 관리청이 고속도로 부지와 접도구역에 **송유관 매설**을 허가하면서 상대방과 체결한 협약에 따라 송유관 시설을 **이전**하게 될 경우 그 **비용**을 상대방에게 **부담**하도록 한 **부관**은 **부당결부금지원칙**에 반하지 않는다. — 부당결부금지원칙 **위반** × — O

OX ★★★★ 2016 국가직 7급

28 지방자치단체장이 사업자에게 **주택사업계획승인**을 하면서 그 주택사업과는 **아무런 관련이 없는 토지를 기부채납하도록 하는 부관**은 부당결부금지의 원칙에 위반되어 위법하지만 당연무효라고 볼 수 없다. — 28 29 **부당결부금지원칙 위반, 위법** ○ → 당연무효 × — O

OX ★★★★ 2022 국가직 7급, 2022 지방직 · 서울시 9급

29 주택사업계획승인을 하면서 그 **주택사업과 아무 관련이 없는 토지를 기부채납하도록 하는 부관**을 붙인 경우, 그 부관은 부당결부금지원칙에 위반되어 위법하다. — O

OX ★★★ 2020 소방직 9급

30 행정주체가 행정작용을 함에 있어서 상대방에게 이와 **실질적 관련이 없는** 의무를 부과하거나 그 이행을 강제하여서는 아니 된다. — **의무 부과 · 이행 강제** × — O

OX ★★★ 2004 서울시 9급

31 **부당결부금지의 원칙에 위반한 국가 등의 작용**은 부당하기는 하나 위법한 작용이라고까지 할 수는 없다. — **위헌 · 위법** ○ (일반적으로 취소사유) — X

OX ★★★ 2023 군무원 9급

32 한 사람이 **여러 종류**의 **자동차운전면허**를 취득하는 경우뿐 아니라 이를 **취소**함에 있어서도 서로 별개의 것으로 취급하는 것이 원칙이다. — **원칙적 별개 취급** — O

OX ★★★ 2018 지방직 9급

33 행정청이 여러 종류의 자동차운전면허를 취득한 자에 대해 그 **운전면허를 취소하는 경우**, 취소사유가 특정 면허에 관한 것이 아니고 **다른 면허와 공통된 것**이거나 운전면허를 받은 **사람에 관한 것**일 경우에는 여러 면허를 전부 취소할 수 있다. — **전부 취소 가능** — O

O X ★★★ 2022 경찰간부

34 **이륜자동차**로서 **제2종 소형면허를 가진 사람만이 운전할 수 있는 오토바이를 음주운전한 사유**만 가지고서는 **제1종 대형면허**나 **보통면허의 취소나 정지**를 할 수 없다.

불가능

O

O X ★★★ 2010 지방직 9급

35 대법원은 **승합차**를 혈중알코올농도 0.1% 이상의 **음주상태로 운전**한 자에 대하여 **제1종 보통운전면허 외**에 **제1종 대형운전면허까지 취소**한 행정청의 **처분**이 부당결부금지원칙을 위반한 것으로 보았다.

부당결부금지원칙 위반 ×

X

O X ★★★ 2015 국가직 9급

36 **제1종 보통면허로 운전할 수 있는 차량을 음주운전**한 경우 제1종 보통면허의 취소 외에 동일인이 소지하고 있는 **제1종 대형면허와 원동기장치자전거면허**는 **취소**할 수 없다.

취소 가능(제1종 보통면허의 취소는 원동기장치자전거의 운전금지의 취지 포함)

X

O X ★★★ 2023 소방승진

37 **제1종 대형면허로 운전할 수 있는 차량을 운전면허정지기간 중에 운전**한 경우에는 이와 관련된 **제1종 보통면허까지 취소**할 수 있다.

가능

O

O X ★★ 2020 소방직 9급

38 **행정절차법상 규정이 없는 경우**에도 **행정권행사가 적정한 절차에 따라 행해지지 아니하면** 그 행정권행사는 적법절차의 원칙에 반한다.

적법절차의 원칙 위반, 위헌 · 위법

O

O X ★★★ 2023 소방승진

39 **국가와 지방자치단체**는 국민의 삶의 질을 향상시키기 위하여 **적법절차에 따라 공정하고 합리적인 행정을 수행할 책무**를 진다.

행정기본법 제3조 제1항

O

O X ★★★★ 2024 소방간부

40 **세무조사**가 과세자료의 수집 또는 신고내용의 정확성 검증이라는 본연의 목적이 아니라 **부정한 목적을 위하여 행하여진 경우**, 세무조사에 의하여 수집된 과세자료를 기초로 한 과세처분 역시 위법하다.

위법한 세무조사에 의하여 수집된 과세자료를 **기초로 한 과세처분**은 **위법**

O

O X ★★★ 2022 군무원 7급

41 행정청은 **행정권한을 남용하거나 그 권한의 범위를 넘어서는 아니 된다.**

행정기본법 제11조 제2항(권한남용금지의 원칙)

O

O X ★★★ 2023 서울시 지적 7급

42 행정기본법에서는 **행정청**은 법령 등에 따른 의무를 **성실히 수행**하여야 한다는 **성실의무의 원칙**을 명시하고 있다.

행정기본법 제11조 제1항

O

O X ★★★ 2022 군무원 7급

43 **성실의무** 및 **권한남용금지**의 원칙은 **행정기본법**에 규정된 행정법상 원칙이다.

규정 ○(행정기본법 제11조)

O

O X ★★★ 2021 국회직 8급

44 근로복지공단의 요양불승인처분의 적법 여부는 사실상 근로자의 휴업급여청구권 발생의 전제가 된다고 볼 수 있는 점 등에 비추어, **근로자가 요양불승인에 대한 취소소송의 판결확정시까지 근로복지공단에 휴업급여를 청구하지 않았던 것**에 대한 **근로복지공단의 소멸시효 항변**은 신의성실의 원칙에 반하여 허용될 수 없다.

신의성실의 원칙 위반 ○

O

OX ★★★ 2021 국가직 9급

45 공무원 임용신청 당시 **잘못 기재된 호적**상 출생년월일을 생년월일로 기재하고, 임용 후 36년 동안 이의를 제기하지 않다가, **정년을 1년 3개월 앞두고 정정**된 출생년월일을 기준으로 **정년연장을 요구**하는 것은 신의성실의 원칙에 반한다.

신의성실의 원칙 위반 × — X

OX ★★ 2021 국회직 8급

46 관할관청이 **위법한 직업능력개발훈련과정 인정제한처분**을 하여 사업주로 하여금 제때 훈련과정 인정신청을 할 수 없도록 하였음에도, 인정제한처분에 대한 **취소판결확정 후** 사업주가 인정제한기간 내에 실제로 실시하였던 훈련에 관하여 **비용지원신청을 한 경우**에, 사전에 훈련과정 인정을 받지 않았다는 이유만을 들어 **훈련비용 지원을 거부**하는 것은 신의성실의 원칙에 반하여 허용될 수 없다.

신의성실의 원칙 위반 ○ — O

Topic 09 공법관계와 사법관계

p.32~33

OX ★★★ 2020 지방직 · 서울시 9급

01 **공법관계**는 행정소송 중 항고소송의 대상이 되며, 사인 간의 법적 분쟁에 관한 **사법관계**는 행정소송 중 당사자소송의 대상이 된다.

공법관계 : 행정소송
사법관계 : 민사소송 — X

OX ★★★★ 2018 국가직 7급

02 **국유 일반재산의 대부료 징수**에 관하여 국세 체납처분의 예에 따른 간이하고 경제적인 **특별한 구제절차가 마련**되어 있으므로, **특별한 사정이 없는 한 민사소송으로 일반재산의 대부료 지급을 구하는 것은 허용되지 않는다.**

국유 일반재산의 대부료 부과 : 사법관계. but 체납하는 경우 국세징수법에 따른 강제징수를 할 수 있음. 따라서 민사소송제기는 허용되지 않음. — O

OX ★★★★ 2024 해경간부

03 공유재산의 관리청이 **행정재산의 사용 · 수익**에 대한 **허가**는 순전히 사경제주체로서 행하는 사법상의 행위가 아니라 관리청이 공권력을 가진 우월적 지위에서 행하는 행정처분이다.

행정처분 — O

OX ★★★★ 2017 서울시 7급

04 국유재산의 관리청이 **행정재산의 사용 · 수익을 허가**하는 행위는 **강학상 특허**에 해당하나, **그 후 사용 · 수익하는 자에 대한 사용료 부과**는 사경제주체로서 행하는 사법상의 이행청구이다.

특허 ○ / **행정재산**에 대한 **사용료 부과** : 행정처분 ○, **사법상의 이행청구** × — X

OX ★★★ 2024 소방간부

05 **국유재산**의 **무단점유자**에 대한 **변상금 부과**는 공권력을 가진 우월적 지위에서 행하는 행정처분이고, 그 부과처분에 의한 **변상금 징수권**은 공법상의 권리이다.

국유재산 무단점유자에 대한 변상금 부과 → **행정처분** ○ / 변상금 징수권 → **공법상 권리** ○ — O

OX ★★★ 2023 군무원 9급

06 **조세채무**는 법률의 규정에 의하여 정해지는 법정채무로서 당사자가 그 내용 등을 임의로 정할 수 없고, 조세채무관계는 공법상의 **법률관계**이고 그에 관한 **쟁송**은 원칙적으로 행정사건으로서 행정소송법의 적용을 받는다.

공법관계, 행정소송 — O

OX ★★★ 2021 군무원 7급

07 산림청장이 산림법령이 정하는 바에 따라 **국유임야를 대부**하는 행위는 사경제주체로서 하는 사법상의 행위이다.

사법관계 — O

OX ★★★ 2020 국회직 8급

08 **일반재산의 대부계약**은 지방자치단체가 상대방과 대등한 지위에서 행하는 공법상 계약으로 이를 다투는 소송은 당사자소송이다.

사법상 계약 : 민사소송 — X

OX ★★★ 2024 해경간부

09 **국 · 공유 일반재산**을 **대부**하는 행위와 **국유재산**의 **무단점유**에 대한 **변상금 부과**는 처분으로 공법관계에 해당한다.

국 · 공유 일반재산 대부 : **사법관계** / 국유재산 무단점유자 변상금 부과처분 : 공법관계

X

OX ★★★ 2024 국회직 8급

10 **국유**의 **일반재산 대부료 납부고지**는 사법상 이행청구에 해당하고, 이를 행정처분이라고 할 수 없다.

사법상 이행청구

O

OX ★★★★ 2024 국가직 9급

11 **공익사업**을 위한 **토지 등의 취득 및 보상에 관한 법령에 의한 협의취득**은 사법상의 법률행위이지만 당사자 사이의 자유로운 의사에 따라 채무불이행책임이나 매매대금 과부족금에 대한 지급의무를 약정할 수 있는 것은 아니다.

협의취득 : **사법상의 법률행위** ○ → **당사자 의사에 따른 약정 가능**

X

OX ★★★★ 2023 소방간부

12 **공공사업**의 시행자가 그 사업에 필요한 **토지를 협의취득**하는 행위는 공행정주체로서 행하는 공법상 계약에 해당한다.

사법관계

X

OX ★★★ 2023 국가직 9급

13 국유재산 중 **행정재산의 사용허가**는 공법관계이나, 한국공항공단이 무상사용허가를 받은 행정재산에 대하여 하는 **전대행위**는 사법관계이다.

행정재산 사용허가 : **공법관계**
전대행위 : **사법관계**

O

OX ★★★★ 2024 해경간부

14 **입찰보증금의 국고귀속조치**는 국가가 공권력을 행사하는 것이거나 공권력작용과 일체성을 가진 것이라 할 것이므로 이에 관한 분쟁은 행정소송의 대상이 된다.

사법관계 : 민사소송

X

OX ★★★ 2022 국가직 9급

15 「공익사업을 위한 토지 등의 취득 및 보상에 관한 법률」상 **환매권**의 존부에 관한 확인을 구하는 소송 및 환매금액의 증감을 구하는 소송은 민사소송이다.

사법관계 : 민사소송

O

OX ★★★★ 2024 소방간부

16 **개발부담금 부과처분이 취소**된 이상 그 후의 **부당이득으로서의 과오납금 반환**에 관한 법률관계는 단순한 민사관계이다.

민사관계 ○

O

OX ★★★ 2017 국가직(하) 7급

17 귀속재산처리법에 의한 **귀속재산의 매각**행위는 공법관계라는 것이 판례의 입장이다.

공법관계

O

OX ★★★ 2017 사회복지직 9급

18 **농지개량조합의 직원에 대한 징계처분**은 처분성이 인정된다.

처분성 인정(공법관계)

O

OX ★★★ 2023 군무원 9급

19 **서울특별시지하철공사의 사장**이 소속 **직원에게 한 징계처분**에 대한 불복절차는 민사소송에 의하여야 한다.

사법관계 : 민사소송

O

OX ★★ 2016 경행경채

20 구 종합유선방송법상 **종합유선방송위원회 직원의 근무관계**는 공법관계이다.

사법관계

X

OX ★★★ 2021 군무원 7급

21 지방자치단체의 관할구역 내에 있는 각급학교에서 **학교회계직원으로 근무하는 것을 내용으로 하는 근로계약**은 공법상 계약에 해당한다.

사법상 계약

X

OX ★★★ 2019 국가직 9급

22 수도법에 의하여 지방자치단체인 수도사업자가 그 수돗물의 공급을 받는 자에게 하는 **수도료 부과·징수**와 이에 따른 **수도료 납부관계**는 공법상의 권리·의무관계이므로, 이에 관한 분쟁은 행정소송의 대상이다.

공법관계, 행정소송 ○

O

OX ★★★ 2024 소방간부

23 **중학교 의무교육의 위탁관계**는 공법적 관계이다.

공법관계 ○

O

OX ★★★ 2021 군무원 7급

24 지방자치단체가 학교법인이 설립한 사립중학교에 의무교육대상자에 대한 교육을 위탁한 때에 그 학교법인과 해당 **사립중학교에 재학 중인 학생의 재학관계**는 기본적으로 공법상 계약에 따른 법률관계이다.

사법관계

X

OX ★★★ 2021 국회직 8급

25 **사립학교 교원의 징계**는 사립학교의 공적 성격을 고려할 때 행정처분에 해당한다.

사립학교 교원과 학교법인 : 사법관계 → 징계 : **행정처분** ×, 민사소송 ○

X

OX ★★★ 2024 해경승진

26 **국립의료원 부설 주차장 위탁관리용역운영계약**은 공법상 계약에 해당한다.

강학상 특허

X

OX ★★★★ 2023 군무원 9급

27 **국가나 지방자치단체에 근무하는 청원경찰**은 국가공무원법이나 지방공무원법상의 공무원은 아니지만, 다른 청원경찰과는 달리 그 임용권자가 행정기관의 장이고, 국가나 지방자치단체로부터 보수를 받으므로, 그 근무관계는 사법상의 고용계약관계로 보기는 어려우므로 그에 대한 징계처분의 시정을 구하는 소는 행정소송의 대상이지 민사소송의 대상이 아니다.

공법관계 : 행정소송

O

OX ★★★★ 2020 지방직·서울시 7급

28 「도시 및 주거환경정비법」상 **행정주체인 주택재건축정비사업조합**을 상대로 **관리처분계획안에 대한 조합총회결의의 효력 등을 다투는 소송**은 민사상 법률관계에 관한 것이므로 민사소송에 해당한다.

당사자소송(공법관계)

X

OX ★★★ 2019 사회복지직 9급

29 **「국가를 당사자로 하는 계약에 관한 법률」에 따른 입찰절차에서의 낙찰자의 결정**은 행정소송법상 처분에 해당한다.

사법상의 예약일 뿐 **처분** ×

X

OX ★★★★ 2023 지방직·서울시 7급

30 「국가를 당사자로 하는 계약에 관한 법률」에 따라 **국가가 당사자가 되는 이른바 공공계약**은 그에 관한 법령에 특별한 정함이 없는 한 사법상 계약에 해당한다.

사법상 계약 ○

O

OX ★★★ 2023 소방직 9급

31 국가가 수익자인 수요기관을 위하여 국민을 계약상대자로 하여 체결하는 **요청조달계약**에는 다른 법률에 특별한 규정이 없는 한 당연히 **「국가를 당사자로 하는 계약에 관한 법률」**이 적용된다.

특별한 규정이 없는 한 「국가를 당사자로 하는 계약에 관한 법률」 **적용** ○

O

OX ★★★★ 2024 국가직 9급

32 「지방자치단체를 당사자로 하는 계약에 관한 법률」에 따라 **지방자치단체가 일방 당사자**가 되는 이른바 **공공계약**이 사경제의 주체로서 상대방과 대등한 위치에서 체결하는 **사법상의 계약에 해당하는 경우** 그에 관한 법령에 특별한 정함이 있는 경우를 제외하고는 사적 자치와 계약자유의 원칙 등 **사법의 원리**가 그대로 적용된다.

사법원리 그대로 **적용** ○

O

OX ★★ 2024 국회직 8급

33 **주한미군 한국인 직원의료보험조합직원의 근무관계**는 공법관계에 속하는 것이다.

사법관계

X

Topic

10 행정상 법률관계와 행정법관계의 당사자

p.34~35

OX ★ 2011 사회복지직 9급

01 **권력관계**란 행정주체에게 개인에게는 인정되지 않는 우월적 지위가 인정되는 법률관계이다.

행정주체에게 공정력, 존속력 등 **우월한 효력** 인정 — O

OX ★★ 2011 국회직 9급

02 **국고관계**란 국가 또는 공공단체 등의 행정주체가 우월적인 지위에서가 아니라 재산권의 주체로서 사인과 맺는 법률관계를 말한다.

우월적인 지위 ×
행정주체가 사법상 재산권의 주체로서 사인과 맺는 관계 — O

OX ★★★★ 2021 행정사

03 행정기본법상 **행정에 관한 의사**를 **결정**하여 **표시하는 국가 또는 지방자치단체의 기관**은 행정청이다.

행정청 — O

OX ★★★★ 2021 행정사

04 행정기본법상 **법령에 따라 행정권한을 위탁받은 사인**은 행정청이 될 수 없다.

예 공무수탁사인 : **행정청** O, 행정주체 O — X

OX ★★★ 2017 국가직 7급

05 **중앙행정심판위원회**는 행정주체의 의사를 자기의 이름으로 외부에 표시하는 권한을 가진 기관이다.

합의제 행정청, 의사를 결정하여 표시하는 권한 O — O

OX ★★★ 2017 국가직 7급

06 **국가공무원법상 징계위원회**는 행정주체의 의사를 결정하는 권한만을 가지고 이를 외부에 표시할 권한은 가지지 못하는 기관이다.

의결기관 : 의사결정권한 O
외부에 표시 권한 × — O

OX ★★★ 2024 변호사

07 「도시 및 주거환경정비법」상의 **주택재건축정비사업조합**은 관할 행정청으로부터 조합설립인가를 받은 후 등기함으로써 법인으로 성립할 경우 주택재건축사업을 시행하는 목적 범위 내에서 법령이 정하는 바에 따라 일정한 행정작용을 행하는 행정주체로서의 지위를 갖는다.

공법인, 행정주체 — O

OX ★★ 2017 서울시 9급

08 법인격 없는 단체는 **공무수탁사인**이 될 수 없다.

자연인, 법인, **법인격 없는 단체** 모두 가능 — X

OX ★★ 2018 서울시 1회 7급

09 「항공안전 및 보안에 관한 법률」상 **경찰임무를 수행**하는 **항공기의 기장**은 공무수탁사인에 해당된다.

공무수탁사인 O — O

OX ★★★ 2018 서울시 1회 7급

10 「공익사업을 위한 토지 등의 취득 및 보상에 관한 법률」상 **토지수용권을 행사하는 사인**은 공무수탁사인에 해당된다.

공무수탁사인 O — O

OX ★★ 2018 서울시 1회 7급

11 「민영교도소 등의 설치 · 운영에 관한 법률」상 교정업무를 수행하는 **민영교도소**는 공무수탁사인에 해당된다.

공무수탁사인 O — O

OX ★★★ 2010 지방직 9급

12 **공무수탁사인**은 행정임무를 자기책임하에 수행함이 없이 단순한 기술적 집행만을 행하는 사인인 행정보조인과는 구별된다.

공무수탁사인 : 자기책임하에 수행 O / **행정보조인 : 자기책임하에 수행** ×, 비독립적 · **기술적 집행** 등 단순 보조 역할 — O

OX ★★★ 2018 서울시 1회 7급

13 도로교통법상 견인업무를 대행하는 **자동차견인업자**는 공무수탁사인에 해당된다.

사법상 계약에 의해 경영위탁을 받은 자(자동차견인업자, 쓰레기 수거인) : 공무수탁사인 × X

OX ★★★ 2010 지방직 9급

14 소득세법에 의한 **원천징수의무자의 원천징수행위**는 법령에서 규정된 징수 및 납부의무를 이행하기 위한 것에 불과한 것이지, 공권력의 행사로서의 행정처분에 해당되지 아니한다고 보는 것이 판례의 입장이다.

행정처분 × O

OX ★★ 2010 지방직 9급

15 **국가가 자신의 임무를 스스로 수행할 것인지** 아니면 그 임무의 기능을 **민간부문으로 하여금 수행하게 할 것인지**에 대하여 입법자에게 광범위한 입법재량 내지 형성의 자유가 인정된다고 보는 것이 판례의 입장이다.

입법자에게 광범위한 재량 인정 O

OX ★★★ 2017 서울시 7급

16 국가가 공무수탁사인의 **공무수탁사무수행을 감독**하는 경우 수탁사무수행의 합법성뿐만 아니라 합목적성까지도 감독할 수 있다.

합법성 + 합목적성 감독 O

OX ★★★★ 2022 서울시 지적 7급

17 **공무수탁사인**은 특별한 사정이 없는 한 권한을 부여받은 법령의 범위 내에서 행정주체의 **지위**를 가진다.

행정청이자 **행정주체** O

OX ★★★★ 2017 사회복지직 9급

18 **공무수탁사인**은 수탁받은 공무를 수행하는 범위 내에서 행정주체이고, 행정절차법이나 행정소송법에서는 행정청이다.

행정주체이자 **행정청** O

OX ★★★ 2022 서울시 지적 7급

19 **공무수탁사인의 업무수행으로 인하여 권리가 침해당한 사인**은 공무수탁사인을 상대로 행정소송을 제기할 수 있다.

공무수탁사인을 **피고**로 **행정소송** 제기 **가능** O

OX ★★★ 2010 지방직 9급

20 법령에 의하여 공무를 위탁받은 **공무수탁사인이 행한 처분**에 대하여 항고소송을 제기하는 경우 **피고**는 위임행정청이 된다.

피고 : **공무수탁사인** ○ / **위임행정청** × X

OX ★★★ 2022 서울시 지적 7급

21 **공무수탁사인의 위법한 공무집행으로 손해를 입은 사인**은 국가나 지방자치단체를 상대로 국가배상을 청구할 수 있다.

국가배상법상 손해배상청구 가능 O

OX ★★ 2017 사회복지직 9급

22 **지방자치단체**는 행정주체이지 행정권 발동의 상대방인 행정객체는 될 수 없다.

행정주체이자 **행정객체**도 될 수 있음. X

Topic 11 공권과 공의무(공법관계 - 행정법관계의 내용)

p.36~39

OX ★★ 2004 서울교행 9급

01 **공권과 반사적 이익의 구별**은 행정소송에서 원고적격의 인정 여부와 관련이 있다.

항고소송을 제기할 **원고적격 : 개인적 공권** ○, **반사적 이익** × O

OX ★★★ 2011 사회복지직 9급

02 **처분의 근거법규**가 공익뿐만 아니라 **개인의 이익도** 아울러 **보호**하고 있는 경우에 **공권**이 **인정**될 수 있다.

공권 인정 : **사익보호성** 필요 O

OX ★★★★ 2012 국가직 9급

03 **개인적 공권**은 강행적인 행정법규에 의하여 행정청을 기속함으로써 비로소 성립하는 것일 뿐 개인의 사익보호성은 **성립요건**이 아니라는 것이 일반적인 견해이다.

03 04 **사익보호성** 필요
사익보호성 : 처분의 **직접적인 근거법규**뿐만 아니라 **관련법규**가 공익과 더불어 **특정인의 이익을 보호(사익보호)**하는 것

X

OX ★★★★ 2022 해경간부

04 **처분의 직접적인 근거법규뿐만 아니라 관계법규**가 **사익**을 **보호**하는 것으로 인정되는 경우에도 공권이 성립될 수 있다.

O

OX ★★★ 2017 교육행정직 9급

05 **헌법상**의 **기본권 규정**으로부터는 개인적 공권이 바로 도출될 수 없다.

05 06 07 **자유권적 기본권(소극적 방어권)** : 법률에 의해 구체화 없이 **직접 개인적 공권 도출** ○(구체적 공권)
사회권적 기본권 : **법률에 의해 구체화**되기 전까지는 **개인적 공권 인정** ×

X

OX ★★★ 2017 지방직 9급

06 소극적 방어권인 **헌법상**의 **자유권적 기본권**은 법률의 규정이 없다고 하더라도 직접 공권이 성립될 수도 있다.

O

OX ★★ 2022 해경간부

07 헌법상의 모든 **기본권**은 **법률에 의해 구체화**되지 않더라도 재판상 주장될 수 있는 구체적 공권이다.

X

OX ★★★★★ 2017 지방직 9급

08 환경정책기본법 제6조의 규정 내용 등에 비추어 국민에게 구체적인 권리를 부여한 것으로 볼 수 없더라도 **환경영향평가대상지역 밖에 거주하는 주민**에게 헌법상의 환경권 또는 환경정책기본법에 근거하여 공유수면매립면허처분과 농지개량사업시행인가처분의 무효확인을 구할 원고적격이 있다.

헌법상 환경권 또는 **환경정책기본법**에 근거하여 처분의 **무효확인을 구할 원고적격** ×

X

OX ★★★ 2012 국가직 9급

09 **근로자가 퇴직급여를 청구할 수 있는 권리**와 같은 이른바 **사회적 기본권**은 헌법규정에 의하여 바로 도출되는 개인적 공권이라 할 수 없다.

09 10 11 12 **사회권적 기본권**(퇴직급여를 청구할 수 있는 권리, 공무원연금수급권 등) : **법률에 의해 구체화**되기 **전**까지는 **개인적 공권 인정** ×

O

OX ★★★★ 2024 지방직 · 서울시 9급

10 **공무원연금 수급권**과 같은 사회보장수급권은 헌법규정만으로는 이를 실현할 수 없어 **법률에 의한 형성**이 필요하고, 그 구체적인 내용, 즉 수급요건 등은 법률에 의하여 비로소 확정된다.

O

OX ★★★★ 2023 군무원 9급

11 사회적 기본권의 성격을 가지는 **연금수급권**은 국가에 대하여 적극적으로 급부를 요하는 것이므로 헌법규정만으로는 이를 실현할 수 없고, **법률에 의한 형성**을 필요로 한다.

O

OX ★★★ 2021 군무원 7급

12 **공무원연금수급권**은 법률에 의하여 비로소 확정된다.

O

OX ★★★ 2012 국가직 9급

13 **개인적 공권**은 명확한 법규의 존재를 전제로 하는 것이므로 성문법에 근거하지 않으면 **성립**할 수 없다.

법률뿐만 아니라 관습법, **조리 등 불문법**에 의해서도 **성립 가능**

X

OX ★★★★ 2001 행정고시

14 법령상 **검사임용신청 및 그 처리에 관한 명문규정이 없는 경우**에는 조리상 임용권자는 임용신청자들에게 전형의 결과인 **임용 여부의 응답을 해줄** 의무가 없다.

임용권자는 임용 여부의 응답을 해줄 **조리상 의무** ○

X

OX ★★ 2017 교육행정직 9급

15 **공법상 계약**을 통해서는 **개인적 공권**이 **성립**할 수 없다.

개인적 공권 **성립 가능**

X

OX ★★★ 2010 국가직 9급

16 서울특별시의 **'철거민에 대한 시영아파트특별분양개선지침'**에 의한 무허가건물소유자의 **시영아파트 특별분양신청권**에는 개인적 공권이 성립할 수 있다.

철거민에 대한 시영아파트특별분양지침**(행정규칙)** : **개인적 공권 성립** ×

X

OX ★★★★ 2017 지방직 9급

17 **인·허가 등 수익적 처분을 신청한 여러 사람이 상호 경쟁관계에 있다면, 그 처분이 타방에 대한 불허가 등으로 될 수밖에 없는 때**에도 수익적 처분을 받지 못한 사람은 처분의 직접 상대방이 아니므로 원칙적으로 당해 수익적 처분의 취소를 구할 수 없다.

경원자관계 / 특별한 사정이 없는 한 **처분의 상대방이 아닌 자도 원고적격** ○

X

OX ★★★★ 2023 국회직 8급

18 일반적으로 면허 등의 **수익적 행정처분의 근거가 되는 법률이 해당 업자들 사이의 과당경쟁으로 인한 경영의 불합리를 방지하는 것도 목적으로 하는 경우** 이미 같은 종류의 면허 등을 받아 영업을 하고 있는 **기존의 업자**는 경업자에 대하여 이루어진 면허 등 행정처분의 상대방이 아니라 하더라도 당해 **행정처분의 취소를 구할 법률상 이익**이 있다.

법률상 이익 **인정** ○

O

OX ★★★★ 2015 국가직 9급

19 **허가**를 받은 **경업자**에게는 원고적격이 인정되나, **특허**사업의 **경업자**는 특별한 사정이 없는 한 원고적격이 부인된다.

특허업자 : 원고적격 ○
허가업자 : 원고적격 ×

X

OX ★★★★ 2015 국회직 8급

20 **기존 시내버스업자**는 **시외버스사업을 하는 자에 대해 시내버스로 전환**함을 허용하는 **사업계획변경인가처분의 취소를 구할 법률상 이익**이 있다.

기존 시내버스업자 : 특허업자로서 **법률상 이익** ○

O

OX ★★★★ 2018 소방직 9급

21 목욕탕영업허가에 대하여 **기존 목욕탕업자**는 판례가 취소소송의 원고적격을 부정한다.

허가업자 : 원고적격 ×

O

OX ★★★★ 2022 군무원 7급 변형

22 구 도시계획법상 **주거지역 내에 거주하는 주민**은 주거지역 내 법령상 제한면적을 초과한 **연탄공장 건축허가처분**에 대하여 **취소소송**을 제기할 원고적격이 인정된다.

원고적격 인정

O

OX ★★★ 2017 국가직 9급

23 **환경영향평가에 관한** 자연공원법령 및 환경영향평가**법령**들의 **취지**는 환경공익을 보호하려는 데 있으므로 환경영향평가대상지역 안의 주민들이 수인한도를 넘는 환경침해를 받지 아니하고 쾌적한 환경에서 생활할 수 있는 개별적 이익까지 보호하는 데 있다고 볼 수는 없다.

환경영향평가대상지역 안의 주민의 **개별적 이익 보호** ○

X

OX ★★★ 2012 지방직 7급

24 **일반적인 시민생활에 있어 공물인 도로를 이용만 하는 사람**은 그 용도폐지를 다툴 법률상 이익이 있다.

법률상 이익 ×

X

OX ★★★ 2015 서울시 7급

25 **도로의 일반사용자**가 도로의 용도폐지처분에 관하여 **직접적이고 구체적인 이해관계**를 가지고 있고 **이익을 현실적으로 침해당했다**면, 그 취소를 구할 법률상의 이익이 있다.

법률상 이익 ○

O

OX ★★★★ 2017 경행경채

26 행정소송에 있어서의 **소권**은 개인의 국가에 대한 공권이므로 당사자의 합의로써 이를 포기할 수 없다.

26 27 28 **소권 : 당사자의 합의로써 포기** × **/ 부제소합의 : 무효**

O

OX ★★★★ 2011 사회복지직 9급

27 제3자와 **소권**(訴權)의 **포기**에 관한 **계약**을 체결하더라도 그 계약은 무효이다.

O

OX ★★★★ 2021 군무원 9급

28 당사자 사이에 석탄산업법 시행령 제41조 제4항 제5호 소정의 재해위로금에 대한 지급청구권에 관한 **부제소합의**가 있는 경우 그러한 합의는 효력이 인정된다.

X

OX ★★ 2009 국가직 9급

29 개인적 **공권**은 일반적으로 일신전속적 성질을 가지므로 **대행이나 위임**이 제한되는 경우가 많다.

일신전속성 : 대행 또는 위임 금지

O

OX ★★ 2005 국회직 8급

30 **행정주체 간**에도 권리 · 의무 및 지위의 **이전 · 승계**가 일어난다.

행정주체의 승계 O

O

OX ★★★ 2007 서울시 9급

31 법인합병의 경우 **합병 후 존속하는 법인**은 합병으로 인하여 소멸하는 법인에게 부과되거나 그 법인이 납부할 국세의 납세의무를 승계한다.

납세의무 승계 O

O

OX ★★★★ 2024 해경간부

32 산림을 **무단형질변경한 자가 사망**한 경우 당해 토지의 소유권 또는 점유권을 승계한 **상속인**은 그 복구의무가 일신전속적이어서 승계하지 않으므로 따라서 관할 행정청은 그 상속인에 대하여 복구명령을 할 수 없다.

복구의무(일신전속성 ×) O
행정청의 **복구명령 대상 : 상속인**

X

OX ★★★★ 2016 국회직 8급

33 대법원은 **양도인 · 양수인 사이**에 책임의 **승계**는 인정하지만 법적 책임을 부과하기 이전 단계에서의 제재사유의 승계는 현재까지 부정하고 있다.

공법상 **책임 승계** + 법적 책임을 부과하기 이전 단계에서의 **제재사유의 승계**까지 O

X

OX ★★★★ 2011 국가직 7급

34 구 **석유판매업허가**는 혼합적 허가의 성질을 갖는 것이므로 양도인의 허가취소사유가 양수인에게 승계되지 않는다.

대물적 허가 : 제재사유의 승계 긍정

X

Topic

12 무하자재량행사청구권, 행정개입청구권

p.40~41

OX ★★★★ 2017 국가직 9급

01 **개인적 공권**이 **성립**하려면 공법상 강행법규가 국가 기타 행정주체에게 행위의무를 부과해야 한다. 과거에는 **그 의무가 기속행위**의 경우에만 인정되었으나, 오늘날에는 **재량행위**에도 인정된다고 보는 것이 일반적이다.

기속행위뿐만 아니라 **재량행위의 영역**에서도 **인정**

O

OX ★★★ 2022 해경간부

02 **처분의 근거법규가 재량규정**으로 되어 있는 경우에는 **공권**이 성립될 수 없다.

공권 **성립 가능**(일정 한계 내 재량행사 의무)

X

OX ★★ 2009 국가직 9급

03 **무하자재량행사청구권**은 기속규범에서는 인정되지 않고 재량규범에서 인정된다.

재량행위에서 인정(하자 없는 재량행사청구)

O

OX ★★ 2014 지방직 9급

04 신청에 따른 행정청의 처분이 기속행위인 때에는 행정청은 **신청에 대한 응답의무**를 지지만, 재량행위인 때에는 **응답의무**가 없다.

기속행위뿐만 아니라 **재량행위**에도 신청권이 있는 자의 신청에 대해 행정청은 신청에 따른 **응답의무** O

X

OX ★★★★ 2012 사회복지직 9급

05 **검사의 임용 여부**는 **임용권자의 자유재량**에 속하는 사항이고, 임용권자가 동일한 검사 신규임용의 기회에 원고를 비롯한 다수의 검사지원자들로부터 임용신청을 받아 전형을 거쳐 자체에서 정한 임용기준에 따라 이들 일부만을 선정하여 검사로 임용하는 경우에 있어서 법령상 검사임용신청 및 그 처리의 제도에 관한 명문규정이 없을 때 조리상 **전형결과의 응답을 해줄 의무**는 없다.

05 06 **검사의 임용 여부 : 임용권자의 자유재량**
임용신청자 : **응답신청권** ○
임용권자 : 전형결과의 **응답을 해줄 조리상 의무** ○(편의재량사항 ×)

X

OX ★★★ 2015 국가직 9급

06 다수의 **검사**임용신청자 중 일부만을 검사로 임용하는 결정을 함에 있어, **임용신청자들에게** 전형의 결과인 **임용 여부의 응답**을 할 것인지는 임용권자의 편의재량사항이다.

X

OX ★★ 2018 교육행정직 9급

07 **무하자재량행사청구권**은 수익적 행정행위뿐만 아니라 부담적 행정행위에도 **적용**될 수 있다.

범위 : **수익적 · 부담적 행정행위**

O

OX ★★★★ 2015 국가직 9급

08 **개인의 신체, 생명 등 중요한 법익에 급박하고 현저한 침해의 우려**가 있는 경우 재량권이 영으로 수축된다.

08 09 10 **재량권이 영(0)으로 수축(개인적 공권의 확대화)** / 무하자재량행사청구권이 **행정개입청구권으로 전환**

O

OX ★★★★ 2023 군무원 9급

09 **재량권이 영(0)으로 수축하는 경우**에는 무하자재량행사청구권은 행정개입청구권으로 전환되는 특성이 존재한다.

O

OX ★★★ 2017 교육행정직 9급

10 **재량권의 영(0)으로의 수축이론**은 개인적 공권을 확대하는 이론이다.

O

OX ★★★★ 2018 교육행정직 9급

11 **주거지역 내**에서 법령상의 제한면적을 초과하는 **연탄공장의 건축허가**처분으로 불이익을 받고 있는 **인근주민**은 당해 처분의 취소를 소구할 법률상 자격이 없다.

원고적격 ○

X

OX ★★★ 2012 지방직 7급

12 경찰관이 농민들의 시위를 진압하고 시위과정에 **도로상에 방치된 트랙터 1대**에 대하여 이를 도로 밖으로 옮기거나 후방에 안전표지판을 설치하는 것과 같은 위험발생방지조치를 취하지 아니한 채 **그대로 방치**하고 철수하여 버린 결과, 야간에 그 도로를 진행하던 운전자가 위 방치된 트랙터를 피하려다가 다른 트랙터에 부딪혀 상해를 입은 경우 경찰관직무집행법 제5조의 위험발생방지조치는 경찰관에게 재량에 의한 직무수행권한을 부여하고 있으므로 국가배상책임이 인정되지 않는다.

12 13 **경찰관이 그 권한을 행사하여 필요한 조치를 취하지 않는 것이 현저하게 불합리하다고 인정되는 경우**에 권한의 불행사(**트랙터 방치**) : **위법 → 국가배상책임** ○

X

OX ★★★★ 2023 경찰간부

13 경찰관직무집행법 제5조의 규정내용이 형식상 경찰관에게 재량에 의한 직무수행권한을 부여한 것처럼 되어 있더라도 **경찰관이 권한을 행사하여 필요한 조치를 하지 아니하는 것이 현저하게 불합리하다고 인정되는 경우**에는 그러한 권한의 불행사는 위법하다.

O

OX ★★★ 2024 국가직 9급

14 음주운전으로 적발된 **주취운전자가** 도로 밖으로 차량을 이동하겠다며 **단속경찰관으로부터** 보관 중이던 **차량열쇠를 반환받아 몰래 차량을 운전**하여 가던 중 사고를 일으킨 경우, 국가배상책임이 인정되지 않는다.

경찰관의 직무를 위배한 것으로 **국가배상책임 인정** ○

X

OX ★★★ 2015 국가직 9급

15 일반적인 **개인적 공권의 성립요건인 사익보호성**은 무하자재량행사청구권이나 행정개입청구권에는 적용되지 않는다.

무하자재량행사청구권, 행정개입청구권 : 개인적 공권 → 공권의 성립요건인 **사익보호성 필요** X

Topic

13 특별권력관계

p.42

OX ★★ 2005 서울시 9급

01 **울레(Ule)**의 수정설에 따르면 **군인의 입대 · 제대**와 같은 **기본관계**에 대해서는 사법심사가 허용되지 않는다.

사법심사 ○
cf 경영관계 : 사법심사 × X

★★ 2002 관세사

02 **특별권력관계**에 대한 설명 중 **기본관계와 업무수행관계의 구분**론에 따를 때, 기본관계에 해당하지 않는 것은?

① 공무원에 대한 징계처분
② 하급공무원의 직무수행에 대한 명령
③ 국립대학에 입학
④ 육군에서 만기제대
⑤ 공립고등학교에서 퇴학

기본관계 : 성립(③) · 변경(①) · 종료(④⑤) 등
경영관계(②) : 내부질서의 유지 등 ②

OX ★★ 2005 국회직 8급

03 전통적인 **특별권력관계의 성립**원인으로는 직접 법률의 규정에 의한 경우와 본인의 동의에 의한 경우를 들 수 있다.

03 04 **법률의 규정** 또는 **동의**(**임의적(자발적) 동의**와 **강제적(의무적) 동의**)에 의한 성립 ○

OX ★★ 2009 국회속기직 9급

04 **특별권력관계의 성립**은 직접 법률에 의거하는 경우와 상대방의 동의에 의하는 경우가 있는데, **상대방의 동의**는 자유로운 의사에 기한 자발적인 동의만을 인정한다. X

OX ★★ 2015 경행특채 1차

05 **특별행정법관계**(특별권력관계)의 **종류**에는 공법상의 근무관계, 공법상의 영조물이용관계, 공법상의 특별감독관계, 공법상의 사단관계가 있다.

공법상 근무관계, 영조물이용관계, 특별감독관계, 사단관계 ○

OX ★★ 2009 국회속기직 9급

06 **특별권력관계**에서는 특별권력에 따른 명령권과 형벌권이 인정된다.

명령권 · 징계권 ○
형벌권 · 과세권 × X

OX ★★★ 2023 국회직 8급

07 **군인의 복무에 관한 사항을 규율할 권한**을 **대통령령에 위임하는 경우**에는 대통령령으로 규정될 내용 및 범위에 관한 기본적인 사항을 **다소 광범위하게 위임**하였다 하더라도 **포괄위임금지원칙**에 위배된다고 볼 수 없다.

포괄위임금지원칙 **위배** × ○

OX ★★★ 2009 국회속기직 9급

08 **특별권력관계**에서도 헌법 제37조 제2항의 기본권제한의 원칙에 따라 법률의 근거하에 기본권제한이 인정된다.

08 09 **법률유보의 원칙 적용** : 특별권력관계의 **구성원**에 대한 **기본권제한시**(교도소장의 서신검열행위, 육군3사관학교 사관생도의 신분관계) **법률의 근거 필요** ○

OX ★★ 2011 지방직 9급

09 **교도소장의 서신검열행위**는 법률에 근거함이 없이 행하여졌다면 위법하다. ○

OX ★★★★ 2024 변호사

10 **육군3사관학교** 생도는 일반 국민보다 상대적으로 기본권이 더 제한될 수 있으나, 그러한 경우에도 법률유보원칙, 과잉금지원칙 등 **기본권 제한의 헌법상 원칙**들이 지켜져야 한다.

특별권력관계에도 기본권 제한의 헌법상 원칙들은 **지켜져야 함**. O

OX ★★★★ 2021 군무원 7급

11 **육군3사관학교**의 구성원인 **사관생도**는 학교 입학일부터 특수한 신분관계에 놓이게 되므로 법률유보원칙은 적용되지 아니한다.

법률유보의 원칙 적용 : 특별권력관계의 **구성원**에 대한 **기본권제한시**(교도소장의 서신검열행위, 육군3사관학교 사관생도의 신분관계) **법률의 근거 필요** X

OX ★★★ 2013 지방직(하) 7급

12 **특별행정법관계에서의 행위**도 행정소송법상 **처분개념에 해당**하면 사법심사의 대상이 된다.

예 **농지개량조합의 조합직원**에 대한 **징계처분** : 처분성 ○, **사법심사** ○ O

OX ★★★ 2011 지방직 9급

13 **교도소장의 서신검열행위**는 이른바 특별권력관계 내부에서의 행위이지만 그에 대한 사법심사는 가능하다.

권력적 사실행위로서 **행정처분** ○, **사법심사** ○ O

OX ★★★ 2015 경행특채 1차

14 **국립교육대학** 학생에 대한 **퇴학처분**은 행정처분으로서 행정소송의 대상이 된다.

처분성 ○ O

Topic 14 행정법관계에 대한 법규정의 흠결시 타법의 적용

p.43

OX ★★★ 2018 국회직 8급

01 대법원은 **손실보상규정이 없는 경우**에 다른 손실보상규정의 유추적용을 인정하는 경우가 있다.

다른 손실보상규정의 유추적용 O

OX ★★ 2008 국가직 7급

02 **조세법규의 해석**에 있어서 유추나 확장해석에 의하여 납세의무를 확대하는 것은 허용되지 아니하지만, 조세의 감면 또는 징수유예의 경우에는 그러하지 아니하다.

유추 또는 확장해석 × 법문대로 해석 X

OX ★★★ 2017 지방직 9급

03 특별한 규정이 없는 경우, **민법**의 법률행위에 관한규정 중 **의사표시의 효력발생시기, 대리행위의 효력, 조건과 기한의 효력 등의 규정**은 행정행위에도 적용된다.

행정행위에 **적용** O

OX ★★★ 2016 국가직 9급

04 **민법상의 일반법원리적인 규정**은 행정법상 권력관계에 대해서도 적용될 수 있다.

권력관계 · 관리관계에 **적용** O

OX ★★★ 2023 소방직 9급

05 **실권의 법리**는 법의 일반원리인 신의성실의 원칙에 바탕을 둔 파생원칙이므로 **권력관계**에는 적용되지 않는다.

권력관계에 **적용** ○ X

Topic

15 행정법상의 사건

p.44~46

OX ★★★ 2023 경찰 2차

01 **행정에 관한 나이**는 다른 법령 등에 특별한 규정이 있는 경우에도 출생일을 산입하지 않고 만(滿) 나이로 계산하고, 연수(年數)로 표시하되, 1세에 이르지 아니한 경우에는 월수(月數)로 표시할 수 있다.

특별한 규정이 없는 한 출생일 산입 X

OX ★★★★ 2024 국가직 9급

02 행정에 관한 **기간의 계산**에 관하여는 행정기본법 또는 다른 법령 등에 특별한 규정이 있는 경우를 제외하고는 **민법을 준용**한다.

행정기본법 제6조 제1항 O

OX ★★★★★ 2024 국가직 9급

03 법령 등 또는 처분에서 국민의 **권익을 제한**하거나 **의무를 부과**하는 경우 권익이 제한되거나 의무가 **지속되는 기간을 계산할 때에 기간을 일, 주, 월 또는 연**으로 정한 경우에는 **기간의 첫날을 산입**한다. 다만, 그러한 기준을 따르는 것이 **국민에게 불리한 경우에는 그러하지 아니하다.**

행정기본법 제6조 제2항 제1호 O

OX ★★★★ 2023 소방간부

04 법령 등 또는 처분에서 국민의 **권익을 제한**하거나 **의무를 부과**하는 경우 권익이 제한되거나 의무가 **지속되는 기간의 말일이 토요일 또는 공휴일**인 경우에는 국민에게 **불리한 경우가 아니라면** 기간은 그 익일로 만료한다.

04 05 **그 날로 만료**(행정기본법 제6조 제2항 제2호) X

OX ★★★★ 2022 국회직 8급

05 법령 등에서 **국민**의 **권익을 제한하는 경우**, 권익이 제한되는 기간의 계산에 있어 **기간의 말일이 토요일** 또는 **공휴일인 경우**에는 기간은 그 익일로 만료한다.

X

OX ★★★★ 2021 경행경채

06 100일간 **운전면허정지처분**을 받은 사람의 경우, **100일째 되는 날이 공휴일인 경우**에도 면허정지**기간**은 그 날(공휴일 당일)로 **만료**한다.

권익을 제한하거나 의무를 부과하는 경우 기간의 말일이 **토요일, 공휴일 → 그 날로 만료** O

OX ★★★ 2024 국회직 8급

07 **공법상의 소멸시효**는 법률에 특별한 규정이 없으면 민법의 규정이 유추적용되는데, 공법상 금전채권의 소멸시효기간을 정하는 이유는 사법관계와 마찬가지로 공법관계에서도 법률관계를 오래도록 미확정인 채로 방치하여 두는 것이 타당하지 않기 때문이다.

민법규정 유추적용 ○ O

OX ★★★★ 2016 교육행정직 9급

08 **금전의 급부**를 목적으로 하는 **국가의 권리**로서 **시효**에 관하여 다른 법률에 규정이 없는 것은 10년 동안 행사하지 아니하면 **소멸**한다.

5년 X

OX ★★★ 2020 소방직 9급

09 **소멸시효**에 대해 **국가재정법**은 국가의 국민에 대한 금전채권은 물론이고 국민의 국가에 대한 금전채권에도 적용된다.

국민의 국가에 대한 금전채권에도 적용 ○ O

OX ★★★★ 2022 소방간부

10 **금전의 급부**를 목적으로 하는 **국가의 권리**의 경우 **소멸시효의 중단 · 정지, 그 밖의 사항**에 관하여 **다른 법률의 규정이 없는 때**에는 민법의 규정을 적용한다.

민법 적용 O

OX ★★★ 2009 지방직 9급

11 관세법에 의한 **관세과오납금반환청구권**의 **소멸시효**도 5년이다. | 5년 | O

OX ★★★ 2016 지방직 9급

12 국가재정법상 **5년의 소멸시효가 적용되는 '금전의 급부**를 목적으로 하는 **국가의 권리**'에는 국가의 사법(私法)상 행위에서 발생한 국가에 대한 금전채무도 포함된다. | 국가의 **사법(私法)상** 행위에서 발생한 **국가에 대한 금전채무**도 **포함** | O

OX ★★★★ 2020 소방직 9급

13 **공법**의 특수성으로 인해 **소멸시효의 중단·정지**에 관한 민법규정은 적용되지 않는다. | **민법 준용** | X

OX ★★★ 2024 해경승진

14 **독촉**만으로는 **시효중단의 효과**가 발생하지 않는다. | 시효중단 효과 **발생** ○ | X

OX ★★★★ 2016 지방직 9급

15 **납입고지(현 납부고지)에 의한 소멸시효의 중단**은 그 **납입고지에 의한 부과처분이 추후 취소**되면 효력이 상실된다. | **소멸시효중단의 효력 상실** × | X

OX ★★★ 2016 경행경채

16 세무공무원이 국세징수법 제26조에 의하여 체납자의 가옥·선박·창고 기타의 장소를 **수색하였으나 압류할 목적물을 찾아내지 못하여 압류를 실행하지 못하고 수색조서를 작성하는 데 그친 경우**에도 소멸시효중단의 효력이 있다. | **소멸시효중단의 효력** ○ | O

OX ★★★★ 2024 국가직 9급

17 처분에 대하여 **행정심판이나 행정소송**이 제기되어 쟁송이 **진행되고 있는 도중**에는 **행정청**은 **스스로** 대상 처분을 취소할 수 없다. | **직권취소 가능** | X

OX ★★★★ 2024 지방직·서울시 9급

18 변상금 부과처분에 대한 **취소소송이 진행 중**인 경우 부과권자는 **위법한 처분을 스스로 취소하고 그 하자를 보완하여 다시 적법한 부과처분**을 할 수 없다. | **직권취소** 후 **하자 보완**하여 다시 **적법한 부과처분** ○ | X

OX ★★★★ 2022 소방간부

19 국유재산법상 변상금 부과처분에 대한 **취소소송이 진행되는 동안**에는 그 **부과권의 소멸시효**는 진행하지 아니한다. | **소멸시효 진행** ○ | X

OX ★★ 2024 국회직 8급

20 **제척기간**은 권리자로 하여금 권리를 신속하게 행사하도록 함으로써 그 권리를 중심으로 하는 법률관계를 조속하게 확정하려는 데에 그 제도의 취지가 있는 것으로서, 관계법령에 따라 정당한 사유가 인정되는 등 특별한 사정이 없는 한 그 **기간의 경과** 자체**만으로** 곧 권리소멸의 효과를 발생시킨다. | **권리소멸** ○ | O

OX ★★ 2024 국회직 8급

21 제척기간은 권리관계를 조속히 확정시키기 위하여 권리의 행사에 중대한 제한을 가하는 것이므로, 모법인 법률에 의한 위임이 없는 한 **시행령이** 함부로 **제척기간을 규정**할 수는 없다고 할 것이다. | **법률에 의한 위임이 없는 한** × | O

OX ★★ 2024 국회직 8급

22 **제척기간**에 있어서는 그 성질에 비추어 소멸시효와 같은 **기간의 중단이나 정지**는 있을 수 없다. | **인정** × | O

O X ★★ 2024 국회직 8급

23 **소멸시효**는 권리가 발생한 때를 기산점으로 하지만, **제척기간**은 권리를 행사할 수 있는 때를 **기산점**으로 한다.

소멸시효 : **권리를 행사할 수 있는 때**
제척기간 : **권리가 발생한 때**

X

O X ★★★ 2022 해경간부

24 **국유재산법의 행정재산**은 민법 제245조에도 불구하고 **시효취득**의 대상이 되지 아니한다.

공용폐지 없는 한 **시효취득** ×

O

O X ★★★ 2017 서울시 7급

25 국유재산 또는 공유재산 중 **일반재산을 제외한 공물**은 공용폐지가 없는 한 시효취득의 대상이 되지 않는다.

공용폐지 없는 한 **시효취득** ×

O

O X ★★★★ 2016 국가직 9급

26 현행법상 행정목적을 위하여 제공된 **행정재산**에 대해서는 공용폐지가 되지 않는 한 민법상 취득시효규정이 적용되지 않는다.

공용폐지되지 않는 한 **시효취득** ×

O

O X ★★★ 2022 서울시 지적 7급

27 **행정재산**이 기능을 상실하여 본래의 용도에 제공되지 않는 상태에 있더라도 관계법령에 의하여 **용도폐지되지 않는 한** 당연히 취득시효의 대상이 되는 일반재산이 되는 것은 아니다.

취득시효대상이 되는 일반재산 ×

O

O X ★★★★ 2023 경찰간부

28 **공용폐지의 의사표시**는 명시적이든 묵시적이든 상관없으나 적법한 의사표시가 있어야 하며, 행정재산이 **사실상 본래의 용도에 사용되고 있지 않다는 사실**만으로 공용폐지의 의사표시가 있었다고 볼 수 없다.

공용폐지의 의사표시 : **명시적 · 묵시적 모두 가능**
사실상 본래의 용도에 사용되고 있지 않다는 사실 : 묵시적 공용폐지의 의사표시 **인정** ×

O

O X ★★★ 2022 지방직 · 서울시 7급

29 **행정재산이 공용폐지되어 시효취득의 대상이 된다는 점에 대한 증명책임**은 시효취득을 주장하는 자에게 있다.

시효취득을 주장하는 자

O

O X ★★★ 2019 국회직 8급

30 **도로구역이 결정 · 고시**되어 공사가 진행 중인 경우에 **해당 구역 내에 있지만 아직 공사가 진행되지 아니한 국유토지**는 **시효취득**의 대상이 되지 아니한다.

예정공물이므로 시효취득 **대상** ×

O

O X ★★★ 2016 지방직 9급

31 국유재산법상 **일반재산**은 취득시효의 대상이 될 수 없다.

시효취득 ○

X

O X ★★ 2011 국회직 8급

32 구 국유재산법 제5조 제2항이 **잡종재산**에 대하여까지 **시효취득을 배제하고 있는 것**은 국가만을 우대하여 합리적 사유 없이 국가와 사인을 차별하는 것이므로 **평등원칙**에 위반된다.

평등원칙 위반 ○

O

O X ★★ 2023 군무원 5급

33 국가가 사법상 재산권의 주체로서 국민을 대하는 사법관계에서도 사인과 국가가 본질적으로 다르다고 할 수 있으므로, **국가**를 부동산 **점유취득시효의 주체**로 인정할 수 없다.

국가도 부동산 점유취득시효의 주체 **인정** ○

X

OX ★★★ 2017 지방직 9급

34 **공법관계**에 있어서 **자연인의 주소**는 주민등록지이고, 그 수는 1개소에 한한다. — **주민등록지**, 원칙적 **1개소** — O

Topic

16 공법상 사무관리 · 부당이득

p.47~48

OX ★★ 2022 국가직 9급

01 **사무처리의 긴급성**으로 인하여 **해양경찰의 직접적인 지휘를 받아 보조로 방제작업을 한 경우**, 사인은 그 사무를 처리하며 지출한 필요비 내지 유익비의 상환을 국가에 대하여 민사소송으로 청구할 수 있다. — 사무관리를 한 개인은 국가에 대하여 **필요비 · 유익비를 민사소송으로 청구** O — O

OX ★★★ 2017 지방직 9급

02 **공법상 부당이득**에 관한 일반법은 없으므로 특별한 규정이 없는 경우, 민법상 부당이득반환의 법리가 준용된다. — **일반법** × : **민법상 부당이득반환의 법리가 준용** — O

OX ★★ 고난도

03 **국립대학의 기성회**가 **기성회비를 납부받은 것**은 '법률상 원인 없이' 타인의 재산으로 이익을 얻은 경우에 해당한다고 볼 수 있다. — **부당이득 해당** × — X

OX ★★★ 2022 소방간부

04 **제3자가** 체납자가 납부해야 할 **체납액을 체납자 명의로 완납**한 경우, 제3자는 국가에 대하여 부당이득반환을 청구할 수 없다. — **제3자** : 국가에 **부당이득반환 청구** × — O

OX ★★★★ 2024 변호사

05 **조세부과처분**이 **당연무효**임을 전제로 하여 이미 납부한 **세금**의 **반환**을 **청구**하는 경우 행정소송법상 당사자소송의 대상이다. — 부당이득반환청구로서 **민사소송의** 대상 — X

OX ★★★★ 2020 소방직 9급

06 판례는 **공법상 부당이득반환청구권**은 사권(私權)에 해당되며, 그에 관한 소송은 민사소송절차에 따라야 한다고 보고 있다. — **사권(私權)** O **민사소송절차** O — O

OX ★★ 2017 지방직 9급

07 **공법상 부당이득반환**에 대한 **청구권의 행사**는 개별적인 사안에 따라 행정주체도 주장할 수 있다. — **행정주체도 주장** O — O

★★★ 2012 지방직 9급

08 **부당이득**과 가장 거리가 먼 것은?

① 조세과오납
② 공무원의 봉급과액수령
③ 처분이 무효 또는 소급 취소된 경우의 무자격자의 기초생활보장금의 수령
④ 자연재해시 빈 상점의 물건의 처분

공법상 부당이득	①②③
공법상 사무관리	④

④

OX ★★★ 2023 서울시 연구사

09 **공법상 부당이득반환청구권**에 관한 **소멸시효**에 대하여 특별한 규정이 없으면, 그 기간은 원칙적으로 10년이다. — **5년** — X

OX ★★★ 2021 국가직 7급

10 구 지방재정법에 의한 **변상금 부과처분이 당연무효인 경우**, 이 변상금 부과처분에 의하여 납부자가 납부한 **오납금**은 지방자치단체가 법률상 원인 없이 취득한 부당이득에 해당한다.

부당이득 ○

○

OX ★★★★ 2020 국가직 9급

11 **변상금 부과처분이 당연무효인 경우**, 당해 변상금 부과처분에 의하여 납부한 **오납금**에 대한 납부자의 **부당이득반환청구권의 소멸시효**는 변상금 부과처분의 부과시부터 진행한다.

납부 또는 징수시(소멸시효는 권리를 행사할 수 있는 때부터 진행) ○ / **부과시** ×

X

Topic 17 사인의 공법행위

p.49~50

OX ★★ 2014 서울시 9급

01 **사인의 공법행위란** 공법적 효과를 가져오는 사인의 행위를 말한다.

○

OX ★★ 2014 서울시 9급

02 현재 사인의 공법행위에 관한 전반적인 사항을 규율하는 **일반법**은 없다.

○

OX ★★ 2014 국가직 7급

03 사인의 공법행위는 **법적 행위**인 점에서 공법상 사실행위와 구별된다.

○

OX ★★★ 2022 해경간부

04 **사인의 공법행위**에는 행정행위에 인정되는 **공정력, 존속력, 집행력** 등이 인정되지 않는다.

○

OX ★★ 2014 서울시 9급

05 사인의 공법행위에는 **사인의 행위만으로 공법적 효과**를 가져오는 것과 **국가나 지방자치단체의 행위의 전제요건**이 되는 것으로 구분할 수 있다.

○

01 02 03 04 05 **사인의 공법행위**
① 자기완결적 공법행위 - **공법적 효과**를 가져오는 **사인의 법적 행위**(사실행위 ×)
② 행위요건적 공법행위 - **국가나 지방자치단체의 행위의 전제요건**
③ **일반법** ×
④ **공정력, 존속력, 집행력 등 인정** ×

OX ★★ 2016 서울시 9급

06 사인의 공법행위에는 **행위능력**에 관한 민법의 규정이 원칙적으로 적용된다.

민법규정 원칙적으로 적용 ○

○

OX ★★ 2010 국가직 7급

07 **행위무능력자**(현 제한능력자)**에 의한 사인의 공법행위**도 유효한 것이라고 보는 개별법이 있다.

우편법 제10조(제한능력자의 행위에 관한 의제)

○

OX ★★★ 2022 해경간부

08 명문의 **금지규정이 있거나 일신전속적인 행위**는 **대리**가 허용될 수 없으나, 그렇지 않은 사인의 공법행위는 대리에 관한 **민법규정**이 유추적용될 수 있다.

금지규정 있거나 **일신전속적 행위** : 대리 **허용** ×(허용되는 경우 **민법규정 유추적용**)

○

OX ★★★★ 2024 해경승진

09 **사인의 공법행위**는 원칙적으로 발신주의에 따라 그 **효력이 발생**한다.

원칙적 **도달주의**

X

OX ★★★★ 2022 지방직 · 서울시 7급

10 **민법상 비진의의사표시의 무효에 관한 규정**은 그 성질상 공무원이 한 사직(일괄사직)의 의사표시와 같은 사인의 공법행위에 적용되지 않는다.

사인의 공법행위에 적용 ×, 표시된 대로 효력 발생

O

OX ★★★ 2014 국가직 7급

11 권고사직의 형식을 취하고 있더라도 사직의 권고가 공무원의 **의사결정의 자유를 박탈할 정도**의 **강박**에 해당하는 경우에는 당해 권고사직은 무효이다.

무효

O

OX ★★★ 2019 경행경채 2차

12 **사직서의 제출**이 감사기관이나 상급관청 등의 **강박**에 의한 경우, 그 정도가 **의사결정의 자유를 제한하는 정도**에 그친다면 그 성질에 반하지 아니하는 한 의사표시에 관한 **민법 제110조의 사기나 강박에 의한 의사표시 규정을 준용**하여 그 효력을 따져보아야 할 것이다.

민법 제110조 사기 · 강박에 의한 의사표시 **준용**

O

OX ★★★★★ 2016 지방직 7급

13 사직원 제출자의 내심의 의사가 사직할 뜻이 없었더라도 **민법상 비진의의사표시의 무효에 관한 규정**이 적용되지 않으므로 그 사직원을 받아들인 **의원면직처분**을 당연무효라 볼 수는 없다.

적용 ×, **유효**(표시된 대로 효력 O)

O

OX ★★★ 2022 소방간부

14 **사인의 공법행위**에는 **부관**을 붙일 수 없다.

원칙적으로 **부관** ×

O

OX ★★★★★ 2021 지방직 · 서울시 7급

15 **사인의 공법상 행위**는 명문으로 금지되거나 성질상 불가능한 경우가 아닌 한 그에 따른 행정행위가 행하여질 때까지 자유로이 **철회**할 수 있다.

도달한 후에도 **행정행위 성립(의원면직처분 등) 이전에는 철회** O

O

OX ★★★★★ 2022 해경간부

16 **공무원의 사직의 의사표시**는 상대방에게 도달한 후에는 **철회**할 수 없다.

16 17 **행정행위 성립 전**까지 철회 **가능** → **면직처분 후**에는 **철회 · 취소** ×

X

OX ★★★★★ 2024 해경승진

17 **공무원**에 의해 제출된 **사직원**은 그에 터 잡은 의원면직처분이 있을 때까지 **철회**될 수 있고, 일단 면직처분이 있고 난 이후에도 자유로이 취소 및 철회될 수 있다.

X

OX ★★★ 최신판례

18 영업장 면적이 일반음식점영업신고 당시에는 식품위생법령상 **신고사항이 아니었다가** 2003년 시행령 **개정으로 변경신고 사항이 된 경우**, 2016년에 **변경행위를 한 후 변경신고를 하지 않은 채 영업**을 계속하면 처벌대상이 된다.

행위 당시 법령에 따라야 함. → **처벌대상**이 됨.

O

Topic

18 신고와 신청

p.51~55

OX ★★★ 2024 소방직 9급

01 **자기완결적 신고**란 행정청에 일정한 사항을 통지함으로써 의무가 끝나는 신고로서 수리를 요하지 않으며, 신고 그 자체로서 법적 효과를 발생시킨다.

수리를 요하지 않으며 **신고 자체로 법적 효과 발생** — O

OX ★★★ 2022 서울시 지적 7급

02 **수리를 요하는 신고**는 행정청이 수리함으로써 비로소 신고의 법적 효과가 발생한다.

수리함으로써 **신고 효과 발생** ○ — O

OX ★★★★ 2024 소방간부

03 법령 등으로 정하는 바에 따라 행정청에 일정한 사항을 통지하여야 하는 신고로서 법률에 신고의 **수리가 필요하다고 명시**되어 있는 경우에는 행정기관의 내부업무처리절차로서 수리를 규정한 경우가 아닌 한, 행정청이 **수리하여야 효력이 발생**한다.

03 04 행정기본법 제34조 — O

OX ★★★★ 2023 소방승진

04 **행정기본법**에는 **법률에 신고의 수리가 필요하다고 명시되어 있는 경우**, 행정청이 **수리하여야 효력이 발생한다는 규정**이 있다.

O

OX ★★★★ 2023 군무원 7급

05 법률에 행정기관의 **내부업무처리절차로서 수리를 규정한 경우**에도 수리를 요하는 신고로 보아야 한다.

수리를 요하는 신고 ×
(행정기본법 제34조) — X

OX ★★★ 2019 서울시 1회 7급

06 신고대상인 **건축물의 건축행위**를 하고자 할 경우에는 관계법령에 정해진 적법한 요건을 갖춘 **신고**만을 하면 그와 같은 건축행위를 할 수 있고, 행성청의 수리처분 등 별도의 조처를 기다릴 필요가 없다.

건축신고 : 자기완결적 신고, 행정청의 수리처분 등 별도의 조처를 기다릴 필요 없음. — O

OX ★★★★ 2017 국가직(하) 7급

07 **「체육시설의 설치 · 이용에 관한 법률」**상 **신고체육시설업에 대한 변경신고를 적법하게 하였으나, 관할행정청이 수리**를 **거부**한 경우에는 신고의 효과가 발생하지 않는다.

07 08 **자기완결적 신고** : 적법한 신고서가 제출되었다면 행정청의 **수리 여부와 무관**하게 **신고서가 도달한 때 효과 발생** — X

OX ★★★★ 2014 국가직 9급

08 구 **「체육시설의 설치 · 이용에 관한 법률」**에 의한 **골프장이용료 변경신고**서는 행정청에 제출하여 접수된 때에 신고가 있었다고 볼 것이고, 행정청의 수리행위가 있어야만 하는 것은 아니다.

O

OX ★★★★ 2023 소방간부

09 **「체육시설의 설치 · 이용에 관한 법률」**상 **당구장업**은 적법한 요건을 갖춘 **신고**를 접수한 행정청의 수리행위가 있어야 신고로서의 효력이 발생한다.

자기완결적 신고 — X

OX ★★★ 고난도

10 **수산제조업의 신고**는 적법한 요건을 갖춘 신고를 접수한 행정청의 수리가 있어야 신고로서의 효력이 발생한다.

자기완결적 신고 — X

OX ★★★★ 2015 사회복지직 9급

11 판례에 의할 때 액화석유가스충전사업의 **지위승계신고**를 **수리**하는 행위는 사실행위에 해당한다.

11 12 **사실행위** ×
법적효과를 발생시키는 **처분** ○ — X

O X ★★★★★ 2021 지방직 · 서울시 7급

12 식품위생법에 의하여 허가영업의 양도에 따른 **지위승계신고**를 **수리**하는 허가관청의 행위는 사업허가자의 변경이라는 법률효과를 발생시키는 행위이다. O

O X ★★★★★ 2013 국가직 7급

13 영업양도에 따른 **지위승계신고**를 **수리**하는 허가관청의 행위는 영업허가자의 변경이라는 법률효과를 발생시키는 행위로서 항고소송의 대상이 될 수 있다. O

13 14 ㉠ 처분 : **사업허가자의 변경이라는 법률효과 발생**
㉡ **수리거부 : 항고소송의 대상**

O X ★★★★★ 2022 서울시 지적 7급

14 사업양수에 의한 **지위승계신고**를 **수리**하는 허가관청의 행위는 그 실질에 있어서 사업허가자의 변경이라는 법률효과를 발생시키므로 **수리**의 **거부**는 항고소송으로 다툴 수 있다. O

O X ★★★★ 2021 지방직 · 서울시 9급

15 구 관광진흥법에 의한 **지위승계신고**를 **수리**하는 허가관청의 행위는 사실적인 행위에 불과하여 항고소송의 대상이 되지 않는다. X

사실행위 ×
처분 ○ → **항고소송대상** ○

O X ★★★ 2015 경행특채 1차

16 **건축주명의변경신고 수리거부**행위는 취소소송의 대상이 되는 처분이라고 하지 않을 수 없다. O

처분 ○

O X ★★★★★ 2023 국가직 7급

17 구 유통산업발전법에 따른 **대규모점포의 개설등록** 및 구 「재래시장 및 상점가 육성을 위한 특별법」에 따른 **시장관리자 지정**은 행정청이 **실체적 요건에 관한 심사**를 한 후 수리하여야 하는, 수리를 요하는 신고로서 행정처분에 해당한다. O

수리를 요하는 신고로서 **행정처분 해당**

O X ★★★ 2017 국가직(하) 7급

18 수산업법상 **어업신고를 적법하게 하였으나**, 관할행정청이 **수리**를 **거부**한 경우에는 신고의 효과가 발생하지 않는다. O

신고 효과 발생 ×

O X ★★★★★ 2023 국가직 7급

19 건축법에 의한 **인 · 허가 의제 효과를 수반하는 건축신고**는 특별한 사정이 없는 한 행정청이 그 실체적 요건에 관한 심사를 한 후 수리하여야 하는, 수리를 요하는 신고에 해당한다. O

19 20 21 ㉠ 일반적 건축신고 : 자기완결적 신고
㉡ **인 · 허가 의제 효과를 수반하는 건축신고 : 수리를 요하는 신고, 실체적 요건 심사**

O X ★★★★★ 2021 지방직 · 서울시 9급

20 건축법에 의한 **인 · 허가 의제 효과를 수반하는 건축신고**는 건축을 하고자 하는 자가 적법한 요건을 갖춘 신고만 하면 건축을 할 수 있고, 행정청의 수리 등 별단의 조처를 기다릴 필요가 없다. X

O X ★★★★★ 2020 지방직 · 서울시 9급

21 「국토의 계획 및 이용에 관한 법률」상의 **개발행위허가가 의제되는 건축신고**는 특별한 사정이 없는 한 행정청이 그 실체적 요건에 관한 심사를 한 후 수리하여야 하는 이른바 '수리를 요하는 신고'로 보아야 한다. O

O X ★★★ 최신판례

22 악취방지법상의 **악취배출시설 설치 · 운영신고**는 자기완결적 신고이므로 관련 법령에서 정한 형식적 요건을 갖춘 신고가 접수된 이상 관할행정청이 이를 수리하였는지 여부와 관계없이 신고가 접수된 때에 효력이 발생한다. X

수리하여야 효력 발생 → **수리를 요하는 신고**

O X ★★★★ 2024 소방직 9급

23 **자기완결적 신고**에 대해서는 행정기본법에서 규정하고 있다.

자기완결적 신고 : **행정절차법**에서 규정

X

O X ★★★★ 2018 국가직 9급

24 신고는 사인이 행하는 공법행위로 행정기관의 행위가 아니므로 **행정절차법**에는 **신고에 관한 규정**을 두고 있지 않다.

행정절차법 제40조 : **자기완결적 신고**(수리를 요하지 않는 신고) **규정** ○

X

O X ★★★★ 2023 소방직 9급

25 법령 등에서 **행정청에 일정한 사항을 통지함으로써 의무가 끝나는 신고**를 규정하고 있는 경우, 신고가 법령 등에 규정된 **형식상의 요건에 적합**하면 신고서가 접수기관에 **도달된 때에 신고의무가 이행된 것**으로 본다.

행정절차법 제40조 제2항

O

O X ★★★★ 2020 지방직 · 서울시 7급

26 자영업에 종사하는 甲은 일정요건의 자영입자에게는 보조금을 지급하도록 한 법령에 근거하여 관할행정청에 보조금 지급을 신청하였으나 1차 거부되었고, 이후 다시 동일한 보조금을 신청하였다. 甲의 **신청에 형식적 요건의 하자**가 있었다면 그 **하자의 보완이 가능함에도 보완을 요구하지 않고 바로 거부**하였다고 하여 그 거부가 **위법**한 것은 아니다.

행정절차법 제40조 제3항 : **지체 없이** 상당한 기간을 정하여 **보완 요구하여야 함.**

X

O X ★★★ 2014 국가직 9급

27 **행정절차법상 신고요건**으로는 신고서의 기재사항에 흠이 없고 필요한 구비서류가 첨부되어 있어야 하며, 신고의 기재사항은 그 진실함이 입증되어야 한다.

형식적 요건 ○
실질적 요건 × : 기재사항의 진실함 입증 ×

X

O X ★★★ 2013 국가직 7급

28 **수리를 요하는 신고**의 경우 행정청은 형식적 심사를 하는 것으로 족하다.

형식적 심사 외 **실질적 심사를 하는 경우도 있음.**

X

O X ★★★ 2014 국가직 9급

29 **유료노인복지주택의 설치신고**를 받은 행정관청은 그 유료노인복지주택의 시설 및 운용기준이 **법령에 부합하는지**와 설치신고 당시 **부적격자**들이 **입소**하고 있는지 **여부**를 심사할 수 있다.

수리를 요하는 신고 : 형식적 심사(법령 부합 여부) + **실질적 심사**(부적격자 입소 여부)

O

O X ★★★ 고난도

30 식품위생법에 의한 영업양도에 따른 지위승계 신고가 수리되기 위해서는 양수인이 영업자**지위승계신고 수리 시점**을 **기준**으로 당시의 식품위생**법령에 따른 인적 · 물적 요건을 갖추어야** 하므로 **양도인이 최초 영업허가를 받을 당시**에 **'영업장 면적'이 신고대상이 아니었더라도 양수인**에게 '영업장 면적' 변경신고의무가 있다.

양수인에게 '영업장 면적' **변경신고 의무 있음.**

O

O X ★★★★ 2015 지방직 9급

31 **자기완결적 신고**를 규정한 **법률상의 요건 외에 타법상의 요건도 충족하여야 하는 경우,** 타법상의 요건을 충족시키지 못하는 한 적법한 신고를 할 수 없다.

타법상 요건을 충족시키지 못하는 한 적법한 신고 ×

O

O X ★★★★ 2024 국가직 9급

32 식품위생법에 따른 식품접객업(일반음식점영업)의 **영업신고의 요건을 갖춘 자**라고 하더라도, 그 영업신고를 한 당해 건축물이 **건축법 소정의 허가를 받지 아니한 무허가건물**이라면 적법한 신고를 할 수 없다.

타법상 요건을 충족시키지 못하는 한 적법한 신고 ×

O

OX ★★★ 최신판례

33 건축주가 장래에도 국토계획법상 개발행위(토지형질변경)허가를 받지 않거나 받지 못할 것이 명백하여, **'부지확보'라는 수리요건이 갖추어지지 않았음이 확정된 상태**에서 이루어진 **건축신고 수리처분**은 위법하다.

실질적 요건 미비로 **위법** ○ | O

OX ★★★ 2024 소방직 9급

34 **자기완결적 신고**는 수리를 요하지 않기 때문에 행정청이 **신고를 수리**하거나 **신고필증을 교부**하였다고 하더라도 이는 신고사실을 확인하는 의미의 사실행위에 불과하다.

신고사실을 확인하는 의미의 사실행위에 불과 | O

OX ★★★★ 2019 지방직 · 교육행정직 9급

35 구 의료법 시행규칙 제22조 제3항에 의하면 의원개설 신고서를 수리한 행정관청이 소정의 신고필증을 교부하도록 되어 있기 때문에 이와 같은 **신고필증의 교부**가 없으면 개설신고의 효력이 없다.

필수 × | X

OX ★★★ 2020 국가직 7급

36 **부가가치세법상 사업자등록**은 단순한 사업사실의 신고에 해당하므로, 과세관청이 직권으로 등록을 **말소**한 행위는 항고소송의 대상인 행정처분에 해당하지 않는다.

처분 × | O

OX ★★★★ 2023 서울시 지적 7급

37 〔A구청장으로부터 허가를 받아 유흥주점영업을 해오던 甲은 해당 영업을 乙에게 양도하기로 하였다. 甲과 乙은 사업을 양도하기로 하는 계약을 체결하였고, 법령에 따라 乙은 A구청장에게 영업자지위승계신고를 하였다〕 A구청장이 **영업자지위승계신고를 수리하기 전**이라면 **허가취소처분**의 **상대방**은 甲이다.

37 38 신고 수리 전이라면 **행정적인 책임**은 **양도인에게 귀속** | O

OX ★★★★ 2022 지방직 · 서울시 9급

38 **사실상 영업이 양도 · 양수**되었지만 승계신고 및 **수리처분이 있기 전**에 양도인이 허락한 **양수인의 영업 중 발생한 위반행위에 대한 행정적 책임**은 양수인에게 귀속된다.

X

OX ★★★★ 2019 사회복지직 9급

39 **납골당 설치신고**가 구 장사법 관련규정의 모든 요건에 맞는 신고라 하더라도 신고인은 곧바로 납골당을 설치할 수는 없고, 이에 대한 행정청의 수리처분이 있어야만 신고한 대로 납골당을 설치할 수 있다.

수리를 요하는 신고 | O

OX ★★★★ 2024 해경승진

40 **수리를 요하는 신고**에서 행정청의 수리행위에 **신고필증 교부**의 행위가 반드시 필요하다.

반드시 필요 × | X

OX ★★★ 2014 경행특채 2차

41 **자기완결적 신고**가 행정절차법상 요건을 갖춘 경우에는 신고서가 접수기관에 도달된 때에 신고의무가 이행된 것으로 본다.

도달주의 | O

OX ★★★ 2018 지방직 7급

42 **자기완결적 신고**에 있어 **적법한 신고가 있는 경우**, 행정청은 **법규정에 정하지 아니한 사유**를 심사하여 이를 이유로 신고수리를 거부할 수 있다.

거부 × | X

OX ★★★★ 2015 교육행정직 9급

43 **수리를 요하는 신고**의 경우에는 신고의 요건을 갖춘 신고서가 접수기관에 도달되면 신고의 효력이 발생한다.

신고서 도달 ×, **수리함으로써** 비로소 신고의 **효과 발생** | X

OX ★★★★ 2023 군무원 7급

44 **주민등록의 신고**는 행정청에 도달하기만 하면 신고로서의 효력이 발생하는 것이 아니라 행정청이 수리한 경우에 비로소 신고의 **효력**이 **발생**한다.

행위요건적 신고 → **수리하여야 효력 발생** | O

OX ★★★★ 2024 소방간부

45 건축허가권자는 **건축신고**가 건축법, 「국토의 계획 및 이용에 관한 법률」 등 **관계법령에서 정하는 명시적인 제한에 배치되지 않는 경우에도 건축을 허용하지 않아야 할 중대한 공익상 필요**가 있는 경우에는 건축신고의 수리를 거부할 수 있다.

건축신고의 **수리 거부 가능** — O

OX ★★★★ 2023 국가직 7급

46 **자기완결적 신고**의 경우 **적법한 요건을 갖춘 신고**를 하면 **신고**의 **대상**이 되는 **행위**를 **적법**하게 할 수 있고, 별도로 행정청의 수리를 기다릴 필요가 없다.

별도의 수리 필요 × — O

OX ★★★★ 2024 소방간부

47 주민들의 거주지 이동에 따른 **주민등록전입신고**에 대하여 행정청은 주민등록법의 입법목적 범위 내에서 이를 심사하여 **수리**를 **거부**할 수 있다.

주민등록법의 입법목적 범위 내에서 심사 — O

OX ★★★★ 2023 지방직 · 서울시 9급

48 시장 등의 **주민등록전입신고 수리 여부**에 대한 심사는 주민등록법의 입법목적의 범위 내에서 제한적으로 이루어져야 하는바, 전입신고자가 30일 이상 생활의 근거로서 거주할 목적으로 거주지를 옮기는지 여부가 **심사대상**으로 되어야 한다.

30일 이상 생활근거로서 거주할 목적 여부로 제한 — O

OX ★★★★ 2019 지방직 · 교육행정직 9급

49 부동산 투기나 이주대책 요구 등을 방지할 목적으로 **주민등록전입신고**를 거부하는 것은 주민등록법의 입법목적과 취지 등에 비추어 허용될 수 없다.

수리를 요하는 신고
주민등록법의 입법목적 범위 내 심사 ○ / **투기, 이주대책 요구 등의 방지 목적**으로 주민등록전입신고 **거부** × — O

OX ★★★ 2013 국회속기직 9급

50 판례는 **자기완결적 신고**에서 **부적법한 신고**에 대하여 행정청이 일단 **수리하였다면, 그 후의 영업행위**는 무신고영업행위에는 해당하지 않는다고 한다.

신고 수리 효력 ×
무신고영업행위 ○ — X

OX ★★★ 2013 국회속기직 9급

51 판례는 **수리를 요하는 신고**의 경우 **법령상의 신고요건을 충족하지 못하는 경우** 행정청은 당해 신고의 수리를 거부할 수 있다고 한다.

수리 거부 가능 — O

OX ★★★ 2015 국회직 8급

52 수산제조업 신고에 있어서 담당공무원이 관계법령에 규정되지 아니한 서류를 요구하여 **신고서를 제출하지 못하였다**는 사정만으로는 신고가 있었던 것으로 볼 수 없다.

신고 × — O

OX ★★★ 2024 소방직 9급 변형

53 (자기완결적 신고의 경우) 사인이 **적법한 요건을 갖춘 신고**를 하였다면 행정청의 수리처분 등 별단의 조치를 기다릴 필요 없이 그 **접수시에 신고로서의 효력이 발생**하는 것이므로, 그 **수리가 거부**되었다고 하여 무신고영업이 되는 것은 아니다.

무신고영업 × — O

OX ★★★ 2017 국가직(하) 7급

54 축산물위생관리법상 **축산물판매업**에 대한 **부적법한 신고**가 있었으나, 관할행정청이 이를 **수리**한 경우에는 판례의 입장에 따를 때 신고의 효과가 발생한다.

축산물판매업에 대한 신고는 자기완결적 신고. 따라서 부적법한 신고의 경우 → 수리하더라도 **효과 발생** × — X

OX ★★★★ 2022 소방간부

55 **노인의료복지시설의 폐지신고**는 **수리를 필요로 하는 신고**로서 행정청이 그 신고를 수리하였더라도 **위조 등의 사유**가 있어 **신고행위 자체가 효력이 없다면**, 그 수리행위는 수리행위 자체에 중대 · 명백한 하자가 있는지를 따질 것도 없이 당연히 무효이다.

수리행위는 수리행위 자체에 중대 · 명백한 하자가 있는지를 따질 것도 없이 **당연무효** — O

OX ★★★ 2015 지방직 9급

56 **수리를 요하는 신고**에서 **수리**는 행정소송의 대상인 처분에 해당한다.

처분 ○

O

OX ★★★ 2014 국가직 7급

57 **수리를 요하는 신고**의 경우 그 신고에 대한 **거부**행위는 행정소송의 대상이 되는 처분에 해당한다.

처분 ○

O

OX ★★★★★ 2022 서울시 지적 7급

58 **건축법상 신고**는 자기완결적 신고로 적법한 신고행위가 있는 경우 그 효력이 발생하게 되므로, 비록 해당 **신고에 대해 반려행위**가 있더라도 침해되는 법률상 이익이 없어 항고소송의 대상이 되지 않는다.

58 59 60 **자기완결적 신고** but **건축신고수리거부, 착공신고수리거부(반려) : 처분** ○(건축주의 불안정한 지위 해소와 위법 건축물을 둘러싼 분쟁을 조기에 근본적으로 해결)

X

OX ★★★★★ 2023 군무원 7급

59 건축주 등은 건축신고가 반려될 경우 건축물의 건축을 개시하면 시정명령, 이행강제금, 벌금의 대상이 되거나 당해 건축물을 사용하여 행할 행위의 허가가 거부될 우려가 있어 불안정한 지위에 놓이게 되므로, **건축신고**에 대한 **반려처분**은 **항고소송**의 대상이 된다.

O

OX ★★★★★ 2020 국가직 9급

60 **건축법상의 착공신고**의 경우에는 신고 그 자체로서 법적 절차가 완료되어 행정청의 처분이 개입될 여지가 없으므로, 행정청의 착공신고 **반려행위**는 항고소송의 대상인 처분에 해당하지 않는다.

X

OX ★★★★ 2021 지방직 · 서울시 9급

61 **정보통신매체**를 이용하여 학습비를 받고 불특정 다수인에게 **원격평생교육**을 실시하기 위해 구 평생교육법에서 정한 **형식적 요건을 모두 갖추어 신고**한 경우, 행정청은 신고대상이 된 교육이나 학습이 공익적 기준에 적합하지 않는다는 등의 실체적 사유를 들어 신고수리를 거부할 수 없다.

자기완결적 신고 : 형식적 요건 외 **실체적 사유**(공익)**를 들어 거부** × but 원격평생교육신고의 반려 : 처분 ○

O

OX ★★★★ 2023 군무원 7급

62 시 · 도지사 등에 대한 체육시설인 골프장 **회원모집계획서 제출**은 자기완결적 신고이다.

62 63 **수리를 요하는 신고** ○ / **처분** ○

X

OX ★★★★ 2020 국가직 7급

63 구 「체육시설의 설치 · 이용에 관한 법률」의 규정에 따라 체육시설의 회원을 모집하고자 하는 자의 **'회원모집계획서 제출'**은 수리를 요하는 신고이며, 이에 대하여 회원모집계획을 승인하는 시 · 도지사 등의 **검토결과 통보**는 **수리**행위로서 행정처분에 해당한다.

O

OX ★★★ 2009 관세사

64 행정청에 대하여 처분을 구하는 **신청**은 **원칙**적으로 **문서로 하여야** 하며, 특히 **전자문서로 하는 경우**에는 행정청의 컴퓨터 등에 입력된 때에 신청한 것으로 본다.

행정청의 **컴퓨터** 등에 **입력된 때**에 신청한 것으로 봄.

O

OX ★★★ 2009 관세사

65 **적법한 신청이 있는 경우**에 행정청은 상당한 기간 내에 신청한 내용대로 처분할 의무가 있다.

신청에 대한 **응답의무** ○
신청한 내용대로 **처분의무** × : **거부처분 가능**

X

OX ★★★★ 2023 국가직 9급

66 행정청은 **신청에 구비서류의 미비 등 흠**이 있는 경우 접수를 거부하여야 한다.

상당한 기간을 정하여 **지체 없이 보완 요구해야 함.**

X

OX ★★★★ 2023 서울시연구사 변형

67 **행정절차법 제17조 제5항**은 행정청으로 하여금 신청에 대하여 거부처분을 하기 전에 반드시 신청인에게 **신청의 내용이나 처분의 실체적 발급요건에 관한 사항**까지 보완할 기회를 부여하여야 할 의무를 정한 것은 아니라고 보아야 한다.

보완 기회 부여 의무 정한 것 × O

OX ★★★★ 2022 지방직 · 서울시 7급

68 행정청은 사인의 **신청에 구비서류의 미비와 같은 흠이 있는 경우** 신청인에게 보완을 요구하여야 하는바, 이때 **보완의 대상이 되는 흠**은 원칙상 형식적 · 절차적 요건뿐만 아니라 실체적 발급요건상의 흠을 포함한다.

68 69 원칙상 형식적 · 절차적 요건상의 흠을 의미, **실체적 발급요건상의 흠 제외**(실체적 요건에 관한 흠이 민원인의 **단순 착오, 일시적 사정에 기인**한 경우 **보완 요구** 가능) X

OX ★★★★ 2023 지방직 · 서울시 9급

69 행정청은 신청에 구비서류의 미비 등 흠이 있는 경우 원칙상 형식적 · 절차적인 요건만을 보완요구하여야 하므로 **실질적인 요건에 관한 흠이 민원인의 단순한 착오나 일시적인 사정 등에 기인한 경우**에도 **보완**을 **요구**할 수 없다.

X

OX ★★★ 2018 소방직 9급

70 **흠결된 서류의 보완**이 주요 서류의 대부분을 새로 작성함이 불가피하게 되어 **사실상 새로운 신청으로 보아야 할 경우**, 접수를 거부하거나 반려할 수 있다.

접수거부 또는 반려 : 위법 × O

S U N N Y

제 2 편

행정작용법

1회독	2회독	3회독	4회독	5회독
/	/	/	/	/

Topic

19 법규명령

p.58~64

OX ★★★ 2009 국가직 7급

01 **법규명령**이란 일반적으로 행정권이 정립하는 일반적 · 추상적 규정으로서 법규의 성질을 가지는 것을 말한다.

법규성 있는 **일반적 · 추상적** 규정 — O

OX ★ 2015 교육행정직 9급

02 현행 헌법상 **헌법적 효력을 갖는 비상명령**이 인정된다.

비상명령 **인정** × — X

OX ★★ 2011 지방직 7급

03 대통령의 **긴급명령, 긴급재정 · 경제명령은 헌법에 직접 근거**를 둔 법규명령에 해당한다.

헌법 제76조 제1 · 2항 — O

OX ★★★ 2006 경북 9급

04 **위임명령**은 헌법상의 일반적 근거만으로는 제정할 수 없다. — O

OX ★★★ 2004 입법고시

05 **위임명령**은 법률이나 상위명령에서 구체적으로 범위를 정한 개별적인 위임이 있어야 제정할 수 있다. — O

04 05 ㉠ 헌법상의 일반적 근거만으로는 제정할 수 없음.
㉡ **법률**이나 **상위명령**에서 **구체적으로 범위를 정한 개별적인 위임 필요** ○

OX ★★★ 2020 국가직 7급

06 **집행명령**은 상위법령의 집행을 위해 필요한 사항을 규정한 것으로 법규명령에 해당하지만 법률의 수권 없이 제정할 수 있다. — O

OX ★★★ 2019 지방직 · 교육행정직 9급

07 **집행명령**은 상위법령의 집행에 필요한 세칙을 정하는 범위 내에서만 가능하고 새로운 국민의 권리 · 의무를 정할 수 없다. — O

06 07 ㉠ **법규명령** ○
㉡ **개별적 · 구체적 수권(위임) 불요**
㉢ **새로운 법규사항(국민의 권리 · 의무 사항) 규정** ×

OX ★★★ 2024 해경승진

08 **대통령령, 총리령, 부령**은 행정법의 법원(法源)으로서 헌법에서 직접 규정하고 있다. — O

OX ★★★ 2018 소방직 9급

09 **대통령령, 총리령, 부령, 중앙선거관리위원회규칙**은 행정법의 법원(法源)으로서 헌법이 직접 규정하고 있지 않다. — X

OX ★★ 2015 교육행정직 9급

10 헌법은 **법규명령의 발령권자**를 대통령과 각부장관으로 한정하고 있다. — X

OX ★★★ 2024 해경승진

11 **중앙선거관리위원회 규칙**은 행정법의 법원(法源)으로서 헌법에서 직접 규정하고 있다. — O

08 09 10 11 헌법 제75조 : **대통령령**
제95조 : **총리령** 또는 **부령**
제114조 제6항 등 : **중앙선거관리위원회규칙** 등

OX ★★ 2023 행정사

12 **입법 실제**에 있어서 통상 **대통령령**에는 시행령이라는 이름을 붙이고 **총리령과 부령**에는 시행규칙이라는 **이름**을 붙인다.

대통령령 : OO법 **시행령**
총리령 · 부령 : OO법 **시행규칙** — O

OX ★★ 2019 국회직 8급

13 대통령령은 **총리령 및 부령보다 우월한 효력**을 가진다.

대통령령(시행령) > 총리령 · 부령(시행규칙) — O

OX ★★ 2015 사회복지직 9급

14 **경찰공무원 채용시험**에서의 **부정행위자**에 대한 **5년간의 응시자격제한**을 규정한 **경찰공무원임용령** 제46조 제1항은 행정청 내부의 사무처리기준을 규정한 재량준칙에 불과하다.

법규명령(판례) — X

OX ★★★ 2012 국회(속기 · 경위직) 9급

15 입법자는 법률에서 구체적으로 범위를 정하기만 한다면 **대통령령**뿐만 아니라 **부령**에 **입법사항을 위임**할 수 있다.

가능(**위임명령**) — O

OX ★★★ 2019 서울시 9급

16 행정각부가 아닌 **국무총리 소속의 독립기관**은 독립하여 법규명령을 발할 수 있다.

독립하여 법규명령 제정 × — X

OX ★★★ 2018 교육행정직 9급

17 **법령상 대통령령으로 규정하도록 되어 있는 사항**을 부령으로 정하더라도 그 부령은 유효하다.

부령으로 정한 경우 : 무효 — X

OX ★★★ 2024 소방직 9급

18 헌법에서 정한 행정부가 아닌 기관에 의한 행정입법에는 국회규칙, 대법원규칙, 헌법재판소규칙, 중앙선거관리위원회규칙, **감사원규칙**이 있다.

18 19 감사원규칙 : **헌법에 근거** × → 감사원법이라는 법률에 근거 — X

OX ★★★ 2024 해경승진

19 **감사원규칙**은 행정법의 법원(法源)으로서 헌법에서 직접 규정하고 있다.

X

OX ★★★ 2020 국가직 7급

20 헌법에서 인정한 **법규명령의 형식을 예시적으로 이해**하는 견해에 의하면 **감사원규칙**은 법규명령이 아니라고 본다.

법규명령이 될 수 있음. — X

OX ★★★★ 2022 경찰간부

21 법령에서 **전문적 · 기술적 사항**이나 **경미한 사항**으로서 업무의 성질상 **위임이 불가피한 사항**에 관하여 **구체적**으로 **범위를 정하여 위임**한 경우에는 **고시 등으로 정할 수 있다.**

행정규제기본법 제4조 — O

OX ★★★★ 2024 변호사

22 헌법 제40조와 헌법 제75조, 제95조의 의미를 살펴보면, 국회입법에 의한 수권이 행정기관에게 법률 등으로 구체적인 범위를 정하여 위임하더라도 당해 행정기관이 독자적인 법정립의 권한을 갖는 것은 아니므로 **헌법이 인정**하고 있는 **위임입법의 형식**은 한정적인 것으로 보아야 한다.

22 23 헌법이 인정하고 있는 위임입법의 형식은 **예시적** — X

OX ★★★★ 2023 행정사

23 **헌법**이 인정하고 있는 **위임입법의 형식**은 예시적인 것이다.

O

OX ★★★★ 2022 경찰간부

24 법률이 **입법사항**을 위임할 때 헌법이 명시하고 있는 법규명령의 형식이 아닌 **행정규칙에 위임**하더라도 **국회입법의 원칙**과 상치되지 아니한다.

위임된 사항만 규율 가능 → 국회입법원칙과 **상치** × — O

OX ★★★ 2020 군무원 9급

25 법률이 **행정규칙 형식으로 입법위임**을 하는 경우에는 행정규칙의 특성상 포괄위임금지의 원칙은 인정되지 않는다.

포괄위임금지의 원칙의 한계 내에서 허용 — X

OX ★★★ 2023 지방직 · 서울시 7급

26 법률이 일정한 사항을 고시와 같은 행정규칙에 위임하는 것은 **전문적 · 기술적 사항**이나 **경미한 사항**으로서 업무의 성질상 **위임이 불가피한 사항에 한정**된다.

행정규제기본법 제4조 — O

OX ★★★★ 2014 서울시 9급

27 법규명령 중 **위임명령**은 원칙적으로 헌법 제75조와 헌법 제95조에 따라 법률이나 상위명령에 개별적인 수권규범이 있는 경우만 가능하다.

법률이나 **상위명령**에 **개별적 수권규범이 있는 경우**만 가능 — O

OX ★★★★ 2023 소방승진

28 **법령의 위임이 없음에도** 법령에 규정된 **처분요건**에 해당하는 사항을 **부령에서 변경**하여 규정한 경우, 그 부령은 행정조직 내부에서 적용되는 행정명령의 성격을 지닐 뿐이다. O

OX ★★★★ 2023 국가직 7급

29 **법령의 위임이 없음에도** 법령에 규정된 **처분요건**에 해당하는 사항을 **부령에서 변경**하여 규정한 경우에는 그 부령의 규정은 행정청 내부의 사무처리기준 등을 정한 것으로서 행정조직 내에서 적용되는 행정명령의 성격을 지닐 뿐 국민에 대한 **대외적 구속력**은 없다. O

OX ★★★★ 2021 지방직 · 서울시 7급

30 **법령의 위임이 없음에도 법령에 규정된 처분요건에 해당하는 사항을 부령에서 변경하여 규정한 경우**에 처분의 적법 여부는 그러한 부령에서 정한 요건을 기준으로 판단하여야 한다. X

28 29 30 ㉠ **행정명령**의 성격 ○, **대외적 구속력** ×
㉡ 처분의 적법 여부 : **구속력을 가지는 법률 등 법규성이 있는 관계법령의 규정을 기준으로 판단** ○, 그러한 부령은 대외적 구속력이 없으므로 그러한 부령에서 정한 요건에 합치하는지 여부 ×

OX ★★★★ 2021 국가직 7급

31 **법률의 시행령이나 시행규칙의 내용**이 모법의 입법취지와 관련조항 전체를 유기적 · 체계적으로 살펴보아 **모법의 해석상 가능한 것을 명시한 것에 지나지 아니하는 때**에는 모법에 이에 관하여 직접 위임하는 규정을 두지 아니하였다고 하더라도 이를 무효라고 볼 수는 없다. O

OX ★★★ 2022 경찰간부

32 **시행령**의 내용이 모법의 입법취지와 전체를 유기적 · 체계적으로 보아 **모법 조항의 취지에 근거**하여 이를 **구체화하는 것**이라도 모법에 직접 위임하는 규정이 없다면 무효이다. X

31 32 **모법에 직접 위임규정을 두지 않았더라도 무효** ×

OX ★★★★★ 2024 국가직 9급

33 일반적으로 법률의 위임에 따라 효력을 갖는 **법규명령**의 경우에 **위임의 근거가 없어 무효였다면** 나중에 **법 개정으로 위임의 근거가 부여되었다고 하여 그때부터 유효한 법규명령**이 되는 것은 아니다. X

OX ★★★★★ 2021 국가직 7급

34 법률의 위임에 따라 효력을 갖는 **법규명령**의 경우에 **위임의 근거가 없어 무효였더라도** 나중에 **법 개정으로 위임의 근거가 다시 부여된 경우**에는 이전부터 소급하여 유효한 법규명령이 있었던 것으로 본다. X

33 34 **그때부터 유효** ○, 소급하여 유효 ×

OX ★★★★★ 2022 국가직 9급

35 법률의 위임에 의하여 효력을 갖는 **법규명령**이 **법 개정**으로 **위임의 근거가 없어**지게 되더라도 효력을 상실하지 않는다. X

그때부터 무효

OX ★★★ 2016 지방직 9급

36 **법령의 위임관계**는 반드시 **하위법령의 개별조항에서** 위임의 근거가 되는 **상위법령의 해당 조항을 구체적으로 명시**하고 있어야 하는 것은 아니다. O

명시할 필요 ×

OX ★★★ 2015 교육행정직 9급

37 **대통령령에 대한 법률의 위임**은 반드시 구체적으로 범위를 정하여 할 필요가 없으며 포괄적인 것으로 족하다. X

OX ★★★★ 2024 국회직 8급

38 **위임입법에 있어 구체적인 위임의 범위**는 일률적으로 정할 수는 없지만, 적어도 위임명령에 규정될 내용과 범위의 기본사항이 구체적으로 규정되어 있어서 누구라도 해당 법률이나 상위법령으로부터 위임명령에 규정될 내용의 대강을 예측할 수 있어야 한다. O

37 38 39 위임명령의 한계
㉠ **구체적으로 범위를 정하여** 위임하여야 함.
㉡ 구체적 위임이라면 **누구라도** 상위법령으로부터 **위임명령에 규정되는 내용의 대강을 예측할 수 있어야 함.**

OX ★★ 2011 사회복지직 9급

39 **수권법률의 예측가능성 유무**를 **판단**함에 있어서는 수권규정과 이와 관계된 조항, 수권법률 전체의 취지, 입법목적의 유기적 · 체계적 해석 등을 통하여 종합 판단하여야 한다.

㉢ 수권규정과 이와 관계된 조항, 수권법률 전체의 취지, 입법목적의 **유기적 · 체계적 해석 등을 통하여 종합 판단** ○

OX ★★★ 2014 국가직 9급

40 **처벌법규**나 **조세법규**는 다른 법규보다 구체성과 명확성의 요구가 강화되어야 한다. ○

OX ★★★ 2011 사회복지직 9급

41 **일반적인 급부행정법규**는 처벌법규나 조세법규의 경우보다 그 위임의 요건과 범위가 더 엄격하게 제한적으로 규정되어야 한다. X

40 41 구체성의 정도

구체성	강화	기본권 침해영역 (처벌법규, 조세법규 등)
	약화	급부영역

OX ★★★ 2017 지방직 9급

42 **다양한 사실관계를 규율**하거나 **사실관계가 수시로 변화될 것이 예상되는 분야**에서는 다른 분야에 비하여 상대적으로 입법위임의 **명확성 · 구체성**이 완화된다.

상대적으로 **완화** ○

OX ★★★★ 2024 소방직 9급

43 **자치조례에 대한 법률의 위임**은 법규명령에 대한 법률의 위임과 같이 반드시 구체적으로 범위를 정하여 할 필요가 없으며 포괄적인 것으로 족하다.

포괄적인 것으로 족함(구체적 범위를 정하여 할 필요 없음). ○

OX ★★★★ 2024 변호사

44 **법률이 공법적 단체 등의 정관에 자치법적 사항을 위임한 경우** 헌법 제75조가 정하는 **포괄적인 위임입법의 금지**가 원칙적으로 적용되며, 위임을 하더라도 그 사항이 국민의 **권리 · 의무에 관련되는 것일 경우** 적어도 국민의 권리 · 의무에 관한 기본적이고 본질적인 사항은 국회가 정하여야 한다. X

OX ★★★★ 2022 지방직 · 서울시 7급

45 법률이 **공법적 단체** 등의 **정관에 자치법적 사항을 위임**한 경우에도 원칙적으로 헌법 제75조가 정하는 **포괄적인 위임입법금지원칙**이 적용되므로 이와 별도로 **법률유보** 내지 **의회유보의 원칙**을 적용할 필요는 없다. X

44 45 ㉠ 원칙적으로 **포괄위임금지 원칙 적용** ×
㉡ 국민의 **권리 · 의무에 관한 기본적이고 본질적인 사항은 국회가 스스로** 정해야 함(의회유보원칙 적용).

OX ★★★★ 2022 소방간부

46 구 「도시 및 주거환경정비법」에서 **주택재개발사업시행인가 신청시 토지 등 소유자의 동의요건을 재개발조합의 정관에 포괄적으로 위임**하고 있는 것은 헌법 제75조에서 정하고 있는 포괄위임입법금지원칙에 위배된다.

포괄위임입법금지원칙에 위배되지 않음. X

OX ★ 2014 지방직 9급

47 **국회전속적 입법사항**은 반드시 법률에 의하여 규정되어야 하며, 입법자가 법률에서 구체적으로 범위를 정하여도 법규명령에 위임될 수는 없다.

㉠ **원칙 : 법률**
㉡ 예외 : **세부적인 사항**은 **구체적 범위를 정하여 행정입법에 위임 허용** X

OX ★★ 2021 국가직 9급

48 헌법에서 채택하고 있는 **조세법률주의의 원칙상 과세요건과 징수절차에 관한 사항**을 명령 · 규칙 등 하위법령에 구체적 · 개별적으로 위임하여 규정할 수 없다.

구체적 · 개별적 위임의 경우에는 하위법령에 위임 **허용** X

OX ★★★ 2019 국가직 9급

49 **특히 긴급한 필요**가 있거나 **미리 법률로 자세히 정할 수 없는 부득이한 사정**이 있어 법률에 **형벌의 종류 · 상한 · 폭을 명확히 규정**하더라도, 행정형벌에 대한 위임입법은 허용되지 않는다.

49 50 **위임입법 허용** ○ X

OX ★★★ 2013 지방직(하) 7급

50 **형사처벌에 관한 위임입법**의 경우, 수권법률이 구성요건의 점에서는 **처벌대상인 행위가 어떠한 것인지 이를 예측할 수 있을 정도로 구체적**으로 정하고, 형벌의 점에서는 **형벌의 종류 및 그 상한과 폭을 명확히 규정**하는 것을 전제로 한다. O

OX ★★★ 2022 지방직 · 서울시 9급

51 법률의 **시행령이 형사처벌에 관한 사항을 규정**하면서 법률의 **명시적인 위임범위를 벗어나 처벌의 대상을 확장**하는 것은 위임입법의 한계를 벗어난 것으로 그 시행령은 무효이다.

위임입법의 한계를 벗어난 것으로서 무효 O

OX ★★★ 2017 경행경채

52 **법률에서 위임받은 사항**을 **전혀 규정하지 않고 재위임**하는 것은 허용되지 않는다.

허용 × O

OX ★★★★ 2024 변호사

53 법률에서 **위임받은 사항에 관하여 대강을 정하고** 그중의 **특정사항을 범위를 정하여 하위법령에 다시 위임**하는 경우에는 재위임이 허용된다.

재위임 허용 ○ O

OX ★★★★ 2021 국가직 9급

54 법률에서 **위임받은 사항에 관하여 대강을 정하고** 그중의 특정사항을 범위를 정하여 하위법령에 **다시 위임하는 경우에는 재위임이 허용**된다. 이러한 법리는 **조례가 지방자치법에 따라 주민의 권리제한 또는 의무부과에 관한 사항을 법률로부터 위임**받은 후, 이를 **다시 지방자치단체장이 정하는 '규칙'이나 '고시' 등에 재위임**하는 경우에도 마찬가지이다.

54 55 **대강을 정하여 다시 위임** (재위임) O

OX ★★★ 2022 경찰간부 변형

55 **조례**가 **주민의 권리제한** 또는 **의무부과에 관한 사항을 법률에서 위임**받은 후, **지방자치단체장이 정하는 '규칙'에 재위임**할 때는 위임받은 사항에 관하여 대강을 정하고 그중의 특정사항을 범위를 정하여 다시 위임하여야 한다. O

OX ★★★ 2024 국가직 9급

56 법률의 **시행령**은 모법인 법률에 의하여 위임받은 사항이나 법률이 규정한 범위 내에서 법률을 현실적으로 집행하는 데 필요한 세부적인 사항만을 규정할 수 있을 뿐, **법률에 의한 위임이 없는 한** 법률이 규정한 개인의 **권리 · 의무에 관한 내용을 변경 · 보충**하거나 법률에 규정되지 아니한 **새로운 내용을 규정**할 수는 없다.

56 57 **허용** ×(법률에 의한 위임 필요) O

OX ★★★ 2024 해경승진

57 법률의 **시행령은 법률에 의한 위임 없이**도 법률이 규정한 개인의 **권리 · 의무에 관한 내용을 변경 · 보충**하거나 법률에 규정되지 아니한 **새로운 내용을 규정**할 수 있다. X

OX ★★★★ 2017 국가직(하) 7급

58 법률의 위임규정 자체가 그 의미내용을 정확하게 알 수 있는 용어를 사용하여 위임의 한계를 분명히 하고 있는데도 **시행령이 위임규정에서 사용하고 있는 용어의 의미를 넘어 그 범위를 확장하거나 축소함으로써** 위임내용을 구체화하는 단계를 벗어나 **새로운 입법을 한 것으로 평가할 수 있는 경우**라도 이를 위임의 한계를 일탈한 것으로 보기는 어렵다.

58 59 **위임의 한계 일탈** ○ → 허용 × X

OX ★★★★ 2024 지방직 · 서울시 9급

59 위임명령이 **위임 내용을 구체화하는 단계**를 **벗어나 새로운 입법을 한 것으로 평가**할 수 있다면 이는 위임의 한계를 일탈한 것으로서 허용되지 않는다. O

OX ★★★ 2019 사회복지직 9급

60 법률에서 하위법령에 위임을 한 경우에 **하위법령이 위임의 한계를 준수하고 있는지 여부의 판단**은 일반적으로 의회유보의 원칙과 무관하다.

본질적 중요한 사항은 위임 × → 따라서 **의회유보원칙은 위임의 한계로 작용함.**

X

OX ★★★ 2015 서울시 9급

61 상위법령의 시행에 관하여 필요한 절차 및 형식에 관한 사항을 규정하는 **집행명령**은 **상위법령의 명시적 수권이 없는 경우**에도 발할 수 있다.

상위법령의 명시적 수권 없이 **가능**(새로운 국민의 권리·의무에 관한 사항 규정 ×)

O

OX ★★★ 2023 행정사

62 상위법령의 집행을 위하여 필요한 경우에는 상위법령의 **위임이 없더라도 집행명령으로 새로운 국민의 의무**를 정할 수 있다.

새로운 국민의 권리·의무에 관한 사항 **규정 불가**

X

OX ★★★ 2017 국가직(하) 9급

63 **대통령령을 제정**하려면 국무회의의 심의와 법제처의 심사를 거쳐야 한다.

63 64 **대통령령 : 국무회의 심의, 법제처 심사** / 총리령·부령 : 법제처의 심사

O

OX ★★★ 2023 국가직 9급

64 **총리령·부령의 제정**절차는 대통령령의 경우와는 달리 국무회의 심의는 거치지 않아도 된다.

O

OX ★★ 고난도

65 **동일한 사항**에 대해 **하위법이 상위법에 저촉**되는 경우 전부가 무효가 아니라 저촉되는 한도 내에서만 효력이 없고 그 한도 내에서 상위법이 적용된다.

저촉되는 한도 내에서만 **효력이 없음**(전부 무효 ×).

O

OX ★★★★★ 2018 경행경채

66 「법령 등 공포에 관한 법률」상 **대통령령, 총리령 및 부령**은 특별한 규정이 없으면 공포한 날부터 20일이 경과함으로써 **효력**을 **발생**한다.

특별한 규정이 없으면 **공포한 날로부터 20일** 경과

O

OX ★★★★ 2018 경행경채

67 「법령 등 공포에 관한 법률」상 **국민의 권리제한 또는 의무부과와 직접 관련되는 법률, 대통령령, 총리령 및 부령**은 긴급히 시행하여야 할 특별한 사유가 있는 경우를 제외하고는 공포일부터 적어도 90일이 경과한 날부터 **시행**되도록 하여야 한다.

특별한 사유가 있는 경우를 제외하고는 **공포일로부터 적어도 30일이 경과한 날**로부터 시행

X

OX ★★★ 2017 교육행정직 9급

68 **위법한 법규명령**은 무효가 아니라 취소할 수 있다.

무효 O

cf 하자 있는 행정행위 : 무효 또는 취소

X

OX ★★★ 2021 지방직·서울시 7급

69 어느 **시행령의 규정이 모법에 저촉되는지가 명백하지 않은 경우에는 모법과 시행령의 다른 규정들과 그 입법취지, 연혁 등을 종합적으로 살펴 모법에 합치된다는 해석도 가능한 경우**라면 그 규정을 모법 위반으로 무효라고 선언해서는 안 된다.

모법 위반으로 **무효라고 선언하면 안 됨.**

O

OX ★★★ 2017 사회복지직 9급

70 **하위법령**은 그 규정이 **상위법령의 규정에 명백히 저촉되어 무효인 경우를 제외하고는** 관련법령의 내용과 그 입법취지, 연혁 등을 종합적으로 살펴서 그 의미를 상위법령에 합치되는 것으로 **해석**하여야 한다.

관련법령의 내용과 입법취지, 연혁 등을 종합적으로 살펴서 **상위법령에 합치되는 것으로** 해석

O

OX ★★★★ 2023 국회직 8급

71 일반적으로 시행령이 헌법이나 법률에 위반된다는 사정은 그 시행령 규정을 **위헌 또는 위법하여 무효라고 선언한 대법원의 판결이 선고되지 아니한 상태에서**는 그 시행령 규정의 위헌 내지 위법 여부가 해석상 다툼의 여지가 없을 정도로 명백하였다고 인정되지 아니하는 이상 객관적으로 명백한 것이라 할 수 없으므로 **이러한 시행령에 근거한 행정처분의 하자**는 취소사유에 해당할 뿐 무효사유가 된다고 볼 수는 없다.

취소사유 ○, 무효사유 × — ○

OX ★★★★ 2018 국회직 8급

72 **조례가 법률 등 상위법령에 위배**되면 비록 그 조례를 무효라고 선언한 대법원의 판결이 선고되지 않았더라도 **그 조례에 근거한 행정처분**은 당연무효가 된다.

무효선언의 대법원 판결이 없다면 취소사유 ○, **무효사유** × — X

OX ★★★ 2021 지방직 · 서울시 9급

73 **법규명령**의 **위임근거**가 되는 **법률**에 대하여 **위헌결정**이 **선고**되더라도 **그 위임에 근거하여 제정된 법규명령**은 별도의 폐지행위가 있어야 효력을 상실한다.

원칙적으로 **효력 상실** — X

OX ★★★ 2024 국회직 8급

74 **집행명령**의 경우 **상위법령이** 폐지된 것이 아니라 **단순히 개정됨에 그친 경우**에는 **그 개정법령과 성질상 모순 · 저촉되지 아니**하고 개정된 상위법령의 시행에 필요한 사항을 규정하고 있는 이상 그 **집행명령**은 개정법령의 시행을 위한 집행명령이 제정 · 발효될 때까지는 그 효력을 유지한다.

개정법령 시행을 위한 집행명령이 제정 · 발효될 때까지 **효력 유지** ○ — ○

OX ★★★ 2023 소방승진

75 **집행명령**은 근거법령인 상위법령이 폐지 또는 개정될 경우, 특별한 규정이 없는 이상 실효된다.

상위법령이 폐지 → **실효**
상위법령이 개정 → 원칙적 **효력 유지** — X

OX ★★★ 2018 소방직 9급

76 헌법은 **대법원이 명령에 대한 심사권한**이 있음을 직접 규정하고 있다.

76 77 78 79 80 헌법 제107조 제2항, **구체적 규범통제** — ○

OX ★★★★ 2014 경행특채 2차

77 **명령 · 규칙** 또는 **처분**이 **헌법이나 법률에 위반**되는 여부가 **재판의 전제가 된 경우**에는 **대법원**은 이를 **최종적**으로 **심사**할 권한을 가진다.

○

OX ★★★ 2016 국회직 8급

78 **법원에 의한 명령 · 규칙의 위헌 · 위법심사**는 그 위헌 또는 위법의 여부가 **재판의 전제가 된 경우**에 비로소 **가능**하다.

○

OX ★★★ 2012 지방직 9급

79 **법규명령에 대한 사법적 통제**로 우리나라는 구체적 규범통제를 **원칙**으로 한다.

○

OX ★★★ 2024 국가직 9급

80 헌법 제107조 제2항은 **구체적 규범통제**를 규정하고 있기 때문에 당사자는 **구체적 사건의 심판을 위한 선결문제**로서 행정입법의 위법성을 주장하여 법원에 대하여 당해 사건에 대한 적용 여부의 판단을 구할 수 있다.

○

OX ★★★ 2018 소방직 9급

81 **대법원**은 **유신헌법상 긴급조치**가 법률이 아니므로 대법원이 **심사권**을 가진다고 판시하였다.

최종적으로 **대법원** — ○

O X ★★★ 2023 변호사 변형

82 **헌법재판소 판례**에 따르면, 헌법재판소에 의한 위헌심사의 대상이 되는 법률이란 그 제정 형식이나 명칭이 아니라 규범의 효력을 기준으로 판단하여야 한다고 보면서, 1972년 **유신헌법상 긴급조치의 위헌 여부**에 대한 **심사권**은 최종적으로 대법원에 속한다고 하였다.

헌법재판소에 **전속**

X

O X ★★★ 2023 국가직 7급

83 법원이 법률 하위의 법규명령이 위헌 · 위법인지를 심사하려면 그것이 재판의 전제가 되어야 하는데, 여기에서 재판의 전제란 **구체적 사건이 법원에 계속 중**이어야 하고, 위헌 · 위법인지가 문제된 경우에는 그 법규명령의 특정 조항이 **해당 소송사건의 재판에 적용**되는 것이어야 하며, 그 조항이 **위헌 · 위법인지에 따라** 그 사건을 담당하는 **법원이 다른 판단을 하게 되는 경우**를 말한다.

재판의 전제

O

O X ★★★ 2024 국회직 8급

84 **법원이 구체적 규범통제를 통해 위헌 · 위법으로 선언할 심판대상**은, 해당 규정의 전부가 불가분적으로 결합되어 있어 일부를 무효로 하는 경우 나머지 부분이 유지될 수 없는 결과를 가져오는 특별한 사정이 없는 한, 원칙적으로 해당 규정 중 재판의 전제성이 인정되는 조항에 한정된다.

특별한 사정이 없는 한 **재판의 전제성이 인정되는 조항에 한정**

O

O X ★★★ 2023 지방직 · 서울시 9급

85 **대법원 이외의 각급법원**도 구체적 규범통제의 방법으로 **법규명령 조항에 대한 위헌 · 위법 판단**을 할 수 있다.

가능(대법원이 최종 심사)

O

O X ★★★ 2023 지방직 · 서울시 9급

86 **중앙선거관리위원회규칙**은 법규명령이므로 구체적 규범통제의 대상이 될 수 있다.

법규명령 → 구체적 규범통제 대상 ○

O

O X ★★★ 2019 경행경채 2차

87 헌법 제107조는 "명령 · 규칙 또는 처분이 헌법이나 법률에 위반되는 여부가 재판의 전제가 된 경우에는 **대법원**은 이를 **최종적**으로 **심사**할 권한을 가진다."고 규정하고 있는데, 이때 **규칙**에는 지방자치단체의 조례와 규칙도 포함된다.

지방자치단체의 조례 및 규칙 포함

O

O X ★★★ 2019 경행경채 2차

88 법령보충적 행정규칙은 헌법 제107조의 **구체적 규범통제대상**이 되지만, 법규성이 없는 행정규칙은 헌법 제107조의 통제대상이 되지 않는다.

구체적 규범통제대상 : **법령보충적 행정규칙** ○, **법규성이 없는 행정규칙** ×

O

O X ★★★ 2019 경행경채 2차

89 헌법 제107조에 따른 **구체적 규범통제의 결과 처분의 근거가 된 명령이 위법하다는 대법원의 판결이 난 경우**, 그 명령은 당해 사건에 한하여 적용되지 않는 것이 아니라 일반적으로 효력이 상실된다.

㉠ **일반적 효력 상실** ×
㉡ **당해 사건에 한하여** 그 법규명령이 **적용되지 않을 뿐 형식적으로는** 여전히 **존재**

X

O X ★★★ 2024 소방간부

90 **명령 · 규칙의 위헌판결 등 공고**는 현행 행정소송법이 규정하고 있다.

행정소송법 제6조

O

O X ★★★★ 2023 군무원 7급

91 행정소송에 대한 대법원 **판결에 의하여 명령 · 규칙이 헌법 또는 법률에 위반된다는 것이 확정된 경우**에는 대법원은 지체 없이 그 사유를 국무총리에게 **통보**하여야 한다.

행정안전부장관에게 통보
cf 국무총리 ×, 소관부처의 장 ×, 법무부장관 ×

X

O X ★★★★ 2024 해경승진

92 **처분적 법규명령**은 무효등확인소송 또는 취소소송의 대상이 된다.

항고소송의 대상 ○

O

OX ★★★★ 2023 소방승진

93 법규명령이 **다른 집행행위의 매개 없이 그 자체로서 직접 국민의 구체적인 권리 · 의무나 법률관계를 규율**하는 성격을 가질 때에는 행정처분에 해당한다.

행정처분에 해당 ○

OX ★★★★ 2023 지방직 · 서울시 9급

94 **처분적 법규명령**은 **무효등확인소송 또는 취소소송**의 대상이 된다.

항고소송대상 ○ ○

OX ★★★★ 2021 소방직 9급

95 **조례가 집행행위의 개입 없이도 그 자체로서 직접 국민의 구체적인 권리 · 의무나 법적 이익에 영향을 미치는 등의 법률상 효과를 발생하는 경우** 그 조례는 항고소송의 대상이 되는 행정처분에 해당한다.

처분성 ○ (두밀분교폐지조례) ○

OX ★★★★★ 2024 소방직 9급

96 **법규명령이 구체적인 집행행위를 매개하지 않고 직접 국민의 기본권을 침해하는 경우**에는 헌법소원심판의 대상이 된다. ○

OX ★★★★★ 2017 국가직 9급

97 헌법재판소는 대법원규칙인 구 법무사법 시행규칙에 대해, **법규명령이 별도의 집행행위를 기다리지 않고 직접 기본권을 침해하는 것일 때**에는 헌법 제107조 제2항의 명령 · 규칙에 대한 대법원의 최종심사권에도 불구하고 헌법소원심판의 대상이 된다고 한다. ○

96 97 사법적 통제(심사권)
㉠ **법률의 위헌 여부**가 재판의 전제인 경우 : **헌법재판소**
㉡ **명령 · 규칙의 위헌 여부**가 재판의 전제 : **최종적으로 대법원**
㉢ 별도의 집행행위를 기다리지 않고 명령 · 규칙이 **직접 국민의 기본권침해 : 헌법재판소 심사 가능**

Topic 20 행정입법부작위

p.65

OX ★★★ 2017 국가직(하) 7급

01 **입법부가 법률로써 행정부에게 특정한 사항을 위임했음에도 불구**하고 행정부가 **정당한 이유 없이 이를 이행하지 않는다면** 권력분립의 원칙과 법치국가 내지 법치행정의 원칙에 위배되는 것으로서 위법함과 동시에 위헌적인 것이 된다.

권력분립의 원칙과 **법치국가 내지 법치행정의 원칙**에 위배 → **위법, 위헌** ○

OX ★★★ 2022 군무원 9급

02 삼권분립의 원칙, 법치행정의 원칙을 당연한 전제로 하고 있는 우리 헌법하에서 **행정권의 행정입법 등 법집행의무**는 헌법적 의무라고 보아야 한다.

헌법적 의무 ○

OX ★★★ 2022 군무원 9급

03 **행정입법의 부작위가 위헌 · 위법이라고 하기 위하여**는 행정청에게 행정입법을 하여야 할 작위의무를 전제로 하는 것이나, 그 작위의무가 인정되기 위하여는 행정입법의 제정이 법률의 집행에 필수불가결한 것일 필요는 없다.

행정입법을 하여야 할 **작위의무 전제** → 행정입법이 **법률집행에 필수불가결**한 것일 때 작위의무 인정 X

OX ★★★★ 2021 국회직 8급

04 행정입법부작위가 위헌 또는 위법이라고 하기 위해서는 행정청에게 행정입법을 하여야 할 작위의무를 전제로 하는 것이므로, 만일 **하위 행정입법의 제정 없이 상위법령의 규정만으로도 집행이 이루어질 수 있는 경우**라면 행정청에게 하위 행정입법을 제정하여야 할 작위의무가 인정되지 않는다.

04 05 **하위 행정입법을 제정하여야 할 작위의무는 인정되지 않음.** ○

OX ★★★★ 2022 경찰간부

05 **하위 행정입법의 제정 없이 상위법령의 규정만으로도 집행이 이루어질 수 있는 경우라**면 하위 행정입법을 제정하여야 할 작위의무는 인정되지 아니한다. — O

OX ★★★★★ 2024 해경승진

06 **행정입법부작위**는 **부작위위법확인소송**의 대상이 된다.

부작위위법확인소송 **대상** × — X

OX ★★★★★ 2023 국가직 9급

07 특정다목적댐법에서 댐 건설로 손실을 입으면 국가가 보상해야 하고 그 절차와 방법은 대통령령으로 제정토록 명시되어 있음에도 미제정된 경우, **법령제정의 여부**는 행정소송법상 **부작위위법확인소송**의 대상이 될 수 없다.

07 08 **추상적 법령 제정 여부** : 부작위위법확인소송 **대상** × — O

OX ★★★★★ 2022 지방직 · 서울시 7급

08 **부작위위법확인소송**의 대상이 될 수 있는 것은 구체적 권리 · 의무에 관한 분쟁이어야 하고 **추상적인 법령에 관하여 제정의 여부** 등은 그 자체로서 국민의 구체적인 권리 · 의무에 직접적 변동을 초래하는 것이 아니어서 그 소송의 대상이 될 수 없다. — O

OX ★★★ 2016 사회복지직 9급

09 **부진정입법부작위**에 대해서는 입법부작위 그 자체를 **헌법소원의 대상**으로 할 수 있다.

법령 그 자체 ○ (입법부작위 그 자체 ×) — X

OX ★★★ 고난도

10 **부진정입법부작위**를 대상으로 **헌법소원**을 제기하려면 **법령 자체**에 대하여 평등원칙 위반 등의 헌법위반을 내세워 적극적인 헌법소원을 제기하여야 하며, 이 경우 헌법재판소법이 정한 **청구기간**이 적용된다.

법령 자체에 대하여 **적극적인 헌법소원**을 **제기**해야 함. / 청구기간 **적용**됨. — O

OX ★★★★ 2010 지방직 9급

11 판례는 **행정입법부작위**에 대하여 **헌법소원**을 인정하고 있지 않다.

인정 ○(공권력의 불행사) — X

OX ★★★ 2015 서울시 7급

12 **행정입법부작위로 인하여 손해가 발생한 경우**에 **국가배상청구**가 인정될 수 있다.

가능 — O

OX ★★★ 2022 소방직 9급

13 **법률에서** 군법무관의 보수의 **구체적 내용을 시행령에 위임했음에도 불구**하고 행정부가 **정당한 이유 없이 시행령을 제정하지 않은** 것은 불법행위이므로 이에 대하여 **국가배상청구**를 할 수 있다.

불법행위 ○ → 국가배상청구 **가능** ○ — O

Topic 21 행정규칙

p.66~72

OX ★★★ 2018 국가직 9급

01 재량권이 인정되는 영역에서 **재량권행사의 기준**이 되는 **지침을 제정**하는 것은 행정청이 법률의 근거규정 없이도 할 수 있는 조치이다.

법적 근거 불요 — O

OX ★★★★ 2017 국가직(하) 7급

02 **재량준칙**은 제정됨으로써 일반적으로 행정조직 내부뿐만 아니라 대외적인 구속력을 갖는다.

02 03 **대외적 구속력** × — X

OX ★★★★ 2020 소방직 9급

03 상급행정기관이 하급행정기관에 대하여 업무처리지침이나 법령의 해석 · 적용에 관한 기준을 정하여 발하는 이른바 **행정규칙**은 일반적으로 대외적 구속력을 갖는다. X

OX ★★★ 2014 서울시 9급

04 **법규명령에 위반하는 행위**는 위법행위가 된다.

위법 ○ ○

OX ★★★ 2022 국가직 7급

05 **처분이 행정규칙을 위반**하였다고 해서 그러한 사정만으로 곧바로 위법하게 되는 것은 아니다.

곧바로 위법은 아님. ○

OX ★★★ 2015 경행특채 2차

06 **행정규칙을 위반하는 행위**는 직무상의 의무위반으로 징계사유에 해당한다.

06 07 **징계사유** ○
곧바로 위법한 행정작용 × ○

OX ★★★ 2023 군무원 7급

07 **하급행정기관이 훈령에 위반하는 행정행위**를 한 경우 직무상 위반행위로 징계책임을 질 수 있다. ○

OX ★★★ 2023 지방직 · 서울시 7급

08 법령에 반하는 **위법한 행정규칙은 무효**이므로 **위법한 행정규칙을 위반**한 것은 징계사유가 되지 않는다.

위법한 행정규칙을 위반 → **징계사유 해당** × ○

OX ★★★ 2022 지방직 · 서울시 7급

09 행정기관 내부의 사무처리준칙에 불과한 **행정규칙**은 **공포되어야 하는 것은 아니므로 특별한 규정이 없는 한, 수명기관에 도달된 때**부터 효력이 발생한다.

수명기관 도달시 **효력 발생** ○ ○

OX ★★★ 2019 서울시 9급

10 **재량권행사의 기준을 정하는 행정규칙**을 재량준칙이라 한다.

재량준칙 ○

OX ★★★ 2021 경행경채

11 **전결(專決)과 같은 행정권한의 내부위임**은 법령상 처분권자인 행정관청이 내부적인 사무처리의 편의를 도모하기 위하여 그의 보조기관 또는 하급 행정관청으로 하여금 그의 권한을 사실상 행사하게 하는 것으로서 법률의 위임이 있어야 허용된다.

법률의 위임 없이도 가능 X

OX ★★★★ 2022 지방직 · 서울시 7급

12 행정관청 내부의 사무처리규정에 불과한 **전결규정에 위반**하여 원래의 **전결권자 아닌 보조기관 등이** 처분권자인 **행정관청의 이름으로 행정처분**을 하였다고 하더라도 그 처분이 권한 없는 자에 의하여 행하여진 무효의 처분이라고는 할 수 없다.

행정권한의 내부위임은 법적 근거 없이도 가능 → **무효** × ○

★★★ 2013 서울시 9급

13 **일반적으로 법규의 성질을 가지지 않는다고 할 수 있는 것**은?
① 헌법 ② 법률 ③ 대통령령 ④ 부령 ⑤ 훈령

훈령 : 법규 ×, 행정규칙 ○ ⑤

OX ★★ 2015 경행특채 2차

14 **행정규칙의 종류**로는 훈령, 예규, 지시 등이 있다.

훈령, 고시, 예규, 일일명령 등 ○

OX ★★★★★ 2019 국가직 7급

15 **고시에 담긴 내용이 구체적 규율의 성격**을 갖는다고 하더라도, 해당 고시를 행정처분으로 볼 수는 없으며 법령의 수권 여부에 따라 법규명령 또는 행정규칙으로 볼 수 있을 뿐이다.

행정처분에 해당
cf 일반 · 추상적 성격을 가지는 고시 : 법규명령 또는 행정규칙 X

OX ★★★ 최신판례

16 부산시내 종교시설의 책임자 · 종사자 및 이용자에게 2021. 1. 4. 0시부터 2021. 1. 17. 24시까지 2주간 **대면예배를 제한한 부산광역시 고시**는 항고소송의 대상인 행정처분에 해당한다.

행정처분에 **해당** — O

OX ★★★★★ 2016 교육행정직 9급

17 **부령의 형식으로 정해진 제재적 처분기준**은 법규명령이다.

17 18 **행정규칙**(판례) → **대외적 구속력** × — X

OX ★★★★★ 2022 국가직 9급

18 **부령의 형식으로 정해진 제재적 행정처분의 기준**은 그 규정의 성질과 내용이 행정청 내부의 사무처리준칙을 정한 것에 불과하므로 대외적으로 국민이나 법원을 구속하는 것은 아니다.

O

OX ★★★★★ 2021 지방직 · 서울시 7급

19 **제재적 행정처분의 기준이 부령의 형식으로 규정되어 있는 경우** 그러한 처분기준에 적합하다 하여 곧바로 당해 처분이 적법한 것이라고 할 수는 없다.

처분기준에 적합하다 하여 곧바로 당해 처분이 적법한 것은 아님. — O

OX ★★★★ 2016 국가직 7급

20 **제재적 처분기준이 부령의 형식으로 규정되어 있는 경우**, 그 처분기준에 따른 제재적 행정처분이 현저히 부당하다고 인정할 만한 합리적인 이유가 없는 한 섣불리 그 처분이 **재량권의 범위를 일탈**하였거나 **재량권을 남용**한 것이라고 **판단**해서는 안 된다.

행정규칙이 **현저히 부당하다고 인정할 만한 합리적인 이유가 없는 한** 그에 따른 처분이 **재량 일탈 · 남용** ×(행정청의 재량을 존중한다는 의미) — O

OX ★★★★★ 2017 교육행정직 9급

21 **구 식품위생법 시행규칙**에서 정한 **제재적 처분기준**은 법규명령의 성질을 가진다.

행정규칙 O — X

OX ★★★★★ 2018 경행경채 3차

22 규정형식상 **부령인 시행규칙 또는 지방자치단체의 규칙으로 정한 행정처분의 기준**은 행정처분 등에 관한 사무처리기준과 처분절차 등 행정청 내의 사무처리준칙을 규정한 것에 불과하므로 행정조직 내부에 있어서의 행정명령의 성격을 지닐 뿐 대외적으로 국민이나 법원을 구속하는 힘이 없다.

행정명령의 성격 → **대외적 구속력** × — O

OX ★★★ 2024 소방직 9급

23 대법원은 법률의 위임을 받아 **부령인 도로교통법 시행규칙 형식으로 정한 운전면허행정처분기준**을 행정청 내부의 사무처리준칙이라고 판시하였다.

내부의 사무처리준칙(행정규칙) — O

OX ★★★★ 2020 지방직 · 서울시 9급

24 **운전면허**에 관한 **제재적 행정처분의 기준이 도로교통법 시행규칙 [별표]**에 규정되어 있는 경우에는 대외적 구속력을 인정할 수 없다.

대외적 구속력 × — O

OX ★★★★ 2022 지방직 · 서울시 7급

25 **부령에서 제재적 행정처분의 기준을 정하였다**고 하더라도 이에 관한 **처분의 적법 여부**는 부령에 적합한 것인가의 여부에 따라 **판단**할 것이 아니라 처분의 근거법률의 규정 및 그 취지에 적합한 것인가의 여부에 따라 판단하여야 한다.

처분의 근거법률의 규정 및 그 취지에 따라 판단 — O

OX ★★★★★ 2014 지방직 9급

26 **구 식품위생법 시행규칙** 제53조가 정한 **[별표 15]의 행정처분기준**은 구 식품위생법 제58조에 따른 영업허가의 취소 등에 관한 행정처분의 기준을 정한 것으로 대외적 구속력이 있다.

26 27 **대외적 구속력** × — X

OX ★★★★ 2017 서울시 9급

27 「공공기관의 운영에 관한 법률」에 따라 **입찰참가자격 제한기준을 정하고 있는** 구 「공기업 · 준정부기관 계약사무규칙」, **「국가를 당사자로 하는 계약에 관한 법률 시행규칙」**은 대외적으로 국민이나 법원을 기속하는 효력이 없다.

O

OX ★★★ 2024 소방간부

28 시외버스운송사업의 사업계획변경기준 등에 관한 구 「여객자동차 운수사업법 시행규칙」은 대외적 구속력이 있는 법규명령에 해당한다.

28 29 대외적 구속력 있는 **법규명령**에 해당

O

OX ★★★ 2023 지방직 · 서울시 7급

29 「여객자동차 운수사업법」의 위임에 따른 시외버스운송사업의 사업계획변경기준 등에 관한 「여객자동차 운수사업법 시행규칙」의 관련규정은 대외적인 구속력이 있는 법규명령이라고 할 것이다.

O

OX ★★★★★ 2017 사회복지직 9급

30 판례는 종래부터 **법령의 위임을 받아 부령으로 정한 제재적 행정처분의 기준**을 행정규칙으로 보고, **대통령령으로 정한 제재적 행정처분의 기준**은 법규명령으로 보는 경향이 있다.

30 31 법규명령형식의 행정규칙

부령형식인 경우	대통령령형식인 경우
부령형식의 제재적 처분기준 : 행정규칙	대통령령형식의 제재적 처분기준 : 법규명령

O

OX ★★★★★ 2015 경행특채 2차

31 **대통령령**이나 **부령**의 **형식**으로 발령된 **제재적 처분기준**에 대해서 판례는 그 **법규성**을 부인하고 있다.

X

OX ★★★★ 2013 국가직 9급

32 주택건설촉진법 시행령 제10조의3 제1항 [별표 1]은 주택건설촉진법 제7조 제2항의 위임규정에 터잡은 규정형식상 **대통령령**이므로 대외적으로 국민이나 법원을 구속하는 힘이 있다.

대외적 구속력 ○

O

OX ★★ 2015 지방직 7급

33 「국토의 계획 및 이용에 관한 법률」 및 같은 법 시행령이 정한 이행강제금의 부과기준은 단지 상한을 정한 것에 불과한 것이므로 행정청에 이와 다른 이행강제금액을 결정할 재량권이 있다.

㉠ **상한을 정한 것** ×, 특정 금액을 규정 ○

㉡ 행정청에 이와 **다른 금액을 결정할 재량권 없음.**

X

OX ★★★★★ 2018 지방직 9급

34 **과징금 부과처분의 기준**을 규정하고 있는 **구 청소년보호법 시행령 제40조 [별표 6]**은 행정규칙의 성질을 갖는다.

법규명령

X

OX ★★★★★ 2019 지방직 · 교육행정직 9급

35 **구 청소년보호법 시행령 제40조 [별표 6]**의 위반행위의 종별에 따른 **과징금처분기준에서 정한 과징금 수액**은 정액이 아니고 최고한도액이다.

최고한도액

O

OX ★★★ 2022 국가직 7급

36 **중앙행정기관의 장이 정한 훈령 · 예규 및 고시 등 행정규칙**은 상위법령의 위임이 있다고 하더라도 행정기본법상의 '법령'에 해당하지 않는다.

상위법령의 위임이 있는 경우 → 법령에 해당 ○

X

OX ★★★★★ 2020 군무원 9급

37 **상위법령의 위임에 의하여 정하여진 행정규칙**은 위임한계를 벗어나지 아니하는 한 그 **상위법령의 규정과 결합**하여 **대외적인 구속력이 있는 법규명령**으로서의 효력을 갖게 된다.

법령보충규칙(법규명령으로서의 효력 가짐)

O

OX ★★★★★ 2022 지방직 · 서울시 9급

38 **고시가 법령의 수권**에 의하여 **법령을 보충하는 사항을 정하는 경우** 위임의 한계를 벗어나지 않는 한 그 **근거법령과 결합**하여 **대외적으로 구속력이 있는 법규명령**으로서의 효력을 가진다.

법령보충적 고시

O

O X ★★★★ 2022 해경간부

39 법령의 규정이 **특정 행정기관에게 법령내용의 구체적 사항을 정할 수 있는 권한을 부여하면서 권한행사의 절차나 방법을 특정하지 아니한 경우**에는 수임행정기관은 행정규칙으로 법령내용이 될 사항을 구체적으로 정할 수 있다.

행정규칙으로 법령내용이 될 사항을 구체적으로 정할 수 있음. — O

O X ★★★★ 2018 국가직 9급

40 행정각부의 장이 정하는 **고시(告示)**는 법령의 규정으로부터 구체적 사항을 정할 수 있는 **권한을 위임받아 그 법령내용을 보충하는 기능을 가진 경우**라도 그 형식상 대외적으로 구속력을 갖지 않는다.

대외적 구속력 ○ — X

O X ★★★ 2013 국가직 9급

41 **국세청장의 훈령형식으로 되어 있는 재산제세사무처리규정**은 소득세법 시행령의 위임에 따라 소득세법 시행령의 내용을 보충하는 기능을 가지므로 소득세법 시행령과 결합하여 대외적 효력을 갖는다.

소득세법 시행령과 결합하여 **대외적 효력** ○(법령보충규칙) — O

O X ★★★ 2023 군무원 7급

42 **양도소득세 부과근거인 재산제세조사사무처리규정**은 국세청 훈령이므로 그에 **위반한 행정처분**은 위법하지 않다.

법령보충규칙으로 대외적 구속력 ○
→ 위반시 **위법** ○ — X

O X ★★★ 2014 국가직 9급

43 대법원은 **행정적 편의를 도모하기 위해 법령의 위임을 받아 제정된 절차적 규정**을 법령보충적 행정규칙으로 본다.

행정규칙 ○
(법령보충적 행정규칙×) — X

O X ★★★ 최신판례

44 「국토의 계획 및 이용에 관한 법률 시행령」 제56조 제4항에 따라 국토교통부장관이 국토교통부 훈령으로 정한 '개발행위허가운영지침'은 **세부적인 검토기준**으로 이 지침의 법적 성격은 행정규칙에 불과하여 대외적 구속력이 없다.

행정규칙 → 대외적 구속력 × — O

O X ★★★ 2022 경찰간부

45 **산업재해보상보험법 시행령 [별표 3] '업무상 질병에 대한 구체적인 인정기준'**은 **예시적 규정에 불과한 이상** 그 위임에 따른 고용노동부 고시가 대외적으로 국민과 법원을 구속하는 효력이 있는 규범이라고 볼 수 없다.

행정규칙 → **대외적 구속력** × — O

O X ★★★★ 2022 소방직 9급

46 법령의 규정이 특정 행정기관에게 법령내용의 구체적 사항을 정하도록 권한을 부여하여 특정 행정기관이 행정규칙을 정하였으나 그 **행정규칙이 상위법령의 위임범위를 벗어났다면**, 그러한 행정규칙은 대외적 구속력을 가지는 법규명령으로서의 효력이 인정되지 않는다.

대외적 구속력 × — O

O X ★★★★★ 2023 국가직 7급

47 **상위법령에서 세부사항 등을 시행규칙으로 정하도록 위임**하였음에도 이를 **고시 등 행정규칙으로 정한 경우** 그 행정규칙은 대외적 구속력을 가지는 법규명령으로서 효력이 인정된다.

대외적 구속력 × — X

O X ★★★★ 2019 국가직 7급

48 **법령보충적 행정규칙**은 법령의 수권에 의하여 인정되고, 그 수권은 포괄위임금지의 원칙상 구체적 · 개별적으로 한정된 사항에 대하여 행해져야 한다.

㉠ 법령의 수권에 의해 인정
㉡ 구체적 · 개별적 사항에 한정
(포괄위임금지원칙) — O

O X ★★★ 2023 지방직 · 서울시 7급

49 행정각부의 장이 정하는 **고시가 법령에 근거를 둔 것**이라면, 그 **규정내용이 법령의 위임범위를 벗어난 것**이라도 법규명령으로서의 대외적 구속력이 인정된다.

대외적 구속력 × — X

O X ★★★ 2017 서울시 9급

50 **법률의 위임규정 자체가 그 의미 내용을 정확하게 알 수 있는 용어를 사용하여 위임의 한계를 분명히 하고 있는데도 고시에서** 그 **문언적 의미의 한계를 벗어나면** 위임의 한계를 일탈한 것으로서 허용되지 아니한다.

위임의 한계 일탈로 **허용** × | O

O X ★★★ 2018 경행경채 3차

51 보건사회부장관이 정한 **1994년도 노인복지사업지침**은 **노령수당의 지급대상자를 '70세 이상'의 생활보호대상자로 규정함으로써** 구 노인복지법 제13조 제2항과 구 노인복지법 시행령 제20조 제1항에서 '65세 이상'의 자로 규정한 **노령수당의 지급대상자를 부당하게 축소 · 조정하였으므로 그 부분은** 법령의 위임한계를 벗어난 것이다.

법령의 **위임한계 일탈** ○ | O

O X ★★★ 2008 관세사

52 **법령보충적 행정규칙이 법규명령의 효력을 갖기 위해**서는 공포되어야 한다.

공포 등 절차 불요 | X

O X ★★★ 2019 서울시 1회 7급

53 **고시**가 법령의 규정을 보충하는 기능을 가지면서 그와 결합하여 대외적인 구속력이 있는 **법규명령으로서의 효력을 가지는 경우**에도 그 자체가 법령은 아니고 행정규칙에 지나지 않으므로 적당한 방법으로 이를 일반인 또는 관계인에게 표시 또는 통보함으로써 그 **효력**이 **발생**한다.

적당한 방법으로 일반인 또는 관계인에게 **표시 또는 통보** | O

O X ★★★ 2011 국회직 9급

54 **행정규칙**은 보통 훈령, 고시, 예규의 형식으로 행하여지며 고유한 **서식**에 따라야 한다.

특정 서식에 따를 필요 없음(구술로도 가능). | X

O X ★★★ 2018 서울시 1회 7급

55 **행정규칙**도 행정작용의 하나이므로 **하자**가 있으면 하자의 정도에 따라 무효 또는 취소할 수 있는 행정규칙이 된다.

하자 있는 행정규칙은 무효 | X

O X ★★ 2005 대구시 9급

56 행정규칙은 법규성이 없으므로 **공무원**은 **행정규칙**의 **적용**을 일반적으로 **거부**할 수 있다.

거부 불가 / 단, 위법함이 명백한 경우 거부 가능 | X

O X ★★★ 2023 소방직 9급

57 상급행정기관이 소속 공무원이나 하급행정기관에 대하여 세부적인 업무처리절차나 법령의 해석 · 적용기준을 정해주는 **행정규칙**은 **상위법령에 반하지 않는다**고 하더라도 상위법령의 구체적 위임이 있지 않는 한, 행정조직 내부적으로도 효력을 가지지 못하고 대외적으로도 국민이나 법원을 구속하는 **효력**이 없다.

내부적 효력 ○
대외적 구속력 × | X

O X ★★★ 2021 지방직 · 서울시 7급

58 **행정규칙**이 이를 정한 **행정기관의 재량에 속하는 사항에 관한 것**인 때에는 그 규정내용이 객관적 합리성을 결여하였다는 등의 특별한 사정이 없는 한 **법원**은 이를 존중하는 것이 바람직하다.

법원은 특별한 사정이 없는 한 **행정규칙 존중** | O

O X ★★★★ 2024 소방간부

59 **행정규칙의 내용이 상위법령에 반하는 것**이라면 법치국가원리에서 파생되는 법질서의 통일성과 모순금지원칙에 따라 그것은 법질서상 당연무효이고, 행정내부적 효력도 인정될 수 없다.

당연무효 → 내부적 효력도 인정 × | O

O X ★★★ 2023 경찰간부

60 행정처분이 법규성이 없는 **내부지침 등의 규정에 위배**된다고 한다면 그 이유만으로 처분은 위법하게 된다.

그 이유만으로 **위법한 처분** × | X

OX ★★★★ 2022 소방직 9급

61 **행정처분**이 **법규성이 없는 내부지침** 등의 **규정에 위배된다고 하더라도 그 이유만으로** 처분이 **위법하게 되는 것은 아니며**, 내부지침 등에서 정한 요건에 **부합한다고 하여** 반드시 그 처분이 **적법한 것이라고 할 수도 없다.**

법규성이 없는 내부지침 등의 규정에 **부합**하거나 **위배**되는지 **여부에 따라 결정** × ○

OX ★★★ 2011 국가직 9급

62 상급행정기관이 하급행정기관에 대하여 **업무처리지침**이나 **법령의 해석 · 적용에 관한 기준**을 정하여서 발하는 이른바 **행정규칙**은 일반적으로 행정조직 내부에서의 효력뿐만 아니라 대외적인 구속력도 갖는다.

대외적 구속력 × X

OX ★★★ 2013 지방직(하) 7급

63 행정청 내부에서의 사무처리지침이 단순히 하급행정기관을 지도하고 통일적 법해석을 기하기 위하여 **상위법규 해석의 준거기준을 제시하는 규범해석규칙**의 성격을 가지는 것에 불과하다면 그러한 해석기준이 **상위법규의 해석상 타당하다고 보여지는 한** 그에 따랐다는 이유만으로 행정처분이 위법하게 되는 것은 아니다.

그에 따른 행정처분 위법 × ○

OX ★★★★ 2008 지방직 9급

64 **재량준칙**인 경우에는 행정청에 의하여 **반복되어 시행**되더라도 이는 행정법상 일반원칙에 따른 대외적인 구속력을 가지는 것은 아니다.

64 65 **간접적으로 대외적인 구속력** ○ (행정의 **자기구속의 법리**) X

OX ★★★ 2013 서울시 7급

65 **재량준칙**은 행정의 **자기구속의 법리에 의거하여** 간접적으로 대외적 구속력을 갖는다. ○

OX ★★★ 2017 사회복지직 9급

66 **설정된 재량기준**이 객관적으로 합리적이 아니라거나 타당하지 않다고 볼 만한 다른 특별한 사정이 없다면 행정청의 의사는 **존중**되어야 한다.

다른 특별한 사정이 없다면 행정청의 의사는 **존중** ○

OX ★★★ 2018 경행경채

67 이른바 **법령보충적 행정규칙**은 그 자체로서 직접적으로 **대외적인 구속력**을 갖는다.

67 68 **상위법령과 결합하여 상위법령의 일부가 됨으로써 대외적 구속력** ○ X

OX ★★★★ 2015 경행특채 2차

68 **법령보충적 행정규칙**은 상위법령과 결합하여 그 위임한계를 벗어나지 아니하는 범위 내에서 상위법령의 일부가 됨으로써 **대외적 구속력**을 발생한다. ○

OX ★★ 2014 경행특채 1차

69 **행정규칙 자체**는 원칙적으로 행정소송법상 처분에 해당되지 않는다.

처분 × ○

OX ★★★ 2012 국회직 8급

70 **행정규칙**이 **직접적으로 국민의 권익을 침해하는 경우**에는 처분성이 인정되어 항고소송에 의한 사법적 통제를 받게 된다.

처분성 ○, **항고소송대상** ○ ○

OX ★★★★ 2018 지방직 7급

71 **법령보충규칙에 해당하는 고시**의 관계규정에 의하여 **직접 기본권침해**를 받는다고 하여도 이에 대하여 바로 헌법재판소법 제68조 제1항에 의한 **헌법소원심판**을 청구할 수 없다.

청구 가능 X

OX ★★★★ 2023 국가직 9급

72 **법령보충적 행정규칙**은 물론이고, **재량권행사의 준칙이 되는 행정규칙이 행정의 자기구속원리에 따라 대외적 구속력을 가지는 경우**에는 **헌법소원**의 대상이 될 수 있다.

72 73 재량준칙인 행정규칙이 자기구속원칙을 매개로 대외적 구속력을 갖게 되는 경우 : **헌법소원심판의 대상** ○ ○

OX ★★★★ 2022 해경간부

73 **재량권행사의 준칙인 행정규칙**이 그 정한 바에 따라 되풀이 시행되어 **행정관행이 형성**되어 행정기관이 그 상대방에 대한 관계에서 그 행정규칙에 따라야 할 **자기구속을 당하게 되는 경우**에는 그 행정규칙은 **헌법소원**의 심판대상이 될 수도 있다. ○

Topic

22 행정행위의 의의 및 종류

p.73~74

OX ★ 2003 관세사

01 **행정행위의 개념**은 실정법상 발전되어 온 개념이다.

실정법상 개념 ×
학문상 개념 ○

X

OX ★★★ 2017 국가직 9급

02 행정소송법상 **처분의 개념과 강학상 행정행위의 개념이 다르다고 보는 견해**는 처분의 개념을 강학상 행정행위의 개념보다 넓게 본다.

처분 > 강학상 행정행위
처분 개념 = 강학상 행정행위 + 권력적 사실행위

O

OX ★★★ 2015 서울시 9급

03 **행정권한을 위임받은 사인**도 행정청으로서 행정행위를 할 수 있다.

예 공무수탁사인 : **행정청**이자 행정주체

O

OX ★★ 2014 군무원 9급

04 **교통안전공단이** 그 사업목적에 필요한 재원으로 사용할 기금 조성을 위하여 구 교통안전공단법에 정한 **분담금 납부의무자에 대하여 한 분담금납부통지**는 그 납부의무자의 구체적인 분담금납부의무를 확정시키는 효력을 갖는 행정처분이 아니다.

행정처분 ○

X

OX ★★ 2007 국회직 8급

05 행정행위는 행정청이 행하는 구체적 사실에 관한 법집행작용이라는 점에서 **행정청에 의한 법의 제정작용**은 행정행위가 아니다.

행정행위 ×(행정입법에 해당)

O

OX ★★★★ 2009 관세사

06 **특정 장소에의 통행금지**와 같은 **불특정 다수인에 대한 규율행위**는 행정행위에 해당한다.

06 07 **행정행위** ○(일반처분)

O

OX ★★★★ 2016 서울시 9급

07 구체적 사실을 규율하는 경우라도 **불특정 다수인을 상대방으로 하는 처분**이라면 행정행위가 아니다.

X

OX ★★★★ 2024 해경승진

08 시 · 도경찰청장이 **횡단보도를 설치**하여 보행자 통행방법 등을 규제하는 것은 국민의 권리 · 의무에 직접 관계가 있는 행위로서 행정처분이다.

행정처분 ○

O

OX ★★★ 2015 서울시 9급

09 **부하 공무원에 대한 상관의 개별적인 직무명령**은 행정행위가 아니다.

행정행위 ×

O

OX ★★★ 2007 국회직 8급

10 **다른 행정청의 동의를 얻어야 하는 행정행위에서 다른 행정청의 동의**가 행정행위의 성립에 중요한 요소인 경우에는 그 자체도 행정행위로 보아야 한다.

행정행위 ×

X

OX ★★★ 2023 군무원 5급

11 대외적으로 처분권한이 있는 처분행정청이 **상급행정기관의 지시를 위반하는 처분**을 하였다고 하여 그러한 사정만으로 그 처분이 곧 위법하게 되는 것은 아니다.

그 사정만으로 곧바로 **위법** ×

O

OX ★★★ 2015 교육행정직 9급

12 행정행위는 법적 행위이므로, **행정청이 도로를 보수하는 행위**는 행정행위가 아니다.

행정행위 ×
사실행위 ○

O

OX ★★★ 2021 소방직 9급

13 건설부장관(현 국토교통부장관)이 행한 **국립공원지정처분에 따른 경계측량 및 표지의 설치** 등은 처분이 아니다.

행정처분 ×
사실행위 ○

O

OX ★★★ 2015 교육행정직 9급

14 행정행위는 공법상의 행위이므로, 행정청이 특정인에게 **어업권**과 같이 **사권의 성질을 가지는 권리를 설정하는 행위**는 행정행위가 아니다.

어업권 설정행위는 수산업법이라는 공법 근거 → **행정행위** ○

X

OX ★★★ 2012 사회복지직 9급

15 **대물적 행정행위** 중 수익적 행정행위인 경우에는 그 효과가 승계된다.

명문규정이 없어도 **승계** ○

O

OX ★★★ 2024 해경간부

16 **건축허가**는 **대물적 성질**을 갖는 것이어서 허가대상 건축물에 대한 권리변동에 수반하여 자유로이 양도할 수 있는 것이다.

허가대상건축물에 대한 권리변동에 수반하여 자유로이 양도 가능

O

OX ★★★★ 2019 국가직 9급

17 **건축허가**는 **대물적 허가**에 해당하므로, 허가의 효과는 허가대상 건축물에 대한 권리변동에 수반하여 이전되고 별도의 승인처분에 의하여 이전되는 것은 아니다.

허가의 효과는 대상 **건축물에 대한 권리변동에 수반하여 이전되고 별도의 승인처분 불요**

O

OX ★★★★ 최신판례

18 구 국민건강보험법 제85조 제1항 제1호에 따른 **요양기관 업무정지처분**은 요양기관의 업무 자체에 대한 것으로서 **대물적 처분**이므로 속임수나 그 밖의 **부당한 방법으로 보험자에게 요양급여비용을 부담하게 한 요양기관이 폐업**한 경우, 그 **요양기관 및 폐업 후 그 요양기관의 개설자가 새로 개설한 요양기관에 대하여** 업무정지처분을 할 수는 없다.

업무정지처분할 수 없음.

O

Topic

23 기속행위와 재량행위

p.75~78

OX ★★★ 2019 서울시 2회 7급

01 재량행위와 기속행위의 구분기준에 관한 **효과재량설**에 따르면 수익적 행정행위는 법규상 또는 해석상 특별한 기속이 없는 한 재량행위이다.

효과재량설에 따르면
- 침익적 행정행위 : 기속행위
- **수익적 행정행위 : 재량행위**

O

OX ★★★★ 2024 소방직 9급

02 **기속행위와 재량행위의 구분**은 당해 행위의 근거가 된 법규의 체재 · 형식과 그 문언, 당해 행위가 속하는 행정 분야의 주된 목적과 특성, 당해 행위 자체의 개별적 성질과 유형 등을 모두 고려하여 판단하여야 한다.

근거법규의 체재 · 형식, 문언, 행정 분야의 목적 · 특성, 행위의 개별적 성질 · 유형 모두 고려

O

OX ★★★ 2017 경행경채

03 어느 행정행위가 **기속행위인지 재량행위인지 나아가 재량행위라고 할지라도 기속재량행위인지 또는 자유재량에 속하는 것인지의 여부**는 이를 일률적으로 규정지을 수는 없는 것이고, 당해 처분의 근거가 된 규정의 형식이나 체재 또는 문언에 따라 개별적으로 판단하여야 한다.

일률적으로 규정 × / 당해 처분의 근거규정의 형식이나 체재 또는 문언에 따라 **개별적 판단** ○

O

OX ★★★ 2021 국회직 8급

04 주택법상 **주택건설사업계획의 승인**은 재량행위에 해당하므로, 처분권자는 주택건설사업계획이 법령이 정하는 제한사유에 배치되지 않는 경우에도 공익상 필요가 있으면 사업계획승인신청에 대하여 불허가결정을 할 수 있다.

재량행위 / 공익상 필요가 있으면 불허가결정 가능

O

O X ★★★ 2021 경행경채

05 **마을버스운송사업면허의 허용 여부**는 사업구역의 교통수요, 노선결정, 운송업체의 수송능력, 공급능력 등에 관하여 기술적 · 전문적인 판단을 요하는 분야로서 이에 관한 행정처분은 운수행정을 통한 공익실현과 아울러 합목적성을 추구하기 위하여 보다 구체적 타당성에 적합한 기준에 의하여야 할 것이므로 그 범위 내에서는 법령이 특별히 규정한 바가 없으면 행정청의 재량에 속한다.

행정청의 **재량** — O

O X ★★★ 2024 국가직 9급

06 **여객자동차운송사업의 한정면허**는 특정인에게 권리나 이익을 부여하는 **수익적 행정행위**로서 재량행위에 해당한다.

재량행위 — O

O X ★★★ 2019 소방직 9급

07 **개인택시운송사업면허**는 특정인에게 권리나 이익을 부여하는 재량행위이다.

재량행위 — O

O X ★★★ 2017 지방직(하) 9급

08 야생동 · 식물보호법상 곰의 웅지를 추출하여 비누, 화장품 등의 재료를 사용할 목적으로 **곰의 용도를 '사육곰'에서 '식 · 가공품 및 약용 재료'로 변경하겠다는 내용의 국제적 멸종위기종의 용도변경승인행위**는 재량행위이다.

재량행위 — O

O X ★★★★ 2023 경찰간부

09 **출입국관리법상 체류자격 변경허가**의 허가권자는 신청인이 관계법령에서 정한 요건을 충족하였더라도, 신청인의 적격성, 체류목적, 공익상의 영향 등을 참작하여 허가 여부를 결정할 수 있는 재량을 가진다.

재량행위 → 허가 여부는 허가권자의 재량 — O

O X ★★★★ 2023 국가직 7급

10 **재외동포에 대한 사증발급**은 행정청의 기속행위에 속하는 것으로서, 재외동포가 사증발급을 신청한 경우에 구 출입국관리법 시행령 [별표 1의2]에서 정한 재외동포 체류자격의 요건을 갖추었다면 사증을 발급해야 한다.

재량행위 → 요건을 갖추었다고 해서 무조건 사증을 발급하는 것× — X

O X ★★★ 2024 해경간부

11 「국토의 계획 및 이용에 관한 법률」상 **개발행위허가**는 허가**기준** 및 금지**요건**이 **불확정 개념**으로서 규정된 부분이 많아 그 **요건에 해당하는지 여부**는 행정청의 재량판단의 영역에 속한다.

행정청의 **재량판단의 영역** — O

O X ★★★ 2021 국회직 8급

12 **「부동산 실권리자명의 등기에 관한 법률 시행령」** 제3조의2 단서는 조세를 포탈하거나 법령에 의한 제한을 회피할 목적이 아닌 경우에 과징금의 100분의 50을 **감경할 수 있다고 규정**하고 있으므로 **감경사유가 존재하더라도 과징금을 감경할 것인지 여부**는 과징금 부과관청의 재량에 속한다.

과징금 부과관청의 **재량** — O

O X ★★★ 2023 지방직 · 서울시 7급

13 「가축분뇨의 관리 및 이용에 관한 법률」에 따른 **가축분뇨 처리방법 변경허가**는 허가권자의 재량행위에 해당한다.

재량행위 — O

O X ★★★★ 2022 지방직 · 서울시 9급

14 **국유재산의 무단점유에 대한 변상금 징수**의 요건은 국유재산법에 명백히 규정되어 있으므로 변상금을 징수할 것인가는 처분청의 재량을 허용하지 않는 기속행위이다.

기속행위 — O

O X ★★★★ 2023 국가직 7급

15 **육아휴직 중** 국가공무원법 제73조 제2항에서 정한 복직요건인 '휴직사유가 없어진 때'에 하는 **복직명령**은 기속행위이므로 휴직사유가 소멸하였음을 이유로 복직을 신청하는 경우 임용권자는 지체 없이 복직명령을 하여야 한다.

기속행위 — O

O X ★★★ 2024 국가직 9급

16 「여객자동차 운수사업법」에 따르면, **여객자동차운수사업자가 거짓이나 부정한 방법으로 지급받은 보조금에 대한** 국토교통부장관 또는 시 · 도지사의 **환수처분**은 기속행위에 해당한다.

기속행위 — O

O X ★★★ 2022 서울시 지적 7급

17 기속행위란 **법규상**의 구성요건에서 정한 **요건이 충족되면 행정청**이 **반드시** 어떤 **행위를 하거나 하지 말아야 하는 행정행위**를 말한다.

기속행위 — O

O X ★★★ 2022 서울시 지적 7급

18 재량행위란 **행정법규가** 행정행위를 규율함에 있어서 **행정청에게 자기판단을 할 여지를 부여하고 있는 경우에 행정청이 행하는 행정행위**를 말한다.

재량행위 — O

O X ★★★★ 2023 국가직 7급

19 **재량행위에 대한 법원의 심사**는 재량권의 일탈 또는 남용 및 재량권의 한계 내에서의 행정청의 판단, 즉 합목적성 내지 공익성의 판단 등을 대상으로 한다.

합목적성 내지 공익성 판단은 **대상 ×** — X

O X ★★★★ 2020 국가직 7급

20 **기속행위**의 경우 법원이 사실인정과 관련법규의 해석 · 적용을 통하여 일정한 결론을 도출한 후 그 결론에 비추어 행정청이 한 판단의 적법 여부를 독자의 입장에서 판정한다.

법원이 **일정한 결론을 도출한 후** 독자의 입장에서 판정 — O

O X ★★★★ 2024 소방직 9급

21 **재량행위**에 대한 **사법심사**가 이루어지는 경우, 법원은 독자의 결론을 도출하고, 그 결론에 비추어 행정청이 한 판단의 적법 여부를 독자의 입장에서 판정하는 방식에 의해야 한다.

21 22 법원은 **독자의 결론**을 **도출 × → 재량권 일탈 · 남용 여부만** 심사 — X

O X ★★★★ 2023 소방직 9급

22 **재량행위**의 경우 행정청의 재량에 기한 공익판단의 여지를 감안하여 법원은 독자의 결론을 도출함이 없이 당해 행위에 재량권의 일탈 · 남용이 있는지 여부만을 **심사**한다.

O

O X ★★★ 2022 경찰간부

23 귀화신청인이 **귀화요건을 갖추지 못한 경우** 법무부장관은 재량권을 행사할 여지없이 **귀화불허처분**을 하여야 한다.

재량권을 행사할 여지없이 귀화불허처분을 하여야 함. — O

O X ★★★ 2014 국회직 8급

24 행정청의 재량이란 언제나 의무에 합당한 재량을 의미하며 **재량권의 남용이나 일탈이 있는 때**에는 사법심사의 대상이 된다.

24 25 ㉠ **재량 : 의무에 합당한 재량**
㉡ **재량권의 일탈 · 남용 : 위법 → 사법심사의 대상** — O

O X ★★★ 2016 교육행정직 9급

25 **재량권의 일탈 · 남용**이 있으면 위법하다.

O

O X ★★★ 2023 행정사

26 행정청의 **재량에 속하는 처분**이라도 **재량권의 한계를 넘거나 그 남용이 있는 때**에는 법원은 이를 취소할 수 있다.

법원이 **취소 가능** — O

O X ★★ 2012 사회복지직 9급

27 **제재적 행정처분**이 사회통념상 **재량권의 범위를 일탈하였거나 남용하였는지 여부**는 처분사유로 된 위반행위의 내용과 당해 처분행위에 의하여 달성하려는 공익목적 및 이에 따르는 제반 사정 등을 객관적으로 심리하여 공익침해의 정도와 그 처분으로 인하여 개인이 입게 될 불이익을 비교 · 교량하여 판단하여야 한다.

공익침해의 정도와 개인이 입을 불이익을 **비교 · 교량**하여 판단하여야 함. — O

OX ★★ 2008 국가직 9급

28 **학생에 대한 징계권의 발동이나 징계의 양정**(量定)이 징계권자의 교육적 재량에 맡겨져 있다 할지라도 법원이 심리한 결과 그 징계처분에 위법한 사유가 있다고 판단되는 경우에는 이를 취소할 수 있다.

㉠ **재량행위**
㉡ **위법한 징계처분** : 사법심사의 대상 ○ → **법원이 취소 가능**

○

OX ★★ 2011 사회복지직 9급

29 **법률에서 정한 액수 이상의 과태료를 부과**한 처분은 부당한 처분이다.

부당한 처분 × / 재량권을 일탈한 **위법한 처분** ○

X

OX ★★ 2015 국가직 9급

30 **재량권의 일탈**이란 재량권의 내적 한계를 벗어난 것을 말하고, **재량권의 남용**이란 재량권의 외적 한계를 벗어난 것을 말한다.

일탈 : 외적 한계를 벗어남.
남용 : 내적 한계를 벗어남.

X

OX ★★★ 2020 국가직 7급

31 사실의 존부에 대한 판단에도 재량권이 인정될 수 있으므로, **사실을 오인하여 재량권을 행사한 경우**라도 처분이 위법한 것은 아니다.

위법 ○

X

OX ★★★ 2015 국가직 9급

32 **재량권의 불행사**에는 재량권을 충분히 행사하지 아니한 경우는 포함되지 않는다.

재량의 해태 포함 ○

X

OX ★★★★ 2023 소방승진

33 행정청이 제재처분 양정을 하면서 공익과 사익의 **형량을 전혀 하지 않았거나** 이익형량의 **고려대상에 마땅히 포함하여야 할 사항을 누락**한 경우 또는 **이익형량을 하였으나 정당성·객관성이 결여**된 경우, 제재처분은 재량권을 일탈·남용한 것이라고 보아야 한다.

재량권 일탈·남용 ○

○

OX ★★★★ 2022 소방직 9급

34 행정청이 제재처분 양정을 하면서 처분 상대방에게 **법령에서 정한 임의적 감경사유가 있는 경우, 그 감경사유까지 고려하고도 감경하지 않은 채 개별처분기준에서 정한 상한으로 처분을 한 경우**에는 재량권을 일탈·남용하였다고 보아야 한다.

재량권 일탈·남용의 단정 ×

X

OX ★★★★ 2023 지방직·서울시 7급

35 처분의 근거법령이 행정청에 처분의 요건과 효과 판단에 관하여 일정한 재량을 부여하였는데도, **행정청이** 자신에게 **재량권이 없다고 오인하여 전혀 비교·형량하지 않은 채 처분**을 하였다면, 이는 재량권 불행사로서 그 자체로 재량권 일탈·남용에 해당한다.

재량권 불행사 → 재량권 일탈·남용 해당 ○, 취소사유 ○

○

OX ★★★ 2019 사회복지직 9급

36 민원사무를 처리하는 행정기관이 **민원조정위원회를 개최하면서 민원인에게 그 회의일정 등을 사전에 통지하여야 함에도 불구하고 그러하지 아니한 경우**에 이러한 사정만으로 곧바로 그 민원사항에 대한 행정기관의 장의 **거부처분**이 위법하다고 볼 수는 없다.

취소사유에 이를 정도의 흠 ×

○

OX ★★★ 2018 경행경채

37 민원사무를 처리하는 행정기관이 민원1회방문처리제를 시행하는 절차의 일환으로 민원사항의 심의·조정 등을 위한 **민원조정위원회를 개최하면서 사전통지의 흠결로 민원인에게 의견진술의 기회를 주지 아니한 결과** 민원조정위원회의 심의과정에서 고려대상에 마땅히 포함시켜야 할 사항을 누락하는 등 **재량권의 불행사 또는 해태로 볼 수 있는 구체적 사정이 있다면**, 그 거부처분은 재량권을 일탈·남용한 것으로서 위법하다.

재량권 일탈·남용 ○ → **위법** ○

○

OX ★★★ 2024 해경간부

38 **청소년유해매체물로 결정·고시된 만화인 사실을 모르고 있던 도서대여업자가** 그 고시일로부터 **8일 후에 청소년에게 그 만화를 대여**한 것을 사유로 그 도서대여업자에 대한 금 **700만 원의 과징금 부과**처분은 재량권을 일탈·남용한 것으로서 위법하다.

재량권 일탈·남용 ○ → **위법** ○

○

OX ★★★ 고난도

39 **당해 공무원의 동의 없는** 지방공무원법 제29조의3의 규정에 의한 **전출명령**은 **위법**하여 취소되어야 하므로, **그 전출명령이 적법함을 전제로 내린 징계처분**은 그 전출명령이 공정력에 의하여 취소되기 전까지는 유효하다고 하더라도 징계양정에 있어 재량권을 일탈하여 위법하다.

재량권을 **일탈**하여 **위법** ○

OX ★★★ 2024 지방직 · 서울시 9급

40 행정청이 개인택시운송사업면허발급 여부를 심사함에 있어서 이미 설정된 면허기준의 해석상 당해 신청이 **면허발급의 우선순위에 해당함이 명백함에도 면허거부처분**을 하였다면 특별한 사정이 없는 한 그 거부처분은 위법한 처분이 된다.

재량권 일탈 · 남용 ○ → **위법** ○ ○

OX ★ 2012 사회복지직 9급

41 **생물학적 동등성 시험자료에 조작**이 있음을 이유로 **해당 의약품의 회수, 폐기를 명한 처분**에 어떠한 재량권의 일탈 · 남용이 있다고 할 수는 없다.

재량권 일탈 · 남용 × ○

OX ★ 2022 소방직 9급

42 **학교법인의 임원**이 **교비회계자금을 법인회계로 부당전출**하였고, 업무집행에 있어서 직무를 태만히 하여 학교법인이 이를 시정하기 위한 노력을 하였으나 **결과적으로** 대부분의 **시정요구사항이 이행되지 아니하였던 점 등을 고려**하면, **교육부장관의 임원승인취소처분**은 재량권을 일탈 · 남용한 것으로 볼 수 없다.

재량권 일탈 · 남용 × ○

OX ★ 2015 경행특채 2차

43 **경찰공무원이 교통법규위반 운전자에게 만원권 지폐 한 장을 두 번 접어서 면허증과 함께 달라고 한 경우**에 내려진 **해임처분**은 징계재량권의 일탈 · 남용이 아니다.

재량권 일탈 · 남용 × ○

OX ★ 2015 사회복지직 9급

44 **전국공무원노동조합 시지부 사무국장이** 지방공무원 복무조례 개정안에 대한 의견을 표명하기 위하여 **전국공무원노동조합간부들과 함께 시장의 사택을 방문**하였고, 이에 징계권자가 시장 개인의 명예와 시청의 위신을 실추시키고 **지방공무원법에서 정한 집단행위 금지의무를 위반**하였다는 등의 이유로 **사무국장을 파면처분**한 것은 재량권의 일탈 · 남용에 해당되지 않는다.

재량권 일탈 · 남용 × ○

Topic 24 불확정개념과 판단여지

p.79~80

OX ★★★ 2022 해경간부

01 법규정의 일체성에 의해 **요건 판단과 효과 선택의 문제를 구별하기 어렵다고 보는 견해**는 재량과 판단여지의 구분을 인정한다.

부정설 → 재량이라는 단일 개념으로 파악(**구분 부정**) X

OX ★★★ 2017 국가직 9급

02 **판단여지를 긍정하는 학설**은 판단여지는 법률효과 선택의 문제이고 재량은 법률요건에 대한 인식의 문제라는 점, 양자는 그 인정근거와 내용 등을 달리하는 점에서 구별하는 것이 타당하다고 한다.

판단여지는 법률요건의 포섭단계에서 관련되는 문제, **재량은 법률효과의 결정 내지 선택과 관련되**는 문제 X

OX ★★★ 2024 소방직 9급

03 **판례는 재량권과 판단여지를 구분하지 않고, 판단여지가 인정되는 경우**에도 재량권이 인정되는 것으로 본다.

재량권이 인정되는 것으로 봄. ○

OX ★★★ 2024 해경간부

04 **교과서검정**이 **고도의 학술상, 교육상의 정책적 판단**을 요한다는 특성에 비추어 보면, 검정상의 판단이 사실적 기초가 없다거나 사회통념상 현저히 부당하다는 등 현저히 재량권의 범위를 일탈한 것이 아닌 이상 그 검정을 위법하다고 할 수 없다.

재량권의 현저한 일탈·남용 아니라면 위법 × — ○

OX ★★★ 2010 지방직 9급

05 판례는 **교과서검정의 위법성**을 재량심사에 의하여 판단하고 있다.

재량심사 — ○

OX ★★★ 2023 지방직·서울시 7급

06 **공무원 임용을 위한 면접전형**에서 임용신청자의 **능력이나 적격성 등에 관한 판단**은 면접위원의 고도의 교양과 학식, 경험에 기초한 자율적 판단에 의존하는 것으로서 면접위원의 자유재량에 속하고, 그와 같은 판단이 현저하게 재량권을 일탈·남용하지 않은 한 이를 위법하다고 할 수 없다.

06 07 면접위원의 재량 → 현저하게 재량권을 **일탈·남용하지 않은 한 위법 ×** — ○

OX ★★★ 2013 지방직(하) 7급

07 판례는 **공무원 임용을 위한 면접**전형에서 **임용신청자의 능력이나 적격성 등에 관한 판단**이 면접위원의 자유재량에 속한다고 보고 있다.

○

OX ★★ 2015 국회직 8급

08 구 전염병예방법 제54조의2 제2항에 따른 **예방접종으로 인한 질병, 장애 또는 사망의 인정 여부 결정**은 보건복지가족부장관(현 보건복지부장관)의 재량에 속한다.

보건복지부장관의 **재량** — ○

OX ★★★ 2021 국회직 8급

09 의료법상 **신의료기술의 안전성·유효성 평가나 신의료기술의 시술로 국민보건에 중대한 위해가 발생하거나 발생할 우려가 있는지 여부에 대한 판단과 그 경우 행정청이 어떠한 종류와 내용의 지도나 명령을 할 것인지의 판단**에 관해서는 행정청에 재량권이 부여되어 있다.

행정청에 **재량권이 부여** — ○

OX ★★ 2017 지방직(하) 9급

10 「개발제한구역의 지정 및 관리에 관한 특별조치법」 및 구 「액화석유가스의 안전관리 및 사업법」 등의 관련법규에 의하면, **개발제한구역에서의 자동차용 액화석유가스충전사업허가**는 그 기준 내지 요건이 불확정개념으로 규정되어 있으므로 그 허가 여부를 판단함에 있어서 행정청에 재량권이 부여되어 있다고 보아야 한다.

행정청에 **재량권이 부여** — ○

OX ★★★ 2023 소방승진

11 행정청의 **전문적인 정성적 평가 결과**는 그 판단의 기초가 된 사실인정에 중대한 오류가 있거나 그 판단이 사회통념상 현저하게 타당성을 잃어 객관적으로 불합리하다는 등의 특별한 사정이 없는 한 법원이 그 당부를 심사하기에는 적절하지 않으므로 가급적 존중되어야 한다.

특별한 사정이 없는 한 **법원의 당부 심사 부적절** → 가급적 존중 — ○

OX ★★★ 최신판례

12 '자연환경·생활환경에 미치는 영향'과 같이 장래에 발생할 불확실한 상황과 파급효과에 대한 **예측이 필요한 요건**에 관한 **행정청의 재량적 판단**은 특별한 사정이 없는 한 폭넓게 존중될 필요가 있다.

폭넓게 존중 — ○

Topic
25 법률행위적 행정행위 Ⅰ - 명령적 행위 : 하명, 허가, 면제

p.81~88

	문제	해설	정답
01	OX ★★★ 2023 국가직 7급 행정청의 의사표시를 요소로 하는 **법률행위적 행정행위 중에서 명령적 행위**에는 하명, 허가, 대리가 속한다.	**명령적 행위 : 하명, 허가, 면제**	X
02	OX ★★★ 2015 국가직 7급 **형성적 행정행위**는 명령적 행정행위와 함께 법률행위적 행정행위에 속하며, 이에는 **특허 · 인가 · 대리**가 속한다.	**법률행위적 행정행위** 명령적 행위 : 하명, 허가, 면제 **형성적 행위 : 특허, 대리, 인가**	O
03	OX ★★★ 2008 지방직 9급 **하명**은 법령의 근거를 요하므로 법령이 정한 요건이 갖추어졌을 때에 행하여진다.	침익적 행위의 성질 → **법령의 근거 필요** ○	O
04	OX ★★★ 2008 지방직 9급 **하명의 대상**은 법률행위뿐만 아니라 사실행위일 수도 있다.	일반적으로 **사실행위**(예 통행금지 등)이나, **법률행위**(예 총포거래금지 등)일 수도 있음.	O
05	OX ★★ 2008 지방직 9급 **하명**은 대부분 개별적 · 구체적 규율로서 행하여지나 일반처분으로도 행하여진다.	하명의 상대방 ㉠ 특정인 : **개별적 · 구체적** 규율 ㉡ 불특정 다수인 : **일반처분**	O
06	OX ★★ 2008 지방직 9급 **하명**에 **위반**한 법률행위의 **효과**는 무효이다.	원칙적 **유효**	X
07	OX ★★★ 고난도 **공사중지명령**에 대하여 그 명령의 **상대방**이 **해제**를 **구하기 위해서는** 명령의 내용 자체로 또는 성질상으로 **명령 이후**에 **원인사유**가 해소되었음이 인정되어야 한다.	원인사유가 **해소**되었음이 인정되어야 함.	O
08	OX ★★ 2021 군무원 9급 실정법상으로는 허가 이외에 **면허, 인가, 인허, 승인 등의 용어가 사용되고 있기 때문에** 그것이 **학문상** 개념인 **허가에 해당하는지 검토**할 **필요**가 있다.	**법령의 규정 · 취지 등에 비추어 구체적으로 판단**	O
09	OX ★★★ 2019 서울시 9급 지방경찰청장(현 시 · 도경찰청장)이 운전면허시험에 합격한 사람에게 발급하는 **운전면허**는 강학상 특허이다.	강학상 **허가**	X
10	OX ★★★★ 2021 군무원 9급 **허가**란 법령에 의해 금지된 행위를 일정한 **요건을 갖춘 경우**에 그 **금지를 해제**하여 **적법하게 행위할 수 있게 해준다는 의미**에서 상대적 금지와 관련되는 경우이다.	**상대적 금지에 대해서만 가능**	O
11	OX ★★★★ 2011 국가직 9급 전통적 견해에 따르면 허가는 **일반적 금지를 해제**하여 **본래의 자유를 회복**시켜 주는 **명령적 행위**라고 할 수 있다.	**허가**	O

OX ★★★ 2018 경행경채

12 식품위생법상 **일반음식점영업허가**는 성질상 일반적 금지의 해제에 불과하므로 허가권자는 허가신청이 법에서 정한 요건을 구비한 때에는 원칙적으로 허가를 하여야 하나, 다만 예외적으로 **관계법령에서 정하는 제한사유 외에 공공복리 등의 사유**를 들어 허가신청을 거부할 수 있다.

㉠ 강학상 **허가** : 성질상 **일반적 금지의 해제**
㉡ **기속행위 : 관계법령에서 정하는 사유 외에 공공복리 등의 사유로 거부** ×

X

OX ★★★ 2023 경찰간부

13 구 기부금품모집규제법상의 **기부금품모집허가**는 공익목적을 위하여 일반적 · 상대적으로 제한된 기본권적 자유를 다시 회복시켜주는 강학상의 허가에 해당한다.

강학상 **허가**

O

OX ★★★ 2014 지방직 9급

14 **주류판매업 면허**는 강학상의 허가로 해석되므로 주세법에 열거된 면허제한사유에 해당하지 아니하는 한 면허관청으로서는 임의로 그 면허를 거부할 수 없다.

㉠ 강학상 **허가**
㉡ 주세법상 면허제한사유 외 **임의로 면허 거부** ×

O

OX ★★★★ 2022 군무원 9급

15 법령상의 산림훼손금지 또는 제한지역에 해당하지 아니하더라도 중대한 공익상의 필요가 있다고 인정되는 경우, **산림훼손허가**신청을 거부할 수 있다.

재량행위 → **중대한 공익상 이유로 거부 가능**

O

OX ★★★★ 2023 군무원 9급

16 법령상 토사채취가 제한되지 않는 산림 내에서의 **토사채취**에 대하여 국토와 자연의 유지, 환경보전 등 **중대한 공익상 필요를 이유로 그 허가를 거부**하는 것은 재량권을 일탈 · 남용하여 위법한 처분이라 할 수 있다.

재량권 일탈 · 남용 ×

X

OX ★★★ 2012 사회복지직 9급

17 **입목굴채허가**는 기속행위에 해당한다.

기속행위 ×, **재량행위** ○

X

OX ★★★ 2016 교육행정직 9급

18 **숙박용 건물의 건축허가**는 기속행위이므로 중대한 공익상의 이유가 있다 할지라도 그 허가를 거부할 수 없다.

재량행위 ○

X

OX ★★★★ 2020 국가직 7급

19 **의제되는 인 · 허가가 재량행위인 경우**에는 주된 인 · 허가가 기속행위인 경우에도 인 · 허가가 의제되는 한도 내에서 재량행위로 보아야 한다.

주된 인 · 허가가 기속행위인 경우에도 인 · 허가가 의제되는 한도 내에서 **재량행위**

O

OX ★★★★ 2024 소방직 9급

20 건축허가권자는 **건축허가신청**이 건축법 등 관계법규에서 정하는 어떠한 제한에 배치되지 않는 이상 당연히 같은 법조에서 정하는 건축허가를 하여야 하고, **중대한 공익상의 필요가 없는데도** 관계법령에서 정하는 **제한사유 이외의 사유를 들어 요건을 갖춘 자에 대한 허가를 거부**할 수는 없다.

거부 불가

O

OX ★★★★ 2019 서울시 1회 7급

21 **건축허가**는 원칙상 기속행위이지만 **중대한 공익상 필요가 있는 경우** 예외적으로 건축허가를 거부할 수 있다.

㉠ **일반적으로 기속행위**
㉡ **예외적으로 중대한 공익상 필요가 있는 경우 : 허가 거부 가능**

O

OX ★★★★ 2021 국가직 7급

22 **「국토의 계획 및 이용에 관한 법률」상** 토지의 형질변경허가는 그 금지요건이 불확정개념으로 규정되어 있으므로, 동법상 지정된 도시지역 안에서 **토지의 형질변경행위를 수반하는 건축법상의 건축허가**는 재량행위이다.

재량행위

O

OX ★★★ 2005 관세사

23 **허가의 대상**은 사실행위뿐만 아니라 법률행위일 경우도 있다. | **사실행위, 법률행위** | O

OX ★★ 2005 관세사

24 대법원 판례에 의하면 **허가신청과 다른 내용의 허가**는 효력이 없다. | **당연무효** × | X

OX ★★ 2011 국가직 7급

25 **개축허가신청에 대해 착오로 행한 용도변경허가**는 무효가 아니다. | 신청내용과 다른 내용의 허가 : **당연무효** × | O

OX ★★ 2007 국회직 8급

26 **허가의 효과**는 당해 허가행정청의 **관할구역 내**에서만 미치는 것이 **원칙**이지만 **법령의 규정이 있거나 허가의 성질상** 관할구역에 국한시킬 것이 아닌 경우에는 **관할구역 외**에까지 그 효과가 미치게 된다. | ㉠ 원칙 : **관할구역 내** ㉡ 예외 : **법령의 규정, 허가의 성질상 관할구역 외**(예 운전면허) | O

OX ★★★★ 2019 지방직 · 교육행정직 9급

27 甲은 **강학상 허가**에 해당하는 **식품위생법상 영업허가**를 신청하였다. **甲에게 허가가 부여된 이후 乙에게 또 다른 신규허가가 행해진 경우,** 甲에게는 특별한 규정이 없더라도 乙에 대한 신규허가를 다툴 수 있는 **원고적격**이 인정되는 것이 원칙이다. | 허가로 인한 영업상 이익 : 원칙적으로 반사적 이익 → 원고적격 **인정** × | X

OX ★★★★ 2014 서울시 9급

28 **담배 일반소매인**으로 **지정**되어 있는 **기존업자가 신규 담배 구내소매인 지정처분을 다투는 경우** 원고적격이 있다. | 법률상 이익 × → **원고적격** × | X

OX ★ 2019 소방직 9급

29 **유기장영업허가**는 유기장영업권을 설정하는 설권행위이다. | 설권행위 ×, **일반적 금지를 해제하여 영업자유의 회복** O | X

OX ★★★★ 2016 사회복지직 9급

30 (담배) **일반소매인**으로 **지정**되어 영업을 하고 있는 **기존업자의 신규 일반소매인에 대한 이익**은 법률상 보호되는 이익이다. | **법률상 보호되는 이익** O | O

OX ★★★ 2014 서울시 9급

31 **분뇨 관련 영업허가를 받은 기존업자**가 다른 업자에 대한 영업허가처분을 다투는 경우 원고적격이 있다. | 법률상 이익 O → **원고적격** O | O

OX ★★★ 2015 경행특채 2차

32 **허가**의 경우 특별한 규정이 없는 한 **관계법상의 금지**가 **해제**될 뿐이고, 타법상의 제한까지 해제되는 것은 아니다. | 관계법상 금지 해제 O, **타법상 금지까지 해제** × | O

OX ★★★ 2019 지방직 · 교육행정직 9급

33 甲은 강학상 허가에 해당하는 **식품위생법상 영업허가**를 신청하였다. **甲이 공무원인 경우** 허가를 받으면 이는 **식품위생법상의 금지**를 **해제**할 뿐만 아니라 국가공무원법상의 영리업무금지까지 해제하여 주는 효과가 있다. | 식품위생법상 금지 해제 O, **국가공무원법상 영리업무금지까지 해제** × | X

OX ★★★ 2006 국가직 7급

34 **도로법상 접도구역 안에서 건축**을 하기 위해서는 건축허가청으로부터 건축법상 건축허가를 받는 것으로 충분하다. | **도로법상 개축허가 및 건축법상 건축허가** 필요(판례) | X

OX ★★★ 2024 소방간부

35 '인 · 허가 의제'란 **하나의 인 · 허가를 받으면 법률로 정하는 바에 따라 그와 관련된 여러 인 · 허가를 받은 것으로 보는 것**을 말한다. | **인 · 허가 의제** | O

OX ★★★ 2019 서울시 2회 7급

36 **건축법**에서 **인 · 허가 의제제도**를 둔 **취지**는, 인 · 허가 의제사항과 관련하여 건축허가의 관할행정청으로 창구를 단일화하고 절차를 간소화하며 비용과 시간을 절감함으로써 국민의 권익을 보호하려는 것이다.

OX ★★★ 2021 국가직 9급

37 **건축법**에서 관련 **인 · 허가 의제제도**를 둔 **취지**는 인 · 허가 의제사항 관련법률에 따른 각각의 인 · 허가 요건에 관한 일체의 심사를 배제하려는 것이 아니다.

36 37 **창구 단일화, 절차 간소화 → 비용과 시간 절감 → 국민의 권익보호** / 관련법률에 따른 **각각의 인 · 허가 요건에 관한 일체의 심사를 배제하려는 것이 아님**(판례).

36 O

37 O

OX ★★★★ 2023 경찰간부

38 **인 · 허가 의제**제도는 관련 인 · 허가 행정청의 권한을 제한하거나 박탈하는 효과를 가진다는 점에서 **법률 또는 법률의 위임에 따른 법규명령의 근거**가 있어야 한다.

필요 ○

O

OX ★★★ 최신판례

39 대기환경보전**법령에** 대기오염물질배출시설 설치허가를 받으면 악취배출시설 설치 · 운영신고가 수리된 것으로 **의제하는 규정을 두고 있지 않다면** 대기환경보전법에 따른 대기오염물질배출시설 설치허가를 받았다고 하더라도 악취방지법상 악취배출시설 설치 · 운영신고가 수리된 것으로 볼 수 없다.

법령의 근거 없이 **인 · 허가 의제** ×

O

OX ★★★★ 2013 서울시 9급

40 **인 · 허가 의제가 인정되는 경우** 민원인은 하나의 인 · 허가 신청과 더불어 의제를 원하는 **인 · 허가 신청**을 각각의 해당 기관에 **제출**하여야 한다.

주된 인 · 허가를 신청할 때 관련 인 · 허가에 **필요한 서류를 함께 주된 인 · 허가 행정청**에 제출

X

OX ★★★★ 2024 소방간부

41 **주된 인 · 허가 행정청**은 주된 인 · 허가를 하기 전에 **관련 인 · 허가에 관하여 미리 관련 인 · 허가 행정청과 협의**하여야 한다.

행정기본법 제24조 제3항

O

OX ★★★★ 2016 지방직 7급

42 **주된 인 · 허가처분이 관계기관의 장과 협의를 거쳐 발령**된 이상 의제되는 인 · 허가에 법령상 요구되는 주민의 의견청취 등의 절차는 거칠 필요가 없다.

OX ★★★★ 2022 지방직 · 서울시 7급

43 **행정청이** 주택법상 **주택건설사업계획을 승인하면** 「국토의 계획 및 이용에 관한 법률」상의 **도시 · 군관리계획결정이 이루어진 것으로 의제**되는데, 이 경우 도시 · 군관리계획 결정권자와의 협의절차와 별도로 「국토의 계획 및 이용에 관한 법률」에서 정한 도시 · 군관리계획 입안을 위한 주민의견청취절차를 거칠 필요는 없다.

42 43 주된 인 · 허가처분이 관계기관의 장과 협의를 거쳐 발령된 경우 : **의제되는 인 · 허가에 규정된 절차(주민의 의견청취 등)는 거칠 필요가 없고** 신청된 **주된 허가에 관해 규정된 절차만 거치면 족함**(절차집중효).

42 O

43 O

OX ★★★★ 2022 지방직 · 서울시 7급

44 도시계획시설인 주차장에 대한 건축허가신청을 받은 행정청으로서는 건축법상 허가요건뿐 아니라 그에 의해 **의제되는** 국토의 계획 및 이용에 관한 법령이 정한 도시계획시설사업에 관한 실시계획**인가요건도 충족하는 경우**에 한하여 이를 **허가**해야 한다.

주된 허가요건뿐만 아니라 **의제되는 인 · 허가 요건까지 모두 구비한 경우** 허가 가능

O

OX ★★★★ 2023 경찰간부

45 「국토의 계획 및 이용에 관한 법률」에 따른 개발행위허가가 **의제되는** 건축법상 건축허가의 신청이 국토의 계획 및 이용에 관한 법령이 정한 개발행위**허가기준에 부합하지 아니하면** 건축**허가권자**로서는 이를 **거부**할 수 있다.

거부 가능

O

OX ★★★ 2016 지방직 7급

46 주된 인 · 허가에 의해 **의제되는 인 · 허가**는 원칙적으로 주된 인 · 허가로 인한 사업을 시행하는 데 필요한 범위 내에서만 그 효력이 유지되는 것은 아니므로, 주된 인 · 허가로 인한 사업이 완료된 이후에도 **효력**이 있다.

㉠ **사업시행에 필요한 범위 내에서만 효력 유지** ○
㉡ **사업시행완료 후 : 효력** ×

X

OX ★★★ 2024 소방간부

47 인 · 허가 의제는 **주된 인 · 허가가 있으면 다른 법률에 의한 인 · 허가가 있는 것으로 보는 데** 그치고, 거기에서 더 나아가 다른 법률에 의하여 인 · 허가를 받았음을 전제로 하는 그 다른 법률의 모든 규정들까지 적용되는 것은 아니다.

다른 법률에 의하여 인 · 허가를 받았음을 전제로 하는 그 **다른 법률의 모든 규정들까지 적용** ×

O

OX ★★★★ 2018 국가직 7급

48 **A허가에 대해 B허가가 의제되는 것으로 규정된 경우, A불허가처분을 하면서 B불허가 사유를 들고 있으면** A불허가처분과 별개로 B불허가처분도 존재한다.

주된 허가거부시 관련 인 · 허가 거부처분이 존재하는 것은 아님.

X

OX ★★★ 2021 변호사

49 공유수면매립면허처분 이후에 매립실시계획이 승인되면, 공유수면법에 의해 다른 법률상의 인가 · 허가가 의제될 수 있는데, 이 경우 **의제된 인가 · 허가**는 통상적인 인가 · 허가와 동일한 **효력**을 가진다.

통상적인 인가 · 허가와 동일한 효력

O

OX ★★★ 2023 서울시 지적 7급

50 **주된 인 · 허가인 사업계획승인은 그대로 유지**하면서 **하자 있는 의제된 인 · 허가의 효력을** 소멸시킬 수는 없다.

소멸시킬 수 있음.

X

OX ★★★★ 2020 국가직 9급

51 어떠한 허가처분에 대하여 타법상의 인 · 허가가 의제된 경우, **의제된 인 · 허가는 통상적인 인 · 허가와 동일한 효력**을 갖는 것은 아니므로 **'부분 인 · 허가 의제'가 허용되는 경우에도 의제된 인 · 허가에 대한 쟁송취소**는 허용되지 않는다.

동일한 효력 ○ /
쟁송취소 허용 ○

X

OX ★★★★ 2023 군무원 5급

52 **부분 인 · 허가 의제가 허용되는 경우** 그 효력을 제거하기 위한 법적 수단으로 **의제된 인 · 허가의 취소나 철회**가 허용될 수 있지만, 그 의제된 인 · 허가에 대한 **쟁송취소**는 허용되지 않는다.

허용 ○

X

OX ★★★★ 2022 지방직 · 서울시 7급

53 주된 인 · 허가에 의해 의제된 인 · 허가는 통상적인 인 · 허가와 동일한 효력을 가지나, **'부분 인 · 허가 의제'가 허용되는 경우 의제된 인 · 허가의 취소나 철회**는 허용되지 않으므로 이해관계인이 **의제된 인 · 허가의 위법함을 다투고자 하는 경우**에는 주된 인 · 허가 처분을 **항고소송의 대상**으로 삼아야 한다.

의제된 인 · 허가의 취소나 철회 : **허용** ○ / 의제된 인 · 허가 위법한 경우 항고소송의 대상 : **의제된 인 · 허가**

X

OX ★★★★ 2023 경찰간부

54 **주택건설사업계획승인처분에 따라 의제된 인 · 허가의 위법을 다투고자 하는 이해관계인**은 의제된 인 · 허가의 취소를 구할 것이 아니라 주택건설사업계획승인처분의 취소를 구하여야 한다.

의제된 인 · 허가의 취소를 구하여야 함.

X

OX ★★★ 고난도

55 구 주택법에 의하면, 관계행정기관과 협의를 거쳐 주택건설사업계획 승인처분이 있게 되면 협의의 대상이 된 지구단위계획결정 등 도시 · 군관리계획결정이 있었던 것으로 의제되는데, **인 · 허가 의제대상**이 되는 도시 · 군관리계획결정의 공시방법에 관한 **하자**가 있을 경우 주택건설사업계획 승인처분 자체의 위법사유가 된다.

의제되는 인 · 허가의 하자 → 주된 인허가의 위법사유 ×

X

OX ★★★★★ 2022 지방직 · 서울시 7급

56 행정청이 **건축불허가처분**을 하면서 그 처분사유로 건축불허가사유뿐만 아니라 그 **의제의 대상이 되는** 형질변경불허가사유나 농지전용불허가사유를 들고 있다고 하여 그 건축불허가처분 외에 별개로 형질변경불허가처분이나 농지전용**불허가처분**이 **존재**하는 것은 아니다.

주된 인 · 허가(건축허가)**가 거부된 경우 : 의제되는 인 · 허가**(형질변경허가, 농지전용허가)**의 거부처분 존재** ×

O

OX ★★★ 2023 군무원 5급

57 주된 인 · 허가로 **의제되는 인 · 허가 중 일부에 대하여만** 의제되는 인 · 허가 **요건을 갖추어 협의**가 완료된 경우 민원인의 요청이 있으면 **주된 인 · 허가를 할 수 있고** 이 경우 **협의가 완료된 일부 인 · 허가만 의제**된다.

부분 인 · 허가 의제제도

O

OX ★★★ 2023 군무원 5급

58 인 · 허가 의제의 경우 **관련 인 · 허가 행정청**은 **관련 인 · 허가를 직접 한 것으로 보아** 관계법령에 따른 관리 · 감독 등 **필요한 조치를 하여야** 한다.

행정기본법 제26조 제1항

O

OX ★★★ 2019 지방직 · 교육행정직 9급

59 甲은 강학상 허가에 해당하는 식품위생법상 영업허가를 신청하였다. 甲에 대해 **허가가 거부되었음에도 불구하고 甲이 영업을 한 경우**, 당해 영업행위는 사법(私法)상 **효력**이 없는 것이 원칙이다.

59 60 무허가행위의 효과
㉠ **사법(私法)상 행위**의 법률상 효력은 **유효**
㉡ **행정상 강제집행이나 행정벌의 대상**은 될 수 있음.

X

OX ★★★ 2014 사회복지직 9급

60 허가는 행위의 유효요건이므로 **허가를 받아야 할 행위를 허가받지 아니하고 행한 경우**, 그 행위는 행정강제나 행정벌의 대상은 되지 않고 무효로 되는 것이 원칙이다.

X

OX ★★★ 2019 사회복지직 9급

61 **건축허가**는 수허가자에게 어떤 새로운 권리나 능력을 부여하는 것이 아니다.

새로운 권리나 능력 부여 ×, **상대적 금지 해제 → 자유 회복**

O

OX ★★★ 2014 지방직 9급

62 건축허가시 **건축허가서에 건축주로 기재된 자**는 당연히 그 건물의 소유권을 취득하며, 건축 중인 건물의 소유자와 건축허가의 건축주는 일치하여야 한다.

건물의 소유권자 : 건축허가 명의자 ×, **실제 건물을 건축한 자** ○ **→ 건물소유자와 건축허가명의자가 다를 수 있음.**

X

OX ★★★★ 2017 서울시 9급

63 양도인의 위법행위로 **양도인에게 이미 제재처분이 내려진 경우**에 영업정지 등 **그 제재처분의 효력**은 양수인에게 당연히 이전된다.

양수인에게 당연히 이전

O

OX ★★★★ 2018 소방직 9급

64 판례는 **대물적 영업의 양도**의 경우 명시적인 규정이 없는 경우에도 **양도 전**에 존재하는 **영업정지사유**를 이유로 양수인에 대해서도 영업정지처분을 할 수 있다고 보고 있다.

대물적 허가 : **법령상의 명문규정이 없는 경우에도** 양도인의 위법사유를 들어 **양수인에게** 사업정지 등 **제재처분을 할 수 있음**(판례).

O

OX ★★★★ 2023 경찰간부

65 구 석유사업법상 **석유판매업 허가**는 소위 대물적 허가의 **성질**을 갖는 것이어서 **양도인에게 그 허가를 취소할 위법사유가 있다면** 허가관청은 이를 이유로 **양수인에게 제재조치**를 취할 수 있다.

대물적 허가 → 양도인 귀책사유로 양수인에게 **제재처분 가능**

O

OX ★★★ 2022 경찰간부

66 「**석유 및 석유대체연료 사업법**」 제8조에 따라 **사업정지처분 효과**는 새로운 석유정제업자에게 **승계**되며, 새로운 석유정제업자가 석유정제업을 승계할 때에 그 **처분이나 위반의 사실을 알지 못하였음을 증명**하더라도 마찬가지이다.

사업정지처분 효과 : **승계** ○ **위법사실 알지 못하고 승계**하였음을 **입증** : **제재처분** ×

X

OX ★★★ 2023 군무원 7급

67 **회사분할시** 특별한 규정이 없는 한 **신설회사**에 대하여 분할하는 회사의 **분할 전 법위반행위를 이유로 과징금을 부과**하는 것은 허용되지 않는다.

허용 ×

O

OX ★★★ 2023 지방직 · 서울시 7급

68 개인택시운송사업의 양도 · 양수가 있고 그에 대한 인가가 있은 후 그 **양도 · 양수 이전에 있었던 양도인에 대한 운송사업면허취소사유**(음주운전 등으로 인한 자동차운전면허의 취소)를 들어 **양수인의 운송사업면허를 취소**한 것은 위법하다.

양도인의 위법사유를 들어 **양수인에게** 면허취소 등 **제재처분을 할 수 있음**(판례). X

OX ★★★ 고난도

69 **양도인의 제재사유가 현실적으로 발생하지 않았더라도 그 원인되는 사실이 이미 존재하였다면** 양도 후 제재사유로 양수인에게 제재처분을 할 수 있다.

양도 후 제재사유로 양수인에게 제재처분을 할 수 있음. O

OX ★★★ 2024 소방간부

70 어떠한 공중위생영업에 대하여 그 **영업을 정지할 위법사유가 있다면**, 관할행정청은 **그 영업이 양도 · 양수되었다 하더라도** 그 업소의 **양수인에 대하여** 영업정지처분을 할 수 있다.

업소의 양수인에 대하여 **영업정지 처분 가능** O

OX ★★★ 최신판례

71 **불법증차를 실행한 운송사업자로부터 운송사업을 양수**하고 화물자동차법에 따른 신고를 하여 운송사업자의 지위를 승계한 경우에는 관할행정청은 양수인의 선의 · 악의를 불문하고 **양수인에 대하여 불법증차 차량에 관하여 지급된 유가보조금의 반환**을 명할 수 있다.

양수인의 선의 · 악의 불문하고 **반환을 명할 수 있음.** O

OX ★★★ 2024 군무원 7급

72 **불법증차를 실행한 운송사업의 양수인에 대하여**는 양수인의 지위승계 전에 불법증차에 관하여 발생한 **유가보조금 부정수급액**에 대해서까지 양수인을 상대로 **반환명령**을 할 수 있다.

지위승계 후에 **발생한 유가보조금 부정수급액에 한정됨(지위승계 전 발생 ×)** X

OX ★★★★ 2024 소방간부

73 당사자의 **신청에 따른 처분**은 법령 등에 **특별한 규정이 있거나** 처분 당시의 법령 등을 적용하기 곤란한 **특별한 사정이 있는 경우를 제외하고는** 신청 당시의 법령 등에 따른다.

처분 당시의 법령 등에 따름(행정기본법 제14조 제2항). X

OX ★★★★ 2024 해경간부

74 **허가 등의 행정처분**은 원칙적으로 허가신청 당시의 기준에 따라야 하며, 처분시의 법령과 허가기준에 의하여 처리하는 것이 아니다.

처분시의 법령과 허가기준에 의하여 처리 X

OX ★★★★ 2019 지방직 · 교육행정직 9급

75 甲은 강학상 허가에 해당하는 식품위생법상 영업허가를 신청하였다. 甲이 **허가를 신청한 이후 관계법령이 개정되어 허가요건을 충족하지 못하게 된 경우**, 행정청이 허가신청을 수리하고도 **정당한 이유 없이 그 처리를 늦추어** 그 사이에 **허가기준이 변경된 것이 아닌 이상** 甲에게는 불허가처분을 하여야 한다.

처분시 법령에 따라 **불허가처분** O O

OX ★★★ 2015 경행특채 2차

76 **허가의 요건**은 법령으로 규정되어야 하며, 법령의 근거 없이 행정권이 독자적으로 허가요건을 **추가**하는 것은 허용되지 아니한다.

허가요건 추가 : 법령의 근거 필요 O

OX ★★ 2006 국회직 8급

77 건설업**면허의 갱신**은 기존 면허의 효력의 동일성을 유지하면서 장래에 향하여 지속시키는 데 그친다.

77 78 79 80 81 82
기한 도래 전 이루어진 **갱신허가 신청 : 허가의 갱신**
㉠ 신규허가와 구별 : **종전 허가가 동일성을 유지한 채로 지속**
㉡ **갱신 전의 위법사유를 들어 갱신 후**에도 **제재조치 가능**

O

OX ★★★★ 2024 해경간부

78 종전의 어업**허가기간을 경과한 후**에 이루어진 **신청에 따른 허가**는 신규허가에 불과하다.

O

OX ★★★★ 2022 국가직 7급

79 **기한의 도래로 실효한 종전의 허가에 대한 기간연장신청**은 새로운 허가를 내용으로 하는 행정처분을 구하는 것이 아니라, 종전의 허가처분을 전제로 하여 단순히 그 유효기간을 연장하여 주는 행정처분을 구하는 것으로 보아야 한다.

기한경과 후 이루어진 **갱신허가 신청**의 경우
㉠ **신규허가 : 종전 허가의 연장 ×**
㉡ **허가요건 적합 여부를 새로이 판단**하여 허가 여부를 결정

X

OX ★★★ 2022 해경간부

80 **허가가 갱신된 이후**라고 하더라도, **갱신 전의 법위반사실을 이유로 허가를 취소**할 수 있다.

O

OX ★★★★ 2015 국회직 8급

81 갱신신청 없이 유효기간이 지나면 주된 행정행위는 효력이 상실되므로 **갱신기간이 지나 신청한 경우**에는 기간연장신청이 아니라 새로운 허가신청으로 보아야 하며 허가요건의 충족 여부를 새로이 판단하여야 한다.

O

OX ★★★ 2022 경찰간부

82 종전 허가의 **유효기간이 지나서** 옥외광고물표시**허가기간연장을 신청**하는 경우, 종전의 허가처분과는 별도의 새로운 허가를 내용으로 하는 행정처분을 구하는 것으로 보아야 한다.

O

OX ★★★★★ 2018 지방직 9급

83 **허가에 붙은 기한이 그 허가된 사업의 성질상 부당하게 짧은 경우**에 그 기한은 허가조건의 존속기간이 아니라 허가 자체의 존속기간으로 보아야 한다.

허가'조건'의 존속기간 ○

X

OX ★★★★★ 2024 해경간부

84 **허가에 붙은 기한**이 그 허가된 **사업의 성질상 부당하게 짧은 경우**에는 이를 허가 자체의 존속기간이 아니라 그 허가조건의 존속기간으로 보아 그 기한이 도래함으로써 그 조건의 개정을 고려한다는 뜻으로 해석할 수 있다.

허가 '조건'의 존속기간(갱신기간)
→ 조건의 개정을 고려

O

OX ★★★★ 2017 사회복지직 9급

85 **허가에 붙은 기한이 부당하게 짧은 경우**에는 허가기간의 **연장신청이 없는 상태에서 허가기간이 만료**하였더라도 그 후에 허가기간 연장신청을 하였다면 허가의 효력은 상실되지 않는다.

갱신신청 없이 유효기간 만료 : **주된 행정행위는 효력 상실**

X

OX ★★★★★ 2022 군무원 9급

86 일반적으로 행정처분에 효력기간이 정하여져 있는 경우에는 그 기간의 경과로 그 행정처분의 효력은 상실되며, 다만 **허가에 붙은 기한**이 그 허가된 **사업의 성질상 부당하게 짧은 경우**에는 이를 그 허가 자체의 존속기간이 아니라 그 허가조건의 존속기간으로 볼 수 있다.

허가'조건'의 존속기간(갱신기간) ○, '허가 자체'의 존속기간 ×

O

OX ★★★★★ 2023 군무원 5급

87 **허가에 붙은 기한**이 그 허가된 **사업의 성질상 부당하게 짧은 경우**에는 이를 그 허가 자체의 존속기간이 아니라 그 허가조건의 존속기간으로 보아야 하며, 이때 그 **허가기간**이 **연장**되기 위하여 그 종기가 도래하기 전에 그 허가기간의 연장에 관한 신청이 있어야 하는 것은 아니다.

허가조건 존속기간 / 종기 도래 전 허가기간 **연장 신청 필요**

X

OX ★★★★ 2022 군무원 9급

88 당초에 붙은 기한을 허가 자체의 존속기간이 아니라 허가조건의 존속기간으로 보더라도 그 후 **당초의 기한이 상당 기간 연장**되어 연장된 기간을 포함한 존속기간 전체를 기준으로 볼 경우 **더 이상 허가된 사업의 성질상 부당하게 짧은 경우에 해당하지 않게 된 때**에는 재량권의 행사로서 더 이상의 **기간연장을 불허가**할 수도 있다.

기간연장 **불허가 가능** ○ | ○

OX ★★★ 2018 국회직 8급

89 **어업에 관한 허가 또는 신고에 유효기간 연장제도가 마련되어 있지 않은 경우** 그 유효기간이 경과하면 그 허가나 신고의 효력이 당연히 소멸하며, 재차 허가를 받거나 신고를 하더라도 허가나 신고의 기간만 갱신되어 종전의 어업허가나 신고의 효력 또는 성질이 계속된다고 볼 수 없고 새로운 허가 내지 신고로서의 효력이 발생한다고 할 것이다.

89 90 **유효기간이 경과한 경우**
㉠ **허가나 신고의 효력 : 당연소멸**
㉡ **재차 허가를 받거나 신고**를 한 경우 : **새로운 허가 내지 신고로서의 효력 발생**

○

OX ★★★ 2022 군무원 9급

90 **어업에 관한 허가**의 경우 그 **유효기간이 경과**하면 그 허가의 효력이 당연히 소멸하지만, 유효기간의 만료 후라도 재차 허가를 받게 되면 그 허가기간이 갱신되어 종전의 어업허가의 효력 또는 성질이 계속된다.

X

OX ★★★ 2013 국회직 8급

91 **예외적 승인**은 위험방지를 대상으로 하고 허가는 사회적으로 유해한 행위를 대상으로 한다.

사회적으로 유해하거나 바람직하지 않은 행위를 대상
cf 허가의 대상 : 위험방지

X

★★★ 2012 국가직 9급

92 다음 (가)그룹과 (나)그룹에 대한 설명으로 옳지 않은 것은? (다툼이 있는 경우 판례에 의함)

(가)	• 주거지역 내의 건축허가 • 상가지역 내의 유흥주점업 허가
(나)	• **개발제한구역 내의 건축허가** • **학교환경위생정화구역 내의 유흥주점업 허가**

	(가)그룹	(나)그룹
①	예방적 금지의 해제	억제적 금지의 해제
②	허가	예외적 승인
③	법률행위적 행정행위	준법률행위적 행정행위
④	기속행위	재량행위

(가)그룹 – **허가** : 예방적 금지의 해제, 기속행위(법률행위적 행정행위)
(나)그룹 – **예외적 허가(승인)** : 억제적 금지의 해제, **재량행위**(**법률행위적 행정행위**)

③

OX ★★★ 2021 행정사

93 **구 도시계획법상 개발제한구역 내의 건축허가**는 예외적 허가에 해당한다.

예외적 허가 ○ | ○

OX ★★★ 2017 교육행정직 9급

94 구 도시계획법상 **개발제한구역 내에서의 건축허가**는 원칙적으로 기속행위이다.

94 95 기속행위 ×, **재량행위** ○
관련법령상 제한사유 이외의 사유로 **허가거부 가능**

X

OX ★★★ 2019 국가직 7급

95 甲은 **개발제한구역 내의** 토지에 건축물을 건축하기 위하여 **건축허가**를 신청하였다. 甲의 허가신청이 **관련법령의 요건을 모두 충족한 경우**에는 관할행정청은 허가를 하여야 하며, **관련법령상 제한사유 이외의 사유**를 들어 허가를 거부할 수 없다.

X

OX ★★★ 2013 국회직 8급

96 의무해제라는 점에서 **허가와 면제**는 같으나 허가는 부작위의무의 해제인 데 반하여 면제는 작위, 급부 및 수인의무의 해제라는 점에서 다르다.

㉠ **공통점 : 의무의 해제**
㉡ **허가 : 부작위의무의 해제**
㉢ **면제 : 작위, 급부 및 수인의무의 해제**

○

Topic

26 법률행위적 행정행위 Ⅱ - 형성적 행위 : 특허, 대리, 인가

p.89~92

OX ★★★ 2007 국가직 9급

01 명령적 행정행위는 **국민에게 새로운 권리 · 능력, 기타 포괄적 법률관계를 발생 · 변경 · 소멸시키는 행위**이다.

형성적 행위

X

OX ★★★★★ 2023 소방직 9급

02 「도시 및 주거환경정비법」에 근거한 **조합설립인가처분**은 단순히 사인들의 조합설립행위에 대한 보충행위로서의 **성질**을 갖는 것에 그치지 않는다.

행정주체로서의 지위를 부여하는 **설권적 처분**

O

OX ★★★★★ 2022 지방직 · 서울시 7급

03 **주택재건축조합설립인가처분**은 법령상 요건을 갖출 경우 주택재건축사업을 시행할 수 있는 권한을 갖는 행정주체로서의 지위를 부여하는 일종의 설권적 처분의 **성격**을 갖는다.

행정주체로서의 **지위**를 **부여**하는 **설권적 처분**

O

OX ★★★★★ 2023 국가직 9급

04 「도시 및 주거환경정비법」에 근거한 **조합설립인가처분**은 행정주체로서의 지위를 부여하는 **설권적 처분**이고, 조합설립결의는 조합설립인가처분의 요건이므로, **조합설립결의에 하자**가 있다면 그 하자를 이유로 직접 항고소송의 방법으로 조합설립인가처분의 취소 또는 무효확인을 구하여야 한다.

조합설립결의에 하자 → **조합설립인가처분**의 **취소** 또는 **무효확인**을 구하여야 함.

O

OX ★★★★ 2016 국회직 8급

05 **조합설립결의에 하자가 있었으나 조합설립인가처분이 이루어진 경우**에는 조합설립결의의 하자를 당사자소송으로 다툴 것이고 조합설립인가처분에 대해 항고소송을 제기할 수 없다.

조합설립인가처분에 대한 항고소송을 제기하여야 함.

X

OX ★★★★ 2023 군무원 9급

06 「도시 및 주거환경정비법」 등 관련법령에 의한 **조합설립인가처분이 있은 후**에 **조합설립결의의 하자**를 이유로 그 **결의부분만**을 따로 떼어내어 **무효 등 확인의 소**를 제기하는 것이 허용되지 않는다.

허용 ×

O

OX ★★★ 2020 국회직 8급

07 **주택재개발조합설립인가**에 따라 해당 **재개발조합**은 공법인으로서 **지위**를 갖게 된다.

행정주체(공법인) 지위 ○

O

OX ★★ 2013 지방직(하) 7급

08 **전기 · 가스 등의 공급사업**이나 **철도 · 버스 등의 운송사업에 대한 허가**는 강학상의 특허로 보는 것이 일반적이다.

강학상 **특허**

O

OX ★★★★ 2022 소방간부

09 **국립의료원 부설주차장에 관한 위탁관리용역운영계약**은 공법상 계약에 해당한다.

행정재산을 사용할 수 있는 권리를 부여하는 **특허**(공법상 계약 ×)

X

OX ★★★★ 2023 국회직 8급

10 **도로점용허가**는 특허행위로서 상대방의 신청 또는 동의를 요하는 쌍방적 행정행위이며, 권리를 설정하여 주는 행위로서 재량행위이다.

특허 → 재량행위

O

OX ★★★ 2022 소방직 9급

11 하천법에 의한 **하천의 점용허가**는 강학상 허가에 해당한다.

강학상 **특허**

X

OX ★★★★ 2022 국회직 8급

12 **개인택시운송사업면허**는 특정인에게 권리나 의무를 부여하는 것이므로 강학상 특허에 해당한다.

강학상 **특허**

O

OX ★★★ 2015 교육행정직 9급

13 행정행위는 국민에 대하여 법적 효과를 발생시키는 행위이므로, 행정청이 귀화신청인에게 **귀화를 허가하는 행위**는 행정행위가 아니다.

포괄적 법률관계 설정행위 → 강학상 **특허**

X

OX ★★★ 2024 지방직 · 서울시 9급

14 **귀화허가**는 외국인에게 대한민국 국적을 부여함으로써 **국민으로서의 법적 지위**를 **포괄적**으로 **설정**하는 행위에 해당한다.

강학상 **특허**

O

OX ★★★ 2019 서울시 1회 7급

15 **특허**는 주로 특정인을 대상으로 행해지나 이에 한정되지 않으며 불특정 다수인에게 행해지기도 한다.

불특정 다수인 ×, **특정인에 대해서만 가능**

X

OX ★★ 2009 지방직 9급

16 **공유수면매립면허**는 협력을 요하는 행정행위로 보는 것이 일반적 견해이다.

특허 : 항상 신청을 필요로 하는 **협력을 요하는**(쌍방적) **행정행위**의 성질을 가짐.

O

OX ★★★ 2023 국가직 7급

17 상대방에게 권리, 능력, 법적 지위, 포괄적 법률관계를 설정하는 **특허**는 형성적 행정행위이며 원칙적으로 기속행위이다.

형성적 행정행위이며 원칙적으로 **재량행위**

X

OX ★★★★ 2023 서울시 연구사

18 국적법상 **귀화허가**는 재량행위에 해당한다.

재량행위

O

OX ★★★★ 2021 국가직 7급

19 **귀화허가**는 강학상 허가에 해당하므로, 귀화신청인이 귀화요건을 갖추어서 귀화허가를 신청한 경우에 법무부장관은 귀화허가를 해주어야 한다.

강학상 허가 ×, **특허** ○ → 법무부장관은 **재량권** ○

X

OX ★★★★ 2021 국가직 7급

20 **공유수면점용허가**는 특정인에게 공유수면이용권이라는 독점적 권리를 설정하여 주는 처분으로서 그 처분의 여부 및 내용의 결정은 원칙적으로 행정청의 재량에 속한다.

특허 → 행정청은 **재량권** ○

O

OX ★★★★ 2024 지방직 · 서울시 9급

21 「여객자동차 운수사업법」에 따른 **개인택시운송사업면허**는 특정인에게 권리나 이익을 부여하는 재량행위이다.

특허 → **재량행위** ○

O

OX ★★★★ 2022 해경간부

22 도로법상 **도로점용허가**는 특정인에게 일정한 내용의 공물사용권을 설정하는 설권행위로서 공물관리자가 신청인의 적격성, 사용목적 및 공익상의 영향 등을 참작하여 허가를 할 것인지의 여부를 결정하는 재량행위이다.

특허(설권행위) → **재량행위** ○

O

OX ★★★ 2015 사회복지직 9급

23 관세법 소정의 **보세구역 설영특허**는 공기업의 특허로서 그 특허의 부여 여부는 행정청의 자유재량에 속하고, 설영특허에 특허기간이 부가된 경우 그 기간의 갱신 여부도 행정청의 자유재량에 속한다.

특허 → 행정청은 **재량권** ○

O

OX ★★★ 2024 해경승진

24 구(舊) 수도권대기환경특별법상 **대기오염물질 총량관리사업장 설치허가**는 판례상 재량행위에 해당한다.

재량행위

O

OX ★★★ 2019 서울시 9급

25 구 「수도권 대기환경개선에 관한 특별법」상 **대기오염물질 총량관리사업장 설치의 허가**는 강학상 특허이다.

특허 → 행정청은 **재량권** ○

O

OX ★★★ 2019 서울시 2회 7급

26 **배출시설설치허가**의 신청이 구 대기환경보전법에서 정한 허가기준에 부합하고 동 법령상 허가제한사유에 해당하지 아니하는 한 환경부장관은 원칙적으로 허가를 하여야 한다.

기속행위

O

OX ★★★ 2024 해경승진

27 **공유수면의 점용 · 사용허가**는 특정인에게 공유수면 이용권이라는 독점적 권리를 설정하여 주는 처분이 아니라 일반적인 상대적 금지를 해제하는 처분이다.

강학상 허가 × / **특허** ○

X

OX ★★★★ 2024 해경승진

28 출입국관리법상 **체류자격 변경허가**는 판례상 재량행위에 해당한다.

재량행위

O

OX ★★★★ 2023 지방직 · 서울시 9급

29 구 「도시 및 주거환경정비법」상 **토지소유자들이 조합을 설립하지 아니하고 직접 도시환경정비사업을 시행**하고자 하는 경우에 내려진 **사업시행인가처분**은 설권적 처분의 성격을 가진다.

설권적 처분 ○

O

OX ★★★ 2023 국회직 8급

30 구 「지역균형개발 및 지방중소기업 육성에 관한 법률」 및 동법 시행령상, 개발촉진지구 안에서 시행되는 **지역개발사업**(이하 '지구개발사업'이라 함)에서 지정권자의 **실시계획 승인처분**은 단순히 시행자가 작성한 실시계획에 대한 보충행위로서의 성질을 가지는 것이 아니라 시행자에게 지구개발사업을 시행할 수 있는 지위를 부여하는 일종의 설권적 처분의 성격을 가진 독립된 행정처분으로 보아야 한다.

설권적 처분의 성격을 가진 **독립된 행정처분**

O

OX ★★ 2004 관세사

31 **특허로 인하여 설정되는 권리**는 공권인 경우도 있고 사권인 경우도 있다.

O

OX ★★ 2003 관세사

32 **행정행위**는 항상 공법적 **효과**만 발생시킨다.

X

31 32 **특허의 효과**

㉠ **공권** : 도로사용권 등의 공물사용권, 특허기업이 갖는 공용부담특권

㉡ **사권** : 어업권, 광업권 등

OX ★★★ 2021 국가직 7급

33 **인가**는 당사자의 **법률적 행위**를 **보충하여** 그 **법률적 효력을 완성시키는 행정주체의 보충적 의사표시**로서의 법률행위적 행정행위이다.

법률행위적 행정행위

O

★★★★ 2015 국가직 9급

34 강학상 **예외적 승인**에 해당하지 않는 것은?

① 치료목적의 마약류사용허가　② 재단법인의 정관변경허가

③ 개발제한구역 내의 용도변경허가　④ 사행행위 영업허가

①③④ **예외적 승인**

② **인가**

②

OX ★★★★ 2022 지방직 · 서울시 7급

35 **주택재건축조합의 정관변경**에 대한 시장 · 군수 등의 **인가**는 그 대상이 되는 **기본행위를 보충하여 법률상 효력을 완성시키는 행위**로서 시장 · 군수 등이 **변경된 정관을 인가하면 정관변경의 효력**이 총회의 의결이 있었던 때로 소급하여 발생한다.

총회 의결시로 **소급 발생** ×

X

OX ★★★ 2018 교육행정직 9급

36 **토지거래계약허가**는 규제지역 내 토지거래의 자유를 일반적으로 금지하고 일정한 요건을 갖춘 경우에만 그 금지를 해제하여 계약체결의 자유를 회복시켜 주는 성질의 것이다.

허가 ×, 행정청 승인으로 토지매매계약이라는 법률행위의 효력을 완성시켜주는 **인가** ○

X

	문제	해설	정답
OX 37	★★★ 2022 국회직 8급 행정청의 **사립학교법인 임원취임승인행위**는 학교법인의 임원선임행위의 법률상 효력을 완성하게 하는 보충적 법률행위로서 강학상 인가에 해당한다.	**인가**	O
OX 38	★★★ 2024 소방직 9급 구 「도시 및 주거환경정비법」에 기초하여 **주택재개발정비사업조합이 수립한 사업시행계획**에 대한 관할행정청의 **인가처분**은 사업시행계획의 법률상 효력을 완성시키는 보충행위에 해당한다.	**법률상 효력을 완성시키는 보충행위**	O
OX 39	★★★ 2023 지방직 · 서울시 9급 구 「도시 및 주거환경정비법」상 **조합설립추진위원회 구성승인처분**은 조합의 설립을 위한 주체인 추진위원회의 구성행위를 보충하여 그 효력을 부여하는 처분이다.	**추진위원회의 구성행위를 보충하여 그 효력을 부여하는 처분(인가)**	O
OX 40	★★★ 2023 지방직 · 서울시 9급 **자동차관리법상 자동차관리사업자로 구성하는 사업자단체인 조합 또는 협회의 설립인가처분**은 자동차관리사업자들의 단체결성행위를 보충하여 효력을 완성시키는 처분에 해당한다.	**단체결성행위를 보충하여 효력을 완성시키는 처분(인가)**	O
41	★★★★ 2018 서울시 9급 판례가 그 법적 성질을 다르게 본 것은? ① 토지거래계약허가 ② 학교환경위생정화구역의 금지행위해제 ③ 사회복지법인의 정관변경허가 ④ 자동차관리사업자단체의 조합설립인가	①③④ 인가 ② 예외적 허가(승인)	②
OX 42	★★★ 2023 경찰간부 **재단법인의 임원취임을 인가할 것인지 여부**는 주무관청의 권한에 속하는 사항으로서, 임원취임승인신청에 대하여 주무관청은 이에 기속되어 이를 당연히 승인(인가)하여야 하는 것은 아니다.	기속행위 ×, **재량행위** ○	O
OX 43	★★★ 2024 국가직 9급 **자동차관리사업자로 구성하는 사업자단체 설립인가**는 인가권자가 가지는 지도 · 감독 권한의 범위 등과 아울러 설립인가에 관하여 구체적인 기준이 정하여져 있지 않은 점 등에 비추어 재량행위로 보아야 한다.	**재량행위**	O
OX 44	★★★ 2017 국가직(하) 9급 **인가의 대상이 되는 기본행위**는 법률적 행위일 수도 있고, 사실행위일 수도 있다.	**법률행위** ○, 사실행위 ×	X
OX 45	★★★ 2014 서울시 9급 **인가의 대상인 법률행위**에는 공법상 행위도 있고 사법상 행위도 있다.	**공법상 행위**(공공조합 설립), **사법상 행위**(토지거래계약)	O
OX 46	★★★ 2014 서울시 9급 **인가**는 보충적 행위이므로 신청을 전제로 한다.	**신청을 요건**으로 하는 행위	O
OX 47	★★★ 2011 국가직 7급 다수설에 의하면 법령에 명문의 규정이 없는 한 **수정인가**를 할 수 없다.	**명문 규정이 없는 한 수정인가** ×	O
OX 48	★★★ 2020 국가직 9급 **공유수면매립면허의 공동명의자 사이의 면허로 인한 권리 · 의무양도약정**은 면허관청의 **인가를 받지 않은** 이상 법률상 아무런 효력도 발생할 수 없다.	인가는 효력발생요건, **인가를 받지 않으면 기본행위는 효력이 발생하지 않음.**	O

OX ★★★★ 2023 국가직 7급

49 인가는 기본행위의 효력을 완성시켜주는 보충적 행위이므로 **기본행위가 무효인 경우**에는 이에 대한 인가가 내려지더라도 그 인가는 무효이다.

기본행위 무효 → **인가도 무효** — O

OX ★★★★ 2018 국회직 8급

50 **인가의 대상이 되는 행위에 취소원인**이 있더라도 일단 **인가가 있는 때**에는 그 흠은 치유된다.

50 51 ㉠ 인가 : **기본행위의 하자 치유** ×
㉡ 기본행위에 취소사유 : **기본행위 취소 가능** — X

OX ★★★★ 2007 국가직 9급

51 **기본행위에 취소원인**이 있더라도 **인가가 있은 후**에는 기본행위를 취소할 수 없다. — X

OX ★★★★ 2015 국가직 9급

52 유효한 기본행위를 대상으로 **인가가 행해진 후에 기본행위가 취소되거나 실효된 경우**에는 인가도 실효된다.

인가 실효 — O

OX ★★★★ 2020 지방직 · 서울시 9급

53 강학상 인가는 기본행위에 대한 법률상의 효력을 완성시키는 보충행위로서, 그 **기본이 되는 행위에 하자가 있을 때**에는 그에 대한 **인가가 있었다** 하여도 기본행위가 유효한 것으로 될 수 없다.

기본행위 무효라면 인가가 있어도 **기본행위 하자치유** × — O

OX ★★★★ 2019 소방직 9급

54 **기본행위가 무효**이면 사립학교법인 임원의 선임에 대한 승인행위는 무효가 된다.

인가 무효 — O

OX ★★★ 2023 소방직 9급

55 **사업시행계획이 무효**인 경우 그에 대한 **인가처분**이 있다고 하더라도 사업시행계획이 유효한 것으로 될 수 없다.

인가처분 있어도 **기본행위 무효** — O

OX ★★★★ 2020 군무원 9급

56 **구 외자도입법에 따른 기술도입계약에 대한 인가**는 기본행위인 기술도입계약을 보충하여 그 법률상 효력을 완성시키는 보충적 행정행위에 지나지 아니하므로 **기본행위인 기술도입계약의 해지로 인하여 소멸되었다면** 위 인가처분은 처분청의 직권취소에 의하여 소멸한다.

㉠ 인가
㉡ **기본행위 소멸시 인가는** 무효선언이나 취소처분 없어도 **당연 실효** — X

OX ★★★★ 2024 소방직 9급

57 **기본행위에는 하자가 없는데 인가처분에 고유한 하자가 있다면** 그 인가처분의 무효확인이나 취소를 구하여야 한다.

57 58 **인가처분의 무효나 취소 주장 가능** — O

OX ★★★★ 2020 군무원 9급

58 **기본행위가 적법 · 유효**하고 보충행위인 **인가처분 자체에 흠이 있다**면 그 인가처분의 무효나 취소를 주장할 수 있다. — O

OX ★★★★ 2024 소방직 9급

59 **인가처분에 고유한 하자가 없는데 기본행위에 하자가 있다면** 기본행위의 무효를 주장하면서 곧바로 인가처분의 무효확인이나 취소를 구할 수 있다.

59 60 기본행위의 하자를 내세워 **인가처분의 취소 또는 무효확인을 구할 법률상 이익** × — X

OX ★★★★★ 2020 지방직 · 서울시 9급

60 **인가처분에 하자가 없더라도 기본행위에 무효사유가 있다면** 기본행위의 무효를 내세워 그에 대한 행정청의 인가처분의 취소 또는 무효확인을 구할 소의 이익이 있다. — X

OX ★★★ 2021 국가직 7급

61 재단법인의 **정관변경결의가 적법 · 유효**하고 보충행위인 **인가처분 자체에만 하자**가 있다면 그 **인가처분의 무효나 취소**를 **주장**할 수 있다.

인가처분의 무효나 취소 **주장 가능** — O

OX ★★★ 2023 서울시 지적 7급

62 주택재개발정비사업조합이 수립한 **사업시행계획에 하자가 있는데** 관할행정청의 **사업시행계획 인가처분에는 고유한 하자가 없는 경우에도** 사업시행계획의 무효를 주장하는 경우에는 곧바로 그에 대한 **인가처분의 무효확인이나 취소**를 구할 수 있다.

인가처분의 무효확인 또는 취소를 **구할 수 없음.** X

OX ★★★ 2019 사회복지직 9급

63 기본행위인 **이사선임결의가 적법 · 유효**하고 보충행위인 **승인처분 자체에만 하자**가 있다면 그 **승인처분의 무효확인이나** 그 **취소**를 주장할 수 있다.

승인처분의 무효확인이나 취소 **주장 가능** O

★★★ 2014 사회복지직 9급

64 **준법률행위적 행정행위**가 아닌 것은?

① 발명특허 ② 교과서의 검정
③ 도로구역의 결정 ④ 행려병자의 유류품 처분

①②③ 준법률행위적 행정행위(확인)
④ 법률행위적 행정행위(대리) ④

Topic

27 준법률행위적 행정행위 - 공증, 통지, 수리, 확인

p.93~95

OX ★★★ 2020 경행경채

01 **선거에 있어 당선인 결정**은 준법률적 행정행위 중 통지행위에 해당한다.

준법률행위적 행정행위 중 확인행위 X

★★★ 2015 교육행정직 9급

02 행정심판의 **재결**은 다음 행위 중 어느 것에 해당하는가?

① 공증행위 ② 수리행위 ③ 통지행위 ④ 확인행위

확인행위 ④

OX ★★★ 2011 국회직 8급

03 공증행위는 특정한 사실 또는 법률관계의 존재를 공적으로 증명하는 행위로서 **발명특허**가 이에 해당한다.

준법률행위적 행정행위 중 확인행위 X

OX ★★★ 2018 교육행정직 9급

04 「친일반민족행위자 재산의 국가귀속에 관한 특별법」에 따른 **친일재산은 친일반민족행위자재산조사위원회가 국가귀속결정**을 하여야 비로소 국가의 소유로 된다.

법률규정에 따라 취득시에 소급하여 당연히 국가의 소유로 됨. X

OX ★★★ 2023 소방직 9급

05 **친일반민족행위자재산조사위원회의 국가귀속결정**은 당해 재산이 친일재산에 해당한다는 사실을 **확인**하는 이른바 **준법률행위적 행정행위**의 성격을 가진다.

준법률행위적 행정행위 중 확인행위 O

OX ★★★ 2019 지방직 7급

06 건축허가관청은 특단의 사정이 없는 한 **건축허가내용대로 완공된 건축물의 준공**을 **거부**할 수 없다.

특단의 사정이 없는 한 **거부할 수 없음.** O

OX ★★★ 2023 국가직 7급

07 **특정의 사실 또는 법률관계의 존재를 공적으로 증명하여 공적 증거력을 부여하는 행정행위**는 확인행위로서 당선인결정, 장애등급결정, 행정심판의 재결 등이 그 예이다.

공증 ○ 확인 ×(당선인결정, 장애등급결정, 행정심판의 재결은 확인) X

OX ★★★ 2015 국가직 7급

08 확인은 특정한 사실 또는 법률관계에 관하여 의문이 있는 경우에 행정청이 그 존부 또는 정부를 판단하는 준법률행위적 행정행위이며, 그 예로는 **합격증서의 발급 및 영수증의 교부** 등을 들 수 있다.

합격증서의 발급과 영수증의 교부는 확인 ×, **공증** ○ X

OX ★★★ 2018 교육행정직 9급

09 서울특별시장의 **의료유사업자 자격증 갱신발급**은 의료유사업자의 자격을 부여 내지 확인하는 행위의 성질을 가진다.

확인 ×, **공증** O

X

OX ★★★ 2006 광주시 9급

10 **확인**은 의문 · 분쟁이 있음을 전제로 하는 데 반해, **공증**은 의문 · 분쟁이 있음을 전제로 하지 않는다.

㉠ 확인 : **의문 · 분쟁 전제** O
㉡ 공증 : **의문 · 분쟁 전제** ×

O

★★★★ 2011 사회복지직 9급

11 **행정작용과 그 성격**에 대하여 연결한 것 중 옳은 것을 모두 고르면? (다툼이 있는 경우 판례에 의함)

㉠ 공유수면매립면허 – 특허
㉡ 개인택시운송사업면허 – 특허
㉢ 건축물에 대한 준공검사처분 – 허가
㉣ 한의사 면허 – 특허
㉤ 의료유사업자 자격증 갱신발급행위 – 인가

① ㉠, ㉡ ② ㉡, ㉢ ③ ㉢, ㉣ ④ ㉠, ㉤

㉢ **확인**, ㉣ **허가**, ㉤ **공증**

①

OX ★★★ 2011 국회직 8급

12 확인행위는 특정한 사실 또는 법률관계의 존부(存否) 또는 정부(正否)에 대하여 다툼이 있는 경우에 행정청이 공권적으로 판단하는 행위로 **각종 증명서 발급**이 이에 속한다.

증명서 발급은 확인 ×, **공증** O

X

OX ★★ 2017 지방직(하) 9급

13 **상표사용권설정등록행위**는 강학상 공증행위에 해당한다.

공증

O

OX ★★★ 2021 경행경채

14 **건설업등록증 및 건설업등록수첩의 재발급**은 건설업등록을 하였다고 하는 사실을 특정인이나 불특정인에게 알리는 준법률행위적 행정행위인 통지행위에 해당한다.

통지행위 ×, **공증** O

X

OX ★★★ 2004 국회직 8급

15 공증은 **반증에 의하지 아니하고는 전복될 수 없는 공적 증거력**을 발생한다.

공적 증거력 발생

O

OX ★★★★ 2022 해경간부

16 행정청이 **무허가건물을 무허가건물관리대장에서 삭제**하는 행위는 처분성이 인정되지 않는다.

처분성 인정 ×

O

OX ★★★★ 2022 국가직 7급

17 **자동차운전면허대장에 일정한 사항을 등재하는 행위와 운전경력증명서상의 기재행위**는 행정소송의 대상이 되는 독립한 행정처분으로 볼 수 없다.

행정처분 ×

O

OX ★★★★ 2023 행정사

18 **토지대장상의 소유자명의변경신청 거부행위**는 항고소송의 대상이 되는 행정처분에 해당한다.

행정처분 ×

X

OX ★★★★★ 2023 소방직 9급

19 지적공부 소관청의 **지목변경신청 반려행위**는 국민의 권리관계에 영향을 미치는 것으로서 항고소송의 대상이 되는 행정처분에 해당한다.

행정처분 O

O

OX ★★★★ 2024 국가직 9급

20 건축물대장의 용도는 건축물의 소유권을 제대로 행사하기 위한 전제요건으로서 건축물 소유자의 실체적 권리관계에 밀접하게 관련되어 있으므로, **건축물대장** 소관청의 **용도변경신청 거부행위**는 국민의 권리관계에 영향을 미치는 것으로서 항고소송의 대상이 되는 행정처분에 해당한다. | **행정처분** ○ | O

OX ★★★★ 2023 행정사

21 **건축물대장 작성신청 반려행위**는 항고소송의 대상이 되는 행정처분에 해당한다. | **행정처분** ○ | O

OX ★★★★ 2023 행정사

22 **토지대장 직권말소행위**는 항고소송의 대상이 되는 행정처분에 해당한다. | **행정처분** ○ | O

OX ★★★ 2017 지방직(하) 9급

23 **특허출원의 공고**는 강학상 공증행위에 해당한다. | 공증 ×, **통지** ○ | X

OX ★★★ 2020 경행경채

24 **특허출원의 공고, 귀화의 고시, 대집행의 계고**는 모두 준법률적 행정행위 중 통지행위에 해당한다. | **통지** | O

OX ★★★★ 2023 경찰간부

25 **국가공무원법에 의한 정년퇴직 발령**은 정년퇴직 사실을 알리는 이른바 관념의 통지에 불과하다. | 관념의 통지 → **행정처분** × | O

OX ★★★★ 2022 군무원 9급

26 **국가공무원법상 당연퇴직의 인사발령**은 취소소송의 대상이 되는 처분이다. | **처분** × | X

OX ★★★★ 2023 국가직 9급

27 **국민건강보험공단이 행한 '직장가입자 자격상실 및 자격변동 안내' 통보**는 가입자 자격의 변동 여부 및 시기를 확인하는 의미에서 한 사실상 통지행위에 불과할 뿐, 항고소송의 대상이 되는 행정처분에 해당하지 않는다. | **행정처분** × | O

OX ★★★ 2018 국가직 9급

28 **신고의 수리**는 타인의 행위를 유효한 행위로 받아들이는 행정행위를 말하며, 이는 강학상 법률행위적 행정행위에 해당한다. | 법률행위적 행정행위 ×
준법률행위적 행정행위 ○ | X

OX ★★★ 2006 관세사

29 **수리**는 행정청이 타인의 행위를 유효한 것으로서 수령하는 의사작용인 점에서 사실행위인 도달 또는 접수와 구별된다. | 사실행위인 **도달** 또는 **접수**와 **구별됨**. | O

OX ★★★ 2022 소방직 9급

30 **가설건축물 존치기간**을 연장하려는 건축주 등이 **법령에 규정되어 있는 제반 서류와 요건을 갖추어 행정청에 연장신고를 한 때**에는 행정청은 원칙적으로 이를 수리하여 신고필증을 교부하여야 하고, 법령에서 정한 요건 이외의 사유를 들어 수리를 거부할 수는 없다. | **법령에서 정한 요건 이외의 사유를 들어 수리거부** × | O

OX ★★★ 2022 경찰간부

31 **정신과의원을 개설하려는 자가 법령에 규정되어 있는 요건을 갖추어 개설신고**를 한 때에, 행정청은 원칙적으로 이를 수리하여 신고필증을 교부하여야 하나, 법령에서 정한 요건 이외의 사유를 들어 의원급 의료기관 개설신고의 수리를 거부할 수 있다. | **법령상 요건 이외 사유**를 들어 **수리거부 불가** | X

OX ★★★★ 2023 군무원 7급

32 **건축주명의변경신고**는 형식적 요건을 갖추어 시장, 군수에게 **적법하게 건축주의 명의변경을 신고한 때**에는 시장, 군수는 그 신고를 수리하여야지 실체적인 이유를 내세워 그 신고의 수리를 거부할 수는 없다. | **실체적 이유**를 내세워 **수리거부 불가** | O

OX ★★★ 2015 국회직 8급

33 **건축물의 소유권을 둘러싸고 소송이 계속 중**이어서 판결로 소유권의 귀속이 확정될 때까지 **건축주명의변경신고의 수리를 거부**함은 상당하다.

판결로 소유권의 귀속이 확정될 때까지 **수리거부** ○

O

OX ★★★★ 2011 국회직 8급

34 판례는 **수리행위의 대상인 기본행위가 존재하지 않거나 무효인 때**에는 그 수리행위는 당연무효가 된다고 한다.

수리행위는 당연무효

O

Topic 28 행정행위의 부관

p.96~102

OX ★★★ 고난도

01 **임시이사를 선임하면서 그 임기를 '후임 정식이사가 선임될 때까지'로 기재**한 것은 본래 의미의 행정처분의 부관으로서 기한을 정한 것이다.

법정부관에 **해당**(부관 ×)

X

OX ★★★ 고난도

02 **임시이사를 선임하면서 그 임기를 '후임 정식이사가 선임될 때까지'로 기재**한 경우 후임 정식이사가 선임되었다는 사유만으로 임시이사의 임기가 자동적으로 만료되어 **임시이사의 지위가 상실**되는 효과가 발생한다.

관할행정청이 후임 정식이사가 선임되었음을 이유로 **임시이사를 해임하는 행정처분을 해야만** 임시이사 지위 상실

X

OX ★★ 2017 지방직(하) 9급

03 행정청이 행정행위에 부가한 부관과 달리 **법령이 직접 행정행위의 조건을 정한 경우**에 **그 조건이 위법**하면 이는 법률 및 법규명령에 대한 통제제도에 의해 **통제**된다.

법정부관은 법률 및 법규명령에 대한 규범통제방식(**구체적 규범통제**)에 의해 통제됨.

O

OX ★★★ 2006 국회직 8급

04 **법정부관**은 엄밀한 의미에서 부관이 아니다.

부관 ×

O

OX ★★★ 고난도

05 법령보충규칙인 **고시에 정한 허가기준에 따라** 보존음료수 제조업의 **허가에 붙여진 전량수출** 또는 주한외국인에 대한 판매에 한한다는 내용의 **조건**은 행정행위의 부관 중에서 부담에 해당한다.

법정부관으로서 행정행위의 **부관** ×

X

OX ★★★ 2018 지방직 9급

06 행정행위의 부관은 **법령이 직접** 행정행위의 **조건**이나 **기한 등을 정한 경우**와 구별되어야 한다.

06 07 08 **법정부관**(부관 ×) : **부관의 한계에 관한 일반원칙 적용** ×

O

OX ★★★★ 2023 군무원 7급

07 **법정부관**에 대하여는 행정행위에 **부관**을 붙일 수 있는 **한계에 관한 일반적인 원칙**이 적용된다.

X

OX ★★★★ 2019 국회직 8급

08 **고시에서 정하여진 허가기준에 따라** 보존음료수 제조업의 허가에 **부가된 조건**은 행정행위에 **부관**을 부가할 수 있는 **한계에 관한 일반적인 원칙**이 적용되지 아니한다.

O

OX ★★★ 2015 교육행정직 9급

09 **장래의 도래가 불확실한 사실에 행정행위의 효력발생을 의존시키는 조건**을 정지조건이라 한다.

정지조건

O

OX ★★★ 2008 관세사

10 **정지조건부 허가의 경우 조건**이 **성취**되지 않아도 허가의 대상이 되는 행위를 할 수 있다.

조건이 성취되어야 비로소 허가의 효력 발생 X

OX ★★★ 2020 소방직 9급

11 행정행위의 부관의 유형 중에서 **장래의 불확실한 사실에 의해서 행정행위의 효력을 소멸**시키는 것은 해제조건이다.

불확실, 소멸 : **해제조건** O

OX ★★★ 2015 사회복지직 9급

12 **해제조건부 행정행위**는 **조건사실의 성취**에 의하여 당연히 효력이 소멸된다.

당연히 효력 상실 O

OX ★★★ 2012 국회(속기 · 경위직) 9급

13 **'기한'**은 행정행위의 시간상의 효력범위를 정하는 점에서 조건과 같으나, 확정기한이든 불확정기한이든 그 도래가 확실하다는 점에서 **조건**과 **구별**된다.

기한 : **도래가 확실한 사실에 의존** O

OX ★★★★★ 2009 지방직 7급

14 **부담은 다른 부관과는 달리** 행정행위의 불가분적 요소가 아니고, 그 존속이 본체인 행정행위의 존재를 전제로 하는 것일 뿐이므로 부담 **그 자체로는 행정쟁송의 대상**이 될 수 있다.

독립하여 행정쟁송의 대상 ○ O

OX ★★★★ 2016 국가직 7급

15 **부담에 의하여 부가된 의무의 불이행**으로 부담부 행정행위가 당연히 효력을 상실하는 것은 아니고 당해 의무불이행은 부담부 행정행위의 철회사유가 될 수 있다.

행정행위의 철회사유 O

OX ★★★ 2022 해경간부

16 **부담의 불이행을 이유로 행정행위를 철회**하는 경우라면 **이익형량에 따른 철회의 제한**이 적용되지 않는다.

철회권 제한 법리 **적용** ○ X

OX ★★★ 2023 행성사

17 **부담부 행정행위**는 부담을 이행하여야 비로소 그 **효력**이 **발생**한다.

처음부터 효력 발생 X

OX ★★ 2012 국회(속기 · 경위직) 9급

18 영업허가를 발급하면서 일정한 시설설치의무를 부가하는 것을 **'정지조건'**으로 본다면, 시설설치의무를 **불이행한 상태에서 한 영업**일지라도 적법하다.

불법영업(무허가영업) X

OX ★★★★ 2019 서울시 1회 7급

19 **부담부 행정행위**에 있어서 처분의 상대방이 **부담을 이행하지 아니한 경우**에 당해 부담부 **행정행위**는 당연히 **효력**을 상실하게 된다.

당연히 소멸하는 것은 아님(철회함으로써 소멸). X

OX ★★★ 2005 서울시 9급

20 **부담**에 의해 부과된 의무의 **불이행이 있는 경우**에 당해 의무의 불이행은 **독립하여 강제집행**의 대상이 된다.

강제집행 **가능** O

OX ★★★★ 2020 소방직 9급

21 **부담과 조건의 구별이 명확하지 않은 경우**에는 부담으로 보는 것이 행정행위의 상대방에게 유리하다고 본다.

상대방에게 유리한 **부담으로 봄.** O

OX ★★★ 2023 국회직 8급

22 **사도개설허가에서 정해진 공사기간**은 사도개설허가 자체의 존속기간을 정한 것이라 볼 수 있으므로 **공사기간 내에 사도로 준공검사를 받지 못하였다면 사도개설허가**는 당연히 실효된다.

부담에 해당 → 사도개설허가가 **당연히 실효되는 것** × X

OX ★★★★ 2021 경행경채

23 행정청이 수익적 행정처분을 하면서 부가한 **부담의 위법 여부**는 처분 당시 **법령**을 **기준**으로 판단하여야 한다.

처분 당시 법령 — O

OX ★★★★★ 2024 국회직 8급

24 **부담**은 행정청이 **일방적 의사표시로 붙일 수 있고**, 상대방의 동의를 얻거나 상대방과 협의하여 부담의 내용에 대해 **협약의 형식으로 미리 정한 다음 행정처분을 하면서 이를 부가**할 수도 있다.

협약의 형식으로 미리 정한 다음 처분시에 부가 **가능** ○ — O

OX ★★★★★ 2024 변호사

25 부담이 처분 당시 법령을 기준으로 적법하다면 **처분 후 부담의 전제가 된 주된 행정처분의 근거 법령이 개정**됨으로써 행정청이 **더 이상 부관을 붙일 수 없게 되었다** 하더라도 곧바로 위법하게 되거나 그 효력이 소멸되는 것은 아니다.

부담이 곧바로 위법 또는 소멸되는 것은 아님. — O

OX ★★★★★ 2024 해경간부

26 행정청이 수익적 행정처분을 하면서 부가한 **부담의 위법 여부**는 **처분 당시 법령**을 **기준**으로 판단하여야 하고, 부담이 처분 당시 법령을 기준으로 적법하다면 **처분 후 부담의 전제가 된 주된 행정처분의 근거법령이 개정**됨으로써 행정청이 **더 이상 부관을 붙일 수 없게 되었다** 하더라도 곧바로 위법하게 되거나 그 효력이 소멸하게 되는 것은 아니다.

㉠ 부담의 위법 여부 : **처분 당시** 법령 기준으로 판단
㉡ **부담이 곧바로 위법 또는 소멸되는 것 아님.** — O

OX ★★★★★ 2023 소방승진

27 행정청이 수익적 행정처분을 하면서 사전에 상대방과 체결한 **협약상의 의무를 부담으로 부가**하였는데 부담의 전제가 된 주된 행정처분의 **근거 법령이 개정되어 부관을 붙일 수 없게 된 경우**, 곧바로 위 협약의 효력이 소멸한다.

곧바로 협약의 효력이 소멸 × — X

OX ★★★ 2010 국가직 9급

28 숙박영업허가를 함에 있어 **윤락행위를 알선하면 허가를 취소한다는 부관**을 붙인 경우에는 철회권의 유보이다.

철회권의 유보 — O

OX ★★★ 2013 국회속기직 9급

29 **해제조건**은 **조건사실이 발생**하면 당연히 행정행위의 효력이 소멸되지만 **철회권 유보**는 **유보된 사실이 발생**하더라도 그 효력을 소멸시키려면 행정청의 별도의 의사표시(철회)가 필요하다.

㉠ **당연히** 행정행위 **효력 상실**
㉡ **별도의 의사표시(철회) 필요** — O

OX ★★★ 2023 소방간부

30 행정청이 **종교단체**에 대하여 **기본재산전환인가**를 함에 있어 **인가조건**을 부가하고 그 **불이행시 인가를 취소**할 수 있도록 하였다면 그 인가조건은 부관으로서 철회권의 유보에 해당한다.

철회권 유보 — O

OX ★★★ 2016 서울시 9급

31 수익적 행정행위에 대한 **철회권 유보**의 부관은 그 유보된 사유가 발생하여 철회권이 행사된 경우 상대방이 신뢰보호원칙을 원용하는 것을 제한한다는 데 **실익**이 있다.

상대방의 **신뢰보호원칙 원용 제한** — O

OX ★★★★ 2013 국가직 9급

32 행정행위의 부관으로 **철회권의 유보가 되어 있는 경우**라 하더라도 그 **철회권의 행사**에 대해서는 행정행위의 **철회의 제한에 관한 일반원리**가 적용된다.

적용 ○ — O

OX ★★★★ 2012 사회복지직 9급

33 **철회권이 유보된 경우**라도 **철회권의 행사**는 그 자체만으로는 정당화되지 않고 그 외에 **철회의 일반적 요건이 충족되어야** 한다.

요건 충족되어야 함. — O

O X ★★★★ 2020 소방직 9급

34 지방국토관리청장이 **일부 공유수면매립지**에 대하여 한 국가 또는 직할시(현 광역시) **귀속처분**은 법률효과의 일부배제에 해당하는 것으로 행정행위의 부관의 유형으로 볼 수 없다는 것이 판례의 태도이다.

34 35 36 법률효과의 일부배제 : 부관 ○, 독립하여 행정소송대상 ×, 법률의 근거 필요

X

O X ★★★★ 2023 국회직 8급

35 행정청이 **공유수면매립준공인가처분**을 하면서 **매립지 일부를 국가 소유로 귀속**하게 한 것은 법률효과 일부를 배제하는 부관에 해당하고, 이러한 부관은 **독립하여 행정소송**의 대상이 될 수 없다.

O

O X ★★★ 2015 교육행정직 9급

36 **법률효과의 일부배제**는 법률에 근거가 있어야 한다.

O

O X ★★ 2017 지방직 9급

37 학설의 다수견해는 **수정부담**의 성격을 부관으로 이해한다.

부관 ×(다수설)

X

O X ★★★★★ 2023 국가직 7급

38 **행정청은 처분에 재량이 있는 경우**에는 **부관**을 붙일 수 있다.

행정기본법 제17조 제1항

O

O X ★★★★★ 2023 국가직 7급

39 **행정청은 처분에 재량이 없는 경우**에는 **법률에 근거가 있는 경우**에 **부관**을 붙일 수 있다.

행정기본법 제17조 제2항

O

O X ★★★★★ 2015 서울시 9급

40 **재량행위**의 경우에는 **법에 근거가 없는 경우**에도 **부관**을 붙일 수 있다.

부가 가능(판례)

O

O X ★★★ 2017 지방직 9급

41 **관련법령에 법적 근거가 없더라도 개인택시운송사업면허**를 하면서 **부관**을 붙일 수 있다.

특허 → 재량행위 → 부가 가능

O

O X ★★★★★ 2019 국가직 9급

42 **기속행위**에 대해서는 법령상 특별한 근거가 없는 한 **부관**을 붙일 수 없고, 가사 부관을 붙였다고 하더라도 이는 무효이다.

42 43 법령에 근거 없이 부과 × / 부과하더라도 무효 → 이행의무 없음.

O

O X ★★★ 2021 국회직 8급

43 A행정청은 甲에게 처분을 하면서 **법령에 근거 없이** 일정 토지를 기부채납하도록 하는 **부담**을 붙였다. 처분이 **기속행위**라면 甲은 기부채납 부담을 이행할 의무가 없다.

O

O X ★★★★ 2023 국가직 9급

44 **수익적 행정처분**에 있어서는 법령에 특별한 근거규정이 있는 경우에만 그 **부관**으로서 부담을 붙일 수 있다.

법률 근거 없더라도 부관 가능

X

O X ★★★★ 2023 소방승진

45 건축허가를 하면서 일정 토지를 기부채납하도록 하는 내용의 허가조건은 부관을 붙일 수 없는 **기속행위** 내지 **기속적 재량행위인 건축허가에 붙인 부담**이거나 또는 법령상 아무런 근거가 없는 부관이어서 무효이다.

법적 근거가 없이 부과 불가 / 부가하더라도 무효

O

O X ★★★★★ 2024 국회직 8급

46 **재량행위**에는 **법령상 근거가 없더라도** 그 **내용이 적법**하고 **이행가능**하며 **비례의 원칙 및 평등의 원칙에 적합**하고 **행정처분의 본질적 효력을 해하지 아니하는 한도** 내에서 **부관**을 붙일 수 있다.

부관 가능

O

OX ★★★ 2018 경행경채 3차

47 **공유수면매립면허와 같은 재량적 행정행위**에는 법률상의 근거가 없다고 하더라도 **부관**을 붙일 수 있다.

법률상 근거가 없어도 부과 가능 O

OX ★★★ 2023 소방간부

48 **주택재건축사업시행의 인가**는 행정청의 기속행위에 속하므로 처분청으로서는 공익상 필요 등에 의하여 필요한 범위 내에서 여러 **조건(부담)**을 **부과**할 수 없다.

재량행위 → 조건(부담) 부과 **가능** X

OX ★★★ 2023 소방승진

49 일반적으로 **보조금 교부결정**에 관해서는 행정청에 광범위한 재량이 부여되어 있고, 행정청은 보조금 교부결정을 할 때 법령과 예산에서 정하는 보조금의 교부 목적을 달성하는 데에 필요한 **조건**을 붙일 수 있다.

행정청에 광범위한 재량 부여 → 조건 **부과 가능** O

OX ★★ 2010 국가직 9급

50 법률행위적 행정행위에는 부관을 붙일 수 있는 것이 원칙이므로 귀화허가 및 공무원의 임명행위 등과 같은 **신분설정행위**에는 **부관**을 붙일 수 있다.

부과 불가 X

OX ★★ 2011 국가직 7급

51 판례는 행정행위가 **인가**에 해당하면 **부관의 부과**가 허용되지 않는다고 본다.

재량행위인 경우 부과 가능 X

OX ★★★ 2017 사회복지직 9급

52 **사회복지법인의 정관변경허가**에 대해서는 **부관**을 붙일 수 없다.

재량행위 → 부관 **부과** ○ X

OX ★★★ 2024 국가직 9급

53 **공익법인의 기본재산 처분허가**에 부관을 붙인 경우, 그 처분허가의 법적 성질은 **명령적 행정행위인 허가에 해당**하며 조건으로서 **부관**의 부과가 허용되지 아니한다.

부관 **부과 허용** X

OX ★★★★ 2023 국가직 7급

54 **부관**은 해당 처분의 **목적에 위배되지 아니**하여야 하며, 그 처분과 **실질적인 관련**이 있어야 하고 또한 그 처분의 목적을 달성하기 위하여 **필요한 최소한의 범위** 내에서 붙여야 한다.

행정기본법 제17조 제4항 O

OX ★★★ 2023 서울시 연구사 변형

55 도로점용허가에 붙인 **부관이** 도로점용허가와 **실질적 관련성이 없다면** 부당결부금지의 원칙에 반하는 위법한 부관이 된다.

부당결부금지의 원칙 위반 → **위법** O

OX ★★★ 2022 경찰간부

56 **부관**이 **해당 처분과 실질적인 관련**이 없더라도 목적을 달성하기 위하여 필요한 최소한의 범위이면 붙일 수 있다.

처분과 실질적 관련 **필요** X

OX ★★★ 2024 변호사

57 부관의 내용 중 사후에 행정소송을 제기하지 않겠다는 내용의 **부제소특약**에 관한 부분은 계약자유의 원칙에 따라 허용된다.

허용 × X

OX ★★★★ 2023 국가직 9급

58 **기선선망어업의 허가를 하면서 운반선, 등선 등 부속선을 사용할 수 없도록 제한한 부관**은 그 어업허가의 목적달성을 사실상 어렵게 하여 그 본질적 효력을 해하는 것이므로 위법한 것이다.

58 59 허가의 본질적 효력을 해하는 부관 → **위법** ○ O

OX ★★★ 2023 소방직 9급

59 허가의 목적달성을 사실상 어렵게 하여 그 **본질적 효력을 해하는 부관**은 적법하지 않다. O

O X ★★★ 2019 국회직 8급

60 관할행정청은 **토지분할이 관계법령상 제한**에 해당되어 **명백히 불가능하다고 판단되는 경우**에는 **토지분할 조건부 건축허가**를 거부하여야 한다.

불가(행정청은 **건축허가를 거부하여야 함**) O

O X ★★★ 2018 서울시 1회 7급

61 **부관을 붙일 수 있는 경우**에도 **신뢰보호의 원칙, 부당결부금지의 원칙**에 위배되어서는 안 된다.

행정법의 일반원칙을 준수해야 함. O

O X ★★★ 2015 국가직 9급

62 **부관이 주된 행정행위와 실질적 관련성을 갖더라도 주된 행정행위의 효과를 무의미하게 만드는 경우**라면 그러한 부관은 비례원칙에 반하는 하자 있는 부관이 된다.

하자 있는 부관(비례원칙 위반) O

O X ★★★★ 2021 지방직 · 서울시 9급

63 처분과 **실제적 관련성이 없어 부관으로 붙일 수 없는 부담**이라도 **사법상 계약의 형식으로** 처분의 상대방에게 **부과**할 수 있다.

사법상 계약의 형식으로 **부과** × X

O X ★★★★ 2021 국가직 9급

64 **행정처분과 부관 사이에 실제적 관련성이 있다고 볼 수 없는 경우**, 공무원이 **공법상**의 **제한**을 **회피**할 **목적**으로 행정처분의 상대방과 사이에 **사법상 계약을 체결하는 형식**을 취하였더라도 법치행정의 원리에 반하는 것으로서 위법하다고 볼 수 없다.

위법 ○(법치행정의 원리 위반) X

O X ★★★★ 2024 국회직 8급

65 행정청은 부관을 붙일 수 있는 처분에 **당사자의 동의**가 있는 경우에는 그 **처분을 한 후**에도 **부관을 새로 붙일 수 있다**.

행정기본법 제17조 제3항 제2호 O

O X ★★★★★ 2024 변호사

66 사정변경이 있어 부관을 새로 붙이거나 종전의 부관을 변경하지 아니하면 해당 행정처분의 목적을 달성할 수 없는 경우라도 당사자의 동의가 없으면 **부관을 새로 부가하거나 종전의 부관을 변경**하는 것은 허용되지 않는다.

66 67 68 69 **부관의 사후변경이 가능한 경우**
㉠ **법률에 근거**
㉡ **미리 유보**
㉢ **당사자 동의**
㉣ **사정변경**

X

O X ★★★★★ 2023 국가직 7급

67 행정청은 사정이 변경되어 종전의 부관을 변경하지 아니하면 해당 처분의 목적을 달성할 수 없다고 인정되는 경우에도 법률에 근거가 없다면 종전의 **부관을 변경**할 수 없다.

X

O X ★★★★★ 2022 지방직 · 서울시 9급

68 **부관의 사후변경**은 종전의 부관을 변경하지 아니하면 해당 처분의 목적을 달성할 수 없는 경우가 아니라면 인정되지 않는다.

X

O X ★★★★ 2023 국가직 9급

69 **부관**은 면허발급 당시에 붙이는 것뿐만 아니라 **면허발급 이후에 붙이는 것**도 **법률에 명문의 규정**이 있거나 **변경이 미리 유보**되어 있는 경우 또는 **상대방의 동의**가 있는 경우 등에는 특별한 사정이 없는 한 **허용**된다.

O

O X ★★★★ 2022 군무원 7급

70 **도로점용허가의 점용기간**은 **행정행위의 본질적인 요소**에 해당한다고 볼 것이어서 **부관인 점용기간을 정함에 있어서 위법사유**가 있다면 이로써 도로점용허가처분 전부가 위법하게 된다.

70 71 **처분 전부가 위법** O

O X ★★★★ 2016 사회복지직 9급

71 **기부채납받은 공원시설의 사용·수익허가**에서 그 **허가기간**은 **행정행위의 본질적 요소에 해당**하므로, 부관인 **허가기간에 위법사유가 있다면** 이로써 공원시설의 사용·수익허가 전부가 위법하게 된다. O

O X ★★★★★ 2023 행정사

72 **부담**은 그 자체로서 **행정쟁송**의 대상이 될 수 있다. — **대상** ○ — O

O X ★★★★ 2023 서울시 연구사 변형

73 행정청이 붙인 부관이 **철회권의 유보**라면, 이 부관만을 **독립하여 행정쟁송의 대상**으로 삼을 수 없다. — 부담을 제외한 다른 부관 → 독립하여 행정쟁송 **불가능** — O

O X ★★★★★ 2017 서울시 9급

74 **부담이 아닌 부관**은 독립하여 행정소송의 대상이 될 수 없으므로 이의 **취소**를 구하는 **소송**에 대하여는 각하판결을 하여야 한다. — **각하판결** — O

O X ★★★ 2024 국가직 9급

75 행정행위의 부관인 부담에 정해진 바에 따라 **당해 행정청이 아닌 다른 행정청이** 그 **부담상의 의무이행을 요구하는 의사표시**를 하였을 경우, 이러한 행위가 당연히 항고소송의 대상이 되는 처분에 해당한다고 할 수는 없다. — 항고소송의 대상이 되는 **처분** × — O

O X ★★★★ 2024 국가직 9급

76 기부채납받은 **행정재산**에 대한 사용·수익허가에서 공유재산의 관리청이 정한 **사용·수익허가의 기간**은 그 허가의 효력을 제한하기 위한 행정행위의 부관으로서 이러한 **사용·수익허가의 기간**에 대해서는 **독립하여 행정소송**을 제기할 수 없다. — **부담 이외의 부관**에 대한 **독립 쟁송** × — O

O X ★★★★ 2019 지방직·교육행정직 9급

77 **공유수면매립준공인가처분을 하면서 매립지 일부에 대하여 한 국가 및 지방자치단체에의 귀속처분**은 부관 중 부담에 해당하므로 **독립하여 행정소송**대상이 될 수 있다. — ㉠ 부담 ×, **법률효과의 일부배제** ○ ㉡ **불가능** — X

O X ★★★ 2024 소방간부

78 유효기간을 정한 어업면허처분 중 그 **면허유효기간만**의 **취소**를 **구하는 행정소송**은 허용된다. — **허용** × — X

O X ★★★★ 2014 경행특채 1차

79 **형식상 부관부 행위 전체를 소송의 대상**으로 하면서 **내용상** 일부, 즉 **부관만의 취소를 구하는 소송형태**는 진정일부취소소송이다. — **부진정일부취소소송** — X

O X ★★★★ 2016 사회복지직 9급

80 **부담을 제외한 나머지 부관**에 대해서는 부관이 붙은 **행정행위 전체의 취소를 통하여 부관을 다툴 수 있을 뿐**, 부관만의 취소를 구할 수는 없다. — **부관만의 취소소송 제기** × — O

O X ★★★★ 2012 지방직 7급

81 판례에 따르면 **부담 이외의 부관**에 대하여는 진정일부취소소송을 제기하여 다툴 수 없으나, **부진정일부취소소송**의 형식으로는 다툴 수 있다. — 판례는 **부정** — X

O X ★★★★ 2019 서울시 1회 7급

82 **부담 이외의 부관으로 인하여 권리를 침해당한 자**는 부관부 행정행위 전체에 대해 취소소송을 제기하거나, 행정청에 부관이 없는 행정행위로 변경해 줄 것을 청구한 다음 그것이 거부된 경우 거부처분**취소소송**을 제기할 수 있다. — **부관부 행정행위 전체에 대해 취소소송** ○ 또는 **변경 청구**가 거부된 경우 **거부처분취소소송** ○ — O

O X ★★★ 2023 소방간부

83 **기부채납**은 기부자의 소유재산을 지방자치단체의 공유재산으로 무상증여하도록 하는 지방자치단체의 일방적 의사표시인 **행정처분**에 해당한다.

행정처분 **해당** × / 사법(私法)상 증여계약 X

O X ★★★ 2024 국가직 9급

84 토지소유자가 토지형질변경행위허가에 붙은 기부채납의 부관에 따라 토지를 국가나 지방자치단체에 기부채납(증여)한 경우, **기부채납의 부관이 당연무효이거나 취소되지 아니한 이상** 토지소유자는 위 부관으로 인하여 **증여계약**의 **중요부분**에 **착오**가 있음을 **이유**로 증여계약을 취소할 수 없다.

증여계약 취소 불가능 O

O X ★★★★ 2024 국가직 9급

85 행정처분에 **부담인** 부관을 붙인 경우 **부관의 무효**화에 의하여 본체인 행정처분 자체의 효력에도 영향이 있게 될 수 있으며, 그 처분을 받은 사람이 **부담의 이행**으로 **사법상 매매** 등의 **법률행위**를 한 경우 그 법률행위 자체는 당연무효이다.

당연히 **무효**가 되는 것 **아님**. X

O X ★★★★ 2024 지방직 · 서울시 9급

86 행정처분에 붙은 **부담인 부관이 제소기간 도과로 확정**되어 이미 **불가쟁력이 생긴 경우**에도 그 **부담의 이행으로서 하게 된 사법상** 매매 등의 **법률행위**의 **효력**을 다툴 수 있다.

다툴 수 있음. O

O X ★★★★ 2024 해경간부

87 **부담의 이행으로서 하게 된 사법상** 매매 등의 **법률행위**는 **부담을 붙인 행정처분**과는 어디까지나 **별개의 법률행위**이므로 그 부담의 불가쟁력의 문제와는 별도로 법률행위가 사회질서 위반이나 강행법규에 위반되는지 여부 등을 따져보아 그 법률행위의 유효 여부를 판단하여야 한다.

부담의 불가쟁력의 문제와는 별도로 그 법률행위의 유효 여부를 판단 O

O X ★★★ 2024 국회직 8급

88 건축허가를 하면서 일정 토지를 기부채납하도록 한 허가조건의 효력이 무효라고 하더라도, **무효인 허가조건을 유효한 것으로 믿고 토지를 증여**하였다면 이는 동기의 착오에 불과하여 그 소유권이전등기의 말소를 청구할 수는 없다.

동기의 착오 ○ → **소유권이전등기 말소 청구** × O

Topic 29 행정행위의 성립 및 효력발생요건

p.103~105

O X ★★ 고난도

01 교육과학기술부장관의 **검정도서에 대한 수정명령**의 내용이 표현상의 잘못이나 기술적 사항 또는 객관적 오류를 바로잡는 정도를 넘어서서 이미 **검정을 거친 내용을 실질적으로 변경하는 결과를 가져오는 경우**에는 새로운 검정절차를 취하는 것과 마찬가지라 할 수 있으므로 검정절차상의 교과용도서심의회의 심의에 준하는 절차를 거쳐야 한다.

검정절차상의 교과용도서심의회의 심의에 준하는 절차를 거쳐야 함. O

O X ★★★★ 2023 소방간부

02 행정청이 **처분을 하는 때**에는 다른 법령 등에 **특별한 규정이 있는 경우를 제외**하고는 **문서**로 하여야 하는 것이 **원칙**이다.

행정절차법 제24조 제1항 O

O X ★★★★ 2024 해경간부

03 행정청이 **처분**을 할 때 **당사자 등의 동의가 있는 경우**에는 전자문서로 할 수 있다.

전자문서로 할 수 있음. O

O X ★ 고난도

04 **공문서**는 결재권자가 서명 등의 방법으로 결재함으로써 **성립**한다.

결재권자의 **결재**로 성립 O

	문제	해설	정답
O X **05**	★★★ 2012 경행특채 행정청이 **어떤 처분을 하였는지가 분명**하더라도 처분경위나 처분 이후의 상대방의 태도 등 다른 사정을 고려하여 **처분서의 문언과는 달리** 다른 처분까지 포함되어 있는 것으로 **확대해석**할 수 있다.	**허용** ×	X
O X **06**	★★★ 2022 지방직 · 서울시 7급 행정절차법상 문서주의 원칙에도 불구하고, **행정청의 처분서의 문언만으로는 행정청이 어떤 처분을 하였는지 불분명하다는 등 특별한 사정이 있는 때**에는 처분경위나 처분 이후의 상대방의 태도 등 다른 사정을 고려하여 처분서의 문언과 달리 그 처분의 내용을 해석할 수도 있다.	다른 사정을 고려하여 **문언과 달리 해석 가능**	O
O X **07**	★★★★ 2023 군무원 9급 일반적으로 **행정처분**이 주체 · 내용 · 절차와 형식이라는 **내부적 성립요건**과 외부에 대한 표시라는 **외부적 성립요건**을 모두 갖춘 경우에는 행정처분이 존재한다.	내부적 성립요건 : **주체 · 내용 · 절차 · 형식** 외부적 성립요건 : **외부에 표시**	O
O X **08**	★★★★ 2021 국가직 9급 **행정의사가 외부에 표시**되어 행정청이 **자유롭게 취소 · 철회할 수 없는 구속을 받게 되는 시점**에 처분이 성립하고, 그 성립 여부는 행정청이 **행정의사를 공식적인 방법으로 외부에 표시**하였는지를 기준으로 판단해야 한다.	㉠ **처분 성립 시점** ㉡ **처분 성립 여부 판단기준**	O
O X **09**	★★★★★ 2023 변호사 **법무부장관의 입국금지결정이 공식적인 방법으로 외부에 표시된 것이 아니라 단지 그 정보를 내부전산망인 '출입국관리정보시스템'에 입력**하여 관리한 것에 지나지 않는 경우라면, 위 입국금지결정은 항고소송의 대상이 될 수 있는 **처분**에 해당하지 않는다.	처분 **해당** ×	O
O X **10**	★★★ 2012 지방직 9급 **행정처분의 송달**은 민법상 도달주의가 아니라 행정절차법 제15조에 의한 발신주의를 취한다.	**도달주의**(행정절차법 제15조)	X
O X **11**	★★★ 2023 행정사 **송달**은 다른 법령 등에 특별한 규정이 있는 경우를 제외하고는 해당 문서를 발신한 때 그 **효력**이 **발생**한다.	11 12 **도달**함으로써 효력 발생	X
O X **12**	★★★★ 2015 서울시 7급 **송달**은 다른 법령 등에 특별한 규정이 있는 경우를 제외하고는 해당 문서가 송달받을 자에게 도달됨으로써 그 **효력**이 **발생**한다.		O
O X **13**	★★★★ 2017 서울시 9급 **행정행위의 효력발생요건으로서의 도달**은 상대방이 그 내용을 현실적으로 알 필요까지는 없고, 다만 알 수 있는 상태에 놓여짐으로써 충분하다.	내용을 **알 수 있는 상태에 놓여짐**으로써 충분함.	O
O X **14**	★★★★ 2024 해경간부 처분의 통지는 행정처분을 상대방에게 표시하는 것으로서 **상대방이 인식할 수 있는 상태에 둠으로써 족**하고, 객관적으로 보아서 행정처분을 **인식할 수 있도록 고지**하면 되는 것이다.	**처분의 통지**	O
O X **15**	★★★ 2024 해경간부 **부당한 수취거부**가 없었더라면 상대방이 우편물의 내용을 알 수 있는 객관적 상태에 놓일 수 있었던 때, 즉 수취거부시에 의사표시의 효력이 생긴 것으로 보아야 한다.	**수취거부시** 의사표시의 **효력 발생**	O

OX ★★★ 2014 서울시 9급

16 **송달**은 우편, 교부 또는 정보통신망 이용 등의 **방법**으로 할 수 있다.

우편, 교부 또는 **정보통신망 이용** 등 — O

OX ★★ 2018 경행경채

17 행정청은 **국내에 주소 · 거소 · 영업소 또는 사무소가 없는 외국사업자**에 대하여 우편송달의 방법으로 문서를 **송달**할 수 있다.

우편송달 가능(판례) — O

OX ★★★★ 2017 교육행정직 9급

18 **납세자가 과세처분의 내용을 미리 알고 있는 경우 납세고지서의 송달**은 불필요하다.

납세고지서의 송달 **필요** ○ — X

OX ★★★★★ 2024 변호사

19 상대방 있는 행정처분은 의사표시에 관한 일반 법리에 따라 상대방에게 고지되어야 효력이 발생함이 원칙이나, **상대방 있는 행정처분이 상대방에게 고지되지 아니한 경우**라도 상대방이 다른 경로를 통해 행정처분의 내용을 알게 되었다면 행정처분의 효력이 발생한다고 볼 수 있다.

다른 경로를 통해 내용을 알게 되었더라도 효력 발생 × — X

OX ★★★ 2024 해경간부

20 처분의 상대방인 원고가 피고인 **행정청의 홈페이지에 접속하여** 이 사건 **처분의 결정내용을 확인**하여 알게 되었다면, 피고가 인터넷 **홈페이지에** 이 사건 **처분의 결정내용을 게시한 것만으로**도 행정절차법 제14조에서 정한 바에 따라 송달이 이루어졌다고 볼 수 있다.

송달의 효력 발생 × — X

OX ★★★ 2018 국가직 9급

21 **등기에 의한 우편송달의 경우**라도 **수취인이 주민등록지에 실제로 거주하지 않는 경우**에는 우편물의 **도달사실**을 처분청이 입증해야 한다.

처분청이 입증하여야 함. — O

OX ★★★★ 2018 국가직 9급

22 처분서를 **보통우편의 방법으로 발송한 경우**에는 그 우편물이 상당한 기간 내에 **도달**하였다고 **추정**할 수 없다.

22 23 ㉠ **도달 추정 인정** ×
㉡ **도달의 효력을 주장하는 측에서 입증책임**

— O

OX ★★★★ 2020 경행경채

23 내용증명우편이나 등기우편과는 달리, **보통우편의 방법으로 발송된 경우** 송달의 효력을 주장하는 측에서 증거에 의하여 이를 **입증**하여야 한다.

— O

OX ★★★ 2022 해경간부

24 **교부에 의한 송달**은 **수령확인서를 받고 문서를 교부**함으로써 하며, 송달하는 장소에서 **송달받을 자를 만나지 못한 경우**에는 그 **사무원 · 피용자** 또는 **동거인**으로서 **사리를 분별할 지능이 있는 사람**에게 **문서를 교부할 수 있다.**

행정절차법 제14조 제2항 — O

OX ★★★ 2023 경찰간부

25 **교부에 의한 송달**을 할 때 문서를 송달받을 자 또는 그 사무원 등이 **정당한 사유 없이 송달받기를 거부**하는 경우에는 **그 사실을 수령확인서에 적고, 문서를 송달할 장소에 놓아 둘 수 있다.**

행정절차법 제14조 제2항 단서(유치송달) — O

OX ★★★★ 2023 행정사

26 **정보통신망을 이용한 송달**은 송달받을 자의 동의 여부와 상관없이 언제든지 가능하다.

송달받을 자가 **동의하는 경우만 가능** — X

OX ★★★ 2022 해경간부

27 **정보통신망을 이용한 송달**을 할 경우 행정청은 송달받을 자의 동의를 얻어 **송달받을 전자우편주소 등**을 **지정**하여야 한다.

송달받을 자가 지정 ○ / 행정청 × — X

OX ★★★★ 2024 해경승진

28 **정보통신망을 이용하여 전자문서로 송달**하는 경우에는 **송달받을 자가 지정한 컴퓨터 등에 입력된 때에 도달**한 것으로 본다.

행정절차법 제15조 제2항

ㅇ

OX ★★★★ 2021 소방직 9급

29 **행정절차법**은 행정행위 상대방에 대한 송달받을 자의 주소 등을 통상적인 방법으로 확인할 수 없는 경우에 한하여, **공고의 방법에 의한 송달**이 가능하도록 **규정**하고 있다.

송달에 갈음하는 공고 :
㉠ **송달받을 자의 주소 등을 통상적인 방법으로 확인할 수 없는 경우**
㉡ **송달이 불가능한 경우**

x

OX ★★★★ 2024 해경승진

30 **송달이 불가능한 경우**에는 송달받을 자가 알기 쉽도록 **관보, 공보, 게시판, 일간신문 중 하나 이상**에 공고하고 **인터넷에도 공고**하여야 한다.

행정절차법 제14조 제4항

ㅇ

OX ★★★ 2022 국회직 8급, 2021 소방직 9급

31 행정절차법상 송달이 불가능하여 관보, 공보 등에 **공고**한 경우에는 다른 법령 등에 특별한 규정이 있는 경우를 제외하고 **공고일부터 14일이 경과한 때**에 그 **효력이 발생**한다. **다만**, 긴급히 시행하여야 할 특별한 사유가 있어 **효력발생시기를 달리 정해 공고한 경우**에는 **그에 따른다**.

행정절차법 제15조 제3항

ㅇ

OX ★★★★ 2011 지방직 9급

32 **청소년유해매체물 결정 및 고시처분**은 일반 불특정 다수인을 상대방으로 하여 일률적으로 표시의무, 포장의무, 청소년에 대한 판매 · 대여 등의 금지의무를 발생시키는 행정처분이다.

행정처분 ○

ㅇ

OX ★★★★ 2023 변호사

33 **청소년유해매체물 결정 및 고시처분**은 일반 불특정 다수인에 대하여 청소년에 대한 판매 · 대여 등의 금지의무 등 각종 의무를 발생시키는 **행정처분**으로서, 방송통신심의위원회와 여성가족부장관이 특정 인터넷 웹사이트에 대하여 청소년유해매체물 결정 및 고시처분이 있었음을 **해당 웹사이트 운영자에게 통지하지 않았더라도** 위 처분의 효력이 발생하지 아니한 것으로 볼 수 없다.

불특정 다수인을 상대방으로 하는 **행정처분** ○ → 통지하지 않았다고 하여 **효력 발생 아니한 것** ×

ㅇ

OX ★★★ 2023 소방승진

34 훈장 수여 등 **서훈수여**처분의 경우, **유족 등 제3자**는 처분의 상대방이 될 수 없고, 망인을 대신하여 단지 사실행위로서 훈장 등을 교부받거나 보관할 수 있는 지위에 있을 뿐이다.

처분의 **상대방** ×

ㅇ

OX ★★★★ 2023 국가직 9급

35 **서훈**은 서훈대상자의 특별한 공적에 의하여 수여되는 **고도의 일신전속적 성격**을 가지는 것이므로 **유족**이라고 하더라도 처분의 상대방이 될 수 없다.

35 36 ㉠ **유족**은 **상대방** ×
㉡ 처분권자의 의사에 따라 **상당한 방법으로 대외적으로 표시됨으로**써 행정행위로서 **성립**

ㅇ

OX ★★★ 2017 지방직(하) 9급

36 **망인에 대한 서훈취소**는 유족에 대한 것이 아니므로 유족에 대한 통지에 의해서만 성립하여 효력이 발생한다고 볼 수 없고, 그 결정이 처분권자의 의사에 따라 상당한 방법으로 대외적으로 표시됨으로써 행정행위로서 성립하여 **효력**이 **발생**한다고 봄이 타당하다.

ㅇ

OX ★★★ 2018 국회직 8급

37 **행정행위의 효력요건**은 정당한 **권한** 있는 기관이 필요한 **절차**를 거치고 필요한 표시의 **형식**을 갖추어야 할 뿐만 아니라, 행정행위의 **내용**이 법률상 효과를 발생할 수 있는 것이어야 되며 그 중의 **어느 하나의 요건의 흠결**도 당해 행정행위의 취소원인이 된다.

행정행위의 **무효원인**

x

Topic 30 행정법령의 적용문제

p.106

OX ★★★★★ 2014 지방직 7급

01 행정처분은 그 **근거법령이 개정된 경우에도** 경과규정에서 **달리 정함이 없는 한, 처분 당시 시행**되는 개정**법령**과 그에 정한 기준**에 의하는 것이 원칙**이다.

행정기본법 제14조 — O

OX ★★★ 2014 지방직 7급

02 장해급여지급을 위한 **장해등급결정**과 같이 행정청이 **확정된 법률관계를 확인하는 처분**을 하는 경우에는 처분시 **법령**을 **적용**하여야 한다.

02 03 **지급사유발생 당시 법령 적용** — X

OX ★★★ 2017 국가직(하) 7급

03 국민연금법상 장애연금지급을 위한 **장애등급결정**을 하는 경우에는 원칙상 장애연금지급청구권을 취득할 당시가 아니라 장애연금지급을 결정할 당시의 **법령**을 **적용**한다.

X

OX ★★★★ 2024 소방직 9급

04 **법령** 등을 **위반**한 **행위**의 **성립**과 이에 대한 **제재처분**은 법령 등에 특별한 규정이 있는 경우를 제외하고는 원칙적으로 제재처분 당시의 **법령** 등에 따른다.

위반행위 당시 법령에 따름. — X

OX ★★★★ 2022 국가직 7급

05 **법령위반행위가 2022년 3월 23일 있은 후 법령이 개정**되어 그 위반행위에 대한 **제재처분기준이 감경된 경우**, 특별한 규정이 없다면 해당 제재처분에 대해서는 개정된 **법령**을 **적용**한다.

감경된 개정 법령 적용 — O

OX ★★★★ 2023 서울시 지적 7급

06 **법령 등을 위반한 행위 후 법령** 등의 **변경**에 의하여 그 행위가 **법령** 등을 **위반**한 **행위**에 **해당하지 아니하거나 제재처분기준**이 **가벼워진 경우**로서 해당 법령 등에 특별한 규정이 없는 경우에는 **변경된 법령** 등을 **적용**한다.

행정기본법 제14조 제3항 — O

OX ★★★ 최신판례

07 제약회사의 리베이트 제공이라는 **위반행위에 대한** 약제 상한금액 인하처분은 **제재적 성격**을 포함하고 있으므로 위반행위인 리베이트 제공 당시에 시행되던 **법령**에 따라 이루어져야 한다.

위반행위 당시 법령에 따름. — O

Topic 31 행정행위의 효력 및 구속력

p.107~113

OX ★★★ 2009 국가직 9급

01 **행정행위**는 그 내용에 따라 **일정한 법적 효과가 발생**하고 **관계행정청 및 상대방과 관계인을 구속**하는 힘을 가진다.

행정행위의 **내용적 구속력** — O

OX ★★★★ 2022 해경간부

02 **공정력**이란 행정행위의 위법이 중대 · 명백하여 당연무효가 아닌 한 권한 있는 기관에 의해 취소되기까지는 행정의 상대방이나 이해관계자에게 적법하게 통용되는 힘을 말한다.

하자 있는 행정행위라도 **당연무효가 아닌 한** 권한 있는 기관에 의하여 **취소되기 전까지 유효한 것으로 통용**(**적법하게 통용** ×)되는 힘 — X

OX ★★★★ 2022 군무원 7급

03 행정행위의 공정력이란 **행정행위가 위법**하더라도 **취소되지 않는 한 유효**한 것으로 **통용되는 효력**을 의미하는 것이다.

공정력 — O

O X ★★★★ 2021 지방직 · 서울시 9급

04 **행정처분**이 아무리 위법하다고 하여도 그 하자가 중대하고 명백하여 **당연무효라고 보아야 할 사유가 있는 경우를 제외**하고는 아무도 그 하자를 이유로 무단히 그 **효과를 부정하지 못한다**.

공정력 O

O X ★★★★ 2024 소방직 9급

05 **처분**은 **무효인 경우**를 **제외**하고, **권한**이 **있는 기관이 취소** 또는 **철회**하거나 **기간**의 **경과 등으로 소멸되기 전까지**는 **유효한 것으로 통용**된다.

공정력(행정기본법 제15조) O

O X ★★★ 2020 국회직 8급

06 **공정력**을 인정하는 **이론적 근거**는 법적 안정성설이 통설이다.

법적 안정성설(통설) O

O X ★★★★ 2020 국회직 8급

07 위법한 행정처분으로 인해 피해를 입은 자가 제기한 **국가배상청구소송에서 민사법원은 행정행위의 위법성 여부를 확인**하여 배상청구를 인용할 수 있다.

위법성 확인 가능, 배상청구 인용 가능 O

O X ★★★★★ 2023 지방직 · 서울시 7급

08 계고처분이 **위법한** 경우 **행정대집행**이 완료되면 그 처분의 취소를 구할 소의 이익은 없다 하더라도, 미리 그 행정처분의 취소판결이 있어야만 그 행정처분의 위법임을 이유로 한 **손해배상청구**를 할 수 있는 것은 아니다.

취소판결 없어도 손해배상청구 **가능** O

O X ★★★★ 2012 국가직 9급

09 **위법한 철거명령**을 받고 건축물이 철거된 자는 그 철거명령의 **취소를 구하지 않고 곧바로 국가배상을 청구**할 수 있다.

국가배상청구 가능 O

O X ★★★★ 2022 해경간부

10 과세대상이 아닌 것을 세무공무원이 **직무상 과실로 과세대상으로 오인하여 과세처분**을 행함으로 인하여 **손해가 발생된 경우**, 동 과세처분이 취소되지 아니하였다 하더라도 국가는 이로 인한 **손해를 배상할 책임**이 있다.

과세처분이 **취소되지 않았어도 손해배상책임** O

O X ★★★★ 2023 지방직 · 서울시 7급

11 **과세처분**의 **하자**가 단지 **취소할 수 있는 정도에 불과**할 때에는 과세관청이 이를 스스로 취소하거나 항고쟁송절차에 의하여 **취소되지 않는 한**, 그로 인한 **조세**의 **납부**가 부당이득이 된다고 할 수 없다.

취소되지 않는 한 **부당이득** × O

O X ★★★★ 2022 군무원 7급

12 행정행위의 공정력은 판결의 기판력과 같은 효력은 아니지만 그 공정력의 객관적 범위에 속하는 **행정행위의 하자가 취소사유에 불과한 때**에는 그 처분이 **취소되지 않는 한** 처분의 효력을 부정하여 **그로 인한 이득**을 법률상 원인 없는 이득이라고 말할 수 없는 것이다.

취소되지 않는 한 **법률상 원인 없는 이득(부당이득)** × O

O X ★★★★ 2019 경행경채 2차

13 국민이 조세부과처분의 위법을 이유로 이미 납부한 **세금**의 **반환**을 **청구**하는 민사**소송**을 제기한 경우, **과세처분의 하자**가 단지 **취소할 수 있는 정도에 불과**하더라도, 당해 **민사법원**은 위법한 과세처분의 효력을 직접 상실시켜 납부된 세금의 반환을 명할 수 있다.

13 14 **효력 부인** ×(공정력) X

O X ★★★★ 2017 사회복지직 9급

14 **조세의 과오납**으로 인한 **부당이득반환청구소송**에서 **행정행위가 당연무효가 아닌 경우 민사법원**은 그 처분의 효력을 부인할 수 없다.

O

O X ★★★★ 2023 소방간부

15 **과세처분에 하자**가 있는 경우 하자의 정도와 상관없이 조세를 이미 납부한 자는 부당이득반환청구소송을 제기할 수 있으며 **민사법원**은 이를 판단할 수 있다.

취소사유에 불과한 경우 민사법원은 처분의 **효력 부인** ×**(공정력)** X

OX ★★★ 2021 국회직 8급

16 **토지보상법상** 재결에 대하여 불복절차를 취하지 아니함으로써 그 **재결에 대하여 더 이상 다툴 수 없게 된 경우**에는, **기업자는** 그 **재결이 당연무효이거나 취소되지 않는 한** 이미 보상금을 지급받은 자에 대하여 민사소송으로 그 **보상금**을 **부당이득**이라 하여 **반환**을 구할 수 없다.

반환청구 × — O

OX ★★★ 최신판례

17 **요양급여비용청구권과 의사소견서 발급비용청구권**은 국민건강보험공단의 **지급결정**에 의하여 **구체적인 권리가 발생**하므로 요양급여비용 **지급결정이 취소되지 않았다면** 공단의 요양기관에 대한 **요양급여비용 상당 부당이득반환청구권**이 성립하지 않는다.

공단의 지급결정이 취소되지 않았다면 요양급여비용 상당 부당이득 반환청구권 **성립** × — O

OX ★★★★ 2022 지방직 · 서울시 9급

18 **조세부과처분이 무효**임을 이유로 이미 납부한 **세금의 반환을 청구하는 민사소송**에서 법원은 그 조세부과처분이 **무효라는 판단**과 함께 세금을 **반환하라는 판결**을 할 수 있다.

무효 여부 및 이를 **전제로 판결 가능(공정력 인정** ×) — O

OX ★★★★ 2023 지방직 · 서울시 7급

19 **민사소송**에서 어느 행정처분의 **당연무효 여부**가 **선결문제**로 되는 경우 행정소송 등의 절차에 의하여 그 취소나 무효확인을 받아야 한다.

당연무효 전제로 판단 가능, 행정소송 등 절차 **필요** × — X

OX ★★★★ 2022 군무원 7급

20 **행정행위의 위법 여부가 범죄구성요건**의 문제로 된 경우에는 **형사법원**이 행정행위의 위법성을 인정할 수 있다.

형사법원이 행정행위의 **위법성 판단 가능** — O

OX ★★★★ 2023 소방승진

21 행정청으로부터 **시정명령을 받은 사람이 이를 위반한 경우**, 그로 인하여 같은 법에서 정한 처벌을 하기 위해서는 그 시정명령이 적법해야 하는 것이 원칙이나, 시정명령의 하자가 당연무효가 아닌 취소사유에 불과하다면 시정명령 위반죄가 성립될 수 있다.

— X

OX ★★★★ 2021 군무원 7급

22 어떤 법률에 의하여 행정청으로부터 **시정명령을 받은 자가 이를 위반한 경우** 그 때문에 그 **법률에서 정한 처벌을 하기 위하여**는 그 시정명령은 적법한 것이라야 한다.

— O

21 22 ㉠ **적법한 시정명령**이 전제
㉡ **형사법원**은 시정명령의 **적법 여부 심사 가능**
㉢ **시정명령이 위법**한 경우 **범죄 불성립**

OX ★★★ 2024 해경승진

23 구 도시계획법상 **원상회복 등의 조치명령을 받고도 이를 따르지 않은 자에 대해 형사처벌**을 하기 위해서는 적법한 조치명령이 전제되어야 하며, 이때 형사법원은 그 적법 여부를 심사할 수 있다.

㉠ **적법한 조치명령**이 전제
㉡ **형사법원은** 조치명령의 **적법 여부 심사 가능**
㉢ **조치명령이 위법**한 경우 **범죄 불성립**

— O

OX ★★★ 2019 경행경채 2차

24 「개발제한구역의 지정 및 관리에 관한 특별조치법」에 따라 행정청으로부터 **시정명령을 받은 자가 이를 이행하지 않은 경우**, 당해 **시정명령이 위법**한 것으로 인정되는 한 죄가 성립하지 않는다.

㉠ **적법한 시정명령**이 전제
㉡ **형사법원**은 시정명령의 **적법 여부 심사 가능**
㉢ **시정명령이 위법**한 경우 **범죄 불성립**

— O

OX ★★★ 2024 국회직 8급

25 개발행위허가를 받지 않고 무단으로 토지의 형질을 변경하였다는 이유로 관할행정청으로부터 **원상복구조치명령**을 받았으나, 위 **조치명령에 취소사유에 해당하는 위법이 있는 경우** 이를 이행하지 않더라도 처벌할 수는 없다고 할 것이다.

조치명령 등 위반죄 성립 × — O

OX ★★★★ 2023 소방간부

26 「국토의 계획 및 이용에 관한 법률」에 따른 처분이나 **조치명령에 따라야 할 의무위반**을 이유로 **형사처벌을 하기 위해서는** 그 처분이나 **조치명령이 적법한 것이어야 하므로** 형사법원은 해당 조치명령의 위법성을 판단할 수 있다.

형사법원이 **조치명령의 위법성 판단 가능** ○

OX ★★★ 2022 소방간부

27 소하천정비법에 따라 행정청으로부터 **시정명령을 받은 사람이 이를 위반한 경우**, 그로 인하여 같은 **법에서 정한 처벌을 하기 위해서는** 그 **시정명령**이 **적법해야 하고, 시정명령이 당연무효가 아니더라도 위법하다고 인정**되는 한 그 위반죄가 성립될 수 없다.

시정명령이 위법한 경우 **범죄 불성립** ○

OX ★★★ 2023 지방직 · 서울시 7급

28 소방시설 등의 설치 또는 유지 · 관리에 대한 **명령**이 행정처분으로서 **하자가 있어 무효**인 경우, 위 명령위반을 이유로 **행정형벌**을 부과할 수 없다.

명령위반을 이유로 행정형벌 부과 × ○

OX ★★★★ 2023 소방승진

29 관할 소방서장으로부터 소방시설 불량사항에 관한 시정보완명령을 받고도 따르지 아니하였다는 내용으로 기소된 사안에서, 담당 소방공무원이 **시정보완명령을 구술로 고지**하였다면, 이러한 행정처분은 당연무효이고 **행정형벌**을 부과할 수 없다.

당연무효 ○ / 행정형벌 부과 × ○

OX ★★★★ 2014 지방직 9급

30 **행정처분이 당연무효가 아닌 한 형사법원**은 선결문제로 그 **행정처분의 효력**을 **부인**할 수 없다.

행정행위가 **취소사유**인 경우 **효력 부인 불가**(공정력) ○

OX ★★★★ 2018 교육행정직 9급

31 **형사법원**은 **행정행위가 당연무효라면**, 선결문제로서 그 **행정행위의 효력**을 **부인**할 수 있다.

행정행위가 무효인 경우 **무효 판단 가능** ○

OX ★★★★★ 2024 해경간부

32 **연령미달자**가 그의 **형의 이름으로** 운전면허시험에 응시 · 합격하여 **교부받은 운전면허**는 당연무효가 아니고 취소되지 않는 한 유효하므로 그 운전행위는 무면허운전에 해당하지 아니한다.

취소되지 않는 한 유효 → 무면허운전 × ○

OX ★★★★ 고난도

33 자동차운전면허취소처분을 받은 사람이 자동차를 운전하였으나 **운전면허취소처분의 원인이 된 교통사고 또는 법규위반에 대하여** 범죄사실의 증명이 없는 때에 해당한다는 이유로 **무죄판결이 확정**된 경우, 아직 운전면허취소처분이 취소되지 않았다면 도로교통법에 규정된 **무면허운전의 죄**로 처벌할 수 있다.

아직 운전면허취소처분이 취소되지 않았더라도 무면허운전의 죄로 **처벌 불가** X

OX ★★★★ 2022 지방직 · 서울시 9급

34 물품을 수입하고자 하는 자가 세관장에게 수입신고를 하여 그 면허를 받고 물품을 통관한 경우에는, **세관장의 수입면허**가 중대하고도 명백한 하자가 있는 행정행위이어서 **당연무효가 아닌 한** 관세법 소정의 무면허수입죄가 성립될 수 없다.

무면허수입죄 성립 × ○

OX ★★★ 2024 해경승진

35 **조세부과처분**을 **취소**하는 행정**판결이 확정된 경우** 부과처분의 효력은 처분 시에 소급하여 효력을 잃게 되므로 확정된 행정판결은 조세포탈에 대한 무죄를 인정할 명백한 증거에 해당한다.

㉠ 조세부과처분 : **처분시에 소급하여 실효**
㉡ **확정판결** : 무죄 인정 증거 ○

OX ★★ 고난도

36 **조세포탈**에 관하여 **유죄의 확정판결**이 있은 **후**에 그 **조세부과처분**을 **취소**하는 **행정소송판결이 확정**된 경우에는 형사소송법 제420조 제5호 소정의 재심사유에 해당한다.

형사소송법상의 **재심사유**에 해당 ○

O X ★★★ 2016 사회복지직 9급

37 **공정력**은 행정청의 권력적 행위뿐 아니라 비권력적 행위, 사실행위, 사법행위에도 **인정**된다.

비권력적인 공법상 계약, 단순한 사실행위 및 사법(私法)행위에는 인정 × X

O X ★★★ 2021 군무원 7급

38 통설은 **공정력**의 근거를 적법성의 추정으로 보아 행정행위의 적법성은 피고인 행정청이 아니라 원고 측에 **입증책임**이 있다고 한다.

38 39 ㉠ 잠정적으로 유효한 것으로 통용시키는 효력에 불과 ㉡ **공정력과 입증책임은 무관**(통설) X

O X ★★★ 2012 사회복지직 9급

39 **공정력**은 **입증책임의 분배**와 직접적인 관련이 있다. X

O X ★★ 2015 교육행정직 9급

40 **구성요건적 효력**은 행정행위의 유 · 무효를 불문하고 **인정**되는 구속력이다.

유효한 행정행위에 인정 X

O X ★★ 2008 선관위 9급

41 구성요건적 효력이란 **유효한 행정행위가 존재하는 이상 모든 국가기관은 그의 존재를 존중하여 스스로의 판단기초 내지는 구성요건으로 삼아야 한다는 구속력**을 말한다.

구성요건적 효력 O

O X ★★ 2017 국가직 9급

42 행정행위의 효력으로서 **구성요건적 효력**과 공정력은 **이론적 근거**를 법적 안정성에서 찾고 있다는 공통점이 있다.

기관 간의 권한존중 X

O X ★★ 2018 소방직 9급

43 **행정행위의 불가쟁력**은 형식적 존속력이라고도 한다.

형식적 존속력 O

O X ★★★★ 2015 서울시 9급

44 **일정한 불복기간이 경과**하거나 **쟁송수단을 다 거친 후**에는 더 이상 **행정행위를 다툴 수 없게 되는 효력**을 행정행위의 불가변력이라 한다.

행정행위의 불가쟁력 X

O X ★★ 2018 교육행정직 9급

45 **불가쟁력**은 행정행위의 상대방이나 이해관계인에 대하여 발생하는 **효력**이다.

상대방 · 이해관계인에 대해 발생 O

O X ★★★ 2024 국가직 9급

46 제소기간의 경과 등으로 **처분에 불가쟁력이 발생**하였다 하여도 행정청은 실권의 법리에 해당하지 않는다면 직권으로 처분을 취소할 수 있다.

직권 취소 가능 O

O X ★★★ 2022 변호사

47 행정처분에 대하여 제소기간이 도과하여 **불가쟁력이 발생한 경우**에는 그 **행정처분의 위법을 이유로 국가배상청구소송**을 제기할 수 없다.

요건 충족시 국가배상청구 가능 X

O X ★★★ 2023 소방승진

48 **당연무효인 처분**은 불가쟁력이 발생할 여지가 없다.

불가쟁력 발생 × O

O X ★★★★ 2019 소방직 9급

49 **무효인 행정행위**에는 **공정력, 불가쟁력**이 인정되지 않는다.

인정 × O

O X ★★★★ 2022 변호사

50 산업재해**요양급여결정을 취소하는 처분**에 대한 제소기간이 도과하여 **불가쟁력이 발생**하였다면 **요양급여청구권이 없다는** 내용의 **법률관계**가 확정된다.

50 51 **요양급여청구권 없음이 확정된 것은 아니**므로 다시 **요양급여 청구 가능** X

OX ★★★★ 2017 국가직(하) 7급

51 **산업재해요양보상급여취소처분**이 **불복기간의 경과로** 인해 **확정**되면 요양급여청구권 없음이 확정되므로 다시 **요양급여**를 **청구**할 수 없다. X

OX ★★★★ 2024 국가직 9급

52 **행정처분이나 행정심판재결이 불복기간의 경과로 확정**될 경우 그 확정력은 처분으로 법률상 이익을 침해받은 자가 **당해 처분**이나 재결의 효력을 **더 이상 다툴 수 없다는 의미**일 뿐 판결과 같은 기판력이 인정되는 것은 아니다. O

52 53 ㉠ **기판력 인정** ×(처분의 효력을 다툴 수 없을 뿐)
㉡ **처분의 기초가 된 사실관계·법률적 판단 확정** ×, **당사자·법원은 모순되는 주장·판단 가능**

OX ★★★★ 2023 서울시 지적 7급

53 **행정처분이나 행정심판재결이 불복기간의 경과로 확정**될 경우 그 처분의 기초가 된 사실관계나 법률적 판단이 확정되고 당사자들이나 법원은 이에 기속되어 모순되는 주장이나 판단을 할 수 없다. X

OX ★★★★ 2024 해경간부

54 제소기간이 이미 도과하여 **불가쟁력이 생긴 행정처분**에 대해서는 특별한 사정이 없는 한 국민에게 그 행정**처분의 변경을 구할 신청권**이 있다고 할 수 없다. O

54 55 특별한 사정이 없는 한 변경신청권 **인정** ×

OX ★★★★ 2022 군무원 9급

55 제소기간이 이미 도과하여 **불가쟁력이 생긴 행정처분**에 대하여는 개별 법규에서 그 변경을 요구할 신청권을 규정하고 있거나 관계법령의 해석상 그러한 신청권이 인정될 수 있는 등 특별한 사정이 없는 한 국민에게 그 행정**처분의 변경을 구할 신청권**이 있다 할 수 없다. O

OX ★★★★ 2019 지방직 7급

56 영업허가를 취소하는 **처분에 대해 불가쟁력이 발생**하였더라도 **이후** 사정변경을 이유로 그 허가취소의 **변경**을 **요구**하였으나 행정청이 이를 **거부한 경우**라면, 그 거부는 원칙적으로 항고소송의 대상이 되는 처분이다. X

항고소송의 대상이 되는 처분 ×

OX ★★★ 2016 사회복지직 9급

57 행정행위에 **불가변력이 발생한 경우** 행정청은 당해 행정행위를 **직권**으로 **취소**할 수 없으나 **철회**는 가능하다. X

모두 불가능

OX ★★★ 2022 군무원 9급

58 불가변력이라 함은 **행정행위를 한 행정청이** 당해 행정행위를 **직권으로 취소 또는 변경할 수 없게 하는 힘**으로 **실질적 확정력** 또는 **실체적 존속력**이라고도 한다. O

불가변력

OX ★★★ 2018 소방직 9급

59 **행정심판위원회의 재결**에는 **불가변력**이 인정된다. O

인정

OX ★★★ 2024 해경간부

60 행정행위의 **불가변력**은 **당해 행정행위**에 대해서는 물론 그 **대상을 달리하는 동종의 행정행위**에 대해서도 이를 인정할 수 있다. X

당해 행정행위 : **인정** ○
대상이 다른 동종의 행정행위 : **인정** ×

★★★ 2021 소방직 9급

61 **행정행위의 존속력**에 관한 설명으로 옳지 않은 것은? (다툼이 있는 경우 판례에 의함) ④

① 불가변력은 처분청에 미치는 효력이고, 불가쟁력은 상대방 및 이해관계인에게 미치는 효력이다.
② 불가쟁력이 생긴 경우에도 국가배상청구를 할 수 있다.
③ 불가변력이 있는 행위가 당연히 불가쟁력을 발생시키는 것은 아니다.
④ 불가쟁력은 실체법적 효력만 있고, 절차법적 효력은 전혀 가지고 있지 않다.

불가쟁력 : 절차법적 효력
불가변력 : 실체법적 효력

OX ★★★ 2023 행정사

62 **불가변력**은 행정행위의 상대방이나 이해관계인을 구속하는 효력이고 **불가쟁력**은 행정청을 구속하는 효력이다.

불가쟁력 : **상대방 · 이해관계인** 구속 / 불가변력 : **행정청** 구속 — X

OX ★★★ 2017 국가직(하) 7급

63 **불가변력**은 모든 행정행위에 공통되는 것이 아니라 **행정심판의 재결 등**과 같이 **예외적이고 특별한 경우**에 **처분청 등 행정청에 대한 구속**으로 인정되는 **실체법적 효력**을 의미한다.

실체법적 효력 ○ — O

OX ★★★ 2023 행정사

64 **불가변력**은 모든 행정행위에 다 인정되지만, **불가쟁력**은 예외적으로 일부 행정행위의 경우에만 인정된다.

불가쟁력 : **모든** 행정행위 / 불가변력 : **일부** 행정행위 — X

OX ★★★★ 2018 소방직 9급

65 **불가쟁력이 발생한 행정행위**일지라도 **불가변력이 없는 경우**에는 행정청 등 권한 있는 기관은 이를 **직권**으로 **취소**할 수 있다.

65 66 **직권취소 가능** — O

OX ★★★ 2018 지방직 9급

66 **위법한 점용허가**를 다투지 않고 있다가 **제소기간이 도과한 경우**에는 **처분청**이라도 그 점용허가를 **취소**할 수 없다.

X

OX ★★★ 2009 지방직 7급

67 **불가변력이 발생한 행정행위**는 당연히 **불가쟁력**을 가진다.

당연히 불가쟁력이 발생하는 것은 아님. — X

OX ★★★★ 2015 교육행정직 9급

68 **불가변력이 있는 행정행위**도 **쟁송제기기간이 경과하기 전**에는 **쟁송**을 **제기**하여 그 효력을 다툴 수 있다.

쟁송 제기 가능 — O

OX ★★ 2015 서울시 9급

69 판례에 따르면 **행정행위의 집행력**은 행정행위의 성질상 당연히 내재하는 효력으로서 **별도의 법적 근거**를 요하지 않는다.

행정행위의 근거와는 **별도의 법적 근거 필요** — X

Topic 32 행정행위의 하자

p.114~121

OX ★★ 2014 국회직 8급

01 행정청은 처분에 **오기 · 오산**이 있을 때에는 직권으로 또는 신청에 따라 정정하고 그 사실을 당사자에게 통지하면 된다.

직권 또는 **신청**에 따라 **정정하고** 그 사실을 당사자에게 **통지** — O

OX ★★ 2014 경행특채 1차

02 법규에 특별한 규정이 없는 한 **단순한 계산의 착오**만으로 행정행위의 효력에 영향이 없다.

행정행위의 효력에 영향 × 하자와 구별됨. — O

OX ★★★ 2018 국회직 8급

03 **공정거래위원회의 과징금 납부명령이 재량권 일탈 · 남용으로 위법한지**는 다른 특별한 사정이 없는 한 과징금 납부명령이 행하여진 '의결일' 당시의 사실상태를 기준으로 **판단**하여야 한다.

'의결일' 당시의 사실상태 **기준** — O

OX ★★★★ 2022 해경간부

04 **무효와 취소** 양자의 **구별기준**으로는 중대 · 명백설이 통설 및 판례이다.

04 05 **중대 · 명백설** : 하자가 적법요건의 중대한 위반과 일반인의 관점에서도 외관상 명백한 것 → 무효 | O

OX ★★★★ 2013 서울시 7급

05 **중대 · 명백설**은 하자 있는 행정처분이 **당연무효**이기 위해서는 그 하자가 적법요건의 중대한 위반과 일반인의 관점에서도 외관상 명백한 것을 **기준**으로 한다.

O

OX ★★★ 2015 서울시 9급

06 **명백성 보충요건설**에서는 행정행위의 **무효**의 **기준**으로 **중대성 요건만을 요구하지만, 제3자나 공공의 신뢰보호의 필요가 있는 경우**에는 보충적으로 명백성 요건도 요구한다.

보충적으로 명백성 요건도 **요구** | O

OX ★★★ 2017 지방직(하) 9급

07 행정행위의 하자와 관련하여 **명백성 보충설**에 의하면 무효판단의 기준에 명백성이 항상 요구되지는 아니하므로 **중대 · 명백설**보다 **무효의 범위**가 넓어지게 된다.

명백성 보충설이 중대 · 명백설보다 **무효의 범위가 넓음.** | O

OX ★★★★ 2023 소방승진

08 하자 있는 행정처분이 **당연무효**가 되기 위해서는 그 **하자가 중대하거나 또는 명백**하여야 하고, 이를 **판별**함에 있어서는 법규의 목적 · 의미 등을 목적론적으로 고찰함과 동시에 구체적인 사안 자체의 특수성에 관하여도 합리적으로 고찰하여야 한다.

법규의 목적 · 의미 · 기능 : 목적론적 고찰 / **구체적 사안의 특수성** : 합리적 고찰 | X

OX ★★★★ 2021 소방직 9급

09 행정처분의 대상이 되는 법률관계나 사실관계가 있는 것으로 **오인할 만한 객관적인 사정이 있고 사실관계를 정확히 조사하여야만 그 대상이 되는지 여부가 밝혀질 수 있는 경우**에는 비록 그 하자가 중대하더라도 명백하지 않아 무효로 볼 수 없다.

하자가 중대하더라도 **명백하지 않아 무효 ×** | O

OX ★★★ 2022 소방직 9급

10 행정청이 사전환경성검토협의를 거쳐야 할 대상사업에 관하여 법의 해석을 잘못한 나머지 세부용도지역이 지정되지 않은 개발사업부지에 대하여 **사전환경성검토협의를 할지 여부를 결정하는 절차를 생략한 채 승인 등의 처분**을 하였다면, 그 행정처분은 당연무효이다.

하자가 중대하더라도 **명백하지 않아 무효 ×** | X

OX ★★★★ 2019 국가직 7급

11 구 「폐기물처리시설 설치촉진 및 주변지역 지원 등에 관한 법률」상 **입지선정위원회가** 동법 시행령의 규정에 위배하여 **군수와 주민대표가 선정 · 추천한 전문가를 포함시키지 않은 채 임의로 구성되어 의결을 한 경우**에, 이에 터잡아 이루어진 **폐기물처리시설 입지결정처분**은 당연무효가 된다.

당연무효 | O

OX ★★★★ 2022 소방간부

12 조세채권의 **소멸시효기간이 완성된 후에 부과된 과세처분**은 당연무효이다.

당연무효 | O

OX ★★★★ 2022 지방직 · 서울시 7급

13 **내부위임을 받은** 데 불과하여 자신의 명의로 처분을 할 **권한이 없는 행정청**이 권한 없이 **자신의 명의로 한 처분**은 무효이다.

무효 | O

OX ★★★★ 2023 소방간부

14 **단속경찰관이 자신의 명의로 운전면허정지처분통지서를 작성 · 교부**하였다면 권한 없는 자에 의하여 행하여진 점에서 무효의 처분에 해당한다.

무효 | O

OX ★★★★ 2023 경찰간부

15 **적법한 권한위임 없이 세관출장소장**에 의하여 행하여진 **관세부과처분**은 그 하자가 중대하기는 하지만 객관적으로 명백하다고 할 수 없어 당연무효는 아니다.

명백 × → 당연무효 × | O

OX ★★★★ 2018 지방직 9급

16 무권한의 행위는 원칙적으로 무효라고 할 것이므로, **5급 이상의 국가정보원 직원에 대해 임면권자인 대통령이 아닌 국가정보원장이 행한 의원면직처분**은 당연무효에 해당한다.

무효 ×

X

OX ★★★ 2015 경행특채 2차

17 **부동산을 양도한 사실이 없음에도** 세무당국이 부동산을 양도한 것으로 **오인하여 양도소득세를 부과**하였다면 그 부과처분은 착오에 의한 행정처분으로서 그 표시된 내용에 중대하고 명백한 하자가 있어 당연무효이다.

당연무효

O

OX ★★★ 2011 국회직 8급

18 구 「개발이익환수에 관한 법률」 시행 당시, **납부의무자가 아닌 조합원에 대하여 행한 개발부담금 부과처분**은 무효이다.

무효

O

OX ★★★★ 최신판례

19 행정청이 처분절차에서 관계법령의 **절차규정을 위반**하여 **절차적 정당성이 상실**된 경우에는 해당 처분은 위법하고 **원칙적으로 취소**하여야 하지만 처분 상대방이나 관계인의 의견진술권이나 **방어권행사에 실질적으로 지장이 초래되었다고 볼 수 없는 특별한 사정**이 있는 경우에는, 해당 처분을 취소할 것은 아니다.

취소 ×

O

OX ★★★ 2018 서울시 1회 7급

20 징계위원회의 심의과정에 **반드시 제출되어야 하는 공적 사항이 제시되지 않은 상태에서 결정한 징계처분**은 징계양정이 결과적으로 적정한 경우에는 법령이 정한 징계절차를 지키지 않은 것으로서 위법하다고 할 수 없다.

징계양정이 결과적으로 적정한지와 상관없이 **위법** ○

X

OX ★★★ 2017 지방직 7급

21 택지개발촉진법상 택지개발예정지구를 지정함에 있어 거쳐야 하는 **관계중앙행정기관의 장과의 협의를 거치지 않은 택지개발예정지구 지정처분**은 무효인 행정행위에 해당한다.

당연무효 × / **취소사유** ○

X

OX ★★★★ 2024 지방직 · 서울시 9급

22 구 학교보건법상 학교환경위생정화구역에서의 금지행위 및 시설의 해제 여부에 관한 행정처분을 함에 있어 **학교환경위생정화위원회의 심의절차를 누락**하였다면, 특별한 사정이 없는 한 이는 행정처분을 위법하게 하는 취소사유가 된다.

취소사유

O

OX ★★★★ 2023 군무원 7급

23 **환경영향평가**를 거쳐야 할 **대상사업**에 대하여 **환경영향평가를 거치지 아니하였음에도 불구**하고 **승인 등 처분**이 이루어진다면, 이러한 행정처분의 하자는 법규의 중요한 부분을 위반한 중대한 것이고 객관적으로도 명백한 것이라고 하지 않을 수 없다.

중대 · 명백 ○ → **당연무효**

O

OX ★★★★ 2022 국가직 7급

24 **환경영향평가절차를 거쳤다면, 환경영향평가의 내용이 다소 부실하다 하더라도,** 그 부**실의 정도가 환경영향평가를 하지 아니한 것과 다를 바 없는 정도의 것이 아니라면** 당연히 당해 승인 등 처분이 위법하게 되는 것은 아니다.

위법 ×

O

OX ★★★ 2019 지방직 · 교육행정직 9급

25 행정청이 사전에 **교통영향평가를 거치지 아니한 채 '건축허가 전까지 교통영향평가 심의필증을 교부받을 것'을 부관으로 붙여서 한 '실시계획변경 승인 및 공사시행변경 인가처분'**은 그 하자가 중대하고 객관적으로 명백하여 당연무효이다.

당연무효 ×

X

OX ★★★ 2024 국회직 8급

26 「소방시설 설치 및 관리에 관한 법률」은 "건축허가 등의 권한이 있는 행정기관은 건축허가 등을 할 때 미리 그 건축물 등의 소재지를 관할하는 소방서장의 동의를 받아야 한다." 고 규정하고 있다. 甲은 건물신축을 위해 A시 시장 乙에게 건축법상 건축허가신청을 하였으나, 乙은 A시 소방서장 丙의 동의 거부를 이유로 건축불허가처분을 하였다.

(1) 乙이 **건축불허가처분을 하면서** 건축불허가사유뿐만 아니라 丙의 **건축부동의 사유를 들고 있는 경우**, 甲은 건축불허가처분에 관한 쟁송에서 丙의 건축부동의 사유에 관하여는 다툴 수 없다. | (1) **건축부동의 사유**에 관하여도 **다툴 수 있음**. | X

(2) 甲이 위 건축불허가처분을 **취소소송**으로 다투고자 하는 경우 **피고**는 乙이 된다. | (2) **처분청**(시장) | O

★★★★ 2014 사회복지직 9급

27 **무효인 행정처분**에 해당되지 않는 것은? (다툼이 있는 경우 판례에 의함) | ③ **무효** × | ③

① 행정절차법상 문서주의에 위반하여 행해진 행정처분
② 환경영향평가법상 환경영향평가의 대상사업임에도 환경영향평가를 거치지 않고 행해진 사업승인처분
③ 주민등록법상 최고 · 공고절차가 생략된 주민등록말소처분
④ 취소판결의 기속력에 위반하여 행해진 행정처분

OX ★★★ 2022 경찰간부

28 **소청심사위원회**가 소청사건을 심사할 때 소청인 또는 그 대리인에게 **진술의 기회를 주지 아니하고 한 결정**은 절차를 지키지 아니한 것으로서 당연무효가 된다고 할 수 없다. | **당연무효**(국가공무원법 제3조 제2항, 절차하자를 무효로 규정) | X

OX ★★★★ 2016 교육행정직 9급

29 법률상 청문을 요하는 행정처분의 경우 **청문절차를 결여한 하자**는 취소사유에 해당한다. | **취소사유** | O

OX ★★★★ 2016 국회직 8급

30 **예산의 편성에 절차적 하자**가 있으면 그 예산을 집행하는 처분은 위법하게 된다. | **예산을 집행하는 처분**에 취소사유에 이를 정도의 **하자** × | X

OX ★★★ 2023 소방간부

31 '4대강 살리기 사업' 각 하천 중 한강 부분에 관한 공사시행계획 및 각 실시계획승인처분에 보의 설치와 준설 등에 대한 **예비타당성 조사를 실시하지 아니한 하자**는 예산 자체의 하자가 되며 이에 따라 해당 하천 부분에 관한 각 하천공사시행계획 및 각 실시계획승인처분의 하자도 인정된다. | **예산 자체의 하자** ○ **집행**하는 처분의 **하자** × | X

OX ★★★★ 2024 소방직 9급

32 **과세예고 통지 후 과세전적부심사청구나 그에 대한 결정이 있기도 전**에 **과세처분**을 하는 것은 절차상 하자가 중대하고도 명백하여 무효이다. | **무효** | O

OX ★★★ 2020 지방직 · 서울시 7급

33 **도지사의 인사교류안 작성과 그에 따른 인사교류의 권고가 전혀 이루어지지 않은 상태에서**, 관할구역 내 A시의 시장이 인사교류로서 소속 지방공무원인 甲에게 B시 지방공무원으로 **전출을 명한 처분**은 당연무효이다. | **당연무효** | O

OX ★★★★ 2022 지방직 · 서울시 7급

34 행정청이 어느 법률관계나 사실관계에 대하여 어느 법률의 규정을 적용하여 행정처분을 한 경우에, 그 법률관계나 사실관계에 대하여는 그 **법률의 규정을 적용할 수 없다는 법리가 명백히 밝혀져 해석에 다툼의 여지가 없음에도** 행정청이 **그 규정을 적용하여 처분을 한 때**에는 하자가 중대하고 명백하다. | **중대 · 명백한 하자** | O

OX ★★★ 2024 해경간부

35 어느 법률관계나 사실관계에 대하여 어느 법령의 규정을 적용할 수 없다는 법리가 명백히 밝혀지지 않아 **해석에 다툼의 여지가 있는 상태**에서 과세관청이 이를 **잘못 해석하여** 과세**처분**을 한 경우, 그 하자가 명백하다고 할 수 없다. | **하자 명백** × | O

O X ★★★ 2023 서울시 지적 7급

36 신청에 의한 처분의 경우에는 **신청에 대하여 일단 거부처분**이 행해지면 그 거부처분이 적법한 절차에 의하여 **취소되지 않는 한, 사유를 추가하여 거부처분을 반복하는 것**은 존재하지도 않는 신청에 대한 거부처분으로서 당연무효이다.

당연무효 O

O X ★★★★ 2023 서울시 지적 7급

37 다른 법령 등에 특별한 규정이 없음에도 **행정절차법상**의 **문서주의에 위반**하여 행하여진 행정청의 처분은 하자가 중대하고 명백하여 원칙적으로 무효이다.

무효 O

O X ★★★★ 2023 국회직 8급

38 건물소유자에게 **소방시설 불량사항을 시정 · 보완하라는 명령**을 **구두로 고지**한 것은 행정절차법에 위반한 것으로 하자가 중대하나 명백하지는 않아 취소사유에 해당한다.

당연무효 X

O X ★★★★★ 2019 소방직 9급

39 처분의 근거가 되었던 법률규정에 대하여 **위헌결정이 내려진 후** 행한 **처분의 집행행위**는 당연무효이다.

당연무효 O

O X ★★★★★ 2015 국가직 9급

40 헌법재판소가 **법률을 위헌으로 결정**하였다면 이러한 결정이 있은 **후 그 법률을 근거로 한 행정처분**은 중대한 하자이기는 하나 명백한 하자는 아니므로 당연무효는 아니다.

당연무효 X

O X ★★★★ 2016 지방직 7급

41 **법률이 위헌으로 선언**된 경우, **위헌결정 전에 이미 형성된 법률관계에 기한 후속처분**은 비록 그것이 새로운 위헌적 법률관계를 생성 · 확대하는 경우라도 당연무효라 볼 수는 없다.

당연무효 X

O X ★★★★★ 2024 해경간부

42 **과세처분 이후**에 조세부과의 근거가 되었던 법률규정에 대하여 **위헌결정**이 있었으나, 과세처분에 대한 제소기간이 이미 경과하여 조세채권이 확정된 경우에는 그 **조세채권의 집행을 위한 새로운 체납처분**은 당연무효가 아니다.

당연무효 X

O X ★★★★★ 2023 국회직 8급

43 **과세처분 이후** 조세 부과의 근거가 되었던 법률규정에 대하여 **위헌결정**이 내려진 후에 행한 그 과세**처분의 집행**은 당연무효이다.

당연무효 O

O X ★★★ 2013 서울시 7급

44 헌법재판소법 제47조는 **위헌으로 결정된 법률 또는 법률의 조항**은 원칙적으로 그 법률 또는 법률조항이 제정된 날까지 소급하여 관련된 사건의 효력을 상실시킨다고 규정하고 있다.

헌법재판소법 제47조 : 그 **결정이 있는 날로부터** 효력을 상실 X

O X ★★★ 2022 서울시 지적 7급

45 헌법재판소의 위헌결정은 원칙적으로 장래효이지만 **위헌결정이 있기 전**에 이와 **동종**의 위헌 여부에 대하여 헌법재판소에 **위헌** 여부 **심판제청**을 한 **사건**에 대해서는 소급효를 인정한다.

소급효 인정 O

O X ★★★ 2022 서울시 지적 7급

46 **헌법재판소에 별도로 위헌제청신청을 하지는 않았으나 당해 법률 또는 법률조항이 재판의 전제가 되어 법원에 계속 중인 사건**의 경우 위헌결정의 예외적 소급효가 인정된다.

예외적 소급효 인정 O

OX ★★★ 2019 사회복지직 9급

47 헌법재판소의 **위헌결정의 효력**은 위헌제청을 한 당해사건은 물론 위헌제청신청은 아니하였지만 당해 법률 또는 법률의 조항이 재판의 전제가 되어 법원에 계속 중인 사건에도 미친다.

47 48 **당해사건, 동종사건, 병행사건**, 위헌결정 **이후 같은 이유**로 **제소된 일반사건**에 미침.

O

OX ★★★ 2023 군무원 5급

48 대법원에 따르면, 헌법재판소의 **위헌결정의 효력**은 당해사건, 동종사건과 병행사건뿐만 아니라, 위헌결정 이후 같은 이유로 제소된 일반사건에도 미친다.

O

OX ★★★★ 2023 군무원 5급

49 대법원에 따르면, **위헌결정의 효력이 미치는 범위**가 무한정일 수는 없고, 다른 법리에 의하여 그 소급효를 제한하는 것까지 부정되는 것은 아니며, 법적 안정성의 유지나 당사자의 신뢰보호를 위하여 불가피한 경우에 **위헌결정의 소급효를 제한**하는 것은 오히려 법치주의의 원칙상 요청된다.

법적 안정성 유지, 신뢰보호 등을 위하여 **불가피한 경우** → 법치주의원칙상 **제한** O

O

OX ★★★★ 2023 소방직 9급

50 **이미 취소소송의 제기기간을 경과하여 확정력이 발생한 행정처분**에는 그 근거가 되는 법률에 대한 위헌결정의 소급효가 미치지 않는다.

50 51 **위헌결정의 소급효** ×

O

OX ★★★★ 2012 국가직 7급

51 대법원은 처분이 있은 후에 근거법률이 위헌으로 결정된 경우, 그 처분은 법률의 근거가 없이 행하여진 것과 마찬가지의 하자가 인정되므로 **불가쟁력이 발생**하였다 하더라도 위헌결정의 소급효가 미친다고 보았다.

X

OX ★★★ 2014 지방직 9급

52 대법원은 **금고 이상의 형의 선고유예를 받은 경우에 공무원직에서 당연히 퇴직하는 것으로 규정**한 구 지방공무원법 제61조 중 제31조 제5호 부분에 대한 헌법재판소의 **위헌결정의 효력**에 대하여, 종래의 법령에 의하여 형성된 공무원의 신분관계에 관한 법적 안정성과 신뢰보호의 요청에 비하여 퇴직공무원의 권리구제의 요청이 현저하게 우월하므로, 위 위헌결정 이후 제소된 일반사건에 대하여 위 위헌결정의 소급효가 인정된다고 판시하였다.

소급효 ×

X

OX ★★★★★ 2022 경찰간부

53 행정처분의 **근거법률이 헌법에 위반된다는 사정**은 헌법재판소의 **위헌결정이 있기 전까지**는 객관적으로 명백한 것이라고 할 수는 없다.

명백 × → 취소사유 O

O

OX ★★★★★ 2022 국가직 7급

54 **행정처분이 발하여진 후**에 헌법재판소가 그 **행정처분의 근거가 된 법률을 위헌으로 결정**하였다면, 그 **행정처분은** 특별한 사정이 없는 한 당연무효이다.

당연무효 ×
(명백 ×, 취소사유 O)

X

OX ★★★★★ 2019 사회복지직 9급

55 **행정처분 이후**에 처분의 근거법령에 대하여 헌법재판소 또는 대법원이 **위헌 또는 위법하다는 결정**을 하게 되면, 당해 처분은 법적 근거가 없는 처분으로 하자 있는 처분이고 그 하자는 중대한 것으로 당연무효이다.

당해 처분은 **취소사유** O / 당연무효 ×

X

OX ★★★★★ 2018 소방직 9급

56 **행정처분 후**, 대법원에서 **처분의 근거 명령 등이 무효라고 선언된 경우** 당해 행정처분은 무효사유에 해당한다.

취소사유 O / 무효사유 ×

X

OX ★★★★★ 2024 해경간부

57 일반적으로 **시행령이 헌법이나 법률에 위반된다는 사정**은 그 시행령의 규정을 위헌 또는 위법하여 무효라고 선언한 대법원의 판결이 선고되지 아니한 상태에서는 그 시행령 규정의 위헌 내지 위법 여부가 해석상 다툼의 여지가 없을 정도로 명백하였다고 인정되지 아니하는 이상 객관적으로 **명백한 것이라 할 수 없으므로, 이러한 시행령에 근거한 행정처분의 하자**는 취소사유에 해당할 뿐 무효사유가 되지 아니한다.

위헌 · 위법한 시행령에 근거한 행정처분 → **취소사유** O

O

OX ★★★ 2015 서울시 7급

58 **헌법재판소**는 **위헌법률에 근거한 행정처분의 효력**과 관련하여, 그 **행정처분을 무효로 하더라도 법적 안정성을 크게 해치지 않는 반면에 그 하자가 중대하여 그 구제가 필요한 경우**에 대해서는 예외적으로 당연무효사유로 보아야 한다는 입장을 취하고 있다.

예외적으로 **당연무효**

O

OX ★★★ 2018 지방직 9급

59 **헌법재판소**에 따르면 **행정처분 자체의 효력이** 쟁송기간 경과 후에도 **존속 중**인 경우, 그 **행정처분이 위헌인 법률에 근거하여 내려졌고 그 목적달성을 위해 필요한 후행 행정처분이 아직 이루어지지 않았다면** 그 **하자가 중대하여 그 구제가 필요한 경우에 대하여**서는 쟁송기간 경과 후라도 무효확인을 구할 수 있다.

쟁송기간 경과 후라도 무효확인을 구할 수 있음.

O

OX ★★★★ 2018 경행경채

60 **위헌법률에 기한 행정처분의 집행이나 집행력을 유지하기 위한 행위**는 위헌결정의 기속력에 위반되어 허용되지 않는다.

위헌결정의 기속력에 위반 → 허용 ×

O

OX ★★★★ 2023 소방직 9급

61 **조세부과의 근거**가 되었던 **법률규정이 위헌결정**되었다 하더라도, 그에 기한 과세처분이 위헌결정 전에 이루어졌다면 **위헌결정 이후에 조세채권의 집행을 위한 새로운 체납처분**에 착수할 수 있다.

위헌결정 전 과세처분을 했더라도 체납처분 **불가**

X

OX ★★★★ 2022 지방직 · 서울시 7급

62 **과세처분 이후** 과세의 **근거**가 되었던 **법률**규정에 대하여 **위헌결정이 내려진 경우,** 그 조세채권의 집행을 위해 **새로운 체납처분에 착수**하거나 이를 **속행**하는 것은 당연무효로 볼 수 없다.

62 63 **당연무효** O

X

OX ★★★★ 2022 서울시 지적 7급

63 **과세처분**의 **근거**가 되었던 **법률**규정에 대해 **위헌결정**이 내려진 **후**, 위헌결정의 효력에 위배하여 이루어진 **체납처분**은 당연무효이다.

O

OX ★★★★ 2017 지방직 9급

64 **과세처분 이후에 그 근거법률이 위헌결정**을 받았으나 이미 과세처분의 불가쟁력이 발생한 경우, 당해 과세처분에 대한 **조세채권의 집행을 위한 체납처분의 속행**은 적법하다.

위법 O

X

OX ★★★ 2014 지방직 7급

65 **인근주민의 동의를 받아야 하는 요건을 결여**하였다는 이유로 경원관계에 있는 자가 제기한 허가처분의 **취소소송에서,** 허가처분을 받은 자가 **사후 동의를 받은 경우**에 하자의 치유를 인정하는 것은 원고에게 불이익하게 되므로 이를 허용할 수 없다.

하자의 치유 부정

O

OX ★★★★ 2024 소방직 9급

66 **하자 있는 행정행위의 치유**는 행정행위의 성질이나 법치주의의 관점에서 볼 때 원칙적으로 허용될 수 없으며, 예외적으로 행정행위의 무용한 반복을 피하고 당사자의 법적 안정성을 위해 이를 허용하는 때에도 국민의 권리나 이익을 침해하지 않는 범위에서 구체적 사정에 따라 합목적적으로 인정할 필요가 있다.

66 67 ㉠ **원칙 : 불허**
㉡ 행정행위의 무용한 반복을 피하고 당사자의 법적 안정성을 위해 **예외적 허용**

O

OX ★★★★ 2019 소방직 9급

67 **하자 있는 행정행위의 치유**는 행정경제를 도모하기 위하여 원칙적으로 허용된다. — X

OX ★★★ 2019 국회직 8급

68 **선행처분인 개별공시지가결정이 위법하여 그에 기초한 개발부담금 부과처분도 위법**하게 되었지만 **그 후 적법한 절차를 거쳐 공시된 개별공시지가결정이 종전의 위법한 공시지가결정과 그 내용이 동일**하다면 위법한 개별공시지가결정에 기초한 개발부담금 부과처분은 적법하게 된다.

하자의 치유 부정 → **적법** × — X

OX ★★★★ 2023 국가직 9급

69 **재건축조합설립인가처분 당시 동의율을 충족하지 못한 하자**는 후에 추가동의서가 제출되었다는 사정만으로도 치유된다.

추가동의서 제출 사정만으로 치유 × — X

OX ★★★★ 2016 국회직 8급

70 **하자의 치유**는 취소할 수 있는 행정행위에 대하여서만 인정된다.

70 71 대상 : **취소할 수 있는 행정행위** ○ / 무효인 행정행위 × — O

OX ★★★★ 2018 교육행정직 9급

71 행정행위의 **하자의 치유**는 무효인 행정행위에는 인정할 수 없다. — O

OX ★★★★ 2024 소방직 9급

72 **징계처분**이 중대하고 명백한 흠 때문에 **당연무효**의 것이라면 **징계처분을 받은 자가 이를 용인**하였다 하여 그 흠이 치유되는 것은 아니다.

하자 치유 × — O

OX ★★★ 2024 지방직 · 서울시 9급

73 **토지등급결정내용의 개별통지가 있었다고 볼 수 없어 토지등급결정이 무효**라면, 토지소유자가 그 **결정 이전이나 이후에 토지등급결정내용을 알았다 하더라도** 개별통지의 하자가 치유되는 것은 아니다.

하자 치유 × — O

OX ★★★ 2023 서울시 지적 7급

74 형식상 하자로 인하여 **무효인 행정처분이 있은 후** 행정청이 **관계법령에서 정한 형식을 갖추어 다시 동일한 행정처분**을 하였다면 당해 행정처분은 종전의 무효인 행정처분과 관계없이 새로운 행정처분이라고 보아야 한다.

새로운 행정처분 ○ — O

OX ★★★★★ 2024 변호사

75 행정행위 **하자의 치유**는 행정행위의 성질이나 법치주의의 관점에서 볼 때 원칙적으로 허용될 수 없지만, 예외적으로 행정행위의 무용한 반복을 피하고 당사자의 법적 안정성을 위해서는 **내용상 하자**뿐 아니라 절차상 하자도 치유될 수 있다.

내용 : **하자의 치유 부정**
형식 · 절차 : 하자의 치유 인정 — X

OX ★★★★★ 2024 지방직 · 서울시 9급

76 행정청이 **청문서 도달기간을 어겼다**면 당사자가 이에 대하여 **이의 하지 아니한 채** 스스로 청문일에 출석하여 **방어의 기회를 충분히 가졌**더라도 청문서 도달기간을 준수하지 아니한 하자가 치유되는 것은 아니다.

방어의 기회를 충분히 가졌다면 **하자 치유** ○ — X

OX ★★★★ 2019 국가직 7급

77 **납세고지서에 세액산출근거 등의 기재사항이 누락**되었거나 **과세표준과 세액의 계산명세서가 첨부되지 않은 납세고지의 하자**는 **납세의무자가** 그 나름대로 **산출근거를 알고 있다**거나 사실상 이를 알고서 쟁송에 이르렀다 하더라도 치유되지 않는다.

하자 치유 × — O

OX ★★★★ 2023 군무원 7급

78 과세관청이 과세처분에 앞서 납세의무자에게 보낸 **과세예고통지서** 등에 납세고지서의 **필요적 기재사항이 제대로 기재**되어 있어 납세의무자가 그 처분에 대한 **불복 여부의 결정 및 불복신청에 전혀 지장을 받지 않았음이 명백**하다면, 이로써 **납세고지서의 하자**가 보완되거나 치유될 수 있다.

납세고지서의 하자 → **치유** ○

O

OX ★★★ 2024 소방직 9급

79 수도과태료의 부과처분에 대한 납세고지서의 **송달이 부적법**하면 그 **부과처분은 효력이 발생할 수 없지만** 처분의 상대방이 객관적으로 위 부과**처분의 존재를 인식할 수 있었다는 사실**로써 송달의 하자가 치유된다.

하자 치유 ×

X

OX ★★★★ 2023 국가직 9급

80 **세액산출근거가 기재되지 아니한 납세고지서에 의한 부과처분**은 강행법규에 위반하여 취소대상이 된다고 할 것이지만 이와 같은 하자는 납세의무자가 **전심절차에서 이를 주장하지 아니하였거나**, 그 후 부과된 세금을 **자진납부하였다거나**, 또는 조세채권의 **소멸시효기간이 만료**된 경우 치유된다.

치유 ×

X

OX ★★★★ 2018 지방직 9급

81 행정처분의 **이유제시가 아예 결여되어 있는 경우**에 이를 사후적으로 추완하거나 보완하는 것은 늦어도 당해 행정처분에 대한 쟁송이 제기되기 전에는 행해져야 위법성이 치유될 수 있다.

㉠ **취소사유**
㉡ **쟁송제기 전**까지 치유 가능

O

OX ★★★★★ 2023 소방승진

82 **하자의 치유**는 늦어도 처분에 대한 불복 여부의 결정 및 불복신청에 편의를 줄 수 있는 상당한 기간 내에 하여야 한다.

82 83 **쟁송제기 전**까지

O

OX ★★★★★ 2014 사회복지직 9급

83 **하자의 치유**는 늦어도 행정처분에 대한 불복 여부의 결정 및 불복신청을 할 수 있는 상당한 기간 내에 해야 하므로, 소가 제기된 이후에는 하자의 치유가 인정될 수 없다.

O

OX ★★★★ 2023 서울시 지적 7급

84 **세액산출근거가 누락된 납세고지서에 의한 과세처분**에 대한 취소소송의 **사실심변론종결 직전에 세액산출근거의 통지**가 있었다면 이로써 위 **과세처분의 하자**가 치유되었다고 볼 수 있다.

치유 ×

X

OX ★★★★ 2023 소방직 9급

85 과세처분에 대한 전심절차가 모두 끝나고 **상고심의 계류 중**에 **세액산출근거의 통지**가 있었다고 하여 이로써 **과세처분의 하자**가 치유되었다고는 볼 수 없다.

치유 ×

O

OX ★★★ 2019 서울시 1회 7급

86 행정행위의 **하자**가 **치유**되면 **당해 행정행위는 처분 당시부터 하자가 없는 적법한 행정행위**로 **효력**을 발생한다.

소급효

O

OX ★★ 2018 서울시 2회 7급

87 **귀속재산을 불하받은 자가 사망한 후에 불하처분의 취소처분을 수불하자의 상속인에게 송달한 때**에는 그 상속인에 대하여 다시 그 불하처분을 취소한다는 새로운 행정처분을 한 것으로 본다.

상속인에 대하여 불하처분을 취소한다는 **새로운 행정처분**

O

Topic

33 행정행위의 하자승계

p.122~124

OX ★★★ 2017 지방직(하) 9급

01 선행행위의 하자를 이유로 후행행위를 다투는 경우뿐만 아니라 후행행위의 하자를 이유로 선행행위를 다투는 것도 **하자의 승계**이다.

01 02 **선행행위의 하자를 이유로 후행행위를 다투는 경우만 인정** X

OX ★★★ 2021 소방직 9급

02 **계고처분의 후속절차인 대집행에 위법이 있다고 하여** 그와 같은 후속절차에 위법성이 있다는 점을 들어 **선행절차인 계고처분이 부적법하다**는 **사유로 삼을 수는 없다**. O

OX ★★★★ 2016 국회직 8급

03 **선행 행정행위가 당연무효**이더라도 양자가 서로 독립하여 별개의 효과를 목적으로 하는 경우에는 후행 행정행위가 당연무효가 되는 것은 아니다.

후행행위도 당연히 **무효** X

OX ★★★★ 2023 서울시 지적 7급

04 **적법한 건축물에 대한 철거명령은** 그 하자가 중대하고 명백하여 당연무효에 해당하면 그 후행행위인 건축물철거 대집행계고처분 역시 당연무효라고 할 것이다.

당연무효 O

OX ★★★ 2024 지방직 · 서울시 9급

05 자기완결적 신고에 해당하는 대문설치신고가 형식적 하자가 없는 **적법한 요건을 갖춘 신고임에도** 불구하고 관할행정청이 **수리를 거부한 후** 당해 대문의 **철거명령**을 하였더라도, **후행**행위인 대문철거 **대집행계고처분**이 당연무효가 되는 것은 아니다.

당연무효 X

OX ★★★★ 2023 소방승진

06 선행처분과 후행처분이 서로 독립하여 별개의 법률효과를 목적으로 하는 때에도 **선행처분이 당연무효**이면 선행처분의 하자를 이유로 후행처분의 효력을 다툴 수 있다.

후행행위도 당연히 무효 : **선행처분의 하자를 이유로 후행처분의 효력을 다툴 수 있음.** O

OX ★★★★ 2024 소방간부

07 **개별공시지가결정**에 **중대하고 명백한 하자가** 있을 경우 개별공시지가결정의 하자를 이유로 이를 기초로 한 **과세처분**의 위법성을 주장할 수 있다.

하자승계 인정 O

OX ★★★ 2024 해경승진

08 국토계획법령이 정한 **도시계획시설사업의 대상 토지의 소유와 동의 요건을 갖추지 못하였음에도 도시계획시설사업의 사업시행자 지정처분을 한 경우**는 취소사유에 해당한다.

당연무효 X

OX ★★★ 2016 교육행정직 9급

09 **하자의 승계**가 인정되기 위해서는 선행행위와 후행행위에 모두 **불가쟁력**이 발생한 경우이어야 한다.

선행행위에 불가쟁력 발생 X

OX ★★★ 2016 교육행정직 9급

10 **하자의 승계**가 인정되기 위해서는 **선행행위와 후행행위가 모두** 항고소송의 대상이 되는 **처분**이어야 한다.

선행행위와 후행행위 모두 처분성이 인정되어야 함. O

OX ★★★★ 2016 사회복지직 9급

11 원칙적으로 선 · 후의 행정행위가 결합하여 하나의 법적 효과를 완성하는지 여부를 기준으로 **하자의 승계 여부**를 결정한다.

선 · 후의 행정행위가 **결합**하여 **하나의 법적 효과를 완성**하는지 여부를 기준으로 결정 O

OX ★★★★ 2023 서울시 지적 7급

12 **선행처분과 후행처분이 서로 합하여 1개의 법률효과를 완성하는 경우** 선행처분에 불가쟁력이 발생하였다면 선행처분의 하자를 이유로 후행처분의 효력을 다툴 수 없다.

하자승계 인정 X

O X ★★★★ 2023 서울시 지적 7급

13 **선행처분과 후행처분이 서로 독립하여 별개의 법률효과를 발생시키는 경우 선행처분에 취소사유**가 있다면 선행처분의 하자를 이유로 후행처분의 효력을 다툴 수 있는 것이 원칙이다.

하자승계 부정 X

★★★★ 2018 서울시 1회 7급

14 다음 중 **하자의 승계**가 인정되는 경우가 아닌 것은? (다툼이 있는 경우 판례에 따름)

① 도시계획결정과 수용재결처분

② 계고처분과 대집행비용납부명령

③ 귀속재산의 임대처분과 후행매각처분

④ 한지의사시험자격인정과 한지의사면허처분

① 하자승계 부정 ①

O X ★★★★ 2022 국가직 9급

15 **건물철거명령**이 당연무효가 아니고 불가쟁력이 발생하였다면 건물철거명령의 하자를 이유로 후행 **대집행계고처분**의 효력을 다툴 수 없다.

하자승계 부정 O

O X ★★★ 2023 서울시 지적 7급

16 선행행위인 **과세처분**의 제소기간이 지난 후에 후행행위인 **압류처분**의 취소소송을 제기할 경우 취소사유에 해당하는 과세처분의 하자는 승계될 수 없다.

하자승계 부정 O

O X ★★★★ 2022 군무원 7급

17 **대집행계고처분**과 **비용납부명령** 간에는 하자의 승계가 인정된다.

하자승계 인정 O

O X ★★★ 2024 소방직 9급

18 선행처분인 **대집행계고처분**에 불가쟁력이 발생하였다면, 후행처분인 **대집행영장발부통보처분**을 다투는 데 있어서 대집행계고처분이 위법하다는 것을 이유로 후행행위 또한 위법한 것이라 주장할 수 없다.

하자승계 인정 X

O X ★★★ 2024 해경승진

19 **개별공시지가결정**과 이에 근거한 **개발부담금 부과처분**은 하자의 승계가 인정된다.

하자승계 인정 O

O X ★★★★ 고난도

20 이행강제금은 시정명령 자체의 이행을 목적으로 하므로 **시정명령과 이행강제금부과처분** 사이에서는 하자가 승계된다. 따라서 시정명령이 위법하면 이행강제금부과처분도 위법하다고 보아야 한다.

하자승계 인정 O

O X ★★★ 2024 소방직 9급

21 구 경찰공무원법에 따른 **직위해제처분**과 **면직처분**은 후자가 전자의 처분을 전제로 한 것이기 때문에 선행처분의 위법사유가 후행행위에 승계된다.

하자승계 부정 X

O X ★★★★ 2024 변호사

22 토지보상법에 따른 국토교통부장관의 **사업인정**에 취소사유의 하자가 있다고 하더라도 甲은 제소기간이 도과한 사업인정의 위법을 이유로 **수용재결**의 취소를 구하는 행정소송을 제기할 수 없다.

하자승계 부정 O

O X ★★★ 2016 지방직 7급

23 법률에 규정된 공청회를 열지 아니한 하자가 있는 **도시계획결정**에 불가쟁력이 발생하였다면, 당해 도시계획결정이 당연무효가 아닌 이상 그 하자를 이유로 후행하는 **수용재결처분**의 취소를 구할 수는 없다.

하자승계 부정 O

O X ★★★★ 2022 국가직 9급

24 이미 불가쟁력이 발생한 **보충역편입처분**에 하자가 있다고 하더라도 그것이 당연무효의 사유가 아닌 한 **공익근무요원소집처분**에 승계되는 것은 아니다.

하자승계 부정 O

OX ★★★★ 2022 군무원 7급

25 **보충역편입처분**과 **공익근무요원소집처분** 간에는 하자의 승계가 인정된다. **하자승계 부정** X

OX ★★★ 2023 지방직 · 서울시 9급

26 과세관청의 선행처분인 **소득금액변동통지**에 하자가 존재하더라도 당연무효사유에 해당하지 않는 한 후행처분인 **징수처분**에 대한 항고소송에서 그 하자를 다툴 수 없다. **하자승계 부정** O

OX ★★★ 2018 국가직 9급

27 「도시 및 주거환경정비법」상 **사업시행계획**에 관한 취소사유인 하자는 **관리처분계획**에 승계되지 않는다. **하자승계 부정** O

OX ★★★ 2014 지방직 7급

28 헌법재판소의 결정에 따르면, 불가쟁력이 발생한 **사업실시계획인가고시**의 하자는 당연무효가 아닌 한 **수용재결**에 승계되지 아니한다. **하자승계 부정** O

OX ★★★ 2024 해경승진

29 신고납세방식의 **취득세 신고행위**와 **징수처분**은 하자의 승계가 인정된다. **하자승계** × X

OX ★★★★ 2024 소방간부

30 **도시 · 군계획시설결정**과 **실시계획인가**는 도시 · 군계획시설사업을 위하여 이루어지는 단계적 행정절차에서 서로 결합하여 하나의 법률효과를 발생시키므로 선행처분인 도시 · 군계획시설결정의 하자는 후행처분인 실시계획인가에 승계된다. 30 31 **하자승계 부정** X

OX ★★★★ 2023 군무원 5급

31 **도시 · 군계획시설결정**과 **실시계획인가**는 판례가 하자의 승계를 인정한다. X

OX ★★★ 2023 서울시 연구사

32 **공인중개사무소 개설등록취소처분**은 **공인중개사 업무정지처분**을 전제로 하고 서로 결합하여 1개의 법률효과를 완성하는 경우이므로 선행처분의 하자가 후행처분에 승계된다. **하자승계 부정** X

OX ★★★★ 2024 소방직 9급

33 **선행처분과 후행처분이 서로 독립하여 별개의 효과를 목적으로 하는 경우에도** 선행처분의 불가쟁력이나 구속력이 그로 인하여 불이익을 입게 되는 자에게 **수인한도를 넘는 가혹함**을 가져오며, 그 결과가 당사자에게 **예측가능한 것이 아닌 경우**에는 선행처분의 위법사유가 후행처분에 승계된다. 수인한도 넘는 가혹함, 예측불가능 → **예외적으로 하자승계 인정** O

OX ★★★★ 2023 국가직 9급

34 **과세처분**의 취소를 구하는 행정소송에서 선행처분인 **개별공시지가결정**의 위법을 독립된 위법사유로 주장할 수 있다. 34 35 **예외적으로 하자승계 인정** O

OX ★★★★ 2022 군무원 7급

35 **개별공시지가결정**과 이를 기초로 한 **과세처분**인 양도소득세 부과처분에서는 흠의 승계는 긍정된다. O

OX ★★★ 2017 국가직(하) 9급

36 **개별공시지가결정에 대한 재조사청구에 따른 감액조정에 대하여 더 이상 불복하지 아니한 경우**에는 선행처분의 불가쟁력이나 구속력이 수인한도를 넘는 가혹한 것이거나 예측불가능하다고 볼 수 없어 이를 기초로 한 **양도소득세 부과처분 취소소송**에서 다시 **개별공시지가결정의 위법을** 당해 **과세처분의 위법사유로 주장**할 수 없다. 주장 × O

O X ★★★ 2024 소방간부

37 **수용보상금의 증액**을 **구하는 소송에서**, 선행처분으로서 그 수용대상 토지가격 산정의 기초가 된 **비교표준지공시지가결정의 위법**을 독립한 사유로 주장할 수 있다.

주장 가능(예외적으로 하자승계 인정) O

O X ★★★★ 2024 해경승진

38 **표준지공시지가결정**과 **수용재결**은 하자의 승계가 인정된다.

38 39 **예외적으로 하자승계 인정** O

O X ★★★★ 2023 군무원 5급

39 **표준지공시지가결정**과 **수용보상금에 대한 재결**은 판례가 하자의 승계를 인정한다.

O

O X ★★★★ 2018 지방직 9급

40 **친일반민족행위자로 결정**한 최종발표와 그에 따라 그 유가족에 대하여 한 「독립유공자 예우에 관한 법률」 **적용배제자 결정**은 별개의 법률효과를 목적으로 하는 처분이다.

별개의 법률효과를 목적으로 하는 처분 O

O X ★★★★ 2017 서울시 9급

41 「일제강점하 반민족행위 진상규명에 관한 특별법」에 따른 **친일반민족행위자 결정**과 「독립유공자 예우에 관한 법률」에 의한 **법적용 배제결정**은 판례가 행정행위의 하자의 승계를 인정한다.

예외적으로 하자승계 인정 O

O X ★★★★ 2023 변호사

42 근로복지공단이 사업주에 대하여 하는 **'개별 사업장의 사업종류 변경결정'**만으로는 사업주의 권리 · 의무에 직접적인 변동이나 불이익이 발생한다고 볼 수 없고, 국민건강보험공단이 보험료 부과처분을 함으로써 비로소 사업주에게 현실적인 불이익이 발생하게 되므로, 위 사업종류 변경결정은 항고소송의 대상이 되는 **처분**에 해당하지 않는다.

처분 **해당** O X

Topic 34 행정행위의 취소

p.125~128

O X ★★★ 2013 경행특채

01 행정청은 **종전 처분과 양립할 수 없는 처분**을 함으로써 묵시적으로 종전 처분을 취소할 수도 있다.

묵시적 종전 처분 **취소** O

O X ★★ 2022 군무원 7급

02 취소심판을 제기한 경우 관할 **행정심판위원회**에서 **취소재결**하는 것은 직권취소에 해당한다.

쟁송취소 X

O X ★★★★★ 2023 국가직 9급

03 행정기본법은 **직권취소나 철회의 일반적 근거규정**을 두고 있고, 직권취소나 철회는 **개별법률의 근거**가 없어도 가능하다.

행정기본법 개별법 근거 **없어도 가능** O

O X ★★★★★ 2024 소방직 9급

04 행정처분을 한 **처분청**은 **그 처분의 성립에 하자가 있는 경우**, 이를 취소할 **별도의 법적 근거가 없다고 하더라도** 직권으로 이를 취소할 수 있다.

직권 취소 가능 O

O X ★★★ 2024 소방직 9급

05 **권한 없는 행정기관이 한 당연무효의 행정처분을 취소할 수 있는 권한**은 당해 행정처분을 한 처분청에 속한다.

처분청에 속함(적법한 권한 있는 행정청 ×). O

O X ★★ 2023 경찰간부

06 **위임 및 위탁기관**은 수임 및 수탁기관의 **수임 및 수탁사무처리에 대하여 지휘 · 감독**하고, 그 처리가 **위법하거나 부당**하다고 인정될 때에는 이를 **취소하거나 정지시킬 수 있다.**

「행정권한의 위임 및 위탁에 관한 규정」 제6조 — O

O X ★★★★ 2023 경찰간부

07 **처분청이 직권취소를 할 수 있다면 그 사정만으로** 이해관계인은 처분청에 대하여 그 **취소를 요구할 신청권**을 가진다.

직권취소가 가능하다는 사정만으로 **취소신청권 인정 ×** — X

O X ★★★★ 2019 국가직 7급

08 행정행위의 위법 여부에 대하여 **취소소송이 이미 진행 중인 경우** 처분청은 위법을 이유로 그 행정행위를 직권취소할 수 없다.

08 09 **처분청은** 위법한 처분의 **직권취소 가능 → 하자를 보완하여 다시 적법한 처분 가능** — X

O X ★★★★ 2023 경찰간부

09 변상금 부과처분에 대한 **취소소송이 진행 중**이라면 그 부과권자는 위법한 처분을 스스로 취소하고 그 하자를 보완하여 **다시 적법한 부과처분**을 할 수 없다.

X

O X ★★★★ 2016 서울시 9급

10 특별한 사정이 없는 한 **부담적 행정행위의 취소**는 원칙적으로 자유롭지 않다.

원칙적으로 자유로움. — X

O X ★★★★ 2024 소방직 9급

11 **당사자가 거짓이나 그 밖의 부정한 방법으로 처분을 받은 경우 행정청은 처분을 취소**하고자 할 때 취소로 달성되는 공익과 당사자가 입게 될 불이익을 비교 · 형량하여야 한다.

비교 · 형량 불필요 — X

O X ★★★★ 2024 해경승진

12 행정청은 **당사자에게 권리나 이익을 부여하는 처분을 취소하려는 경우**, 당사자가 **중대한 과실로 처분의 위법성을 알지 못하면** 취소로 인하여 입게 될 불이익을 취소로 달성되는 공익과 비교 · 형량하여야 한다.

비교 · 형량 불필요 — X

O X ★★★ 2016 국가직 9급

13 행정행위의 **위법이 치유된 경우**에는 그 위법을 이유로 당해 행정행위를 **직권취소**할 수 없다.

직권취소 제한 ○ — O

O X ★★★ 2012 국가직 7급

14 **수익적 행정행위를 취소 또는 철회**하는 경우 비례원칙이 적용된다.

비례원칙에 의한 제한 ○ — O

O X ★★★ 2013 경행특채

15 **외형상 하나의 행정처분**이라 하더라도 **가분성**이 있거나 그 **처분대상의 일부가 특정**될 수 있다면 그 일부만의 취소도 가능하다.

일부취소 가능 — O

O X ★★★★ 2023 국가직 9급

16 **수익적 행정처분을 직권취소**할 때에는 이를 취소하여야 할 **중대한 공익상 필요**와 취소로 인하여 처분 **상대방이 입게 될 기득권과 법적 안정성에 대한 침해 정도 등 불이익**을 **비교 · 교량**한 후 공익상 필요가 처분 상대방이 입을 불이익을 정당화할 만큼 강한 경우에 한하여 취소할 수 있다.

수익적 행정처분의 직권취소 : **공익상 필요**가 상대방의 **불이익을 정당화할 만큼 강한 경우만 가능** — O

O X ★★★★ 2015 국가직 9급

17 **수익적 행정행위를 직권취소하는 경우** 그 취소권의 행사로 인하여 **공익상의 필요보다 상대방이 받게 되는 불이익 등이 막대한 경우**에는 재량권의 한계를 일탈한 것으로서 그 자체가 위법하다.

재량권의 한계 일탈 → 위법 — O

O X ★★★ 2023 군무원 7급

18 **도로점용허가**는 일반사용과 별도로 도로의 특정 부분에 대하여 특별사용권을 설정하는 설권행위이다. 도로관리청은 신청인의 적격성, 점용목적, 특별사용의 필요성 및 공익상의 영향 등을 참작하여 점용허가 여부 및 점용허가의 내용인 점용장소, 점용면적, 점용기간을 정할 수 있는 재량권을 갖는다.

도로점용허가 : **설권행위** ○, **허가 여부** 및 **허가 내용** 결정의 **재량권 인정**

O

O X ★★★★ 2023 군무원 7급

19 **도로점용허가의 일부분에 위법**이 있는 경우, 도로점용허가 전부를 취소하여야 하며 도로점용허가 중 **특별사용의 필요가 없는 부분에 대해서만 직권취소**할 수 없다.

일부취소 가능

X

O X ★★★ 2020 경행경채

20 도로관리청이 **도로점용허가를 함에 있어서** 특별사용의 필요가 없는 부분을 도로점용허가의 점용장소 및 점용면적으로 포함한 흠이 있고 그로 인하여 점용료 부과처분에도 흠이 있게 된 경우, **흠 있는 부분에 해당하는 점용료를 감액하는 것**은 당초 처분 자체를 일부취소하는 변경처분이 아니라 흠의 치유에 해당한다.

당초 처분 자체를 **일부취소하는 변경처분** ○ / 흠의 치유 ×

X

O X ★★★★ 2024 소방직 9급

21 **수익적 행정처분의 하자가 당사자의 사실은폐나 기타 사위의 방법에 의한 신청행위에 기인**한 것이라면 당사자는 처분에 의한 이익이 위법하게 취득되었음을 알아 취소가능성도 예상하고 있었다 할 것이므로, 그 자신이 처분에 관한 신뢰이익을 원용할 수 없음은 물론 행정청이 이를 고려하지 아니하였다고 하여도 재량권의 남용이 되지 않는다.

귀책사유 ○ → 이를 **고려하지 않아도 재량권 남용** ×

O

O X ★★ 2008 지방직 7급

22 공장의 용도뿐만 아니라 **공장 외의 용도로도 활용할 내심의 의사**가 있었다면 이는 공장등록취소사유가 된다.

내심의 의사가 있었다고 하더라도 **취소사유** ×

X

O X ★★ 2013 경행특채

23 허위의 고등학교 졸업증명서를 제출하는 **사위(詐僞)의 방법에 의한** 하사관 지원의 **하자를 이유로** 하사관 임용일로부터 33년이 경과한 후에 행정청이 행한 하사관 및 준사관 임용**취소처분**은 위법하다.

취소처분 적법 ○

X

O X ★★★★ 2023 소방간부

24 **수익적 처분에 대한 취소권 등의 행사**는 기득권의 침해를 정당화할 만한 중대한 공익상의 필요 또는 제3자의 이익보호의 필요가 있는 때에 한하여 허용되며 이러한 법리는 **쟁송취소**에는 적용되지 않는다.

O

O X ★★★★ 2024 지방직 · 서울시 9급

25 **수익적 행정처분의 취소 제한에 관한 법리**는 처분청이 수익적 행정처분을 직권으로 취소하는 경우에 적용되는 법리일 뿐 쟁송취소의 경우에는 적용되지 않는다.

24 25 수익적 처분의 **직권취소** 제한 법리 : **기득권 침해를 정당화할 만한 중대한 공익상 필요, 제3자 이익보호 필요**가 있는 때에만 허용 → **쟁송취소**에는 **적용** ×

O

O X ★★★ 2019 국가직 7급

26 **직권취소**는 행정행위의 성립상의 하자를 이유로 하는 것이므로, 개별법에 특별한 규정이 없는 한 행정절차법에 따른 절차규정이 적용되지 않는다.

X

O X ★★★ 2018 국회직 8급

27 직권취소는 처분의 성격을 가지므로, 이유제시절차 등의 행정절차법상 처분절차에 따라야 하며, 특히 **수익적 행위의 직권취소**는 상대방에게 침해적 효과를 발생시키므로 행정절차법에 따른 사전통지, 의견청취의 절차를 거쳐야 한다.

26 27 ㉠ **행정절차법상** 이유제시 절차 등의 **처분절차에 따라 행하여져야 함**.
㉡ 특히 **수익적 행위의 직권취소의 경우 : 사전통지, 의견청취를 거쳐야** 하고 이유제시를 하여야 함.

O

OX ★★★ 2024 국회직 8급

28 **직권취소**는 **행정행위가 위법**한 경우뿐만 아니라, **부당**한 경우에도 **소급하여 취소할 수 있다.**

28 29 30 행정기본법 제18조 제1항 O

OX ★★★★ 2024 국가직 9급

29 행정청은 **위법 또는 부당한 처분의 전부나 일부를 소급하여 취소**할 수 있다. 다만, 당사자의 **신뢰를 보호할 가치가 있는 등 정당한 사유**가 있는 경우에는 **장래를 향하여 취소**할 수 있다.

O

OX ★★★ 2023 지방직 · 서울시 7급

30 행정청은 당사자의 **신뢰를 보호할 가치가 있는 등 정당한 사유**가 있는 경우에는 위법 또는 부당한 처분의 전부나 일부를 **장래를 향하여 취소**할 수 있다.

O

OX ★★★★ 2019 지방직 · 교육행정직 9급

31 **산업재해보상보험법상 각종 보험급여 등**의 지급결정을 변경 또는 취소하는 처분과 처분에 터잡아 잘못 지급된 보험급여액에 해당하는 금액을 징수하는 처분이 적법한지를 판단하는 경우, **지급결정을 변경 또는 취소하는 처분이 적법**하다면 그에 터잡은 징수처분도 적법하다고 판단해야 한다.

그에 터잡은 징수처분도 반드시 적법하다고 판단해야 하는 것은 **아님**. X

OX ★★★★ 2024 소방직 9급

32 연금의 지급결정과 같은 **수익적 행정행위를 취소하는 처분이 적법**하더라도, 그 처분에 기초하여 잘못 지급된 급여액에 해당하는 금액을 환수하는 처분은 적법하다.

그에 기초한 환수처분도 반드시 적법하다고 판단해야 하는 것은 **아님**. X

OX ★★★ 2023 경찰간부

33 **운전면허취소처분**이 **행정쟁송절차에 의하여 취소**되었다면, 그 처분은 단지 장래에 향하여서만 효력을 잃게 된다.

처분시에 **소급**하여 효력 상실 X

OX ★★★ 2024 소방간부

34 **운전면허취소처분이 위법**하더라도 **공정력이 인정**되는 결과, 운전면허취소처분을 받은 자가 이후 당해 처분에 대한 **취소소송기간 중 자동차를 운전**하였다면, **그 이후 판결에 의해 운전면허취소처분이 취소**되었더라도 무면허운전에 해당한다.

무면허운전 × X

OX ★★★ 2024 해경승진

35 **영업허가취소처분**이 나중에 **행정쟁송절차에 의하여 취소**되었더라도, 그 **영업허가취소처분 이후의 영업행위**는 무허가영업이다.

무허가영업 × X

OX ★★★ 2022 지방직 · 서울시 9급

36 영업허가취소처분 이후에 영업을 한 행위에 대하여 **무허가영업으로 기소**되었으나 **형사법원이 판결을 내리기 전**에 **영업허가취소처분이 행정소송에서 취소**되면 형사법원은 무허가영업행위에 대해서 무죄를 선고하여야 한다.

무허가영업 × → **무죄** ○ O

OX ★★ 2018 국회직 8급

37 **광업권 허가에 대한 취소처분을 한 후 적법한 광업권 설정의 선출원이 있는 경우**에는 취소처분을 취소하여 광업권을 복구시키는 조처는 위법하다.

취소처분을 취소하여 광업권을 복구시키는 조처 : **위법** O

OX ★★★★ 2023 지방직 · 서울시 7급

38 **조세부과처분이 취소**되면 그 조세부과처분은 확정적으로 효력이 상실되므로 **나중에 취소처분이 취소**되어도 원 조세부과처분의 효력이 회복되지 않는다.

38 39 40 **원부과처분 소생** × O

OX ★★★★ 2024 국회직 8급

39 직권취소도 원행정행위와 별개의 행정행위이므로 **조세부과처분을 취소한 후**, 취소에 하자가 있다고 하여 **이를 취소**하면 원부과처분을 소생시킬 수 있다. X

OX ★★★★ 2022 소방직 9급

40 과세관청은 **과세처분의 취소를 다시 취소**함으로써 이미 효력을 상실한 원부과처분을 소생시킬 수 없다. O

OX ★★★★ 2022 국회직 8급

41 지방병무청장이 재신체검사 등을 거쳐 종전의 현역병입영대상편입처분을 보충역편입처분으로 변경한 후에 제소기간의 경과 등으로 보충역편입처분에 형식적 존속력이 생겼다면, **보충역편입처분에 하자가 있다는 이유로 이를 직권으로 취소**하더라도 종전의 현역병입영대상편입처분의 효력은 회복되지 않는다.

종전의 현역병입영처분의 효력은 회복 × O

Topic

35 행정행위의 철회 등

p.129~131

OX ★★★★ 2022 군무원 9급

01 행정행위의 철회는 **적법요건을 구비**하여 **완전히 효력을 발하고 있는 행정행위를 사후적**으로 효력을 **장래에 향해 소멸**시키는 **별개의 행정처분**이다.

행정행위의 **철회** O

OX ★★ 2006 국가직 9급

02 **철회**도 실정법상 취소라고 불리는 경우가 많다.

실정법상 '취소' 용어 사용 O

OX ★★★ 2013 서울시 7급

03 행정행위의 **철회**는 행정행위의 원시적 하자를 이유로 한다.

후발적 사유 X

OX ★★★★ 2023 소방간부

04 처분의 **취소사유**는 원칙적으로 처분의 성립 당시에 존재하였던 하자를 말하고 **철회사유**는 처분이 성립된 이후에 새로이 발생한 것으로서 처분의 효력을 존속시킬 수 없는 사유를 말한다.

04 05 취소사유 : **행정행위 성립 이전 발생**
철회사유 : **행정행위 성립 이후 발생** O

OX ★★★★ 2023 국가직 9급

05 **행정행위의 철회사유**는 행정행위가 성립되기 이전에 발생한 것으로서 행정행위의 효력을 존속시킬 수 없는 사유를 말한다. X

OX ★★★ 2022 소방간부

06 행정행위의 **철회**는 장래에 향하여 원행정행위의 효력을 상실시키는 효력을 갖는다.

원칙적 **장래효**
cf 직권취소 : 원칙적 소급효 O

OX ★★★ 2018 서울시 1회 7급

07 명문의 규정을 불문하고 처분청과 감독청은 **철회권**을 가진다.

처분청 : ○
감독청 : 법률에 **근거가 없는 한 철회권** × X

OX ★★★★★ 2023 지방직 · 서울시 7급

08 행정행위를 한 처분청은 비록 그 **처분 당시에 별다른 하자가 없었고**, 또 그 처분 후에 이를 **철회할 별도의 법적 근거가 없다 하더라도** 원래의 처분을 존속시킬 필요가 없게 된 **사정변경**이 생겼거나 또는 **중대한 공익상의 필요**가 발생한 경우에는 그 효력을 상실케 하는 별개의 행정행위로 이를 철회할 수 있다.

철회 가능 O

OX ★★★ 2021 지방직 · 서울시 7급

09 행정청은 적법한 처분의 경우 당사자의 신청이 있는 경우에만 **철회**가 가능하다.

행정기본법 제19조
신청 여부와 **무관**하게 철회 가능 X

OX ★★★★ 2023 소방승진

10 행정청은 적법한 처분이 **법령 등의 변경**이나 **사정변경으로 처분을 더 이상 존속시킬 필요가 없게 된 경우**에는 그 처분의 전부 또는 일부를 장래를 향하여 철회할 수 있다.

철회 가능 O

OX ★★★★ 2024 해경승진

11 **행정청**은 **중대한 공익을 위하여 필요**한 경우 **적법한 처분**의 전부 또는 일부를 장래를 향하여 **철회**할 수 있다.

철회 가능 O

OX ★★★★ 2022 소방간부

12 처분청이 처분 후에 원래의 처분을 그대로 존속시킬 필요가 없게 된 **사정변경이 생겼거나 중대한 공익상의 필요가 발생한 경우**에는 별도의 법적 근거가 없어도 별개의 행정행위로 이를 철회할 수 있다고 하여 **상대방** 등에게 그 **철회 · 변경을 요구할 신청권**까지를 부여하는 것은 아니다.

원칙적으로 **상대방의 철회신청권 부정** O

OX ★★★★ 2024 해경승진

13 **건축허가**는 대물적 성질을 갖는 것이어서 행정청으로서는 허가를 할 때에 건축주 또는 토지 소유자가 누구인지 등 인적 요소에 관하여는 형식적 심사만 한다.

대물적 성질 → 인적 요소는 형식적 심사 O

OX ★★★ 2020 변호사

14 **건축주**가 토지소유자로부터 토지사용승낙서를 받아 그 토지 위에 건축물을 건축하는 **건축허가를 받았다가 착공하기 전에 건축주의 귀책사유로 그 토지사용권을 상실한 경우 토지소유자**는 건축허가의 철회를 신청할 수 있고, 그 신청을 거부한 행위는 항고소송의 대상이 된다.

토지소유자는 건축허가의 **철회**를 **신청 가능, 신청 거부**행위는 **항고소송 대상** ○ O

OX ★★★ 최신판례

15 체육지도자가 금고 이상의 형의 집행유예를 선고받아 구 국민체육진흥법이 정한 **자격취소사유에 해당**하였더라도 집행유예기간이 경과하는 등의 사유로 **자격취소처분 이전에 결격사유가 해소된 경우**에는 행정청은 체육지도자의 자격을 취소할 수 없다.

자격취소 가능 X

OX ★★★ 최신판례

16 의료인이 의료법을 위반하여 금고 이상의 형의 집행유예를 선고받아 의료법이 정한 **면허취소사유에 해당**하였다면 **집행유예기간이 지나 형 선고의 효력이 상실된 경우**에도 면허취소사유에 해당하고 행정청은 면허취소처분을 할 수 있다.

면허취소처분 가능 O

OX ★★★★ 2011 국가직 7급

17 **부담적 행정행위의 철회**는 원칙적으로 자유롭지 않다고 본다.

원칙적으로 **자유로움.** X

OX ★★★★ 2012 지방직 9급

18 **수익적 행정행위**에 **철회**원인이 있는 경우에 행정청은 철회원인이 있다는 것만으로 자유로이 철회권을 행사할 수 있다.

자유로이 철회 × → 상대방의 신뢰와 법적 안정성을 해할 우려가 있어 비교 · 형량 X

OX ★★★★ 2024 소방직 9급

19 행정청은 적법한 처분이 법률에서 정한 철회사유에 해당하게 된 경우 그 처분의 전부 또는 일부를 장래를 향해 철회할 수 있는데, 처분을 **철회**하는 경우 철회로 인하여 당사자가 입게 될 **불이익**과 철회로 얻게 되는 **공익**을 비교 · 형량할 필요는 없다.

비교 · 형량하여야 함. X

O X ★★★★ 2018 서울시 9급

20 **수익적 행정행위의 철회**는 **법령에 명시적인 규정이 있거나** 행정행위의 부관으로 그 **철회권이 유보되어 있는 경우**, 또는 원래의 행정행위를 존속시킬 필요가 없게 된 **사정변경이 생겼거나** 또는 **중대한 공익상의 필요가 발생한 경우** 등의 **예외적인 경우**에만 허용된다.

예외적 경우에만 허용 O

O X ★★★ 2009 국회직 8급

21 **행정청이 철회사유가 있음을 알면서도 장기간 철회권을 행사하지 않은 경우** 실권의 법리에 의하여 철회권행사가 제한된다.

실권의 법리에 의해 **철회권의 행사 제한** O

O X ★★★ 2015 교육행정직 9급

22 행정행위의 **철회권행사**는 비례의 원칙에 적합해야 한다.

비례의 원칙 적용 O

O X ★★★ 2018 국회직 8급

23 **건축허가를 받은 자가 법정 착수기간이 지나 공사에 착수한 경우**, 허가권자는 착수기간이 지났음을 이유로 건축허가를 취소하여야 한다.

원칙적으로 건축허가를 취소할 수 없음. X

O X ★★★ 2010 국회직 8급

24 **국고보조조림결정에서 정한 조건에 일부만 위반한 경우** 그 보조조림**결정의 전부를 취소**한 것은 위법하다고 한 판례가 있다.

위법 O

O X ★★★ 2018 서울시 9급

25 **철회** 자체가 행정행위의 성질을 가지는 것은 아니어서 **행정절차법상 처분절차를 적용**하여야 하는 것은 아니나, 신뢰보호원칙이나 비례원칙과 같은 **행정법의 일반원칙은 준수**해야 한다.

25 26 **철회 역시 하나의 행정행위로서 행정절차법상의 절차를 거쳐야** 함. X

O X ★★★ 2021 지방직 · 서울시 9급

26 **수익적 행정행위의 철회**는 특별한 다른 규정이 없는 한 행정절차법상의 절차에 따라 행해져야 한다.

O

O X ★★★ 2024 소방직 9급

27 **철회**의 효과에 관하여 **행정기본법**은 **소급효**에 대해 **명시적으로 규정함이 없으나**, 판례는 별도의 법적 근거가 있다면 소급효 또한 인정할 수 있다는 입장이다.

판례는 별도의 법적 근거 있으면 소급효 인정 O

O X ★★★★ 2022 소방직 9급

28 (구)영유아보육법상 **어린이집 평가인증의 취소**는 철회에 해당하므로, 평가인증의 효력을 과거로 소급하여 상실시키기 위해서는 특별한 사정이 없는 한 별도의 법적 근거가 필요하다.

28 29 ㉠ **철회**에 해당
㉡ **소급효를 인정**하기 위해서는 별도의 **법적 근거 필요** O

O X ★★★★ 2020 지방직 · 서울시 7급

29 보건복지부장관이 **어린이집에 대한 평가인증**이 이루어진 이후에 새로이 발생한 사유를 들어 영유아보육법 제30조 제5항에 따라 평가인증을 **철회하는 처분**을 하면서도, 그 평가인증의 효력을 과거로 **소급하여 상실시키기 위해서**는, 특별한 사정이 없는 한 영유아보육법 제30조 제5항과는 **별도의 법적 근거가 필요**하다.

O

O X ★★★ 2023 지방직 · 서울시 7급

30 행정청이 의료법인의 이사에 대한 **이사취임승인취소처분(제1처분)**을 **직권으로 취소(제2처분)한 경우**, 제1처분과 제2처분 사이에 법원에 의하여 선임결정된 **임시이사들의 지위**는 법원의 해임결정이 있어야 소멸된다.

법원의 해임결정이 없어도 당연 소멸 X

O X ★★★ 2017 국가직 9급

31 행정청이 의료법인의 이사에 대한 **이사취임승인취소처분을 직권으로 취소하면** 이사의 지위가 소급하여 회복된다.

이사의 지위가 소급하여 회복 O

OX ★★ 2007 국가직 7급

32 행정행위의 직권취소는 별개의 행정행위에 의하여 원행정행위의 효력을 소멸시키는 것인 데 반하여, **행정행위의 실효**는 일정한 사유의 발생에 따라 당연히 기존의 행정행위의 효력이 소멸하는 것이다.

적법하게 성립한 행정행위가 일정한 사실의 발생에 의하여 **장래를 향하여 당연히 그 효력이 소멸**되는 것 — O

OX ★★ 2007 국가직 7급

33 **행정행위**가 그 **성립상의 중대·명백한 하자가 존재**한다면 이는 실효사유로서 그 효력이 소멸된다.

무효 — X

OX ★★ 2007 국가직 7급

34 신청에 의한 허가처분을 받은 자가 그 **영업을 폐업한 경우**에는 그 허가도 당연히 실효된다고 할 것이고, 이 경우 허가행정청의 허가취소처분은 허가가 실효되었음을 확인하는 것에 불과하다.

㉠ **당연 실효**
㉡ **허가취소처분** : 허가가 실효되었음을 **확인**하는 것에 불과 — O

OX ★★ 2007 국가직 7급

35 **해제조건부 행정행위에 있어서 조건의 성취, 종기부 행정행위에 있어서 종기의 도래**는 행정행위의 효력의 소멸을 가져온다.

실효사유에 해당 — O

Topic 36 행정상의 확약

p.132~134

OX ★★★★ 2016 서울시 9급

01 **행정절차법**은 **확약**에 관한 **명문규정**을 두고 있지 않다.

확약에 관한 규정 ○ — X

OX ★★★★ 2024 소방직 9급

02 행정절차법상 법령 등에서 **당사자가 신청할 수 있는 처분을 규정하고 있는 경우** 행정청은 당사자의 신청에 따라 장래에 어떤 처분을 하거나 하지 아니할 것을 내용으로 하는 **확약**을 할 수 있다.

행정절차법 제40조의2 제1항 — O

OX ★★★ 2014 경행특채 1차

03 **확약**을 허용하는 **명문의 규정이 없더라도** 다수설은 **본처분권한에 확약에 대한 권한이 포함되어 있다고 보아** 별도의 명문의 규정이 없더라도 **확약을 할 수 있다**는 입장이다.

다수설 입장 — O

OX ★★★★ 2023 국가직 7급

04 **어업권면허에 선행하는 우선순위결정**은 행정청이 우선권자로 결정된 자의 신청이 있으면 어업권면허처분을 하겠다는 것을 약속하는 행위로서 강학상 확약에 불과하고 행정처분은 아니다.

04 05 06 **확약** ○, 행정처분 × → **취소소송대상** × / **공정력** ×, **불가쟁력** × — O

OX ★★★★ 2021 지방직·서울시 7급

05 **어업권면허에 선행하는** 확약인 **우선순위결정**은 취소소송의 대상이 된다.

X

OX ★★★★ 2015 경행특채 2차

06 **어업권면허에 선행하는 우선순위결정**은 강학상 확약으로 행정처분에 해당되어 우선순위결정에 공정력이나 불가쟁력 같은 효력이 인정된다.

X

OX ★★★ 2018 국가직 9급

07 **재량행위에 대해** 상대방에게 **확약**을 하려면 확약에 대한 법적 근거가 있어야 한다.

법적 근거가 없더라도 확약 가능 — X

O X ★★★ 2024 소방직 9급

08 행정절차법상 행정청은 **다른 행정청과의 협의 등의 절차를 거쳐야 하는 처분**에 대하여 확약을 하려는 경우에는 **확약을 하기 전에 그 절차를 거쳐야** 한다.

행정절차법 제40조의2 제3항 O

O X ★★★★ 2023 국가직 7급

09 행정절차법상 법령 등에서 당사자가 신청할 수 있는 처분을 규정하고 있는 경우 행정청은 당사자의 신청에 따라 장래에 어떤 처분을 하거나 하지 아니할 것을 내용으로 하는 확약을 할 수 있으며, 문서 또는 말에 의한 **확약**도 가능하다.

확약 → **문서로 하여야 함.** X

O X ★★★★ 2023 국회직 8급

10 행정절차법상 **확약**은 **문서로 하여야** 한다.

행정절차법 제40조의2 제2항 O

O X ★★★ 2016 서울시 9급

11 **확약**을 행한 **행정청**은 확약의 내용인 행위를 하여야 할 **자기구속적 의무를 지며**, 상대방은 행정청에 그 이행을 청구할 권리를 갖게 된다.

상대방은 행정청에 그 이행을 청구할 권리 ○ O

O X ★★★★ 2024 소방간부

12 행정청은 **확약을 한 후**에 확약의 내용을 **이행할 수 없을 정도로 법령 등이나 사정이 변경된 경우**에는 확약에 기속되지 아니한다.

12 13 **확약에 기속** ×(행정절차법 제40조의2 제4항) O

O X ★★★★ 2023 변호사

13 행정청이 당사자의 신청에 따라 장래에 어떤 처분을 하거나 하지 아니할 것을 내용으로 하는 의사표시인 확약을 했다면, 그 **확약이 위법한 경우**라도 행정청은 이에 기속된다.

X

O X ★★★★ 2023 국가직 7급

14 행정절차법상 행정청은 **확약을 한 후**에 확약의 내용을 이행할 수 없을 정도로 **법령 등이나 사정이 변경된 경우**에는 **확약에 기속되지 아니하며**, 그 확약을 **이행할 수 없는 경우**에는 지체 없이 당사자에게 그 사실을 **통지하여야** 한다.

행정절차법 제40조의2 제4항 · 제5항 O

O X ★★★★ 2023 국가직 7급

15 행정청이 상대방에게 장차 어떤 처분을 하겠다고 **확약을 하였더라도**, 그 자체에서 상대방으로 하여금 언제까지 처분의 발령을 **신청하도록 유효기간**을 두었는데도 **그 기간 내에** 상대방의 **신청이 없었다면**, 그 **확약**은 행정청의 별다른 의사표시를 기다리지 않고 실효된다.

행정청의 별다른 의사표시를 기다리지 않고 **확약은 실효** O

O X ★★★★ 2018 국가직 9급

16 판례에 따르면 행정청의 확약에 대해 법률상 이익이 있는 제3자는 **확약에 대해 취소소송**으로 다툴 수 있다.

판례는 확약의 처분성 부정 → **취소소송의 대상** × X

O X ★★★ 2014 사회복지직 9급

17 행정청의 **확약의 불이행으로 인해 손해를 입은 자**는 국가배상법상 요건을 충족하는 경우에 한하여 **손해배상**을 **청구**할 수 있다.

국가배상법상 요건이 충족되면 **행정상 손해배상청구 가능** O

O X ★★★ 2008 지방직 9급

18 **가행정행위**는 불가변력이 발생하지 않기 때문에 신뢰보호원칙이 적용된다고 보기 어렵다.

불가변력 × / **신뢰보호원칙 적용** × O

O X ★★★ 2019 국회직 8급

19 **가행정행위**는 그 효력발생이 시간적으로 잠정적이라는 것 외에는 보통의 행정행위와 같은 것이므로 가행정행위로 인한 **권리침해에 대한 구제**도 보통의 행정행위와 다르지 않다.

잠정적 효력 외 일반 행정행위와 동일 → 행정쟁송 제기 가능 O

O X ★★★★ 2019 서울시 2회 7급

20 **가행정행위인 선행처분이 후행처분으로 흡수되어 소멸하는 경우**에도 선행처분의 취소를 구하는 소는 가능하다.

선행처분을 다투는 소는 부적법 X

O X ★★★★ 2022 국가직 9급

21 **공정거래위원회가** 부당한 공동행위를 한 사업자에게 **과징금 부과처분을 한 뒤** 다시 자진신고 등을 이유로 **과징금 감면처분을 한 경우**, 선행처분은 후행처분에 흡수되어 소멸하므로 선행처분의 취소를 구하는 소는 부적법하다.

선행처분은 후행처분에 흡수되어 소멸 → 선행처분의 취소를 구하는 소는 부적법 O

O X ★★★ 2016 서울시 9급

22 **사전결정(예비결정)**은 단계화된 행정절차에서 최종적인 행정결정을 내리기 전에 이루어지는 행위이지만, 그 자체가 하나의 행정행위이기도 하다.

그 자체로 하나의 완결된 행정행위 O

O X ★★★ 2014 경행특채 1차

23 예비결정과 확약은 구분된다.

㉠ **확약 : 처분성** ×
㉡ 가행정행위, **예비결정**, 부분허가 : **처분성** ○

O

O X ★★★★ 2019 서울시 2회 7급

24 **폐기물처리업허가 전의 사업계획에 대한 부적정통보**는 행정처분에 해당한다.

24 25 **행정처분** ○ O

O X ★★★★ 2017 국가직 9급

25 구 폐기물관리법 관계법령상의 **폐기물처리업허가를 받기 위한 사업계획에 대한 부적정통보**는 허가신청 자체를 제한하는 등 개인의 권리 내지 법률상의 이익을 개별적이고 구체적으로 규제하고 있어 행정처분에 해당한다.

O

O X ★★★ 최신판례

26 행정청이 **폐기물처리사업계획서**의 **적합 여부**를 **판단**하는 경우 행정청에 광범위한 재량권이 인정된다.

광범위한 **재량**권 인정 O

O X ★★★ 2015 국가직 7급

27 폐기물관리법상 **사업계획**에 대한 **적합통보가 있는 경우** 사업의 허가단계에서는 나머지 허가요건만을 심사하면 된다.

사업의 **허가단계**에서는 **나머지 허가요건만**을 **심사** O

O X ★★★ 2023 국가직 7급

28 구 주택건설촉진법 제33조에 의한 **주택건설사업계획의 승인**은 인간이 본래 가지고 있는 자연적 자유의 회복을 내용으로 하는 행정청의 기속행위에 속한다.

재량행위 X

O X ★★★ 2017 서울시 9급

29 구 주택건설촉진법에 의한 **주택건설사업계획 사전결정이 있는 경우 주택건설계획 승인처분**은 사전결정에 기속되므로 다시 승인 여부를 결정할 수 없다.

주택건설사업계획 **사전결정에 기속** × → **다시 승인 여부를 결정할 수 있음.** X

O X ★★★★ 2019 서울시 2회 7급

30 구 원자력법상 **원자로 및 관계시설의 부지사전승인처분**은 그 자체로서 건설부지를 확정하고 사전공사를 허용하는 법률효과를 지닌 독립한 행정처분이다.

30 31 **독립한 행정처분** O

OX ★★★★ 2017 국가직 9급

31 **원자로 및 관계시설의 부지사전승인처분**은 그 자체로서 독립한 행정처분은 아니므로 이의 위법성을 직접 항고소송으로 다툴 수는 없고 후에 발령되는 건설허가처분에 대한 항고소송에서 다투어야 한다. X

OX ★★★★ 2024 소방간부

32 원자력안전법상 **원자로** 건설허가에 앞선 **부지사전승인처분**은 그 자체로서 건설부지를 확정하고 사전공사를 허용하는 **독립된 행정처분**이므로 나중에 **건설허가처분**이 있게 되더라도 이와 별개로 **독립**하여 **취소소송**으로 다툴 수 있다. X

부지사전승인처분은 건설허가처분에 흡수 → 건설허가처분만 행정쟁송의 대상

OX ★★★ 2016 서울시 9급

33 **부분허가(부분승인)**는 본허가권한과 분리되는 독자적인 행정행위이기 때문에 부분허가를 위해서는 본허가 이외에 별도의 법적 근거를 필요로 한다. X

허가권한에 포함 O → **별도의 법적 근거가 없더라도 부분허가 가능**

Topic

37 행정계획

p.135~139

OX ★★ 2008 지방직 9급

01 **도시설계**는 건축물규제라는 성격과 건축법의 입법적인 경과에 비추어 볼 때 법적 구속력을 갖는 구속적 행정계획이다. O

구속적 행정계획

OX ★★★ 2022 소방간부

02 **이미 고시된 실시계획에 포함된 상세계획은 대외적 구속력이 있는 행정계획**으로서 이에 따라 관리되는 토지 위의 **건물의 용도를 상세계획 승인권자의 변경승인 없이 임의로 변경하여 신청한 영업신고**를 수리하지 않고 영업소를 폐쇄한 처분은 적법하다. O

수리하지 않고 영업소를 폐쇄한 처분 : 적법

OX ★★★ 2021 국가직 9급

03 구 도시계획법상 **도시기본계획**은 도시의 기본적인 공간구조와 장기발전방향을 제시하는 종합계획으로서 도시계획입안의 지침이 되므로 일반국민에 대한 직접적인 구속력은 없다. O

03 04 **일반국민이나 행정청에 대한 구속력** ×

OX ★★★ 2022 소방직 9급

04 (구)도시계획법 및 지방자치단체의 도시계획조례상 규정된 **도시기본계획**은 장기적 · 종합적인 개발계획으로서 행정청에 대한 직접적 구속력을 가지지 않는다. O

OX ★★★ 2015 교육행정직 9급

05 **국민의 권리 · 의무에 구체적 · 개별적인 영향을 미치는 행정계획**은 처분성이 인정된다. O

처분성 O

OX ★★★ 2022 국가직 9급

06 **구체적인 계획을 입안함에 있어 지침이 되거나 특정 사업의 기본방향을 제시하는 내용의 행정계획**은 항고소송의 대상인 행정처분에 해당하지 않는다. O

06 07 **처분성** ×

OX ★★★ 2014 서울시 7급

07 **행정계획이 행정활동의 지침으로서만의 성격에 그치거나 행정조직 내부에서의 효력만을 가질 때**는 항고소송의 대상으로서의 처분성을 갖지는 않는다. O

OX ★★★ 2015 지방직 7급

08 **도시관리계획**결정은 행정청의 처분이며, 항고소송의 대상이 된다. O

처분성 O

OX ★★★★ 2024 지방직 · 서울시 9급

09 「도시 및 주거환경정비법」에 따라 인가 · 고시된 **관리처분계획**은 **구속적 행정계획**으로서 처분성이 인정된다. | **처분성 인정** ○ | ○

OX ★★★★ 2024 변호사

10 **주택재건축정비사업조합**이 「도시 및 주거환경정비법」에 따라 수립하는 **관리처분계획**은 구속적 행정계획에 해당한다. | **구속적 행정계획** | ○

OX ★★★ 2023 서울시 지적 7급

11 **인가 · 고시된 사업시행계획** 그 자체를 다투고자 하는 경우 사업시행계획에 대한 항고소송을 제기할 수 있다. | 인가 · 고시된 사업시행계획 → **항고소송 대상** ○ | ○

OX ★★★ 2023 소방직 9급

12 구 「도시 및 주거환경정비법」에 따른 **재건축정비사업조합의 사업시행계획**은 행정주체의 지위에서 수립한 구속적 행정계획으로서 **인가 · 고시를 통해 확정**되면 독립된 행정처분에 해당한다. | **행정처분** ○ | ○

OX ★★★ 2023 군무원 9급

13 **개발제한구역지정처분**은 그 입안 · 결정에 관하여 광범위한 형성의 자유를 가지는 계획재량처분이다. | **처분** ○ | ○

OX ★★★★ 2024 국가직 9급

14 **도시기본계획**은 도시의 장기적 개발 방향과 미래상을 제시하는 도시계획 입안의 지침이 되는 장기적 · 종합적인 개발계획으로서 직접적인 구속력이 있으므로, 도시계획시설결정 대상면적이 도시기본계획에서 예정했던 것보다 증가할 경우 도시기본계획의 범위를 벗어나 위법하다. | **직접적 구속력** × → **범위를 벗어나도 위법** × | ×

OX ★★★★ 2017 지방직 9급

15 위법한 **도시기본계획**에 대하여 제기되는 취소소송은 법원에 의하여 허용되지 아니한다. | 처분성 × → **취소소송** × | ○

OX ★★★★ 2023 소방간부

16 **도시기본계획**에 대한 항고소송을 제기할 수 없지만 **환지계획**에 대해서는 항고소송으로 다툴 수 있다. | 모두 **처분성** × → **항고소송** × | ×

OX ★★★★ 2022 국가직 7급

17 **'4대강 살리기 마스터플랜'**은 4대강 정비사업지역 인근에 거주하는 주민의 권리 · 의무에 직접 영향을 미치는 것이어서 행정처분에 해당한다. | **행정처분** × | ×

OX ★★★ 2012 사회복지직 9급

18 행정계획 중에서 **국민의 권리 · 의무에 법적 효과를 미치는 구속적인 행정계획**은 법률에 근거가 있어야 한다. | **법률의 근거 필요** | ○

OX ★★★★ 2024 국가직 9급

19 도시계획의 결정 · 변경 등에 관한 **권한을 가진 행정청**은 이미 도시계획이 결정 · 고시된 지역에 대하여도 다른 내용의 도시계획을 결정 · 고시할 수 있고, 이때에 **후행 도시계획에 선행 도시계획과 서로 양립할 수 없는 내용이 포함되어 있다면**, 특별한 사정이 없는 한 선행 도시계획은 후행 도시계획과 같은 내용으로 변경된다. | 선행 도시계획은 **후행 도시계획과 같은 내용으로 변경된 것**으로 봄. | ○

OX ★★★★ 2024 지방직 · 서울시 9급

20 후행 도시계획결정을 하는 **행정청이** 선행 도시계획의 결정 · 변경 등에 관한 **권한을 가지고 있지 아니한 경우 선행 도시계획과 양립할 수 없는 내용이 포함된 후행 도시계획결정**은 다른 특별한 사정이 없는 한 무효이다. | **무효** | ○

O X ★★★★ 2017 서울시 7급

21 후행 도시계획을 결정하는 **행정청이** 선행 도시계획의 결정 · 변경에 관한 **권한을 가지고 있지 아니한 경우 선행 도시계획과 양립할 수 없는 후행 도시계획결정**은 취소사유에 해당한다.

당연무효 X

O X ★★★★ 2023 국회직 8급

22 **행정절차법**상 행정청은 행정청이 수립하는 계획 중 **국민의 권리 · 의무에 직접 영향을 미치는 계획**을 **수립하거나 변경 · 폐지**할 때에는 관련된 **여러 이익을 정당하게 형량**하여야 한다.

행정절차법 제40조의4 O

O X ★★★ 2015 서울시 7급

23 **환지계획인가 후에** 수정하고자 하는 내용에 대하여 토지소유자 등 이해관계인의 **공람절차를 거치지 아니한 채 수정된 내용에 따라 한 환지예정지지정처분**은 당연무효이다.

당연무효 O

O X ★★★ 2024 해경간부

24 **도시관리계획결정 · 고시와 그 도면에 포함되지 않았음이 명백**한 토지가 도시관리계획을 집행하기 위한 **후속계획이나 처분에서** 도시관리계획에 **포함된 것처럼 표시**되어 있는 경우는 실질적으로 도시관리계획결정을 변경하는 것에 해당하여 구 「국토의 계획 및 이용에 관한 법률」 제30조 제5항에서 정한 도시관리계획변경절차를 거치지 않는 한 당연무효이다.

당연무효 O

O X ★★★ 2022 국가직 7급

25 구 도시계획법령상 도시계획안의 내용에 대한 **공고 및 공람 절차에 하자가 있는 도시계획결정**은 위법하다.

위법 O

O X ★★★ 2012 지방직 9급

26 **공청회와 이주대책이 없는 도시계획수립행위**는 당연무효인 행위이다.

취소사유에 해당하는 **위법** X

O X ★★★ 2021 지방직 · 서울시 7급

27 구 도시계획법상 행정청이 **정당하게 도시계획결정의 처분**을 하였다고 하더라도 이를 **관보에 게재하여 고시하지 아니**한 이상 대외적으로는 아무런 효력이 발생하지 않는다.

대외적으로 **아무런 효력 발생** × O

O X ★★ 2015 사회복지직 9급

28 계획법규범은 **목표는 제시하지만** 그 목표실현을 위한 **수단은 구체적으로 제시하지 않는 목적프로그램의 형식**을 취하는 것을 특징으로 한다.

계획법규범의 특징 O

O X ★★★★ 2024 국가직 9급

29 **행정청**은 **구체적인 행정계획을 입안 · 결정**할 때 비교적 광범위한 형성의 재량을 가진다.

비교적 광범위한 형성의 자유 인정 O

O X ★★★★ 2018 국가직 7급

30 행정주체가 **행정계획을 입안 · 결정**함에 있어서 행정계획에 관련되는 자들의 이익을 **공익과 사익 사이**에서는 물론이고 **공익 상호 간**과 **사익 상호 간**에도 정당하게 비교 · 교량하여야 한다.

정당하게 **비교 · 교량** O

O X ★★★ 2018 국회직 8급

31 행정계획의 수립에 있어서 행정청에게 인정되는 광범위한 형성의 자유, 즉 '**계획재량**'은 '형량명령의 원칙'에 따라 통제한다.

형량명령의 원칙에 따라 통제 O

O X ★ 2012 사회복지직 9급

32 **법령에서 고려하도록 규정한 이익은 물론 법령에 규정되지 않은 이익도 행정계획과 관련이 있으면** 모두 형량명령에 포함시켜야 한다.

모두 **형량명령에 포함** O

O X ★★★★ 2020 국가직 9급

33 행정주체가 구체적인 **행정계획을 입안 · 결정할 때** 가지는 **형성의 자유의 한계에 관한 법리**는 **주민의 입안 제안 또는 변경신청을 받아들여 도시관리계획결정을 하거나 도시계획시설을 변경할 것인지를 결정할 때**에도 동일하게 적용된다.

동일하게 **적용** O

O X ★★ 2014 서울시 7급

34 **형량의 대상** 중 당연히 포함되어야 할 사항을 **빠뜨린 경우**를 형량의 흠결이라고 한다.

형량의 흠결 O

O X ★★ 2014 서울시 7급

35 형량시에 여러 이익 간의 **형량을 행하기는 하였으나** 그것이 **객관성 · 비례성을 결한 경우**를 형량의 해태라고 한다.

오형량 X

O X ★★★★ 2021 군무원 9급

36 행정주체는 그 **행정계획에 관련되는 자들의 이익**을 **공익과 사익 사이**에서는 물론이고 **공익 상호 간**과 **사익 상호 간**에도 정당하게 비교 · 교량하여야 한다는 제한을 받는다.

정당하게 **비교 · 교량** O

O X ★★★★ 2016 서울시 9급

37 **이익형량을 전혀 하지 않았다**면 위법하다고 볼 수 있으나, 이익형량의 **고려사항을 일부 누락**하였거나 이익형량에 있어 **정당성이 결여**된 것만으로는 위법하다고 볼 수 없다.

37 38 **형량의 해태, 형량의 흠결, 오형량 : 하나라도 있으면 위법** X

O X ★★★★ 2023 소방간부

38 행정주체가 **행정계획을 입안 · 결정**함에 있어서 **이익형량을 전혀 행하지 아니하거나** 이익형량의 고려대상에 마땅히 **포함시켜야 할 사항을 누락**한 경우 또는 이익형량을 하였으나 **정당성과 객관성이 결여**된 경우에 그 행정계획결정은 형량에 하자가 있어 위법하다.

O

O X ★★★★ 2022 국가직 7급

39 행정주체가 **행정계획을 입안 · 결정**함에 있어서 **이익형량의 고려대상에 마땅히 포함시켜야 할 사항을 누락한 경우** 그 행정계획결정은 재량권을 일탈 · 남용한 것으로서 위법하다.

재량권 일탈 · 남용 → 위법 O

O X ★★★ 2021 소방직 9급

40 행정계획은 현재의 사회 · 경제적 모든 상황의 조사를 바탕으로 장래를 예측하여 수립되고 장기간에 걸쳐 있으므로, **행정계획의 변경**은 인정되지 않는다.

행정계획의 변경가능성 : **계획**의 불가피한 **속성** X

O X ★★★ 2016 서울시 9급

41 **행정계획에는 변화가능성**이 내재되어 있으므로, 국민의 신뢰보호를 위하여 **계획보장청구권**이 널리 인정된다.

계획보장청구권 : 원칙적 **부정** X

O X ★★★ 2013 지방직(하) 7급

42 판례는 원칙적으로 **계획변경청구권**을 인정하고 있지 않다.

원칙적 **부정** O

O X ★★★ 2010 국가직 7급

43 계획법규는 공익보호를 목적으로 하는 것이므로 **계획변경신청권**의 예외적 인정은 허용되지 않는다.

예외적 인정 X

O X ★★★ 2024 해경승진

44 구(舊) 국토이용관리법상의 **국토이용계획**은 그 계획이 일단 **확정된 후**에 어떤 **사정의 변동**이 있다고 하여 **지역주민**이나 일반 이해관계인에게 일일이 그 **계획의 변경**을 **신청할 권리**를 인정하여 줄 수 없다.

계획변경청구권 : 원칙적 **부정** O

O X ★★★★ 2024 변호사

45 구 국토이용관리법상 **장래 일정한 기간 내에 관계 법령이 규정하는 시설 등을 갖추어 일정한 행정처분을 구하는 신청을 할 수 있는 법률상 지위에 있는 자의 국토이용계획변경 신청을 거부하는 것이 실질적으로 당해 행정처분 자체를 거부하는 결과가 되는 경우** 그 신청인에게 국토이용계획변경을 신청할 권리가 인정된다.

국토이용계획변경 신청권 인정 O

O X ★★★★ 2023 서울시 지적 7급

46 **국토이용계획변경신청을 거부**하는 것이 실질적으로 당해 **행정처분 자체를 거부하는 결과가 되는 경우**에는 그 **변경신청**을 **거부**하는 행위는 취소소송의 대상이 된다.

취소소송의 대상 ○ O

O X ★★★★ 2014 국회직 8급

47 **폐기물처리사업의 적정통보를 받은 자가 폐기물처리업 허가를 받기 위해서는 국토이용계획의 변경이 선행되어야 하는 경우** 일반적 · 추상적 효력을 가지는 이용계획의 특성상 그 변경을 신청할 개인의 권리는 인정되지 아니한다.

47 48 ㉠ **예외적**으로 그 신청인에게 **국토이용계획변경을 신청할 권리 인정**
㉡ **거부 : 처분성** ○

X

O X ★★★★ 2020 지방직 · 서울시 9급

48 **장래 일정한 기간 내에 관계법령이 규정하는 시설 등을 갖추어 일정한 행정처분을 구하는 신청을 할 수 있는 법률상 지위에 있는 자의 국토이용계획변경신청을 거부하는 것이 실질적으로 당해 행정처분 자체를 거부하는 결과가 되는 경우**에는 항고소송의 대상이 되는 처분에 해당한다.

O

O X ★★★★ 2022 해경간부

49 **문화재보호구역 내**에 있는 **토지소유자** 등에게는 **문화재보호구역의 지정해제를 요구**할 수 있는 법규상 또는 조리상의 신청권을 인정할 수 있다.

법규상 · 조리상 신청권 인정 O

O X ★★★★ 2023 경찰간부

50 **문화재보호구역 내 토지소유자의 문화재보호구역 지정해제신청**에 대한 행정청의 **거부행위**는 항고소송의 대상이 되는 행정처분에 해당하지 않는다.

행정처분 ○ X

O X ★★★★ 2024 지방직 · 서울시 9급

51 행정계획은 행정기관 내부의 행동 지침에 불과하므로, **도시계획구역 내 토지 등을 소유하고 있는 주민**은 입안권자에게 **도시계획입안**을 **요구**할 수 있는 법규상 또는 조리상의 신청권이 없다.

51 52 53 54 ㉠ 도시시설계획의 **입안** 내지 **변경**을 요구할 수 있는 법규상 또는 조리상의 **신청권 인정**
㉡ **거부 : 처분성** ○

X

O X ★★★★ 2023 서울시 지적 7급

52 **도시계획구역 내에 토지 등을 소유하고 있는 주민**이면 도시시설계획의 입안 내지 변경을 신청할 권리가 인정된다.

O

O X ★★★★ 2019 사회복지직 9급

53 **도시계획시설결정에 이해관계가 있는 주민**으로서는 도시시설계획의 **입안권자 내지 결정권자에게 도시시설계획의 입안 내지 변경**을 **요구**할 수 있는 법규상 또는 조리상의 신청권이 있고, 이러한 신청에 대한 **거부행위**는 항고소송의 대상이 되는 행정처분에 해당한다.

O

O X ★★★★ 2023 소방간부

54 **도시계획구역 내 토지 등을 소유하고 있는 주민**에게 **도시계획입안**을 요구할 수 있는 **법규상 또는 조리상의 신청권이 있는 경우** 그 신청에 대한 **거부행위**는 항고소송의 대상이 된다.

O

O X ★★★★ 2024 변호사

55 「산업입지 및 개발에 관한 법률」에 따른 산업단지개발계획상 **산업단지 안의 토지소유자로서 산업단지개발계획에 적합한 시설을 설치하여 입주하려는 자**는 산업단지지정권자에 대하여 산업단지개발계획의 변경을 요청할 수 있는 법규상 또는 조리상 신청권이 없다.

산업단지개발계획의 **변경**을 요청할 수 있는 법규상 또는 조리상 **신청권 인정** X

OX ★★★ 2015 국회직 8급

56 **국립대학의 '대학입학고사 주요 요강'**을 행정쟁송대상인 처분으로 보지 않으면서도 헌법소원의 대상이 되는 공권력행사로 보고 있다.

56 57 ㉠ **처분성** ×
㉡ **공권력의 행사** ○ → **헌법소원의 대상** ○

O

OX ★★★ 2023 군무원 9급

57 **국립대학인 서울대학교의 '94학년도 대학입학고사 주요 요강'**은 행정계획이므로 헌법소원의 대상이 되는 공권력행사에 해당되지 않는다.

X

OX ★★★★ 2022 소방간부

58 **비구속적 행정계획안**이라도 **국민의 기본권에 직접적으로 영향**을 끼치고, **앞으로 법령의 뒷받침에 의하여 그대로 실시될 것이 틀림없을 것으로 예상**될 수 있을 때에는 공권력행사로서 헌법소원의 대상이 될 수 있다.

58 59 **공권력의 행사** ○ → **헌법소원의 대상** ○

O

OX ★★★★ 2023 경찰간부

59 **행정계획안**이 국민의 **기본권에 직접적으로 영향**을 끼치고 **법령의 뒷받침에 의하여 그대로 실시될 것이 틀림없을 것으로 예상**되는 때에도 그것이 구속력 없는 행정계획안이라면 헌법소원의 대상이 될 수 없다.

X

OX ★★ 2017 지방직 9급

60 **국·공립대학의 총장직선제 개선** 여부를 재정지원 평가요소로 반영하고 이를 **개선하지 않을 경우 다음 연도에 지원금을 삭감 또는 환수하도록 규정**한 교육부장관의 **'대학교육역량강화사업 기본계획'**은 헌법소원의 대상이 된다.

공권력의 행사 × → **헌법소원의 대상** ×

X

OX ★★★ 2024 지방직 · 서울시 9급

61 도시계획시설결정의 **장기미집행**으로 인해 재산권이 침해된 경우, **도시계획시설결정의 실효**를 **주장**할 수 있고, 이는 헌법상 재산권으로부터 당연히 직접 도출되는 권리이다.

61 62 **헌법상 재산권으로부터 직접 도출**되는 **권리** × / **법률에 기한 권리** ○

X

OX ★★★ 2020 국가직 9급

62 **장기미집행 도시계획시설결정의 실효제도에 의해 개인의 재산권이 보호되는 것**은 입법자가 새로운 제도를 마련함에 따라 얻게 되는 법률에 기한 권리일 뿐 헌법상 재산권으로부터 당연히 도출되는 권리는 아니다.

O

Topic 38 공법상 계약

p.140~142

OX ★★★ 2018 교육행정직 9급

01 **공법상 계약**은 사법상 **효과**의 발생을 목적으로 한다.

공법적 효과

X

OX ★★★ 2019 사회복지직 9급

02 **행정주체가 체결하는 계약**은 모두 공법상 계약이다.

모두 공법상 계약인 것은 아님.

X

OX ★★★★ 2024 해경승진

03 지방자치단체가 A주식회사를 **자원회수시설**과 부대시설의 운영 · 유지관리 등을 위탁할 민간사업자로 선정하고 A주식회사와 체결한 위 시설에 관한 **위 · 수탁 운영협약**은 사법상 계약에 해당한다.

사법상 계약

O

OX ★★★ 2024 국회직 8급

04 「국유림의 경영 및 관리에 관한 법률」에 따른 **국유임산물매각계약**은 공법상 계약이 아니라 사법상 계약에 해당한다.

사법상 계약 ○

O

OX ★★★ 2017 국가직 9급

05 다수설에 따르면 **공법상 계약**은 당사자의 자유로운 의사의 합치에 의하므로 원칙적으로 **법률유보의 원칙**이 적용되지 않는다고 본다. | **적용** × | O

OX ★★ 2017 국가직 9급

06 공법상 계약은 행정주체와 사인 간에만 체결 가능하며, **행정주체 상호 간**에는 **공법상 계약**이 성립할 수 없다. | **성립 가능**(사무위탁 등) | X

OX ★★ 2011 사회복지직 9급

07 **지방자치단체 간**의 **교육사무위탁**은 공법상 계약이다. | **공법상 계약**(행정주체 상호 간) | O

OX ★★★ 2016 교육행정직 9급

08 **지방전문직 공무원 채용계약**은 공법상 계약이다. | **공법상 계약**(행정주체와 사인 간) | O

OX ★★★ 2017 서울시 7급

09 **시립무용단원의 채용계약**과 **공중보건의사 채용계약**은 공법상 계약에 해당한다. | **공법상 계약**(행정주체와 사인 간) | O

OX ★★★ 고난도

10 국가 산하 중앙행정기관인 방위사업청과 甲 주식회사가 국가연구개발사업규정에 근거하여 체결한 '**한국형헬기 민군겸용 핵심구성품 개발협약**'은 공법상 계약에 해당한다. | **공법상 계약**(행정주체와 사인 간) | O

OX ★★★ 2023 소방간부

11 **중앙행정기관인 방위사업청과 부품개발협약을 체결한 기업**이 협약을 이행하는 과정에서 환율변동 및 물가상승 등 외부적 요인으로 발생한 **초과비용 지급에 대한 소송**은 민사소송에 의한다. | **행정소송** ○ / 민사소송 × | X

OX ★★★ 2011 사회복지직 9급

12 **행정주체인 사인**은 **공법상 계약의 일방 당사자**가 될 수 없다. | **가능**(공무수탁사인과 일반사인 간의 공법상 계약) | X

OX ★★ 2012 사회복지직 9급

13 공법상 계약에서 계약당사자의 일방은 행정주체이어야 하며, **행정주체**에는 **공무를 수탁받은 사인**도 포함된다. | **포함** ○ | O

OX ★★★★ 2023 행정사

14 **행정절차법**은 **공법상 계약**의 절차에 관한 일반법이다. | 행정절차법 : 공법상 계약 **규정** × | X

OX ★★★★ 2024 국가직 9급

15 행정청은 법령 등을 위반하지 아니하는 범위에서 행정목적을 달성하기 위하여 필요한 경우에는 **공법상** 법률관계에 관한 **계약**을 체결할 수 있고, 이 경우 **계약의 목적 및 내용을 명확하게 적은 계약서를 작성**하여야 한다. | 행정기본법 제27조 제1항 후문 | O

OX ★★★★ 2023 지방직 · 서울시 7급

16 행정기본법에 따르면 신속히 처리할 필요가 있거나 사안이 경미한 경우에는 말 또는 서면으로 **공법상 계약**을 체결할 수 있다. | 공법상 계약 → **계약서를 작성하여야 함.** | X

OX ★★★★ 2023 군무원 5급

17 **공법상 계약**은 비권력적 행위로서 반드시 **문서**에 의할 필요는 없으며, **행정기본법** 또한 공법상 계약은 구술로도 체결할 수 있음을 **명시적으로 규정**하고 있다. | **계약서 작성 필요** (행정기본법 제27조 제1항) | X

OX ★★★★ 2019 사회복지직 9급

18 **계약직 공무원**에 대한 **채용계약해지의 의사표시**는 국가 또는 지방자치단체가 대등한 지위에서 행하는 의사표시로 이해된다.

18 19 20
㉠ **대등한 지위**에서 행하는 의사표시
㉡ **행정처분** ×
㉢ **행정절차법에 의한 이유제시 대상** ×

O

OX ★★★★ 2019 소방직 9급

19 **계약직 공무원 채용계약해지의 의사표시**는 판례상 행정처분으로 인정된다.

X

OX ★★★★ 2022 지방직 · 서울시 9급

20 **계약직 공무원 채용계약해지**의 **의사표시**는 행정절차법에 의하여 근거와 이유를 제시하여야 하는 것은 아니다.

O

OX ★★ 2018 국가직 9급

21 **지방공무원법상 지방전문직 공무원 채용계약**에서 정한 채용기간이 만료한 경우에는 채용계약의 **갱신이나 기간연장 여부**는 기본적으로 지방자치단체장의 재량이다.

지방자치단체장의 **재량**

O

OX ★★★★ 2024 국회직 8급

22 행정청은 **공법상 계약**의 **상대방을 선정**하고 **계약내용을 정할 때** 공법상 계약의 **공공성**과 **제3자의 이해관계를 고려**하여야 한다.

행정기본법 제27조 제2항

O

OX ★★★ 2013 국가직 7급

23 **공법상 계약**에는 **공정력**이 인정되지 않는다.

인정 ×

O

OX ★★★ 2022 국가직 9급

24 **공법상 계약**이 법령위반 등의 **내용상 하자가 있는 경우**에도 그 하자가 중대 · 명백한 것이 아니면 취소할 수 있는 하자에 불과하고 이에 대한 다툼은 당사자소송에 의하여야 한다.

무효 ○

X

OX ★★★ 2019 서울시 1회 7급

25 공법상 계약의 경우 **행정주체의 상대방이 계약상 의무를 이행하지 않는 경우**라도 법률의 근거가 없으면 행정상 **강제집행**을 할 수 없다.

법률의 근거가 없으면 불가능

O

OX ★★★★ 2018 교육행정직 9급

26 **공법상 계약해지**의 의사표시에 대한 **다툼**은 공법상의 당사자소송으로 무효확인을 청구할 수 있다.

당사자소송

O

OX ★★★★ 2024 해경승진

27 **공법상 계약**이더라도 한쪽 당사자가 다른 당사자를 상대로 계약의 **이행을 청구하는 소송**은 민사소송으로 제기하여야 한다.

당사자소송

X

OX ★★★★ 2022 국가직 7급

28 **공법상 계약의 한쪽 당사자가 다른 당사자를 상대로 그 효력을 다투거나 그 이행을 청구하는 소송**은 공법상의 법률관계에 관한 분쟁이므로 특별한 사정이 없는 한 공법상 당사자소송으로 제기하여야 한다.

28 29 특별한 사정이 없는 한 **당사자 소송** ○(민사소송 ×)
실질이 **손해배상액 구체적인 산정방법 · 금액에 국한** → 당사자소송 ×(**민사소송** ○)

O

OX ★★★★ 2024 소방직 9급

29 **공법상 계약의 한쪽 당사자가 다른 당사자를 상대로 효력을 다투거나 이행을 청구하는 소송**은 공법상의 법률관계에 관한 분쟁이므로 분쟁의 실질이 손해배상액의 구체적인 산정방법 · 금액에 국한되는 경우에도 공법상 당사자소송으로 제기하여야 한다.

X

OX ★★★★ 2022 소방간부

30 **서울특별시립무용단 단원의 위촉**은 공법상 계약에 해당하며, 따라서 그 단원의 **해촉**에 대하여는 공법상 당사자소송으로 그 무효확인을 청구할 수 있다.

당사자소송

O

OX ★★★★ 2022 경찰간부

31 **공중보건의사의 채용계약해지의 의사표시**에 대해서는 대등한 당사자 간의 소송형식인 공법상 당사자소송으로 무효확인을 청구할 수 있다.

공법상 당사자소송 O

OX ★★★★ 2023 경찰간부

32 **지방전문직 공무원 채용계약해지의 의사표시**에 대하여는 공법상 당사자소송으로 그 의사표시의 무효확인을 청구할 수 있다.

공법상 당사자소송 O

OX ★★★★ 2023 경찰간부

33 **광주광역시문화예술회관장의 단원 위촉**은 광주광역시와 단원이 되고자 하는 자 사이에 대등한 지위에서 의사가 합치되어 성립하는 공법상 근로계약에 해당한다.

공법상 근로계약 ○ O

OX ★★★★ 2020 지방직 · 서울시 7급

34 A광역**시립합창단원**으로서 위촉기간이 만료되는 자들의 **재위촉 신청에 대하여** A광역시 문화예술회관장이 실기와 근무성적에 대한 평정을 실시하여 **재위촉을 하지 아니한 것**은 항고소송의 대상이 되는 불합격처분에 해당한다.

항고소송대상이 되는 처분 × X

OX ★★★★ 2024 해경간부

35 **지방계약직 공무원**에 대해서도 채용계약상 특별한 약정이 없는 한, 지방공무원법 및 「지방공무원 징계 및 소청 규정」에 정한 **징계절차에 의하지 아니하고는 보수를 삭감**할 수 없다고 봄이 상당하다.

징계절차에 의하지 않고 보수를 삭감**할 수 없음.** O

OX ★★★★ 2021 국가직 9급

36 **행정청이 자신과 상대방 사이의 법률관계를 일방적인 의사표시로 종료**시켰다고 하더라도 곧바로 **그 의사표시가 행정청으로서 공권력을 행사하여 행하는 행정처분이라고 단정할 수는 없고**, 관계법령이 상대방의 법률관계에 관하여 구체적으로 어떻게 규정하고 있는지에 따라 **개별적으로 판단**하여야 한다.

관계법령이 상대방의 법률관계에 관하여 **구체적으로 어떻게 규정하고 있는지**에 따라 **개별적 판단 필요** O

OX ★★★★ 2023 국회직 8급

37 **중소기업정보화지원사업에 따른 지원금 출연을 위하여 중소기업청장이 체결하는 협약**은 공법상 대등한 당사자 사이의 의사표시의 합치로 성립하는 공법상 계약에 해당한다.

공법상 계약 O

OX ★★★★ 2024 해경간부

38 **중소기업정보화지원사업에 따른 사업지원에 관한 협약**을 체결한 甲회사의 책임이 있는 사업실패에 따라 중소기업기술정보진흥원장이 행한 협약**해지와 정부지원금반환통보**는 행정청이 우월한 지위에서 행하는 공권력의 행사로 처분이다.

대등한 당사자의 의사표시 → 행정처분 × X

OX ★★★ 2020 군무원 7급

39 행정청인 관리권자로부터 관리업무를 위탁받은 공단이 우월적 지위에서 일정한 법률상 효과를 발생하게 하는 **공단입주 변경계약**은 공법계약으로 이의 **취소**는 공법상 당사자소송으로 해야 한다.

항고소송 대상 X

OX ★★★ 2017 지방직 7급

40 구 「**산업집적활성화 및 공장설립에 관한 법률**」에 **따른 산업단지입주계약의 해지통보**는 행정청인 관리권자로부터 관리업무를 위탁받은 한국산업단지공단이 우월적 지위에서 그 상대방에게 일정한 법률상 효과를 발생하게 하는 것으로서 항고소송의 대상이 되는 행정처분에 해당한다.

항고소송의 대상이 되는 행정처분 ○ O

Topic

39 행정지도

p.143~144

	문제	해설	정답
01	★★★ 2020 소방직 9급 일정한 행정목적을 실현하기 위하여 상대방인 국민에게 **임의적인 협력을 요청하는 비권력적 사실행위**를 행정지도라 한다.	**행정지도**	O
02	★★ 2018 교육행정직 9급 **행정지도**는 **법적 효과**의 발생을 목적으로 하는 의사표시이다.	행정지도 자체로는 아무런 **법적 효과 발생** ×	X
03	★★★ 2017 국가직 9급 다수설에 따르면 행정지도에 관해서 **개별법에 근거규정이 없는 경우** 행정지도의 상대방인 국민에게 미치는 효력을 고려하여 **행정지도**를 할 수 없다고 본다.	**작용법적 근거 없어도 행정지도 가능** ○	X
04	★★★ 2010 국회속기직 9급 **행정지도**에도 **법률의 우위원칙**이 적용된다.	**법률우위원칙 적용** ○	O
05	★★★★ 2015 교육행정직 9급 **행정절차법**은 **행정지도**에 관한 **규정**을 두고 있지 않다.	**규정** ○ (행정절차법 제48조~제51조)	X
06	★★★ 2024 국회직 8급 **행정지도**는 사실행위에 불과하여 법적 구속력을 가지지 아니하므로 **행정절차법상의 비례원칙**이 적용되지 아니한다.	**적용** ○	X
07	★★★ 2024 해경승진 행정지도는 **상대방의 의사에 반하여 부당하게 강요**하여서는 아니 된다.	행정절차법 제48조 제1항	O
08	★★★★ 2024 해경승진 행정기관은 행정지도의 상대방이 **행정지도에 따르지 아니하였다는** 것을 **이유로 불이익한 조치를 하여서는 아니 된다.**	행정절차법 제48조 제2항	O
09	★★★ 2023 군무원 9급 **행정지도를 하는 자**는 그 상대방에게 그 행정지도의 **취지 및 내용과 신분을 밝혀야 한다.**	행정절차법 제49조 제1항	O
10	★★★★ 2024 국회직 8급 행정절차법상 **행정지도**는 **문서**뿐만 아니라, **말**로써 하는 것도 허용된다.	문서, 말 **모두 허용** ○	O
11	★★★ 2021 소방직 9급 행정지도가 **구술**로 이루어지는 경우 상대방이 **행정지도**의 취지 · 내용 및 신분을 기재한 **서면의 교부를 요구하면** 당해 행정지도를 행하는 자는 **직무수행에 특별한 지장이 없는 한 이를 교부**하여야 한다.	행정절차법 제49조 제2항	O
12	★★★ 2023 행정사 **행정지도의 상대방**은 해당 행정지도의 **내용**뿐만 아니라 행정지도의 **방식**에 관해서도 행정기관에 **의견제출을 할 수 있다.**	행정절차법 제50조	O
13	★★★ 2024 해경승진 행정기관이 **같은 행정목적을 실현하기 위하여 많은 상대방에게 행정지도**를 하려는 경우에는 특별한 사정이 없으면 행정지도에 **공통적인 내용이 되는 사항을 공표하여야** 한다.	행절절차법 제51조	O

O X ★★ 2004 행정고시

14 판례는 **구청장이 도시재개발구역 내의 건물소유자에게** 건물의 **자진철거**를 **요청**하면서 **'지장물철거촉구'라는 제목의 공문을 보낸 경우** 이 요청행위는 행정소송의 대상이 되는 처분으로 볼 수 있다고 한 바 있다.

자진철거를 촉구하는 공문을 보낸 것 : 처분 × X

O X ★★★ 2022 경찰간부

15 세무당국이 소외 **회사에 대하여 원고와의 주류거래를 일정기간 중지하여 줄 것을 요청한 행위**는 법률상의 지위에 직접적인 법률상의 변동을 가져오는 행정처분이라 볼 수 없다.

행정처분 × O

O X ★★★★ 2021 군무원 9급

16 **국가배상법**이 정한 배상청구의 요건인 **공무원의 직무**에는 **행정지도**도 포함된다.

행정지도와 같은 비권력적 작용도 **포함 ○** O

O X ★★★★ 2022 지방직 · 서울시 9급

17 **국가의 비권력적 작용**은 **국가배상청구의 요건인 직무**에 포함되지 않는다.

비권력적 작용도 국가배상법상 직무에 포함 ○ X

O X ★★★ 2020 군무원 9급

18 적법한 행정지도로 인정되기 위해서는 우선 그 목적이 적법한 것으로 인정될 수 있어야 할 것이므로, 행정청이 행한 **주식매각의 종용**이 정당한 **법률적 근거 없이 자의적으로 주주에게 제재**를 가하는 것이라면 행정지도의 영역을 벗어난 것이라고 보아야 할 것이다.

행정지도의 영역을 벗어남. O

O X ★★★★ 2018 교육행정직 9급

19 **행정지도**의 **한계 일탈로 인해 상대방**에게 **손해**가 **발생**한 경우 행정기관은 **손해배상책임**이 없다.

손해배상책임 **인정** ○ X

O X ★★★★ 2024 국회직 8급

20 행정지도가 강제성을 띠지 않은 비권력적 작용으로서 **행정지도의 한계를 일탈하지 아니하였다면**, 그로 인하여 상대방에게 어떤 손해가 발생하였다 하더라도 행정기관은 그에 대한 **손해배상책임**이 없다.

손해배상책임 × O

O X ★★★ 2017 지방직(하) 9급

21 행정기관의 **위법한 행정지도**로 일정기간 **어업권을 행사하지 못하는 손해**를 입은 자가 그 **어업권**을 타인에게 매도하여 **매매대금 상당의 이득을 얻은 경우, 손해배상액의 산정**에서 그 이득을 손익상계할 수 있다.

위법한 행정지도로 인한 손해와 그에 **대응할 수 없는 이득**은 서로 **손익상계** × X

O X ★★★★ 2023 국회직 8급

22 **단순한 행정지도의 한계를 넘어 규제적 · 구속적 성격을 상당히 강하게 갖는 경우**에는 헌법소원의 대상이 되는 공권력의 행사라고 볼 수 있다.

공권력행사 ○ → 헌법소원대상 ○ O

O X ★★★ 2024 국회직 8급

23 행정작용의 법적 성격이 **행정지도의 일종이지만**, 그에 따르지 않을 경우 일정한 **불이익 조치를 예정**하고 있어 **사실상 상대방에게 그에 따를 의무를 부과하는 것과 다를 바 없는 경우**라면 헌법소원의 대상이 되는 공권력의 행사라고 볼 수 있다.

헌법소원 대상인 공권력 행사 ○ O

O X ★★★★ 2022 경찰간부

24 고등교육법령에 근거한 **교육인적자원부장관의 대학총장들에 대한 학칙시정요구**는 단순한 행정지도로서의 한계를 넘어 규제적 · 구속적 성격을 상당히 강하게 갖는 것으로서 헌법소원의 대상이 되는 공권력의 행사이다.

공권력행사 ○ → 헌법소원대상 ○ O

O X ★★★ 최신판례

25 **금융위원회위원장이 시중은행을 상대로 투기지역 · 투기과열지구 내 초고가아파트(시가 15억원 초과)에 대한 주택구입용 주택담보대출을 금지한 조치**는 규제적 · 구속적 성격을 갖는다고 어려우므로 헌법소원의 대상이 되는 공권력 행사에 해당하지 않는다.

규제적 · 구속적 성격 → 헌법소원 대상이 되는 공권력 행사 ○ X

OX ★★★ 2017 지방직(하) 9급

26 **노동부장관이 공공기관단체협약내용**을 분석하여 불합리한 요소를 **개선하라고 요구한 행위**는 행정지도로서의 한계를 넘어 규제적 · 구속적 성격을 강하게 갖는다고 할 수 없어 헌법소원의 대상이 되는 공권력의 행사에 해당한다고 볼 수 없다.

헌법소원의 대상이 되는 **공권력행사** × — O

OX ★★★★ 2024 국회직 8급

27 **위법한 행정지도에 따라** 사인의 신고행위가 **허위신고**행위에 이르렀다면 원칙적으로 그 사인의 행위는 위법성이 조각된다.

위법성 조각 × — X

OX ★★★★ 2017 지방직(하) 9급

28 행정관청이 구 국토이용관리법 소정의 **토지거래계약신고에 관하여 공시된 기준시가를 기준으로 매매가격을 신고하도록 행정지도**를 하여 **그에 따라 허위신고**를 한 것이라 하더라도 이와 같은 행정지도는 법에 어긋나는 것으로서 그 범법행위가 정당화될 수 없다.

위법 ○ — O

OX ★★★★ 2022 경찰간부

29 행정관청이 **토지거래계약신고에 관하여 공시된 기준지가를 기준으로 매매가격을 신고하도록 행정지도**하여 왔고 그 **기준가격 이상으로 매매가격을 신고한 경우**에는 거래신고서를 접수하지 않고 **반려하는 것이 관행화**되어 있다면 이는 사회상규에 위배되지 않는 정당한 행위라고 할 수 있다.

사회상규에 위배되지 않는 정당한 행위 × — X

Topic

40 그 밖의 주요 행정형식

p.145~147

OX ★★ 2012 지방직 7급

01 공법상 합동행위는 **공법적 효과발생**을 **목적**으로 하는 **복수당사자 간의 동일방향의 의사의 합치로 성립되는 공법행위**이며, **지방자치단체조합을 설립하는 행위** 등이 이에 해당한다.

공법상 합동행위 — O

OX ★★ 2024 군무원 9급

02 **시 · 군조합의 설립**은 당사자의 의사합치로 성립한다는 점에서 공법상 계약에 해당된다.

공법상 합동행위 — X

OX ★★ 2023 지방직 · 서울시 9급

03 행정상 사실행위의 예로는 **폐기물 수거, 행정지도, 대집행의 실행, 행정상 즉시강제** 등이 있다.

행정상 사실행위 — O

OX ★★ 2008 관세사

04 **행정지도**는 권력적 사실행위이다.

비권력적 사실행위 — X

OX ★★ 2009 관세사

05 일반적으로 **권력적 사실행위**는 **법률유보**의 적용을 받는다.

적용 ○ — O

OX ★★★ 2017 서울시 9급

06 **수도요금체납자**에 대한 **단수조치**는 판례가 항고소송의 대상인 **처분성**을 부정한다.

처분성 **인정** ○ — X

OX ★★★ 2023 지방직 · 서울시 9급

07 교도소장이 **영치품인 티셔츠 사용을 재소자에게 불허한 행위**는 항고소송의 대상이 되는 **행정처분**에 해당한다.

행정처분 **해당** ○ — O

OX ★★★★ 2017 지방직(하) 9급

08 **수형자**의 **서신**을 교도소장이 **검열**하는 행위는 항고소송의 대상이 되는 처분에 해당하는 사실행위이다.

권력적 사실행위 → 처분 ○ — O

O X ★★ 2014 사회복지직 9급

09 급수공사신청자에 대한 수도사업자의 **급수공사비 납부통지**는 **처분성**이 인정된다. 처분성 **인정** × X

O X ★★★★ 2023 소방직 9급

10 **비권력적 사실행위**는 공권력의 행사에 해당하지 않지만, 행정청이 우월적 지위에서 일방적으로 강제하는 **권력적 사실행위**는 헌법소원의 대상이 되는 공권력의 행사에 해당한다. 비권력적 사실행위 : **공권력행사** × 권력적 사실행위 : **공권력행사** ○ O

O X ★★★★ 2021 군무원 9급

11 사실상의 준비행위 또는 사전안내로 볼 수 있는 **국립대학의 대학입학고사 주요 요강**은 공권력행사이므로 항고소송의 대상이 되는 처분이다. **처분 ×, 공권력행사** ○ X

O X ★★★ 2023 지방직 · 서울시 9급

12 교도소 내 마약류 관련 수형자에 대한 **교도소장의 소변강제채취**는 권력적 사실행위이나 헌법소원의 대상은 아니다. **권력적 사실행위** ○ → **헌법소원 대상** ○ X

O X ★★ 2023 지방직 · 서울시 9급

13 자동화된 행정결정의 예로는 **컴퓨터를 통한 중 · 고등학생의 학교배정, 신호등에 의한 교통신호** 등이 있다. **자동화된 행정결정** O

O X ★★ 2023 지방직 · 서울시 9급

14 행정기본법상 자동적 처분을 할 수 있는 '완전히 자동화된 시스템'에는 **'인공지능 기술을 적용한 시스템'**이 포함되지 않는다. **완전히 자동화된 시스템에 포함** ○ X

O X ★★★ 2022 소방직 9급

15 행정청은 법률로 정하는 바에 따라 처분에 재량이 있는 경우에도 **완전히 자동화된 시스템으로 처분**을 할 수 있다. **재량이 없는 경우**만 **가능** X

O X ★★★ 2023 지방직 · 서울시 9급

16 행정기본법은 **재량행위**에 대해서 **자동적 처분**을 허용하지 않고 있다. **허용** × O

O X ★★ 2023 지방직 · 서울시 9급

17 행정기본법상 **자동적 처분**은 **항고소송**의 대상이 된다. 항고소송**대상** ○ O

O X ★★ 2018 교육행정직 9급

18 **행정사법**(行政私法) 영역에서는 사법이 적용되며, **공법원리**는 추가로 **적용**될 수 없다. 공법원리인 **행정법상 일반원칙 적용** ○ X

O X ★★★★ 2024 해경승진

19 **지방자치단체가 일방 당사자가 되는** 이른바 **'공공계약'**이 사법상 계약에 해당하는 경우에도 법령에 특별한 규정이 없다면 사적자치와 계약 자유의 원칙 등 사법의 원리가 그대로 적용되지 않는다. 19 20 21 **사인 간 계약과 동일**(사법상 계약) → **사법 규정 · 법원리 적용** X

O X ★★★★ 2017 국가직 7급

20 **「지방자치단체를 당사자로 하는 계약에 관한 법률」**에 따라, **지방자치단체가 당사자가 되는** 이른바 **공공계약**은 **본질적인 내용**이 사인 간의 계약과 다를 바가 없다. O

O X ★★★ 2017 국회직 8급

21 대법원은 국가나 지방자치단체가 당사자가 되는 **공공계약(조달계약)**은 상대방과 대등한 관계에서 체결하는 공법상의 계약으로 본다. X

O X ★★★ 2024 소방직 9급

22 **지방자치단체를 당사자로 하는 계약**에 관하여는 그 계약의 성질이 **사법상 계약**인지 **공법상 계약**인지와 상관없이 원칙적으로 **「지방자치단체를 당사자로 하는 계약에 관한 법률」**의 규율이 **적용**된다고 보아야 한다. 사법상 계약, 공법상 계약 **상관없이 적용** ○ O

SUNNY

제 3 편

행정절차, 행정공개

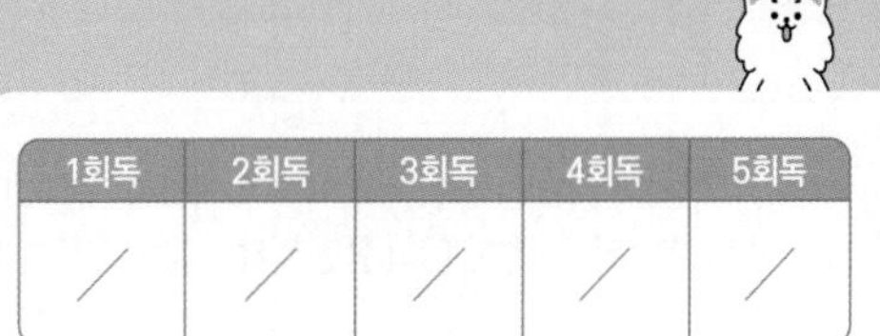

Topic

41 행정절차법 Ⅰ - 일반론 등

p.150~154

	문제	해설	답
01	ⓞⓧ ★★ 2013 서울시 7급 행정절차는 **행정의 민주화**, 사후적 행정구제 등의 기능을 수행한다.	사후적 × → **사전적** 권리구제	X
02	ⓞⓧ ★★★ 2014 사회복지직 9급 **헌법 제12조 제1항과 제3항**은 형사사건의 적법절차에 관한 규정이므로 **행정절차**에는 **적용**되지 아니한다.	**적법절차의 원칙 : 모든 공권력작용에 적용 ○**	X
03	ⓞⓧ ★★★ 2020 국회직 8급 **행정에서 적법절차원리의 헌법적 근거**는 형사절차에서의 적법절차를 규정한 헌법 제12조 제3항에 있다.	**헌법 제12조 적법절차원칙**	O
04	ⓞⓧ ★★★ 2020 국가직 7급 **하나의 납세고지서에 의하여 본세와 가산세를 함께 부과할 때** 납세고지서에 본세와 가산세 **각각의 세액과 산출근거** 등을 구분하여 **기재**하여야 한다.	**구분하여 기재해야 함.**	O
05	ⓞⓧ ★★★ 2018 국가직 7급 **하나의 납세고지서로 본세와 여러 종류의 가산세를 함께 부과하는 경우**에 납세고지서에 가산세의 종류와 세액의 산출근거 등을 따로 **구별하지 않고 가산세의 합계액만을 기재하였다면** 그 부과처분은 위법하다.	**그 부과처분은 위법 ○**	O
06	ⓞⓧ ★★ 2013 국회직 8급 **개별 세법에 납세고지에 관한 별도의 규정이 없더라도 국세징수법이 정한 것과 같은 납세고지의 요건을 갖추어야 한다는 것**은 적법절차의 원칙이 과세처분에도 적용됨에 따른 당연한 귀결이다.	**적법절차의 원칙**이 **과세처분에도 적용**됨에 따름.	O
07	ⓞⓧ ★★★ 2020 지방직 · 서울시 9급 **행정절차법**은 공법관계는 물론 **사법관계**에 대해서도 적용된다.	사법관계에는 **적용** ×	X
08	ⓞⓧ ★★★ 2018 경행경채 **행정절차법**은 절차적 규정뿐만 아니라 **신뢰보호원칙과 같이 실체적 규정을 포함**하고 있다.	행정절차법은 **절차적 규정, 실체적 규정** 모두 **포함**	O
09	ⓞⓧ ★★★★ 2023 행정사 행정기본법은 임의성의 원칙 등 **행정지도의 원칙**에 관하여 **규정**하고 있다.	**행정절차법**	X
10	ⓞⓧ ★★★★ 2017 교육행정직 9급 **행정절차법**은 행정예고와 **공법상 계약**에 관하여 규정하고 있다.	공법상 계약 **규정** ×	X
11	ⓞⓧ ★★★★ 2021 소방직 9급 **행정절차법**은 **행정조사절차**에 관한 명문의 규정을 일부 두고 있다.	행정조사절차 **규정** ×	X
12	ⓞⓧ ★★★★ 2024 국회직 8급 행정절차법상 '**당사자 등**'이란 행정청의 **처분에 대하여 직접 그 상대가 되는 당사자** 및 **행정청이 직권으로 또는 신청에 따라 행정절차에 참여하게 한 이해관계인**을 의미한다.	행정절차법 제2조 제4호	O
13	ⓞⓧ ★★★ 2016 사회복지직 9급 행정절차법은 행정조사에 관한 명문의 규정을 두고 있지 않으므로 **행정조사가 처분에 해당하는 경우**에도 **행정절차법상의 처분절차에 관한 규정**이 적용되지 않는다.	**적용** ○	X

OX ★★★ 2022 변호사

14 산업단지관리공단이 **「산업집적활성화 및 공장설립에 관한 법률」에 따른 입주계약을 해지**하는 경우, 그 법률에 특별한 규정이 없다면 행정절차법의 적용을 받지 않는다.

「산업집적활성화 및 공장설립에 관한 법률」에 따른 입주계약의 해지는 처분 → 따라서 행정절차법의 **적용** ○

X

OX ★★★ 2013 국회직 8급

15 적법절차의 원칙은 헌법의 기본원리이고 행정절차법은 **행정절차에 관한 일반법**적 성격을 가지기는 하지만 **행정절차법**이 모든 행정작용에 **적용**되는 것은 아니다.

행정절차법 : **모든 행정작용에 적용되는 것은 아님.**

○

OX ★★★★ 2023 국회직 8급

16 **행정지도**는 의무를 부과하거나 권익을 제한하는 것이 아니므로 **행정절차법**의 적용을 받지 않는다.

행정절차법 **적용** ○

X

OX ★★★ 2024 국회직 8급

17 행정절차에 관한 사항이라도 **국회 또는 지방의회의 의결을 거치거나 동의 또는 승인을 받아 행하는 사항**의 경우에는 **행정절차법**의 적용이 배제된다.

행정절차법 **적용** ×

○

★★★★★ 2020 지방직 · 서울시 7급

18 **행정절차법의 적용대상이 되지 않는 것**만을 모두 고르면? (다툼이 있는 경우 판례에 의함)

㉠ 병역법에 따른 징집 · 소집	㉡ 산업기능요원 편입취소처분
㉢ 국가공무원법상 직위해제처분	㉣ 헌법재판소의 심판을 거쳐 행하는 사항
㉤ 대통령의 한국방송공사 사장의 해임처분	

① ㉠, ㉡, ㉢　② ㉠, ㉢, ㉣　③ ㉡, ㉣, ㉤　④ ㉢, ㉣, ㉤

㉠㉢㉣ **행정절차법 적용제외**

②

★★★★★ 2011 국가직 9급 변형

19 처분, 신고, 확약, 위반사실 등의 공표, 행정계획, 행정상 입법예고, 행정예고 및 행정지도의 절차에 관한 사항이라도 **행정절차법의 적용이 배제되는 경우에 해당하지 않는 것은?**

① 감사원이 감사위원회의 결정을 거쳐 행하는 사항
② 각급 선거관리위원회의 의결을 거쳐 행하는 사항
③ 대통령이 직접 행하는 처분사항
④ 심사청구 · 해양안전심판 · 조세심판 · 특허심판 · 행정심판 기타 불복절차에 의한 사항

③ **행정절차법 적용** ○

③

OX ★★★★★ 2019 사회복지직 9급

20 **행정절차법의 적용이 제외되는 공무원 인사관계법령에 의한 처분에 관한 사항**이란 성질상 행정절차를 거치기 곤란하거나 불필요하다고 인정되는 처분이나 행정절차에 준하는 절차를 거치도록 하고 있는 처분에 관한 사항만을 말하는 것으로 보아야 한다.

성질상 행정절차를 거치기 곤란하거나 불필요하다고 인정되는 처분 또는 행정절차에 준하는 절차를 거치도록 하고 있는 처분의 경우에만 행정절차법 **적용** ×

○

OX ★★★ 2020 국가직 7급

21 **병역법에 따라 지방병무청장이 산업기능요원에 대하여 산업기능요원 편입취소처분**을 할 때에는 **행정절차법**에 따라 처분의 사전통지를 하고 의견제출의 기회를 부여하여야 한다.

행정절차법 **적용** ○ → 처분의 **사전통지** ○, **의견제출기회 부여** ○

○

OX ★★★ 2022 국가직 9급

22 **별정직 공무원인 대통령기록관장에 대한 직권면직처분**에는 처분의 사전통지 및 의견청취 등에 관한 **행정절차법** 규정이 적용되지 않는다.

행정절차법 **적용** ○

X

OX ★★★ 2024 해경간부

23 **대통령의 한국방송공사 사장의 해임절차**에 관하여 방송법이나 관련법령에도 별도의 규정을 두고 있지 않으므로 이 사건 해임처분에는 행정절차법이 적용되지 않는다.

행정절차법 적용 ○

X

OX ★★★ 2020 국회직 8급

24 행정절차법 시행령 제2조 제8호는 '학교 · 연수원 등에서 교육 · 훈련의 목적을 달성하기 위하여 학생 · 연수생들을 대상으로 하는 사항'을 행정절차법이 적용되지 않는 경우로 규정하고 있으나 **생도의 퇴학처분과 같이 신분을 박탈하는 징계처분**은 여기에 해당한다고 할 수 없다.

사관생도에 대한 퇴학처분 : **교육 · 훈련의 목적** × → **행정절차법** 적용 ○

O

OX ★★★★★ 2020 국회직 8급

25 외국인의 출입국에 관한 사항은 행정절차법이 적용되지 않으므로, 미국 국적을 가진 교민에 대한 **사증거부처분**에 대해서도 **처분의 방식에 관한 행정절차법 제24조**는 적용되지 않는다.

처분서 작성 · 교부가 필요 없거나 곤란하다고 인정되는 사항 × → 행정절차법 **적용** ○

X

OX ★★★★★ 최신판례

26 행정절차법의 규정과 입법 취지 등을 고려해 보면, 행정기관의 처분에 의하여 불이익을 입게 되는 국가를 일반 국민과 달리 취급할 합리적인 이유가 있으므로 **국가에 대해 행정처분을 할 때**에는 사전통지, 의견청취, 이유제시와 관련한 **행정절차법**이 그대로 적용된다고 볼 수 없다.

그대로 적용됨.

X

OX ★★★★ 2024 지방직 · 서울시 9급

27 공무원 인사관계 법령에 의한 처분에 관한 사항 전부에 대하여 행정절차법의 적용이 배제되는 것이 아니라 **성질상 행정절차를 거치기 곤란하거나 불필요하다고 인정되는 처분**이나 **행정절차에 준하는 절차를 거치도록 하고 있는 처분**의 경우에만 행정절차법의 적용이 배제된다.

행정절차법 적용 배제

O

OX ★★★★★ 2024 변호사

28 **국가공무원법상 직위해제처분**은 '공무원 인사관계법령에 따른 징계와 그 밖의 처분'에 해당하지만, 당해 행정작용의 성질상 행정절차를 거치기 곤란하거나 불필요하다고 인정되는 사항 또는 행정절차에 준하는 절차를 거친 사항이라 볼 수 없으므로 **행정절차법**의 규정이 적용된다.

행정절차에 준하는 절차를 거친 사항에 해당 ○ → 행정절차법 **적용** ×

X

OX ★★★ 2021 국가직 7급

29 **군인사법에 따라** 당해 직무를 수행할 능력이 없다고 인정하여 장교를 **보직해임**하는 경우, 처분의 근거와 이유제시 등에 관하여 **행정절차법**의 규정이 적용된다.

행정절차법 **적용** ×

X

OX ★★★★ 2024 해경간부

30 **공정거래위원회의 시정조치 및 과징금납부명령**에 행정절차법 소정의 의견청취절차 생략사유가 존재한다고 하더라도 공정거래위원회는 **행정절차법**을 적용하여 의견청취절차를 생략할 수는 없다.

30 31 공정거래위원회의 의결 · 결정을 거쳐 행하는 사항 : 행정절차법 **적용** × → 공정거래위원회는 **행정절차법을 적용하여 의견청취절차 생략** ×

O

OX ★★★ 2017 서울시 9급

31 대법원에 따르면 **행정절차법 적용이 제외되는 의결 · 결정**에 대해서는 **행정절차법**을 적용하여 의견청취절차를 생략할 수는 없다.

O

OX ★★ 2023 행정사

32 행정청이 그 **관할에 속하지 아니하는 사안을 접수**한 경우 **지체 없이** 이를 **관할행정청에 이송**하여야 하고 그 사실을 **신청인에게 통지**하여야 한다.

행정절차법 제6조 제1항

O

OX ★★★ 2022 서울시 지적 7급

33 행정절차법상 **행정청의 관할이 분명하지 아니한 경우**에는 해당 행정청을 **공통으로 감독하는 상급행정청이 그 관할을 결정**하며, **공통으로 감독하는 상급행정청이 없는 경우**에는 **각 상급행정청이 협의하여 그 관할을 결정**한다.

행정절차법 제6조 제2항

O

OX ★★★ 2022 서울시 지적 7급

34 **행정응원을 요청받은 행정청은 다른 행정청이 보다 능률적이거나 경제적으로 응원할 수 있는 명백한 이유가 있는 경우 응원을 거부**할 수 있다.

행정절차법 제8조 제2항 제1호 — O

OX ★★★ 2023 행정사

35 행정응원을 요청받은 행정청은 **응원을 거부**하는 경우 그 **사유**를 응원을 요청한 행정청에 **통지하여야 한다**.

행정절차법 제8조 제4항 — O

OX ★★ 2021 소방직 9급

36 **행정응원을 위하여 파견된 직원**은 당해 직원의 복무에 관하여 **다른 법령 등에 특별한 규정이 없는 한, 응원을 요청한 행정청의 지휘 · 감독을 받는다.**

행정절차법 제8조 제5항 — O

OX ★★★ 2022 서울시 지적 7급

37 **행정응원에 드는 비용**은 **응원을 요청한 행정청이 부담**하며, 그 **부담금액 및 부담방법**은 응원을 하는 행정청이 결정한다.

비용부담 : **요청 행정청**
부담금액 · 방법 : **협의** — X

OX ★★★ 2018 서울시 2회 7급

38 **행정절차법상 법인이 아닌 재단**은 당사자 등이 될 수 없다.

당사자 등에 **해당** ○
(행정절차법 제9조 제2호) — X

OX ★★★ 2022 국회직 8급

39 **처분에 관한 권리 또는 이익을 사실상 양수한 자**는 **행정청의 승인을 받아 당사자 등의 지위를 승계**할 수 있다.

행정절차법 제10조 제4항 — O

OX ★★★ 2023 국가직 7급

40 다수의 당사자 등이 공동으로 행정절차에 관한 행위를 할 때에는 대표자를 선정할 수 있고, **다수의 대표자**가 있는 경우 그중 **1인에 대한 행정청의 행위**는 **모든 당사자 등에게 효력**이 있지만, **행정청의 통지**는 대표자 모두에게 하여야 그 효력이 있다.

행정청의 통지 → **대표자 모두에게 하여야** 그 효력이 있음(행정절차법 제11조 제6항). — O

★★★ 2020 군무원 9급

41 다수의 당사자 등이 공동으로 행정절차에 관한 행위를 할 때에 정하는 **대표자**에 관한 **행정절차법**의 **규정내용**으로 옳지 않은 것은?

① 당사자 등은 대표자를 변경하거나 해임할 수 있다.
② 대표자는 각자 그를 대표자로 선정한 당사자 등을 위하여 행정절차에 관한 모든 행위를 할 수 있다. 다만, 행정절차를 끝맺는 행위에 대하여는 당사자 등의 동의를 받아야 한다.
③ 대표자가 있는 경우에는 당사자 등은 그 대표자를 통하여서만 행정절차에 관한 행위를 할 수 있다.
④ 다수의 대표자가 있는 경우 그중 1인에 대한 행정청의 행위는 모든 당사자 등에게 효력이 있다. 다만, 행정청의 통지는 대표자 1인에게 하여도 그 효력이 있다.

① 행정절차법 제11조 제3항
② 행정절차법 제11조 제4항
③ 행정절차법 제11조 제5항
④ **행정청의 통지**는 **대표자 모두에게 하여야** 그 효력이 있음(행정절차법 제11조 제6항). — ④

OX ★★ 2018 서울시 2회 7급

42 행정절차법상 당사자 등은 **당사자 등의 형제자매를 대리인으로 선임할 수 있다.**

행정절차법 제12조 제1항 제1호 — O

OX ★★★★ 2021 경행경채

43 징계와 같은 **불이익처분절차**에서 징계심의대상자에게 변호사를 통한 방어권의 행사를 보장하는 것이 필요하고, **징계심의대상자가 선임한 변호사가 징계위원회에 출석하여 징계심의대상자를 위하여 필요한 의견을 진술하는 것은 방어권 행사의 본질적 내용에 해당**하므로, 행정청은 특별한 사정이 없는 한 이를 거부할 수 없다.

특별한 사정이 없는 한 행정청은 변호사의 출석 및 의견진술 거부 × — O

	문제	해설	정답
44	★★★★ 2024 지방직 · 서울시 9급 **육군3사관학교의 사관생도에 대한 징계절차**에서 징계심의대상자가 대리인으로 선임한 변호사가 징계위원회 심의에 출석하여 진술하려고 하였음에도, 징계권자나 그 소속 직원이 **변호사가 징계위원회의 심의에 출석하는 것을 막은 후** 내린 징계위원회의 징계의결에 따른 **징계처분**은 특별한 사정이 없는 한 위법하여 원칙적으로 취소되어야 한다.	**위법 ○, 취소사유 ○**	○
45	★★ 2023 행정사 **천재지변으로 기한을 지킬 수 없는 경우**에는 그 사유가 끝나는 날이 속하는 주말까지 **기간의 진행이 정지**된다.	**그 사유가 끝나는 날까지** 기간 진행 정지	X
46	★★★ 2020 소방직 9급 **행정절차에 소요되는 비용**은 **원칙적으로 행정청이 부담**하도록 규정되어 있다.	행정절차법 제54조(비용의 부담)	○
47	★★ 2015 국회직 8급 **법제처장**은 **입법예고를 하지 아니한 법령안의 심사요청을 받은 경우**에 **입법예고를 하는 것이 적당하다고 판단하는 때**에는 해당 **행정청에 입법예고를 권고**하거나 **직접 예고**할 수 있다.	행정절차법 제41조 제3항	○
48	★★★ 2018 소방직 9급 행정절차법상 **행정상 입법예고를 하지 않아도 되는 사유**에 해당하지 않는 것은? ① 법령 등을 제정 · 개정 또는 폐지하려는 경우 ② 상위법령 등의 단순한 집행을 위한 경우 ③ 입법내용이 국민의 권리 · 의무 또는 일상생활과 관련이 없는 경우 ④ 신속한 국민의 권리보호 또는 예측곤란한 특별한 사정의 발생 등으로 입법이 긴급을 요하는 경우	행정절차법 제41조 제1항 ① 입법예고 적용사유 ②③④ 입법예고 적용제외사유	①
49	★★★ 2024 소방간부 **상위법령 등의 단순한 집행을 위한 법령**을 **제정**하려는 경우에는 **입법예고를 하지 않을 수 있다.**	49 50 상위법령의 단순 집행 → **입법예고 생략 가능 ○**	○
50	★★★ 2019 국가직 9급 **상위법령 등의 단순한 집행을 위해 총리령**을 **제정**하려는 경우, 행정상 **입법예고를 하지 아니할 수 있다.**		○
51	★★★ 2023 경찰간부 행정청은 **대통령령을 입법예고**하는 경우 **국회 소관 상임위원회**에 이를 **제출**하여야 한다.	행정절차법 제42조 제2항	○
52	★★★ 2017 지방직(하) 9급 행정절차법상 **입법예고기간**은 예고할 때 정하되, **특별한 사정이 없으면** (㉠)일(자치법규는 (㉡)일) 이상으로 한다.	**㉠ 40 ㉡ 20** (행정절차법 제43조)	40 20
53	★★★ 2013 지방직 9급 변형 행정절차법은 **행정계획을 수립 · 시행하거나 변경하고자 하는 때**에는 **원칙적으로 이를 예고**하도록 규정하고 있다.	행정절차법 제46조 제1항	○
54	★★★ 2007 관세사 **행정예고를 입법예고로 갈음**할 수는 없다.	**입법을 포함하는 행정예고 : 입법예고로 갈음 가능 ○**	X
55	★★★ 2021 지방직 · 서울시 7급 변형 **행정예고기간**은 **예고내용의 성격 등을 고려하여 정하되,** 40일 이상으로 한다.	**20일 이상** (행정절차법 제46조 제3항)	X

O X ★★ 2024 국회직 8급

56 국회사무총장 · 법원행정처장 · 헌법재판소사무처장 및 중앙선거관리위원회사무총장을 제외한 **행정청은 정부시책이나 행정제도 및 그 운영의 개선에 관한 국민의** 창의적인 **의견이나 고안을 접수 · 처리하여야** 한다.

행정절차법 제52조의2 제1항 — O

O X ★★★ 2023 군무원 5급

57 온라인 정책토론의 필요성에 대한 인식이 높아져 가고 있지만, 아직까지 **행정절차법**은 **'온라인 정책토론'에 관한 규정**을 갖고 있지 않다.

규정 ○(행정절차법 제53조) — X

Topic

42 행정절차법 Ⅱ - 처분절차 등

p.155~164

O X ★★★ 2023 국가직 9급

01 **처분기준의 설정 · 공표의 규정**은 **침익적 처분**뿐만 아니라 **수익적 처분**의 경우에도 적용된다.

모두 적용 — O

O X ★★★★ 2024 소방직 9급

02 행정청은 **필요한 처분기준**을 해당 처분의 성질에 비추어 되도록 **구체적으로 정하여 공표하여야** 한다. 그러나 **처분기준을 변경하는 경우**에는 그러하지 아니하다.

처분기준을 변경하는 경우에도 **같음.** — X

O X ★★★★ 2016 경행경채

03 행정청은 **필요한 처분기준**을 해당 처분의 성질에 비추어 되도록 **구체적으로 정하여 공표**하여야 한다. 다만, 처분기준을 공표하는 것이 해당 **처분의 성질상 현저히 곤란**하거나 **공공의 안전 또는 복리를 현저히 해치는 것**으로 인정될 만한 상당한 이유가 있는 경우에는 처분기준을 **공표하지 아니할 수 있다.**

행정절차법 제20조 제1항, 제3항 — O

O X ★★★ 2015 서울시 9급

04 **당사자 등**은 **공표된 처분기준이 명확하지 아니한 경우** 해당 행정청에 그 **해석 또는 설명을 요청**할 수 있으며, 이 경우 해당 **행정청은 특별한 사정이 없으면 그 요청에 따라야 한다.**

행정절차법 제20조 제4항 — O

O X ★★★★★ 2024 변호사

05 행정청이 행정절차법 제20조 제1항의 **처분기준 사전공표의무**를 **위반**하여 미리 **공표하지 아니한 기준을 적용하여 처분**을 하였다면, 그러한 사정만으로 곧바로 해당 처분에 취소사유가 존재한다.

곧바로 **취소사유** × — X

O X ★★★★★ 최신판례

06 **사전에 공표한 심사기준** 중 경미한 사항을 변경하거나 다소 불명확하고 추상적이었던 부분을 명확하게 하거나 구체화하는 정도를 뛰어넘어, **심사대상기간이 이미 경과하였거나 상당 부분 경과한 시점에서 처분상대방의 갱신 여부를 좌우할 정도로 중대하게 변경하는 것**은 중대한 공익상 필요가 인정되거나 관계 법령이 제 · 개정되었다는 등의 특별한 사정이 없는 한, 허용되지 않는다.

특별한 사정이 없는 한 **허용** × — O

O X ★★★★ 2018 지방직 7급

07 **행정절차법**은 당사자에게 의무를 부과하거나 당사자의 권익을 제한하는 처분을 하는 경우에 대해서만 그 **근거와 이유를 제시**하도록 규정하고 있다.

이유제시 : **면제사유가 없다면** 이유제시 **필요** ○
cf 사전통지와 구별 — X

O X ★★★★ 2022 경찰간부

08 **처분의 이유제시원칙**은 직접적으로 **부담을 주는 행정처분**에 적용되며, **수익적 행정행위의 거부**에는 적용되지 않는다.

모두 적용

X

O X ★★★★ 2015 국회직 8급

09 행정청은 **신청내용을 모두 그대로 인정하는 처분인 경우** 당사자에게 처분의 근거와 이유를 제시하지 아니하여도 된다.

이유제시의무 면제 ○
행정절차법 제23조 제1항 제1호

O

O X ★★★★ 2012 국가직 9급

10 **단순 · 반복적인 처분 또는 경미한 처분으로서 당사자가 그 이유를 명백히 알 수 있는 경우**에는 이유제시의무가 면제된다.

이유제시의무 면제 ○
행정절차법 제23조 제1항 제2호

O

O X ★★★★ 2020 소방직 9급

11 행정절차법상 **행정청이 처분을 할 때**에는 긴급히 처분을 할 경우를 제외하고는 모든 경우에 있어 당사자에게 **그 근거와 이유를 제시**하여야 한다.

이유제시**면제사유** : ㉠ **신청내용을 모두 그대로 인정**하는 처분, ㉡ **단순 · 반복적인 처분 또는 경미한 처분으로서 당사자가 그 이유를 명백히 알 수 있는 경우,** ㉢ **긴급한 처분**

X

O X ★★★★ 2022 국회직 8급

12 행정청은 **긴급히 처분을 할 필요가 있는 경우** 당사자에게 처분의 근거와 이유를 제시하지 않아도 되지만, **처분 후 당사자가 요청**하는 경우에는 그 근거와 이유를 제시하여야 한다.

12 13 당사자가 요청하면 그 **근거와 이유를 제시하여야** 함.

O

O X ★★★★ 2024 지방직 · 서울시 9급

13 행정절차법상 행정청은 처분을 할 때에 **단순 · 반복적인 처분 또는 경미한 처분으로서 당사자가 그 이유를 명백히 알 수 있는 경우**에는 처분 후 **당사자가 요청**하더라도 당사자에게 그 근거와 이유를 제시하지 않아도 된다.

X

O X ★★★★ 2012 국가직 9급

14 **신청내용을 모두 그대로 인정하는 처분인 경우** 이유제시의무가 면제되지만, **처분 후 당사자가 요청하는 경우**에는 그 근거와 이유를 제시하여야 한다.

이유제시의무 면제 / 당사자가 요청해도 이유제시의무 ×

X

O X ★★★★ 2020 지방직 · 서울시 7급

15 면허의 취소처분에는 그 근거가 되는 법령이나 취소권유보의 부관 등을 명시하여야 함은 물론 처분을 받은 자가 어떠한 위반사실에 대하여 당해 처분이 있었는지를 알 수 있을 정도로 사실을 적시할 것을 요하지만, 이와 같은 **취소처분의 근거와 위반사실의 적시를 빠뜨린 하자**는 피처분자가 처분 당시 그 취지를 알고 있었거나 그 후 알게 되었다면 그 하자는 **치유**될 수 있다.

㉠ 이유제시 × → **위법** ○
㉡ **피처분자가 취지를 알고 있었거나 그 후 알게 되었더라도 하자는 치유** ×

X

O X ★★★★ 2024 국가직 9급

16 일반적으로 **당사자가 근거규정 등을 명시하여 신청하는 인 · 허가 등을 거부하는 처분**을 함에 있어 **당사자가 그 근거를 알 수 있을 정도로 상당한 이유를 제시한 경우**에는 당해 처분의 근거 및 이유를 구체적 조항 및 내용까지 명시하지 않았더라도 그로 말미암아 그 처분이 위법한 것이 된다고 할 수 없다.

처분의 근거 및 이유를 **구체적 조항 및 내용까지 명시하지 않았더라도 위법** ×

O

O X ★★★★ 2017 지방직 7급

17 **행정청이 토지형질변경허가신청을 불허하는 근거규정으로 '도시계획법 시행령 제20조'를 명시하지 아니하고 '도시계획법'이라고만 기재하였으나, 신청인이** 자신의 신청이 개발제한구역의 지정목적에 현저히 지장을 초래하는 것이라는 이유로 **구 도시계획법 시행령 제20조 제1항 제2호에 따라 불허된 것임을 알 수 있었던 경우**에는 그 **불허처분**이 위법하지 않다.

불허처분 : **위법** ×

O

O X ★★★★ 2024 소방간부

18 처분서에 기재된 내용과 관계법령 및 당해 처분에 이르기까지 전체적인 과정 등을 종합적으로 고려하여, **처분 당시 당사자가 어떠한 근거와 이유로 처분이 이루어진 것인지를 충분히 알 수 있어서 행정구제절차로 나아가는 데에 별다른 지장이 없는 경우**라면 처분서에 처분의 근거와 이유가 구체적으로 명시되어 있지 않았더라도 절차상 위법하지 않다.

처분서에 처분의 근거와 이유가 구체적으로 명시되어 있지 않아도 위법 × — O

O X ★★★ 2022 지방직 · 서울시 9급

19 **교육부장관이 부적격사유가 없는 후보자들 사이에서 어떤 후보자를 상대적으로 더욱 적합하다고 판단**하여 국립대학교의 **총장으로 임용제청**을 하였다면, 그러한 임용제청행위 자체로서 이유제시의무를 다한 것이다.

임용제청행위 자체로서 **이유제시 의무를 다한 것** — O

O X ★★★ 2013 서울시 7급

20 **처분의 이유의 제시**는 처분과 동시에 하며, 당사자가 그 근거를 알 수 있을 정도로 상당한 이유이어야 하고, 충분히 납득할 수 있도록 구체적이고 명확하여야 한다.

처분시에 하여야 함. — O

O X ★★★★ 2013 국가직 7급

21 **세액산출의 근거가 기재되지 않은 납세고지서에 의한 부과처분**은 강행법규에 위반하여 당연무효라고 보는 것이 판례의 태도이다.

취소대상(당연무효 ×) — X

O X ★★★ 2022 지방직 · 서울시 9급

22 과세처분시 **납세고지서**에 **법으로 규정한 과세표준 등의 기재가 누락**되면 그 과세처분 자체가 위법한 처분이 되어 취소의 대상이 된다.

과세처분 위법 ○ → 취소대상 ○ — O

O X ★★★★ 2023 군무원 5급

23 행정청이 **처분**을 할 때에는 문서로 하여야 하며, **당사자 등의 동의가 있는 경우**에도 **전자문서**로는 할 수 없다.

전자문서 **가능** ○ — X

O X ★★★★ 2014 국가직 9급

24 **행정절차법**은 국민의 권익을 보호하기 위하여 모든 **행정처분**을 **문서**로 하도록 규정하고 있다.

원칙적 문서주의 / 문서가 아닌 방법 가능 ○ (행정절차법 제24조) — X

O X ★★★ 2024 국회직 8급

25 행정청은 공공의 안전 또는 복리를 위하여 **긴급히 처분을 할 필요**가 있는 경우에는 **말**이나 **전화**가 아닌 휴대전화를 이용한 **문자**전송, **팩스** 또는 **전자우편** 등으로 처분을 할 수 있다.

말, 전화도 **가능** — X

O X ★★★★ 2024 군무원 5급

26 행정청이 **처분을 할 때**에는 **다른 법령 등에 특별한 규정이 있는 경우를 제외하고는 문서로** 하여야 하며, **이를 위반한 처분은** 하자가 중대 · 명백하여 원칙적으로 무효이다.

무효 ○ — O

O X ★★★★ 2013 지방직 9급

27 면허관청이 운전면허정지처분을 하면서 통지서에 의하여 면허정지사실을 통지하지 아니하거나 처분집행예정일 7일 전까지 이를 발송하지 아니한 경우에는 절차와 형식을 갖추지 아니한 조치로서 효력이 없으나, **면허관청이** 임의로 출석한 상대방의 편의를 위하여 **구두로 면허정지사실을 알렸다면** 운전면허정지**처분의 효력**이 인정된다.

운전**면허정지처분의 효력 인정** × — X

O X ★★ 2009 지방직 9급

28 **처분을 하는 문서**에는 그 **처분행정청** 및 **담당자의 소속 · 성명과 연락처**를 **기재**하여야 한다.

처분실명제 (행정절차법 제24조 제3항) — O

O X ★★ 2017 경행경채

29 행정절차법상 **행정청은 처분에 오기, 오산 또는 그 밖에 이에 준하는 명백한 잘못이 있을 때**에는 **직권으로 또는 신청**에 따라 **지체 없이 정정**하고 그 사실을 **당사자에게 통지**하여야 한다.

행정절차법 제25조(처분의 정정) — O

	문제	해설	정답
30	★★★ 2014 경행특채 2차 **행정청이 처분을 할 때**에는 당사자에게 그 처분에 관하여 **행정심판 및 행정소송을 제기할 수 있는지 여부, 그 밖에 불복을 할 수 있는지 여부, 청구절차 및 청구기간, 그 밖에 필요한 사항**을 **알려야 한다.**	행정절차법 제26조(고지)	O
31	★★★★ 2023 지방직·서울시 7급 행정청이 처분을 하면서 당사자에게 그 처분에 관하여 **행정심판** 및 **행정소송**을 **제기**할 수 있는지 여부, 그 밖에 **불복**을 할 수 있는지 **여부, 청구절차** 및 **청구기간**, 그 밖에 필요한 사항을 **고지하지 않았다면** 그 **처분**은 위법하다.	**위법** ×	X
32	★★★ 2020 군무원 9급 **행정청에 처분을 구하는 신청**은 **문서**로 하여야 한다. 다만, 다른 법령 등에 **특별한 규정이 있는 경우**와 행정청이 **미리 다른 방법을 정하여 공시한 경우**에는 **그러하지 아니**하다.	행정절차법 제17조 제1항	O
33	★★★★ 2023 경찰간부 행정청에 대하여 **처분을 구하는 신청**을 할 때 **전자문서로 하는 경우**에는 **행정청의 컴퓨터 등에 입력된 때**에 **신청한 것으로 본다.**	행정절차법 제17조 제2항	O
34	★★★ 2024 소방직 9급 행정절차법상 행정청은 **처분의 신청을 받았을 때**에는 항상 그 **접수를 처리하여야** 하며, **신청을 접수한 경우**에는 신청인에게 **접수증**을 주어야 한다.	**항상** × → **특별한 규정이 있는 경우 제외** ○	X
35	★★★★ 2024 해경승진 **행정청은 신청에 구비서류의 미비 등 흠이 있는 경우** 접수를 거부하여야 한다.	35 36 상당한 기간을 정하여 지체 없이 신청인에게 **보완을 요구하여야 함**(행정절차법 제17조 제5항).	X
36	★★★★ 2015 서울시 9급 **행정청은 신청에 구비서류의 미비 등 흠이 있는 경우**에는 **보완에 필요한 상당한 기간**을 정하여 **지체 없이** 신청인에게 **보완을 요구**하여야 한다.		O
37	★★★★ 2021 지방직·서울시 7급 **신청인이 신청에 앞서 행정청의 허가업무 담당자에게 신청서의 내용에 대한 검토를 요청한 것**만으로는 다른 **특별한 사정이 없는 한** 명시적이고 확정적인 신청의 의사표시가 있었다고 하기 어렵다.	**명시적·확정적 신청의 의사표시** ×	O
38	★★★★ 2024 소방직 9급 행정절차법상 처분의 신청인은 **처분이 있기 전**에는 그 **신청의 내용을 보완·변경하거나 취하**할 수 있다. 다만, 다른 법령 등에 특별한 규정이 있거나 그 신청의 성질상 보완·변경하거나 취하할 수 없는 경우에는 그러하지 아니하다.	행정절차법 제17조 제8항	O
39	★★★ 2023 국가직 9급 행정청은 **신청인의 편의**를 위하여 **다른 행정청에 신청을 접수하게 할 수 있다.**	행정절차법 제17조 제7항	O
40	★★★ 2020 군무원 9급 **행정청은 신청인의 편의를 위하여 다른 행정청에 신청을 접수하게 할 수 있다.** 이 경우 행정청은 **다른 행정청에 접수할 수 있는 신청의 종류를 미리** 정하여 **공시하여야** 한다.	행정절차법 제17조 제7항	O
41	★★★ 2023 국가직 7급 처분의 처리기간에 관한 규정은 강행규정이므로 **행정청이 처리기간이 지나 처분**을 하였다면 이는 처분을 취소할 절차상 하자로 볼 수 있다.	취소할 **절차상 하자** ×	X

OX ★★★ 2016 지방직 9급

42 행정청은 **부득이한 사유로 공표한 처리기간 내에 처분을 처리하기 곤란한 경우**에는 **해당 처분의 처리기간의 범위에서 한 번만 그 기간을 연장**할 수 있다.

행정절차법 제19조 제2항 ○

OX ★★★ 2024 소방직 9급

43 행정절차법상 행정청은 **처분의 처리기간을 연장**할 수 있는데, 이때 처분의 신청인에게 반드시 **연장사유**와 **처리예정기한**을 통지할 필요는 없다.

통지해야 함. X

OX ★★★ 2017 국가직(하) 9급

44 행정청이 **정당한 처리기간 내에 처분을 처리하지 아니하였을 때**에는 **신청인은 해당 행정청** 또는 그 **감독 행정청**에 **신속한 처리를 요청**할 수 있다.

신속처리요청권
(행정절차법 제19조 제4항) ○

OX ★★★ 2023 국가직 9급

45 행정청은 **다수의 행정청이 관여하는 처분을 구하는 신청을 접수**한 경우에는 관계행정청과의 **신속한 협조**를 통하여 그 처분이 **지연되지 아니하도록 하여야 한다.**

행정절차법 제18조 ○

OX ★★★ 2020 경행경채

46 행정청은 **청문을 하려면 청문이 시작되는 날부터** 7일 전까지 **행정절차법 제21조 제1항 각 호의 사항**을 당사자 등에게 **통지**하여야 한다.

10일 전까지
(행정절차법 제21조 제2항) X

OX ★★★★ 2016 경행경채

47 행정청은 **공공의 안전 또는 복리를 위하여 긴급히 처분을 할 필요가 있는 경우**, 당사자에게 의무를 부과하거나 권익을 제한하는 처분의 **사전통지**를 하지 아니할 수 있다.

사전통지 **생략 가능**
(행정절차법 제21조 제4항 제1호) ○

OX ★★★★ 2022 국가직 9급

48 **법령 등에서 요구된 자격이 없거나 없어지게 되면 반드시 일정한 처분을 하여야 하는 경우**에 그 **자격이 없거나 없어지게 된 사실**이 법원의 **재판에 의하여 객관적으로 증명된 경우**에는 **사전통지를 생략**할 수 있다.

행정절차법 제21조 제4항 제2호 ○

OX ★★★★ 2022 군무원 7급

49 행정청은 해당 **처분의 성질상 의견청취가 현저히 곤란**하더라도 **사전통지**를 해야 한다.

사전통지 **생략 가능** X

OX ★★★★ 2010 지방직 7급

50 **사전통지의무가 면제되는 경우**에도 **의견청취의무**가 면제되는 것은 아니다.

의견청취의무도 면제 ○ X

OX ★★★★★ 2023 서울시 지적 7급

51 특별한 사정이 없는 한 신청에 대한 거부처분이라고 하더라도 직접 당사자의 권익을 제한하는 것은 아니어서 **신청에 대한 거부처분**은 사전통지대상이 된다고 할 수 없다.

사전통지 대상 × ○

OX ★★★★ 2023 군무원 7급

52 행정청은 **영업자지위승계의 신고의 수리**를 하기 전에 양수인에게 **사전통지**를 해야 한다.

양수인 × / **양도인**(종전 영업자) ○ X

OX ★★★★ 2023 소방간부

53 행정청이 근거법률에 의하여 **영업자지위승계신고를 수리**하는 처분은 종전 영업자의 권익을 제한하는 처분이라 할 것이고 행정청은 종전의 영업자에 대하여 근거법률 소정의 **행정절차를 실시**하고 처분을 하여야 한다.

종전 영업자의 권익 제한 → **종전 영업자**에 대하여 행정절차 실시 ○

OX ★★★★ 2024 소방간부

54 보건복지부장관의 국민건강보험법령상 요양급여의 상대가치점수 변경 **고시처분**의 경우 상대방을 특정할 수 없으므로 그 상대방에게 의견제출의 기회를 주어야 하는 것은 아니다.

54 55 상대방 특정 × → 의견제출기회 줄 필요 × ○

O X ★★★★ 2022 지방직 · 서울시 7급

55 **'고시'**의 방법으로 **불특정 다수인을 상대로 의무를 부과하거나 권익을 제한하는 처분**은 성질상 의견제출의 기회를 주어야 하는 상대방을 특정할 수 없으므로, 이와 같은 처분에 있어서까지 그 상대방에게 의견제출의 기회를 주어야 하는 것은 아니다. O

O X ★★★★ 2024 변호사

56 **도로법에 따라 도로구역을 변경**하는 **처분**은 당사자에게 의무를 부과하거나 권익을 제한하게 되므로 행정절차법상 사전통지의 대상이 된다. **사전통지 대상 ×** X

O X ★★★★ 2023 군무원 9급

57 행정청이 **침해적 행정처분**을 하면서 당사자에게 행정절차법상의 **사전통지를 하거나 의견제출의 기회를 주지 않았다면**, 사전통지를 하지 않거나 의견제출의 기회를 주지 않아도 되는 예외적인 경우에 해당하지 않는 한, 그 처분은 위법하여 취소를 면할 수 없다. **예외사유에 해당하지 않는 한 위법 ○, 취소사유 ○** O

O X ★★★ 2010 지방직 7급

58 **건축법의 공사중지명령에 대한 사전통지를 하고 의견제출의 기회를 준다면 많은 액수의 손실보상금을 기대하여 공사를 강행할 우려가 있다는 사정**은 사전통지 및 의견제출절차의 예외사유에 해당하지 아니한다. **사전통지 · 의견제출절차의 예외사유 ×** O

O X ★★★ 2022 군무원 7급

59 현장조사에서 처분상대방이 **위반사실을 시인**하였다면 행정청은 처분의 사전통지절차를 하지 않아도 된다. **사전통지 예외사유 ×** X

O X ★★★ 2022 소방간부

60 행정청이 **온천지구임을 간과하여 지하수 개발 · 이용신고를 수리하였다가 의견제출기회를 주지 아니한 채 그 신고수리처분을 취소하고 원상복구명령의 처분을 한 경우, 행정지도방식에 의한 사전고지나 그에 따른 당사자의 자진폐공의 약속 등 사유**가 있으면 의견청취절차에 해당하여 위법하지 않다. **사전통지 · 의견제출절차의 예외사유 × / 위법 ○** X

O X ★★★ 2022 군무원 9급

61 **공무원의 정규임용처분을 취소하는 처분**은 사전통지를 하지 않아도 되는 예외적인 경우에 해당하지 않는다. **사전통지 예외사유 ×** O

O X ★★★ 2019 국회직 8급

62 정규공무원으로 임용된 사람에게 **시보임용처분 당시 지방공무원법에 정한 공무원임용 결격사유가 있어 시보임용처분을 취소하고 그에 따라 정규임용처분을 취소한 경우** 정규임용처분을 취소하는 처분에 대하여서는 행정절차법의 규정이 적용된다. **정규임용처분 취소처분 : 행정절차법 적용 ○** O

O X ★★★ 2017 국가직 7급

63 **공기업 사장에 대한 해임처분** 과정에서 처분내용을 **사전에 통지받지 못했고** 해임처분 시 **법적 근거 및 구체적 해임사유를 제시받지 못하였다면**, 그 해임처분은 위법하지만 당연무효는 아니다. **당연무효 × → 취소사유 ○** O

O X ★★★ 최신판례

64 **보조금 반환명령 당시 사전통지 및 의견제출의 기회가 부여**되었다면 **평가인증취소처분**을 할 때 별도로 **사전통지**를 하지 않았다고 하더라도 위법하다고 볼 수 없다. 보조금 반환명령과 평가인증취소처분은 별개의 절차 → 사전통지 **예외사유 해당 ×** X

O X ★★★ 2008 지방직 7급

65 **행정절차법상의 의견청취**는 이유제시, 청문, 의견제출로 구분된다. **청문, 공청회, 의견제출** X

OX ★★★★ 2018 서울시 9급

66 행정청이 **공공의 안전 또는 복리를 위하여 긴급히 처분을 할 필요가 있는 경우**에는 **의견청취를 하지 아니할 수 있다.**

행정절차법 제22조 제4항

O

OX ★★★★ 2022 국가직 9급

67 행정청의 처분으로 의무가 부과되거나 권익이 제한되는 경우라도 **당사자가 의견진술의 기회를 포기한다는 뜻을 명백히 표시한 경우**에는 의견청취를 생략할 수 있다.

67 68 의견청취 생략 가능 (행정절차법 제22조 제4항)

O

OX ★★★★ 2022 해경간부

68 행정청이 당사자에게 의무를 과하거나 권익을 제한하는 처분을 하는 경우라도 **당사자가 명백히 의견진술의 기회를 포기한다는 뜻을 표시**한 경우에는 의견청취를 하지 않을 수 있다.

O

OX ★★★★ 2019 서울시 1회 7급

69 행정절차법의 청문배제사유인 **'당해 처분의 성질상 의견청취가 현저히 곤란하거나 명백히 불필요하다고 인정될 만한 상당한 이유가 있는 경우'**는 당해 행정처분의 성질에 의하여 판단하여야 하는 것이지, 청문통지서의 반송 여부, 청문통지의 방법 등에 의하여 판단할 것은 아니다.

당해 행정처분의 성질에 의하여 판단 ○ / **청문통지서 반송 여부, 청문통지 방법 등에 의한 판단** ×

O

OX ★★★★ 2023 지방직 · 서울시 9급

70 행정처분의 상대방에 대한 **청문통지서가 반송**되었거나 행정처분의 상대방이 **청문일시에 불출석하였다는 이유만으로** 행정청이 관계법령상 그 **실시가 요구되는 청문을 실시하지 아니하고 한 침해적 행정처분**은 위법하다.

위법 ○

O

OX ★★★★ 2024 소방간부

71 행정절차법 제21조 제4항에서 규정한 **'의견청취가 현저히 곤란하거나 명백히 불필요하다고 인정될 만한 상당한 이유가 있는 경우'**에 해당하는지는 **해당 행정처분의 성질에 비추어 판단**하여야 하며, 처분상대방이 이미 행정청에 위반사실을 시인하였다거나 처분의 사전 통지 이전에 의견을 진술할 기회가 있었다는 사정을 고려하여 판단할 것은 아니다.

위반사실을 시인하였다거나 사전 통지 이전에 **의견을 진술할 기회가 있었다는 사정 고려** ×

O

OX ★★★★ 2023 지방직 · 서울시 7급

72 행정청이 당사자와 **협약을 체결하면서** 관계법령 및 행정절차법에 규정된 청문 등 **의견청취절차를 배제하는 조항을 둔 경우**, 이를 청문실시의 배제사유로 인정하는 법령상의 규정이 없다면 **청문을 실시하지 않은 것**은 절차적 하자를 구성한다.

협약으로 청문배제 × → **절차적 하자** ○

O

OX ★★★★ 2007 국회직 8급

73 판례는 **법령상 확정된 의무부과의 경우**에도 **의견제출**의 기회를 주어야 한다고 본다.

의견제출기회를 주지 않아도 행정절차법 위반 ×

X

OX ★★★★ 2023 서울시 지적 7급

74 관련법령에 따라 당연히 환수금액이 정하여지는 **퇴직연금의 환수결정**에 앞서 의견진술의 기회를 주지 아니하였다면 그 처분은 의견제출의 기회를 주지 않은 것으로서 위법하여 무효이다.

의견제출 기회 주지 않아도 위법 ×

X

OX ★★★ 2023 서울시 연구사

75 행정절차법 시행령 제13조 제2호에서 정한 "법원의 재판 또는 준사법적 절차를 거치는 행정기관의 결정 등에 따라 **처분의 전제가 되는 사실이 객관적으로 증명**되어 처분에 따른 **의견청취가 불필요하다고 인정되는 경우**"는 법원의 재판 등에 따라 처분의 전제가 되는 사실이 객관적으로 증명되면 행정청이 반드시 일정한 처분을 해야 하는 경우 등 의견청취가 행정청의 처분 여부나 그 수위 결정에 영향을 미치지 못하는 경우를 의미하고, 처분의 전제가 되는 일부 사실만 증명된 경우이거나 의견청취에 따라 행정청의 처분 여부나 처분 수위가 달라질 수 있는 경우라면 위 예외사유에 해당하지 않는다.

의견청취가 행정청의 처분 여부나 그 수위 결정에 영향을 미치지 못하는 경우를 의미(처분의 전제가 되는 일부 사실만 증명된 경우이거나 의견청취에 따라 행정청의 처분 여부나 처분 수위가 달라질 수 있는 경우 ×)

O

OX ★★ 2022 소방간부

76 사회복지시설에 대하여 **특별감사를 실시한 후 행한 감사결과 지적사항에 대한 시정지시**는 그 성질상 당사자의 사전 의견청취가 불필요하다고 볼 상당한 이유가 인정되는 경우에 해당한다.

의견청취가 불필요하다고 볼 상당한 이유가 인정되는 경우 ○

O

OX ★★★ 2018 지방직 7급

77 **청문**은 행정청이 어떠한 처분을 하기 전에 당사자 등의 **의견을 직접 듣는 절차**일 뿐, **증거를 조사하는 절차**는 아니다.

의견청취절차 ○, 증거조사절차 ○

X

OX ★★★★ 2023 군무원 7급

78 행정청이 **침익적 처분**을 하면서 **청문을 하지 않았다면** 행정절차법상 **예외적인 경우에 해당하지 않는 한** 그 처분은 원칙적으로 무효에 해당한다.

위법 ○, 무효 ×

X

OX ★★★★ 2024 해경승진

79 행정청은 **인·허가 등을 취소하는 처분**을 할 때는 원칙적으로 청문을 하여야 한다.

원칙적으로 청문 필요

O

OX ★★★ 2014 경행특채 1차

80 **청문의 주재자**는 대통령령으로 정하는 자격을 가지는 사람 중에서 선정하되, 행정청의 소속 직원은 주재자가 될 수 없다.

소속 직원 또는 **대통령령이 정하는 자격을 가진 자** 중에서 **행정청이 선정**

X

OX ★★★ 2023 군무원 5급

81 행정청은 **다수 국민의 이해가 상충**되거나 **다수 국민에게 불편이나 부담을 주는 처분**을 하는 경우 **청문 주재자**를 2명 이상으로 선정할 수 있다.

2명 이상 선정 가능

O

OX ★★★ 2024 국가직 9급

82 청문은 **당사자가 공개를 신청**하거나 **청문 주재자가 필요하다고 인정하는 경우** 공개할 수 있다. 다만, **공익 또는 제3자의 정당한 이익을 현저히 해칠 우려가 있는 경우**에는 **공개하여서는 아니 된다.**

행정절차법 제30조

O

OX ★★★ 2022 국회직 8급

83 청문에서 **당사자 등이 의견서를 제출한 경우**에는 그 내용을 **출석하여 진술한 것으로 본다.**

행정절차법 제31조 제3항

O

OX ★★★★ 2021 군무원 9급

84 **청문 주재자는 직권으로 또는 당사자의 신청**에 따라 **필요한 조사**를 할 수 있으며, **당사자 등이 주장하지 아니한 사실에 대하여**는 조사할 수 없다.

당사자 등이 **주장하지 아니한 사실에 대하여도 조사 가능**(행정절차법 제33조 제1항)

X

OX ★★★ 2022 국회직 8급

85 **청문 주재자**는 **당사자 등의 전부 또는 일부가 정당한 사유 없이 청문기일에 출석하지 아니하거나 의견서를 제출하지 아니한 경우**에는 이들에게 **다시 의견진술 및 증거제출의 기회를 주지 아니하고 청문을 마칠 수 있다.**

행정절차법 제35조 제2항

O

OX ★★★ 2021 군무원 9급

86 행정청은 **청문을 마친 후 처분을 할 때까지 새로운 사정이 발견되어 청문을 재개(再開)할 필요가 있다고 인정할 때**에는 청문조서 등을 되돌려 보내고 **청문의 재개를 명할 수 있다.**

행정절차법 제36조

O

OX ★★★★ 2011 사회복지직 9급

87 행정청은 처분을 함에 있어서 **청문조서, 청문 주재자의 의견서, 그 밖의 관계서류 등을 충분히 검토하고 상당한 이유가 있다고 인정하는 경우에는 청문결과를 반영하여야 한다.**

행정절차법 제35조의2

O

OX ★★★★ 2007 국가직 7급

88 **행정청**은 **청문절차에서 개진된 의견**에 기속되지 않는다. | **기속** × | O

OX ★★★ 2019 지방직 · 교육행정직 9급

89 구 광업법에 근거하여 처분청이 광업용 토지수용을 위한 **사업인정을 하면서** 토지소유자와 **토지에 관한 권리를 가진 자의 의견을 들은 경우** 처분청은 그 의견에 기속된다. | 소유자나 기타 권리자의 의견에 **기속** × | X

OX ★★★ 2022 해경간부

90 **행정절차법**도 비밀누설금지 · 목적 외 사용금지 등 **개인의 정보보호에 관한 규정**을 두고 있다. | **규정** ○(행정절차법 제37조 제6항) | O

OX ★★★ 2020 소방직 9급

91 행정절차법상 행정청은 **해당 처분의 영향이 광범위하여 널리 의견을 수렴할 필요가 있다고 인정하는 경우**에 청문을 실시할 수 있다. | **공청회** 개최(행정절차법 제22조 제2항 제2호) | X

OX ★★★ 2020 지방직 · 서울시 9급

92 청문은 다른 법령 등에서 규정하고 있는 경우 이외에 행정청이 필요하다고 인정하는 경우에도 실시할 수 있으나, **공청회**는 다른 법령 등에서 규정하고 있는 경우에만 **개최**할 수 있다. | **행정절차법 제22조 제2항 각 호**의 경우 개최하여야 함. | X

OX ★★★ 2024 소방간부

93 도시계획시설인 추모공원 건립을 위해 **지방자치단체, 비영리법인, 일반 기업 등이 공동 발족한 추모공원건립추진협의회**에서 후보지 주민들의 의견을 청취하기 위하여 **추진협의회 명의로 개최한 공청회**의 경우 행정절차법에서 정한 절차를 준수하여야 한다. | **행정절차법상의 절차를 준수할 필요** × | X

OX ★★★ 2017 지방직(하) 9급

94 행정청은 **공청회를 개최하려는 경우**에는 공청회 **개최 (　　)일 전까지** 제목, 일시 및 장소 등을 **당사자 등에게 통지하고 관보, 공보, 인터넷 홈페이지 또는 일간신문 등에 공고**하는 등의 방법으로 널리 알려야 한다. | 행정절차법 제38조 | 14

OX ★★★ 2023 국가직 9급

95 **공청회**가 개최는 되었으나 **정상적으로 진행되지 못하고 무산된 횟수**가 2회인 경우 **온라인공청회를 단독으로 개최**할 수 있다. | **3회 이상**인 경우 단독 개최 가능 | X

OX ★★★ 2015 교육행정직 9급 변형

96 행정청이 **온라인공청회를 실시하는 경우**에는 **누구든지** 정보통신망을 이용하여 **의견을 제출할 수 있다.** | 행정절차법 제38조의2 제4항 | O

OX ★★ 2010 지방직 9급

97 행정청은 **공청회의 발표자**를 관련전문가 중에서 우선적으로 지명 또는 위촉하여야 하며, 적절한 발표자를 선정하지 못하거나 필요한 경우에만 발표를 신청한 자 중에서 지명할 수 있다. | 원칙적으로 **발표를 신청한 사람 중 행정청이 선정**(행정절차법 제38조의3 제2항) | X

OX ★★ 2007 국가직 7급

98 **공청회의 주재자**는 **공청회를 공정하게 진행**하여야 하며, 공청회의 원활한 진행을 위하여 **발표내용을 제한할 수 있다.** | 행정절차법 제39조 제1항 | O

OX ★★★ 2023 경찰간부

99 행정청은 **공청회를 마친 후 처분을 할 때까지 새로운 사정이 발견**되어 **공청회를 다시 개최할 필요**가 있다고 인정할 때에는 **공청회를 다시 개최할 수 있다.** | 행정절차법 제39조의3 | O

OX ★★★ 2024 국회직 8급

100 **행정절차법상 '의견제출'**이란 행정청이 어떠한 행정작용을 하기 전에 당사자 등이 **의견을 제시하는 절차로서** 청문이나 공청회에 해당하는 절차를 말한다. | **청문이나 공청회에 해당하지 않는 절차** | X

O X ★★★★ 2020 소방직 9급

101 행정절차법상 행정청이 당사자에게 **의무를 부과하거나 권익을 제한하는 처분**을 함에 있어 **청문이나 공청회를 거치지 않은 경우**에는 당사자에게 **의견제출의 기회를 주어야 한다.**

행정절차법 제22조 제3항 — O

O X ★★★ 2018 지방직 9급

102 **이해관계가 있는 제3자**는 자신의 신청 또는 행정청의 직권에 의하여 행정절차에 참여하여 **처분 전**에 그 처분의 관할행정청에 **서면이나 말로 또는 정보통신망을 이용하여 의견제출을 할 수 있다.**

행정절차법 제2조 제4호 나목 / 행정절차법 제27조 제1항 — O

O X ★★ 2013 지방직(하) 7급

103 행정청은 **당사자 등이 말로 의견제출을 하였을 때**에는 **서면으로 그 진술의 요지와 진술자를 기록**하여야 한다.

행정절차법 제27조 제3항 — O

O X ★★★ 2015 지방직 7급

104 당사자 등이 **정당한 이유 없이 의견제출기한까지 의견제출을 하지 아니한 경우**에는 **의견이 없는 것으로 본다.**

행정절차법 제27조 제4항 — O

O X ★★★★ 2015 경행특채 2차

105 행정청은 처분을 할 때에 당사자 등이 **제출한 의견이 상당한 이유가 있다고 인정하는 경우**에는 이를 **반영하여야 한다.**

행정절차법 제27조의2 제1항 — O

O X ★★★ 2022 국회직 8급

106 행정청은 처분 후 2년 이내에 **당사자 등이 요청하는 경우**에는 **청문 · 공청회 또는 의견제출을 위하여 제출받은 서류나 그 밖의 물건을 반환**하여야 한다.

처분 후 **1년 이내** (행정절차법 제22조 제6항) — X

O X ★★★★ 2018 교육행정직 9급

107 **행정처분**이 **절차상 중대한 하자**가 있다고 하더라도 실체적 하자가 없다면 취소판결을 할 수 없다.

독자적 위법사유 인정 ○ — X

O X ★★★★ 2017 국회직 8급

108 **기속행위의 경우**에도 행정처분의 **절차상 하자**만으로 독자적인 취소사유가 된다.

독자적 취소사유 인정 ○ — O

O X ★★★★ 2008 지방직 7급

109 **처분에 행정절차상 하자가 있을 경우** 기속행위인지 재량행위인지를 불문하고 독자적 위법사유성이 인정되어 법원에 의한 취소의 대상이 된다.

기속행위 · 재량행위 불문하고 독자적 위법사유 인정 → 취소대상 ○ — O

O X ★★★ 2024 국가직 9급

110 공무원 인사관계법령에 따른 처분에 관하여는 행정절차법 적용을 배제하고 있으므로, **군인사법령에 의하여 진급예정자명단에 포함된 자**에 대하여 **의견제출의 기회를 부여하지 아니하고 진급선발취소처분**을 한 것이 절차상 하자가 있어 위법하다고 할 수 없다.

절차상 하자 ○ → 위법 ○ — X

O X ★★★ 2024 국가직 9급

111 과세의 절차 내지 형식에 위법이 있어 **과세처분을 취소하는 판결이 확정**되었을 때는 그 확정판결의 기판력(편저자 주 : 기속력을 의미함)은 거기에 적시된 절차 내지 형식의 위법사유에 한하여 미치는 것이므로 과세관청은 그 **위법사유를 보완하여 다시 새로운 과세처분**을 할 수 있다.

가능 — O

O X ★ 고난도

112 **교도소장이 아닌 일반교도관 또는 중간관리자에 의하여 징벌내용이 고지되었다는 사유**에 의하여 당해 징벌처분이 위법하다는 이유로 공무원의 고의 · 과실로 인한 **국가배상책임을 인정하기 위하여는** 징벌처분이 있게 된 규율위반행위의 내용, 징벌혐의내용의 조사 · 징벌혐의자의 의견진술 및 징벌위원회의 의결 등 징벌절차의 진행경과, 징벌의 내용 및 그 집행경과 등 제반 사정을 종합적으로 고려하여 징벌처분의 객관적 정당성을 상실하고 이로 인하여 손해의 전보책임을 국가에게 부담시켜야 할 실질적인 이유가 있다고 인정되어야 한다.

징벌처분의 객관적 정당성을 상실하고 이로 인하여 **손해의 전보책임을 국가에게 부담시켜야 할 실질적인 이유가 있다고 인정**되어야 함. — O

Topic

43 행정정보공개

p.165~173

OX ★★★ 2017 서울시 9급

01 행정정보공개의 출발점은 국민의 알권리인데, **알권리** 자체는 **헌법**상으로 명문화되어 있지 않음에도 불구하고, 우리 헌법재판소는 초기부터 국민의 알권리를 헌법상의 기본권으로 인정하여 왔다.

헌법상 **명문화** × → 헌법 제21조 표현의 자유에서 도출, 기본권 인정 ○

O

OX ★★★ 2010 지방직 9급

02 헌법재판소는 **정보공개청구권**을 알권리의 핵심으로 파악하고 있으며, 알권리의 헌법상 근거를 헌법 제21조의 표현의 자유에서 찾고 있다.

알권리의 핵심 / 알권리의 헌법상 근거 : 헌법 제21조 **표현의 자유**

O

OX ★★★ 2010 지방직 9급

03 판례는 「공공기관의 정보공개에 관한 **법률**」**과 같은 실정법의 근거가 없는 경우**에는 **정보공개청구권**이 인정되기 어렵다고 보고 있다.

알권리에 근거하여 **인정** ○

X

OX ★★★ 2024 소방직 9급

04 대법원은 **정보공개청구권**의 **헌법적 근거**를 헌법 제21조 **표현의 자유**에서 도출하고 있다.

정보공개청구권의 헌법적 근거 : **표현의 자유**에서 도출

O

OX ★★★ 2022 소방간부

05 **정보공개청구권**은 헌법 제21조에 의하여 보장되는 알권리에 **근거**하여 인정되고, **알권리**는 자유권적 성질과 청구권적 **성질**을 함께 가진다.

알권리에 근거 / **자유권**적 성질 + **청구권**적 성질

O

OX ★★★ 2024 소방직 9급

06 「공공기관의 정보공개에 관한 법률」에 따르면 **지방자치단체**는 그 소관 사무에 관하여 법령에 위배되지 않는 범위에서 **정보공개에 관한 조례**를 제정할 수 있다.

제정 가능

O

OX ★★★ 2022 서울시 지적 7급

07 **지방자치단체**는 그 내용이 **주민의 권리의 제한** 또는 **의무의 부과에 관한 사항이거나 벌칙에 관한 사항이 아닌 한** 법률의 위임이 없더라도 **조례**를 **제정**할 수 있다.

법률의 위임이 없더라도 가능 / 주민의 **권리제한** 또는 **의무부과** : **위임 필요**(지방자치법 제28조)

O

OX ★★ 2013 국가직 9급

08 청주시의회에서 의결한 **청주시 행정정보공개조례안**은 행정에 대한 주민의 알권리의 실현을 그 근본 내용으로 하면서도 이로 인한 개인의 권익침해 가능성을 배제하고 있으므로, 이를 들어 주민의 권리를 제한하거나 의무를 부과하는 조례라고는 단정할 수 없고 따라서 그 **제정**에 있어서 반드시 법률의 개별적 위임이 따로 필요한 것은 아니다.

주민의 권리를 제한하거나 의무를 부과하는 조례 × → **반드시 법률의 개별적 위임이 필요한 것** ×

O

OX ★★ 2022 경찰간부

09 **지방자치단체**는 **법률의 수권 없이** 독자적으로 **정보공개조례**를 제정할 수 없다.

제정 가능

X

OX ★★★ 2024 소방간부

10 정보공개법령상 공개의 대상이 되는 **정보**는 **공공기관**이 **직무상 작성 또는 취득하여 관리**하고 있는 **문서(전자문서 포함)** 및 **전자매체를 비롯한 모든 형태의 매체 등에 기록된 사항**을 말한다.

정보공개법 제2조 제1호

O

OX ★★ 2024 지방직 · 서울시 9급

11 **유아교육법에 따른 사립유치원**은 공공기관의 정보공개에 관한 법령상 **공공기관**에 해당하지 않는다.

정보공개법상 공공기관 **해당** ○

X

OX ★★★ 2016 국가직 9급

12 국 · 공립의 초등학교는 **공공기관의 정보공개에 관한 법령상 공공기관**에 해당하지만, **사립초등학교**는 이에 해당하지 않는다.

사립초등학교 포함 ○

X

OX ★★★ 2014 사회복지직 9급

13 정보공개법에 따르면 **국가 또는 지방자치단체로부터 보조금을 받는 사회복지법인과 사회복지사업을 하는 비영리법인**도 공개대상이 되는 공공기관에 포함된다.

공개대상이 되는 **공공기관**에 포함 ○

○

OX ★★★★ 2024 변호사

14 **사립대학교**에 대한 국비 지원이 한정적 · 일시적 · 국부적이라는 점을 고려하더라도, 정보공개법 시행령에서 정보공개의무를 지는 공공기관의 하나로 사립대학교를 들고 있는 것이 헌법이 정한 대학의 자율성 보장 이념 등에 반하거나 모법인 정보공개법의 위임범위를 벗어나는 것이라고 볼 수 없다.

정보공개의무를 지는 **공공기관**

○

OX ★★★★ 2022 국회직 8급

15 **사립대학교**는 정보공개법 시행령에 따른 **정보공개의무를 지는 공공기관에 해당**하나, 국비의 지원을 받는 **범위** 내에서만 그러한 공공기관의 성격을 가진다.

국비 지원받는 범위 내로 한정 ×

X

OX ★★★ 2024 소방간부

16 **한국방송공사(KBS)**는 정보공개의무가 있는 「공공기관의 정보공개에 관한 법률」 제2조 제3호의 '공공기관'에 해당한다.

정보공개의무 있는 **공공기관** ○

○

OX ★★★★ 2017 서울시 9급

17 판례는 '특별법에 의하여 설립된 특수법인'이라는 점만으로 정보공개의무를 인정하고 있으며, 다시금 해당 법인의 역할과 기능에서 **정보공개의무를 지는 공공기관에 해당하는지 여부**를 **판단**하지 않는다.

해당 법인의 **역할 · 기능 등을 고려**하여 **개별적으로** 판단

X

OX ★★★ 2017 지방직 9급

18 **한국증권업협회**는 「공공기관의 정보공개에 관한 법률 시행령」 제2조 제4호에 규정된 '특별법에 따라 설립된 특수법인'에 해당하지 아니한다.

정보공개의무 있는 **특별법에 따라 설립된 특수법인** ×

○

OX ★★★ 2022 경찰간부

19 **정보의 공개에 관하여 다른 법률에 특별한 규정이 있는 경우**에도 「공공기관의 정보공개에 관한 법률」이 우선하여 적용된다.

타법의 특별한 규정 우선 적용 (일반법 지위)

X

OX ★★★ 2022 소방간부

20 「공공기관의 정보공개에 관한 법률」 제4조 제1항에서 **'정보공개에 관하여 다른 법률에 특별한 규정이 있는 경우'**에 해당한다고 하여 **정보공개법의 적용을 배제**하기 위해서는, 특별한 규정이 '법률'이어야 하고, 정보공개의 대상 및 범위, 정보공개의 절차 등의 내용에서 정보공개법과 달리 규정하고 있는 것이어야 한다.

특별한 규정의 **형식 : 법률** / **내용 : 정보공개법과 달리 규정**하고 있는 것

○

OX ★★★ 2022 국가직 7급

21 형사소송법은 형사재판확정기록의 공개 여부 등에 대하여 「공공기관의 정보공개에 관한 법률」과 달리 규정하고 있으므로, **형사재판확정기록의 공개**에 관하여는 **「공공기관의 정보공개에 관한 법률」에 의한 공개청구**가 허용되지 아니한다.

허용 ×

○

OX ★★★★ 2024 소방간부

22 **모든 국민**은 **정보공개청구권을 가지며**, 여기서 국민에는 **자연인뿐만 아니라 권리능력 없는 사단과 재단도 포함**된다.

정보공개청구권을 가지는 국민의 범위

○

OX ★★★ 2019 서울시 9급

23 「공공기관의 정보공개에 관한 법률」상 **정보공개청구권자**인 '모든 국민'에는 자연인 외에 법인, 권리능력 없는 사단 · 재단도 포함되므로 **지방자치단체**도 포함된다.

지방자치단체 **포함** ×

X

OX ★★★★ 2024 해경승진

24 정보공개청구권자인 국민에는 **자연인**은 물론 **법인, 권리능력 없는 사단 · 재단**도 포함되고, 법인, 권리능력 없는 사단 · 재단 등의 경우에는 **설립 목적을 불문**한다.

정보공개청구권자인 국민의 범위

O

OX ★★★ 2024 소방직 9급

25 모든 국민은 정보의 공개를 청구할 권리를 가지나, **외국인**은 정보공개를 청구할 수 없다.

정보공개청구 가능

X

OX ★★★★ 2022 군무원 7급

26 **국내에 일정한 주소**를 두고 **거주하는 외국인**은 정보공개청구권을 가진다.

정보공개청구권자 ○

O

OX ★★★★ 2024 소방간부

27 **국내에 일정한 주소를 두고 있지 않은 외국인**이 **학술대회 발표**를 위해 1주일간 **체류**하는 경우에는 정보공개청구권자가 될 수 없다.

정보공개청구권자 ○

X

OX ★★★★ 2015 지방직 9급

28 **학술 · 연구를 위하여 일시적으로 체류하는 외국인**은 정보공개청구를 할 수 있다.

정보공개청구 ○

O

OX ★★★★ 2023 군무원 9급

29 **국내에 사무소를 두고 있는 외국법인 또는 외국단체**는 학술 · 연구를 위한 목적으로만 정보공개를 청구할 수 있다.

정보공개청구권자 ○(목적 제한 ×)

X

OX ★★★ 2021 경행경채

30 **공공기관 중 중앙행정기관 및 대통령령으로 정하는 기관**은 **전자적 형태로 보유 · 관리하는 정보 중 공개대상으로 분류된 정보**를 국민의 **정보공개청구가 없더라도 정보통신망을 활용한 정보공개시스템 등을 통하여 공개하여야** 한다.

「공공기관의 정보공개에 관한 법률」 제8조의2(공개대상정보의 원문공개)

O

OX ★★★ 2024 국회직 8급

31 공공기관은 국가의 시책으로 시행하는 공사(工事) 등 **대규모 예산이 투입되는 사업에 관한 정보**에 대해서는 공개의 구체적 범위, 주기, 시기 및 방법 등을 미리 정하여 정보통신망 등을 통하여 알리고, 이에 따라 **정기적으로 공개하여야 한다**.

「공공기관의 정보공개에 관한 법률」 제7조 제1항

O

OX ★★★★ 2022 지방직 · 서울시 9급

32 **공공기관이 정보공개를 거부하는 경우**에는 어느 부분이 어떠한 법익 또는 기본권과 충돌되어 비공개사유에 해당하는지를 주장 · 증명하여야 하고, 그에 이르지 아니한 채 개괄적인 사유만을 들어 공개를 거부하는 것은 허용되지 아니한다.

비공개사유 해당 여부 주장 · 증명 필요 → **개괄적 사유**만을 들어 거부 **허용** ×

O

OX ★★★★ 2022 서울시 지적 7급

33 「공공기관의 정보공개에 관한 법률」상 **정보공개를 제한하는 타법령상의 근거**에는 대통령령과 부령을 포함한다.

대통령령 및 **조례**

X

OX ★★★★ 2018 국회직 8급

34 **「공공기관의 정보공개에 관한 법률」 제9조 제1항 제1호의 '법률에서 위임한 명령'**은 법률의 위임규정에 의하여 제정된 대통령령, 총리령, 부령 전부를 의미한다.

34 35 위임규정에 의한 다른 명령 등 전부를 의미하는 것이 아니라 **정보의 공개에 관하여 법률의 구체적인 위임 아래 제정된 법규명령**을 의미함.

X

O X ★★★★ 2023 지방직 · 서울시 7급

35 정보공개법에서 공개대상의 예외로 규정하고 있는 **'다른 법률 또는 법률에서 위임한 명령**(국회규칙 · 대법원규칙 · 헌법재판소규칙 · 중앙선거관리위원회규칙 · 대통령령 및 조례로 한정함)**에 따라 비밀이나 비공개사항으로 규정된 정보'**의 해석에 있어서 **'법률에서 위임한 명령'**은 정보의 공개에 관하여 법률의 구체적인 위임 아래 제정된 법규명령(위임명령)을 의미한다. O

O X ★★★ 2021 국가직 7급

36 정보의 공개에 관하여 **법률의 구체적인 위임이 없는 교육공무원승진규정상 근무성적평정 결과를 공개하지 않는다는 규정을 근거로 정보공개청구를 거부**할 수 없다.

거부할 수 없음(교육공무원근무성적평정 결과는 공개대상임). O

O X ★★★ 2023 경찰간부

37 **검찰보존사무규칙**이 검찰청법에 기하여 제정된 법무부령이기는 하지만, 그 사실만으로 그 규칙 내의 모든 규정이 법규적 효력을 가지는 것은 아니다.

모든 규정이 법규적 효력 가지는 것 × O

O X ★★★ 2023 지방직 · 서울시 9급

38 법무부령인 **검찰보존사무규칙**은 **행정기관 내부의 사무처리준칙인 행정규칙**이지만, **검찰보존사무규칙상의 열람 · 등사의 제한**은 「공공기관의 정보공개에 관한 법률」 제9조 제1항 제1호의 **'다른 법률 또는 법률에 의한 명령에 의하여 비공개사항으로 규정된 경우'**에 해당한다.

해당 ×(공개대상) X

O X ★★★ 2023 군무원 9급

39 **기업의 비업무용 부동산 보유실태**에 관한 **감사원의 감사보고서**의 내용은 **직무상 비밀**에 해당하지 않는다.

해당 ×(공개대상) O

O X ★★★ 2023 군무원 5급

40 구 「학교폭력예방 및 대책에 관한 법률」 및 같은 법 시행령 규정들의 내용 등에 비추어, **학교폭력대책자치위원회의 회의록**은 「공공기관의 정보공개에 관한 법률」의 비공개사유인 **'다른 법률 또는 법률이 위임한 명령에 의하여 비밀 또는 비공개사항으로 규정된 정보'**에 해당하지 아니한다.

해당 ○(비공개대상) X

O X ★★★ 2024 국가직 9급

41 구 「학교폭력예방 및 대책에 관한 법률」에 따른 **학교폭력대책자치위원회의 회의록**은 「공공기관의 정보공개에 관한 법률」 소정의 **'공개될 경우 업무의 공정한 수행에 현저한 지장을 초래한다고 인정할 만한 상당한 이유가 있는 정보'**에 해당한다.

해당 ○(비공개대상) O

O X ★★★ 2018 서울시 2회 7급

42 「공공기관의 정보공개에 관한 법률」상 **국가정보원이 직원에게 지급하는 현금급여 및 월초수당에 대한 정보**는 비공개대상에 해당하지 아니한다.

비공개대상 ○ X

O X ★★★ 2019 지방직 · 교육행정직 9급

43 보안관찰법 소정의 **보안관찰 관련 통계자료**는 「공공기관의 정보공개에 관한 법률」 소정의 비공개대상정보에 해당하지 않는다.

비공개대상정보 ○ X

O X ★★★ 최신판례

44 외교부장관이 '2015. 12. 28. 일본군위안부 피해자 합의와 관련하여 **한일 외교장관 공동발표문**의 문안을 도출하기 위하여 진행한 협의 협상에서 일본군과 관헌에 의한 **위안부 강제연행의 존부 및 사실인정 문제에 대해 협의한** 협상 관련 외교부장관 생산 문서'에 대한 **정보**공개청구에 대해 '공개청구정보가 「공공기관의 정보공개에 관한 법률」 제9조 제1항 제2호에 해당한다.'는 이유로 비공개 결정을 한 것은 적법하다.

비공개대상 ○ O

O X ★★★★ 2016 교육행정직 9급

45 **진행 중인 재판에 관한 정보**로서 **공개될 경우** 형사피고인의 **공정한 재판을 받을 권리를 침해한다고 인정할 만한 상당한 이유가 있는 정보**는 비공개대상정보에 해당한다.

비공개대상정보 ○ O

OX ★★★★ 2024 해경승진

46 **'진행 중인 재판에 관련된 정보'에 해당한다는 사유로 정보공개청구를 거부**하기 위하여는 그 정보가 진행 중인 재판에 관련된 일체의 정보일 뿐만 아니라, 진행 중인 재판의 소송기록 그 자체에 포함된 내용의 정보에 해당하여야 한다.

소송기록 자체에 포함된 내용일 필요 ×

X

OX ★★★★ 2021 지방직 · 서울시 7급

47 **비공개대상정보로 '진행 중인 재판에 관련된 정보'**는 재판에 관련된 일체의 정보가 그에 해당하는 것은 아니고, 진행 중인 재판의 심리 또는 재판결과에 구체적으로 영향을 미칠 위험이 있는 정보에 한정된다.

재판의 **심리 또는 재판결과**에 **구체적으로 영향**을 미칠 위험이 있는 정보에 **한정**

O

OX ★★★ 2015 경행특채 1차

48 교도소에 수용 중이던 재소자가 담당 **교도관**들을 상대로 가혹행위를 이유로 형사고소 및 민사소송을 제기하면서 그 증명자료 확보를 위해 정보공개를 요청한 **'근무보고서'**는 공개대상정보에 해당한다.

공개대상정보 ○

O

OX ★★★ 2009 관세사

49 공공기관은 **의사결정 과정 또는 내부검토 과정에 있는 사항**으로서 **공개될 경우 업무의 공정한 수행에 현저한 지장을 초래한다고 인정할 만한 상당한 이유가 있는 정보**는 이를 **공개하지 아니할 수 있다.**

「공공기관의 정보공개에 관한 법률」 제9조 제1항 제5호

O

OX ★★★ 2023 소방간부

50 「공공기관의 정보공개에 관한 법률」 제9조 제1항 제5호의 **'공개될 경우 업무의 공정한 수행에 현저한 지장을 초래한다고 인정할 만한 상당한 이유가 있는 경우'**란 공개될 경우 업무의 공정한 수행이 객관적으로 현저하게 지장을 받을 것이라는 고도의 개연성이 존재하는 경우를 의미한다.

업무의 공정한 수행이 객관적으로 현저하게 지장을 받을 것이라는 **고도의 개연성이 존재**하는 경우

O

OX ★★★ 2024 소방직 9급

51 **사법시험 제2차 시험의 답안지** 열람은 사법시험업무의 수행에 현저한 지장을 초래한다고 볼 수 있으므로 비공개사유에 해당한다.

51 52 **정보공개대상** ○

X

OX ★★★ 2015 사회복지직 9급

52 **사법시험** 응시자가 자신의 **제2차 시험 답안지**에 대한 열람청구를 한 경우 그 답안지는 정보공개의 대상이 된다.

O

OX ★★★ 2022 지방직 · 서울시 7급

53 **의사결정 과정에 제공된 회의 관련 자료나 의사결정 과정이 기록된 회의록**은 의사가 결정되거나 의사가 집행된 경우에는 더 이상 의사결정 과정에 있는 사항 그 자체라고는 할 수 없으므로 비공개대상정보에 포함될 수 없다.

의사결정 과정에 있는 사항에 준하는 사항으로 비공개대상정보에 포함될 수 있음.

X

OX ★★★★ 2024 해경간부

54 학교환경위생구역 내 금지행위(숙박시설)해제결정에 관한 **학교환경위생정화위원회의 회의록**에 기재된 발언 내용에 대한 해당 **발언자의 인적사항 부분에 관한 정보**는 구 「공공기관의 정보공개에 관한 법률」 제7조 제1항 제5호 소정의 비공개대상에 해당한다.

비공개대상 ○

O

OX ★★★ 2019 국회직 8급

55 **독립유공자서훈 공적심사위원회의 심의 · 의결 과정 및 그 내용을 기재한 회의록**은 독립유공자 등록에 관한 신청당사자의 알권리 보장과 공정한 업무수행을 위해서 공개되어야 한다.

비공개대상 ○

X

OX ★★★ 2023 지방직 · 서울시 7급

56 **도시공원위원회의 회의 관련 자료 및 회의록**은 시장 등의 결정의 대외적 공표행위가 있은 후에는 이를 의사결정 과정이나 내부검토 과정에 있는 사항이라고 할 수 없고 위 위원회의 회의 관련 자료 및 회의록을 공개하더라도 업무의 공정한 수행에 지장을 초래할 염려가 없으므로 공개대상이 된다.

공개대상 ○ O

OX ★★★ 2024 국가직 9급

57 '2002학년도부터 2005학년도까지의 **대학수학능력시험 원데이터**'는 연구목적으로 그 정보의 공개를 청구하는 경우 「공공기관의 정보공개에 관한 법률」 소정의 비공개대상정보에 해당한다.

비공개대상정보 해당 ×(공개대상) X

OX ★★★ 2020 국가직 7급

58 **외국 또는 외국기관으로부터 비공개를 전제로 입수한 정보**는 비공개를 전제로 하였다는 이유만으로 비공개대상정보에 해당한다.

비공개 전제로 입수한 이유만으로 비공개대상정보 × X

OX ★★★ 2024 국가직 9급

59 「공공기관의 정보공개에 관한 법률」상 **'공개하는 것이 공익 또는 개인의 권리구제를 위하여 필요하다고 인정되는 정보'**에 해당하는지 여부는 **비공개에 의하여 보호되는** 개인의 사생활의 비밀 등 **이익**과 **공개에 의하여 보호되는** 국정운영의 투명성 확보 등의 공익 또는 개인의 권리구제 등 **이익**을 비교 · 교량하여 구체적 사안에 따라 신중히 판단하여야 한다.

비교 · 교량하여 판단 O

OX ★★★ 2019 사회복지직 9급

60 「공공기관의 정보공개에 관한 법률」상 **직무를 수행한 공무원의 성명 · 직위**는 비공개대상정보이다.

공개대상정보 ○ X

OX ★★★ 2022 해경간부

61 **공개하는 것이 공익을 위하여 필요한 경우로서 법령에 따라 국가가 업무의 일부를 위탁 또는 위촉한 개인의 성명 · 직업**은, 공개되면 사생활의 비밀 또는 자유가 침해될 우려가 있다고 인정되더라도 공개대상정보에 해당한다.

공개대상정보 ○ O

OX ★★★ 2015 사회복지직 9급

62 공무원이 **직무와 관련 없이 개인적 자격으로 금품을 수령한 정보**는 공개대상이 되는 정보이다.

비공개대상 X

OX ★★★ 2015 사회복지직 9급

63 사면대상자들의 **사면실시건의서**와 그와 관련된 국무회의 안건자료는 공개대상이 되는 정보이다.

공개대상 O

OX ★★★ 2024 해경간부

64 **지방자치단체의 업무추진비 세부항목별 집행내역** 및 그에 관한 **증빙서류에 포함된 개인에 관한 정보**는 공개하는 것이 공익을 위하여 필요하다고 인정되는 정보에 해당하지 않는다.

비공개대상 O

OX ★★★ 2023 소방간부

65 **「공공기관의 정보공개에 관한 법률」 제9조 제1항 제6호 본문 규정에 따라 비공개대상이 되는 정보**는 성명 · 주민등록번호 등 개인식별정보에 한정된다.

개인식별정보에 한정 × X

OX ★★★ 2019 경행경채 2차

66 「공공기관의 정보공개에 관한 법률」상 **비공개대상정보**에는 성명 · 주민등록번호 등 개인에 관한 사항으로서 공개될 경우 **사생활의 비밀 또는 자유를 침해할 우려가 있다고 인정되는 정보**도 포함된다.

포함 ○ O

O X ★★★ 2019 경행경채 2차

67 **불기소처분의 기록 중** 피의자신문조서 등에 기재된 **피의자 등의 인적사항 이외의 진술내용** 역시 개인의 사생활의 비밀 또는 자유를 침해할 우려가 인정되는 경우 「공공기관의 정보공개에 관한 법률」상 비공개대상정보에 해당된다.

비공개대상정보 ○ — O

O X ★★★ 2022 국가직 7급

68 **정보공개청구권자의 권리구제 가능성**은 정보의 공개 여부 결정에 영향을 미치지 못한다.

정보공개 여부에 영향 × — O

O X ★★ 2018 서울시 2회 7급

69 「공공기관의 정보공개에 관한 법률」상 **법인 등의 경영 · 영업상 비밀**은 사업활동에 관한 일체의 비밀사항을 의미한다.

사업활동에 관한 일체의 비밀사항 — O

O X ★★★ 2017 국가직(하) 7급

70 **법인 등이 거래하는 금융기관의 계좌번호에 관한 정보**는 법인 등의 영업상 비밀에 관한 사항으로서 공개될 경우 법인 등의 정당한 이익을 현저히 해할 우려가 있다고 인정되는 정보에 해당한다.

비공개대상 — O

O X ★★★ 2017 서울시 9급

71 재건축사업계약에 의하여 조합원들에게 제공될 **무상보상평수산출내역**은 법인 등의 영업상 비밀에 관한 사항이 아니며 비공개대상정보에 해당되지 않는다.

비공개대상정보 ×(공개대상) — O

O X ★★★ 2019 소방직 9급

72 공개될 경우 **부동산 투기로 특정인에게 이익 또는 불이익을 줄 우려**가 있다고 인정되는 정보는 비공개대상에 해당한다.

비공개대상 ○ — O

O X ★★★★ 2023 소방직 9급

73 공개청구의 대상이 되는 정보란 **공공기관이 직무상 작성 또는 취득하여 현재 보유 · 관리하고 있는 문서**에 한정되며, 그 문서가 반드시 원본일 필요는 없다.

원본일 필요 × — O

O X ★★★ 2019 국가직 7급

74 **정보공개를 청구한 목적**이 **손해배상소송에 제출할 증거자료를 획득하기 위한 것**이었고 **그 소송이 이미 종결**되었다면, 그러한 정보공개청구는 권리남용에 해당한다.

권리남용 × — X

O X ★★★★ 2023 지방직 · 서울시 9급

75 해당 정보를 취득 또는 활용할 의사가 전혀 없이 정보공개제도를 이용하여 **사회통념상 용인될 수 없는 부당한 이득을 얻으려 하거나, 오로지** 공공기관의 **담당공무원을 괴롭힐 목적으로 정보공개청구**를 하는 경우 권리남용에 해당함이 명백하므로 정보공개청구권의 행사가 허용되지 아니한다.

권리남용 ○ → 정보공개청구권 행사 **허용** × — O

O X ★★★★ 2022 군무원 7급

76 **이미 다른 사람에게 공개되어 널리 알려져 있거나** 인터넷을 통해 공개되어 **인터넷 검색 등을 통하여 쉽게 검색할 수 있는 경우**에는 공개청구의 대상이 될 수 없다.

공개청구대상 ○ — X

O X ★★★★ 2012 사회복지직 9급

77 **정보공개의 청구**는 반드시 문서로 하여야 한다.

정보공개청구서를 제출하거나 또는 **말로써 가능** — X

O X ★★ 2023 군무원 5급

78 정보공개청구서에 청구대상정보를 기재함에 있어서는 사회일반인의 관점에서 청구대상정보의 내용과 범위를 확정할 수 있을 정도로 특정함을 요하는데, 공개를 청구한 정보의 내용이 '**대한주택공사의** 특정 공공택지에 관한 수용가, **택지조성원가, 분양가,** 건설원가 **등 및 관련 자료 일체'인 경우, '관련 자료 일체' 부분**은 그 내용과 범위가 **정보공개청구 대상정보로서 특정되었다고 보기 어렵다.**

대상정보 특정 × — O

O X ★★★★ 2024 지방직 · 서울시 9급

79 정보의 공개를 청구하는 자는 정보공개청구서에 **청구대상 정보를 기재**함에 있어서 사회일반인의 관점에서 청구대상정보의 내용과 범위를 확정할 수 있을 정도로 특정함을 요한다.

사회일반인의 관점에서 청구대상 정보의 **내용과 범위를 확정할 수 있을 정도로 특정**

O

O X ★★★★ 2017 국가직 9급

80 **공공기관은** 정보공개의 청구를 받으면 그 청구를 받은 날부터 **10일 이내에 공개 여부를 결정**하여야 하나 부득이한 사유로 이 기간 이내에 **공개 여부를 결정할 수 없는 때**에는 그 기간이 끝나는 날의 다음 날부터 기산하여 **10일의 범위에서 공개 여부 결정기간을 연장**할 수 있다.

「공공기관의 정보공개에 관한 법률」 제11조 제2항

O

O X ★★★★ 2018 교육행정직 9급

81 공공기관은 정보공개청구의 대상이 된 **정보가 제3자와 관련된 경우** 해당 제3자의 의견을 청취할 수 있으나, 그에게 **통지**할 의무는 없다.

지체 없이 통지

X

O X ★★★ 2024 국회직 8급

82 공공기관은 공개청구된 정보가 **공공기관이 보유 · 관리하지 아니하는 정보**인 경우, 「민원 처리에 관한 법률」에 따른 민원으로 처리할 수 있는 경우에는 **민원으로 처리할 수 있다.**

「공공기관의 정보공개에 관한 법률」 제11조 제5항 제1호

O

O X ★★★ 2024 변호사

83 정보공개를 청구하여 **정보공개 여부에 대한 결정의 통지를 받은 자**가 **정당한 사유 없이** 해당 정보의 **공개를 다시 청구하는 경우,** 정보공개청구를 받은 공공기관은 정보공개청구 대상정보의 **성격,** 종전 청구와의 **내용적 유사성** · 관련성, 종전 청구와 동일한 답변을 할 수밖에 없는 **사정 등**을 **종합적**으로 **고려**하여 해당 **청구**를 **종결처리**할 수 있고, **종결처리 사실**을 청구인에게 **알려야 한다.**

「공공기관의 정보공개에 관한 법률」 제11조의2 제1항 1호

O

O X ★★★ 2015 교육행정직 9급

84 공공기관은 정보의 **비공개결정을 한 경우** 청구인에게 **비공개 이유**와 **불복의 방법 및 절차**를 구체적으로 밝혀 **문서로 통지**하여야 한다.

「공공기관의 정보공개에 관한 법률」 제13조 제5항

O

O X ★★★ 2019 국가직 9급

85 「공공기관의 정보공개에 관한 법률」상 행정소송의 재판기록 일부의 정보공개청구에 대한 **비공개결정**은 **전자문서로 통지**할 수 없다.

전자문서로 통지 **가능** ○

X

O X ★★★ 2023 소방승진

86 공공기관은 청구인이 **사본 또는 복제물의 교부를 원하는 경우**에는 이를 **교부하여야** 한다.

「공공기관의 정보공개에 관한 법률」 제13조 제2항

O

O X ★★★ 2018 서울시 1회 7급

87 **공개대상의 양이 과다하여 정상적인 업무수행에 현저한 지장을 초래할 우려**가 있는 경우에는 이를 **기간별로 나누어 교부**하거나 **열람과 병행**하여 교부할 수 있다.

「공공기관의 정보공개에 관한 법률」 제13조 제3항

O

O X ★★★ 2024 지방직 · 서울시 9급

88 행정청이 정보를 공개하는 경우에 그 정보의 **원본이 더럽혀지거나 파손될 우려**가 있거나 **그 밖에 상당한 이유**가 있다고 인정할 때에는 그 정보의 **사본 · 복제물**을 **공개**할 수 있다.

「공공기관의 정보공개에 관한 법률」 제13조 제4항

O

O X ★★★★★ 2024 국가직 9급

89 정보공개를 청구하는 자가 공공기관에 대해 정보의 사본 또는 출력물의 교부방법으로 **공개방법을 선택하여 정보공개청구**를 한 경우, 공개청구를 받은 **공공기관**은 「공공기관의 정보공개에 관한 법률」에서 규정한 정보의 사본 또는 복제물의 교부를 제한할 수 있는 사유에 해당하지 않는 한 그 **공개방법**을 **선택**할 재량권이 없다.

정보공개청구자가 선택한 공개방법에 따라 공개 → 재량권 ×

O

OX ★★★★★ 2024 변호사

90 **청구인**에게는 특정한 **공개방법**을 **지정**하여 **정보공개**를 청구할 수 있는 법령상 **신청권**이 있으므로, **공공기관**이 청구인이 **신청한 공개방법 이외의 방법으로 공개**하기로 하는 **결정**을 하였다면, 이는 정보공개청구 중 정보공개방법에 관한 부분에 대하여 일부 거부처분을 한 것이고, 청구인은 그에 대하여 항고소송으로 다툴 수 있다.

90 91 공개방법 부분에 대하여 **일부 거부처분**을 한 것 → **항고소송 제기 가능** O

OX ★★★ 2022 국가직 7급

91 정보공개청구에 대하여 행정청이 **전부 공개결정**을 하는 경우에는, 청구인이 **지정한 정보공개방법에 의하지 않았다**고 하더라도 청구인은 이를 다툴 수 없다.

X

OX ★★★★ 2023 국가직 7급

92 정보공개거부처분 취소소송에서 공개청구의 취지에 어긋나지 아니하는 범위 안에서 **공개를 거부한 정보가 비공개대상정보에 해당하는 부분과 공개가 가능한 부분으로 분리될 수 있다고 인정**되면 법원은 공개가 가능한 부분을 특정하고 판결의 주문에 공개가 가능한 정보에 관한 부분만을 취소한다고 표시해야 한다.

공개 가능 정보에 관한 부분만을 취소 O

OX ★★★★ 2022 서울시 지적 7급

93 정보공개를 거부한 **비공개사유에 해당하는 부분과 그렇지 않은 부분이 혼합**되어 있고, 공개청구의 취지상 **두 부분을 분리할 수 있는 경우** 법원은 공개가 가능한 정보에 국한하여 일부취소를 명할 수 있다.

공개 가능한 정보에 국한하여 일부취소 가능 O

OX ★★★ 2024 국가직 9급

94 정보의 **부분공개**가 허용되는 경우란 당해 정보에서 **비공개대상정보**에 관련된 기술 등을 **제외** 혹은 삭제하고 **나머지 정보만 공개하는 것이 가능**하고 **나머지 부분의 정보만으로도 공개의 가치가 있는 경우**를 의미한다.

부분공개 허용 ○ O

OX ★★★ 2024 군무원 5급

95 **한 · 일 군사정보보호협정** 및 한 · 일 상호군수 지원협정과 관련하여 각종 **회의자료 및 회의록** 등의 정보는 비공개대상정보이고 부분공개도 가능하지 않다.

비공개대상정보 / 부분공개도 불가능 O

OX ★★★ 2016 경행경채

96 공공기관은 **전자적 형태로 보유 · 관리하는 정보**에 대하여 청구인이 **전자적 형태로 공개하여 줄 것을 요청**하더라도 이를 출력한 형태로 공개하는 것이 원칙이다.

정보의 성질상 현저히 곤란한 경우를 제외하고 **청구인의 요청에 따라야 함.** X

OX ★★★ 2011 국가직 7급

97 공공기관은 **전자적 형태로 보유 · 관리하지 않는 정보**에 대하여 청구인이 **전자적 형태로 공개하여 줄 것을 요청한 경우 특별한 사정이 없으면** 그 정보를 **전자적 형태로 변환하여 공개할 수 있다.**

「공공기관의 정보공개에 관한 법률」 제15조 제2항 O

OX ★★★ 2011 국가직 9급

98 정보공개가 결정되고 **공개에 오랜 시간이 걸리지 않는 정보**는 말로도 공개할 수 있다.

말로 공개 **가능** O

OX ★★★ 2023 지방직 · 서울시 7급

99 **전자적 형태로 보유 · 관리되는 정보**의 경우에 그 정보가 청구인이 구하는 대로 되어 있지 않더라도 공개청구를 받은 공공기관이 공개청구대상정보의 기초자료를 검색하여 **청구인이 구하는 대로 편집할 수 있으며, 그 작업이 당해 기관의 업무수행에 별다른 지장을 초래하지 않는다면** 그 공공기관이 공개청구대상정보를 보유 · 관리하고 있는 것으로 볼 수 있다.

공개청구대상정보를 보유 · 관리하는 것으로 볼 수 있음(**공개청구대상** ○). O

ⓄⓍ ★★★ 2018 서울시 1회 7급

100 **정보의 공개 및 우송 등에 소요되는 비용**은 실비의 범위에서 청구인의 부담으로 한다. 다만, 그 액수가 너무 많아서 청구인에게 과중한 부담을 주는 경우에는 비용을 감면할 수 있다.

실비 범위에서 **청구인 부담** / **공공복리의 유지 · 증진**을 위하여 필요한 경우 **감면 가능**

X

ⓄⓍ ★★★ 2016 국가직 9급

101 **정보공개청구자**는 정보공개와 관련한 공공기관의 비공개결정에 대해서는 **이의신청**을 할 수 있지만, **부분공개의 결정**에 대해서는 따로 이의신청을 할 수 없다.

비공개결정 · 부분공개결정 모두 이의신청 **가능**

X

ⓄⓍ ★★★ 2024 국회직 8급

102 청구인이 정보공개와 관련한 공공기관의 **비공개결정 또는 부분공개결정에 대하여 불복**이 있거나 **정보공개청구 후 20일이 경과하도록 정보공개결정이 없는 때**에는 공공기관으로부터 정보공개 여부의 결정통지를 받은 날 또는 정보공개청구 후 20일이 경과한 날부터 7일 이내에 해당 공공기관에 **문서로 이의신청**을 할 수 있다.

30일 이내

X

ⓄⓍ ★★★ 2011 지방직 9급

103 공공기관은 **이의신청을 받은 날부터 7일 이내**에 그 이의신청에 대하여 **결정**하고 그 **결과를 청구인에게 지체 없이 문서로 통지**하여야 한다.

「공공기관의 정보공개에 관한 법률」 제18조 제3항

O

ⓄⓍ ★★★★ 2023 국가직 7급

104 정보공개청구인은 공공기관의 **비공개결정에 불복하는 행정심판을 청구**하려면 「공공기관의 정보공개에 관한 법률」에서 정하는 **이의신청절차**를 거쳐야 한다.

이의신청절차는 **임의적 절차** → **거치지 않고** 행정심판 **청구 가능**

X

ⓄⓍ ★★★ 2024 소방직 9급

105 청구인이 정보공개와 관련한 **공공기관의 결정에 대하여 불복**이 있거나 **정보공개 청구 후** 30일이 경과하도록 정보공개결정이 없는 때에는 행정소송법에서 정하는 바에 따라 행정소송을 제기할 수 있다.

정보공개청구 후 **20일이 경과**하도록 정보공개결정 × → **행정소송 제기 가능**

X

ⓄⓍ ★★★★ 2023 변호사

106 청구인이 공공기관에 대하여 **정보공개를 청구하였다가 거부처분**을 받은 것 자체만으로는 법률상 이익의 침해에 해당한다고 볼 수 없고, 청구인은 추가로 위 거부처분의 취소를 구할 어떤 구체적인 이익이 있다는 점에 관해 주장 · 증명하여야 한다.

정보공개거부처분 이외 **추가로 법률상 이익 필요** ×

X

ⓄⓍ ★★★★ 2024 소방간부

107 정보공개청구는 **정보공개를 구하는 자**가 공개를 구하는 정보를 행정기관이 **보유 · 관리하고 있을 상당한 개연성**이 있다는 점을 **입증**함으로써 족하다 할 것이지만, **공공기관이 그 정보를 보유 · 관리하고 있지 아니한 경우**에는 특별한 사정이 없는 한 **정보공개거부처분의 취소를 구할 법률상의 이익**이 없다.

인정 ×

O

ⓄⓍ ★★★★ 2024 변호사

108 청구인이 **정보공개거부처분의 취소**를 구하는 **소송**에서 공공기관이 **청구정보를 증거 등으로 법원에 제출**하여 **법원을 통하여 그 사본을 청구인에게 교부** 또는 **송달**되게 하여 결과적으로 청구인에게 **정보를 공개**하는 셈이 되었다면 이는 정보공개법에 의한 공개라고 볼 수 있다.

정보공개법에 의한 공개 × → **소의 이익 소멸** ×

X

ⓄⓍ ★★★ 2022 서울시 지적 7급

109 견책처분을 받은 공무원이 **징계위원회 참여위원의 성명과 직위에 대한 정보공개청구를 하였으나 거부처분**을 받았는데, 대상 **징계처분에 대한 취소소송에서 해당 공무원의 취소청구가 기각**된 경우에는 정보공개거부처분의 취소를 구할 법률상 이익이 없다.

정보공개거부처분의 취소를 구할 **법률상 이익 인정** ○

X

OX ★★★ 2011 국가직 9급

110 **정보공개** 관련결정에 대하여 **행정소송**이 제기된 경우에 **재판장**은 필요시 **당사자 없이 비공개로** 해당 **정보를 열람할 수 있다.**

「공공기관의 정보공개에 관한 법률」 제20조 제2항 — O

OX ★★★★ 2023 군무원 9급

111 **정보공개청구의 대상이 되는 정보를 공공기관이 보유·관리하고 있다는 점**에 관하여는 정보공개를 구하는 사람에게 **증명책임**이 있다.

정보공개청구자 — O

OX ★★★★ 2022 지방직·서울시 7급

112 공개를 구하는 정보를 **공공기관이 한때 보유·관리하였으나 그 후에 그 정보가 담긴 문서 등이 폐기되어 존재하지 않게 된 것**이라면 그 **정보를 더 이상 보유·관리하고 있지 아니하다는 점에 대한 증명책임**은 공공기관에 있다.

공공기관이 입증 — O

OX ★★★★ 2023 국회직 8급

113 「공공기관의 정보공개에 관한 법률」상 공공기관은 공개청구된 **공개대상정보의 전부 또는 일부가 제3자와 관련**이 있다고 인정할 때에는 그 사실을 **제3자에게 지체 없이 통지**하여야 하며, **필요한 경우**에는 그의 **의견을 들을 수 있다.**

「공공기관의 정보공개에 관한 법률」 제11조 제3항 — O

OX ★★★★ 2022 국회직 8급

114 공공기관은 공개청구된 **공개대상정보의 전부 또는 일부가 제3자와 관련**이 있다고 인정할 때에는 그 사실을 **제3자에게 지체 없이 통지**하여야 하며, 공개청구된 사실을 통지받은 **제3자는 그 통지를 받은 날부터 3일 이내**에 해당 공공기관에 대하여 자신과 관련된 정보를 **공개하지 아니할 것을 요청할 수 있다.**

「공공기관의 정보공개에 관한 법률」 제11조 제3항 / 제21조 제1항 — O

OX ★★★ 2011 사회복지직 9급

115 **제3자의 비공개 요청에도 불구하고 공공기관이 공개결정을 하는 때**에는 **공개결정이유**와 **공개실시일**을 명시하여 **지체 없이 문서로 통지**하여야 한다.

「공공기관의 정보공개에 관한 법률」 제21조 제2항 — O

OX ★★★ 2011 사회복지직 9급

116 공공기관은 **제3자의 비공개 요청에도 불구하고 공개결정을 하는 때**에는 **공개결정일과 공개실시일의 사이**에 최소한 20일의 **간격**을 두어야 한다.

최소한 30일 — X

OX ★★★★ 2017 국가직(하) 9급

117 甲은 행정청 A가 보유·관리하는 정보 중 乙과 관련이 있는 정보를 사본 교부의 방법으로 공개하여 줄 것을 청구하였다. A가 **정보의 주체인** 乙로부터 의견을 들은 결과, **乙이 정보의 비공개를 요청한 경우**에는 A는 정보를 공개할 수 없다.

제3자의 비공개 요청은 정보의 **비공개사유에 해당** × — X

OX ★★★ 2023 국회직 8급

118 「공공기관의 정보공개에 관한 법률」상 **제3자가 자신과 관련된 정보를 공개하지 아니할 것을 요청하였음에도** 불구하고 공공기관이 **공개결정을 한 경우,** 그 제3자는 해당 공공기관에 **문서로 이의신청**을 하거나 **행정심판** 또는 **행정소송을 제기할 수 있다.**

「공공기관의 정보공개에 관한 법률」 제21조 제2항 — O

OX ★★★ 2019 국회직 8급 변형

119 정보공개에 관한 정책수립 및 제도개선에 관한 사항을 심의·조정하기 위하여 국무총리 소속으로 **정보공개위원회**를 둔다.

행정안전부장관 소속 (국무총리 소속 ×) — X

SUNNY

제 4 편

행정의 실효성 확보수단

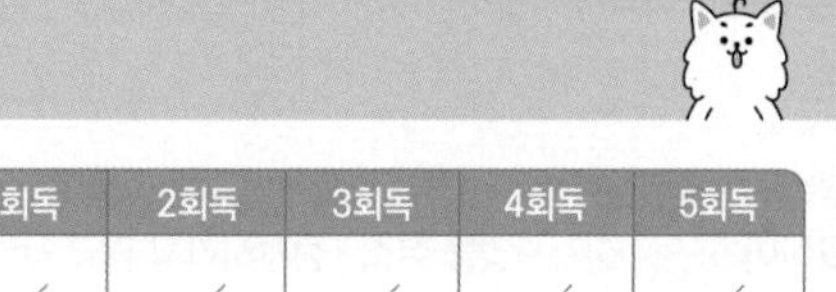

Topic

44 새로운 행정의 실효성 확보수단

p.176~181

	문제	해설	정답
OX ★★★★ 2015 지방직 7급			
01	이행강제금이란 **행정법상 의무를 불이행하였거나 위반한 자**에 대하여 당해 **위반행위로 얻은 경제적 이익을 박탈**하기 위하여 부과하거나 또는 **사업의 취소·정지에 갈음**하여 부과되는 **금전상의 제재**를 말한다.	과징금	X
OX ★★★ 2024 해경승진			
02	**행정기본법 제28조 제1항**에 과징금 부과의 법적 근거를 마련하였으므로 행정청은 직접 이 규정에 **근거하여 과징금**을 부과할 수 있다.	행정기본법에 근거하여 **부과** × **(개별법률의 구체적 근거 필요)**	X
OX ★★★ 2022 지방직·서울시 7급			
03	**과징금의 근거가 되는 법률**에는 **과징금의 상한액**을 **명확하게 규정**하여야 한다.	행정기본법 제28조 제2항 제3호	O
OX ★★★ 2024 국가직 9급			
04	**과징금의 근거가 되는 법률**에는 과징금에 관한 **부과·징수주체, 부과사유, 상한액, 가산금**을 징수하려는 경우 그 사항, 과징금 또는 가산금 **체납시 강제징수**를 하려는 경우 그 사항을 **명확하게 규정**하여야 한다.	행정기본법 제28조 제2항	O
OX ★★★ 2023 소방간부			
05	금전상 제재인 **과징금**은 법령이 규정한 범위 내에서 그 **부과처분 당시까지 부과관청이 확인한 사실을 기초**로 일의적으로 확정되어야 할 것이지, **추후에 부과금 산정기준이 되는 새로운 자료가 나왔다고 하여** 새로운 부과처분을 할 수 있는 것은 아니다.	**일의적 확정** ○ / **새로운 부과처분 불가능**	O
OX ★★★★ 2024 국가직 9급			
06	관할행정청이 여객자동차운송사업자의 **여러 가지 위반행위를 인지**하였다면 전부에 대하여 일괄하여 **최고한도 내에서 하나의 과징금 부과처분을 하는 것이 원칙**이고, 인지한 위반행위 중 일부에 대해서만 우선 과징금 부과처분을 하고 나머지에 대해서는 차후에 별도의 과징금 부과처분을 하는 것은 다른 특별한 사정이 없는 한 허용되지 않는다.	**일부에 대해서**만 **우선 과징금 부과처분**을 하고 **나머지에 대해 차후에 별도의 과징금 부과처분을 하는 것은 허용** ×	O
OX ★★★★ 2023 국가직 9급			
07	관할행정청이 여객자동차운송사업자가 범한 **여러 가지 위반행위 중 일부만 인지하여 과징금 부과처분**을 하였는데 **그 후 과징금 부과처분 시점 이전에 이루어진 다른 위반행위를 인지**하여 이에 대하여 **별도의 과징금 부과처분을 하게 되는 경우**, 종전 과징금 부과처분의 대상이 된 위반행위와 추가 과징금 부과처분의 대상이 된 위반행위에 대하여 일괄하여 하나의 과징금 부과처분을 하는 경우와의 형평을 고려하여 추가 과징금 부과처분의 처분양정이 이루어져야 한다.	**일괄하여 하나의 부과처분을 하는 경우와의 형평 고려하여 추가 부과처분의 처분양정**	O
OX ★★★★ 2014 국회직 8급			
08	전형적 과징금은 원칙적으로 **행정법상의 의무를 위반한 자**에 대하여 당해 위반행위로 얻게 된 **경제적 이익을 박탈하기 위한 목적**으로 부과하는 **금전적인 제재**이다.	**전형적**(본래적) **과징금**	O
OX ★★★★ 2014 국회직 8급			
09	변형된 과징금은 인·허가사업에 관한 **법률상의 의무위반이 있음에도** 불구하고 **공익상 필요하여** 그 인·허가**사업을 취소·정지시키지 않고** 사업을 계속하되, **이에 갈음하여 사업을 계속함으로써 얻은 이익을 박탈하는 행정제재금**이다.	**변형된 과징금**	O
OX ★★★★ 2021 지방직·서울시 7급			
10	「**독점규제 및 공정거래에 관한 법률**」상 **부당내부거래에 대한 과징금**에는 행정상의 제재금으로서의 기본적 **성격**에 부당이득환수적 요소도 부가되어 있다.	**행정상의 제재금+부당이득환수적 요소**	O

OX ★★★★ 2017 지방직 7급

11 구 「**독점규제 및 공정거래에 관한 법률**」 제24조의2에 의한 **부당내부거래행위에 대한 과징금**은 부당내부거래 억지라는 행정목적을 실현하기 위하여 그 위반행위에 대한 행정상의 제재금으로서의 기본적 **성격**에 부당이득환수적 요소도 부가되어 있는 것으로, 이는 헌법 제13조 제1항에서 금지하는 국가형벌권의 행사로서의 '처벌'에 해당하지 아니한다.

행정상의 제재금 + 부당이득환수적 요소 ○ / **국가형벌권의 행사로서의 처벌** × — O

OX ★★★ 2023 소방간부

12 **과징금**은 초기에는 의무위반으로 취득한 경제적 이익을 박탈하기 위한 행정상 제재수단으로 도입되었으나 최근에는 영업정지에 갈음하여 부과되는 형태로 많이 활용되고 있다.

의무위반으로 취득한 **경제적 이익 박탈** → **영업정지에 갈음**하여 부과 — O

OX ★★★★ 2024 해경승진

13 **영업정지처분에 갈음하는 과징금이 규정되어 있는 경우** 과징금을 부과할 것인지 영업정지처분을 내릴 것인지는 통상 행정청의 재량에 속한다.

행정상 재량 ○ → 과징금 부과와 영업정지처분 중 **선택 가능** — O

OX ★★★ 2022 지방직 · 서울시 9급

14 여객자동차운송사업을 하는 甲이 관련법규 위반을 이유로 사업정지처분에 갈음하는 과징금 부과처분을 받은 경우 **과징금 부과처분**에 대해 甲은 **취소소송**을 제기하여 다툴 수 있다.

처분 ○ → **취소소송 가능** — O

OX ★★★ 2023 소방간부

15 「부동산 실권리자명의 등기에 관한 법률」상 **실권리자명의 등기의무를 위반한 명의신탁자에 대한 과징금의 부과처분**은 재량행위에 해당하므로 조세를 포탈하거나 법령에 의한 제한을 회피할 목적이 아닌 경우에는 이를 부과하지 않거나 전액 감면할 수 있다.

기속행위 — X

OX ★★★ 2023 소방간부

16 **과징금**은 한꺼번에 **납부**하는 것이 원칙이나 행정청은 과징금을 부과받은 자가 재해 등으로 재산에 현저한 손실을 입어 **전액을 한꺼번에 내기 어렵다고 인정될 때**에는 그 납부기한을 연기하거나 분할납부하게 할 수 있다.

원칙 : **한꺼번에** 납부
예외 : **기한 연기, 분할납부** — O

OX ★★★ 2023 국가직 7급

17 「**부동산 실권리자명의 등기에 관한 법률**」 제5조에 의하여 **부과된 과징금 채무**는 **대체적 급부가 가능한 의무**이므로 **과징금을 부과받은 자가 사망한 경우** 그 상속인에게 포괄승계된다.

상속인에게 포괄승계 ○ — O

OX ★★★★★ 2012 국가직 7급

18 대법원 판례는 **재량행위인 과징금 부과처분**이 **법이 정한 한도액을 초과하여 위법할 경우** 법원은 그 초과된 부분을 취소할 수 있다고 보았다.

법원 : 초과된 부분만 취소 ×
→ 전부 취소 ○ — X

OX ★★★★★ 2024 국가직 9급

19 구 「**독점규제 및 공정거래에 관한 법률**」 소정의 **부당지원행위에 대한 과징금**은 부당지원행위의 억지라는 행정목적을 실현하기 위한 행정상 제재금으로서의 성격에 부당이득환수적 요소도 부가되어 있으므로 국가형벌권 행사로서의 처벌에 해당하지 아니한다.

국가형벌권의 행사로서의 처벌 × — O

OX ★★★★★ 2022 국가직 9급

20 **과징금**은 **행정상 제재금**이고 **범죄에 대한 국가형벌권의 실행이 아니므로 행정법규위반**에 대해 **벌금 이외에 과징금을 부과**하는 것은 이중처벌금지의 원칙에 위반되지 않는다.

이중처벌금지원칙 위반 × — O

OX ★★ 2023 국가직 7급

21 **가산세**는 세법에서 규정하는 의무의 성실한 이행을 확보하기 위하여 세법에 따라 산출한 본세액에 가산하여 징수하는 조세로서, **본세에 감면사유**가 인정된다면 **가산세**도 감면대상에 포함된다.

감면대상 포함 × — X

OX ★★★★ 2022 소방간부

22 **세법상 가산세**는 행정상 제재로서 납세자의 **고의 · 과실**은 고려되지 않으므로 설령 납세자에게 그 **의무해태를 탓할 수 없는 정당한 사유가 있는 경우**라도 이를 부과할 수 있다.

22 23 24 고의 · 과실 **고려** × / 의무불이행에 정당한 사유가 있는 경우 **부과** ×

X

OX ★★★ 2023 국가직 7급

23 **가산세**는 납세자가 정당한 이유 없이 법에 규정된 신고, 납세 등 각종 의무를 위반한 경우에 개별세법이 정하는 바에 따라 부과되는 행정상의 제재로서 납세자의 **고의 · 과실** 또한 중요한 고려요소가 된다.

X

OX ★★★★ 2021 경행경채

24 **세법상 가산세**는 납세의무자가 정당한 이유 없이 법에 규정된 신고, 납세 등 각종 의무를 위반한 경우에 법이 정하는 바에 따라 부과하는 행정상의 제재로서, 그 **의무를 게을리 한 점을 탓할 수 없는 정당한 사유가 있는 경우**에는 부과할 수 없다.

O

OX ★★★ 2021 지방직 · 서울시 7급

25 **법인세법상 가산세**는 **형벌이 아니므로** 행위자의 **고의 또는 과실 · 책임능력 · 책임조건** 등을 고려하지 아니하며, 조세의 **부과절차**에 따라 과징할 수 있다.

고의 또는 과실 · 책임능력 · 책임조건 등 **고려** × / **조세의 부과절차에 따라** 과징 가능

O

OX ★★★★ 2019 국가직 9급

26 **세법상 가산세**는 과세권행사 및 조세채권 실현을 용이하게 하기 위하여 납세자가 정당한 이유 없이 법에 규정된 신고, 납세 등의 의무를 위반한 경우에 개별 세법에 따라 부과하는 행정상 제재로서, **납세자의 고의 · 과실**은 고려되지 아니하고 **법령의 부지 · 착오 등**은 그 의무위반을 탓할 수 없는 정당한 사유에 해당하지 아니한다.

납세자의 고의 · 과실 : **고려** × / 법령의 부지 · 착오 등 : **정당한 사유** ×

O

OX ★★★ 2018 지방직 7급

27 납세의무자가 **세무공무원의 잘못된 설명을 믿고 신고납부의무를 이행하지 아니하였다 하더라도** 그것이 **관계법령에 어긋나는 것임이 명백한 때**에는 그러한 사유만으로는 가산세를 부과할 수 없는 정당한 사유가 있는 경우에 해당한다고 할 수 없다.

정당한 사유 ×

O

OX ★★★★ 2022 지방직 · 서울시 9급

28 여객자동차운송사업을 하는 甲이 관련법규 위반을 이유로 사업정지처분에 갈음하는 과징금 부과처분을 받은 경우 甲이 **현실적인 위반행위자가 아닌 법령상 책임자인 경우**에도 甲에게 **과징금**을 부과할 수 있다.

법령상 책임자에게 **부과** ○

O

OX ★★★★★ 2022 국가직 7급

29 **행정법규위반에 대한 영업정지처분**은 행정목적의 달성을 위하여 행정법규위반이라는 객관적 사실에 착안하여 가하는 제재이므로, 반드시 현실적인 행위자가 아니라도 **법령상 책임자**로 규정된 자에게 부과되고, 특별한 사정이 없는 한 **위반자에게 고의나 과실**이 없더라도 부과할 수 있다.

법령상 책임자에게 **부과** ○ / **위반자의 고의 · 과실 필요** ×

O

OX ★★★ 2019 서울시 9급

30 「여객자동차 운수사업법」 제88조의 과징금 부과처분과 관련하여 **과징금**은 행정목적 달성을 위하여, 행정법규위반이라는 **객관적 사실에 착안하여 부과**된다.

행정법규위반이라는 **객관적 사실에 착안**하여 가하는 **제재**

O

OX ★★★★★ 2021 국가직 7급

31 행정상 의무위반행위자에 대하여 **과징금을 부과하기 위해서**는 원칙적으로 위반자의 **고의 또는 과실**이 있어야 한다.

고의 · 과실 **필요** ×

X

OX ★★★★★ 2024 해경승진

32 **과징금 부과처분**은 원칙적으로 위반자의 **고의 · 과실**을 요하지 아니하나, 위반자의 의무 해태를 탓할 수 없는 **정당한 사유가 있는** 등의 특별한 사정이 있는 **경우**에는 이를 부과할 수 없다.

고의 · 과실 **필요** × / 다만 정당한 사유가 있는 경우 **부과** × — O

OX ★★★ 고난도

33 선행 위반행위에 대한 선행 제재처분에 처분의 종류를 잘못 선택하거나 처분양정에서 재량권을 일탈 · 남용한 하자가 있었던 경우에는 구 「화물자동차 운수사업법 시행령」 제5조 제1항 [별표 1] 비고 제4호에서 정한 **'위반행위의 횟수에 따른 가중처분기준'**이 적용되지 않는다.

실제 선행 위반행위가 있고 그에 대하여 **유효한 제재처분이 이루어졌음에도** 그 제재처분일로부터 1년 이내에 **다시 같은 내용의 위반행위가 적발된 경우이면 족함.** — X

OX ★★★★ 2024 군무원 7급

34 **제재처분**의 **근거**가 되는 **법률**에는 제재처분의 **주체, 사유, 유형 및 상한**을 **명확하게 규정**하여야 한다.

행정기본법 제22조 제1항 — O

OX ★★★ 최신판례

35 **효력기간이 정해져 있는 제재적 행정처분**의 **효력**이 **발생**한 **이후**에는 행정청은 상대방에 대한 **별도의 처분으로써 효력기간의 시기와 종기**를 다시 정할 수 없다.

별도의 처분으로써 효력기간의 시기와 종기를 **다시 정할 수 있음.** — X

OX ★★★ 최신판례

36 효력기간이 정해져 있는 **제재적 행정처분**의 구체적인 집행시기를 변경하는 **후속 변경처분권한**은 특별한 사정이 없는 한 당초의 제재적 행정처분의 효력이 유지되는 동안에만 인정된다.

당초의 제재적 행정처분의 효력이 유지되는 동안에만 인정 — O

OX ★★★ 최신판례

37 제재적 행정처분에서 정한 **효력기간이 경과한 후 동일한 사유로 다시 제재적 행정처분**을 하는 것은 위법한 이중처분에 해당한다.

위법한 이중처분에 해당 — O

OX ★★★★ 2024 소방직 9급

38 행정청은 법령 등의 위반행위가 종료된 날부터 3년이 지나면 해당 위반행위에 대하여 **제재처분**(인 · 허가의 정지 · 취소 · 철회, 등록말소, 영업소 폐쇄와 정지를 갈음하는 과징금 부과를 말한다)을 **할 수 없다.**

위반행위가 종료된 날부터 5년이 지나면 제재처분을 할 수 없음(행정기본법 제23조 제1항). — X

OX ★★★ 최신판례

39 법령위반으로 **위반상태가 계속되는 경우** 시정명령 및 과징금 부과처분의 **제척기간 기산점**은 위법상태가 시작된 때이다.

위법상태가 **종료된 때** — X

OX ★★★★ 2023 국가직 9급

40 **당사자가 인 · 허가나 신고의 위법성을 경과실로 알지 못한 경우** 행정기본법상 제재처분의 제척기간인 5년이 지나면 제재처분을 할 수 없다.

제척기간 적용 ○ / **알았거나 중과실로 모른 경우 제척기간 적용** × — O

OX ★★★★ 2024 군무원 7급

41 **정당한 사유 없이 행정청의 조사 · 출입 · 검사를 기피 · 방해 · 거부**하여 **제척기간이 지난 경우**에는 행정청은 법령 등의 **위반행위가 종료된 날부터 5년이 지난 후에도** 해당 위반행위에 대하여 인 · 허가의 정지 · 취소 · 철회, 등록말소, 영업소 폐쇄와 정지를 갈음하는 과징금부과의 **제재처분을 할 수 있다.**

행정기본법 제23조 제2항 제3호 — O

OX ★★★★ 2023 군무원 5급

42 행정청은 **행정심판의 재결이나 법원의 판결에 따라 제재처분이 취소 · 철회된 경우**에는 **재결이나 판결이 확정된 날부터 1년(합의제 행정기관은 2년)이 지나기 전**까지는 **그 취지에 따른 새로운 제재처분을 할 수 있다.**

행정기본법 제23조 제3항 — O

O X ★★★ 2024 군무원 7급 변형

43 행정청은 법령 등의 **위반행위가 종료된 날부터 5년이 지나면** 해당 위반행위에 대하여 인·허가의 정지·취소·철회, 등록말소, 영업소 폐쇄와 정지를 갈음하는 과징금부과의 **제재처분을 할 수 없다. 다른 법률에서 5년 기간보다 짧은 기간**을 규정하고 있으면 그 법률에서 정하는 바에 따르고, 다른 법률에서 **긴 기간**을 규정하고 있으면 5년으로 한다.

다른 법률에서 5년 보다 짧거나 긴 기간을 규정 → **그 법률에 따름**. X

O X ★★★ 2010 지방직 9급

44 **행정상 공표**는 의무위반자의 **명예나 신용의 침해를 위협**함으로써 직접적으로 행정법상 **의무이행을 확보하는 수단**이다.

의무이행을 **간접적**으로 확보하는 **강제수단** X

O X ★★★★ 2023 국가직 7급

45 병무청장이 구 병역법에 따라 **병역의무 기피자의 인적사항 등을 인터넷 홈페이지에 게시하는 등의 방법으로 공개**한 경우 **병무청장의 공개결정**은 항고소송의 대상이 되는 행정처분이 아니다.

항고소송의 대상이 되는 **행정처분** ○ X

O X ★★★★ 2022 국회직 8급

46 **병무청장이 하는 병역의무 기피자의 인적사항 공개**는 특정인을 병역의무 기피자로 판단하여 그 사실을 일반 대중에게 공표함으로써 그의 명예를 훼손하고 그에게 수치심을 느끼게 하여 병역의무 이행을 간접적으로 강제하려는 조치로서 **공권력의 행사**에 해당한다.

공권력행사 해당 ○ O

O X ★★★★ 2022 국가직 7급

47 병역법에 따라 관할 **지방병무청장이 1차로 병역의무 기피자 인적사항 공개대상자 결정**을 하고 그에 따라 **병무청장이 같은 내용으로 최종적 공개결정**을 하였더라도, 해당 공개대상자는 관할 지방병무청장의 공개대상자 결정을 다툴 수 있다.

지방병무청장의 공개대상자 결정(행정기관 내부의 중간적 결정에 불과)**을 다툴 소의 이익** × X

O X ★★★ 2015 사회복지직 9급

48 행정법상 **의무위반자에 대한 명단의 공표**는 **법적인 근거**가 없더라도 허용된다.

원칙적으로 법적 근거 **필요** X

O X ★★ 2015 국회직 8급

49 국세기본법상에는 **고액체납자의 명단공개제도**에 대하여 **규정**하고 있다.

국세징수법 X

O X ★★★ 2023 경찰간부

50 구 「**청소년의 성보호에 관한 법률**」이 **형벌 외에 신상도 공개**하도록 한 것은 헌법 제13조의 이중처벌금지원칙에 위배되지 않는다.

이중처벌금지원칙 위배 × O

O X ★★★★ 2024 소방직 9급

51 **위반사실 등의 공표**에 관하여 **당사자가 의견진술의 기회를 포기한다는 뜻을 명백히 밝힌 경우**라도 행정청은 미리 당사자에게 그 사실을 통지하고 **의견제출의 기회**를 주어야 한다.

의견제출의 기회를 **주지 않아도 됨**. X

O X ★★★★ 2024 소방직 9급

52 **위반사실 등의 공표**에 관하여 의견제출의 기회를 받은 **당사자는 공표 전에** 관할행정청에 **서면이나 말 또는 정보통신망**을 이용하여 **의견을 제출**할 수 있다.

행정절차법 제40조의3 제4항 O

O X ★★★★ 2023 국가직 7급

53 행정청은 **위반사실 등의 공표를 할 때**에는 특별한 사정이 없는 한 **미리 당사자에게 그 사실을 통지**하고 **의견제출의 기회를 주어야 하며, 의견제출의 기회를 받은 당사자는 공표 전**에 관할행정청에 **서면이나 말 또는 정보통신망**을 이용하여 **의견을 제출**할 수 있다.

행정절차법 제40조의3 제3·4항 O

O X ★★★★ 2024 소방직 9급

54 행정청은 **위반사실 등의 공표를 하기 전에** 당사자가 공표와 관련된 **의무의 이행, 원상회복, 손해배상 등의 조치를 마친 경우**에는 위반사실 등의 **공표를 하지 아니할 수 있다**.

54 55 행정절차법 제40조의3 제7항 O

OX ★★★★ 2023 경찰간부

55 행정절차법에 따르면 행정청은 **위반사실 등의 공표를 하기 전**에 당사자가 공표와 관련된 **의무의 이행 등의 조치를 마친 경우**에는 위반사실 등의 **공표를 하지 않을 수 있다.**

O

OX ★★★★ 2024 소방직 9급

56 행정청은 **공표된 내용이 사실과 다른 것으로 밝혀지거나 공표에 포함된 처분이 취소된 경우**라도 **당사자가 원하지 아니하면 정정한 내용을 공표하지 아니할 수 있다.**

행정절차법 제40조의3 제8항

O

OX ★★★ 2010 국회속기직 9급

57 판례에 따르면, **위법한 공표에 의하여 명예 · 신용 등이 침해된 경우**에는 행정상 손해배상청구소송을 제기하여 그 **손해배상**을 구할 수 없다.

행정상 손해배상청구 가능

X

OX ★★★ 2007 관세사

58 **공표로 타인의 명예를 훼손한 경우**에도 국가기관이 공표 당시 이를 진실이라고 믿었고 또 그렇게 믿을 만한 상당한 이유가 있다면 **위법성**이 없다.

공표 당시 **진실로 믿었고** 그렇게 믿을 **상당한 이유가 있는 경우** → **위법성** ×

O

OX ★★★ 2022 소방간부

59 **국가기관이** 행정목적달성을 위하여 언론을 통해 **행정상 공표의 방법으로** 실명을 공개함으로써 **타인의 명예를 훼손한 경우**라면 사인의 행위에 의한 경우보다 훨씬 엄격한 기준이 요구되므로 국가기관이 공표 당시 이를 진실이라고 믿었고 또 그렇게 믿을 만한 상당한 이유가 있더라도 **위법성**이 인정된다.

사인의 경우보다 훨씬 **엄격한 기준**이 요구됨. / **진실로 믿었고** 그렇게 믿을 **상당한 이유가 있는 경우** → **위법성** ×

X

OX ★★ 2014 경행특채 1차

60 공급거부란 **행정법상의 의무를 위반**하거나 **불이행한 자에 대해** 일정한 **재화**나 **서비스**의 **공급을 거부하는 행정작용**을 말한다.

공급거부

O

OX ★★★ 2023 지방직 · 서울시 9급

61 행정청이 **위법건축물에 대한 단전 및 전화통화 단절조치를 요청**한 것은 항고소송의 대상이 되는 행정처분이라고 볼 수 없다.

행정처분 ×

O

OX ★★★ 2018 경행경채 3차

62 행정상 공급거부에 대한 권리구제에 있어 **단수처분**은 항고소송의 대상이 되는 행정처분이므로 위법한 단수처분에 대해서는 **행정소송**을 제기하여 그 취소를 구할 수 있다.

항고소송대상인 **행정처분** ○ → 행정소송 **가능**

O

OX ★★★ 2018 교육행정직 9급

63 행정청은 **시정명령**으로 과거의 위반행위에 대한 중지는 물론 가까운 장래에 반복될 우려가 있는 동일한 유형의 행위의 반복금지까지 명할 수 있다.

과거의 위반행위 중지 + 장래 동일한 유형 행위의 **반복금지 가능**

O

OX ★★★ 2018 지방직 7급

64 시정명령이란 **행정법령**의 **위반행위로 초래된 위법상태**의 **제거** 내지 **시정을 명하는 행정행위**를 말하는 것으로서, 그 **위법행위의 결과가 더 이상 존재하지 않는다면** 시정명령을 할 수 없다.

위법행위의 결과가 더 이상 존재 × → **시정명령 불가**

O

OX ★★★ 최신판례

65 대지 또는 건축물의 **위법상태를 시정할 수 있는 법률상 또는 사실상의 지위에 있지 않은 자**는 건축법상 **시정명령**의 상대방이 될 수 없다.

시정명령의 **상대방** ×

O

Topic

45 행정상 강제집행 I - 대집행

p.182~187

OX ★★★ 2023 국가직 9급

01 **행정대집행**은 행정기본법상 **행정상 강제**에 해당한다.

행정상 강제 **해당** O — O

OX ★★★ 2024 소방직 9급

02 행정청은 행정목적을 달성하기 위하여 필요한 경우에는 **법률로** 정하는 바에 따라 **행정대집행, 이행강제금의 부과, 직접강제, 강제징수, 즉시강제** 등의 조치를 취할 수 있으며, 이러한 조치는 **필요한 최소범위**에서 취해야 한다.

행정기본법 제30조 제1항(**행정상 강제**) — O

OX ★★★ 2024 소방간부

03 **외국인의 출입국에 관한 사항**에 관하여는 **행정기본법상 행정상 강제에 관한 규정**을 적용하지 아니한다.

행정상 강제에 관한 규정 **적용** × — O

OX ★★★★★ 2022 지방직 · 서울시 7급

04 관계법령상 행정대집행의 절차가 인정되어 행정청이 **행정대집행의 방법으로** 건물의 철거 등 **대체적 작위의무의 이행을 실현할 수 있는 경우**에는 따로 민사소송의 방법으로 그 의무의 이행을 구할 수 없다.

민사소송으로 의무이행청구 **불가** — O

OX ★★★ 2022 지방직 · 서울시 9급

05 **권원 없이 국유재산에 설치한 시설물에 대하여 관리청이 행정대집행을 통해 철거를 하지 않는 경우** 그 국유재산에 대하여 **사용청구권을 가진 자**는 국가를 대위하여 민사소송으로 그 시설물의 철거를 구할 수 있다.

국가를 대위하여 **민사소송으로 철거 청구 가능** — O

OX ★★★★ 2022 지방직 · 서울시 9급

06 **공유일반재산의 대부료 지급**은 사법상 법률관계이므로 행정상 강제집행절차가 인정되더라도 따로 민사소송으로 대부료의 지급을 구하는 것이 허용된다.

06 07 **민사소송 허용** × — X

OX ★★★★ 2022 경찰간부

07 공유일반재산의 대부료 징수에 관하여 지방세 체납처분의 예에 따르도록 하는 경우, 특별한 사정이 없는 한 민사소송으로 **공유일반재산의 대부료의 지급**을 구하는 것은 허용되지 아니한다.

O

OX ★★★★ 2008 국가직 7급

08 행정상 강제집행은 **행정법상 개별 · 구체적인 의무의 불이행을 전제로 그 불이행한 의무를 장래에 향해 실현**시키는 것을 목적으로 한다는 점에서 **과거의 의무위반에 대한 제재**로써 가하는 행정벌과 구별된다.

행정상 강제집행 / 행정벌 (강제집행과 행정벌의 개념상 차이) — O

OX ★★★ 2014 서울시 7급

09 **행정상 강제집행**을 위해서는 **의무부과의 근거법규 외**에 별도의 **법적 근거**를 요한다.

별도의 법적 근거 **필요** — O

OX ★★★ 2021 국가직 9급

10 **행정상 즉시강제**는 직접강제와는 달리 행정상 강제집행에 해당하지 않는다.

행정상 강제집행 해당 × — O

OX ★★★ 2013 국회속기직 9급

11 **대집행**은 부작위의무의 이행을 확보하기 위하여 활용하는 대표적인 행정작용의 실효성 확보수단에 해당한다.

대체적 작위의무위반에 대한 **실효성 확보수단** — X

OX ★★★ 2021 소방직 9급

12 **대집행의 근거법**으로는 대집행에 관한 일반법인 행정대집행법과 대집행에 관한 개별법 규정이 있다.

행정대집행법(일반법), 개별법 규정 등 — O

OX ★★★ 2013 국회속기직 9급

13 **대집행의 주체**는 당사자에 의해 불이행되고 있는 의무를 부과한 행정청이다.

의무를 부과한 **당해 행정청** — O

OX ★★★ 2013 서울시 9급

14 **대집행의 주체**는 당해 행정청이 되나, **대집행의 실행행위**는 행정청에 의한 경우 이외에 제3자에 의해서도 가능하다.

주체 : **당해 행정청** / 실행 : 당해 행정청 외에 **위탁받은 제3자도 가능** — O

OX ★★ 2013 국가직 7급

15 **행정청의 위임을 받아 대집행을 실행하는 제3자**는 대집행의 주체가 아니다.

대집행의 주체 × (행정보조자 ○) — O

OX ★★★★ 2024 변호사

16 **한국토지공사**는 「공익사업을 위한 토지 등의 취득 및 보상에 관한 법률」, 구 한국토지공사법 및 동법 시행령의 위탁에 의하여 **대집행을 수권받은 자**로서 공무인 대집행을 실시함에 따르는 권리 · 의무 및 책임이 귀속되는 행정주체의 지위에 있다고 볼 것이지 지방자치단체 등의 기관으로서 국가배상법 제2조 소정의 공무원에 해당한다고 볼 것은 아니다.

국가배상법상 공무원 × **(행정주체 ○)** — O

OX ★★★★ 2020 국가직 7급

17 **대체적 작위의무가 법률의 위임을 받은 조례에 의해 직접 부과된 경우**에는 대집행의 대상이 되지 아니한다.

17 18 **대집행대상** ○ — X

OX ★★★★ 2023 소방직 9급

18 **타인이 대신하여 행할 수 있는 행위가 조례에 의하여 직접 명령된 경우**에는 행정대집행의 대상이 될 수 있다.

O

OX ★★★ 2024 해경승진

19 **대집행의 대상이 되는 행위**는 법률에서 직접 명령된 것이 아니라, 법률에 의거한 행정청의 명령에 의한 행위를 말한다.

대집행의 대상이 되는 행위 : **법률에서 직접 명령되었거나**, 법률에 의거한 행정청의 명령에 의한 행위 — X

OX ★★★★ 2023 국가직 9급

20 행정대집행법상 **대집행의 대상이 되는 대체적 작위의무**는 공법상 의무이어야 한다.

공법상 의무 ○ (사법상 의무 ×) — O

OX ★★★ 2015 지방직 9급

21 **행정주체와 사인 사이의 건축도급계약에 있어서**, 사인이 의무불이행을 하였다고 하여도 **행정대집행**은 허용되지 않는다.

행정대집행 **허용** × — O

OX ★★★★★ 2024 지방직 · 서울시 9급

22 「공익사업을 위한 토지 등의 취득 및 보상에 관한 법률」에 따른 토지 등의 **협의취득**은 **사법상 계약**에 해당하므로, **협의취득시 부담한 의무**는 행정대집행의 대상이 되지 않는다.

행정대집행 대상 × — O

OX ★★★★★ 2024 해경승진

23 공익사업을 위해 토지를 **협의 매도한 종전 토지소유자가** 토지 위의 건물을 **철거하겠다는 약정**을 하였다고 하더라도 이러한 약정 불이행시 대집행의 대상이 되지 아니한다.

사법상 의무 : 대집행 대상 × — O

OX ★★★★ 2019 경행경채 2차

24 **행정청의 명령에 의한 행위**뿐만 아니라 **법률에 의하여 직접 명령된 행위**도 **행정대집행**의 대상이 된다.

행정대집행의 대상 ○ — O

OX ★★★ 2020 소방직 9급

25 **공법상 계약에 의한 의무불이행**에 대해서는 원칙적으로 **행정대집행**법이 적용된다. 행정대집행의 **대상** × X

OX ★★★★ 2016 서울시 7급

26 법률상 **시설설치금지의무**를 **위반**하여 **시설을 설치한 경우** 별다른 규정이 없어도 **대집행**요건이 충족된다. 26 27 28 29 **부작위의무 위반**은 대집행의 **대상** × X

OX ★★★ 2024 국회직 8급

27 관계법령에서 정하고 있는 **절대적 금지**나 허가를 유보한 **상대적 금지를 위반**한 경우, 행정청은 당연히 위법상태 제거의무가 있으므로 위반결과의 시정을 위한 대집행에 나설 수 있다. X

OX ★★★★ 2024 소방간부

28 관계법령을 위반하여 장례식장을 영업하고 있는 자의 **장례식장 사용중지의무** 위반에 대해서는 행정대집행법에 의한 대집행이 가능하다. X

OX ★★★ 2024 군무원 9급

29 하천유수인용허가신청이 불허되었음을 이유로 **하천유수인용행위를 중단할 것**과 이를 불이행할 경우 행정대집행법에 의하여 대집행을 하겠다는 내용의 계고처분은 대집행의 대상이 될 수 없는 부작위의무에 대한 것으로서 그 자체로 위법하다. O

OX ★★★★ 2023 지방직 · 서울시 7급

30 **부작위의무**도 대체적 작위의무로 전환하는 규정을 두고 있는 경우에는 **대체적 작위의무로 전환한 후에 대집행**의 대상이 될 수 있다. 전환하는 **규정**을 두고 **있는 경우 가능** O

OX ★★★★ 2024 해경승진

31 **법령에서 정한 부작위의무 자체에서** 의무 위반으로 인해 형성된 현상을 제거할 **작위의무**가 바로 도출되는 것은 아니다. 작위의무 **바로 도출** ×(별도의 명문규정 필요 O) O

OX ★★★★ 2022 지방직 · 서울시 7급

32 법령이 일정한 행위를 금지하고 있는 경우, 그 금지규정으로부터 위반결과의 시정을 명하는 행정청의 처분권한은 당연히 도출되므로 행정청은 그 **금지규정에 근거하여 시정을 명하고 행정대집행**에 나아갈 수 있다. **금지규정**으로부터 **작위의무 도출** × → **금지규정 근거**한 **행정대집행** × X

OX ★★★★ 2020 지방직 · 서울시 9급

33 대집행의 대상은 원칙적으로 대체적 작위의무에 한하며, **부작위의무위반의 경우** 대체적 작위의무로 전환하는 규정을 두고 있지 아니하는 한 **대집행**의 대상이 되지 않는다. **대체적 작위의무로 전환**하는 **규정 있는 경우** 대집행**대상** O O

OX ★★★★ 2022 국회직 8급

34 **부작위의무 위반행위에 대하여 대체적 작위의무**로 **전환**하는 **규정이 없는 경우**, 부작위의무 위반결과의 **시정을 명하는 원상복구명령**은 무효이고, 원상복구명령의 실효성 확보를 위한 **대집행**의 **계고처분** 역시 무효로 봄이 타당하다. 위반결과 시정명령 : **무효** / 대집행계고처분 : **무효** O

OX ★★★ 2015 교육행정직 9급

35 **비대체적 작위의무의 위반**은 그 자체로서 **대집행**의 대상이 될 수 없다. 대집행의 **대상** × O

OX ★★★★★ 2023 지방직 · 서울시 7급

36 **토지 · 건물의 명도의무**는 대체적 작위의무가 아니므로 대집행의 대상이 아니다. 36 37 **대체적 작위의무** × → **대집행 대상** × O

O X ★★★★ 2023 군무원 7급

37 대집행은 대체적 작위의무의 불이행을 요건으로 하므로, **도시공원시설 점유자의 퇴거의무**는 대집행의 대상이 되는 대체적 작위의무에 해당하지 않는다. O

O X ★★★★ 2024 변호사

38 「공익사업을 위한 토지 등의 취득 및 보상에 관한 법률」상 **토지소유자가 수용 또는 사용의 개시일까지 토지를 사업시행자에게 인도하여야 할 의무**는 행정대집행법에 의한 **대집행**의 대상이 되지 않는다. 대집행 **대상** × O

O X ★★★ 2020 지방직 · 서울시 7급

39 건축법에 위반하여 증 · 개축함으로써 철거의무가 있더라도 그 **철거의무**를 **대집행**하기 위한 **계고처분을 하려면 다른 방법으로는** 그 **이행**의 **확보가 어렵고**, 그 **불이행을 방치함이 심히 공익을 해하는** 것으로 인정되는 **경우에 한한다**. 대집행의 **요건** O

O X ★★★ 2020 지방직 · 서울시 7급

40 **무허가증축부분으로** 인하여 **건물**의 **미관이 나아지고 증축부분**을 **철거**하는 데 **비용이 많이 소요된다고 하더라도 건물철거대집행계고처분을 할 요건**에 해당된다. 요건에 **해당** ○ O

O X ★★★ 2017 국가직 9급

41 의무를 명하는 행정행위가 **불가쟁력이 발생하지 않은 경우**에는 그 행정행위에 따른 의무의 불이행에 대하여 **대집행**을 할 수 없다. 불가쟁력 발생 전에도 대집행 **가능** X

O X ★★★ 2017 국가직 9급

42 행정대집행법 제2조에 따른 **대집행**의 **실시 여부**는 행정청의 재량에 속하지 않는다. 행정청의 **재량** ○ **(다수설)** X

O X ★★★ 2017 국가직 9급

43 원칙적으로 **'의무의 불이행을 방치하는 것이 심히 공익을 해하는 것으로 인정되는 경우'의 요건**은 계고를 할 때에 **충족**되어 있어야 한다. **계고를 할 때** 충족되어 있어야 함. O

O X ★★★★ 2017 지방직(하) 9급

44 **대집행계고처분**을 함에 있어서 의무이행을 할 수 있는 **상당한 기간을 부여하지 아니하였다** 하더라도, 행정청이 대집행계고처분 후에 **대집행영장으로써 대집행의 시기를 늦추었다면** 그 **대집행계고처분**은 적법한 처분이다. **위법**한 처분 X

O X ★★★ 2012 사회복지직 9급

45 **대집행**의 **계고**는 **문서**에 의한 것이어야 하고, **구두에 의한 계고**는 무효가 된다. **문서로 하여야** 하고, **구두**로 하는 경우 **무효** O

O X ★★★ 2015 국가직 9급

46 **계고**는 행정처분으로서 **항고소송**의 대상이 된다. 행정처분 ○ → 항고소송의 **대상** ○ O

O X ★★★★ 2024 해경승진

47 제1차 철거대집행 계고처분에 응하지 아니한 경우에 발한 **제2차 계고처분**은 항고소송의 대상이 될 수 있다. **항고소송의 대상** × X

O X ★★★★ 2023 국가직 9급

48 건물의 소유자에게 위법건축물을 일정기간까지 철거할 것을 명함과 아울러 불이행할 때에는 대집행한다는 내용의 철거대집행 계고처분을 고지한 후 이에 불응하자 다시 제2차, 제3차 계고서를 발송하여 일정기간까지의 자진철거를 촉구하고 불이행하면 대집행을 한다는 뜻을 고지한 경우, **제2차, 제3차의 계고처분**은 새로운 철거의무를 부과한 것이 아니라 대집행기한을 연기통지한 것에 불과하다. 반복된 계고 : **대집행기한**의 **연기통지**(행정처분 ×) O

OX ★★★★ 2016 경행경채

49 행정청은 **비상시 또는 위험이 절박한 경우**에 있어서 당해 행위의 **급속한 실시를 요하여 계고절차를 취할 여유가** 없더라도 계고절차를 생략할 수 없다.

없는 경우 계고절차 생략 가능 (행정대집행법 제3조 제3항)

X

OX ★★★ 2023 소방직 9급

50 **계고처분**은 독립한 처분으로서, 위법건축물에 대한 **철거명령과 동시에 발령**할 수 있다.

가능 ○

O

OX ★★★★ 2024 지방직 · 서울시 9급

51 **계고서라는 명칭의 1장의 문서로써** 일정 기간 내에 위법건축물의 **자진철거를 명함과 동시에** 그 소정 기한 내에 자진철거를 하지 아니할 때에는 **대집행할 뜻을 미리 계고**한 경우라면 건축법에 의한 철거명령과 행정대집행법에 의한 계고처분의 요건이 충족된 것은 아니다.

철거명령과 계고처분 각 **요건 모두 충족** ○

X

OX ★★★★ 2023 소방간부

52 **계고를 함에 있어서 그 행위의 내용과 범위**는 반드시 시정명령서나 대집행계고서에 의하여서만 특정되어야 하는 것은 아니고, 그 처분 전후에 송달된 문서나 기타 사정을 종합하여 이를 특정할 수 있으면 족하다.

처분 전후 송달된 문서, 기타 사정 종합하여 **특정 가능**

O

OX ★★★ 2015 지방직 7급

53 **대집행**의 **계고**와 대집행영장에 의한 **통지**는 그 자체가 독립하여 **취소소송**의 대상이 된다.

독립하여 **취소소송의 대상** ○

O

OX ★★★★ 2022 경찰간부

54 **비상시 또는 위험이 절박한 경우**에 있어서 당해 행위의 **급속한 실시를 요하여 대집행영장에 의한 통지를 취할 여유가 없을 때**에는 대집행영장에 의한 **통지를 거치지 아니하고 대집행을 할 수 있다.**

행정대집행법 제3조 제3항

O

OX ★★★★ 2020 국회직 8급

55 **구두에 의한 계고**는 무효이며, **계고와 통지**는 **동시**에 **생략**할 수 없다.

구두에 의한 계고 : **무효** / 계고, 통지 동시 생략 : **가능**

X

OX ★★★★ 2023 행정사

56 **의무자가 동의한 경우**라도 행정청은 **해가 뜨기 전**에는 대집행을 착수할 수 없다.

56 57 **대집행 가능**

X

OX ★★★★ 2023 변호사

57 행정청이 **해가 지기 전에 대집행을 착수한 경우**라 하더라도 **해가 진 후**에는 대집행을 할 수 없다.

X

OX ★★★★★ 2024 지방직 · 서울시 9급

58 관계 법령상 행정대집행의 절차가 인정되어 행정청이 **행정대집행의 방법으로** 건물의 철거 등 **대체적 작위의무의 이행을 실현할 수 있는 경우**에는 따로 **민사소송**의 방법으로 그 의무의 이행을 구할 수 없다.

민사소송 **불가**

O

OX ★★★★★ 2024 해경간부

59 **건물의 점유자가 철거의무자일 때**에는 **건물철거의무에 퇴거의무도 포함**되어 있는 것이어서 별도로 퇴거를 명하는 집행권원이 필요하지 않다.

퇴거를 명하는 집행권원 필요 ×

O

OX ★★★★★ 2024 소방간부

60 행정청이 건물소유자들을 상대로 건물철거 대집행을 실시하기에 앞서, **건물소유자들을 건물에서 퇴거시키기 위해** 별도로 퇴거를 구하는 **민사소송**은 부적법하다.

민사소송 **부적법**

O

OX ★★★★★ 2023 국회직 8급

61 행정청이 **행정대집행의 방법으로 건물철거의무의 이행을 실현할 수 있는 경우**에 건물철거 **대집행 과정에서 부수적으로 건물의 점유자들에 대한 퇴거조치**를 할 수 없다.

가능

X

	문제	해설	정답
O X 62	★★★★★ 2022 해경간부 건물철거 **대집행 과정에서 부수적으로 건물의 점유자들에 대한 퇴거조치**를 할 수 있고 **점유자들이 적법한 행정대집행을 위력을 행사하여 방해하는 경우** 경찰관직무집행법에 근거한 위험발생 방지조치 차원에서 경찰의 도움을 받을 수도 있다.	**가능** / 경찰관직무집행법에 근거한 **경찰 도움 가능**	O
O X 63	★★★ 2011 국가직 9급 **대집행비용**의 **납부명령**은 독립하여 **항고소송**의 대상이 된다.	독립하여 항고소송의 **대상** ○	O
O X 64	★★ 2024 지방직 · 서울시 9급 행정대집행법에 따르면 **대집행에 요한 비용**을 징수하였을 때에는 그 **징수금**은 사무비의 소속에 따라 **국고 또는 지방자치단체의 수입**으로 한다.	행정대집행법 제6조 제3항	O
O X 65	★★★ 2024 해경간부 공법인인 대한주택공사가 법령에 의하여 대집행권한을 위탁받아 공무인 **대집행을 실시하기 위하여 지출한 비용**을 행정대집행법 절차에 따라 징수할 수 있음에도 민사소송절차에 의하여 그 비용의 상환을 청구한 경우, 그 청구는 적법하다.	**민사소송절차에 의한 청구는 위법**	X
O X 66	★★★ 2020 지방직 · 서울시 9급 대집행을 함에 있어 **계고요건**의 **주장**과 **입증책임**은 처분행정청에 있는 것이지, 의무불이행자에 있는 것이 아니다.	**처분행정청** ○ (의무불이행자 ×)	O
O X 67	★★★ 2023 군무원 9급 **건축법에 위반**하여 건축한 것이어서 **철거의무가 있는 건물**이라 하더라도 그 철거의무를 대집행하기 위한 계고처분을 하려면 다른 방법으로는 이행의 확보가 어렵고 불이행을 방치함이 심히 공익을 해하는 것으로 인정될 때에 한하여 허용되고 이러한 **요건의 주장 · 입증책임**은 처분행정청에 있다.	**위법 건축물**에 대한 **대집행**에도 **대집행요건 충족 필요** ○ → **주장 · 입증책임 : 처분행정청**	O
O X 68	★★★ 2024 해경승진 **계고처분**과 **대집행비용납부 명령**은 하자의 승계가 인정된다.	68 69 70 대집행의 각 단계 행위의 하자승계 **긍정**	O
O X 69	★★★ 2023 소방승진 대집행절차를 이루는 **계고** · 대집행영장에 의한 **통지** · **실행** · **비용납부명령**은 상호 결합하여 대집행이라는 효과를 완성시키기 때문에 선행행위의 **하자**는 후행행위에 **승계**된다.		O
O X 70	★★★ 2016 서울시 7급 대집행절차상 **계고,** 대집행영장**통지,** 대집행**비용납부명령 상호 간**에는 선행행위의 **하자**가 후행행위에 **승계**된다.		O
O X 71	★★★ 2024 소방간부 **건물철거명령**이 **당연무효가 아닌 이상** 후행행위인 **대집행계고처분에 대한 취소소송에서** 건물철거명령의 위법사유를 주장할 수 없다.	**건물철거명령**의 **위법사유 주장 불가능**(하자승계 부정)	O
O X 72	★★ 2023 행정사 **대집행**에 대하여는 **행정심판**을 제기할 수 없다.	행정심판 **가능**	X
O X 73	★★★ 2015 국가직 9급 **대집행이 완료되어 취소소송을 제기할 수 없는 경우**에도 **국가배상청구**는 가능하다.	**가능**	O
O X 74	★★★ 2017 지방직 7급 **공유재산 대부계약이 적법하게 해지되었음에도** 불구하고 공유재산의 **점유자가** 그 **지상물을 점유하고 있는 경우,** 지방자치단체의 장은 원상회복을 위해 **행정대집행**의 방법으로 그 지상물을 철거시킬 수는 없다.	행정대집행의 방법으로 철거 **가능**	X

Topic

46 행정상 강제집행 Ⅱ - 이행강제금(집행벌)

p.188~191

OX ★★★★ 2015 국가직 7급

01 이행강제금은 **작위의무 또는 부작위의무를 불이행한 경우**에 그 의무를 **간접적**으로 **강제이행**시키는 **수단**으로서 **집행벌**이라고도 한다.

이행강제금 — O

OX ★★★★ 2024 소방간부

02 **이행강제금**은 의무자에게 시정명령을 받은 의무의 이행을 명하고 그 이행기간 안에 의무를 이행하지 않으면 이행강제금이 부과된다는 사실을 고지함으로써 의무자에게 **심리적 압박**을 주어 **의무의 이행을 간접적으로 강제하는** 행정상의 간접강제수단에 해당한다.

행정상의 간접강제수단 — O

OX ★★★ 2023 지방직 · 서울시 7급

03 **이행강제금**은 행정상 간접적인 강제집행수단이다.

간접적인 강제집행수단 — O

OX ★★★★ 2017 교육행정직 9급

04 **이행강제금**은 장래에 의무이행을 확보하기 위한 강제수단이다.

장래에 의무이행을 확보하기 위한 **강제수단** — O

OX ★★★★ 2023 서울시 연구사

05 사용자가 이행하여야 할 **행정법상 의무의 내용을 초과하는 것을 불이행 내용으로 기재한** 이행강제금 부과예고서에 의하여 이행강제금 **부과예고**를 한 다음 이를 **이행하지 않았다는 이유로 이행강제금을 부과**하였다면, 초과한 정도가 근소하다는 등의 특별한 사정이 없는 한 이행강제금 부과처분은 위법하다.

초과한 정도가 근소하다는 등의 **특별한 사정이 없는 한 이행강제금 부과처분 위법** — O

OX ★★★★ 2022 군무원 9급

06 **이행강제금**은 의무위반에 대하여 **장래의 의무이행을 확보**하는 수단이라는 점에서 **과거의 의무위반에 대한 제재**인 **행정벌**과 구별된다.

이행강제금과 행정벌의 구별 — O

OX ★★★★ 2018 소방직 9급

07 **이행강제금**은 **형벌**과 **병과**할 수 없다.

가능 — X

OX ★★★ 2024 소방직 9급

08 **이행강제금과 행정벌을 병과**하는 것은 헌법에서 금지하는 이중처벌에 해당한다.

이중처벌에 해당 × — X

OX ★★★★ 2024 지방직 · 서울시 9급

09 건축법상 **이행강제금**은 시정명령의 불이행이라는 과거의 위반행위에 대한 제재이다.

장래의 **의무이행**을 **확보**하려는 **강제수단**(과거의 위반행위에 대한 제재 ×) — X

OX ★★★★ 2021 지방직 · 서울시 7급

10 건축법상 이행강제금은 시정명령의 불이행이라는 과거의 위반행위에 대한 제재가 아니라 **시정명령을 이행하지 않고 있는 건축주 등에 대하여** 다시 **상당한 이행기한을 부여**하고 **기한 안에 시정명령을 이행하지 않으면 이행강제금이 부과된다는 사실을 고지**함으로써 의무자에게 **심리적 압박을 주어** 시정명령에 따른 **의무의 이행을 간접**적으로 **강제**하는 수단의 성질을 가진다.

이행강제금의 성질 — O

OX ★★★★ 2021 군무원 9급

11 **이행강제금**은 행정상 간접적인 강제집행수단의 하나로서, 과거의 일정한 법률위반행위에 대한 제재인 형벌이 아니라 장래의 의무이행 확보를 위한 강제수단일 뿐이어서, 범죄에 대하여 국가가 형벌권을 실행하는 과벌에 해당하지 아니한다.

장래의 의무이행 확보를 위한 간접강제수단 ○ / 국가의 형벌권 실행인 **과벌** × — O

OX ★★★★ 2021 소방직 9급

12 개발제한구역 내의 건축물에 대하여 허가를 받지 않고 한 용도변경행위에 대한 **형사처벌**과 건축법 제83조 제1항에 의한 시정명령 위반에 대한 **이행강제금 부과**는 이중처벌에 해당하지 아니한다.

이중처벌 ×

O

OX ★★★ 2020 소방직 9급

13 **건축법상 이행강제금**은 형벌에 해당하므로 **이중처벌금지의 원칙**이 적용된다.

형벌 × → 이중처벌금지의 원칙 **적용** ×

X

OX ★★★★ 2019 서울시 1회 7급

14 **이행강제금**은 장래의 의무이행을 심리적으로 강제하기 위한 것으로서 의무이행이 있을 때까지 **반복**하여 **부과**할 수 있다.

의무이행이 있을 때까지 반복 부과 **가능**

O

OX ★★ 2020 지방직 · 서울시 9급

15 **이행강제금**은 침익적 강제수단이므로 **법적 근거**를 요한다.

침익적 강제수단 ○ → 법적 근거 **필요**

O

OX ★★★★ 2024 소방직 9급

16 **이행강제금**은 부작위의무나 비대체적 작위의무에 대한 강제집행수단이므로 **대체적 작위의무의 위반**에 대하여는 부과될 수 없다.

대체적 작위의무위반에 대하여 **부과 가능**

X

OX ★★★★ 2022 군무원 7급

17 행정대집행은 대체적 작위의무에 대한 강제집행수단이고, 이행강제금은 부작위의무나 비대체적 작위의무에 대한 강제집행수단이므로 **이행강제금**은 **대체적 작위의무의 위반**에 대하여는 부과될 수 없다.

대체적 작위의무위반에 대하여 **부과 가능**

X

OX ★★★ 2020 국가직 9급

18 **대집행과 이행강제금 중** 어떠한 강제수단을 **선택**할 것인지에 대하여 행정청의 재량이 인정된다.

행정청의 **재량** ○

O

OX ★★★★ 2024 변호사

19 법률에 이행강제수단으로 대집행과 이행강제금이 인정되고 있는 경우 행정청은 **대집행과 이행강제금**을 선택적으로 활용할 수 있으며, 합리적인 **재량에 의해 선택하여 활용**하는 이상 중첩적인 제재에 해당한다고 볼 수 없다.

중첩적 제재 ×

O

OX ★★★ 2024 군무원 9급

20 행정청은 **이행강제금**을 **부과하기 전**에 미리 의무자에게 적절한 이행기간을 정하여 그 기한까지 행정상 의무를 이행하지 아니하면 이행강제금을 부과한다는 뜻을 **문서로 계고**(戒告)하여야 한다.

행정기본법 제31조 제3항

O

OX ★★★ 2024 군무원 9급

21 행정청은 의무자가 **계고에서 정한 기한까지** 행정상 의무를 **이행하지 아니한 경우 이행강제금**의 **부과 금액 · 사유 · 시기**를 **문서로** 명확하게 적어 의무자에게 **통지**하여야 한다.

행정기본법 제31조 제4항

O

OX ★★★★ 2024 군무원 9급

22 행정청은 의무자가 행정상 **의무를 이행할 때까지 이행강제금**을 **반복**하여 **부과**할 수 있다.

행정기본법 제31조 제5항

O

OX ★★★★ 2023 국회직 8급

23 행정기본법에 따르면, 행정청은 의무자가 행정상 **의무를 이행할 때까지 이행강제금을 반복하여 부과할 수 있다.** 다만, 의무자가 **의무를 이행하면 새로운 이행강제금의 부과를 즉시 중지**하되, **이미 부과한 이행강제금은 징수**하여야 한다.

행정기본법 제31조 제5항 — O

OX ★★★ 2024 지방직 · 서울시 9급

24 행정청은 이행강제금을 부과받은 자가 **납부기한까지 이행강제금을 내지 아니하면 국세강제징수**의 예 또는 「**지방행정제재 · 부과금의 징수 등에 관한 법률**」에 따라 징수한다.

행정기본법 제31조 제6항 — O

OX ★★★ 2024 변호사

25 건축법상 허가권자는 시정기간 내에 **시정명령을 이행하지 아니한 건축주** 등에 대하여 시정명령의 이행에 필요한 **상당한 이행기한**을 정하여 그 기한까지 **시정명령을 이행하지 아니하면** 이행강제금을 부과한다.

이행강제금 부과 ○ — O

OX ★★★★ 2023 서울시 연구사

26 건축주 등이 장기간 시정명령을 이행하지 아니하였더라도, 그 기간 중에는 **시정명령**의 **이행기회가 제공되지 아니하였다가 뒤늦게 시정명령의 이행기회가 제공된 경우**라면, 시정명령의 이행기회 제공을 전제로 한 1회분의 이행강제금만을 부과할 수 있고, **시정명령의 이행기회가 제공되지 아니한 과거의 기간에 대한 이행강제금까지 한꺼번에 부과**할 수는 없으며 이를 위반하여 이루어진 이행강제금 부과처분은 무효이다.

무효 — O

OX ★★★ 2024 해경승진

27 건축법상 허가권자는 **이행강제금을 부과하기 전**에 이행강제금을 부과 · 징수한다는 뜻을 미리 문서로써 **계고**하여야 한다.

문서로써 계고 — O

OX ★★★ 2021 지방직 · 서울시 7급

28 농지법에 따른 **이행강제금을 부과할 때**에는 **그때마다** 이행강제금을 부과 · 징수한다는 뜻을 미리 **문서로 알려야 하고, 이와 같은 절차를 거치지 아니한** 채 **이행강제금**을 **부과**하는 것은 이행강제금제도의 취지에 반하는 것으로써 위법하다.

위법 ○ — O

OX ★★★ 2024 소방간부

29 개발제한구역법에 따른 행정청의 시정명령 불이행에 대한 이행강제금의 부과 · 징수를 위한 **계고**는 **시정명령을 불이행한 경우에 취할 수 있는 절차**라 할 것이고, 따라서 **이행강제금을 부과 · 징수할 때마다** 그에 앞서 시정명령절차를 다시 거쳐야 할 필요는 없다.

시정명령절차를 **다시 거칠 필요** × — O

OX ★★★ 2020 지방직 · 서울시 9급

30 **건축법상 이행강제금**은 **반복**하여 **부과 · 징수**될 수 있다.

건축법 제80조 제5항 — O

OX ★★★ 고난도

31 이행강제금은 시정명령 자체의 이행을 목적으로 하므로 **시정명령과 이행강제금부과처분** 사이에서는 하자가 승계된다.

하자승계 ○ — O

OX ★★★★ 2024 변호사

32 행정청은 의무자가 행정상 의무를 이행할 때까지 이행강제금을 반복하여 부과할 수 있으나, **의무자가 의무를 이행하면 새로운 이행강제금**의 **부과**를 즉시 중지하여야 하며, **이미 부과된 이행강제금**도 징수할 수 없다.

새로운 이행강제금 부과 : **즉시 중지** ○ / 이미 부과한 이행강제금 : **징수** ○ — X

OX ★★★★ 2024 소방간부

33 이행강제금의 본질상 시정명령을 받은 의무자가 **이행강제금이 부과되기 전**에 그 의무를 이행한 경우라도 **시정명령에서 정한 기간을 지나서 이행**하였다면 **이행강제금**을 부과할 수 있다.

33 34 이행강제금 **부과** × — X

OX ★★★★ 2022 해경간부

34 이행강제금의 성격에 비추어 건축법상 시정명령을 받은 의무자가 **시정명령에서 정한 기간을 지나서** 시정명령을 이행한 경우 **이행강제금이 부과되기 전에 그 이행**이 있었다 하더라도 시정명령상의 기간을 준수하지 않은 이상 **이행강제금**을 부과하는 것은 정당하다. X

OX ★★★★ 2023 국가직 9급

35 건축법상 시정명령을 받은 의무자가 그 시정명령의 취지에 부합하는 **의무를 이행하기 위한 정당한 방법으로 행정청에 신청 또는 신고**를 하였으나 행정청이 **위법하게 이를 거부 또는 반려함으로써 결국 그 처분이 취소**되기에 이르렀더라도, 이행강제금제도의 취지에 비추어 볼 때 그 시정명령의 불이행을 이유로 **이행강제금**을 부과할 수 있다.

이행강제금 **부과** × X

OX ★★★ 2024 해경승진

36 건축법상 **이행강제금 납부의 최초 독촉**은 징수처분으로서 항고소송의 대상이 되는 행정처분이 될 수 있다.

행정처분 **해당** ○ O

OX ★★ 2010 지방직 9급

37 **이행강제금**의 **부과처분**은 행정행위로서의 **성질**을 가진다.

행정행위 O

OX ★★ 2015 국가직 7급

38 **이행강제금**의 **부과**는 의무불이행에 대한 집행벌로 가하는 것이기 때문에 **행정절차상 의견청취**를 거치지 않아도 된다.

행정절차법상 **의견청취절차 필요** X

OX ★★★★ 2020 경행경채

39 **이행강제금 부과처분에 대해 비송사건절차법에** 의한 **특별한 불복절차가 마련되어 있는 경우** 이행강제금 부과처분은 항고소송의 대상이 되는 행정처분이 아니다.

항고소송의 대상 × O

OX ★★★★★ 2024 국회직 8급

40 **농지법에 근거한 이행강제금 부과처분**은 금전급부의무를 부과하는 하명행위로서 처분에 해당하므로 이에 **불복하는 경우**에는 행정심판이나 행정소송을 통해서 다투어야 한다.

비송사건절차법에 따른 절차 (**행정심판 · 행정소송 대상** ×) X

OX ★★★★★ 2024 지방직 · 서울시 9급

41 처분의 근거법령에 의하면 **비송사건절차법에 따라** 이행강제금 부과처분에 **불복하도록 규정**하고 있었지만, 관할청이 **이행강제금 부과처분을 하면서 재결청에 행정심판을 청구하거나 관할 행정법원에 행정소송을 할 수 있다고 잘못 안내한 경우**라도 이행강제금 부과처분에 대해 행정법원에 항고소송을 제기할 수 없다.

행정법원에 항고소송 제기 × O

OX ★★★★★ 2022 국가직 9급

42 관할청이 **농지법상**의 **이행강제금 부과처분을 하면서** 재결청에 **행정심판**을 청구하거나 관할 행정법원에 **행정소송을 할 수 있다고 잘못 안내한 경우** 행정법원의 항고소송 재판관할이 생긴다.

항고소송 재판관할 발생 × X

OX ★★★ 2012 국회(속기 · 경위직) 9급

43 **이행강제금 부과처분**에 대한 **불복방법**에는 개별법의 규정에 의한 방법과 일반 행정쟁송에 의하는 방법이 있다.

개별법 규정에 의한 방법 또는 **일반 행정쟁송**에 의한 방법 O

OX ★★★ 2015 국가직 7급

44 **이행강제금**의 **부과처분**에 대한 **불복방법**에 관하여 아무런 **규정을 두고 있지 않는 경우**에는 이행강제금 부과처분은 행정행위이므로 **행정심판** 또는 **행정소송**을 제기할 수 있다.

행정심판 또는 행정소송 **가능** ○ O

OX ★★★ 2023 서울시 지적 7급

45 **건축법상의 이행강제금 부과처분**에 대해서는 행정심판 또는 행정소송을 제기할 수 있다.

행정심판 또는 **행정소송 제기 가능** O

OX ★★★★ 2024 소방직 9급

46 **이행강제금 납부의무**는 **일신전속적**인 성질을 가지므로 상속인 등에게 승계되지 않는다. | **상속인 등에게 승계** × | O

OX ★★★★★ 2023 국가직 7급

47 **이행강제금 납부의무**는 상속인 기타의 사람에게 승계될 수 없는 **일신전속적**인 성질의 것이므로 **이미 사망한 사람에게 이행강제금을 부과**하는 내용의 처분이나 결정은 당연무효이다. | **당연무효** | O

OX ★★★★ 2017 사회복지직 9급 변형

48 구 건축법상 **이행강제금**을 부과받은 자에 대한 **재판절차가 개시된 후**에 그 **이의한 자가 사망**했다면 그 **재판절차**는 종료된다. | 재판절차 **종료** | O

OX ★★★ 2024 지방직 · 서울시 9급

49 건축법상 **이행강제금을 부과받은 사람**이 이행강제금사건의 제1심결정 후 **항고심결정이 있기 전**에 **사망**한 경우, **항고심결정**은 **당연무효**이고, 이미 **사망한 사람의 이름으로 제기된 재항고**는 보정할 수 없는 흠결이 있는 것으로서 부적법하다. | **부적법** | O

Topic 47 행정상 강제집행 Ⅲ - 직접강제, 행정상 강제징수

p.192~194

OX ★★★ 2009 국가직 9급

01 직접강제는 **행정법상**의 **의무불이행이 있는 경우**에 직접 **의무자의 신체**나 **재산에 실력을 가하여 의무**의 **이행이 있었던** 것과 같은 **상태를 실현**하는 작용이다. | **직접강제** | O

OX ★★★★ 2023 소방승진

02 **식품위생법상 영업소 폐쇄명령을 받은 자**가 영업을 계속할 경우 **강제폐쇄**하는 **조치**는 행정상 즉시강제에 해당하지 않는다. | **직접강제** ○ / 즉시강제 × | O

OX ★★★★ 2009 지방직 9급

03 **사업장**의 **폐쇄, 외국인**의 **강제퇴거**는 직접강제의 예에 해당한다. | **직접강제** ○ | O

OX ★★★ 보충문제

04 **직접강제**는 사전에 부과된 의무불이행을 전제하지 않고 행해진다는 점에서 의무불이행을 전제로 행해지는 **즉시강제**와 구별된다. | 직접강제 : **의무불이행**을 **전제** ○
즉시강제 : **의무불이행**을 **전제** × | X

OX ★★★ 2024 소방직 9급

05 **직접강제**는 보충성을 특징으로 삼기 때문에 **행정대집행이나 이행강제금 부과의 방법으로는 행정상 의무이행을 확보할 수 없거나 그 실현이 불가능한 경우**에 실시하여야 한다. | 행정기본법 제32조 제1항 | O

OX ★★★ 2024 해경승진

06 행정상 강제징수는 **행정상의 금전급부의무를 이행하지 않는 경우를 대상**으로 한다. | 06 07 **행정상 강제징수** | O

OX ★★★ 2020 경행경채

07 행정상 강제징수란 **국민이** 국가 등 **행정주체에 대하여 부담하고 있는 공법상**의 **금전급부의무를 이행하지 않은 경우** 행정청이 **의무자의 재산에 실력을 가하여 의무가 이행된** 것과 동일한 **상태를 실현하는 행정상 강제집행수단**을 말한다. | O

OX ★★ 2015 사회복지직 9급

08 국세징수법은 **행정상 강제징수에 관한 사실상 일반법**의 지위를 갖는다. | **국세징수법** | O

	문제	해설	정답
ⓄⓍ **09**	★★★★ 2018 경행경채 3차 **행정상 강제징수**에 있어 **독촉**은 처분성이 인정되나 **최초 독촉 후**에 **동일한 내용**에 대해 **반복**한 **독촉**은 처분성이 인정되지 않는다.	최초 독촉 : **처분성 인정** ○ / 동일한 내용 반복 독촉 : **처분성 인정** ×	○
ⓄⓍ **10**	★★★ 2018 소방직 9급 **독촉**은 이후에 행해지는 압류의 적법요건이 되며 최고기간 동안 조세채권의 소멸시효를 중단시키는 **법적 효과**를 갖는다.	**압류의 적법요건** ○ / **소멸시효 중단 효과** ○	○
ⓄⓍ **11**	★★ 2015 사회복지직 9급 판례에 의하면, **압류**는 체납국세의 징수를 실현하기 위하여 체납자의 재산을 보전하는 강제행위로서 **항고소송**의 대상이 되는 처분이다.	항고소송대상이 되는 **처분** ○	○
ⓄⓍ **12**	★★★★ 2023 경찰간부 **납세자가 아닌 제3자의 재산을 대상으로 한 압류처분**은 그 처분의 내용이 법률상 실현될 수 없는 것이어서 당연무효이다.	**당연무효**	○
ⓄⓍ **13**	★★★ 2024 해경간부 세무공무원이 국세의 징수를 위해 **납세자의 재산을 압류하는 경우** 그 **재산**의 **가액이 징수할 국세액을 초과**하는 경우에는 그 **압류**가 당연무효의 처분이다.	**당연무효** ×	×
ⓄⓍ **14**	★★ 2020 경행경채 국세징수법상 **압류 후** 부과처분의 **근거법률이 위헌**으로 **결정된 경우**에는 압류를 해제하여야 한다.	**압류 해제**	○
ⓄⓍ **15**	★★★ 2010 국가직 7급 **체납자**가 **사망**한 **후 체납자명의**의 **재산에 대하여 한 압류**는 그 재산을 상속한 상속인에 대하여 한 것으로 본다.	**상속인에 대하여 한 것**으로 봄.	○
ⓄⓍ **16**	★★★ 2024 해경승진 판례에 따르면 **공매**행위는 행정행위에 해당한다.	**행정행위** ○	○
ⓄⓍ **17**	★★★★ 2024 지방직 · 서울시 9급 과세관청이 체납처분으로서 행하는 **공매**는 우월한 공권력의 행사로서 행정소송의 대상이 되는 공법상의 행정처분이며 **공매에 의하여 재산을 매수한 자**는 그 **공매처분이 취소된 경우**에 그 취소처분의 위법을 주장하여 행정소송을 제기할 법률상 이익이 있다.	㉠ **행정처분** ○ ㉡ 행정소송을 제기할 **법률상 이익** ○	○
ⓄⓍ **18**	★★★★ 2020 국가직 9급 **국세징수법상 공매통지**에 하자가 있는 경우, 다른 특별한 사정이 없는 한 체납자는 공매통지 자체를 **항고소송**의 대상으로 삼아 그 취소 등을 구할 수 있다.	항고소송의 **대상** ×	×
ⓄⓍ **19**	★★★★ 2024 해경간부 **한국자산공사**의 **공매통지**는 공매의 요건이 아니라 공매사실 자체를 체납자에게 알려주는 데 불과한 것으로서, 통지의 상대방의 법적 지위나 권리 · 의무에 직접 영향을 주는 것이 아니라고 할 것이므로 이것 역시 행정처분에 해당한다고 할 수 없다.	**행정처분** ×	○
ⓄⓍ **20**	★★★★ 2024 해경간부 **한국자산공사**가 당해 부동산을 인터넷을 통하여 **재공매(입찰)하기로 한 결정** 자체는 내부적인 의사결정에 불과하여 항고소송의 대상이 되는 행정처분이라고 볼 수 없다.	**행정처분** ×	○
ⓄⓍ **21**	★★★★ 2024 해경간부 공매처분을 하면서 체납자 등에게 **공매통지를 하지 않았거나 공매통지를 하였더라도 그것이 적법하지 아니**한 경우에는 절차상의 흠이 있어 그 공매처분은 위법하다.	공매처분 위법 ○	○

OX ★★★★ 2023 군무원 7급

22 **체납자 등은 다른 권리자에 대한 공매통지의 하자를 들어 공매처분의 위법사유로 주장** 할 수 있다. | 허용 × | X

OX ★★★★ 2020 경행경채

23 **국세징수법상 공매통지**는 국가의 강제력에 의하여 진행되는 공매절차에서 체납자 등의 권리 내지 재산상 이익을 보호하기 위하여 법률로 규정한 절차적 요건에 해당하기 때문에 그 **통지를 하지 아니한 채 공매처분을 한 경우**에는 그 **공매처분**은 당연무효이다. | 위법하나 **당연무효** × | X

OX ★★★ 2008 지방직 7급

24 공매에 있어서 공매재산에 대한 감정평가나 매각예정가격의 결정이 잘못되어 **공매재산이 부당하게 저렴한 가격으로 공매된 경우** 그 **공매처분**은 당연무효가 된다. | **당연무효** ×(취소사유 ○) | X

OX ★★★ 2018 소방직 9급

25 **국세징수법상**의 **독촉, 압류, 압류해제거부** 및 **공매처분**에 대하여는 이의신청을 제기할 수 있고, **심사청구**와 **심판청구**의 결정을 모두 거친 후에 행정소송을 제기할 수 있다. | **심사청구** 또는 **심판청구 중 하나**의 절차를 반드시 거치도록 하는 **예외적 행정심판전치주의** | X

OX ★★★ 2016 교육행정직 9급

26 **국세기본법**에 의하면 **강제징수절차에 불복하는 당사자**는 심사청구 또는 심판청구를 거친 후 **행정소송**을 제기하여야 한다. | **심사청구 또는 심판청구 중 하나**의 절차를 **거친 후 가능** | O

OX ★★★ 2015 사회복지직 9급

27 **독촉과 체납처분(현 강제징수)에 대하여 불복이 있는 자**는 바로 **취소소송**을 제기할 수 있다. | 바로 × → **심사청구 또는 심판청구 중 하나**를 **거친 후 가능** | X

OX ★★★ 2019 국가직 9급

28 **조세부과처분에 취소사유인 하자가 있는 경우** 그 하자는 후행 **강제징수절차**인 독촉 · 압류 · 매각 · 청산절차에 승계된다. | 후행 강제징수절차에 **하자승계** × | X

Topic 48 행정상 즉시강제

p.195~197

OX ★★★★ 2019 국가직 9급

01 **즉시강제**란 법령 또는 행정처분에 의한 선행의 구체적 의무의 불이행으로 인한 **목전의 급박한 장해를 제거**할 필요가 있는 경우에 행정기관이 **즉시 국민의 신체** 또는 **재산에 실력을 행사**하여 **행정상**의 **필요한 상태를 실현**하는 작용을 말한다. | 구체적 **의무의 존재와 불이행을 전제로 하지 않음.** | X

OX ★★★★ 2018 교육행정직 9급

02 **즉시강제**는 대체적 작위의무의 불이행이 있는 경우에 행정청이 스스로 의무자가 행할 행위를 대신 수행하는 조치이다. | **의무의 존재와 불이행을 전제로 하지 않음.** | X

OX ★★★ 2022 국가직 9급

03 행정상 **즉시강제**는 과거의 의무위반에 대하여 가해지는 제재이다. | **현재의 급박한 행정상 장해 제거** (과거에 대한 제재 아님) | X

OX ★★★ 2019 사회복지직 9급

04 **직접강제**와 **즉시강제**는 권력적 사실행위로서의 **성격**을 가지고 있다. | **권력적 사실행위** | O

OX ★★★ 2023 소방승진

05 행정상 **즉시강제**는 처분성이 인정되지 않으므로 직접 항고소송을 제기할 수는 없고 국가배상청구만 가능하다.

처분성 인정 → 항고소송 대상 ○ — X

OX ★★★★ 2024 해경승진

06 행정상 **즉시강제**는 목전에 급박한 장해를 예방하기 위한 경우에는 예외적으로 **법률의 근거**가 없이도 발동될 수 있다는 것이 일반적인 견해이다.

06 07 엄격한 실정법적 근거 **필요** ○ — X

OX ★★★ 2023 소방승진

07 행정상 **즉시강제**는 엄격한 **실정법상의 근거**를 필요로 한다.

○

OX ★★★ 2024 해경승진

08 「감염병의 예방 및 관리에 관한 법률」상 **감염병환자**에 대한 **강제건강진단과 예방접종**은 대인적 강제수단에 해당한다.

행정상 즉시강제(**대인적 강제**) — ○

OX ★★★ 2023 소방간부

09 **경찰관직무집행법** 제4조 제1항 제1호에서 규정하는 '술에 취한 상태로 인하여 자기 또는 타인의 생명 · 신체와 재산에 위해를 미칠 우려가 있는' **피구호자에 대한 보호조치**는 행정상 즉시강제에 해당한다.

행정상 즉시강제 — ○

OX ★★★ 2022 지방직 · 서울시 7급

10 **경찰관직무집행법상 범죄행위**가 목전에 행하여지려고 하고 있고 그 행위로 인하여 사람의 생명 · 신체에 위해를 끼치거나 재산에 중대한 손해를 끼칠 우려가 있는 경우에 이를 **예방**하기 **위하여 경찰관이** 그 행위를 **제지할 수 있도록 하고 있는 규정**은 범죄예방을 위한 경찰행정상 즉시강제에 관한 근거조항이다.

경찰관직무집행법 제6조 : **경찰행정상 즉시강제의 근거조항** — ○

OX ★★★ 2023 소방직 9급

11 소방기본법상 소방본부장, 소방서장 또는 소방대장이 **소방활동을 위하여 긴급하게 출동**할 때에는 소방자동차의 통행과 소방활동에 **방해가 되는 주차 또는 정차된 차량 및 물건 등을 제거하거나 이동시킬 수 있는** 것은 즉시강제에 해당한다.

행정상 즉시강제 — ○

OX ★★★★ 2015 지방직 7급

12 **감염병환자**의 **강제입원**, **불법게임물**의 **폐기**는 행정상 직접강제의 예이다.

행정상 즉시강제 — X

OX ★★★★ 2023 지방직 · 서울시 9급

13 구 「음반 · 비디오물 및 게임물에 관한 법률」상 **불법게임물에 대한 수거 및 폐기조치**는 행정상 즉시강제에 해당한다.

행정상 즉시강제 — ○

OX ★★★ 2022 해경간부

14 **「감염병의 예방 및 관리에 관한 법률」** 제47조 제1호의 **'일시적 폐쇄'**는 의무의 불이행을 전제로 하지 않으므로 강학상 즉시강제에 해당한다.

의무불이행을 전제로 하지 않는 **행정상 즉시강제** — ○

OX ★★ 2019 사회복지직 9급

15 **즉시강제의 목적**과 **침해되는 상대방의 권익 사이**에는 비례관계가 유지되어야 한다.

비례관계 필요 — ○

OX ★★★ 2023 소방간부

16 **행정강제**는 **행정상 강제집행**을 원칙으로 하며, 법치국가적 요청인 예측가능성과 법적 안정성에 반하고 기본권침해의 소지가 큰 권력작용인 **행정상 즉시강제**는 예외적으로 인정되는 강제수단이다.

행정상 강제집행이 원칙, 행정상 즉시강제는 예외 — ○

OX ★★★★ 2021 국가직 9급

17 **행정상 즉시강제**는 다른 수단으로는 행정목적을 달성할 수 없는 경우에만 **허용**되며, 이 경우에도 최소한으로만 실시하여야 한다.

다른 수단으로는 행정목적을 달성할 수 없는 경우 최소한으로만 허용 — ○

OX ★★★★ 2021 국가직 9급

18 구 「음반 · 비디오물 및 게임물에 관한 법률」상 **불법게임물**에 대한 **수거 및 폐기조치**는 행정상 즉시강제에 해당한다.

행정상 즉시강제 — ○

OX ★★★ 2024 소방간부

19 **즉시강제**를 실시하기 위하여 현장에 파견되는 **집행책임자**는 그가 집행책임자임을 표시하는 **증표를 보여주어야** 하며, 즉시강제의 **이유와 내용**을 **고지하여야** 한다.

행정기본법 제33조 제2항 — ○

OX ★★★ 최신법령

20 **즉시강제**를 하려는 **재산의 소유자 또는 점유자를 알 수 없거나 현장에서 그 소재를 즉시 확인하기 어려운 경우**에는 **즉시강제를 실시한 후** 집행책임자의 이름 및 그 이유와 내용을 **고지할 수 있으며,** 즉시강제를 실시한 후에도 재산의 소유자 또는 점유자를 알 수 없는 경우 등 **고지할 수 없는 경우**에는 게시판이나 인터넷 홈페이지에 게시하는 등 적절한 방법에 의한 **공고로써 고지를 갈음**할 수 있다.

행정기본법 제33조 제3항 — ○

OX ★★★ 2021 국가직 9급

21 **행정상 즉시강제**는 국민의 권리침해를 필연적으로 수반하므로, 이에 대해서는 항상 **영장주의**가 적용된다.

항상 영장주의 **적용** × → 예외 인정 ○ — X

OX ★★★ 2019 소방직 9급

22 **대법원**에 따르면 **행정상 즉시강제**에서 그 목적을 달성할 수 없는 지극히 예외적인 경우에만 헌법상 **사전영장주의원칙의 예외**가 인정된다.

영장주의를 고수하여서는 **목적을 달성할 수 없는 예외적인 경우에만** 예외 **인정** — ○

OX ★★ 2015 경행특채 2차

23 재범의 위험성이 현저한 자를 상대로 긴급히 보호할 필요가 있는 경우에 한하여 단기간의 동행보호를 허용한 **구 사회안전법상 동행보호규정**은 **사전영장주의**를 규정한 헌법규정에 반한다.

사전영장주의를 규정한 헌법규정에 **반한다고 볼 수는 없음.** — X

OX ★★★★ 2017 국가직(하) 9급

24 **불법게임물을 발견한 경우** 관계공무원으로 하여금 **영장 없이** 이를 **수거**하여 **폐기**하게 **할 수 있도록 규정**한 구 「음반 · 비디오물 및 게임물에 관한 법률」의 조항은 급박한 상황에 대처하기 위해 행정상 즉시강제를 행할 불가피성과 정당성이 인정되지 않으므로 헌법상 **영장주의**에 위배된다.

즉시강제의 **불가피성 · 정당성 인정** ○ → 영장주의 **위배** × — X

OX ★★★ 2023 소방간부

25 국가는 **손실발생의 원인에 대하여 책임이 없는 자**가 경찰관의 **적법한 직무집행에 자발적으로 협조하거나 물건을 제공**하여 **생명 · 신체 또는 재산상의 손실**을 입은 경우에도 **정당한 보상을 하여야 한다.**

경찰관직무집행법 제11조의2 제1항 제1호 — ○

OX ★★★ 2019 소방직 9급

26 **행정상 즉시강제**는 권력적 사실행위이므로, 항고소송의 대상이 되는 **처분성**이 인정된다.

권력적 사실행위 ○ → 처분성 ○ — ○

OX ★★★ 2007 대구시 9급

27 **즉시강제**는 단기간에 그 행위가 완료되는 경우가 대부분이므로 대체로 **권리보호**의 **이익**이 없는 경우가 많다.

단기간에 행위 **완료** → 권리보호 이익 **없는 경우가 많음.** — ○

OX ★★ 2018 국회직 8급

28 「**감염병의 예방 및 관리에 관한 법률**」 제47조 제3호의 '입원 또는 격리'가 항고소송의 대상이 된다고 하더라도 **입원 또는 격리가 이미 종료된 경우**에는 **권리보호**의 **필요성**이 부정될 수 있다.

권리보호의 필요성이 **부정될 가능성** ○ — ○

OX ★★ 2022 국가직 9급

29 **위법한 즉시강제작용으로 손해를 입은 자**는 국가나 지방자치단체를 상대로 **국가배상법**이 정한 바에 따라 **손해배상**을 **청구**할 수 있다.

국가 또는 지방자치단체를 상대로 **청구 가능** — ○

Topic

49 행정조사

p.198~201

OX ★★★★★ 2024 소방간부

01 조사대상자의 자발적 협조를 얻는 경우가 아니라면 행정기관은 법령 등에서 행정조사를 규정하고 있는 경우에 한하여 **행정조사**를 실시할 수 있다.

01 02 원칙 : **법령의 근거 필요** ○
예외 : **자발적인 협조**를 얻어 실시 → **법적 근거 필요** ×

O

OX ★★★★★ 2023 국가직 9급

02 **개별법령 등에서 행정조사를 규정하고 있지 않더라도**, 행정기관은 **조사대상자가 자발적으로 협조하는 경우**에는 행정조사를 실시할 수 있다.

O

OX ★★★ 2018 소방직 9급

03 **행정절차법**은 **행정조사**에 관한 명문의 규정을 마련하고 있다.

행정조사에 관한 **명문규정** ×

X

OX ★★★ 2010 지방직 9급

04 **조세에 관한 사항**도 **행정조사기본법상 행정조사**의 대상에 해당한다.

행정조사 **대상** ×

X

OX ★★★ 2023 국회직 8급

05 행정조사기본법상 **행정조사의 기본원칙**은 **군사시설 · 군사기밀보호 및 방위사업에 관한 사항**에 대하여도 적용한다.

적용 ○

O

OX ★★★ 2008 지방직(하) 7급

06 **금융감독기관의 감독 · 검사 · 조사**에 대하여는 **행정조사기본법**이 적용될 여지가 없다.

행정조사기본법 제4조(**기본원칙**), 제5조(**근거**), 제28조(**정보통신수단을 통한 행정조사**)는 **적용** ○

X

OX ★★★ 2022 국가직 7급

07 **행정조사기본법 제4조(행정조사의 기본원칙)**는 **조세 · 보안처분에 관한 사항**에 대하여 적용하지 아니한다.

조세 · 보안처분에 관한 사항에 **적용** ○

X

OX ★★ 2018 국가직 9급

08 헌법 제12조 제1항에서 규정하고 있는 적법절차의 원칙은 형사소송절차에 국한되지 않고 모든 국가작용 전반에 대하여 적용되는 원칙이므로 **세무공무원의 세무조사권**의 **행사**에서도 **적법절차**의 **원칙**은 준수되어야 한다.

적법절차원칙 : **모든 국가작용 전반에 적용** → 세무조사권 행사시 원칙 **준수** ○

O

OX ★★★ 2023 소방간부

09 **행정조사**는 조사목적을 달성하는 데 필요한 **최소한의 범위** 안에서 실시하여야 하며, 다른 목적 등을 위하여 **조사권을 남용하여서는 아니 된다**.

행정조사기본법 제4조 제1항

O

OX ★★★ 2014 서울시 9급

10 행정기관은 **조사목적에 적합하도록 조사대상자**를 **선정**하여 행정조사를 실시하여야 한다.

행정조사기본법 제4조 제2항

O

OX ★★★★ 2023 국회직 8급

11 **유사하거나 동일한 사안**에 대하여 **서로 다른 기관**이 공동으로 조사하는 것은 원칙적으로 허용되지 않는다.

공동조사 등을 실시하여 중복되지 않도록 하여야 함(행정조사기본법 제4조 제3항).

X

OX ★★★★ 2020 소방직 9급

12 **행정조사**는 법령 등의 준수를 유도하기보다는 법령 등의 위반에 대한 처벌에 **중점**을 두어야 한다.

법령 등의 준수 유도(행정조사기본법 제4조 제4항)

X

OX ★★★ 2021 군무원 9급

13 행정기관은 **행정조사를 통하여 알게 된 정보**를 **다른 법률에 따라 내부에서 이용**하거나 **다른 기관에 제공하는 경우를 제외**하고는 **원래의 조사목적 이외의 용도로 이용**하거나 **타인에게 제공**하여서는 **아니 된다.**

행정조사기본법 제4조 제6항

O

OX ★★★ 2008 지방직 9급

14 행정기관은 **행정조사를 통하여 알게 된 정보**를 임의로 **다른 국가기관에 제공**할 수 있다.

임의로 제공 금지

X

OX ★★★★★ 2023 경찰간부

15 관세법 등에 따라 **우편물 통관검사절차에서 이루어지는 우편물의 개봉, 시료채취, 성분분석 등의 검사**는 행정조사의 성격을 가지는 것이 아니라 수사기관의 강제처분에 해당한다.

15 16 17 **행정조사**의 성격 / **압수·수색영장 없이도 가능**

X

OX ★★★★★ 2024 지방직·서울시 9급

16 **우편물 통관검사절차에서 이루어지는 우편물의 개봉, 시료채취, 성분분석 등의 검사**는 수출입물품에 대한 적정한 통관 등을 목적으로 한 행정조사의 성격을 가지는 것으로서 압수·수색영장 없이도 이러한 검사를 진행할 수 있다.

O

OX ★★★★★ 2024 소방간부

17 **우편물 통관검사절차에서 이루어지는 우편물의 개봉, 시료채취, 성분분석 등의 검사**를 함에 있어 이에 대한 압수·수색영장 없이 이루어진 것이라도 특별한 사정이 없는 한 위법하다고 볼 수 없다.

O

OX ★★★ 2022 소방간부

18 「**마약류 불법거래 방지에 관한 특례법**」에 따른 조치의 일환으로 특정한 **수출입물품**을 **개봉**하여 **검사**하고 그 **내용물의 점유**를 **취득**한 행위는 사전 또는 사후에 **영장**을 받아야 한다.

18 19 사전 또는 사후 영장 **필요** ○

O

OX ★★★ 2022 경찰간부

19 판례에 따르면 **행정조사에서 나아가 범죄수사를 하면서 행하는 압수·수색**에는 영장이 필요하지 않다고 한다.

X

OX ★★★ 2018 국가직 7급

20 **조사대상자가 행정조사**의 **실시를 거부**하거나 **방해하는 경우** 조사원은 행정조사기본법상의 명문규정에 의하여 조사대상자의 신체와 재산에 대해 **실력**을 **행사**할 수 있다.

행정조사기본법상 **명문규정** ×

X

OX ★★★ 2023 국회직 8급

21 **행정조사**는 수시로 실시함을 원칙으로 한다.

정기적 실시가 원칙

X

OX ★★★ 2018 경행경채 3차

22 **행정조사**는 법령 등 또는 행정조사운영계획으로 정하는 바에 따라 **정기적**으로 **실시**함을 **원칙**으로 하되 **다른 행정기관으로부터 법령 등**의 **위반**에 관한 **혐의를 통보받은 때**에는 **수시조사**를 할 수 있다.

행정조사기본법 제7조 제3호

O

OX ★★★ 2024 국회직 8급

23 **행정조사**는 법령 등 또는 행정조사운영계획으로 정하는 바에 따라 **정기적으로 실시**함을 **원칙**으로 하나, **법령 등의 위반에 대한 신고를 받거나 민원이 접수**된 경우에는 **수시조사**를 할 수 있다.

행정조사기본법 제7조 제4호

O

OX ★★ 2022 해경간부

24 행정기관의 장이 조사대상자로부터 **조사대상 선정기준에 대한 열람신청을 받은 때**에는 내부고발자 등 제3자에 대한 보호가 필요한 경우를 제외하고는 열람을 거부할 수 없다.

㉠ **조사활동에 지장 초래,** ㉡ **제3자 보호 필요**의 경우 제외 **거부 불가**

X

OX ★★★ 2023 경찰간부

25 행정조사기본법에 따르면 조사대상자는 **조사원에게 공정한 행정조사를 기대하기 어려운 사정이 있다고 판단되는 경우**에는 행정기관의 장에게 당해 **조사원의 교체를 신청할 수 있다.**

행정조사기본법 제22조 제1항

O

OX ★★★ 2017 서울시 9급

26 **조사대상자의 동의가 있는 경우 해가 뜨기 전이나 해가 진 뒤**에도 **현장조사**가 **가능**하다.

행정조사기본법 제11조 제2항 제1호

O

OX ★★★ 2024 국회직 8급

27 **사무실 또는 사업장 등의 업무시간에 행정조사를 실시하는 경우**에도 현장조사는 해가 뜨기 전이나 해가 진 뒤에는 할 수 없다.

해가 뜨기 전이나 해가 진 뒤에도 **가능**(행정조사기본법 제11조 제2항 제2호)

X

OX ★★ 고난도

28 행정청이 **현장조사를 실시하는 과정에서 조사상대방으로부터 구체적인 위반사실을 자인하는 내용의 확인서를 작성받았다면,** 그 확인서가 작성자의 의사에 반하여 강제로 작성되었다는 등의 특별한 사정이 없는 한 그 **확인서의 증거가치**를 쉽게 부정할 수 없다.

특별한 사정이 없는 한 그 확인서의 증거가치를 **쉽게 부정할 수 없음.**

O

OX ★★ 2015 서울시 7급

29 **조사대상자**는 **법률 · 회계 등**에 대하여 **전문지식이 있는 관계 전문가**로 하여금 행정조사를 받는 과정에 **입회**하게 하거나 **의견을 진술하게 할 수 있다.**

행정조사기본법 제23조 제2항

O

OX ★★★ 2015 서울시 7급

30 **조사대상자와 조사원**은 **조사과정을 방해하지 아니하는 범위 안**에서 행정조사의 과정을 **녹음**하거나 **녹화할 수 있다.**

행정조사기본법 제23조 제3항

O

OX ★★★ 2023 국가직 9급

31 행정기관의 장은 조사원이 조사목적의 달성을 위하여 한 **시료채취로 조사대상자에게 손실을 입힌 때**에는 그 **손실을 보상하여야 한다.**

행정조사기본법 제12조 제2항

O

OX ★★★★ 2024 소방간부

32 행정기관의 장은 **당해 행정기관 내의 2 이상의 부서가 동일하거나 유사한 업무분야에 대하여 동일한 조사대상자에게 행정조사를 실시하는 경우**에는 **공동조사를 하여야** 한다.

행정조사기본법 제14조 제1항 제1호

O

OX ★★★★ 2024 해경승진

33 행정조사를 실시한 행정기관의 장은 **이미 조사를 받은 조사대상자에 대하여 위법행위가 의심되는 새로운 증거를 확보한 경우**에도 동일한 사안에 대하여 동일한 조사대상자를 재조사하여서는 아니 된다.

동일한 사안, 동일한 조사대상자에 대하여 **재조사 가능**

X

OX ★★★ 2018 국가직 7급

34 조사원이 **현장조사 중**에 **자료 · 서류 · 물건 등을 영치하는 경우**에 **조사대상자의 생활**이나 **영업이 사실상 불가능하게 될 우려가 있는 때**에는 조사원은 **증거인멸**의 **우려가 있는 경우가 아니라면 사진촬영 등**의 방법으로 **영치에 갈음할 수 있다.**

행정조사기본법 제13조 제2항

O

OX ★★★★ 2024 지방직 · 서울시 9급

35 행정조사기본법상 행정조사를 실시하기 전에 관련 사항을 미리 통지하는 경우 **증거인멸 등으로 행정조사의 목적을 달성할 수 없다고 판단**되는 때에는, 행정기관의 장은 행정조사 종료 후 지체 없이 **행정조사의 목적 등**을 조사대상자에게 **구두**로 **통지**할 수 있다.

행정조사의 개시와 동시에(종료 후 ×) **구두통지 가능**(행정조사기본법 제17조 제1항 1호)

X

	문제	해설	정답
36	★★★★ 2021 국회직 8급 행정기관은 **조사대상자의 자발적**인 **협조**를 얻어 실시하는 **행정조사인 경우** 행정조사기본법 제17조 제1항 본문에 따른 **사전통지**를 하지 않을 수 있다.	**생략 가능** (행정조사기본법 제17조 제1항 제3호)	O
37	★★★★ 2023 지방직 · 서울시 9급 행정조사기본법에 따르면 조사대상자의 **자발적인 협조를 얻어 행정조사를 실시하고자 하는 경우** 조사대상자는 **문서 · 전화 · 구두 등의 방법**으로 당해 **행정조사를 거부할 수 있다.**	행정조사기본법 제20조 제1항	O
38	★★★★ 2024 국회직 8급 **자발적인 협조에 따라 실시하는 행정조사**에 대하여 **조사대상자가 조사에 응할 것인지에 대한 응답을 하지 아니하는 경우**에는 법령 등에 특별한 규정이 없는 한 그 조사를 인정한 것으로 본다.	특별한 규정이 없는 한 그 **조사를 거부한 것**으로 봄.	X
39	★★★ 2023 국회직 8급 행정기관의 장은 법령 등에 **특별한 규정이 있는 경우를 제외**하고는 행정조사의 **결과를 확정한 날부터** 10일 이내에 그 결과를 **조사대상자에게 통지**하여야 한다.	**7일 이내**	X
40	★★ 2023 경찰간부 행정조사기본법에 따르면 행정기관의 장은 법령 등에서 규정하고 있는 **조사사항을 조사대상자로 하여금 스스로 신고하도록 하는 제도를 운영할 수 있다.**	행정조사기본법 제25조 제1항	O
41	★★ 2012 사회복지직 9급 행정기관의 장은 **조사대상자가 신고한 내용이 거짓**의 **신고라고 인정할 만한 근거가 있거나 신고내용을 신뢰할 수 없는 경우**를 **제외**하고는 그 **신고내용을 행정조사에 갈음하여야 한다.**	신고내용을 행정조사에 **갈음할 수 있음**(행정조사기본법 제25조 제2항).	X
42	★★ 2023 국가직 9급 행정기관의 장은 조사대상자의 신상이나 사업비밀 등이 유출될 우려가 있으므로 **인터넷 등 정보통신망을 통하여** 조사대상자로 하여금 **자료의 제출** 등을 하게 할 수 없다.	**가능**(행정조사기본법 제28조 제1항)	X
43	★★★★ 2021 지방직 · 서울시 7급 **위법한 세무조사**에 의하여 수집된 과세자료를 **기초로 한 과세처분**은 위법하다.	**위법** O	O
44	★★★ 2021 소방직 9급 (구)국세기본법에 따른 **금지되는 재조사에 기초한 과세처분**은 특별한 사정이 없는 한 위법하다.	특별한 사정이 없는 한 **위법** O	O
45	★★★ 2023 소방간부 음주운전 여부에 대한 조사과정에서 **운전자 본인의 동의를 받지 아니하고 법원의 영장 없이 채혈조사를 한 결과를 근거로 한 운전면허 정지 · 취소처분**은 특별한 사정이 없는 한 위법한 처분으로 볼 수밖에 없다.	특별한 사정이 없는 한 **위법** O	O
46	★★★ 2016 국가직 9급 **위법한 행정조사로 손해**를 입은 국민은 **국가배상법에 따른 손해배상**을 청구할 수 있다.	국가배상법에 따른 손해배상 **청구 가능**	O

Topic 50 행정벌 Ⅰ - 행정벌 일반

p.202

OX ★★★ 2022 국가직 7급

01 구 **행형법에 의한 징벌을 받은 뒤에 형사처벌**을 한다고 하여 **일사부재리**의 **원칙**에 반하는 것은 아니다.

일사부재리원칙 **위반** ×

O

OX ★★★ 2017 국가직 9급

02 **행정벌**과 이행강제금은 장래에 의무의 이행을 강제하기 위한 제재로서 직접적으로 행정작용의 실효성을 확보하기 위한 수단이라는 점에서는 동일하다.

행정벌 : **과거의 행정법상 의무위반행위에 대한 제재**

X

OX ★★★ 2022 국가직 7급

03 일정한 **법규위반사실이 행정처분의 전제사실이자 형사법규**의 **위반사실이 되는 경우, 형사판결**이 **확정**되기 **전에** 그 위반사실을 이유로 **제재처분**을 하였다면 절차적 위반에 해당한다.

절차적 위반 ×

X

OX ★★★ 2011 사회복지직 9급

04 형사벌의 경우와는 달리 **행정형벌**에 대해서는 **죄형법정주의원칙**이 적용되지 아니한다.

죄형법정주의원칙 **적용** ○

X

OX ★★★★ 2024 해경승진

05 **과태료**는 행정상의 질서유지를 위한 행정질서벌에 해당할 뿐 형벌이라 할 수 없어 **죄형법정주의**의 규율대상에 해당하지 않는다.

죄형법정주의 **규율대상** ×

O

OX ★★★ 2016 국가직 9급

06 행정법규 위반행위에 대하여 과하여지는 **과태료**는 행정형벌이 아니라 행정질서벌에 해당한다.

행정질서벌 ○
행정형벌 ×

O

OX ★★★ 2020 소방직 9급

07 **과태료**는 행정벌의 일종으로 형벌과 마찬가지로 **형법총칙**이 적용된다.

형법총칙 **적용** ×

X

OX ★★★ 2023 경찰간부

08 어떤 행정법규 위반행위에 대하여 **입법자가 행정질서벌인 과태료를 부과할 것인지, 행정형벌을 부과할 것인지**를 정하는 것은 입법재량에 속한다.

입법재량 ○

O

Topic 51 행정벌 Ⅱ - 행정형벌의 특수성

p.203~206

OX ★★ 2019 서울시 9급

01 **죄형법정주의원칙 등 형벌법규**의 **해석원리**는 **행정형벌**에 관한 **규정을 해석할 때**에도 적용되어야 한다.

적용 ○

O

OX ★★ 2009 국가직 9급

02 **행정형벌**에는 특별한 규정이 있는 경우를 제외하고는 **형법총칙**이 적용된다.

형법총칙 **적용** ○

O

OX ★★★★★ 2011 사회복지직 9급

03 **행정형벌의 과벌**은 행위자의 **고의 · 과실**을 요하지 않는다.

고의 · 과실 **필요** ○

X

OX ★★★★ 2019 국가직 9급

04 **과실범을 처벌**한다는 명문의 **규정이 없더라도** 행정형벌 법규의 **해석에 의하여 과실행위도 처벌한다는 뜻이 도출되는 경우**에는 과실범도 처벌될 수 있다.

과실범 처벌 ○

O

OX ★★★★ 2014 국가직 9급

05 구 대기환경보전법에 따라 **배출허용기준**을 **초과**하는 **배출가스를 배출하는 자동차를 운행하는 행위를 처벌하는 규정**은 **과실범**의 경우에 적용하지 아니한다.

과실범에 **적용** ○ → **처벌** ○

X

OX ★★ 2011 국회속기직 9급

06 행정청의 허가가 있어야 함에도 불구하고 허가를 받지 아니하여 처벌대상의 행위를 한 경우라도, **허가를 담당**하는 **공무원이 허가를 요하지 아니하는 것으로 잘못 알려주어 이를 믿었기 때문에 허가를 받지 아니하는 것**이라면 허가를 받지 않더라도 **죄가 되지 않는 것으로 착오를 일으킨 데 대하여 정당한 이유**가 있는 경우에 해당하여 처벌할 수 없다.

착오에 **정당한 이유** ○ → **처벌** ×

O

OX ★★★ 2022 국가직 9급

07 **양벌규정**은 **행위자**에 대한 **처벌규정**임과 동시에 그 위반행위의 이익귀속주체인 **영업주**에 대한 **처벌규정**이다.

행위자 처벌규정 ○ / **영업주 처벌규정** ○

O

OX ★★★★ 2022 지방직 · 서울시 9급

08 **양벌규정에 의한 영업주의 처벌**은 금지위반행위자인 **종업원의 처벌**에 종속되는 것이므로 영업주만 따로 처벌할 수는 없다.

종업원 처벌에 **종속** ×

X

OX ★★★★ 2023 국가직 7급

09 **양벌규정에 의한 영업주의 처벌**은 그 자신의 종업원에 대한 선임 · 감독상의 과실로 인하여 처벌되는 것이므로 **종업원의 범죄성립이나 처벌**이 영업주 처벌의 전제조건이 될 필요는 없다.

종업원의 범죄성립 · 처벌이 **전제될 필요** ×

O

OX ★★★★ 2021 국가직 7급

10 양벌규정에 의해 영업주를 처벌하는 경우, 금지위반행위자인 **종업원을 처벌할 수 없는 경우**에도 **영업주만 따로 처벌**할 수 있다.

양벌규정에 의해 영업주만 따로 **처벌 가능**

O

OX ★★★ 2012 지방직 9급

11 **행정범**의 경우에는 법인의 대표자 또는 종업원 등의 **행위자뿐 아니라 법인도 아울러 처벌하는 규정**을 두는 경우가 있다.

법인 처벌규정을 두는 경우 많음.

O

OX ★★ 2008 국가직 9급

12 **다단계판매원**은 구 「방문판매 등에 관한 법률」의 **양벌규정**의 **적용에 있어서** 다단계판매업자의 사용인의 **지위**에 있다.

다단계판매업자의 **사용인**

O

OX ★★★★ 2024 국가직 9급

13 **지방자치단체 소속 공무원이 지방자치단체 고유의 자치사무를 수행하던 중 도로법 규정에 의한 위반행위를 한 경우 지방자치단체**는 도로법 소정의 양벌규정에 따라 처벌대상이 되는 법인에 해당하지 않는다.

13 14 **양벌규정**에 따라 **처벌대상이 되는 법인에 해당** ○

X

OX ★★★★ 2023 서울시 지적 7급

14 **지방자치단체가 자치사무를 처리하는 경우** 당해 지방자치단체는 국가기관과는 별도의 독립한 공법인으로 볼 수 있지만, 양벌규정에 따라 처벌대상이 되는 법인에 해당하지는 않는다.

X

OX ★★★★ 2022 소방간부

15 **지방자치단체가 국가의 기관위임사무를 처리하는 경우**에도 별도의 독립한 공법인으로서 자동차관리법 제83조의 **양벌규정에 의한 처벌대상**이 된다.

국가의 기관위임사무 → **지방자치단체**는 양벌규정에 따른 **처벌대상이 되는 법인** ×

X

OX ★★ 2022 국가직 9급

16 **양벌규정에 의한 법인**의 **처벌**은 어디까지나 행정적 제재처분일 뿐 **형벌**과는 성격을 달리한다.

형벌의 일종

X

OX ★★ 2012 지방직 9급

17 **종업원의 위반행위에 대해 사업주도 처벌하는 경우, 사업주가 지는 책임**은 무과실책임이다.

주의·감독의무를 태만히 한 데 대한 **과실책임**

X

OX ★★ 2019 서울시 9급

18 **법인의 독자적인 책임에 관한 규정이 없이 단순히 종업원이 업무에 관한 범죄행위를 하였다는 이유만으로 법인에게 형사처벌**을 과하는 것은 **책임주의원칙**에 반한다.

책임주의원칙 **위반** O

O

OX ★★ 2017 국가직 9급

19 **종업원 등의 범죄에 대해 법인**에게 어떠한 **잘못이 있는지를 전혀 묻지 않고, 곧바로** 그 종업원 등을 고용한 **법인에게도 종업원 등에 대한 처벌조항에 규정된 벌금형을 과하도록 규정**하는 것은 **책임주의**에 반한다.

책임주의원칙 **위반** O

O

OX ★★★ 2022 국가직 9급

20 **법인 대표자의 법규위반행위에 대한 법인의 책임**은 법인 자신의 법규위반행위로 평가될 수 있는 행위에 대한 법인의 직접책임이다.

법인의 직접책임

O

OX ★★★ 2009 국가직 9급

21 **행정형벌**은 형사소송법이 정하는 절차에 따라 법원이 **과벌**하는 것이 원칙이다.

형사소송법이 정하는 절차에 따라 **법원이 과벌**함이 원칙

O

OX ★★ 2011 지방직 7급

22 **통고처분**은 **행정질서벌**에도 인정된다.

행정질서벌에는 **인정** ×

X

OX ★★★ 2018 소방직 9급

23 **통고처분**은 **현행법상** 조세범, 관세범, 출입국관리사범, 교통사범 등에 대하여 **인정**되고 있다.

조세범, 관세범, 출입국관리사범, 교통사범 등에 인정

O

OX ★★★★ 2017 서울시 7급

24 **통고처분**은 실체법상 행정행위이므로 행정쟁송법상의 처분이 되고 **취소소송**의 대상이 된다.

취소소송대상이 되는 **행정처분** ×

X

OX ★★★ 2015 지방직 9급

25 법률에 따라 통고처분을 할 수 있으면 행정청은 **통고처분**을 하여야 하며, 통고처분 이외의 조치를 취할 **재량**은 없다.

권한행정청의 **재량** O

X

OX ★★★ 2018 경행경채 3차

26 관세청장 또는 세관장이 관세범에 대하여 **통고처분을 하지 않은 채 고발**하였다는 것만으로는 그 **고발 및** 이에 기한 **공소**의 **제기**가 부적법한 것은 아니다.

고발 및 이에 기한 공소의 제기가 **부적법** ×

O

OX ★★★ 2024 해경승진

27 **경찰서장**이 범칙행위에 대하여 **통고처분을 한 이상**, 통고처분에서 정한 범칙금 납부기간까지는 원칙적으로 경찰서장은 **즉결심판**을 청구할 수 없고, 검사도 동일한 범칙행위에 대하여 **공소를 제기**할 수 없다.

경찰서장의 **즉결심판청구** × / 검사의 **공소제기** ×

O

OX ★★★ 2024 소방간부

28 특별한 사정이 없는 이상 **경찰서장**은 범칙행위에 대한 **형사소추를 위하여 이미 한 통고처분**을 임의로 취소할 수 없다.

통고처분을 **임의로 취소** ×

O

OX ★★ 2018 경행경채 변형

29 조세범처벌절차법에 따른 **통고처분이 있는 경우 공소시효**의 진행은 정지되지 아니한다.

공소시효 **정지** O

X

OX ★★★ 2019 국가직 9급

30 **통고처분**에 따른 **범칙금**을 **납부**한 **후**에 동일한 사건에 대하여 **다시 형사처벌**을 하는 것이 **일사부재리**의 **원칙**에 반하는 것은 아니다.

일사부재리원칙 **위반** ○

X

OX ★★★ 2018 경행경채

31 범칙자가 **범칙금**을 **납부**하면 **과형절차**는 종료되고, 범칙자는 다시 **형사소추**되지 아니한다.

과형절차 **종료** / 형사소추 **불가**

○

OX ★★★ 2024 군무원 5급

32 도로교통법은 범칙금 납부통고서를 받은 사람이 그 **범칙금을 납부한 경우 그 범칙행위에 대하여 다시 벌받지 아니한다**고 규정하고 있는바, 이는 범칙금의 납부에 확정재판의 효력에 준하는 효력을 인정하는 취지로 해석하여야 한다.

범칙금의 납부에 **확정재판의 효력에 준하는 효력** 인정

○

OX ★★★ 2017 국가직 7급

33 **통고처분**에 의해 **범칙금을 납부한 경우**, 그 납부의 효력에 따라 **다시 벌받지 아니하게 되는 행위사실**은 범칙금 통고의 이유에 기재된 당해 범칙행위 자체에 한정될 뿐, 그 범칙행위와 동일성이 인정되는 범칙행위에는 미치지 않는다.

당해 범칙행위 자체 및 **그 범칙행위와 동일성이 인정되는 범칙행위**에 한정

X

OX ★★★ 2023 국가직 7급

34 **지방국세청장 또는 세무서장**이 조세범처벌절차법에 따라 **통고처분을 거치지 아니하고** 즉시 **고발**하였다면 이로써 조세범칙사건에 대한 조사 및 처분절차는 종료되고 형사사건절차로 이행되어 지방국세청장 또는 세무서장으로서는 동일한 조세범칙행위에 대하여 더 이상 통고처분을 할 권한이 없다.

형사사건절차로 이행 → **더 이상 통고처분할 권한** ×

○

OX ★★★ 2018 지방직 7급

35 지방국세청장이 조세범칙행위에 대하여 **형사고발**을 한 **후에 동일한 조세범칙행위에 대하여 한 통고처분**은 특별한 사정이 없는 한 위법하지만 무효는 아니다.

특별한 사정이 없는 한 **무효** ○

X

OX ★★★ 2015 지방직 9급

36 행정법규 위반자가 **법정기간 내에 통고처분에 의해 부과된 금액을 납부하지 않으면** 비송사건절차법에 의해 처리된다.

36 37 통고처분 효력 상실 → 고발절차에 의하여 **통상의 형사소송절차**로 이행

X

OX ★★★★ 2008 국가직 9급

37 통고처분을 받은 자가 **통고처분의 내용을 이행하지 아니하면** 권한행정청은 일정 기간 내에 고발할 수 있고, 그에 따라 형사소송절차로 이행되게 된다.

○

OX ★★★★ 2023 지방직 · 서울시 7급

38 도로교통법상의 **통고처분**은 처분을 받은 **당사자의 임의의 승복을 발효요건**으로 하고 있으며, 행정공무원에 의하여 발하여지는 것이지만, **통고처분에 따르지 않고자 하는 당사자**에게는 정식재판의 절차가 보장되어 있다.

정식재판의 절차 보장 ○

○

OX ★★★★★ 2024 소방간부

39 **통고처분**은 행정청에 의해 부과되기는 하나 행정처분이 아니므로 그에 대한 불복절차는 행정쟁송으로 할 수 없다.

행정처분 × → **행정쟁송 대상** ×

○

OX ★★★★★ 2023 지방직 · 서울시 9급

40 **통고처분**은 **상대방의 임의의 승복을 그 발효요건**으로 하기 때문에 그 자체만으로는 통고이행을 강제하거나 상대방에게 아무런 권리 · 의무를 형성하지 않으므로 행정심판이나 행정소송의 대상으로서의 **처분성**을 인정할 수 없다.

권리 · 의무관계 형성 × → 처분성 **인정** ×

○

OX ★★★★★ 2023 소방직 9급

41 **통고처분**에 대하여 이의가 있으면 통고내용을 이행하지 않음으로써 고발되어 형사재판 절차에서 통고처분의 위법 · 부당함을 다툴 수 있으므로 행정소송의 대상으로서의 **처분성**이 인정되지 않는다.

처분성 × → 형사재판절차에서 위법성 다툴 수 있음. — O

OX ★★★ 2018 경행경채

42 헌법재판소는 **행정심판**이나 **행정소송의 대상에서 통고처분을 제외하고 있는 관세법 조항**은 **법관에 의한 재판받을 권리**를 침해하지 않는다고 하였다.

재판받을 권리 **침해** × — O

OX ★★★★★ 2022 해경간부

43 도로교통법상 경찰서장의 **통고처분**은 행정소송의 대상이 되는 행정처분이 아니므로 그 처분의 취소를 구하는 **행정소송**은 부적법하다.

행정처분 × → 행정소송 **부적법** — O

OX ★★★★ 2024 군무원 5급

44 도로교통법상의 **통고처분을 받은 자가** 그 처분에 대하여 **이의가 있는 경우**에는 통고처분에 따른 범칙금의 납부를 이행하지 아니함으로써 경찰서장의 즉결심판청구에 의하여 법원의 심판을 받을 수 있게 된다.

범칙금의 납부를 이행하지 아니함으로써 경찰서장의 **즉결심판청구**에 의하여 **법원의 심판**을 받게 됨. — O

Topic 52 행정벌 Ⅲ - 행정질서벌의 특수성

p.207~209

OX ★★★★ 2016 국가직 9급

01 **지방자치단체의 조례**도 **과태료 부과의 근거**가 될 수 있다.

가능 ○ (질서위반행위규제법 제2조 제1호) — O

OX ★★★★ 2024 국가직 9급

02 과태료의 부과 · 징수, 재판 및 집행 등의 절차에 관한 **다른 법률의 규정 중 질서위반행위규제법의 규정에 저촉되는 것**은 질서위반행위규제법으로 정하는 바에 따른다.

질서위반행위규제법으로 정하는 바에 따름(질서위반행위규제법 제5조). — O

OX ★★★★ 2019 지방직 · 교육행정직 9급

03 **지방자치단체의 조례상**의 **의무를 위반하여 과태료를 부과하는 행위**는 질서위반행위에 해당되지 않는다.

질서위반행위 ○ — X

OX ★★★ 2019 서울시 9급

04 **민법상**의 **의무를 위반하여 과태료를 부과하는 행위**는 질서위반행위규제법상 질서위반행위에 해당한다.

질서위반행위 × — X

OX ★★★ 2009 국가직 7급

05 질서위반행위란 '법률(조례를 포함한다)상의 의무를 위반하여 과태료를 부과하는 행위'를 말하고, 이에는 대통령령으로 정하는 **법률에 따른 징계사유에 해당하여 과태료를 부과하는 행위**가 포함된다.

질서위반행위에 포함 × — X

OX ★★★★★ 2024 소방간부

06 행정질서벌은 형벌이 아니므로 형법총칙이 적용되지 않기 때문에, **질서위반행위규제법**에서도 **고의나 과실**을 질서위반행위의 성립요건으로 하지 않고 있다.

고의 · 과실을 **질서위반행위의 성립요건** ○ — X

O X ★★★ 2023 국가직 7급

07 질서위반행위를 한 자가 **자신의 책임 없는 사유로 위반행위에 이르렀다고 주장하는 경우** 법원은 그 내용을 살펴 행위자에게 고의나 과실이 있는지를 따져보아야 한다.

고의나 **과실**이 있는지를 **따져보아야 함.** — O

O X ★★★★★ 2024 해경승진

08 자신의 행위가 **위법하지 아니한 것으로 오인하고 행한 질서위반행위**에 대해서는 과태료를 부과하지 아니한다.

정당한 이유가 있는 때에 한하여 부과 × — X

O X ★★★ 2022 해경간부

09 다른 법률에 **특별한 규정이 없는 경우 14세가 되지 아니한 자**의 질서위반행위는 **과태료를 부과하지 아니한다.**

질서위반행위규제법 제9조 — O

O X ★★★ 2023 지방직 · 서울시 7급

10 **심신(心神)장애로 인하여 행위의 옳고 그름을 판단할 능력이 없거나 그 판단에 따른 행위를 할 능력이 없는 자**의 질서위반행위는 과태료를 부과하지 아니한다.

과태료 부과 ×(질서위반행위규제법 제10조 제1항) — O

O X ★★★ 2019 국가직 7급

11 **스스로 심신장애상태를 일으켜 질서위반행위를 한 자**에 대하여는 **과태료**를 감경한다.

과태료 **감경** ×
(질서위반행위규제법 제10조 제3항) — X

O X ★★★ 2017 국가직 9급

12 **질서위반행위규제법상 개인의 대리인이 업무에 관하여 그 개인에게 부과된 법률상**의 **의무를 위반한 때**에는 행위자인 대리인에게 **과태료**를 부과한다.

그 **개인에게** 과태료 **부과** ○ /
행위자(대리인)에게 부과 × — X

O X ★★★ 2013 경행특채

13 **법인**에 대해서는 **과태료**를 부과할 수 없다.

과태료 **부과 가능** — X

O X ★★★★ 2017 교육행정직 9급

14 **2인 이상이 질서위반행위에 가담한 때**에는 **각자**가 **질서위반행위를 한 것으로 본다.**

질서위반행위규제법 제12조 제1항 — O

O X ★★★★ 2024 해경승진

15 **신분에 의하여 성립하는 질서위반행위에 신분이 없는 자가 가담한 경우** 신분이 없는 자에 대하여는 질서위반행위가 성립하지 않는다.

신분이 없는 자에 대하여 **질서위반행위 성립** ○ — X

O X ★★★★ 2022 군무원 7급

16 **신분에 의하여 과태료를 감경** 또는 **가중하거나 과태료를 부과하지 아니하는 때**에는 그 **신분의 효과는 신분이 없는 자에게는 미치지 아니한다.**

질서위반행위규제법 제12조 제3항 — O

O X ★★★★ 2023 서울시 연구사

17 **질서위반행위**의 **성립**과 **과태료처분**은 **행위시의 법률**에 따른다.

질서위반행위규제법 제3조 제1항 — O

O X ★★★★ 2023 지방직 · 서울시 9급

18 **질서위반행위 후 법률이 변경**되어 그 행위가 **질서위반행위에 해당하지 아니하게 되거나 과태료가 변경되기 전의 법률보다 가볍게 된 때**에는 법률에 특별한 규정이 없는 한 **변경된 법률을 적용**하여야 한다.

질서위반행위규제법 제3조 제2항 — O

O X ★★★★ 2024 소방간부

19 행정청의 **과태료처분이나** 법원의 **과태료재판이 확정된 후** 법률이 변경되어 그 행위가 **질서위반행위에 해당하지 아니하게 된 때**에는 변경된 법률에 특별한 규정이 없는 한 **과태료**의 **징수 또는 집행을 면제**한다.

질서위반행위규제법 제3조 제3항 — O

OX ★★ 2015 경행특채 1차

20 질서위반행위규제법은 **대한민국 영역 밖에서 질서위반행위를 한 대한민국**의 **국민에게 적용**한다. | 질서위반행위규제법 제4조 제2항 | O

OX ★★ 2023 행정사

21 **대한민국 영역 밖**에 있는 **대한민국의 선박** 또는 **항공기 안**에서 **질서위반행위를 한 외국인**에게도 **적용**한다. | 질서위반행위규제법 제4조 제3항 | O

OX ★★★★ 2023 국가직 9급

22 **하나의 행위가 2 이상의 질서위반행위에 해당**하는 경우에는 각 질서위반행위에 대하여 정한 과태료 중 **가장 중한 과태료를 부과**한다. | 질서위반행위규제법 제13조 제1항 | O

OX ★★★ 고난도

23 하나의 행위가 둘 이상의 질서위반행위에 해당하는 경우를 제외하고 **둘 이상의 질서위반행위가 경합**하는 경우에는 **각 질서위반행위에 대하여 정한 과태료**를 **각각 부과**한다. | 질서위반행위규제법 제13조 제2항 | O

OX ★★★★ 2022 해경간부

24 과태료는 행정청의 **과태료 부과처분**이나 법원의 **과태료재판이 확정된 후** 3년간 **징수**하지 아니하거나 **집행하지 아니하면 시효**로 인하여 **소멸**한다. | 3년 × / 5년 ○ (질서위반행위규제법 제15조 제1항) | X

OX ★★★★ 2022 해경간부

25 행정청이 **질서위반행위에 대하여 과태료를 부과하고자 하는 때에는 미리 당사자에게 대통령령으로 정하는 사항을 통지**하고, **10일 이상의 기간**을 정하여 **의견을 제출할 기회를 주어야** 한다. | 질서위반행위규제법 제16조 제1항 | O

OX ★★★★ 2023 지방직 · 서울시 7급

26 행정청은 **질서위반행위가 종료된 날(다수인이 질서위반행위에 가담한 경우에는 최종행위가 종료된 날을 말함)부터 5년이 경과한 경우**에는 해당 **질서위반행위에 대하여 과태료를 부과할 수 없다.** | 질서위반행위규제법 제19조 제1항 | O

OX ★★★★ 2015 서울시 9급

27 **질서위반행위가 종료된 날부터 5년이 경과한 경우**에는 해당 질서위반행위에 대하여 **과태료를 부과할 수 없는바, 다수인이 질서위반행위에 가담한 경우**에는 **질서위반행위가 종료된 날**은 **최종행위가 종료된 날**을 말한다. | 질서위반행위규제법 제19조 제1항 | O

OX ★★★★ 2023 지방직 · 서울시 9급

28 행정청의 **과태료 부과에 불복하는 당사자**는 과태료 **부과통지를 받은 날부터 60일 이내**에 해당 행정청에 **서면으로 이의제기**를 할 수 있다. | 질서위반행위규제법 제20조 제1항 | O

OX ★★★★★ 2024 소방간부

29 당사자의 **이의제기**가 있으면 행정청의 **과태료 부과처분**은 그 **효력을 상실**한다. | 질서위반행위규제법 제20조 제2항 | O

OX ★★★★★ 2023 지방직 · 서울시 7급

30 행정청의 **과태료 부과에 불복**하는 당사자는 과태료 부과통지를 받은 날부터 90일 이내에 관할법원에 취소소송을 제기할 수 있다. | **취소소송 제기** × | X

OX ★★★★★ 2023 소방승진

31 **과태료**의 부과 여부 및 그 당부는 최종적으로 **질서위반행위규제법의 절차에 의하여 판단**되어야 한다고 할 것이므로, 그 **과태료 부과처분**은 행정청을 피고로 하는 항고소송의 대상이 되는 처분이라고 볼 수 없다.

항고소송 대상 × — O

OX ★★★★ 2023 국가직 7급

32 질서위반행위규제법상 **과태료사건**은 다른 법령에 **특별한 규정이 있는 경우를 제외**하고는 행정청의 주소지의 지방법원 또는 그 지원의 **관할**로 한다.

당사자 주소지의 **지방법원** 또는 그 **지원** — X

OX ★★★ 2024 해경승진

33 **과태료재판**은 이유를 붙인 **결정으로써 하며**, 결정은 **당사자와 검사에게 고지함으로써 효력이 발생**하고, 당사자와 검사는 과태료재판에 대하여 **즉시항고할 수 있으며** 이 경우 항고는 **집행정지의 효력**이 있다.

질서위반행위규제법 제36조 제1항 / 제37조 제1항 / 제38조 제1항 — O

OX ★★★ 2024 국가직 9급

34 질서위반행위규제법에 따르면, **당사자**와 **검사**는 **과태료재판**에 대하여 **즉시항고**를 할 수 있으며, 이 경우 **항고는 집행정지의 효력**이 있다.

질서위반행위규제법 제38조 제1항 — O

OX ★★★ 2016 경행경채

35 **과태료재판**의 경우, 법원으로서는 기록상 현출되어 있는 사항에 관하여 **직권**으로 **증거조사**를 하고 이를 기초로 하여 **판단할 수 있는 것이나, 그 경우** 행정청의 과태료 부과처분사유와 기본적 사실관계에서 동일성이 인정되는 한도 내에서만 **과태료**를 **부과**할 수 있다.

행정청의 부과처분사유와 **기본적 사실관계의 동일성이 인정되는 범위 내**에서만 **부과 가능** — O

OX ★★★ 2012 지방직 9급

36 **과태료**의 **재판**은 판사의 명령으로 **집행**하며, 이 경우 그 **명령**은 집행력 있는 집행권원과 동일한 **효력**이 있다.

검사의 명령 / **집행력 있는 집행권원과 동일한 효력** ○ — X

OX ★★★ 2024 지방직 · 서울시 9급

37 행정법상의 질서벌인 **과태료의 부과처분**과 **형사처벌**을 **병과**하는 것은 **일사부재리의 원칙**에 반하지 않는다는 것이 대법원의 입장이다.

일사부재리의 원칙에 **위반** × — O

OX ★★★ 2018 경행경채

38 신규등록신청을 위한 **임시운행허가**를 받고 그 **기간이 끝났음에도 자동차등록원부에 등록하지 않은 채 허가기간의 범위를 넘어 운행**한 차량소유자가 관련 법조항에 의한 **과태료를 부과받아 납부**하였다 하더라도 그 차량소유자에 대해 **형사처벌**을 하는 것은 **일사부재리원칙**에 위반하는 것이 아니다.

일사부재리원칙 **위반** × — O

OX ★★★ 2014 국가직 9급

39 **임시운행허가기간을 벗어난 무등록차량**을 **운행**한 자는 과태료와 별도로 **형사처벌**의 대상이 된다.

과태료와 별도로 형사처벌**대상** ○ — O

OX ★★★ 2023 소방직 9급

40 과태료 부과와 형사처벌은 그 성질이나 목적이 다를 바가 없으므로 **과태료 부과 후에 형사처벌**을 할 경우 **이중처벌금지원칙**에 반한다.

이중처벌금지원칙 **위반** × — X

OX ★★★ 고난도

41 **헌법재판소**에 따르면 **동일한 행위**를 대상으로 하여 **형벌**을 **부과하면서** 아울러 행정질서벌로서의 **과태료까지 부과**한다면 이중처벌금지의 기본정신에 배치되어 국가입법권의 남용으로 인정될 여지가 있다고 한다.

이중처벌금지의 기본정신에 배치 O

OX ★★ 2011 지방직 9급

42 **과태료의 고액·상습체납자**에 대해서도 자유를 박탈하는 제재인 **감치처분**을 행할 수는 없다.

감치처분 **가능** X

OX ★★ 2012 국가직 7급

43 당사자가 **과태료를 자진납부하고자 하는 경우** 행정청은 과태료를 **감경**할 수 있고, 과태료를 **체납할 경우** 법원은 검사의 청구에 따라 체납된 과태료액에 상당하는 강제노역에 처할 수 있다.

과태료 **감경 가능** / 검사 청구에 따라 **30일 이내 감치** 가능 O X

OX ★★★ 2018 국가직 7급

44 질서위반행위규제법에 의한 **과태료 부과처분**은 처분의 **상대방이 이의제기하지 않은 채 납부기간까지** 과태료를 **납부하지 않으면** 도로교통법상 통고처분과 마찬가지로 그 효력을 상실한다.

㉠ 이의제기 → 효력 상실
㉡ 이의제기 ×, 납부기한 경과 → 가산금(100분의 3)
cf 통고처분 : 이행 × → 효력 상실 → 형사소송절차로 이행

X

OX ★★★ 2016 지방직 7급

45 과태료는 당사자가 **과태료 부과처분에 대하여 이의**를 **제기**하지 **아니한 채** 질서위반행위규제법에 따른 **이의제기 기한**이 **종료**한 **후 사망한 경우**에는 그 상속재산에 대하여 **집행**할 수 있다.

상속재산에 대하여 **집행 가능** O

SUNNY

제 5 편

행정구제 1
(행정상 손해전보)

1회독	2회독	3회독	4회독	5회독
/	/	/	/	/

Topic
53 행정상 손해전보
p.212

OX ★★★ 2014 서울시 7급

01 **행정상 손실보상**은 원칙적으로 적법한 공권력행사로 인한 손해의 전보제도로서 위법한 공권력행사로 인한 침해에 대한 보상인 국가배상제도와는 다르다.

원칙적으로 **적법한 공권력행사로 인한 손해**의 전보제도 — O

OX ★ 2015 서울시 9급

02 **행정상 손해배상**에 관하여는 국가배상법이 **일반법**적 지위를 갖는다고 본다.

국가배상법 — O

OX ★★★★ 2024 지방직 · 서울시 9급

03 판례에 따르면 **국가배상소송**을 제기하는 경우 민사소송이 아니라 공법상 당사자소송으로 제기하여야 한다.

민사소송 — X

OX ★★★★ 2020 국가직 9급

04 甲은 A 지방자치단체가 관리하는 도로를 운행하던 중 도로에 방치된 낙하물로 인하여 손해를 입었고, 이를 이유로 **국가배상법상 손해배상**을 청구하려고 한다. 甲이 배상을 받기 위하여 소송을 제기하는 경우에는 민사소송을 제기하여야 한다.

민사소송 — O

OX ★★★★ 2017 교육행정직 9급

05 판례에 따르면 **국가배상청구소송**은 행정소송으로 제기하여야 한다.

민사소송 — X

OX ★★★ 2007 국가직 7급

06 **헌법**은 배상책임자를 '국가 또는 지방자치단체'로 규정하고 있으나, **국가배상법**은 **배상책임자**를 '국가 또는 공공단체'로 **규정**하고 있다.

헌법 : **국가** 또는 **공공단체** / 국가배상법 : **국가** 또는 **지방자치단체** — X

Topic
54 행정상 손해배상 I - 국가배상법 제2조 등
p.213~225

OX ★★★★ 2019 국가직 7급

01 **국가배상법 제2조에 따른 공무원**은 국가공무원법 등에 의해 공무원의 신분을 가진 자에 국한하지 않고, 널리 공무를 위탁받아 실질적으로 공무에 종사하고 있는 일체의 자를 가리킨다.

널리 공무를 위탁받아 **실질적 공무에 종사**하는 일체의 자 — O

OX ★★★★ 2024 지방직 · 서울시 9급

02 국가배상법상 '공무원'이라 함은 널리 공무를 위탁받아 실질적으로 공무에 종사하고 있는 일체의 자를 가리키는 것으로서, 단지 **공무의 위탁이 일시적인 사항에 관한 활동을 위한 것**은 포함되지 않는다.

국가배상법상 '공무원'에 포함 — X

OX ★★★ 2019 소방직 9급

03 지방자치단체로부터 어린이보호 등의 공무를 위탁받아 집행하는 **교통할아버지**는 국가배상법 제2조에서 규정하는 '공무원'이다.

국가배상법 제2조의 **공무원** O — O

OX ★★ 2016 경행경채

04 **향토예비군**도 그 **동원기간 중**에는 국가배상법 제2조 소정의 공무원 중에 포함된다.

국가배상법 제2조의 **공무원** O — O

OX ★★★ 2019 소방직 9급

05 **구청 소속 청소차량 운전원**은 국가배상법 제2조에서 규정하는 '공무원'이다.

국가배상법 제2조의 **공무원** O — O

O X ★★★ 2019 소방직 9급

06 **지방자치단체에 근무하는 청원경찰**은 국가배상법 제2조에서 규정하는 '공무원'이다.

국가배상법 제2조의 **공무원** ○

O

O X ★★★ 2019 소방직 9급

07 「의용소방대 설치 및 운영에 관한 법률」에 따라 소방서장이 임명한 **의용소방대원**은 국가배상법 제2조에서 규정하는 '공무원'이다.

국가배상법 제2조의 **공무원** ×

X

O X ★★★★ 2019 지방직 · 교육행정직 9급

08 **법령의 위탁에 의해** 지방자치단체로부터 **대집행을 수권받은 구 한국토지공사**는 지방자치단체의 기관으로서 국가배상법 제2조 소정의 공무원에 해당한다.

국가배상법 제2조의 **공무원** × / 독자적 배상책임의 **행정주체** ○

X

O X ★★★★★ 2019 서울시 1회 7급

09 **국가배상법 제2조의 직무행위**에는 국가나 지방자치단체의 권력적 작용만이 포함되며 **비권력적 작용**은 포함되지 않는다.

권력작용, 공법상 **비권력작용(관리작용)** 등 **모든 공행정작용**

X

O X ★★★★ 2012 지방직 9급

10 **국가 또는 공공단체**라 할지라도 **사경제의 주체로 활동하였을 경우**에는 그 **손해배상의 책임**에 국가배상법의 규정이 적용될 수 없고 민법이 적용된다.

국가배상법 적용 ×
민법 적용 ○

O

O X ★★★★ 2024 지방직 · 서울시 9급

11 국가배상법이 정한 배상청구의 요건인 **'공무원의 직무'**에는 권력적 작용만이 아니라 행정지도와 같은 비권력적 공행정작용도 포함된다.

11 12 13 **권력적 · 비권력적 작용 모두 포함** / **사경제주체**로서 하는 작용 **제외**

O

O X ★★★★ 2024 국가직 9급

12 **국가배상**청구의 요건인 **'공무원의 직무'**에는 행정주체가 사경제주체로서 하는 작용도 포함된다.

X

O X ★★★★ 2023 소방직 9급

13 **국가배상법**이 정한 손해배상청구의 요건인 **'공무원의 직무'**에는 국가나 지방자치단체의 권력적 작용뿐만 아니라 비권력적 작용도 포함되지만 단순한 사경제의 주체로서 하는 작용은 포함되지 않는다.

O

O X ★★ 2016 지방직 7급

14 도로개설 등 공사로 인한 **무허가건물**의 **강제철거**와 **관련**하여 이루어지는 **지방자치단체의** 그 철거건물소유자에 대한 **시영아파트 분양권 부여** 등의 업무는, 사경제주체로서의 활동이므로 지방자치단체의 공권력행사로 보기 어렵다고 할 것이다.

사경제주체로서의 활동 × / 지방자치단체의 **공권력행사** ○

X

O X ★★★ 2021 국가직 7급

15 **국가의 철도운행사업**과 **관련**하여 발생한 사고로 인한 **손해배상청구**의 경우 그 사고에 공무원이 간여하였다고 하더라도 국가배상법이 아니라 민법이 적용되어야 하지만, **철도시설물**의 **설치** 또는 **관리**의 **하자로 인한 손해배상청구**의 경우에는 국가배상법이 적용된다.

철도운행사업 : 사경제적 작용. 따라서 **민법** 적용 ○ / 철도시설물 설치 · 관리의 하자 : **국가배상법** 적용 ○

O

O X ★★★ 2012 지방직 7급

16 **공무원의 직무**상 작위의무가 **사회구성원 개인의 안전과 이익을 보호하기 위하여 설정된 것**이어야 **국가배상책임**이 **인정**된다.

직무의 **사익보호성이 인정되어야** 국가배상책임 인정 ○

O

O X ★★★ 2015 교육행정직 9급

17 **국가배상책임의 요건으로서 직무행위**에는 **국회의 입법작용**도 포함된다.

국회의 입법작용 **포함** ○

O

OX ★★★ 2008 지방직 9급

18 **'직무행위'의 범위**에는 원칙적으로 공법상 권력작용을 중심으로 하여 공법상 비권력적 작용을 포함하는 것이므로 준법률행위적 행정행위나 사실행위, 부작위는 포함되지 않는다.

공법상 권력적 · 비권력적 작용, 준법률행위적 행정행위, 사실행위, 부작위 모두 포함 ○

X

OX ★★ 2016 교육행정직 9급

19 국회가 제정한 **법률이** 헌법재판소에 의해 **위헌결정을 받은 경우 국회**는 그에 대해 **국가배상책임**을 진다.

위헌결정만으로 국회의 국가배상책임 **인정** ×

X

OX ★★★★ 2023 변호사

20 **국회의원의 입법행위**는 그 입법내용이 헌법의 문언에 명백히 위배됨에도 불구하고 국회가 굳이 당해 입법을 한 것과 같은 특수한 경우가 아닌 한 국가배상법 제2조 제1항 소정의 위법행위에 해당한다고 볼 수 없다.

헌법 문언에 명백히 위배됨에도 불구하고 굳이 입법을 한 것과 같은 특수한 경우 아닌 한 위법행위 ×

O

OX ★★★★ 2022 해경간부

21 국가가 일정한 사항에 관하여 **헌법에 의하여 부과되는 구체적인 입법의무**를 부담하고 있음에도 불구하고 그 입법에 필요한 **상당한 기간이 경과하도록 고의 · 과실로 입법의무를 이행하지 아니하는 경우** 국가배상책임이 인정될 수 있다.

국가배상책임 ○

O

OX ★★★ 2019 사회복지직 9급

22 **헌법에 의하여 부과**되는 국가의 **구체적**인 **입법의무 자체가 인정되지 않는 경우**에는 애당초 **부작위로 인한 불법행위**가 성립할 여지가 없다.

불법행위 **성립** ×

O

OX ★★★ 2017 국가직 7급

23 **헌법에 의하여 일반적으로 부과된 의무가 있음에도** 불구하고 **국회가 그 입법을 하지 않고 있다면 국가배상법상 배상책임이 인정**된다.

일반적으로 × → **구체적으로** ○

X

OX ★★★ 2017 국가직(하) 7급

24 법관의 재판행위가 위법행위로서 국가배상책임이 인정되려면 당해 **법관이 위법 또는 부당한 목적을 가지고 재판**하는 등 **법관에게 부여된 권한의 취지에 명백히 어긋나게 이를 행사**하였다고 인정할 특별한 사정이 있어야 한다.

국가배상책임 인정 ○

O

OX ★★★★ 2023 변호사

25 **재판에 대하여 따로 불복절차 또는 시정절차가 마련되어 있는 경우**에는, 불복에 의한 시정을 구할 수 없었던 것 자체가 공무원의 귀책사유로 인한 것이라는 등의 특별한 사정이 없는 한, **스스로 시정을 구하지 아니한 결과 권리 내지 이익을 회복하지 못한 사람**은 원칙적으로 국가배상에 의한 권리구제를 받을 수 없다.

특별한 사정이 없는 한 국가배상 ×

O

OX ★★★★ 2024 국가직 9급

26 **청구기간 내에 헌법소원**이 적법하게 제기되었음에도 헌법재판소 재판관이 **청구기간을 오인하여 각하결정**을 한 경우, 이에 대한 불복절차 내지 시정절차가 없는 때에는 국가배상책임을 인정할 수 있다.

불복절차 · 시정절차 없는 경우 → 국가배상책임 인정

O

OX ★★★★ 2018 지방직 7급

27 **헌법재판소 재판관이 잘못된 각하결정**을 하여 청구인으로 하여금 **본안판단을 받을 기회를 상실**하게 하였더라도, **본안판단에서 어차피 청구가 기각되었을 것이라는 사정**이 있다면 **국가배상책임**이 인정되지 않는다.

사정이 있더라도 국가배상책임 인정 ○ →정신적 고통에 대한 **위자료 지급**

X

OX ★★★ 2008 국회직 8급

28 **검사가** 공판과정에서 피고인의 **무죄를 입증할 수 있는 결정적인 증거**를 입수하였으나 이를 **법원에 제출하지 아니하여 유죄판결**을 받았다면 **국가배상**이 인정된다.

위법 → 국가배상책임 **인정** ○

O

OX ★★★★ 2018 국가직 9급

29 **국가배상법상 공무원의 직무행위**는 객관적으로 직무행위로서의 외형을 갖추고 있어야 할 뿐만 아니라 **주관적 공무집행의 의사**도 있어야 한다.

주관적 공무집행의사 **필요** ×

X

OX ★★★★ 2014 국가직 7급

30 **행위 자체의 외관**이 **객관적으로 관찰**하여 **공무원의 직무행위로 보일 때에**는 그것이 실질적으로 직무행위가 아니거나 또는 행위자에게 주관적으로 공무집행의 의사가 없었다고 하더라도 그 행위는 **직무행위**에 해당한다.

실질적 직무행위가 아니거나 주관적 공무집행의사가 없더라도 직무행위에 **해당** ○

O

OX ★★★★ 2024 소방간부

31 **행위 자체의 외관을 객관적으로 관찰**하여 **공무원의 직무행위**로 보여진다 하더라도 그것이 실질적으로 직무행위에 해당하지 않는다면 그 행위는 **국가배상법** 소정의 '직무를 집행하면서' 행한 것으로 볼 수 없다.

직무집행행위에 **해당**

X

OX ★★★ 2016 사회복지직 9급

32 **직무행위**인지 **여부**는 당해 행위가 **현실적으로 정당한 권한 내의 것인지**를 묻지 않는다.

현실적으로 정당한 권한 내의 것인지 **불문**

O

OX ★★ 2011 국회직 8급

33 **상급자가** 전입사병인 **하급자에게 암기사항에 관하여 교육하던 중 훈계하다가 도가 지나쳐 폭행**한 경우에 그 폭행은 **국가배상법상**의 **직무집행**에 해당한다.

국가배상법상 직무집행 **해당** ○

O

OX ★★★★ 2018 지방직 7급

34 **인사업무 담당공무원이 다른 공무원의 공무원증 등을 위조**한 행위는 실질적으로 직무행위에 속하지 아니한다 할지라도 외관상으로는 **국가배상법상**의 **직무집행**에 해당한다.

외관상 국가배상법상 직무집행에 **해당** ○

O

OX ★★★★ 2022 해경간부

35 공무원들의 **공무원증 발급업무를 하는 공무원이 다른 공무원의 공무원증을 위조하는 행위**는 실질적으로 직무행위에 속하지 아니하므로 외관상 국가배상법 제2조 제1항의 직무집행 관련성이 부정된다.

직무집행 관련성 ○

X

OX ★★★ 2018 경행경채 3차

36 **공무원**이 **통상의 근무지**로 **자기소유 차량**을 **운전하여 출근**하던 중 **교통사고**를 일으킨 경우, **특별한 사정이 없는 한** 국가배상법 제2조 제1항에 따른 **직무집행 관련성**이 부정된다.

직무집행 관련성 **부정**

O

OX ★★★ 2006 관세사

37 직무행위의 외형을 갖추고 있는 이상 **상대방이** 공무원의 행위가 **실질적으로 공무집행행위가 아니라는 사정을 알았다** 하더라도 **국가배상책임**이 인정된다.

직무행위의 **외형**을 **갖추고 있는 이상** 국가배상책임 **인정** ○

O

OX ★★★ 2016 지방직 7급

38 육군중사 甲이 다음 날 실시예정인 독수리 **훈련에 대비**하여 **사전 정찰**차 **훈련지역 일대를 살피고 귀대하던 중 교통사고**가 일어났다면, 甲이 비록 **개인소유의 오토바이를 운전하였다 하더라도 실질적 · 객관적으로** 위 甲의 운전행위는 그에게 부여된 훈련지역의 사전 정찰임무를 수행하기 위한 **직무와 밀접한 관련**이 있다고 보아야 한다.

운전행위는 **실질적 · 객관적**으로 직무와 밀접한 관련 **인정** ○

O

OX ★★★ 2015 서울시 9급

39 **국가배상법**은 **직무행위로 인한 행정상 손해배상**에 대하여 무과실책임을 명시하고 있다.

과실책임 → 고의 또는 과실 필요 ○

X

OX ★★★ 2018 국가직 9급

40 국가나 지방자치단체는 공무원이 직무를 집행하면서 고의 또는 과실로 위법하게 타인에게 손해를 가한 때에 국가배상법상 배상책임을 지고, **공무원의 선임** 및 **감독에 상당한 주의를 한 경우**에도 그 **배상책임**을 면할 수 없다.

면책 ×

O

OX ★★★ 2010 국가직 9급

41 **민법상**의 **사용자 면책사유**는 **국가배상법상**의 **고의·과실**의 **판단**에서는 적용되지 않는다. | **적용** × | O

OX ★★★ 2014 서울시 9급

42 **국가배상청구권**은 **과실개념**의 주관화(主觀化) **경향**이 나타나고 있다. | **객관화** 경향 | X

OX ★★★ 2019 사회복지직 9급

43 **과실개념**을 **객관화**하려는 태도는 국가배상책임의 성립을 용이하게 하려는 **의도**를 지니고 있다. | **국가배상책임**의 **성립 용이화** | O

OX ★★★ 2015 서울시 9급

44 **국가배상법상 공무원의 과실**에 관하여 판례는 당해 직무를 담당하는 평균적 공무원의 주의능력을 **기준**으로 판단한다. | **당해 직무**를 **담당**하는 **평균적 공무원**의 **주의능력** | O

OX ★★★★ 2022 해경간부

45 국가배상법의 과실은 행정처분의 담당공무원이 **보통 일반의 공무원을 표준**으로 하여 볼 때 **객관적 주의의무를 결하여** 그 행정처분이 **객관적 정당성을 상실**하였다고 인정될 정도에 이른 경우를 말한다. | **국가배상법**상 **과실** | O

OX ★★★ 2020 지방직·서울시 7급

46 행정처분의 **담당공무원이 주관적 주의의무를 결하여 그 행정처분이 주관적 정당성을 상실하였다고 인정될 정도에 이른 경우**에 **국가배상법 제2조의 요건**을 **충족**하였다고 봄이 상당하다. | **객관적** 주의의무 / **객관적** 정당성 | X

OX ★★★★★ 최신판례

47 **긴급조치 제9호**의 **발령**부터 **적용·집행에 이르는 일련의 국가작용**은 **전체적으로 보아** 공무원이 직무를 집행하면서 **객관적 주의의무를 소홀**히 하여, 그 직무행위가 **객관적 정당성을 상실한 것**으로서 위법하다고 평가되므로, 긴급조치 제9호의 적용·집행으로 강제수사를 받거나 유죄판결을 선고받고 복역함으로써 개별 **국민이 입은 손해**에 대해서 **국가배상책임**이 인정될 수 있다. | 국가배상책임이 **인정될 수 있음**. | O

OX ★★★ 2021 국가직 9급

48 **국가배상법**상 공무원의 위법한 직무행위로 인한 **손해배상책임**을 묻기 위해서는 **가해공무원**을 **특정**하여야 한다. | **특정하지 않더라도 인정** ○ | X

OX ★★★ 2014 지방직 7급

49 가해공무원의 **과실 여부**에 대한 **입증책임**은 원고에게 있다. | 피해자인 **원고**에게 있음. | O

OX ★★★ 2022 경찰간부

50 **과실의 입증책임**은 원칙적으로 국가 측에 있으므로 국가가 과실이 없었음을 입증해야 한다. | 피해자인 **원고**가 국가의 **과실이 있음을 입증** | X

OX ★★★★ 2022 국회직 8급, 2021 국가직 9급

51 일반적으로 공무원이 **필요한 지식을 갖추지 못하고 법규의 해석을 그르쳐 행정처분**을 하였다면 그가 **법률전문가가 아닌 행정직 공무원**이라고 하여 **과실**이 없다고는 할 수 없다. | **과실** ○ | O

OX ★★★ 2024 소방직 9급

52 대법원의 판단으로 관계법령의 해석이 확립되고 이어 상급행정기관 내지 유관 행정부서로부터 시달된 업무지침이나 업무연락 등을 통하여 이를 충분히 인식할 수 있게 된 상태에서, **확립된 법령의 해석에 어긋나는 견해를 고집**하여 **계속하여 위법한 행정처분**을 하거나 **이에 준하는 행위로 평가**될 수 있는 불이익을 처분상대방에게 주게 된다면, 이는 그 공무원의 고의 또는 과실로 인한 것이 되어 그 손해를 배상할 책임이 있다. | **손해배상책임 부담** ○ | O

OX ★★★★ 2022 국가직 9급

53 공무원이 **관계법령의 해석이 확립되기 전**에 **어느 한 설을 취하여 업무를 처리**한 것이 **결과적**으로 **위법**하더라도 **처분 당시 그 이상의 업무처리를 성실한 평균적 공무원에게 기대하기 어려웠던 경우**라면 원칙적으로 **공무원의 과실**을 인정할 수 없다.

과실 **인정** × — O

OX ★★★★★ 2022 소방간부

54 **어떠한 행정처분이 위법하다고 할지라도 그 자체만으로 곧바로** 그 행정처분이 **공무원의** 고의 또는 과실로 인한 **불법행위**를 구성한다고 단정할 수는 없고, 공무원의 **고의** 또는 **과실**의 **유무**에 대하여는 별도의 **판단**을 요한다.

불법행위 **단정** × / 고의 또는 과실의 유무에 대한 **별도 판단 필요** O — O

OX ★★★★ 2018 경행경채 3차

55 **공무원이 재량준칙에 따라 행정처분**을 하였는데 **결과적으로** 그 처분이 **재량을 일탈ㆍ남용**하여 **위법**하게 된 때에는 그에게 **직무집행상**의 **과실**이 인정된다.

직무집행상 과실 **인정** × — X

OX ★★★★ 2022 경찰간부

56 원칙적으로 **공무원이 행정청의 내부기준인 재량권 행사 기준에 따라 행정처분**을 하였더라도 재량권의 범위를 넘어 위법한 경우에는 공무원에게 **직무상 과실**이 있다고 본다.

재량 일탈ㆍ남용으로 위법한 경우에도 과실 인정 × — X

OX ★★★★ 2023 국회직 8급

57 **영업허가취소처분**이 나중에 **행정심판에 의하여** 재량권을 일탈한 **위법한 처분임이 판명되어 취소**되었다면, 그 처분이 **당시 시행되던 공중위생법 시행규칙에 정하여진 행정처분의 기준에 따른 것**이라고 하더라도 그 영업허가취소처분을 한 행정청의 공무원에게는 **직무집행상의 과실**이 인정된다.

직무집행상 과실 **인정** × — X

OX ★★★ 2016 국회직 8급

58 **재량권**의 **행사에 관하여 행정청 내부에** 일응의 **기준을 정해 둔 경우** 그 **기준에 따른 행정처분**을 하였다면 이에 관여한 공무원에게 그 **직무상**의 **과실**이 있다고 할 수 없다.

직무상 과실 **인정** × — O

OX ★★★★★ 2024 지방직ㆍ서울시 9급

59 어떠한 **행정처분이** 후에 **항고소송**에서 위법한 것으로서 **취소**되었다고 하더라도 **그로써 곧** 당해 행정처분이 공무원의 **고의 또는 과실에 의한 불법행위**를 구성한다고 단정할 수는 없다.

고의 또는 과실에 의한 불법행위 **구성** × — O

OX ★★★ 2019 사회복지직 9급

60 **처분**이 있은 **후**에 **근거법률**이 **위헌**으로 **결정**된 경우, **그 법률을 적용한 공무원**에게 **고의 또는 과실**이 있었다고 단정할 수 있다.

그 법률을 적용한 공무원의 고의 또는 과실 **단정** × — X

OX ★★ 2018 국회직 8급

61 **행정입법에 관여한 공무원**이 입법 당시의 상황에서 다양한 요소를 고려하여 **나름대로 합리적인 근거를 찾아** 어느 하나의 견해에 따라 **경과규정을 두는 등의 조치 없이 새 법령을 그대로 시행**하거나 **적용**하였더라도 이러한 경우에까지 국가배상법 제2조 제1항에서 정한 국가배상책임의 성립요건인 **공무원의 과실**이 있다고 할 수는 없다.

공무원의 과실 **인정** × — O

OX ★★★★ 2022 지방직ㆍ서울시 7급

62 **공무원의 부작위**가 공무원으로서 **마땅히 지켜야 할 준칙이나 규범을 위반한 경우를 포함**하여 **널리 객관적인 정당성이 없는 경우**, 그 부작위는 '법령을 위반'하는 경우에 해당한다.

국가배상법상 제2조 제1항 소정의 **'법령을 위반'**하는 경우에 **해당** O — O

OX ★★★★ 2024 국회직 8급

63 **국가배상책임의 요건으로서 법령위반**은 **엄격한 의미의 법령위반**뿐 아니라 인권존중, 권력남용금지, 신의성실과 같이 **공무원으로서 마땅히 지켜야 할 준칙이나 규범을 지키지 않고 위반한 경우**를 포함한다.

인권존중, 권력남용금지, 신의성실 등 포함 — O

OX ★★★★ 2020 지방직 · 서울시 9급

64 **국가배상책임에서의 법령위반**은, 인권존중 · 권력남용금지 · 신의성실 · 공서양속 등의 위반도 포함해 널리 그 행위가 객관적인 정당성을 결여하고 있음을 **의미**한다.

64 65 **인권존중 · 권력남용금지 · 신의성실 · 공서양속 등 위반**을 포함, **널리 그 행위가 객관적 정당성을 결여**하고 있음을 의미

O

OX ★★★★ 2017 국가직(하) 7급

65 **국가배상책임에서 '법령을 위반하여'**라고 함은 엄격하게 형식적 의미의 법령에서 명시적으로 공무원의 행위의무가 정하여져 있음에도 이를 위반하는 경우만을 **의미**한다.

X

OX ★★★ 2023 행정사

66 **경찰관이 범죄수사**를 함에 있어 **법규상 또는 조리상의 한계를 위반**하였다면 이는 **법령을 위반**한 경우에 해당한다.

법령위반에 **해당** ○

O

OX ★★★ 2020 소방직 9급

67 **성폭력범죄**의 **수사를 담당**하거나 수사에 **관여하는 경찰관이 피해자**의 **인적사항 등을 공개** 또는 **누설**함으로써 **피해자가 손해를 입은 경우**, 국가의 **배상책임**이 인정된다는 것이 판례의 태도이다.

배상책임 **인정** ○

O

OX ★★★ 2024 지방직 · 서울시 9급

68 **헌법상 과잉금지의 원칙** 내지 **비례의 원칙**을 **위반**하여 국민의 기본권을 침해한 국가작용은 **국가배상책임**에 있어 법령을 위반한 가해행위가 된다.

국가배상책임에 있어 **법령**을 **위반**한 가해행위에 **해당**

O

OX ★★★★ 2023 변호사

69 공무원의 **직무집행이 법령이 정한 요건과 절차에 따라 이루어진 것**이라면, **그 과정에서 개인의 권리가 침해**되는 일이 생긴다고 하더라도, 특별한 사정이 없는 한 그 **직무집행의 법령적합성**이 곧바로 부정되는 것은 아니다.

특별한 사정이 없는 한 법령적합성 **곧바로 부정** ×

O

OX ★★★ 2022 해경간부

70 **경찰관**이 교통법규 등을 위반하고 **도주하는 차량**을 순찰차로 **추적하는 직무를 집행하는 중**에 그 **도주차량의 주행에 의하여 제3자가 손해**를 입었다면 특별한 사정이 없는 한 그 **추적행위**는 위법하다.

특별한 사정이 없는 한 추적행위 **위법** ×

X

OX ★★★ 2022 국가직 7급

71 **공무원**에 대한 **전보인사가 인사권을 다소 부적절하게 행사한 것으로 볼 여지가 있다** 하더라도 그러한 사유만으로 그 전보인사가 당연히 **불법행위**를 구성한다고 볼 수는 없다.

불법행위 **구성** ×

O

OX ★★★ 2011 경행특채

72 **시청 소속 공무원이 시장을** 구 부패방지위원회에 **부패혐의자로 신고**한 **후 동사무소로 전보된 경우**, 사회통념상 용인될 수 없을 정도로 객관적 상당성을 결여하였으므로 **불법행위**를 구성한다.

객관적 상당성 결여 × → 불법행위 **구성** ×

X

OX ★★★ 2022 지방직 · 서울시 7급

73 상급행정기관이 소속 공무원이나 하급행정기관에 대하여 **업무처리지침**이나 **법령의 해석 · 적용 기준을 정해 주는 행정규칙을 위반한 공무원의 조치**가 있다고 해서 그러한 사정만으로 곧바로 그 조치의 **위법성**이 인정되는 것은 아니다.

행정규칙 위반의 경우 위법성이 **곧바로 인정되는 것은 아님.**

O

OX ★★★ 2013 지방직(하) 7급

74 **공무원의 부작위로 인한 국가배상책임**을 **인정**하기 위하여는 공무원의 작위로 인한 국가배상책임을 인정하는 경우와 마찬가지로 국가배상법 제2조 제1항의 **요건**이 충족되어야 한다.

작위로 인한 국가배상책임과 마찬가지로 국가배상법 제2조 제1항 요건 **충족 필요** ○

O

OX ★★★ 2007 국가직 7급

75 **공무원의 부작위에 의한** 개인의 손해발생에 대해 **국가배상책임**이 **인정**되기 **위해서는** **공무원의 부작위**가 위법하여야 한다. | 공무원의 부작위가 **위법**할 것 | O

OX ★★★★ 2017 사회복지직 9급

76 **부작위로 인한** 손해에 대한 **국가배상청구**는 공무원의 작위의무를 명시한 형식적 의미의 법령에 위배된 경우에 한한다. | **작위의무를 명시한 형식적 의미의 법령 위배**에 **한정** × | X

OX ★★★★ 2021 지방직 · 서울시 7급

77 공무원의 부작위로 인한 국가배상책임을 인정할 것인지 여부가 문제되는 경우에 관련 공무원에 대하여 **작위의무를 명하는 형식적 법률의 규정이 없는 경우**에는 **국가배상책임**이 인정되지 않는다. | 일정한 경우 위험방지의 작위의무 ○ → 국가배상책임 **인정 가능** ○ | X

OX ★★★★ 2019 국회직 8급

78 **소방공무원의 권한행사**가 관계법률의 규정에 의하여 **소방공무원의 재량**에 맡겨져 있으면 **구체적인 상황에서** 소방공무원이 **권한을 행사하지 아니한 것이 현저하게 합리성을 잃어 사회적 타당성이 없는 경우**에도 직무상 의무를 위반하여 위법하게 되는 것은 아니다. | **직무상 의무 위반** ○ → **위법** ○ | X

OX ★★ 2012 국가직 7급

79 **토석채취공사 도중** 경사지를 굴러 내린 **암석이 가스저장시설을 충격**하여 **화재가 발생한 경우**, 토지형질변경허가권자에게 허가 당시 **사업자로 하여금 위해방지시설을 설치하게 할 의무**는 없다. | **작위의무 인정** ○ | X

OX ★★★ 2018 국가직 7급

80 **경찰관이 구체적 상황하에서** 그 인적 · 물적 능력의 범위 내의 **적절한 조치라는 판단에 따라 범죄수사 직무를 수행한 경우**, 그것이 **객관적 정당성을 상실하여 현저하게 불합리하다고 인정되지 않는다면** 그와 **다른 조치를 취하지 아니한 부작위**는 국가배상책임의 요건인 **법령위반**에 해당하지 않는다. | 부작위는 법령위반 **해당** × | O

OX ★★★ 2015 경행특채 1차

81 **인감증명사무**를 **처리**하는 **공무원**은 인감증명이 타인과의 권리 · 의무에 관계되는 일에 사용되는 것을 예상하여 그 **발급된 인감증명으로 인한 부정행위**의 **발생을 방지할 직무상**의 **의무**가 있다. | 직무상 의무 **인정** ○ | O

OX ★★★ 2012 국가직 7급

82 **주민등록사무**를 **담당**하는 **공무원**은 개명과 같은 사유로 **주민등록상의 성명을 정정한 경우**에는 반드시 **본적지 관할관청에** 그 **변경사항을 통보**하여 본적지의 호적관서로 하여금 그 정정사항의 진위를 재확인할 수 있도록 할 **직무상**의 **의무**가 있다. | 직무상 의무 **인정** ○ | O

OX ★★★★ 2020 지방직 · 서울시 7급

83 국민이 법령에 정하여진 **수질기준**에 **미달**한 **상수원수로 생산된 수돗물을 마심으로써** 건강상의 위해발생에 대한 염려 등에 따른 **정신적 고통**을 받았다고 하더라도, 이러한 사정만으로는 국가 또는 지방자치단체가 국민에게 **손해배상책임**을 부담하지 아니한다. | 국가 또는 지방자치단체가 국민 개개인에게 손해배상책임 **부담** × | O

OX ★★★ 2019 국가직 7급

84 **공직선거법**이 **후보자가** 되고자 하는 자와 그 소속 정당에게 **전과기록**을 **조회**할 **권리**를 **부여**하고 수사기관에 **회보의무**를 **부과한 것**은 **공공의 이익**만을 위한 것이지 후보자가 되고자 하는 자나 그 소속 정당의 **개별적 이익**까지 보호하기 위한 것은 아니다. | 공공이익뿐만 아니라 개별적 이익까지 **보호** ○ | X

OX ★★★ 2023 경찰간부

85 **지방자치단체가** 구 산업기술혁신촉진법령에 따른 **인증신제품 구매의무**를 **위반**하였다고 하더라도 이를 이유로 신제품 인증을 받은 자에 대하여 국가배상책임을 지는 것은 아니다. | 국가배상책임 **인정** × | O

O X ★★★ 2011 국가직 7급

86 판례에 의하면 **규제권한**을 **행사**하지 **아니한 것**이 **직무상 의무**를 **위반**하여 **위법한 것으로 되는 경우**에는 특별한 사정이 없는 한 **과실**도 인정된다.

특별한 사정이 없는 한 과실도 **인정** ○

○

O X ★★★ 2013 지방직(하) 7급

87 **절박**하고 **중대한 위험상태가 발생**하였거나 **발생**할 **우려가 있는 경우**가 **아닌 한**, 원칙적으로 **공무원**이 **관련법령대로만 직무**를 **수행**하였다면 그와 같은 **공무원의 부작위**를 가지고 '고의 또는 과실로 법령에 위반'하였다고 할 수는 없다.

고의 · 과실에 의한 법령위반 ×

○

O X ★★ 2018 서울시 9급

88 **담당공무원이** 주택구입대부제도와 관련하여 **지급보증서제도에 관해 알려주지 않은 조치**는 **법령위반**에 해당하지 않는다.

법령위반 ×

○

O X ★★★ 2015 교육행정직 9급

89 **절차상**의 **위법**도 국가배상법상 **법령위반**에 해당한다.

국가배상법상 **법령위반** ○

○

O X ★★ 2009 국회직 8급

90 **경매 담당공무원이** 이해관계인에게 **기일통지를 잘못한 것이 원인**이 되어 **경락허가결정이 취소**된 사안에서, 그 사이 **경락대금을 완납하고 소유권이전등기를 마친 경락인에 대하여** 국가는 **배상책임**을 진다.

국가의 배상책임 **인정** ○

○

O X ★★★ 2019 일반승진 5급

91 **수익적 행정처분**이 신청인에 대한 관계에서 **국가배상법상 위법성**이 **있는 것으로 평가되기 위하여**는, 객관적으로 보아 그 행위로 인하여 신청인이 손해를 입게 될 것이 분명하다고 할 수 있어 신청인을 위하여도 당해 행정처분을 거부할 것이 요구되는 경우이어야 한다.

객관적으로 보아 신청인이 손해를 입게 될 것이 분명하여 **신청인을 위하여도 당해 행정처분을 거부할 것이 요구되는 경우이어야** 함.

○

O X ★★★ 2017 사회복지직 9급

92 사인이 받은 **손해란** 생명 · 신체 · 재산상의 손해는 인정하지만, 정신상의 손해는 인정하지 않는다.

생명 · 신체 · 재산상 손해, 정신적 손해 등 **일체의 손해**

X

O X ★★★ 2019 국회직 8급

93 **도지사에 의한 지방의료원**의 **폐업결정**과 관련하여 **국가배상책임**이 **성립하기 위하여**서는 공무원의 직무집행이 위법하다는 점만으로는 부족하고 그로 인하여 타인의 권리 · 이익이 침해되어 구체적 손해가 발생하여야 한다.

위법한 직무집행 → 권리 · 이익이 침해되어 구체적 손해가 발생하여야 함.

○

O X ★★★★★ 2024 국회직 8급

94 공법인이 국가나 지방자치단체의 행정작용을 대신하여 공익사업을 시행하면서 행정절차를 진행하는 과정상 **주민들의 절차적 권리를 보장하지 않은 위법이 있는 경우**, 절차상 위법의 시정으로도 주민들에게 정신적 고통이 남아 있다고 볼 특별한 사정이 있어도 **정신적 손해의 배상**을 구하는 것은 불가능하다.

절차상 위법의 시정으로도 주민들에게 정신적 고통이 남아 있다고 볼 특별한 사정이 있어야 정신적 손해배상 **청구 가능**

X

O X ★★★★ 2024 소방간부

95 **공무원**에게 부과된 **직무상 의무**의 내용이 **공공일반의 이익을 위한 것**이거나 **행정기관 내부의 질서를 규율하기 위한 것**이라면 공무원의 당해 직무상 의무위반으로 피해자가 입은 손해에 대해서는 **상당인과관계**가 인정되는 범위 내에서 공적 주체가 손해배상책임을 진다.

상당인과관계 × → **손해배상책임 부담** ×

X

O X ★★★★ 2022 지방직 · 서울시 7급

96 **공무원**에게 부과된 **직무상 의무**의 내용이 **전적으로 또는 부수적으로**라도 **사회구성원 개인의 안전과 이익을 보호하기 위하여 설정된 것**이어야 **직무상 의무위반과 피해자가 입은 손해 사이**에 **상당인과관계**가 **인정**될 수 있다.

상당인과관계 **인정** ○

○

OX ★★★ 2022 지방직 · 서울시 7급

97 **군교도소 수용자**들이 **탈주**하여 **일반국민에게 손해**를 입혔다면 국가는 그로 인하여 피해자들이 입은 **손해**를 **배상**할 **책임**이 있다.

상당인과관계 ○ → 손해배상책임 **인정** ○

ō

OX ★★★ 2019 서울시 9급

98 **소방공무원**들이 다중이용업소인 **주점의 비상구**와 **피난시설** 등에 대한 **점검을 소홀히 함으로써** 주점의 피난통로 등에 중대한 피난 장애요인이 있음을 발견하지 못하여 **업주들에 대한 적절한 지도 · 감독을 하지 아니한 경우** 직무상 의무위반과 주점 손님들의 사망 사이에 **상당인과관계**가 인정된다.

직무상 의무위반과 **주점 손님들의 사망** 사이에 상당인과관계 **인정** ○

ō

OX ★★★ 2019 국회직 8급

99 **우편집배원**이 **압류 및 전부명령 결정 정본을 특별송달함에 있어 부적법한 송달을 하고도 적법한 송달을 한 것처럼 보고서를 작성**하여 압류 및 전부의 효력이 발생하지 않아 집행채권자가 피압류채권을 전부받지 못한 경우 우편집배원의 직무상 의무위반과 집행채권자의 손해 사이에는 **상당인과관계**가 있다.

우편집배원의 직무상 의무위반과 **집행채권자의 손해** 사이 상당인과관계 **인정** ○

ō

OX ★★★ 2023 변호사

100 **甲이 乙과 동일한 이름으로 개명허가를 받은 것처럼 호적등본을 위조**하여 주민등록상 성명을 위법하게 정정하고, **乙 명의의 주민등록증을 발급받아 乙의 부동산에 관하여 근저당권설정등기**를 마친 경우, **주민등록사무를 담당하는 공무원이** 위와 같은 **성명정정 사실을 甲의 본적지 관할관청에 통보하지 아니한 직무상 의무위배행위와 乙이 입은 손해 사이**에 상당인과관계를 인정할 수 없다.

상당인과관계 인정 ○

x̄

OX ★★★★★ 2022 국가직 9급

101 **공무원**이 **직무**를 수행하면서 그 **근거**가 되는 **법령**의 규정에 따라 구체적으로 의무를 부여받았어도 그것이 **국민의 이익과 관계없이 순전히 행정기관 내부의 질서를 유지하기 위한 것**이라면 그 의무에 위반하여 국민에게 손해를 가하여도 국가 등은 **배상책임**을 부담하지 않는다.

의무를 위반하여 국민에게 손해를 가하여도 국가 등은 배상책임 **부담** ×

ō

OX ★★★★★ 2024 국회직 8급

102 공무원이 법령에 따라 **직무수행에 관한 의무**를 부여받았어도 그것이 **직접 국민 개개인의 이익을 위한 것이 아니라 전체적으로 공공일반의 이익을 도모하기 위한 것**이라면 그 의무를 위반하여 국민에게 손해를 가하여도 국가 또는 지방자치단체는 배상책임을 부담하지 아니한다.

배상책임 인정 ×

ō

OX ★★★★★ 2022 지방직 · 서울시 9급

103 공무원에게 부과된 **직무상 의무**가 **단순히 공공일반의 이익만을 위한 경우**라면 그러한 직무상 의무위반에 대해서는 **국가배상책임**이 인정되지 않는다.

국가배상책임 **인정** ×

ō

OX ★★★ 2014 지방직 9급

104 **유흥주점의 화재**로 **여종업원들이 사망**한 경우, **담당공무원**의 유흥주점의 용도변경, 무허가영업 및 시설기준에 위배된 개축에 대하여 시정명령 등 **식품위생법상 취하여야 할 조치를 게을리한 직무상 의무위반행위**와 **여종업원들의 사망** 사이에는 **상당인과관계**가 존재하지 아니한다.

상당인과관계 **부정**

ō

OX ★★ 2018 경행경채 3차

105 **형사상 범죄행위를 구성하지 않는 침해행위**라 하더라도 그것이 **민사상 불법행위**를 **구성**하는지 **여부**는 형사책임과 별개의 관점에서 검토하여야 한다.

민사상 불법행위 여부 : **형사책임과 별개의 관점에서 검토**

ō

OX ★★ 2017 국가직 7급

106 **공무원의 가해행위**에 대해 **형사상 무죄판결**이 있었더라도 그 가해행위를 이유로 **국가배상책임**이 인정될 수 있다.

국가배상책임 **인정 가능**

ō

OX ★★★ 2008 국가직 7급

107 **국가배상법**이 정하는 **배상기준**의 **성격**에 대하여 판례는 한정액설을 취함으로써 국가배상법이 정하는 배상금액 이상의 배상을 인정하지 아니한다.

기준액설(통설, 판례) : 구체적인 경우 **배상금액 증감 가능**

X

OX ★★★ 2020 지방직 · 서울시 9급

108 판례는 **구 국가배상법**(67. 3. 3, 법률 제1899호) **제3조**의 **배상액 기준**은 배상심의회 배상액 결정의 기준이 될 뿐 배상범위를 법적으로 제한하는 규정이 아니므로 법원을 기속하지 않는다고 보았다.

배상액 결정의 기준 ○ → **법원 기속** ×

O

OX ★★★ 2018 경행경채

109 **국가배상법 제2조 제1항**을 적용할 때 **피해자가 손해를 입은 동시에 이익을 얻은 경우**에는 **손해배상액에서** 그 **이익**에 **상당**하는 **금액**을 **빼야 한다**.

국가배상법 제3조의2 제1항

O

★★★ 2013 서울시 9급

110 **서울특별시 소속**의 **공무원**이 **공무집행 중 폭행**을 가하여 **손해를 입힌 경우**에 피해자는 누구를 **피고**로 하여 **손해배상청구소송**을 제기하여야 하는가?

① 서울특별시 ② 서울특별시장

③ 행정안전부장관 ④ 경찰청장

⑤ 서울시지방경찰청장(현 서울경찰청장)

국가배상법상 손해배상청구소송의 **피고 : 국가** 또는 **지방자치단체**(①)

①

OX ★★★ 2015 사회복지직 9급

111 **국가배상법**은 **국가배상책임**의 **주체**를 국가 또는 공공단체로 규정하고 있다.

국가 또는 **지방자치단체**

X

OX ★★★ 2016 서울시 9급

112 **사무귀속주체**와 **비용부담주체**가 **동일하지 아니한 경우**에는 사무귀속주체가 손해를 우선적으로 **배상**하여야 한다.

선택적 배상청구 가능

X

OX ★★★★ 2021 지방직 · 서울시 9급

113 **국가나 지방자치단체**가 **손해**를 **배상**할 **책임이 있는 경우**에 **공무원**의 **선임 · 감독** 또는 **영조물**의 **설치 · 관리를 맡은 자**와 **공무원의 봉급 · 급여, 그 밖의 비용** 또는 **영조물**의 **설치 · 관리 비용을 부담하는 자**가 **동일하지 아니하면** 그 **비용**을 **부담**하는 **자도** 손해를 **배상**하여야 한다.

국가배상법 제6조 제1항

O

OX ★★★ 고난도

114 국가배상법 제6조 제1항 소정의 **'공무원의 봉급 · 급여 기타의 비용'**이란 공무원의 인건비만을 가리키는 것이 아니라 **당해 사무에 필요한 일체의 경비**를 의미하며, **대외적으로** 그러한 **경비를 지출하는 자**는 경비의 **실질적 · 궁극적 부담자가 아니더라도** 경비를 부담하는 자에 포함된다.

경비를 부담하는 자에 포함

O

OX ★★★★ 2019 경행경채 2차

115 **지방자치단체의 장**이 **기관위임된 국가행정사무**를 **처리하는 경우** 국가로부터 내부적으로 교부된 금원으로 그 **사무에 필요한 경비**를 **대외적으로 지출하는 지방자치단체**는 국가배상법 제6조 제1항 소정의 **비용부담자**로서 손해를 배상할 책임이 있다.

국가배상법 제6조 제1항의 비용부담자 **해당** ○ → **손해배상책임** ○

O

OX ★★★★ 2011 국가직 7급

116 판례는 **지방자치단체장** 간의 **기관위임**이 있을 때 **위임받은 하위지방자치단체 소속 공무원**이 위임사무를 처리하면서 고의로 **타인에게 손해를 가한 경우**에는 **상위지방자치단체**는 손해배상책임을 지지 않는다고 본다.

상위지방자치단체는 **손해배상책임을 진다**고 봄.

X

OX ★★★ 2024 소방간부

117 장관으로부터 도지사를 거쳐 **군수에게 재위임된 국가사무인 기관위임사무**를 **처리**함에 있어서 **군수가 고의 또는 과실로 타인에게 손해를 가한 경우**, 원칙적으로 그 사무의 귀속주체인 국가가 손해배상책임을 지며 군은 비용을 부담한다고 볼 수 있는 경우에 한하여 국가와 함께 손해배상책임을 진다.

국가가 손해배상책임(사무의 귀속주체) / **군은 비용부담자인 경우에 한하여** 국가와 함께 **손해배상책임 부담**

O

OX ★★★★ 2020 소방간부

118 **공무원**이 고의 또는 중과실로 **직무상 불법행위를 한 경우**에는 피해자는 **공무원에 대해 선택적 청구**가 가능하나 단순 경과실에 의한 경우에는 선택적 청구가 부정된다.

고의 · 중과실 : 선택적 청구 ○
단순 경과실 : 선택적 청구 ×

○

OX ★★★ 2018 서울시 1회 7급

119 **공무원 책임에 대한 규정인 헌법 제29조 제1항 단서**는 그 조항 자체로 공무원 개인의 구체적인 손해배상책임의 범위까지 규정한 것으로 보기는 어렵다.

공무원 개인의 구체적 손해배상책임범위까지 규정한 것 ×

○

OX ★★★★ 2021 국회직 8급

120 **공무원이 직무수행 중 불법행위로 타인에게 손해를 입힌 경우**에 국가 등이 국가배상책임을 부담하는 것 외에 **공무원 개인도 고의** 또는 **중과실이 있는 경우**에는 불법행위로 인한 **손해배상책임**을 진다.

손해배상책임 **인정**

○

OX ★★★★ 2021 지방직 · 서울시 9급

121 **공무원 개인이 고의** 또는 **중과실이 있는 경우**에는 불법행위로 인한 손해배상책임을 진다고 할 것이지만, **공무원의 위법행위가 경과실에 기한 경우**에는 공무원은 **손해배상책임**을 부담하지 않는다.

고의 · 중과실 : **손해배상책임** ○
경과실 : **손해배상책임** ×

○

OX ★★★★ 2023 국회직 8급

122 **공무원이 직무를 수행**함에 있어서 **경과실**로 **타인에게 손해**를 입힌 경우, 국가 등은 물론 **공무원 개인**도 그로 인한 손해에 대하여 **국가배상**을 할 책임을 부담한다.

경과실뿐인 공무원은 **국가배상책임 부담** ×

X

OX ★★★ 2021 소방직 9급

123 **국가배상법**에서는 **공무원 개인의** 피해자에 대한 **배상책임**을 인정하는 **명시적인 규정**을 두고 있지 않다.

명시적인 규정 **없음.**

○

OX ★★★★ 최신판례

124 **공법인이 국가로부터 위탁받은 공행정사무를 집행하는 과정**에서 **공법인의 임직원이나 피용인이 고의 또는 과실로 법령을 위반하여 타인에게 손해**를 입힌 경우에는, **공법인**은 위탁받은 공행정사무에 관한 행정주체의 지위에서 배상책임을 부담하여야 한다.

행정주체의 지위에서 **배상책임**을 **부담**

○

OX ★★★★ 2023 경찰간부

125 **공법인**이 **국가로부터 위탁받은 공행정사무를 집행**하는 과정에서 **공법인의 임직원**이 **경과실**로 **법령을 위반**하여 **타인에게 손해**를 입힌 경우, 공법인의 임직원은 국가배상법 제2조에서 정한 공무원에 해당하여 배상책임을 면한다.

국가배상법 제2조의 **공무원** ○ → **경과실로 배상책임** ×

○

OX ★★★★ 고난도

126 행정주체에 해당하는 **공무수탁법인**이 **배상책임**을 **부담하는 경우**, **경과실**이 **면책되는** 국가배상법 제2조의 **공무원**은 해당 법인이 아니라, 실질적으로 공무를 수행하는 공공단체의 직원 등이다.

실질적으로 **공무를 수행하는 공공단체의 직원 등**

○

OX ★★★ 2022 서울시 지적 7급

127 **공무원의 중과실**이란 공무원에게 통상 요구되는 정도의 상당한 주의를 하지 않더라도 약간의 주의를 한다면 손쉽게 위법 · 유해한 결과를 예견할 수 있는 경우임에도 만연히 이를 간과한 경우와 같이, **거의 고의에 가까운 현저한 주의를 결여한 상태**를 의미한다.

공무원의 중과실

○

OX ★★★★ 2018 국가직 9급

128 **국가 또는 지방자치단체가** 공무원의 위법한 직무집행으로 발생한 손해에 대해 **국가배상법에 따라 배상한 경우**에 당해 **공무원에게 구상권을 행사**할 수 있는지에 대해 국가배상법은 **규정**을 두고 있지 않으나, 판례에 따르면 당해 공무원에게 고의 또는 중과실이 인정될 경우 국가 또는 지방자치단체는 그 공무원에게 구상권을 행사할 수 있다.

고의 · 중과실 있는 경우 구상권행사 가능 ○(**국가배상법 제2조 제2항**)

X

OX ★★★★ 2021 군무원 9급

129 직무를 집행하는 **공무원**에게 **고의** 또는 **중대한 과실**이 있으면 **국가나 지방자치단체는 그 공무원에게 구상(求償)할 수 있다.**

국가배상법 제2조 제2항 | O

OX ★★★ 2024 소방간부

130 **국가 등의 가해공무원에 대한 구상권**은 손해의 공평한 부담이라는 견지에서 신의칙상 상당하다고 인정되는 한도 내에서만 인정된다.

130 131 **손해의 공평한 부담**이라는 견지에서 **신의칙상 상당하다고 인정되는 한도 내**에서만 인정 | O

OX ★★★ 2021 국가직 9급

131 **국가배상법상** 국가가 **가해공무원에 대하여 구상권**을 **행사하는 경우** 국가가 배상한 배상액 전액에 대하여 구상권을 행사하여야 한다.

X

OX ★★★ 2015 서울시 7급

132 **경과실**이 있는 **공무원**이 피해자에게 **직접 손해를 배상하였다면** 그것은 채무자 아닌 사람이 타인의 채무를 변제한 경우에 해당한다.

채무자 아닌 사람이 타인 채무를 변제한 경우에 해당 | O

OX ★★★★ 2022 지방직 · 서울시 9급

133 **경과실로 불법행위를 한 공무원이 피해자에게 손해를 배상**하였다면 이는 **타인의 채무를 변제한 경우에 해당**하므로 **피해자는 공무원에게** 이를 반환할 의무가 있다.

반환할 의무 없음. | X

OX ★★★★ 2022 국회직 8급

134 직무수행 중 **경과실**로 피해자에게 손해를 입힌 **공무원**이 피해자에게 **손해를 배상**하였다면, 공무원은 **특별한 사정이 없는 한 국가가 피해자에 대하여 부담하는 손해배상책임의 범위 내**에서 자신이 변제한 금액에 관하여 **구상권**을 취득한다.

자신이 변제한 금액에 관하여 구상권 **취득** | O

OX ★★★★ 2023 군무원 7급

135 **피해자에게 직접 손해를 배상**한 **경과실**이 있는 **공무원**은 **국가에 대해 구상권**을 행사할 수 없다.

경과실 있는 공무원은 구상권 **행사 가능** | X

OX ★★★ 2015 지방직 9급

136 **「자동차손해배상 보장법」**은 배상책임의 성립요건에 관하여 **국가배상법**에 우선하여 적용된다.

국가배상법에 **우선**하여 **적용** ○ | O

OX ★★★ 2015 국회직 8급

137 **공무원**이 **자기소유 차량**으로 **공무수행 중 사고**를 일으킨 경우 공무원 개인은 **경과실**에 의한 것인지 또는 **고의 또는 중과실**에 의한 것인지를 **가리지 않고** 「자동차손해배상 보장법」상의 **운행자성이 인정되는 한 배상책임**을 부담한다.

운행자성이 인정되는 한 배상책임 **부담** | O

OX ★★★ 2023 국회직 8급

138 **공무원**이 **자기소유의 자동차**로 **공무수행 중 사고**를 일으킨 경우에는 그 공무원은 「자동차손해배상 보장법」에 의한 **'자기를 위하여 자동차를 운행하는 자'**에 해당하지 않아 손해배상책임을 부담하지 않는다.

운행자성 인정 ○ → **손해배상책임 부담** ○ | X

OX ★★★ 2024 군무원 5급

139 **공무원**이 그 **직무**를 **수행**하기 위하여 **국가 소유**의 **공용차**를 **운행**하다가 인적 손해가 발생한 경우, 자동차에 대한 **운행지배나 운행이익**은 그 공무원이 소속한 **국가에 귀속**되므로 국가가 「자동차손해배상 보장법」에 따른 배상책임을 진다.

국가가 「**자동차손해배상 보장법**」에 따른 **배상책임**을 짐. | O

OX ★★★ 2014 경행특채 2차

140 **공무원**이 그 **직무**를 **집행**하기 위하여 **국가 또는 지방자치단체 소유**의 **공용차**를 **운행**하는 경우, 그 자동차에 대한 **운행지배나 운행이익**은 그 공무원이 소속한 **국가 또는 지방자치단체에 귀속**된다고 할 것이므로, **그 공무원**이 자기를 위하여 공용차를 운행하는 자로서 **「자동차손해배상 보장법」 제3조 소정의 손해배상책임**의 주체가 될 수는 없다.

공무원은 「자동차손해배상 보장법」 제3조 소정의 손해배상책임의 **주체** × | O

Topic

55 행정상 손해배상 Ⅱ - 국가배상법 제5조 등

p.226~235

	문제	해설	정답
01	★★★ 2023 소방간부 **국가배상법**은 공공의 **영조물의 설치나 관리에 하자**가 있기 때문에 **타인에게 손해**를 발생하게 하였을 때에는 국가나 공공단체가 그 손해를 **배상**하여야 함을 규정하고 있다.	국가배상법상 배상주체 : **국가** 또는 **지방자치단체**	X
02	★★★ 2016 교육행정직 9급 **영조물**의 **설치 · 관리상 하자로 인한 국가배상**에 관하여는 **명문의 헌법상 근거**가 없다.	헌법상 명문규정 **없음.**	O
03	★★★ 2014 서울시 7급 **국가배상법 제5조의 영조물**은 **민법 제758조의 공작물의 개념보다** 넓다.	민법 제758조의 공작물 개념보다 **넓음.**	O
04	★★★ 2014 서울시 7급 민법 제758조와는 달리 **국가배상법 제5조**는 **점유자**의 **면책규정**을 두고 있지 아니하다.	민법 제758조와는 달리 점유자의 **면책규정** ×	O
05	★★★ 2009 국가직 7급 **국가배상법 제5조**의 **손해배상책임**은 동법 제2조의 책임과 같이 과실**책임주의**로 규정되어 있다.	**무과실책임**(통설, 판례)	X
06	★★★ 2022 해경간부 **영조물의 설치 · 관리상 하자로 인한 배상책임**은 무과실책임이고, 국가는 영조물의 설치 · 관리상 하자로 인하여 타인에게 손해를 가한 경우에 그 손해방지에 필요한 주의를 해태하지 아니하였다 하여 **면책**을 주장할 수 없다.	**무과실책임** / 면책규정 × → **면책 주장** ×	O
07	★★★ 2017 지방직 9급 일반공중이 사용하는 공공용물 외에 행정주체가 직접 사용하는 공용물이나 하천과 같은 자연공물도 국가배상법 제5조의 **'공공의 영조물'**에 포함된다.	**공공용물, 공용물, 인공공물 · 자연공물** 등 모두 포함	O
08	★★★ 2022 군무원 9급 공공의 영조물은 사물(私物)이 아닌 **공물(公物)**이어야 하지만, 공유나 사유임을 불문하고 **행정주체에 의하여 특정 공공의 목적에 공여된 유체물**이면 족하다.	**공공의 영조물**	O
09	★★★ 2014 국가직 7급 **국가 또는 지방자치단체가 관리**하지만 **사인**의 **소유**에 속하는 **공물**에 대하여는 **국가배상법 제5조**가 적용되지 아니한다.	국가배상법 제5조 **적용** O	X
10	★★★ 2023 지방직 · 서울시 7급 국가배상법상의 **'공공의 영조물'**은 **일반공중의** 자유로운 **사용에** 직접적으로 **제공되는 공공용물**에 한하고, **행정주체 자신의 사용에 제공되는 공용물**은 포함하지 않는다.	행정주체 자신의 사용에 제공되는 공용물 **포함** O	X
11	★★★★ 2024 국회직 8급 국가배상법 제5조 제1항의 **공공의 영조물**은 국가 또는 지방자치단체가 **소유권 등 권한에 기하여 관리**하고 있는 경우뿐만 아니라 **사실상의 관리**를 하고 있는 경우도 포함된다.	**모두 포함**	O
12	★★★★ 2023 국가직 7급 **국가 또는 지방자치단체에 의하여** 특정 **공공의 목적에 공여된 유체물 내지 물적 설비**는 국가 또는 지방자치단체가 사실상의 관리를 하고 있는 경우에도 **'공공의 영조물'**이라 볼 수 있다.	공공의 영조물 → **사실상의 관리를 하고 있는 경우 포함**	O

OX ★★★ 2023 소방간부

13 **국가배상법상 영조물**이란 학문상의 공물을 뜻하며 도로 등과 같은 **인공공물**뿐만 아니라 **동산 및 동물**도 이에 포함된다. **모두 포함** O

OX ★★★ 2020 국가직 7급

14 **'공공의 영조물'**에는 **철도**시설물인 **대합실**과 **승강장** 및 **도로상**에 설치된 **보행자 신호기**와 **차량 신호기**도 포함된다. 모두 **포함** ○ O

OX ★★★ 2020 국가직 7급

15 **사실상 군민(郡民)의 통행에 제공되고 있던 도로**라고 하여도 군(郡)에 의하여 노선인정 기타 공용개시가 없었던 이상 이 도로를 **'공공의 영조물'**이라 할 수 없다. 15 16 **공용개시 없다면** 영조물 **부정** O

OX ★★★ 2023 군무원 9급

16 **사실상** 군민의 **통행에 제공되고 있던 도로 옆의 암벽**으로부터 떨어진 **낙석에 맞아 사망**하는 사고가 발생하였다고 하여도 동 사고지점 도로가 군에 의하여 노선인정 기타 공용개시가 없었으면 이를 **영조물**이라 할 수 없다. O

OX ★★★★ 2024 소방간부

17 공사 중이며 **아직 완성되지 않아 일반공중의 이용에 제공되지 않는 옹벽**은 국가배상법 제5조 제1항 소정의 **영조물**에 해당하지 않는다. 영조물에 **해당** × O

OX ★★ 2014 서울시 7급

18 국가배상법 제5조상 **하자의 해석**과 관련하여 객관설이 주관설보다 **피해자의 구제에 유리**하다. **객관설 유리** (∵ 하자입증 용이) O

OX ★★★★ 2023 행정사

19 영조물 설치 · 관리상의 하자는 공공의 목적에 공여된 **영조물**이 그 **용도에 따라 통상 갖추어야 할 안전성을 갖추지 못한 상태**에 있음을 말한다. **영조물 설치 · 관리상 하자** O

OX ★★★ 2023 국가직 7급

20 객관적으로 보아 영조물의 결함이 영조물의 **설치 · 관리자의 관리행위가 미칠 수 없는 상황 아래에 있는 경우**에는 **영조물의 설치 · 관리의 하자**를 인정할 수 없다. 20 21 22 설치 · 관리상의 하자 **부정** O

OX ★★★★ 2018 국회직 8급

21 객관적으로 보아 시간적 · 장소적으로 영조물의 기능상 결함으로 인한 **손해발생의 예견가능성과 회피가능성이 없는 경우**에는 **영조물의 설치 · 관리상의 하자**를 인정할 수 없다. O

OX ★★★ 2016 국회직 8급

22 주관적 요소를 고려하는 최근의 판례에 따르면 **영조물의 결함**이 영조물의 설치 · 관리자의 **관리행위가 미칠 수 없는 상황 아래에 있는 것이 입증되는 경우** 영조물의 **설치 · 관리상의 하자**를 인정할 수 있다. X

OX ★★ 2014 국가직 7급

23 강설에 대처하기 위하여 완벽한 방법으로 도로 자체에 융설설비를 갖추는 것은 현대의 과학기술 수준이나 재정사정에 비추어 사실상 불가능하다고 할 것이므로, **고속도로**의 **관리자에게** 도로의 구조, 기상예보 등을 고려하여 사전에 충분한 인적 · 물적 설비를 갖추어 **강설시 신속한 제설작업**을 하고 필요한 경우 제때에 **교통통제 조치를 취할 관리의무**가 있다고 할 수 없다. 고속도로 관리자의 강설시 관리의무 **인정** X

O X ★★★★ 2023 소방간부

24 영조물의 설치 · 관리하자란 **영조물**이 그 용도에 따라 **통상 갖추어야 할 안전성을 갖추지 못한 상태**에 있음을 말하며, 안전성의 구비 여부는 당해 영조물의 **구조**, 본래의 **용법**, 장소적 **환경** 및 **이용상황 등의 여러 사정을 종합적으로 고려**하여 **구체적 · 개별적으로 판단**하여야 한다.

영조물 설치 · 관리 하자 / 안전성 구비 여부 판단 ○

O X ★★★★ 2023 국가직 7급

25 영조물이 안전성을 갖추었는지 여부는 영조물의 설치자 또는 **관리자**가 그 영조물의 위험성에 비례하여 **사회통념상 일반적으로 요구되는 정도의 방호조치의무**를 다하였는지를 기준으로 판단하여야 하고, 그 설치자 또는 관리자의 재정적 · 인적 · 물적 제약 등은 고려하지 않는다.

설치자 또는 관리자의 **재정적 · 인적 · 물적 제약 등도 고려** ○ X

O X ★★★★ 2024 소방직 9급

26 **영조물**이 그 설치 및 관리에 있어 **완전무결한 상태를 유지할 정도의 고도의 안전성을 갖추지 아니하였다고** 하여 하자가 있다고 단정할 수는 없고, 영조물 이용자의 상식적이고 질서 있는 이용방법을 기대한 상대적인 안전성을 갖추는 것으로 족하다.

영조물 설치 · 관리상 하자 단정 × → **상대적인 안전성을 갖추면 됨.** ○

O X ★★★ 2024 소방간부

27 학교관리자에게 **고등학교 학생이 교사의 단속을 피해 담배를 피우기 위하여 3층 건물 화장실 밖의 난간을 지나다가 실족**할 경우까지 대비하여 화장실 창문에 난간으로의 출입을 막는 출입금지장치를 설치할 의무가 있다고 볼 수는 없다.

학교관리자에게 이러한 경우까지 대비하여 출입금지장치를 설치할 의무 × → **설치 · 관리상 하자 부정** ○

O X ★★★★ 2011 지방직 9급

28 판례는 **사격장**에서 발생하는 **소음 등으로 지역주민들이 입은 피해가 수인한도를 넘는 경우** 사격장의 **설치 또는 관리에 하자**가 있다고 한다.

설치 · 관리상 하자 **인정** ○

O X ★★★★ 2024 소방직 9급

29 **'영조물의 설치나 관리의 하자'**란 공공의 목적에 공여된 **영조물**이 그 용도에 따라 **갖추어야 할 안전성을 갖추지 못한 상태**에 있음을 말하고, 여기서 안전성을 갖추지 못한 상태란 그 영조물을 구성하는 **물적 시설 자체에 있는 물리적 · 외형적 흠결**이나 불비로 인하여 그 **이용자에게 위해를 끼칠 위험성**이 있는 경우에 한한다.

이용상태 및 정도가 일정한 한도를 초과하여 **제3자에게 사회통념상 참을 수 없는 피해를 입히는 경우까지 포함.** X

O X ★★★★ 2021 소방직 9급

30 **김포공항**을 설치 · 관리함에 있어 항공법령에 따른 항공기소음기준 및 소음대책을 준수하려는 노력을 하였더라도, 공항이 항공기 운항이라는 공공의 목적에 이용됨에 있어 그와 관련하여 배출하는 **소음 등의 침해가 인근주민들에게** 통상의 **수인한도를 넘는 피해**를 발생하게 하였다면 **공항의 설치 · 관리상에 하자**가 있다고 보아야 한다.

설치 · 관리상 하자 **인정** ○

O X ★★★★ 2023 국가직 7급

31 영조물이 그 용도에 따라 갖추어야 할 안전성을 갖추지 못한 상태에는 **영조물**이 공공의 목적에 이용됨에 있어 그 **이용상태 및 정도가 일정한 한도를 초과**하여 **제3자에게 사회통념상 수인할 것이 기대되는 한도를 넘는 피해를 입히는 경우**까지 포함된다.

안전성을 갖추지 못한 상태에 해당 ○ ○

O X ★★★ 2011 사회복지직 9급

32 A가 운전하던 트럭의 앞바퀴가 고속도로상에 떨어져 있는 타이어에 걸려 중앙분리대를 넘어가 맞은 편에서 오던 트럭과 충돌하여 부상을 입었다. 그런데 위 **타이어가 사고지점 고속도로상에 떨어진 것은 사고**가 **발생**하기 **10분 내지 15분 전**이었다. A는 **국가배상책임**을 물을 수 없다.

국가배상책임 **부정** ○

OX ★★★ 2024 소방간부

33 **가변차로**에 설치된 두 개의 **신호등에서** 서로 **모순되는 신호**가 들어오는 **오작동이 발생**하였고 그 고장이 **현재의 기술수준상 부득이한 것**이라면 영조물의 하자를 인정할 수 없다.

영조물의 하자 인정 ○ — X

OX ★★★★ 2023 소방간부

34 **이미 존재하는 하천의 제방이 계획홍수위를 넘고 있다면** 그 하천은 용도에 따라 통상 갖추어야 할 안전성을 갖추고 있다고 보아야 하고, 새로운 하천시설을 설치할 때 기준으로 삼기 위하여 제정한 **'하천시설기준'이 정한 여유고를 확보하지 못하고 있다는 사정**만으로 바로 안전성이 결여된 하자가 있다고 볼 수는 없다.

통상 갖추어야 할 안전성 인정 ○ → 하천시설기준상 **여유고 확보하지 못한 사정만으로** 안전성 결여된 **하자 인정** × — O

OX ★★★ 2022 군무원 9급

35 **하천의 홍수위**가 하천법상 **관련규정이나 하천정비계획 등에서 정한 홍수위를 충족**하고 있다고 해도 하천이 범람하거나 유량을 지탱하지 못해 제방이 무너지는 경우는 안전성을 결여한 것으로 하자가 있다고 본다.

안전성 결여한 하자 인정 × — X

OX ★★★ 2008 국회직 8급

36 **영조물의 설치 · 관리 하자로 인한 손해배상**의 경우 피해자의 **위자료청구**는 포함되지 않는다.

위자료청구 **포함** ○ — X

OX ★★★ 2021 소방직 9급

37 판례는 국가배상법 제5조의 **영조물의 설치 · 관리상**의 **하자로 인한 손해가 발생한 경우**, 피해자의 **위자료청구권**이 배제되지 아니한다고 판시하였다.

위자료청구권 **배제** × — O

OX ★★★ 2024 소방간부

38 **100년** 발생빈도의 강우량을 기준으로 책정된 **계획홍수위를 초과**하여 **600년 또는 1,000년 발생빈도**의 **강우량에 의한 하천의 범람으로 발생한 재해**의 경우 그 영조물의 관리청에게 책임을 물을 수 없다.

불가항력 해당 ○ → **관리청에게 책임** × — O

OX ★★★ 2015 사회복지직 9급

39 집중호우로 제방도로가 유실되면서 그곳을 걸어가던 보행자가 강물에 휩쓸려 익사한 경우, 사고 당일의 **집중호우가 50년 빈도의 최대강우량에 해당한다는 사실만으로**도 국가배상법 제5조상의 영조물의 설치 또는 관리의 하자로 인한 손해배상책임에서의 면책사유인 **불가항력**에 해당한다.

영조물 설치 · 관리 하자로 인한 손해배상책임의 **면책사유**인 불가항력 **해당** × — X

OX ★★★★ 2017 지방직 9급

40 영조물의 하자 유무는 객관적 견지에서 본 안전성의 문제이며, 국가의 **예산부족으로** 인해 **영조물**의 **설치 · 관리**에 **하자**가 생긴 경우에도 국가는 **면책**될 수 없다.

예산부족은 참작사유 ○, **절대적 면책사유** × — O

OX ★★★★ 2024 소방간부

41 **예산부족 등 재정사정**은 영조물의 안전성의 정도에 참작사유는 될 수 있으나, **절대적인 면책사유**는 되지 않는다.

안전성의 정도의 **참작사유**(절대적 면책사유 ×) — O

OX ★★★ 2022 해경간부

42 **소음 등의 공해**로 인한 법적 쟁송이 제기되거나 그 피해에 대한 보상이 실시되는 등 **피해지역임이 구체적으로 드러나고** 또한 이러한 사실이 그 지역에 **널리 알려진 이후에 이주**하여 오는 경우에는 **가해자의 면책 여부**를 보다 적극적으로 인정할 여지가 있다.

가해자의 면책 여부 **적극적 인정 여지** ○ — O

OX ★★★ 2016 국가직 9급

43 소음 등을 포함한 공해 등의 위험지역으로 이주하여 거주하는 것이 **피해자가 위험의 존재를 인식**하고 그로 인한 피해를 **용인하면서 접근**한 것이라고 볼 수 있는 경우 **가해자의 면책**이 인정될 수 있다.

가해자 면책 **인정 가능** — O

OX ★★★ 2017 국가직 9급

44 국가배상청구소송에서 공공의 **영조물**에 **하자**가 있다는 **입증책임**은 피해자가 지지만, 관리주체에게 손해발생의 **예견가능성과 회피가능성이 없다**는 **입증책임**은 관리주체가 진다.

영조물 하자의 입증 : **피해자** / 예견가능성, 회피가능성이 없다는 입증 : **관리주체**

O

OX ★★★ 2009 국회직 8급

45 **고속도로의 관리상 하자가 인정되는 이상** 고속도로의 점유관리자는 그 하자가 **불가항력에 의한 것**이거나 **손해의 방지에 필요한 주의를 해태하지 아니하였다는 점**을 주장 · 입증하여야 비로소 그 책임을 면할 수 있다.

주장 · 입증하여야 **면책 가능**

O

OX ★★★ 2008 국가직 9급

46 **다른 자연적 사실**이나 **제3자의 행위** 또는 **피해자의 행위**와 **경합하여 손해가 발생**하였더라도 **영조물의 설치 · 관리상의 하자가 공동원인**의 하나가 된 이상 그 손해는 영조물의 설치 · 관리상의 하자에 의하여 발생한 것이라고 보아야 한다.

영조물의 설치 · 관리상 하자가 공동원인인 이상 **영조물의 설치 · 관리상 하자 인정**

O

OX ★★★ 2009 국가직 7급

47 **불가항력 등 영조물책임의 감면사유가 있는 경우**에도 **공무원의 과실**로 **피해가 확대된 경우**에는 그 한도 내에서 **국가배상법 제2조의 배상책임**이 인정된다.

그 한도 내 국가배상법 제2조의 배상책임 **인정**

O

OX ★★★★ 2023 국회직 8급

48 지방자치단체가 손해를 배상할 책임이 있는 경우에 영조물의 **설치 · 관리를 맡은 자와** 영조물의 **설치 · 관리비용을 부담하는 자**가 **동일하지 아니하면 그 비용을 부담하는 자**는 **손해배상책임**이 없다.

비용부담자도 **손해배상책임 인정** ○

X

OX ★★★★ 2021 국회직 8급

49 **영조물의 설치 · 관리를 맡은 자**와 영조물의 **설치 · 관리비용을 부담하는 자**가 **동일하지 아니한 경우**에 피해자는 영조물의 설치 · 관리자 또는 설치 · 관리의 비용부담자에게 선택적으로 **손해배상**을 **청구**할 수 있다.

피해자는 **선택적으로** 손해배상청구 **가능**

O

OX ★★★★ 2020 소방직 9급

50 **지방자치단체장이 설치**하여 **관할 지방경찰청장(현 시 · 도경찰청장)에게 관리권한이 위임**된 **교통신호기의 고장**으로 인하여 **교통사고가 발생한 경우**, 지방자치단체뿐만 아니라 국가도 **손해배상책임**을 부담한다는 것이 판례의 태도이다.

50 51 52 **지방자치단체(사무귀속자)**와 **국가(비용부담자) 모두** 손해배상책임 **부담**

O

OX ★★★★ 2023 지방직 · 서울시 9급

51 **시 · 도경찰청장 또는 경찰서장이 지방자치단체의 장으로부터 권한을 위탁받아 설치 · 관리하는 신호기의 하자**로 인해 손해가 발생한 경우 국가배상법 제5조 소정의 **배상책임**의 **귀속주체**는 국가뿐이다.

X

OX ★★★★ 2023 군무원 9급

52 도로교통법 제3조 제1항에 의하여 **특별시장 · 광역시장 · 제주특별자치도지사 또는 시장 · 군수의 권한으로 규정되어 있는 도로**에서 **경찰서장 등이 설치 · 관리하는 신호기의 하자**로 인한 국가배상법 제5조 소정의 **배상책임**은 그 사무의 귀속 주체인 국가가 부담한다.

X

OX ★★★★ 2024 소방직 9급

53 **상위지방자치단체가 하위지방자치단체장에게 영조물의 설치 · 관리권한을 기관위임한 경우**(단, 비용은 상위지방자치단체가 부담하기로 함), **하위지방자치단체장이 기관위임사무로** 설치 · 관리하는 영조물의 하자로 **타인에게 손해를 발생하게 한 경우**에는 권한을 위임한 상위지방자치단체가 그 **손해배상책임**을 진다.

기관위임의 경우 **권한을 위임한 상위지방자치단체**가 손해배상책임 **부담**

O

OX ★★ 2015 경행특채 1차

54 **지방자치단체의 장**인 시장이 **국도의 관리청**이 되었다 하더라도 **국가**는 도로관리상 하자로 인한 **손해배상책임**을 면할 수 없다.

국가는 **사무귀속주체로서** 손해배상책임 **부담**

O

OX ★★★ 2023 지방직 · 서울시 9급

55 **영조물의 설치 · 관리자와 비용부담자가 다른 경우** 피해자에게 **손해를 배상한 자는 내부관계에서** 그 손해를 배상할 책임이 있는 자에게 **구상**할 수 있다.

내부관계에서 **배상책임자에게 구상 가능**

O

OX ★★★ 2016 서울시 9급

56 대한민국 구역 내에 있다면 **외국인**에게도 **국가배상청구권**은 당연히 인정된다.

상호보증이 있는 경우에 한하여 국가배상청구권 **인정**

X

OX ★★★ 2024 지방직 · 서울시 9급

57 **공공시설물**의 **하자로 손해를 입은 외국인**에게는 해당 국가와 상호보증이 없더라도 **국가배상법**이 적용된다.

57 58 해당 국가와 **상호보증이 있어야** 국가배상법이 **적용**

X

OX ★★★★ 2024 국가직 9급

58 **외국인이 피해자인 경우** 해당 국가와 상호보증이 없더라도 **국가배상법이 적용**된다.

X

OX ★★★★ 2023 경찰간부

59 **국가배상법상 상호보증**은 외국의 법령, 판례 및 관례 등에 의하여 발생요건을 비교하여 인정되면 충분하고 반드시 당사국과의 **조약**이 체결되어 있을 필요는 없다.

조약 체결 **필요** ×

O

OX ★★★ 2019 서울시 9급

60 **일본** 국가배상법이 **국가배상청구권의 발생요건 및 상호보증**에 관하여 **우리나라 국가배상법과 동일한 내용을 규정**하고 있는 점 등에 비추어 **우리나라와 일본 사이**에 우리나라 국가배상법 제7조가 정하는 **상호보증**이 있다.

상호보증 **인정**

O

OX ★★★★ 2021 군무원 9급

61 **군인 · 군무원**이 **전투 · 훈련 등 직무집행과 관련**하여 **전사(戰死) · 순직(殉職)**하거나 **공상(公傷)**을 입은 경우에 본인이나 그 유족이 **다른 법령에 따라 재해보상금 · 유족연금 · 상이연금** 등의 **보상을 지급받을 수 있을 때**에는 **국가배상법 및 민법에 따른 손해배상을 청구할 수 없다.**

국가배상법 제2조 제1항 단서

O

OX ★★★ 2021 군무원 9급

62 **도로 · 하천, 그 밖의 공공의 영조물(營造物)의 설치나 관리에 하자**(瑕疵)가 있기 때문에 **타인에게 손해를 발생**하게 하였을 때에는 **국가나 지방자치단체**는 그 **손해를 배상**하여야 한다. 이 경우 군인 · 군무원의 **이중배상금지**에 관한 **규정**은 적용되지 않는다.

영조물의 설치 · 관리상 하자에 따른 손해배상의 경우에도 군인 · 군무원의 **이중배상금지규정 적용** ○

X

OX ★★ 2021 소방직 9급

63 **헌법재판소**는 국가배상법 제2조 제1항 단서 **이중배상금지규정**에 대하여 헌법에 위반되지 아니한다고 판시하였다.

헌법 위반 ×

O

OX ★★★ 2022 국가직 7급

64 **공익근무요원**은 국가배상법 제2조 제1항 단서규정에 의하여 **손해배상청구**가 제한된다.

국가배상법 제2조 제1항 단서 적용 × → 손해배상청구 **가능**

X

OX ★★★ 2019 경행경채 2차

65 **현역병으로 입영하여** 소정의 군사교육을 마치고 전임되어 법무부장관에 의하여 **경비교도로 임용된 자**는 **국가배상법 제2조 제1항 단서**에 따라 손해배상청구가 제한되는 군인 · 군무원 · 경찰공무원 또는 향토예비군대원에 해당한다고 할 수 없다.

이중배상금지 적용대상 ×

O

OX ★★★ 2019 경행경채 2차

66 **전투경찰순경**은 **국가배상법 제2조 제1항 단서**에 따라 손해배상청구가 제한되는 군인 · 군무원 · 경찰공무원 또는 향토예비군대원에 해당한다고 보아야 한다.

이중배상금지 적용대상 ○

O

OX ★★★ 2023 군무원 9급

67 **경찰서지서의 숙직실에서 순직한 경찰공무원의 유족**들은 국가배상법 및 민법의 규정에 의한 **손해배상을 청구**할 권리가 있다.

손해배상청구 **가능**

O

OX ★★★★ 2019 국회직 8급

68 **경찰공무원이 낙석사고 현장 부근으로 이동하던 중 대형 낙석이 순찰차를 덮쳐 사망한 사안**에서 **국가배상법의 이중배상금지규정에 따른 면책조항**은 전투 · 훈련 또는 이에 준하는 직무집행뿐만 아니라 일반 **직무집행**에 관하여도 국가나 지방자치단체의 배상책임을 제한하는 것으로 해석하여야 한다.

국가배상법 제2조 제1항 단서의 면책조항은 **전투 · 훈련 또는 이에 준하는 직무집행**뿐만 아니라 **일반 직무집행**에 관하여도 **배상책임 제한**

O

OX ★★★★ 2023 국가직 9급

69 **군인**이 교육훈련으로 공상을 입은 경우라도 군인연금법 또는 「국가유공자예우 등에 관한 법률」에 의하여 재해보상금 · 유족연금 · 상이연금 등 **별도의 보상을 받을 수 없는 경우**에는 **국가배상법 제2조 제1항 단서**의 적용대상에서 제외하여야 한다.

국가배상법 제2조 제1항 단서 **적용대상** × → 국가배상청구 가능

O

OX ★★★ 2023 국가직 9급

70 국가배상법 제2조 제1항 단서에서 정한 **'다른 법령의 규정'에 따른 보상금청구권이 모두 시효로 소멸된 경우**라고 하더라도 **국가배상법 제2조 제1항 단서** 규정이 적용된다.

국가배상법 제2조 제1항 단서 **적용** O

O

OX ★★★ 2023 국가직 9급

71 경찰공무원인 피해자가 **공무원연금법에 따라 공무상 요양비를 지급받는 것**은 국가배상법 제2조 제1항 단서에서 정한 **'다른 법령의 규정'에 따라 보상을 지급받는 것**에 해당하지 않는다.

해당 ×

O

OX ★★★★ 2022 국가직 7급

72 직무집행과 관련하여 **공상을 입은 군인이 먼저 국가배상법에 따라 손해배상금을 지급받았다**면 「국가유공자 등 예우 및 지원에 관한 법률」이 정한 보상금 등 **보훈급여금의 지급을 청구**하는 것은 이중배상금지원칙에 따라 인정되지 아니한다.

72 73 국가배상법에 따라 손해배상을 받았다는 이유로 **보훈급여금의 지급을 거부할 수 없음.** → 청구 인정

X

OX ★★★★ 2023 국가직 9급

73 훈련으로 공상을 입은 군인이 **국가배상법에 따라 손해배상금을 지급받은 다음** 「보훈보상대상자 지원에 관한 법률」이 정한 **보훈급여금의 지급을 청구**하는 경우, 국가는 국가배상법 제2조 제1항 단서에 따라 그 지급을 거부할 수 있다.

X

OX ★★★ 2024 국가직 9급

74 **군복무 중 사망한 군인 등의 유족**인 원고가 **국가배상법에 따른 손해배상금을 지급**받은 경우, **국가는 군인연금법 소정의 사망보상금을 지급**함에 있어 원고가 받은 손해배상금 상당 금액을 공제할 수 없다.

원고가 받은 **손해배상금** 상당 **금액 공제** O

X

OX ★★★ 2023 지방직 · 서울시 9급

75 **군복무 중 사망한 군인 등의 유족**이 **국가배상법에 따른 손해배상금을 지급받은 경우** 그 손해배상금 상당 금액에 대해서는 **군인연금법에서 정한 사망보상금**을 지급받을 수 없다.

손해배상금 상당 금액에 대해서는 사망보험금을 **지급받을 수 없음.**

O

OX ★★★ 2024 지방직 · 서울시 9급

76 **군 복무 중 사망한 사람의 유족**이 **국가배상을 받은 경우**, 관할행정청 등은 **군인연금법상 사망보상금에서 소극적 손해배상금 상당액을** 공제할 수 있을 뿐, 이를 넘어 **정신적 손해배상금**까지 공제할 수는 없다.

소극적 손해배상금 상당액 **공제** O
정신적 손해배상금까지 **공제** ×

O

OX ★★★★ 2022 소방간부

77 **대법원** 판례에 따르면 **민간인과 직무집행 중인 군인 등의 공동불법행위**로 인하여 **직무집행 중인 다른 군인 등이 피해**를 입은 경우, **민간인이** 피해군인 등에게 **자신의 귀책부분을 넘어서 배상한 경우**에는 국가 등에게 **구상권**을 행사할 수 있다.

국가 등에게 구상권 **행사** ×

X

OX ★★★★ 2021 소방직 9급

78 **대법원** 판례에 따르면 국가배상법 제2조 제1항 단서에 의해 군인 등의 국가배상청구권이 제한되는 경우, **공동불법행위자인 민간인**은 피해를 입은 군인 등에게 그 손해 전부에 대하여 배상하여야 하는 것은 아니며 자신의 부담부분에 한하여 **손해배상의무**를 부담한다.

자신의 부담부분에 한하여 손해배상의무 **부담** — O

OX ★★★★ 2011 지방직 7급

79 **헌법재판소**는 **일반국민이** 직무집행 중인 군인과의 공동불법행위로 다른 군인에게 공상을 입혀 그 **피해자에게 손해 전부를 배상**했을지라도, **공동불법행위자인 군인의 부담부분**에 관하여 국가에 대한 **구상권**은 허용되지 않는다고 본다.

공동불법행위자인 군인의 부담부분에 관한 **구상권행사 금지로 해석한다면 위헌** → 구상권 허용 ○ — X

OX ★★★★★ 2024 소방간부

80 **생명 · 신체의 침해로 인한 국가배상을 받을 권리**는 양도하거나 압류하지 못한다.

80 81 **양도, 압류 금지** — O

OX ★★★★★ 2021 소방직 9급

81 **생명 · 신체의 침해로 인한 국가배상을 받을 권리**는 양도는 가능하지만, 압류는 하지 못한다.

X

OX ★★★ 2018 서울시 2회 7급

82 **국가배상청구권**은 피해자나 그 법정대리인이 그 손해 및 가해자를 안 날로부터 3년간 이를 행사하지 아니하면 **시효**로 인하여 소멸한다.

손해 및 가해자를 안 날로부터 3년 (민법 제766조) — O

OX ★★★ 최신판례

83 **국가배상청구권**에 관한 **3년의 단기시효**기간은 그 '손해 및 가해자를 안 날'에 더하여 그 **'권리를 행사할 수 있는 때'**가 도래하여야 비로소 시효가 진행한다.

시효가 **진행** — O

OX ★★★ 2017 국가직 7급

84 국가배상법상 배상청구권의 시효와 관련하여 **'가해자를 안다는 것'**은 피해자나 그 법정대리인이 가해공무원의 불법행위가 그 직무를 집행함에 있어서 행해진 것이라는 사실까지 인식함을 요구하지 않는다.

불법행위가 **직무를 집행함에 있어서 행해진 것**이라는 사실까지 **인식**하는 것 — X

OX ★★ 2008 지방직 7급

85 국가배상청구에 있어서 채권자가 **동일한 목적을 달성하기 위하여 복수의 채권을 갖고 있는 경우** 어느 **하나의 청구권을 행사**하는 것이 다른 채권에 대한 **소멸시효 중단**의 효력이 있다고 할 수 없다.

하나의 청구권 행사가 **다른 채권에 대한** 소멸시효 중단의 **효력** × — O

OX ★★★★ 2019 서울시 9급

86 **국가배상청구권의 소멸시효기간이 지났으나** 국가가 **소멸시효완성을 주장하는 것이 신의성실의 원칙에 반하는 권리남용으로 허용될 수 없어 배상책임을 이행한 경우**에는, 그 소멸시효완성 주장이 권리남용에 해당하게 된 원인행위와 관련하여 해당 공무원이 그 원인이 되는 행위를 적극적으로 주도하였다는 등의 특별한 사정이 없는 한, 국가가 해당 공무원에게 **구상권**을 **행사**하는 것은 신의칙상 허용되지 않는다.

소멸시효완성 주장이 권리남용에 해당하게 된 **원인행위를 해당 공무원이 적극적으로 주도**하였다는 등의 **특별한 사정이 없는 한, 신의칙상 허용** × — O

OX ★★★ 2019 소방직 9급

87 국가배상법상 **배상심의회에 대한 배상신청**은 임의절차이다.

임의절차 — O

OX ★★★ 2024 지방직 · 서울시 9급

88 **국가배상법**에 따른 **손해배상의 소송**은 **배상심의회에 배상신청**을 하지 아니하면 제기할 수 없다.

배상심의회에 배상신청을 **하지 않고도 제기 가능** — X

OX ★★ 2008 선관위 9급

89 판례에 따르면 국가배상법상 **배상심의회에 의한 배상결정**은 행정처분이 아니다.

행정처분 × — O

OX ★★★ 2007 국가직 7급

90 처분의 위법을 원인으로 하는 **국가배상청구권**은 그 원인관계에 비추어 공권으로 보는 것이 판례의 입장이다. | **사권**(판례) | X

OX ★★★ 2015 서울시 9급

91 국가배상책임을 공법적 책임으로 보는 견해는 **국가배상청구소송**은 당사자소송으로 제기되어야 한다고 보나, 재판실무에서는 민사소송으로 다루고 있다. | **민사소송**(판례) | O

Topic

56 행정상 손실보상 Ⅰ - 손실보상청구권의 요건 등

p.236~242

OX ★★★ 2005 서울시 9급

01 손실보상은 **적법한 공권력**의 **행사로 인한 손해**의 **전보제도**이다. | **손실보상** | O

OX ★★★ 2014 서울시 7급

02 헌법상 **손실보상청구권을 발생시키는 침해**는 재산권이나 신체에 대한 것이어야 한다. | **재산상 특별한 손해** (비재산권에 대한 침해 ×) | X

OX ★★★ 2014 서울시 9급

03 헌법 제23조 제3항이 **손실보상의 헌법적 근거**가 된다. | **헌법 제23조 제3항** | O

OX ★★★ 2024 지방직 · 서울시 9급

04 **공공필요**에 의한 **재산권**의 **수용 · 사용** 또는 **제한** 및 그에 대한 **보상**은 **법률로써** 하되, **정당한 보상**을 지급하여야 한다. | 헌법 제23조 제3항 | O

OX ★★ 2017 경행경채

05 **손실보상**에 관한 **일반법**으로 손실보상법이 있다. | 일반법 **없음**. | X

OX ★★ 2022 해경간부

06 **손실보상에 관한 일반법**은 존재하지 않고 「공익사업을 위한 토지 등의 취득 및 보상에 관한 법률」 등 개별법령만 존재한다. | 일반법 **없음**(개별법령만 존재). | O

OX ★★ 2024 군무원 5급

07 손실보상청구권의 성립요건 중 하나인 공공필요는 **국민의 재산권을 그 의사에 반하여 강제적으로라도 취득해야 할 공익적 필요성**을 말한다. | **공공필요** | O

OX ★★★ 2023 소방직 9급

08 「국토의 계획 및 이용에 관한 법률」에서 규정하는 **도시계획시설사업**은 도로 · 철도 · 항만 · 공항 · 주차장 등 교통시설, 수도 · 전기 · 가스공급설비 등 공급시설과 같은 도시계획시설을 설치 · 정비 또는 개량하여 **공공복리**를 **증진**시키고 **국민**의 **삶의 질**을 **향상**시키는 것을 **목적**으로 하고 있으므로, 그 자체로 공공필요성의 요건이 충족된다. | **그 자체로 공공필요성 요건**이 **충족됨**. | O

OX ★★★★ 2022 경찰간부

09 판례에 따르면 재산권에 대한 수용은 공공필요가 있는 경우에 한하여 인정되므로 **민간기업**은 **공용수용의 주체**가 될 수 없다. | **될 수 있음**. | X

OX ★★★ 2023 경찰간부

10 **법률이 민간기업을 수용의 주체로 규정**한 자체를 두고 **위헌**이라고 할 수는 없다. | **위헌** × | O

OX ★★★ 2020 국가직 7급

11 **국가 등의 공적 기관이 직접 수용의 주체**가 되는 것이든 그러한 공적 기관의 최종적인 허부판단과 **승인결정하에 민간기업이 수용의 주체**가 되는 것이든, 양자 사이에 **공공필요에 대한 판단과 수용의 범위에 있어서** 본질적인 차이가 있는 것은 아니다.

본질적 차이 없음. O

OX ★★★ 2021 국가직 7급

12 공용수용은 공공필요에 부합하여야 하므로, **수용** 등의 **주체**를 국가 등의 공적 기관에 한정하여야 한다.

공공필요에 **부합**하면 **민간기업**도 **가능** / 국가 등 공적 기관 한정 × X

OX ★★★★ 2023 국가직 7급

13 사업인정은 공익사업의 시행자에게 일정한 절차를 거칠 것을 조건으로 일정한 내용의 **수용권을 설정하여 주는 형성행위**이며, 사업시행자에게 **해당 공익사업을 수행할 의사와 능력이 있어야 한다는 것**도 사업인정의 한 **요건**이 된다.

사업인정 O

OX ★★★ 2023 변호사

14 공익사업의 **시행자가** 해당 **공익사업을 수행할 의사와 능력을 상실하였음에도** 사업인정에 기하여 **수용권을 행사**하는 것은 수용권의 남용에 해당한다.

수용권의 남용에 **해당**함. O

OX ★ 2017 국회직 8급

15 **사업시행자가 사인인 경우**에는 공익의 우월성이 인정되는 것 외에 그 사업시행으로 획득할 수 있는 공익이 현저히 해태되지 아니하도록 보장하는 **제도적 규율**도 갖추어져 있어야 한다.

공익이 현저히 해태되지 아니하도록 보장하는 제도적 규율 **필요** O

OX ★ 2009 관세사

16 **순수 국고목적**의 **작용**이라 하더라도 **공공필요성**이 인정된다는 것이 일치된 견해이다.

공공필요성 **인정** × X

OX ★★★ 2018 국회직 8급

17 정당한 어업허가를 받고 공유수면매립사업지구 내에서 허가어업에 종사하고 있던 어민들에 대하여 손실보상을 할 의무가 있는 사업시행자가 **손실보상의무를 이행하지 아니한 채 공유수면매립공사를 시행**함으로써 **실질적**이고 **현실적인 침해를 가한 때**에는 **불법행위**를 구성하는 것이고, 이 경우 **허가어업자들이 입게 되는 손해**는 그 손실보상금 상당액이다.

불법행위 **구성** ○ / 허가어업자들이 입게 되는 손해 : **손실보상금 상당액** O

OX ★★★ 2016 경행경채

18 **지장물인 건물**은 그 건물이 적법한 건축허가를 받아 건축된 것인지 여부에 관계없이 토지수용법상의 사업인정의 고시 이전에 건축된 건물이기만 하면 **손실보상**의 대상이 된다.

적법한 건축허가 여부 관계없이 사업인정고시 이전 건축 → 손실보상의 **대상** ○ O

OX ★★★ 2011 사회복지직 9급

19 **손실보상**이 이루어지는 **재산권**에는 지가상승에 대한 **기대이익**이나 **영업이익**의 **가능성**이 포함되지 아니한다.

기대이익, 영업이익 가능성 **포함** × O

OX ★★★ 2016 경행경채

20 **문화적 · 학술적 가치**는 특별한 사정이 없는 한 그 토지의 부동산으로서의 경제적 · 재산적 가치를 높여 주는 것이므로 **토지수용법** 제51조 소정의 **손실보상**의 대상이 된다.

손실보상의 **대상** × X

OX ★★★ 2015 경행특채 1차

21 **손실보상이 인정되기 위해서**는 **재산권**에 대한 **침해가** 현실적으로 발생하여야 하는 것은 아니다.

재산권침해가 **현실적으로 발생하여야** 손실보상 인정 X

O X ★★★★★ 2023 서울시 지적 7급

22 간척사업의 시행으로 종래의 관행어업권자에게 구 공유수면매립법에서 정하는 **손실보상청구권**이 **인정**되기 위해서는 **매립면허고시 후 매립공사가 실행되어 관행어업권자에게** 실질적이고 현실적인 피해가 발생해야 한다.

실질적이고 현실적인 피해 발생해야 함. — O

O X ★★★ 2018 서울시 9급

23 **공익사업**의 **시행으로 토석채취허가를 연장받지 못한 경우** 그로 인한 손실은 적법한 공권력의 행사로 가하여진 재산상의 특별한 희생으로서 **손실보상**의 대상이 된다.

손실과 공익사업 사이의 **상당인과 관계** × → 손실보상**대상** × — X

O X ★★★ 2011 사회복지직 9급

24 **재산권**의 **수용 · 사용 · 제한**은 **법률**로써 하여야 하고, 이 '법률'에 법률종속명령이나 조례는 포함되지 아니한다.

국회제정의 **형식적 의미**의 법률 (위임 없는 명령 · 조례 ×) — O

O X ★★★ 2012 국가직 7급

25 헌법은 **보상청구권**의 근거뿐만 아니라 보상의 기준과 방법에 관해서도 **법률**에 **유보**하고 있다.

헌법은 보상청구권의 **근거, 보상기준 · 방법**을 법률에 유보 — O

O X ★★★★ 2024 소방간부

26 **헌법 제23조 제3항이 규정하는 정당한 보상**이란 원칙적으로 피수용재산의 객관적인 재산가치를 완전하게 보상하는 것이어야 한다는 완전보상을 뜻한다.

완전보상 — O

O X ★★★★ 2017 국가직(하) 9급

27 당해 공익사업으로 인한 **개발이익을 손실보상액 산정에서 배제**하는 것은 헌법상 **정당보상의 원칙**에 위배되지 아니한다.

정당보상원칙 **위배** × — O

O X ★★★★ 2023 경찰간부

28 헌법 제23조 제3항이 규정하는 **정당한 보상이란** 원칙적으로 피수용재산의 객관적 가치를 완전하게 보상하는 '완전보상'을 의미한다.

완전보상을 의미 — O

O X ★★★★ 2021 국가직 7급

29 공익사업시행으로 인한 **개발이익**은 완전보상의 범위에 포함되는 피수용토지의 객관적 가치 내지 피수용자의 손실에 해당한다.

완전보상 범위에 **포함** × — X

O X ★★★ 2014 국가직 7급

30 **건물**의 **일부만 수용**되어 **잔여부분을 보수하여 사용할 수 있는 경우** 그 건물 전체의 가격에서 수용된 부분의 비율에 해당하는 금액과 건물 보수비를 손실보상액으로 평가하여 보상하면 되고, **잔여건물**에 대한 **가치하락**까지 **보상**해야 하는 것은 아니다.

감가보상(잔여건물의 가치하락분에 대한 보상) **필요** — X

O X ★★★★ 2019 소방직 9급

31 **토지수용**으로 인한 **보상액**을 **산정**함에 있어서 당해 공공사업과 **관계없는 다른 사업의 시행으로 인한 개발이익**은 이를 배제하지 아니한 가격으로 평가하여야 한다.

배제하지 않은 가격으로 평가 — O

O X ★★★ 2024 소방직 9급

32 헌법재판소는 **공시지가에 의한 보상**을 하는 것은 **합헌**으로 보았으나, **개발이익**을 **배제**하여 **보상금액**을 **결정**하는 것은 위헌이라고 결정하였다.

위헌 × — X

O X ★★★ 2019 경행경채 2차

33 헌법 제23조 제3항이 규정하는 '정당한 보상'이란 원칙적으로 피수용재산의 객관적인 재산가치를 완전하게 보상하는 완전보상을 의미하므로, **공시지가**를 **기준**으로 수용된 토지에 대한 **보상액**을 **산정**하는 것은 **헌법**에 위반된다.

헌법 **위반** × — X

O X ★★★ 최신판례

34 **국토교통부가** 2008. 8. 26. **언론을 통해** 전국 5곳에 **국가산업단지를 새로 조성한다는 내용을 발표**한 것은 **토지보상법** 제70조 제5항에서 정한 **'공익사업의 계획 또는 시행의 공고 · 고시'**에 해당하지 않는다.

해당 ×

O

O X ★★★★ 2022 국회직 8급

35 **보상액**의 **산정**은 **협의에 의한 경우**에는 협의성립 당시의 가격을, **재결에 의한 경우**에는 수용 또는 사용의 재결 당시의 **가격**을 **기준**으로 한다.

협의 : **협의성립 당시** 가격 / 재결 : 수용 또는 사용의 **재결 당시** 가격

O

O X ★★★★ 2023 소방간부

36 「공익사업을 위한 토지 등의 취득 및 보상에 관한 법률」상 **보상액의 산정**에 있어 **재결에 의한 경우**에는 수용 또는 사용의 재결 당시의 가격을 기준으로 하고, **해당 공익사업으로 인하여 토지 등의 가격이 변동되었을 때**에는 이를 고려하지 아니한다.

수용 · 재결 당시 가격기준 / 해당 공익사업으로 인한 **변동 고려** ×

O

O X ★★★ 2021 군무원 7급

37 개별공시지가가 아닌 **표준지공시지가**를 **기준**으로 **보상액**을 **산정**하는 것은 **헌법** 제23조 제3항에 위반되지 않는다.

위헌 ×

O

O X ★★★ 2018 국회직 8급

38 재산권의 사회적 제약에 해당하는 **공용제한**에 대해서는 **보상규정**을 두지 않아도 된다.

재산권의 사회적 제약 → 보상규정 **필요** ×

O

O X ★★★ 2022 해경간부

39 **손실보상**은 공공필요에 의한 행정작용에 의하여 발생한 사인에게 특별한 희생에 대한 전보라는 점에서 그 사인에게 **특별한 희생**이 발생하여야 한다.

특별한 희생 **필요**

O

O X ★★★★ 2024 소방간부

40 일반공중의 이용에 제공되는 **공공용물**을 허가나 특허 없이 **일반사용하고 있던 자**가 당해 공공용물에 관한 **적법한 개발행위로 인하여 종전에 비하여** 그 **일반사용이 제한**을 받게 되었다면 그로 인한 불이익은 특별한 사정이 없는 한 손실보상의 대상이 된다.

손실보상 대상 ×

X

O X ★★★★ 2023 변호사

41 일반공중의 이용에 제공되는 해수욕장의 백사장 일부를 관할 시의 특별한 허락 없이 어선을 양육 · 정박시켜 이용해 온 어선어업자들이 **적법한 백사장 개발행위로 인해 백사장 이용을 제한받는 불이익**은 손실보상의 대상이 되는 **특별한 손실**에 해당하지 않는다.

특별한 손실 **해당** ×

O

O X ★★★ 2011 국가직 9급

42 **손실보상청구권의 성질**에 관하여 **대법원**은 **전통적**으로 사권설의 입장에서 민사소송으로 다루어 왔으나, **최근**에는 당사자소송으로 보는 판례도 나타나고 있다.

전통적 : **사권**설 → **민사소송** / 최근 : **공권** → **당사자소송**

O

O X ★★★ 2024 지방직 · 서울시 9급

43 **하천법** 부칙과 이에 따른 **특별조치법**이 **하천구역으로 편입된 토지**에 대하여 **손실보상청구권**을 규정하였다고 하더라도 당해 법률규정이 아니라 관리청의 보상금지급결정에 의하여 비로소 손실보상청구권이 발생한다.

법률규정에 의하여 발생

X

O X ★★★★ 2024 소방직 9급

44 대법원은 **하천구역으로 편입된 토지에 대한 손실보상청구권**과 관련하여 공법상의 법률관계를 대상으로 하는 당사자**소송**절차에 의하지 않고 민사소송절차에 따라야 한다고 판시하였다.

당사자소송(판례)

X

OX ★★★★ 2014 국회직 8급

45 **손실보상청구권이 공법상 권리인 경우** 손실보상금의 지급을 구하거나 손실보상청구권의 확인을 구하는 **손실보상관계소송**은 판례상 당사자소송이다.

당사자소송(판례) O

OX ★★★★ 2018 서울시 9급

46 **「하천구역 편입토지 보상에 관한 특별조치법」** 제2조 제1항의 **규정에 의한 손실보상**금의 지급을 구하거나 손실보상청구권의 확인을 구하는 **소송**은 판례가 민사소송의 대상이라고 판단하고 있다.

당사자소송(판례) X

OX ★★★ 2017 사회복지직 9급

47 **「공익사업을 위한 토지 등의 취득 및 보상에 관한 법률」상** 토지수용에 따른 권리구제에서 **농업손실**에 대한 **보상청구**권은 **행정소송**법상 당사자소송에 의해야 한다.

당사자소송 O

OX ★★★ 2022 경찰간부

48 판례는 **「공익사업을 위한 토지 등의 취득 및 보상에 관한 법률」에 따른 농업손실에 대한 보상청구권**은 공권으로 보고 공익사업 주체를 상대로 한 행정소송에 의해 행사해야 한다고 하였다.

행정소송 O

OX ★★★ 2019 지방직 · 교육행정직 9급

49 **「공익사업을 위한 토지 등의 취득 및 보상에 관한 법률」**에 따른 **사업폐지 등에 대한 보상청구**권은 사법상 권리로서 그에 관한 **소송**은 민사소송절차에 의하여야 한다.

당사자소송 X

OX ★★★ 2023 소방직 9급

50 구 **소하천정비법에 따라 소하천구역으로 편입된 토지의 소유자가 사용 · 수익에 대한 권리행사에 제한을 받아 손해를 입고 있는 경우**, 손실보상을 청구할 수 있을 뿐만 아니라, 관리청의 제방부지에 대한 점유를 권원 없는 점유와 같이 보아 관리청을 상대로 손해배상이나 부당이득의 반환을 청구할 수 있다.

손실보상 청구 ○, 손해배상이나 **부당이득반환 청구 ×** X

OX ★★★★ 2014 국회직 8급

51 **대법원**은 헌법 제23조 제3항의 규정에도 불구하고 **보상에 관한 구체적 사항이 법률로써 정해져 있지 아니한 때**에는 **손실보상**을 인정할 수 없다고 한다.

비슷한 다른 법률상 보상규정 **유추적용** → 손실보상 인정 X

OX ★★★ 2023 소방간부

52 **국립공원구역지정** 후 토지를 종래의 목적으로도 사용할 수 없거나 토지를 사적으로 사용할 수 있는 방법이 없이 **공원구역 내 일부 토지소유자에 대하여 가혹한 부담을 부과**하면서 **아무런 보상규정을 두지 않은 경우**에는 비례의 원칙에 위반되어 당해 토지소유자의 재산권을 과도하게 침해하는 것이라고 할 수 있다.

비례원칙 위반 ○ → 재산권침해 ○ O

OX ★★★ 2017 지방직 9급

53 **헌법 제23조 제3항을 불가분조항으로 볼 경우, 보상규정을 두지 아니한 수용법률**은 헌법위반이 된다.

위헌 O

OX ★★★ 2017 국가직 9급

54 **헌법 제23조 제3항을 국민에 대한 직접적**인 **효력**이 있는 **규정으로 보는 견해**는 동 조항의 **재산권**의 **수용 · 사용 · 제한 규정과 보상규정**을 불가분조항으로 본다.

불가분조항 × X

OX ★★★ 2017 국가직 9급

55 헌법재판소는 **헌법 제23조 제3항의 '공공필요'**는 '국민의 재산권을 그 의사에 반하여 강제적으로라도 취득해야 할 공익적 필요성'을 의미하고, 이 **요건 중 공익성**은 기본권 일반의 제한사유인 **'공공복리'**보다 좁은 것으로 보고 있다.

기본권 일반의 제한사유인 **'공공복리'보다 좁은 개념** O

Topic

57 행정상 손실보상 Ⅱ - 경계이론 · 분리이론

p.243~245

OX ★★ 2018 교육행정직 9급

01 분리이론과 경계이론은 **재산권의 내용 · 한계설정과 공용침해를** 보다 **합리적으로 구분하려는 이론**이다.

분리이론과 **경계이론** — O

OX ★★ 2008 국가직 7급

02 재산권의 사회적 제약과 공용침해는 별개의 제도가 아니라 재산권 규제의 강도에 따라서 상대적으로 구분되는 것으로, **사회적 제약의 경계를 벗어나면 보상의무**가 **있는 공용침해로 전환된다고 보는** 경계**이론**은 독일의 연방헌법재판소의 판결에서 유래한다.

경계이론 : 독일 연방최고법원, 우리 대법원의 입장 — X

OX ★★ 2015 국회직 8급

03 **분리이론**은 재산권의 **존속보장**보다는 가치보장을 강화하려는 입장에서 접근하는 견해이다.

재산권의 존속보장에 중점 — X

OX ★★ 2008 국가직 7급

04 **사회적 제약을 벗어나는 무보상의 공용침해에 대하여, 분리이론**은 당해 침해행위의 폐지를 주장함으로써 위헌적 침해의 억제에 **중점**을 두고 있음에 비하여 **경계이론**은 보상을 통한 가치의 보장에 **중점**을 두고 있다.

분리이론 : 침해행위폐지 → **위헌적 침해 억제 / 경계이론 : 보상**을 통한 **가치보장** — O

OX ★★★ 최신판례

05 **코로나19의 예방을 위한 집합제한조치**로 인하여 일반음식점업을 운영하는 청구인들의 **영업권**이 **제한**되었음에도 이에 관한 **보상규정을 두지 않은 것**은 청구인들의 재산권을 침해한다.

재산권 침해 × — X

OX ★★★ 최신판례

06 **개성공단 전면중단 조치**는 공익 목적을 위하여 개별적 · 구체적으로 형성된 구체적인 재산권의 이용을 제한하는 **공용제한**이므로, 이에 대한 **정당한 보상이 지급되지 않았다**면, 헌법 제23조 제3항을 위반하여 개성공단 투자기업인 청구인들의 **재산권**을 **침해**한 것으로 볼 수 있다.

공용제한이 **아님**. → 개성공단 투자기업인들의 **재산권 침해** × — X

OX ★ 고난도

07 **도축장 사용정지 · 제한명령**은 헌법 제23조 제3항의 수용 · 사용 또는 제한에 해당하는 것이 아니라, 도축장 소유자들이 수인하여야 할 **사회적 제약**으로서 헌법 제23조 제1항의 재산권의 내용과 한계에 해당한다.

공용제한이 아니라 **사회적 제약**에 **해당** — O

OX ★★★ 2018 서울시 9급

08 **개발제한구역지정으로 인한 지가**의 **하락**은 원칙적으로 토지소유자가 감수해야 하는 **사회적 제약**의 범주에 속하나, 지가의 하락이 20% 이상으로 과도한 경우에는 특별한 희생에 해당한다.

토지소유자가 감수해야 하는 **사회적 제약** ○(특별한 희생 ×) — X

OX ★★★ 2023 변호사

09 **개발제한구역의 지정**으로 인한 **개발가능성의 소멸**과 그에 따른 **지가의 하락**은 토지소유자가 감수하여야 하는 **사회적 제약**의 범주에 속한다.

사회적 제약의 범주 ○ — O

OX ★★★★ 2022 소방간부

10 **개발제한구역의 지정으로 인한 개발가능성**의 **소멸**과 그에 따른 **지가**의 **하락**이나 **지가 상승률의 상대적 감소**는 토지소유자가 감수해야 하는 **사회적 제약**의 범주에 속하는 것으로 보아야 한다.

토지소유자가 감수해야 하는 **사회적 제약** ○(특별한 희생 ×) — O

OX ★★★★ 2014 지방직 9급

11 헌법재판소는 구 도시계획법상 **개발제한구역**의 **지정으로** 일부 토지소유자에게 **사회적 제약의 범위를 넘는 가혹한 부담이 발생하는 경우**에 **보상규정을 두지 않은 것**은 위헌성이 있는 것이고, **보상의 구체적 기준과 방법**은 입법자가 입법정책적으로 정할 사항이라고 결정하였다.

보상규정 × → 위헌성 ○ / 보상기준 · 방법 : **입법자**가 **입법정책적으로 정할 사항** — O

O X ★★ 2011 국가직 9급

12 **헌법재판소**는 **재산권**의 **제한이 특별한 희생에 해당하는 경우**에 **보상규정을 두지 않는 것**은 위헌이라고 하면서도 단순위헌이 아닌 헌법불합치결정을 하였다.

헌법불합치결정 — O

★★★★ 2013 서울시 7급

13 甲은 **개발제한구역 내** 소재한, 지목은 대지이나 건축되지 아니한 **토지**(나대지)의 **소유자**이다. 甲은 당해 **토지가 개발제한구역으로 지정**됨으로써 건축을 할 수 없게 되어 **사용** 및 **수익이 불가능**하게 되었다. 이 사례에 대한 설명으로 옳지 않은 것은?

① 헌법재판소는 개발제한구역제도를 공용침해가 아니라 재산권의 내용과 한계에 관한 문제로 본다.

② 헌법재판소의 판례이론에 의할 경우 사례의 근거법률에 손실보상에 관한 규정이 없음에도 불구하고 행정청이 甲에게 손실보상을 하는 것은 국회 입법권의 침해이다.

③ 헌법재판소의 판례이론에 의할 경우 사례와 같은 경우 법률에 조정적 보상규정을 두지 않는 것은 비례의 원칙을 위반한 위헌이다.

④ 대법원의 판례이론에 의할 경우 법률에 손실보상에 관한 규정이 없는 때에도 관련법률의 유추해석 등을 통하여 甲에게 손실보상이 주어질 수 있다.

⑤ 헌법재판소의 판례이론에 의할 경우 甲은 개발제한구역의 지정에 대한 취소소송과 손해배상청구소송을 통하여 재산권침해의 구제를 받을 수 있다.

① **재산권의 내용과 한계에 관한 문제** ○ / 공용침해 ×
② **국회 입법권 침해** ○
③ **비례원칙 위반 → 위헌**
④ **관련법률 유추해석 등을 통하여 손실보상 가능**
⑤ **취소소송, 손해배상청구소송 등**을 통하여 개발제한구역지정, 토지재산권 제한 그 자체의 효력에 대한 쟁송 **불가능** / 보상입법을 기다려 그에 따른 권리행사 가능

⑤

O X ★★★★ 2019 사회복지직 9급

14 **토지를 종래**의 **목적으로도 사용할 수 없는 경우**에는 토지소유자가 수인해야 할 **사회적 제약**의 한계를 넘는 것으로 보아야 한다.

토지소유자가 수인해야 할 사회적 제약의 **한계를 넘는 것** — O

O X ★★★ 2024 지방직 · 서울시 9급

15 도시계획시설의 지정으로 말미암아 당해 **토지의 이용가능성이 배제**되거나 또는 토지소유자가 토지를 **종래 허용된 용도대로도 사용할 수 없기 때문에** 이로 인하여 **현저한 재산적 손실**이 **발생**하는 경우에는, 원칙적으로 국가나 지방자치단체는 이에 대한 보상을 해야 한다.

사회적 제약의 범위를 넘으므로 보상을 **해야 함**. — O

O X ★★ 고난도

16 도시계획시설부지가 나대지인 경우와 달리 **지목이 대(垈) 이외인 토지인 경우**는 **도시계획시설결정에 의한 제한**이 수인하여야 하는 **사회적 제약의 범주에 속하는 것**으로서 재산권에 대한 침해라고 할 수 없으므로 지목이 대(垈)인 토지에 대하여 인정되는 **매수청구권을 인정하지 않더라도** 합리적 이유가 있으므로 평등원칙에 반하지 않는다.

재산권에 대한 **침해** × / **평등원칙**에 **위반** × — O

O X ★★★ 2023 국가직 9급

17 헌법재판소는 「개발제한구역의 지정 및 관리에 관한 특별조치법」 제11조 제1항 등에 대한 위헌소원사건에서 **토지의 효용이 감소한 토지소유자**에게 **토지매수청구권을 인정**하는 등 보상규정을 두었지만 **적절한 손실보상**에 해당하지 않는다고 위헌결정을 하였다.

토지매수청구권 등 **보상규정 인정** ○ → **적절한 손실보상 해당** ○ — X

Topic 58 행정상 손실보상 Ⅲ - 손실보상의 기준과 내용 등

p.246~258

O X ★★★ 2021 국가직 7급

01 「공익사업을 위한 토지 등의 취득 및 보상에 관한 법률」상 보상대상이 되는 **'기타 토지에 정착한 물건에 대한 소유권 그 밖의 권리를 가진 관계인'**에는 수거 · 철거권 등 **실질적 처분권을 가진 자**도 포함된다.

수거 · 철거권 등 실질적 처분권을 가진 자 포함 ○ — O

O X ★★★ 2020 국회직 8급

02 **토지**에 대한 **보상액**은 가격시점에서의 **현실적**인 **이용상황**, **일반적**인 **이용방법에 의한 객관적 상황**, 일시적인 이용상황 및 토지소유자나 관계인이 갖는 주관적 가치 및 특별한 용도에 사용할 것을 전제로 한 경우 **등을 고려**한다.

일시적 이용상황, 주관적 가치, 특별한 용도 등은 **고려** × — X

O X ★★★ 2014 국가직 7급

03 **토지수용**으로 인한 **손실보상액**은 당해 공공사업의 시행을 직접 목적으로 하는 계획의 승인 · 고시로 인한 가격변동을 고려함이 없이 수용재결 당시의 가격을 **기준**으로 하여 정하여야 한다.

수용재결 당시 가격을 기준 / 공공사업 시행을 직접 목적으로 하는 계획의 승인 · 고시로 인한 가격변동은 고려 ×

O

O X ★★★ 2020 경행경채

04 **문화재보호구역의 확대지정**이 **당해 공공사업인 택지개발사업**의 시행을 직접 목적으로 하여 가하여진 것이 아님이 명백하다면, 토지의 **수용보상액**은 그러한 공법상 제한을 받는 상태대로 **평가**하여야 한다.

당해 공공사업시행으로 인한 것 × → **제한을 받은 상태대로 평가**

O

O X ★★★ 2017 지방직(하) 9급

05 **농지개량사업 시행지역 내**의 **토지 등 소유자가 토지사용**에 관한 **승낙을 한 경우**, 그에 대한 정당한 보상을 받지 않았더라도 농지개량사업 시행자는 토지소유자 및 그 승계인에 대하여 **보상**할 **의무**가 없다.

정당한 보상을 받은 바가 없다면 사업시행자의 토지소유자 · 승계인에 대한 **보상의무 인정**

X

O X ★★ 최신판례

06 **토지의 상공에 고압전선이 통과**하게 됨으로써 **토지소유자가 토지 상공의 사용 · 수익을 제한**받게 되는 경우, 특별한 사정이 없는 토지소유자는 고압전선의 소유자에 대하여 사용 · 수익이 제한되는 상공 부분에 대한 차임 상당의 부당이득반환을 청구할 수 있다.

부당이득반환 청구 가능

O

O X ★★★ 2015 국회직 8급

07 생활보상은 **피수용자가 종전과 같은 생활을 유지할 수 있도록 실질적으로 보장하는 보상**을 말한다.

생활보상

O

O X ★★★ 2011 지방직 7급

08 **농업**의 **손실**에 대하여는 농지의 단위면적당 소득 등을 고려하여 실제 경작자에게 **보상**하여야 하지만, **농지소유자가 해당 지역**에 **거주**하는 **농민인 경우**에는 농지소유자와 실제 경작자가 협의하는 바에 따라 보상할 수 있다.

실제 경작자에게 보상 ○ / 농지소유자가 해당 지역 거주 농민인 경우 : **농지소유자와 실제 경작자 협의에 따른 보상 가능**

O

O X ★★★ 2023 지방직 · 서울시 9급

09 **구 하천법에 의한 하천수 사용권**은 「공익사업을 위한 토지 등의 취득 및 보상에 관한 법률」이 **손실보상의 대상**으로 규정하고 있는 '물의 사용에 관한 권리'에 해당한다.

물의 사용에 대한 권리 → 손실보상대상 ○

O

O X ★★★ 2019 지방직 7급

10 **동일**한 **토지소유자**에 속하는 일단의 **토지**의 **일부가 취득됨으로써 잔여지**의 **가격이 감소한 때**에는 **잔여지를 종래**의 **목적으로 사용**하는 것이 **가능한 경우**라도 그 **잔여지**는 손실보상의 대상이 된다.

손실보상대상 ○

O

O X ★★★ 2019 서울시 1회 7급

11 「공익사업을 위한 토지 등의 취득 및 보상에 관한 법률」상 **잔여지에 현실적 이용상황 변경 또는 사용가치 및 교환가치의 하락 등이 발생**하였더라도 그 손실이 토지가 **공익사업에 취득 · 사용됨으로써 발생한 것이 아닌 경우**에는 손실보상의 대상이 되지 않는다.

손실보상대상 ×

O

O X ★★★ 2022 국회직 8급

12 영업을 **폐업**하거나 **휴업**함에 따른 **영업손실**에 대하여는 **영업이익**과 **시설**의 **이전비용** 등을 **고려**하여 **보상**하여야 한다.

토지보상법 제77조 제1항

O

O X ★★★ 2008 지방직 7급

13 **영업손실**에 관한 **보상에 있어서** 영업의 **휴업**과 **폐지**를 **구별**하는 **기준**은 당해 영업을 다른 장소로 실제로 이전하였는지의 여부에 달려 있다.

영업의 이전 가능 여부 ○ / 실제 이전 여부 ×

X

O X ★★★ 2015 경행특채 2차

14 **토지수용법 제51조**가 규정하고 있는 **'영업상의 손실'**이란 수용의 대상이 된 토지 · 건물 등을 이용하여 영업을 하다가 그 토지 · 건물 등이 수용됨으로 인하여 영업을 할 수 없거나 제한을 받게 됨으로 인하여 생기는 직접적인 손실을 말한다.

수용으로 인하여 영업할 수 없거나 제한받게 됨으로써 발생하는 **직접적 손실** — O

O X ★★★★ 2024 국가직 9급

15 **영업**을 하기 위해 **투자**한 **비용**이나 그 영업을 통해 얻을 것으로 **기대**되는 **이익**에 대한 **손실**은 영업손실보상의 대상이 된다고 할 수 없다.

영업손실보상 대상 × — O

O X ★★★ 2011 경행특채

16 구 토지수용법 제51조는 **영업**을 하기 위하여 **투자**한 **비용**이나 그 영업을 통하여 얻을 것으로 **기대**되는 **이익**에 대한 **손실보상**의 근거규정이 될 수 없고, 그 보상의 기준과 방법 등에 관한 규정이 없어도 이러한 손실은 그 보상의 대상이 된다.

손실보상**대상** × — X

O X ★★★★ 2023 국가직 7급

17 **사업인정고시**는 수용재결절차로 나아가 강제적인 방식으로 토지소유자나 관계인의 권리를 취득 · 보상하기 위한 절차적 요건에 지나지 않고 **영업손실보상의 요건이 아니므로**, 사업시행자가 시행하는 사업이 공익사업에 해당하고 그 사업으로 인한 폐업이 영업손실보상대상에 해당한다면 **사업인정고시가 없더라도** 사업시행자는 영업손실을 보상할 의무가 있다.

사업인정고시가 없더라도 **사업시행자는 영업손실 보상 의무** ○ — O

O X ★★★★ 2023 소방간부

18 사업인정고시는 수용재결절차로 나아가 강제적인 방식으로 토지소유자나 관계인의 권리를 취득 · 보상하기 위한 요건으로서 **영업손실보상청구**를 위해서는 반드시 **사업인정이나 수용**이 전제되어야 한다.

사업인정 · 수용 **전제될 필요** × — X

O X ★★★★ 2014 사회복지직 9급

19 「공익사업을 위한 토지 등의 취득 및 보상에 관한 법률」상 이주대책은 **이주대책대상자**들에 대하여 **종전**의 **생활상태를 원상**으로 **회복**시키면서 동시에 **인간다운 생활**을 **보장**하여 주기 위한 **생활보상의 일환**이다.

이주대책 — O

O X ★★★★ 2020 국회직 8급

20 **이주대책**은 생활보상의 일환으로 국가의 적극적이고 정책적인 배려에 의하여 마련된 제도이다.

생활보상의 일환, 국가의 적극적 · 정책적 배려 — O

O X ★★★★ 2023 경찰간부

21 **헌법재판소**는, **이주대책**은 생활보상의 일환으로서 헌법 제23조 제3항에 규정된 **정당한 보상**에 포함되므로 이주대책의 실시 여부는 입법자의 입법재량 영역에 속하지 않는다고 보았다.

정당한 보상에 **포함** × → 국가의 적극적 · 정책적 배려 — X

O X ★★★ 고난도

22 **이주대책의 실시 여부**는 입법자의 입법정책적 재량의 영역에 속한다.

입법자의 입법정책적 **재량**의 영역 — O

O X ★★★ 2018 교육행정직 9급

23 헌법재판소는 **헌법 제23조 제3항**의 **정당한 보상**에 **세입자**의 **이주대책**까지 포함된다고 본다.

헌법재판소 : 정당한 보상에 세입자의 이주대책 **포함** × — X

O X ★★★★ 2022 군무원 9급

24 「공익사업을 위한 토지 등의 취득 및 보상에 관한 법률 시행령」에서 **이주대책의 대상자에서 세입자를 제외**하고 있는 것이 **세입자의 재산권**을 침해하는 것이라 볼 수 없다.

세입자의 재산권**침해** × — O

OX ★★★ 2011 사회복지직 9급

25 **'공익사업을 위한 관계법령에 의한 고시 등이 있은 날' 당시 주거용 건물이 아니었던 건물이 그 이후에 주거용으로 불법 용도변경된 경우**에도 **이주대책대상**이 되는 주거용 건축물이 될 수 있다.

이주대책대상이 되는 **주거용 건축물** ×

X

OX ★★★ 2023 변호사

26 **공익사업의 시행자**는 해당 공익사업의 성격 등 제반 사정을 고려하여 관련 법이 정한 **이주대책대상자를 포함**하여 **그 밖의 이해관계인에게까지 대상자를 넓혀 이주대책수립** 등을 시행할 수 있다.

가능

O

OX ★★ 2015 지방직 9급

27 「공익사업을 위한 토지 등의 취득 및 보상에 관한 **법률**」**상** 행정청이 아닌 **사업시행자가 이주대책을 수립·실시하는 경우**에 이주정착지에 대한 도로 등 **통상적**인 **생활기본시설에 필요한 비용**은 지방자치단체가 **부담**하여야 한다.

사업시행자 부담

X

OX ★★ 2009 국회직 8급

28 **이주대책**은 인간다운 생활을 보장하여 주기 위한 사회보장적 차원의 급부로서 **공익사업 시행자의 법적 의무**는 아니다.

법적 의무 ○(「공익사업을 위한 토지 등의 취득 및 보상에 관한 법률」 제78조)

X

OX ★★★ 2020 국회직 8급

29 이주대책의 수립의무자는 **사업시행자**이며, 법령에서 정한 일정한 경우 **이주대책**을 **수립**할 **의무**가 있다.

법령에서 정한 일정한 경우 : **이주대책 수립의무** ○

O

OX ★★★ 2010 지방직 7급

30 **사업시행자**는 **이주대책**을 수립할 의무를 질 뿐, 그 **내용결정**에 있어서 **재량권**을 갖는 것은 아니다.

사업시행자의 이주대책 내용결정에 대한 재량권 **인정**

X

OX ★★★ 2020 국회직 8급

31 도시개발사업의 **사업시행자**가 이주대책기준을 정하여 **이주대책대상자** 가운데 이주대책을 수립·실시하여야 할 자를 선정하여 그들**에게 공급할 택지 등을 정할** 때는 **재량권**을 갖는다.

공급할 택지 등의 결정에 대한 재량권 **인정**

O

OX ★★★ 2020 국가직 7급

32 사업시행자의 **이주대책 수립·실시의무** 및 **이주대책**의 **내용에 관한 규정**은 당사자의 합의 또는 사업시행자의 재량에 의하여 적용을 배제할 수 없는 강행법규이다.

강행법규 ○ / 당사자 합의 또는 사업시행자의 재량에 의한 적용배제 ×

O

OX ★★★★ 2019 국가직 7급

33 이주대책은 이른바 생활보상에 해당하는 것으로서 헌법 제23조 제3항이 규정하는 손실보상의 한 형태로 보아야 하므로, **법률이 사업시행자에게 이주대책**의 **수립·실시의무를 부과하였다면** 이로부터 사업시행자가 수립한 **이주대책상의 택지분양권 등의 구체적 권리**가 이주자에게 직접 **발생**한다.

이주대책 수립·실시의무를 부과한 법령에 의하여 구체적 권리가 **직접 발생** ×

X

OX ★★★★ 2023 경찰간부

34 **법률**이 사업시행자에게 **이주대책의 수립·실시의무를 부과**하고 있다고 하여 그 규정만으로 이주자에게 **수분양권**이 직접 발생하는 것은 아니다.

수분양권 **직접 발생** ×

O

OX ★★★★ 2024 소방간부

35 구 「공공용지의 취득 및 손실보상에 관한 특례법」상 사업시행자가 이주대책을 수립하여 이주대책에서 정한 절차에 따라 **이주대책대상자로 확인·결정하여야만** 이주자에게 비로소 구체적인 수분양권이 발생한다.

수분양권 발생 ○

O

OX ★★★★ 2017 국가직(하) 9급

36 「공익사업을 위한 토지 등의 취득 및 보상에 관한 법률」상 **공익사업시행자가 하는 이주대책대상자 확인 · 결정**은 행정소송의 대상인 행정처분에 해당한다.

행정소송대상인 **행정처분** ○

O

OX ★★ 2010 지방직 7급

37 **사업시행자는 이주대책을 수립 · 실시하지 아니하는 경우** 또는 이주대책대상자가 **이주정착지가 아닌 다른 지역으로 이주하고자 하는 경우**에는 이주대책대상자에게 **이주정착금을 지급하여야 한다.**

토지보상법 시행령 제41조(이주정착금의 지급)

O

OX ★★★ 2019 국가직 7급

38 **「공익사업을 위한 토지 등의 취득 및 보상에 관한 법률」**상 주거용 건축물 **세입자**의 **주거이전비 보상청구권**은 사법상의 권리이고, 주거이전비 보상청구**소송**은 민사소송에 의해야 한다.

공법상 권리 → 행정소송

X

OX ★★★ 2015 국회직 8급

39 **사업시행자 스스로 생활대책을 수립 · 실시하는 경우,** 이는 내부적인 기준에 불과하므로 **생활대책대상자 선정기준에 해당하는 자**는 **사업시행자에게 생활대책대상자 선정 여부**의 **확인 · 결정을 신청할 수 있는 권리**를 갖지 못한다.

인정

X

OX ★★★ 2015 국회직 8급

40 **생활대책대상자 선정기준에 해당하는 자**는 자신을 **생활대책대상자에서 제외하거나 선정을 거부한 사업시행자**를 **상대로** 항고**소송**을 제기할 수 있다.

항고소송 가능

O

OX ★★★ 2022 군무원 9급

41 **사업시행자 스스로** 공익사업의 원활한 시행을 위하여 생활대책을 수립 · 실시할 수 있도록 하는 내부규정을 두고 이에 따라 생활대책대상자 선정기준을 마련하여 **생활대책을 수립 · 실시하는 경우, 생활대책대상자 선정기준에 해당하는 자기 자신을 생활대책대상자에서 제외하거나 선정을 거부한 사업시행자를 상대로 항고소송**을 제기할 수 있다.

사업시행자 상대로 항고소송 **제기 가능**

O

OX ★★★ 2014 지방직 9급

42 **헌법재판소**는 생업의 근거를 상실하게 된 자에 대하여 일정 규모의 상업용지 또는 상가분양권 등을 공급하는 **생활대책**이 헌법 제23조 제3항이 규정하는 **정당한 보상**에 포함된다고 결정하였다.

정당한 보상에 **포함** × / 입법자의 입법정책적 재량

X

OX ★★★ 2019 사회복지직 9급

43 **간접적 영업손실**은 **특별한 희생**이 될 수 없다.

일정한 요건을 갖춘 경우 **인정**

X

OX ★★★ 2021 군무원 7급

44 **공유수면매립으로** 인하여 **위탁판매수수료 수입을 상실한 수산업협동조합**에 대해서는 법률의 보상규정이 없더라도 **손실보상**의 대상이 된다.

44 45 손실보상**대상** ○

O

OX ★★★ 2006 국회직 8급

45 **수산업협동조합**이 관계법령에 의하여 대상지역에서의 독점적 지위가 부여되어 있던 위탁판매사업을 **공유수면매립으로** 인해 중단하게 되어 **입은 위탁판매수수료 수입손실**에 대하여 판례는 **보상**을 인정한 바 있다.

O

OX ★★★★ 2019 국가직 7급

46 공공사업 시행으로 **사업시행지** 밖에서 발생한 **간접손실**은 **손실발생을 쉽게 예견**할 수 있고 **손실범위도 구체적으로 특정**할 수 있더라도, 사업시행자와 협의가 이루어지지 않고 그 보상에 관한 명문의 **근거법령이 없는 경우**에는 **보상**의 대상이 아니다.

손실발생을 쉽게 예견할 수 있고 손실범위를 구체적으로 특정할 수 있다면 **관련법규를 유추적용**하여 **보상** ○

X

O X ★★★★ 2015 국회직 8급

47 **공공사업**의 **시행으로** 인하여 **사업지구 밖**에서 **수산제조업에** 대한 **간접손실이 발생하리라는 것을 쉽게 예견**할 수 있고 그 **손실**의 **범위**도 **구체적으로 특정할 수 있는 경우**라면, 그 손실의 **보상**에 관하여 구 「공공용지의 취득 및 손실보상에 관한 특례법 시행규칙」의 간접보상 규정을 유추적용할 수 있다.

구 「공공용지의 취득 및 손실보상에 관한 특례법 시행규칙」상 간접보상 규정 **유추적용 → 보상청구 가능**

O

O X ★★★ 2023 국가직 9급

48 「공익사업을 위한 토지 등의 취득 및 보상에 관한 법률」에 따라 사업인정고시가 된 후 **토지의 사용으로 인하여 토지의 형질이 변경**되는 경우에 토지소유자는 중앙토지수용위원회에 그 토지의 **매수청구권을 행사**할 수 있다.

중앙토지수용위원회 × / **사업시행자**에게 **매수청구**하거나 **관할 토지수용위원회**에 **토지수용청구** ○

X

O X ★★★ 2022 국회직 8급

49 사업인정고시가 된 후 사업시행자가 토지를 사용하는 기간이 3년 이상인 경우 토지소유자는 **토지수용위원회에 토지의 수용을 청구**할 수 있고, 토지수용위원회가 이를 **받아들이지 않는 재결을 한 경우**에는 사업시행자를 **피고**로 하여 토지보상법상 **보상금의 증감에 관한 소송**을 제기할 수 있다.

사업시행자를 피고로 보상금증감 소송

O

O X ★★★ 2023 지방직 · 서울시 7급

50 동일한 소유자에게 속하는 일단의 **토지의 일부**가 협의에 의하여 **매수**되거나 **수용**됨으로 인하여 **잔여지를 종래의 목적에 사용하는 것이 현저히 곤란**할 때에는 해당 토지소유자는 사업시행자에게 **잔여지**를 **매수**하여 줄 것을 **청구**할 수 있으며, **사업인정 이후**에는 **관할 토지수용위원회**에 **수용**을 **청구**할 수 있고, 이 경우 **수용의 청구**는 매수에 관한 **협의가 성립되지 아니한 경우**에만 할 수 있으며 **사업완료일까지** 하여야 한다.

토지보상법 제74조 제1항

O

O X ★★★ 2019 지방직 7급

51 토지소유자가 **사업시행자에게 잔여지매수청구**의 **의사표시**를 하였다면, 그 의사표시는 특별한 사정이 없는 한 관할 토지수용위원회에 한 잔여지수용청구의 의사표시로 볼 수 있다.

관할 토지수용위원회에 한 잔여지수용청구의 의사표시로 볼 수 없음.

X

O X ★★★ 2011 국가직 7급

52 **잔여지**가 **이용은 가능하지만** 그 이용에 **많은 비용이 소요되는 경우**에는 **잔여지수용**을 **청구**할 수 있다.

잔여지수용청구 **가능**

O

O X ★★★ 2022 군무원 7급

53 「공익사업을 위한 토지 등의 취득 및 보상에 관한 법률」상 사업시행자가 동일한 토지소유자에 속하는 일단의 **토지 일부를 취득**함으로 **잔여지를 종래의 목적에 사용하는 것이 불가능**하거나 **현저히 곤란한 경우**이어야만 **잔여지 손실보상청구**를 할 수 있다.

이용 가능하나 **많은 비용이 소요**되는 경우도 포함

X

O X ★★★★ 2020 국가직 7급

54 **잔여지수용청구권**은 그 요건을 구비한 때에는 잔여지를 수용하는 토지수용위원회의 재결이 없더라도 그 청구에 의하여 수용의 효과가 발생하는 형성권적 **성질**을 가진다.

재결이 없더라도 요건 구비한 때에 청구에 의하여 **수용 효과 발생 → 형성권적 성질**

O

O X ★★★ 2019 소방직 9급 변형

55 「공익사업을 위한 토지 등의 취득 및 보상에 관한 법률」상의 **잔여지수용청구**는 **매수**에 관한 **협의가 성립되지 아니한 경우에만** 할 수 있으며, **사업완료일까지** 하여야 한다.

토지보상법 제74조 제1항

O

O X ★★★ 2019 지방직 7급

56 잔여지수용청구는 당해 공익사업의 공사완료일까지 해야 하지만, 토지소유자가 그 기간 내에 **잔여지수용청구권**을 행사하지 않았더라도 그 권리가 **소멸**하는 것은 아니다.

공사완료일까지 행사하지 않은 경우 소멸(**제척기간**)

X

OX ★★★★ 2019 지방직 · 교육행정직 9급

57 「공익사업을 위한 토지 등의 취득 및 보상에 관한 법률」에 의한 **잔여지수용청구를 받아들이지 않은 토지수용위원회**의 **재결**에 대하여 토지소유자가 **불복하여 제기하는 소송**은 항고소송에 해당한다.

57 58 ㉠ **보상금증감청구소송** ㉡ 피고 : **사업시행자**

X

OX ★★★★ 2023 서울시 지적 7급

58 **잔여지수용청구를 받아들이지 않은 토지수용위원회의 재결에** 대하여 토지소유자가 **불복하여 제기하는 소송**은 보상금의 증감에 관한 소송에 해당하여 사업시행자를 **피고**로 하여야 한다.

O

OX ★★★ 2022 해경간부

59 「공익사업을 위한 토지 등의 취득 및 보상에 관한 법률」에 따른 **손실보상**은 원칙적으로 토지 등의 현물로 보상하여야 한다.

현금 지급 원칙

X

OX ★★★ 2022 서울시 지적 7급

60 **사업시행자**는 해당 **공익사업**을 위한 **공사에 착수하기 이전**에 토지소유자와 관계인에게 **보상액 전액**을 **지급하여야 한다. 다만**, 토지보상법 제38조에 따른 **천재지변시**의 **토지사용**과 토지보상법 제39조에 따른 **시급한 토지사용**의 경우 또는 토지소유자 및 관계인의 **승낙이 있는 경우**에는 **그러하지 아니하다.**

「공익사업을 위한 토지 등의 취득 및 보상에 관한 법률」 제62조

O

OX ★★★ 2008 지방직 9급

61 공익사업을 시행하는 경우에는 **사전보상**이 **원칙**이나, **천재지변시**의 **토지사용의 경우**에는 사업시행자가 후급할 수 있고 이때의 지연이자는 부담하지 않는다.

사전보상원칙 / 일정한 경우 : 후급 가능, **이자 · 물가변동의 불이익**은 **보상책임자 부담**

X

OX ★★★ 2011 국회속기직 9급

62 판례에 따르면 **재결절차에서 정한 보상액**과 **행정소송절차에서 정한 보상금액의 차액**이 수용시기에 지급되지 않은 이상 **지연손해금**이 당연히 발생한다고 보았다.

수용시기에 지급되지 않은 경우 지연손해금 **발생**

O

OX ★★★ 2023 국회직 8급

63 공익사업의 시행자는 해당 공익사업을 위한 공사에 착수하기 이전에 토지소유자에게 보상액 전액을 지급하여야 하나, **사업시행자가 보상액을 지급하지 않고 승낙도 받지 않은 채 공사에 착수**하였다 하더라도 토지소유자에 대하여 **불법행위로 인한 손해배상책임**이 발생하는 것은 아니다.

불법행위 **성립 가능 → 손해배상책임** O

X

★★★★ 2014 경행특채 2차

64 「공익사업을 위한 토지 등의 취득 및 보상에 관한 법률」상 **손실보상지급원칙**으로 가장 적절하지 않은 것은?

① 물건별 보상의 원칙　　② 사업시행자 보상의 원칙
③ 사전보상의 원칙　　④ 현금보상의 원칙

① 물건별 × → **개인별 보상**의 원칙

①

OX ★★★★ 2021 국가직 7급

65 **「공익사업을 위한 토지 등의 취득 및 보상에 관한 법률」에 따른 보상**은 토지소유자나 관계인 **개인별**로 하는 것이 아니라 수용 또는 사용의 대상이 되는 물건별로 행해지는 것이다.

피보상자 개인별 보상 원칙 / 물건별 ×

X

OX ★★★★ 2024 소방직 9급

66 「공익사업을 위한 토지 등의 취득 및 보상에 관한 법률」에 따라 공익사업에 필요한 **토지 등의 취득** 또는 **사용으로** 인하여 **토지소유자**나 **관계인이 입은 손실**은 **사업시행자가 보상**하여야 한다. 이때 보상은 해당 공익사업을 위한 **공사에 착수하기 이전**에 이루어지며, 다른 특별한 규정이 없는 한 **현금 지급**을 원칙으로 한다.

사업시행자 보상 / 사전보상 / 현금지급의 **원칙**

O

OX ★★★★ 2022 서울시 지적 7급

67 공익사업에 필요한 **토지 등의 취득** 및 **사용으로** 인하여 **토지소유자**나 **관계인이 입은 손실**은 사업시행자가 **보상**하여야 한다.

사업시행자 보상 O

OX ★★★★ 2023 국가직 9급

68 사업시행자는 **동일한 사업지역에 보상시기를 달리하는 동일인 소유의 토지 등이 여러 개**가 있는 경우 토지 등의 **소유자가 일괄보상을 요구**하더라도 「공익사업을 위한 토지 등의 취득 및 보상에 관한 법률」에 따라 단계적으로 보상금을 지급하여야 한다.

한꺼번에 지급해야 함. X

OX ★★★ 2022 서울시 지적 7급

69 **사업시행자는 동일**한 **소유자에**게 **속하는** 일단의 **토지**의 **일부를 취득**하거나 **사용하는 경우 해당 공익사업**의 **시행으로** 인하여 **잔여지**의 **가격**이 **증가**하거나 **그 밖의 이익이 발생한 경우** 그 이익을 그 취득 또는 사용으로 인한 손실과 **상계**할 수 있다.

그 **이익**을 그 **취득** 또는 **사용으로 인한 손실**과 **상계 불가** X

OX ★★★★ 2023 서울시 지적 7급

70 「공익사업을 위한 토지 등의 취득 및 보상에 관한 법률」에 의한 **보상합의**는 공공기관이 사경제주체로서 행하는 사법상 계약의 **실질**을 가진다.

공공기관이 **사경제주체로서 행하는 사법상 계약** O

OX ★★★ 2021 국회직 8급

71 토지보상법에 의한 보상을 하면서 **손실보상금에 관한 당사자** 간의 **합의**가 **성립**하면 그 합의내용이 토지보상법에서 정하는 손실보상기준에 맞지 않는다고 하더라도 합의가 적법하게 취소되는 등의 특별한 사정이 없는 한 추가로 **토지보상법상 기준에 따른 손실보상금 청구**를 할 수는 없다.

합의내용이 토지보상법상 손실보상기준에 맞지 않더라도 합의가 적법하게 취소되는 등의 특별한 사정이 없는 한 **추가 청구 불가** O

OX ★★★ 2019 국회직 8급

72 「공익사업을 위한 토지 등의 취득 및 보상에 관한 법률」상 **협의가 성립되지 아니하거나 협의를 할 수 없을 때**에는 **사업시행자**는 사업인정고시가 된 날부터 1년 이내에 대통령령으로 정하는 바에 따라 관할 토지수용위원회에 **재결**을 **신청**할 수 있다.

사업인정고시가 된 날부터 1년 이내에 **관할 토지수용위원회**에 재결 신청 가능 O

OX ★★★ 2022 지방직 · 서울시 7급

73 **토지소유자 등이 손실보상대상에 해당한다고 주장하며 보상을 요구**하는데도 **사업시행자가 손실보상대상에 해당하지 아니한다며 보상대상에서** 이를 **제외**한 채 협의를 하지 않아 결국 **협의가 성립하지 않은 경우**, 토지소유자 등에게는 **재결신청청구권**이 인정된다.

토지소유자 등에게 재결신청청구권 **인정** O

OX ★★★ 2019 국회직 8급

74 「공익사업을 위한 토지 등의 취득 및 보상에 관한 법률」상 사업인정고시가 된 후 **협의가 성립되지 아니하였을 때**에는 **토지소유자와 관계인**은 대통령령으로 정하는 바에 따라 **서면으로 사업시행자에게 재결**을 **신청**할 것을 **청구할 수 있다**.

토지보상법 제30조 제1항 O

OX ★★★ 2022 지방직 · 서울시 7급

75 **사업시행자가 토지소유자 등의 재결신청의 청구를 거부하는 경우**, 토지소유자 등은 **민사소송**의 방법으로 그 절차이행을 구할 수 있다.

민사소송 **불가**(항고소송 대상) X

OX ★★★ 2011 국가직 9급

76 **토지수용위원회**는 손실보상의 신청범위와 관계없이 손실보상의 **증액재결**을 할 수 없다.

손실보상의 증액재결 가능 X

OX ★★★★ 2024 소방간부

77 토지수용위원회의 **수용재결이 있은 후**라고 하더라도 **토지소유자와 사업시행자**가 다시 협의하여 토지 등의 취득 · 사용 및 그에 대한 보상에 관하여 **임의로 계약을 체결**할 수 있다.

다시 협의 → 임의로 계약체결 **가능** O

OX ★★★★ 2016 서울시 7급

78 甲의 토지는 공익사업의 대상지역으로 「공익사업을 위한 토지 등의 취득 및 보상에 관한 법률」에 따라 사업인정절차를 거쳐 甲의 토지에 대한 수용재결이 있었다. 甲이 **수용재결에 대해 항고소송으로 다투려면** 우선적으로 **이의재결**을 거쳐야만 한다.

이의신청 : **임의적 절차** → 수용재결에 대한 항고소송을 위해 이의신청을 거칠 필요 ×

X

OX ★★★ 2021 국가직 7급

79 **토지수용에 관한 행정소송**에 있어서 토지소유자는 중앙토지수용위원회의 이의재결에 대하여 불복이 있을 때 제기할 수 있고 수용재결은 행정소송의 **대상**이 될 수 없다.

수용재결 또는 **이의재결**에 대한 행정소송 **모두 가능**

X

OX ★★★★ 2023 지방직 · 서울시 7급

80 사업시행자, 토지소유자 또는 관계인은 토지수용위원회의 **재결에 불복할 때**에는 **재결서를 받은 날부터 90일** 이내에, 이의신청을 거쳤을 때에는 **이의신청에 대한 재결서를 받은 날부터 60일** 이내에 각각 **행정소송을 제기**할 수 있으며, 이 경우 **행정소송의 제기**는 **사업의 진행 및 토지의 수용 또는 사용을 정지시키지 아니한다.**

토지보상법 제85조, 제88조

O

OX ★★★ 2024 국가직 9급

81 **토지수용위원회의 재결에 대한 토지소유자의 행정소송제기**는 **사업의 진행** 및 **토지의 수용 또는 사용을 정지시키지 아니한다.**

토지보상법 제88조

O

OX ★★★ 2013 국회직 8급

82 「공익사업을 위한 토지 등의 취득 및 보상에 관한 법률」에 의한 **수용재결에 대해 취소소송으로 다투는 경우**에 **행정소송법 제20조**의 **제소기간** 규정이 적용되지 않는다.

행정소송법 제20조 제소기간 규정 **적용** ×

O

OX ★★★ 최신판례

83 **손실보상금 채권**은 토지보상법에서 정한 절차로서 관할 토지수용위원회의 재결 또는 행정소송절차를 거쳐야 비로소 **구체적인 권리의 존부 및 범위가 확정**된다.

토지수용위원회의 재결 또는 행정소송절차를 거쳐야 구체적인 권리의 존부 및 범위가 확정됨.

O

OX ★★★★ 2023 서울시 지적 7급

84 **공익사업으로 인하여 영업을 폐지하거나 휴업**하는 자는 「공익사업을 위한 토지 등의 취득 및 보상에 관한 법률」에 규정된 **재결절차를 거치지 않은 채** 곧바로 사업시행자를 상대로 **영업손실보상을 청구**할 수 있다.

재결절차 거치지 않고 **곧바로 사업시행자 상대** 영업손실보상 **청구** ×

X

OX ★★★ 2019 국가직 7급

85 **공익사업으로 인해 농업손실**을 입은 자가 사업시행자에게서 「공익사업을 위한 토지 등의 취득 및 보상에 관한 법률」에 따른 보상을 받으려면 **재결절차**를 거쳐야 하고, 이를 거치지 않고 **곧바로 민사소송**으로 보상금을 청구하는 것은 허용되지 않는다.

재결절차 거치지 않고 곧바로 민사소송으로 **보상금청구 허용** ×

O

OX ★★★★★ 2024 지방직 · 서울시 9급

86 **수용재결에 불복**하여 **취소소송**을 제기하는 때에는 **이의신청**을 **거친 경우**에도 수용재결을 한 중앙토지수용위원회 또는 지방토지수용위원회를 피고로 하여 수용재결의 취소를 구하여야 하지만, 이의신청에 대한 **재결 자체에 고유한 위법**이 있는 경우에는 그 이의재결을 한 중앙토지수용위원회를 피고로 하여 이의재결의 취소를 구할 수 있다.

O

OX ★★★★★ 2019 국회직 8급 변형

87 **중앙토지수용위원회**의 **이의재결에 불복하여 취소소송을 제기하는 경우**에는 원칙적으로 원처분인 수용재결을 **대상**으로 하여야 한다.

86 87 88 89 90 91

피고 : **수용재결을 한 토지수용위원회**(원처분청) / 소송대상 : **수용재결**(원처분)

(**재결에 고유한 위법** 있으면 → 피고 : 이의재결을 한 **중앙토지수용위원회** / 소송대상 : **이의재결**)

O

O X ★★★★★ 2017 사회복지직 9급 변형

88 「공익사업을 위한 토지 등의 취득 및 보상에 관한 법률」상 토지수용에 따른 권리구제에서 **수용재결에 불복하여 이의신청을 거쳐 취소소송을 제기하는 때**에는 원칙적으로 이의재결을 한 중앙토지수용위원회를 **피고**로 해야 한다. X

O X ★★★★★ 2022 소방간부

89 토지소유자 등이 **수용재결에 대해 이의신청을 거친 후 취소소송을 제기하는 경우**에 그 **대상**은 이의신청에 대한 재결 자체에 고유한 위법이 없는 한 수용재결이다. O

O X ★★★★★ 2023 국회직 8급

90 **지방토지수용위원회의 재결에 대하여 이의를 신청**하여 **중앙토지수용위원회의 재결**을 받은 자가 **재결의 취소소송을 제기하려면** 중앙토지수용위원회의 이의재결을 대상으로 하여야 한다. X

O X ★★★★★ 2023 군무원 5급

91 **수용재결에 불복하여 취소소송을 제기하는 때**에는 **이의신청을 거친 경우**에는 이의재결을 한 중앙토지수용위원회를 **피고**로 하여 이의재결의 취소를 구해야 함이 원칙이다. X

O X ★★★★★ 2016 서울시 7급

92

甲의 토지는 공익사업의 대상지역으로 「공익사업을 위한 토지 등의 취득 및 보상에 관한 법률」에 따라 사업인정절차를 거쳐 甲의 토지에 대한 수용재결이 있었다.

(1) 甲이 **수용재결에 대해 이의재결을 거친 경우 항고소송**의 **대상**은 이의재결이 된다. — 수용재결 X

(2) 甲이 **수용재결에서 정해진 보상금에 불복하여 보상금**의 **증액**을 **청구**하려면 수용재결에 대한 취소**소송**을 제기하여야 한다. — 보상금 증액을 구하는 당사자소송(형식적 당사자소송) X

O X ★★★★ 2013 국회직 8급

93 **수용재결에서 결정된 손실보상금의 증액을 위해 제기하는 보상금증감청구소송**은 항고소송의 일종이다. — 당사자소송 X

O X ★★★★ 2024 국가직 9급

94 **토지소유자가 손실보상금의 액수를 다투고자 하는 경우** 토지수용위원회가 아니라 사업시행자를 **상대**로 보상금의 증액을 구하는 소송을 제기해야 한다. — **사업시행자**를 상대로 **보상금 증액을 구하는 소송** 제기 O

O X ★★★★ 2024 국가직 9급

95 어떤 보상항목이 손실보상대상에 해당함에도 관할 토지수용위원회가 **사실을 오인**하거나 **법리를 오해**함으로써 **손실보상대상에 해당하지 않는다고 잘못된 내용의 재결**을 한 경우에는, 피보상자는 관할 토지수용위원회를 상대로 재결취소소송을 제기하여야 한다. — 95 96 **사업시행자를 상대**로 **보상금 증감소송** X

O X ★★★★ 2022 지방직 · 서울시 7급

96 관할 토지수용위원회가 **사실을 오인**하여 어떤 보상항목이 **손실보상대상에 해당하지 않는다고 잘못된 내용의 재결**을 한 경우, 피보상자가 이를 다투려면 그 재결에 대한 항고소송을 제기하여야 한다. X

O X ★★★★ 2023 지방직 · 서울시 7급

97 **하나의 재결**에서 피보상자별로 **여러 가지의 토지, 물건, 권리 또는 영업의 손실에 관하여 심리 · 판단이 이루어졌을 때,** 피보상자 또는 사업시행자가 여러 보상항목들 중 일부에 관해서만 불복하는 경우 반드시 재결 전부에 관하여 불복하여야 하는 것은 아니다.

97 98 **반드시 재결 전부에 관하여 불복할 필요** × — O

O X ★★★★ 2023 경찰간부

98 **하나의 재결**에서 피보상자별로 **여러 가지의 토지, 물건, 권리 또는 영업의 손실에 관하여 심리 · 판단이 이루어졌을 때,** 피보상자로서는 반드시 재결 전부에 관하여 불복하여야 하는 것은 아니다.

O

O X ★★★★ 2018 국가직 7급

99 **하나의 수용재결**에서 **여러 가지**의 토지, 물건, 권리 또는 영업의 **손실의 보상에 관하여 심리 · 판단이 이루어졌을 때,** 피보상자는 재결 전부에 관하여 불복하여야 하고 여러 보상항목들 중 일부에 관해서만 **개별적**으로 **불복**할 수는 없다.

일부에 관해서만 개별적으로 **불복 사유를 주장하여 행정소송 제기 가능** — X

O X ★★★★ 2021 국가직 7급

100 「공익사업을 위한 토지 등의 취득 및 보상에 관한 법률」상 **보상금증액소송**은 처분청인 토지수용위원회를 **피고**로 한다.

100 101 피고 : **사업시행자** (토지수용위원회 ×) — X

O X ★★★★ 2014 국가직 7급

101 토지소유자가 **손실보상금**의 **증액을 구하는 행정소송을 제기하는 경우**에는 토지수용위원회가 아니라 사업시행자를 **피고**로 하여야 한다.

O

O X ★★★★ 2024 지방직 · 서울시 9급

102 「공익사업을 위한 토지 등의 취득 및 보상에 관한 법률」상 **보상금의 증감에 관한 소송**인 경우 그 **소송을 제기하는 자**가 **토지소유자 또는 관계인일 때**에는 지방토지수용위원회 또는 중앙토지수용위원회를 피고로 한다.

사업시행자를 피고로 함. — X

O X ★★★★★ 2023 군무원 5급

103 수용재결에 불복하여 제기하는 행정소송이 **보상금의 증감에 관한 소송**인 경우 그 소송을 제기하는 자가 **토지소유자 또는 관계인일 때에는 사업시행자를, 사업시행자일 때에는 토지소유자 또는 관계인**을 각각 **피고**로 한다.

「공익사업을 위한 토지 등의 취득 및 보상에 관한 법률」 제85조 제2항 — O

Topic 59 손해전보를 위한 그 밖의 제도 등

p.259~261

O X ★★ 2005 서울시 9급

01 수용유사적 침해란 **공용침해의 요건을 구비하였으나 보상규정을 결하고 있는 경우를** 말한다.

수용유사적 침해 — O

★★ 2008 국가직 9급

02 **수용유사침해**보상에 관한 설명으로 옳은 것은?

① 적법한 공행정작용의 비전형적이고 비의도적인 부수적 효과로써 발생한 개인의 재산권에 대한 손해를 전보하는 것을 말한다.
② 분리이론보다는 경계이론과 밀접한 관련이 있다.
③ 통상적인 공용침해가 적법 · 무책인 데 비하여, 수용유사침해는 위법 · 유책이다.
④ 수용유사침해는 우리 대법원의 판례를 통해서 발전된 이론으로 그에 관한 명시적인 법률규정은 없다.

① 수용적 침해
③ 수용유사침해 : **위법 · 무책**
④ 대법원 : **명시적 인정** ×

②

OX ★★★ 2003 국가직 7급

03 **대법원**의 판례는 **개발제한구역지정으로 인한 재산권제한**을 수용유사침해로 보아 **손실보상**을 인정하고 있다.

손실보상 **인정** × | X

OX ★★★ 2024 소방직 9급

04 대법원은 **국군보안사가 사인 소유의 방송사 주식을 강제로 국가에게 증여**하게 한 사건에서 수용유사적 침해이론에 근거해 **손실보상**을 인정한다고 판시하였다.

수용유사적 침해이론에 근거 손실보상 **인정** × | X

OX ★★★ 2003 국가직 7급

05 수용유사의 침해란 **타인의 재산권에 대한 위법한 공용침해**를 말하고, 수용적 침해란 **적법한 행정작용의 이형적 · 비의욕적인 부수적 결과**로서 타인의 재산권에 수용적 영향을 가하는 침해를 말한다.

수용유사침해 : 위법 · 무책한 침해 / **수용적 침해** : 적법 · 부수적 · 비정형적 침해 | O

OX ★★★ 2023 소방직 9급

06 **구 전염병예방법에 의한 피해보상**제도가 **수익적 행정처분의 형식을 취하고는 있지만**, 구 전염병예방법의 취지와 입법경위 등을 고려하면 **그 실질은 피해자의 특별한 희생에 대한 보상에 가까우므로** 그 **인정 여부**는 객관적으로 합리적인 재량권의 범위 내에서 타당하게 결정하여야 한다.

객관적 · 합리적 재량권 범위 내 결정 필요 ○ | O

OX ★★★ 2010 지방직 7급

07 공법상 결과제거청구권은 **공행정작용으로** 인하여 **야기된 위법**한 **상태**를 **제거**하여 **그 원상회복을 목적으로 하는 권리**이다.

공법상 결과제거청구권 | O

OX ★★★ 2010 지방직 7급

08 **공법상 결과제거청구**는 가해행위의 위법 및 가해자의 고의 또는 과실을 **요건**으로 한다.

결과의 위법성 / 고의 · 과실 불필요 | X

OX ★★★ 2021 군무원 9급

09 **공법상 결과제거청구권의 대상**은 가해행위와 상당인과관계가 있는 손해이다.

공행정작용의 **직접적**인 **결과** | X

OX ★★★ 2022 경찰간부

10 **결과제거청구**는 **권력작용**뿐만 아니라 **관리작용**에 의한 침해의 경우에도 인정되나 **법적 행위에 의한 침해**에 한하며, **사실행위에 의한 침해**의 경우에는 인정되지 않는다.

모두 인정 | X

OX ★★ 2010 지방직 7급

11 **공법상 결과제거청구에 있어서 위법**한 **상태**는 적법한 행정작용의 효력의 상실에 의해 **사후적**으로 **발생**할 수도 있다.

사후적 발생의 경우도 **인정** | O

OX ★★ 2022 경찰간부

12 **결과제거청구의 요건**으로서 **'위법한 상태의 존재'**는 위법한 행정작용에 의해 발생한 것을 의미한다.

사후적 발생도 인정 | X

OX ★★★ 2021 군무원 9급

13 **공법상 결과제거청구권**은 **원상회복**이 행정주체에게 **기대가능**한 것이어야 한다.

기대가능성 필요 | O

OX ★★★ 2010 지방직 7급

14 **공법상 결과제거청구권**은 공행정작용의 직접적인 결과만을 그 **대상**으로 한다.

공행정작용의 **직접적 결과만** 대상 O

OX ★★★ 2022 경찰간부

15 **민법상의 과실상계** 규정은 **공법상 결과제거청구권**에 **유추적용**될 수 없다.

유추적용 **가능** X

OX ★★★ 2021 군무원 9급

16 **피해자**의 **과실이 위법상태**의 **발생에 기여한 경우**에는 그 과실에 비례하여 **결과제거청구권**이 제한되거나 상실된다.

과실에 비례하여 결과제거청구권 **제한 또는 상실** O

S U N N Y

제 6 편

행정구제 2 (행정쟁송)

1회독	2회독	3회독	4회독	5회독
/	/	/	/	/

Topic

60 행정심판의 개관 등 Ⅰ - 행정심판의 개관

p.264~266

문제	해설	정답
★★ 2017 경행경채 **01** **다른 법률에서 특별행정심판이나 행정심판법에 따른 행정심판절차에 대한 특례를 정한 경우에도 그 법률에서 규정하지 아니한 사항**에 관하여는 **행정심판법에서 정하는 바에 따른다.**	행정심판법 제4조 제2항	O
★★★ 2020 군무원 9급 **02** **관계행정기관의 장이 특별행정심판 또는 행정심판법에 따른 행정심판절차에 대한 특례를 신설하거나 변경하는 법령을 제정·개정할 때**에는 미리 법무부장관과 협의하여야 한다.	미리 **중앙행정심판위원회**와 **협의** (행정심판법 제4조 제3항)	X
★★★ 2018 경행경채 3차 **03** 이의신청을 제기해야 할 사람이 처분청에 **표제를 '행정심판청구서'로 한 서류를 제출한 경우**라 할지라도 서류의 내용에 **이의신청요건에 맞는 불복취지와 사유가 충분히 기재**되어 있다면 이를 처분에 대한 이의신청으로 볼 수 있다.	**이의신청**으로 볼 수 있음.	O
★★★ 2022 해경간부 **04** **과세처분에 대해 이의신청**을 하고 **이에 따라 직권취소**가 이루어졌다면 특별한 사정이 없는 한 **불가변력**이 발생한다.	불가변력 **발생** ○	O
★★★★ 2023 서울시 지적 7급 **05** 과세관청이 **과세처분에 대한 이의신청절차**에서 납세자의 이의신청사유가 옳다고 인정하여 **과세처분을 직권으로 취소**한 경우, 특별한 사유 없이 이를 번복하고 **종전처분을 되풀이**할 수는 없다.	종전 처분과 동일한 내용의 처분 **불가능**	O
★★★ 2016 국회직 8급 **06** **이의신청**은 그것이 준사법적 절차의 성격을 띠어 **실질적으로 행정심판의 성질**을 가지더라도 이를 행정심판으로 볼 수 없다.	**행정심판**에 **해당** ○	X
★★★ 2022 경찰간부 **07** **행정심판의 성격을 갖는 이의신청**의 경우 이를 **거친 후**에 **다시 행정심판을 청구**할 수 없다.	다시 행정심판 **청구** ×	O
★★★ 2023 군무원 9급 **08** **토지수용위원회의 수용재결에 대한 이의절차**는 실질적으로 행정심판의 성질을 갖는 것이므로 토지수용법에 특별한 규정이 있는 것을 제외하고는 **행정심판법의 규정**이 적용된다고 할 것이다.	개별법상 특별한 규정 없다면 **행정심판법 적용** ○	O
★★★ 2022 국가직 9급 **09** 「**공공기관의 정보공개에 관한 법률**」상 정보공개와 관련한 공공기관의 **비공개결정에 대하여 이의신청을 한 경우**에는 행정심판법에 따른 **행정심판**을 제기할 수 없다.	행정심판 **제기** ○	X
★★ 2022 국가직 9급 **10** **난민법상 난민불인정결정**에 대해 법무부장관에게 **이의신청을 한 경우**에는 행정심판법에 따른 **행정심판**을 제기할 수 없다.	행정심판 **제기** ×	O
★★★★ 2024 소방직 9급 **11** **행정심판법**에서는 **취소심판, 무효등확인심판, 의무이행심판**에 대해서 규정하고 있다.	**행정심판의 종류**(행정심판법 제5조)	O

OX ★★★★ 2020 지방직 · 서울시 9급

12 당사자의 신청에 대한 행정청의 위법한 부작위에 대하여 **행정청의 부작위가 위법하다는 것을 확인하는 행정심판**은 현행법상 허용되지 않는다.

행정심판법상 부작위위법확인심판 **허용** ×

O

OX ★★★ 2023 군무원 9급

13 공무원연금법상 **공무원연금급여 재심위원회에 대한 심사청구**제도는 사안의 전문성과 특수성을 살리기 위하여 특히 필요하여 행정심판법에 따른 일반행정심판을 갈음하는 특별한 행정불복절차, 즉 **특별행정심판**에 해당한다.

특별행정심판 **해당** ○

O

OX ★★★ 2020 지방직 · 서울시 7급

14 **행정심판법**은 **당사자심판**을 규정하여 당사자소송과 연동시키고 있다.

당사자심판 **규정** ×

X

OX ★★★★ 2017 국가직(하) 9급

15 **행정심판법**에서 규정한 행정심판의 종류로는 행정소송법상 항고소송에 대응하는 취소심판, 무효등확인심판, 의무이행심판과 당사자소송에 대응하는 **당사자심판**이 있다.

당사자심판 **규정** × / 취소심판, 무효등확인심판, 의무이행심판 규정 ○

X

OX ★★★ 2020 지방직 · 서울시 9급

16 행정청의 **부당한 처분을 변경하는 행정심판**은 현행법상 허용된다.

현행법상 **허용** ○

O

OX ★★★ 2020 지방직 · 서울시 9급

17 당사자의 **신청에 대한** 행정청의 **부당한 거부처분에 대하여 일정한 처분을 하도록 하는 행정심판**은 현행법상 허용된다.

현행법상 **허용** ○

O

OX ★★★ 2019 경행경채 2차

18 행정심판법상 의무이행심판이란 **당사자의 신청에 대한** 행정청의 **위법 또는 부당한 거부처분이나 부작위**에 대하여 **일정한 처분을 하도록 하는 행정심판**을 말한다.

의무이행심판(행정심판법 제5조 제3호)

O

OX ★★★ 2013 서울시 7급

19 **취소심판**에서는 스스로 처분을 **취소**하거나 다른 처분으로 **변경**할 수 없다.

처분취소 · 변경재결 가능

X

OX ★★★ 2022 경찰간부

20 **취소심판의 인용재결**로는 **취소재결, 변경재결** 및 취소명령재결, **변경명령재결**이 있다.

처분취소명령재결 ×

X

OX ★★★ 2019 서울시 9급

21 **무효등확인심판**에서는 **사정재결**이 허용되지 아니한다.

사정재결 **허용** ×

O

OX ★★★ 2023 국회직 8급

22 행정청의 **거부처분**에 대해서는 의무이행심판을 청구하여야 하고, 취소심판은 청구할 수 없다.

취소심판, 무효등확인심판, 의무이행심판 모두 **가능**

X

OX ★★★ 2020 지방직 · 서울시 9급

23 당사자의 신청에 대한 행정청의 **부당한 거부처분을 취소하는 행정심판**은 현행법상 허용되지 않는다.

현행법상 **허용** ○

X

OX ★★★ 2012 지방직 7급

24 판례는 당사자의 **신청을 거부하는 처분을 취소하는 재결**을 인정한다.

인정 ○

O

OX ★★★ 2020 군무원 9급

25 **행정청의 처분 또는 부작위에 대하여**는 **다른 법률에 특별한 규정이 있는 경우 외**에는 **행정심판법에 따라 행정심판**을 청구할 수 있다.

행정심판법 제3조 제1항

O

	문항	핵심	정답
26	★★★ 2019 소방직 9급 **행정심판법상 행정심판의 대상**에는 처분 또는 부작위의 **위법성**뿐만 아니라 **부당성**도 포함된다.	처분 또는 부작위의 위법성뿐만 아니라 부당성 **포함** ○	O
27	★★★ 2012 지방직 7급 행정심판법상 **위법한 처분 · 부작위**뿐만 아니라 **부당한 처분 · 부작위**에 대해서도 다툴 수 있다.	위법한 + 부당한 처분 · 부작위 **심판 가능**	O
28	★★ 2023 행정사 부작위란 행정청이 당사자의 **신청에 대하여 상당한 기간 내에 일정한 처분을 하여야 할 법률상 의무가 있는데도 처분을 하지 아니하는 것**을 말한다.	**부작위**	O
29	★★★★★ 2020 군무원 9급 행정심판법상 **대통령의 처분 또는 부작위**에 대하여는 **다른 법률에서 행정심판을 청구할 수 있도록 정한 경우** 외에는 **행정심판을 청구할 수 없다.**	행정심판법 제3조 제2항	O
30	★★★★★ 2023 지방직 · 서울시 7급 심판청구에 대한 **재결이 있으면 그 재결 및 같은 처분 또는 부작위**에 대하여 **다시 행정심판을 청구할 수 없다.**	행정심판법 제51조(행정심판 재청구의 금지)	O
31	★★★★★ 2017 국회직 8급 행정심판의 **재결에 고유한 위법**이 있는 경우에는 **재결에 대하여 다시 행정심판**을 청구할 수 있다.	다시 행정심판**청구** ×	X
32	★★★ 2016 지방직 9급 시 · 도 행정심판위원회의 **기각재결**이 내려진 경우 청구인은 중앙행정심판위원회에 **그 재결에 대하여 다시 행정심판**을 청구할 수 있다.	다시 행정심판**청구** ×	X
33	★★★ 2024 소방간부 **다른 법률에서 이의신청과 이에 준하는 절차**에 대하여 정하고 있는 경우에도 그 법률에서 **규정하지 아니한 사항**에 관하여는 행정기본법에서 정하는 바에 따른다.	**행정기본법에 따름.**	O
34	★★★ 2022 경찰간부 **공무원 인사관계법령에 따른 징계 등 처분에 관한 사항**에는 **행정기본법상 이의신청 규정**이 적용되지 않는다.	**적용** ×	O
35	★★★ 2024 소방간부 **과태료 부과 및 징수**에 **관한 사항**은 **행정기본법**에 **따른 이의신청**이 인정되지 아니한다.	**인정** ×	O
36	★★★ 2024 소방간부 **행정청의 처분에 이의가 있는 당사자는 처분을 받은 날부터 30일 이내**에 **해당 행정청**에 이의신청을 할 수 있다.	**이의신청**	O
37	★★★ 2024 소방간부 행정청은 **이의신청을 받으면** 부득이한 사유가 아니라면 그 신청을 받은 날부터 14일 이내에 그 이의신청에 대한 **결과를 신청인에게 통지**하여야 한다.	**신청을 받은 날부터 14일 이내**	O

OX ★★★ 2023 서울시 지적 7급

38 행정청이 부득이한 사유로 14일 이내에 **이의신청에 대한 결과를 통지할 수 없는 경우**에는 그 기간을 만료일 다음 날부터 기산하여 10일의 범위에서 한 차례 연장할 수 있다.

10일의 범위에서 한 차례 연장 가능 — O

OX ★★★ 2024 소방간부

39 **처분에 대한 이의신청을 한 경우**에는 행정심판법에 따른 행정심판을 제기할 수 없다.

행정심판 제기 가능 — X

OX ★★★ 2023 서울시 지적 7급

40 **이의신청에 대한 결과를 통지받은 후 행정심판을 제기**하려는 자는 그 결과를 통지받은 날부터 90일 이내에 **행정심판**을 제기할 수 있다.

통지받은 날부터 90일 이내 — O

OX ★★★★ 2023 서울시 지적 7급

41 당사자는 **제재처분**을 행정심판, 행정소송 및 그 밖의 쟁송을 통하여 **다툴 수 없게 된 경우**에 해당 **처분을 한 행정청**에 **처분**을 **취소** 또는 **철회**하여 줄 것을 신청할 수 없다.

신청 불가능 — O

OX ★★★ 2024 군무원 5급

42 **과태료 부과 및 징수에 관한 사항**에 대하여는 **처분의 재심사청구**가 인정되지 않는다.

인정 × — O

OX ★★★★ 2024 군무원 7급

43 **처분을 유지하는 재심사 결과에 대하여**는 행정심판, 행정소송 및 그 밖의 쟁송수단을 통하여 **불복**할 수 없다.

행정쟁송을 통한 **불복** × — O

OX ★★★★ 2024 군무원 7급

44 당사자는 **제재처분 및 행정상 강제처분 이외의 처분**에 대하여 법원의 확정판결로 다툴 수 없게 된 경우 **처분의 재심사**를 청구할 수 있다.

44 45 처분의 재심사 : **법원의 확정판결이 있는 경우 제외** — X

OX ★★★★ 2023 군무원 7급

45 당사자는 처분에 대하여 법원의 확정판결이 있는 경우에는 **처분의 근거가 된 사실관계 또는 법률관계가 추후에 당사자에게 유리하게 바뀐 경우**에도 해당 처분을 한 행정청이 **처분을 취소 · 철회하거나 변경하여 줄 것을 신청**할 수는 없다.

O

Topic 61 행정심판의 개관 등 Ⅱ - 행정심판의 당사자 등

p.267~268

OX ★★★ 2018 국회직 8급

01 **법인이 아닌 사단 또는 재단**으로서 **대표자나 관리인이 정하여져 있는 경우**에는 그 대표자나 관리인의 이름으로 **심판청구**를 할 수 있다.

사단 또는 재단 이름으로 행정심판 **청구 가능** — X

OX ★★ 2023 행정사

02 **여러 명의 청구인이 공동으로 심판청구**를 할 때에는 **청구인들 중에서 3명 이하**의 **선정대표자를 선정할 수 있다.**

행정심판법 제15조 제1항 — O

OX ★★ 2024 군무원 7급

03 **선정대표자**로 선정된 후에는 다른 청구인들의 동의를 받지 아니하고도 다른 청구인들을 위하여 **심판청구의 취하**를 포함해서 **그 사건에 관한 모든 행위를 할 수 있다.**

심판청구의 취하 : **다른 청구인들의 동의 필요** — X

OX ★★ 2008 국회직 8급

04 행정심판절차에서 청구인들이 **'당사자 아닌 자'를 선정대표자로 선정**한 행위는 무효이다.

선정행위 **무효** — O

OX ★★★ 2023 행정사

05 의무이행심판은 **처분을 신청한 자**로서 행정청의 **거부처분 또는 부작위에 대하여 일정한 처분을 구할 법률상 이익이 있는 자**가 청구할 수 있다.

의무이행심판의 **청구인적격** (행정심판법 제13조 제3항) — O

OX ★★★ 2018 국가직 9급

06 행정심판의 **대상과 관련되는 권리나 이익을 양수한 특정승계인**은 행정심판위원회의 **허가를 받아** 청구인의 **지위를 승계**할 수 있다.

행정심판법 제16조 제5항(청구인이 사망한 경우 당연승계되는 것과 구별할 것) — O

★★★ 2013 서울시 9급

07 **행정심판**에 있어 **피청구인**은?

① 처분의 상대방 ② 법무부장관
③ 직근상급행정청 ④ 처분행정청
⑤ 행정심판위원회

④ **처분행정청** — ④

OX ★★★ 2015 경행특채 1차

08 **의무이행심판**의 경우에는 청구인의 신청을 받은 행정청을 **피청구인**으로 하여 행정심판을 청구하여야 한다.

청구인의 신청을 받은 행정청 — O

OX ★★★ 2015 경행특채 1차

09 **심판청구의 대상과 관계되는 권한이 다른 행정청에 승계된 경우**에는 권한을 승계한 행정청을 **피청구인**으로 하여야 한다.

권한을 승계한 행정청 — O

OX ★★★ 2020 지방직 · 서울시 7급

10 **피청구인의 경정**은 행정심판위원회에서 결정하며 언제나 당사자의 신청을 전제로 한다.

당사자의 신청 또는 **직권**에 의한 **행정심판위원회**의 **결정** — X

OX ★★★★ 2023 경찰간부

11 **피청구인의 경정결정이 있으면 심판청구**는 피청구인이 경정된 때 제기된 것으로 본다.

종전의 피청구인에 대한 심판청구 : 취하 → **종전의** 피청구인에 대한 **행정심판이 청구된 때에** 새로운 피청구인에 대한 행정심판이 **제기된 것으로 봄**(행정심판법 제17조 제4항). — X

OX ★★★ 2015 사회복지직 9급

12 **행정심판의 결과에 이해관계가 있는 제3자 또는 행정청**은 **행정심판위원회의 허가**를 받아 그 사건에 **참가할 수 있다**.

행정심판법 제20조 제1항 — O

OX ★★★ 2018 국회직 8급

13 **행정심판결과에 이해관계가 있는 제3자나 행정청**은 신청에 의하여 행정심판에 참가할 수 있으나, **행정심판위원회가 직권으로 심판에 참가할 것을 요구**할 수는 없다.

행정심판위원회가 직권으로 심판참가 요구 **가능** — X

OX ★★★ 2018 국회직 8급

14 **참가인**은 행정심판절차에서 **당사자가 할 수 있는 심판절차상의 행위**를 할 수 있다.

행정심판법 제22조 제1항 — O

OX ★★★ 2023 행정사

15 청구인이 **경제적 능력으로 인해 대리인을 선임할 수 없는 경우**에는 행정심판위원회에 **국선대리인을 선임하여 줄 것을 신청**할 수 있다.

행정심판법 제18조의2 제1항 — O

Topic

62 행정심판의 개관 등 Ⅲ - 행정심판위원회

p.269~270

OX ★★★ 2008 지방직 9급

01 행정심판의 청구를 심리 · 재결하기 위하여 **행정심판위원회**를 둔다.

심리 · 재결 모두 담당 ○

OX ★★★ 2023 경찰간부

02 **감사원의 처분 또는 부작위에 대한 심판청구**에 대하여는 중앙행정심판위원회에서 **심리 · 재결**한다.

감사원에 두는 행정심판위원회에서 심리 · 재결 X

★★★ 2014 국가직 9급

03 국민권익위원회에 두는 **중앙행정심판위원회**가 **심리 · 재결**하는 행정처분이 아닌 것은?

① 국가정보원장의 행정처분 ② 서울특별시의회의 행정처분
③ 대구광역시 교육감의 행정처분 ④ 해양경찰청장의 행정처분

① **국가정보원장 소속 행정심판위원회**에서 심리 · 재결 ①

OX ★★★ 2021 국회직 8급

04 **국회사무총장의 처분에 대한 행정심판**의 청구에 대해서는 국민권익위원회에 두는 중앙행정심판위원회에서 **심리 · 재결**한다.

국회사무총장 소속 행정심판위원회에서 심리 · 재결 X

OX ★★★ 2018 국회직 8급

05 **국가인권위원회의 처분 또는 부작위에 대한 행정심판**의 청구는 국민권익위원회에 두는 중앙행정심판위원회에서 **심리 · 재결**한다.

국가인권위원회 소속 행정심판위원회에서 심리 · 재결 X

OX ★★★★ 2024 소방직 9급

06 **시 · 도 소속 행정청의 처분 또는 부작위에 대한 심판청구**에 대하여는 시 · 도지사 소속으로 두는 행정심판위원회가 **심리 · 재결**한다.

시 · 도지사 소속 행정심판위원회에서 심리 · 재결 ○

OX ★★★ 2019 서울시 9급

07 **종로구청장의 처분이나 부작위에 대한 행정심판청구**는 서울특별시행정심판위원회에서 **심리 · 재결**하여야 한다.

서울특별시행정심판위원회에서 심리 · 재결 ○

OX ★★★ 2015 지방직 9급

08 **시 · 도의 관할구역에 있는 둘 이상의 시 · 군 · 자치구 등이 공동으로 설립한 행정청의 처분**에 대하여는 시 · 도지사 소속 행정심판위원회에서 **심리 · 재결**한다.

시 · 도지사 소속 행정심판위원회에서 심리 · 재결 ○

OX ★★★ 2022 국가직 7급

09 **국가공무원법상 소청심사**는 행정심판법에 따른 행정심판기관이 아닌 소청심사위원회에 의하여 처리되는 특별행정심판에 해당한다.

소청심사위원회에 의하여 처리되는 **특별행정심판** ○

OX ★★★ 2022 국가직 7급

10 「공익사업을 위한 토지 등의 취득 및 보상에 관한 법률」상 **토지수용재결에 대한 이의신청**은 행정심판법에 따른 행정심판기관이 아닌 중앙토지수용위원회에 의하여 처리되는 특별행정심판에 해당한다.

중앙토지수용위원회에 의하여 처리되는 **특별행정심판** ○

OX ★★★ 2019 국회직 8급

11 **중앙행정심판위원회**는 위원장 1명을 포함하여 50명 이내의 위원으로 **구성**하되 위원 중 상임위원은 5명 이내로 한다.

위원장 1명 포함 70명 이내의 위원 / 상임위원 4명 이내 X

OX ★ 2018 교육행정직 9급

12 예외적으로 당해 **지방자치단체의 조례에서 시 · 도행정심판위원회의 위원장을 공무원이 아닌 위원으로 정한 경우**에 그는 상임으로 **직무를 수행**한다.

비상임으로 직무수행 X

OX ★★★ 2021 소방직 9급

13 행정심판법상 **중앙행정심판위원회의 회의**는 위원장, 상임위원 및 위원장이 회의마다 지정하는 비상임위원을 포함하여 총 15명으로 **구성**한다.

위원장, **상임위원**, 위원장이 회의마다 지정하는 **비상임위원 포함 총 9명**으로 구성 — X

OX ★★★ 2022 국가직 7급

14 **도로교통법상 행정심판**은 행정심판법에 따른 행정심판기관이 아닌 특별행정심판기관에 의하여 처리되는 특별행정심판에 해당한다.

중앙행정심판위원회에서 처리하는 **일반행정심판** — X

OX ★★★ 2024 국회직 8급

15 **중앙행정심판위원회의 상임위원**은 **위원장의 제청**으로 **국무총리를 거쳐 대통령이 임명**하고, **상임위원의 임기**는 2년으로 하되 **1차에 한하여 연임**할 수 있다.

상임위원의 임기 : **3년**(행정심판법 제8조 제3항, 제9조 제2항) — X

OX ★★★ 2019 국회직 8급

16 **중앙행정심판위원회의 상임위원**은 행정심판에 관한 지식과 경험이 풍부한 사람 중에서 중앙행정심판위원회 **위원장의 제청**으로 **국무총리를 거쳐 대통령이 임명**한다.

행정심판법 제8조 제3항 — O

OX ★★ 2021 소방직 9급

17 행정심판법상 **중앙행정심판위원회의 비상임위원**은 일정한 요건을 갖춘 사람 중에서 **중앙행정심판위원회 위원장의 제청**으로 **국무총리가 성별을 고려**하여 **위촉**한다.

행정심판법 제8조 제4항 — O

OX ★★ 2015 서울시 7급

18 **행정심판위원회의 위원**에 대한 **기피신청**은 그 **사유를 소명한 문서**로 하여야 한다.

행정심판법 제10조 제3항 — O

OX ★★ 2015 지방직 9급

19 **행정심판**에 있어서 **사건의 심리 · 의결**에 관한 **사무에 관여하는 직원**에게는 행정심판법 제10조의 **위원의 제척 · 기피 · 회피**가 적용되지 않는다.

위원의 제척 · 기피 · 회피의 규정 **적용 ○** — X

Topic 63 행정심판절차 등 Ⅰ - 행정심판의 청구

p.271~273

OX ★★★ 2009 국가직 9급

01 **행정심판청구는 서면**으로 하여야 한다.

행정심판법 제28조 제1항 — O

OX ★★★ 2018 서울시 9급

02 **행정심판청구**는 엄격한 **형식**을 요하지 않는 서면행위로 해석된다.

엄격한 형식 **요구** × — O

OX ★★★★ 2012 사회복지직 9급

03 **행정심판청구서의 형식을 다 갖추지 않았다**면 비록 그 **문서 내용이 행정심판의 청구를 구하는 것**을 내용으로 하더라도 부적법하다.

적법한 행정심판청구 ○ — X

OX ★★★★ 2024 소방직 9급

04 '진정'이란 국민이 법정의 절차나 형식에 구애됨이 없이 행정청에 대하여 어떠한 희망을 진술하는 것을 말하며, 경우에 따라 **진정서의 형식**을 취하고 있더라도 **행정심판청구**로 볼 수 있는 경우가 있다.

행정심판청구로 **볼 수 있음**. — O

OX ★★★★ 2016 국회직 8급

05 **진정이라는 표현을 사용**하면 그것이 **실제로 행정심판의 실체**를 가지더라도 행정심판으로 다룰 수 없다.

행정심판청구 ○ — X

OX ★★★ 2019 서울시 2회 7급

06 행정심판법상 **행정심판을 청구**하려는 자는 **심판청구서**를 작성하여 **피청구인이나 행정심판위원회에 제출하여야** 한다. | 행정심판법 제23조 제1항 | O

OX ★★★ 2018 국가직 9급

07 **행정심판을 청구하려는 자**는 행정심판위원회뿐만 아니라 피청구인인 행정청에도 **행정심판청구서**를 제출할 수 있으나 **행정소송을 제기하려는 자**는 법원에 **소장**을 제출하여야 한다. | ㉠ 행정심판 : **행정청 경유** 또는 **직접 행정심판위원회**에 제출 ㉡ 행정소송 : **법원**에 제출 | O

OX ★★★ 2023 경찰간부

08 행정심판을 청구하려는 자는 **행정심판청구서**를 관할 행정심판위원회에 **제출**하여야 하고, 피청구인에게는 제출할 수 없다. | **처분청** 경유 **또는** 직접 **행정심판위원회**에 제출 | X

OX ★★★ 2022 군무원 9급

09 **행정심판청구서가 피청구인에게 접수**된 경우, 피청구인은 심판청구가 이유 있다고 인정하면 **직권으로 처분을 취소할 수 있다.** | 행정심판법 제25조 제1항 | O

OX ★★★ 2023 행정사

10 **행정심판**은 **처분이 있음을 알게 된 날부터** 180일 이내에 청구하여야 한다. | **90일 이내**에 청구 | X

★★★ 2016 경행경채

11 청구인이 **천재지변, 전쟁, 사변, 그 밖의 불가항력**으로 인하여 **행정심판법 제27조 제1항의 기간에 심판청구를 할 수 없었을 때**에는 그 **사유가 소멸한 날부터 ( )일 이내**에 행정심판을 청구할 수 있다. 다만, **국외에서** 행정심판을 **청구하는 경우**에는 그 기간을 ( )일로 한다. | 행정심판법 제27조 제2항 | 14 30

OX ★★★★★ 2024 소방직 9급

12 행정심판은 원칙적으로 **처분을 알게 된 날부터** 90일, **처분이 있었던 날부터** 1년 이내에 청구하여야 한다. | 처분이 있음을 알게 된 날부터 **90일** / 처분이 있었던 날부터 **180일** | X

★★★★★ 2019 소방직 9급

13 행정심판은 **처분이 있었던 날부터 ( )일이 지나면 청구하지 못한다.** 다만, **정당한 사유가 있는 경우**에는 **그러하지 아니하다.** | 행정심판법 제27조 제3항 | 180

OX ★★★★★ 2024 국회직 8급

14 **심판청구기간**은 **부작위에 대한 의무이행심판청구**에는 **적용되지 아니한다.** | 행정심판법 제27조 제7항 | O

OX ★★★★★★ 2023 군무원 7급

15 **거부처분**이나 **부작위에 대한 의무이행심판청구**는 청구**기간의 제한**이 있다. | X

OX ★★★★ 2019 경행경채 2차

16 취소심판의 경우와 달리 **무효등확인심판**과 **의무이행심판**의 경우에는 심판**청구의 기간**에 제한이 없다. | X

15 16 17 18 **무효등확인심판, 부작위에 대한 의무이행심판** : 청구기간 **제한** × / **취소심판, 거부처분(소극적 처분)에 대한 의무이행심판** : 청구기간 **제한** ○

OX ★★★★★ 2013 서울시 7급

17 **무효등확인심판**에는 **심판청구기간**의 제한이 없다. | O

OX ★★★★ 2013 서울시 7급

18 **거부처분에 대한 의무이행심판**에는 심판**청구**에 **기간**상의 제한이 없다. | X

O X ★★★★ 2021 지방직 · 서울시 9급

19 심판청구기간의 기산점인 **'처분이 있음을 안 날'**이라 함은 당사자가 통지 · 공고 기타의 방법에 의하여 당해 처분이 있었다는 사실을 현실적으로 안 날을 **의미**한다.

19 20 **처분이 있었다는 사실을 현실적으로 안 날** ○ / 추상적으로 알 수 있었던 날 × — O

O X ★★★★ 2007 관세사

20 판례는 **처분이 있음을 안 날**이라 함은 당해 처분이 있었다는 사실을 추상적으로 알 수 있었던 날을 **의미**한다고 한다.

X

O X ★★★ 2010 국회직 8급

21 **부재시 등기우편물을 수령**하여 **전달해 온** 주거지 **아파트 경비원**은 수령권한을 위임받은 것으로 볼 수 있으므로, 경비원이 **처분서를 수령**하였다면 적법한 송달이 있는 것으로 보게 된다.

수령권한 위임 ○ → **적법한 송달** ○ — O

O X ★★★★ 2018 서울시 1회 7급

22 고시 또는 **공고에 의하여 행정처분을 하는 경우**에는 고시 또는 공고의 효력발생일을 처분이 있는 날로 보아 그날로부터 180일 이내에 **행정심판**을 **청구**할 수 있다.

고시 또는 공고의 효력발생일을 처분이 있음을 안 날로 보아 그날로부터 90일 이내 — X

O X ★★★★ 2010 국회직 8급

23 **행정처분의 직접 상대방이 아닌 제3자**는 특별한 사정이 없는 한 180일 기간 적용을 배제할 정당한 사유가 있는 경우에 해당한다고 보아 180일이 경과한 뒤에도 **심판청구**를 제기할 수 있다고 함이 대법원 판례의 태도이다.

180일 기간 적용을 배제할 **정당한 사유**가 있는 경우에 **해당** ○ → **180일 경과 후에도** 심판청구 **가능** — O

O X ★★★ 2007 관세사

24 **행정청이** 행정심판**청구기간을 실제보다 긴 기간으로 잘못 알린 경우**에는 그 **잘못 알린 긴 기간 내에 행정심판을 제기**하면 된다.

행정심판법 제27조 제5항 — O

O X ★★★ 2019 경행경채 2차

25 **행정청이 심판청구의 기간을 알리지 아니한 경우**에는 **처분이 있었던 날부터 180일 이내에** 행정심판을 **청구할 수 있다.**

행정심판법 제27조 제6항 — O

O X ★★★ 2015 지방직 9급

26 행정청이 행정심판청구기간 등을 **고지하지 아니하였다**고 하여도 처분의 상대방이 **처분이 있었다는 사실을 알았을 경우**에는 처분이 있은 날로부터 90일 이내에 **심판청구**를 하여야 한다.

처분 상대방이 처분이 있었다는 사실을 알았다 하더라도 **처분이 있었던 날부터 180일 이내에** 심판청구 가능 — X

O X ★★★ 2015 지방직 9급

27 **행정심판청구 후** 피청구인인 행정청이 **새로운 처분**을 하거나 **대상인 처분을 변경한 때**에는 **청구인은** 새로운 처분이나 변경된 처분에 맞추어 청구의 **취지** 또는 **이유를 변경할 수 있다.**

행정심판법 제29조 제2항 — O

O X ★★★ 2024 국회직 8급

28 **청구의 변경결정**이 있으면 **처음 행정심판이 청구되었을 때부터 변경된 청구의 취지나 이유로** 행정심판이 **청구된 것으로 본다.**

행정심판법 제29조 제8항 — O

O X ★★★ 2024 소방간부 변형

29 甲이 관할행정청을 피청구인으로 하여 취소심판을 제기한 경우에 甲은 **심판청구**에 대하여 **구두**로 심판청구를 **취하**할 수 있다.

구두 × → **서면** ○ — X

OX ★★★★ 2017 국가직(하) 9급

30 **행정심판청구는 처분의 효력**이나 그 **집행** 또는 **절차의 속행에 영향을 주지 않는다.** | 행정심판법 제30조 제1항 | O

OX ★★★ 2009 국가직 9급

31 **행정심판법은 집행부정지의 원칙**을 취하면서도 **예외적**으로 **일정한 요건하에 집행정지를 인정**한다. | 행정심판법 제30조 | O

OX ★★★★★ 2023 군무원 5급

32 **행정심판법상 집행정지**는 '중대한 손해', **행정소송법상 집행정지**는 '회복하기 어려운 손해'를 각각 요건으로 한다는 차이점이 있다. | 행정심판법 : **중대한 손해** / 행정소송법 : **회복하기 어려운 손해** | O

OX ★★★ 2013 국회속기직 9급

33 행정심판위원회는 **당사자의 신청** 또는 **직권에 의하여 집행정지결정**을 할 수 있다. | 행정심판법 제30조 제2항 | O

OX ★★★★ 2022 서울시 지적 7급

34 **행정소송법과 행정심판법**은 처분 또는 부작위에 대하여 임시의 지위를 정하는 **임시처분 제도**를 두고 있다. | **행정소송법**은 임시처분제도 **규정** × | X

OX ★★★ 2018 국가직 7급

35 행정심판위원회는 **심판청구된 행정청의 부작위가 위법·부당**하다고 **상당히 의심되는 경우**로서 당사자가 받을 우려가 있는 **중대한 불이익**이나 당사자에게 생길 **급박한 위험을 막기 위하여 임시지위**를 정할 필요가 있는 경우 **직권** 또는 당사자의 **신청에 의하여 임시처분을 결정**할 수 있다. | 행정심판법 제31조 제1항 | O

OX ★★★★ 2021 국회직 8급

36 행정심판위원회의 **임시처분결정**은 당사자의 신청이 있어야 하며 직권으로 할 수는 없다. | 당사자의 **신청 또는 직권**으로 가능 | X

OX ★★★★ 2019 지방직·교육행정직 9급

37 행정심판위원회는 **임시처분을 결정한 후에 임시처분이 공공복리에 중대한 영향을 미치는 경우**에는 **직권**으로 또는 당사자의 **신청에 의하여** 이 결정을 **취소할 수 있다.** | 행정심판법 제31조 제2항 → 동법 제30조 제4항 | O

OX ★★★★ 2023 지방직·서울시 7급

38 행정심판위원회는 **처분 또는 부작위가 위법·부당**하다고 **상당히 의심되는 경우**로서 처분 또는 부작위 때문에 당사자가 받을 우려가 있는 중대한 불이익이나 당사자에게 생길 **급박한 위험을 막기 위하여 임시지위**를 정하여야 할 필요가 있는 경우에는 집행정지로 목적을 달성할 수 있더라도 **직권**으로 **또는** 당사자의 **신청에 의하여 임시처분**을 결정할 수 있다. | **집행정지로 목적을 달성할 수 있는 경우 임시처분 허용** × | X

OX ★★★★★ 2023 군무원 5급

39 **행정심판법상 임시처분**은 동법상 **집행정지로 목적을 달성할 수 있는 경우**에는 **허용되지 아니한다.** | **임시처분의 보충성** (행정심판법 제31조 제3항) | O

★★★★ 2022 국회직 8급

40 **행정심판법상 임시처분**에 대한 설명으로 옳지 않은 것은? (다툼이 있는 경우 판례에 의함)

① 임시처분이란 행정청의 처분이나 부작위 때문에 발생할 수 있는 당사자의 중대한 불이익이나 급박한 위험을 막기 위해 당사자에게 임시지위를 부여하는 행정심판위원회의 결정을 말한다.
② 당사자의 임시지위를 정하여야 할 필요성이 인정된다면, 집행정지로 목적을 달성할 수 있는 경우에도 임시처분은 선택적으로 사용될 수 있다.
③ 행정심판위원회는 적극적 가구제수단인 임시처분을 직권으로 결정할 수 있다.
④ 행정심판위원회가 임시처분결정을 하기 위해서 행정심판청구의 계속이 요구된다.
⑤ 임시처분결정절차에는 집행정지결정의 절차에 관한 규정이 준용된다.

| ② **집행정지로 목적을 달성할 수 있는 경우 임시처분 허용** × | ②

64 행정심판절차 등 Ⅱ - 행정심판의 심리 · 재결 등

p.274~279

OX ★★★★ 2022 경찰간부

01 행정심판위원회는 **심판청구의 대상이 되는 처분 또는 부작위 외의 사항**에 대하여 재결할 수 있다.

재결 불가능 (행정심판법 제47조 제1항) — X

OX ★★★★ 2018 교육행정직 9급

02 행정심판위원회는 필요하다고 판단하는 경우에는 **심판청구의 대상**이 되는 **처분보다** 청구인에게 **불리한 재결**을 할 수 있다.

청구대상 처분보다 불리한 재결 **불가**(불이익변경금지의 원칙) — X

OX ★★★★ 2023 행정사

03 행정심판위원회는 **심판청구의 대상이 되는 처분보다 청구인에게 불리한 재결**을 **하지 못한다.**

행정심판법 제47조 제2항 — O

★★★★ 2013 지방직(하) 7급

04 **행정심판의 심리**에 대한 설명으로 옳은 것은?

① 행정심판의 심리는 원칙적으로 행정심판위원회가 주도하며, 당사자의 처분권주의는 예외적으로 인정된다.
② 행정심판위원회의 심리는 당사자가 주장한 사실에 한정되지 않으며, 필요한 때에는 당사자가 주장하지 아니한 사실에 대하여도 심리할 수 있다.
③ 행정심판법은 구술심리를 원칙으로 하며, 당사자의 신청이 있는 때에는 서면심리로 할 것을 규정하고 있다.
④ 행정심판법은 원칙적으로 공개심리주의를 채택하고 있다.

① **처분권주의**가 **원칙**
② 행정심판법 제39조
③ **구술심리** 또는 **서면심리 가능** / 당사자의 구술심리 신청 → 서면심리만으로 결정할 수 있다고 인정되는 경우 외에는 구술심리
④ **비공개주의**(다수설)

— ②

OX ★★★ 2015 서울시 9급

05 행정소송은 철저한 대심주의를 관철하여 당사자가 제출한 공격 · 방어방법에 한정하여서만 심리 판단하지만, **행정심판**에서는 직권탐지주의를 원칙으로 한다.

당사자주의가 **원칙**, **직권탐지**는 **보충적** — X

OX ★★★ 2016 서울시 7급

06 **행정심판의 심리**는 당사자가 구술심리를 신청한 경우를 제외하고는 서면심리주의를 원칙으로 하고 있다.

구술심리 또는 **서면심리** 중 **행정심판위원회의 선택** — X

OX ★★★ 2024 소방간부 변형

07 甲이 식품위생법 위반을 이유로 1개월의 영업정지처분을 받게 되어 관할행정청을 피청구인으로 하여 취소심판을 제기한 경우에 甲이 **구술심리를 신청하는 경우** 행정심판위원회는 구술심리를 하여야 한다.

서면심리만으로 결정할 수 있다고 인정되는 경우 외에는 구술심리를 하여야 함. — X

OX ★★★★ 2023 소방간부

08 **취소심판**에서도 항고소송과 마찬가지로 처분청은 당초처분의 근거로 삼은 사유와 **기본적 사실관계가 동일성**이 있다고 인정되는 한도 내에서만 다른 사유를 추가 또는 변경할 수 있다.

기본적 사실관계의 동일성 : **행정심판단계에 적용** ○ — O

OX ★ 고난도

09 **산업재해보상보험법상 심사청구**에 관한 절차는 근로복지공단 **내부의 시정절차**로서 그 절차에서 근로복지공단은 당초 처분의 근거로 삼은 사유와 **기본적 사실관계의 동일성이 인정되지 않는 사유**를 처분사유로 추가 · 변경할 수 있다.

처분사유로 **추가 · 변경 가능** — O

OX ★★★★ 2015 지방직 9급

10 **행정심판**에 있어서 행정**처분의 위법 · 부당 여부**는 원칙적으로 처분시를 **기준**으로 판단하여야 할 것이나, 재결 당시까지 제출된 모든 자료를 종합하여 처분 당시 존재하였던 객관적 사실을 확정하고 그 사실에 기초하여 처분의 위법 · 부당 여부를 **판단**할 수 있다.

위법 · 부당 여부는 **처분시** 기준 / **재결 당시까지 제출된 모든 자료**를 종합, **처분 당시 존재한 객관적 사실을 확정, 그 사실에 기초하여** 판단 — O

OX ★★ 2023 행정사

11 **재결**은 **서면**으로 한다. | 재결의 방식 | O

OX ★★ 2023 행정사

12 **재결**은 **청구인에게** 재결서의 정본이 **송달되었을 때에 그 효력이 생긴다.** | 행정심판법 제48조 제2항 | O

OX ★★ 2023 행정사

13 행정심판위원회는 **심판청구가 적법하지 아니하면** 그 심판청구를 **각하**한다. | 행정심판법 제43조 제1항 | O

OX ★★★★ 2023 국회직 8급

14 행정심판위원회는 **심판청구가 이유가 있다고 인정하는 경우에도** 이를 **인용하는 것이 공공복리에 크게 위배**된다고 인정하면 그 심판청구를 **기각하는 재결을 할 수 있다.** | 행정심판법 제44조 제1항 | O

OX ★★★★ 2015 국회직 8급

15 행정심판위원회는 **사정재결**을 함에 있어서 청구인에 대하여 상당한 구제방법을 취하거나 피청구인에게 상당한 구제방법을 취할 것을 명할 수 있으나, **재결주문에 그 처분 등이 위법** 또는 **부당함을 명시**할 필요는 없다. | 주문에 그 처분 등의 위법 또는 부당함을 명시할 **필요** O | X

OX ★★★★ 2021 군무원 7급

16 **사정재결**은 취소심판의 경우에만 인정되고, 의무이행심판과 무효확인심판의 경우에는 **인정**되지 않는다. | **취소심판 · 의무이행심판에 인정** O / 무효등확인심판 인정 × | X

OX ★★★★ 2021 지방직 · 서울시 9급

17 행정청의 **부작위에 대한 의무이행심판**은 심판**청구기간규정**의 적용을 받지 않고, **사정재결**이 인정되지 아니한다. | 청구기간규정 **적용** × / 사정재결 **인정** O | X

OX ★★★★ 2018 국회직 8급

18 행정심판위원회는 **무효확인심판**의 청구가 이유가 있더라도 이를 인용하는 것이 공공복리에 크게 위배된다고 인정하면 그 청구를 기각하는 재결을 할 수 있다. | **사정재결 인정** × | X

OX ★★★ 2024 소방간부2

19 행정심판위원회는 **취소심판청구가 이유 있다고 인정**하면 처분을 다른 처분으로 변경할 수 있다. | **다른 처분으로 변경 가능** | O

OX ★★★★ 2015 서울시 9급

20 **행정심판**에서는 변경재결과 같이 **원처분을 적극적**으로 **변경**하는 것도 가능하다. | 적극적으로 변경 **가능** | O

OX ★★★ 2023 군무원 5급

21 **행정심판법상 변경재결**에서 **변경이란** 적극적 의미의 변경이 아니라 소극적 의미의 변경, 즉 일부취소를 뜻한다. | **소극적 변경**뿐만 아니라 **적극적 변경 포함** | X

OX ★★★ 2021 군무원 7급

22 **취소심판**의 심리 후 행정심판위원회는 영업허가취소처분을 영업정지처분으로 **적극적**으로 변경하는 **변경재결** 또는 **변경명령재결**을 할 수 있다. | 적극적 변경재결 · 변경명령재결 모두 **가능** | O

OX ★★★ 2022 지방직 · 서울시 9급

23 甲이 취소심판을 제기한 경우, B**행정심판위원회**는 심판청구가 이유가 있다고 인정하면 **처분변경명령재결**을 할 수 있다. | **가능** | O

OX ★★★ 2024 소방간부 변형

24 甲이 식품위생법 위반을 이유로 1개월의 영업정지처분을 받게 되어 관할행정청을 피청구인으로 하여 **취소심판**을 제기한 경우 행정심판위원회는 1개월의 영업정지**처분의 취소를 명하는 재결**을 할 수 있다. | 처분의 취소를 명하는 재결(**취소명령재결**)은 **할 수 없음.** | X

OX ★★★ 2023 군무원 7급

25 의무이행재결은 행정심판위원회가 **의무이행심판의 청구가 이유 있다고 인정**할 때에 지체 없이 **신청에 따른 처분을 하거나** 처분청에게 그 신청에 따른 처분을 **할 것을 명하는 재결**을 말한다. **의무이행재결** O

OX ★★★ 2008 지방직 9급

26 **재결의 효력**으로서 행정청에 대한 **불가변력**이 인정되나, **불가쟁력**은 인정되지 않는다. 불가변력 · 불가쟁력 모두 **인정** ○ X

OX ★★★★ 2008 국회직 8급

27 의무이행심판에 관한 **재결이 있게 되면 재결기관은** 그것이 **위법 · 부당하다고 생각되는 경우에도 스스로** 이를 **취소** 또는 **변경할 수 없다.** **불가변력** O

OX ★★★ 2012 사회복지직 9급

28 형성력을 가지는 **취소재결**이 있는 경우 그 대상이 된 **행정처분은 재결 자체에 의해 당연 취소**되어 **소멸**한다. **형성력** O

OX ★★★ 2023 군무원 9급

29 **형성력이 인정되는 재결**로는 취소재결, 변경재결, 처분재결이 있다. **취소재결, 변경재결, 처분재결** O

OX ★★★ 2012 국회직 8급

30 재결의 **형성력**은 행정심판위원회가 직접처분의 취소 · 변경 등을 하지 않은 처분의 **변경명령재결** 또는 **의무이행명령재결**의 경우에 발생한다. 형성력 **발생** ×
단, 기속력 발생 ○ X

OX ★★★★ 2024 국가직 9급

31 행정심판**재결의 내용이** 처분청의 **처분을 스스로 취소**하는 것일 때에는 그 재결의 형성력이 발생하여 당해 **행정처분**은 별도의 행정처분을 기다릴 것 없이 **당연히 취소되어 소멸**된다. **형성력** O

OX ★★★★ 2018 경행경채 3차

32 행정심판에서 행정심판위원회에 의한 **형성적 재결이 있은 경우**에는 그 **대상**이 된 **행정처분은 재결 자체에 의하여 당연히 취소**되어 **소멸**된다. **형성력** O

OX ★★ 고난도

33 재결청으로부터 '처분청의 공장설립변경신고수리처분을 취소한다.'는 내용의 **형성적 재결**을 송부받은 처분청이 당해 처분의 상대방에게 **재결결과를 통보**하면서 공장설립변경신고 수리시 발급한 확인서를 반납하도록 요구한 것은 사실의 통지에 불과하고 항고소송의 대상이 되는 새로운 처분이라고 볼 수 없다. **항고소송의 대상**이 되는 새로운 **처분** × O

OX ★★★ 고난도

34 원처분에 대한 **형성적 취소재결이 확정된 후** 처분청이 **다시 원처분을 취소**한 경우, 그 처분은 항고소송의 대상이 되는 처분이라고 볼 수 없다. **항고소송의 대상**이 되는 **처분** × O

OX ★★★★ 2023 군무원 9급

35 **재결의 기속력**은 인용재결의 효력이며 기각재결에는 **인정**되지 않는다. **인용재결** ○ / **기각재결** × O

OX ★★★★ 2022 지방직 · 서울시 9급

36 A행정청이 甲에게 한 처분에 대하여 甲이 B행정심판위원회에 행정심판을 청구한 경우에 B행정심판위원회의 **기각재결이 있은 후**에는 A행정청은 원처분을 **직권으로 취소**할 수 없다. 기각재결 후 **직권**으로 **취소 · 변경 · 철회 가능** X

OX ★★★★ 2024 소방간부 변형

37 甲이 식품위생법 위반을 이유로 1개월의 영업정지처분을 받게 되어 관할행정청을 피청구인으로 하여 취소심판을 제기한 경우에 행정심판위원회가 1개월의 영업정지**처분 취소재결을 내린 경우, 관할행정청은** 취소재결 **취소소송**을 제기할 수 있다.

행정청은 취소소송 **제기 불가** (인용재결에 기속) — X

OX ★★★★ 2023 군무원 5급

38 행정심판의 청구에 대하여 **인용재결이 내려지는 경우 피청구인**은 **행정소송**을 통하여 그에 불복할 수 있다.

피청구인은 행정소송 **제기 불가** (재결에 기속) — X

OX ★★★★ 2023 군무원 9급

39 당해 처분에 관하여 **위법한 것으로 재결에서 판단된 사유와 기본적 사실관계에 있어 동일성이 인정되는 사유**를 내세워 **다시 동일한 내용의 처분**을 하는 것은 허용되지 않는다.

허용 × — O

OX ★★★ 2022 군무원 9급

40 조세부과처분이 국세청장에 대한 **불복심사청구**에 의하여 그 불복사유가 이유 있다고 인정되어 **취소되었음에도** 처분청이 **동일한 사실에 관하여 부과처분을 되풀이**한 것이라면 설령 그 부과처분이 감사원의 시정요구에 의한 것이라 하더라도 위법하다.

위법 ○ — O

OX ★★★★★ 2023 군무원 7급

41 당사자의 신청을 거부하거나 부작위로 방치한 **처분의 이행을 명하는 재결**이 있는 경우에는 처분청은 **지체 없이** 그 **재결의 취지에 따라** 다시 이전의 **신청에 대한 처분을 하여야 한다.**

의무이행재결의 취지에 따른 **처분의무** — O

OX ★★★★★ 2021 지방직 · 서울시 9급

42 **재결에 의하여 취소**되거나 **무효** 또는 **부존재로 확인되는 처분**이 당사자의 **신청을 거부하는 것을 내용으로 하는 경우**에는 그 **처분을 한 행정청은 재결의 취지에 따라** 다시 이전의 **신청에 대한 처분을 하여야 한다.**

재처분의무 ○ — O

OX ★★★ 2019 지방직 · 교육행정직 9급

43 당사자의 **신청을 거부하는 처분**에 대한 **취소심판**에서 **인용재결이 내려진 경우**, 의무이행심판과 달리 행정청은 **재처분의무**를 지지 않는다.

행정청의 재처분의무 **있음.** — X

OX ★★★ 2020 지방직 · 서울시 7급

44 **법령의 규정에 따라 공고**하거나 **고시한 처분이 재결로써 취소**되거나 **변경되면** 처분을 한 **행정청은 지체 없이** 그 처분이 취소 또는 변경되었다는 것을 **공고**하거나 **고시하여야 한다.**

행정심판법 제49조 제5항 — O

OX ★★★★ 2022 해경간부

45 심판청구를 **인용하는 재결**은 **피청구인**과 **그 밖의 관계행정청**을 **기속**한다.

행정심판법 제49조 제1항 — O

OX ★★★ 2024 국가직 9급

46 **교원소청심사위원회의 결정**은 처분청에 대하여 **기속력을 가지고** 이는 그 결정의 주문에 포함된 사항뿐 아니라 처분 등의 구체적 위법사유에 관한 판단에까지 미친다.

교원소청심사위원회 결정의 기속력 : 결정의 주문 + **구체적 위법사유에 관한 판단**까지 미침. — O

OX ★★★★ 2021 지방직 · 서울시 9급

47 **기속력**은 재결의 주문에만 미치고, 처분 등의 구체적 위법사유에 관한 판단에는 미치지 않는다.

주문 및 **전제가 된 요건사실의 인정과 판단**(처분 등의 구체적 위법사유)에 미침. — X

OX ★★★★ 2024 국가직 9급

48 당사자의 신청을 받아들이지 않은 **거부처분이 재결에서 취소**된 경우에 행정청은 **종전 거부처분 또는 재결 후에 발생한 새로운 사유**를 내세워 **다시 거부처분**을 할 수 없다.

가능

X

OX ★★★★ 2022 군무원 9급

49 **처분 취소재결이 있는 경우** 당해 처분청은 재결의 취지에 반하지 아니하는 한 그 재결에 **적시된 위법사유를 시정 · 보완하여 새로운 처분**을 할 수 있는 것이고, 이러한 새로운 부과처분은 재결의 **기속력**에 저촉되지 아니한다.

기속력 **저촉** ×

O

OX ★★★★ 2019 서울시 1회 7급

50 처분청이 **처분이행명령재결에 따른 처분을 하지 아니한 경우**에는 행정심판위원회는 당사자의 신청 여부를 불문하고 **직권으로 직접처분**을 할 수 있다.

직권에 의한 직접처분 **인정** × / **당사자의 신청 필요**

X

OX ★★★★ 2021 경행경채

51 피청구인이 **거부처분을 취소**하는 **재결의 취지에 따라 다시 이전의 신청에 대한 처분을 하지 아니하는 경우**에 행정심판위원회는 **직접처분**을 할 수 있다.

취소재결의 경우에 직접처분 **불가** / **의무이행재결에만** 직접처분 **인정**

X

★★★★ 2020 국가직 9급

52 행정심판법에 의해 행정청이 행정심판위원회의 재결의 취지에 따라 재처분을 할 의무가 있음에도 그 의무를 이행하지 않은 경우에 **행정심판위원회가 직접처분을 할 수 있는 재결**은?

① 당사자의 신청에 따른 처분을 절차가 부당함을 이유로 취소하는 재결
② 당사자의 신청을 거부한 처분의 이행을 명하는 재결
③ 당사자의 신청을 거부하는 처분을 취소하는 재결
④ 당사자의 신청을 거부하는 처분을 부존재로 확인하는 재결

당사자의 **신청을 거부**하거나 **부작위로 방치한 처분의 이행을 명하는 재결**이 있음에도 행정청이 재결의 취지에 따른 처분을 하지 않는 경우 **직접처분 가능**

②

OX ★★★★ 2021 국회직 8급

53 행정심판법에서는 거부처분에 대한 이행명령재결에 따르지 않을 경우 **직접처분에 관한 규정**을 두고 있으나, **행정소송법**에서는 이에 관한 규정을 두지 않고 있다.

행정소송법상 직접처분 **규정** ×

O

OX ★★★ 2022 경찰간부

54 **직접처분으로 법률상 이익을 침해당한 제3자**는 **행정심판위원회를 피고**로 하여 직접처분의 취소를 구하는 **행정소송을 제기**할 수 있다.

가능 ○

O

OX ★★★ 2021 국가직 7급

55 **정보공개명령재결**은 행정심판위원회에 의한 **직접처분**의 대상이 된다.

처분의 성질상 직접처분의 **대상** ×

X

OX ★★★★★ 2023 지방직 · 서울시 7급

56 행정심판위원회는 **피청구인**이 의무이행재결 중 **처분명령재결의 취지에 따른 처분을 하지 아니하는 경우**에, **청구인의 신청에 의하여 결정**으로 **상당한 기간을 정하고** 피청구인이 그 **기간 내에 이행하지 아니하는 경우**에는 그 **지연기간에 따라 일정한 배상을 하도록 명**하거나 **즉시 배상을 할 것을 명할 수 있다.**

간접강제(행정심판법 제50조의2 제1항)

O

OX ★★★★ 2021 지방직 · 서울시 9급

57 행정심판 인용재결에 따른 행정청의 **재처분의무에도 불구**하고 행정청이 **인용재결에 따른 처분을 하지 아니하는 경우**에, 행정심판위원회는 청구인의 신청이 없어도 결정으로 일정한 **배상을 하도록 명**할 수 있다.

청구인의 신청 필요

X

OX ★★★★ 2018 서울시 2회 7급

58 행정심판위원회는 **재처분의무가 있는 피청구인이 재처분의무를 이행하지 아니하면** 지연기간에 따라 **일정한 배상을 하도록 명**할 수는 있으나 **즉시 배상을 할 것을 명**할 수는 없다.

지연기간에 따른 **일정한 배상** 또는 **즉시 배상을 명**할 수 있음. X

OX ★★★ 2022 국회직 8급

59 **행정심판위원회는 사정의 변경이 있는 경우**에는 **당사자의 신청에 의하여 간접강제결정의 내용을 변경**할 수 있으며, **변경결정을 하기 전에 신청 상대방의 의견을 들어야 한다.**

행정심판법 제50조의2 제2항, 제3항 O

OX ★★★ 2022 국회직 8급

60 **청구인은** 행정심판위원회의 **간접강제결정에 불복하는 경우** 그 결정에 대하여 **행정소송**을 제기할 수 있다.

행정소송 **제기 가능** O

OX ★★★★ 2021 국가직 7급

61 인용재결의 기속력은 피청구인과 그 밖의 관계행정청에 미치고, 행정심판위원회의 **간접강제결정의 효력**은 피청구인인 행정청이 소속된 국가 · 지방자치단체 또는 공공단체에 미친다.

범위 : **피청구인 행정청이 소속된 국가 · 지방자치단체 또는 공공단체**에 미침. O

OX ★★★★ 2021 국회직 8급

62 **행정심판위원회**는 당사자의 권리 및 권한의 범위에서 **직권**으로 심판청구의 신속하고 공정한 해결을 위하여 **조정**을 할 수 있지만, 그 조정이 공공복리에 적합하지 아니하거나 해당 처분의 성질에 반하는 경우에는 그러하지 아니하다.

직권 × / **당사자의 동의 필요** X

OX ★★★ 2020 지방직 · 서울시 7급

63 **조정**은 당사자가 합의한 사항을 조정서에 기재한 후 당사자가 서명 또는 날인함으로써 **완성**된다.

조정서에 합의사항 기재, 당사자의 서명 또는 날인, 위원회 확인 X

OX ★★★ 2024 국회직 8급

64 **행정심판위원회**는 당사자의 권리 및 권한의 범위에서 **당사자의 동의를 받아** 심판청구의 신속하고 공정한 해결을 위하여 **조정을 할 수 있고,** 조정은 당사자가 합의한 사항을 조정서에 기재한 후 **당사자가 서명 또는 날인**하고 **행정심판위원회가 이를 확인함으로써 성립**하며, 성립한 조정에는 행정심판법 제50조**(위원회의 직접처분)의 규정을 준용**한다.

행정심판법 제43조의2 O

OX ★★★ 2023 경찰간부

65 **조정**이 성립되면 재결의 **기속력 규정**뿐만 아니라 행정심판위원회의 **간접강제 규정도 준용**된다.

행정심판법 제43조의2 제4항 O

OX ★★★ 2014 경행특채 2차

66 **중앙행정심판위원회는** 심판청구를 심리 · 재결할 때에 **처분 또는 부작위의 근거**가 되는 **명령 등이 법령에 근거가 없거나 상위법령에 위배**되거나 **국민에게 과도한 부담**을 주는 등 **크게 불합리**하면 관계행정기관에 그 명령 등의 **개정 · 폐지 등 적절한 시정조치를 요청할 수 있다.**

행정심판법 제59조 제1항 O

OX ★★ 2012 지방직 7급

67 행정심판위원회는 **재결을 한 후 증거서류 등의 반환신청을 받으면** 청구인이 **제출한 문서 · 장부 · 물건**이나 그 밖의 **증거자료의 원본을 지체 없이 제출자에게 반환하여야 한다.**

행정심판법 제55조 O

OX ★★★★ 2018 서울시 1회 7급

68 취소**재결**의 경우 **기판력**과 기속력이 인정된다.

기판력 **인정** × X

OX ★★★★★ 2022 지방직 · 서울시 9급

69 **행정심판의 재결**에도 판결에서와 같은 **기판력**이 인정되는 것이어서 재결이 확정되면 처분의 기초가 된 사실관계나 법률적 판단이 확정되는 것이므로 당사자는 이와 모순되는 주장을 할 수 없게 된다.

기판력 **인정** ×

X

OX ★★★ 2010 국회속기직 9급

70 **행정절차법**은 행정청이 처분을 하는 때에는 당사자에게 제소기간을 알려야 한다고 규정하고 있으나 **제소기간을 알리지 아니하거나**, 알렸지만 **잘못 알린 경우에 관하여는** 아무런 **규정**이 없다.

행정절차법상 고지규정에는 고지의무 **불이행에 대한 제재 규정** ×

O

OX ★★★ 2004 국회직 8급

71 **고지**는 행정심판법에 규정된 심판청구에 필요한 사항을 구체적으로 알려주는 비권력적 사실행위로 고지 자체는 아무런 **법적 효과**를 발생하지 않는다.

비권력적 사실행위로 아무런 법적 효과 **발생** ×

O

OX ★★★ 2024 소방간부

72 행정청은 **제3자인 이해관계인이 요구**하면, 해당 처분이 **행정심판의 대상이 되는 처분인지**와 행정심판의 대상이 되는 경우 **소관 위원회** 및 **심판청구기간**을 지체 없이 **알려주어야** 한다.

행정심판법 제58조 제2항

O

★★★★ 2011 국회직 8급

73 <보기>에서 행정심판법상의 **고지제도**에 관한 설명으로 옳은 것을 모두 고르면? (다툼이 있는 경우 판례에 따름)

> ㉠ 직권에 의한 고지와 신청에 의한 고지가 있다.
> ㉡ 고지는 불복제기의 가능성 여부 및 불복청구의 요건 등 불복청구에 필요한 사항을 알려주는 권력적 사실행위로서 처분성이 인정된다.
> ㉢ 직권에 의하여 고지하는 경우 처분의 상대방에 대해서만 고지하면 된다.
> ㉣ 불고지나 오고지는 처분 자체의 효력에 직접 영향을 미치지 않는다.
> ㉤ 신청에 의하여 고지하는 경우 해당 처분이 행정심판의 대상이 되는 처분인지에 대하여 고지하여야 한다.

① ㉠, ㉢ ② ㉠, ㉢, ㉤
③ ㉠, ㉣, ㉤ ④ ㉠, ㉢, ㉣, ㉤
⑤ ㉠, ㉡, ㉢, ㉣, ㉤

㉡ **비권력적 사실행위 → 처분성** ×

④

OX ★★★★★ 2022 지방직 · 서울시 9급

74 행정청이 행정처분을 하면서 **상대방에게 불복절차에 관한 고지의무를 이행하지 않았다면** 이는 절차적 하자로서 그 행정처분은 위법하게 된다.

위법 ×

X

OX ★★★★ 2015 서울시 9급

75 **개별법률에서 정한 심판청구기간이 행정심판법이 정한 심판청구기간보다 짧은 경우**, 행정청이 행정처분을 하면서 그 **개별법률상 심판청구기간을 고지하지 아니하였다**면 그 개별법률에서 정한 **심판청구기간** 내에 한하여 심판청구가 가능하다.

행정심판법이 정한 심판청구기간 내에 심판청구 **가능** ○

X

OX ★★★★ 2010 서울시 9급

76 행정청이 **심판청구기간을 잘못 알린 경우**, 잘못 알린 기간 내에 심판청구가 있으면 적법한 **행정심판제기**로 본다.

오고지를 한 기간 내 행정심판 제기하면 **적법**
cf 짧은 고지 기간 내는 법정기간 내에 해당하므로 적법

O

Topic

65 행정소송 개관, 당사자소송 및 객관적 소송

p.280~287

OX ★★★ 2009 지방직 9급

01 **단순한 사실관계의 존부** 등의 문제는 **행정소송**의 대상이 되지 아니한다.

행정소송**대상** × — O

OX ★★★ 2009 지방직 9급

02 **법령**은 그 자체가 **직접 국민의 권리 · 의무를 침해하는 경우**에도 **행정소송**의 대상이 되지 아니한다.

행정소송**대상** ○ — X

OX ★★★ 2009 세무사

03 **법규명령** 중 **국민의 구체적인 권리 · 의무에 직접적인 변동을 초래**하지 **않는 것**은 **행정소송**의 대상이 아니다.

행정소송**대상** × — O

OX ★★★ 2009 관세사

04 **재량행위**의 경우는 **재량권의 일탈 또는 남용**에 이르지 아니한 때에는 소송의 대상이 되지 못하며, **소송이 제기된 경우** 이를 각하하여야 한다.

재량권의 일탈 · 남용 : **위법성** 문제 → **본안판단**을 통해 **기각** 또는 **인용판결** — X

OX ★★★ 2024 국회직 8급

05 국가보훈처장 등이 발행한 책자 등에서 독립운동가 등의 활동상을 잘못 기술하였다는 등의 이유로 그 **사실관계의 확인을 구하거나**, 국가보훈처장의 **서훈추천서의 행사 · 불행사가 당연무효 또는 위법임의 확인을 구하는** 것은 **항고소송의** 대상이 될 수 없다.

항고소송 **대상** × — O

OX ★★★★ 2021 국회직 8급

06 행정심판법에서는 의무이행심판제도를 두고 있지만, **행정소송법**에서는 **의무이행소송 제도**를 두고 있지 않다.

의무이행소송 명문 **규정** × / 의무이행심판 규정 ○ — O

OX ★★★★ 2021 소방직 9급

07 판례는 **행정소송법상** 행정청의 부작위에 대하여 부작위위법확인소송과 **작위의무이행소송**을 인정하고 있다.

의무이행소송 **인정** × — X

OX ★★★★ 2009 관세사

08 대법원 판례는 **의무이행소송**이나 **적극적 형성판결을 구하는 행정소송**을 인정하지 아니한다.

인정 × — O

OX ★★★★ 2024 소방간부

09 **예방적 부작위소송**은 현행 행정소송법이 규정하고 있다.

예방적 부작위소송 : **행정소송법 규정** × — X

OX ★★★★ 2015 지방직 9급

10 행정소송법상 **행정청이 일정한 처분을 하지 못하도록 그 부작위를 구하는 청구**는 허용되지 않는 부적법한 소송이다.

예방적 부작위소송 : **부적법**, **허용** × — O

OX ★★★★ 2018 교육행정직 9급

11 **신축건물의 준공처분을 하여서는 아니 된다는 내용의 부작위를 청구**하는 **행정소송**은 예외적으로 허용된다.

허용 × — X

★★★★ 2013 지방직 9급

12 **행정소송법상 소송유형**에 포함되지 않는 것은?

① 민중소송 ② 기관소송
③ 예방적 금지소송 ④ 항고소송

행정소송법상 소송유형 : 항고소송, **당사자소송**, 민중소송, 기관소송(예방적 금지소송 허용 ×) — ③

	문제	해설	정답
13	OX ★★★★ 2023 행정사 **행정소송의 종류**로는 **항고소송, 당사자소송, 민중소송, 기관소송**이 규정되어 있다.	행정소송법 제3조	O
14	OX ★★★ 2013 지방직 9급 당사자소송은 **개인의 권익구제**를 주된 **목적**으로 하는 **주관적 소송**이다.	**당사자소송, 항고소송**	O
15	OX ★★★ 2017 경행경채 항고소송이란 **행정청의 처분 등이나 부작위에 대하여 제기하는 소송**이다.	**항고소송**	O
16	OX ★★★★ 2021 소방직 9급 **행정소송법상 항고소송**은 취소소송 · 무효등확인소송 · 부작위위법확인소송 · 당사자소송으로 **구분**한다.	행정소송법상 항고소송 : **취소소송 · 무효등확인소송 · 부작위위법확인소송**	X
17	OX ★★★★ 2023 지방직 · 서울시 9급 당사자소송이란 행정청의 **처분 등을 원인으로 하는 법률관계에 관한 소송, 그 밖에 공법상의 법률관계에 관한 소송으로서** 그 법률관계의 **한쪽 당사자를 피고로 하는 소송**을 의미한다.	행정소송법 제3조 제2호	O
18	OX ★★★ 2022 경찰간부 **조세채권존재확인의 소**는 항고소송으로 제기해야 하고, **도시재개발조합의 조합원자격 인정 여부에 관한 소**는 당사자소송으로 제기해야 한다.	모두 **당사자소송**	X
19	OX ★★★ 2013 지방직 9급 **당사자소송**은 대등당사자 간에 다투어지는 공법상의 법률관계를 소송의 **대상**으로 한다.	**대등당사자** 간에 다투어지는 **공법상의 법률관계**	O
20	OX ★★★ 2019 소방직 9급 **시립합창단원의 위촉**은 공법관계에 해당한다.	**공법관계**	O
21	OX ★★★★ 2024 소방간부 전문직 공무원인 **공중보건의사의 채용계약해지의 의사표시** 무효확인은 행정소송법상 당사자소송의 대상이다.	**당사자소송 대상** ○	O
22	OX ★★★ 2020 소방간부 **읍 · 면장에 의한 이장의 임명 및 면직**은 행정처분이다.	**처분** × → 당사자소송 ○	X
23	OX ★★★ 고난도 **민간투자사업상 실시협약**은 공법상 계약으로서 민간투자사업 실시협약을 체결한 당사자가 그 **실시협약에 따른 재정지원금의 지급을 구하는 소송**은 공법상 당사자소송이다.	**공법상 계약 / 당사자소송**	O
24	OX ★★★ 2022 국가직 7급 **민간투자사업 실시협약**을 체결한 **당사자가** 공법상 **당사자소송에 의하여** 그 실시협약에 따른 **재정지원금의 지급을 구하는 경우**에, **수소법원**은 주무관청이 재정지원금액을 산정한 절차 등에 위법이 있는지 여부를 심사할 수는 있지만 실시협약에 따른 적정한 재정지원금액이 얼마인지를 구체적으로 **심리 · 판단**할 수 없다.	절차 등의 위법 여부 심사에 그쳐서는 아니 되고 **적정 재정지원금액을 구체적으로 심리 · 판단**하여야 함.	X
25	OX ★★★★ 2024 소방간부 「**민주화운동** 관련자 명예회복 및 보상 등에 관한 법률」에 의한 **보상금지급신청의 기각결정**은 행정소송법상 당사자소송의 대상이다.	**당사자소송 대상** × → **항고소송 대상** ○	X

OX ★★★★ 2015 지방직 7급

26 「**민주화운동** 관련자 명예회복 및 보상 등에 관한 법률」에 따른 **보상심의위원회의 결정을 다투는 소송**은 공법상 당사자소송에 해당한다.

민주화운동 보상심의위원회의 결정 : 행정처분 ○ → **항고소송** X

OX ★★★★ 2019 지방직 7급

27 **공무원연금법령상 급여를 받으려고 하는 자**는 우선 급여지급을 신청하여 공무원연금공단이 이를 거부하거나 일부 금액만 인정하는 급여지급결정을 하는 경우 그 결정을 대상으로 항고소송을 제기하는 등으로 구체적 권리를 인정받아야 한다.

급여지급 신청 → 거부 또는 **일부 지급 결정 → 항고소송**으로 **구체적 권리 인정 필요** ○

OX ★★★★ 2018 서울시 2회 7급

28 **공무원연금법령상 급여를 받으려고 하는 자**는 구체적 권리가 발생하지 않은 상태에서 곧바로 공무원연금공단을 상대로 한 **당사자소송**을 제기할 수 없다.

구체적 권리 없는 상태에서 곧바로 당사자소송 **제기** × ○

OX ★★★★ 2015 서울시 9급

29 **공무원연금관리공단의 퇴직급여결정에 대한 소송**은 판례에 따를 때 당사자소송에 해당한다.

항고소송 X

OX ★★★ 2022 국가직 9급

30 **군인연금법령상** 급여를 받으려고 하는 사람이 **국방부장관에게 급여지급을 청구**하였으나 **거부된 경우**, 곧바로 **국가를 상대로 한 당사자소송**으로 급여의 지급을 청구할 수 있다.

곧바로 국가를 상대로 한 당사자소송 **불가** X

OX ★★★ 2015 서울시 9급

31 「**광주민주화운동** 관련자 보상 등에 관한 법률」에 의거한 **손실보상청구소송**은 판례에 따를 때 당사자소송에 해당한다.

당사자소송 ○

OX ★★★★ 2020 국가직 7급

32 구 공무원연금법상 공무원연금관리공단이 **퇴직연금수급자에게 공무원연금법령이 개정되어 퇴직연금 중 일부 금액의 지급정지대상자가 되었다는 사실을 통보하는 행위**는 **항고소송**의 대상이 되지 않는다.

항고소송**대상** × ○

OX ★★★

33 **미지급 퇴직연금**에 대한 지급은 행정소송법상 당사자소송의 대상이다. 2024 소방간부

당사자소송 대상 ○ ○

OX ★★★★ 2021 지방직 · 서울시 7급

34 **공무원연금공단의 인정에 의해 퇴직연금을 지급받아 오던 중 공무원연금법령 개정** 등으로 퇴직연금 중 **일부 금액**에 대해 **지급이 정지된 경우, 미지급퇴직연금**에 대한 지급청구권은 공법상 권리로서 그의 **지급을 구하는 소송**은 항고소송이다.

당사자소송 X

OX ★★★★ 2019 지방직 7급

35 **법관이 이미 수령한 명예퇴직수당액**이 구 「법관 및 법원공무원 명예퇴직수당 등 지급규칙」에서 정한 **정당한 명예퇴직수당액에 미치지 못한다고 주장**하며 **차액의 지급을 신청**한 것에 대하여 법원행정처장이 행한 거부의 의사표시는 행정처분에 해당한다.

행정처분 × X

OX ★★★★ 2017 지방직(하) 9급

36 **명예퇴직한 법관이 미지급 명예퇴직수당액의 지급을 구하는 소송**은 당사자소송에 해당한다.

36 37 **당사자소송** ○ ○

OX ★★★★ 2023 지방직 · 서울시 9급

37 **명예퇴직한 법관이 미지급 명예퇴직수당액**에 대하여 가지는 권리는 명예퇴직수당 지급대상자 결정절차를 거쳐 명예퇴직수당규칙에 의하여 확정된 공법상 법률관계에 관한 권리로서, 그 **지급을 구하는 소송**은 당사자소송에 해당하며, 그 법률관계의 당사자인 국가를 상대로 제기하여야 한다. ○

O X ★★★★ 2021 국가직 7급

38 **조세부과처분의 당연무효**를 전제로 하여 **이미 납부한 세금의 반환을 청구**하는 것은 민사상 부당이득반환청구로서 당사자소송이 아니라 민사소송절차에 따른다.

민사상 부당이득반환청구 → 민사소송절차 ○

O

O X ★★★ 2017 국가직 7급

39 「공익사업을 위한 토지 등의 취득 및 보상에 관한 법률」상 **환매권의 존부**에 관한 확인 및 **환매금액의 증감을 구하는 소송**은 행정소송으로 청구할 수 있다.

민사소송

X

O X ★★★ 2021 소방직 9급

40 2020년 4월 1일부터 시행되는 전부개정 소방공무원법 이전의 경우, **지방소방공무원의 보수에 관한 법률관계**는 사법상의 법률관계이므로 **지방소방공무원이 소속 지방자치단체를 상대로 초과근무수당의 지급을 구하는 소송**은 행정소송상 당사자소송이 아닌 민사소송절차에 따라야 했다.

공법상 법률관계 / 당사자소송

X

O X ★★★ 2019 지방직 7급

41 행정청이 공무원에게 **국가공무원법령상 연가보상비를 지급하지 아니한 행위**는 공무원의 연가보상비청구권을 제한하는 행위로서 항고소송의 대상이 되는 처분이다.

처분 ×

X

O X ★★★★ 2024 소방간부

42 석탄산업법령 및 '석탄가격안정지원금 지급요령'에 의한 **석탄가격안정지원금의 지급**은 행정소송법상 당사자소송의 대상이다.

당사자소송 대상 ○

O

O X ★★★★ 2020 지방직 · 서울시 7급

43 **석탄산업법**과 관련하여 피재근로자는 석탄산업합리화 사업단이 한 **재해위로금 지급거부의 의사표시에 불복**이 있는 경우 공법상의 당사자소송을 제기하여야 한다.

당사자소송 제기

O

O X ★★★ 2018 서울시 9급

44 **공립유치원 전임강사**에 대한 **해임처분의 시정** 및 **수령지체된 보수의 지급을 구하는 소송**은 판례가 민사소송의 대상이라고 판단하고 있다.

당사자소송

X

O X ★★★★ 2024 지방직 · 서울시 9급

45 「공익사업을 위한 토지 등의 취득 및 보상에 관한 법률」상 적법하게 시행된 공익사업으로 인하여 이주하게 된 **주거용 건축물 세입자의 주거이전비 보상청구권**은 공법상의 권리이고, 따라서 그 보상을 둘러싼 쟁송은 민사소송이 아니라 공법상의 법률관계를 대상으로 하는 행정소송에 의하여야 한다.

행정소송(당사자소송) 대상

O

O X ★★★★ 2024 소방간부

46 「공익사업을 위한 토지 등의 취득 및 보상에 관한 법률」상 주거용 건축물 세입자의 주거이전비 보상청구권은 그 요건을 충족하는 경우에 당연히 발생하는 것이므로 **주거이전비 보상청구소송**은 행정소송법상 당사자소송에 의하여야 한다.

당사자소송 ○

O

O X ★★★★ 2024 소방간부

47 납세의무자에 대한 국가의 **부가가치세 환급세액 지급의무**는 부가가치세법령에 의하여 그 존부나 범위가 구체적으로 확정되고 조세정책적 관점에서 특별히 인정되는 공법상 의무라고 봄이 타당하다.

공법상 의무

O

O X ★★★★ 2022 국가직 7급

48 납세의무자에 대한 국가의 **부가가치세 환급세액 지급의무**는 그 납세의무자로부터 어느 과세기간에 과다하게 거래징수된 세액 상당을 국가가 실제로 납부받았는지와 관계없이 **부가가치세 법령의 규정에 의하여 직접 발생하는 것**으로서, 그 **법적 성질**은 부당이득반환의무가 아니다.

부당이득반환의무 ×
(공법상 의무 ○)

O

O X ★★★★★ 2022 경찰간부

49 부가가치세법령에 의하여 환급세액이 정해진 **부가가치세 환급세액의 지급청구**는 당사자소송이 아니라 민사소송의 대상이다.

당사자소송 ○

X

O X ★★★ 2024 국가직 9급

50 **사업주가 당연가입자가 되는 고용보험 및 산업재해보상보험에서 보험료 납부의무 부존재확인**은 당사자소송으로 다투어야 한다.

당사자소송 ○

O

O X ★★★★ 최신판례

51 산업기술혁신촉진법상 **산업기술개발사업에 관하여 체결된 협약**은 **공법상 계약에 해당**하고 **그에 따른 계약상 정산의무의 존부 · 범위에 관한 분쟁**은 공법상 당사자소송의 대상이다.

당사자소송의 대상

O

O X ★★★★ 2022 변호사

52 **재개발사업조합과 조합장** 또는 **조합임원 사이의 선임 · 해임**을 둘러싼 **법률관계**는 사법상의 법률관계이므로 조합장의 지위를 다투는 소송은 민사소송에 의하여야 한다.

사법상 법률관계 → 민사소송

O

O X ★★★★ 2019 서울시 1회 7급

53 **재개발조합 조합원의 자격 인정 여부에 관한 다툼**은 당사자소송의 대상이다.

당사자소송의 대상

O

O X ★★★ 2016 교육행정직 9급

54 **TV방송수신료 통합징수권한**의 **부존재확인**은 당사자소송으로 다툴 수 있다.

당사자소송의 대상

O

O X ★★★ 2021 국가직 7급

55 지방자치단체가 보조금지급결정을 하면서 일정 기한 내에 보조금을 반환하도록 교부조건을 부가한 경우, 보조사업자에 대한 **지방자치단체의 보조금반환청구**는 당사자소송의 대상이 된다.

당사자소송의 대상

O

O X ★★★ 2020 국가직 7급

56 **「국토의 계획 및 이용에 관한 법률」상** 토지소유자 등이 도시 · 군계획시설 사업시행자의 **토지의 일시사용에 대하여 정당한 사유 없이 동의를 거부한 경우,** 사업시행자가 토지소유자를 상대로 **동의의 의사표시를 구하는 소송**은 당사자소송으로 보아야 한다.

당사자소송

O

O X ★★★ 2023 경찰간부

57 **「국토의 계획 및 이용에 관한 법률」**에 따라 **사업시행자가 토지소유자를 상대로 토지의 일시사용에 대한 동의의 의사표시를 구하는 소**는 당사자소송에 해당한다.

당사자소송

O

O X ★★★★ 2023 서울시 지적 7급

58 **관리처분계획 그 자체를 다투고자 하는 경우** 관리처분계획에 대한 조합총회결의에 대해 민사소송을 제기할 수 있다.

민사소송 × → **항고소송** ○

X

O X ★★★★ 2023 서울시 지적 7급

59 **관리처분계획안의 인가 후 조합총회결의의 하자를 다투고자 하는 경우** 관리처분계획을 대상으로 항고소송을 제기할 수 있다.

관리처분계획 인가 후 : **관리처분계획을 대상으로 항고소송** ○

O

O X ★★★★ 2020 지방직 · 서울시 9급

60 「도시 및 주거환경정비법」상 관리처분계획에 대한 인가는 강학상 인가의 성격을 갖고 있으므로 **관리처분계획에 대한 인가**가 있더라도 관리처분계획안에 대한 **총회결의에 하자**가 있다면 민사소송으로 총회결의의 하자를 다투어야 한다.

관리처분계획 인가 후 : 총회결의의 무효확인청구 × → 관리처분계획취소 또는 무효확인의 **항고소송** ○

X

OX ★★★★ 2023 소방직 9급

61 **관리처분계획에 대하여 인가 · 고시가 있는 경우**에 **총회결의의 하자를 이유로 그 효력 유무를 다투는 확인의 소를 제기**하는 것은 특별한 사정이 없는 한 허용된다.

허용 × X

OX ★★★★ 2024 소방간부

62 주택재건축정비사업조합을 상대로 **관리처분계획안에 대한 조합총회결의의 효력을 다투는 소송**은 사법상 법률관계에 관한 소송이다.

공법관계 → 당사자소송 X

OX ★★★★ 2023 서울시 지적 7급

63 **관리처분계획안의 인가 전 조합총회결의의 하자를 다투고자 하는 경우** 조합총회결의의 무효확인을 구하는 당사자소송을 제기할 수 있다.

당사자소송 O

OX ★★★★ 2021 소방직 9급

64 「도시 및 주거환경정비법」상의 **주택재건축정비사업조합을 상대로 관리처분계획안에 대한 조합총회결의의 무효확인을 구하는 소**는 공법관계이므로 당사자소송을 제기하여야 한다.

당사자소송 O

OX ★★★★ 2020 지방직 · 서울시 7급

65 **소송형태는 당사자소송의 형식**을 취하지만 **실질적으로는 처분 등의 효력을 다투는 항고소송의 성질을 가지는 소송**은 현행법상 인정되지 아니한다.

토지보상법 등에서 **형식적 당사자소송 인정**(보상금증감소송 등) X

OX ★★★ 2016 교육행정직 9급

66 **행정소송법**은 **당사자소송의 원고적격**을 당사자소송을 제기할 법률상 이익이 있는 자로 규정하고 있다.

규정 × X

OX ★★★ 2023 서울시 지적 7급

67 **과거의 법률관계라 할지라도 현재의 권리 또는 법률상 지위에 영향**을 미치고 있고 현재의 권리 또는 법률상 지위에 대한 위험이나 불안을 제거하기 위하여 그 **법률관계에 관한 확인판결을 받는 것**이 **유효적절한 수단이라고 인정**될 때에는 확인의 이익이 있다.

확인의 이익 ○ O

OX ★★★ 2017 국가직 7급

68 **공법상 계약의 무효확인을 구하는 당사자소송의 청구**는 당해 소송에서 추구하는 **권리구제를 위한 다른 직접적인 구제방법이 있는 이상** 소송요건을 구비하지 못한 위법한 청구이다.

위법한 청구 O

OX ★★★ 고난도

69 **공립어린이집 원장 지위**에 있다는 **확인을 구하는 행정소송을 제기한 후** 소송계속 중 그 **공립어린이집의 위탁운영기간**이 **만료**된 경우, 특별한 사정이 없는 한 그에 관한 행정소송은 소의 이익이 없어 부적법하다.

소의 이익이 **없어 부적법** O

OX ★★★★ 2018 서울시 9급

70 취소소송은 다른 법률에 특별한 규정이 없는 한 그 처분 등을 행한 행정청을 피고로 하며, **당사자소송**은 국가 · 공공단체, 그 밖의 권리주체를 **피고**로 한다.

당사자소송의 피고 : **국가 · 공공단체, 그 밖의 권리주체**
취소소송의 피고 : 당해 행정청 O

OX ★★★★ 2017 서울시 9급

71 **국가나 지방자치단체**는 행정청과는 달리 **당사자소송**의 당사자가 될 수 있고 **국가배상책임**의 주체가 될 수 있다.

당사자소송의 **당사자**, 국가배상책임의 **주체**가 될 수 있음. O

OX ★★★ 고난도

72 **당사자소송**의 경우 **피고적격**이 인정되는 **권리주체**는 행정주체로 한정되므로, **사인(私人)을 피고로 하는 당사자소송**을 제기할 수 없다.

행정주체로 한정 × / 사인(私人)을 피고로 하는 당사자소송 **제기 가능** X

OX ★★★ 2019 지방직 · 교육행정직 9급

73 **납세의무부존재확인의 소**는 공법상 법률관계 그 자체를 다투는 소송으로서 당사자소송이다.

당사자소송 O

OX ★★★★ 2020 지방직 · 서울시 9급

74 공법상 당사자소송으로서 **납세의무부존재확인의 소**는 과세처분을 한 과세관청이 아니라 행정소송법 제3조 제2호, 제39조에 의하여 그 법률관계의 한쪽 당사자인 국가 · 공공단체, 그 밖의 권리주체가 **피고적격**을 가진다.

법률관계의 한쪽 당사자인 **국가 · 공공단체, 그 밖의 권리주체** O

OX ★★★ 2017 서울시 7급

75 **국가를 당사자 또는 참가인으로 하는 소송**에서는 법무부장관이 국가를 대표하고, **지방자치단체를 당사자로 하는 소송**에서는 지방자치단체의 장이 해당 지방자치단체를 대표한다.

법무부장관이 국가를 대표 / **지방자치단체의 장**이 지방자치단체를 대표 O

OX ★★★ 2021 군무원 9급

76 **당사자소송의 원고**가 피고를 잘못 지정하여 **피고경정신청을 한 경우 법원**은 결정으로써 피고의 경정을 허가할 수 있다.

결정으로써 피고경정 **허가 가능** O

OX ★★★ 2009 세무사

77 **당사자소송**에서도 **피고경정**이 인정된다.

피고경정 **인정** O

OX ★★★ 2013 지방직 9급

78 **당사자소송**에도 **제3자의 소송참가**가 허용된다.

제3자의 소송참가 **허용** O

OX ★★★ 2022 경찰간부

79 취소소송의 규정 중 **피고경정, 공동소송, 제3자의 소송참가, 행정청의 소송참가**에 관한 규정은 **당사자소송에 준용**된다.

행정소송법 제44조 O

OX ★★ 2018 교육행정직 9급

80 **국가가 당사자소송의 피고인 경우**에는 **관계행정청의 소재지를 피고의 소재지로 본다.**

행정소송법 제40조 O

OX ★★★ 2016 국회직 8급

81 **당사자소송**은 **취소소송의 제소기간**이 적용되지 않으나, **법령에 제소기간이 정해져 있는 경우에 그 기간**은 불변기간이다.

취소소송의 제소기간 **적용** × / **불변기간** O

OX ★★★ 2016 교육행정직 9급

82 **행정소송법**상 **당사자소송을 항고소송으로 변경**하는 것은 허용되지 않는다.

허용 ○(행정소송법 제42조) X

OX ★★★ 2021 군무원 9급

83 법원은 **당사자소송을 취소소송으로 변경하는 것이 상당하다고 인정할 때**에는 **청구의 기초에 변경이 없는 한 사실심의 변론종결시까지 원고의 신청**에 의하여 **결정으로써** 소의 변경을 **허가할 수 있다.**

행정소송법 제42조(제21조 소의 변경 준용) O

OX ★★★ 고난도

84 원고가 **고의 또는 중대한 과실 없이 당사자소송으로 제기하여야 할 것을 항고소송으로 잘못 제기**한 경우에, 당사자소송으로서의 소송요건을 결하고 있음이 명백하여 **당사자소송으로 제기되었더라도 어차피 부적법하게 되는 경우가 아닌 이상**, 법원으로서는 원고가 당사자소송으로 소 변경을 하도록 하여 심리 · 판단하여야 한다.

당사자소송으로 소 변경을 하도록 하여 심리 · 판단하여야 함. O

OX ★★★ 2013 지방직 9급

85 **당사자소송이 부적법하여 각하되는 경우** 그에 **병합된 관련청구소송** 역시 부적법 각하되어야 하는 것은 아니다.

85 86 **부적법 각하** ○ X

OX ★★★ 2023 경찰간부

86 당사자소송에 관련청구소송이 병합된 경우 **당사자소송이 부적법하여 각하**되면 그에 **병합된 관련청구소송**도 소송요건을 흠결하여 부적합하므로 각하되어야 한다.

O

OX ★★★ 2023 경찰간부

87 취소소송에 관한 **'행정심판기록의 제출명령'** 규정은 **당사자소송**에 준용된다.

준용 ○ (행정소송법 제44조 제1항) O

OX ★★★ 2021 군무원 9급

88 **당사자소송의 경우 법원은** 필요하다고 인정할 때에는 직권으로 증거조사를 할 수 있으나, **당사자가 주장하지 아니한 사실에 대하여는 판단**하여서는 안 된다.

판단 **가능** X

OX ★★★ '99 국가직 7급

89 **당사자소송**에는 취소소송과 달리 **사정판결**의 제도가 없다.

사정판결제도 **없음.** O

OX ★★★★ 2023 경찰간부

90 **국가를 상대로 하는 당사자소송**의 경우에는 **가집행선고**를 할 수 없다.

가집행선고 **가능** ○ (행정소송법 제43조 위헌결정) X

OX ★★★★ 2020 지방직 · 서울시 7급

91 공법상 **당사자소송**에서 **재산권의 청구를 인용**하는 **판결을 하는 경우 가집행선고**를 할 수 있다.

가집행선고 **가능** O

OX ★★★ 2024 소방간부

92 **가처분**은 현행 행정소송법이 규정하고 있다.

행정소송법에 규정 × X

OX ★★★★ 2022 지방직 · 서울시 7급

93 「**도시 및 주거환경정비법**」상 **주택재건축정비사업조합을 상대로 관리처분계획안에 대한 조합총회결의의 효력을 다투는 소송**은 당사자소송에 해당하므로 당해 소송에서 **민사집행법상 가처분**에 관한 규정이 준용되지 않는다.

당사자소송 → 민사집행법상 가처분 규정 **준용** ○ X

OX ★★★★ 2021 국가직 7급

94 **당사자소송**에는 항고소송에서의 집행정지규정은 적용되지 않고 **민사집행법상의 가처분규정**은 준용된다.

민사집행법상 가처분규정 **준용** O

OX ★★★ 2019 서울시 9급

95 **파면처분을 당한 공무원**은 그 **처분에 취소사유인 하자가 존재하는 경우 파면처분취소소송**을 제기하여야 하고 곧바로 **공무원지위확인소송**을 제기할 수 없다.

파면처분취소소송 ○ / 곧바로 **공무원지위확인소송** × O

OX ★★★ 2023 국가직 9급

96 **민사소송인 소가** 서울**행정법원에 제기**되었는데도 피고가 제1심법원에서 관할위반이라고 항변하지 않고 **본안에서 변론**을 한 경우에는 제1심법원에 **변론관할**이 생긴다.

변론관할 **발생** ○ O

OX ★★ 고난도

97 행정사건의 심리절차는 행정소송의 특수성을 감안할 때 심리절차 면에서 민사소송 절차와 큰 차이가 있으므로, 특별한 사정이 없는 한 **민사사건을 행정소송 절차로 진행한 것** 자체가 위법하다.

위법 ×(심리절차 면에서 큰 차이 ×) — X

OX ★★★ 2009 세무사

98 **객관적 소송**은 객관적인 적법성의 확보를 구하는 공익적 소송이므로 법률상 명문의 규정 없이도 **제기**할 수 있다.

법률이 정한 경우, 법률에 정한 자에 한하여 제기 **가능** — X

OX ★★★★ 2019 소방직 9급

99 **국가 또는 공공단체의 기관이 법률에 위반**되는 행위를 한 때에 **직접 자기의 법률상 이익과 관계없이 그 시정을 구하기 위하여 제기하는 소송**은 기관소송이다.

민중소송 — X

OX ★★★★ 2019 경행경채 2차

100 행정소송법상 기관소송은 **국가 또는 공공단체의 기관 상호 간**에 있어서의 **권한의 존부** 또는 **그 행사에 관한 다툼이 있을 때**에 이에 대하여 **제기하는 소송**을 말한다.

기관소송 — O

OX ★★ 2009 국가직 7급

101 **지방자치단체 상호 간의 권한쟁의**는 행정법원의 **관할**에 속한다.

헌법재판소 — X

OX ★★★ 2019 경행경채 2차

102 행정소송법상 **기관소송**이 헌법재판소법에 따라 **헌법재판소의 관장사항**으로 되는 소송은 **제외**한다.

행정소송법 제3조 제4호 단서 — O

OX ★★★ 2021 소방직 9급

103 **민중소송 및 기관소송**은 **법률이 정한 자에 한하여** 제기할 수 있다.

제기 ○(행정소송법 제45조) — O

OX ★★ 2007 관세사

104 **국민투표법상 국민투표 무효소송**은 기관소송의 예에 속한다.

민중소송 — X

OX ★★★★ 2012 사회복지직 9급

105 다음 중 행정소송법상 **행정소송의 유형**이 다른 하나는?

① 구 「광주민주화운동 관련자 보상 등에 관한 법률」에 따른 보상금지급청구소송
② 주민투표법에 따른 주민투표의 효력에 관한 소송
③ 구 석탄산업법상의 석탄가격안정지원금 지급청구에 관한 소송
④ 구 방송법에 근거한 수신료부과행위를 다투는 소송

①③④ 당사자소송
② 민중소송 — ②

OX ★★★ 2013 국가직 7급

106 **주민소송**은 행정소송법 제3조에서 규정하고 있는 민중소송에 해당한다.

민중소송 — O

OX ★★★ 2018 교육행정직 9급

107 **지방자치단체의 장의 재의요구에도 불구**하고 **지방의회가 조례안을 재의결한 경우 단체장이 지방의회를 상대로 제기하는 소송**은 기관소송이다.

기관소송 — O

OX ★★★ 2018 교육행정직 9급

108 행정소송법에서는 **민중소송으로서 처분 등의 취소를 구하는 소송**에는 그 성질에 반하지 아니하는 한 **취소소송에 관한 규정을 준용**한다.

행정소송법 제46조 제1항 — O

OX ★★★ 2009 국가직 7급

109 **기관소송으로서 처분 등의 취소를 구하는 소송**에는 그 성질에 반하지 아니하는 한 **취소소송에 관한 규정이 적용**된다.

행정소송법 제46조 제1항 — O

Topic

66 항고소송 Ⅰ - 취소소송의 일반론

p.288~291

	문제	해설	정답
01	★★★ 2012 지방직 9급 취소소송이란 **행정청의 위법한 처분 등을 취소** 또는 **변경하는 소송**을 말한다.	**취소소송**	O
02	★★★ 2016 국회직 8급 항고소송은 주관소송으로 보는 것이 통설이며, **취소소송의 소송물**은 당해 처분의 개개의 위법사유이다.	**처분의 위법성 일반**	X
03	★★★ 2010 국가직 9급 판례는 **취소소송의 소송물**을 처분의 위법성과 그로 인해 원고의 권리가 침해되었다는 원고의 '법적 주장'이라고 보고 있다.	**처분의 위법성 일반**	X
04	★★★★ 2015 서울시 7급 **취소소송의 제1심 관할법원**은 원고의 소재지를 관할하는 행정법원으로 한다.	**피고**(행정청)의 **소재지** 관할 **행정법원**	X
05	★★★ 2022 경찰간부 **중앙행정기관이 취소소송의 피고**가 되는 경우 대법원소재지를 **관할**하는 행정법원에 소송을 제기해야 한다.	05 06 **피고(행정청) 소재지** 관할 행정법원 **또는 대법원소재지 관할 행정법원 가능**	X
06	★★★ 2018 경행경채 3차 **경찰청장을 피고**로 하여 **취소소송을 제기하는 경우**, 대법원소재지를 관할하는 행정법원이 **제1심 관할법원**으로 될 수 있다.		O
07	★★★ 2015 서울시 7급 **중앙행정기관의 부속기관과 합의제 행정기관 또는 그 장**에 대하여 **취소소송을 제기하는 경우**에는 **대법원소재지**를 **관할**하는 **행정법원에 제기할 수 있다.**	행정소송법 제9조 제2항 제1호	O
08	★★★ 2015 서울시 7급 **국가의 사무를 위임 또는 위탁받은 공공단체 또는 그 장**에 대하여 **취소소송을 제기하는 경우**에는 **대법원소재지**를 **관할**하는 **행정법원에 제기할 수 있다.**	행정소송법 제9조 제2항 제2호	O
09	★★★ 2015 서울시 7급 **토지의 수용 기타 부동산 또는 특정의 장소에 관계되는 처분 등**에 대한 **취소소송**은 그 **부동산 또는 장소의 소재지**를 **관할**하는 **행정법원**에 이를 **제기할 수 있다.**	행정소송법 제9조 제3항	O
10	★★★ 2023 군무원 7급 **토지의 수용에 대한 취소소송**은 그 부동산 소재지를 **관할**하는 행정법원에 이를 제기할 수 있다.	**그 부동산 또는 장소의 소재지**를 관할하는 행정법원	O
11	★★★ 2010 국가직 7급 **토지의 수용 및 기타 부동산 또는 특정의 장소에 관계되는 처분 등**에 대한 **취소소송**은 그 부동산 또는 장소의 소재지를 관할하는 행정법원에 제기해야 하므로, **민사소송법상의 합의관할 및 변론관할**에 관한 규정은 적용하지 않는다.	**토지관할** 성격 : **임의관할** → 민사소송법상 합의관할, 변론관할 규정 **적용** O	X
12	★★★ 2023 군무원 7급 원고의 **고의 또는 중대한 과실 없이** 행정소송이 **심급을 달리하는 법원에 잘못 제기**된 경우에는 관할위반을 이유로 **관할법원에 이송**한다.	행정소송법 제7조	O

OX ★★★★ 2022 지방직 · 서울시 7급

13 **원고가 고의 또는 중대한 과실 없이 행정소송으로 제기하여야 할 사건을 민사소송으로 잘못 제기한 경우**, 행정소송에 대한 관할을 가지고 있지 아니한 수소법원은 당해 소송이 행정소송으로서의 **제소기간을 도과한 것이 명백**하더라도 관할법원에 이송하여야 한다.

행정소송의 소송요건을 결하여 행정소송으로 제기되었더라도 부적법한 경우 **이송** × — X

OX ★★★★ 2021 군무원 9급

14 **원고가 고의 또는 중대한 과실 없이 행정소송으로 제기하여야 할 사건을 민사소송으로 잘못 제기한 경우**, **수소법원**으로서는 만약 그 행정소송에 대한 관할도 동시에 가지고 있다면 이를 행정소송으로 심리 · 판단하여야 하고, 그 행정소송에 대한 관할을 가지고 있지 아니하다면 관할법원에 이송하여야 한다.

행정소송 **관할 해당** ○ → **행정소송으로 심리 · 판단**
행정소송 **관할 해당** × → 소송요건 갖추었다면 **관할법원에 이송** — O

OX ★★★★ 고난도

15 **항고소송으로 제기하여야 할 사건을 민사소송으로 잘못 제기**한 경우에 **수소법원이 항고소송**에 대한 **관할도 동시에 가지고 있다면**, 항고소송으로 제기되었더라도 어차피 부적법하게 되는 경우가 아닌 이상, 원고로 하여금 항고소송으로 소변경을 하도록 석명권을 행사하여 행정소송법이 정하는 절차에 따라 심리 · 판단하여야 한다.

항고소송으로 소변경을 하도록 **석명권**을 **행사**하여 행정소송법이 정하는 절차에 따라 심리 · 판단 — O

OX ★★★ 2023 국가직 9급

16 당사자소송으로 서울**행정법원에 제기할 것을 민사소송으로 지방법원에 제기**하여 **판결이 내려진 경우**, 그 판결은 관할위반에 해당한다.

관할위반 ○ — O

OX ★★★★ 2009 국가직 7급

17 **관련청구소송의 이송은 그 소송이 계속되어 있는 법원이** 당해 소송을 **취소소송이 계속되어 있는 법원에 이송하는 것이 상당하다고 인정하는 때**에 **당사자의 신청 또는 직권**에 의하여 할 수 있다.

행정소송법 제10조 제1항 — O

OX ★★ 2009 세무사

18 **이송결정**은 이송받은 법원을 기속하며 **이송받은 법원은 다른 법원으로 다시 이송하지 못한다.**

행정소송법 제8조 제2항,
민사소송법 제38조 제2항 — O

OX ★★★★ 2021 변호사

19 **무효확인과 취소청구의 소**는 주위적 · 예비적 청구로서만 **병합**이 가능하고 선택적 청구로서의 병합이나 단순병합은 허용되지 아니한다.

19 20 21 양립할 수 없는 관계 → **주위적 · 예비적 청구**만 가능 — O

OX ★★★★ 2022 군무원 9급

20 행정처분에 대한 **취소소송과 무효확인소송**은 단순병합이나 선택적 병합의 방식으로 제기할 수 있다.

X

OX ★★★★ 2022 경찰간부

21 행정처분에 대한 **취소청구와 무효확인청구**는 서로 양립할 수 없는 청구로서 선택적 청구로서의 병합이나 단순병합을 할 수 없다.

O

OX ★★★★ 2020 소방직 9급

22 원고는 **취소소송이 계속된 법원에 당해 행정청에 대한 손해배상청구 등을 병합하여 제기**할 수 없으므로, 손해배상청구를 담당하는 민사법원의 판결이 먼저 내려진 경우라 할지라도 이 판결의 내용은 취소소송에 영향을 미치지 아니한다.

취소소송의 대상인 처분 등과 **관련 손해배상청구** 병합 제기 **가능** — X

OX ★★★ 2009 세무사

23 **당해 처분 등과 관련되는 손해배상 · 부당이득반환 · 원상회복 등 청구소송**은 관련청구 소송에 해당된다.

관련청구소송 — O

OX ★★★★ 2017 국회직 8급

24 甲은 A시장의 영업허가취소처분이 위법함을 이유로 국가배상청구소송을 제기하였다. 甲이 **국가배상청구소송을 제기한 이후**에 영업허가취소처분에 대한 **취소소송을 제기한 경우** 그 취소소송은 국가배상청구소송에 **병합**할 수 있다.

국가배상청구소송을 취소소송에 병합 가능 — X

OX ★★★ 2014 국회직 8급

25 **취소소송에 병합할 수 있는** 당해 처분과 관련된 **부당이득반환소송**은 당해 **처분의 취소를 선결문제로 하는 부당이득반환청구**가 포함된다.

처분 취소를 선결문제로 하는 부당이득반환청구 **포함** — O

OX ★★★ 2010 국회직 8급

26 **관련청구소송의 병합**에 있어서는 취소소송의 적법성이 전제되어야 하며, 사실심변론종결 전에 관련청구가 병합되어야 한다.

취소소송의 적법성 전제 / **사실심변론종결 전까지** 가능 — O

OX ★★★★★ 2022 지방직 · 서울시 7급

27 처분에 대한 **취소소송에 당해 처분의 취소를 선결문제로 하는 부당이득반환청구가 병합된 경우, 부당이득반환청구가 인용되기 위해서**는 당해 처분이 그 소송절차에서 판결에 의해 취소되면 충분하고 당해 처분의 취소가 확정되어야 하는 것은 아니다.

그 소송절차에서 처분이 **취소되면 충분** ○ / 취소가 확정될 필요 × — O

OX ★★★ 2009 지방직(하) 7급

28 **관련청구소송의 병합은 본래의 항고소송이 적법할 것을 요건**으로 하는 것이어서 **본래의 항고소송이 부적법하여 각하**되면 그에 병합된 관련청구도 소송요건을 흠결한 부적법한 것으로 각하되어야 한다.

병합된 관련청구도 소송요건을 흠결한 **부적법**한 것으로 **각하** — O

Topic

67 항고소송 Ⅰ - 취소소송의 당사자 등

p.292~304

OX ★★★ 2007 세무사

01 **법인격 없는 단체**도 대표자를 통해서 단체의 이름으로 **소**를 **제기**할 수 있다.

대표자를 통해서 단체의 이름으로 소 제기 **가능** — O

OX ★★★ 2015 국가직 9급

02 **자연물인 도롱뇽** 또는 그를 포함한 **자연 그 자체**로서는 소송을 수행할 **당사자능력**을 인정할 수 없다.

당사자능력 **인정** × — O

OX ★★★ 2024 지방직 · 서울시 9급

03 **국가**가 국토이용계획과 관련한 지방자치단체의 장의 **기관위임사무의 처리에 관하여 지방자치단체의 장을 상대로 취소소송을 제기**하는 것은 허용되지 않는다.

허용 × — O

OX ★★★ 2018 소방직 9급 변형

04 판례는 **항고소송**에 있어서 **충북대학교 총장의 원고적격**을 인정하였다.

인정 × — X

OX ★★★ 2010 지방직 9급

05 **취소소송**은 처분 등의 취소를 구할 **법률상 이익이 있는 자**가 제기할 수 있다.

행정소송법 제12조(원고적격) — O

OX ★★★ 2023 행정사

06 **처분의 효과가 소멸된 뒤**에는 그 처분의 취소로 인하여 회복되는 법률상 이익이 있어도 그 처분에 대한 **취소소송**을 제기할 수 없다.

회복되는 법률상 이익이 있는 경우 가능 ○(행정소송법 제12조) X

OX ★★★★ 2024 지방직 · 서울시 9급

07 무효등확인소송의 제기 당시에 원고적격을 갖추었다면 **상고심 계속중에 원고적격을 상실**하더라도 그 소는 적법하다.

부적법한 소가 됨. X

OX ★★★ 2011 국가직 9급

08 **법률상 이익의 의미**에 관하여 법률상 보호이익설(법률상 이익구제설)은 **위법한 처분에 의하여 침해되고 있는 이익이 근거법률에 의하여 보호되고 있는 이익인 경우**에는 그러한 **이익이 침해된 자에게** 당해 **처분의 취소를 구할 원고적격이 인정**된다고 한다.

법률상 보호이익설(법률상 이익구제설) O

OX ★★★★★ 2022 국회직 8급

09 경기도선거관리위원회 소속 공무원인 甲이 「부패방지 및 국민권익위원회의 설치와 운영에 관한 법률」에 따라 국민권익위원회에 신고를 하면서 신분보장조치를 요구하였고, 이에 **국민권익위원회가 경기도선거관리위원회 위원장에게** 甲에 대한 중징계요구를 취소하고 향후 신고로 인한 신분상 불이익 등을 주지 말 것을 요구하는 **조치요구를 한 사안에서 이에 불복하는 경기도선거관리위원회 위원장**은 항고소송의 **원고적격**이 인정된다.

국가기관이 다른 기관의 처분으로 중대한 불이익을 받았음에도 **처분을 다툴 별다른 방법이 없고 항고소송이 유효 · 적절한 권익구제 수단인 경우** 원고적격 **인정** O

OX ★★★★★ 2023 군무원 9급

10 **법령이 특정한 행정기관 등**으로 하여금 **다른 행정기관을 상대로 제재적 조치를 취할 수 있도록 하면서,** 그에 따르지 않으면 그 행정기관에 대하여 **과태료를 부과하거나 형사처벌을 할 수 있도록 정하는 경우,** 제재적 조치의 **상대방인 행정기관** 등에게 항고소송 원고로서의 **당사자능력과 원고적격**을 인정할 수 없다.

권리구제나 권리보호의 필요성이 인정된다면 예외적으로 항고소송의 원고적격 **인정** ○ X

OX ★★★★★ 2023 경찰간부

11 처분성이 인정되는 **국민권익위원회의 조치요구**를 받은 **소방청장**은 조치요구의 취소를 구하는 항고소송의 **원고적격**을 가진다.

인정 ○ O

OX ★★★★ 2017 지방직(하) 9급

12 지방자치단체가 건축물을 건축하기 위하여 구 건축법에 따라 미리 건축물의 소재지를 관할하는 허가권자인 다른 지방자치단체의 장과 건축협의를 한 경우, 허가권자인 지방자치단체의 장이 **건축협의를 취소하는 행위는 항고소송의 대상이 되는 처분**에 해당한다.

항고소송대상이 되는 처분 **해당** ○ O

OX ★★★★ 2022 지방직 · 서울시 7급

13 건축법상 지방자치단체를 상대방으로 하는 **건축협의의 취소**는 행정처분에 해당한다고 볼 수 없으므로 지방자치단체가 건축물 소재지 관할 건축허가권자를 상대로 **항고소송을 통해 건축협의 취소의 취소**를 구할 수 없다.

건축협의의 취소 : **행정처분** ○
→ 건축협의 취소의 취소소송 **가능** X

OX ★★★★ 2023 경찰간부

14 **지방자치단체**는 **다른 지방자치단체장의 건축협의 취소**에 대하여 **취소를 구할 법률상 이익**이 없다.

인정 ○ X

OX ★★★★ 2022 서울시 지적 7급

15 **행정소송법 제12조의 '법률상의 이익'**이란 당해 처분의 근거법률에 의하여 직접 보호되는 구체적인 이익을 말하고, 이는 **제3자**가 **간접적인 이해관계를 가지는 경우**에도 인정된다.

간접적 이해관계 **인정** × / 법률에 의하여 보호되는 **개별적 · 직접적 · 구체적 이익** ○ X

OX ★★★ 2023 군무원 9급

16 처분 등에 의해 **법률상 이익**이 현저히 침해되는 경우뿐만 아니라 **침해가 우려되는 경우**에도 **원고적격**이 인정된다.

인정 ○

O

OX ★★★★ 2021 군무원 7급

17 **불이익한 행정처분의 상대방**은 직접 개인적 이익을 침해당한 것으로 볼 수 없으므로 처분 **취소소송에서 원고적격**을 바로 인정받지 못한다.

개인적 이익의 침해를 받은 자로서 취소소송의 원고적격 **인정** ○

X

OX ★★★★ 2023 군무원 9급

18 **행정처분의 직접 상대방이 아닌 제3자**라도 당해 처분에 관하여 법률상 직접적이고 구체적인 이해관계를 가지는 경우에는 당해 처분 취소소송의 **원고적격**이 인정된다.

법률상 직접적 · 구체적 이해관계 가지는 경우 **인정** ○

O

OX ★★★★ 2017 국회직 8급

19 **법률상 보호되는 이익**이라 함은 당해 처분의 근거법규에 의하여 보호되는 개별적 · 구체적 이익을 의미하며, 관련법규에 의하여 보호되는 개별적 · 구체적 이익까지 포함하는 것은 아니라는 것이 판례의 입장이다.

처분의 **근거법규 및 관련법규**에 의하여 보호되는 **개별적 · 직접적 · 구체적 이익**

X

OX ★★★★ 2024 국가직 9급

20 원고적격의 요건으로서 **법률상 이익**에는 당해 처분의 근거법률에 의하여 보호되는 직접적이고 구체적인 이익뿐만 아니라 간접적이거나 사실적 · 경제적 이해관계를 가지는 경우도 여기에 포함된다.

직접적 · 구체적 개인적 이익 ○ / 간접적 · 사실적 · 경제적 이익 ×

X

OX ★★★ 2017 서울시 7급

21 절대보전지역 변경처분에 대해 지역주민회와 주민들이 항고소송을 제기한 경우에는 **절대보전지역 유지로 지역주민회 · 주민들이 가지는 주거 및 생활환경상 이익**은 지역의 경관 등이 보호됨으로써 누리는 법률상 이익이다.

법률상 이익 ×

X

OX ★★★★ 2023 국가직 9급

22 환경부장관이 **생태 · 자연도 1등급으로 지정되었던 지역을 2등급으로 변경**하는 내용의 생태 · 자연도 수정 · 보완을 고시하는 경우, **1등급지역에 거주하던 인근주민**은 생태 · 자연도 등급변경처분의 무효확인을 구할 **원고적격**이 없다.

인정 ×

O

OX ★★★★ 2024 지방직 · 서울시 9급

23 행정처분에 있어서 **수익처분의 상대방**은 그의 권리나 법률상 보호되는 이익이 침해되었다고 볼 수 없으므로 달리 특별한 사정이 없는 한 그 **수익처분의 취소를 구할 이익**이 없다.

인정 ×

O

OX ★★★★ 2023 소방간부

24 구 주택법상 건축물의 **입주예정자**는 그 건축물에 대한 사용검사처분의 무효확인이나 취소를 통해 건축물의 하자상태 등을 제거하거나 법률적 지위가 달라진다 할 것이므로 **사용검사처분의 취소를 구할 법률상 이익**이 인정된다.

인정 ×

X

OX ★★★★★ 2023 행정사

25 **고시**가 다른 집행행위의 매개 없이 그 자체로서 직접 국민의 구체적인 권리 · 의무나 법률관계를 규율하는 성격을 가질 때에는 항고소송의 대상이 되는 **행정처분**에 해당한다.

집행행위의 매개 없이 직접 국민의 **구체적 권리 · 의무 · 법률관계 규율**할 때 → **처분** ○

O

OX ★★★★ 2023 행정사

26 **제약회사**는 **보건복지부 고시인 '약제급여 · 비급여 목록 및 급여 상한금액표'** 중 그 제약회사가 제조 · 공급하는 약제의 상한금액 인하 부분의 **취소를 구할 원고적격**이 있다.

원고적격 **인정**

O

OX ★★★ 2020 국회직 8급

27 **체납자**는 **자신이 점유하는 제3자 소유의 동산에 대한 압류처분의 취소나 무효확인을 구할 원고적격**이 있다.

원고적격 **인정** O

OX ★★★★ 2017 국가직(하) 7급

28 **채석허가**를 받은 자로부터 **영업양수 후 명의변경신고 이전에** 양도인의 법위반사유를 이유로 **채석허가가 취소된 경우, 양수인**은 수허가자의 지위를 사실상 양수받았다고 하더라도 그 처분의 **취소를 구할 법률상 이익**을 가지지 않는다.

채석허가 취소처분의 취소를 구할 법률상 이익 **인정** X

OX ★★★★ 2013 국가직 7급

29 공매 등의 절차로 영업시설의 전부를 인수함으로써 **영업자의 지위를 승계한 자가 관계행정청에 이를 신고하여 관계행정청이 그 신고를 수리하는 처분**에 대해 **종전 영업자**는 제3자로서 그 처분의 **취소를 구할 법률상 이익**이 인정되지 않는다.

처분의 취소를 구할 법률상 이익 **인정 ○** X

OX ★★★ 2011 국가직 7급

30 「도시 및 주거환경정비법」상 **조합설립추진위원회의 구성에 동의하지 아니한 정비구역 내의 토지 등 소유자**는 조합설립추진위원회 **설립승인처분의 취소를 구할 원고적격**이 있다.

원고적격 **인정** O

OX ★★★ 2022 군무원 7급

31 이른바 **예탁금회원제 골프장**에 있어서, 체육시설업자가 회원모집계획서를 제출하면서 사업계획의 승인을 받을 때 정한 예정인원을 초과하여 회원을 모집하는 내용의 회원모집계획서를 제출하여 그에 대한 시 · 도지사 등의 검토결과 통보를 받은 경우, **기존회원**이 **회원모집계획서에 대한 시 · 도지사의 검토결과통보에 대한 취소소송**에서 원고에게 **법률상 이익**이 인정된다.

회원모집계획서에 대한 시 · 도지사의 검토결과통보의 취소를 구할 법률상 이익 **인정** O

OX ★★★ 최신판례

32 **사립학교 직원**들은 **교육감의 학교법인 이사장 및 학교장에 대한 호봉정정 및 급여환수명령을 다툴** 개별적 · 직접적 · 구체적 이해관계가 있다고 볼 수 있으므로 위 명령을 다툴 **원고적격**이 있다.

원고적격 **인정** O

OX ★★★ 2021 군무원 9급

33 법인의 주주가 그 처분으로 인하여 궁극적으로 주식이 소각되거나 주주의 법인에 대한 권리가 소멸하는 등 **주주의 지위에 중대한 영향을 초래하게 되는데도** 그 처분의 성질상 **당해 법인이 이를 다툴 것을 기대할 수 없고** 달리 **주주의 지위를 보전할 구제방법이 없는 경우**에는 **주주**도 그 처분에 관하여 직접적이고 구체적인 법률상 이해관계를 가진다고 보이므로 그 취소를 구할 **원고적격**이 있다.

직접적 · 구체적 법률상 이해관계 ○ → 원고적격 **인정** O

OX ★★★★ 2017 국회직 8급

34 **기존업자가 특허기업인 경우**에는 그 특허로 인하여 받는 **영업상 이익**은 반사적 이익 내지 사실상 이익에 불과한 것으로 보는 것이 일반적이나, **허가기업인 경우**에는 기존업자가 그 허가로 인하여 받은 **영업상 이익**은 법률상 이익으로 본다.

특허기업 : **법률상 이익 → 원고적격 인정**
허가기업 : **반사적** 또는 **사실상 이익 → 원고적격 부정** X

OX ★★★★ 2023 국회직 8급

35 일반적으로 면허 등의 **수익적 행정처분**의 **근거**가 되는 **법률이 해당 업자들 사이의 과당경쟁으로 인한 경영의 불합리를 방지하는 것도 목적으로 하는 경우** 이미 같은 종류의 면허 등을 받아 영업을 하고 있는 **기존의 업자**는 경업자에 대하여 이루어진 면허 등 행정처분의 상대방이 아니라 하더라도 당해 행정처분의 취소를 구할 **법률상 이익**이 있다.

근거 법률이 과당경쟁으로 인한 경영의 불합리 방지도 목적으로 하는 경우 → 법률상 이익 **인정** O

OX ★★★★ 2023 국회직 8급

36 **한정면허를 받은 시외버스운송사업자**가 일반면허를 받은 시외버스운송사업자에 대한 사업계획변경인가처분으로 수익감소가 예상되는 경우 **일반면허 시외버스운송사업자에 대한 사업계획변경인가처분의 취소**를 구할 **법률상 이익**이 있다.

인정 O

OX ★★★ 2010 경행특채

37 동일한 사업구역 내의 동종의 **사업용 화물자동차면허대수를 늘리는 보충인가처분**에 대하여 **기존업자**는 그 **취소를 구할 법률상 이익**이 없다.

법률상 이익 **인정** O X

OX ★★★ 2013 국회직 8급

38 구「석탄수급조정에 관한 임시조치법」소정의 **석탄가공업에 관한 허가**는 사업경영의 권리를 설정하는 형성적 행정행위이므로 기존에 허가를 받은 원고들이 신규허가로 인하여 영업상 이익이 감소될 수 있다는 이유로 **기존의 업자**에 대해 처분의 **취소를 구할 법률상 이익**이 있다.

명령적 행정행위 O / 법률상 이익 **인정** × X

OX ★★★ 2019 소방직 9급

39 **한의사면허**는 **경찰금지를 해제하는 명령적 행위**에 해당한다.

강학상 허가(경찰금지를 해제하는 명령적 행위) **해당** O O

OX ★★★★ 2024 소방간부

40 한의사면허는 강학상 특허에 해당하고, 한약조제시험을 통하여 약사에게 한약조제권을 인정함으로써 **한의사들의 영업상 이익**이 감소되었다면 이러한 이익은 약사법이나 의료법 등의 법률에 의하여 보호되는 법률상 이익이라 볼 수 있다.

법률상 이익 × → **사실상 이익** X

OX ★★★ 2018 소방직 9급

41 당초 병원설치가 불가능한 용도에서 **병원설치가 가능한 용도로 건축물 용도를 변경하여 준 처분에 대하여** 인근의 **기존 병원경영자**는 판례가 취소소송의 **원고적격**을 부정한다.

원고적격 **부정** O

OX ★ 고난도

42 **甲**이 적법한 약종상허가를 받아 **허가지역내에서 약종상영업**을 경영하고 있음에도 불구하고 행정관청이 구 약사법시행규칙을 위배하여 **같은 약종상인 乙에게** 乙의 영업허가지역이 아닌 **甲의 영업허가지역내로 영업소를 이전하도록 허가**하였다면 甲으로서는 행정관청의 영업소이전허가처분의 취소를 구할 법률상 이익이 있다.

기존 약종상업자는 다른 약종상업자에 대한 영업소이전허가처분의 취소를 구할 **법률상 이익** O O

OX ★★★★ 2023 서울시 지적 7급

43 **경업자에 대한 행정처분이 경업자에게 불리한 내용**이라면 그와 경쟁관계에 있는 기존의 업자에게는 특별한 사정이 없는 한 유리할 것이므로 **기존의 업자**가 그 행정처분의 **무효확인 또는 취소를 구할 이익**은 없다고 보아야 한다.

특별한 사정이 없는 한 유리 → 법률상 이익 **인정** × O

OX ★★★★ 2017 지방직 9급

44 인 · 허가 등 **수익적 처분을 신청한 여러 사람이 상호 경쟁관계**에 있다면, 그 **처분이 타방에 대한 불허가 등으로 될 수밖에 없는 때**에도 수익적 처분을 받지 못한 사람은 처분의 직접 상대방이 아니므로 원칙적으로 당해 수익적 처분의 취소를 구할 수 없다.

처분의 직접 상대방이 아닌 자에도 **당사자적격 인정** X

OX ★★★★ 2008 국회직 8급

45 **경원자소송**(競願者訴訟)에서는 법적 자격의 흠결로 **신청이 인용될 가능성이 없는 경우를 제외하고는 경원관계의 존재만으로** 거부된 처분의 취소를 구할 법률상 이익이 있다.

법률상 이익 인정 O

OX ★★★★ 2023 국회직 8급

46 인가 · 허가 등 수익적 행정처분을 신청한 여러 사람이 서로 **경원관계**에 있어서 **한 사람에 대한 허가 등 처분이 다른 사람에 대한 불허가 등으로 귀결될 수밖에 없을 때 허가 등 처분을 받지 못한 사람**은 신청에 대한 거부처분의 직접 상대방으로서 원칙적으로 **자신에 대한 거부처분의 취소를 구할 법률상 이익**이 있다.

자신에 대한 거부처분의 취소를 구할 법률상 이익 **인정** ○

OX ★★★★ 2023 군무원 5급

47 인가 · 허가 등 수익적 행정처분을 신청한 여러 사람이 서로 **경원관계**에 있는 경우, **허가 등 처분을 받지 못한 사람**은 취소소송에서의 **법률상 이익**이 있다.

법률상 이익 **인정** ○

OX ★★★ 2015 경행특채 1차

48 **원자로시설부지 인근주민**들이 방사성 물질 등에 의한 생명 · 신체의 안전침해를 이유로 **부지사전승인처분의 취소를 구할** 때에는 판례가 **원고적격**을 인정하고 있다.

원고적격 **인정** ○ ○

OX ★★★ 2022 소방간부

49 **토사채취**로 인하여 생활환경의 피해를 입으리라고 예상되는 **인근 지역 주민들의 주거 · 생활환경상의 이익**은 토사채취허가의 근거법률에 의하여 보호되는 직접적이고 구체적인 법률상 이익이라고 할 수 있다.

직접적 · 구체적인 법률상 이익 ○ ○

OX ★★★ 2021 소방간부

50 김해시장이 **낙동강에 합류하는 하천수 주변의 토지**에 구 「**산업집적활성화 및 공장설립에 관한 법률**」 제13조에 따라 **공장설립을 승인**하는 **처분**을 한 경우, **공장설립으로 수질오염 등이 발생할 우려가 있는 취수장에서 물을 공급받는 부산광역시** 또는 **양산시**에 거주하는 **주민**들도 원고적격이 인정된다.

원고적격 인정 ○

OX ★★★★ 2023 경찰간부

51 **상수원에서 급수를 받고 있는 지역주민들**이 가지는 상수원의 오염을 막아 양질의 급수를 받을 이익은 근거 법률에 의하여 직접적이고 구체적으로 보호되는 이익으로서, 해당 지역주민들에게는 **상수원보호구역변경처분의 취소를 구할 법률상의 이익**이 있다.

법률상 이익 **인정** ×(반사적 이익) X

OX ★★★★ 2014 서울시 9급

52 **환경영향평가대상지역 안의 주민**들이 전원개발사업실시계획승인처분의 취소를 구할 경우 **원고적격**이 있다.

원고적격 **인정** ○

OX ★★★★★ 2023 변호사

53 행정처분의 근거법규 또는 관련법규에 그 처분으로써 이루어지는 행위 등 사업으로 인하여 **환경상 침해를 받으리라고 예상되는 영향권의 범위가 구체적으로 규정되어 있는 경우**에는, 그 **영향권 내의 주민**들에 대하여는 특단의 사정이 없는 한 환경상 이익에 대한 침해 또는 침해우려가 있는 것으로 사실상 추정되어 **원고적격**이 인정된다.

환경상 이익에 대한 침해 또는 **침해우려 사실상 추정** → **원고적격 인정** ○ ○

OX ★★★★★ 2024 지방직 · 서울시 9급

54 **환경영향평가 대상지역 밖의 주민**이라 할지라도 공유수면매립면허처분 등으로 인하여 그 처분 전과 비교하여 **수인한도를 넘는 환경피해를 받거나 받을 우려가 있는 경우**에는, 공유수면매립면허처분 등으로 인하여 환경상 이익에 대한 침해 또는 침해우려가 있다는 것을 입증함으로써 그 처분 등의 무효확인을 구할 **원고적격**을 인정받을 수 있다.

입증함으로써 원고적격 **인정** ○ ○

OX ★★★★★ 2022 서울시 지적 7급

55 **환경영향평가대상지역 밖의 주민**이라 할지라도 공유수면매립면허처분 등으로 인하여 그 처분 전과 비교하여 **수인한도를 넘는 환경피해를 받거나 받을 우려**가 있는 **경우**에는 헌법 제35조 제1항에서 정하고 있는 환경권에 관한 규정에 근거하여 그 처분 등의 무효확인을 구할 **원고적격**을 인정받을 수 있다.

헌법 제35조 환경권에 근거하여 원고적격을 인정받을 수는 없고 환경상 이익에 대한 침해 또는 침해우려를 입증함으로써 원고적격 인정 ○

X

OX ★★★★★ 2012 지방직 9급

56 환경상 이익에 대한 침해 또는 침해우려가 있는 것으로 사실상 추정되어 원고적격이 인정되는 사람에게는 환경상 침해를 받으리라고 예상되는 영향권 내의 주민들을 비롯하여 **단지 그 영향권 내의 건물 · 토지를 소유하거나 환경상 이익을 일시적으로 향유하는 데 그치는 사람**도 포함된다.

원고적격 인정 ×

X

OX ★★★★ 2013 국회직 8급

57 대법원은 **대한의사협회**는 국민건강보험법상 요양급여행위, 요양급여비용의 청구 및 지급과 관련하여 직접적인 법률관계를 갖지 않고 있으므로, **보건복지부 고시**인 「건강보험요양급여행위 및 그 상대가치점수」 개정으로 인하여 자신의 법률상 이익을 침해당하였다고 할 수 없다는 이유로 위 고시의 **취소를 구할 원고적격**이 없다고 보고 있다.

직접적 법률관계를 갖지 않으므로 원고적격 **부정**

O

OX ★★★ 2016 지방직 9급

58 **학교법인에 의하여 임원으로 선임된 B**는 자신에 대한 **관할청의 임원취임승인신청 반려처분 취소소송의 원고적격**이 있다.

원고적격 **인정**

O

OX ★★★★ 2023 변호사

59 법무사규칙이 이의신청절차를 규정한 것은 채용승인을 신청한 법무사뿐만 아니라 사무원이 되려는 사람의 이익도 보호하려는 취지로 볼 수 있으므로, **지방법무사회의 사무원 채용승인 거부처분**에 대해서는 처분 상대방인 법무사뿐만 아니라 그 때문에 사무원이 될 수 없게 된 사람도 이를 다툴 **원고적격**이 인정된다.

처분 상대방인 법무사, 사무원이 될 수 없게 된 사람 모두 원고적격 인정

O

OX ★★★ 2023 소방직 9급

60 **조합원 지위를 상실한 토지 등 소유자**는 주택재개발사업에 대한 **사업시행계획에 당연무효의 하자가 있는 경우, 사업시행계획의 무효확인 또는 취소를 구할 법률상 이익**이 있다.

법률상 이익 **인정**

O

OX ★★ 2024 군무원 7급

61 **회사의 내부규정**으로 **운수회사에 부과된 과징금**은 그 원인행위를 제공한 **운전자가 납부**하도록 되어 있다면, **해당 운전자**는 부과된 **과징금의 취소심판 또는 취소소송**을 제기할 수 있는 법적 지위를 갖게 된다.

61 62 **원고적격 부정**

X

OX ★★ 2012 국회직 8급

62 **운수회사에 대한 과징금 부과처분에 대한 취소소송**에서 그 부과처분이 자신의 잘못으로 인한 것으로 사후 사실상 변상하여 줄 관계에 있는 **운전기사**는 원고적격이 있다.

X

OX ★★ 고난도

63 **식품접객업소에서의 합성수지 도시락 용기**의 **사용**을 **금지**하는 것의 직접적인 수범자는 식품접객업주이므로 **합성수지 도시락 용기의 생산업자**들이 입게 되는 영업매출의 감소 위험은 간접적, 사실적 혹은 경제적인 이해관계라고 볼 것이므로 자기관련성을 인정하기 어렵다.

자기관련성 부정

O

OX ★★★★ 2021 국가직 9급

64 개발제한구역 중 일부취락을 개발제한구역에서 해제하는 내용의 도시관리계획변경결정에 대하여 **개발제한구역 해제대상에서 누락된 토지의 소유자**가 위 **결정의 취소를 구하는 경우**에는 판례상 항고소송의 **원고적격**이 인정된다.

원고적격 **인정** × — X

OX ★★★ 2019 국회직 8급

65 제3자의 접견허가신청에 대한 교도소장의 거부처분에 있어서 **접견권이 침해되었다고 주장하는 구속된 피고인**은 행정소송의 **원고적격**을 가지는 자에 해당한다.

원고적격 **인정** — O

OX ★★★★ 2023 국가직 7급

66 외국 국적의 **甲이 위명(僞名)인 乙 명의의 여권으로 대한민국에 입국한 뒤 乙 명의로 난민신청**을 하였고 법무부장관이 乙 명의를 사용한 甲을 직접 면담하여 조사한 후에 **甲에 대하여 난민불인정처분**을 한 경우, 甲은 **난민불인정처분의 취소를 구할** 법률상 이익이 없다.

법률상 이익 ○ — X

OX ★★★ 2019 서울시 2회 7급

67 **공장설립승인처분이** 위법하다는 이유로 **쟁송취소되었다고 하더라도** 그 **승인처분에 기초한 공장건축허가처분이 잔존하는 이상, 인근주민**들은 여전히 **공장건축허가처분의 취소를 구할 법률상 이익**이 있다.

법률상 이익 **인정** — O

OX ★★★ 2022 국회직 8급

68 대학에 대한 **국가연구개발사업의** 협약해지통보에 불복하여 **협약해지통보의 효력을 다투는** 그 연구개발사업의 **연구팀장인 교수**는 항고소송의 **원고적격**이 인정된다.

원고적격 **인정** — O

OX ★★ 2023 경찰간부

69 **교원소청심사위원회의 결정**에 대하여 **피청구인인 사립학교의 장**은 **항고소송**을 제기할 수 없다.

항고소송 제기 **가능** — X

OX ★★★ 2012 지방직 9급

70 헌법재판소에 의하면 도시계획사업의 시행으로 **토지를 수용당한 사람**은 도시계획결정과 토지수용이 당연무효가 아닌 한 **도시계획결정 자체의 취소를 청구할 법률상의 이익**이 없다.

도시계획결정과 토지수용이 당연무효가 아닌 한 **부정** — O

OX ★★★ 2015 국가직 9급

71 **원천납세의무자**는 **원천징수의무자에 대한 납세고지를 다툴** 수 있는 원고적격이 없다.

원고적격 × — O

OX ★★★★ 2017 국가직(하) 7급

72 **원천징수의무자에 대한 소득금액변동통지**는 원천납세의무의 존부나 범위와 같은 원천납세의무자의 권리나 법률상 지위에 어떠한 영향을 준다고 할 수 없으므로 **소득처분에 따른 소득의 귀속자**는 법인에 대한 **소득금액변동통지의 취소를 구할 법률상 이익**이 없다.

법률상 이익 **부정** — O

OX ★★★★ 2016 지방직 9급

73 **재단법인인 수녀원** D는 소속된 수녀 등이 쾌적한 환경에서 생활할 수 있는 환경상 이익을 침해받는다면 매립목적을 택지조성에서 조선시설용지로 변경하는 내용의 **공유수면매립목적 변경승인처분의 무효확인을 구할 원고적격**이 있다.

환경상 이익을 향수할 수 있는 주체가 아니므로 원고적격 **부정** — X

OX ★★★★ 2017 국가직(하) 7급

74 **교육부장관이 사학분쟁조정위원회의 심의를 거쳐 학교법인의 이사와 임시이사를 선임한 데 대하여** 그 대학교의 교수협의회와 총학생회는 **이사선임처분을 다툴 법률상 이익**을 가지지만, 직원으로 구성된 노동조합은 법률상 이익을 가지지 않는다.

교수협의회 · 총학생회 : 법률상 이익 **인정** / **직원으로 구성된 노동조합** : 법률상 이익 **부정** — O

OX ★★★★ 2021 국가직 9급

75 중국 국적자인 **외국인**이 **사증발급 거부처분의 취소를 구하는 경우**에는 판례상 항고소송의 **원고적격**이 인정된다.

원칙적으로 원고적격 **인정** ×

X

OX ★★★★ 2021 국회직 8급

76 **외국인**이라고 하더라도 **대한민국과의 실질적 관련성** 내지 **법적으로 보호가치가 있는 이해관계를 형성한 경우**에는 **사증발급 거부처분의 취소를 구할 원고적격**이 인정된다.

원고적격 **인정** ○

O

OX ★★★★ 2019 국가직 7급

77 출입국관리법상의 체류자격 및 사증발급의 기준과 절차에 관한 규정들은 대한민국의 출입국 질서와 국경관리라는 공익을 보호하려는 취지로 해석될 뿐이므로, 동법상 **체류자격 변경불허가처분, 강제퇴거명령 등을 다투는 외국인**에게는 해당 처분의 **취소를 구할 법률상 이익**이 인정되지 않는다.

법률상 이익 **인정** ○

X

OX ★★★ 2024 국가직 9급

78 **영어 과목**의 2종 교과용 도서에 대하여 **검정신청을 하였다가 불합격결정처분을 받은 자**는 자신들이 검정신청한 교과서의 과목과 전혀 관계가 없는 **수학 과목의 교과용 도서에 대한 합격결정처분**에 대하여 그 **취소를 구할** 법률상 이익이 없다.

법률상 이익 ×

O

OX ★★ 2017 지방직 9급

79 법인세 과세표준과 관련하여 과세관청이 법인의 소득처분 상대방에 대한 **소득처분을 경정**하면서 **증액과 감액을 동시에 한 결과** 전체로서 **소득처분금액이 감소된 경우**, 법인이 **소득금액변동통지의 취소를 구할 소의 이익**이 없다.

소의 이익 **부정**

O

OX ★★★ 2023 지방직 · 서울시 7급

80 **행정처분에 그 효력기간이 정하여져 있는 경우**, 그 처분의 효력 또는 집행이 정지된 바 없다면 위 기간의 경과로 그 행정처분의 효력은 상실되므로 그 **기간 경과 후**에는 그 처분이 외형상 잔존함으로 인하여 어떠한 법률상 이익이 침해되고 있다고 볼 만한 별다른 사정이 없는 한 그 처분의 **취소를 구할 법률상 이익**이 없다.

처분이 **외형상 잔존함으로써 법률상 이익이 침해되는 사정**이 없는 한 **부정**

O

OX ★★★★ 2010 지방직 9급

81 **제재적 행정처분의 효력이 소멸한 경우**에도 **행정규칙에 의해** 당해 처분의 존재가 **가중처분의 전제가 되는 경우** 처분의 **취소를 구할 이익**이 있다.

소의 이익 **인정**

O

OX ★★★★ 2016 국가직 7급

82 **제재적 행정처분의 가중사유나 전제요건**에 관한 규정이 법령이 아닌 **행정규칙의 형식**으로 되어 있다면 이는 행정청 내부의 재량준칙을 규정한 것에 불과하므로 **담당공무원**은 이를 **준수할 의무**가 없다.

담당공무원은 원칙적으로 행정규칙을 **준수하여야 함.**

X

OX ★★★★ 2024 국회직 8급

83 제재적 행정처분이 그 처분에서 정한 제재기간의 경과로 인하여 그 효과가 소멸되었으나 부령인 시행규칙의 형식으로 정한 처분기준에서 제재적 행정처분(이하 '선행처분'이라고 함)을 받은 것을 가중사유나 전제요건으로 삼아 장래의 제재적 행정처분(이하 '후행처분'이라고 함)을 하도록 정하고 있는 경우, 위 시행규칙이 정한 바에 따라 **선행처분을 가중사유 또는 전제요건으로 하는 후행처분을 받을 우려가 현실적으로 존재하는 경우**에도 선행처분을 받은 상대방은 그 처분에서 정한 제재기간이 경과한 선행처분의 취소를 구할 **법률상 이익**이 없다.

제재기간이 경과한 선행처분의 취소를 구할 법률상 이익 인정 ○

X

OX ★★★★★ 2016 국가직 9급

84 장래의 **제재적 가중처분기준을** 대통령령이 아닌 **부령의 형식으로 정한 경우**에는 이미 **제재기간이 경과한 제재적 처분의 취소를 구할 법률상 이익**이 인정되지 않는다.

제재적 가중처분기준을 부령형식으로 정한 경우에도 법률상 이익 **인정** ○

X

OX ★★★★ 2019 국가직 9급

85 가중요건이 법령에 규정되어 있는 경우, 업무정지처분을 받은 후 새로운 제재처분을 받음이 없이 법률이 정한 기간이 경과하여 **실제로 가중된 제재처분을 받을 우려가 없어졌다면** 특별한 사정이 없는 한 업무정지처분의 **취소를 구할 법률상 이익**이 인정되지 않는다.

법률상 이익 **인정** × — O

OX ★★★★ 2017 지방직 9급

86 건축사 업무정지처분을 받은 후 새로운 업무정지처분을 받음이 없이 1년이 경과하여 **실제로 가중된 제재처분을 받을 우려가 없게 된 경우**, 그 처분에서 정한 정지기간이 경과한 이상 특별한 사정이 없는 한 업무정지처분의 **취소를 구할 법률상 이익**이 없다.

법률상 이익 **부정** — O

OX ★★★ 2017 지방직 9급

87 수형자의 **영치품에 대한 사용신청 불허처분 후** 수형자가 **다른 교도소로 이송된 경우** 원래 교도소로의 재이송 가능성이 소멸되었으므로 그 불허처분의 **취소를 구할 소의 이익**이 없다.

수형자의 권리 · 이익 침해가 해소되지 않았으므로 **인정** — X

OX ★★★ 2012 국회직 8급

88 **임원취임승인의 취소처분과 임시이사선임처분의 취소소송**을 동시에 제기하여 **소송계속 중 임시이사의 임기가 만료**되고 **새로운 임시이사가 선임된 경우**는 적법한 소로 볼 수 없다.

소의 이익 ○ → **적법한 소** ○ — X

OX ★★★ 2018 지방직 9급

89 **학교법인 임원취임승인의 취소처분 후** 그 임원의 **임기가 만료**되고 구 사립학교법 소정의 임원결격사유기간마저 경과한 경우에 취임승인이 취소된 임원은 **취임승인취소처분의 취소를 구할 소의 이익**이 없다.

긴급처리권 인정 가능성이 있는 경우 **인정** — X

OX ★★★ 2022 군무원 9급

90 소송계속 중 해당 처분이 기간의 경과로 그 효과가 소멸하더라도 **예외적으로** 그 **처분의 취소를 구할 소의 이익을 인정할 수 있는 '행정처분과 동일한 사유로 위법한 처분이 반복될 위험성이 있는 경우'**란 해당 사건의 동일한 소송당사자 사이에서 반복될 위험이 있는 경우만을 **의미**한다.

불분명한 법률문제에 대한 해명이 필요한 상황에 대한 대표적인 예시일 뿐 **반드시 동일한 소송당사자 사이인 경우**만 **의미하는 것 아님**. — X

OX ★★★ 2016 국가직 9급

91 **건축허가**가 건축법에 따른 이격거리를 두지 아니하고 건축물을 건축하도록 되어 있어 **위법**하다 하더라도 **건축이 완료**되어 위법한 **처분을 취소한다 하더라도 원상회복이 불가능한 경우**에는 그 **취소를 구할 법률상 이익**이 없다.

법률상 이익 **부정** — O

OX ★★★ 2014 서울시 7급

92 **건축공사 완료 후**에는 **건물준공처분의 취소를 구할 협의의 소익**이 없다.

협의의 소익 **부정** — O

OX ★★★ 2021 지방직 · 서울시 9급

93 **파면처분취소소송의 사실심변론종결 전**에 금고 이상의 형을 선고받아 **당연퇴직된 경우**에도 해당 공무원은 **파면처분의 취소를 구할 이익**이 있다.

급여청구 관계의 이익이 있는 이상 취소를 구할 이익 **인정** — O

OX ★★★ 고난도

94 국가공무원법상 **직위해제처분의 무효확인 또는 취소소송계속 중 정년을 초과**하여 직위해제처분의 무효확인 또는 취소로 공무원 신분을 회복할 수는 없다고 할지라도, 그 무효확인 또는 취소로 직위해제일부터 직권면직일까지 기간에 대한 감액된 봉급 등의 지급을 구할 수 있는 경우에는 **직위해제처분의 무효확인 또는 취소를 구할 법률상 이익**이 있다.

감액된 봉급 등의 지급을 구할 수 있는 경우 법률상 이익 **인정** — O

OX ★★★★★ 2023 소방직 9급

95 **지방의회의원에 대한 제명의결 취소소송계속 중 의원의 임기가 만료**되었다면, 제명의결시부터 임기만료일까지의 기간에 대한 월정수당의 지급을 구할 수 있다고 하더라도 **그 제명의결의 취소를 구할 법률상 이익**이 없다.

월정수당 지급을 구하는 등 법률상 이익 **인정** O

X

OX ★★★★ 2014 지방직 7급

96 서울대학교 **불합격처분의 취소를 구하는 소송계속 중** 당해 연도의 **입학시기가 지난 경우**에도 **불합격처분의 취소를 구할 법률상의 이익**이 있다.

다음 연도 입학시기에 입학 가능하므로 법률상 이익 **인정**

O

OX ★★★ 2017 서울시 9급

97 **도시개발사업의 공사 등이 완료되고 원상회복이 사회통념상 불가능하게 된 경우** 도시개발사업의 시행에 따른 **도시계획변경결정처분과 도시개발구역지정처분 및 도시개발사업실시계획인가처분의 취소를 구하는** 경우에는 **협의의 소의 이익**(권리보호의 필요)이 인정된다.

협의의 소의 이익 **인정** O

O

OX ★★★★ 2022 국가직 9급

98 **해임처분 취소소송계속 중 임기가 만료**되어 해임처분의 취소로 **지위를 회복할 수는 없다고 할지라도**, 그 취소로 해임처분일부터 임기만료일까지 기간에 대한 **보수지급을 구할 수 있는 경우에는 해임처분의 취소를 구할 법률상 이익**이 있으므로, 수소법원은 본안에 대하여 판단하여야 한다.

법률상 이익 **인정** → **본안판단** O

O

OX ★★★ 2015 지방직 7급

99 인사규정 등에서 **직위해제처분에 따른 효과로 승진·승급에 제한을 가하는 등의 법률상 불이익을 규정하고 있는 경우**에는 직위해제처분을 받은 근로자는 이러한 법률상 불이익을 제거하기 위하여 그 **실효된 직위해제처분에 대한 구제를 신청할 이익**이 있다.

실효된 직위해제처분에 대한 구제를 신청할 이익 **인정**

O

OX ★★★ 2019 국가직 9급

100 공장등록이 취소된 후 그 공장시설물이 철거되었고 다시 **복구를 통하여 공장을 운영할 수 없는 상태**라 하더라도 대도시 안의 공장을 **지방으로 이전할 경우 조세감면 및 우선입주 등의 혜택이 관계법률에 보장**되어 있다면, **공장등록취소처분의 취소를 구할 법률상 이익**이 인정된다.

법률상 이익 **인정** O

O

OX ★★★ 2015 국가직 9급

101 **사법시험 제2차 시험 불합격처분 이후 새로 실시된 제2차 및 제3차 시험에 합격한 자는 불합격처분의 취소를 구할 협의의 소익**이 없다.

협의의 소익 **부정**

O

OX ★★★ 2007 세무사

102 **의사국가시험에 불합격**한 자가 **새로 실시된 의사국가시험에 합격한 후 그 불합격처분의 취소를 구하는** 경우에는 **협의의 소익**이 있다.

협의의 소익 **부정**

X

OX ★★★ 2021 지방직·서울시 9급

103 **공익근무요원 소집해제신청을 거부한 후**에 원고가 계속하여 공익근무요원으로 복무함에 따라 **복무기간 만료를 이유로 소집해제처분을 한 경우**, 원고는 **거부처분의 취소를 구할 소의 이익**이 있다.

소의 이익 **부정**

X

OX ★★★★ 2018 경행경채

104 **현역병입영대상자로 병역처분을 받은 자**가 그 **취소소송 도중**에 모병에 응하여 **현역병으로 자진입대한 경우**에는 권리보호의 필요가 없는 경우로서 **소의 이익**을 인정할 수 없다.

소의 이익 **부정**

O

OX ★★★★ 2021 소방직 9급

105 현역입영대상자는 **현역병입영통지처분에 따라** 현실적으로 **입영을 하였다 할지라도**, 입영 이후의 법률관계에 영향을 미치고 있는 **현역병입영통지처분**을 한 관할 지방병무청장을 상대로 위법을 주장하여 그 취소를 구할 수 있다.

취소를 구할 소송상 이익 ○ ○

OX ★★★★ 2013 서울시 7급

106 행정처분이 취소되면 그 처분은 효력을 상실하여 더 이상 존재하지 않는 것이고, **존재하지 않는 행정처분을 대상으로 한 취소소송**은 소의 이익이 없어 부적법하다.

소의 이익 × → 부적법 ○

OX ★★★★ 2017 서울시 9급

107 행정청이 영업허가신청반려처분의 취소를 구하는 소의 계속 중 사정변경을 이유로 위 **반려처분을 직권취소**함과 **동시에** 위 신청을 **재반려하는 내용의 재처분을 한 경우 당초의 반려처분의 취소를 구하는 경우**에는 **협의의 소의 이익**(권리보호의 필요)이 인정된다.

소의 이익 **인정 ×** X

OX ★★★★ 2023 국가직 7급

108 이미 **직위해제처분을 받아 직위해제된 공무원**에 대하여 행정청이 **새로운 사유에 기하여 직위해제처분**을 하였다면, **이전 직위해제처분의 취소를 구하는 소송**을 **제기**하는 것은 부적법하다.

소송 제기 **부적법(소의 이익 부정)** ○

OX ★★★★ 2023 군무원 9급

109 절차상 또는 형식상 하자로 **무효인 행정처분**에 대하여 행정청이 **적법한 절차 또는 형식을 갖추어 다시 동일한 행정처분**을 하였다면, **종전의 무효인 행정처분에 대한** 무효확인청구는 과거의 법률관계의 효력을 다투는 것에 불과하므로 **무효확인을 구할 법률상 이익**이 없다.

과거의 법률관계의 효력을 다투는 것에 불과 → 법률상 이익 **부정** ○

OX ★★ 2009 국가직 9급

110 상등병에서 병장으로의 진급요건을 갖춘 자에 대하여 그 **진급처분을 행하지 아니한 상태에서 예비역으로 편입하는 처분**을 한 경우, **진급처분부작위위법을 이유로 예비역편입처분취소를 구할 소의 이익**이 있다고 할 수 없다.

소의 이익 **부정** ○

OX ★★★ 2016 국가직 7급

111 「도시 및 주거환경정비법」상 **이전고시가 효력을 발생하게 된 이후**에는 조합원 등이 **관리처분계획의 취소** 또는 **무효확인을 구할 법률상 이익**이 없다.

법률상 이익 **부정** ○

OX ★★ 2018 지방직 9급

112 **배출시설**에 대한 **설치허가가 취소**된 후 그 배출시설이 **철거되어 다시 가동할 수 없는 상태**라도 그 취소처분이 위법하다는 판결을 받아 손해배상청구소송에서 이를 원용할 수 있다면 배출시설의 소유자는 당해 처분의 **취소를 구할 법률상 이익**이 있다.

손해배상청구소송에서의 처분의 위법성 원용 이익 : 사실적 · 경제적 이익에 불과 → 소의 이익 **부정** X

OX ★★★ 2023 군무원 9급

113 「도시 및 주거환경정비법」상 조합설립추진위원회 구성승인처분을 다투는 소송계속 중 **조합설립인가처분이 이루어진 경우**에도 **조합설립추진위원회 구성승인처분에 대하여 취소 또는 무효확인을 구할 법률상 이익**이 있다.

법률상 이익 **부정** X

OX ★★ 2012 국가직 7급

114 **환지처분이 확정**된 **후**에는 **환지처분**의 **일부에 위법**이 있다고 하더라도 **민사상**의 **손해배상청구**를 할 수 없고, **행정소송**으로만 그 취소를 구할 수 있다.

민사상 손해배상 청구 ○, **행정소송 ×(법률상 이익 ×)** X

OX ★★★ 2023 소방직 9급

115 도지사가 **도에서 설치 · 운영하는 지방의료원**을 폐업하겠다는 결정을 발표하고 그에 따라 폐업을 위한 일련의 조치를 한 경우, **폐업결정**은 공권력의 행사로서 **행정처분**에 해당한다.

행정처분 **해당** ○ ○

OX ★★★★ 2022 군무원 9급

116 고등학교 졸업이 대학입학자격이나 학력인정으로서의 의미밖에 없다고 할 수 없으므로 **고등학교 졸업학력 검정고시에 합격**하였다 하여 고등학교 학생으로서의 신분과 명예가 회복될 수 없는 것이니 **퇴학처분을 받은 자**로서는 퇴학처분의 위법을 주장하여 그 **취소를 구할 소송상의 이익**이 있다.

명예 등의 이익 고려 → 소의 이익 **인정**

O

OX ★★★ 2022 서울시 지적 7급

117 처분청의 **직권취소**에도 완전한 **원상회복이 이루어지지 않아 무효확인** 또는 **취소로써 회복할 수 있는 다른 권리나 이익이 남아 있는 경우**, 예외적으로 그 처분의 **취소를 구할 소의 이익**이 있다.

117 118 **예외적으로** 소의 이익 **인정**

O

OX ★★★ 2023 국가직 7급

118 **취소소송계속 중**에 처분청이 계쟁**처분을 직권으로 취소**하더라도, 동일한 소송당사자 사이에서 그 처분과 **동일한 사유로 위법한 처분이 반복될 위험성**이 있어 그 처분에 대한 위법성의 확인이 필요한 경우에는 그 처분의 **취소를 구할 소의 이익**이 있다.

O

OX ★★★ 2022 서울시 지적 7급

119 **건축허가취소처분을 받은 건축물 소유자**는 그 **건축물이 완공된 후**에도 여전히 **취소처분의 취소를 구할 법률상 이익**을 가진다.

법률상 이익 **인정**

O

OX ★★ 2022 서울시 지적 7급

120 **거부처분이 재결에서 취소된 경우** 재결에 따른 후속처분이 아니라 그 **재결의 취소를 구하는 것**은 실효적이고 직접적인 권리구제수단이 될 수 없어 분쟁해결의 유효적절한 수단이라고 할 수 없으므로 **법률상 이익**이 없다.

분쟁해결의 유효적절한 수단 ×
→ 법률상 이익 **부정**

O

OX ★★★★ 2022 국회직 8급

121 **취소소송**은 다른 법률에 특별한 규정이 없는 한 처분 등을 행한 행정청을 **피고**로 한다.

처분 등을 행한 행정청

O

OX ★★★ 2020 국가직 9급

122 **취소소송**에서 **피고가 될 수 있는 행정청**에는 대외적으로 의사를 표시할 수 있는 기관이 아니더라도 국가나 공공단체의 의사를 실질적으로 결정하는 기관이 포함된다.

대외적으로 의사를 표시할 수 없는 기관은 **포함** ×

X

OX ★★★★ 2017 국가직(하) 9급

123 **행정권한을 위탁받은 공공단체** 또는 **사인이 자신의 이름으로 처분을 한 경우**에는 그 공공단체 또는 사인이 **항고소송의 피고**가 된다.

그 **공공단체** 또는 **사인**

O

OX ★★★ 2023 소방직 9급

124 **항고소송**은 원칙적으로 소송의 대상인 처분 등을 외부적으로 그의 명의로 행한 행정청을 **피고**로 하여야 하는 것이다.

처분 등을 **외부적으로 행한 행정청**

O

OX ★★★ 2019 지방직 · 교육행정직 9급

125 **국가공무원법에 따른 처분, 그 밖에 본인의 의사에 반한 불리한 처분이나 부작위에 관한 행정소송을 제기할 때**에 **대통령의 처분** 또는 **부작위의 경우**에는 소속장관을 **피고**로 한다.

소속장관

O

OX ★★ 2017 경행경채

126 **대법원장이 한 처분에 대한 행정소송의 피고**는 대법원장이다.

법원행정처장

X

OX ★★★ 2024 지방직 · 서울시 9급

127 취소소송은 다른 법률에 특별한 규정이 없는 한 그 **처분 등을 행한 행정청**을 **피고**로 하지만, **처분 등이 있은 뒤**에 그 처분 등에 관계되는 **권한이 다른 행정청에 승계**된 때에는 이를 승계한 행정청을 **피고**로 한다.

승계한 행정청이 피고

O

OX ★★★ 2023 소방직 9급

128 **처분 등이 있은 뒤**에 그 처분 등에 관계되는 **권한이 다른 행정청에 승계**된 때에는 그 처분 등에 대한 사무가 귀속되는 국가 또는 지방자치단체를 **피고**로 한다.

승계한 행정청 X

OX ★★★ 2008 지방직 7급

129 처분 후 **처분을 한 행정청이 폐지된 경우**에는 당해 처분청의 직근 상급행정청이 **피고**가 된다.

그 처분 등에 관한 **사무가 귀속되는 국가** 또는 **공공단체** X

OX ★★★ 2021 군무원 9급

130 개별법령에 합의제 행정청의 장을 피고로 한다는 명문규정이 없는 한 **합의제 행정청 명의로 한 행정처분**의 **취소소송의 피고적격**자는 당해 합의제 행정청이 아닌 합의제 행정청의 장이다.

원칙적으로 **합의제 행정청** X

OX ★★ 2006 국회직 8급

131 **공정거래위원회의 처분에 대한 소**는 공정거래위원회를 **피고**로 하여 제기하여야 한다.

공정거래위원회 O

OX ★★★★ 2022 국회직 8급

132 **중앙노동위원회의 처분에 대한 행정소송**은 중앙노동위원회 위원장을 **피고**로 한다.

중앙노동위원회 위원장 O

OX ★★★★ 2013 서울시 9급

133 항고소송의 경우 **권한을 내부위임한 경우**로서 수임청의 이름으로 처분을 발하면 위임청이 **피고**가 된다.

수임청 명의 처분 → **수임청**이 피고 X

OX ★★★★ 2023 소방직 9급

134 대리기관이 **대리관계를 표시**하고 **피대리 행정청을 대리하여 행정처분을 한 때**에는 피대리 행정청이 **피고**가 되어야 한다.

피대리 행정청 O

OX ★★★★ 2024 지방직 · 서울시 9급

135 행정처분을 행할 적법한 권한 있는 상급행정청으로부터 **내부위임을 받은 데 불과한 하급행정청이 권한 없이 행정처분을 한 경우** 실제로 그 처분을 행한 하급행정청을 **피고**로 하여야 할 것이지 그 처분을 행할 적법한 권한 있는 상급행정청을 피고로 할 것은 아니다.

실제로 그 처분을 행한 **하급행정청**이 피고 O

OX ★★★★ 2018 서울시 9급

136 대리권을 수여받은 데 불과하여 그 **자신의 명의로는 행정처분을 할 권한이 없는 행정청**의 경우 **대리관계를 밝힘이 없이 그 자신의 명의로 행정처분**을 하였다면 그에 대하여는 처분명의자인 당해 행정청이 **항고소송의 피고**가 되어야 하는 것이 원칙이다.

처분명의자인 당해 행정청 O

OX ★★★★ 2022 지방직 · 서울시 7급

137 **대리권을 수여받은 행정기관이 대리관계를 명시적으로 밝히지 않고 자신의 명의로 처분**을 하였다면, 비록 처분명의자가 피대리 행정청 산하의 행정기관으로서 **실제로 피대리 행정청으로부터 대리권한을 수여받아** 피대리 행정청을 대리한다는 의사로 행정처분을 하였고 **처분명의자는 물론 그 상대방도** 그 행정처분이 피대리 행정청을 **대리하여 한 것임을 알고서 이를 받아들였다** 하더라도 그 처분의 **취소소송에서의 피고**는 처분명의자인 대리 행정기관이 되어야 한다.

피대리 행정청 X

OX ★★★ 2008 국가직 9급

138 대법원은 **처분청과 통지한 자가 다른 경우**에는 통지한 자가 **피고**가 된다고 보았다.

처분청 X

OX ★★★★ 2023 국가직 9급

139 건국훈장 독립장이 수여된 망인에 대한 **서훈취소**를 국무회의에서 의결하고 **대통령이 결재**함으로써 서훈취소가 결정된 후에 **국가보훈처장(현 국가보훈부장관)이** 망인의 유족에게 독립유공자 **서훈취소결정통보**를 하였다면 서훈취소처분 취소소송에서의 **피고적격**은 국가보훈처장에 있다.

처분청과 통지한 자가 다른 경우 → **처분청** X

OX ★★★★★ 2024 지방직 · 서울시 9급

140 **조례**가 **집행행위의 개입 없이**도 **그 자체로**서 직접 국민의 구체적인 권리 · 의무나 법적 이익에 영향을 미치는 등의 **법률상 효과를 발생**하는 경우 **무효확인소송의 피고**는 당해 조례를 통과시킨 지방의회가 된다.

140 141 **공포권자인 지방자치단체장**

X

OX ★★★★ 2020 지방직 · 서울시 7급

141 **처분적 조례에 대한 무효확인소송**을 제기함에 있어서 **피고적격**이 있는 처분 등을 행한 행정청은 지방의회이다.

X

OX ★★★ 2022 해경간부

142 **교육에 관한 시 · 도의 조례에 대한 무효확인소송**은 시 · 도지사가 아니라 시 · 도교육감을 **피고**로 하여 제기하여야 한다.

공포권자인 교육감

O

OX ★★★★ 2006 국회직 8급

143 지방의회의원에 대한 **지방의회의 제명징계의결에 대하여 항고소송을 제기하는 경우** 지방의회가 **피고**가 된다.

지방의회

O

OX ★★★ 2024 소방간부

144 **피고경정**은 현행 행정소송법이 규정하고 있다.

행정소송법 제14조

O

OX ★★★ 2023 서울시 지적 7급

145 **피고경정**은 사실심변론종결까지만 허용되므로 상고심에서는 피고경정이 허용되지 않는다.

사실심변론종결시까지 허용

O

OX ★★★★★ 2024 지방직 · 서울시 9급

146 행정소송법상 **원고가 피고를 잘못 지정**한 때에는 법원은 **원고의 신청**에 의하여 결정으로써 **피고의 경정**을 **허가**할 수 있다.

행정소송법 제14조 제1항

O

OX ★★★★★ 2010 세무사

147 **원고가 피고를 잘못 지정한 때**에는 법원은 직권으로 **피고**를 **경정**하여야 한다.

원고의 신청이 있어야 함. / 직권 ×

X

OX ★★★ 2008 지방직 7급

148 **피고경정의 결정**이 있은 때에는 **새로운 피고에 대한 소송**은 **처음에 소를 제기한 때에 제기된 것으로 본다.**

행정소송법 제14조 제4항

O

OX ★★★ 2017 지방직(하) 9급

149 취소소송이 제기된 후에 **피고를 경정하는 경우 제소기간의 준수 여부**는 피고를 경정한 때를 **기준**으로 판단한다.

처음에 소를 제기한 때

X

OX ★★★ 2016 서울시 7급

150 **항고소송에서 원고가 피고를 잘못 지정**하였다면 **법원은** 석명권을 행사하여 피고를 경정하게 하여 소송을 진행하여야 한다.

석명권 행사 → **피고경정을 하게 한 후** 소송진행

O

OX ★★★ 2020 국가직 9급

151 **취소소송에서 원고가** 처분청 아닌 행정관청을 **피고**로 **잘못 지정한 경우, 법원은 석명권의 행사 없이** 소송요건의 불비를 이유로 **소를 각하**할 수 있다.

석명권의 행사 없는 소각하는 **위법**

X

OX ★★★ 2014 국가직 7급

152 제3자에 의해 항고소송이 제기된 경우에 **제3자효 행정행위의 상대방**은 **소송참가**를 할 수 있다.

소송참가 **가능**

O

OX ★★ 2012 국가직 9급

153 **취소소송의 제3자 소송참가에 관한 규정은 무효등확인소송, 부작위위법확인소송, 당사자소송**에도 준용된다.

제3자 소송참가에 관한 규정 **준용** ○ — O

OX ★★★★ 2024 소방간부

154 법원은 **소송의 결과에 따라 권리 또는 이익의 침해를 받을 제3자**가 있는 경우에는 **당사자** 또는 **제3자**의 **신청** 또는 **직권**에 의하여 결정으로써 그 제3자를 **소송에 참가**시킬 수 있다.

행정소송법 제16조 제1항 — O

OX ★★★ 2007 세무사

155 **제3자의 소송참가**는 **소송의 결과에 따라 권리 또는 이익의 침해를 받을 제3자에게 인정**될 수 있다.

행정소송법 제16조 제1항 — O

OX ★★★ 2012 국가직 9급

156 **제3자**는 판결의 형성력에 의해 권리 또는 이익의 침해를 받을 자를 말하며, **판결의 기속력에 의해 권리 또는 이익의 침해를 받는 경우**는 포함되지 않는다.

포함 ○ / **형성력 · 기속력**에 의한 권리 · 이익 침해 포함 — X

OX ★★★★ 2022 군무원 9급

157 법원은 **다른 행정청을 소송에 참가시킬 필요가 있다고 인정**할 때에는 **당사자 또는 당해 행정청**의 **신청 또는 직권**에 의하여 결정으로써 그 행정청을 **소송에 참가**시킬 수 있다.

행정소송법 제17조 제1항 — O

OX ★★★ 2018 지방직 9급

158 행정소송의 결과에 따라 권리 또는 이익의 침해우려가 있는 제3자는 당해 행정소송에 참가할 수 있으며, 이때 **참가인인 제3자**는 실제로 소송에 참가하여 **소송행위를 하였는지 여부를 불문**하고 판결의 효력을 받는다.

판결 효력 받음. — O

OX ★★ 2015 국가직 9급

159 특정 소송사건에서 당사자 일방을 보조하기 위하여 **보조참가를 하려면** 당해 소송의 결과에 대하여 사실상 · 경제상 또는 감정상의 이해관계가 있으면 충분하며 법률상의 **이해관계**가 요구되는 것은 아니다.

법률상 이해관계 필요 ○ / 사실상 · 경제상 · 감정상의 이해관계 × — X

OX ★★★ 최신판례

160 **사립학교의 교원**이 교원소청심사위원회의 소청심사 기각결정에 불복하여 **교원소청심사위원회를 피고로 하여 행정소송**을 제기한 경우, **소청심사의 피청구인이었던 사립학교의 장**은 학교법인의 기관일 뿐 당사자능력이 인정되지 않으므로 **피고보조참가인으로서 소송에 참여**할 수 없다.

가능 — X

OX ★★ 2020 지방직 · 서울시 9급

161 행정소송법상 **제3자 소송참가의 경우 참가인이 상소를 하였더라도**, 소송당사자 본인인 **피참가인은 참가인의 의사에 반하여 상소취하나 상소포기**를 할 수 있다.

불가 / 피참가인의 소송행위 : 공동소송적 보조참가인에게 불이익한 경우 효력 × — X

OX ★★★ 2017 사회복지직 9급

162 **행정소송사건에서 민사소송법상 보조참가**가 허용된다.

허용 ○ — O

OX ★★★ 2024 지방직 · 서울시 9급

163 **행정청**은 **민사소송법상**의 **보조참가**를 할 수 있을 뿐만 아니라 **행정소송법에 의한 소송참가**를 할 수 있고 **공법상 당사자소송**의 **원고**가 된다.

163 164 행정청 : 민사소송법상의 보조참가 × / 행정소송법에 의한 소송참가 ○ / 당사자소송의 원고 × — X

OX ★★★ 2023 서울시 지적 7급

164 타인 사이의 항고소송에서 **행정청**은 **민사소송법상**의 **보조참가**를 할 수는 없고 다만 **행정소송법에 의한 소송참가**를 할 수 있을 뿐이다.

O

Topic

68 항고소송 Ⅱ - 처분(취소소송의 제1대상)

p.305~313

	문제	해설	정답
01	★★★ 2013 서울시 7급 기각판결은 **소송요건의 불비를 이유로 본안의 심리를 거부하는 판결**이다.	**각하판결**	X
02	★★★ 2006 국가직 7급 **행정처분의 존부** 및 **원고적격**은 법원의 직권조사사항이다.	**직권조사사항**	O
03	★★★ 2012 국회(속기 · 경위직) 9급 **제소기간의 도과 여부**는 법원의 직권조사사항이다.	**직권조사사항**	O
04	★★★ 2014 사회복지직 9급 **필요적 행정심판전치주의가 적용되는 경우 그 요건을 구비**하였는지 **여부**는 법원의 직권조사사항이다.	**직권조사사항**	O
05	★★★ 2013 국가직 9급 **행정소송법상 '처분'**이라 함은 **행정청이 행하는 구체적 사실에 관한 법집행으로서의 공권력의 행사** 또는 그 **거부**와 그 밖에 **이에 준하는 행정작용**을 말한다.	행정소송법 제2조 제1항 제1호	O
06	★★★ 2013 국회속기직 9급 **취소소송의 대상**은 행정청의 '처분 등', 즉 **처분과 재결**이다.	행정소송법 제2조 제1항 제1호	O
07	★★★ 2023 행정사 **'처분 등'**이라 함은 행정청이 행하는 구체적 사실에 관한 법집행으로서의 **공권력의 행사** 또는 그 **거부**와 그 밖에 **이에 준하는 행정작용** 및 행정심판에 대한 **재결**을 말한다.	행정소송법 제2조 제1항 제1호	O
08	★★★ 2023 국가직 9급 행정청의 행위가 **'처분'에 해당하는지가 불분명한 경우**에는 그에 대한 불복방법 선택에 중대한 이해관계를 가지는 상대방의 인식가능성과 예측가능성을 중요하게 고려하여 규범적으로 **판단**하여야 한다.	**불복방법 선택에 중대한 이해관계**를 가지는 **인식가능성 · 예측가능성** 고려, **규범적 판단**	O
09	★★★★ 2013 국가직 9급 항고소송의 대상이 되는 행정처분이라 함은 원칙적으로 **행정청의 공법상 행위**로서 **특정 사항에 대하여 법규에 의한 권리의 설정** 또는 **의무의 부담을 명**하거나 기타 **법률상 효과를 발생**하게 하는 등으로 일반**국민의 권리 · 의무에 직접 영향을 미치는 행위**를 가리킨다.	**항고소송의 대상이 되는 행정처분**	O
10	★★★ 2018 소방직 9급 **공무수탁사인의 공무를 수행하는 공권력행사**도 **처분**에 해당한다.	처분 **해당** ○	O
11	★★★ 2023 군무원 7급 행정소송법을 적용함에 있어서 **행정청**에는 **행정권한의 위임 또는 위탁을 받은 사인**이 포함된다.	행정권한 위임 · 위탁을 받은 사인 **포함** ○	O
12	★★★★ 2023 서울시 지적 7급 **행정청 또는 그 소속기관이나 권한을 위임받은 공공기관의 행위가 아니더라도 상대방의 권리를 제한하는 행위**라면 이를 행정처분이라고 할 수 있다.	**행정처분** ×	X
13	★★★ 2018 경행경채 **지방의회의장에 대한 불신임의결**은 행정처분으로 볼 수 없으므로 **항고소송의 대상**이 되지 아니한다.	**행정처분** ○→항고소송의 **대상** ○	X

OX ★★★ 2017 국회직 8급

14 대법원은 지방자치단체가 **공공조달계약 입찰을 일정기간 동안 제한하는 부정당업자제재**는 사법상의 통지행위에 불과하다고 본다. — **처분** ○(사법상 통지 ×) — X

OX ★★★ 2023 국가직 9급

15 **조달청장이 법령에 근거하여 입찰참가자격을 제한**하는 것은 사법관계에 해당한다. — **처분** ○ — X

OX ★★★★ 2022 해경간부

16 **국가기관에 의한 입찰참가자격제한행위**는 **처분성**이 인정되지 않는다. — 처분성 **인정** ○ — X

OX ★★★★ 2023 소방직 9급

17 **「공공기관의 운영에 관한 법률」에 따른 입찰참가자격제한**조치는 **행정처분**에 해당한다. — 행정처분 **해당** ○ — O

OX ★★★★ 2023 군무원 9급

18 공기업 · 준정부기관이 **계약에 근거한 권리행사로서 입찰참가자격제한**조치를 하였더라도 입찰참가자격제한조치는 행정처분이다. — 계약상 의사표시인 경우 → **행정처분** × — X

OX ★★★★ 2023 변호사

19 공기업 · 준정부기관이 법령 또는 계약에 근거하여 선택적으로 입찰참가자격제한조치를 할 수 있는 경우, 계약상대방에 대한 **입찰참가자격제한조치가 법령에 근거한 행정처분인지** 아니면 **계약에 근거한 권리행사인지**는 원칙적으로 의사표시 해석의 문제이다. — **의사표시 해석**의 문제 — O

OX ★★★ 2024 국회직 8급

20 **공기업 · 준정부기관이** 입찰을 거쳐 계약을 체결한 상대방에 대해 「공공기관의 운영에 관한 법률」 등에 따라 **계약조건 위반을 이유로 입찰참가자격제한처분을 하기 위해서는** 입찰공고와 계약서에 미리 **계약조건**과 그 계약조건을 **위반할 경우 입찰참가자격제한**을 **받을 수 있다는 사실**을 모두 명시해야 한다. — 계약조건과 위반시 입찰참가자격제한이 가능함을 모두 **명시 필요** — O

OX ★★★ 2017 국가직(하) 7급

21 취소소송의 대상인 처분은 행정청이 행하는 구체적 사실에 관한 법집행행위이므로 불특정 다수인을 대상으로 하여 반복적으로 적용되는 **일반적 · 추상적 규율**은 원칙적으로 처분이 아니다. — **처분** × — O

OX ★★★★ 2017 국회직 8급

22 행정규칙인 **고시가 집행행위의 개입 없이**도 그 **자체로서 국민의 구체적인 권리 · 의무에 직접적인 변동을 초래하는 경우**에는 **항고소송**의 대상이 된다. — 항고소송의 **대상** ○ — O

OX ★★★★ 2018 국가직 9급

23 **보건복지부 고시인 구 「약제급여 · 비급여목록 및 급여상한금액표」**는 그 자체로서 국민건강보험가입자, 국민건강보험공단, 요양기관 등의 법률관계를 직접 규율하는 성격을 가지므로 **항고소송의 대상이 되는 행정처분**에 해당한다. — 항고소송의 대상이 되는 행정처분 **해당** ○ — O

OX ★★★★ 2022 국가직 9급

24 **항정신병 치료제의 요양급여 인정기준에 관한 보건복지부 고시**가 다른 집행행위의 매개 없이 그 자체로서 직접 국민의 구체적인 권리 · 의무와 법률관계를 규율하는 성격을 가질 때에는 **항고소송의 대상이 되는 행정처분**에 해당한다. — 항고소송의 대상이 되는 행정처분 **해당** ○ — O

OX ★★★★ 2024 국회직 8급

25 **코로나바이러스감염증-19의 예방**을 위해 음식점 및 PC방 운영자 등에게 **영업시간을 제한**하거나 이용자 간 **거리를 둘 의무**를 **부여**하는 **서울특별시고시**는 판례가 그 처분성을 인정한다. — **처분** ○ — O

OX ★★★★ 2020 지방직 · 서울시 7급

26 **의료기관의 명칭표시판에 진료과목을 함께 표시하는 경우 글자 크기를 제한하고 있는 구 의료법 시행규칙 제31조**는 그 자체로 국민의 구체적 권리 · 의무나 법률관계에 직접적 변동을 초래하므로 **항고소송**의 대상이 될 수 있다. | 항고소송의 **대상** × | X

OX ★★★ 최신판례

27 「**일본산 공기압 전송용 밸브에 대한 덤핑방지관세의 부과에 관한 규칙**」(시행규칙)은 그 자체로 구체적인 권리 · 의무나 법률관계에 직접적인 변동을 초래하므로 **항고소송**의 대상이 될 수 있다. | 항고소송의 **대상** × | X

OX ★★★★ 최신판례

28 **공정거래위원회**가 구 「하도급거래 공정화에 관한 법률」 제26조 제2항 후단에 따라 **관계 행정기관의 장에게 한** 원사업자 또는 수급사업자에 대한 **입찰참가자격**의 제한을 **요청**한 **결정**은 항고소송의 대상이 되는 처분이다. | 항고소송의 **대상** ○ | O

OX ★★★ 2019 서울시 1회 7급

29 **공정거래위원회의 고발조치**는 행정소송법상 **'처분'**에 해당한다. | 처분 **해당** × | X

OX ★★★ 2022 해경간부

30 **국세환급금결정을 구하는 신청에 대한 환급거부결정**은 **처분성**이 인정되지 않는다. | 처분성 **부정** | O

OX ★★★ 2022 경찰간부

31 병역법상 **군의관이 하는 신체등위판정**은 항고소송의 대상이 되는 **행정처분**이라고 보기 어렵다. | 행정처분 **해당** × | O

OX ★★★ 최신판례

32 **하도급법상 벌점 부과행위**는 입찰참가자격의 제한 요청 등의 기초자료로 사용하기 위한 것이고 사업자의 권리 · 의무에 직접 영향을 미치는 행위라고 볼 수 없으므로 **항고소송**의 대상이 되는 행정처분에 해당하지 아니한다. | 항고소송의 **대상** × | O

OX ★★★ 2024 지방직 · 서울시 9급

33 교육부장관이 **대학입시기본계획에서 내신성적 산정기준에 관한 시행지침**을 마련하여 시 · 도교육감에게 통보한 경우, 각 고등학교에서 위 지침에 일률적으로 기속되어 내신성적을 산정할 수밖에 없고 대학에서도 이를 그대로 내신성적으로 인정하여 입학생을 선발할 수밖에 없으므로 내신성적 산정지침은 **항고소송의 대상이 되는 행정처분**에 해당한다. | 행정처분 **해당** × | X

OX ★★★ 2024 소방간부

34 **교육부장관이 시 · 도교육감에게 통보한 내신성적산정지침**은 행정조직 내부에서의 내부적 심사기준이라기보다는 그 지침으로 인해 국민의 권익에 대한 직접적 · 구체적 변동을 가져올 수 있는 점에서 **항고소송의 대상이 되는 처분**으로 보아야 한다. | 처분 **해당** × | X

OX ★★★ 2017 국가직(하) 9급

35 공무원시험승진후보자명부에 등재된 자에 대하여 이전의 징계처분을 이유로 **시험승진후보자명부에서 삭제하는 행위**는 행정소송의 대상인 **행정처분**에 해당한다. | 행정처분 **해당** × | X

OX ★★ 2019 국회직 8급

36 각 군 참모총장이 군인명예전역수당 지급대상자 결정절차에서 **국방부장관에게 수당지급대상자를 추천하는 행위**는 항고소송의 대상이 되는 **행정처분**에 해당한다. | 행정처분 **해당** × | X

OX ★★ 최신판례

37 **방송통신위원회가 JTBC에 대해 행한 고지방송명령**은 권고적 효력만을 가지는 비권력적 사실행위에 해당할 뿐, 항고소송의 대상이 되는 행정처분에 해당하지 않는다. | 항고소송의 **대상** × | O

ⓄⓍ ★★ 최신판례

38 여객자동차 운송사업자 甲주식회사가 시내버스 노선을 운행하면서 환승요금할인, 청소년요금할인을 시행한 데에 따른 손실을 보전해 달라며 경기도지사와 OO시장에게 보조금지급신청을 하였으나, **경기도지사**가 甲회사와 OO시장에게 "甲회사의 보조금지급신청을 받아들일 수 없음은 **기존에 회신한 바와 같고, OO시에서는 적의 조치하여 주기 바란다.**"는 취지로 통보한 것은 **항고소송**의 대상이 되는 처분이다.

항고소송의 **대상** ×

X

ⓄⓍ ★★ 2024 국회직 8급

39 무단용도변경을 이유로 단전조치된 건물의 소유자로부터 새로이 **전기공급신청을 받은 한국전력공사가** 관할 구청장에게 **전기공급의 적법 여부를 조회한 데 대하여, 관할 구청장이** 한국전력공사에 대하여 건축법 규정에 의하여 해당 건물에 대한 **전기공급이 불가하다는 내용의 회신**은 판례가 그 **처분성**을 인정한다.

처분성 **부정**

X

ⓄⓍ ★★★★ 2022 지방직 · 서울시 9급

40 **거부행위가 항고소송의 대상인 처분이 되기 위해서**는 그 거부행위가 신청인의 실체상의 권리관계에 직접적인 변동을 일으키는 것이어야 하며, 신청인이 실체상의 권리자로서 권리를 행사함에 중대한 지장을 초래하는 것만으로는 부족하다.

실체상 권리관계에 직접 변동 또는 **권리행사에 중대한 지장** 초래

X

ⓄⓍ ★★★★ 2017 국가직 7급

41 **신청권이 없는 신청에 대한 거부행위**에 대하여 제기된 **거부처분 취소소송**은 행정소송에서 소송이 각하되는 경우에 해당한다.

소 각하

O

ⓄⓍ ★★★★ 2023 군무원 7급

42 국민의 적극적 행위신청에 대한 **행정청의 거부행위가 항고소송의 대상이 되는 행정처분에 해당하기 위하여**는 국민이 행정청에 대하여 그 행위발동을 요구할 법규상 또는 조리상의 신청권이 있어야 한다.

법규상 또는 조리상 신청권 필요

O

ⓄⓍ ★★★★ 2019 사회복지직 9급

43 거부행위의 처분성을 인정하기 위한 전제요건이 되는 **신청권의 존부**는 구체적 사건에서 신청인이 누구인가를 고려하지 말고 관계법규에서 일반국민에게 그러한 신청권을 인정하고 있는가를 살펴 추상적으로 **결정**하여야 한다.

관계법규상 국민의 신청권 인정 여부를 살펴 **추상적으로** 결정

O

ⓄⓍ ★★★★ 2023 소방간부

44 **거부처분의 처분성을 인정하기 위한 전제요건이 되는 신청권**의 존부는 구체적 사건에서 관계법규의 해석에 의하여 구체적으로 결정되는 것이고, 신청인이 그 신청에 따른 단순한 응답을 받을 권리를 넘어서 신청의 인용이라는 만족적 결과를 얻을 권리를 **의미**한다.

신청의 인용이라는 만족적 결과를 얻을 권리 ×

X

ⓄⓍ ★★★★ 2021 지방직 · 서울시 7급

45 **임용기간이 만료된 국립대학 조교수에 대하여 재임용을 거부하는 취지로 한 임용기간 만료의 통지**는 **취소소송**의 대상이 된다.

취소소송**대상** ○

O

ⓄⓍ ★★★★ 2015 지방직 9급

46 **건축계획심의신청에 대한 반려처분**은 **항고소송의 대상**이 되는 행정처분이다.

항고소송대상이 되는 **행정처분** ○

O

ⓄⓍ ★★★★ 2014 서울시 7급

47 **기간제**로 임용되어 **임용기간이 만료된 공립대학의 교원**은 **재임용 여부에 관하여 심사를 요구할** 법규상 또는 조리상의 **신청권**을 가진다.

신청권 **인정**

O

ⓄⓍ ★★★★ 2022 국가직 9급

48 **피해자의 의사와 무관**하게 **주민등록번호가 유출된 경우**, 조리상 **주민등록번호의 변경을 요구할 신청권**을 인정함이 타당하다.

신청권 **인정**

O

OX ★★★ 2021 국회직 8급

49 **방위사업법령 및 '국방전력발전업무훈령'에 따른 연구개발확인서발급**은 사업관리기관이 개발업체에게 해당 품목의 양산과 관련하여 수의계약의 방식으로 국방조달계약을 체결할 수 있는 지위가 있음을 인정해 주는 확인적 행정행위로서 **처분**에 해당한다.

처분 **해당** ○

O

OX ★★★ 2021 국가직 9급

50 **공사중지명령의 원인사유가 해소**되었다면 중지명령의 상대방은 **공사중지명령의 해제를 신청**할 수 있고, **이에 대한 거부**는 **처분성**이 인정된다.

처분성 **인정** ○

O

OX ★★★★ 2015 국회직 8급

51 **법률에 의하여 당연퇴직된 공무원의 복직** 또는 **재임용신청에 대한** 행정청의 **거부행위**는 항고소송의 대상이 되는 **행정처분**에 해당한다.

행정처분 **해당** ×

X

OX ★★★ 2016 국회직 8급

52 **국 · 공립대학 교원 임용지원자가 임용권자로부터 임용거부**를 당하였다면 이는 거부처분으로서 **항고소송**의 대상이 된다.

항고소송의 **대상** ×

X

OX ★★★ 2022 국가직 9급

53 임용지원자가 특별채용대상자로서 자격을 갖추고 있고 유사한 지위에 있는 자에 대하여 정규교사로 특별채용한 전례가 있다 하더라도, **교사로의 특별채용을 요구할 법규상 또는 조리상의 권리**가 있다고 할 수 없다.

법규상 · 조리상 권리 **인정** ×

O

OX ★★★ 2019 변호사

54 업무상 재해를 당한 甲의 요양급여신청에 대하여 근로복지공단이 요양승인처분을 하면서 사업주를 乙주식회사로 보아 요양승인 사실을 통지하자, 乙주식회사가 甲이 자신의 근로자가 아니라고 주장하면서 **근로복지공단에 사업주 변경**을 **신청하였으나** 이를 거부하는 통지를 받은 경우, 근로복지공단의 결정에 따라 산업재해보상보험의 가입자 지위가 발생하는 것이 아니므로 乙주식회사에게 법규상 또는 조리상 사업주 변경 신청권이 인정되지 않아, 위 **거부통지**는 항고소송의 대상이 되지 않는다.

항고소송의 **대상** ×

O

OX ★★★★ 2022 변호사

55 행정처분이 **신청을 거부하는 처분인 경우**, 다시 동일한 내용의 새로운 신청을 하고 행정청이 이를 거부한 경우에도 상대방은 **반복된 거부처분에 대하여 취소소송**을 제기할 수 없다.

반복된 거부처분 : **새로운 거부처분** ○ → 취소소송 **제기** ○

X

OX ★★★★ 2010 세무사

56 판례에 의할 때 **거부처분 이후 동일한 내용의 새로운 신청에 대한 반복된 거부행위**는 **처분**에 해당하지 않는다.

처분 **해당** ○

X

OX ★★★★ 최신판례

57 어떠한 처분이 수익적 행정처분을 구하는 신청에 대한 거부처분이 아니라고 하더라도, 해당 **처분에 대한 이의신청의 내용이 새로운 신청을 하는 취지**로 볼 수 있는 경우에는, **그 이의신청에 대한 결정(기각결정 포함)**의 **통보**를 새로운 처분으로 볼 수 있다.

새로운 처분으로 볼 수 있음.

O

OX ★★★★ 2024 소방간부

58 구 청소년보호법에 따른 **청소년유해매체물 결정 및 고시처분**은 **일반 불특정 다수인을 상대방**으로 하는 행정처분이다.

58 59 **행정처분** ○

O

OX ★★★★ 2018 소방직 9급

59 구 청소년보호법에 따른 **청소년유해매체물 결정 및 고시처분**은 당해 유해매체물의 소유자 등 특정인만을 대상으로 한 행정처분이 아니라 **일반불특정 다수인을 상대방**으로 하여 **일률적으로 각종 의무를 발생시키는** 행정처분이다.

O

OX ★★★★ 2009 지방직 9급

60 **어업권면허에 선행하는 우선순위결정**은 강학상의 확약에 불과하고 **행정처분**은 아니다. **강학상 확약**에 불과 → **행정처분** × O

OX ★★★★★ 2009 국회직 8급

61 **표준지공시지가의 결정**은 **처분성**을 가지지 않는다. 처분성 **인정** X

OX ★★★★★ 2019 서울시 1회 7급

62 개발부담금 산정을 위한 **개별공시지가결정**은 행정소송법상 **'처분'**에 해당한다. 처분 **해당** ○ O

OX ★★★ 2017 지방직(하) 9급

63 제1차 계고처분 이후 고지된 제2차, 제3차의 계고처분은 처분이 아니나, **거부처분이 있은 후 동일한 내용의 신청에 대하여 다시 거절**의 의사표시를 한 경우에는 새로운 **처분**으로 본다. 처분 **인정** / 반복된 계고처분 : 처분 × O

OX ★★★★★ 2017 국가직(하) 9급

64 지적공부 소관청의 **지목변경신청반려행위**는 국민의 권리관계에 영향을 미치는 것으로서 항고소송의 대상이 되는 **행정처분**에 해당한다. 행정처분 **해당** ○ O

OX ★★★★ 2019 서울시 2회 7급

65 **행정소송법 제2조 소정의 행정처분이라고 하더라도** 그 처분의 **근거법률에서** 행정소송 이외의 **다른 절차에 의하여 불복할 것을 예정하고 있는 처분**은 항고소송의 대상이 될 수 없다. **항고소송의 대상** × O

OX ★★★ 2020 국회직 8급

66 **검사의 공소제기**가 적법절차에 따라 정당하게 이루어진 것인지 여부에 관계없이 검사의 공소에 대하여는 형사소송절차에 의하여서만 다툴 수 있고, **행정소송**의 방법으로 공소의 취소를 구할 수 없다. 행정소송 **불가** O

OX ★★★ 2019 국가직 9급

67 **검사의 불기소결정**은 공권력의 행사에 포함되므로, 검사의 자의적인 수사에 의하여 불기소결정이 이루어진 경우 그 불기소결정은 항고소송의 대상이 되는 **처분**에 해당한다. 처분 **해당** × X

OX ★★★ 2018 지방직 9급

68 **금융기관임원에 대한 금융감독원장의 문책경고**는 상대방의 권리 · 의무에 직접 영향을 미치지 않으므로 행정소송의 대상이 되는 **처분**에 해당하지 않는다. 처분 **해당** ○ X

OX ★★★★ 2018 서울시 1회 7급

69 판례에 의하면, **행정규칙에 의한 불문경고조치**는 차후 징계감경사유로 작용할 수 있는 표창대상자에서 제외되는 등의 인사상 불이익을 줄 수 있다 하여도 이는 간접적 효과에 불과하므로 항고소송의 대상인 **행정처분**에 해당하지 않는다. 징계감경사유로 작용 가능한 표창대상자에서 제외되는 등 인사상 불이익 ○ → 행정처분 **해당** ○ X

OX ★★★★ 2022 변호사 변형

70 **대검찰청 내부규정**에서 검찰총장의 경고조치를 받은 검사에 대하여 직무성과급 지급이나 승진 · 전보인사에서 불이익을 주도록 규정하고 있다면, 경고조치를 받은 검사는 **검찰총장의 경고조치**에 대하여 취소소송을 제기하는 방식으로 불복할 수 있다. 대검찰청 내부규정에 근거한 검찰총장의 경고조치 : **항고소송 대상이 되는 행정처분** ○ O

OX ★★★ 2024 국회직 8급

71 **금융감독원장이 종합금융주식회사의 전 대표이사에게** 재직 중 위법 · 부당행위 사례를 첨부하여 금융 관련법규를 위반하고 신용질서를 심히 문란하게 한 사실이 있다는 내용으로 **'문책경고장(상당)'을 보낸 행위**는 판례가 그 처분성을 인정한다. **처분** × X

OX ★★★★ 2008 관세사

72 이미 확정된 과세처분에 대해 **증액경정한 경우 행정소송의 대상**은 원처분이다. **증액경정처분** ○ / 원처분 × X

OX ★★★★ 2017 국가직(하) 7급

73 행정청이 **금전부과처분을 한 후 감액처분을 한 경우**에 감액되고 남은 부분이 위법하다고 다투고자 할 때에는 감액처분 자체를 **항고소송의 대상**으로 삼아야 한다.

감액되고 남은 당초처분 ○ / 감액처분 자체 ×

X

OX ★★★★ 2022 국가직 7급

74 과세표준과 세액을 감액하는 경정처분에 대해서 그 **감액경정처분으로도** 아직 **취소되지 아니하고 남아 있는 부분을 다투는 경우**, 적법한 **전심절차**를 거쳤는지 여부, **제소기간의 준수 여부**는 당해 경정처분을 **기준**으로 판단하여야 한다.

항고소송의 대상 : 취소되지 않고 남은 부분 → 소 적법요건 판단기준 : **당초처분**

X

OX ★★★★ 2023 국회직 8급

75 취소사유인 **절차적 하자가 있는 당초 과세처분**에 대하여 **증액경정처분이 있는 경우**, 소멸한 당초처분의 **절차적 하자**는 존속하는 증액경정처분에 **승계**되지 않는다.

당초 처분 : 흡수 · 소멸 / 절차적 하자 : 승계 ×

O

OX ★★★★ 2022 국가직 7급

76 **증액경정처분이 있는 경우**, 원칙적으로는 당초 신고나 결정에 대한 불복기간의 경과 여부 등에 관계없이 증액경정처분만이 **항고소송의 심판대상**이 되고, 납세의무자는 그 항고소송에서 **당초신고나 결정에 대한 위법사유도 함께 주장**할 수 있다.

증액경정처분 / 당초신고 · 결정의 위법사유 주장 **가능**

O

OX ★★★★ 2024 국회직 8급

77 **행정규칙에 근거한 처분**이라도 **상대방의 권리 · 의무에 직접 영향을 미치는 행위라면** 항고소송의 대상이 되는 **행정처분**에 해당한다.

행정처분 **해당** ○

O

OX ★★★★ 2012 지방직 9급

78 **항공노선에 대한 운수권배분**은 항고소송의 대상이 되는 **행정처분**에 해당한다.

행정처분 **해당** ○

O

OX ★★★ 2020 국회직 8급

79 **원천징수의무자인 법인에 대한 소득금액변동통지**는 법인의 납세의무에 직접 영향을 미치므로 항고소송의 대상이 되는 **처분**이다.

처분 ○

O

OX ★★★★ 2023 지방직 · 서울시 9급

80 **사업인정**은 공익사업의 시행자에게 그 후 일정한 절차를 거칠 것을 조건으로 일정한 내용의 수용권을 설정하여 주는 **형성행위**이다.

형성행위 ○ → 처분 ○

O

OX ★★★★ 2019 서울시 9급

81 국가균형발전특별법에 따른 시 · 도지사의 **혁신도시최종입지 선정행위**는 항고소송의 대상이 되는 **처분**에 해당한다.

처분 **해당** ×

X

OX ★★★ 2017 국회직 8급

82 구 소득세법 시행령에 따른 **소득귀속자에 대한 소득금액변동통지**는 원천납세의무자인 소득귀속자의 법률상 지위에 직접적인 법률적 변동을 가져오므로 **행정처분**이다.

행정처분 ×

X

OX ★★★★ 2022 군무원 9급

83 **한국마사회의 조교사나 기수에 대한 면허취소 · 정지**는 취소소송의 대상이 되는 처분이다.

처분 ×

X

OX ★★★★ 2022 해경간부

84 **국가인권위원회의 성희롱결정 및 시정권고**는 **처분성**이 인정되지 않는다.

처분성 **인정** ○

X

OX ★★★ 2010 지방직 9급

85 정보통신윤리위원회(행위 당시)가 **특정 인터넷 웹사이트를 청소년유해매체물로 결정**하고 청소년보호위원회(행위 당시)가 효력발생시기를 명시하여 **고시하는 행위**는 행정소송법상의 **처분**에 해당한다.

처분 **해당** ○

O

OX ★★★★ 2019 서울시 9급

86 구 「약관의 규제에 관한 법률」에 따른 **공정거래위원회의 표준약관 사용권장행위**는 항고소송의 대상이 되는 **처분**에 해당한다. — 처분 **해당** O — O

OX ★★★ 2019 지방직 7급

87 지적공부 소관청이 **토지대장을 직권으로 말소하는 행위**는 항고소송의 대상이 되는 **행정처분**에 해당한다. — 행정처분 **해당** O — O

OX ★★★ 2019 지방직 · 교육행정직 9급

88 사업시행자인 한국도로공사가 구 지적법에 따라 고속도로건설공사에 편입되는 토지소유자들을 대위하여 **토지면적등록 정정신청**을 하였으나 관할행정청이 이를 **반려**하였다면, 이러한 반려행위는 항고소송대상이 되는 **행정처분**에 해당한다. — 행정처분 **해당** O — O

OX ★★★★★ 2024 소방간부

89 부과처분을 위한 과세관청의 질문조사권이 행해지는 **세무조사결정**이 있는 경우 그 세무조사결정은 납세의무자의 권리 · 의무에 직접 영향을 미치지 아니하므로 **항고소송**의 대상이 되지 않는다. — 항고소송 **대상** O — X

OX ★★★★ 2023 변호사

90 자동차운수사업 양도 · 양수인가신청에 대하여 행정청이 **내인가를 한 후, 본인가신청이 있음에도 내인가를 취소**한 경우에 내인가취소행위를 본인가신청의 거부로 볼 것은 아니다. — **본인가신청 거부처분** O → 항고소송의 대상 O — X

OX ★★★ 2022 소방간부

91 「표시 · 광고의 공정화에 관한 법률」 위반으로 인한 **공정거래위원회의 경고의결**은 당해 표시 · 광고의 위법을 확인하되 구체적인 조치까지는 명하지 아니하는 것으로 사업자의 자유와 권리를 제한하는 **행정처분**에 해당하지 아니한다. — 행정처분 **해당** O — X

OX ★★ 2014 국가직 9급

92 부당한 공동행위의 자진신고자가 한 감면신청에 대해 **공정거래위원회가 감면불인정 통지**를 한 것은 항고소송의 대상인 **행정처분**으로 볼 수 없다. — **행정처분** O — X

OX ★★★ 2022 소방간부

93 「진실 · 화해를 위한 과거사정리 기본법」에 따른 **과거사정리위원회의 진실규명결정**은 피해자 등에게 진실규명 신청권 및 그 결정에 대한 이의신청권 등이 부여되고, 그 결정에서 규명된 진실에 따라 국가가 법률상 의무를 부담하게 된다는 점 등에서 **항고소송의 대상**이 된다. — 항고소송의 **대상** O — O

OX ★★★ 2017 국회직 8급

94 **지방계약직 공무원의 보수삭감행위**는 대등한 당사자 간의 계약관계와 관련된 것이므로 **처분성**은 인정되지 아니하며, 공법상 당사자소송의 대상이 된다. — 공무원 징계처분의 일종인 감봉처분으로 항고소송대상인 **행정처분** O — X

OX ★★★ 2020 지방직 · 서울시 7급

95 구 「사회간접자본시설에 대한 민간투자법」에 근거한 서울 - 춘천간 고속도로 **민간투자시설사업의 사업시행자 지정**은 공법상 계약에 해당한다. — 행정처분 **해당** O — X

OX ★★★★ 2022 지방직 · 서울시 7급

96 **교도소장이 수형자를 '접견내용 녹음 · 녹화 및 접견시 교도관 참여대상자'로 지정한 행위**는 수형자의 구체적 권리 · 의무에 직접적 변동을 가져오는 행정청의 공법상 행위로서 **항고소송**의 대상이 되는 처분에 해당한다. — 항고소송대상이 되는 **처분** O — O

OX ★★★ 2019 국가직 9급

97 국가인권위원회가 진정에 대하여 각하 및 기각결정을 할 경우 피해자인 진정인은 인권침해 등에 대한 구제조치를 받을 권리를 박탈당하게 되므로, **국가인권위원회의 진정에 대한 각하 및 기각결정**은 **처분**에 해당한다.

처분 **해당** ○ | O

OX ★★★ 2024 국회직 8급

98 **종전처분**이 **주요 부분을 실질적으로 변경하는 내용의 새로운 처분으로 대체**되었다면, **종전처분의 효력**은 소급하여 소멸한다.

그때부터 소멸 ○(소급 소멸 ×) | X

OX ★★★ 2019 경행경채 2차

99 **선행처분의 주요 부분을 실질적으로 변경하는 내용으로 후행처분을 한 경우**에 **선행처분**은 특별한 사정이 없는 한 그 **효력**을 상실하지만, 후행처분이 있었다고 하여 일률적으로 선행처분이 존재하지 않게 되는 것은 아니다.

선행처분 **실효** but 후행처분의 존재만으로 선행처분 일률적 실효 × | O

OX ★★★★ 2022 해경간부

100 기존 행정처분을 변경하는 내용의 행정처분이 뒤따르는 경우 **후속처분이 종전처분을 완전히 대체**하는 것이거나 그 **주요 부분을 실질적으로 변경**하는 내용인 경우에는 특별한 사정이 없는 한 종전처분은 그 효력을 상실하고 후속처분만이 **항고소송의 대상**이 된다.

종전처분 실효 → 후속처분만 **항고소송 대상** ○ | O

OX ★★★★ 2019 서울시 9급

101 후속처분의 내용이 **종전처분의 유효를 전제**로 내용 중 **일부만을 철회**하는 것이고 **철회된 부분이** 내용과 성질상 **나머지 부분과 불가분적인 것이 아닌 경우**, 특별한 사정이 없는 한 종전처분은 효력을 상실하고 후속처분만이 **항고소송의 대상**이 된다.

종전처분이 여전히 항고소송 대상 | X

OX ★★ 2016 지방직 7급 변형

102 판례에 따르면 **신고납부방식**의 **조세**에 있어서 **과세관청이** 납세의무자의 신고에 따라 **세액을 수령**하는 경우 이를 부과처분으로 볼 수 있다고 한다.

부과처분 ×(사실행위임) | X

OX ★★★ 2017 서울시 7급

103 **행정청이 한 행위가 단지 사인 간 법률관계의 존부를 공적으로 증명하는 공증행위에 불과**하더라도 그 효력을 둘러싼 **분쟁의 해결이 사법원리(私法原理)에 맡겨져 있는 경우**에는 항고소송의 대상이 된다.

항고소송의 대상 × | X

OX ★★★ 2021 국가직 9급

104 乙은 甲의 토지가 사실은 자신 소유라고 주장하면서 토지대장상의 소유자명의변경을 신청하였으나 거부되었다. 乙에 대한 **토지대장상의 소유자명의변경신청 거부**는 **처분성**이 인정된다.

처분성 **인정** × | X

OX ★★★ 2017 서울시 9급

105 **주택건설사업이 양도되었으나** 그 변경승인을 받기 **이전**에 **행정청이 양수인에 대하여 양도인에 대한 사업계획승인을 취소하였다는 사실**을 **통지**한 경우 이러한 통지는 양수인의 법률상 지위에 변동을 일으키므로 행정처분이다.

행정처분 × | X

OX ★★★ 2023 서울시 지적 7급

106 **감사원의** 감사원법에 따른 **징계요구**는 징계요구대상 공무원의 권리 · 의무에 직접적인 변동을 초래하지 아니하므로, 감사원의 징계요구는 항고소송의 대상이 되는 **행정처분**이라고 할 수 없다.

행정처분 × | O

OX ★★★ 2021 국회직 8급

107 甲시장이 감사원으로부터 감사원법에 따라 乙에 대하여 징계의 종류를 정직으로 정한 징계요구를 받게 되자 감사원에 징계요구에 대한 재심의를 청구하였는데 감사원이 재심의 청구를 기각한 사안에서, **감사원의 징계요구와 재심의청구 기각결정**은 항고소송의 대상이 되는 **행정처분**이다.

행정처분 × | X

OX ★★ 2019 지방직 · 교육행정직 9급

108 구 「**민원사무처리에 관한 법률**」에서 정한 **사전심사결과 통보**는 항고소송의 대상이 되는 **행정처분**에 해당하지 않는다. 행정처분 **해당** × O

OX ★★★ 2023 지방직 · 서울시 9급

109 **구 국세징수법상 가산금 또는 중가산금의 고지**는 항고소송의 대상이 되는 처분이 아니다. **처분** × O

OX ★★★ 2017 국가직 7급

110 택시회사들의 자발적 감차와 그에 따른 감차보상금의 지급 및 **자발적 감차 조치의 불이행에 따른 행정청의 직권감차명령**을 내용으로 하는 택시회사들과 행정청 간의 합의는 대등한 당사자 사이에서 체결한 공법상 계약에 해당하므로, 그에 따른 감차명령은 행정청이 우월한 지위에서 행하는 **공권력의 행사**로 볼 수 없다. **공권력행사** ○ → **처분** ○ X

OX ★★★★★ 2024 국회직 8급

111 구 「**산업집적활성화 및 공장설립에 관한 법률**」**에 따른 산업단지 입주계약의 해지통보**는 대등한 당사자의 지위에서 형성된 공법상 계약을 계약당사자의 지위에서 종료시키는 의사표시이므로 당사자소송의 대상이 된다. **항고소송 대상인 행정처분** ○ X

OX ★★★★ 2022 경찰간부

112 **과학기술기본법령상 사업협약의 해지통보**는 단순히 대등당사자의 지위에서 형성된 공법상 계약을 계약당사자의 지위에서 종료시키는 의사표시에 불과하여 공법상 당사자소송으로 다투어야 한다. **행정처분** ○ → 당사자소송 ×, **항고소송** ○ X

OX ★★★★★ 2022 소방간부

113 교육공무원법상 승진후보자 명부에 의한 승진심사방식으로 행해지는 승진임용에서 **승진후보자 명부에 있던 후보자를 승진임용인사발령에서 제외하는 행위**는 **행정처분**에 해당한다. 행정처분 **해당** ○ O

OX ★★★★ 2024 국회직 8급

114 국가종합전자조달시스템인 **'나라장터' 종합쇼핑몰**을 통한 물품구매계약체결시, 구매계약에 계약위반시 거래를 정지한다는 등의 '추가특수조건'을 포함시킨 후, 이 '추가특수조건'에 근거하여 **조달청이 거래정지를 한 조치**는 행정처분에 해당한다. **행정처분** ○ O

OX ★★★★★ 2023 군무원 9급

115 **교육부장관**이 **대학에서 추천한 복수의 총장 후보자들 전부 또는 일부를 임용제청에서 제외하는 행위**는 제외된 후보자들에 대한 불이익처분으로서 항고소송의 대상이 되는 처분에 해당한다고 보아야 한다. 처분 **해당** ○ O

OX ★★★ 고난도

116 **교육부장관이 특정 후보자를 임용제청에서 제외**하고 다른 후보자를 임용제청함으로써 **대통령이** 임용제청된 **다른 후보자를 총장으로 임용**한 경우, **임용제청에서 제외된 후보자가 행정소송으로 다툴 처분**은 교육부장관의 임용제청 제외처분이다. **대통령의 임용 제외처분** X

OX ★★★ 2023 군무원 9급

117 **대학이 복수의 후보자**에 대하여 **순위를 정하여 추천**한 경우 **교육부장관이 후순위 후보자를 임용제청**했더라도 이로 인하여 헌법과 법률이 보장하는 **대학의 자율성**이 제한된다고는 볼 수 없다. 대학의 자율성 **제한** × O

OX ★★★★ 2022 국가직 9급

118 「공유재산 및 물품관리법」에 근거하여 공모제안을 받아 이루어지는 **민간투자사업 '우선협상대상자 선정행위'**나 **'우선협상대상자 지위배제행위'**에서 '우선협상대상자 지위배제행위'만이 항고소송의 대상인 **처분**에 해당한다. **모두** 항고소송대상인 처분 **해당** ○ X

OX ★★★★ 2024 국가직 9급

119 지방자치단체의 장이 「공유재산 및 물품관리법」에 근거하여 기부채납 및 사용 · 수익허가 방식으로 **민간투자사업**을 **추진**하는 과정에서 **사업시행자를 지정하기 위한 전 단계에서 공모 제안을 받아** 일정한 심사를 거쳐 **우선협상대상자를 선정하는 행위**는 항고소송의 대상이 되는 **행정처분**에 해당하지 않는다.

행정처분 **해당** ○ — X

OX ★★★ 2020 지방직 · 서울시 7급

120 **국세환급금 충당의 법적 성격**과 관련하여 국세환급금의 충당은 납세의무자가 갖는 환급청구권의 존부나 범위 또는 소멸에 구체적이고 직접적인 영향을 미치는 처분이라기보다는 국가의 환급금 채무와 조세채권이 대등액에서 소멸되는 점에서 오히려 민법상의 상계와 비슷한 것이다.

민법상 상계와 유사 ○ / **처분** × — O

OX ★★★ 2024 국가직 9급

121 **한국철도시설공단**(현 국가철도공단)이 공사낙찰적격심사 감점처분의 근거로 내세운 규정은 **공사낙찰적격심사세부기준**이고, 이러한 규정은 공공기관이 사인과의 계약관계를 공정하고 합리적 · 효율적으로 처리할 수 있도록 관계공무원이 지켜야 할 계약사무처리에 관한 필요한 사항을 규정한 것으로서 **공공기관의 내부규정에 불과**하여 대외적 구속력이 없다.

대외적 구속력 × — O

OX ★★★ 2023 군무원 9급

122 **국가계약법상 감점조치**는 계약사무를 처리함에 있어 내부규정인 세부기준에 의하여 종합취득점수의 일부를 감점하게 된다는 뜻의 **사법상의 효력을 가지는 통지행위에 불과**하므로 항고소송의 대상이 되지 않는다.

항고소송의 대상 × — O

OX ★★★ 2022 국가직 9급

123 **법무사가 사무원을 채용할 때 소속 지방법무사회로부터 승인을 받아야 할 의무**는 공법상 의무이다.

공법상 의무 ○ — O

OX ★★★★ 2024 국회직 8급

124 공법상 재단법인인 **총포 · 화약안전기술협회**가 자신의 공행정활동에 필요한 재원을 마련하기 위하여 회비납부의무자에 대하여 한 **회비납부통지**는 판례가 그 처분성을 인정한다.

처분 ○ — O

Topic 69 항고소송 II - 재결(취소소송의 제2대상)

p.314~317

OX ★★★★ 2020 소방직 9급

01 취소소송은 처분 등을 대상으로 하나, **재결취소소송**은 처분 및 재결 자체에 고유한 위법이 있음을 이유로 하는 경우에 한한다.

재결 자체에 고유한 위법이 있는 경우에 한하여 가능 ○ — X

OX ★★★ 2007 국회직 8급

02 **행정심판의 재결**은 **행정심판 및 행정소송의 대상**이 될 수 없다.

재결에 고유한 위법이 있는 경우 **행정소송 가능** ○ — X

OX ★★★ 2013 국가직 9급

03 **원처분의 위법을 이유로 행정심판재결**에 대한 **취소소송**을 제기할 수 없다.

제기 불가 — O

OX ★★★ 2015 서울시 7급

04 **서면에 의하지 않은 재결의 경우** 형식상 하자가 있으므로 **재결**에 대해서 **항고소송**을 제기할 수 있다.

형식상 하자 ○ → **재결에 대한 항고소송 가능** ○ — O

O X ★★★★ 2016 지방직 9급

05 재결취소소송에 있어서 **재결 자체의 고유한 위법**은 재결의 주체, 절차 및 형식상의 위법만을 의미하고, **내용상의 위법**은 이에 포함되지 않는다.

내용상 위법 **포함** ○(다수설 · 판례) X

O X ★★★★ 2022 국가직 9급

06 행정소송법 제19조에서 말하는 '재결 자체에 고유한 위법'이란 **원처분에는 없고 재결에만 있는 재결청의 권한** 또는 **구성의 위법**, 재결의 **절차나 형식의 위법, 내용의 위법 등**을 뜻한다.

재결 자체에 고유한 위법 O

O X ★★★ 2019 경행경채 2차

07 **징계혐의자에 대한 감봉 1월의 징계처분을 견책으로 변경한 소청결정** 중 그를 견책에 처한 조치가 **재량권의 남용 또는 일탈로서 위법하다는 사유**는 소청결정 자체에 고유한 위법을 주장하는 것으로 볼 수 없어 소청결정의 취소사유가 될 수 없다.

소청결정 자체의 고유한 위법 주장 ×
→ **소청결정의 취소사유** × O

O X ★★★ 2022 경찰간부

08 판례는 **행정심판의 재결에 이유모순이 있다는 사유**는 재결처분 자체에 고유한 하자로서 재결처분의 취소를 구하는 소송뿐만 아니라 원처분의 취소를 구하는 소송에서도 **위법사유로 주장**할 수 있다고 한다.

재결취소소송 : 주장 **가능** /
원처분 취소소송 : 주장 **불가** X

O X ★★★★★ 2023 군무원 7급

09 **행정심판청구가 부적법하지 않음에도 각하한 재결**은 심판청구인의 실체심리를 받을 권리를 박탈한 것으로서 재결에 고유한 하자가 있는 경우에 해당하여 재결 자체가 **취소소송의 대상**이 된다.

재결에 고유한 하자 ○ → 재결 자체가 **취소소송대상** ○ O

O X ★★★★★ 2024 소방간부

10 **제3자효를 수반하는 행정행위에 대한 행정심판청구**에 있어서 그 **청구를 인용하는 내용의 재결로 인하여 비로소 권리이익을 침해받게 되는 자**는 그 인용재결에 대하여 **취소소송**을 제기할 수 있다.

인용재결에 대하여 취소소송 제기 가능 O

O X ★★★★★ 2021 국가직 7급

11 **제3자효를 수반하는 행정행위에 대한 행정심판청구**에 있어서 그 **청구를 인용하는 내용의 재결로 인하여 비로소 권리이익을 침해받게 되는 자**는 그 인용재결에 대하여 다툴 필요가 있고, 그 인용재결은 원처분과 내용을 달리하는 것이므로 그 **인용재결의 취소를 구하는 것**은 원처분에는 없는 재결에 고유한 하자를 주장하는 셈이어서 당연히 항고소송의 대상이 된다.

재결의 고유한 하자 주장 ○ →
항고소송 가능 O

O X ★★★★ 2023 서울시 지적 7급

12 원처분의 상대방이 아닌 **제3자**가 **행정심판을 청구**하여 **재결청이 원처분을 취소하는 형성재결을** 한 경우에 그 **원처분의 상대방**은 그 재결에 대하여 **항고소송**을 제기할 수밖에 없다.

재결이 항고소송의 **대상이 됨.** O

O X ★★★★ 2017 국회직 8급

13 **3월의 영업정지처분을 2월의 영업정지처분에 갈음하는 과징금 부과처분으로 변경하는 재결의 경우 취소소송의 대상**이 되는 것은 변경된 내용의 당초처분이지 변경처분은 아니다.

변경된 내용의 당초처분 ○ O

★★★★ 2018 국가직 9급

14 판례에 따를 경우 甲이 제기하는 소송이 적법하게 되기 위한 설명으로 옳은 것은?

> **A시장은 2016. 12. 23.** 식품위생법 위반을 이유로 **甲에 대하여 3월의 영업정지처분**을 하였고, 甲은 2016. 12. 26. 처분서를 송달받았다. **甲은 이에 대해 행정심판을 청구**하였고, **행정심판위원회는** 2017. 3. 6. **"A시장은 甲에 대하여 한 3월의 영업정지처분을 2월의 영업정지에 갈음하는 과징금 부과처분으로 변경하라."**라는 일부 **인용의 재결**을 하였으며, **그 재결서 정본은 2017. 3. 10. 甲에게 송달**되었다. **A시장은 재결취지에 따라 2017. 3. 13. 甲에 대하여 과징금 부과처분**을 하였다. 甲은 여전히 자신이 식품위생법 위반을 이유로 한 제재를 받을 이유가 없다고 생각하여 취소소송을 제기하려고 한다.

① 행정심판위원회를 피고로 하여 2016. 12. 23.자 영업정지처분을 대상으로 취소소송을 제기하여야 한다.
② 행정심판위원회를 피고로 하여 2017. 3. 13.자 과징금 부과처분을 대상으로 취소소송을 제기하여야 한다.
③ 과징금 부과처분으로 변경된 2016. 12. 23.자 원처분을 대상으로 2017. 3. 10.부터 90일 이내에 제기하여야 한다.
④ 2017. 3. 13.자 과징금 부과처분을 대상으로 2017. 3. 6.부터 90일 이내에 제기하여야 한다.

취소소송의 **대상 : 변경된 내용의 당초처분**
제소기간 : 행정심판의 재결을 거친 후 취소소송을 제기한 경우이므로 **재결서 정본을 송달받은 날로부터 90일**

③

O X ★★★★ 2022 해경간부

15 변경처분에 의하여 **유리하게 변경된 내용의 행정제재가 위법하다는 이유로 그 취소를 구하는 경우 취소소송의 대상**은 변경된 내용의 당초처분이지 변경처분은 아니고, **제소기간**의 준수 여부도 변경처분이 아닌 변경된 내용의 당초처분을 **기준**으로 판단하여야 한다.

취소소송 대상, 제소기간 기준 : **변경된 내용의 당초처분**

O

O X ★★★★ 2023 지방직 · 서울시 9급

16 식품접객업을 하는 甲은 청소년의 연령을 확인하지 않고 주류를 판매한 사실이 적발되어 관할행정청 乙로부터 식품위생법 위반을 이유로 영업정지 2개월을 부과받자 관할 행정심판위원회 丙에 행정심판을 청구하였다. 甲이 丙의 기각재결을 받은 후 재결 자체에 고유한 하자가 있음을 주장하며 그 **기각재결에 대하여 취소소송**을 제기한 경우, 수소법원은 심리 결과 **재결 자체에 고유한 위법이 없다면** 각하**판결**을 하여야 한다.

재결 자체에 고유한 위법이 없는 경우 → **기각**판결

X

O X ★★★ 2008 세무사

17 현행 **행정소송법**은 원처분주의를 채택하고 있으나, **개별법률**이 원처분주의에 대한 예외로서 재결주의를 택하는 경우가 있다.

행정소송법 : **원처분주의** ○ / 개별법률 : **예외적 재결주의 존재** ○

O

O X ★★★★ 2020 지방직 · 서울시 7급

18 **감사원의 변상판정처분에 대하여** 위법 또는 부당하다고 인정하는 본인 등은 이 처분에 대하여 **행정소송을 제기할 수 없고, 재결에 해당하는 재심의 판정에 대하여서만 감사원을 피고로 행정소송을 제기할 수 있다.**

예외적 재결주의 ○

O

O X ★★★ 2006 세무사

19 **재결에 해당하는 중앙노동위원회의 재심판정**에 대하여는 **취소소송**을 제기할 수 없고 원처분인 지방노동위원회의 중재회부결정만이 소송의 대상이 된다.

예외적 재결주의 ○ → **재결에 대한 취소소송 제기** ○

X

O X ★★ 2013 서울시 7급

20 **특허출원에 대한 심사관의 거절사정에 대하여 행정소송을 제기할 수 없고, 특허심판원에 심판청구를 한 후 그 심결을 소송대상으로 하여** 특허법원에 심결취소를 요구하는 소를 **제기**하여야 한다.

예외적 재결주의 ○

O

OX ★★★ 2020 국회직 8급

21 **사립학교 교원**에 대한 **징계**는 **사법관계이나** 그에 대한 **교원소청심사**가 제기되어 그에 대한 **결정**이 있으면 그 결정은 공법의 문제가 된다.

사립학교 교원이 교원소청심사위원회의 심사를 거친 경우 교원소청심사위원회의 결정 : **행정처분** ○

O

OX ★★★ 2013 국회직 8급

22 **사립학교 교원**의 경우 **교원소청심사위원회의 결정에 불복하는 경우** 교원소청심사위원회를 피고로 하여 항고소송을 제기할 수 있다.

교원소청심사위원회를 피고로 **항고소송 제기** ○

O

OX ★★★ 2012 국회직 8급

23 **공립학교 교원**에 대한 **징계에 있어 교원소청심사위원회의 결정에 불복이 있는 경우**에 취소소송을 할 수 있고, 이때 원처분을 **소송의 대상**으로, 원처분청을 **상대**로 하는 것이 원칙이다.

소송대상 : **원처분** / 피고 : **원처분청**

O

Topic

70 항고소송 Ⅲ - 그 밖의 소송요건

p.318~321

OX ★★★★ 2021 군무원 7급

01 **행정심판을 거친 후**에 원처분에 대하여 **취소소송을 제기할 경우 재결서의 정본을 송달받은 날부터** 60일 이내에 제기하여야 한다.

90일 이내에 제기

X

OX ★★★★ 2021 국가직 9급

02 **행정청이 행정심판청구를 할 수 있다고 잘못 알려 행정심판을 청구한 경우**에는 재결서 정본을 송달받은 날이 아닌 처분이 있음을 안 날로부터 **제소기간**이 **기산**된다.

재결서 정본을 송달받은 날부터 기산

X

OX ★★★★ 2019 소방직 9급

03 **취소소송은 처분 등이 있은 날부터 1년을 경과하면** 이를 **제기하지 못한다.** 다만, **정당한 사유가 있는 때**에는 **그러하지 아니하다.**

행정소송법 제20조 제2항

O

OX ★★★★ 2017 교육행정직 9급

04 **제소기간의 준수 여부**는 법원의 직권조사사항에 해당하지 않는다.

직권조사사항 ○

X

OX ★★★★ 2023 변호사

05 **'처분 등이 있음을 안 날'**이란 통지 · 공고 기타의 방법에 의하여 해당 처분이 있었음을 현실적 · 구체적으로 안 날을 말한다. 또한 행정처분이 있었다는 사실을 알면 족하고, 구체적으로 그 **위법 여부에 대한 판단**까지 요하는 것은 아니다.

처분이 있었음을 현실적 · 구체적으로 안 날 / 위법 여부 판단 **불요**

O

OX ★★★★ 2023 변호사

06 처분서가 처분상대방의 주소지에 송달되는 등 **사회통념상 처분이 있음을 처분상대방이 알 수 있는 상태에 놓인 때**에는 반증이 없는 한 처분상대방이 처분이 있음을 알았다고 추정할 수 있다.

반증이 없는 한 처분이 있음을 알았다고 추정

O

OX ★★★ 2021 국가직 9급

07 '처분이 있음을 안 날'은 처분이 있었다는 사실을 현실적으로 안 날을 의미하므로, **처분서를 송달받기 전 정보공개청구를 통하여 처분을 하는 내용의 일체의 서류를 교부받았다면** 그 서류를 교부받은 날부터 **제소기간**이 **기산**된다.

처분이 **고지되어** 처분이 있다는 사실을 **현실적으로 알았을 때부터** 제소기간 진행

X

OX ★★★ 2023 변호사

08 甲은 2022. 8. 26. 지방보훈청장으로부터 **'재심신체검사 무변동처분 통보서'**를 **송달**받았다. 그런데 甲은 위 **통보서를 송달받기 전**에 자신의 의무기록에 관한 **정보공개를 청구**하여 **2022. 5. 28.** 위 통보서를 포함한 **일체의 서류**를 **교부**받은 바 있다. 甲이 위 재심신체검사 무변동처분의 취소를 구하는 소를 제기함에 있어 **제소기간의 기산점이 되는 '처분 등이 있음을 안 날'**은 2022. 8. 26.이다.

처분이 고지되어 처분이 있다는 사실을 **현실적으로 안 날(정보공개를 통하여 알았더라도 제소기간 진행** ×) / 2022. 8. 26. — O

OX ★★★★ 2023 경찰간부

09 **고시 또는 공고에 의하여 행정처분을 하는 경우**에는 행정처분에 이해관계를 갖는 자가 고시 또는 공고가 있었다는 사실을 현실적으로 알았는지 여부에 관계없이 고시가 효력을 발생하는 날에 행정처분이 있음을 알았다고 보아야 한다.

고시가 효력을 발생하는 날(현실적으로 안 날 ×) — O

OX ★★★★ 2023 변호사

10 **특정인에 대한 행정처분을 주소불명 등의 이유로 송달할 수 없어 관보・공보・게시판・일간신문 등에 공고한 경우**에는, 공고가 효력을 발생하는 날에 상대방이 그 행정처분이 있음을 알았다고 보아야 한다.

상대방이 처분이 있었다는 사실을 **현실적으로 안 날** — X

OX ★★★ 2020 경행경채

11 **처분 당시**에는 취소소송의 제기가 **법제상 허용되지 않아 소송을 제기할 수 없다가 위헌결정으로** 인하여 **비로소 취소소송을 제기할 수 있게 된 경우**에는 객관적으로는 '위헌결정이 있은 날', 주관적으로는 '위헌결정이 있음을 안 날' 비로소 취소소송을 제기할 수 있게 되어 이때를 **제소기간의 기산점**으로 삼아야 한다.

객관적으로 **위헌결정이 있은 날** / 주관적으로 **위헌결정이 있음을 안 날** — O

OX ★★ 2013 지방직 9급

12 법원은 취소소송의 **제소기간을 확장**하거나 **단축할 수 없으나 주소 또는 거소가 멀리 떨어진 곳에 있는 자**를 위하여 **부가기간을 정할 수 있다.**

행정소송법 제8조, 민사소송법 제172조 — O

OX ★★★ 2022 지방직・서울시 9급

13 처분시에 행정청으로부터 **행정심판제기기간에 관하여 법정심판청구기간보다 긴 기간으로 잘못 통지받은 경우**에 보호할 **신뢰이익**은 그 통지받은 기간 내에 행정소송을 제기한 경우에까지 확대되지 않는다.

행정소송 제기까지 확대 × — O

OX ★★★★ 2013 경행특채

14 **취소소송은** 처분 등이 있음을 **안 날부터 90일**, 처분 등이 **있은 날부터** 180일이 경과하면 이를 제기하지 못한다.

1년 내에 제기하여야 함. — X

OX ★★★★ 2012 국회(속기・경위직) 9급

15 **행정처분이 있은 날이란** 상대방이 있는 행정처분의 경우는 특별한 규정이 없는 한 의사표시의 일반적 법리에 따라 그 행정처분이 상대방에게 고지되어 효력이 발생한 날을 말한다.

행정처분이 **상대방에게 고지되어 효력이 발생한 날** — O

OX ★★★★ 2020 소방직 9급

16 취소소송은 처분 등이 있음을 안 날부터 90일 이내에, 처분 등이 있은 날부터 1년 이내에 제기할 수 있고, 다만 **처분 등이 있은 날부터 1년이 경과**하여도 정당한 사유가 있다면 **취소소송을 제기**할 수 있다.

정당한 사유가 있는 경우 가능 ○ — O

OX ★★★ 2019 국회직 8급

17 **제소기간의 요건**은 처분의 상대방이 소송을 제기하는 경우는 물론이고 **법률상 이익이 침해된 제3자가 소송을 제기하는 경우**에도 적용된다.

제3자가 소송을 제기하는 경우에도 **적용** ○ — O

OX ★★★★ 2019 서울시 9급

18 **제3자효 행정행위**의 경우, **제3자가 어떠한 방법에 의하든지 행정처분이 있었음을 안 경우**에는 안 날로부터 90일 이내에 행정심판이나 **행정소송**을 **제기**하여야 한다.

안 날로부터 90일 이내에 제기하여야 함. — O

O X ★★★ 2018 지방직 7급

19 **처분이 있음을 안 날부터 90일이 경과**하였으나, 아직 **처분이 있은 날부터 1년이 경과되지 않은 시점에서 제기된 취소소송**은 취소소송의 소송요건을 충족하지 않은 경우에 해당한다.

소송요건 충족 ×

O

O X ★★★★ 2020 소방직 9급

20 **행정심판을 거친 경우**에 **취소소송의 제소기간**은 **재결서의 정본을 송달받은 날부터 90일** 이내이다.

행정소송법 제20조 제1항

O

O X ★★★★ 2022 지방직 · 서울시 9급

21 A시장으로부터 **3월의 영업정지처분을 받은** 숙박업자 **甲**은 이에 **불복하여 행정쟁송을 제기**하고자 한다. 甲이 **2022. 1. 5. 영업정지처분**을 **통지**받았고, 행정심판을 제기하여 **2022. 3. 29.** 1월의 영업정지처분으로 **변경**하는 **재결**이 있었고 그 **재결서정본**을 **2022. 4. 2. 송달**받은 경우 **취소소송의 기산점**은 2022. 1. 5.이다.

2022. 4. 2.(**재결서정본을 송달받은 날부터 90일** 이내)

X

O X ★★★★ 2020 경행경채

22 **취소소송**은 처분 등이 있음을 안 날부터 90일 이내에 제기하여야 하는데, 행정심판청구를 할 수 있는 경우에 **행정심판청구가 있은 때의** 기간은 재결서의 정본을 송달받은 날부터 기산하며, 여기서 말하는 **'행정심판'**은 행정심판법에 따른 일반행정심판만을 **의미**한다.

행정심판법에 따른 일반행정심판과 특별행정심판을 포함 ○

X

O X ★★★ 2017 지방직 9급

23 처분의 **불가쟁력**이 **발생**하였고 그 **이후에** 행정청이 당해 처분에 대해 **행정심판청구를 할 수 있다고 잘못 알렸다면,** 그 처분의 취소소송의 **제소기간**은 행정심판의 재결서를 받은 날부터 기산한다.

재결서 정본을 송달받은 날부터 다시 취소소송의 제소기간 **기산** ×

X

O X ★★★★ 2021 국가직 9급

24 행정심판을 청구하였으나 **심판청구기간을 도과하여 각하된 후** 제기하는 취소소송은 **재결서를 송달받은 날부터 90일 이내에 제기**하면 된다.

24 25 **제소기간 준수** ×

X

O X ★★★★ 2020 경행경채

25 처분이 있음을 **안 날부터 90일을 넘겨** 청구한 **부적법한 행정심판청구에 대한 재결이 있은 후 재결서를 송달받은 날부터 90일 이내에** 원래의 처분에 대하여 **취소소송을 제기**하면 취소소송은 제소기간을 준수한 것으로 본다.

X

O X ★★★ 2019 국가직 7급

26 甲에 대한 과세처분 이후 조세부과의 근거가 되었던 법률에 대해 헌법재판소의 위헌결정이 있었고, 위헌결정 이후에 그 조세채권의 집행을 위해 甲의 재산에 대해 압류처분이 있었다. 甲이 압류처분에 대해 **무효확인소송을 제기하였다가 취소소송으로 소의 종류를 변경하는 경우, 제소기간의 준수 여부**는 취소소송으로 변경되는 때를 **기준**으로 한다.

처음의 소를 제기한 때 ○ / 소의 변경이 있은 때 ×

X

O X ★★★ 2017 지방직 9급

27 **청구취지를 변경**하여 **종전의 소가 취하**되고 **새로운 소가 제기**된 것으로 변경되었다면 **새로운 소에 대한 제소기간 준수 여부**는 원칙적으로 소의 변경이 있은 때를 **기준**으로 한다.

소의 변경이 있은 때

O

O X ★★★ 2023 군무원 9급

28 원고가 행정소송법상 **항고소송으로 제기해야 할 사건을 민사소송으로 잘못 제기**한 경우에 **수소법원**이 그 **항고소송에 대한 관할을 가지고 있지 아니하여 관할법원에** 이송하는 결정을 하였고, 그 **이송결정**이 확정된 후 원고가 **항고소송으로 소변경**을 하였다면, 그 항고소송에 대한 **제소기간**의 준수 여부는 원칙적으로 처음에 소를 제기한 때를 기준으로 판단하여야 한다.

처음에 소를 제기한 때(민사소송을 제기한 때)

O

OX ★★★ 2022 지방직 · 서울시 7급

29 어느 하나의 **처분의 취소를 구하는 소에** 당해 처분과 **관련되는 처분의 취소**를 구하는 **청구를 추가적으로 병합한 경우**, 추가적으로 **병합된 소의 소제기기간의 준수 여부**는 그 청구취지의 추가신청이 있은 때를 **기준**으로 한다.

청구취지의 **추가신청이 있은 때**

O

OX ★★★ 2017 지방직 9급

30 납세자의 이의신청에 의한 **재조사결정에 따른 행정소송의 제소기간**은 이의신청인 등이 재결청으로부터 재조사결정의 통지를 받은 날부터 **기산**한다.

후속처분 통지를 받은 날 ○ / 재조사결정 통지를 받은 날 ×

X

OX ★★★★ 2022 국가직 7급

31 행정처분의 **당연무효를 선언하는 의미에서 취소를 구하는 행정소송을 제기한 경우**에는 **취소소송의 제소요건**을 갖추어야 한다.

취소소송의 제소요건 **필요** ○ / 제소기간의 제한 ○

O

OX ★★★★ 2022 지방직 · 서울시 9급

32 무효인 처분에 대해 **무효선언을 구하는 취소소송**을 제기하는 경우에는 **제소기간**의 제한이 없다.

무효선언적 의미의 취소소송 : **제소기간 제한** ○

X

OX ★★★ 2019 소방직 9급

33 **당사자소송에 관하여 법령에 제소기간이 정하여져 있는 경우** 그 기간은 **불변기간**으로 한다.

행정소송법 제41조

O

OX ★★★ 2016 교육행정직 9급

34 **취소소송은 원칙적으로 임의적 행정심판전치주의**를 취하고 있다.

O

OX ★★★ 2023 소방직 9급

35 자신이 소유한 모텔에서 성인 乙과 청소년 丙을 투숙시켜 이성 혼숙하도록 한 사실이 적발되어 A도 관할 B군 군수 丁으로부터 공중위생관리법에 따라 영업정지 3개월의 처분을 받은 甲이 처분의 취소를 구하는 행정심판을 청구하려는 경우, 본 사안은 이른바 **행정심판전치주의**가 적용되지 않으므로, 甲은 행정심판을 거치지 아니하고도 곧바로 취소소송을 제기할 수 있다.

34 35 **원칙 : 행정심판임의주의 / 예외 : 필요적(예외적) 행정심판전치주의**

O

OX ★★★★ 2016 경행경채

36 **취소소송**은 법령의 규정에 의하여 당해 처분에 대한 **행정심판을 제기할 수 있는 경우에도** 이를 **거치지 아니하고 제기할 수 있다**. 다만, **다른 법률에** 당해 처분에 대한 행정심판의 **재결을 거치지 아니하면 취소소송을 제기할 수 없다는 규정이 있는 때**에는 **그러하지 아니하다**.

행정소송법 제18조 제1항

O

OX ★★★ 2017 교육행정직 9급

37 **국세부과처분 취소소송**에는 임의적 행정심판전치주의가 적용된다.

필요적 행정심판전치주의 ○ / 임의적 행정심판전치주의 ×

X

OX ★★★ 2013 국가직 7급

38 **도로교통법에 따른 처분**에 대해서는 **행정심판의 재결을 거치지 아니하면 취소소송을 제기할 수 없다**.

도로교통법 제142조

O

OX ★★★ 2015 국가직 9급

39 **과세관청의 압류처분**에 대해서는 **심사청구 또는 심판청구 중 하나에 대한 결정을 거친 후 행정소송**을 **제기**하여야 한다.

국세기본법 제56조 제2항

O

OX ★★★★ 2015 국회직 8급

40 **기간경과 등의 부적법한 심판제기**가 있었고, 행정심판위원회가 각하하지 않고 **기각재결을 한 경우**는 **심판전치의 요건**이 구비된 것으로 볼 수 있다.

심판전치요건 **구비** ×

X

O X ★★★ 2018 경행경채

41 **행정심판전치주의의 요건**을 **충족**하였는지의 여부는 사실심변론종결시를 **기준**으로 한다. | **사실심변론종결시** | O

O X ★★★ 2015 국회직 8급

42 **필요적 행정심판전치주의가 적용되는 경우** 그 요건을 **구비**하였는지 **여부**는 법원의 직권조사사항이다. | **직권조사사항** | O

O X ★★★ 2015 국회직 8급

43 **행정심판전치주의가 적용되는 경우**에 **행정심판을 거치지 않고 소제기**를 하였더라도 **사실심변론종결 전까지 행정심판을 거친 경우** 하자는 치유된 것으로 볼 수 있다. | **하자치유** O | O

O X ★★★ 2014 국회직 8급

44 **행정심판전치주의가 적용되는 경우에 행정심판을 제기하고** 행정심판의 **재결을 거치지 않아도 되는 경우**는 현행법상 **규정**되어 있지 않다. | **규정** O (행정소송법 제18조 제2항) | X

★★★★ 2016 서울시 9급

45 **행정소송법 제18조 제3항**에서 규정하고 있는 **'행정심판을 거칠 필요가 없는 경우'**가 아닌 것은?

① 동종사건에 관하여 이미 행정심판의 기각재결이 있은 때

② 서로 내용상 관련되는 처분 또는 같은 목적을 위하여 단계적으로 진행되는 처분 중 어느 하나가 이미 행정심판의 재결을 거친 때

③ 행정청이 사실심의 변론종결 후 소송의 대상인 처분을 변경하여 당해 변경된 처분에 관하여 소를 제기하는 때

④ 법령의 규정에 의한 행정심판기관이 의결 또는 재결을 하지 못할 사유가 있는 때

| ④ 행정심판제기는 하되 **재결을 거칠 필요가 없는 경우**에 해당(행정소송법 제18조 제2항 제3호) | ④

O X ★★ 2010 세무사

46 판례에 의하면 **둘 이상의 심판절차가 규정된 때**에는 특별한 규정이 없는 한 모든 심판절차를 거쳐야 한다. | 특별한 규정이 없는 한 **하나만** 거치면 족함. | X

O X ★★★ 2014 국회직 8급

47 행정처분의 상대방에게 **행정심판전치주의가 적용되는 경우**라도, **제3자가 제기하는 행정소송의 경우** 제3자는 행정처분의 존재를 알지 못하고 행정심판에 대한 고지도 받지 못하게 되므로 **행정심판전치주의**가 적용되지 않는다. | 행정심판전치주의 규정 **적용** O | X

O X ★★★ 2013 국가직 9급

48 원고가 **전심절차에서 주장하지 아니한 처분의 위법사유를 소송절차에서 새로이 주장한 경우** 다시 그 처분에 대하여 **별도의 전심절차**를 거쳐야 한다. | 별도의 전심절차 거칠 **필요** × | X

Topic 71 항고소송 Ⅲ - 소의 변경과 소제기의 효과

p.322~325

O X ★★ 2006 관세사

01 행정소송법상 취소소송은 **피고의 변경을 수반하는 다른 종류의 소송으로 변경**할 수 없다. | 피고의 변경을 수반하는 경우에도 **가능** O | X

O X ★★★★ 2022 군무원 9급

02 법원은 **취소소송**을 당해 처분 등에 관계되는 사무가 귀속하는 국가 또는 공공단체에 대한 **당사자소송 또는 취소소송 외의 항고소송으로 변경**하는 것이 상당하다고 인정할 때에는 청구의 기초에 변경이 없는 한 **사실심의 변론종결시까지** 원고의 신청 또는 직권에 의하여 결정으로써 소의 변경을 허가할 수 있다. | 02 03 **원고의 신청에 의하여** 소변경 가능 O / 법원의 직권 × | X

OX ★★★ 2008 선관위 9급

03 법원은 **소의 변경의 필요가 있다고 판단될 때**에는 원고의 신청이 없더라도 **사실심의 변론종결시까지** 직권으로 소를 변경할 수 있다. — X

★★★★ 2014 서울시 9급

04 행정소송법상 **취소소송의 변경**에 관한 설명으로 옳지 않은 것은?

① 취소소송이 계속되고 있을 것
② 1심 법원의 판결시까지 원고의 신청이 있을 것
③ 청구의 기초에 변경이 없을 것
④ 법원이 상당하다고 인정하여 허가결정을 할 것
⑤ 취소소송과 취소소송 외의 항고소송 간의 소의 변경은 물론, 취소소송과 당사자소송 간의 변경도 가능하다.

② **사실심변론종결시까지 원고의 신청**이 있을 것 — ②

OX ★★ 2009 세무사

05 **소의 변경에 따라 피고를 달리하게 될 때**에는 **새로운 피고의 의견**을 **청취**하지 않아도 된다.

피고의 의견청취 **필요** ○ — X

OX ★★ 2006 세무사

06 **처분변경으로 인한 소변경**의 경우 원고가 당해 **처분의 변경이 있음을 안 날로부터 60일 이내**에 소변경 신청을 하여야 한다.

행정소송법 제22조 제2항 — O

OX ★★★★ 2018 경행경채 3차

07 법원은 **행정청이 소송의 대상인 처분을 소가 제기된 후 변경한 때**에는 원고의 신청이 없더라도 **결정으로써 청구의 취지 또는 원인을 변경**할 수 있다.

처분변경으로 인한 소변경 : **원고의 신청 필요** ○ — X

OX ★★★ 2008 국회직 8급

08 행정청의 **처분의 변경으로 인한 소(訴)의 변경의 경우** 변경된 처분이 필요적 행정심판전치의 대상이더라도 **행정심판을 거칠 필요가 없다.**

행정소송법 제22조 제3항 — O

OX ★★★ 2009 국회직 8급

09 **소변경**의 **허가결정이 있으면 신소는** 구소가 제기된 때에 제기된 것으로 보며, **구소는** 취하된 것으로 본다.

신소 : **구소 제기시 제기된 것** / 구소 : **취하된 것** — O

OX ★★★ 2017 교육행정직 9급

10 **당사자소송 계속 중** 법원의 허가를 얻어도 **취소소송으로 변경**할 수 없다.

당사자소송을 항고소송으로 변경 **가능** ○ — X

OX ★★★★ 2024 군무원 7급

11 **공법상 당사자소송**에 대하여 청구의 기초가 바뀌지 아니하는 한도 안에서 **민사소송으로 소변경**은 금지된다.

가능 — X

OX ★★★★ 2009 관세사

12 **취소소송에 있어 집행정지신청**은 민사소송상 가처분과 마찬가지로 **본안소송**과 별도로 독립하여 신청할 수 있다.

적법한 본안소송 계속 필요 ○ → 본안소송과 별도로 **독립 신청** × — X

OX ★★★★ 2015 사회복지직 9급

13 적법한 본안소송이 법원에 계속되어 있을 것을 요하지만, **본안소송**의 **제기와 집행정지 신청이 동시에 행하여지는 경우**도 허용된다.

허용 ○ — O

OX ★★★★ 2014 국가직 9급

14 본안문제인 **행정처분 자체의 적법 여부는 집행정지신청의 요건이 되지 아니하는 것이 원칙**이지만, **본안소송의 제기 자체**는 적법한 것이어야 한다.

본안소송 제기 자체의 **적법성 필요** ○ — O

O X ★★★★ 2018 경행경채

15 **집행정지**는 행정처분의 집행부정지원칙의 예외로 인정되는 것이므로 **본안청구의 적법**과는 상관이 없기 때문에 적법한 **본안소송의 계속**을 요건으로 하지 않는다.

적법한 본안청구, 적법한 본안소송의 계속 필요 O

X

O X ★★★★ 2022 지방직 · 서울시 9급

16 A시장으로부터 3월의 영업정지처분을 받은 숙박업자 甲은 이에 불복하여 행정쟁송을 제기하고자 한다. 甲이 취소소송을 제기하면서 집행정지신청을 한 경우 법원이 집행정지결정을 하는 데 있어 甲의 **본안청구의 적법 여부**는 **집행정지의 요건**에 포함되지 않는다.

집행정지의 요건에 **포함** O

X

O X ★★★★ 2022 소방간부

17 **집행정지결정을 한 후**에라도 **본안소송이 취하**되어 소송이 계속하지 아니한 것으로 되면 **집행정지결정**은 당연히 그 효력이 소멸되고 별도의 취소조치를 필요로 하는 것은 아니다.

당연히 효력 소멸 O /
별도 취소 필요 ×

O

O X ★★★ 2024 소방직 9급

18 **집행정지결정**을 하려면 이에 대한 **본안소송이 법원에 제기되어 계속 중**임을 요하고, **집행정지신청 기각결정 후 본안소송이 취하**되었다면, 그 **기각결정에 대한 재항고**는 그 실익이 없어 각하될 수밖에 없다.

실익이 없어 각하

O

O X ★★★★ 2010 서울시 9급

19 **집행정지결정**은 취소소송에서만 **인정**되는 것은 아니다.

취소소송 · 무효등확인소송에만 인정 O

O

O X ★★★★ 2019 경행경채 2차

20 행정소송법상 가구제와 관련하여 **집행정지**를 결정하기 위해서는 **본안**으로 취소소송 · 무효등확인소송 · 부작위위법확인소송이 계속 중이어야 한다.

취소소송 · 무효등확인소송 O /
부작위위법확인소송 ×

X

O X ★★★ 2012 국가직 9급

21 행정소송법은 **처분의 일부에 대한 집행정지**도 가능하다고 규정하고 있다.

가능 O
(행정소송법 제23조 제2항)

O

O X ★★★★ 2017 국회직 8급

22 **행정소송법**이 **집행정지의 요건** 중 하나로 '중대한 손해'가 생기는 것을 예방할 필요성에 관하여 규정하고 있는 반면, **행정심판법**은 **집행정지의 요건** 중 하나로 '회복하기 어려운 손해'를 예방할 필요성에 관하여 규정하고 있다.

행정소송법 : **회복하기 어려운 손해** / 행정심판법 : **중대한 손해**

X

O X ★★★ 2015 사회복지직 9급

23 행정소송법상 집행정지와 관련하여 '회복하기 어려운 손해'란 **금전보상이 불가능한 경우**뿐만 아니라 **금전보상으로는 사회관념상 행정처분을 받은 당사자가 참고 견딜 수 없거나 또는 참고 견디기가 현저히 곤란한 경우의 유형 · 무형의 손해**를 말한다.

행정소송법상 집행정지의 요건인 **회복하기 어려운 손해**의 의미

O

O X ★★ 2014 국가직 9급

24 **유흥접객영업허가의 취소처분으로 5,000여 만원의 시설비를 회수하지 못하게 된다면 생계까지 위협받을 수 있다는 등의 사정**이 집행정지를 인정하기 위한 회복하기 어려운 손해가 생길 우려가 있는 경우에 해당하지 아니한다.

회복하기 어려운 손해가 생길 우려가 있는 경우에 **해당** ×

O

O X ★★★ 2022 소방간부

25 **과징금**을 **납부**하기 위하여 무리하게 외부자금을 차입할 경우 자금사정이 악화되어 **회사의 존립 자체가 위태롭게 될 정도의 중대한 경영상의 위기**를 맞게 될 **우려가 있다는 사정**은 집행정지요건인 회복하기 어려운 손해에 해당한다.

회복하기 어려운 손해에 **해당** O

O

OX ★★★ 2018 경행경채

26 **집행정지의 요건**으로 규정하고 있는 **'공공복리에 중대한 영향을 미칠 우려'가 없을 것이라고 할 때의 '공공복리'**는 그 처분의 집행과 관련된 구체적이고 개별적인 공익을 말한다.

처분의 집행과 관련된 **구체적 · 개별적 공익**

O

OX ★★★★ 2023 지방직 · 서울시 7급

27 행정처분의 **집행정지**를 구하는 신청사건에서는 **행정처분 자체의 적법 여부는 원칙적으로 판단의 대상이 아니나,** 집행정지사건 자체에 의하여도 신청인의 **본안청구가 이유 없음이 명백할 때**에는 행정처분의 집행정지를 명할 수 없다.

본안청구가 이유 없음이 명백 → **집행정지 인정** ×

O

OX ★★★★ 2021 지방직 · 서울시 9급

28 신청인의 **본안청구의 이유 없음이 명백할 때는 집행정지**가 인정되지 않는다.

집행정지 **인정** ×

O

OX ★★★★ 2018 서울시 1회 7급

29 행정소송법상 **집행정지**는 본안이 계속되어 있는 법원이 당사자의 신청에 의하여 한다. 처분권주의가 적용되므로 당사자의 신청 없이 직권으로 하지 못한다.

당사자의 **신청** 또는 법원의 **직권**으로 **가능** O

X

OX ★★★ 2009 세무사

30 **집행정지**의 **관할법원**은 본안소송이 계속되고 있는 법원이다.

본안이 계속된 법원

O

OX ★★★ 2022 소방간부

31 회복하기 어려운 손해예방의 필요 등 **집행정지**의 적극적 **요건에 관한 주장 · 소명책임**은 원칙적으로 신청인에게 있으나, 공공복리에 중대한 영향을 미칠 우려가 없을 것 등 집행정지의 소극적 요건에 대한 주장 · 소명책임은 행정청에 있다.

적극적 요건 : **신청인** /
소극적 요건 : **행정청**

O

OX ★★★ 2018 경행경채

32 **행정처분**에 대한 **효력정지신청**을 구함에 있어서도 이를 구할 **법률상 이익**이 있어야 한다.

법률상 이익 **필요** O

O

OX ★★★ 2014 국가직 7급

33 제3자효 행정행위에 의해 **법률상 이익을 침해받은 제3자**는 취소소송의 제기와 동시에 행정행위의 **집행정지**를 신청할 수 있다.

원고적격 있는 한 집행정지 **신청 가능** O

O

OX ★★★★ 2024 국회직 8급

34 허가에 붙은 기한의 종기 도래로 허가의 효력이 상실된 경우, 기한연장**신청 거부에 대한** 집행정지로 인해 그 효력이 회복되므로 **집행정지**신청의 이익이 있다.

신청의 이익 ×

X

OX ★★★★ 2023 국가직 9급

35 **거부처분에 대한 집행정지**는 그 거부처분으로 인하여 신청인에게 생길 손해를 방지하는 데 아무런 보탬이 되지 아니하므로 허용되지 않는다.

허용 ×

O

OX ★★★ 2015 사회복지직 9급

36 **집행정지의 대상**은 처분 등의 효력, 그 집행 또는 절차의 속행이다.

처분 등의 **효력, 집행, 절차의 속행**

O

OX ★★★ 2022 서울시 지적 7급

37 **행정소송법상 집행정지**가 인용될 경우 그 **효력**으로는 **처분 등의 효력정지**, 처분 등의 **집행정지, 절차속행의 전부 또는 일부의 정지**가 있다.

행정소송법 제23조 제2항

O

OX ★★★★ 2021 지방직 · 서울시 9급

38 **처분의 효력정지**는 처분의 **집행 또는 절차의 속행을 정지함으로써 목적을 달성할 수 있는 경우**에는 **허용되지 아니한다.**

행정절차법 제23조 제2항 단서

O

O X ★★★ 2022 지방직 · 서울시 7급

39 **일정한 납부기한을 정한 과징금 부과처분**에 대하여 **집행정지결정**이 내려졌다면 과징금 부과처분에서 정한 과징금의 납부기간은 더 이상 진행되지 아니하고 **집행정지결정의 주문에 표시된 종기의 도래로 인하여 집행정지가 실효**된 때부터 다시 진행된다.

㉠ **과징금의 납부기간 진행** ×
㉡ 당초 과징금 부과처분에서 정한 기간이 **다시 진행** ○

O

O X ★★★ 2016 국가직 9급

40 **집행정지결정**은 판결이 아니므로 **기속력**은 인정되지 않는다.

기속력 **인정** ○

X

O X ★★★ 2015 교육행정직 9급

41 **집행정지결정**이 있더라도 당사자인 행정청과 그 밖의 **관계행정청**에 대하여 **법적 구속력**은 발생하지 않는다.

기속력 ○ → 관계행정청에 대한 법적 구속력 **발생** ○

X

O X ★★★ 2008 세무사

42 판례상 **집행정지결정**이 있게 되면 당해 처분이 효력 있음을 전제로 한 **후속행위**는 무효가 된다.

집행정지결정을 **위반**한 후속행위 **무효** ○

O

O X ★★★ 2016 사회복지직 9급

43 **집행정지결정의 효력**은 결정주문에서 정한 시기까지 **존속**하며 그 시기의 도래와 동시에 효력이 당연히 **소멸**한다.

결정주문에서 정한 시기까지 존속 ○ / **시기 도래와 동시에** 당연 소멸 ○

O

O X ★★★ 2011 국가직 9급

44 집행정지결정 **중 효력정지결정**은 효력 그 자체를 잠정적으로 정지시키는 것이므로 행정처분이 없었던 원래 상태와 같은 상태를 가져오지만 장래에 향하여 **효력을 발생**하는 것이 **원칙**이다.

원칙적으로 **집행정지결정시점부터 장래에 향하여 효력 발생**

O

O X ★★★ 2022 소방간부

45 **보조금 교부결정의 일부를 취소한 행정청의 처분에 대하여** 법원이 **효력정지결정을 하면서** 주문에서 그 법원에 계속 중인 **본안소송의 판결선고시까지 처분의 효력을 정지한다고 선언하였을 경우**, 본안소송의 **판결선고에 의하여 정지결정의 효력**은 소멸하지만 당초의 보조금 교부결정 취소**처분의 효력**이 당연히 되살아나는 것은 아니다.

정지결정 효력 **소멸** ○ / 당초의 보조금 교부결정 취소처분의 효력이 **당연히 되살아남**.

X

O X ★★★★ 2024 소방직 9급

46 제재처분에 대한 행정쟁송절차에서 처분에 대해 집행정지결정이 이루어졌더라도 **본안에서** 해당 **처분이 최종적으로 적법한 것으로 확정**되어 **집행정지결정이 실효**된 경우, 처분청은 당초 집행정지결정이 없었던 경우와 동등한 수준으로 해당 제재처분이 집행되도록 하여서는 아니 된다.

집행정지결정이 없었던 경우와 동등한 수준으로 처분이 집행되도록 하여야 함.

X

O X ★★★ 고난도

47 처분 상대방이 **집행정지결정을 받지 못했으나 본안소송에서** 해당 **제재처분이 위법하다는 것이 확인되어 취소**하는 **판결이 확정**되면, 처분청은 그 제재처분으로 처분 상대방에게 초래된 불이익한 결과를 제거하기 위하여 필요한 조치를 취하여야 한다.

제재처분으로 초래된 **불이익한 결과를 제거**하기 위하여 필요한 **조치**를 취하여야 함.

O

O X ★★★★ 2024 소방직 9급

48 **효력기간이 정해져 있는 제재적 행정처분**에 대한 취소소송에서 법원이 **본안소송의 판결선고시까지 집행정지결정**을 하면, 처분에서 정해 둔 효력기간은 판결선고시까지 진행하지 않다가 **판결이 선고되면** 그때 **집행정지결정의 효력**이 **소멸**함과 동시에 **처분의 효력이 당연히 부활**하여 처분에서 정한 효력기간이 다시 진행한다.

처분에서 정한 효력기간 다시 진행

O

O X ★★★ 2018 국가직 7급

49 **집행정지**의 **결정이 확정된 후** 집행정지가 **공공복리에 중대한 영향**을 미치거나 **그 정지사유가 없어진 때**에는 당사자의 **신청 또는 직권**에 의하여 **결정**으로써 **집행정지의 결정을 취소할 수 있다**.

행정소송법 제24조 제1항

O

O X ★★★ 2018 국가직 7급

50 **집행정지의 결정에 대하여**는 **즉시항고**할 수 있으며, 이 경우 집행정지의 결정에 대한 즉시항고에는 **결정의 집행을 정지하는 효력이 없다.** | 행정소송법 제23조 제5항 | O

O X ★★★ 2024 소방직 9급

51 '처분 등이나 그 집행 또는 절차의 속행으로 인한 손해발생의 우려' 등 **적극적 요건에 관한 주장 · 소명책임**은 원칙적으로 신청인 측에 있고, 이 **요건을 결여하였다는 이유**로 **효력정지신청을 기각한 결정**에 대하여 **행정처분 자체의 적법 여부**를 가지고 불복사유로 삼을 수 없다. | **신청인 / 불복사유로 삼을 수 없음.** | O

O X ★★★★ 2018 교육행정직 9급

52 **행정소송법**은 취소소송의 경우에 집행정지 외에 **임시처분**까지 **규정**하고 있다. | 행정소송법 : 임시처분 **규정** × | X

O X ★★★★ 2022 소방간부

53 **항고소송의 대상이 되는 행정처분의 효력**이나 **집행** 혹은 **절차속행 등의 정지를 구하는 신청**은 행정소송법상 집행정지신청의 방법으로서만 가능할 뿐이고 **민사소송법상 가처분**의 방법으로는 허용될 수 없다. | **허용 × / 행정소송법상 집행정지신청으로만 가능 ○** | O

O X ★★★★ 2016 국가직 9급

54 **민사집행법**에 따른 **가처분**은 **항고소송에서**도 인정된다. | 항고소송에서 **인정** × | X

Topic 72 항고소송 Ⅳ - 취소소송의 심리 등

p.326~332

O X ★★★★ 2007 세무사

01 **요건심리**는 피고의 항변을 기다릴 필요가 없는 **법원의** 직권조사사항이다. | **직권조사사항 ○** | O

O X ★★★★ 2015 교육행정직 9급

02 **소송요건**의 **구비 여부**는 법원에 의한 직권조사사항으로 당사자의 주장에 구속되지 않는다. | **직권조사사항 ○ → 당사자의 주장에 구속 ×** | O

O X ★★★★ 2007 세무사

03 제기된 소가 **소송요건을 갖추지 못한 경우**에는 각하판결의 대상이 된다. | **각하판결 ○** | O

O X ★★★ 2014 국가직 9급

04 **소송요건의 존부**는 사실심변론종결시를 **기준**으로 판단한다. | **사실심변론종결시** | O

O X ★★★ 2007 세무사

05 **본안심리의 결과 원고의 청구가 이유 없다고 인정되는 경우**에는 기각판결을 한다. | **기각판결 ○** | O

O X ★★★ 2016 사회복지직 9급

06 **취소소송에서 처분의 위법성**은 소송요건이 아니다. | **소송요건 ×** | O

O X ★★★ 2023 국가직 7급

07 취소소송에서 쟁송의 대상이 되는 **행정처분의 존부**는 **소송요건**으로서 법원의 직권조사사항이고 자백의 대상이 될 수 없다. | **직권조사사항 ○ → 자백의 대상 ×** | O

O X ★★★★ 2015 지방직 9급

08 **행정소송**의 대상이 되는 **행정처분의 존부**는 소송요건으로서 직권조사사항이고, 자백의 대상이 될 수 없는 것이므로, **설사 그 존재를 당사자들이 다투지 아니한다 하더라도 그 존부에 관하여 의심이 있는 경우**에는 이를 **직권으로 밝혀 보아야 할 것이다.** | **직권조사사항 ○ → 자백의 대상 ×** | O

OX ★★★ 2023 국회직 8급

09 **사실심에서 변론종결시까지 당사자가 주장하지 않던 직권조사사항에 해당하는 사항을 상고심에서 비로소 주장**하는 경우 그 직권조사사항에 해당하는 사항은 **상고심의 심판범위**에 해당하지 않는다.

상고심 심판범위 **해당** ○ — X

OX ★★★ 2023 군무원 9급

10 당사자적격, 권리보호이익 등 **소송요건**은 **직권조사사항**으로서 당사자가 주장하지 아니하더라도 법원이 직권으로 조사하여 판단하여야 하고, **사실심변론종결 이후**에 **소송요건이 흠결되거나 그 흠결이 치유**된 경우 상고심에서도 이를 참작하여야 한다.

직권조사사항 ○ / **상고심**에서 흠결 · 치유시 **참작** ○ — O

OX ★★★ 2024 지방직 · 서울시 9급

11 해당 처분을 다툴 **법률상 이익이 있는지 여부**는 **직권조사사항**으로 이에 관한 당사자의 주장은 직권발동을 촉구하는 의미밖에 없으므로, **원심법원이 이에 관하여 판단하지 않았다**고 하여 판단유탈의 상고이유로 삼을 수 없다.

판단유탈의 상고이유 × — O

OX ★★★★ 2023 군무원 7급

12 어떠한 처분에 **법령상 근거**가 있는지, 행정절차법에서 정한 **처분절차를 준수**하였는지는 본안에서 당해 처분이 적법한가를 판단하는 단계에서 고려할 요소가 아니라, 소송요건심사단계에서 고려할 요소이다.

처분의 **적법성 판단단계에서 고려** — X

OX ★★★★ 2023 서울시 지적 7급

13 피고인 **처분청의 처분권한 유무**는 피고적격의 문제이므로 법원의 직권조사사항이다.

직권조사사항 × — X

OX ★★★ 2023 국회직 8급

14 취소소송의 직권심리주의를 규정하고 있는 행정소송법 제26조의 규정을 고려할 때, 행정소송에 있어서 **법원**은 **원고의 청구범위를 초월**하여 그 이상의 청구를 **인용**할 수 있다.

청구범위 초월한 인용 **불가** — X

OX ★★★ 2010 세무사

15 **취소소송**의 특성상 **구술심리주의**는 적용되지 않는다.

구술심리주의 **적용** ○ — X

OX ★★★ 2009 세무사

16 **현행 행정소송법**은 **행정심판기록제출명령제도**를 채택하고 있다.

행정심판기록제출명령제도 **채택** ○ — O

OX ★★★ 2018 지방직 9급

17 소송에 있어서 **처분권주의**는 사적 자치에 근거를 둔 법질서에 뿌리를 두고 있으므로 **취소소송**에는 적용되지 않는다.

17 18 처분권주의 **적용** ○ — X

OX ★★★ 2023 국회직 8급

18 행정소송법상 행정소송의 심리에는 **당사자가 신청하지 아니한 사항에 대하여는 판결하지 못한다**는 의미의 처분권주의가 적용된다.

O

OX ★★★ 2014 국가직 9급

19 **행정소송법**은 법원이 직권으로 관계행정청에 **자료제출**을 **요구**할 수 있음을 **규정**하고 있다.

법원의 **직권** × / **당사자 신청이 있는 때 가능** ○ — X

OX ★★★ 2023 지방직 · 서울시 9급

20 행정소송법에 따르면 법원은 당사자의 **신청**이 있는 때에는 결정으로써 재결을 행한 행정청에 대하여 **행정심판에 관한 기록의 제출을 명**할 수 있고, 제출명령을 받은 행정청은 **지체 없이** 당해 행정심판에 관한 **기록을 법원에 제출**하여야 한다.

행정소송법 제25조 — O

O X ★★★★ 2023 지방직 · 서울시 9급

21 행정소송법에 따르면 **법원은** 필요하다고 인정할 때에는 **직권으로 증거조사**를 할 수 있으나, 당사자가 **주장하지 아니한 사실**에 대하여는 **판단**할 수 없다.

직권증거조사, 주장하지 않은 사실 판단 **가능** X

O X ★★★ 2017 국가직 9급

22 **행정소송법 제26조**는 **행정소송에서 직권심리주의가 적용되도록 하고 있지만**, 행정소송에서도 **당사자주의나 변론주의의 기본구도는 여전히 유지된다.**

당사자주의 · 변론주의 + 직권심리 가미 ○ O

O X ★★★ 2015 지방직 7급

23 "법원은 필요하다고 인정할 때에는 직권으로 증거조사를 할 수 있고, 당사자가 주장하지 아니한 사실에 대하여도 판단할 수 있다."라고 규정하고 있는 **행정소송법 제26조는 당사자소송**에도 준용된다.

직권심리규정은 당사자소송에 **준용** ○ O

O X ★★★★ 2015 지방직 7급

24 **행정소송**에서 **기록상 자료가 나타나 있다** 하더라도 당사자가 주장하지 않았다면 행정소송의 특수성에 비추어 **법원**은 이를 판단할 수 없다.

기록상 자료가 나타나 있다면 **당사자가 주장하지 않았다 하더라도 법원은 판단 가능** X

O X ★★★ 고난도

25 **당사자가 주장하지도 아니한 법률효과에 관한 요건사실이나 독립된 공격방어방법을 시사**하여 그 **제출을 권유**함과 같은 행위를 하는 것은 **변론주의의 원칙**에 위배되는 것으로 **석명권 행사의 한계**를 일탈하는 것이 된다.

변론주의의 원칙에 **위배** ○ / 석명권 행사의 한계를 **일탈** O

O X ★★★ 2022 지방직 · 서울시 7급

26 **법원**이 어느 **하나의 사유에 의한 과징금 부과처분에 대하여** 그 사유와 **기본적 사실관계의 동일성이 인정되지 아니하는 다른 처분사유가 존재한다는 이유**로 **적법하다고 판단**하는 것은 특별한 사정이 없는 한 **직권심사주의**의 한계를 넘는 것이 아니다.

직권심사주의의 **한계를 넘는 것** ○ → 허용 × X

O X ★★ 2010 세무사

27 **변론주의원칙**상 **당사자**에게는 주장책임이 있다.

당사자의 **주장책임** ○ O

O X ★★ 2018 지방직 9급

28 **취소소송의 심리에 있어서 주장책임**은 직권탐지주의를 보충적으로 인정하고 있는 한도 내에서 그 **의미**가 완화된다.

직권탐지주의의 한도 내에서 주장책임 **완화** ○ O

O X ★★★ 2009 세무사

29 입증책임은 **소송상 일정한 사실의 존부가 확정되지 아니할 경우**에 **불리한 법적 판단을 받게 되는** 일방 당사자의 **불이익** 내지는 **위험**을 말한다.

입증책임 O

O X ★★ 2009 세무사

30 입증책임의 중심적 문제는 **어떤 사실에 대하여 어느 당사자가 입증책임을 질 것인가의 문제**로서 이를 입증책임의 분배라고 한다.

입증책임의 분배 O

O X ★★★★★ 2023 지방직 · 서울시 9급

31 결혼이민(F-6 (다)목) 체류자격을 신청한 외국인에 대하여 행정청이 그 요건을 충족하지 못하였다는 이유로 거부처분을 하는 경우 '그 요건을 갖추지 못하였다는 판단', 즉 '혼인파탄의 주된 귀책사유가 국민인 배우자에게 있지 않다는 판단' 자체가 처분사유가 되는바, **결혼이민(F-6 (다)목) 체류자격 거부처분 취소소송**에서 그 **처분사유에 관한 증명책임**은 피고 행정청에 있다.

피고 행정청 O

OX ★★★ 고난도

32 성희롱을 사유로 한 **징계처분**의 당부를 다투는 행정소송에서 **징계사유**에 대한 **증명책임**은 그 처분의 적법성을 주장하는 피고에게 있으며 **입증의 정도**는 어떤 사실이 있었다는 점을 시인할 수 있는 고도의 개연성을 증명하는 것이면 충분하다.

증명책임 : 처분의 적법성을 주장하는 **피고** / 입증의 정도 : 고도의 **개연성**을 증명

O

OX ★★★ 2006 국가직 9급

33 처분의 존재, 제소기간의 준수 등 **소송요건**은 취소소송에서의 직권조사사항이므로 원고가 **입증책임**을 지지 않는다.

소송요건이 불분명한 경우 입증책임 : **원고**

X

OX ★★★★ 2023 경찰간부

34 국민에게 일정한 이익과 권리를 취득하게 한 종전 행정처분의 하자나 **직권취소**해야 할 **필요성**에 관한 **증명책임**은 기존 이익과 권리를 침해하는 처분을 한 행정청에 있다.

처분 행정청

O

OX ★★★★★ 2024 국가직 9급

35 **재량권의 일탈 · 남용**에 관하여는 행정행위의 효력을 다투는 사람이 **주장 · 증명책임**을 부담한다.

35 36 37 재량권 일탈 · 남용 증명책임 : **원고**(처분의 효력을 다투는 자)

O

OX ★★★★★ 2021 군무원 7급

36 처분이 **재량권을 일탈 · 남용하였다는 사정**은 처분의 효력을 다투는 자가 **주장 · 증명**하여야 한다.

O

OX ★★★★★ 2020 소방직 9급

37 행정청의 재량에 속하는 처분이라도 재량권의 한계를 넘거나 그 남용이 있는 때에는 법원은 이를 취소할 수 있고, **재량권 일탈 · 남용**에 관하여는 피고인 행정청이 **증명책임**을 부담한다.

X

OX ★★★ 2006 국가직 9급

38 **과세처분의 적법성** 및 **과세요건사실의 존재**에 관하여는 원칙적으로 과세관청인 피고가 그 **입증책임**을 부담한다.

과세관청인 피고

O

OX ★★★ 2006 세무사

39 **과세대상인 토지가 비과세대상이라는 주장**은 원고인 납세의무자가 **입증책임**을 진다.

원고인 납세의무자

O

OX ★★★ 2013 국가직 7급

40 **행정심판절차에서 주장하지 아니한 사항**에 대해서도 **원고**는 **취소소송**에서 **주장**할 수 있다.

취소소송에서 **주장 가능** ○

O

OX ★★★★ 2013 국가직 7급

41 **처분사유의 추가 · 변경**은 원칙적으로 행정소송의 제기 이후부터 사실심변론종결시 이전 사이에 문제된다.

행정소송 제기 이후 사실심변론종결시 이전 사이의 문제

O

OX ★★★★ 2024 소방직 9급

42 처분청이 처분 당시에 적시한 **구체적 사실을 변경하지 아니하는 범위 내에서** 단지 **그 처분의 근거 법령만을 추가 · 변경**하는 것에 불과한 경우에는 **새로운 처분사유의 추가라고 볼 수 없으므로** 행정청이 처분 당시에 적시한 구체적 사실에 대하여 처분 후에 추가 · 변경한 법령을 적용하여 그 처분의 적법 여부를 판단할 수 있다.

추가 · 변경한 법령을 적용 가능

O

OX ★★★★ 2020 군무원 9급

43 처분청이 처분 당시에 적시한 **구체적 사실을 변경하지 아니하는 범위 내에서** 단지 **그 처분의 근거법령만을 추가 · 변경**하거나 **당초의 처분사유를 구체적으로 표시하는 것에 불과한 경우**에는 새로운 처분사유를 추가하거나 변경하는 것이라고 볼 수 없다.

새로운 처분사유 추가 · 변경 × (허용된다는 의미)

O

OX ★★★ 2019 서울시 2회 7급

44 **외국인** 甲이 법무부장관에게 **귀화신청**을 하였으나 법무부장관이 **'품행 미단정'**을 **불허사유**로 국적법상의 요건을 갖추지 못하였다며 신청을 받아들이지 않는 처분을 하였는데, 법무부장관이 甲을 '품행 미단정'이라고 판단한 이유에 대하여 **제1심 변론절차에서 자동차관리법위반죄**로 **기소유예를 받은 전력 등을 고려하였다고 주장한 후, 제2심 변론절차에서 불법체류전력 등의 제반 사정**을 **추가**로 주장할 수 있다.

추가로 **주장 가능** ○

$\overline{\text{O}}$

OX ★★★★ 2015 사회복지직 9급

45 다음 사례에 대한 설명으로 옳지 않은 것은? (다툼이 있는 경우 판례에 의함)

> 관할행정청은 甲에게 **A를 사유로 면허취소처분**을 내렸다가 甲이 이를 다투자 **소송계속 중**에 당해 면허취소처분의 **새로운 사유로 B를 주장**하였다.

① 처분사유의 추가 · 변경을 널리 허용한다면 처분의 상대방에게 예기치 못한 불이익이 발생할 가능성이 있다.
② 처분사유를 B로 추가 · 변경한다는 관할행정청의 주장이 법원에서 받아들여진 경우, 甲은 처분변경으로 인한 소의 변경을 신청하여야 한다.
③ 위와 같은 처분사유의 추가 · 변경은 사실심변론종결시까지만 허용된다.
④ A사유와 기본적 사실관계가 동일성이 있다고 인정되는 한도 내에서만 B사유로의 추가 · 변경이 허용된다.

② 처분사유 추가 · 변경시 처분변경으로 인한 소변경을 신청할 필요 ×

②

OX ★★★★ 2017 국가직 7급

46 행정처분의 취소를 구하는 **항고소송에서** 처분청은 당초처분의 근거로 삼은 사유와 기본적 사실관계가 동일성이 있다고 인정되는 한도 내에서만 다른 **사유를 추가**하거나 **변경**할 수 있다.

기본적 사실관계의 동일성이 인정되는 한도 내에서만 **가능**

$\overline{\text{O}}$

OX ★★★★ 2017 국가직 9급

47 **처분사유의 추가 · 변경**이 인정되기 위한 **요건으로서의 기본적 사실관계의 동일성 유무**는, 처분사유를 법률적으로 평가하기 이전의 구체적인 사실에 착안하여 그 기초적인 사회적 사실관계가 기본적인 점에서 동일한지 여부에 따라 **결정**된다.

구체적 사실에 착안, **기초적인 사회적 사실관계가 기본적으로 동일한지 여부**에 따라 결정 ○

$\overline{\text{O}}$

OX ★★★★ 2024 소방직 9급

48 **추가** 또는 **변경된 사유**가 **처분 당시에 이미 존재**하고 있었다거나 **당사자가 그 사실을 알고 있었다면 당초의 처분사유와 동일성**이 있다고 할 수 있다.

처분사유의 동일성 **인정** ×

$\overline{\text{X}}$

OX ★★ 2018 지방직 9급

49 당초 행정**처분의 근거로 제시한 이유가 실질적인 내용이 없는 경우**에도 행정소송의 단계에서 행정**처분**의 **사유**를 **추가**할 수 있다.

처분사유 추가 **불가**

$\overline{\text{X}}$

OX ★★★ 2011 사회복지직 9급

50 토지형질변경 불허가처분의 당초의 처분사유인 **국립공원에 인접한 미개발지의 합리적인 이용대책 수립시까지 그 허가를 유보한다는 사유**와 그 처분의 취소소송에서 추가하여 주장한 처분사유인 **국립공원 주변의 환경 · 풍치 · 미관 등을 크게 손상시킬 우려가 있으므로 공공목적상 원형 유지의 필요가 있는 곳으로서 형질변경허가 금지대상이라는 사유는 기본적 사실관계**에 있어서 **동일성**이 인정된다.

기본적 사실관계의 동일성 **인정** ○

$\overline{\text{O}}$

OX ★★★ 2013 국가직 7급

51 주택신축을 위한 산림형질변경허가신청에 대한 거부처분의 근거로 제시된 **준농림지역에서의 행위제한이라는 사유**와 나중에 거부처분의 근거로 추가한 자연경관 및 생태계의 교란, 국토 및 **자연의 유지와 환경보전 등 중대한 공익상의 필요라는 사유**는 **기본적 사실관계의 동일성**이 없다.

기본적 사실관계의 동일성 **인정** ○

$\overline{\text{X}}$

O X ★★★ 2017 서울시 9급

52 주류면허 지정조건 중 제6호 **무자료 주류판매 및 위장거래** 항목을 근거로 한 면허취소처분에 대한 항고소송에서, 지정조건 제2호 **무면허판매업자에 대한 주류판매**를 새로이 그 취소사유로 주장하는 것은 **기본적 사실관계의 동일성**이 인정된다.

기본적 사실관계의 동일성 **인정** × — X

O X ★★★ 2011 사회복지직 9급

53 행정청의 당초 처분사유인 **기존 공동사업장과의 거리제한규정에 저촉된다는 사실**과 피고 주장의 **최소 주차용지에 미달한다는 사실**은 **기본적 사실관계**에 있어서 **동일성**이 인정된다.

기본적 사실관계의 동일성 **인정** × — X

O X ★★ 2011 사회복지직 9급

54 의료보험요양기관 지정취소처분의 당초의 처분사유인 구 의료보험법 제33조 제1항이 정하는 **본인부담금 수납대장을 비치하지 아니한 사실**과 항고소송에서 새로 주장한 처분사유인 같은 법 제33조 제2항이 정하는 **보건복지부장관의 관계서류 제출명령에 위반하였다는 사실**은 **기본적 사실관계**에 있어서 **동일성**이 인정되지 않는다.

기본적 사실관계의 동일성 **인정** × — O

O X ★★★ 2022 군무원 9급

55 온천으로서의 이용가치, **기존의 도시계획 및 공공사업에의 지장 여부** 등을 고려하여 온천발견신고수리를 거부한 것은 적법하다는 사유와 **규정온도가 미달**되어 온천에 해당하지 않는다는 사유는 **기본적 사실관계의 동일성**이 인정된다.

기본적 사실관계의 동일성 **인정** × — X

O X ★★★ 2017 국가직(하) 9급

56 甲은 행정청 A가 보유 · 관리하는 정보 중 乙과 관련이 있는 정보를 사본 교부의 방법으로 공개하여 줄 것을 청구하였다. A가 **내부적인 의사결정과정임을 이유로 정보공개를 거부**하였다가 정보공개거부처분 취소소송의 계속 중에 **개인의 사생활침해 우려를 공개거부사유로 추가**하는 것은 허용되지 않는다.

기본적 사실관계의 동일성 인정 × → 처분사유 추가 **허용** × — O

O X ★★★ 2022 군무원 9급

57 석유판매업허가신청에 대하여, **관할 군부대장의 동의를 얻지 못하였다**는 당초의 불허가사유와 **토지가 탄약창에 근접한 지점**에 있어 공익적인 측면에서 보아 허가신청을 불허한 것은 적법하다는 사유는 **기본적 사실관계의 동일성**이 인정된다.

기본적 사실관계의 동일성 **인정** × — X

O X ★★ 2017 서울시 9급

58 당초의 처분사유인 **중기취득세의 체납**과 그 후 추가된 처분사유인 **자동차세의 체납**은 **기본적 사실관계의 동일성**이 부정된다.

기본적 사실관계의 동일성 **인정** × — O

O X ★★★★ 2023 국가직 7급 변형

59 행정청 乙이 甲에게 **건축허가를 받지 않고 건축하였다**는 이유로 원상복구명령 및 계고처분을 하였는데, 甲이 이에 대해 취소소송을 제기한 경우, 乙은 '甲의 건축물은 **신고를 하지 않은 가설건축물**'이라는 **처분사유를 추가**할 수 있다.

기본적 사실관계의 동일성 인정 × → 처분사유 추가 **허용** × — X

O X ★★★★★ 2017 서울시 9급

60 취소소송에서 행정청의 **처분사유의 추가 · 변경**은 사실심변론종결시까지만 **허용**된다.

60 61 **사실심변론종결시까지** 허용 ○ / 대법원 확정판결시까지 × — O

O X ★★★★★ 2017 국가직 9급

61 처분청은 원고의 권리방어가 침해되지 않는 한도 내에서 당해 취소소송의 대법원 확정판결이 있기 전까지 **처분사유의 추가 · 변경**을 할 수 있다.

X

O X ★★★ 2017 국가직 7급

62 **위법판단의 기준시점을 처분시로 볼 경우, 처분 이후에 발생한 새로운 사실적 · 법적 사유를 추가 · 변경**하고자 하는 것은 허용될 수 없고 이러한 경우에는 계쟁처분을 직권취소하고 이를 대체하는 새로운 처분을 할 수 있다.

처분 이후 발생한 사유 추가 · 변경 **허용** × → **기존처분 직권취소 후 새로운 처분** 가능 ○ — O

OX ★★★★ 2022 경찰간부

63 항고소송에서 **처분의 위법 여부**는 특별한 사정이 없는 한 그 처분 당시를 **기준**으로 판단하여야 하지만, 신청에 따른 처분의 경우에는 신청 당시의 법령 등에 따른다.

처분시의 법령 · 사실상태 기준 X

OX ★★★★ 2020 소방직 9급

64 행정소송에서 **행정처분의 위법 여부**는 **행정처분이 있을 때의 법령과 사실상태를 기준**으로 하여 판단하여야 하고 처분 후 법령의 개폐나 사실상태의 변동이 있다면 그러한 **법령의 개폐나 사실상태의 변동에 의하여** 처분의 **위법성**이 치유될 수 있다.

처분 후 법령 개폐, 사실상태 변동에 의하여 처분의 위법성 **치유** × X

OX ★★★★ 2013 경행특채

65 행정소송에서 **행정처분의 위법 여부는 처분 후 법령의 개폐나 사실상태의 변동에 의하여** 영향을 받는다.

처분 후 법령 개폐나 사실상태 변동에 의하여 **영향을 받지 않음**. X

OX ★★★ 2023 국가직 7급

66 부당해고 구제신청에 관한 **중앙노동위원회의 결정**에 대하여 취소소송을 제기하는 경우, 법원은 중앙노동위원회의 **결정 후에 생긴 사유**를 들어 그 결정의 적법 여부를 판단할 수 있다.

결정 후에 생긴 사유를 들어 **적법 여부 판단** × X

OX ★★★★★ 2023 군무원 7급

67 행정**처분의 위법 여부**는 행정처분이 있을 때의 법령과 사실상태를 **기준**으로 판단하여야 하며, 법원은 행정처분 당시 행정청이 알고 있었던 자료뿐만 아니라 **사실심변론종결 당시까지 제출된 모든 자료**를 **종합**하여 처분 당시 존재하였던 객관적 사실을 확정하고 그 사실에 기초하여 처분의 위법 여부를 **판단**할 수 있다.

처분시 기준 / 사실심변론종결시까지 제출된 모든 자료 기초로 **판단 가능** O

OX ★★★★ 최신판례

68 산업재해보상보험법 **시행령** 제34조 제3항 **[별표 3] '업무상 질병**에 대한 구체적인 **인정 기준**'은 동법 제37조 제1항 제2호**에서 정한 '업무상 질병'**에 해당하는 경우를 **예시적으로 규정한 것**으로서 위 **'인정 기준'의 위임에 따른** '뇌혈관 질병 또는 심장 질병 및 근골격계 질병의 업무상 질병 인정 여부 결정에 필요한 사항'(**고용노동부고시**)은 대외적으로 국민과 법원을 구속하는 효력이 있는 규범이라고 볼 수 없다.

대외적 구속력 × O

OX ★★★ 최신판례

69 근로복지공단이 **처분 당시**에 시행된 **고용노동부고시** '뇌혈관 질병 또는 심장 질병 및 근골격계 질병의 업무상 질병 인정 여부 결정에 필요한 사항'을 **적용하여 한 산재요양 불승인처분에 대한 항고소송에서** 법원은 해당 **불승인처분 후 개정된 고용노동부고시**의 규정 내용과 개정 취지를 **참작**하여 **상당인과관계 존부를 판단**할 수 있다.

개정된 고용노동부고시를 참작하여 상당인과관계 존부 판단 **가능** O

OX ★★★★ 2024 소방직 9급

70 **여러 처분사유에 관하여 하나의 제재처분을 하였을 때** 그중 **일부가 인정되지 않는다**고 하더라도 **나머지 처분사유들**만으로도 처분의 **정당성이 인정**되는 경우에는 그 처분을 위법하다고 보아 취소하여서는 아니 된다.

70 71 72 다른 처분사유로써 정당성이 인정되면 그 처분은 **위법** × O

OX ★★★★ 2020 국가직 9급

71 행정처분에 있어 **여러 개의 처분사유 중 일부가 적법하지 않으면 다른 처분사유로써 그 처분의 정당성이 인정**된다고 하더라도, 그 처분은 위법하게 된다.

X

OX ★★★★ 2023 군무원 9급

72 수개의 징계사유 중 일부가 인정되지 않더라도 인정되는 **다른 징계사유만으로도** 당해 **징계처분의 타당성을 인정하기에 충분한 경우**에는 그 **징계처분을 유지**하여도 위법하지 아니하다.

O

Topic

73 항고소송 Ⅳ - 취소소송의 판결 등

p.333~344

OX ★★★ 최신판례

01 **소송판결의 기판력**은 그 판결에서 **확정한 소송요건의 흠결에 관하여 미치는 것**이지만, 당사자가 그러한 **소송요건의 흠결이 보완된 상태에서 다시 소를 제기한 경우**에는 그 기판력의 제한을 받지 않는다.

기판력의 **제한**을 **받지 않음**. — O

OX ★★ 2013 지방직(하) 7급

02 **사정판결**은 **행정의 법률적합성 원칙의 예외적 현상**이다.

행정이 위법함에도 공공복리를 위하여 청구 기각 — O

OX ★★★★ 2023 지방직 · 서울시 9급

03 법원은 원고의 청구가 **이유 있다고 인정하는 경우에도 처분 등을 취소하는 것이 현저히 공공복리에 적합하지 아니하다고 인정하는 때**에는 원고의 청구를 **기각**할 수 있다.

행정소송법 제28조 제1항 — O

OX ★★★ 2015 국가직 9급

04 **사정판결**은 **처분이 위법**하여 **청구가 이유 있는 경우**이어야 한다.

04 05 사정판결의 **요건** — O

OX ★★★ 2015 국가직 9급

05 **사정판결**은 **청구의 인용**판결이 **현저히 공공복리에 적합하지 아니하여야 한다**.

O

OX ★★★ 2022 서울시 지적 7급

06 **사정판결**은 극히 예외적인 제도이므로 **위법한 행정처분을 취소하여야 할 필요**와 그 **취소로 발생할 수 있는 공공복리에 반하는 사태** 등을 **비교 · 교량**하여 **엄격하게 판단**하여야 한다.

사정판결은 예외적 제도 — O

OX ★★★★★ 2023 국가직 9급

07 사정판결의 요건인 **처분의 위법성**은 변론종결시를 **기준**으로 판단하고, 공공복리를 위한 **사정판결의 필요성**은 처분시를 **기준**으로 판단하여야 한다.

처분의 위법성 판단 : **처분시** / **사정판결의 필요성** 판단 : **판결시** — X

OX ★★★★ 2013 서울시 7급

08 **사정판결**은 처분이 위법함에도 청구가 기각되는 것으로, 이로 인하여 **당해 처분**은 **위법성**이 **치유**되어 적법하게 된다.

위법성 **치유** × → **적법** × / 공공복리를 위하여 위법성을 가진 채로 효력 지속 ○ — X

OX ★★★★ 2022 서울시 지적 7급

09 **사정판결**의 **필요성 판단기준시**는 판결시점인 변론종결시이며, 법원은 원고의 청구를 기각하면서 그 **판결**의 **주문에**서 그 처분이 위법함을 명시하여야 한다.

사정판결의 필요성 판단기준시 : **사실심변론종결시**
판결주문 : **위법함 명시 필요** ○ — O

OX ★★★★ 2013 서울시 7급

10 **사정판결**에서의 **소송비용**은 패소한 원고가 부담한다.

피고 부담 ○ — X

OX ★★★★ 2022 서울시 지적 7급, 2021 지방직 · 서울시 9급

11 법원이 **사정판결**을 함에 있어서는 **미리 원고가** 그로 인하여 **입게 될 손해의 정도**와 **배상방법, 그 밖의 사정**을 **조사하여야 한다**.

행정소송법 제28조 제2항 — O

OX ★★★★ 2021 지방직 · 서울시 9급

12 원고는 **피고인 행정청이 속하는 국가** 또는 **공공단체를 상대로 손해배상, 제해시설의 설치**, 그 밖에 **적당한 구제방법의 청구**를 당해 **취소소송 등이 계속된 법원**에 **병합하여 제기할 수 있다**.

행정소송법 제28조 제3항 — O

OX ★★★★ 2022 지방직 · 서울시 9급

13 원고의 청구가 이유 있다고 인정하는 경우에도 이를 인용하는 것이 현저히 공공복리에 적합하지 않다고 판단되면 법원은 **피고 행정청의 주장이나 신청이 없더라도 사정판결을** 할 수 있다.

직권으로 사정판결 **가능** ○ — O

OX ★★★★ 2021 지방직 · 서울시 9급

14 **사정판결**은 항고소송 중 취소소송 및 무효등확인소송에서 **인정되는 판결의 종류**이다.

사정판결은 **취소소송에서만** 인정 ○

X

OX ★★★★ 2019 서울시 2회 7급

15 **공개를 거부한 정보**에 **비공개사유에 해당하는 부분**과 **그렇지 않은 부분이 혼합**되어 있고, 공개청구의 취지에 어긋나지 않는 범위 안에서 **두 부분을 분리할 수 있는 경우**에는 법원은 공개가 가능한 정보에 한하여 **일부취소**를 명할 수 있다.

공개 가능한 정보에 한하여 일부취소 **가능** ○

O

OX ★★★ 2019 서울시 9급

16 「독점규제 및 공정거래에 관한 법률」을 위반한 **광고행위**와 **표시행위**를 하였다는 이유로 공정거래위원회가 사업자에 대하여 **법위반사실공표명령**을 행한 경우, **표시행위에 대한 법위반사실이 인정되지 아니한다면** 법원으로서는 그 부분에 대한 공표명령의 효력만을 **취소**할 수 있을 뿐, 공표명령 전부를 취소할 수 있는 것은 아니다.

공표명령 **전부 취소** × → **법위반사실이 인정되지 않는 부분의 공표명령 효력만 취소할 수 있음.**

O

OX ★★★★ 2022 소방간부

17 공정거래위원회가 위반행위에 대한 과징금을 부과하면서 **여러 개의 위반행위에 대하여 외형상 하나의 과징금납부명령**을 하였으나 여러 개의 위반행위 중 **일부의 위반행위에 대한 과징금부과만이 위법**하고 소송상 **그 일부의** 위반행위를 기초로 한 **과징금액을 산정할 수 있는 자료가 있는 경우**에는, 하나의 과징금납부명령일지라도 그 일부의 위반행위에 대한 과징금액에 해당하는 부분만을 **취소**하여야 한다.

하나의 과징금납부명령일지라도 **일부 위반행위에 대한 과징금액 부분만 취소하여야 함.**

O

OX ★★★★ 2022 국가직 7급

18 행정청이 **여러 개의 위반행위**에 대하여 **하나의 제재처분**을 하였으나, **위반행위별**로 제재처분의 내용을 **구분하는 것이 가능**하고 여러 개의 위반행위 중 **일부의 위반행위에 대한 제재처분 부분만이 위법**하다면, **법원은** 그 재제처분 중 위법성이 인정되는 부분만 취소하여야 한다.

위법성이 인정되는 부분만 취소하여야 함.

O

OX ★★★★ 2022 군무원 9급

19 **외형상 하나의 행정처분**이라 하더라도 **가분성이 있거나** 그 처분대상의 **일부가 특정될 수 있다면** 그 일부만의 취소도 가능하고 그 일부의 취소는 당해 취소부분에 관하여 효력이 생긴다.

일부취소 가능 → 취소부분 효력 인정

O

OX ★★★ 2018 지방직 9급

20 「국가유공자 등 예우 및 지원에 관한 법률」에 따른 **여러 개의 상이에 대한 국가유공자 요건 비해당처분**에 대한 **취소소송**에서 그중 **일부 상이만이 국가유공자요건이 인정되는 상이에 해당하는 경우**, 국가유공자 요건 비해당처분 중 그 요건이 인정되는 상이에 대한 부분만을 **취소**하여야 한다.

국가유공자 요건이 인정되는 상이에 대한 부분만 취소하여야 함.

O

OX ★★★★ 2024 국가직 9급

21 재량행위인 **과징금** 부과처분이 **법이 정한 한도액을 초과하여 위법할 경우** 법원으로서는 그 한도액을 초과한 부분이나 법원이 적정하다고 인정되는 부분을 **초과한 부분만**을 취소할 수 있다.

21 22 **일부취소 불가 → 전부취소만 가능**

X

OX ★★★★ 2022 지방직 · 서울시 9급

22 여객자동차운송사업을 하는 甲이 관련법규 위반을 이유로 사업정지처분에 갈음하는 과징금 부과처분을 받았다. 甲에게 부과된 **과징금이 법이 정한 한도액을 초과하여 위법**한 경우, 법원은 그 초과부분에 대하여 **일부취소**할 수 없고 그 전부를 취소하여야 한다.

O

OX ★★★★ 2023 군무원 7급

23 **개발부담금 부과처분 취소소송**에 있어 당사자가 제출한 자료에 의하여 적법하게 부과될 **정당한 부과금액을 산출할 수 없을 경우**에는 부과처분 전부를 취소할 수밖에 없으나, **그렇지 않은 경우**에는 그 정당한 금액을 초과하는 부분만 취소하여야 한다.

정당한 부과금액 산출 **불가 → 전부취소** / 산출 **가능 → 초과부분만 취소** O

OX ★★★★ 2023 소방간부

24 과징금납부명령과 같이 행정청의 제재처분에 재량이 인정되는 행위에 대하여 재량하자가 인정되는 경우에는 재량권의 범위 내에서 어느 정도가 적정한 것인지 판단할 수 없으므로 **일부의 위반행위를 기초로 한 과징금액의 산정자료가 없는 경우**에는 그 전부를 **취소**해야 하고 일부취소는 허용되지 아니한다.

전부취소 ○(일부취소 불가) O

OX ★★★★ 2010 세무사

25 **판결이 확정되면 당사자는 이후**의 **소송에서 동일한 사항**에 대하여 **판결의 내용**과 **모순되는 주장**을 **할 수 없다.**

25 26 **기판력** O

OX ★★★★ 2010 국가직 9급

26 기속력은 일단 **판결이 확정된 때**에는 **동일한 사항**이 다시 소송상 문제되었을 때 **당사자와 법원**은 이에 **저촉되는 주장**이나 **판단**을 **할 수 없는 효력**을 의미한다.

X

OX ★★★ 2011 지방직 9급

27 **행정소송법**은 **기판력**에 관한 명문의 **규정**을 두고 있다는 것이 통설 · 판례의 입장이다.

명문규정 ×, 민사소송법 준용(행정소송법 제8조 제2항) X

OX ★★★★ 2021 국가직 9급

28 **행정소송**에 관하여 **행정소송법에 특별한 규정이 없는 사항**에 대하여는 **법원조직법**과 **민사소송법** 및 **민사집행법**의 규정을 **준용**한다.

행정소송법 제8조 제2항 O

OX ★★★ 2022 군무원 9급

29 처분의 취소를 구하는 청구에 대한 **기각판결**은 **기판력**이 발생하지 않는다.

기판력 **발생** ○ X

OX ★★★★ 2021 국회직 8급

30 처분의 **취소소송**에서 **청구를 기각하는 확정판결의 기판력**은 다시 **그 처분에 대해 무효확인을 구하는 소송에 대해서**는 미치지 않는다.

무효확인소송에도 **기판력 미침.** / 청구기각판결에도 기판력이 미침. X

OX ★★★★ 2022 지방직 · 서울시 9급

31 **공사중지명령의 상대방이 제기한 공사중지명령취소소송에서 기각판결이 확정된 경우** 특별한 사정변경이 없더라도 그 후 상대방이 제기한 **공사중지명령해제신청 거부처분취소소송**에서는 그 **공사중지명령의 적법성**을 다시 다툴 수 있다.

공사중지명령의 적법성을 **다시 다툴 수 없음.** X

OX ★★★ 2009 관세사

32 **기판력**은 **당해 소송**의 **당사자** 및 **당사자와 동일시할 수 있는 자**에게만 **미치고, 제3자**에게는 **미치지 않는다.**

기판력의 **주관적 범위** O

OX ★★★ 2023 군무원 5급

33 항고소송에서 **기판력**은 당해 처분이 귀속하는 국가 또는 공공단체에 미친다.

국가 · 공공단체에 미침. O

OX ★★★★ 2019 서울시 9급

34 **세무서장을 피고**로 하는 **과세처분취소소송**에서 **패소**하여 그 판결이 **확정된 자가 국가를 피고**로 하여 **과세처분의 무효를 주장**하여 **과오납금반환청구소송을 제기**하더라도 취소소송의 기판력에 반하는 것은 아니다.

기판력에 반함(당해 처분이 귀속하는 국가 또는 공공단체에 기판력 ○). X

O X ★★★ 2016 국회직 8급

35 **취소판결의 기판력**은 소송물로 된 행정처분의 **위법성 존부에 관한 판단 그 자체에만** 미친다.

기판력의 **객관적 범위**

O

O X ★★★ 2011 지방직 9급

36 판례는 **기판력의 객관적 범위**가 판결의 주문 이외에 판결이유에 설시된 그 전제가 되는 법률관계의 존부에도 미친다고 판시하고 있다.

판결주문에만 ○ / 판결이유에 적시된 구체적 위법사유에 관한 판단 ×

X

O X ★★★ 2018 지방직 9급

37 **취소소송의 소송물**을 **처분의 위법성 일반**으로 보게 되면, 어떠한 처분에 대한 **청구기각의 확정판결이 있는 경우**에도 **후에 제기되는 취소소송에서 그 처분의 위법성**을 **주장**할 수 있다.

위법성 주장 **불가** / 기각판결 → **처분의 적법성**에 **기판력 발생** ○

X

O X ★★★★ 2023 경찰간부

38 **취소확정판결의 기판력**은 그 판결의 주문에만 미치고, 또한 소송물인 행정처분의 위법성 존부에 관한 판단 그 자체에만 미치는 것이므로 **전소와 후소가 그 소송물을 달리하는 경우**에는 전소확정판결의 기판력이 후소에 미치지 아니한다.

기판력 범위 : **주문 · 위법성 존부 판단** 그 자체 → 소송물을 달리하는 경우 : **후소에 기판력** ×

O

O X ★★★★ 2023 국가직 7급

39 전소의 판결이 확정된 경우 **후소의 소송물이 전소의 소송물과 동일하지 않더라도 전소의 소송물에 관한 판단이 후소의 선결문제가 되는 경우**에 후소에서 전소 판결의 판단과 다른 주장을 하는 것은 기판력에 반한다.

후소에 기판력 ○ → **전소 판결 판단과 다른 주장 불가**

O

O X ★★★ 2008 세무사

40 **기판력**은 사실심변론종결시를 기준으로 하여 **발생**한다.

사실심변론종결시

O

O X ★★★★ 2016 국회직 8급

41 甲이 관할행정청으로부터 영업허가취소처분을 받았고, 이에 대해 취소소송을 제기하여 **취소판결이 확정된 경우** 위 취소판결에는 기판력은 발생하지만 **형성력**은 발생하지 않는다.

청구인용판결에는 형성력 **발생** ○

X

O X ★★★ 2008 세무사

42 **형성력**은 원고승소판결과 원고패소판결 모두에 **인정**된다.

원고승소판결에만 인정 ○

X

O X ★★★★ 2008 국가직 9급

43 확정된 **청구기각판결의 형성력**은 소송당사자인 원고와 피고행정청 사이에 발생할 뿐 아니라 제3자에게도 미친다.

청구기각판결에는 형성력 **인정** ×

X

O X ★★★★ 2015 경행특채 1차

44 **행정처분**을 **취소**한다는 **확정판결이 있으면** 그 취소판결의 **형성력에 의하여** 당해 행정처분의 취소나 취소통지 등의 **별도의 절차를 요하지 아니하고 당연히 취소의 효과가 발생**한다.

형성력 중 **형성효**

O

O X ★★★★ 2022 지방직 · 서울시 9급

45 **영업정지처분에 대한 취소소송에서 취소판결이 확정**되면 처분청은 **영업정지처분의 효력**을 소멸시키기 위하여 영업정지처분을 취소하는 처분을 하여야 할 의무를 진다.

별도의 취소절차 없이도 소멸

X

O X ★★★ 2012 지방직 7급

46 **취소판결 후**에 **취소된 처분을 대상으로 하는 처분**은 당연히 무효이다.

당연무효 ○

O

OX 47	★★★ 2021 군무원 7급 **취소판결이 확정된 과세처분을** 과세관청이 **경정하는 처분을 하였다면** 당연무효의 처분이라고 할 수 없고 단순위법인 취소사유를 가진 처분이 될 뿐이다.	**당연무효** ○ / 취소사유 ×	X
OX 48	★★★ 2015 국회직 8급 「도시 및 주거환경정비법」상 **주택재개발사업조합의 조합설립인가처분**이 법원의 **재판에 의하여 취소된 경우** 그 **조합설립인가처분**은 소급하여 **효력**을 상실한다.	**소급하여** 효력 **상실** ○	O
OX 49	★★★★ 2023 지방직 · 서울시 9급 **처분 등을 취소하는 확정판결**은 **제3자**에 대하여도 **효력**이 있다.	행정소송법 제29조 제1항	O
OX 50	★★★ 2023 국가직 7급 **행정처분을 취소**하는 **확정판결**이 있으면 그 취소판결 자체의 효력에 의해 그 **행정처분을 기초로 하여 새로 형성된 제3자의 권리**는 당연히 그 행정처분 전의 상태로 환원된다.	**당연히 그 행정처분 전의 상태로 환원** ×	X
OX 51	★★★ 2021 군무원 7급 **행정처분의 무효확인판결**은 확인판결이라고 하여도 행정처분의 취소판결과 같이 소송당사자는 물론 **제3자**에게도 미치는 것이다.	**제3자에 대한 효력** ○	O
OX 52	★★★★ 2015 서울시 7급 **처분을 취소하는 판결**은 그 사건에 관하여 **당사자인 행정청**과 그 밖의 **관계행정청을 기속**한다.	**기속력**	O
OX 53	★★★★ 2010 국가직 9급 **현행 행정소송법**은 **취소판결**에 대하여 **기속력** 있음을 **규정**하고 **무효등확인소송**과 **부작위위법확인소송** 및 **당사자소송**에 이를 **준용**하고 있다.	**행정소송법 제30조 제1항** / 그 밖의 항고소송, 당사자소송에 준용 ○	O
OX 54	★★★★ 2019 서울시 9급 **기속력**은 **청구인용판결**뿐만 아니라 청구기각판결에도 미친다.	**청구인용판결에만 인정** ○ / 청구기각판결 ×	X
OX 55	★★★★ 2016 국가직 9급 **취소소송의 기각판결이 확정**되면 기판력은 발생하나 **기속력**은 발생하지 않는다.	기각판결에는 기속력 **발생** ×	O
OX 56	★★★★ 2015 국가직 7급 **취소소송이 기각**되어 **처분의 적법성이 확정된 이후**에도 **처분청**은 당해 처분이 위법함을 이유로 **직권취소**할 수 있다.	직권취소 **가능** ○	O
OX 57	★★★ 2004 입법고시 **청구인용판결이 확정되면** 행정청은 **동일한 사실관계 아래서 동일 당사자에 대하여 동일한 내용의 처분**을 **반복할 수 없다.**	**반복금지의무**	O
OX 58	★★★★ 2023 경찰간부 **취소판결의 기속력에 위반**하여 행한 **처분청의 행위**는 위법하나, 이는 무효사유가 아니라 취소사유에 해당한다.	하자가 중대 · 명백 → **무효**	X
OX 59	★★★★ 2021 국회직 8급 **행정절차의 하자를 이유로** 한 **취소판결**이 **확정된 경우**, 판결의 취지에 따라 **절차를 보완한 후 종전**의 **처분**과 **동일한 내용의 처분을 다시 하더라도** 기속력에 위반되지 아니한다.	**기속력 위반** ×	O

O X ★★★★ 2022 지방직 · 서울시 9급

60 **절차상의 하자를 이유로** 행정처분을 **취소하는 판결이 선고되어 확정**된 경우, 그 확정판결의 기속력은 취소사유로 된 절차의 위법에 한하여 미치는 것이므로 행정청은 **적법한 절차를 갖추어 동일한 내용의 처분을 다시** 할 수 있다.

적법한 절차를 갖추어 동일한 내용의 **처분 가능** — O

O X ★★★ 2017 서울시 9급

61 **법규위반**을 이유로 내린 **영업허가취소처분**이 **비례의 원칙 위반으로 취소된 경우**에 **동일한 법규위반**을 **이유로 영업정지처분**을 내리는 것은 기속력에 반하지 않는다.

기속력 위반 × — O

O X ★★★★ 2019 사회복지직 9급

62 거부처분취소판결에 따른 행정청의 **재처분의무**와 관련하여 행정청의 재처분내용은 **판결의 취지**를 **존중하는 것**이면 되고 반드시 원고가 신청한 내용대로 처분해야 하는 것은 아니다.

판결의 취지에 따른 처분 ○ / 신청 내용대로 처분할 의무 × — O

O X ★★★★ 2016 국가직 7급

63 **거부처분의 취소판결이 확정된 경우**에 그 처분을 행한 행정청은 **종전처분 후에 발생한 새로운 사유**를 내세워 **다시 거부처분**을 할 수 있다.

새로운 사유를 이유로 다시 거부처분 **가능** ○ — O

O X ★★★ 2023 국가직 7급

64 주민 등의 도시관리계획의 입안제안을 거부하는 처분에 대하여 **이익형량의 하자를 이유로 취소판결이 확정**된 후에 행정청이 **다시 이익형량**을 하여 주민 등이 제안한 것과는 다른 내용의 계획을 수립한다면 이는 재처분의무를 이행한 것으로 볼 수 없다.

재처분의무 이행 ○ — X

O X ★★★★ 2019 국가직 7급

65 甲은 개발제한구역 내의 토지에 건축물을 건축하기 위하여 건축허가를 신청하였다. 허가가 거부되자 甲이 이에 대해 **취소소송**을 제기하여 **승소**하였고 **판결이 확정**되었다면, **관할행정청**은 甲에게 허가를 하여야 하며 **이전 처분사유와 다른 사유**를 들어 **다시 허가를 거부**할 수 없다.

다른 사유를 들어 허가 **거부 가능** ○ — X

O X ★★★ 2017 서울시 9급

66 **종전 확정판결**의 행정소송과정에서 한 주장 중 처분사유가 되지 아니하여 판결의 **판단대상에서 제외된 부분**을 행정청이 그 후 새로이 행한 처분의 적법성과 관련하여 **새로운 소송에서 다시 주장**하는 것은 확정판결의 기판력에 저촉된다.

기판력(편저자 주 : **기속력**을 의미) **저촉** × — X

O X ★★★ 2022 군무원 9급

67 **거부처분에 대한 취소판결이 확정된 후 법령이 개정**된 경우 **개정된 법령에 따라 다시 거부처분**을 하여도 기속력에 반하지 아니하다.

기속력 위반 × — O

O X ★★★ 2015 서울시 7급

68 **신청에 따른 처분**이 **절차의 위법을 이유로 취소되는 경우**에는 판결의 취지에 따라 다시 이전의 신청에 대한 처분을 하여야 한다.

재처분의무 ○ — O

O X ★★ 2012 국회직 8급

69 **자동차**의 **압류처분이 취소되면** 행정청은 그 자동차를 **원고에게 반환해야 한다**.

결과제거의무 — O

O X ★★★ 2023 군무원 5급

70 취소소송에서 **취소판결이 확정**된 경우, 행정청은 해당 판결에서 확인된 **위법사유를 배제한 상태에서 다시 처분**을 하거나 그 밖의 **위법한 결과를 제거하는 조치를 할 의무**가 있다.

기속력 - 결과제거의무 — O

O X ★★★ 2020 국회직 8급

71 **기속력**의 주관적 범위는 그 사건에 관하여 **당사자인 행정청**과 **그 밖의 관계행정청에 미친다.**

기속력의 **주관적 범위** O

O X ★★★★ 2021 국가직 7급

72 취소확정판결의 **기속력**은 판결의 주문(主文)에 대해서만 발생하며, 처분의 구체적 위법사유에 대해서는 **발생**하지 않는다.

72 73 판결주문 및 이유에 적시된 구체적 위법사유에 발생 ○ / 기속력의 **객관적 범위** X

O X ★★★★ 2017 서울시 7급

73 **기속력**은 판결의 취지에 따라 행정청을 구속하는바, 여기에는 **판결의 주문**과 판결**이유 중에 설시된 개개의 위법사유**가 **포함**된다. O

O X ★★★ 2022 국가직 7급

74 심판청구 등에 대한 결정의 한 유형으로 실무상 행해지고 있는 **재조사결정은 재결청의 결정에서 지적된 사항에 관하여** 처분청의 **재조사결과를 기다려** 그에 따른 **후속처분의 내용을 심판청구 등에 대한 결정의 일부분으로 삼겠다는** 의사가 내포된 **변형결정**에 해당하므로, 처분청은 재조사결정의 취지에 따라 재조사를 한 후 그 내용을 보완하는 후속처분만을 할 수 있다.

재조사결정 / 처분청 : 재조사결정 취지에 따른 **재조사 후 그 내용을 보완하는 후속처분만 가능** ○ O

O X ★★★ 2018 경행경채 3차

75 처분청이 **재조사결정**의 주문 및 그 전제가 된 요건사실의 인정과 판단, 즉 **처분의 구체적 위법사유에 관한 판단에 반하여 당초처분**을 **그대로 유지**하는 것은 재조사결정의 기속력에 저촉되지 않는다.

재조사결정의 **기속력에 저촉됨.** X

O X ★★★ 2017 국회직 8급

76 징계처분의 취소를 구하는 소에서 **징계사유가 될 수 없다고 취소확정판결을 한 사유와 동일한 사유**를 내세워 **다시 징계처분**을 하는 것은 확정판결에 저촉되는 행정처분으로 허용될 수 없다.

확정판결의 **기속력 저촉됨.** → **허용** × O

O X ★★★★ 2024 소방직 9급

77 어떤 처분의 당초 처분사유와 기본적 사실관계의 **동일성이 인정되지 않는 다른 사유**가 있다면, 그 처분에 대한 취소소송에서 처분사유 추가·변경은 허용되지 않지만, 처분청이 그 처분에 대한 **취소판결확정** 후 그 **다른 사유를 근거로 별도의 처분을 하는 것**은 허용된다.

확정판결의 **기속력 저촉** × → **허용** ○ O

O X ★★★★ 2023 국가직 7급

78 처분의 취소판결이 확정된 후 새로운 처분을 하는 경우, **새로운 처분의 사유가** 취소된 처분의 사유와 **기본적 사실관계에서 동일하지 않다면** 취소된 처분과 **같은 내용의 처분**을 하는 것은 기속력에 반하지 않는다.

기본적 사실관계 동일 × : **기속력 저촉** × O

O X ★★★★ 2023 지방직·서울시 9급

79 취소 확정판결의 **기속력**은 판결의 주문 및 전제가 되는 처분 등의 구체적 위법사유에 관한 판단에도 미치므로, 종전처분이 판결에 의하여 취소되었다면 종전처분의 처분사유와 **기본적 사실관계에서 동일하지 않은 다른 사유**를 들어서 **새로이 동일한 내용을 처분**하는 것 또한 확정판결의 기속력에 저촉된다.

확정판결의 **기속력 저촉** × X

O X ★★★★ 2014 국회직 8급

80 취소소송에서 위법성 판단 기준시점인 **처분시 이후에 생긴** 새로운 사실관계나 개정된 법령과 같이 **새로운 처분사유를 들어 동일한 내용의 처분**을 하는 것은 가능하다.

처분시 이후의 **새로운 사유**를 들어 **동일 처분 가능** ○ O

O X ★★★★ 2021 행정사

81 **거부처분의 취소판결**의 **취지에 따라** 행정청이 **처분을 하지 않는 경우, 당사자**는 수소법원에 직접강제를 신청할 수 있다.

간접강제 신청 가능 ○ / 직접강제 × X

OX ★★★ 2020 국회직 8급

82 **거부처분취소소송**에서 재처분의무의 실효성을 확보하기 위한 **간접강제제도**는 **부작위위법확인소송에도 준용**된다. | 행정소송법 제38조 제2항 | O

OX ★★★★ 2023 서울시 지적 7급

83 거부처분을 취소하는 판결이 확정된 후 행정청이 일단 **재처분**을 하였다면 설령 **그 재처분이 기속력에 위반**되는 내용일지라도 재처분을 이행한 것이므로 **간접강제**의 대상이 되지는 않는다. | 간접강제 **대상** O | X

OX ★★★★ 2013 국가직 7급

84 **간접강제결정에 기한 배상금**은 확정판결에 따른 재처분의 지연에 대한 제재 또는 손해배상이라는 것이 판례의 입장이다. | **재처분 이행**에 관한 **심리적 강제수단** O / 손해배상 × | X

OX ★★★★ 2023 서울시 지적 7급

85 **간접강제**결정에서 정한 **의무이행기한이 경과**하였다면 그 **이후** 확정판결의 취지에 따른 **재처분의 이행**이 있더라도 처분의 상대방은 간접강제결정에 기한 **배상금을 추심**할 수 있다. | 배상금 추심 **허용** × | X

OX ★★★★ 2024 소방간부

86 처분 등을 **취소**하는 **판결에 의하여 권리 또는 이익의 침해를 받은 제3자**는 **자기에게 책임 없는 사유로 소송에 참가하지 못함으로써** 판결의 결과에 영향을 미칠 **공격** 또는 **방어방법을 제출하지 못한 때**에는 이를 이유로 확정된 종국판결에 대하여 **재심**의 **청구**를 할 수 있다. | 행정소송법 제31조 제1항 | O

OX ★★★★ 2024 소방간부

87 **제3자에 의한 재심청구**는 제3자가 항고소송의 **확정판결이 있음을 안 날로부터** 90일 이내, **판결이 확정된 날로부터** 1년 이내에 제기하여야 한다. | 확정판결이 있음을 안 날로부터 **30일** / 판결이 확정된 날로부터 **1년** | X

OX ★★★★ 2008 지방직 9급

88 행정처분에 대한 **취소청구**가 **사정판결에 의하여 기각**된 경우에 **소송비용**은 **피고**가 부담한다. | 88 89 행정소송법 제32조(소송비용의 부담) | O

OX ★★★ 2013 국가직 7급

89 행정청이 **처분** 등을 **취소 또는 변경**함으로 인하여 **취소청구가 각하** 또는 **기각된 경우, 소송비용**은 **피고**의 부담이 된다. | O

Topic 74 항고소송 V - 무효등확인소송

p.345~347

OX ★★★★ 2013 국가직 7급

01 **무효등확인소송**에는 **취소소송의 제소기간에 관한 규정**이 준용되지 않는다. | 제소기간 **규정 준용** × → 제소기간 제한 × | O

OX ★★★★ 2010 국가직 7급

02 **사정판결에 관한 행정소송법 규정**은 **무효등확인소송**에는 준용되지 않는다. | 02 03 무효등확인소송에 **준용** × | O

OX ★★★★ 2022 경찰간부

03 **취소소송에 관한 규정으로서 예외적 행정심판전치주의, 사정판결**에 관한 규정 등은 무효등확인소송에 준용되지 않는다. | O

OX ★★★ 2012 사회복지직 9급

04 행정소송의 대상은 구체적인 권리 · 의무에 관한 분쟁이어야 하므로 구체적인 권리 · 의무에 관한 분쟁을 떠나서 **법령 자체의 무효확인을 구하는 청구**는 행정소송의 대상이 아닌 사항에 대한 것으로서 부적법하다.

행정소송대상 × → 부적법

O

OX ★★★ 2023 행정사

05 **무효등확인소송**은 **처분 등의 효력 유무 또는 존재 여부의 확인을 구할 법률상 이익이 있는 자**가 **제기**할 수 있다.

행정소송법 제35조

O

OX ★★★★★ 2018 교육행정직 9급

06 대법원은 종래 **무효확인소송**에서 요구해 왔던 **보충성**을 더 이상 요구하지 않는 것으로 **판례태도**를 변경하였다.

더 이상 확인의 소의 '**보충성**'을 요**구하지 않음.**

O

OX ★★★★★ 2020 지방직 · 서울시 9급

07 **무효인 과세처분**에 근거하여 **세금을 납부**한 경우 **부당이득반환청구의 소로써 직접 위법상태의 제거를 구할 수 있는지 여부와 관계없이** 행정소송법 제35조에 규정된 '**무효확인을 구할 법률상 이익**'을 가진다.

무효확인을 구할 **법률상 이익 인정** ○

O

OX ★★★★★ 2015 교육행정직 9급

08 **무효확인소송**은 **즉시확정의 이익**이 있는 경우에만 보충적으로 허용된다는 것이 판례의 입장이다.

무효등확인소송

㉠ 확인의 소의 '**보충성**'(즉시확정의 이익) **요구** ×

㉡ **직접적인 구제수단이 있는지를 따져볼 필요** ×

X

OX ★★★★★ 2023 국가직 7급

09 무효확인소송에서 '**무효확인을 구할 법률상 이익**'을 판단함에 있어 행정**처분의 무효를 전제로 한 이행소송 등과 같은 직접적인 구제수단이 있는지 여부**를 따질 필요가 없다.

직접적인 구제수단이 있는지 **따져볼 필요** ×

O

OX ★★★★ 2023 소방간부

10 사업양도 · 양수에 따른 허가관청의 **지위승계신고의 수리에서** 수리대상인 사업**양도 · 양수가 존재하지 않거나 무효라 하더라도** 수리행위가 당연무효는 아니라 할 것이므로 양도자는 허가관청을 상대로 위 **신고수리처분의 무효확인소송**을 제기할 수 없다.

무효등확인소송을 제기할 **법률상 이익 인정** ○

X

OX ★★★★ 2022 지방직 · 서울시 9급

11 **영업양도행위가 무효**임에도 행정청이 **승계신고를 수리**하였다면 양도자는 민사쟁송이 아닌 **행정소송**으로 신고수리처분의 무효확인을 구할 수 있다.

무효등확인소송 가능

O

OX ★★ 2017 국회직 8급

12 **압류등기가 말소된다고 하여도 압류처분이 외형적으로 효력이 있는 것처럼 존재**하는 이상, 압류처분에 기한 압류등기가 경료되어 있는 경우에도 **압류처분의 무효확인**을 구할 이익이 있다.

압류처분의 **무효확인을 구할 이익 인정** ○

O

OX ★★★ 2014 경행특채 2차

13 **무효등확인소송**은 다른 법률에 특별한 규정이 없는 한 그 처분 등을 행한 행정청을 **피고**로 한다.

다른 법률에 특별한 규정이 없는 한 **처분행정청**

O

OX ★★★★ 2020 경행경채

14 **무효등확인소송**의 경우에도 취소소송과 같이 **제소기간**에 제한이 있다.

취소소송과 달리 제소기간 **제한** ×

X

OX ★★★ 2019 국가직 7급

15 처분의 상대방이 **압류처분에 대해 무효확인소송**을 제기하려면 **무효확인심판**을 거쳐야 한다.

15 16 행정심판전치주의 규정 적용 × → 행정심판 거칠 **필요** × — X

OX ★★★★ 2010 세무사

16 **무효확인소송**은 **행정심판**을 거치지 아니하고 제기할 수 있다. — O

OX ★★★★ 2014 국회직 8급

17 **행정심판전치주의가 적용되도록 하는 규정이 있는 경우**일지라도 처분의 무효를 구하는 소송에는 행정심판전치주의가 적용되지 않으므로 **무효사유의 하자를 취소소송으로 다투는 경우**에도 **행정심판**을 거칠 필요가 없다.

무효선언적 의미의 취소소송 : 예외적 행정심판전치주의 적용 ○ → 행정심판 거칠 **필요** ○ — X

OX ★★★ 2017 지방직 7급

18 **무효확인소송의 제기**는 **처분의 효력**이나 그 **집행** 또는 **절차의 속행**에 **영향을 주지 아니한다.**

행정소송법 제38조 제1항(동법 제23조 준용) — O

OX ★★★ 2024 지방직 · 서울시 9급

19 행정처분의 무효란 행정처분이 처음부터 아무런 효력도 발생하지 아니한다는 의미이므로 **무효등확인소송**에 대해서는 **집행정지**가 인정되지 아니한다.

집행정지 **인정** ○ — X

OX ★★★ 2018 서울시 1회 7급

20 **무효등확인소송**에서는 **집행정지**가 준용되지 않으므로 **민사집행법의 가처분**이 적용된다.

집행정지 **준용** ○ / 민사집행법상 가처분은 항고소송에 **적용** × — X

OX ★★ 2022 경찰간부

21 **무효등확인소송**에는 **직권증거조사주의**가 적용되지 않는다.

직권증거조사주의 **적용** ○ — X

OX ★★★★ 2024 지방직 · 서울시 9급

22 행정처분의 당연무효를 주장하여 그 **무효확인을 구하는 행정소송**에 있어서는 원고에게 그 행정처분이 **무효**인 **사유를 주장 · 입증**할 **책임**이 있다.

무효확인소송의 무효사유 입증책임 : **원고** — O

OX ★★★★ 최신판례

23 무효확인을 구하는 행정소송에서는 원고에게 행정처분이 무효인 사유를 주장 · 증명할 책임이 있지만, **무효확인을 구하는 뜻에서 행정처분의 취소를 구하는 소송**은 피고 행정청이 처분의 적법성에 대한 **증명책임**을 진다.

무효확인을 구하는 뜻에서 행정처분의 취소를 구하는 소송 → **원고가 무효사유 주장 · 증명 책임** ○ — X

OX ★★★ 2019 서울시 9급

24 처분 등의 **무효**를 **확인**하는 **확정판결**은 소송당사자 이외의 **제3자**에 대하여는 **효력**이 미치지 않는다.

무효확인판결의 제3자에 대한 효력 **인정** ○ — X

OX ★★★ 2024 지방직 · 서울시 9급

25 **무효확인판결**에는 **취소판결의 기속력**에 관한 규정이 준용되지 않는다.

취소판결의 기속력 규정 **준용** ○ — X

OX ★★★★ 2022 해경간부

26 원고의 청구가 이유 있다고 인정하는 경우에도 처분의 **무효를 확인하는 것이 현저히 공공복리에 적합하지 아니하다고 인정**하는 때에는 법원은 원고의 **청구를 기각**할 수 있다.

무효등확인소송에 **사정판결 불가능** — X

OX ★★★ 2017 국회직 8급

27 **처분** 등을 **취소**하는 **확정판결의 기속력** 및 **행정청의 재처분의무**에 관한 행정소송법 제30조가 **무효확인소송**에도 **준용**되므로 **무효확인판결 자체만으로도 실효성**이 **확보**될 수 있다.

무효확인판결 자체만으로 실효성 **확보** ○ — O

OX ★★★★ 2023 서울시 지적 7급

28 거부처분에 대해 무효확인소송을 제기하여 **무효확인판결**이 확정된 경우, 행정청에 판결의 취지에 따른 **재처분의무**가 인정될 뿐 **간접강제**는 허용되지 않는다.

28 29 재처분의무 **인정** ○ / 간접강제 **허용** × — ○

OX ★★★★ 2019 지방직 · 교육행정직 9급

29 거부처분에 대하여 **무효확인판결**이 확정된 경우, 행정청에 대해 판결의 취지에 따른 **재처분의무**가 인정될 뿐 그에 대하여 **간접강제**까지 허용되는 것은 아니다.

○

OX ★★★ 2021 국회직 8급

30 甲은 **중대 · 명백한 하자가 있어 무효**인 A처분에 대해 소송을 제기하려고 한다. 甲이 **취소소송을 제기**하였더라도 A처분에 중대 · 명백한 하자가 있다면 법원은 무효확인**판결**을 하여야 한다.

무효선언적 의미의 취소판결 — X

OX ★★★ 2013 국가직 7급

31 판례는 **무효를 선언하는 의미의 취소판결**을 인정하고 있다.

무효선언적 의미의 취소판결 **인정** ○ — ○

OX ★★★ 2014 지방직 9급

32 **무효인 처분**에 대하여 **취소소송이 제기된 경우 소송제기요건이 구비되었다면** 법원은 당해 소를 각하하여서는 아니 되며, 무효를 선언하는 의미의 취소**판결**을 하여야 한다.

무효선언적 의미의 취소판결 — ○

OX ★★★★ 2020 국가직 7급

33 무효인 행정행위에 대해서 **무효선언을 구하는 의미의 취소소송을 제기하는 경우 취소소송의 제소요건**을 구비하여야 한다.

취소소송의 제소요건을 **구비할 필요** ○ — ○

OX ★★★ 2017 국가직(하) 7급

34 **무효확인소송을 제기**하였는데 해당 사건에서의 위법이 **취소사유에 불과한 때**, 법원은 **취소소송의 요건을 충족한 경우** 취소판결을 내린다.

취소판결 — ○

OX ★★★ 2021 변호사

35 과징금 부과처분의 하자가 **취소사유임에도 무효확인의 소**를 **제기**하였는데 만약 **취소소송**의 **제기요건을 구비**하지 **못하였다면 무효확인청구**는 기각된다.

기각 ○ — ○

OX ★★★★ 2023 소방간부

36 행정처분의 **무효확인을 구하는 소**에는 원고가 그 처분의 취소를 구하지 아니한다고 밝히지 아니한 이상 그 처분이 만약 당연무효가 아니라면 그 **취소를 구하는 취지**도 포함되어 있는 것으로 보아야 한다.

36 37 **취소를 구하지 아니한다고 밝히지 아니한 이상** 취소를 구하는 취지 **포함** ○ → 취소소송의 **제소요건을 갖춘 경우 취소판결 가능** — ○

OX ★★★★ 2022 군무원 9급

37 **무효확인을 구하는 소**에는 당사자가 명시적으로 취소를 구하지 않는다고 밝히지 않는 한 취소를 구하는 취지가 포함되었다고 보아서 취소소송의 요건을 갖추었다면 **취소판결**을 할 수 있다.

○

OX ★★★★ 최신판례

38 행정처분의 **무효확인을 구하는 소**에는 특단의 사정이 없는 한 **취소를 구하는 취지도 포함**되어 있다고 보아야 하므로, 해당 행정처분의 취소를 구할 수 있는 경우라면 **무효사유가 증명되지 아니한 때**에 법원으로서는 **취소사유에 해당하는 위법이 있는지 여부**까지 심리하여야 한다.

심리하여야 함. — ○

OX ★★★★ 2023 국회직 8급

39 행정처분의 **무효확인을 구하는 소**에는 원고가 그 처분의 취소를 구하지 아니한다고 밝히지 아니한 이상 그 처분이 당연무효가 아니라면 그 **취소를 구하는 취지**도 포함되어 있는 것으로 보아야 하고, 그와 같은 경우에 취소청구를 인용하려면 먼저 취소를 구하는 항고소송으로서의 **제소요건**을 **구비**하여야 한다.

취소를 구하지 아니한다고 밝히지 아니한 이상 취소를 구하는 취지 **포함** ○ → 취소소송의 **제소요건을 갖춘 경우 취소판결 가능** ○

OX ★★★★ 2021 국가직 9급

40 동일한 처분에 대하여 **무효확인의 소를 제기**하였다가 그 처분의 **취소를 구하는 소를 추가적으로 병합한 경우**, 주된 청구인 무효확인의 소가 적법한 **제소기간** 내에 제기되었다면 추가로 병합된 취소청구의 소도 적법하게 제기된 것으로 볼 수 있다.

무효확인의 소가 취소소송의 적법한 제소기간 내에 제기되었다면 추가로 병합된 취소청구의 소도 **적법한 제기** ○ ○

OX ★★★ 2018 지방직 9급 변형

41 **취소소송의 제기기간이 경과한 후**에 어느 행정처분에 대하여 그 행정처분의 **근거가 된 법률이 위헌이라는 이유로 무효확인청구의 소**가 **제기**된 경우, 다른 특별한 사정이 없는 한 법원으로서는 그 법률이 위헌인지 여부에 대하여는 판단할 필요 없이 그 무효확인청구를 각하하여야 한다.

법원은 무효확인**청구**를 **기각**해야 함. X

Topic

75 항고소송 V - 부작위위법확인소송

p.348~351

OX ★★★ 2016 서울시 7급

01 **집행정지결정**은 **부작위위법확인소송**에 준용되지 않는다.

집행정지결정 **준용** × ○

OX ★★★ 2023 경찰간부

02 형사사건에서 무죄판결이 확정되어 피압수자가 **압수물 환부신청**을 하였음에도 검사가 이에 대하여 아무런 **결정이나 통지도 하지 않고 있는 부작위**는 **부작위위법확인소송**의 대상이 되지 아니한다.

부작위위법확인소송의 **대상** × ○

OX ★★★ 2013 국회직 8급

03 **부작위가 성립**하기 위해서는 당사자의 신청이 있어야 하며, 여기서 **신청이란** 법규상 또는 조리상 신청권의 행사로서의 신청을 말한다.

당사자의 **신청 필요 / 법규상·조리상 신청권**의 행사 ○

OX ★★★★ 2022 국가직 7급

04 당사자가 행정청에 대하여 어떠한 행정처분을 하여 줄 것을 요청할 수 있는 **법규상** 또는 **조리상**의 **권리를 갖고 있지 아니한 경우**에 제기한 **부작위위법확인의 소**는 부적법하다.

신청권이 없는 경우 부작위위법확인의 소는 **부적법** ○ ○

OX ★★★ 2018 국회직 8급

05 행정청이 행한 **공사중지명령의 상대방**은 그 명령 이후에 그 **원인사유가 소멸하였음을 들어** 행정청에게 **공사중지명령의 철회**를 요구할 수 있는 조리상의 **신청권**이 없다.

조리상 신청권 인정 X

OX ★★★ 2013 국회직 8급

06 행정청이 행한 공사중지명령의 상대방이 그 명령 이후에 그 **원인사유가 소멸하였음을 들어 공사중지명령의 철회를 신청**하였으나 행정청이 **아무런 응답을 하지 않고 있는 경우** 행정청의 부작위는 그 자체로 위법하다.

신청권 있는 자의 신청에 대한 행정청의 부작위 : **위법** ○ ○

OX ★★ 2014 서울시 7급

07 **4급 공무원**이 당해 지방자치단체 인사위원회의 심의를 거쳐 **3급 승진대상자로 결정**되고 임용권자가 그 사실을 **대내외에 공표한 경우** 그 공무원에게 **승진임용신청권**이 있다.

승진임용신청권 **인정** ○

OX ★★ 2010 세무사

08 행정청의 아무런 **처분이 없는 경우**에도 이를 **거부처분으로 간주하는 법규정이 있는 때**에는 부작위에 해당하지 않는다.

간주거부의 경우 **부작위에 해당** × — O

OX ★★★★ 2018 지방직 7급

09 **행정입법부작위**는 행정소송법상 **부작위위법확인소송**의 대상이 되지 않는다.

부작위위법확인소송의 **대상** × — O

OX ★★★★ 2023 소방간부

10 당사자의 신청에 대한 행정청의 **거부처분이 있는 경우**에는 행정청이 당사자의 신청에 대하여 상당한 기간 내에 일정한 처분을 하여야 할 법률상 응답의무를 이행하지 아니함으로써 야기된 부작위라는 위법상태를 제거하기 위하여 제기하는 **부작위위법확인소송**은 허용되지 아니한다.

부작위위법확인소송 **허용** × — O

OX ★★★★ 2016 국가직 7급

11 법률의 집행을 위해 **시행규칙을 제정할 의무가 있음에도** 불구하고 행정청이 시행규칙을 **제정하지 않고 있는 경우, 부작위위법확인소송**을 통하여 다툴 수 있다.

11 12 추상적 법령 제정 여부 : 부작위위법확인소송의 **대상** × — X

OX ★★★★ 2022 군무원 9급

12 부작위위법확인소송의 대상이 될 수 있는 것은 구체적 권리 · 의무에 관한 분쟁이어야 하고, **추상적인 법령에 관하여 제정의 여부** 등은 그 자체로서 국민의 구체적인 권리 · 의무에 직접적 변동을 초래하는 것이 아니어서 **행정소송의 대상**이 될 수 없다.

O

OX ★★★ 2022 국가직 7급

13 **부작위위법확인소송**은 **처분의 신청을 한 자**로서 **부작위의 위법의 확인을 구할 법률상 이익이 있는 자만이 제기**할 수 있다.

행정소송법 제36조(부작위위법확인소송의 원고적격) — O

OX ★★★★ 2024 지방직 · 서울시 9급

14 **부작위위법확인의 소**에 있어 당사자가 행정청에 대하여 어떠한 행정행위를 하여 줄 것을 요구할 수 있는 **법규상 또는 조리상 권리를 갖고 있지 아니한 경우**에는 **원고적격**이 **없거나** 항고소송의 **대상인 위법한 부작위**가 **있다고 볼 수 없어** 그 부작위위법확인의 소는 부적법하다.

부작위위법확인의 소 **부적법** — O

OX ★★★ 2022 소방간부

15 **국회의원**에게는 **대통령 및 외교통상부장관의 특임공관장에 대한 인사권행사 등과 관련**하여 대사의 직을 계속 보유하게 하여서는 아니 된다는 **요구를 할 수 있는 법규상** 또는 **조리상 신청권**이 인정되지 않는다.

신청권 **인정** × — O

OX ★★ 2013 국회직 8급

16 부작위의 직접 상대방이 아닌 **제3자라도** 당해 행정처분의 **부작위위법확인을 구할 법률상의 이익이 있는 경우 원고적격**이 인정된다.

원고적격 **인정** O — O

OX ★★★★ 2019 국가직 9급

17 **허가처분 신청에 대한** 부작위를 다투는 **부작위위법확인소송**을 제기하여 **제1심에서 승소**판결을 받았는데 **제2심 단계에서** 피고 행정청이 **허가처분을 한 경우**, 제2심 수소법원은 각하**판결**을 하여야 한다.

17 18 소의 이익 상실 → **각하판결** — O

OX ★★★★ 2023 경찰간부

18 **부작위위법확인소송의 계속 중 소극적 처분**이 있게 되더라도 부작위위법확인의 소가 **소의 이익**을 잃게 되는 것은 아니다.

X

OX ★★★★ 2022 소방간부

19 **조례**를 통하여 **노동운동이 허용되는 사실상의 노무에 종사하는 공무원의 구체적 범위를 규정하지 않고 있는 것**에 대하여 **부작위위법확인의 소**를 제기하였으나 **상고심 계속 중에 정년퇴직한 경우**에 **소의 이익**은 인정되지 않는다.

소의 이익 **인정** ×

O

OX ★★★★ 2020 국가직 9급

20 처분의 **신청 후에 원고에게 생긴 사정의 변화로** 인하여, 그 처분에 대한 **부작위가 위법하다는 확인을 받아도** 종국적으로 침해되거나 방해받은 원고의 **권리 · 이익**을 **보호 · 구제** 받는 것이 **불가능하게 되었다면**, 법원은 각하판결을 내려야 한다.

각하판결

O

OX ★★★★★ 2019 지방직 · 교육행정직 9급

21 행정청의 **부작위에 대하여 행정심판을 거치지 않고 부작위위법확인소송을 제기하는 경우**에는 **제소기간**의 제한을 받지 않는다.

21 22 23 **행정심판을 거치지 않은 경우** 제소기간 **제한** × / **전심절차 거친 경우** 제소기간 **제한** ○

O

OX ★★★★★ 2023 국가직 7급

22 **부작위위법확인소송**에서 부작위상태가 계속되는 한 그 위법의 확인을 구할 이익이 있다고 보아야 하므로 행정심판 등 **전심절차를 거친 경우**에도 **제소기간**에 관한 규정은 적용되지 않는다.

X

OX ★★★★★ 2023 군무원 5급

23 **부작위위법확인의 소**는 부작위상태가 계속되는 한 그 위법의 확인을 구할 이익이 있다고 보아야 하므로 원칙적으로 **제소기간의 제한**을 받지 않지만, 취소소송의 제소기간의 규정을 부작위위법확인소송에 준용하고 있는 점에 비추어 보면, 행정심판 등 **전심절차를 거친 경우**에는 취소소송의 **제소기간** 내에 부작위위법확인의 소를 제기하여야 한다.

O

OX ★★★ 2010 세무사

24 **부작위위법확인소송**에 대해서는 **행정심판전치**에 관한 **규정**이 준용되지 않는다.

행정심판전치규정 **준용** ○

X

OX ★★★ 2022 소방간부

25 **부작위위법확인소송**에 대해서도 **행정심판과 취소소송의 관계를 준용**하여 **임의적 전치가 원칙**이며, **다른 법률이 정한 경우**에만 **예외적**으로 행정심판**전치주의가 적용**된다.

행정소송법 제38조 제2항 (동법 제18조 준용)

O

OX ★★★ 2016 서울시 7급

26 **부작위위법확인소송에서 예외적**으로 **행정심판전치가 인정될 경우** 그 **전치되는 행정심판**은 의무이행심판이다.

행정심판법상 부작위위법확인심판 규정 × → **의무이행심판** ○

O

OX ★★★★ 2006 세무사

27 **부작위위법확인소송**에서 **본안심리**의 **범위**와 관련하여 **판례는** 실체적 심리설의 입장이다.

27 28 판례 : **절차적 심리설** → 부작위의 위법 여부만 심리 ○, 실체적 내용 심리 ×

X

OX ★★★ 2018 국회직 8급

28 법원은 **부작위위법확인의 소에서** 단순히 행정청의 **방치행위의 적부에 관한 절차적 심리만** 하는 게 아니라, 신청의 실체적 내용이 이유 있는지도 심리하며 그에 대한 적정한 처리 방향에 관한 법률적 판단을 해야 한다.

X

OX ★★★ 2016 서울시 7급

29 **부작위위법확인소송**은 부작위의 위법함을 확인함으로써 행정청의 응답을 신속하게 하여 부작위 내지 무응답이라고 하는 소극적인 위법상태를 제거하는 것을 **목적**으로 한다.

부작위의 위법을 확인 → **부작위 내지 무응답**이라고 하는 **소극적 위법상태 제거**

O

OX ★★★ 2022 국가직 7급

30 **부작위위법확인소송의** 경우 사실심의 구두변론종결시점의 법적 · 사실적 상황을 근거로 행정청의 **부작위의 위법성을 판단**하여야 한다.

사실심변론종결시(판결시)

O

OX ★★★ 2013 국회직 8급

31 **부작위위법확인소송**에 대해서는 행정소송법상 **처분변경으로 인한 소의 변경**에 관한 **규정**이 준용된다.

처분변경으로 인한 소변경 **준용** ×

X

OX ★★★ 2006 세무사

32 **부작위위법확인소송**은 **거부처분취소소송**에서의 **간접강제**에 관한 **규정**이 **준용**된다.

간접강제규정 **준용** ○

O

OX ★★★ 2008 세무사

33 판례의 태도에 비추어 볼 때, **부작위위법확인소송**에서 **인용판결**(확인판결)**이 확정되면** 행정청은 이전의 신청에 대한 처분을 하여야 하고 **거부처분**을 할 수는 없다.

거부처분 **가능**

X

★★★★ 2016 지방직 9급

34 도로법 제61조에서 "공작물 · 물건, 그 밖의 시설을 신설 · 개축 · 변경 또는 제거하거나 그 밖의 사유로 도로를 점용하려는 자는 도로관리청의 허가를 받아야 한다."고 규정하고 있다. 甲은 도로관리청 乙에게 **도로점용허가를 신청하였으나, 상당한 기간이 지났음에도** 아무런 **응답이 없어 행정쟁송**을 제기하여 권리구제를 강구하려고 한다. 다음 설명으로 옳은 것은? (다툼이 있는 경우 판례에 의함)

① 甲이 의무이행심판을 제기한 경우, 도로점용허가는 기속행위이므로 의무이행심판의 인용재결이 있으면 乙은 甲에 대하여 도로점용허가를 발급해 주어야 한다.
② 甲이 부작위위법확인소송을 제기한 경우, 법원은 乙이 도로점용허가를 발급해 주어야 하는지의 여부를 심리할 수 있다.
③ 甲이 제기한 부작위위법확인소송에서 법원의 인용판결이 있는 경우, 乙은 甲에 대하여 도로점용허가신청을 거부하는 처분을 할 수 있다.
④ 甲은 의무이행소송을 제기하여 권리구제가 가능하다.

① **도로점용허가**는 **재량행위** ○
② **신청에 따른 특정처분의무가 있는지 여부** 등의 실체적 내용까지 **심리** ×
③ **거부처분**을 하여도 **재처분의무 이행** ○
④ **행정소송법상** 의무이행소송 **허용** ×

③

OX ★★★ 2015 국가직 7급

35 부작위위법확인판결의 효력에 관한 **절차적 심리설(응답의무설)**에 의하면, 신청의 대상이 **기속행위인 경우**에 **행정청이 거부처분**을 하여도 **재처분의무를 이행**한 것이 된다.

재량행위뿐만 아니라 기속행위인 경우에도 거부처분은 재처분의무 **이행** ○

O

OX ★★★ 2015 국가직 7급

36 부작위위법확인판결의 효력에 관한 **실체적 심리설(특정처분의무설)**에 의하면, **부작위위법확인소송의 인용판결에 실질적 기속력**이 부인되게 된다.

실체적 심리설 → 실질적 기속력 **인정** ○

X

01 핵심 플러스

● 혼동하기 쉬운 비교판례 정리

구 분	긍 정	부 정
사법심사	남북정상회담 개최과정 송금행위	남북정상회담 개최
	계엄선포의 범죄 해당 여부	계엄선포행위의 요건 구비 여부나 당·부당
공법관계	행정재산 사용·수익허가	일반재산 대부
	조세채무관계	조세과오납 반환청구
	(법령에 근거한) 입찰참가자격 제한조치	입찰보증금 국가귀속조치
	귀속재산의 매각	일반재산의 매각
	도시재개발조합과 조합원의 법률관계	공기업과 직원의 근무관계
	수도료 부과징수 및 납부관계	전기·전화공급관계
	중학교 의무교육의 위탁관계	의무교육 위탁받은 학교법인과 해당 사립중학교에 재학 중인 학생의 재학관계
	국립의료원 부설주차장 위탁관리용역 운영계약	국가·지방자치단체를 당사자로 하는 계약에 관한 법률상 공공계약
사인의 공법행위 민법 유추적용	사기·강박 규정	비진의 의사표시 무효 규정
기속행위	• 국유재산의 무단점유에 대한 변상금 징수 • 육아휴직 중 복직명령	
	출입국관리법상 난민인정	출입국관리법상 체류자격변경허가
	대기환경보전법상 배출시설 설치허가	구 수도권대기환경특별법에서 정한 대기오염물질 총량관리사업장 설치허가 또는 변경허가
	• 기부금품 모집허가 • 일반음식점 영업허가 • 주류판매업 면허	• 산림훼손허가(산림형질변경허가) • 토사채취허가 • 입목벌채허가
	건축허가	• 개발제한구역 내 건축허가·용도변경허가 • 토지형질변경 수반 건축허가
	준공검사처분(확인)	
	수리를 요하는 신고에서 수리	
	「부동산 실권리자명의 등기에 관한 법률」 및 시행령상 명의신탁자에 대한 과징금 부과처분	

구 분	긍 정	부 정
공부 기재행위의 처분성	• 지목변경신청 반려 • 건축물대장 용도변경신청 거부 • 건축물대장 작성신청 거부 • 토지분할신청 거부 • 토지대장 직권말소	• 무허가건물등재대장 삭제 • 자동차운전면허대장 등재행위 • 토지대장 소유자명의변경신청 거부
무 효	입지선정위원회의 구성방법과 절차가 주민대표나 주민대표 추천에 의한 전문가의 참여 없이 이루어지는 등 위법한 폐기물처리시설 입지결정처분	
	• 내부위임 받은 자 명의 처분 • 음주운전 단속 경찰관 명의 운전면허정지처분	• 권한위임 없이 세관출장소장이 행한 관세부과처분 • 국가정보원장이 5급 이상 국가정보원 직원에 대하여 한 의원면직처분
	• 소멸시효 완성 후 과세처분 • 부동산을 양도한 사실이 없음에도 양도소득세 부과 • 납부의무자가 아닌 주택조합의 조합원에 대한 개발부담금 부과	
	환경영향평가를 거치지 아니한 경우	교통영향평가를 거치지 아니한 경우
	• 과세예고 통지 후 과세전 적부심사청구나 그에 대한 결정이 있기 전에 과세처분 • 도지사의 인사교류안 작성과 그에 따른 인사교류의 권고가 이루어지지 않은 상태에서 행하여진 인사교류 처분	
	법률규정을 적용할 수 없다는 법리가 명백하여 해석에 다툼의 여지가 없는 때	법률규정을 적용할 수 없다는 법리가 명백하지 아니하여 해석에 다툼의 여지가 있는 때
	문서에 의하지 않은 처분	
	• 위헌결정이 내려진 후 법률을 근거로 한 행정행위 • 조세부과 근거규정 위헌결정 후 체납처분	행정행위가 행해진 후 근거법률 위헌결정
	• 적법한 건축물에 대한 철거명령	

구분	긍정	부정
하자의 치유	• 청문서 도달기간을 다소 어겼지만 이의하지 아니한 채 출석하여 진술하고 변명하는 등 방어의 기회를 충분히 가진 경우 • 납세고지서에 기재사항이 누락되었지만 과세예고통지서 등에 그러한 사항이 기재되어 있어 납세의무자가 처분의 불복여부 결정에 지장 받지 않았음이 명백한 경우	
하자의 승계	• 행정대집행의 각 단계행위 • 시정명령과 이행강제금부과처분	철거명령과 대집행 계고처분
	개별공시지가결정과 과세처분(수인가능성 또는 예측가능성 없는 경우)	개별공시지가결정에 대한 재조사청구에 따른 감액조정에 대하여 더 이상 불복하지 아니한 경우의 개별공시지가결정과 과세처분
	표준공시지가와 수용재결(보상금결정)	• 표준공시지가결정과 과세처분 • 사업실시계획인가고시와 수용재결 • 사업인정과 수용재결
행정계획 처분성	도시계획결정	도시기본계획
	환지예정지지정 및 환지처분	환지계획
행정지도의 헌법소원 대상여부	• 교육인적자원부장관의 국·공립대학총장들에 대한 학칙시정요구 • 금융위원회위원장이 시중은행을 상대로 투기지역·투기과열지구 내 초고가 아파트에 대한 주택구입용 주택담보대출을 금지한 조치	노동부장관이 노동부 산하 공공기관의 단체협약내용을 분석하여 불합리한 요소를 개선하라고 요구한 행위
행정절차법 적용	직권면직처분	직위해제처분
	육군3사관생도 퇴학처분	군인사법상 보직해임처분
정보공개법상 공공기관	한국방송공사	한국증권업협회
공개대상 여부	사법시험 제2차 시험 답안지	문제은행 출제방식을 채택하고 있는 치과의사 국가시험의 문제지와 정답지
	사면대상자들의 사면실시건의서와 그와 관련된 국무회의 안건자료	• 학교폭력대책자치위원회 회의록 • 독립유공자서훈 공적심사위원회 회의록 • 한·일 군사정보보호협정 회의록

구분	긍정	부정
영장주의 적용여부	범죄수사(마약류 검사)	행정조사(우편물통관검사)
양벌규정 적용여부	자치사무 처리하면서 위반	기관위임사무 처리하면서 위반
국가배상법상 공무원	• 향토예비군 • 국가·지자체근무 청원경찰	• 의용소방대원 • 대집행권한 위탁받은 한국토지공사(행정주체)
사익보호성	• 선거법상 수사기관의 전과기록 회보의무	• 상수원수 수질기준 유지의무 • 인증신제품 구매의무
상당인과관계	유흥주점 화재사고에서 소방공무원	유흥주점 화재사고에서 지자체 담당공무원
불가항력	600년 빈도 강우량	50년 빈도 강우량
이중배상 금지 적용	전투경찰순경	• 공익근무요원 • 현역병 입영 후 경비교도로 전입된 자
이중배상금지 - 공동불법행위자의 구상권	헌법재판소	대법원
당사자소송 대상	• 서울특별시립무용단원 해촉 • 공중보건의사 채용계약해지 • 지방전문직 공무원 채용계약해지 • 광주광역시립합창단원 해촉	
	• 산업기술혁신촉진법상 산업기술개발사업에 관하여 체결된 협약에 따라 집행된 사업비 정산금 반환채무의 존부에 대한 분쟁 • 민간투자사업상 실시협약에 따른 재정지원금 청구	
	중소기업정보화지원사업을 위한 협약의 해지 및 그에 따른 환수통보	구 「산업집적활성화 및 공장설립에 관한 법률」상의 입주변경계약취소(항고소송)
	광주민주화운동	민주화운동(항고소송)
	공무원연금관리공단에 미지급퇴직연금의 지급을 구하는 소송	공무원연금공단 급여지급결정(항고소송)
	퇴역연금을 지급받아 오던 중 개정 등으로 퇴역연금액이 변경된 경우	군인연금법령상 급여를(받으려고 하는 사람이) 국방부장관에게 급여지급을 청구하였으나 거부된 경우(항고소송)
	관리처분계획안에 대한 조합총회결의의 효력을 다투는 소송	관리처분계획에 대하여 관할 행정청의 인가·고시가 있은 후(항고소송)
	재개발조합을 상대로 조합원자격 유무 확인	재개발조합과 조합장 또는 조합임원 사이의 선임·해임(민사소송)
	부가가치세 환급세액 지급청구	조세 과·오납 부당이득반환청구(민사소송)

구분	긍정	부정
원고적격	• 원자로시설부지 인근주민이 부지사전승인처분을 다투는 경우 • 공장설립으로 수질오염 우려있는 취수장에서 물을 공급받는 주민	상수원보호구역의 인근주민이 상수원보호구역지정해제를 다투는 경우
	• 국적법상 귀화불허가처분이나 출입국관리법상 체류 자격변경 불허가처분, 강제퇴거명령 등을 다투는 외국인 • 대한민국과의 실질적 관련성 내지 법적으로 보호가치가 있는 이해관계를 형성한 외국인이 사증발급 거부처분의 취소를 구하는 경우	중국국적 외국인이 사증발급거부처분의 취소를 구하는 경우
	교수협의회 · 총학생회가 교육부장관의 학교법인 이사선임을 다투는 경우	교직원으로 구성된 노동조합이 교육부장관의 학교법인 이사선임을 다투는 경우
소의 이익	현역병입영대상자가 현역병으로 입영한 후에 현역병입영통지처분의 취소를 구할 경우	현역병입영대상자로 병역처분을 받은 자가 그 취소소송 중 모병에 응하여 현역병으로 자진입대한 경우
항고소송 대상	권력적 사실행위	비권력적 사실행위
	단수처분	단전요청
	반복된 거부	반복된 계고
	건축법상 이행강제금	농지법상 이행강제금
	최초독촉	반복된 독촉
	공매	공매결정, 공매통지
	입찰참가제한조치가 법령에 근거한 경우	입찰참가제한조치가 계약에 근거한 경우
	지방병무청장의 병역처분	군의관이 행한 징병검사시의 신체등위판정
	국 · 공립 대학 교원에 대한 재임용 거부 취지의 임용기간만료 통지	• 국 · 공립대학 교원 임용지원자에 대한 임용거부통보 • 교사특별채용신청에 대한 거부행위
	금융기관 임원에 대한 금융감독위원장의 문책경고	금융감독위원장이 금융기관 전대표이사에게 문책경고장을 보낸 행위
	원천징수의무자인 법인에 대한 소득금액변동통지	원천납세의무자인 소득귀속자에 대한 소득금액변동통지
	한국연구재단의 과학기술기본법령상 사업협약 해지통보	한국연구재단의 연구팀장에 대한 대학자체 징계요구

신고

자기완결적 신고	행위요건적 신고
행정절차법	행정기본법
건축신고	인 · 허가 의제 효과를 수반하는 건축신고
「체육시설의 설치 · 이용에 관한 법률」에 의한 행정청에 대한 신고(골프장 이용료 변경신고, 당구장업신고)	체육시설의 회원을 모집하고자 하는 자의 '회원모집계획서 제출'
수산제조업의 신고	어업신고
부가가치세법상의 사업자등록	주민등록신고
원격평생교육신고	• 지위승계신고 • 대규모점포의 개설등록 및 시장관리자 지정 • 유료노인복지주택의 설치신고 • 납골당 설치신고 • 악취배출시설 설치 · 운영신고

입증책임 정리

공적 견해표명		원고
행정재산이 공용폐지되어 취득시효 대상이 된다는 사실		시효취득 주장자
처분서가 보통우편으로 발송된 경우 도달여부		도달의 효력을 주장하는 측에서 입증책임
공정력과 입증책임		관련없음
정보를 공공기관이 보유 · 관리하고 있을 상당한 개연성		공개청구자
정보를 공공기관이 한때 보유 · 관리하였으나 더 이상 보유 · 관리하고 있지 아니하다는 점		공공기관
대집행요건 구비여부		처분행정청
국가배상에서 고의 · 과실		피해자인 원고
영조물의 하자		피해자인 원고
영조물 책임에서 손해발생의 예견가능성과 회피가능성		국가 등의 관리주체
손실보상청구에서 공공의 필요성		사업시행자
보상금증액소송에서 정당한 손실보상금액이 더 많다는 점		원고
항고소송	소송요건	원고
	취소처분에서 처분의 하자나 취소필요성	처분 행정청
	재량권을 일탈 · 남용	원고
	무효확인소송에서 무효사유	원고

● 행정절차법상 각종 생략사유

이유제시의 생략	1. 신청내용을 모두 그대로 인정하는 처분인 경우 2. 단순 · 반복적인 처분 또는 경미한 처분으로서 당사자가 그 이유를 명백히 알 수 있는 경우 3. 긴급히 처분을 할 필요가 있는 경우
사전통지의 생략	1. 공공의 안전 또는 복리를 위하여 긴급히 처분을 할 필요가 있는 경우 2. 법령 등에서 요구된 자격이 없거나 없어지게 되면 반드시 일정한 처분을 하여야 하는 경우에 그 자격이 없거나 없어지게 된 사실이 법원의 재판 등에 의하여 객관적으로 증명된 경우 3. 해당 처분의 성질상 의견청취가 현저히 곤란하거나 명백히 불필요하다고 인정될 만한 상당한 이유가 있는 경우
의견청취의 생략	1. 공공의 안전 또는 복리를 위하여 긴급히 처분을 할 필요가 있는 경우 2. 법령 등에서 요구된 자격이 없거나 없어지게 되면 반드시 일정한 처분을 하여야 하는 경우에 그 자격이 없거나 없어지게 된 사실이 법원의 재판 등에 의하여 객관적으로 증명된 경우 3. 해당 처분의 성질상 의견청취가 현저히 곤란하거나 명백히 불필요하다고 인정될 만한 상당한 이유가 있는 경우 4. 당사자가 의견진술의 기회를 포기한다는 뜻을 명백히 표시한 경우
입법예고의 생략	1. 신속한 국민의 권리 보호 또는 예측 곤란한 특별한 사정의 발생 등으로 입법이 긴급을 요하는 경우 2. 상위 법령 등의 단순한 집행을 위한 경우 3. 입법내용이 국민의 권리 · 의무 또는 일상생활과 관련이 없는 경우 4. 단순한 표현 · 자구를 변경하는 경우 등 입법내용의 성질상 예고의 필요가 없거나 곤란하다고 판단되는 경우 5. 예고함이 공공의 안전 또는 복리를 현저히 해칠 우려가 있는 경우
행정예고의 생략	1. 신속하게 국민의 권리를 보호하여야 하거나 예측이 어려운 특별한 사정이 발생하는 등 긴급한 사유로 예고가 현저히 곤란한 경우 2. 법령 등의 단순한 집행을 위한 경우 3. 정책 등의 내용이 국민의 권리 · 의무 또는 일상생활과 관련이 없는 경우 4. 정책 등의 예고가 공공의 안전 또는 복리를 현저히 해칠 우려가 상당한 경우

● 자주 출제되는 기간(숫자) 정리

행정법의 효력 발생	법률, 대통령령, 총리령, 부령	공포한 날부터 20일(단, 국민의 권리제한, 의무부과와 직접 관련 있는 경우 공포일부터 적어도 30일이 경과한 날로부터 시행)
	조례 · 규칙	공포한 날부터 20일
행정 기본법	제재처분의 제척기간	• 위반행위가 종료된 날부터 5년 • 행정심판의 재결이나 법원의 판결에 따라 제재처분이 취소 · 철회된 경우에는 재결이나 판결이 확정된 날부터 1년(합의제 행정기관은 2년)까지 새로운 제재처분 가능
	관련 인 · 허가 행정청의 의견제출기한	협의 요청 받은 날부터 20일 이내
	이의신청 결과 통지기한	• 이의신청 받은 날부터 14일 이내 • 부득이한 사유 있는 경우 10일의 범위에서 한 차례 연장 가능
	이의신청 후 행정심판 또는 행정소송 제기기간	이의신청 결과를 통지받은 날부터 90일 이내
	처분의 재심사 신청기간	• 처분의 재심사 사유를 안 날부터 60일 이내 • 처분이 있은 날부터 5년 이내
	재심사 결과 통지 기한	신청을 받은 날부터 90일(합의제 행정기관은 180일) 이내 부득이한 사유 있으면 90일(합의제 행정기관은 180일)의 범위에서 한 차례 연장가능
행정 절차법	행정절차법상 공고(송달에 갈음하는 공고)의 효력발생시기	공고일부터 14일이 지난 때
	청문의 사전 통지	청문이 시작되는 날부터 10일 전까지
	의견제출기한	10일 이상(상당한 기간 ×)으로 정해야 함
	청문주재자의 의견진술 및 증거제출 요구기간	당사자 등이 정당한 사유로 청문기일에 출석하지 못하거나 의견서를 제출하지 못한 경우 10일 이상의 기간(상당한 기간 ×)을 정하여 요구
	공청회 개최의 알림	공청회 개최 14일 전까지 / 다만, 개최를 알린 후 예정대로 개최하지 못하여 새로 정한 경우에는 개최 7일 전까지
	입법예고	40일(자치법규는 20일) 이상
	행정예고	20일 이상

정보 공개법	정보공개 여부의 결정	• 결정기간 : 청구를 받은 날부터 10일 이내 • 결정기간의 연장 : 10일 이내
	이의신청 사유	비공개결정 또는 부분공개결정에 대하여 불복이 있거나 정보공개청구 후 20일이 경과하도록 정보공개결정이 없는 때
	이의신청 기간	(비공개결정 또는 부분공개결정이 있거나 정보공개청구 후 20일이 경과하도록 정보공개결정이 없는 때로부터) 30일 이내에
	이의신청 결정기간	이의신청을 받은 날부터 7일 이내에 결정
	행정심판 또는 행정소송	공공기관의 결정에 대하여 불복이 있거나 정보공개 청구 후 20일이 경과하도록 정보공개결정이 없는 때
	제3자의 비공개요청 기간	공개 청구된 사실을 통지 받은 날부터 3일 이내
	제3자의 이의신청 기간	공개결정 통지를 받은 날부터 7일 이내
행정 조사 기본법	조사의 사전통지	조사개시 7일 전까지 서면통지
	조사결과의 통지	행정조사 결과를 확정한 날부터 7일 이내에
질서 위반 행위 규제법	과태료부과의 책임연령	14세
	과태료 부과 전 의견제출기간	10일 이상의 기간
	과태료 부과의 제척기간	위반행위가 종료된 날부터 5년
	과태료 부과에 대한 이의제기	과태료 부과 통지를 받은 날부터 60일 이내
	이의제기를 받은 행정청의 법원에의 통보	이의제기를 받은 날부터 14일 이내에 관할법원에 통보
	과태료의 소멸시효	과태료 부과처분이나 법원의 과태료 재판이 확정된 후 5년간
소멸 시효	국가의 국민에 대한 금전채권	5년
	국민의 국가에 대한 금전채권	5년
	국가배상 청구권	• 손해 및 가해자를 안 경우 : 안 날로부터 3년 • 손해 및 가해자를 알지 못한 경우 : 불법행위 있은 날로부터 5년
토지 보상법	손실보상에 대한 행정소송 제기기간	• (이의신청을 거치지 않은 경우) 재결서를 받은 날부터 90일 이내 • 이의신청을 거쳤을 때에는 이의신청에 대한 재결서를 받은 날부터 60일 이내

행정 심판법	선정대표자	여러 명의 청구인이 공동으로 심판청구를 할 때에는 청구인들 중에서 3명 이하의 선정대표자를 선정할 수 있음.
	행정심판 청구기간	• 처분이 있음을 알게 된 날부터 90일 이내 (불가항력으로 인하여 90일 이내에 심판청구를 할 수 없었을 때에는 그 사유가 소멸한 날부터 14일 이내) • 처분이 있었던 날부터 180일
	행정심판 재결기간	심판청구서를 받은 날부터 60일 이내(부득이한 사정이 있는 경우에는 위원장이 직권으로 30일 연장가능)
행정 소송법	취소소송 제소기간	• 행정심판을 거치지 않은 경우 : 처분 등이 있음을 안 날부터 90일 / 처분 등이 있은 날부터 1년 • 행정심판을 거친 경우 : 재결서의 정본을 송달받은 날부터 90일 / 재결이 있은 날부터 1년
	처분변경으로 인한 소변경 신청기간	처분변경이 있음을 안 날로부터 60일 이내
	재심청구기간	확정판결이 있음을 안 날로부터 30일 이내, 판결이 확정된 날로부터 1년 이내

직권 또는 신청 정리

신청에 의해서만 가능한 경우	직권 또는 신청
• 위원회의 직접처분 • (원고가 피고를 잘못지정한 때의) 피고 경정 • 간접강제 • 소의 변경 • 행정심판기록의 제출명령	• 집행정지 및 집행정지의 취소 • 임시처분 • 관련청구소송의 이송과 병합 • 제3자의 소송참가 • 행정청의 소송참가 • 사정판결

취소소송규정이 준용되지 않는 것

무효등확인소송	부작위위법확인소송
• 행정심판전치주의 • 제소기간 • 사정판결 • 간접강제	• 처분변경으로 인한 소 변경 • 집행정지 • 사정판결

● 이론편에서 반드시 확인해 둘 비교사항

주 제	이론편 위치
법률유보원칙 – 본질사항인지 여부	Topic 03 p.14
비례의 원칙 위반여부	Topic 06 p.21
신뢰보호의 원칙 – 공적 견해표명 인정여부	Topic 07 p.22~23 등
공법관계와 사법관계 판례	Topic 09 p.32~33
신고의 종류	Topic 18 p.51~52 등
법규명령과 행정규칙의 구별	Topic 21 p.66
기속행위와 재량행위	Topic 23 p.75~76 등 (전반적으로 정리 필요)
재량권 일탈 · 남용 여부	Topic 23 p.77~78 등
불가쟁력과 불가변력	Topic 31 p.113
무효로 본 판례와 취소사유로 본 판례	Topic 32 p.114~117 등 (전반적으로 정리 필요)
하자의 승계 인정여부 판례	Topic 33 p.122~124
행정계획의 처분성 인정여부 판례	Topic 37 p.135
계획변경청구권 인정여부 판례	Topic 37 p.138
행정절차법의 규정범위	Topic 41 p.150
행정절차법의 적용여부 조문과 판례	Topic 41 p.151~152
행정절차법상 의견청취 절차 비교	Topic 42 p.163
공개대상 정보와 비공개대상 정보 판례	Topic 43 p.167~169
행정심판법상 행정심판의 종류	Topic 60 p.265
행정기본법상 처분에 대한 이의신청과 재심사	Topic 60 p.266
행정심판과 행정소송	Topic 61 p.268
각급 행정심판위원회와 중앙행정심판위원회	Topic 62 p.269~270
당사자소송과 항고소송 · 민사소송의 구별	Topic 65 p.281~284
민중소송과 기관소송	Topic 65 p.287
원고적격 인정여부 판례	Topic 67 p.292~298 등 (전반적으로 정리 필요)
소의 이익 인정여부 판례	Topic 67 p.299~302 등 (전반적으로 정리 필요)
피고적격 인정여부 조문과 판례	Topic 67 p.302~303
처분성 인정여부 판례	Topic 68 p.305~313 등 (전반적으로 정리 필요)
필요적 행정심판전치주의와 그 완화	Topic 70 p.321
소 종류의 변경과 처분변경으로 인한 소의 변경	Topic 71 p.322
처분사유 추가 · 변경 인정여부 판례	Topic 72 p.331
일부취소 가능여부 판례	Topic 73 p.334
취소소송과 무효등확인소송의 관계	Topic 74 p.347
취소소송 규정의 준용여부	Topic 75 p.351

제1편 행정법통론

01 <사례>에 대한 설명의 옳고(○), 그름(×)을 판단하시오. (다툼이 있을 경우 판례에 의함) 2023 지방직 · 서울시 7급

> 甲은 폐기물처리업을 경영하기 위하여 **폐기물처리업** 사업계획서를 제출하여 관할 도지사 乙로부터 **사업계획 적합통보**를 받았다. 그 후 甲은 폐기물처리시설의 설치가 허용되지 않는 용도지역을 허용되는 용도지역으로 변경하기 위하여 「국토의 계획 및 이용에 관한 법률」에 따라 乙에게 **국토이용계획변경신청**을 하였으나, 乙은 위 신청을 거부하였다.

① 만약 乙이 甲에게 **사업계획 부적합통보**를 하였다면 이는 항고소송의 대상이 되는 행정처분에 해당한다. (○, ×)
항고소송 대상이 되는 **행정처분** ○

② **폐기물처리업 사업계획에 대한 적합통보**와 **국토이용계획변경**은 각기 그 제도적 취지와 결정단계에서 고려해야 할 사항들이 다르다. (○, ×)
제도의 취지와 결정단계에서 **고려**해야 할 **사항 다름** ○

③ 乙이 **폐기물처리업 사업계획**에 대하여 **적합통보**를 한 것은 그 사업부지 토지에 대한 **국토이용계획변경신청**을 **승인**하여 주겠다는 취지의 공적인 견해표명을 한 것으로 볼 수 있다. (○, ×)
공적 견해표명 × ×

④ 甲이 **국토이용계획변경신청**의 **승인**을 받을 것으로 **신뢰**하였더라도 乙의 거부처분이 신뢰보호의 원칙에 위배된다고 할 수 없다. (○, ×)
귀책사유 있으므로 거부처분해도 **신뢰보호 원칙 위배** × ○

02 **관계법령**은 민간연수원과 같은 교육시설을 호텔과 같은 숙박시설로 전환하고자 할 경우에는 시설이 소재한 관청으로부터 **먼저 용도변경허가를 받은 후** 숙박시설을 관할하는 관청으로부터 **숙박업의 허가를 얻도록 규정**하고 있다. <사례>에 대한 설명의 옳고(○), 그름(×)을 판단하시오. (다툼이 있을 경우 판례에 의함) 2009 국회직 8급 변형

> 민간연수원을 소유하고 있는 **甲**은 **용도변경허가를 거치지 아니하고** 숙박시설을 관할하는 관청으로부터 곧장 **숙박업허가**를 받아 **상당히 많은 투자**를 하여 현재 영업을 하고 있다.

① 甲이 숙박업허가의 위법성을 알지 못한 것에 **과실이 없다**면 이익형량상 숙박업허가에 대한 취소가 제한될 수 있다. (○, ×)
귀책사유가 없으므로 **신뢰보호원칙 적용** ○ → **이익형량상 신뢰이익이 더 크다면 취소 제한 가능** ○

② 甲에게 **귀책사유가 있다**면 숙박업허가에 대한 취소는 가능하다고 할 것이다. (○, ×)
신뢰보호원칙 적용 × → 허가 취소 가능 ○

③ 甲에 대한 숙박업**허가에 하자가 있어 처분청이 취소**하는 경우 법적 근거는 필요하지 않다. (○, ×)
직권취소 **법적 근거 불요** ○

④ 유사한 연수원을 소유한 乙은 **평등원칙을 근거로 자신에게도** 용도변경허가 없이 소유시설에 대해 숙박업을 **허가해 줄 것을 요구**할 수 있다. (○, ×)
평등원칙은 위법한 행정작용에 **적용** × → 위법한 허가이므로 乙은 평등원칙 주장 × ×

03 <사례>에 대한 설명의 옳고(○), 그름(×)을 판단하시오. (다툼이 있을 경우 판례에 의함) 2023 지방직 · 서울시 9급

> • 행정청 甲은 국유 **일반재산**인 건물 1층을 5년간 **대부**하는 계약을 乙과 체결하면서 대부료는 1년에 1억으로 정하였고 6회에 걸쳐 분납하기로 하였다. 甲은 乙이 1년간 대부료를 납부하지 않자, 체납한 대부료를 납부할 것을 통지하였다. 국유재산법에 따르면 **국유재산의 대부료** 등이 **납부기한까지 납부되지 아니한 경우**에는 **국세징수법상의 강제징수**에 관한 **규정을 준용**하고 있다.
> • 행정청 甲은 국가 소유의 땅을 무단점유하여 사용하고 있는 丙에게 **변상금** 100만원 **부과처분**을 하였다.

㉠ 甲이 乙에게 대부하는 행위는 공권력의 주체로서 상대방의 의사 여하에 불구하고 일방적으로 행하는 행정처분이 아니다. (○, ×)

일반재산의 대부행위 : 사법행위 ○

㉡ 甲은 대부료를 납부하지 않은 乙을 상대로 민사소송을 제기하여 대부료 지급을 구해야 한다. (○, ×)

국유 **일반재산의 대부료 징수** : 국세징수법 준용한 특별구제절차에 의함 → **민사소송** × ×

㉢ **변상금 부과처분**은 순전히 사경제주체로서 행하는 사법상의 법률행위이므로, 丙은 그 처분에 대해 민사소송을 제기하여 다툴 수 있다. (○, ×)

행정처분으로서 **항고소송** 제기해야 함. ×

04 폐기물처리업의 허가를 받은 甲은 A시 시장 乙과 「**지방자치단체를 당사자로 하는 계약에 관한 법률**」에 따라 **재활용품의 수집 · 운반 업무를 대행하는 계약**을 체결하였다. 이에 대한 설명의 옳고(○), 그름(×)을 판단하시오. (다툼이 있을 경우 판례에 의함) 2023 변호사 변형

㉠ 甲이 乙과 체결한 계약은 공법상 계약에 해당한다. (○, ×) ×

㉡ 甲이 乙과 체결한 계약에 대해서는 법령에 특별한 규정이 없는 한 사적 자치와 계약자유의 원칙 등 사법의 원리가 그대로 적용된다. (○, ×) ○

㉠㉡ 지방자치단체가 당사자가 되는 **공공계약 : 사법상 계약**으로서 **사법원리 적용**

㉢ 甲이 乙과 체결한 계약은 국가배상법상 국가배상청구의 요건인 공무원의 '직무'에 포함되지 않는다. (○, ×)

사법행위이므로 **국가배상법**상 공무원의 '**직무**'에 **포함** × ○

05 자영업에 종사하는 甲은 일정요건의 자영업자에게는 보조금을 지급하도록 한 법령에 근거하여 관할행정청에 **보조금 지급**을 **신청**하였으나 1차 **거부**되었고, 이후 다시 동일한 보조금을 신청하였다. 이에 대한 설명의 옳고(○), 그름(×)을 판단하시오. (다툼이 있을 경우 판례에 의함) 2020 지방직 · 서울시 7급

① 관할행정청이 다시 2차의 거부처분을 하더라도 甲은 **2차 거부처분**에 대해서는 취소소송으로 다툴 수 없다. (○, ×)

새로운 거부처분으로서 **취소소송 제기 가능** ×

② 甲이 **보조금**을 우편으로 **신청**한 경우, 특별한 규정이 없다면 신청서를 발송한 때에 **신청의 효력**이 발생한다. (○, ×)

신청서가 **행정청에 도달한 때**에 신청의 효력 **발생** ×

③ 명문으로 금지되거나 성질상 불가능한 경우가 아닌 한, 甲은 **신청에 대한** 관할행정청의 **처분이 있기 전까지 신청**의 **내용**을 **변경**할 수 있다. (○, ×)

처분 전까지 추가 · 변경 · 철회 가능 ○

④ 甲의 **신청에 형식적 요건**의 **하자**가 있었다면 그 하자의 **보완이 가능함에도 보완을 요구하지 않고 바로 거부**하였다고 하여 그 거부가 위법한 것은 아니다. (○, ×)

보완 요구하지 않고 바로 거부한 것은 **위법** ×

06 <사례>에 대한 설명의 옳고(○), 그름(×)을 판단하시오. (다툼이 있을 경우 판례에 의함) 2023 서울시 지적 7급

> A구청장으로부터 허가를 받아 유흥주점영업을 해오던 甲은 해당 영업을 乙에게 양도하기로 하였다. 甲과 乙은 사업을 양도하기로 하는 계약을 체결하였고, 법령에 따라 乙은 A구청장에게 **영업자지위승계신고**를 하였다.

① A구청장이 **영업자지위승계신고**를 **수리**할 경우 그 법적 성격은 **처분**이므로 행정절차법이 적용된다. (○, ×) — **행정절차법 적용** — ○

② A구청장이 **영업자지위승계신고**를 **수리하기 전**이라면 **허가취소처분의 상대방**은 甲이다. (○, ×) — **양도인** — ○

③ A구청장이 **영업자지위승계신고**를 **수리하기 전**에 甲의 **영업허가**를 **취소**하였다면 乙은 이를 다툴 **원고적격**이 없다. (○, ×) — 양도인의 영업허가 취소 → **양수인**은 이를 다툴 **원고적격** ○ — ×

④ 甲과 乙의 **사업양도계약이 무효**라면 A구청장이 **영업자지위승계신고**를 **수리**하였더라도 그 수리는 당연무효이다. (○, ×) — 수리는 **당연무효** — ○

07 甲은 영업허가를 받아 영업을 하던 중 자신의 영업을 乙에게 양도하고자 乙과 사업양도 · 양수계약을 체결하고 관련법령에 따라 관할행정청 A에게 **지위승계신고**를 하였다. 이에 대한 설명의 옳고(○), 그름(×)을 판단하시오. (다툼이 있을 경우 판례에 의함) 2019 서울시 9급

① 甲과 乙 사이의 **사업양도 · 양수계약이 무효**이더라도 A가 **지위승계신고**를 **수리**하였다면 그 수리는 취소되기 전까지 유효하다. (○, ×) — 수리는 **당연무효** — ×

② A가 **지위승계신고의 수리**를 **거부**한 경우 甲은 수리거부에 대해 취소소송으로 다툴 수 있다. (○, ×) — **처분** → 양도인이 **취소소송 제기 가능** — ○

③ 甲과 乙이 사업양도 · 양수계약을 체결하였으나 **지위승계신고 이전**에 甲에 대해 **영업허가**가 **취소**되었다면, 乙은 이를 다툴 법률상 이익이 있다. (○, ×) — 양도인의 영업허가 취소 → **양수인**은 이를 다툴 **법률상 이익** ○ — ○

④ 甲과 乙이 관련법령상 요건을 갖춘 적법한 신고를 하였더라도 A가 이를 **수리하지 않았다면 지위승계**의 **효력**이 발생하지 않는다. (○, ×) — **지위승계신고**는 **수리를 요하는 신고** → 지위승계의 효력 **발생** × — ○

08 甲은 식품위생법 제37조 제1항에 따라 허가를 받아 식품조사처리업 영업을 하고 있던 중 乙과 **영업양도계약**을 체결하였다. 당해 계약은 **하자 있는 계약**이었음에도 불구하고, 乙은 같은 법 제39조에 따라 식품의약품안전처장에게 **영업자지위승계신고**를 하였다. 이에 대한 설명의 옳고(○), 그름(×)을 판단하시오. (다툼이 있을 경우 판례에 의함) 2018 지방직 9급

① 식품의약품안전처장이 乙의 **신고를 수리**한다면, 이는 실질에 있어서 乙에게는 적법하게 사업을 할 수 있는 권리를 설정하여 주는 행위이다. (○, ×) — **지위승계신고 수리 → 양도인 허가 취소 + 양수인에게 적법하게 영업을 할 수 있는 지위를 설정** — ○

② 식품의약품안전처장이 乙의 신고를 수리하는 경우에 甲과 乙의 **영업양도계약이 무효**라면 위 **신고수리처분**도 무효이다. (○, ×) — 신고수리처분 **당연무효** — ○

③ 식품의약품안전처장이 乙의 **신고를 수리하기 전**에 甲의 **영업허가처분이 취소**된 경우, 乙이 甲에 대한 영업허가취소처분의 취소를 구하는 소송을 제기할 법률상 이익은 없다. (○, ×) — **양수인**은 이를 다툴 **법률상 이익** ○ — ×

④ 甲은 **민사쟁송으로 양도 · 양수행위의 무효를 구함이 없이 막바로** 식품의약품안전처장을 상대로 한 **행정소송으로** 위 **신고수리처분**의 **무효확인**을 구할 법률상 이익이 있다. (○, ×) — **법률상 이익** ○ — ○

01 <사례>에 대한 설명의 옳고(○), 그름(×)을 판단하시오. (다툼이 있을 경우 판례에 의함) 2023 변호사

> A**법률이** 해당 법률의 집행에 관한 특정한 사항을 **부령에 위임**하고 있음에도 관계 행정기관은 그에 따른 B**부령을 제정하고 있지 않다.**

지문	해설	정답
㉠ B부령의 제정이 없더라도 **상위법령의 규정만으로** A법률의 **집행이 이루어질 수 있는 경우**라면 B부령을 제정하여야 할 작위의무는 인정되지 않는다. (○, ×)	**하위행정입법 제정할 작위의무 ×**	○
㉡ B부령을 제정하여야 할 작위의무가 인정되는 경우에는 B부령을 제정하지 않은 **입법부작위**에 대해 행정소송법상 부작위위법확인소송으로 다툴 수 있다. (○, ×)	**부작위위법확인소송 대상 ×**	×
㉢ B부령을 제정하지 않은 **입법부작위**는 국가배상법상 **국가배상청구**의 요건인 공무원의 '직무'에 포함되지 않는다. (○, ×)	**'직무'에 포함 ○**	×
㉣ 만일 B**부령이** A**법률의 위임 범위를 벗어나 제정**되었다고 하더라도 **사후에** A법률의 개정으로 **위임의 근거가 부여**되면 그때부터 B부령은 유효하게 된다. (○, ×)	**그때부터 유효한 법규명령**	○

02 <사례>에 대한 설명의 옳고(○), 그름(×)을 판단하시오. (다툼이 있을 경우 판례에 의함) 2023 변호사

> A도(道) B군(郡)에서 식품접객업을 하는 甲은 청소년에게 술을 팔다가 적발되었다. 식품위생법은 위법하게 청소년에게 주류를 제공한 영업자에게 "6개월 이내의 기간을 정하여 그 영업의 전부 또는 일부를 정지할 수 있다."라고 규정하고, **식품위생법 시행규칙 [별표 23]**은 청소년 주류제공(1차 위반)시 행정처분기준을 '영업정지 2개월'로 정하고 있다. B군수는 甲에게 2개월의 영업정지처분을 하였다.

지문	해설	정답
① 甲은 영업정지처분에 불복하여 A도 행정심판위원회에 행정심판을 청구할 수 있다. (○, ×)	**시·도 관할구역 내 시·군·자치구 장의 처분 → 시·도지사 소속 행정심판위원회** 심리·재결	○
② 甲은 **행정심판을 청구하지 않고** 영업정지처분에 대한 **취소소송**을 **제기**할 수 있다. (○, ×)	**가능**(임의적 행정심판전치주의)	○
③ 식품위생법 **시행규칙의 행정처분기준**은 행정규칙의 형식이나, 식품위생법의 내용을 보충하면서 식품위생법의 규정과 결합하여 위임의 범위 내에서 대외적인 구속력을 가진다. (○, ×)	**부령형식**으로 **제재적 처분기준**을 정한 '**법규명령형식**의 **행정규칙**'으로서 **대외적 구속력** ×	×
④ 甲이 취소소송을 제기하는 경우 법원은 **재량권의 일탈·남용**이 인정되면 영업정지처분을 취소할 수 있다. (○, ×)	**취소 가능**	○

03 식품위생법상 영업허가를 받아 영업을 하는 식품접객영업자 甲은 영업시간 제한을 2차 위반하였음을 이유로 다음의 규정에 근거하여 영업정지 1개월의 처분을 받았다. 이에 대한 설명의 옳고(○), 그름(×)을 판단하시오. (다툼이 있을 경우 판례에 의함) 2023 변호사

(※ 아래 조항은 현행 법령 중 필요한 부분만 발췌한 것임)

식품위생법 제43조【영업 제한】 ① 구청장은 영업 질서와 선량한 풍속을 유지하는 데에 필요한 경우에는 영업자 중 식품접객영업자와 그 종업원에 대하여 영업시간 및 영업행위를 제한할 수 있다.

② 제1항에 따른 제한 사항은 대통령령으로 정하는 범위에서 해당 특별자치시 · 특별자치도 · 시 · 군 · 구의 조례로 정한다.

제75조【허가취소 등】 ① 구청장은 영업자가 다음 각 호의 어느 하나에 해당하는 경우에는 대통령령으로 정하는 바에 따라 영업허가를 취소하거나 6개월 이내의 기간을 정하여 그 영업의 전부 또는 일부를 정지할 수 있다.

12. 제43조에 따른 영업 제한을 위반한 경우

제95조【벌칙】 다음 각 호의 어느 하나에 해당하는 자는 5년 이하의 징역 또는 5천만원 이하의 벌금에 처하거나 이를 병과할 수 있다.

3. 제43조에 따른 영업 제한을 위반한 자

제100조【양벌규정】 개인의 종업원이 개인의 업무에 관하여 제95조에 해당하는 위반행위를 하면 행위자를 벌하는 외에 개인에게도 5천만원 이하의 벌금에 처한다.

「**식품위생법 시행규칙**」 **[별표 23] 행정처분기준**(제89조 관련)

3. 식품접객업

위반사항	근거법령	행정처분기준		
		1차 위반	2차 위반	3차 위반
9. 법 제43조에 따른 영업시간 제한을 위반하여 영업한 경우	법 제71조 및 제75조	영업정지 15일	영업정지 1개월	영업정지 2개월

① 영업 제한에 관한 사항을 **조례에 위임**하고 있는 식품위생법 제43조 제2항은 포괄위임금지원칙에 위배된다. (○, ×)

포괄위임 가능 ×

② 甲에 대한 처분이 위 [별표 23]상 처분기준에 부합하는 것이라고 하더라도 위법한 처분이 될 수 있다. (○, ×)

부령형식 제재적 처분기준은 **행정규칙 → 처분의 적법여부**는 **상위법 규정** 및 그 **취지에 따라 판단** ○

③ 식품위생법상 **양벌규정**에 따라 영업제한 위반을 이유로 甲을 처벌하려는 경우, 위반행위자인 종업원을 처벌할 수 없다면 **영업주** 甲도 **처벌**할 수 없다. (○, ×)

종업원의 범죄성립이나 **처벌 불요** ×

④ 관할 구청장이 甲의 영업시간 준수 여부를 확인할 목적으로 甲의 영업장에 출입하여 **현장조사**를 하기 위해서는 식품위생법에 근거가 있어야 하며, 만일 이 법에 현장조사에 관한 근거가 없다면 甲의 **자발적인 협조**가 있더라도 현장조사를 할 수 없다. (○, ×)

개별법에 근거가 없더라도 자발적인 협조를 얻어 실시하는 **행정조사 가능** ×

⑤ 만일 甲에 대한 영업정지 1개월의 처분 후에 **처분의 근거가 되는 법령**이 **쟁송절차를 통해 무효로 선언**된다면, 甲에 대한 영업정지처분은 당연무효가 된다. (○, ×)

행정처분의 하자는 **취소사유** ×

04 <사례>에 대한 설명의 옳고(○), 그름(×)을 판단하시오. (다툼이 있을 경우 판례에 의함) 2024 해경간부

甲은 A시청으로부터 연안개량안강망어업허가를 받았다. 어업**허가의 기간**은 2018. 7. 1.부터 **2023. 6. 30.까지** 설정되었다. 그런데 甲은 **2023. 9. 1.**에 **어업허가의 연장**을 **신청**하였다. 이에 대해 A시청은 甲이 신청한 어업허가의 어구 및 어선의 규모가 **2023. 9. 1. 현재** 수산관계**법령**이 정하는 규격을 충족하고 있지 않다는 이유로 **허가연장신청을 거부**하였다.

① 종전의 어업**허가기간**을 **경과한 후**에 이루어진 **신청에 따른 허가**는 신규허가에 불과하다. (○, ×)

신규허가 ○

② 종전의 어업허가의 효력은 2023. 6. 30.이 지나면 원칙적으로 소멸한다. (○, ×)

효력기간이 **정하여져 있는 처분** : 원칙적으로 **기간의 경과**로 **효력 소멸** ○

③ 허가 등의 **행정처분**은 원칙적으로 허가신청 당시의 기준에 따라야 하며, 처분시의 법령과 허가기준에 의하여 처리하는 것이 아니다. (○, ×)

③④ **처분시 법령과 허가기준**에 의함. ×

④ A시청이 甲의 어업허가 연장신청을 거부한 것은 적법하다. (○, ×)

○

05 <사례>에 대한 설명의 옳고(○), 그름(×)을 판단하시오. (다툼이 있을 경우 판례에 의함) 2024 국회직 8급

甲은 자신의 토지에 건축을 하기 위하여 **건축허가(주된 허가)**를 신청하려고 담당공무원에게 문의한 결과, 건축허가뿐만 아니라 **개발행위허가(의제된 허가)**도 받아야 함을 알게 되었다.

① 甲은 건축허가를 신청할 때 개발행위허가에 필요한 서류를 함께 제출하여야 한다. (○, ×)

인 · 허가 의제 : 주된 인 · 허가 신청시 **관련 인 · 허가 필요서류를 함께 제출** ○

② 건축허가 행정청은 건축허가를 하기 전에 개발행위허가에 관하여 미리 개발행위허가 행정청과 협의하여야 한다. (○, ×)

주된 인 · 허가 하기 전 미리 관련 인 · 허가 행정청과 협의 ○

③ 개발행위허가 행정청은 건축허가 행정청으로부터 **협의를 요청받으면**, 법률에 인 · 허가 의제시에도 관련 인 · 허가에 필요한 심의 · 의견청취 등 **절차를 거친다는 명시적인 규정이 있는 경우** 그 절차에 걸리는 기간을 **제외**하고, 그 요청을 받은 날부터 20일 이내에 의견을 제출하여야 한다. (○, ×)

③④ 요청을 받은 날부터 **20일 이내에 의견을 제출**하여야 함. 기간 내에 **의견 제출하지 아니하면 협의가 된 것으로 봄.** ○

④ 개발행위허가 행정청이 건축허가 행정청으로부터 협의를 요청받고도 법령에서 정한 **기간 내**에 협의 여부에 관하여 **의견을 제출하지 아니하면** 건축허가 행정청은 재협의를 요청하여야 한다. (○, ×)

×

⑤ 건축허가와 개발행위허가에 관해 법령에 따른 **협의가 된 사항**에 대해서는 건축허가를 받았을 때 개발행위허가를 받은 것으로 본다. (○, ×)

협의가 된 사항 : **주된 인 · 허가 받았을 때 관련 인 · 허가 받은 것으로 봄.** ○

06 <사례>에 대한 설명의 옳고(○), 그름(×)을 판단하시오. (다툼이 있을 경우 판례에 의함) 2024 변호사

> 甲 창업기업은 「중소기업창업 지원법」에 따라 A시장에게 **공장설립계획의 승인**을 신청하고자 한다. 동법 제47조는 A시장이 공장설립계획의 승인을 할 때 하천법 제33조에 따른 **하천의 점용허가**에 관하여 A시장이 **하천점용허가청과 협의를 한 사항에 대하여는 그 허가를 받은 것으로 본다**고 규정하고 있다.

㉠ 甲이 하천점용허가를 의제받으려면 위 공장설립계획 승인을 신청할 때 하천점용허가에 필요한 서류를 하천점용허가청이 별도로 정하는 기한까지 제출하여야 한다. (○, ×)

주된 인 · 허가를 신청할 때 **관련 인 · 허가에 필요한 서류**를 **함께 제출**하여야 함. / 불가피한 사유 있는 경우 **주된 인 · 허가 행정청이 별도로 정하는 기한까지** 제출할 수 있음. ×

㉡ A시장과 하천점용허가청 간에 협의가 된 사항에 대해서는 협의 성립시점에 하천점용허가를 받은 것으로 의제된다. (○, ×)

협의가 된 사항 : **주된 인 · 허가 받았을 때** 관련 인 · 허가 받은 것으로 봄. ×

㉢ A시장으로부터 협의를 요청받은 하천점용허가청은 하천법령을 위반하여 협의에 응해서는 아니 되며, 하천점용허가에 필요한 심의, 의견청취 등 절차에 관하여는 법률에 인 · 허가의제시에도 해당 절차를 거친다는 명시적인 규정이 있는 경우에만 이를 거친다. (○, ×)

관련 인 · 허가 행정청 : **해당 법령을 위반하여 협의에 응해서는 아니 됨.** / **관련 인 · 허가에 필요한 절차**는 법률에 거친다는 **명시적인 규정이 있는 경우**에만 거침. ○

㉣ 하천점용**허가가 의제되면** 하천점용허가청은 하천점용허가를 직접 한 것으로 보아 관계 법령에 따른 관리 · 감독 등 필요한 조치를 하여야 한다. (○, ×)

관련 인 · 허가 행정청은 **관련 인 · 허가를 직접 한 것으로 보아** 관리 · 감독 등 필요한 조치 하여야 함. ○

07 「공유수면 관리 및 매립에 관한 법률」(이하, '공유수면법'이라 함)에 따라 A도지사는 甲에게 택지조성을 매립목적으로 하는 **공유수면매립면허**를 부여하였다. 甲은 당초 매립목적과 달리 조선(造船)시설용지지역으로 매립지를 이용하고자 A도지사에게 준공인가 전에 **공유수면매립목적 변경신청**을 하였고, 이에 A도지사는 甲의 변경신청을 **승인**하였다. 그런데 이 **매립지**의 **인근**에는 가공식품을 만들어 판매하고 있는 B**재단법인**이 있었다. 이에 대한 설명의 옳고(○), 그름(×)을 판단하시오. (다툼이 있을 경우 판례에 의함) 2021 변호사

① A도지사의 甲에 대한 **공유수면매립면허처분 및 공유수면매립목적 변경승인처분**은 각각 강학상 허가와 강학상 특허에 해당한다. (○, ×)

특허 ×

② B는 공유수면매립목적 변경승인처분으로 자신의 직원들이 쾌적한 환경에서 생활할 수 있는 환경상 이익을 침해받았음을 이유로 B 자신의 이름으로 그 변경승인처분에 대하여 항고소송을 제기할 수 있다. (○, ×)

재단법인 → 공유수면매립목적 변경승인처분의 **무효확인**을 구할 **원고적격** × ×

③ 공유수면매립면허처분과 관련하여 법령상 요구되는 환경영향평가를 실시하지 않은 경우 **환경영향평가지역 밖에 거주하는 주민**들에 대해서도 **환경상 이익에 대한 침해 또는 침해 우려**가 있는 것으로 사실상 추정된다. (○, ×)

입증해야 원고적격 ○ (사실상 추정 ×) ×

④ 공유수면매립면허처분 이후에 매립실시계획이 승인되면, 공유수면법에 의해 다른 법률상의 인가 · 허가가 의제될 수 있는데, 이 경우 **의제된 인가 · 허가**는 통상적인 인가 · 허가와 동일한 효력을 가진다. (○, ×)

통상적인 인 · 허가와 동일한 효력 ○

08 담배사업법은 일반소매인 사이에서는 그 영업소 간에 100m 이상의 거리를 유지하도록 하는 **'일반소매인의 영업소 간에 거리제한'** 규정을 두어 일반소매인 간의 과당경쟁으로 인한 불합리한 경영을 방지하고 있다. 한편 동법은 일반소매인과 구내소매인의 영업소 간에는 거리제한 규정을 두지 않고, 동일 시설물 내 2개소 이상의 장소에 구내소매인을 지정할 수 있도록 규정하고 있다. 甲은 A시 시장으로부터 담배사업법상 **담배 일반소매인**으로서 지정을 받아 영업을 하고 있다. 이에 대한 설명의 옳고(○), 그름(×)을 판단하시오. (주어진 조건 이외의 다른 조건은 고려하지 않으며, 다툼이 있는 경우 판례에 의함)

2020 국회직 8급 변형

㉠ 甲의 영업소에서 **70m** 떨어진 장소에 **乙이 담배 일반소매인으로 지정**을 받은 경우, 甲은 乙의 일반소매인 지정의 취소를 구할 원고적격이 있다. (○, ×)

담배 일반소매인인 기존업자의 **'신규업자(일반소매인)'에 대한 이익**은 **'법률상 보호되는 이익'** ○ — ○

㉡ 甲의 영업소에서 30m 떨어진 장소에 **丙이 담배 구내소매인으로 지정**을 받은 경우 甲이 원고로서 제기한 丙의 구내소매인 지정에 대한 취소를 구하는 소는 적법하고, 甲은 수소법원에 丙의 구내소매인 지정에 대한 집행정지신청을 할 수 있다. (○, ×)

담배 일반소매인인 기존업자의 **'신규 구내소매인'에 대한 이익**은 **반사적 이익 → 원고적격이 없어 본안청구가 부적법**하므로 **집행정지신청도 부적법** — ×

09 甲은 **강학상 허가**에 해당하는 식품위생법상 영업허가를 신청하였다. 이에 대한 설명의 옳고(○), 그름(×)을 판단하시오. (다툼이 있을 경우 판례에 의함)

2019 지방직 · 교육행정직 9급

① 甲이 공무원인 경우 허가를 받으면 이는 식품위생법상의 금지를 해제할 뿐만 아니라 국가공무원법상의 영리업무금지까지 해제하여 주는 효과가 있다. (○, ×)

허가 : 다른 법률에 의한 금지까지 **해제** × — ×

② 甲이 **허가를 신청한 이후 관계법령이 개정**되어 허가요건을 충족하지 못하게 된 경우, 행정청이 허가**신청을 수리하고도 정당한 이유 없이 그 처리를 늦추어** 그 사이에 **허가기준이 변경된 것이 아닌 이상** 甲에게는 불허가처분을 하여야 한다. (○, ×)

변경된 허가기준에 따라 처분 — ○

③ **甲에게 허가**가 부여된 **이후 乙에게 또 다른 신규허가**가 행해진 경우, 甲에게는 특별한 규정이 없더라도 乙에 대한 신규허가를 다툴 수 있는 원고적격이 인정되는 것이 원칙이다. (○, ×)

경업자소송의 **기존업자가 허가업자** : 원칙적 **원고적격** × — ×

④ 甲에 대해 **허가가 거부되었음에도 불구**하고 甲이 **영업**을 한 경우, 당해 영업행위는 사법(私法)상 효력이 없는 것이 원칙이다. (○, ×)

무허가행위의 **사법(私法)상 효력**은 **유효**함이 원칙 — ×

10 사례에 대한 설명의 옳고(○), 그름(×)을 판단하시오. (다툼이 있을 경우 판례에 의함) 2022 지방직 · 서울시 9급

> 「도시 및 주거환경정비법」에 따라 설립된 A주택재건축정비사업조합은 관할 B구청장으로부터 ㉠조합설립인가를 받은 후, 조합총회에서 재건축 관련 ㉡ 관리처분계획에 대한 의결을 하였고, 관할 B구청장으로부터 위 ㉢ 관리처분계획에 대한 인가를 받았다. 이후 조합원 甲은 위 관리처분계획의 의결에는 조합원 전체의 4/5 이상의 결의가 있어야 함에도 불구하고, 이를 위반하여 위법한 것임을 이유로 ㉣ 관리처분계획의 무효를 주장하며 소송으로 다투려고 한다.

① ㉠과 ㉢의 인가의 강학상 법적 성격은 동일하다. (○, ×) — **조합설립인가** : 강학상 **특허** / **관리처분계획 인가** : 강학상 **인가** — ×

② 甲이 ㉡에 대해 소송으로 다투려면 A주택재건축정비사업조합을 상대로 민사소송을 제기하여야 한다. (○, ×) — **관리처분계획에 대한 조합총회의 결**을 다투는 경우 : 주택재건축정비사업**조합을 상대로 당사자소송** — ×

③ 甲이 ㉣에 대해 소송으로 다투려면 항고소송을 제기하여야 한다. (○, ×) — ○

④ 甲이 ㉣에 대해 소송으로 다투려면 B구청장을 피고로 하여야 한다. (○, ×) — ×

③④ **인가 · 고시 이후** 결의하자를 이유로 **관리처분계획의 효력을 다투는 경우 → 조합을 상대**로 **항고소송**

11 사립학교법은 학교법인의 임원은 정관이 정하는 바에 의하여 학교법인의 이사회에서 선임하고, 관할청의 승인을 얻어 취임하는 것으로 규정하고 있다. A사립**학교법인**은 **이사회를 소집하지 않은 채** B를 **임원**으로 **선임**하여 취임승인을 요청하였고, 이에 대하여 **관할청**은 **취임**을 **승인**하였다. 이에 대한 설명의 옳고(○), 그름(×)을 판단하시오. (다툼이 있을 경우 판례에 의함) 2016 국가직 9급

① 관할청의 임원취임승인으로 선임절차상의 하자는 치유되고 B는 임원으로서의 지위를 취득한다. (○, ×) — **기본행위의 하자 : 인가가 있어도 하자치유** × — ×

② 임원선임절차상의 하자를 이유로 관할청의 취임승인처분에 대한 취소를 구하는 소송은 허용되지 않는다. (○, ×) — ○

③ A학교법인의 임원선임행위에 대해서는 선임처분취소소송을 제기하여 그 효력을 다툴 수 있다. (○, ×) — ×

②③ **기본행위에 하자 : 기본행위에 대한 민사소송** ○ / **인가에 대한 항고소송** ×

④ 관할청의 임원취임승인은 B에 대해 학교법인의 임원으로서의 포괄적 지위를 설정하여 주는 특허에 해당한다. (○, ×) — **학교법인임원**에 대한 **감독청**의 **취임승인 : 인가** — ×

12 <사례>에 대한 설명의 옳고(○), 그름(×)을 판단하시오. (다툼이 있을 경우 판례에 의함) 2023 서울시 연구사

> 甲의 도로점용허가신청에 대해 관할행정청 乙은 "乙이 도로관리에 관하여 명하는 제반 지시사항을 준수하여야 함. **위반시 도로점용허가를 철회함.**"을 **부관**으로 붙여 도로점용허가를 하였다.

① 을(乙)은 법률에 근거가 없어도 **도로점용허가**에 부관을 붙일 수 있다. (○, ×) — 도로점용허가는 **재량행위 → 법률에 근거 없어도 부관 가능** — ○

② 도로점용**허가에 붙인 부관이** 도로점용허가와 **실질적 관련성이 없다**면 부당결부금지의 원칙에 반하는 위법한 부관이 된다. (○, ×) — **부당결부금지**의 **원칙 위반** — ○

③ 을(乙)이 붙인 부관이 **철회권의 유보**라면, 이 부관만을 독립하여 행정쟁송의 대상으로 삼을 수 없다. (○, ×) — 부담을 제외한 부관 → **독립된 행정쟁송의 대상** × — ○

④ 법률에서 정한 철회사유가 발생하여 을(乙)이 이 도로점용허가를 **철회**할 경우에는 이익형량의 원칙에 따른 제한을 받지 않는다. (○, ×) — **이익형량** 원칙에 따른 제한 ○ — ×

13 甲은 A시가 주민의 복리를 위하여 설치한 시립종합문화회관 내에 일반음식점을 운영하고자 「공유재산 및 물품 관리법」에 따라 **행정재산**에 대한 **사용허가**를 신청하였다. A시의 시장 乙은 甲에게 사용허가를 하면서 일반음식점 이용고객으로 인한 주차문제를 우려하여 인근에 소재한 甲의 소유 토지에 차량 10대 규모의 주차장을 설치할 것을 내용으로 하는 **부담을 부관**으로 붙였다. 이에 대한 설명의 옳고(○), 그름(×)을 판단하시오. (다툼이 있을 경우 판례에 의함) 2022 변호사

① 乙이 甲에게 한 사용허가의 법적 성질은 강학상 특허에 해당한다. (○, ×)	**행정재산**의 **사용 · 수익 허가** : 강학상 **특허**	○
② 甲이 자신의 토지에 주차장을 설치하게 하는 **부관**이 재산권을 과도하게 침해하는 위법한 것임을 이유로 **소송상 다투려는 경우**, 부관부행정행위 전체에 대하여 취소를 구하여야 한다. (○, ×)	**부담**은 **독립**하여 **행정소송 대상** ○	×
③ **사정변경**으로 인하여 甲에게 **부담을 부가한 목적을 달성할 수 없게 된 경우**에도 법률에 명문의 규정이 있거나 그 변경이 미리 유보되어 있는 경우 또는 甲의 동의가 있는 경우가 아니라면 乙은 甲에게 부가된 부담을 사후적으로 변경할 수 없다. (○, ×)	**부관의 사후변경 가능**	×
④ 甲에 대한 사용허가 이후에 「공유재산 및 물품 관리법」이 **개정되어 행정청이 더 이상 부관을 붙일 수 없게 되었다**면, 甲에 대한 부관도 당연히 효력이 소멸한다. (○, ×)	**부관의 효력 소멸** ×	×
⑤ 甲에 대한 부담이 재산권을 과도하게 침해하는 것이어서 **부관으로 붙일 수 없는 경우**라고 하더라도 乙이 甲과 사법상 계약의 형식을 통해 동일한 의무를 부과하는 것은 가능하다. (○, ×)	**사법상 계약**의 **형식으로 부과** ×	×

14 甲은 **개발제한구역 내**에서의 **건축허가**를 관할행정청인 乙에게 신청하였고, 乙은 甲에게 일정 토지의 **기부채납을 조건**으로 이를 **허가**하였다. 이에 대한 설명의 옳고(○), 그름(×)을 판단하시오. (다툼이 있을 경우 판례에 의함) 2019 지방직 7급

① 특별한 규정이 없다면 甲에 대한 건축허가는 기속행위로서 건축허가를 하면서 기부채납조건을 붙인 것은 위법하다. (○, ×)	**개발제한구역 내에서의 건축허가** : 예외적 허가로서 **재량행위** → 법령상 근거 없어도 부관 가능.	×
② 甲이 부담인 기부채납조건에 대하여 불복하지 않았고, 이를 이행하지도 않은 채 기부채납조건에서 정한 기부채납기한이 경과하였다면 이로써 甲에 대한 건축허가는 효력을 상실한다. (○, ×)	**부담의 불이행** → **부담부 행정행위 효력 당연소멸** ×(철회사유 ○)	×
③ 기부채납조건이 중대하고 명백한 하자로 인하여 무효라 하더라도 甲의 기부채납 이행으로 이루어진 토지의 증여는 그 자체로 사회질서 위반이나 강행규정 위반 등의 특별한 사정이 없는 한 유효하다. (○, ×)	**부관이 무효** → 부담의 이행으로 한 **사법상 법률행위 당연히 무효** ×	○
④ 건축허가 자체는 적법하고 부담인 기부채납조건만이 취소사유에 해당하는 위법성이 있는 경우, 甲은 기부채납조건부 건축허가처분 전체에 대하여 취소소송을 제기할 수 있을 뿐이고 기부채납조건만을 대상으로 취소소송을 제기할 수 없다. (○, ×)	**부담**은 **독립**하여 **취소소송 대상** ○	×

15 <사례>에 대한 설명의 옳고(○), 그름(×)을 판단하시오. (다툼이 있을 경우 판례에 의함) 2021 국가직 7급

> 관할 행정청은 2019. 4. 17. 청소년보호법의 규정에 따라 ㉠ A주식회사가 운영하는 인터넷 사이트를 청소년유해매체물로 결정하는 내용, ㉡ 일반 불특정 다수인을 상대방으로 하여 일률적으로 표시의무, 포장의무, 청소년에 대한 판매 · 대여 등의 금지의무 등 각종 의무를 발생시키는 내용, ㉢ 그 결정 · 고시의 효력발생일을 2019. 4. 24.로 정하는 내용 등을 포함한 「**청소년유해매체물 결정 · 고시**」를 하였다.

① 위 **결정 · 고시**는 항고소송의 대상이 되는 행정처분에 해당하지 않는다. (○, ×)
청소년유해매체물 결정 · 고시 : **행정처분** X

② 관할 행정청이 위 **결정 · 고시**를 함에 있어서 A주식회사에게 이를 **통지하지 않았다**고 하여 결정 · 고시의 효력 자체가 발생하지 않는 것은 아니다. (○, ×)
통지여부와 관계없이 **고시함으로써 효력 발생** O

③ A주식회사가 위 결정을 **통지받지 못하였다**는 것은 **취소소송의 제소기간**을 준수하지 못한 것에 대한 정당한 사유가 될 수 있다. (○, ×)
제소기간을 **준수하지 못한 것에 대한 정당한 사유** × X

④ 위 **결정 · 고시**에 대한 **취소소송의 제소기간**을 계산함에 있어서는, A주식회사가 위 결정 · 고시가 있었다는 사실을 **현실적으로 알았는지 여부에 관계없이** 고시일인 2019. 4. 17.에 위 결정 · 고시가 있음을 알았다고 보아야 한다. (○, ×)
고시 효력 발생일(고시일 ×)에 처분이 있음을 **알았다고 봄** X

16 <사례>에 대한 설명의 옳고(○), 그름(×)을 판단하시오. (다툼이 있을 경우 판례에 의함) 2011 지방직(상) 9급

> 甲이 국세를 체납하자 관할 세무서장은 甲소유가옥에 대한 **공매절차**를 **진행**하여 낙찰자 乙에게 **소유권이전등기**가 **경료**되었다. 그런데 甲은 그로부터 1년이 지난 후에야 위 **공매처분에 하자** 있음을 발견하였다.
> (가) 甲이 공매처분의 하자를 이유로 乙을 상대로 하여 소유권이전등기의 **말소등기**절차의 이행을 구하는 **민사소송**을 제기하였다.
> (나) 甲이 가옥의 소유권을 상실하는 손해를 입었음을 이유로 바로 국가를 상대로 민사법원에 **손해배상청구소송**을 제기하였다.

① (가)의 경우 공매**처분의 하자가 무효사유**라면 **민사법원**은 공매처분의 효력 유무에 대해서 판단이 가능하며, 甲의 등기말소청구는 인용될 수 있다. (○, ×)
처분의 효력유무 판단 가능 O

② (가)의 경우 공매**처분의 하자가 취소사유**라면 **민사법원**은 공매처분의 효력을 부인할 수 없으므로 甲의 등기말소청구는 기각될 것이다. (○, ×)
공정력으로 인해 처분의 **효력 부인 불가능** O

③ (나)의 경우 甲의 소송제기는 관할위반의 위법이 없고, **민사법원**은 공매처분의 하자에 대해 그 위법성을 심사하여 甲의 손해배상청구를 인용할 수 있다. (○, ×)
국가배상청구는 **민사소송** / 민사법원이 **처분의 위법성 심사 가능** O

④ (나)의 경우 공매처분에 대한 **취소소송**의 **제기기간**인 1년이 **지난 후**에 제기한 **손해배상청구소송**이므로 민사법원은 甲의 청구를 각하해야 할 것이다. (○, ×)
불가쟁력 발생한 행정행위라도 **손해배상청구소송 가능** X

17 <사례>에 대한 설명의 옳고(○), 그름(×)을 판단하시오. (다툼이 있을 경우 판례에 의함) 2024 변호사 변형

A 세무서장은 국세기본법상 제2차 납세의무자에 해당하는 甲에게 B 주식회사의 체납국세에 대한 과세처분(이하 '이 사건 과세처분'이라 한다)을 하였다. 이 사건 과세처분의 위법성을 주장하기 위한 **행정소송의 제소기간은 경과**되었다. 그런데 그로부터 1년 후에 헌법재판소는 乙이 청구한 헌법소원심판 사건에서 이 사건 **과세처분의 근거가 되었던 국세기본법 규정**이 **헌법**에 **위반**된다고 **결정**(이하 '이 사건 위헌결정'이라 한다)하였다. A 세무서장은 이 사건 과세처분에 따라 당시 유효하게 시행 중이던 **국세징수법을 근거로** 甲이 체납 중이던 체납액 및 결손액(가산세 포함)을 징수하기 위하여 甲 명의의 예금채권을 **압류**했다.

① 이 사건 과세**처분의 근거**가 된 국세기본법 **규정**이 헌법재판소에 의하여 **위헌**으로 선언되었으므로 이 사건 과세처분은 법률적 근거가 없는 처분으로서 당연무효이며, 따라서 제소기간이 경과되었지만 그 무효확인을 구하는 행정소송의 제기는 적법하다. (○, ×)

처분 후 처분의 근거법률에 대해 위헌결정 : 행정처분의 하자는 **취소사유** X

② 이 사건 위헌결정의 대상 법조항은 이 사건 과세처분의 근거가 된 것이고, 위헌결정의 소급효를 인정하여도 법적 안정성을 침해할 우려가 없으므로 이 사건 **위헌결정의 소급효**는 甲에게도 미친다. (○, ×)

취소소송 제기기간 경과 → 위헌결정 소급효 **미치지 않음**. X

③ 선행처분인 이 사건 **과세처분**의 취소사유인 하자는 후속 **체납처분**인 압류처분에 승계된다. (○, ×)

하자의 승계 부정 X

④ **조세 부과의 근거가 되었던 법률규정이 위헌으로 선언**된 경우, 그 위헌결정의 기속력 때문에 그 **위헌결정 이후** 조세채권의 집행을 위한 새로운 체납처분에 착수하거나 이를 속행하는 것은 더 이상 허용되지 않는다. 이러한 **위헌결정의 효력에 위배하여 이루어진 체납처분**은 그 사유만으로 하자가 중대하고 객관적으로 명백하여 당연무효이다. (○, ×)

당연무효 O

18 <사례>에 대한 설명의 옳고(○), 그름(×)을 판단하시오. (다툼이 있을 경우 판례에 의함) 2022 국가직 9급

A시 시장은 「학교용지 확보 등에 관한 특례법」 관계 조항에 따라 공동주택을 분양받은 甲, 乙, 丙, 丁 등에게 각각 다른 시기에 학교용지 부담금을 부과하였다. 이후 해당 조항에 대하여 법원의 위헌법률심판제청에 따라 **헌법재판소가 위헌결정**을 하였다(단, 甲, 乙, 丙, 丁은 모두 위헌법률심판제청신청을 하지 않은 것으로 가정함).

① 甲이 부담금을 납부하였고 부담금 부과처분에 **불가쟁력이 발생**한 상태라면, 해당 조항이 위헌으로 결정되더라도 이미 납부한 부담금을 반환받을 수 없다. (○, ×)

위헌결정 소급효 미치지 않음. → 납부한 부담금은 부당이득 × O

② 乙은 부담금을 납부한 후 부담금 부과처분에 대해 **행정소송을 제기하였고 현재 소가 계속 중인 경우**에도, 乙이 위헌법률심판제청신청을 하지 않았으므로 乙에게 **위헌결정의 소급효**는 미치지 않는다. (○, ×)

병행사건에도 위헌결정의 소급효 **미침**. X

③ 丙이 부담금 부과처분에 대한 **행정심판청구**를 하여 기각재결서를 송달받았으나, **재결서 송달일로부터 90일 이내**에 **취소소송**을 제기하였다면 丙의 청구는 인용될 수 있다. (○, ×)

행정심판 청구한 경우 취소소송 제소기간 : 재결서 정본 송달일로부터 90일 → 丙은 **제소기간 준수** ○ / 丙 사건도 **병행사건** 해당 → 위헌결정 소급효 미치므로 청구 인용 가능 O

④ 부담금 부과처분에 대한 제소기간이 경과하여 丁의 부담금 납부의무가 확정되었고 위헌결정 전에 丁의 재산에 대한 압류가 이루어진 상태라도, 丁에 대해 **부담금 징수를 위한 체납처분**을 속행할 수는 없다. (○, ×)

위헌결정 후 집행이나 집행력을 유지하기 위한 행위 불가능 O

19 <사례>에 대한 설명의 옳고(○), 그름(×)을 판단하시오. (다툼이 있을 경우 판례에 의함) 2021 국가직 9급

> • 甲은 자신의 토지에 대한 개별공시지가결정을 통지받은 후 90일이 넘어 과세처분을 받았는데, **과세처분이 위법한 개별공시지가결정에 기초**하였다는 이유로 **과세처분의 취소**를 구하고자 한다.
> • 甲은 토지대장에 전(田)으로 기재되어 있는 지목을 대(垈)로 변경하고자 **지목변경신청**을 하였다.
> • 乙은 甲의 토지가 사실은 자신 소유라고 주장하면서 **토지대장상**의 **소유자명의변경**을 신청하였으나 거부되었다.

① 甲은 과세처분이 있기 전에는 **개별공시지가결정**에 대해서 취소소송을 제기할 수 없다. (○, ×) — 독립한 **행정처분**으로서 항고소송 대상 ○ — X

② 甲은 과세처분의 위법성이 인정되지 않더라도 **과세처분** 취소소송에서 **개별공시지가결정**의 위법을 독립된 위법사유로 주장할 수 있다. (○, ×) — **하자승계 긍정** — O

③ 토지대장에 등재된 사항을 변경하는 행위는 행정사무집행의 편의와 사실증명의 자료로 삼기 위한 것이므로, 甲은 **지목변경신청이 거부**되더라도 이에 대하여 취소소송으로 다툴 수 없다. (○, ×) — **항고소송 대상** ○ — X

④ 乙에 대한 **토지대장**상의 **소유자명의변경신청 거부**는 처분성이 인정된다. (○, ×) — **항고소송 대상** × — X

20 <사례>에 대한 설명의 옳고(○), 그름(×)을 판단하시오. (다툼이 있을 경우 판례에 의함) 2008 국가직 9급

> A는 본인 소유의 토지를 乙에게 매도하였고, 관할 세무서장은 위 토지의 양도 당시의 기준시가로서 이 토지의 **개별공시지가를 기준으로 양도소득세를 부과**하였다. 그런데 양도소득세가 지나치게 많다고 생각한 A는 **개별공시지가결정이 있은 지 1년 넘게 지나고 나서**야 개별공시지가에 대하여 이의가 있으면 개별공시지가의 경정 · 공시일로부터 30일 이내에 이의를 신청할 수 있다는 사실과 이 개별공시지가가 자신의 토지에 대하여는 잘못된 사실판단으로 인하여 지나치게 높게 결정되었다는 사실을 알게 되었다.

① A는 개별공시지가결정을 대상으로 취소소송을 제기하여 이를 다투면 된다. (○, ×) — 처분이 **있은 날로부터 1년이 경과**하였으므로 취소소송 제기 × — X

② **개별공시지가결정**이 **무효**라 하더라도 A는 개별공시지가결정이 잘못되었음을 이유로 **양도소득세 부과처분**의 **위법**을 **주장**할 수 없다. (○, ×) — **선행처분 무효**이므로 **하자승계** ○ — X

③ **개별공시지가**의 **결정**과 이를 기초로 한 **과세처분**은 동일한 목적을 달성하기 위하여 일련의 절차로 연속하여 행하여지는 것으로서 양 행위는 서로 결합된 처분이라고 보는 것이 다수설의 입장이다. (○, ×) — **별개의 독립된 효과** — X

④ 대법원은 관계인의 **수인한도를 넘어 불이익**을 강요하는 경우에는 **과세처분**의 위법사유로서 **개별공시지가결정**의 위법을 주장할 수 있다고 판시한 바 있다. (○, ×) — **하자승계 긍정** — O

21 甲은 「산업집적활성화 및 공장설립에 관한 법률」에 따른 공장설립승인을 받고자 관련 행정절차 일체를 행정사 乙에게 위임하였다. 乙은 관련 **서류**를 **위조**하여 공장설립**승인**을 **신청**하였고, 甲은 그러한 상황을 알지 못한 관할 A군수로부터 공장설립**승인**을 받았다. 공장이 설립된 이후 A군수는 관련 서류가 위조된 것을 발견하고 이를 이유로 공장설립**승인**을 **취소**하였다. 이에 대한 설명의 옳고(○), 그름(×)을 판단하시오. (다툼이 있을 경우 판례에 의함) 2021 변호사

㉠ A군수의 공장설립승인 **취소처분에 대한 취소소송**에서 공장설립승인의 하자나 **취소하여야 할 필요성**에 관한 **증명책임**은 A군수에게 있다. (○, ×)

행정청 ○

㉡ 처분청은 **행정처분에 하자**가 있는 경우에 **별도의 법적 근거가 없더라도** 스스로 이를 **취소**할 수 있는데, 다만 **수익적 행정처분**의 경우에는 해당 법률에 취소에 관한 별도의 법적 근거가 요구된다. (○, ×)

수익적 행정처분의 취소에도 **법적 근거 불요** ×

㉢ A군수의 공장설립승인 취소처분에 대하여 **불가쟁력이 발생**한 이후에는 A군수가 공장설립승인 취소처분을 다시 직권취소할 수 없다. (○, ×)

불가쟁력 발생한 행정행위도 **직권취소 가능** ×

22 <사례>에 대한 설명의 옳고(○), 그름(×)을 판단하시오. (다툼이 있을 경우 판례에 의함) 2017 국회직 8급

> 甲은 녹지지역의 용적률 제한을 충족하지 못한다는 점을 숨기고 마치 그 제한을 **충족하는 것처럼 가장하여** 관할행정청 A에게 건축허가를 **신청**하였고, A는 사실관계에 대하여 명확한 확인을 하지 아니한 채 甲에게 건축**허가**를 하였다. 그 후 A는 甲의 건축허가 신청이 위와 같은 제한을 충족하지 못한다는 사실을 알게 되자 甲에 대한 건축**허가**를 **직권**으로 **취소**하였다.

① A의 건축허가취소는 강학상 철회가 아니라 직권취소에 해당한다. (○, ×)

취소는 **성립 당시** 하자 / **철회**는 **성립 이후** 사유 → A의 건축허가 취소는 직권취소 해당 ○

② 甲이 건축허가에 관한 자신의 신뢰이익을 원용하는 것은 허용되지 아니한다. (○, ×)

귀책사유가 있어 **신뢰보호원칙** 적용 × ○

③ 건축관계법령상 명문의 취소근거규정이 없다고 하더라도 그 점만을 이유로 A의 건축허가취소가 위법하게 되는 것은 아니다. (○, ×)

직권취소에 별도의 **법적 근거 불요** ○

④ 만약 甲으로부터 건축허가신청을 위임받은 乙이 건축허가를 신청한 경우라면, 사실은폐나 기타 사위의 방법에 의한 건축허가신청행위가 있었는지 여부는 甲과 乙 모두를 기준으로 판단하여야 한다. (○, ×)

귀책사유의 유무 → 관계자 모두를 기준 ○

⑤ A는 甲의 신청내용에 구애받지 아니하고 조사 및 검토를 거쳐 관련법령에 정한 기준에 따라 허가조건의 충족 여부를 제대로 따져 허가 여부를 결정하여야 함에도 불구하고 자신의 잘못으로 건축허가를 한 것이므로 A의 건축허가취소는 위법하다. (○, ×)

신청인이 의도적으로 **잘못된 행정처분 유발 → 신뢰보호** × → A의 건축허가취소는 위법 × ×

23 <사례>에 대한 설명의 옳고(○), 그름(×)을 판단하시오. (다툼이 있을 경우 판례에 의함) 2016 국회직 8급 변형

> 甲은 A구청장으로부터 식품위생법의 관련규정에 따라 **적법하게** 유흥접객업 영업허가를 받아 **영업**을 **시작**하였다. **영업을 시작한 지 1년이 지난 후**에 甲의 영업장을 포함한 일부지역이 새로이 적법한 절차에 따라 학교환경위생정화구역으로 설정되었다. A구청장은 甲의 영업이 관할 학교환경위생정화위원회의 심의에 따라 **금지되는 행위로 결정**되었다는 이유로 청문을 거친 후에 甲의 **영업허가**를 **취소**하였다. 甲은 A구청장의 취소처분이 위법하다고 주장하면서 영업허가취소처분에 대하여 취소소송을 제기하였다.

① A구청장은 甲에 대한 영업허가의 허가권자로서 이에 대한 철회권도 갖고 있다. (○, ×)

처분청은 **철회권** ○ — ○

② A구청장은 甲의 영업허가를 철회함에 있어 그 근거가 되는 법령이나 취소권 유보의 부관 등을 명시하여야 하나, 피처분자가 처분 당시 그 취지를 알고 있었다거나 그 후 알게 된 경우에는 생략할 수 있다. (○, ×)

철회시 **이유제시 필요** → 피처분자가 취지를 **알고 있었거나** 후에 **알게 된 경우라도 생략**하거나 하자 **치유** × — ×

③ A구청장의 甲에 대한 영업허가 취소는 처분시로 소급하여 효력을 소멸시키는 것이 아니라 장래효를 갖는다. (○, ×)

후발적 사유이므로 철회, **철회**는 원칙적 **장래효** — ○

④ 甲이 위 취소소송을 제기하여 기각판결을 받았다고 하더라도 A구청장은 위 영업허가 취소처분을 철회할 수 있다. (○, ×)

청구기각판결은 기속력 × → **청구기각판결 이후**에도 **직권철회 · 취소 가능** — ○

24 <사례>에 대한 설명의 옳고(○), 그름(×)을 판단하시오. (다툼이 있을 경우 판례에 의함) 2022 국가직 9급

> **건축**주 甲은 **토지소유자** 乙과 **매매계약**을 **체결**하고 乙로부터 **토지사용승낙서**를 **받아** 乙의 토지 위에 건축물을 건축하는 **건축허가**를 관할행정청인 A시장으로부터 받았다. 매매계약서에 의하면 甲이 잔금을 기일 내에 지급하지 못하면 즉시 매매계약이 해제될 수 있고 이 경우 토지사용승낙서는 효력을 잃으며 甲은 건축허가를 포기 · 철회하기로 甲과 乙이 약정하였다. 乙은 甲이 **잔금을 기일 내에 지급하지 않자** 甲과의 **매매계약**을 **해제**하였다.

① 착공에 앞서 甲의 귀책사유로 해당 토지를 사용할 권리를 상실한 경우, 乙은 A시장에 대하여 건축허가의 철회를 신청할 수 있다. (○, ×)

건축주가 토지소유자로부터 토지사용승낙서를 받고 건축허가를 받았다가 착공에 앞서 **건축주의 귀책사유로 해당 토지를 사용할 권리를 상실**한 경우, **토지소유자**는 **건축허가 철회 신청 가능** — ○

② **건축허가**는 **대물적 성질**을 갖는 것이어서 행정청으로서는 그 허가를 할 때에 건축주 또는 토지소유자가 누구인지 등 **인적 요소**에 관하여는 형식적 심사만 한다. (○, ×)

인적 요소는 **형식적 심사**만 함. — ○

③ A시장은 건축허가 당시 별다른 하자가 없었고 철회의 법적 근거가 없으므로 건축허가를 철회할 수 없다. (○, ×)

사정변경 · 중대한 공익상 필요 발생 시 **법적 근거 없어도 철회 가능** — ×

④ 철회권의 행사는 기득권의 침해를 정당화할 만한 중대한 공익상의 필요 또는 제3자의 이익을 보호할 필요가 있고, **공익상의 필요 등이 상대방이 입을 불이익을 정당화할 만큼 강한 경우에 한해 허용**될 수 있다. (○, ×)

철회권의 행사 — ○

25 <사례>에 대한 설명의 옳고(○), 그름(×)을 판단하시오. (다툼이 있을 경우 판례에 의함) 2016 국가직 9급

> 甲은 식품위생법상 유흥주점 영업허가를 받아 영업을 하던 중 경기부진을 이유로 **2015. 8. 3. 자진폐업**하고 관련법령에 따라 폐업신고를 하였다. 이에 관할 시장은 **자진폐업을 이유로 2015. 9. 10.** 甲에 대한 위 **영업허가**를 **취소**하는 처분을 하였으나 이를 甲에게 **통지하지 아니하였다.**
> 이후 甲은 경기가 활성화되자 유흥주점 영업을 재개하려고 관할 시장에 **2016. 2. 3. 재개업신고**를 하였으나, 영업허가가 이미 취소되었다는 회신을 받았다. 허가취소 사실을 비로소 알게 된 甲은 2016. 3. 10.에 위 2015. 9. 10.자 영업허가취소처분의 취소를 구하는 소송을 제기하였다.

① 甲에 대한 유흥주점 영업허가의 효력은 2015. 9. 10.자 영업허가취소처분에 의해서 소멸된다. (○, ×) — ①② **자진폐업**시 이미 **실효** / 영업허가취소처분은 아무 효과 × — X

② 위 2015. 9. 10.자 영업허가취소처분은 甲에게 통지되지 않아 효력이 발생하지 아니하였으므로 甲의 영업허가는 여전히 유효하다. (○, ×) — X

③ 甲이 2015. 9. 10.자 영업허가취소처분에 대하여 제기한 위 취소소송은 부적법한 소송으로서 각하된다. (○, ×) — 영업허가취소처분은 허가가 실효되었음을 확인하는 것에 불과 → **소의 이익** × — O

④ 甲에 대한 유흥주점 영업허가는 2016. 2. 3. 행한 甲의 재개업신고를 통하여 다시 효력을 회복한다. (○, ×) — **자진폐업 후 재개업신청**은 **신규 허가신청** → 원래의 허가 효력 회복 × — X

26 甲은 폐기물관리법에 따라 폐기물처리업의 허가를 받기 전에 행정청 乙에게 **폐기물처리사업계획서**를 작성하여 제출하였고, 乙은 그 사업계획서를 검토하여 **적합통보**를 하였다. 이에 대한 설명의 옳고(○), 그름(×)을 판단하시오. (다툼이 있을 경우 판례에 의함)
2018 국가직 9급

① 甲이 **폐기물처리업허가**를 **받기 위해**서는 용도지역을 변경하는 **국토이용계획변경**이 **선행**되어야 할 경우, 甲에게 **국토이용계획변경**을 **신청할 권리**가 인정된다. (○, ×) — **인정** — O

② **사업계획서 적합통보**가 있는 경우 **폐기물처리업의 허가단계**에서는 나머지 허가요건만을 심사한다. (○, ×) — **나머지 허가요건만 심사** — O

③ **사업계획의 적합 여부**는 乙의 재량에 속하고, 사업계획 적합 여부 통보를 위하여 **필요한 기준을 정하는 것**도 역시 乙의 재량에 속한다. (○, ×) — 모두 행정청 **재량** — O

④ **적합통보**를 받은 甲은 폐기물처리업의 허가를 받기 전이라도 부분적으로 폐기물처리를 적법하게 할 수 있다. (○, ×) — **예비결정 → 그 자체로 어떤 행위를 할 수 있게 하는 것** × — X

제3편 행정절차, 행정공개

01 <사례>에 대한 설명의 옳고(○), 그름(×)을 판단하시오. (다툼이 있을 경우 판례에 의함) 2023 변호사

> 문화체육관광부장관 甲은 A국과의 관광 협상 결과에 따른 세부사항을 시행하기 위하여 「전담여행사 업무 시행지침」(이하 '이 사건 지침'이라 함)을 제정하였다. 甲은 이 사건 지침에 근거하여 2013. 5.경 재심사를 통해 전담여행사 지위를 갱신하는 갱신기준('종전 처분기준')을 정하여 이를 공표하였다. 甲은 2016. 3. 23. 무자격 가이드 고용으로 감점을 받은 경우 전담여행사 지위를 갱신하지 않기로 하는 내용의 **'변경된 처분기준'**을 마련하였으나 이를 **공표하지 않았다**. 한편, 전담여행사 지정을 받은 乙은 2015. 1.경 무자격 가이드를 고용하였고 이를 이유로 2016. 4. 2. '변경된 처분기준'에 따라 재지정 탈락기준을 상회하는 감점을 받았다. 이를 근거로 甲은 2016. 11. 4. 乙에 대한 전담여행사 지정을 취소하였다(이하 '이 사건 처분'이라 함).

㉠ **이미 공표된 '종전 처분기준'**을 **다시 변경하는 경우**에도 공공의 안전 또는 복리를 현저히 해치는 등 예외적인 사유에 해당하지 않는 한, '변경된 처분기준'을 **다시 공표**하여야 한다. (○, ×)

행정절차법 제20조 | ○

㉡ '변경된 처분기준'은 근거법령에서 구체적 위임을 받아 제정·공포되었다는 특별한 사정이 없는 한, 원칙적으로 대외적 구속력이 없는 행정규칙에 해당한다. (○, ×)

행정절차법 제20조 제1항에 따라 정하여 **공표한 처분기준 : 대외적 구속력이 없는 행정규칙**에 해당 | ○

㉢ 甲이 '변경된 **처분기준**'을 **미리 공표하지 않은 채** 갱신심사에 **적용**하였다면 그 자체로 '이 사건 처분'에 취소사유에 해당하는 흠이 있다고 볼 수 있다. (○, ×)

취소사유 × | ×

㉣ **사전에 공표한 갱신기준**을 **심사대상기간이 이미 경과하였거나 상당부분 경과한 시점에서** 처분상대방의 갱신여부를 좌우할 정도로 **중대하게 변경**하는 것은 특별한 사정이 없는 한 허용되지 않는다. (○, ×)

특별한 사정이 없는 한 **허용** × | ○

02 수상레저사업을 준비하고 있는 법인 甲은 해양경찰청이 보유·관리하고 있는 정보 중 乙과 관련한 정보를 **출력물의 형태로 공개방법을 선택하여 정보공개**를 **청구**하였다. 이에 대한 설명의 옳고(○), 그름(×)을 판단하시오. (다툼이 있을 경우 판례에 의함)

2024 해경간부

① 모든 국민은 「공공기관의 정보공개에 관한 법률」 제5조 제1항에 의하여 정보의 공개를 청구할 권리를 가지는데, 여기서 말하는 국민은 **자연인은 물론 법인을 포함**하지만 **권리능력 없는 사단·재단**은 **설립목적**에 따라 청구권이 제한되므로 甲의 법인등기 여부와 설립목적 등을 정보공개 전에 반드시 확인하여야 한다. (○, ×)

설립목적 **불문** | ×

② 甲이 해양경찰청에 정보의 사본 또는 출력물의 교부의 방법으로 **공개방법을 선택하여 정보공개청구**를 한 경우에 해양경찰청은 「공공기관의 정보공개에 관한 법률」 제8조 제2항의 사유에 해당하지 않는 한 열람의 방법을 선택할 재량권이 없다. (○, ×)

공공기관은 **공개방법 선택**할 **재량권** × | ○

③ 해양경찰청이 甲의 **정보공개청구 후 20일이 경과하도록 정보공개결정이 없는 때**에는 甲은 **정보공개청구 후 20일이 경과한 날부터 30일 이내**에 해양경찰청에 **문서로 이의신청**을 할 수 있다. (○, ×)

정보공개법 제18조 제1항 | ○

④ 해양경찰청이 정보공개를 거부한 경우 甲은 항고소송으로 다툴 수 있는데, 甲이 공개청구한 정보와 이해관계가 없다 하더라도 해양경찰청에 **정보공개를 청구하였다가 거부처분을 받은 것 자체**가 법률상 이익의 침해에 해당한다고 할 것이고, 거부처분을 받은 것 이외에 추가로 어떤 법률상의 이익을 가질 것을 요구하는 것은 아니다. (○, ×)

법률상 이익 침해 ○ | ○

03 신문사 기자 甲은 A광역시가 보유 · 관리하고 있던 시의원 **乙과 관련이 있는 정보**를 **사본 교부의 방법으로 공개하여 줄 것을 청구**하였다. 이에 대한 설명의 옳고(○), 그름(×)을 판단하시오. (다툼이 있을 경우 판례에 의함) 2022 소방직 9급

① 정보공개청구권자가 선택한 공개방법에 따라 정보를 공개하여야 하므로, 원칙적으로 A광역시는 사본 교부가 아닌 열람의 방법으로는 공개할 수 없다. (○, ×)
공개방법을 **선택하여 정보공개청구 → 공공기관**은 **공개방법 선택**할 **재량권** × ○

② **乙의 비공개 요청**이 있는 경우 A광역시는 공개를 하여서는 아니 되고, 만일 공개하였다면 乙에 대하여 손해배상책임을 지게 된다. (○, ×)
제3자의 비공개요청이 있는 것만으로 **비공개사유 해당** × ×

③ 乙의 의견을 듣고 A광역시가 공개를 거부하였다면, 甲과 乙 사이에 **아무런 법률상 이해관계가 없다고 할지라도** 甲은 A광역시의 거부에 대하여 항고소송으로 다툴 수 있다. (○, ×)
정보공개 청구 거부처분 받은 것 자체가 **법률상 이익 침해** ○ ○

④ A광역시가 「공공기관의 정보공개에 관한 법률」상 비공개대상정보임을 이유로 비공개결정을 한 경우, A광역시는 **당초 처분의 근거로 삼은 사유와 기본적 사실관계가 동일성**이 있다고 **인정되는 한도 내에서만** 항고소송에서 다른 공개거부사유를 추가하거나 변경할 수 있다. (○, ×)
다른 공개거부사유 추가 · 변경 가능 ○

제4편 행정의 실효성 확보수단

01 여객자동차 운송사업을 하는 甲은 관련법규 위반을 이유로 사업정지처분에 갈음하는 **과징금 부과처분**을 받았다. 이에 대한 설명의 옳고(○), 그름(×)을 판단하시오. (다툼이 있을 경우 판례에 의함) 2022 지방직 · 서울시 9급

① 甲이 **현실적인 위반행위자**가 **아닌 법령상 책임자**인 경우에도 甲에게 **과징금**을 부과할 수 있다. (○, ×)
부과 가능 ○

② 甲에게 고의 · 과실이 없는 경우에는 **과징금**을 부과할 수 없다. (○, ×)
고의 · 과실 불요 ×

③ **과징금부과처분**에 대해 甲은 취소소송을 제기하여 다툴 수 있다. (○, ×)
항고소송 대상 ○ ○

④ 甲에게 부과된 **과징금**이 법이 정한 **한도액**을 **초과하여 위법**한 경우, 법원은 그 초과 부분에 대하여 일부취소할 수 없고 그 전부를 취소하여야 한다. (○, ×)
일부취소 × / 전부취소 ○ ○

02 X시의 공무원 甲은 乙이 건축한 건물이 건축허가에 위반하였다는 이유로 철거명령과 행정대집행법상의 절차를 거쳐 대집행을 완료하였다. 乙은 행정대집행의 처분들이 하자가 있다는 이유로 행정소송 및 손해배상소송을 제기하려고 한다. 이에 대한 설명의 옳고(○), 그름(×)을 판단하시오. (다툼이 있을 경우 판례에 의함) 2022 군무원 9급

① 乙이 취소소송을 제기하는 경우, **행정대집행이 이미 완료**된 것이므로 소의 이익이 없어 각하판결을 받을 것이다. (○, ×)
취소소송은 **소의 이익 없어 각하** ○

② 乙이 **손해배상소송**을 제기하는 경우, **민사법원**은 그 행정처분이 위법인지 여부는 심사할 수 없다. (○, ×)
행정처분의 **위법여부 심사 가능** ×

③ 행정소송법은 **처분 등의 효력 유무** 또는 **존재 여부**가 **민사소송의 선결문제**로 되는 경우 당해 민사소송의 **수소법원**이 이를 **심리 · 판단**할 수 있는 것으로 규정하고 있다. (○, ×)
행정소송법 제11조 ○

④ X시의 손해배상책임이 인정된다면 X시는 고의 또는 중대한 과실이 있는 甲에게 구상할 수 있다. (○, ×)
국가배상책임이 인정되는 경우 **고의 또는 중대한 과실**있는 **공무원에게 구상 가능** ○

01 <사례>에 대한 설명의 옳고(○), 그름(×)을 판단하시오. (다툼이 있을 경우 판례에 의함) 2017 서울시 9급

> 甲은 **공중보건의**로 근무하면서 乙을 치료하였는데 그 과정에서 乙은 패혈증으로 사망하였다. 유족들은 甲을 상대로 손해배상청구의 소를 제기하였고, 甲의 의료상 **경과실**이 인정된다는 이유로 甲에게 손해배상책임을 인정한 판결이 확정되었다. 이에 甲은 乙의 유족들에게 판결금 채무를 지급하였고, 이후 국가에 대해 구상권을 행사하였다.

문항	해설	정답
① **공중보건의** 甲은 **국가배상법상**의 **공무원**에 해당한다. (○, ×)	국가배상법상의 공무원 ○	○
② 공중보건의 甲이 직무수행 중 불법행위로 乙에게 손해를 입힌 경우 국가 등이 국가배상책임을 부담하는 외에 甲 개인도 **고의 또는 중과실**이 있다고 한다면 민사상 불법행위로 인한 손해배상책임을 진다. (○, ×)	**공무원 개인**도 민사상 불법행위 **손해배상책임 부담**	○
③ 乙의 유족에게 **손해를 직접 배상한 경과실**이 있는 공중보건의 甲은 국가에 대하여 자신이 변제한 금액에 대하여 구상권을 취득할 수 없다. (○, ×)	경과실이 있는 **공무원**은 국가에 대하여 **구상권 취득**	×
④ 공무원의 직무수행 중 불법행위로 인한 배상과 관련하여, **피해자가 공무원에 대해 직접적으로 손해배상을 청구할 수 있는지 여부**에 대한 명시적 규정은 국가배상법상으로 존재하지 않는다. (○, ×)	**명시적 규정 없음** cf 구상권 : 국가배상법에 명문 규정 있음(고의 또는 중과실)	○

02 <사례>에 대한 설명의 옳고(○), 그름(×)을 판단하시오. (다툼이 있을 경우 판례에 의함) 2014 국회직 8급

> A시 소유의 임야에 있는 주택가 주변 공터를 두르고 있는 **암벽에 붕괴 위험**이 있었다. 甲을 포함한 지역주민들은 이 암벽에 붕괴위험이 있으므로 이를 보수해 달라는 민원을 수차례 제기하였으나, A시는 아무런 **조치를 취하지 않았다**. 그런데 해빙기에 얼었던 암벽이 붕괴되어 이 공터에서 놀던 어린이 3명이 사망하였다. 사고 후 사망한 어린이의 부모 甲 등은 A시를 상대로 국가배상법 제2조에 근거한 배상청구소송을 제기하였다.
> ☑ 지방자치단체가 붕괴 위험이 있는 암벽에 대한 안전관리조치를 취하여야 한다는 **명시적인 법령규정은 존재하지 않는다**.

문항	해설	정답
① 국가배상법 제2조의 배상책임과 관련하여 A시의 **부작위에 의한 배상책임**이 문제될 수 있다. (○, ×)	부작위에 의한 손해배상책임이 인정될 수 있음.	○
② 공무원이 그 **권한을 행사하지 아니한 것**이 직무상 의무를 위반하여 **위법한 것으로 되는 경우**에는 특별한 사정이 없는 한 과실도 인정된다. (○, ×)	특별한 사정이 없는 한 **과실도 인정**	○
③ 위 사안의 경우 암벽 붕괴로 인한 **국민의 생명, 신체에 관한 중대한 위험상태**가 **발생할 우려**가 있는 경우에 해당하므로 판례에 따를 때 A시 또는 A시 공무원의 위험방지 작위의무를 인정할 수 있다. (○, ×)	**조리상 작위의무 인정**	○
④ 만약 甲을 포함한 주민들의 암벽보수에 대한 **신청**이 없었다면 A시의 배상책임을 인정하기 어렵다. (○, ×)	신청이 **없는 경우에도 작위의무 인정 가능**	×
⑤ 공무원의 **직무**는 그 내용이 단순히 공공일반의 이익을 위한 것이거나 행정기관 내부의 질서를 규율하기 위한 것뿐만 아니라 **전적으로 또는 부수적으로 사익보호를 위한 직무**여야 한다. (○, ×)	직무의 **사익보호성** 있어야 함.	○

03 甲은 A**지방자치단체가 관리하는 도로**를 운행하던 중 도로에 방치된 낙하물로 인하여 손해를 입었고, 이를 이유로 **국가배상법**상 손해배상을 청구하려고 한다. 이에 대한 설명의 옳고(○), 그름(×)을 판단하시오. (다툼이 있을 경우 판례에 의함) 2020 국가직 9급

지문	해설	정답
① A지방자치단체가 위 도로를 **권원 없이 사실상 관리**하고 있는 경우에는 A지방자치단체의 배상책임은 인정될 수 없다. (○, ×)	국가배상법 제5조 **'공공의 영조물'**→ 사실상의 관리를 하고 있는 경우도 **포함**	×
② 위 도로의 **설치 · 관리상의 하자**가 있는지 여부는 위 도로가 그 용도에 따라 통상 갖추어야 할 안전성을 갖추었는지 여부에 따라 결정된다. (○, ×)	**용도에 따라 통상 갖추어야 할 안전성**을 갖추었는지 여부로 판단	○
③ 위 도로가 국도이며 그 관리권이 A지방자치단체의 장에게 위임되었다면, A지방자치단체가 도로의 관리에 필요한 일체의 **경비를 대외적으로 지출하는 자**에 불과하더라도 甲은 A지방자치단체에 대해 국가배상을 청구할 수 있다. (○, ×)	**국가배상 책임** ○	○
④ 甲이 배상을 받기 위하여 소송을 제기하는 경우에는 민사소송을 제기하여야 한다. (○, ×)	**국가배상청구 : 민사소송**	○

04 甲은 개발제한구역 내 소재한, 지목은 대지이나 건축되지 아니한 토지(나대지)의 소유자이다. 甲은 당해 토지가 **개발제한구역으로 지정됨으로써 건축을 할 수 없게 되어 사용 및 수익이 불가능**하게 되었다. 이에 대한 설명의 옳고(○), 그름(×)을 판단하시오. (다툼이 있을 경우 판례에 의함) 2013 서울시 7급

지문	해설	정답
① 헌법재판소는 **개발제한구역제도**를 공용침해가 아니라 재산권의 내용과 한계에 관한 문제로 본다. (○, ×)	**헌법재판소**가 취하는 **분리이론**에 따르면 **재산권의 내용과 한계의 문제**가 됨.	○
② 헌법재판소의 판례이론에 의할 경우 사례의 근거법률에 손실보상에 관한 규정이 없음에도 불구하고 행정청이 甲에게 손실보상을 하는 것은 국회 입법권의 침해이다. (○, ×)	헌법재판소에 따르면 사회적 제약의 한계를 넘는 경우 보상이 필요하나 **보상의 구체적 기준과 방법**은 **입법자가 정할 사항**	○
③ 헌법재판소의 판례이론에 의할 경우 사례와 같은 경우 법률에 조정적 보상규정을 두지 않는 것은 비례의 원칙을 위반한 위헌이다. (○, ×)	토지를 **종래 용법에 따라 사용할 수 없거나 실질적으로 사용 · 수익을 전혀 할 수 없는 경우**에도 보상 없는 것 → **비례의 원칙 위반**	○
④ **대법원**의 판례이론에 의할 경우 **법률에 손실보상에 관한 규정이 없는 때**에도 관련법률의 유추해석 등을 통하여 甲에게 손실보상이 주어질 수 있다. (○, ×)	대법원은 **관련법률**의 **유추해석**을 통하여 손실보상	○
⑤ **헌법재판소**의 판례이론에 의할 경우 甲은 개발제한구역의 지정에 대한 취소소송과 손해배상청구소송을 통하여 재산권침해의 구제를 받을 수 있다. (○, ×)	**보상입법을 기다려** 그에 따라 **권리를 행사**해야 함.	×

05 <사례>에 대한 설명의 옳고(○), 그름(×)을 판단하시오. (다툼이 있을 경우 판례에 의함) 2024 변호사

> 국토교통부장관은 「공익사업을 위한 토지 등의 취득 및 보상에 관한 법률」(이하 '토지보상법'이라 한다)에 따라 A광역시가 추진하는 관할구역 내 甲 소유의 대규모 토지를 부지로 하는 도시공원 내 체육시설 조성사업에 대해 **사업인정**을 하였고, 사업시행자인 A광역시는 甲과의 협의가 성립하지 않자 중앙토지수용위원회의 **수용재결**을 거쳤다.

㉠ 토지보상법에 따른 국토교통부장관의 사업인정에 취소사유의 하자가 있다고 하더라도 甲은 제소기간이 도과한 **사업인정**의 위법을 이유로 **수용재결**의 취소를 구하는 행정소송을 제기할 수 없다. (○, ×)

하자의 승계 부정 ○

㉡ 甲은 중앙토지수용위원회의 수용재결서 정본을 받은 날부터 **30일 이내에 중앙토지수용위원회에 이의**를 **신청**할 수 있으며, 중앙토지수용위원회는 수용재결이 위법 또는 부당하다고 인정하는 때에는 그 전부 또는 일부를 취소하거나 보상액의 변경을 A광역시에 명할 수 있다. (○, ×)

이의신청을 받은 **중앙토지수용위원회는 수용재결이 위법 또는 부당**하다고 인정하는 때에는 그 전부 또는 일부를 **취소**하거나 **보상액을 변경**할 수 있음. ×

㉢ 甲이 **이의신청을 거쳤으나** 재차 **불복**하고자 할 경우에는 중앙토지수용위원회의 이의재결을 대상으로 하여 그 재결서를 받은 날부터 90일 이내에 행정소송을 제기할 수 있다. (○, ×)

㉣ 甲이 **이의신청을 거치지 않고** 수용재결을 대상으로 행정소송을 제기하는 경우, 그 재결서 정본을 받은 날부터 60일 이내에 소를 제기하여야 한다. (○, ×)

㉢㉣ **이의신청**을 **거쳤을 때**에는 이의신청에 대한 재결서를 받은 날부터 **60일** 이내 / 이의신청을 **거치지 않은 경우**는 재결서를 받은 날부터 **90일** 이내 행정소송 제기

㉢ × ㉣ ×

㉤ 행정소송이 **보상금의 증감에 관한 소송**인 경우 그 소송을 제기하는 자가 甲일 때에는 A광역시를, A광역시일 때에는 甲을 각각 피고로 한다. (○, ×)

소송을 제기하는 자가 토지소유자 또는 관계인일 때에는 **사업시행자**를, 사업시행자일 때에는 토지소유자 또는 관계인을 각각 **피고** ○

06 甲의 토지는 공익사업의 대상지역으로 「공익사업을 위한 토지 등의 취득 및 보상에 관한 법률」에 따라 사업인정절차를 거쳐 甲의 토지에 대한 수용재결이 있었다. 이에 대한 설명의 옳고(○), 그름(×)을 판단하시오. (다툼이 있을 경우 판례에 의함) 2016 서울시 7급

① 위 사업인정에 취소사유인 위법이 있는 경우 **사업인정**의 하자는 후행처분인 **수용재결**에 승계되지 않는다. (○, ×)

하자의 승계 부정 ○

② 甲이 수용재결에서 정해진 **보상금에 불복**하여 보상금의 증액을 청구하려면 수용재결에 대한 취소소송을 제기하여야 한다. (○, ×)

형식적 당사자소송인 **보상금증감소송** 제기(취소소송 ×) ×

③ 甲이 수용재결에 대해 항고소송으로 다투려면 우선적으로 이의재결을 거쳐야만 한다. (○, ×)

이의신청은 **임의적 절차** ×

④ 甲이 **수용재결에 대해 이의재결을 거친 경우 항고소송의 대상**은 이의재결이 된다. (○, ×)

원칙적으로 **수용재결**(이의재결 ×) ×

제6편 행정구제 2(행정쟁송)

01 <사례>에 대한 설명의 옳고(○), 그름(×)을 판단하시오. (다툼이 있을 경우 판례에 의함) 2023 지방직 · 서울시 9급

> 식품접객업을 하는 甲은 청소년의 연령을 확인하지 않고 주류를 판매한 사실이 적발되어 관할행정청 乙로부터 식품위생법 위반을 이유로 **영업정지 2개월**을 부과받자 관할 행정심판위원회 丙에 **행정심판**을 청구하였다.

① 丙은 영업정지 2개월에 갈음하여 식품위생법 소정의 과징금으로 변경할 수 없다. (○, ×)
행정심판은 **적극적 변경 가능** ×

② 甲이 丙의 기각재결을 받은 후 재결 자체에 고유한 하자가 있음을 주장하며 그 기각**재결에 대하여 취소소송**을 제기한 경우, 수소법원은 심리 결과 **재결 자체에 고유한 위법이 없다면** 각하판결을 하여야 한다. (○, ×)
기각판결 ×

③ 丙이 영업정지처분을 취소하는 재결을 할 경우, 乙은 이 **인용재결**의 취소를 구하는 행정소송을 제기할 수 없다. (○, ×)
기속력이 발생 → 따라서 인용재결에 대해 **처분청**이 **행정소송 제기 불가능** ○

④ 丙은 행정심판의 심리과정에서 甲의 식품위생법상의 또 다른 위반사실을 인지한 경우, 乙의 2개월 영업정지와는 별도로 1개월 영업정지를 추가하여 부과하는 재결을 할 수 있다. (○, ×)
불이익변경금지원칙상 심판대상 처분보다 청구인에게 **불리한 재결 불가능** ×

02 자신이 소유한 모텔에서 성인 乙과 청소년 丙을 투숙시켜 이성 혼숙하도록 한 사실이 적발되어 A도 관할 B군 군수 丁으로부터 공중위생관리법에 따라 **영업정지 3개월**의 처분을 받은 甲이 처분의 취소를 구하는 **행정심판**을 청구하려는 경우 이에 대한 설명의 옳고(○), 그름(×)을 판단하시오. (다툼이 있을 경우 판례에 의함) 2023 소방직 9급

① 본 사안은 이른바 행정심판전치주의가 적용되지 않으므로, 甲은 **행정심판을 거치지 아니하고도 곧바로 취소소송**을 제기할 수 있다. (○, ×)
특별규정 없으므로 **임의적 행정심판전치주의** 적용 ○

② 본 사안에서 丁의 영업정지처분에 대한 불복은 A도행정심판위원회가 심리 · 재결한다. (○, ×)
시 · 도 관할구역 내 시 · 군 · 자치구의 장의 처분 → 시 · 도지사 소속 **행정심판위원회**에서 심리 · 재결 ○

③ 행정심판위원회가 甲의 청구를 기각하는 재결을 한 경우, 甲은 **재결서의 정본을 송달받은 날부터 90일 이내**에 행정소송을 제기할 수 있다. (○, ×)
행정심판을 **거친 경우** → 재결서 정본 송달받은 날로부터 90일 이내에 취소소송 제기 가능 ○

④ 행정심판위원회가 甲의 청구를 인용하는 재결을 한 경우, 丁이 **인용재결**의 취소를 구하는 행정소송을 제기할 수 있다. (○, ×)
인용재결에 대해 **처분청**이 **행정소송 제기 불가능** ×

03 A행정청이 甲에게 한 처분에 대하여 甲은 B행정심판위원회에 행정심판을 청구하였다. 이에 대한 설명의 옳고(○), 그름(×)을 판단하시오. (다툼이 있을 경우 판례에 의함)

2022 지방직 · 서울시 9급

① B행정심판위원회의 **기각재결**이 **있은 후**에는 A행정청은 원처분을 **직권**으로 **취소**할 수 없다. (○, ×)

재결의 기속력은 인용재결의 경우만 발생 → 기각재결이 있은 후에도 행정청은 원처분을 직권 취소 · 변경 **가능**

X

② 甲이 **취소심판**을 제기한 경우, B행정심판위원회는 **심판청구가 이유가 있다고 인정**하면 처분변경명령재결을 할 수 있다. (○, ×)

취소심판청구에서 **인용재결** → 처분**취소**재결 · 처분**변경**재결 · 처분**변경명령**재결

O

③ 甲이 **무효확인심판**을 제기한 경우, B행정심판위원회는 심판청구가 이유있다고 인정하면서도 이를 인용하는 것이 공공복리에 크게 위배된다고 인정하면 甲의 심판청구를 기각할 수 있다. (○, ×)

사정재결 → **취소심판**과 **의무이행심판**에서만 가능(무효확인심판 ×)

X

④ B행정심판위원회의 재결에 고유한 위법이 있는 경우에는 甲은 다시 행정심판을 청구할 수 있다. (○, ×)

재결이 있은 후에는 그 재결 및 같은 처분 또는 부작위에 **다시 행정심판 청구 불가능**

X

04 X주택재개발사업조합(이하 'X조합'이라 함)은 「도시 및 주거환경정비법」에 따라 관할 A행정청으로부터 **조합설립인가**를 받았고 甲을 조합장으로 선임하였다. 그 후 X조합은 분양신청을 기초로 관리처분계획을 수립하여 조합총회에 부의하였고, 조합총회에서 조합원들은 관리처분계획을 원안대로 의결하였다. A행정청은 **관리처분계획**을 **인가 · 고시**하였다. 이에 대한 설명의 옳고(○), 그름(×)을 판단하시오. (다툼이 있을 경우 판례에 의함)

2022 변호사 변형

① A행정청의 **조합설립인가**는 X**조합에 대하여 행정주체의 지위**를 **부여**하는 설권적 처분이다. (○, ×)

설권적 처분

O

② **조합설립인가처분이 있은 후 조합설립결의의 하자를 이유**로 조합설립의 효력을 부정하려면 항고소송으로 조합설립인가처분의 효력을 다투어야 한다. (○, ×)

조합설립인가처분에 대해 **항고소송**

O

③ X조합과 甲 사이의 선임 · 해임을 둘러싼 법률관계는 사법상의 법률관계이므로 **조합장의 지위를 다투는 소송**은 민사소송에 의하여야 한다. (○, ×)

재개발조합과 조합장 또는 조합임원 사이의 선임 · 해임 등을 둘러싼 **법률관계** → **사법관계(민사소송)**

O

④ **관리처분계획**에 대한 **인가 · 고시**가 있은 **이후 총회의결의 하자**를 **이유로 관리처분계획**의 **효력을 다투려면** 당사자소송으로 총회의결의 효력 유무의 확인을 구하여야 한다. (○, ×)

관리처분계획에 대한 **항고소송**

X

05 <사례>에 대한 설명의 옳고(○), 그름(×)을 판단하시오. (다툼이 있을 경우 판례에 의함) 2017 국가직(하) 9급

> 국토교통부장관은 몰디브 직항 항공노선 **1개의 면허**를 국내항공사에 발급하기로 결정하고, 이 사실을 공고하였다. 이에 따라 **A항공사와 B항공사는 각각** 노선면허취득을 위한 **신청**을 하였는데, 국토교통부장관은 심사를 거쳐 A항공사에게 노선면허를 발급(이하 '이 사건 노선면허발급처분'이라 한다)하였다.

① B항공사는 이 사건 노선면허발급처분에 대해 취소소송을 제기할 원고적격이 인정되지 않는다. (○, ×)
경원자로서 **원고적격** ○ — ×

② B항공사가 자신에 대한 노선면허발급거부처분에 대해 취소소송을 제기하여 인용판결을 받더라도 이 사건 노선면허발급처분이 취소되지 않는 이상 자신이 노선면허를 발급받을 수는 없으므로 B항공사에게는 자신에 대한 노선면허발급거부처분의 취소를 구할 소의 이익이 인정되지 않는다. (○, ×)
경원관계에서 거부처분 받은 자 → 자신에 대한 거부처분을 다투는 경우에도 소의 이익 ○ — ×

③ 만약 B항공사가 이 사건 노선면허발급처분에 대한 행정심판을 청구하여 인용재결을 받는다면, A항공사는 그 인용재결의 취소를 구하는 소송을 제기할 수 있다. (○, ×)
복효적 행정행위에 대한 행정심판 청구에서 **인용재결로 인하여 비로소 권리이익을 침해받게 되는 자** → 재결의 고유한 하자가 있음을 이유로 **인용재결의 취소를 구할 수 있음.** — ○

④ 만약 위 사례와 달리 **C항공사**가 몰디브 직항 항공노선에 관하여 **이미 노선면허를 가지고 있었는데,** A항공사가 국토교통부장관에게 몰디브 직항 항공노선면허를 신청하였고 이에 대해 국토교통부장관이 **A항공사에게도 신규로 노선면허를 발급**한 것이라면, C항공사는 A항공사에 대한 노선면허발급처분에 대해 취소소송을 제기할 원고적격이 없다. (○, ×)
경업자소송에서 기존업자가 **특허업자 → 원고적격** ○ — ×

06 <사례>에 대한 설명의 옳고(○), 그름(×)을 판단하시오. (다툼이 있을 경우 판례에 의함) 2023 국가직 9급

> **A구 의회 의원**인 甲은 공무원을 폭행하는 등 의원으로서 품위를 손상시키는 행위를 하였다. 이러한 사유를 들어 A구 의회는 甲을 의원직에서 제명하는 의결을 하였다. 이에 甲은 위 **제명의결**을 행정소송의 방법으로 다투고자 한다.

① 甲이 **제명의결**을 행정소송으로 다투는 경우 소송의 유형은 무효확인소송으로 하여야 하며 취소소송으로는 할 수 없다. (○, ×)
항고소송의 대상이 되는 행정처분이므로 취소소송의 대상도 됨. — ×

② A구 의회는 입법기관으로서 행정청의 지위를 가지지 못하므로 甲에 대한 제명의결을 다투는 행정소송에서는 A구 의회 사무총장이 피고가 되어야 한다. (○, ×)
의원에 대한 징계의결 : 지방의회가 행정청으로서 **피고** — ×

③ 행정소송법 제12조의 '법률상 이익' 개념에 관하여 법률상 이익구제설에 따르는 판례에 의하면 甲은 제명의결을 다툴 원고적격을 갖지 못한다. (○, ×)
불이익처분의 상대방 → 원고적격 ○ — ×

④ 법원이 甲이 제기한 행정소송을 받아들여 소송의 계속 중에 甲의 임기가 만료되었더라도 수소법원은 소의 이익을 인정할 수 있다. (○, ×)
지방의회의원 제명의결 취소소송 계속 중 임기만료 → 여전히 **소의 이익** ○ — ○

07 甲은 값싼 외국산 수입재료를 국내산 유기농 재료로 속여 상품을 제조 · 판매하였음을 이유로 식품위생법령에 따라 관할행정청으로부터 영업정지 3개월 처분을 받았다. 한편, 위 **영업정지의 처분기준**에는 **1차 위반의 경우 영업정지 3개월, 2차 위반의 경우 영업정지 6개월, 3차 위반의 경우 영업허가취소처분**을 하도록 규정되어 있다. 甲은 영업정지 3개월 처분의 취소를 구하는 소송을 제기하였다. 이에 대한 설명의 옳고(○), 그름(×)을 판단하시오. (다툼이 있을 경우 판례에 의함) 2017 지방직 7급

지문	해설	정답
① 위와 같은 **처분기준이 없는 경우**라면, 영업정지**처분에 정하여진 기간이 경과되어 효력이 소멸**한 경우에는 그 영업정지처분의 취소를 구할 법률상 이익은 부정된다. (○, ×)	취소를 구할 **법률상의 이익** ×	○
② 위 처분기준이 식품위생**법이나** 동법 **시행령에 규정**되어 있는 경우에는 **대외적 구속력**이 **인정**되나, 동법 **시행규칙에 규정**되어 있는 경우에는 **대외적 구속력**은 **부정**된다. (○, ×)	부령형식의 **제재적 처분기준**은 대외적 구속력 부정	○
③ 甲에 대하여 법령상 **임의적 감경사유**가 있음에도, 관할행정청이 이를 **전혀 고려하지 않았거나 감경사유에 해당하지 않는다고 오인**하여 영업정지 3개월 처분을 한 경우에는 재량권을 일탈 · 남용한 위법한 처분이 된다. (○, ×)	**재량권 일탈 · 남용**	○
④ 甲에 대한 영업정지 3개월의 기간이 경과되어 효력이 소멸한 경우에 위 처분기준이 식품위생법이나 동법 시행령에 규정되어 있다면 甲은 영업정지 3개월 처분의 취소를 구할 소의 이익이 있지만, 동법 시행규칙에 규정되어 있다면 소의 이익이 인정되지 않는다. (○, ×)	**제재적 행정처분의 가중사유**나 전제요건에 관한 규정이 **시행규칙에 규정되어 있더라도 소의 이익 인정**	×

08 甲은 「산업집적활성화 및 공장설립에 관한 법률」(이하 '법'이라 함)에 따라 산업단지관리공단과 A시 소재 **산업단지 입주계약**을 체결하였으나, 이후 산업단지관리공단은 甲의 계약위반을 이유로 입주계약을 **해지**하였다. 이에 대한 설명의 옳고(○), 그름(×)을 판단하시오. (다툼이 있을 경우 판례에 의함) 2022 변호사

> 【참고】 법(현행법을 사례에 맞게 단순화하였음)
> **제42조【입주계약의 해지 등】** ① 산업단지관리공단은 입주기업체가 입주계약을 위반한 경우에는 그 입주계약을 해지할 수 있다.
> **제43조【입주계약 해지 후의 재산처분 등】** ① 제42조 제1항에 따라 입주계약이 해지된 자는 그가 소유하는 산업용지 및 공장 등을 산업통상자원부령으로 정하는 기간에 처분하여야 한다.
> **제55조【과태료】** ① 시장 · 군수 · 구청장은 제43조 제1항에 따른 기간에 산업용지 또는 공장 등을 양도하지 아니한 자에게는 500만원 이하의 과태료를 부과한다.

지문	해설	정답
① 甲이 **산업단지**관리공단을 상대로 **입주계약**의 **해지**를 다투려면 당사자소송에 의하여야 한다. (○, ×)	**항고소송의 대상**이 되는 **행정처분**	×
② **산업단지**관리공단이 甲에 대하여 **입주계약**을 **해지**하는 경우, 법에 특별한 규정이 없다면 행정절차법의 적용을 받지 않는다. (○, ×)	**행정처분**이므로 원칙적으로 **행정절차법 적용**	×
③ **산업단지**관리공단이 甲에 대하여 **입주계약**을 **해지**하는 경우, 해지하여야 할 공익상의 필요와 해지로 인한 甲의 기득권, 신뢰보호 및 법률생활 안정의 침해 등 불이익에 대한 이익형량이 요구된다. (○, ×)	입주계약 해지는 수익적 처분의 **취소 → 이익형량 필요**	○
④ 甲이 입주계약의 해지에 대하여 **행정소송으로 다투고 있는 중**에는 산업단지관리공단은 입주계약의 해지를 직권으로 취소할 수 없다. (○, ×)	**직권취소 가능**	×
⑤ 甲이 일정기간 산업용지를 양도하지 않자 관할 A시장이 甲에게 과태료를 부과한 경우, 甲은 **과태료부과처분** 취소소송을 통해 다툴 수 있다. (○, ×)	**행정소송 대상** ×	×

09 甲은 주유소를 운영하던 중 가짜 석유제품을 저장 · 판매하여 석유사업법을 위반한 사실이 2차 적발되었고, 「**석유사업법 시행규칙**」 **[별표 1]로 정한 처분기준**에 따라 행정청으로부터 6개월의 사업정지처분(이하 '이 사건 처분'이라 함)을 받았다. 이에 대한 설명의 옳고(○), 그름(×)을 판단하시오. (다툼이 있을 경우 판례에 의함) 2022 변호사

【참고】「석유사업법 시행규칙」 [별표 1] 행정처분기준

위반행위	근거 법조문	행정처분기준		
		1회 위반	2회 위반	3회 위반
가짜 석유제품을 제조 · 수입 · 저장 · 운송 · 보관 또는 판매한 경우	법 OO조	사업정지 3개월	사업정지 6개월	등록취소 또는 영업장 폐쇄

① 이 사건 처분에서 정한 **사업정지기간이 경과**하여 그 효력이 소멸한 이후에는 甲은 이 사건 처분에 대한 취소소송을 제기할 법률상 이익이 없다. (○, ×)

제재적 행정처분이 제재기간의 경과로 인하여 실효되었다 하더라도 **후행처분의 가중적 요건사실이 되는 경우** 선행처분의 취소를 구할 **소의 이익 인정** ×

② 甲이 청구한 행정심판에서 이 사건 처분을 3개월의 사업정지처분에 갈음하는 과징금으로 **변경**하는 **재결**이 있었으나, 여전히 甲이 처분사유가 부존재함을 주장하여 다투고자 한다면 甲은 재결을 대상으로 하여 취소소송을 제기하여야 한다. (○, ×)

변경재결이 있는 경우 **취소소송**의 **대상 → 변경된 당초처분** ×

③ 甲의 위반사실이 명백하다면 이 사건 처분을 하면서 甲에게 법령상 사업정지기간의 **감경**에 관한 참작 **사유**가 있음에도 이를 **전혀 고려하지 않았다**고 하여 그 자체로 재량권을 일탈 · 남용한 위법한 처분이 되는 것은 아니다. (○, ×)

재량권 일탈 · 남용 ×

④ **행정법규 위반**에 대하여 甲에게 고의나 과실이 없는 경우에는 이 사건 처분을 할 수 없다. (○, ×)

행정상 제재처분 → 고의 · 과실 불요 ×

⑤ **행정법규 위반**에 대한 **제재조치**는 행정목적의 달성을 위하여 행정법규 위반이라는 객관적 사실에 착안하여 가하는 제재이므로, 甲이 고용한 직원이 위반행위를 한 경우라도 법령상 책임자인 甲에게 이 사건 처분을 할 수 있다. (○, ×)

법령상 책임자에게 부여 ○

10 A시장은 **2016. 12. 23.** 식품위생법 위반을 이유로 甲에 대하여 **3월의 영업정지처분**을 하였고, 甲은 2016. 12. 26. 처분서를 송달받았다. 甲은 이에 대해 행정심판을 청구하였고, 행정심판위원회는 **2017. 3. 6.** "A시장은 甲에 대하여 한 **3월의 영업정지처분**을 **2월의 영업정지에 갈음하는 과징금 부과처분으로 변경**하라."라는 **일부인용의 재결**을 하였으며, 그 **재결서 정본**은 **2017. 3. 10. 甲에게 송달**되었다. A시장은 재결취지에 따라 **2017. 3. 13.** 甲에 대하여 **과징금 부과처분**을 하였다. 甲은 여전히 자신이 식품위생법 위반을 이유로 한 제재를 받을 이유가 없다고 생각하여 취소소송을 제기하려고 한다. 과징금 부과처분으로 변경된 2016. 12. 23.자 원처분을 대상으로 2017. 3. 10.부터 90일 이내에 제기하여야 한다. (○, ×) 2018 국가직 9급

㉠ **취소소송의 대상** → 처분변경명령재결에 따른 변경처분의 경우 **변경된 당초처분(원처분)**인 2016. 12.23.자 변경된 과징금부과처분
㉡ **제소기간** → 행정심판을 거친 경우이므로 **재결서 정본 송달시**인 2017.3.10.**부터 90일** 이내에 제기 ○

11 상급행정청 X로부터 권한을 **내부위임**받은 하급행정청 Y는 2017. 1. 10. Y의 명의로 甲에 대하여 2,000만원의 부담금 부과처분을 하였다가, 같은 해 2. 3. 부과금액의 과다를 이유로 위 부담금을 1,000만원으로 **감액**하는 **처분**을 하였다. 甲이 이에 대해 취소소송을 제기하는 경우, ㉠ 소의 대상은 '2. 3.자 1,000만원의 부담금 부과처분'이고 ㉡ 피고적격은 X에게 있다. (○, ×) 2017 지방직(하) 9급 변형

㉠ **감액경정처분에 있어 소송대상 → 감액되고 남은 당초처분**(1,000만원으로 감액된 1.10.자 부담금부과처분)
㉡ **내부위임이 있는 경우 피고적격 → 처분을 실제로 행한 처분명의자**(Y) ×

12 甲은 자신이 운영하는 사회복지시설의 재정이 어려워지자 관할행정청에 보조금을 **신청**하였으나 **거부**되었다. 이에 대한 설명의 옳고(○), 그름(×)을 판단하시오. (다툼이 있을 경우 판례에 의함) 2014 국가직 9급

① 甲이 위 거부행위에 대해 취소소송으로 다투기 위해서는 甲에게 보조금을 신청할 수 있는 권리가 성문법령에 규정되어 있어야만 한다. (○, ×)

거부행위가 항고소송 대상이 되기 위한 **신청권** : **조리**상 인정될 수도 있음. ×

② 甲이 위 **거부행위**에 대하여 취소소송을 제기하여 다투는 경우에 **집행정지**를 통한 권리구제는 허용되지 않는다. (○, ×)

거부처분 : 집행정지 **대상** × ○

③ 위 **거부행위**는 불이익처분이므로 관할행정청이 甲의 신청을 거부하는 경우에는 행정절차법상 **사전통지**절차를 거쳐야 한다. (○, ×)

거부처분 : 사전통지 **대상** × ×

④ 위 거부행위가 있은 후에 甲은 보조금지급을 요구하는 **의무이행소송**을 제기할 수 있다. (○, ×)

의무이행소송 **인정** × ×

13 <사례>에 대한 설명의 옳고(○), 그름(×)을 판단하시오. (다툼이 있을 경우 판례에 의함) 2024 변호사

- 甲은 공중위생관리법상 숙박업을 하는 자로서 관할 구청장 乙로부터 2022. 1. 5. 영업정지 3개월의 처분(이하 '이 사건 처분'이라 한다)을 받고 처분의 취소를 구하는 소(이하 '이 사건 소'라 한다)를 제기하였다.
- 이 사건 소는 **2023. 12. 7. 항소심**에서 **변론종결**되었다.
- A 사유: 甲이 숙박자에게 성매매를 알선하였다(2022. 1. 5.자 당초 처분사유).
- B 사유: 甲이 숙박자에게 음란행위를 알선하였다.
- A 사유와 B 사유는 이 사건 처분 당시에 있었던 일을 내용으로 하고 **기본적 사실관계**가 **동일**하다.

① 이 사건 **처분의 위법 여부**를 판단하는 시점은 처분시이므로, 법원은 이 사건 처분 당시 행정청이 알고 있었던 자료에 기초하여 이 사건 처분의 위법 여부를 판단할 수 있을 뿐이고 이와 달리 사실심변론종결시까지 제출된 모든 자료를 종합하여 처분 당시 존재하였던 객관적 사실을 확정하고 그 사실에 기초하여 이 사건 처분의 위법 여부를 판단할 수는 없다. (○, ×)

판단시점은 **처분시** / **사실심변론종결까지 제출된 모든 자료를 종합**하여 **판단 가능** ×

② 乙은 2023. 12. 7. 이후라도 판결선고 전이라면 이 사건 처분사유를 A 사유에서 B 사유로 변경할 수 있다. (○, ×)

처분사유의 추가·변경 : **사실심변론종결시까지** 허용 ×

③ 乙이 이 사건 **처분 당시에 적시한 A 사유를 변경하지 아니한 채 처분의 근거 법령만을 변경**하더라도 이는 처분사유의 변경이라고 보아야 하고, 처분의 **근거 법령을 변경하는 것이 별개의 처분을 하는 것과 다름없는 경우**에도 마찬가지이다. (○, ×)

허용 ○(처분사유 변경 아님) / **허용** × ×

④ 사실심변론종결시에 甲에게 법률상 이익이 인정되었다면, **상고심**에서 **법률상 이익**이 존속하지 않더라도 부적법한 소가 되지 아니한다. (○, ×)

원고적격은 **소송요건**이므로 상고심에서도 존속해야 함. ×

⑤ **A 사유가 인정되지 않는다**는 이유로 법원의 **확정판결에 의하여** 이 사건 **처분이 취소**되었으나, 乙이 **B 사유로 동일한** 내용의 **처분**을 하는 것은 확정판결의 기속력에 저촉된다. (○, ×)

기본적 사실관계에 있어 동일 → **기속력에 저촉**됨. ○

14 <사례>에 대한 설명의 옳고(○), 그름(×)을 판단하시오. (다툼이 있을 경우 판례에 의함) 2023 국가직 7급

> 甲은 토지 위에 컨테이너를 설치하여 사무실로 사용하였다. 관할 행정청인 乙은 甲에게 이 컨테이너는 건축법상 건축허가를 받아야 하는 건축물인데 **건축허가를 받지 않고 건축하였다**는 이유로 甲에게 **원상복구명령**을 하면서, 만약 기한 내에 원상복구를 하지 않을 경우에는 행정대집행을 통하여 컨테이너를 철거할 것임을 계고하였다. 이후 甲은 乙에게 이 컨테이너에 대하여 가설건축물 축조신고를 하였으나 乙은 이 컨테이너는 건축허가대상이라는 이유로 가설건축물 축조신고를 반려하였다.

① 건축법에 특별한 규정이 없더라도 행정절차법상 예외에 해당하지 않는 한 乙은 원상복구명령을 하면서 甲에게 **원상복구명령**을 사전통지하고 의견제출의 기회를 주어야 한다. (○, ×)

침해적 행정처분이므로 예외사유에 해당하지 않는 한 **사전통지**하고 **의견제출**의 기회를 주어야 함. ○

② 乙이 행한 원상복구명령과 대집행 계고가 **계고서라는 1장의 문서로 이루어진** 경우라도 **원상복구명령**과 **계고처분**은 독립하여 있는 것으로서 각 그 요건이 충족된 것으로 볼 수 있다. (○, ×)

독립하여 있는 것으로서 각 그 **요건이 충족된 것** ○

③ 乙이 대집행영장을 통지한 경우, 원상복구명령이 당연무효라면 대집행영장통지도 당연무효이다. (○, ×)

선행행위가 **당연무효** → **후행행위**도 **당연**히 **무효** ○

④ 甲이 제기한 원상복구명령 및 계고처분에 대한 취소소송에서, 乙은 처분 시에 제시한 '甲의 건축물은 **건축허가를 받지 않은 건축물**'이라는 처분사유에 '甲의 건축물은 **신고를 하지 않은 가설건축물**'이라는 처분사유를 추가할 수 있다. (○, ×)

기본적 사실관계 동일성 × → **처분사유 추가** × X

15 <사례>에 대한 설명의 옳고(○), 그름(×)을 판단하시오. (다툼이 있을 경우 판례에 의함) 2024 국회직 8급 변형

> 「소방시설 설치 및 관리에 관한 법률」은 "건축허가 등의 권한이 있는 행정기관은 건축허가 등을 할 때 미리 그 건축물 등의 소재지를 관할하는 소방서장의 동의를 받아야 한다."고 규정하고 있다. 甲은 건물신축을 위해 A시 시장 乙에게 건축법상 건축허가신청을 하였으나, 乙은 A시 **소방서장** 丙의 **동의 거부**를 **이유**로 **건축불허가처분**을 하였다.

① 乙이 건축불허가처분을 하면서 丙의 건축부동의 의견을 들고 있으나 丙이 건축부동의로 삼은 사유가 **보완이 가능**한 것인 경우, 乙이 **보완을 요구하지 아니한 채 곧바로** 건축허가 신청을 **거부**한 것은 재량권의 범위를 벗어난 것이다. (○, ×)

재량권의 범위를 벗어나 **위법** ○

② 乙의 건축불허가처분에 불복하여 甲이 제기한 취소소송에서 **법원**은 丙을 **소송에 참가시킬 필요가 있다고 인정**하는 경우 丙을 당해 소송에 참가시키는 결정을 할 수 있다. (○, ×)

신청 또는 직권에 의하여 **다른 행정청**을 **소송에 참가시킬 수 있음.** ○

③ 乙이 **건축불허가처분을 하면서 건축불허가사유뿐만 아니라** 丙의 **건축부동의 사유를 들고 있는 경우,** 甲은 건축불허가처분에 관한 쟁송에서 丙의 건축부동의 사유에 관하여는 다툴 수 없다. (○, ×) X

④ 甲이 위 건축불허가처분을 취소소송으로 다투고자 하는 경우 피고는 乙이 된다. (○, ×) ○

③④ **건축불허가처분에 관한 쟁송에서** 건축법상의 건축불허가 사유뿐만 아니라 **소방서장의 부동의 사유에 관하여도 다툴 수 있고, 피고**는 **건축불허가처분청**이 됨.

16 <사례>에 대한 설명의 옳고(○), 그름(×)을 판단하시오. (다툼이 있을 경우 판례에 의함) 2023 변호사

> A구 구청장은 관내에서 음식점을 운영하고 있는 甲이 **청소년에게 주류를 판매**하였다는 이유로, 甲에게 영업정지처분을 할 것을 고려하고 있다.

㉠ 구청장이 영업정지처분을 하였고, 이에 대하여 甲이 **취소소송을 제기하면서 집행정지를 신청**한 경우, 甲이 제기한 **취소소송**이 **적법**하여야 한다는 것이 집행정지의 요건에 포함된다. (○, ×)

본안청구의 적법 → **집행정지 요건에 포함** ○

㉡ 甲이 **적발 당시 위반사실을 시인**하였다면, 이는 행정절차법 소정의 '의견청취가 현저히 곤란하거나 명백히 불필요하다고 인정될 만한 상당한 이유가 있는 경우'에 해당한다. (○, ×)

사전통지 예외사유 해당 × ×

㉢ 구청장이 **청소년 주류판매**를 이유로 甲에게 **영업정지 2개월**의 처분을 하였고, 이에 대하여 甲이 취소소송을 제기하여 원고(甲) 승소판결이 확정되었는데, 그 후 구청장이 **영업시간제한 위반**을 이유로 **재차** 甲에게 **영업정지 2개월의 처분**을 한 경우, 후행 영업정지처분은 취소판결의 기속력에 반하지 아니한다. (○, ×)

기본적 사실관계 다르므로 기속력 위반 × ○

㉣ 甲은 영업정지처분을 받고 이에 대해 취소소송을 제기하였으나 집행정지 신청을 하지 아니하였다. 이 경우 甲이 영업정지기간 동안 영업을 계속하였다면, 위 **영업정지처분이** 나중에 **행정쟁송절차에 의해 취소**되더라도 甲은 영업정지명령 위반을 이유로 한 형사처벌을 면할 수 없다. (○, ×)

취소판결의 **취소의 효과는 처분시로 소급** → 처음부터 영업정지명령은 없었던 것
∴ 영업정지명령 위반 × ×

17 <사례>에 대한 설명의 옳고(○), 그름(×)을 판단하시오. (다툼이 있을 경우 판례에 의함) 2022 지방직 · 서울시 9급

> • A시장으로부터 3월의 영업정지처분을 받은 숙박업자 甲은 이에 불복하여 행정쟁송을 제기하고자 한다.
> • B시장으로부터 건축허가거부처분을 받은 乙은 이에 불복하여 행정쟁송을 제기하고자 한다.

① 甲이 취소소송을 제기하면서 집행정지신청을 한 경우 법원이 집행정지결정을 하는 데 있어 甲의 **본안청구의 적법 여부**는 집행정지의 요건에 포함되지 않는다. (○, ×)

집행정지 요건에 **포함** ×

② 甲이 2022.1.5. 영업정지처분을 통지받았고, 행정심판을 제기하여 2022.3.29. 1월의 영업정지처분으로 변경하는 재결이 있었고 그 **재결서정본**을 2022.4.2. **송달받은 경우 취소소송의 기산점**은 2022.1.5.이다. (○, ×)

행정심판 거친 경우 취소소송 제기기간 기산점 → **재결서 정본 송달받은 날** ×

③ 乙이 의무이행심판을 제기하여 **처분명령재결이 있었음에도** B시장이 **허가를 하지 않는 경우** 행정심판위원회는 직권으로 시정을 명하고 이를 이행하지 아니하면 직접 건축허가처분을 할 수 있다. (○, ×)

위원회의 **직접처분** → 당사자의 **신청 필요**(위원회의 직권 ×) ×

④ 乙이 건축허가거부처분에 대해 제기한 취소소송에서 인용판결이 확정되었으나 B시장이 **기속력에 위반하여 다시 거부처분**을 한 경우 乙은 간접강제신청을 할 수 있다. (○, ×)

재처분이 기속력에 위반 → **간접강제신청 가능** ○

18 甲 회사는 '토석채취허가지 진입도로와 관련 우회도로 개설 등은 인근 주민들과의 충분한 협의를 통해 민원발생에 따른 분쟁이 생기지 않도록 조치 후 사업을 추진할 것'이란 조건으로 토석채취허가를 받았다. 그러나 甲은 위 조건이 법령에 근거가 없다는 이유로 이행하지 아니하였고, 인근주민이 민원을 제기하자 관할행정청은 甲에게 공사중지명령을 하였다. 甲은 **공사중지명령의 해제**를 **신청**하였으나 거부되자 **거부처분 취소소송**을 제기하였다. 이에 대한 설명의 옳고(○), 그름(×)을 판단하시오. (다툼이 있을 경우 판례에 의함)

2021 국가직 9급

문항	해설	정답
① 일반적으로 **기속행위**의 경우 법령의 근거 없이 위와 같은 조건을 부가하는 것은 위법하다. (○, ×)	**법령의 근거 없이 부관 부가 ×**	○
② **공사중지명령의 원인사유가 해소**되었다면 甲은 공사중지명령의 해제를 신청할 수 있고, 이에 대한 거부는 처분성이 인정된다. (○, ×)	**공사중지명령 해제 요구할 신청권** ○ → 이에 대한 **거부는 처분** ○	○
③ 甲에게는 공사중지명령 해제신청 **거부처분**에 대한 집행정지를 구할 이익이 인정되지 아니한다. (○, ×)	**집행정지 구할 이익** ×	○
④ 甲이 앞서 **공사중지명령 취소소송**에서 **패소하여 그 판결이 확정**되었더라도, 甲은 그 후 공사중지명령의 해제를 신청한 후 해제신청 거부처분 취소소송에서 **다시 그 공사중지명령의 적법성**을 다툴 수 있다. (○, ×)	기판력 발생 → **공사중지명령이 적법한 것으로 확정**되었으므로 다시 그 적법성을 **다툴 수 없음.**	×

19 甲은 **개발제한구역 내**의 토지에 건축물을 건축하기 위하여 **건축허가**를 신청하였다. 이에 대한 설명의 옳고(○), 그름(×)을 판단하시오. (다툼이 있을 경우 판례에 의함)

2019 국가직 7급

문항	해설	정답
㉠ 甲의 허가신청이 관련법령의 요건을 모두 충족한 경우에는 관할행정청은 허가를 하여야 하며, 관련법령상 제한사유 이외의 사유를 들어 허가를 거부할 수 없다. (○, ×)	**개발제한구역 내의 건축허가 → 예외적 허가**로서 **법령상 제한 외의 사유로 허가거부 가능**	×
㉡ 甲에게 허가를 하면서 일방적으로 **부담**을 부가할 수도 있지만, 부담을 부가하기 이전에 甲과 협의하여 부담의 내용을 협약의 형식으로 미리 정한 다음 허가를 하면서 이를 부가할 수도 있다. (○, ×)	**협약형식으로 부가 가능**	○
㉢ 甲이 **허가**를 **신청**한 **이후** 관계**법령**이 **개정**되어 **허가기준이 변경**되었다면, 허가 여부에 대해서는 신청 당시의 법령을 적용하여야 하며 허가 당시의 법령을 적용할 수 없다. (○, ×)	**허가당시**의 법령 적용	×
㉣ 허가가 **거부**되자 甲이 이에 대해 **취소소송**을 제기하여 **승소**하였고 **판결**이 **확정**되었다면, 관할행정청은 甲에게 허가를 하여야 하며 **이전 처분사유와 다른 사유를 들어** 다시 허가를 거부할 수 없다. (○, ×)	**다시 거부 가능**	×

20 甲은 관할 A행정청에 토지형질변경허가를 신청하였으나 A행정청은 허가를 거부하였다. 이에 甲은 **거부처분취소소송**을 제기하여 재량의 일탈 · 남용을 이유로 **취소판결**을 받았고, 그 판결은 **확정**되었다. 이에 대한 설명의 옳고(○), 그름(×)을 판단하시오. (다툼이 있을 경우 판례에 의함)

2019 국가직 9급

① A행정청이 거부처분 이전에 이미 존재하였던 사유 중 **거부처분사유**와 **기본적 사실관계의 동일성이 없는 사유**를 근거로 **다시 거부처분**을 하는 것은 허용되지 않는다. (○, ×) 허용됨 X

② A행정청이 **재처분**을 하였더라도 **취소판결의 기속력에 저촉**되는 경우에는 甲은 간접강제를 신청할 수 있다. (○, ×) 간접강제 신청 가능 O

③ A행정청의 **재처분**이 **취소판결의 기속력에 저촉**되더라도 당연무효는 아니고 취소사유가 될 뿐이다. (○, ×) 당연무효 X

④ A행정청이 **간접강제결정에서 정한 의무이행기한 내에 재처분을 이행하지 않아 배상금**이 **이미 발생**한 경우에는 그 **이후에 재처분을 이행**하더라도 甲은 배상금을 추심할 수 있다. (○, ×) 배상금 추심 × X

21 <사례>에 대한 설명의 옳고(○), 그름(×)을 판단하시오. (다툼이 있을 경우 판례에 의함)

2017 국가직(하) 9급

> 식품위생법에 따르면 식품접객업자가 청소년에게 주류를 제공하는 행위는 금지되고, 이를 위반할 경우 관할행정청이 영업허가 또는 등록을 취소하거나 6개월 이내의 기간을 정하여 그 영업의 전부 또는 일부를 정지할 수 있으며, 관할행정청이 영업허가 또는 등록의 취소를 하는 경우에는 청문을 실시하여야 한다. 식품접객업자인 甲은 영업장에서 청소년에게 술을 팔다 적발되었고, 관할행정청인 乙은 청문절차를 거쳐 甲에게 영업허가취소처분을 하였다.

① **부령인** 식품위생법 **시행규칙에 위반행위의 종류 및 위반 횟수에 따른 행정처분의 기준**을 구체적으로 정하고 있는 경우에 이 행정처분기준은 행정기관 내부의 사무처리준칙을 규정한 것에 불과하여 법적 구속력이 인정되지 않는다. (○, ×) 법적 구속력 × O

② 甲이 청소년에게 주류를 제공한 것이 인정되더라도 **영업허가취소처분으로 인하여** 甲이 **입게 되는 불이익이 공익상 필요보다 막대**한 경우에는 영업허가취소처분이 위법하다고 인정될 수 있다. (○, ×) 위법 O

③ 乙이 청문을 실시할 때 **청문서 도달기간을 준수하지 않았는데** 甲이 이에 대하여 **이의를 제기하지 않고** 청문일에 출석하여 그 의견을 진술하고 변명함으로써 **방어의 기회를 충분히 가졌다면** 청문서 도달기간을 준수하지 아니한 영업허가취소처분의 하자는 치유되었다고 볼 수 있다. (○, ×) 하자 치유 ○ O

④ 甲이 영업허가취소처분 **취소소송**을 제기하여 **인용판결**이 **확정**되어도 영업허가**취소처분의 효력**이 **바로 소멸**하는 것은 아니고 그 판결의 기속력에 따라 영업허가취소처분이 乙에 의해 취소되면 비로소 영업허가취소처분의 효력이 소멸한다. (○, ×) 별도 취소처분 불요 X

22 <사례>에 대한 설명의 옳고(○), 그름(×)을 판단하시오. (다툼이 있을 경우 판례에 의함) 2017 국가직 9급

> 유흥주점영업허가를 받아 주점을 운영하는 甲은 A시장으로부터 연령을 확인하지 않고 **청소년을 주점에 출입**시켜 청소년보호법을 위반하였다는 사실을 이유로 한 영업허가취소처분을 받았다. 甲은 이에 불복하여 취소소송을 제기하였고 **취소확정판결**을 받았다.

① A시장은 甲이 청소년을 **유흥접객원으로 고용**하여 유흥행위를 하게 하였다는 이유로 다시 영업허가취소처분을 할 수는 있다. (○, ×)
다른 사유를 이유로 **동일한 처분 → 기속력에 저촉** × ○

② 영업허가**취소처분**은 **지나치게 가혹**하다는 이유로 취소확정판결이 내려졌다면, A시장은 甲에게 연령을 확인하지 않고 청소년을 출입시켰다는 이유로 영업허가**정지처분**을 할 수는 있다. (○, ×)
비례원칙 위반으로 영업허가취소 → 영업허가정지 가능 ○

③ 청소년들을 주점에 **출입시킨 사실이 없다**는 이유로 취소확정판결이 내려졌다면, A시장은 甲에게 연령을 확인하지 않고 청소년을 **출입시켰다**는 이유로 영업허가취소처분을 할 수는 없다. (○, ×)
동일한 이유를 들어 **동일한 처분 할 수 없음** ○

④ **청문절차를 거치지 않았다**는 이유로 취소확정판결이 내려졌다면, A시장은 **적법한 청문절차를 거치**더라도 甲에게 연령을 확인하지 않고 청소년을 출입시켰다는 이유로 영업허가취소처분을 할 수는 없다. (○, ×)
절차위반으로 취소확정판결 → **절차를 보완하여 동일처분 가능** ×

23 甲은 공동주택 및 근린생활시설을 건축하는 내용의 주택건설사업계획승인신청을 하였으나 행정청 乙은 거부처분을 행하였고, 당해 거부처분에 대해 甲은 행정소송을 제기하여 **거부처분취소판결**이 **확정**되었다. 이에 대한 설명의 옳고(○), 그름(×)을 판단하시오. (다툼이 있을 경우 판례에 의함) 2011 지방직(하) 7급

① 乙이 **판결의 취지에 따른 재처분의무를 이행하지 않는 경우** 甲은 제1심 수소법원에 간접강제결정을 신청할 수 있다. (○, ×)
간접강제 신청 가능 ○

② 대법원은 확정판결의 취지에 따른 **재처분이 간접강제결정에서 정한 의무이행기간이 경과한 후에 이루어진 경우**에도 배상금의 추심은 허용되지 않는다고 보았다. (○, ×)
배상금 추심 허용 × ○

③ 만약 甲이 乙의 거부처분에 대해 **무효확인소송**을 제기하여 무효확인판결이 행해진 경우, 취소판결에 있어 **재처분의무**에 관한 규정은 준용되나 **간접강제**에 대한 규정은 준용되지 않는다. (○, ×)
무효확인소송 → 재처분의무 **준용** ○ / 간접강제 **준용** × ○

④ 乙이 취소판결의 **기속력에 반하는 재처분**을 하여 당연무효라고 하더라도 이는 아무런 재처분을 하지 않은 경우라 볼 수 없으므로 행정소송법상 간접강제신청요건을 갖추지 않은 것으로 본다. (○, ×)
간접강제 대상 ○ ×

24 A행정청은 미성년자에게 주류를 판매하였다는 이유로 甲에게 영업정지처분에 갈음하는 과징금 부과처분을 하였다. 甲은 이에 대하여 행정소송을 제기할 것을 고려하고 있다. 이에 대한 설명의 옳고(○), 그름(×)을 판단하시오. (다툼이 있을 경우 판례에 의함)

2021 변호사

① 甲이 제기하는 **무효확인과 취소청구의 소는 주위적 · 예비적** 청구로서만 **병합**이 **가능**하고 선택적 청구로서의 병합이나 단순병합은 허용되지 아니한다. (○, ×) — **선택적 병합**이나 **단순병합** × — ○

② 甲이 과징금 부과처분에 대하여 **무효확인의 소를 제기**하였다가 그 **후 취소청구의 소**를 **추가적**으로 **병합**한 경우, **무효확인의 소**가 **적법한 제소기간 내에 제기**되었다면 **추가로 병합된 취소청구의 소**도 적법하게 제기된 것이다. (○, ×) — **적법** — ○

③ 甲이 과징금 부과처분에 대하여 무효확인의 소를 제기하면서 위 처분의 취소를 구하지 아니한다고 밝히지 아니하였다면, **무효확인의 소**에는 그 처분이 **당연무효가 아니라면 그 취소를 구하는 취지**도 포함되어 있는 것으로 보아야 한다. (○, ×) — **포함** — ○

④ 甲이 과징금 부과처분의 하자가 **취소사유임에도** A행정청을 상대로 **무효확인의 소를 제기**하였는데 만약 **취소소송의 제기요건을 구비하지 못하였다**면 무효확인청구는 기각된다. (○, ×) — **청구기각**판결 — ○

⑤ 甲이 만일 부과된 과징금을 납부한 후 과징금 부과처분에 대하여 **무효확인의 소**를 제기하였다면, 甲은 부당이득반환청구의 소로써 직접 위법상태를 제거할 수 있으므로 甲이 제기한 무효확인의 소는 법률상 이익이 없다. (○, ×) — **보충성 불요** — ×

25 甲은 단순위법인 **취소사유가 있는 A처분에 대하여** 행정소송법상 **무효확인소송을 제기**하였다. 이에 대한 설명의 옳고(○), 그름(×)을 판단하시오. (다툼이 있을 경우 판례에 의함)

2019 지방직 7급

① **무효확인소송**에 A처분의 **취소를 구하는 취지도 포함**되어 있고 무효확인소송이 행정소송법상 **취소소송의 적법요건을 갖추었다** 하더라도, 법원은 A처분에 대한 취소판결을 할 수 없다. (○, ×) — **취소판결 가능** — ×

② **무효확인소송**이 행정소송법상 **취소소송**의 적법한 **제소기간 안에 제기**되었더라도, 적법한 제소기간 이후에는 A처분의 취소를 구하는 소를 추가적 · 예비적으로 병합하여 제기할 수 없다. (○, ×) — 제소기간 이후에도 **취소소송**을 추가적 · 예비적 **병합 제기 가능** — ×

③ 甲이 **무효확인소송의 제기 전**에 이미 A처분의 위법을 이유로 **국가배상청구소송**을 **제기**하였다면, 무효확인소송의 수소법원은 甲의 무효확인소송을 국가배상청구소송이 계속된 법원으로 이송 · 병합할 수 있다. (○, ×) — **국가배상청구소송을 무효확인소송 계속 된 법원으로 이송 · 병합 가능** — ×

④ 甲이 무효확인소송의 제기 당시에 원고적격을 갖추었더라도 **상고심 중에 원고적격을 상실**하면 그 소는 부적법한 것이 된다. (○, ×) — **부적법** — ○

26 甲에 대한 **과세처분 이후** 조세 부과의 **근거**가 되었던 **법률**에 대해 헌법재판소의 **위헌결정**이 있었고, **위헌결정 이후**에 그 조세채권의 집행을 위해 甲의 재산에 대해 **압류처분**이 있었다. 이에 대한 설명의 옳고(○), 그름(×)을 판단하시오. (다툼이 있을 경우 판례에 의함)

2019 국가직 7급

지문	해설	정답
① 甲은 압류처분에 대해 **무효확인소송**을 제기하려면 무효확인심판을 거쳐야 한다. (○, ×)	무효확인소송 → **행정심판전치주의 적용** ×	×
② **위헌결정 당시 이미 과세처분에 불가쟁력이 발생하여 조세채권이 확정된 경우에도** 甲의 재산에 대한 압류처분은 무효이다. (○, ×)	**과세처분 근거법률**에 대한 **위헌결정 후 압류처분 → 무효**	○
③ 甲이 압류처분에 대해 **무효확인소송을 제기하였다가** 압류처분에 대한 **취소소송을 추가로 병합**하는 경우, **무효확인의 소가 취소소송 제소기간 내에 제기**됐더라도 취소청구의 소의 추가 병합이 제소기간을 도과했다면 **병합된 취소청구의 소**는 부적법하다. (○, ×)	**적법**	×
④ 甲이 압류처분에 대해 무효확인소송을 제기하였다가 취소소송으로 **소의 종류를 변경**하는 경우, **제소기간의 준수 여부**는 취소소송으로 변경되는 때를 기준으로 한다. (○, ×)	**처음 소제기시** 기준	×

27 도로법 제61조에서 "공작물 · 물건, 그 밖의 시설을 신설 · 개축 · 변경 또는 제거하거나 그 밖의 사유로 도로를 점용하려는 자는 도로관리청의 허가를 받아야 한다."고 규정하고 있다. 甲은 도로관리청 乙에게 도로점용허가를 **신청**하였으나, **상당한 기간이 지났음에도 아무런 응답이 없어** 행정쟁송을 제기하여 권리구제를 강구하려고 한다. 이에 대한 설명의 옳고(○), 그름(×)을 판단하시오. (다툼이 있을 경우 판례에 의함)

2016 지방직 9급

지문	해설	정답
① 甲이 의무이행심판을 제기한 경우, **도로점용허가**는 기속행위이므로 **의무이행심판의 인용재결**이 있으면 乙은 甲에 대하여 도로점용허가를 발급해 주어야 한다. (○, ×)	도로점용허가는 **재량행위** → 의무이행심판 인용재결 있어도 **처분발급의무** ×	×
② 甲이 **부작위위법확인소송**을 제기한 경우, 법원은 乙이 도로점용허가를 발급해 주어야 하는지의 여부를 심리할 수 있다. (○, ×)	부작위위법확인소송 → **절차적 심리설**(허가 여부는 심리 ×)	×
③ 甲이 제기한 **부작위위법확인소송**에서 법원의 **인용판결**이 있는 경우, 乙은 甲에 대하여 도로점용허가신청을 거부하는 처분을 할 수 있다. (○, ×)	부작위위법확인소송 인용되어도 **거부처분 가능**	○
④ 甲은 **의무이행소송**을 제기하여 권리구제가 가능하다. (○, ×)	의무이행소송은 **부정**됨.	×

박준철 교수

약 력

고려대학교 법과대학 법학과 졸업
고려대학교 법과대학원 행정법 전공
現, 공단기 행정법 대표 강사
　　소방단기 행정법 대표 강사
前, 남부고시학원 7·9급 행정법 대표 강사
　　KG패스원(웅진패스원) 7·9급 행정법 대표 강사

주요 저서

써니 행정법총론
7급 써니 행정법각론
써니 행정법총론 기출문제집
7급 써니 행정법각론 기출문제집
써니 행정법총론 행정법으로의 초대
써니 행정법총론 핵심집약
7·9급 써니 행정법총론 단원별 모의고사
써니 행정법총론 소방 단원별 모의고사
7·9급 써니 행정법총론 실전동형 모의고사
써니 행정법총론 소방 실전동형 모의고사
써니 행정법총론 오답노트
7·9급 써니 행정법총론 SOS
코드에 맞는 행정법총론
7·9급 써니 행정법총론 판례집
7·9급 써니 행정법총론 판례특강
써니 행정법총론 오답노트 하프모의고사

2025 써니 행정법총론 핵심집약 | 문제편

3판 1쇄 발행　2024년 7월 29일
3판 6쇄 발행　2024년 10월 7일

편저자　박준철
발행인　김지연

등 록　제319-2011-41호
발행처　(주)도서출판 지금(http://www.papergold.net)
주 소　06924 서울특별시 동작구 장승배기로 128, 305호(노량진동, 동창빌딩)
교재공급처　(02)814-0022　FAX (02)872-1656
유튜브　SunnyLawTV_써니로
학습문의처　cafe.naver.com/sunnylaw(써니 행정법)
ISBN　979-11-6018-391-7 14360(세트)

저자와의 협의하에 인지를 생략합니다.
정가 30,000원(전 2권)